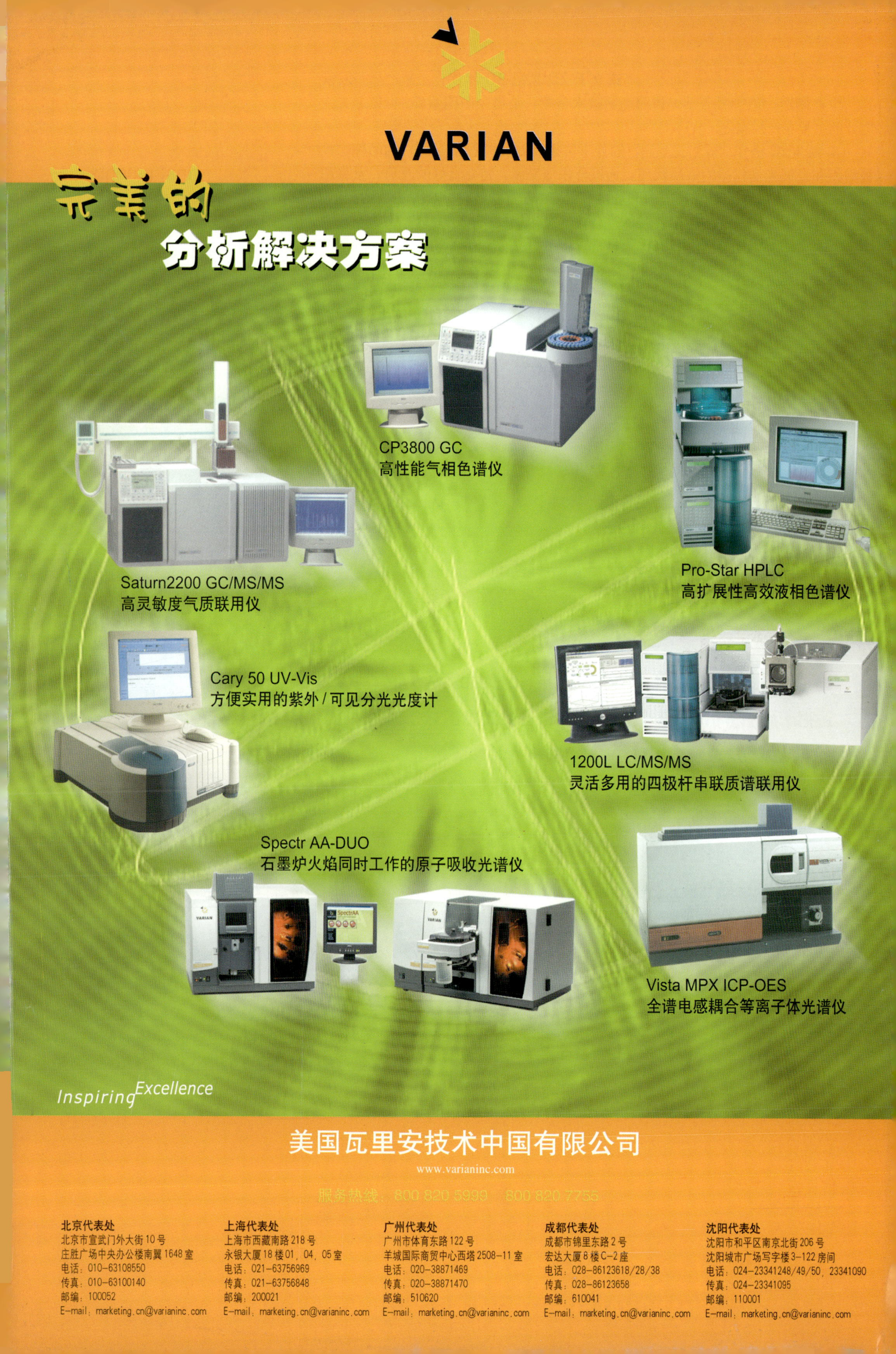
VARIAN
完美的
分析解决方案
CP3800 GC
高性能气相色谱仪
Saturn2200 GC/MS/MS
高灵敏度气质联用仪
Pro-Star HPLC
高扩展性高效液相色谱仪
Cary 50 UV-Vis
方便实用的紫外/可见分光光度计
1200L LC/MS/MS
灵活多用的四极杆串联质谱联用仪
Spectr AA-DUO
石墨炉火焰同时工作的原子吸收光谱仪
Vista MPX ICP-OES
全谱电感耦合等离子体光谱仪
Inspiring Excellence
美国瓦里安技术中国有限公司
www.varianinc.com
服务热线：800 820 5999　800 820 7755
北京代表处
北京市宣武门外大街10号
庄胜广场中央办公楼南翼1648室
电话：010-63108550
传真：010-63100140
邮编：100052
E-mail：marketing.cn@varianinc.com
上海代表处
上海市西藏南路218号
永银大厦18楼01，04，05室
电话：021-63756969
传真：021-63756848
邮编：200021
E-mail：marketing.cn@varianinc.com
广州代表处
广州市体育东路122号
羊城国际商贸中心西塔2508-11室
电话：020-38871469
传真：020-38871470
邮编：510620
E-mail：marketing.cn@varianinc.com
成都代表处
成都市锦里东路2号
宏达大厦8楼C-2座
电话：028-86123618/28/38
传真：028-86123658
邮编：610041
E-mail：marketing.cn@varianinc.com
沈阳代表处
沈阳市和平区南京北街206号
沈阳城市广场写字楼3-122房间
电话：024-23341248/49/50，23341090
传真：024-23341095
邮编：110001
E-mail：marketing.cn@varianinc.com

上海精密科学仪器有限公司分析仪器总厂

UV757CRT 紫外可见分光光度计

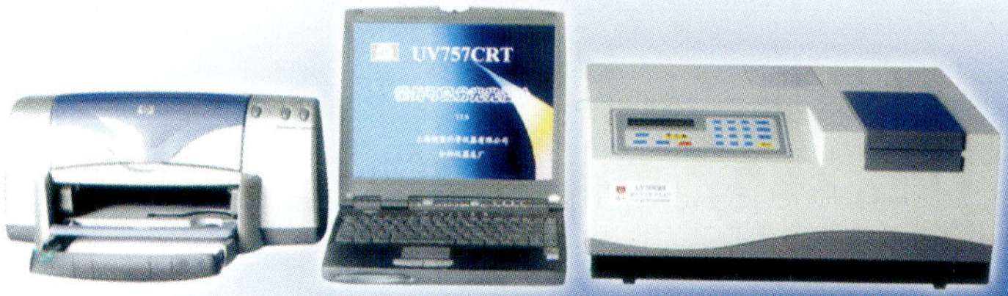

● 主机功能：

采用微机测量系统，自动调整“0”和调整“100”，具有扫描、自动8联样品架、自动扣除比色皿误差、浓度多点标定、斜率和截距设置等功能，具有RS－232接口利用软件作时间扫描，浓度回归方程（1次、2次、3次），多波长测试。

● 技术指标：

波长范围：200～1000nm

光源：钨卤素灯12V、20W（进口），DD2.5氘灯（进口）

波长准确度：±0.5nm

波长重复性：≤0.2nm

光谱带宽：2nm

杂光：≤0.3%τ（在220nm和340nm处）。

透射比测量范围：0.0%τ～200.0%τ

噪声：100%噪声≤0.3%τ，0%噪声≤0.3%τ

稳定性：≤0.004A/30min

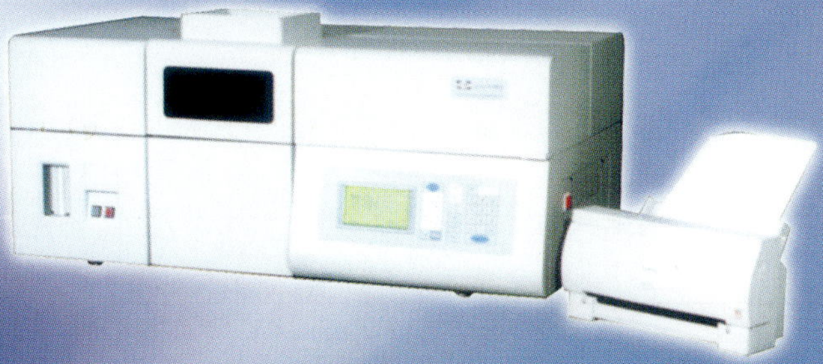

AA370MC 原子吸收分光光度计

● 主要特点：

全自动：能自动根据所选元素调出厂方推荐工作条件或根据上次测定调出原有条件（并允许修改），确认后按下回车，则高压、灯电流及狭缝、波长与灯位置（包括灯架转动）的光学调整一步准确到位，无须再手工微调。

能记忆：关机能记住每次测定的工作条件、工作曲线及2000多个测定数据，以便下次调用或打印（不用电池）。

最安全：所有气体有流量计作直观监控，可及时发现各种原因引起的气体故障。专用安全装置保证了气体切换的安全可靠。并有断电、断气、欠压、燃烧头判断，回火保护（并带光控）等安全措施，可自动切断气体供应。模块化设计的气路，体积小，可靠性好。

多功能：原子吸收、火焰发射、氢化物/在线富集、石墨炉、D_2灯背景扣除。带出厂指标检验及维修诊断功能（专职维修工程师及厂方专用）并有无纸记录仪功能。

● 技术指标：

光学系统：

波长范围：190～900nm（自动设定）

波长准确度：±0.15nm

波长重复性：≤0.10nm

稳定性：Cu324.7nm≤0.004A/30min

GC112A 气相色谱仪

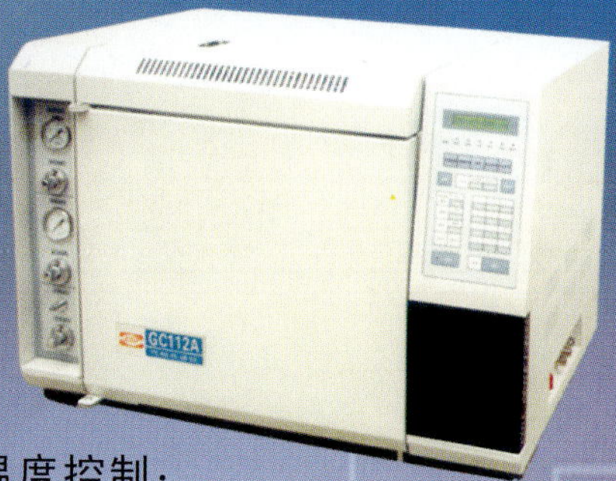

● 特点与性能：

全新设计的GC112A微机温度控制系统，采用了国际先进的控制技术。控温精度高（优于±0.05℃），可靠性和抗干扰性能优越。

且有四路独立的控制区域：柱箱、进样器、检测器、热导池。

仪器基型配有双氢火焰离子化检测器（FID），可选配GC112A-TCD热导池检测器、气体进样阀、转化炉等附件。

仪器可进行填充柱分析或毛细管柱分析，可实现多种进样方式。

● 温度控制：

控温范围：室温上7℃～400℃（增量1℃）

控温对象：柱箱、检测器、热导池、进样器

程升阶数：五阶

程升速率：0.1℃～40℃/min（增量0.1℃）

恒温时间：0～655min（增量1min）

● 氢火焰离子化检测器（FID）

敏感度：$d_B \leqslant 5\times10^{-11}$g/s（样品：$C_{16}$）

最佳测试结果：$d_B \leqslant 1\times10^{-11}$g/s

噪声：$\leqslant 5\times10^{-14}$A

漂移：$\leqslant 6\times10^{-13}$A/h

线性范围：$\geqslant 10^6$

● 热导池检测器（TCD）

灵敏度：≥2000mV·mL/mg

噪声：≤20μV

漂移：≤30μV

线性范围：$\geqslant 10^4$

“上分”“棱光”——高科技的结晶

地址：苍梧路8号　　邮编：200233

销售直线：021-64700403 64362456 64361623 64833916

传真：021-64700639 64833916　　http://www.saiof.com

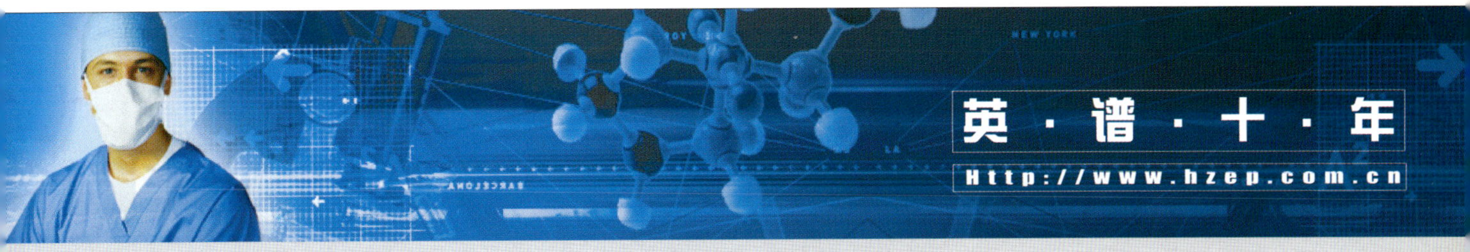

杭州英谱科技开发有限公司是一家专业从事“色谱数据工作站”研发及销售的软件企业。我公司技术人员从1991年开始涉足色谱数据处理领域。1995年公司正式成立后，凭借雄厚的技术实力和强大的学术背景，在我国色谱数据处理领域中一直处于先进。英谱公司不但通过了国家信息产业部软件测试并进行了产品登记，而且在国家版权局进行了软件著作权登记。

公司目前拥有众多产品，为了让广大用户更好的了解本公司各软件产品特色，特做以下简要说明供各位参考。

HS色谱数据工作站V4.0+ for Windows

①软件根据《GB/T7544-1998 信息技术软件包质量要求和测试》、《软件产品登记测试规范》的要求，在七方面通过测试，测试报告编号（2001）电检软字5121号。软件登记编号 DGY-2001-0162。
②设计符合GMP GLP的要求：对色谱分析方法、过程进行有效管理、软件定量准确、功能最全面的软件。适合分析复杂样品，对于制药行业及研究机构尤其适用。

HS2000色谱数据工作站 for Windows

①软件通过了信息产业部门软件测试中心测试，报告编号（2001）电检软字5122号。软件产品登记编号DGY-20010169。
②采用了全新的树形管理模式，实现了功能模块化、产品系列化、报告格式个性化，全部功能通过向导进行操作，产品经过几年不断完善和升级，功能更强劲、操作更简便，对于石油、化工行业尤为适合。

GPC凝胶色谱数据工作站V2.0

①第二版32位凝胶色谱数据工作站
②包含峰位法、普适法、试误法(宽分布标定校正曲线)。
③计算数均分子量，重均分子量，Z均分子量，Z+1均分子量，粘均分子量，分散指数，特性粘度。
④任意分段的分子量计算，也可以按峰来计算分子量，并给出总量和分子量分布。

HS PumpCtrl V1.0 for Windows

针对 Waters 公司的 HPLC 泵 510 和 515 设计的泵控系统，最小流量控制为0.005mL /min。

HS2000色谱数据工作站TVOC版

①完全符合GB50325-2001和GB/T18883-2002的要求，8个受控组分的标准曲线一次制作完成；国内唯一的杂质计算功能，可对未识别杂质峰进行定量计算；
②按照国标要求，自动扣除空白样品来计算所采空气样品中各组份的真正含量；
③按照国标要求，利用理想气体状态方程进行换算，计算出样品中TVOC的总含量。

HS Century™ 色谱工作站

为纪念色谱技术诞生一百周年而开发的创新之作。以单通道4800元和双通道5800元的超低价位，让全国的色谱工作者都可以享受公司优秀品质。

软件采用公司成熟的核心技术，加之以国际最新最COOL的操作界面，在简明快捷操作色谱分析的同时，感受软件时尚魅力。

新型色谱数据采集器 2003版

①宽量程：-2.5～2.5V，可以适合与各种色谱仪的配套使用。
②高分辨率：0.1uV优于所有国内的色谱采样卡，是普通色谱采样卡的10倍。
③采样频率：10Hz/20Hz/50Hz。

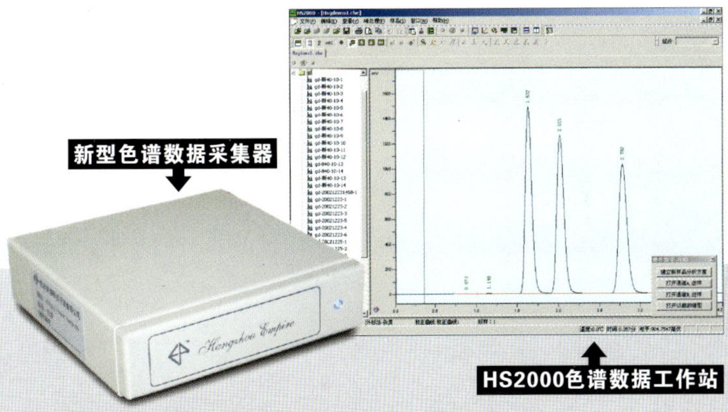

英谱科技
地 址:浙江省杭州市庆春路潮鸣小区翔龙阁2401室
电话:0571-87293950 / 0571-87293657 / 0571-85957910 传真:0571-87293950
邮编:310003 网址:http://www.hzep.cn 电子邮件: pclu@mail.hz.zj.cn
3721网络实名:色谱

竭诚为各行各业提供全面、优质的分析测试服务

上海市计量测试技术研究院

中国上海测试中心

简介→

中国上海测试中心（又名上海市计量测试技术研究院），既是综合性的分析测试中心，又是法定计量检定机构，也是上海市新产品定型鉴定单位，全国科技成果检测鉴定单位。

中心（院）设有长、热、力、电、光学、声学、化学、无线电、时间频率、电离辐射等计量检定实验室；设有信息、电子、环保设备、金银制品、珠宝饰品5个上海市产品质量检验站和一个国家质检中心；设有气体、材料、理化等分析测试实验室；设有“上海市微电子分析测试重点实验室”、“上海市在线检测与控制技术重点实验室”、“上海市禁用染料及其制成品检测中心”以及国际原子能机构（IAEA）和世界卫生组织（WHO）所属的“二级放射性剂量学实验室（SSDL）”和一个具有国际先进水平的电磁兼容实验室。

中心的分析测试业务领域主要有：化学分析、气体分析、材料分析、微电子分析、放射性测量、场强测量、静电产品及静电材料测试、IC卡全性能检测、智能建筑综合布线及网络性能测试、环境系统参数检测等。随着上海市科技、经济及高新技术的不断发展，分析测试的业务范围正在向生物、医药、信息、环保、新材料等领域延伸。此外，中心还从事标准物质的研制工作，目前已有一级、二级标准物质近200种，能广泛应用于各行业理化仪器的定性、定量分析。由中心牵头，有25个行业测试点参加的分析测试网，其服务领域涵盖上海市主要行业。

中心不仅装备精良，具有包括环境扫描电子显微镜、电子能谱、电子探针、透射电镜、X射线衍射、电感藕合等离子质谱、电感藕合等离子光谱、液－质联用、气－质联用、毛细管电泳、离子色谱、红外光谱、微型核反应堆、电磁兼容检测实验室等价值8000余万元的分析测试仪器，而且管理体系严格，中心于1991年通过计量认证（1997年通过复审），又于1999年通过中国实验室国家认可委员会的实验室认可。

几十年来，中心经验丰富、训练有素、具有较高业务水平的分析测试人员为上海的经济建设、科技进步和社会发展做出了很大贡献。今后，中心将再接再厉，竭诚为各行各业提供全面、优质的分析测试服务。

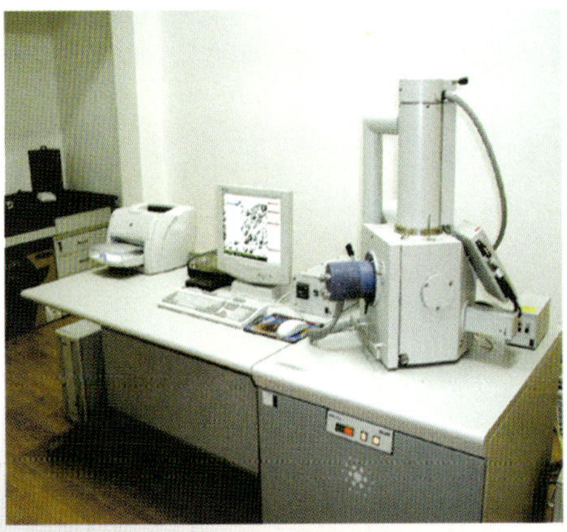

CNAL
中国实验室国家认可委员会
认可证书
(No.L0134)
上海市计量测试技术研究院
(华东国家计量测试中心/中国上海测试中心)

服务项目

一、化学成分的定量和定性分析
二、表面和微区分析
三、形貌观察
四、晶体结构分析
五、电离辐射测量
六、半导体材料分析
七、电磁场测量
八、电磁兼容性测试
九、IC卡、IC卡读卡机测试
十、智能大楼综合布线系统
十一、网络测试
十二、静电测试
十三、环境参数测试
十四、GC-MS/LC-MS/ICP-AES/ICP-MS 等分析仪器校准
CDMA/GSM/DCS/PCS MS 综合测试仪校准

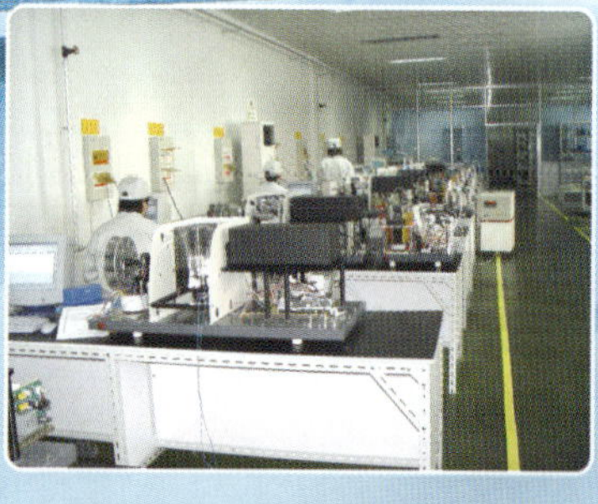

原子吸收分光光度计生产线

紫外分光光度计生产线

水质自动连续监测系统生产线

天 美 公 司 独 家 代 理

NuAire 生物安全柜 NU430

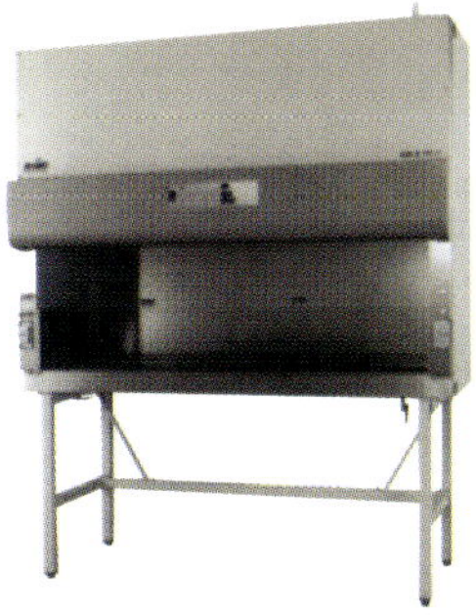

全外排的生物安全柜

- BSL-3 实验室的安全标准设备
- 全不锈钢结构一体成型
- 适合 SARS 和炭疽等具感染性的病毒研究操作
- HEPEX 零泄漏气流系统
- 先进的微处理器电子气流控制系统
- 可选配杀菌紫外灯等不同附件

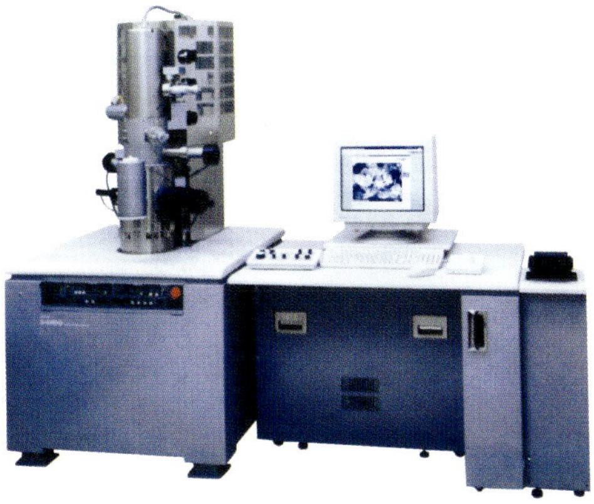

HITACHI 日立电子显微镜系列产品

- H-7500 透射电子显微镜
- H-7600 透射电子显微镜
- HF-2200 原子级分辨率扫描电子显微镜
- HD-2000 超薄薄膜评价系统
- S-5200 超高分辨率分析电子显微镜
- S-4800 场发射扫描透射电子显微镜
- S-4300 冷场发射扫描电子显微镜
- S-4300SE 分析肖特基发射扫描电子显微镜
- S-3600N 可变电压扫描电子显微镜
- S-3500N/H 扫描电子显微镜
- S-3000N/H 扫描电子显微镜（SEM）
- S-2600N/H 扫描电子显微镜

日立 CPMX 系列高性能制备用超速离心机

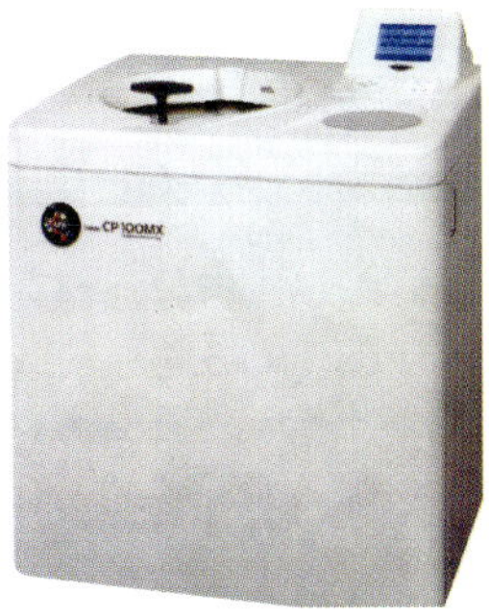

- 三种型号可以选择
  100 000rpm (CP100MX)　80 000rpm (CP80MX)　70 000rpm (CP700MX)
- 可目视样品平衡，驱动系统可忍受 5mm 样品水平液面差
- 日立 CP 系列驱动部保用 10 年
- 非接触式不平衡监测(Non-Contact Imbalance Detection)
- 超宁静工作噪音(小于 53dB)，高超的生产工艺
- 转头自动管理及寿命延长系统
- 用户密码锁及使用情况统计—避免了未经授权的人使用离心机

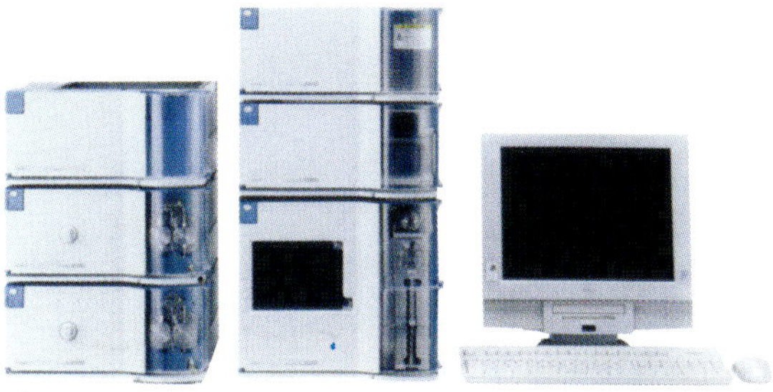

日立全新 L-2000 系列高效液相色谱仪

- 高通量泵，具备高精度流速（RSD < 0.075%），适用于快速分析
- 日立特有“双柱塞往复，串联式自动脉冲抑制”技术，有效消除流速波动
- 低噪音、低漂移检测器，增加分析中的灵敏度及稳定性
- 检测器内置 Hg 灯进行波长效验，增加分析准确度
- 自动进样器直接进样技术，缩短注射时间，真正实现高速分析
- 针对低压梯度及高压梯度系统，采用日立创新的 PASS 及 EPIC 技术，得到较高的梯度精密度和准确度
- 内置漏液监测装置，保证系统安全稳定运行

天美科技有限公司　TECHCOMP LTD.

香港总部
地址：香港九龙官塘鸿图道 41 号华鸿工贸中心 9 楼
电话：0852-27519488
传真：0852-27519217　27519477
E-mail：techcomp@techcomp.com.hk

北京办事处
地址：北京市西城区鼓楼西大街 41 号(100009)
电话：010-64010651
传真：010-64060202
E-mail：beijing@techcomp.cn

上海办事处
地址：上海市漕溪路 190 号华林大楼 9002 室（200233）
电话：021-64870138
传真：021-64870142
E-mail：shanghai@techcomp.cn

广州办事处
地址：广州市建设六马路 33 号宜安广场 909-910 室(510060)
电话：020-83634932　83634457
传真：020-83634940
E-mail：guangzhou@techcomp.cn

www.techcomp.cn　　www.techcomp.com.hk

东西电子·东西分析·三雄科技

■自动 AA7003 型全自动火焰／石墨炉原子吸收分光光度计

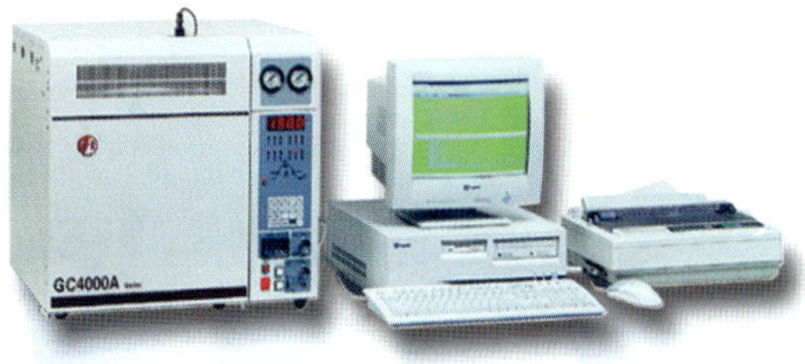

■ GC−4000A 系列气相色谱仪

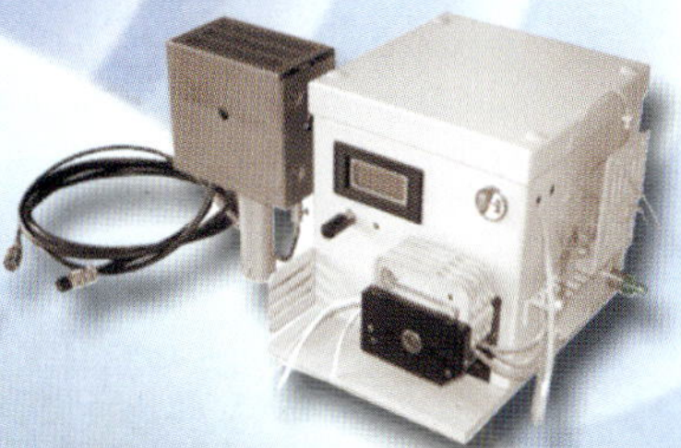

■氢化物 HG−01 型氢化物发生器

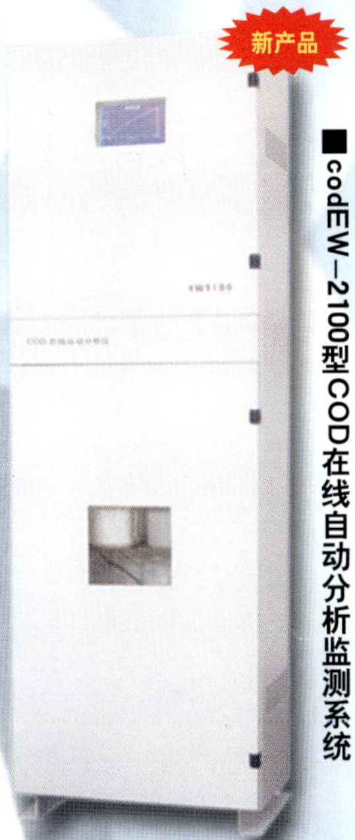

■codEW−2100型COD在线自动分析监测系统

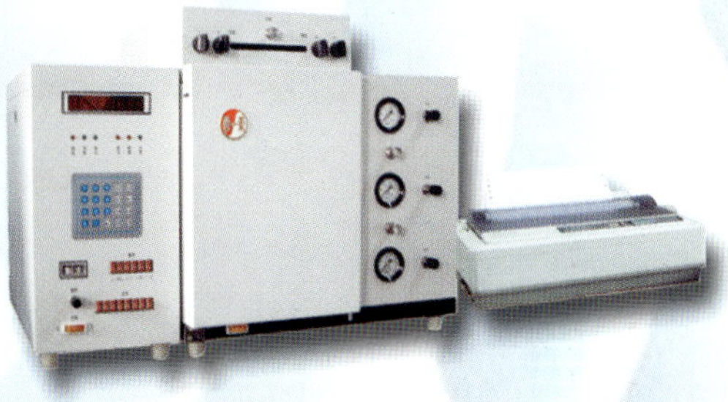

■煤自燃 GC−4075(ZRJ−1)型煤自燃性测定仪

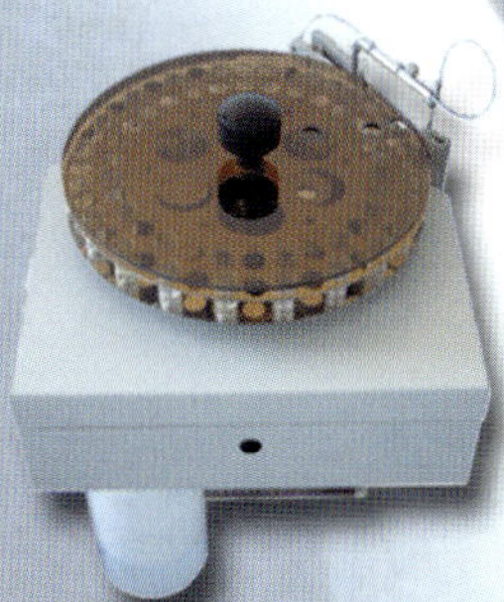

■自动进样器 AS−01 型石墨炉自动进样器

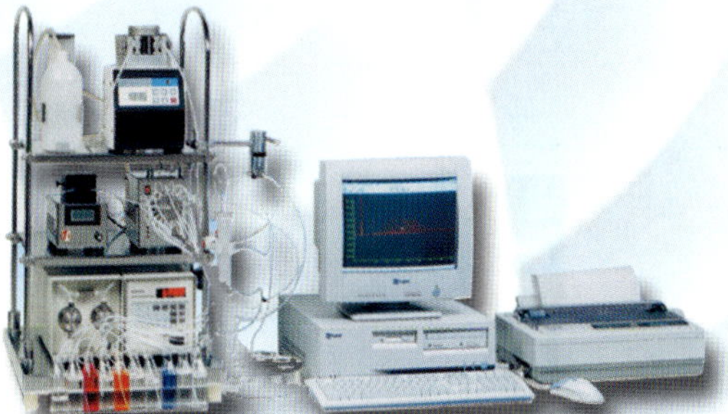

■生化 LC−5600 系列常(中)压制备液相色谱

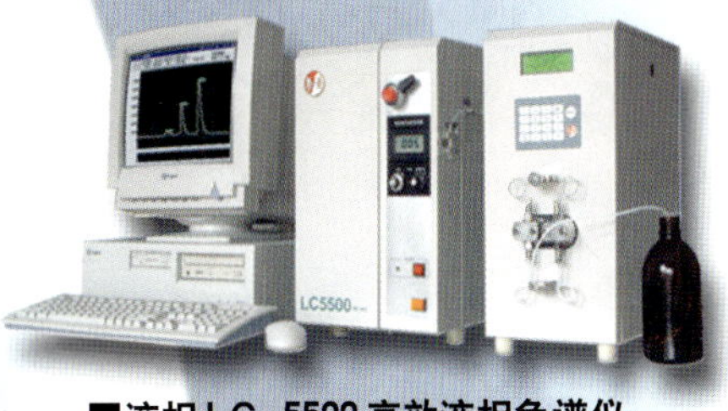

■液相 LC−5500 高效液相色谱仪

■85GC−4085型矿井多点自动采样色谱系统

“东西电子” 走遍中国东西南北中

ISO 9001 REGISTERED

明白消费 放心采购 咨询598888代码

北京市东西电子技术研究所

地址：北京市西城区西直门南小街国英大厦 1212 室

邮编：100035　　传真：010−62882381

销售热线：010−62881688　62876879

技术服务：010−86261017　62871447

北京东西分析仪器有限公司

生产基地：北京三雄科技公司

电话：010−69804631

http://www.ewch.com.cn

E−mail：ewch@public3.bta.net.cn

北京三雄科技公司

湖南长沙办事处：0731−2321338

四川成都办事处：028−85174277

云南昆明办事处：0871−3349290

新疆乌市办事处：0991−4527860

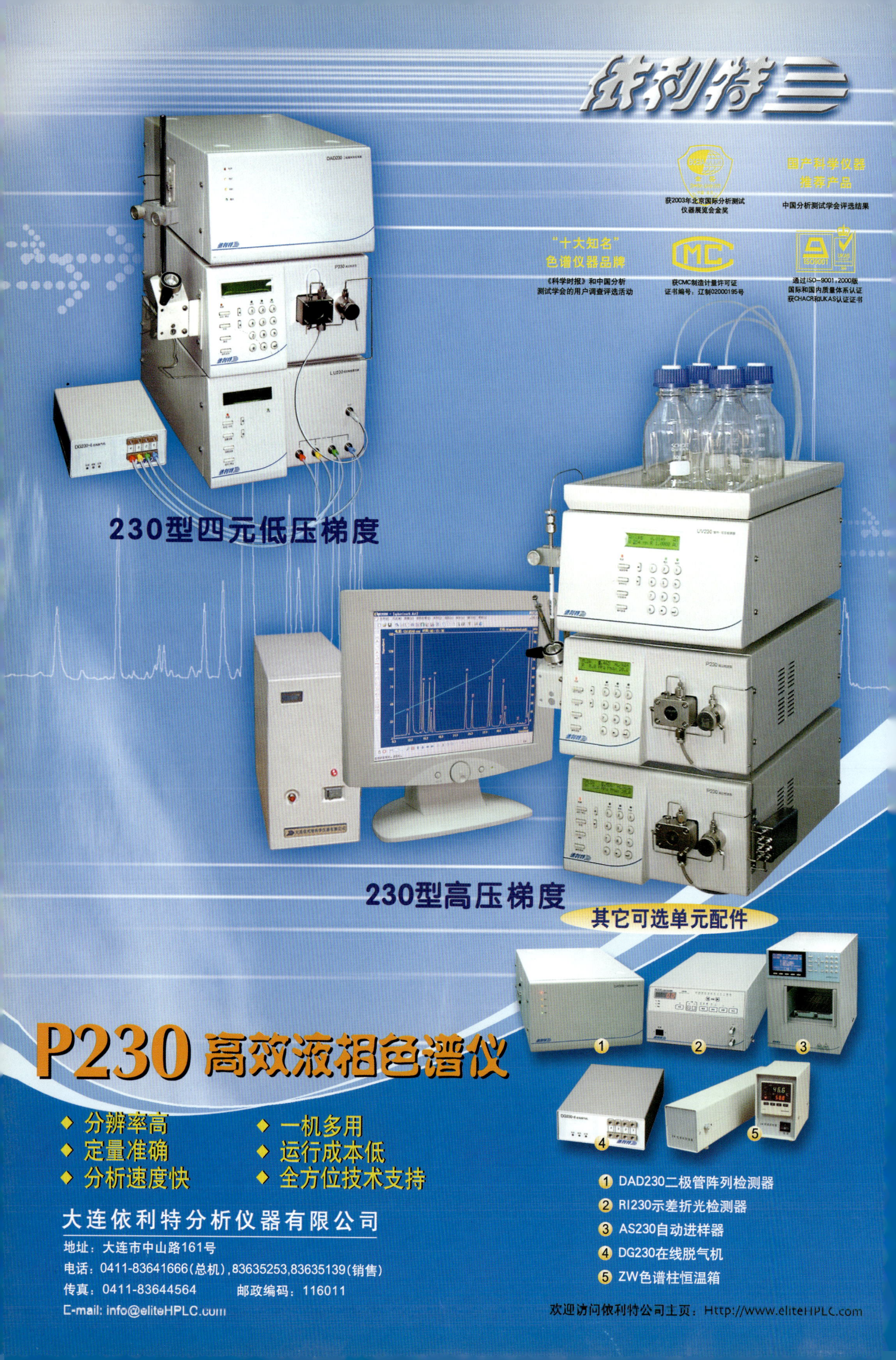

依利特
获2003年北京国际分析测试仪器展览会金奖
国产科学仪器推荐产品
中国分析测试学会评选结果
"十大知名"色谱仪器品牌
《科学时报》和中国分析测试学会的用户调查评选活动
获CMC制造计量许可证
证书编号：辽制02000195号
通过ISO-9001:2000版国际和国内质量体系认证
获CHACR和UKAS认证证书
230型四元低压梯度
230型高压梯度
其它可选单元配件
P230 高效液相色谱仪
◆ 分辨率高
◆ 定量准确
◆ 分析速度快
◆ 一机多用
◆ 运行成本低
◆ 全方位技术支持
大连依利特分析仪器有限公司
地址：大连市中山路161号
电话：0411-83641666(总机),83635253,83635139(销售)
传真：0411-83644564 邮政编码：116011
E-mail: info@eliteHPLC.com
① DAD230二极管阵列检测器
② RI230示差折光检测器
③ AS230自动进样器
④ DG230在线脱气机
⑤ ZW色谱柱恒温箱
欢迎访问依利特公司主页：http://www.eliteHPLC.com

Thermo ELECTRON CORPORATION 美国热电集团（菲尼根质谱） www.thermo.com

其他质谱仪产品

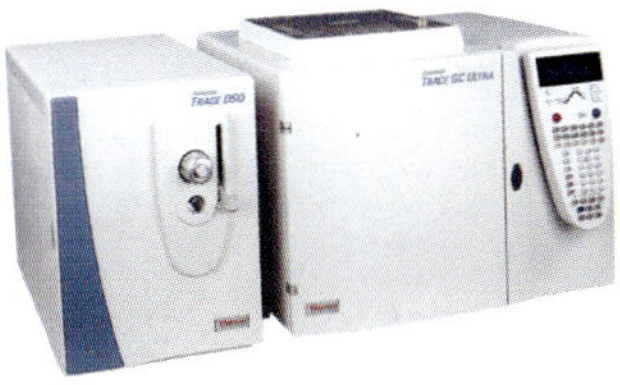

Trace DSQ

台式四极杆气／质联用仪

质量范围：1～1050amu

稳定性：±0.1amu/12h

可选：CI ± 源，直接进样杆等

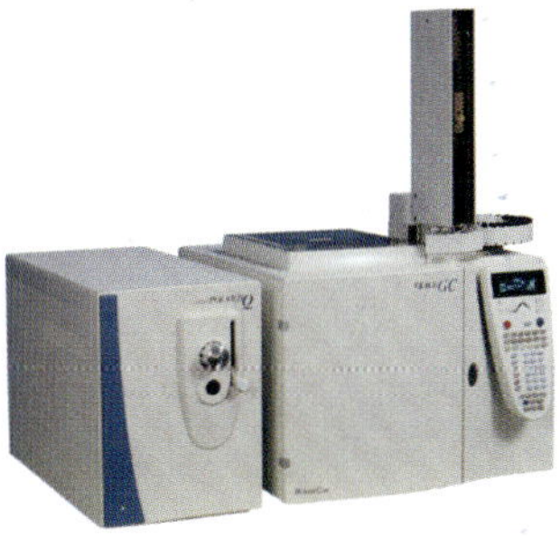

PolarisQ

台式气相色谱／离子阱串联质谱联用仪

质量范围：10～1000amu

分辨率：单位质量分辨 MS^n：n=5

外置离子源：可选 CI± 源，直接进样杆等

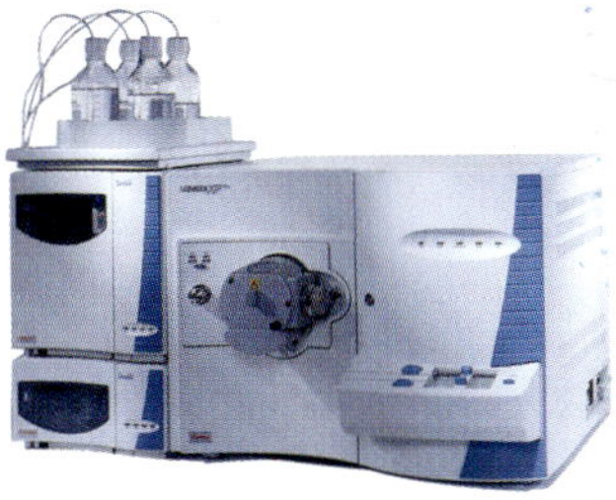

LCQ Deca XP

LCQ Advantage

台式液相色谱／离子阱质谱／质谱联用仪系列

Ion Max ESI，Ion Max APCI，Nanospray 源

MS^n：n=10

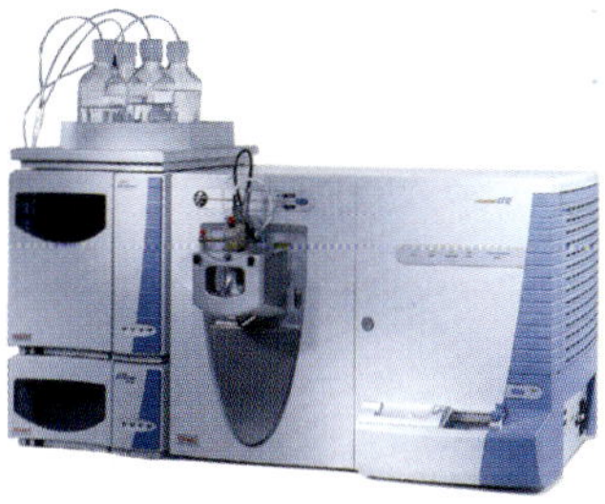

LTQ

台式液相色谱／线性离子阱质谱／质谱联用仪

（用于常规和蛋白质、多肽分析）

Ion Max ESI，Ion Max APCI，Nanospray 源

MS^n：n=10

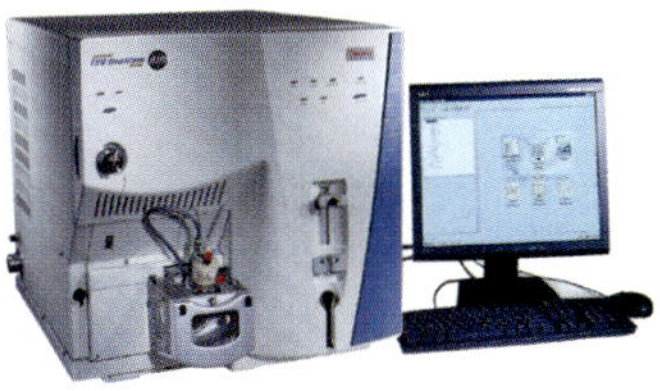

TSQ Quantum

台式液相色谱／三级四极杆质谱／质谱联用仪系列

金属钼双曲面四极杆、具有高分辨率能力的三级四极杆质谱仪（用于常规分析和生物大分子分析，特别适用于药物研究领域）。 Ion Max ESI，Ion Max APCI，MS/MS

有机质谱仪

Surveyor MSQ 四极杆液／质联用仪

LTQ—FT 离子回旋共振质谱仪

MAT95 XP 大型磁式质谱仪

MAT900 大型磁式质谱仪

同位素质谱仪

Delta plus Advantage 气体同位素质谱仪

Delta plus XP 气体同位素质谱仪

MAT 253 气体同位素质谱仪

Triton TI 固体同位素质谱仪

无机质谱仪

ELEMENT2 电感耦合等离子体发射光谱／质谱联用仪

Neptune 多接收等离子体发射光谱／质谱联用仪

其他

Trace GC Ultra 气相色谱仪

Surveyor 液相色谱仪

联系方法

北京代表处
北京市西城区金融街 23 号
平安大厦 1010—1018 室（100032）
电话：010—58503588—245
传真：010—66210851
E-mail:bj@finnigan.com.cn

上海代表处
上海市常熟路 88 号
东艺大厦 402 室（200040）
电话：021—64281793
传真：021—64281793
E-mail:sh@finnigan.com.cn

北京东方菲尼根玛特产品技术服务站
北京市三里河路 1 号
西苑饭店 5420 室（100044）
电话：010—68333866
传真：010—68333866
E-mail:bjs@finnigan.com.cn

中国分析测试年鉴

中国分析测试协会　编

中国计量出版社

图书在版编目(CIP)数据

中国分析测试年鉴/中国分析测试协会编．北京:中国计量出版社,2004.12
ISBN 7－5026－2085－0

Ⅰ.中...　Ⅱ.中...　Ⅲ.测试技术—中国—年鉴　Ⅳ.TB4－54

中国版本图书馆 CIP 数据核字(2004)第 126996 号

内 容 提 要

本书是中国分析测试协会编辑出版的国内第一部全面反映我国分析测试工作的动态及发展的大型综合性年刊。主要内容包括:与分析测试有关的法规与政策、分析测试人物、分析测试机构、分析测试成果、与分析测试有关的学术活动与展览会、分析测试仪器与市场、分析测试标准、分析测试所需的化学试剂、标准物质和标准样品及其市场、分析测试传媒等,真实地反映了我国分析测试工作的全貌。

中国计量出版社出版
北京和平里西街甲 2 号
邮政编码　100013
电话(010)64275360
E－mail　jlfxb@263.net.cn
中国人民解放军第四二一零印刷厂印刷
新华书店北京发行所发行

*
880mm×1230mm　1/16 开本　印张 40　字数 1280 千字
2004 年 12 月第 1 版　2004 年 12 月第 1 次印刷
*
定价:280.00 元

《中国分析测试年鉴》编委会

序

随着科学技术的进步,分析测试对国民经济和社会发展发挥越来越重要的作用。据了解,美国实验室每天要进行2.5亿次以上的分析测试,一年的测试费用高达500亿美元。我国改革开放以来,市场对分析测试的需求日益迫切,也对分析测试技术提出了更高的要求,特别在农产品和食品、生命科学、生态环境、材料、能源以及公共安全等领域,更受到社会极大的关注。同样,分析测试对基础研究也起到举足轻重的作用。2002年诺贝尔化学奖得主正是因分析方法的创新在科学上的重大意义而获得这个殊荣。

分析测试是一个完整的体系。这个体系包含科学仪器装备、化学试剂和标准物质等硬件手段,也包含分析测试方法和标准等软件材料,还包含分析测试机构、队伍和政策环境。最近,国务院办公厅转发了科技部、发改委、教育部、财政部《2004~2010年国家科技基础条件平台建设纲要》。分析测试体系作为国家科技基础条件平台重要内容,已纳入了平台建设重点。通过平台建设,使分析测试资源实现共享,避免重复购置和浪费,提高资源使用效率,从而增强我国基础研究的持续创新能力和国际竞争力,为科技创新提供支撑,为政府宏观决策提供科学依据,并成为为社会提供服务的窗口。

长期以来,还没有一部能全面反映我国分析测试工作动态及发展信息的综合性年刊。有鉴于此,中国分析测试协会集中大家的意见,决定编纂出版《中国分析测试年鉴》。《年鉴》将真实反映我国分析测试工作的全貌,积累分析测试工作的资料、传播分析测试工作的信息,以促进我国分析测试领域内各单位和各人士之间的交流与合作,同时也促进分析测试界同其他各界之间的交流与合作。我们希望,《年鉴》将成为社会各界了解分析测试工作不可缺少的工具书和史料性的参考书,成为国际间交流的工具和窗口。

北京中国标准物质信息技术所承担了大量编辑出版工作,对他们的努力,我们表示衷心感谢。

王顺昌

2004年10月15日

前　言

为真实反映我国分析测试工作的全貌、积累分析测试工作的资料、传播分析测试工作的信息，将促进我国分析测试领域内各企事业单位之间的交流与合作，同时也将促进分析测试领域与其他各界的交流与合作，中国分析测试协会编辑出版了国内第一部全面反映我国分析测试工作的动态及发展的大型综合性年刊——《中国分析测试年鉴》（以下简称《年鉴》）。2003 年《年鉴》的内容包括：

1. 与分析测试有关的法规与政策
2. 分析测试人物
3. 分析测试机构
4. 分析测试成果
5. 与分析测试有关的学术活动与展览会
6. 分析测试仪器与市场
7. 分析测试标准
8. 分析测试所需的化学试剂、标准物质和标准样品及其市场
9. 分析测试传媒
10. 中国分析测试协会与地方分析测试协会

为使编辑出版《年鉴》工作的顺利进行，中国分析测试协会组织了以国家分析测试中心有关人员为主的编辑部，全国化学试剂信息站和国药展览有限责任公司化学试剂展览部的有关同志也参加了编辑部的工作，在这些同志的努力下，2003 年的《年鉴》才得以顺利出版。中国分析测试协会常务副理事长、秘书长王顺昌先生为 2003 年《年鉴》写了序。

2003 年《年鉴》原定于 2004 年 6 月底出版，但由于我们是第一次编辑出版内容如此庞大的大型综合性年刊，为了能全面反映我国分析测试工作的动态及发展，将 2003 年以前与分析测试工作密切相关的信息也编写进去，因此拖延了 2003 年《年鉴》的出版，影响了在 2003 年《年鉴》中作广告单位的工作，在此我们表示诚恳的歉意。

分析测试工作涉及的面很广，科研、教育及政治经济领域的各行各业都可能涉及到分析测试工作，所以本《年鉴》中难免有遗漏之处，我们希望各界朋友能对《年鉴》中的错误和不足及时给予指出，并为我们更好地编辑出版下一年度的《年鉴》提出宝贵意见。

《中国分析测试年鉴》编辑部

2004 年 10 月 15 日

目　录

法规与政策

国家分析测试中心管理暂行办法

(87)国科发条字0849号

总　　则

第一条　为了加强国家分析测试中心的管理,更好地发挥国家分析测试中心在分析测试领域的作用,制定本办法。

第二条　国家分析测试中心是从事分析测试研究和服务的开放性的研究单位,是本学科、本行业或本地区分析测试方法和技术的研究中心、分析测试人员的培训中心和具有权威性的分析测试服务中心。

第三条　国家分析测试中心受有关主管部门或省、市科委领导,业务上接受国家科委指导。

职责和任务

第四条　国家分析测试中心应承担本学科、本行业或本地区分析测试工作的指导、协调、交流和分析测试中技术纠纷的仲裁。

第五条　国家分析测试中心的主要任务是:

(一)加强应用研究,建立和推广行业的各种标准的分析测试方法,不断开拓新的分析测试方法和技术,面向社会提供服务;

(二)承担国家科技攻关课题、重大工程项目以及其他任务的分析测试工作和分析测试仲裁;

(三)帮助和指导本学科、本行业或本地区开展测试分析工作;

(四)开展大型精密仪器应用软件的研究,对现有的大型精密仪器进行改进和创新;

(五)培训中、高级分析测试技术人员;

(六)组织分析测试领域的国内外学术和技术交流活动。

基本条件

第六条　确定为国家分析测试中心的单位必须是有相对独立的机构设置和具有综合分析测试能力的研究所或实验室,其学科或专业应符合国家重点发展方向,并要有一定数量的具有国内外先进学术、技术水平或重大社会经济效益的分析测试研究成果。

第七条　国家分析测试中心必须具有合理的人员结构和较好的业务素质:

(一)有学科带头人;

(二)中级以上技术职称人员比例不得低于全部技术人员的50%,并能独立从事分析测试方法和技术的研究;

(三)要配备技术考核合格的专门从事仪器操作和维护的技术人员;

(四)所有管理人员必须有一般的科技管理知

识和胜任中心管理工作的能力。

第八条 国家分析测试中心要有先进的、配套的同本学科、本行业或本地区需要相适应的综合性分析测试手段;

(一)仪器品种齐全,高、中、低档仪器配套,并应配备相应的样品制备、处理等技术手段;

(二)主要大型精密仪器性能指标要具有当前国内或国际的先进水平;

(三)大型精密仪器平均综合使用效率应不低于六十分。大型精密仪器平均综合使用效率的计算方法见附录。

第九条 国家分析测试中心必须具有能够维持日常工作需要的实验室和其它附属用房,实验室的温度、湿度、采光、通风、供电、供水、供气、防震、安全等,应能基本满足分析测试工作的要求。

第十条 国家分析测试中心必须具备健全的管理制度,包括技术责任和岗位责任制度、样品登记和分析测试报告的整理和审核、技术文件的存档和保密、仪器设备的操作维护规程、标样的管理和发放、物资和财会制度等。

第十一条 国家分析测试中心应该跨部门、跨省市服务,并且要有优良的服务质量和服务态度。

审查认可

第十二条 凡符合国家分析测试中心基本条件的单位,可以填报《国家分析测试中心申请书》,经主管部门或省、市科委审核后,由主管部门或省、市科委报送国家科委。

第十三条 国家科委组织审查组对申请单位,按国家分析测试中心的基本条件进行审查,并提出审查报告。

审查组由有关方面的专家和管理人员组成。申请单位的主管部门参加审查组的人员不得超过总人数的五分之一。

第十四条 凡审查合格者,经国家科委批准后,由国家科委颁发《国家分析测试中心证书》。

第十五条 申请单位在填报《国家分析测试中心申请书》时,要附本单位技术活动及效益的报告。审查组在审查时,应对其技术活动作出评价。

第十六条 国家分析测试中心每两年应接受国家科委的检查。国家科委可会同有关主管部门或省、市科委,组织国家分析测试中心互检或组织专家组进行检查。

检查不合格者,应限期整顿,或减拨其事业费直至停止其国家分析测试中心的业务。

经费和管理

第十七条 国家分析测试中心属于技术基础型的事业单位,实行事业费包干的办法。

第十八条 国家分析测试中心对外承接任务实行低收费原则,一般只收直接消耗费和少量管理费。具体收费办法可参照《分析测试收费试行参考标准》,由各国家分析测试中心根据具体情况制定。

第十九条 国家分析测试中心每年纯收入不超过本单位当年包干事业费10%的,全部留给本单位;超过部分,一半用以冲抵下一年度的单位事业费拨款,一半留给单位。单位留用部分,50%以上应用作发展基金,其余可作福利基金和对分析测试人员的奖励。

第二十条 国家分析测试中心应于每年一月末向国家科委及有关主管部门或省、市科委报送上一年的《分析测试中心业务报表》,国家科委于每年的一季度向全国发布各国家分析测试中心的有关统计数字。

第二十一条 对国家分析测试中心的技术人员应进行培养和进行经常性的技术考核,并应同科研人员一样,按贡献大小给予提职、晋级和奖励。

对分析测试人员的技术考核,主要看其分析测试技术水平的高低和完成分析测试工作量的大小。

附　　则

第二十二条 各主管部门或省、市科委可根据本办法,制定具体实施细则。

(国家科委1987年11月27日发布)

国家大型科学仪器中心管理暂行办法

国科发财字〔1998〕198号

第一章 总 则

第一条 为贯彻落实《科研条件发展“九五”计划和2010年远景目标纲要》，规范和加强国家大型科学仪器中心(以下简称仪器中心)的管理，促进大型科学仪器资源的共享，进一步提高大型科学仪器的利用率，充分发挥中心在科学技术发展中的支撑作用，制定本办法。

第二条 仪器中心是以大型或超大型科学仪器为核心组建的开放性的研究、服务单位，是该类仪器高水平的应用研究中心、人员培训中心和具有权威性的分析测试服务中心。

第三条 科学技术部根据国家科学技术发展的需要，按照突出重点、加强集成、优化配置、科学利用的原则，统一协调、规划仪器中心的建设和发展。

第二章 仪器中心的建立

第四条 仪器中心的建立，应依托在有条件的大学、研究所或其他单位，一般不单独新建。

第五条 仪器中心的建立程序：

一、科学技术部依据规划，会同有关部门，组织专家论证，确定大型或超大型仪器类型；

二、协商出资部门、地方确定各方的出资比例；

三、组成仪器中心协调小组并择优选定仪器中心依托单位。

第六条 仪器中心依托单位应具备以下基本条件：

一、有较高水平的学科带头人、较好的学科基础和研究成果；

二、具备适应需要的实验室用房、仪器设备、设施及水、电、气等配套条件；

三、有熟练的仪器维修和操作人员；

四、能够为仪器中心开展工作提供其他必需的技术支撑及后勤保障。

第七条 仪器中心依托单位负责提出引进仪器的选型及配置方案，经专家论证后，报仪器中心协调小组批准。

第三章 组织机构

第八条 仪器中心协调小组由出资部门、地方的有关负责人组成，负责选定仪器中心依托单位；组建仪器中心管理委员会；负责变更、处置、调动共建的仪器资产，以及协调其他重大事项。

第九条 仪器中心管理委员会是仪器中心的具体管理机构，由仪器中心依托单位负责人、技术委员会主任及仪器中心协调小组委派的人员组成，其职责是：

一、聘任仪器中心主任及技术委员会委员；

二、决定仪器中心建设中的有关问题；

三、审查批准仪器中心有关的规章制度；

四、审查批准仪器中心的年度工作报告和财务预决算；

五、负责仪器中心工作的监督和检查。

第十条 仪器中心主任由仪器中心管理委员

会聘任,负责仪器中心的日常管理,一般任期4年,可以连聘。其主要职责是:

一、执行仪器中心管理委员会的决定;

二、根据技术委员会的意见,决定仪器中心业务工作目标及科研规划;

三、提出年度工作计划并组织实施;

四、建立健全仪器中心各项规章制度;

五、拟订分析测试收费标准;

六、决定职工的任职、培训和奖惩;

七、每年年终向仪器中心管理委员会提供年度工作报告。

第十一条 仪器中心管理委员会聘请有关方面专家组成技术委员会,一般为5－7人,任期4年。为保持工作的连续性,每次换届至少有半数委员继续连任,但连任不得超过三届。技术委员会负责确立仪器中心业务方向和技术成果评价。

第四章 经费和管理

第十二条 出资部门、地方,根据确定的核心仪器引进方案,按商定的出资比例拨付中心核心仪器的购置费。

第十三条 中心核心仪器的运行费,主要由仪器中心依托单位的主管部门负责筹措,并可有以下来源:

一、在核心仪器购置费中,预留一定数额的运行补贴费;

二、中心核心仪器纳入当地大型仪器协作共用网,按当地入网仪器运行费补贴的有关规定,确定运行补贴额度;

三、向社会提供服务获得的收入;

四、其他合法来源的经费。

第十四条 仪器中心对外服务的收费原则:

一、对出资部门、地方所属研究所、大学等单位,按出资比例分配的机时,提供免费服务;

二、本条第一款所列单位超机时使用及非出资部门、地方的基础性研究工作,一般只收取直接消耗费;

三、非出资部门、地方的技术开发工作及所有企业单位,除直接消耗费外,还应收取相应的管理费。

具体收费标准,由仪器中心制定,报仪器中心管理委员会批准后,按照有关物价管理部门的规定办理。

第十五条 仪器中心的财务、共同出资购置的资产,由仪器中心依托单位代管,但必须单独建帐,实行专项管理。

第十六条 凡由几个部门、地方共同出资购置的仪器中心资产,均归出资部门、地方共同所有,对其的变更、处置由仪器中心协调小组研究决定。

第十七条 仪器中心应当建立和健全各项管理制度,包括技术责任和岗位责任制、样品的登记、测试报告的整理和审核、技术文件的存档和保密、仪器设备的操作维护规程、标样的管理和发放、物资和财务管理制度等。

第十八条 为做好服务,仪器中心应严格履行以下基本义务:

一、为用户保守技术秘密;

二、不得强占用户的研究开发成果,侵犯用户的知识产权;

三、根据实际条件,实行24小时对外开放服务;

四、为用户提供及时的技术保障;

五、不得向用户收取规定以外的任何其他费用;

六、不得以任何借口拒绝接受用户的测试任务或拒绝用户前来进行研究工作。

各仪器中心还可依据实际情况向用户实行更广泛的服务承诺。

第十九条 仪器中心应自觉接受用户、仪器中心协调小组、管理委员会及其他有关部门的监督。仪器中心违背基本义务或服务承诺时,用户可以向仪器中心管理委员会提出申诉;仪器中心管理委员会根据实际情况,有权予以批评、警告,直至停止运行费的补贴。

第五章 附 则

第二十条 各中心可根据本办法制定具体管理细则。

第二十一条 本办法自公布之日起施行。

(1998年6月11日科技部发布)

科研条件建设“十五”发展纲要法

国科发财字〔2001〕298 号

科研条件是保障科技发展和社会进步的重要支撑系统和技术平台，是支撑科技活动的重要基础。科研条件有着丰富的内涵，包括大型科技设施及装备、科技文献及科技基础数据、科技规范和标准、生物种质资源及标本等各种硬件及软件。现代科研条件已成为促进高新技术发展的重要环节和科技创新的一部分，是衡量各国科技、经济和社会发展水平的基础和标志之一。

科研条件建设是国家“十五”科技发展计划的一项重要内容，是“十五”及今后一段时期科技工作的重要任务。根据国家“十五”科技发展重点专项的要求，制订本纲要。

一、形势与现状

（一）面临的形势

21 世纪世界经济发展的三个主要特征是知识经济、信息技术和全球经济一体化。这三个特征所依托的都是科学技术的飞速发展。我国即将加入世贸组织，进入实施现代化建设第三步战略的关键时期，面对新世纪世界经济发展的形势，国家制定了“提高科技持续创新能力，加强技术创新，发展高科技，实现产业化”的指导方针，旨在促进我国的产业升级和结构调整，增强国际竞争力。科研条件建设必须面对新形势，满足科技发展和创新的需要。

按照国家的科技战略部署，结合世界高技术发展和我国经济、社会长远发展的需要，“十五”期间，我国将在信息技术、生物技术、新材料技术、先进制造与自动化技术等事关国家中长期发展和安全战略性和前沿性高技术领域取得突破，在生命科学、农业、资源与环境、人口与健康等基础研究方面取得新进展。要在这些领域取得突破，形成一批具有自主知识产权的重大高技术成果，增强我国基础研究的持续创新能力，都依赖于先进的科研条件支撑与装备。

西部大开发是我国经济发展的重要战略转移，建立西部资源数据库和生态环境观测网络，是实施西部大开发的首要环节。

加入 WTO，是我国实行全方位对外开放，真正进入国际经济、技术、贸易大舞台的一次十分难得的机遇，但是，发达国家利用贸易技术壁垒，保护本国的利益，对我国计量、标准、检测等技术体系等提出了严峻的挑战。

（二）现状

“九五”期间，全国贯彻实施《科研条件发展“九五”计划和2010年长远目标纲要》及四个若干意见，我国科研条件建设基本实现了既定的发展目标和任务，为“十五”及今后我国科学技术发展奠定了基础。

1. 科研条件的资源共享体系初步建立

为充分发挥科学仪器装备资源的优势，促进科学仪器的社会化服务，初步打破了原来计划经济时期科研条件管理和使用上的条条框框，引入开放、共享、竞争、服务的新机制，在解决部门所有、条块分割、资源分散等问题上积累了新经验，盘活了科研条件存量。

采取中央和地方共同支持的方式，在北京、上海、沈阳等 8 个仪器数量较多、相对比较集中的城市，建立了大型科学仪器协作共用网，实现科学仪器的共建共享，科学仪器使用效益明显提高。已建和在建质谱、核磁、二次离子探针等 6 个国家大型科学仪器中心，支持重大基础科学研究。

加大了科技文献信息机构改革和投入力度，组建了新型虚拟式国家科技图书文献中心，在理、工、农、医四个领域外文文献订购总量大幅度增长，加强了资源保障体系的建设，使科技文献保障能力和服务水平有了进一步提高。

2. 科研条件质量保证体系逐步规范

制定颁布了《实验动物质量管理办法》及其配套法规，修订了实验动物国家标准，启动了国家啮齿类实验动物种子中心，初步建立了全国实验动物质量监测体系，北京市率先对实验动物实施了立法管理，这些法规的制定和实施，使实验动物标准化、法制化管理和质量监督工作得到加强。

制定和颁布了化学试剂分类指南，并对其中的184种通用试剂实行了许可证制度，部分地区加强了化学试剂质量监测功能，使化学试剂的分类得到了规范，供应和质量明显改善。

3. 科研条件的社会化服务网络初步形成

科研条件社会化服务初见成效。各地区建立的科学仪器协作共用网，为当地的科研和企业技术开发等提供了有效的手段。科学器材连锁供应网在全国逐步形成。科学仪器改造升级和维护维修、实验室配套工程建设逐渐市场化。部分地区建立了仪器分析试剂及试验材料供应网络，电子商务正在筹建。一些科技信息机构利用现代化手段为全社会提供了丰富的网上科技信息资源。

4. 科研条件领域的自主创新和研发能力得到提高

科学仪器攻关，取得了一批技术创新成果并开始产业化。在攻关的带动和国家有关政策的推动下，部分量大面广仪器的性能指标已基本达到国外同类产品水平，品种逐渐增多，国产仪器的国内市场占有率已达27%，实现了比1995年翻一番的目标。

实验动物设施有了很大改善。“九五”末期，全国实验动物清洁级及SPF级设施分别占33%及15%以上。运用自发突变、人工诱发培育和转基因技术，开发成功了上百种人类疾病的动物模型。

21世纪，发达国家的科研条件正朝着社会化、数字化、网络化和全球化的方向发展。世界科技文献资源建设与服务进入数字化发展时期，科技基础数据信息的采集、加工、开发呈现集成化态势，科学仪器更新换代的速度不断加快，实验动物立法、福利和替代研究成为实验动物发展的方向和重点，科技名词和技术标准体系趋于国际统一和规范化。

“九五”期间取得的成绩只是为我国科研条件的发展奠定了一定基础，总体看来基础还比较薄弱，主要表现在以下几个方面：基础设施及装备难以满足现代科技发展的需要；资源分散、社会化程度低的状况还未得到根本改善；尚未形成良好的科研条件支撑环境。"十五"科研条件建设的任务更加艰巨。

二、指导思想与发展目标

（一）指导思想与基本原则

“十五”及今后一段时期，我国科研条件发展的指导思想是：

围绕国家科技发展目标，以改革、创新为动力，以资源共享为中心，优化科研条件布局，合理配置资源，营造竞争、有序的发展环境，充分发挥科研条件的保障和支撑作用，更好地为科技、经济和社会发展服务。

根据上述指导思想，“十五”科研条件发展要遵循以下原则：

——科研条件的支持重点与科技发展的需求相结合。重点支持可能实现重大突破或具有一定国际竞争优势的学科领域和重要科研基地，提高对基础研究和高技术发展的支撑保障能力。

——政府调控与市场机制相结合。加强法律、法规建设，营造有利于资源共享的发展环境，充分发挥市场机制的调节作用，促进我国科研条件健康发展。

——科研条件计划与国家其他计划相结合。加强科研条件建设计划与国家科技攻关、“863”、基础研究等科技计划的相互支持和衔接，互动发展。

——科研条件工作与地方科技工作相结合。进一步加强国家计划与地方计划的有机结合，发挥地方对科研条件建设的积极性，推进区域创新体系建设。

——自主发展与国际合作相结合。注意引进、吸收国外先进技术和管理经验，使“十五”及今后发展有一个相对高的起点，推动我国科研条件实现跨越式发展。

（二）发展目标

1. 建立比较完整的科研条件体系

统筹规划，合理布局，逐步形成以大型科技设施及仪器设备、科技文献及科技基础数据、科技规范和标准、生物种质资源及标本等四大领域为主体的科研条件支撑保障平台。到“十五”末期，装备一批高水平的科研设施，保持科研基地装备的先进性，建成一批科技基础数据群和科研条件资源库，大力推进国家科技图书文献中心的建设与发展，建立与国际接轨的技术标准体系，在整体上使科研条件保障能力有较大提升。

2. 营造有序的市场竞争环境

推动科技资源整合及优化配置，利用现代信息技术，实现科研条件资源共享。建立、健全法律法规体系，规范科研条件工作，通过政策引导和宏观调控，建设高效、快捷、规范、竞争有序的科研条件服务体系。营造科研条件健康、有效运营和稳定发展的环境，逐步实现科研条件工作的法律化、标准化和制度化。

3. 增强科研条件自身发展能力

利用高新技术提升科学仪器产业技术水平，培育若干个科学仪器研究开发和产业化示范基地。建立实验动物资源开发和应用研究平台。通过对项目的连续支持，形成一支稳定的科研条件技术队伍，逐步增强自身发展和创新能力。

三、重点任务

（一）加强科研基础设施建设

1. 为增强我国基础研究的持续创新提供强有力的支撑

结合国家重点实验室的建设，在科学前沿领域、我国具有一定优势与特色的学科领域以及多学科交叉的综合性、探索性研究领域，有计划地装备高水平的科研设施，保持科研基地装备的先进性，提高和增强我国基础研究的持续创新能力和国际竞争力。

围绕国家重点科技发展计划，协调有关部门、地方，加强科研基地和大型科技设施的联合共建，新建若干个大型科研仪器设备中心，为国家科技发展提供强有力的支撑。

2. 加强资源整合，实现资源合理配置

通过部门与部门、部门与地方、地方与地方的协作共建，合理开发和利用现有的大型科研基础设施、工程实验装置和仪器设备，充分挖掘潜力，有效利用现有资源，优化、重组利用率低和低水平重复的科研设施，在充分发挥现有试点城市协作共用网的基础上，进一步完善共享机制，推动形成以中心城市为核心的区域性资源共享网络。

3. 抓好科学仪器的改造升级和功能开发

继续加强科学仪器的改造升级和功能开发，支持和鼓励各部门、地方和有关单位对国外先进的科学仪器和设备的消化、吸收、创新和改造，提高我国科学仪器的研发和应用水平。

发挥中央和地方两个积极性，收集和汇总、宣传推广先进成熟的改造升级技术，提高现有装备的技术水平。

（二）以信息化推进科研条件的社会化服务进程

1. 推进科技文献信息事业的改革与发展

以国家科技图书文献中心建设为重点，逐步完善适应科技创新、经济建设和社会发展需求的国家科技文献信息资源保障体系，利用数字化技术逐步实现与国家图书馆、高校图书馆等各种文献信息资源保障系统的对接，共同推进我国数字图书馆的建设和发展，实现文献信息资源共享。集中力量扶持和培育一批高水平、高质量的核心学术期刊，提高国际知名度。

推动各地信息机构的改革，发挥自身优势，充分利用先进的信息技术和资源，多层次、多方位地为科技发展和经济建设提供支撑和服务。

2. 加快科技基础数据库体系的建设

推动建立我国科技基础数据库体系，在基础科学、资源环境科学、生命科学、技术科学等领域建成和运行一批对我国科技创新有重要影响的主体数据库。建设一批网上科技数据服务系统，基本实现国家科技计划项目数据的有效管理。

特别要发挥科研条件在西部大开发中的先导作用。配合西部大开发，针对西部地区科研基础设施落后的状况，加快西部地区资源数据库和生态环境观测网络的建设。

3. 注重对科学实物标本和种质资源的长期积累与保藏，建成一批生物种质资源库

重点做好地球科学、生物、生命标本的整理、保藏，标准物质标样保存，农作物品种资源库(圃)的建设，动物资源、重大疾病细胞及重大古生物古人类化石标本等的收集保藏与利用。完成云南国家生物多样性种源库的一期建设，建成国家农作物、林木、畜禽、水产、农用微生物种质资源库及地域分布合理的中药材种源库。

4. 推动科研条件网络服务体系建设

抓好网络建设，实现科技基础数据、生物种质资源的网络化。推动全国统一、设施先进的科技数据、资料的数字化、网络化中心的建设，完善信息共享机制。在有条件的地区，积极推进科学仪器、化学试剂、实验动物等市场供应网络和社会化服务体系的建立。

(三)完善科研条件质量技术保证体系

1. 加强科学技术基础规范标准的研究工作

以与高技术发展相配套的技术标准体系和与提高人民生活质量相关的安全标准体系为切入点，在农产品及食品、信息的安全标准；生物、纳米材料、新能源及先进制造等高技术产业发展标准；环境监测标准、生物活性材料的生物安全性标准；国家标准物质、标准方法等方面加强研究、制订和修订工作。加强国家计量体系的研究与完善。

2. 建立和完善分析测试体系

通过收集、整理、比对分析测试方法和技术，建立覆盖国民经济各领域的、与国际接轨的分析测试方法、仪器的检定(校准)方法及标准物质信息资源库，面向全社会服务。支持科研、国民经济急需的分析测试新方法的研究，不断丰富、完善我国分析测试资源库。通过分析测试方法的规范和统一，提高我国科研、生产检测的整体质量和水平，为我国加入 WTO，打破贸易技术壁垒，提供强有力的技术支撑。

3. 全面推行实验动物法制化管理

加快政策法规建设，建立健全法制化管理体系，规范实验动物市场，营造竞争有序的市场环境。加强部门间的协调，发挥属地管理优势，健全执法队伍，加大执法力度，严格执行实验动物标准，全面贯彻实验动物许可证制度，在科研立项、成果鉴定、产品检验与监督管理中逐步实行实验动物一票否决制。推动建立与国际接轨的动物福利保障制度。

(四)加强科研条件基地和平台的建设

1. 加大研发力度，提升科学仪器整体技术水平和产业规模

以"十五"国家科技攻关——《科学仪器研制与开发》重大项目为龙头，发挥国家科学仪器工程技术研究中心的作用，重点攻克设计模块化、微分析技术、生物化学传感器、成像技术、联用技术、专用软件技术等关键共性技术，带动通用、专用等各类科学仪器的发展，提高科学仪器的设计、工艺、制造和国产化水平。加强中央与地方的协作，推动京津冀及上海、长春为中心的三大科学仪器研发和产业化基地的形成。力争到 2005 年，带动我国量大面广的国产分析仪器的市场占有率从"九五"末期的 27%，提高到 40% 以上，仪器出口实现翻一番的目标；形成一支持续创新能力较强、相对稳定的科学仪器研发和产业化队伍。

鼓励地方开展适合当地特点的科学仪器研究与开发，为增强我国的科技装备能力，扩大科学仪器的产业化规模做出贡献。

2. 建设若干个国家级科技基础数据中心

结合国家科技基础数据库体系的发展，选择具有大型主体数据库、队伍稳定、服务面较宽的信息中心或研究单位，使之利用已有的数据资源开展面向科研工作的信息服务，收集和管理国家相关科研项目的成果，建立稳定、安全的数据库和信息服务运行环境。建立和完善以 WDC-D、CODATA、中国科学数据库为主体的基础数据中心、中国地球科学数据等中心，并投入示范运行。

3. 建立实验动物支撑保障平台

结合相关学科和产业的发展需求，以"十五"国家科技攻关重点项目"国家遗传工程小鼠资源库的建立"为核心，初步建立国家遗传工程实验动物资源库。利用转基因技术、基因打靶技术等高技术手段，构建与国际标准一致的模型动物质量监控技术及资源开发平台，加大对我国人群疑难病、多发病的人类疾病动物模型的研究与利用。

加强实验动物种质资源的保护和利用。对我国小型猪等特有动物资源开展实验动物化研究，

开发和培育实验动物新品种、品系。开展实验动物、环境设施及相关条件的质量监控技术研究，加强实验动物疾病的快速诊断及检测试剂的研究与开发。

四、保障措施

1. 加大投入和经费管理力度

“十五”期间，设立“研究开发条件建设计划”相应的专项资金，并逐年加大投入力度。编制和发布相应专项资金的管理办法，使经费管理纳入科学规范的轨道，全面实行“课题制”，建立科学公正的项目招投标制度、科技评估制度和财务监管体系。

在中央财政加大投入力度的同时，有关部门和地方要重视科研条件建设，采取相应措施，加大投入。扩大资金渠道，鼓励和吸引全社会，特别是企业通过创业投资基金、中小企业创新基金及证券市场等多种形式参与建设，为科研条件及其产业发展创造良好的投资环境。

2. 加强宏观管理和部门、地方的有机协调

加强对科研条件建设的领导和协调。根据国家科技发展需求，对我国的科研条件建设进行科学合理部署，针对我国各地区的不同情况，引导和推动地方科研条件的发展，逐步形成适应我国科技、经济和社会发展的新型科研条件发展格局。各地区、各部门要通力协作，增强全局观念，多层次、多渠道地加强对科研条件的支持。加强各部门和地方之间的协调，及时沟通信息，发动全社会参与科研条件建设，共同促进科研条件发展。

3. 建立健全法律、法规

从我国国情和科研条件实际出发，建立符合社会主义市场经济体制、有利于科研条件发展的创新的政策法规保障体系，使科研条件的发展与投入、机构与队伍、科技人员地位与作用等得到合理的保护和支持；建立健全相关科技成果与知识产权保护、质量监督、进出口及科技奖励等制度。规范市场行为，营造一个竞争有序的市场环境。

4. 凝聚一支精干、高效的队伍

各级领导和主管部门要进一步转变观念，提高认识，高度重视科研条件在吸引科技人才献身科技事业，在科技创新中的突出作用。在培养、考核、提职及生活待遇等方面采取切实可行的措施，凝聚一支精干高效的科研条件队伍；重视人才引进，通过重点项目、任务的实施，创造条件，吸引优秀人才从事科研条件工作；完善市场机制和人才竞争机制，促进人才合理有序流动。

5. 加强国际交流与合作

充分利用国际基础数据、科技信息、科技设施等可共享资源，加强国内外合作研究，在科学技术标准和规范的制订方面实现与国际接轨，增进国际学术交流，提高科研条件相关技术的学术和应用水平。

（2001 年 8 月 15 日科技部发布）

北京科学仪器装备协作共用资金管理暂行办法

北京科学仪器装备协作共用资金（以下简称资金）是根据《国务院关于“九五”期间深科技体制改革的决定》中有关“要采取有力措施，促进共建、共用大型仪器设备”的精神建立的。建立资金是科研条件工作的一项重要改革，目的在于发挥北京地区现有科学仪器装备优势，改变科学仪器的部门所有和条块分割状况，实现社会主义市场经济条件下科学仪器资源共享，促进科学仪器利用率的提高，为科技进步和国民经济、社会发展服务。为了用好资金，提高资金的使用效益和透明度，特制定本办法。

第一条 资金来源

1. 政府专项拨款；

2. 单位集资；

3. 社会赞助；

4. 其他

第二条 资金用途：

本项资金专用于北京地区参加协作共用的科学仪器装备对外测试服务的运行补贴费。

第三条 资金管理与使用应体现公开、公正、合理、有效的原则。

第四条 资金管理协调领导小组（以下简称协调小组）由出资部门、地方的有关负责人组成，其主要职责是：指导和协调资金筹措和管理中的重大事宜。

第五条 资金管理委员会（以下简称管委会）管委分成员主要由资金出资部门委派的人员、专家委员会主任及管委会办公室主任等人组成，管委会主任由管委会成员协商产生。管委会议事规则是民主集中制。管委会的主要职责是：

1. 制定和修改《资金管理办法》和《资金管理实施细则》；

2. 审定协作共用仪器和制定仪器运行考核办法；

3. 审定协作共用仪器的运作行补贴费；

4. 监督资金的使用；

5. 每年年初协调小组报告上一年度资金使用情况和本年度工作计划；

6. 批准专家委员会成员名单。

第六条 资金管理委员会专家委员会（以下简称专家委员会）专家委员会是管委会的技术咨询机构，由科学仪器使用与管理方面的专家组成，专家委员会主任由专家委员会选举产生，专家委员会的职责是：

1. 对申请参加协作共用的科学仪器装备进行技术评估，提出参加协作共用仪器的推荐名单；

2. 每年对协作共用仪器的性能指标进行检查与考核；

3. 对协作共用仪器组的服务质量和技术水平进行评议。

第七条 资金管理委员会办公室（以下简称管委会办公室）

管委会办公室是管委会的日常办事机构，其任务是：

1. 根据有关办法，受理参加协作共用仪器的申请，具体负责协作共用仪器的选择和运行效绩的考核；

2. 根据考核结果，提出协作共用仪器对外测试用服务的运行补贴费安排意见；

3. 负责资金的帐目和收支管理；

4. 向管委会报告年度资金使用情况；

5. 负责提供北京科学仪器协作共用信息；

6. 管委会交办的其它工作和日常事务。

管委会办公室设在北京科学仪器装备协作服

务中心。管委会办公室主任由北京科学仪器装备协作服务中心主任兼任。

第八条 资金使用方式

1. 资金实行单独建帐,专款专用;

2. 资金本金不做消耗性使用,本金生息部分以无偿使用方式用于协作共用仪器运行费的补贴;

3. 资金的增值措施由管委会决定。

第九条 凡北京地区科研院所、高等院校拥有的大型科学仪器,其性能指标达到国内现有装备先进水平,可提供足够对外测试服务机时,符合协作共用仪器条件者,均可向管委会办公室提出申请。管委会办公室在专家委员会推荐的基础上根据资金强度,和对运行费的测算,提出协作共用仪器清单,报管委会审批。

第十条 协作共用仪器必须严格履行下列承诺;

1. 保证为用户保守技术秘密;

2. 为用户提供及时的技术保障和准备要靠的分析测试结果;

3. 保持仪器设备完好正常,保证用户随时使用;

4. 不得向用户收取规定以外的任何费用;

5. 不得以任何借口拒绝接收用户的测试任务或拒绝用户前来进行研究工作。违反承诺的,用户可向管委会办公室提出申诉;管委会办公室组织调查核实后,提出处理意见,报管委会批准后执行。违反承诺的处罚是:警告、停发运行贴费、取消其协作共用资格。

第十一条 对协作共用仪器的考核,是决定运行补贴的依据。仪器考核主要从年度使用机时、样品数、对外服务收入、服务质量和服务态度等方面,采用定量计算和用户评议相结合的方式进行。具体考核办法由管委会制定。

第十二条 本管理办法由资金管理委员会负责解释、修改、补充。

北京市科委

国家科委条件财务司

中国科学院计划财务局

国家教委条件装备司

国家自然科学基金委员会综合计划局

一九九七年五月十五日

北京科学仪器装备协作共用资金管理实施细则(试行)

为了充分发挥北京科学仪器装备协作共用资金(以下简称资金)在促进北京地区科学仪器装备协作共用中的作用,有效提高科学仪器装备的利用率和使用水平,资金管理委员会(以下简称资金管委会),根据《北京科学仪器装备协作共用资金管理暂行办法》规定的原则,制定以下资金管理实施细则。

资金的筹集

第一条 政府专项拨款。该项资金是政府财政对科学仪器装备的一次性专项补助经费,由北京科学仪器装备协作服务中心(以下简称科仪服务中心)根据发展科学仪器装备协作共用事业的特殊需要提出专项申请,报请政府主管部门审批。

第二条 单位集资。该项资金是参加协作共用仪器的单位以自愿原则投入的资金,由资金管委会与投入单位协商确定投入额,报请投入单位主管领导审批。

第三条 国内外科学仪器厂商和社会人士选助。资金的使用、申请、评审与管理。

第四条 本项资金专用于北京地区参加协作共用的科学仪器装备对外测试服务的运行补贴费。

第五条 协作共用仪器范围及条件

申请参加协作共用的科学仪器应当同时满足下列条件:

1. 仪器性能指标达到国内现有装备的先进水平或具有特殊功能,且应用领域较广;
2. 应能提供足够的对外服务机时;
3. 仪器功能完善、运行故障率不高于10%;
4. 分析测试精度等级符合设计的使用技术条件;
5. 仪器组有固定的、具有三年以上实践经验,职称为工程师以上的分析测试人员。

第六条 协作共用仪器的申请与审批

1. 由仪器拥有单位根据协作共用仪器的条件,按规定填写《北京科学仪器装备协作共用申请表》,报送资金管委会办公室。
2. 专家委员会负责对协作共用仪器进行技术评估;
3. 资金管委会办公室根据资金强度及专家委员会评估意见,在运行费测算的基础上提出协作共用仪器名单,报资金管委会批准后,由资金管委会办公室发出协作共用仪器通知单;
4. 协作共用仪器实行流动制。资金管委会将根据资金支持的强度,不定期对协作共用仪器的种类和数量进行调整。做到有进有出,用更新更好的仪器替代性能落后或协作共用不好的仪器;
5. 资金出资部门管理范围的仪器,在同等条件下享有优先权。

第七条 协作共用仪器的收费

协作共用仪器机时收费,分为基本费、管理费和占用费,具体计算方法详见《协作共用仪器收费计算方法》。

①国家(地方)自然科学基金、攀登计划、863计划项目有研究生课题,只收取基本费;

②国家科技攻关计划、出资部门(地方)科技计划项目,收取基本费和一定的管理费;

③出资部门(地方)直属单位其他项目及非出资部门(地方)科技计划项目,收取基本费、管理费及适当的仪器占用费;

④开发、生产项目,收取基本费、管理费及仪器占用费。

第八条 协作共用仪器运行补贴费的申请、评审和管理

1. 对入网仪器的考核，是决定运行补贴费的依据，补贴分 A、B、C 三档（详见协作共用仪器运行补贴费考核规定）；

2. 使用仪器者必须认真如实地填写《委托测试任务表》；

3. 协作共用仪器需填报《协作共用仪器年度考核表》；

4. 每年十二月二十日前将上述报表和收费发票复印件报送资金管委会办公室；

5. 资金管委会办公室对申请单位所报材料的真实性、完整性进行审核；

6. 专家委员会对协作共用仪器的服务质量和技术水平进行考核；

7. 资金管委会根据对资金管委会办公室和专家委员会的审查意见，最终审定补贴方案；

8. 补贴方案经资金管委会主任签字后执行；

9. 资金管委会办公室根据审批结果书面通知各申报单位，各申报单位凭通知单，到资金管委会办公室领取运行补贴费。

奖　励

第九条 奖励办法

1. 年度工作奖

奖金总额为年度协作共用仪器运行补贴费总额的 10～15%，直接用于分析测试任务承担仪器组的奖励。

2. 表彰奖

①先进集体奖：分设一、二、三等奖，名额总数 6～10 名；

②先进个人奖，人数 20～30 名，发给奖状并给予物质奖励。

3. 表彰奖每三年进行一次，资金管委会办公室拟定评选标准，协作共用单位提出推荐名单和事迹材料，资金管委会办公室提出初审意见，资金管委会拟定授奖名单，报资金管理协调领导小组批准。

处　罚

第十条 在科学仪器装备协作共用工作中有下列不良表现的给以处罚：

1. 违反承诺，但未给委托方造成损失的，予以警告；

2. 违反承诺，并给委托方造成影响和损失的，取消全年运行补贴费；

3. 虚报机时和测试收入的，除取消全年运行补贴费外，取消其协作共用资格。

附　则

第十一条 本实施细则由资金管理委员会负责解释。

北京科学仪器装备协作共用资金管理委员会

一九九七年六月九日

上海市科学仪器协作共用专项资金管理暂行办法

第一条 为了实现资源共享，优势互补，促进仪器利用率的提高，上海市科学技术委员会（以下简称市科委）建立上海市科学仪器协作共用网（以下简称协作共用网），并设立上海市科学仪器协作共用专项资金（以下简称资金）。

第二条 为使协作共用网和资金使用体现“公开、公正、合理、有效”的原则，市科委会同本市有关部门及部分专家组成上海市科学仪器协作共用管理委员会（以下简称管委会）。其职责是：参与筹集专项资金；审议和评议资金管理中重大事宜以及资金的投向和效果；审定协作共用网的发展方向、规模和任务；推广先进技术和管理经验；向有关主管部门提出建议和要求。

第三条 管委会下设办公室，挂靠在中国上海测试中心（以下简称中心），负责处理日常事务工作。其职责是：做好资金的保值和增值、运行管理、年度预算、组织协调、统计汇总、信息反馈、调研总结等项工作。

第四条 参加协作共用的科学仪器应同时满足下列条件：1、仪器性能指标达到本市现有装备先进水平；2、仪器运行正常；3、可提供足够对外服务机时的；4、凡有计量检定规程的，仪器应按周期进行计量检定。无检定规程的，应按自检办法定期进行自检。此外，仪器操作人员具有中级以上技术职称，并有三年以上实践经验。

第五条 入网科学仪器以专管共用、无偿补贴、集资购置等办法，为本市科技各路大军提供科研后勤保障，提高仪器投入产出比。

第六条 资金主要来源是国家科学技术委员会和市政府有关机构的专项投入及社会赞助。

第七条 资金以本金生息增值部分无偿用于入网仪器运行补贴。

第八条 资金重点补贴承担国家和市重点科研项目中的分析测试费用。

第九条 根据科研项目的性质和来源，补贴额度为网员单位与委托方商定的分析测试服务收费额度的30%～50%。

第十条 根据本市科学技术发展要求，逐步调整和扩大入网仪器范围。

第十一条 网员单位应为用户保守技术秘密，不得向用户收取规定外的费用，不得以任何借口拒绝接受用户的测试任务。

第十二条 对违反本办法第十一条的，用户可以提出申诉，经查实后，将按情节轻重作停发仪器运行补贴费、除名等处理。

第十三条 本办法的解释权属上海市科学技术委员会。

第十四条 本办法自颁布之日起执行。

上海市科学技术委员会
一九九七年二月二十四日

上海市科学仪器协作共用专项资金管理细则(试行)

资金的筹集与使用

第一条 政府专项拨款。由政府有关部门根据本市科学仪器协作共用需要,下拨专项资金。

第二条 接受国内外科学仪器厂商和社会赞助。

第三条 资金用于推进上海地区科学仪器社会化协作共用入网仪器的运行补贴。

入网仪器的申请与审批

第四条 市内仪器拥有单位符合入网条件的,均可填写《上海市科学仪器协作共用申请表》(附表一),并在每年三月底前报送管委会办公室。

第五条 管委会办公室根据仪器性能、资金强度和建网规划,征集有关专家意见,提出协作共用仪器名单,报管委会审定,经批准后正式通知仪器拥有单位。

第六条 协作共用仪器每二年进行一次调整,以保持入网仪器技术指标先进及良好运转。

第七条 国家级或市级测试中心、重点实验室、科学研究中心、工程研究中心的仪器享有入网优先权。

第八条 运行费的补贴标准,根据入网仪器单位承担测试项目的性质不同,可分为以下几类:

1. 为研究生独立承担的科研项目(国家级或上海市级)开展测试服务的,按委托测试单位的交款发票,经核定后,以50%予以补贴。

2. 为基础研究、社会公益性的科研项目(国家级或上海市级)开展测试服务的,按委托测试单位的交款发票,经核定后,以40%予以补贴。

3. 为应用开发类的科研项目(国家级或上海市级)开展测试服务的,按委托测试单位的交款发票,经核定后,以30%予以补贴。

4. 其它有突出社会效益的分析测试技术服务项目,可凭受益单位的证明材料和委托测试交款发票的复印件,经主管部门审核后,提出申请,给予适当补贴。

5. 为鼓励网员单位做好年度统计报表(内容包括对内和对外服务机时、样品数、服务收入、以及有影响的服务项目和服务效益等),管委会办公室将会同主管部门,在核实上报内容的基础上,进行择优奖励。

运行贴补费的申请与审批

第九条 运行费的补贴,由入网仪器的单位向管委会办公室提出申请,并填写《上海市协作共用仪器运行补贴申请表》(附表二)和《委托检测任务登记表》(附表三)。

第十条 管委会办公室受理申请后,在专家评议、情况核实的基础上提出拟定补贴方案,经办公室主任审签后正式执行,并书面通知申请单位。

第十一条 入网仪器单位凭委托单位交付费用的发票复印件,向管委会办公室申请运行补贴费。

第十二条 管委会办公室收到收费发票的复印件后,即向申请单位的银行帐户核拨运行补贴费。

处　罚

第十三条 在实施科学仪器协作共用过程中,如有下列现象,分别给予以下处罚:

1. 违反承诺,给委托方造成影响和损失的,停发运行补贴费,情节严重的予以除名。

2. 因仪器操作人失职,造成测试数据严重差错的,取消该仪器的运行补贴费。

3. 凡有弄虚作假行为,一经查实,即取消入网资格。

附　则

第十四条 本实施细则由管委会办公室负责解释。

第十五条 本实施细则经上海市科学仪器协作共用管理委员会审议通过,自发布之日起试行。

沈阳地区大型科学仪器设备协作共用暂行办法

为了充分发挥沈阳地区现有科学仪器设备优势,改变科学仪器部门所有和条块分割现状,较好地实现社会主义市场经济条件下科学仪器资源共享,提高科学仪器利用率,特制定本办法。

第一条 沈阳地区实施大型科学仪器协作共用是以政府扶持为引导,发挥市场机制的作用,多方筹集资金,盘活存量,用好增量,通过协作、共用与共管,充分挖掘现有科技资源效益,提高现有科学仪器的使用效率。

第二条 协作共用组织机构

1. 沈阳地区大型科学仪器设备协作共用协调领导小组由出资部门、省、市有关部门负责人组成,其职责是负责指导和协调协作共用基金的筹措与管理中的重大事宜。

2. 沈阳地区大型科学仪器设备协作共用专家委员会(以下简称专家委员会)由有关方面的专家和政府有关部门的领导组成,其职责是负责对申请进入协作共用网的仪器进行技术评估、鉴定和认证,以及动态管理过程中仪器更新换代与进出网调整的考核与评定等项工作。

3. 沈阳地区大型科学仪器设备协作共用协会(以下简称协会)是沈阳地区科学仪器协作共用网常设工作机构,请出资部门的委派人员和专家参加,并由有关部门的专职人员共同组成。其职责是负责协作共用网有关规定与办法的制定以及逐步规范与修正等项工作;负责协调并组织专家委员会对仪器进出网进行评定与确认,定期组织考核并进行仪器运作费用测算,负责基金管理与运作,以及入网仪器机时补贴费的定期兑现等日常工作。

第三条 协作共用基金来源与用途

1. 基金来源主要渠道为:

①国家科委专项拨款

②辽宁省科委专项拨款

③沈阳市科委专项拨款

④中科院沈阳分院专项经费

⑤协作共用会员单位集资

2. 本项基金专门用于对参加沈阳地区协作共用的科学仪器设备在对外测试服务过程中的运行补贴。

3. 基金管理、运作与使用遵循公开、公正、合理、有效的原则。

第四条 协作共用仪器实行动态管理制。协会将根本基金支持的强度,及仪器的需求种类和数量、先进与落后程度、运行考核结果等项指标做进出调整。

第五条 协作共用网会员单位入网审批程序

协作共用网实行会员制。会员分为仪器入网会员和仪器使用会员两类。

1. 仪器入网会员审批程序是:

①由仪器所有单位向协会提供仪器入网申请;

②由专家委员会对申请入网的仪器进行技术评估和评价;

③协会根据专家委员会评估结果与意见及基金强度,在运行费用测算的基础上提出协作共用仪器名单,报协调领导小组批准并由协会向仪器入网单位发出协作共用仪器通知书。

④仪器入网单位要交纳一定额度的协作共用基金资助网的运作,该部分基金仍属原单位所有。

2. 仪器使用会员审批程序是:

①由仪器使用单位向协会提出入网申请;

②协会将按规定程序实施审批;

③仪器使用单位应按规定交纳一定额度的

会费。

第六条 协作共用仪器收费原则

1. 协作共用仪器机时收费分为基本费、管理费和占用费。在承担测试任务时，根据测试任务的性质执行不同的收费标准。

2. 对国家有关重点科研项目实行优惠收费：

①国家(地方)自然科学基金、攀登计划、863计划项目及研究生课题等，只收取基本费；

②国家科技攻关计划、出资部门(地方)科技计划项目，收取基本费和一定的管理费；

③出资部门(地方)直属单位其他项目及非出资部门(地方)科技计划项目，收取基本费、管理费及适当的仪器占用费；

3. 对面向社会的开发与生产项目按规定收取基本费、管理费及仪器占用费。

第七条 凡入网会员都将得到协会对其的补贴收益。

1. 对仪器入网会员将以机时费的形式给予补贴；

2. 仪器使用会员除以价格优惠的形式得到补贴以外，还将根本其使用后对科研与产业化的效益贡献情况，再按一定比例给予补贴。

第八条 协作共用仪器严格执行以下规定

1. 为用户保守技术秘密；

2. 为用户提供及时的技术保障和准确可靠的分析测试结果；

3. 保持仪器设备完好正常，保证用户随时使用；

4. 不得向用户收取规定以外的任何费用；

5. 不得拒绝接收用户的测试任务。

违反以上规定将受到协会的警告、停发运行补贴费、取消其协作共用资格等处罚。

第九条 协会对协作共用仪器实行年度考核，主要从年度使用机时、样品数、对外服务收入、服务质量和服务态度等方面，采用定量计算和用户评议相结合的方式进行。

第十条 本办法由协会负责解释、修改与补充。

第十一条 本办法自发布之日起实施。

沈阳市科学技术委员会

一九九七年七月

《沈阳地区大型科学仪器设备协作共用暂行办法》实施细则

为促进沈阳地区大型科学仪器设备协作共用网良性运行，根据《沈阳地区大型科学仪器设备协作共用暂行办法》制定本实施细则。

协作共用网组织机构的工作

第一条 沈阳地区大型科学仪器设备协作共用协调领导小组（以下简称协调领导小组）负责对沈阳地区大型科学仪器设备协作共用专家委员会（以下简称专家委员会）和沈阳地区大型科学仪器设备协作共用协会（以下简称协会）的建立与调整工作。

第二条 专家委员会与协会根据协作共用网的运作情形与需要不定期地召开例会，研究并解决有关问题，以保证协作共用网的良性运行。

第三条 协会在协调领导小组和专家委员会的指导下进行日常工作，并定期向协调领导小组和专家委员会汇报协作共用网的运行情况。

协作共用基金的管理与使用

第四条 协作共用基金由协会进行管理与运作，并定期将基金运作情况向协调领导小组和专家委员会进行汇报，同时向网员单位进行通报。

第五条 协作共用基金必须用于保证并维护沈阳地区协作共用网的正常运转。其本金存入银行不动，增值部分全部用于入网的科学仪器设备在对外测试服务中的运行补贴。

第六条 协作共用仪器运行补贴费的申请与评审工作由协会统筹管理。其办法是：

1. 每年底对入网仪器的运行情况进行考核，其考核结果将作为发放补贴费的依据。补贴费分甲、乙、丙三档。

2. 对协作共用仪器的服务质量和技术水平的年度考核工作由协会会同专家委员会共同组织。

3. 每年年初入网仪器会员单位将上年度的《沈阳地区大型科学仪器设备协作共用委托测试任务表》（见表二）、《沈阳地区大型科学仪器设备协作共用仪器年度考核表》（见表三）及收费发票复印件等材料报送协会。

4. 协会对申请运行补贴费单位所报送材料的真实性与完整性进行审核，然后确定补贴方案并书面通知各申报单位。

5. 各申报单位凭通知单到协会领取运行补贴费。

协作共用仪器入网条件及审批

第七条 申请参加协作共用网的科学仪器应当同时满足下列条件：

1. 仪器性能指标达到国内现有设备的先进水平或具有特殊功能，且应用领域较广；

2. 应能提供足够的对外服务机时；

3. 仪器功能完善、运行故障率不高于10%；

4. 分析测试精度等级符合设计的使用技术条件；

5. 具有工程师以上职称、三年以上实践经验且固定的分析测试专业技术人员。

第八条 协作共用仪器的申请与审批

1. 由仪器拥有单位根据第七条规定的条件，认真填写《沈阳地区大型科学仪器设备协作共用入网仪器申请表》（见表一）。

2. 专家委员会负责对申请的协作共用仪器进行技术评定与确认；

3. 协会根据专家委员会评估结果，在运行费测算的基础上提出协作共用仪器名单，报协调领导小组批准后由协会发出协作共用仪器通知书；

第九条 协作共用仪器实行动态管理制。协会将根据基金支持的强度，定期对协作共用仪器的种类和数量进行调整。做到有进有出，及时用更新更好的仪器替代性能落后的仪器；

第十条 基金出资部门管理范围的仪器，在同等条件下享有优先入网权。

协作共用仪器收费

第十一条 协作共用仪器机时收费分为基本费、管理费和占用费三项。

1. 基本费(J)

$$J = D + S + X$$

其中：D(电费)=(平均第小时耗电度数×使用小时)×每度电费

S(水费)=(平均每小时耗水吨数×使用小时)×每吨水费

X(消耗的试剂、气体、材料等费用)

2. 管理费G

$$G = R + F + W$$

其中：R(人员工资)=仪器组人员年总工资/2080×使用小时

F(房屋费)=(仪器占用平米×每平米费用)/8760×使用小时

W(仪器维修费)=(仪器原值×5%)/2080×使用小时

3. 占用费(Z)

Z=(仪器原值/10/8760)×使用小时

奖励与处罚

第十二条 奖励分年度工作奖与表彰奖二项。

1. 年度工作奖

其奖金总额为当年协作共用仪器运行补贴费总额的10%～15%，直接用于对分析测试任务承担仪器组的奖励。

2. 表彰奖

其中先进集体奖分设一、二、三等奖，名额为入网仪器单位总数的10%～15%。

先进个人奖的人数为先进集体奖数的2倍。表彰奖将发给奖状并给予物质奖励。

3. 表彰奖每二年进行一次。协会拟订评选标准，由协作共用单位提出推荐名单及事迹材料。协会会同专家委员会提出初审意见，并拟定授奖名单，报协调领导小组批准。

第十三条 会员单位在协作共用网运行中有下列不良表现的给以处罚：

1. 违反暂行办法规定，但未给委托方造成损失的，予以警告；

2. 违反暂行办法规定，并给委托方造成影响和损失的，停发全年运行补贴费；

3. 虚报机时和测试收入的，一经发现即停发全年运行补贴费，严重者将取消其协作共用资格。

附　　则

第十四条 本实施细则由协会负责解释。

沈阳市大型仪器协作共用办公室

一九九七年九月

吉林省科学仪器装备协作共用资金管理办法

为了充分发挥吉林省科学仪器装备在科研、教育事业发展及地方经济建设中的作用，开展协作共用、资源共享、建立了吉林省大型科学仪器装备协作共用网。为管好用好协作共用资金，特制定本办法。

第一条 资金的筹备

该项资金主要由国家科技部吉林省科学技术厅、吉林省教育厅、中科院长春分院及其它有关单位的专项资金和网员单位的赞助形成。

第二条 资金的用途

本项资金专用于吉林省范围内参加协作共用网的科学仪器装备对外测试服务的运行补贴费。

第三条 资金使用原则

资金管理与使用应体现公开、公正、合理、有效的原则。专项资金的本金不做消耗使用，其增值部分以无偿使用方式用做协作共用仪器的运行补贴。

第四条 补贴费用申请、评审和管理

对入网仪器的考核是决定运行补贴费的依据。

1. 使用仪器者必须认真填写(委托测试任务表)。

2. 协作共用仪器需填报(协作共用仪器年度考核表)。

3. 上述报表定期报送管委会办公室。

4. 办公室对申请单位所报材料的真实性、完整性进行审核。

5. 专家委员会对协作共用仪器的服务质量和技术水平进行考核。

6. 根据管委会办公室和专家委员会的审查意见，最终审定的补贴方案经管委会主任签字后执行。

7. 管委会办公室根据审批结果书面通知各申报单位，各申报单位凭通知单到管委会办公室领取运行补贴费。

第五条 资金补贴办法

资金补贴办法详见《吉林省大型仪器装备协作共用网服务中心运行补贴费管理办法》。

吉林省大型科学仪器协作共用网管理委员会

一九九九年十月一日

吉林省大型仪器装备协作共用网服务中心运行补贴费管理办法（试行）

为进一步管好用好协作共用资金，特制定本办法。

一、运行补贴费来源

由国家科技部出资200万，中科院出资100万，吉林省科技厅出资200万，吉林省教育厅100万，共筹措分析测试基金600万。本金仍属原投入单位，每年增值部分做为入网仪器及装备运行补贴费，以有限资金补贴省内高、精、尖大型仪器的运行费之不足。

二、补贴对象

协作网补贴的意义在于鼓励机组面向社会，扩大服务范围，原则上实行多创多补，不创不补的办法，凡在吉林省范围内申请并获准进入协作网的大型仪器装备机组，其对外分析测试及技术服务项目均可享受运行补贴。

三、核算及补贴办法

1. 机组对外测试收入首先要进入协作网帐户；

2. 按照国家有关规定提取相应税金(5%营业税)；

3. 根据省科技厅有关规定，机组提取创收额度30%的劳务酬金；

4. 由于协作网是基金的性质，由基金资助补贴运行，企业应执行计划成本。按上级有关规定，提取剩余额度的2.5%为协作网发展基金；

5. 对外收入的50%返给机组；

6. 其余经费做为协作网的业务费用。

四、协作网领导小组责成管委会管理测试基金，要保证本金不流失、并制定可行的增值措施。

五、管委会及办公室根据协作网机组每年对社会服务的收入总量及测试基金的增量确定补贴比例。

六、为避免设备的重复引进，鼓励省属研究所利用协作网的仪器设备开展有科研工作，凡此类课题测试费用，协作网给予20%的优惠，测试项目由省科技厅统一审批管理。

补贴审核办法：

1. 协作网补贴费的使用由管委会按年度审核，并对网员单位通报有关情况。

2. 机组对外测试收入真实性和服务质量由网员单位主管单位审核，并于年末提供一份文字报告，由协作网管委会重点考察审核。

3. 对入网机组实行动态管理，对效益好，服务质量高的机组给予鼓励，连续两年考评不合格机组取消网员资格。

七、运行补贴费应不大于协作共用补贴基金，如发生补贴费超支情况，本年度补贴立即中止。

八、管委会办公室负责本办法的执行及日常财务处理工作。

九、本办法由协作网管委会制定并负责解释。

吉林省大型科学仪器协作共用网管理委员会

一九九九年十月一日

武汉地区大型科学仪器协作共用网资金管理实施细则

为了充分发挥武汉地区大型仪器协作共用资金(以下简称资金)在促进武汉地区大型仪器协作共用中的作用,有效提高大型仪器的利用率和使用水平,根据《湖北、武汉地区大型仪器协作共用网管理暂行办法》规定的原则,制定以下资金管理实施细则。

资金的筹集

第一条 政府专项贷款。该项资金是政府财政对开展大型仪器协作共用的一次性专项筹集经费。

第二条 单位集资。该项资金是参加协作共用仪器的单位以自愿原则投入的资金,由资金管委会与投入单位协商确定投入额,报请投入单位主管领导审批。

第三条 国内外科学仪器厂商和社会人士赞助。

资金的使用、申请、评审与管理

第四条 资金的使用

1. 资金使用范围。主要用于武汉地区参加协作共用的大型仪器对外测试服务的运行补贴费,少量资助新的分析测试方法研究课题以及赶超国际先进水平的大型仪器设备的功能开发和软、硬件改造。

2. 资金实行专款专用,单独建帐。设会计、出纳各一人,严格财物手续,接受管委会和有关审计部门的审计与监督。

第五条 协作共用仪器范围及条件

申请参加协作共用的大型仪器应当同时满足下列条件:

1. 仪器性能指标达到国内现有装备的先进水平或具有特殊功能,且应用领域较广。

2. 应能提供足够的对外服务机时;

3. 仪器功能完善、运行故障率低;

4. 分析测试精度等级符合设计的使用技术条件;

5. 仪器有固定的、具有3年以上实践经验,职称为工程师以上的分析测试专业技术人员。

第六条 协作共用仪器的申请与审批

1. 由仪器拥有单位根据协作共用仪器的条件,按规定填写《武汉地区大型仪器协作共用申请表》,报送资金管委会办公室;

2. 专家组负责对协作共用仪器进行技术评估;

3. 资金管委会办公室根据资金强度及专家评估意见,在运行费测算的基础上提出协作共用仪器名单,报资金管委会批准后,由资金管委会发出协作共用仪器通知单;

4. 协作共用仪器实行流动制,资金管委会将根据资金支持的强度,不定期对协作共用仪器的种类和数量进行调整,做到有进有出,用更新更好的仪器替代性能落后或协作共用不好的仪器;

5. 资金出支部门管理范围的仪器,在同等条件下享有优先权。

第七条 协作共用仪器的收费

1. 协作共用仪器的收费项目及计算方法:

①材料费:完成测试分析所需要的全部材料费用,按市场实际价值计算;

②水电费:单台机组每小时实行所消耗的量×使用机时数(含开、关机工时)×每吨水或每度电费用;

③易损零件的损耗费:按易损零件的使用寿命计算出每小时损耗费用×使用机时数;

④管理费:按上述三项之和的实行费用的

5% ~10%收取。

2. 根据测试任务性质的不同，收取标准有所区别，凡属国家、省、市、部、委级研究课题管理费收5%；凡属研究生课题不收管理费；其他课题按10%收取管理费。

3. 参加协作共用仪器的单位，每年向办公室报一次收费标准，经办公室审查核准后备案。

第八条 协作共用仪器运行补贴费的申请、评审和管理

1. 为了合理使用运行补贴费，根据仪器对外服务的量以及年终考核情况确定运行补贴费的数额，测试任务越多，运行补贴费随之增加。

2. 凡申请协作共用仪器的用户，必须填报申请表，经专家组评审通过，管委会审批后，下达通知，管委会办公室每年受理一次申请(每年　月　日至　月　日)，管委会根据当年资金情况，确定资助的课题数及金额，在同等情况下，参加协作共用的单位优先。

3. 获得批准的用户，从批准之日起，在一个月内务必与机组签订委托测试任务合同书，其测试费用自己匹配50%，先行直接交给仪器机组单位，其余50%由管委会办公室年终审核后，直接拨给仪器组所在单位。

4. 申请者有下列情况不予受理

①申请未经本单位科研、生产、教学主管部门确认的研究课题；

②未如实填报上年度委托分析测试合同书，又继续申请者。

5. 参加协作共用的仪器组，可以申请本资金，但仅限于新的分析测试方法研究和仪器功能开发以及软硬件改造。

6. 参加协作共用的仪器组，每年必须接收管委会的考核，如实填报年度考核表和委托测试任务合同书，每年12月20日前将上述报表和收费发票复印件，报送管委会办公室。

7. 每年12月底对资金进行结算，对申请使用共用仪器的用户，如使用金额超过批准金额，超过部分自己支付，仪器组可获得超额部分的50%奖励，如用户未用完批准金额，未用完部分自行失效。

8. 资金管委会办公室对申请单位所报材料的真实性、完整性进行审核。

9. 专家组对协作共用仪器的服务质量和技术水平进行考核。

10. 资金管委会根据对资金管委会办公室和专家的审查意见，最终审定补贴方案。

11. 补贴方案经资金管委会主任签字后执行。

奖　励

第九条 奖励办法

1. 年度工作奖

奖金总额为年度协作共用仪器运行补贴费总额的10% ~15%，直接用于分析测试任务承担仪器组的奖励。

2. 表彰奖

①先进机组奖：分设一、二、三等奖，名额总数6 ~10名；

②先进个人奖，人数10 ~20名，发给奖状并给予物质奖励。

3. 表彰奖每两年进行一次，资金管委会办公室拟定评选标准，协作共用单位提出推荐名单和事迹材料，资金管委会办公室提出初审意见，资金管委会拟定授奖名单，报资金管理协调领导小组批准。

处　罚

第十条 在大型仪器协作共用工作中有下列不良表现的给以处罚：

1. 违反承诺，但未给委托方造成损失的，予以警告；

2. 违反承诺，并给委托方造成影响和损失的，取消全年运行补贴费；

3. 虚报机时和测试收入的，除取消全年运行补贴费外，取消其协作共用资格。

附　则

第十一条 本实施细则由资金管理委员会负责解释。

武汉地区大型科学仪器协作共用网资金管理委员会

一九九七年十一月十五日

武汉地区科学仪器协作共用网资金管理和使用暂行办法

武汉地区大型科学仪器协作共用资金是按照国家科委有关文件精神建立的。建立资金是加强科研条件工作的一项重要内容，目的是努力盘活大型仪器存量，实现资源共享。通过组建大型仪器协作共用网络，互通有无，提高大型仪器的利用率，完好率和有效机时率，为湖北的科技进步和经济发展服务。为了管好、用好资金，特制定本办法。

第一条 资金来源

1. 政府拨款；
2. 单位集资；
3. 吸收赞助；
4. 其他。

第二条 资金用途

1. 用于参加协作共用入网的大型科学仪器对外测试服务的运行补贴费；
2. 资助分析测试方法研究课题；
3. 资助赶超国际先进水平的大型仪器设备的功能开发和软、硬件的改造。

第三条 资金使用方式和支付资金的审批手续

1. 资金实行单独建帐，专款专用，以年度为核算时间，只许增值，不许减值，以利用资金的巩固与发展。
2. 资金本金不做消耗性使用，本金增值部分以无偿使用方式用于协作共用入网仪器运行费的补贴；
3. 资金的增值措施由管委会决定；
4. 资金支付，在完善专家评估、论证及填写好审批表格后，报请管委会审批，由管委会主任签字后方能支付。

第四条 资金的帐目管理

按照财物制度的有关规定记帐、做帐，设会计、出纳各一人，严格财务手续，并接受“管委会”和有关审计部门的审计与监督。

第五条 组织机构

1. 设立资金管理领导小组。该小组由湖北省科委、国家科委、武汉市科委、中科院武汉分院、东湖新技术开发区等分管科研条件的领导组成，设主任一人。
2. 建立资金管理委员会，(以下简称管委会)成员主要由出资部门委派的人员和管委会办公室主任、副主任等人组成，由省科委条财处和武汉市科委条财处领导分别担任主任和副主任。
3. 管委会下设办公室，是管委会的日常办事机构，本办设在省科委大型精密仪器管理办公室，接受管委会的领导。
4. 设专家评审委员会，该委员会的专家不是固定的，根据评审专业，聘请专家。

第六条 资金管委会的主要职责

1. 制定和修改《资金管理办法》和《资金管理实施细则》；
2. 审定协作共用仪器和制定仪器运行考核办法；
3. 审定和审批协作共用仪器的运行补贴费；
4. 监督资金使用；
5. 每年向资金管理领导小组报告上一年度资金使用情况和本年度工作计划。

第七条 资金管理委员会办公室的主要职责

管委会办公室是管委会的日常办事机构，其主要任务是：

1. 根据《管理办法》受理参加协作共用仪器的申请，具体组织协作共用仪器的选择和运行效绩考核；

2. 负责资金的帐目的收支管理；

3. 向管委会报告年度资金使用情况；

4. 负责提供武汉地区仪器协作共用信息；

5. 由管委会专家，提出协作共用仪器名单，报送管委会审批后发出协作共用仪器的通知单；

6. 对于协作共用的仪器，组织专家进行评估，并将评估结果于每年 12 月 20 日前提交管委会；

7. 组织专家不定期的对协作共用仪器的种类和数量进行调整，做到有进有出，用更新替代性能落后或协作不好的仪器。并将专家意见报管委会审批后执行；

8. 组织制定论证和修订协作共用仪器收费办法和经费补贴方案，报管委会审批；

9. 按照《管理办法》核定仪器运行补贴费金额，填写仪器运行费审批表，交管委会主任审批后，进行发放；

10. 组织专家评审分析测试方法研究课题和仪器设备功能开发，软、硬件改造申请书，并将评审结果报管委会审批；

11. 负责年终总结等各项工作的起草、打印工作；各种报表的设计，以及函件处理和日常的接待工作。

第八条 协作共用仪器必须履行下列承诺

1. 为用户保守技术秘密；

2. 为用户提供及时周到的服务和准确可靠的分析测试数据；

3. 不得向用户收取额外的任何费用；

4. 不得以任何借口拒绝接收用户的测试任务；

5. 违反承诺的处罚是：警告，停发运行补贴费，取消协作共用资格。

第九条 每年对协作共用的仪器进行考核

对运行好的仪器进行表彰，不好的进行批评，违纪的进行处罚。

第十条 本办法由管委会或在管委会授权下，办公室负责解释，修改和补充。

武汉地区大型科学仪器协作共用网资金管理委员会

一九九七年十一月十五日

广州地区科学仪器协作共用网及专用资金管理办法

第一条 为实现地区资源共享,充分发挥广州地区的科研院所和大专院校等单位的大型分析测试仪器在本地区的科学研究和经济建设中的作用,在国家科技部的支持和广东省科技厅的直接领导下,特建立"广州地区科学仪器协作共用网"(下称"协作网")。

第二条 为充分发挥协作网的作用,有效地提高入网仪器的利用率和分析测试水平、调动入网仪器组的积极性,保证协作网的稳定运行,特设立"广州地区科学仪器协作共用网专用资金"(下称"专用资金")。

第三条 本专用资金的来源包括:国家科学技术部、广东省科学技术厅、广州市科学技术局、中国科学院广州分院和广东省科学院、广东省教育厅投入的专项资金,以及入网单位、社会团体、个人和仪器厂商等的赞助。

第四条 由广州地区出资单位的有关负责人组成协作网协调领导小组,其主要职责是:指导和协调资金筹措和协作网管理中的重大事宜。

第五条 为了保证协作网的运行和专用资金的使用体现"公平、公正、合理、有效"的原则,由广州地区出资单位主管部门负责人和若干特邀专家组成"广州地区科学仪器协作共用网管理委员会"(下称"管委会"),负责专用资金的增值投向;审批入网仪器的申请及仪器运行补贴标准;研究并确定协作网的发展方向。

第六条 管委会下设专家组和办公室。

专家组的职责是:

1. 对申请参加协作共用网的科学仪器进行技术评估,向管委会提出入网仪器推荐名单;

2. 根据管委会的要求,对入网仪器的性能指标进行检查与考核;

3. 对入网仪器的服务质量和技术水平进行评议;

4. 对入网仪器组上报的年度材料进行审查,向管委会提出先进机组和先进个人建议名单。

办公室是管委会的日常办事机构,挂靠在中国广州分析测试中心,办公室主任由中国广州分析测试中心一副主任兼任。办公室的任务是:

1. 受理入网仪器申请;

2. 负责入网仪器的运行效绩的考核和监督检查;

3. 负责资金的帐目和收支管理;

4. 受理和审批各类科研项目使用入网仪器的申请;

5. 制定入网仪器收费参考标准,核定入网仪器运行补贴方案并受理运行补贴申请;

6. 协调入网仪器的运行,发行"协作网简报",并做好入网仪器信息的统计、汇总以及协作网网页资料的发布与更新;

7. 负责每年度的工作总结,向协调领导小组、管委会报告协作网仪器运行和资金使用情况。

第七条 资金的管理

1. 资金实行单独建帐,专款专用;

2. 本金生息部分以无偿使用方式用于入网仪器运行费的补贴。若本金生息不足补贴时,经协调领导小组讨论同意,资金本金可做消耗性使用;

3. 资金的增值措施由管委会提出,报领导小组审定。

第八条 广州地区的科研院所、大专院校,以及某些具备较好分析测试条件的质检部门或企业的大型分析测试仪器,符合协作共用仪器条件者,均可向管委会办公室提出申请入网。管委会办公室在专家组推荐的基础上,根据资金强度和对运行费的测算提出入网仪器清单，报管委会审批。

第九条 入网仪器必须履行下列承诺：

1. 为用户保守技术机密；

2. 为用户提供及时的技术保障和准确可靠的分析测试数据；

3. 不得向用户收取额外的费用；

4. 不得以任何借口拒绝接受用户的测试任务；

5. 不得弄虚作假、多领和冒领运行补贴费。

第十条 违反承诺的处罚是：警告、停发当年运行补贴费、取消其入网资格等。

第十一条 入网仪器要自觉接受管委会的年度考核。仪器考核主要从入网仪器年度对外服务机时、对外服务样品数、对外服务收入、服务质量和服务效果等方面，采用定量计算的方式进行。考核办法由管委会制定。

第十二条 本管理办法由管理委员会负责解释、修改、补充。

广州地区科学仪器协作共用网管理委员会

二○○三年三月

陕西大型精密仪器设备协作共用核心网暂行管理办法

（陕西省财政厅、省科委、省教委、中科院西安分院，1999 年）

一、总　则

第一条　为贯彻落实《国务院关于“九五”期间深化科学技术体制改革的决定》，盘活科研条件存量，发挥陕西现有科学仪器优势，改变科学仪器的部门所有和条块分割状况，推进共建共用，实现区域资源共享和优化配置，提高科学仪器利用率，促进陕西科技进步和经济持续发展，特设立陕西大型精密仪器设备协作共用核心网，并制定本办法。

第二条　陕西大型精密仪器设备协作共用核心网，指从陕西科研条件信息网络中筛选出的一部分高、精、尖仪器设备建立一个跨系统、跨部门的资源共享系统。

第三条　为保证仪器设备共用工作的畅通，设立陕西大型精密仪器设备协作共用专项资金（以下简称专项资金），重点支持基础性研究、高新技术、技术攻关、技术开发及科技成果转化项目；支持科技型中小企业研制开发高新技术产品，为其进入高新技术产业领域创造条件。

第四条　协作共用核心网管理和专项资金的使用实行“公开、公正、合理、有效”的原则。

二、组织机构和职责

第五条　由省财政厅、省科委、省教委、中科院西安分院等部门和单位组成陕西大型精密仪器设备协作共用管理领导小组（以下简称领导小组）。领导小组设组长一人，副组长三人，成员若干人。其主要职责是：指导和协调资金筹措及管理中的重大事宜。

第六条　领导小组下设管理办公室和专家咨询委员会。

管理办公室的主要职责是：考核仪器设备运行效益，管理专项资金，审定和拨付运行补贴费。

管理办公室设在省科委。

专家咨询委员会的主要职责是：选择与审定协作共用核心网成员单位和入网仪器设备名单，审核入网仪器设备的使用机时、技术水平及服务质量。

三、资金的筹集、管理和使用

第七条　专项资金主要来源：

1、省财政厅

2、省科委

3、省教委

4、中科院西安分院

5、其它

第八条　专项资金用于参加协作共用核心网的仪器设备对外提供测试服务的运行补贴。

第九条　专项资金实行专户储存、专户管理。资金专户设在省科委。

四、入网与使用

第十条　凡陕西地域内科研院所、高等院校、厂矿企业事业单位拥有的大型精密仪器设备,符合下列条件者,均可填写《陕西大型精密仪器设备协作共有核心网入网申请表》(一式两联)向管理办公室申请入网。

1、价值20万元人民币以上的仪器设备;

2、仪器设备性能指标达到省内现在装备的先进水平或具有特殊功能且应用领域较广;

3、仪器设备运行正常,运行故障率不高于5%;

4、能提供足够的对外服务机时;

5、仪器设备组有固定操作使用人员,其中至少有一名具有三年以上实践经验的中级或以上技术职称的分析检测专业人员。

第十一条 管理办公室在专家咨询委员会审定的基础上根据仪器设备性能、资金强度及建网规划,进行运行费的测算,提出协作共用仪器设备清单,经领导小组审批后,发出协作共用仪器设备入网通知单。

第十二条 年初管理办公室将《委托测试登记表》发至各协作共用核心网成员单位。用户可根据管理办公室发布的公告,直接与协作共用核心网成员单位联系测试事宜。协作共用核心网成员单位接受用户的委托测试并在完成后,与用户共同填写《委托检测登记录表》。

第十三条 协作共用仪器实行动态管理。管理办公室将根据资金支持的强度,不定期对协作共用核心网入网仪器设备的种类和数量进行调整,保持入网仪器技术指标先进及良好运转。

第十四条 资金出资部门管理范围的仪器设备,在同等条件下享有优先入网权。

五、运行收费与补贴

第十五条 管理办公室根据协作共用仪器设备的运行成本确定收费标准,经领导小组批准后,对外公布执行。

第十六条 按照财政部、国家税务总局财税字〔1997〕117号文件规定,大型精密仪器协作共用费不征收营业税。

第十七条 运行补贴对象为参加协作共用核心网的仪器设备拥有单位。

第十八条 协作共有仪器设备拥有单位对用户享有下列三项运行补贴的委托检测项目,按运行补贴的50%优惠收费后,享有专项资金全额补贴。

1、国家和省级自然科学基金、攀登、火炬、星火、科技攻关、科技成果重点推广、军转民、科技扶贫、科技成果产业化项目、高等院校由研究生独立承担的科研课题及科技型中小企业承担新产品开发项目的检测费用,专项资金补贴30%。

2、出资部门(地方)的其他科技攻关和高科技成果产业化项目的检测费用,专项补贴25%。

3、非出资部门(地方)的科技攻关和高科技成果产业化项目,专项资金补贴15%。

第十九条 运行补贴的申请与审批。

1、运行补贴实行报帐制度,每年7月和12月核拨。

2、每年6月底和11月底前,参加协作共用核心网的仪器设备拥有单位需将汇总的《委托检测登记表》和收费发票存根联复印件报送管理办公室。同时,填写《陕西大型精密仪器设备协作共用运行补贴申请表》交管理办公室。逾期不报送上述材料者,视同自动放弃运行费补贴。

3、管理办公室受理申请后,对申请单位所报材料的真实性、完整性进行审核,并由专家咨询委员会对协作共用仪器设备的年度使用机时、技术水平、服务质量、服务态度进行考核。

4、管理办公室根据专家咨询委员会的审查意见,确定补贴方案,报领导小组审定。

5、管理办公室根据领导小组审批结果书面通知各申报单位,各申报单位凭通知单到管理办公室领取运行补贴费。

六、奖　罚

第二十条 协作共用核心网成员单位必须严格履行下列承诺:

1、为用户保守技术秘密;

2、为用户提供及时的技术保障和准确可靠的分析测试结果;

3、保持仪器设备完好正常,能随时为用户提供服务;

4、接受用户的检测任务时应作到热情、及时、高效、准确，在确实无法检测时，应积极协助用户联系网内的服务单位，有条件的应允许用户上机进行研究；

5、运行收费标准经营管理办公室对外公布后，不得随意提高收费标准；

6、认真做好检测项目记录，建立健全检测资料档案的管理制度，保证技术资料档案的完整性、准确性和连续性。

第二十一条 凡遵守承诺，能提供优质服务，且对外检测机时量大的协作共用核心网成员单位，由专家咨询委员会提出评估意见，每年评选若干先进机组和个人，经领导小组批准后，管理办公室给予表彰奖励。

第二十二条 在实施科技仪器设备协作共用过程中，如有下列现象，分别给予以下处罚：

1、违反承诺，但未给用户造成影响和损失的，予以警告；

2、违反承诺，给用户造成影响和损失的，停发运行补贴费，情节严重的取消其共用资格；

3、因仪器设备操作人员失职，造成测试数据严重差错的，取消该仪器设备的运行补贴费；

4、凡有弄虚做假行为，一经查实，即取消入网资格。

七、附　　则

第二十三条 本办法由陕西大型精密仪器设备协作共用管理领导小组办公室负责解释。

第二十四条 本办法从 1999 年 8 月 1 日起执行。

四川省科学仪器协作共用网管理暂行办法

为促进科学仪器协作共用，实现仪器资源共享，充分发挥科学仪器作用，推动科技进步和经济发展，特制定本办法。

第一条 四川省科学仪器协作共用网（以下简称“协作共用网”）的宗旨是利用现有科学仪器资源，盘活存量、优化配置、开展协作共用，逐步形成服务全川、辐射西南的科学仪器协作共用网络。

第二条 四川省科学技术委员会负责协作共用网的组织和管理，四川省财政厅负责协作共用资金的监督和管理。

第三条 四川省科学仪器协作共用网管理委员会（以下简称“管委会”）是协作共用网的领导决策机构；四川省科学仪器协作共用服务中心（以下简称“中心”）是协作共用网的日常办事机构；四川省科学仪器协作共用网专家委员会（以下简称“专家委员会”）是协作共用网的技术咨询机构。

第四条 中心职责

（一）领导办公室的日常工作，批准专家委员会成员名单；

（二）指导和协调四川省科学仪器协作共用资金筹措和管理中的重大事宜，审定资金投向；

（三）审定入网科学仪器名单，批准入网仪器补助方案。

第五条 办公室职责

（一）提出协作共用科学仪器入网名单，对入网仪器定期组织考核，提出入网仪器运行补助方案报管委会批准后实施。

（二）每年年底向管委会总结报告当年入网仪器运行情况，提出下一年的工作目标计划。

（三）承担管委会的日常工作及临时交办的任务。

第六条 专家委员会职责

对申请加入协作共用网的科学仪器的性能、指标、作用进行技术评估，组织考核和检查并提出意见。

第七条 科学仪器入网及管理

全省拥有大型精密科学仪器的单位，实行自愿申请、中心推荐、专家评估、择优选择入网。协作共用网对入网仪器实行动态管理，做到有进有出。具体办法按《四川省科学仪器协作共用网入网仪器管理办法》执行。

第八条 本办法从发布之日起执行。

第九条 本办法由管理委员会负责解释

四川省科学仪器协作共用网

二〇〇〇年六月十日

江苏省大型仪器协作共用及维修网管理办法

为了有效地开展大型仪器协作共用和维修服务，提高大型科学仪器的使用效率，支持我省的技术创新、经济发展和社会进步，现对加入“江苏省大型仪器协作共用及维修网”的“协作共用机组”和“专业维修站”实施如下管理办法。

（一）加强考核，实行动态管理

1. 签定协议，规范服务行为

江苏省大型仪器协作共用及维修服务指导中心（简称服务中心）与网员单位签定服务协议。对于参加协作共用的机组，根据协议中确定的仪器对外服务工作机时、测试收入、服务质量进行考核。对于参加维修服务的专业维修站，根据协议中确定的对外开展仪器咨询、诊断、维修的台（次）数、服务质量进行考核。根据考核结果，给予一定的仪器运行和维修服务补贴。

2. 严格认定，公开挂牌

根据协作网章程，按照入网条件和程序，筛选和确定入网的仪器机组和专业维修站，并公开挂牌。

3. 如实填写记录，按期上报报表

协作网管委会统一印制季报报表和“仪器检修报告表”，各个网员单位要如实填写，且在每季度的前十天内报给服务中心（附收据复印件），同时上报支持科研、经济建设和社会事业的具体事例。每年元月十五日之前上报上年度服务工作汇总表及有关总结材料，并向服务中心推荐协作共用先进机组和维修服务先进工作者。

4. 严格考核，优存劣汰

服务中心平时对网员开展协作共用和维修服务的情况进行跟踪了解，年终进行一次全面检查考核。采取定量计算、用户意见、专家评议相结合的方式，严格、科学地进行综合考核。考核结果作为网员资格认定和给予运行补贴、维修服务补贴的依据。

如有下列情况之一，予以除名：

1. 违反承诺，给委托方造成损失和影响且情节严重的；

2. 因仪器操作或维修人员失职，造成严重差错的；

3. 有弄虚作假行为的。

每年一季度召开网员大会：总结上年度工作，宣布考核结果，公布补贴方案，进行网员调整，表彰先进单位和个人。

（二）协作共用机组运行补贴

每年入网仪器对外开展分析测试服务，所享受的运行补贴按下列公式计算：

补贴额（Y）$= N \times T \times Q \times L \times R$ ［元］

其中：

1. N：社会服务测试收入，即为外单位的技术创新项目进行测试服务的实际收入，不包括本单位、本职工作内检测项目的测试收入。

2. T：社会服务机时系数

$$T = 1 + \frac{\text{社会服务机时(M)} - \text{协议机时数(P)}}{\text{社会服务机时(M)}}$$

式中：P 参照入网仪器上年度对外服务的平均机时数决定

3. Q：服务质量系数

$$Q = Q_0\%$$

Q_0 按百分考核。数据准确可靠，30 分；测试及时，10 分；仪器运行良好，10 分；及时报报表（数据齐全)和服务事例,20 分;服务重点科研项目、科技兴农项目、企业技术进步项目的社会效益显著,30 分。

若发生一次违背承诺而多收费,扣 10 ~ 50 分;若发生一次报表弄虚作假,扣 50 ~ 100 分。优惠项目多而且优惠幅度大的可扣 5 ~ 10 分。

4. L:重点项目奖励指数

$$L = A + 0.4\alpha_1 + 0.6\alpha_2$$

式中:若 $\alpha_1 + \alpha_2 \geqslant 0.2$ 则 $A = 1$

α_1 = 省、部级以上科技计划项目的样品个数/总样品个数,单项测试收费总优惠在 30% 以内的不计入。

α_2 = 技术进步项目的样品个数/总样品个数,单项测试收费总优惠在 20% 以内的不计入("技术进步项目"包括科技兴农项目和省高新技术企业、中小企业、乡镇企业及经认定的民营科技企业技术进步项目)。

5. R:补贴当量

R 值根据当年政府专项补助资金(C)与所有协作网网员单位"N、T、Q、L"四因子乘积之和的比值而定。

一般地,$R = \dfrac{C}{\sum N \cdot T \cdot Q \cdot L}$

因此,运行补贴公式又可表示为:

$$Y = N \cdot T \cdot Q \cdot L \cdot R$$
$$= N \cdot \left(1 - \frac{P}{M}\right) \cdot \frac{Q \cdot L \cdot C}{\sum N \cdot T \cdot Q \cdot L}$$

式中:Y 一般不超过协作共用机组年均补贴额的 3 倍。

(三)关于维修服务

1. 开展大型科学仪器技术培训,提高仪器操作人员的维护水平。

2. 联系国内外维修专家和仪器生产厂家,建立专家维修服务网和专家数据库,为大型仪器维修及时推荐维修专家。

3. 随时接受维修服务的信息,与维修工程师联络。

4. 根据仪器单位要求,组织有关方面专家为出现故障的仪器和待修的仪器进行诊断和技术咨询工作。

5. 维修服务专项资金主要用于大型仪器的诊断咨询、故障排除费用的补助。待条件成熟时,适当支持专业维修站的装备。

6. 组织维修专家对现有覆盖面广的进口仪器,分期分批地进行升级改造,充分发挥和挖掘现有资源的潜力。

7. 组织专家为添置大型科学仪器提供咨询服务。

8. 对有重大贡献的维修专家进行奖励。

9. 每年对维修工作进行评价和通报。

江苏省大型仪器协作共用及维修服务指导中心

分析测试人物

（按姓氏笔画排列）

王夔 化学家。天津市人，1949 年毕业于燕京大学化学系。北京大学医学部教授。天然药物及仿生药物国家重点实验室名誉主任。从事过分析用有机试剂及点滴分析、金属离子水解沉淀反应的隐蔽等方面研究。70 年代以来，主要从事生物无机化学研究，着重联系医学科学中问题。曾研究大、小分子配体竞争金属离子反应机理，建立了一组数学模型；研究金属离子与细胞相互作用，提出多靶分子模型；研究在表面活性剂、酶化促进剂、酶化调节剂存在下酶化过程的特点以及细胞外基质对酶化的影响。提出了自由基影响软骨细胞分化状态的机理和以自由基引发细胞、基质和酶化异常等核心的大骨节病发病机理；提出细胞内 DNA 以外的顺铂靶分子作用，据此同时解释顺铂的药理和毒理作用机理。

1991 年当选为中科院院士。

王大珩 应用光学家。原籍江苏苏州。生于日本东京。1936 年毕业于清华大学。中科院长春光学精密机械研究所研究员、所长，名誉所长。我国光学工业奠基人之一。为国防现代化研制各种大型光学观测设备有突出贡献，为我国光学事业及计量科学的发展起了重要作用。20 世纪 50 年代创办了中国科学院仪器馆。以后发展成为长春光学精密机械研究所。领导该所早期研制我国第一埚光学玻璃，第一台电子显微镜，第一台激光器，并使它成为国际知名的从事应用光学和光学工程的研究发展基地。1986 年和王淦昌、陈芳允、杨嘉墀联名，提出发展高技术建议（863），还与王淦昌联名倡议，促成激光核聚变重大装备的建设。提倡并组织学部委员主动为国家重大科技向心进行专题咨询，颇有成效。1992 年与其他五位学部委员倡议并促成中国工程院的成立。

1955 年当选为中科院院士，1994 年当选为中国工程院院士。

方肇伦 分析化学家。天津市人。1957 年毕业于北京大学化学系。东北大学和浙江大学教授。在我国最早从事流动注射分析技术研究，在理论和实验技术上取得多项重要成果。以非平衡溶液处理学术思想为指导，全面发展了流动注射分离与预浓集的理论与实验技术。在流动注射与原子吸收光谱联用方面的基础与应用研究中显著地改善了后者的分析性能，在国际上得到高度评价。在 16 家分析化学学术期刊担任编委或顾问编委，其中包括 6 家著名国际分析化学期刊。

1997 年当选为中科院院士。

卢佩章 化学家。福建永定人。1948 年毕业于同济大学化学系。1958 年在中科院大化所获副博士学位。现为该所研究员。早年从事水煤气合成液体燃料的研究，其后主要从事气相色谱和高效液相色谱的理论研究和新技术开发，建立了多元混合物分离的理论基础，为超纯气体制备提供了纯化和检测方法，发展了腐蚀性气体色谱分析仪，金属中气体分析仪和大气中毒气物分析仪等。在研究色谱峰型等规律基础上提出了选择色谱最佳操作条件的方法，成功地应用于发展细管径高效液相色谱。在深入和系统地进行了气相色谱和高效液相色谱理论研究的基础上，发展出气相和液相色谱定性、拟合定量和智能优化等专家系统及其软件，并在环境毒物分析及中药智能分析中获得初步成效。

1980年当选为中科院院士。

田昭武 化学家。福建福州人。1949年毕业于厦门大学化学系。厦门大学教授，固体表面物理化学国家重点实验室主任。1984年获英国威尔士大学名誉理学博士学位。历任厦门大学校长、中国化学学会理事长。重视电化学与数理及其它化学学科的结合，研究领域扩展到光电化学、光谱电化学、量子电化学、扫描隧道技术和纳米加工技术等。创立测量电极瞬间阻抗的选相调辉技术和“电极阻抗绝对等效电路”的新解法；提出多孔电极极化的“特征电流”概念和“不平整液膜”模型。设计并推广多种电化学技术和仪器，如新一代的离子色谱抑制器、微区腐蚀测量系统和国内第一台电化学综合测试仪等。在化学电源、金属腐蚀和电化学分析方面，均有结合生产实际的研究成果。

1980年当选为中科院院士。

叶恒强 材料科学家。原藉广东番禺，生于香港。1964年北京钢铁学院物理化学系毕业。1967年中科院金属所研究生毕业。中科院金属所研究员。从事固体物质及材料的结构与缺陷及其与材料性质关系的研究。与国外同时独立地发现传统晶体学不允许的五次对称性。进而发现并研究了二十面体对称、八次、立方对称等准晶相。在国内率先用高分辨原子象对固体材料结构与缺陷进行系统研究，发展了在原子尺度研究材料精细结构的技术与理论，在高温合金拓朴密堆相发现多种新相及畴结构。用超结构象显示有序合金中不同种类原子的方法，确定了几种新结构，直观揭示合金非公度结构生成机制，对合金结构理论提出独创性见解。

1991当选为中科院院士。

叶朝辉 物理学家。生于四川简阳。1965年毕业于北京大学无线电电子学系。中国科学院武汉分院院长，中国科学院武汉物理与数学研究所研究员。在核磁共振波谱学方面作出了较系统的重要研究结果：固体高分辨率核磁共振波谱学方面提出旋转固体中非均匀相互作用的普遍性，建议了一种快速测定魔角的方法，并在一种固体中发现了纵向弛豫时间的空间取向相关性；发展了Ranan磁共振波谱学，并建议了直接测量多量子弛豫时间的方法；与他人合作研究了辐射阻尼效应及其对核磁共振线型的影响，并发展了研究核自旋动力学的转动算符方法；研制成功动态核极化谱仪等重要实验装置。

2001年当选为中科院院士。

朱静 材料科学家。女。生于上海，原籍浙江杭州。1962年毕业于上海复旦大学物理系。清华大学教授。60年代末至80年代末从事超高强度马氏体时效钢的合金化原理、强韧化本质等一系列应用基础研究。据此提出的合金化及热处理制度已在铀分离机用钢中实施。80年代初开始电子微衍射研究，运用相干电子波微衍射实验及原理，发现和确定了单个畴界的相干衍射特征。提出了测定纳米区域有序度的方法和发展了实验测定电荷密度分布的方法。是我国分析电子显微学研究的开拓者和带头人之一。近年在高温结构材料、纳米材料、纳米材料和技术、固体表面与界面、应力诱导相变、微量元素偏析特性等研究中。发展了实验研究方法，提出了一些新的见解。

1995年当选为中科院院士。

杨化 山东即墨人，1938年在延安抗大学习并参加中国共产党。1978～1985年任国家科委计划局、条件局副局长、局长。工作中，十分重视科技支撑条件的建设。主动发起、积极筹建分析测试社会团体，是中国分析测试协会主要创始人和组织者，历任协会副理事长、理事长、顾问，北京分析测试学术报告会及展览会（BCEIA）组委会主席。

在他的倡议和推动下，协会设立了技术开发基金，支持会员单位的技术开发；设立了分析测试协会科学技术奖（CAIA奖），奖励我国高水平的分析测试成果；出版了《分析测试学报》等多种分析测试学术和技术期刊，促进我国分析测试水平的提高；协会加强对外科技合作，同PITTCON、JAIMA、AnalyticaChina，建立了合作关系。他特别关心青年的成长，在协会先后设立了分析测试奖学金、中国分析测试协会优秀青年奖，不仅受到年青分析测试工作者的欢迎，在分析测试界也产生了热烈的反响。

在他的具体主持下，协会举办的北京分析测试学术报告会及展览会（BCEIA）已成为国内最具影响的分析测试界的盛会。

长期以来，杨化同志为我国分析测试事业的发展作出了重要的贡献。

李方华 物理学家。女。生于香港，原籍广东德庆。1956年毕业于苏联列宁格勒大学物理系。1998年当选为第三世界科学院院士。中科院物理所研究员，中国电子光学会理事长。60年代提出校正电子衍射动力学效应的方法，借此测定了晶体中的氢原子位置。70年代合作建立了电子衍射与高分辨电子显微学相结合的二步图像处理技术，用此测定了多种微小晶体的结构。80年代提出一种高分辨电子显微像衬度理论，是上述技术理论依据，也是观察晶体中较轻原子的理论指导。提出了基于相位子缺陷的准晶体结构测定方法，并付诸实际应用。90年代提出测定原子分辨率晶体缺陷的图像处理技术，应用于半导体材料。

1993年当选中科院院士。

吴征铠 化学家。江苏扬州人。1934年毕业于金陵大学化学系。中国核工业总公司总工程师、教授。早期工作以分子光谱学为主，对四氯化碳喇曼光谱的精细结构和同位素效应及有关液氮温度下固态氯化氢、磷化氢及砷化氢分子的红外光谱进行过研究，在分子常数与核间距关系的研究、铀酰化合物的红外及喇曼光谱的研究，以及80年代后开展的反斯托克斯喇曼光谱、低温基质隔离付里叶红外光谱、激光四波混频光谱等方面，均有成果。60年代在核工业部工作中，对解决六氟化铀生产及气体扩散厂生产及膜的研制等方面有较大贡献。

1980年当选中科院院士。

汪尔康 化学家。江苏镇江人。1952年毕业于沪江大学化学系。1959年获捷克斯洛伐克科学院极谱研究所副博士学位。中科院长春应化所研究员、所长，第三世界科学院院士。50年代末发现了阴离子促使汞电极氧化发生极谱氧化波的普通规律，提出了界面形成汞配合及汞盐膜理论。系统地研究了钌的极谱动力催化波和吸附催化波并提出其电极过程机理，发现锑（Ⅱ）与各类氨羧配合剂形成配合物，锰（Ⅱ）与酒石酸双核配合物等的极谱波，系统研究配合物的极谱电极过程。研究了各类染料、中性载体、配体等在液/液界面的离子转移及对金属离子的推动过程并探讨其机理及离子转移规律。系统研究各类微电极、化学修饰电极、电化学检测器与液相色谱联用，进行电化学扫描隧道显微学研究。

1991年当选中科院院士。

陈洪渊 分析化学家。出生于浙江三门。1961年毕业于南京大学化学系。南京大学化学化工学院教授、分析科学研究所所长。在电分析化学基础与应用的多个前沿领域做出了重要贡献。在生物催化、超分子组装和纳米电化学研究中，构建成多种高效的仿生催化界面，降低了 NADH 氧化过电位 600mV，研制成一系列电化学/生物传感器件；组成高活性含酶三维有序膜，为发展新型高效生物传感器创造了条件。首次观察到表面活性剂对血红蛋白电子转移的促进作用，使其测定灵敏度提高二个数量级；发展了微电极新技术的基础理论和应用；在痕量生物物质的毛细管电泳分离与电化学分析中，使三种酶的检测限低达到 amol 级高灵敏度。

2001 年当选为中科院院士。

陆婉珍　化学家。女。上海市人。1946 年中央大学化工系毕业。1949 年获美国伊里诺斯大学硕士学位。1951 年获美国俄亥俄州立大学博士学位。石油化工科学研究院技术经济委员会副主任、总级工程师。主持系统评价了中国原油资源，并出版了《中国原油的评价》，为原油合理加工提供了科学依据。多次参加解决生产中的问题，如大庆喷气燃料的烧蚀作用机理，轧制液影响铜板光洁度原因等。指导建立了从天然气到油田的整套组成分析方法。其中质谱法分析渣油以及汽油辛烷值和柴油十六烷值测定方法有所创新。开发了弹性石英毛细管色谱柱，并研究成功新型填充毛细管色谱快速分析炼厂气及新型多孔层毛细管色谱法分析汽油中不同碳数的烃组成。

1991 年当选为中科院院士。

张泽　材料科学晶体结构专家。生于天津，原籍北京。1980 年毕业于吉林大学物理系，1987 年获中国科学金属研究所博士学位。中国科学院物理研究所研究员。在急冷条件下复杂晶体生成及其特殊衍射现象探索中，发现 Ti－Ni－V 五次对称准晶。将晶体中衍射衬度理论方法引入准晶缺陷研究，在 Al－Cu－Co 十次对称准晶中发现位错，系统研究了五次对称准晶位错布氏矢量，为准晶缺陷研究提供了新方法和新理论。在低维纳米材料的显微结构及其物性关系研究中，发现了 GaN 过渡层中的新结构，揭示了缺陷组态对结构稳定性的影响。发现了孪晶等缺陷对纳米硅线生长的影响，提出了新生长机理。

2001 年当选为中科院院士。

张玉奎　分析化学家。1942 年生于河北保定。1960 年毕业于南开大学化学系。曾任中国科学院大连化学物理研究所副所长、国家色谱研究分析中心主任，现任中国科学院大连化学物理研究所研究员。

长期从事色谱基本理论和新技术、新方法的研究。采用微渗析－液相色谱、亲和色谱、毛细管电泳及电色谱研究了药物与蛋白质的相互作用，建立了同时测定结合常数与结合分子数的系统方法。提出了多维立体分离的思想，构建以超滤膜为接口的多维毛细管电泳分离蛋白质技术平台，并用于蛋白质的精细结构研究。用毛细管电泳方法研究肽类分离规律，从理论上说明了样品分子量与迁移时间的关系，进而为复杂蛋白样品的分离及痕量检测提供了新技术。在深入理论研究的基础上，注重完成国家任务与实现成果的产业化。

2003 年当选为中科院院士。

张青莲　化学家。江苏常熟人。1936 年获德国柏林大学博士学位。北京大学教授。长期从事无机化学特别是有关同位素化学及重水的研究，成果大部分已总结于所发表的《从事同位素化学研究五十年》(1985)及《又十年》(1996)两文中，并为中国各种轻同位素的研究和生产作出了贡献。90 年代以来系统地进行了原子量的精确测定工作，所测定锑等 9 种元素的原子量已被国际纯粹与应用化学联合会确定为新的国际标准数据(1991－2001)。

1955 年当选为中科院院士。

周同惠 化学家。广西桂林人。1944年毕业于北京大学化学系。1952年获美国西雅图华盛顿大学博士学位。中国医学科学院药物研究所研究员。建立了几十种合成药物和植物药成分的分析方法，将电化学分析和各种色谱技术用于药物分析。建立了山道年等极谱分析方法，研究了电极反应机理。对棉酯在丙酮底液中的极谱行为提出解释，进行了植物药中生物碱的安培滴定、糖类等的库仑滴定等研究，研制了辛可宁等的离子选择电极。曾先后将纸、落层、气相色谱应用于麦角、详地黄、香薷等成分的分析，建立了各种方法。自1986年起负责筹建中国兴奋剂捡测中心，1989年建成国际奥委会认可的合格的兴奋剂检测实验室。

1991年当选为中科院院士。

金国藩 光学仪器专家。浙江省绍兴人。1950年毕业于北京大学工学院，清华大学机械工程学院院长、教授。曾任国家自然科学基金委主任。长期从事光学仪器及应用光学技术研究。主持研制了我国第一台三座标光栅测量机。领导可擦除盘机、激光陀螺等研究工作，创造了一种可擦可写的光学头，独创地将激光陀螺用于测量弱磁场。率先在国内研究计算全息、光计算及二元光光学。有创见地提出了脉冲调制理论解释计算全息及空间域滤波的新概念，写出了国内第一本《计算全息图》、《二元光学》专著，开创性地将计算全息用于制作凹面光栅及光学综合孔径雷达信号处理等。研制成功的二元光学激光分束器，具有国际水平。提出频率分裂的新技术，开创双频激光器的新方向。

1994年当选为中国工程院院士。

俞汝勤 化学家。湖南长沙人，生于上海。1959年苏联列宁格勒大学化学系毕业。湖南大学教授。在有机试剂用于电化学催化动力学及光度分析的研究方面卓有成绩，合成了一系列新的有机分析试剂，研制了可测试10余种离子和药物的电化学传感器，发现了多种新的催化动力学反应并研制了多种增敏分析试剂。80年代研究晶体及气敏电极，实现有关电极国产化。在化学计量学多元校正，滤波方法等方面取得成果。

1991年当选中科院院士。

姚守拙 分析化学家。生于上海市，分析化学家。生于上海市。1959年毕业于原苏联列宁格勒大学。湖南师范大学和湖南大学教授、湖南师范大学化学研究所所长。主要从事化学与生物传感器研究。提出了完整的压电晶体液相振荡性能定量关系式。建立了用于液相微量组分测定的压电传感器分析方法。将表面声波液相传感技术应用于化学与生命科学领域，研制了适用于液相的新型瑞利表面声波传感器，建立了与液相物理化学特性相关的网络分析传感理论和若干新测定方法。还提出非质量效应压电/体声波传感方法，发展了多种微量、痕量与生物传感技术。提出了变价态药物电极理论和能斯特倍增效应理论及相应的电极体系，极大地提高了灵敏度与精密度。

1999年当选为中科院院士。

姚骏恩 电子物理学家，男，1932年4月生，上海市人。1952年毕业于大连工学院（现大连理工大学）应用物理系。北京航空航天大学教授，物理研究所所长。中国科学院研究生院终身教授。

长期从事电子显微镜和扫描隧道显微镜的研制工作，先后自行设计主持完成我国第一台100kV大型电子显微镜、第一台扫描隧道显微镜、第一台超分辨光子扫描隧道显微镜；指导并参加完成我国第一台扫描电子显微镜；指导发展了原子力显微镜；并对扫描隧道显微镜及电子显微镜等研制发展中的有关理论和应用研究做出了一系列开创性工作。发表论著、专著140余篇本。

2001年当选中国工程院院士。

高　鸿　化学家。陕西泾阳人。1943年毕业于中央大学化学系。1947年获美国伊利诺大学博士学位。南京大学与西北大学终身教授。长期从事电分析化学基础理论、新方法、新技术的研究，特别是极谱分析基础理论研究。在悬汞电极研究方面，提出了汞齐扩散电流理论，金属在汞中扩散系数测定方法与金属在汞中的扩散公式等。对极谱学各分支的各种电极过程导出电流方程式并进行了实验验证，澄清了一些争论的问题。系统地研究和发展了示波分析方法，开辟了一个分析化学的新领域。

1980年当选为中科院院士。

徐晓白　环境化学、无机化学家。女。江苏苏州人。1948年毕业于交通大学化学系。中国科学院生态环境研究中心研究员。早期从事无机化学研究。在卤磷酸钙日光灯荧光材料、稀土高温化合物和某些铀化物制备等方面作出成果。70年代中期以来，主要从事多环芳烃及其衍生物(硝基多环芳烃、多氯联苯、二恶英等)分析化学、污染化学和生态毒理学研究。

1995年当选为中科院院士。

郭可信　物理冶金、晶体学家。原籍福建福州，生于北京。1946年毕业于浙江大学化工系。1947年去瑞典留学。1980年获瑞典皇家理工学院荣誉博士学位。中国科学院北京电子显微镜开放实验室主任、研究员。先后从事晶体结构、晶体缺陷及准晶方面的研究，用电子显微镜开展准晶及相关晶体相结构。在国内外学术刊物上发表论文192篇。近年与中年科学工作者合著了《电子衍射图》、《晶体对称》，编著了《高分辨电子显微学》，并主持编辑了准晶学、高温超导体及电子显微学国际会议论文集12册。

1980当选为中科院院士。

黄本立　光谱化学家。生于香港，原籍广东新会。1949年毕业于岭南大学物理系。厦门大学教授。早年创立了一种可测定包括卤素在内的微量易挥发元素的新型双电弧光源。60年代建立了国内第一套原子吸收光谱(AAS)装置和国内第一套钽舟无焰AAS装置。70年代以来从事新光源ICP的应用及基础研究：对有机溶剂作用机理和各种进样技术进行深入研究；提出了可同时测定氢化物和非氢化物元素的新型雾化器-氢化物发生器，并获专利；建立了多种环境样品分析方法。研究了流动注射-电化学氢化物发生-AAS和ICP-AES联用技术。近年研究强电流微秒脉冲供电空心阴极灯激发原子/离子荧光分析法，改善了多种元素的检出限。微秒脉冲供电技术已成功地用于辉光放电飞行时间质谱仪上。

1993年当选为中科院院士。

梁树权　化学家。广东中山人。1933年毕业于燕京大学。1937年获德国慕尼黑大学博士学位。中国科学院化学研究所研究员。长期从事无机分析化学研究工作。1939年发表的博士论文《铁原子量修订》中的数值，次年即为国际原子量委员会所采用，并沿用至今。曾从事硫酸根、氟离子、钨、钼、稀土元素等分析方法的研究，殷商古青铜的分析以及微量和痕量分析方法的研究。包头白云矿稀土及稀有元素分析方法研究曾获奖励。

1955年当选为中科院院士。

梁晓天　化学家。河南舞阳人。1946年毕业于中央大学化学工程系。1952年获美国西雅图华盛顿大学博士学位。中国医学科学院药物研究所研究员。50年代起对药用天然产物进行系统研究，最早在中国利用核磁共振、质谱等物理手段研究有机物的结构，并开展天然产物的化学修饰、药物人工合成以及反应机理的研究，其中对秦艽甲素、乙素及一叶秋碱的核磁共振结构测定，是一些典型的成果。曾研究并解决结构的天然产物有：川楝素、鹤草粉、鹰爪甲素及乙素、创新霉素、亮菌甲素、芍药新苷以及一些二萜生物碱等数十个。并对一叶秋碱、猫眼草素等天然药物进行了全合成的研究。

1980 年当选为中科院院士。

蒋丽金 化学家。女。浙江杭州人。1944 年毕业于辅仁大学化学系。1951 年在美国明尼苏达大学获博士学位。中国科学院感光化学研究所研究员。50 年代在美国曾从事可的松衍生物的合成以及维生素 D 的部分合成工作。回国后从事中国大漆漆酚的研究，硼氮化合物的合成等工作。1978 年以后开展了光化学的研究，集中在生物光化学方面；中草药——竹红菌素的光疗机制，藻类植物的进化，结构与性能关系等项研究。

1980 年当选为中科院院士。

翟中和 细胞生物学家。江苏溧阳人。1956 年苏联列宁格勒大学生物学系毕业。北京大学生物学系教授。在我国较早建立细胞超微结构技术首次研制成鸭瘟细胞疫苗；对我国 20 多种重要家畜（禽）的传染病进行了病毒分离、鉴定与分类，进行了病毒形态及其在细胞内的发生规律研究；在阐述染色体端粒、DNA 复制、基因转录活性，RNA 分子加工和病毒装配与核骨架关系的研究中，取得了系统的创新性的结果；在国际上首次证实原始真核细胞存在染色体骨架与核骨架，在植物细胞与原始真核细胞中存在角蛋白中间纤维；在国内首次建立了非细胞体系核重建实验模式，证明核骨架与核纤层在重建核形成过程中起重要作用。

1991 年当选中科院院士。

魏复盛 环境化学、环境监测专家。四川省简阳人。1964 年毕业于中国科技大学。中国环境监测总站研究员。从 1985 年起领导并组织了全国科技人员进行水和废水、空气和废气、工业固体废弃物和土壤监测方法的研究，验证、统一及标准化工作，领导并组织全国环境监测质量保证系统化的研究与实践；组织环境标准样品的研制和生产；近几年又进行污染源监测技术与主要污染物总量控制监测技术的研究，对建立和发展我国环境监测技术体系作出了系统的、创造性的贡献。

1997 年当选为中国工程院院士。

分析测试机构

一、国家级分析中心

序号	单位名称	电话	传真	地址	邮编
1	国家钢铁材料测试中心	010－62182297	010－62182584	北京市学院南路76号	100081
2	国家有色金属及电子材料测试中心	010－62241350	010－62054704	北京市新街口外大街2号	100088
3	国家地质实验测试中心	010－68999557	010－68336788	北京市百万庄26号院	100037
4	国家建筑材料测试中心	010－51167679	010－65715991	北京市管庄东里1号	100024
5	国家化学建材测试中心(材料部) 国家化学建材测试中心(建工部)	010－64208747 010－84272233－2581	010－64208747 010－84276038	北京市1442信箱(和平里) 北京市北三环东路30号	100013
6	国家环境测试中心	010－84634275	010－84634275	北京市北四环育慧南路1号	100029
7	国家生物医学分析中心	010－66930184	010－68186281	北京市太平路27号	100850
8	国家药物及代谢产物分析中心	010－63153121	010－63017757	北京市先农坛街1号	100050
9	国家兴奋剂及营养测试中心	010－64912132	010－64912136	北京市安定路1号	100029
10	国家色谱研究分析中心	0411－3693430	0411－3693407	大连市中山路161号	116011
11	国家电化学和光谱研究中心	0431－5262169	0431－5685653	长春市人民大街159号	130022
12	中国上海测试中心	021－64701390－2234	021－64840335	上海市宜山路716号	200233
13	中国广州分析中心	020－87776508	020－87785344	广州市先烈中路100号	510070

二、省市分析测试中心

序号	单位名称	电话	传真	地址	邮编
1	北京市理化分析测试中心	010-68419606	010-68417642	北京市西三环北路27号	100089
2	天津市理化分析测试中心	022-23396032	022-23191749	天津市成都道116号	300051
3	河北省分析测试研究中心	0311-8632976	0311-8632976	石家庄市裕华东路186号	50018
4	山西省分析测试中心	0351-8946735	0351-7235384	太原市北园街61号	30006
5	内蒙古分析测试中心	0471-6280722	0471-6965929	呼和浩特市新城西街111号	10010
6	辽宁省分析测试研究中心	024-24821648	024-24823748	沈阳市万柳塘路103号	110015
7	黑龙江省分析测试中心	0451-82827756	0451-82513412	哈尔滨市南通大街25号	150050
8	江苏省生产力促进中心	025-85485998	025-85485860	南京市锁金村73号	210042
9	浙江省分析测试中心	0571-88065396	0571-88801862	杭州市文二路212号	310012
10	安徽省分析测试中心	0551-5145209	0551-5145209	合肥市濉溪路312号	230031
11	福建省分析测试研究所	0591-7848424	0591-7814856	福州市北环中路61号	350003
12	江西省分析测试中心	0791-8307094	0791-8302703	南昌市北京东路171号	330029
13	山东省分析测试中心	0531-2605316	0531-2964889	济南市 科院路19号	250014
14	河南省分析测试中心	0371-5511787	0371-5727239	郑州市红专路56号	450002
25	湖南省分析测试中心	0731-5311777	0731-5311777	长沙市青园路506号	410004
16	广西分析测试研究中心	0771-5324691	0771-5318326	南宁市星湖路32号	530022
17	四川省分析测试服务中心	028-86643809	028-86643809	成都市西胜街24号	610015
18	贵州省理化分析测试中心	0851-5891281	0851-5891974	贵阳市宝山南路99号	550002
19	云南省分析测试中心	0871-3137617	0871-3137617	昆明市 北京路542号9楼	650051
20	甘肃省分析测试中心	0931-8616234	0931-8763908	兰州市定西南路215号	730000
21	青海省测试计算中心	0971-6303880	0971-6303559	西宁市虎台东巷3号	810008
22	宁夏分析测试中心	0951-2077884	0951-2077715	银川市朔方 路9号	750021
23	新疆分析测试中心	0991-3835162	0991-3835162	乌鲁木齐市北京南路40号	830011

三、高校分析测试中心

序号	单位名称	电话	传真	地址	邮编
1	清华大学分析中心	010－62771139	010－62770327	北京市海淀区清华园	100084
2	北京大学分析测试中心	010－62754181	010－62754183	北京市海淀区北京大学化学楼S123	100871
3	北京大学医药卫生分析中心	010－82802377		北京市海淀区学院路38号	100083
4	北京师范大学分析测试中心	010－62207978	010－62200076	北京市新街口外大街19号	100875
5	中国农业大学信息学院应用物理系	010－62892572	010－62892581	北京市圆明园西路2号	100094
6	北京林业大学生物中心	010－62338171	010－62397484	北京市海淀区清华东路35号	100083
7	北京化工大学材料分析与评价中心	010－64434862	010－64437587	北京市北三环中路15号	100029
8	北京工业大学室内环境检测中心	010－67392084		北京朝阳区平乐园100号	100022
9	中央民族大学生物化学系	010－68932633		北京市白石桥大街27号	100081
10	北京印刷学院	010－61265612	69243485	北京市大兴区黄村卫星城	102600
11	南开大学中心实验室	022－23501380	022－23503034	天津市	300071
12	天津大学分析中心	022－27405694	022－27405694	天津市南开区卫津路94号	300072
13	天津工业大学应用化学实验室	022－24528356	022－24528054	天津市河东区程林庄路63号	300160
14	东北大学测试中心	024－83683904		沈阳和平区文化路3号巷11号	110004
15	辽宁大学分析测试中心	024－62202381	024－62202380	沈阳市皇姑区崇山中路66号	110036
16	沈阳药科大学测试中心	024－23843711		沈阳市文化路103号	110015
17	沈阳农业大学分析测试中心	024－88421248	024－88421248	沈阳市东陵路120号	110161
18	辽宁师范大学实验中心	0411－4258751		大连沙河口黄河路850号	116029
19	大连轻工业学院分析中心	0411－6323691	0411－6323086	大连市甘井子区轻工苑1号	116034

续表

序号	单位名称	电话	传真	地址	邮编
20	辽宁石油大学分析测试研究中心	0413－6664959	0413－6664959	抚顺市丹东路西段1号	113001
21	吉林大学测试科学实验中心	0431－8498976	0431－8498976	长春解放大路119号	130023
22	东北师范大学分析测试中心	0431－5269762	0431－5269667	长春人民大街5268号	130024
23	北华大学分析测试中心	0432－4667035		吉林	132013
24	哈尔滨工业大学分析测试中心	0451－86414234		哈尔滨海河路202号	150040
25	黑龙江大学分析测试中心	0451－88543602	0451－86608781	哈尔滨市南岗区学府路74号	150080
26	复旦大学测试中心	021－65643002	021－65643014	上海邯郸路220号	200433
27	上海交通大学分析测试中心	021－62932997	021－62932067	上海华山路1954号	200030
28	华东理工大学	021－64253271		上海梅陇路130号	200237
29	华东师范大学分析测试中心	021－62232494		上海中山北路3663号物理系	200062
30	第二军医大学药学院分析测试中心	021－25070400		上海国和路101号	200433
31	南京大学现代分析中心	025－3592290	025－3325180	江苏南京汉口路22号	210093
32	南京师范大学分析测试中心	025－3598359	025－3598359	江苏南京宁海路122号	210097
33	中国药科大学分析测试中心	025－3271454	025－3271454	南京童家巷24号	210009
34	东南大学分析测试中心	025－3793221		南京四牌楼2号	210096
35	苏州大学分析测试中心			江苏苏州市十梓街1号	215006
36	江南大学分析测试中心	0510－5864527	0510－5864527	江苏无锡惠河路170号	214036
37	江苏工业学院测试中心	0519－3290223		常州市白云路	213016
38	扬州大学测试中心	0514－7971895	0514－7979244	扬州文汇路12号	225009
39	中国矿业大学分析测试中心	0516－3885531		江苏徐州	221008
40	浙江大学分析测试中心	0571－87951287	0571－87951995	杭州浙大路38号	310027
41	浙江工业大学分析测试中心	0571－88320103		杭州朝晖六区	310012
42	浙江中医学院中心测试室	0571－86613589		杭州滨江庆年路	310053
43	中国科技大学理化科学实验中心	0551－3602802	0551－3602803	合肥金寨路96号	230026
44	安徽大学现代实验技术中心	0551－5107240	0551－5107240	合肥肥西路3号	230039
45	福州大学中心实验室	0591－87893207	0591－87893207	福州市工业路523号	350002
46	厦门大学分析测试中心	0592－2186129	0592－2186129	厦门市思明南路432号	361005
47	集美大学生物工程学院	0592－6183326	0592－6180470	厦门市塘埔路99－401室	361021
48	南昌大学分析测试中心	0791－8304414		南昌南京东路235号	330047

续表

序号	单位名称	电话	传真	地址	邮编
49	江西师范大学理化测试中心	0791－8507276	0791－8506150	江西南昌市北京西路77号	330027
50	南昌航空工业学院环境与生物医药分析研究中心	0791－8220991	0791－8220991	江西南昌市上海路173号	330034
51	山东大学环保学院现代分析所	0531－8362819	0531－8362819	济南市山大路27号	250100
52	中国海洋大学分析测试中心	0532－2883085	0532－2883085	青岛市鱼山路5号	266003
53	石油大学（华东）仪器分析中心	0546－8392995	0546－8392280	东营市泰安路149号	257062
54	郑州大学分析测试中心	0371－7763224	0371－7763390	郑州大学路75号	450052
55	武汉大学分析测试中心	027－87882136	027－87882136	武昌区珞珈山	430072
56	武汉理工大学测试中心	027－87651845	027－87395164	武昌珞狮路122号	430070
57	华中科技大学微观分析中心	027－87543778		武汉市珞瑜路151号	430074
58	中国地质大学（武汉）测试中心	027－87482970		武汉市喻家山鲁磨路	430074
59	湖北大学分析测试中心	027－88664193	027－88663034	武汉市学院路11号	430062
60	中南大学现代分析测试中心	0731－8879705	0731－8876597	长沙岳麓山	410083
61	湖南大学分析测试中心	0731－8821355		长沙岳麓山	410082
62	湖南师范大学分析测试中心	0731－8865515	0731－8865515	长沙岳麓山	410081
63	中山大学测试中心	020－84112711	020－84038784	广州新港西路135号	510275
64	暨南大学实验技术中心	020－85227796	020－85227790	广州黄埔大道西601	510632
65	华南理工大学测试中心	020－87111322		广州天河区五山	510640
66	汕头大学中心实验室	0754－2902626		汕头市大学路	515063
67	湛江海洋大学现代生化实验中心	0759－2382134	0759－2383129	湛江市解放东路40号	524025
68	四川大学分析测试中心	028－85405824	028－85400465	成都磨子桥	610065
69	成都理工学院测试分析研究中心	028－4079012	028－4079074	成都市二仙桥东三路1号	610059
70	成都电子科技大学材料分析中心	028－3202563		成都市	610054
71	重庆大学（化工学院）化学实验中心	023－65111748		重庆市沙坪坝	400044
72	后勤工程学院油品检测中心	023－68756451	023－68756928	重庆市长江二路174号	400017
73	第三军医大学中心实验室	023－68752346		重庆市沙坪坝高滩岩	400038
74	云南大学实验中心	0871－5033215		昆明121大街	650091
75	西北农林科技大学测试中心	029－7082873	029－7082431	陕西杨陵渭惠路3号	712100
76	兰州大学分析测试中心	0931－8912504	0931－8912582	兰州天水路298号	730000
77	新疆大学理化测试中心	0991－8582966		乌鲁木齐市胜利路14号	830046

四、行业分析测试及质检机构

1. 中国科学院系统

序号	单位名称	地址	邮编
	一、分院(地区)分析测试中心		
1	中国科学院沈阳分院理化测试中心	沈阳市和平区三好街24号	110004
2	中国科学院长春分院分析测试中心	长春市人民大街7520号	130022
3	中国科学院上海分院联合分析测试中心	上海市岳阳路319号	200031
4	中国科学院合肥地区联合分析测试中心	安徽省合肥市蜀山湖路350号	230031
5	中国科学院武汉分院分析测试中心	武汉市武昌小洪山	430071
6	中国科学院广州分院分析测试中心	广州先烈中路100号	510070
7	中国科学院成都分院分析测试计算联合中心	四川省成都市人民南路四段9号	610041
8	中国科学院兰州分院分析测试中心	甘肃省兰州市天水路340号	730000
9	中国科学院新疆分院分析测试中心	乌鲁木齐北京南路40号	830011
	二、获国家计量认证的实验室		
1	中国科学院物理研究所超导国家重点实验室	北京市海淀区中关村南三街8号	100080
2	中国科学院物理研究所磁学国家重点实验室磁学基本量检测中心	北京市海淀区中关村南三街8号	100080
3	中国科学院空间科学与应用研究中心环境模拟实验室	北京8701信箱海淀区中关村南二条1号	100080
4	中国科学院太阳光伏发电和风力发电系统质量检测中心	北京市海淀区中关村北2条6号	100080
5	中国科学院化学研究所分析测试中心	北京市海淀区中关村北一街2号	100080
6	中国科学院生物物理所分析测试技术中心	北京市朝阳区安定门外大屯路15号	100101
7	中国科学院声学计量测试站	北京市海淀区北四环西路21号	100080
8	中国科学院金属研究所金属腐蚀与防护测试部	沈阳市沈河区文化路72号	110016
9	中国科学院金属研究所检测中心	沈阳市沈河区文化路72号	110016
10	中国科学院沈阳应用生态研究所农产品安全与环境质量检测中心	辽宁省沈阳市沈河区文化路72号	110016
11	中国科学院大连化学物理研究所理化测试中心	辽宁省大连市中山路457号	116023
12	中国科学院长春分院分析测试中心地理所测试部	长春市高新技术产业开发区蔚山路3195号	130012
13	中国科学院长春分院分析测试中心光机所测试部	长春市工农大路61号	130022
14	中国科学院长春分院分析测试中心物理所测试部	长春市工农大路61号	130022
15	中国科学院长春分院分析测试中心应化所测试部	长春市人民大街159号	130022

续表

序号	单位名称	地址	邮编
16	中国科学院阴极射线发光材料质量检测中心	长春市工农大路61号	130022
17	中国科学院上海有机化学研究所分析测试中心	上海市徐汇区枫林路354号	200032
18	中国科学院南京土壤研究所土壤与环境分析测试中心	江苏省南京市北京东路71号	210008
19	中国科学技术大学结构成份分析中心	安徽省合肥市金寨路96号	230026
20	中国科学院武汉岩土力学研究所岩土工程检测中心	武汉市武昌小洪山	430071
21	中国科学院武汉物理与数学研究所波谱与原子分子物理国家重点实验室	武汉市武昌小洪山西区30号	430071
22	中国科学院水生生物研究所二恶英检测实验室	武汉市武昌珞珈山	430072
23	中国科学院广州能源研究所广州耗能产品综合测试中心	广州市天河区五山能源路	510640
24	中国科学院广州地球化学研究所有机分析测试中心	广州市天河区五山白石岗	510640
25	中国科学院广州地球化学研究所工程地质检测中心	广州市天河区五山白石岗	510640
26	中国科学院广州宝玉石黄金鉴定中心	广州市天河区五山白石岗	510640
27	中国科学院南海海洋研究所海洋环境检测中心	广州市新港西路164号	510301
28	中国科学院成都几何量及光电精密机械测试实验室	成都双流350信箱	610209
29	中国科学院成都分院分析测试中心	四川省成都市人民南路四段9号	610041
30	中国科学院兰州分院分析测试中心地球化学分析测试部	甘肃省兰州市东岗西路324号	730000
31	中国科学院兰州分院分析测试中心现代化学分析测试部	甘肃省兰州市天水路342号	730000
32	中国科学院兰州分院分析测试中心特种润滑材料分析测试部	甘肃省兰州市天水路342号	730000
33	中国科学院兰州分院分析测试中心冻土工程国家重点实验室工程与材料分析测试部	甘肃省兰州市东岗西路260号	730000
34	中国科学院兰州分院分析测试中心沙漠分析测试部	甘肃省兰州市东岗西路260号	730000
35	中国科学院兰州分院分析测试中心盐湖化学分析测试部	青海省西宁市城西区新宁路18号	810008
36	中国科学院兰州分院分析测试中心生物化学分析测试部	青海省西宁市西关大街59号	810008
	三、获国家计量认证、实验室认可的实验室		
1	中国科学院理化技术研究所抗菌材料检测中心	北京市朝阳区大屯路甲3号	100101
2	中国科学院上海硅酸盐研究所无机材料分析测试中心	上海定西路1295号	200050
3	中国科学院大连化学物理研究所现代分析中心	辽宁省大连市中山路457号	116023
	四、获国家计量认证、实验室认可、国家质检中心授权的实验室		
1	国家光学机械质量监督检验中心	长春市工农大路61号	130022

2. 建材

序号	单位名称	电话	地址	邮编
1	国家建材工业放射性及有害物质监督检验测试中心	010－51167667	北京朝阳区管庄	100024
2	国家建材工业安全玻璃质量监督检测中心	010－51167399	北京朝阳区管庄	100024
3	国家建材工业耐火材料产品质量监督中心	010－51167427	北京朝阳区管庄	100024
4	国家建材工业房建材料质量监督检测中心	010－51167600	北京朝阳区管庄	100024
5	国家建材工业水泥包装袋质量监督检测中心	010－51167494 65724831	北京朝阳区管庄	100024
6	国家建材工业铝塑复合材料产品质量监督检测中心	010－51167655	北京朝阳区管庄	100024
7	国家建材工业水泥节能中心	010－51157672	北京朝阳区管庄	100024
8	国家水泥质量监督检验中心	010－65761331－2434 2882、2446	北京市朝阳区管庄东里	100024
9	国家安全玻璃及石英玻璃质量监督检验中心	010－65761715 65711591	北京市朝阳区管庄东里	100024
10	国家建材工业石材质量监督检测中心	010－65492561	北京朝阳区东坝	100018
11	国家建材工业塑料管材质量监督检测中心	010－88715177 88724984	北京市金顶街4号	100041
12	中国建材工业地质堪查研究院测试中心	010－84916339	北京朝阳区东直门外南湖渠	100102
13	国家建材工业建筑五金水暖产品质量监督检测中心	010－87285059－201	北京市丰台区大红门西路4号	100075
14	国家建筑工程质量监督检验中心	010－84272233－2746、 2787、2235、 84281336	北京市安外北三环东路30号	100013
15	国家空调设备质量监督检验中心	010－84272233－2384、 2289	北京市北三环东路30号	100013
16	国家人造板质量监督检验中心	010－62888332 62889426	北京市西郊万寿山后中国林科院	100091
17	国家玻璃钢制品质量监督检验中心	010－69132140	北京延庆县康庄261信箱	102102
18	国家燃气用具质量监督检验中心	022－83711026	天津市南开区华苑产业园区桂苑路16号	300384
19	国家电梯质量监督检验中心	0316－2311494 2311438 2311412	河北省廊坊市金光道61号	065000
20	国家玻璃质量监督检验中心	0335－8051513－305	河北秦皇岛市河北大街西段91号	066004
21	中国建材工业地质堪查中心辽宁测试研究所	024－86222149	沈阳黄姑区松花江东路11号	110032
22	国家建材工业建材机械产品质量监督检测中心	0421－2811668 2803014	辽宁省朝阳市长江路三段10号	122000

续表

序号	单 位 名 称	电 话	地 址	邮编
23	国家建材工业玻璃纤维矿物棉热工测试中心	025－2414461－309	南京雨花西路安德里30号	210012
24	国家玻璃纤维产品质量监督检验中心	025－2416164	南京市雨花西路安德里30号	210012
25	国家建材工业碱骨料反应质检中心	025－83587237	南京新模范路南京工业大学	
26	国家水泥混凝土制品质量监督检验中心	0512－8284223	苏州市胥门外三香路	215004
27	国家建筑材料工业建筑防水材料产品质量监督检测中心	0512－65332019	苏州市广济路284号	215008
28	国家建材工业硅酸盐建筑制品质量监督检测中心	0519－6891461	江苏省常州市怀德南路89号	213001
29	国家建材工业装饰装修建筑材料质量检验中心	0571－85067557	浙江省杭州市中山北路540号	310003
30	国家化学建材质量监督检验中心	0571－85124785	杭州市天目山路222号	300013
31	国家建材工业镁质胶凝材料产品质量监督检测中心	0551－3439288	合肥市望江东路60号	230051
32	国家建材工业水泥回转窑节能服务中心	0551－3439251 3439305	合肥市望江东路60号	230050
33	国家建材工业平板玻璃热工测试中心	0552－4076728	安徽蚌埠市涂山路1032号	233018
34	国家建材工业平板玻璃集装器具质量监督检测中心	0552－4075358 4079398	安徽省蚌埠市涂山路1032号	233018
35	中国建材工业地质堪查中心江西测试研究所	0793－7066290 8220474	江西上饶市河中巷28号	334000
36	国家建材工业工业陶瓷产品质量监督检测中心	0533－3597069	山东省淄博市张店区柳泉路北首	255031
37	国家建材工业工业保温与密封材料产品质量监督检测中心	0371－3813833	河南省郑州市红旗路34号	450002
38	中国建材工业地质堪查中心湖北测试研究所	027－83604789	汉口航空路26号	400030
39	国家建筑城建机械质量监督检验中心	0731－8923797 8923868	湖南省长沙市银盆南路307号	410013
40	中国建材工业地质堪查中心四川测试研究所	028－84111689	成都市二仙桥东路21号	610051
41	中国建材工业地质堪查中心陕西测试研究所	029－87274628 －2232－2221	西安市北大街444号	710003
42	国家建材工业墙体屋面材料质量监督中心	029－5224662	西安市长安南路6号	710061
43	国家建材工业砖瓦热工测试中心	029－5221489	西安南郊三村	710061
44	国家建材工业陶瓷工业节能服务中心	0910－3572146－465	陕西咸阳市渭阳西路35号	712000
45	国家非金属矿制品质量监督检验中心	0910－3313597－3017	陕西咸阳市滨合路	712021
46	国家建筑卫生陶瓷质量监督检验中心	0910－3572146－421	陕西咸阳市渭阳西路	713000

3. 地质

序号	单位名称	电话	地址	邮编
1	北京地矿中心实验室	010－62016665－2123	北京市德胜门外黄寺大街24号	100011
2	北京地质仪器研究所	010－64632153	北京朝阳区霄云路35号	100027
3	天津地质矿产研究所测试中心	022－24314359	天津市河东区大直沽8号路4号	300170
4	天津地勘局测试中心	022－23688031	天津市南开区红旗南路219号	300191
5	物化探研究所测试中心	0316－2212841	河北廊坊金光道	065000
6	河北地矿中心实验室	0312－3026915	保定市百花路53号	071051
7	水文地质专业实验测试中心	0311－8015850	河北正定县	050803
8	北方煤炭测试中心	010－61591727－5626	河北三河市燕郊562队	065201
9	山西岩石矿物测试中心	0351－4186852	太原市并州路9号	030001
10	内蒙古矿产实验研究所	0471－5977029	呼和浩特市呼清路	010031
11	沈阳综合岩矿测试中心	024－86841768	沈阳市北陵大街29号	110032
12	吉林地矿中心实验室	0431－5952765	长春市宽平大路30号	130012
13	长春科技大学测试中心	0431－8502528	吉林省长春市西民主大街6号	130026
14	黑龙江地矿测试应用研究所	0451－5662072－213	哈尔滨市香坊区新乡里1号	150036
15	上海地质中心实验室	021－56681084	上海市真大路420号	200436
16	江苏地质矿产测试应用研究所	025－4801933	南京市珠江路700号	210018
17	浙江地矿中心实验室	0571－5157210	杭州市体育场路232号	310007
18	安徽地质实验研究所	0551－2888501	合肥市芜湖路47号	230001
19	福建地质测试研究中心	0591－3710032	福州市洪山桥	350002
20	江西地勘局实验测试中心	0791－5210149	南昌市迎宾北大道	330001
21	山东地质科学实验研究院	0531－6954373	济南市历山路52号	250013
22	青岛海洋地质研究所测试中心	0532－5755855	山东青岛市18号信箱	266071
23	郑州矿产综合利用研究所测试中心	0371－8624974－8034	郑州市陇海西路328号	450006
24	河南岩矿测试中心	0371－3936387	郑州市金水路28号	450053
25	湖北地质实验研究所	027－85832964	武汉市利济北路	430022
26	中国地质大学测试中心	027－87482970	武汉市喻家山	430074
27	中国地质大学材料与化学工程学院	027－87484654	武汉市洪山区鲁磨路	430074
28	中国地质大学壳幔体系开放实验室	027－87481664	武汉市喻家山	430074
29	湖南矿产测试应用研究所	0731－5160105	长沙市南大路84号	410007
30	广东省物料实验检测中心	020－87621355	广州市东风东路751号	510080
31	广东矿产应用研究所	0751－8533906	韶关市新华南路	512026
32	广州海洋地质局 测试中心	020－13600071206	广州市1180信箱测试中心	510760
33	广西地勘局中心实验室	0771－5643556	南宁市建政路1号	530023

续表

序号	单位名称	电话	地址	邮编
34	桂林岩溶地质研究所	0773－5827074	桂林市七星路	541004
35	海南地矿中心实验室	0898－6823673	海口市南航路88号	570206
36	成都综合岩矿测试中心	028－3333761	成都市人民北路101号	610081
37	成都矿产综合利用研究所测试中心	028－5551110	成都市二环路南三段5号	610041
38	成都地矿所分析测试中心	028－3376969	四川成都市一环路三段新82号	610082
39	重庆地矿测试中心	023－68810912	重庆市大坪长江二路177－1号	400042
40	贵州地矿中心实验室	0851－6832403	贵阳市北京路76号	550004
41	云南地矿中心实验室	0871－7201141	昆明市东郊大石坝	650218
42	西藏地质中心实验室	0891－6424433	西藏拉萨市北京西路218号	850033
43	西安地质矿产研究所测试中心	029－13609162648	西安市友谊东路166号	710054
44	陕西地矿实验研究所	029－7851511	西安市雁塔路北段70号	710054
45	甘肃地矿中心实验室	013809319199	兰州市兰工坪1号	730050
46	青海地质中心实验室	0971－6302201	西宁市盐湖巷15号	810007
47	宁夏地矿中心实验室	0951－2021126	银川市新市区北京西路17号	750021
48	新疆地勘局实验测试研究中心	0991－4812312	乌鲁木齐市友好北路33号	830000

4. 环境

序号	单位名称	电话	传真	地址	邮编
1	中国环境监测总站	010－84637722	010－84654244	北京市朝阳区北四环东路育慧南路1号	100029
2	北京市环境保护监测中心	010－68717267	010－68481400	北京市海淀区车公庄西路14号	100044
3	天津市环境监测中心	022－23051672	022－23051672	天津市南开区复康路19号	300191
4	河北省环境监测中心站	0311－3032819	0311－3032819	河北省石家庄市裕华西路448号	050051
5	石家庄市环境监测站	0311－5814633	0311－5811615	河北省石家庄市槐岭路32号	050021
6	秦皇岛市环境保护监测站	0335－3061859	0335－3061007	河北省秦皇岛市海港区迎宾路中段	066001
7	山西省环境监测中心站	0351－6276605－3109	0351－6269800	太原市兴华街119号	030027
8	太原市环境监测中心站	0351－4220449	0351－4221043	太原市桃园三巷93号	030002
9	内蒙古自治区环境监测中心站	0471－6926137	0471－6959902	呼和浩特市新城西街统建5号楼	010010
10	呼和浩特市环境监测中心站	0471－3965943	0471－3965214	呼和浩特市回民区县府街西口	010030
11	辽宁省环境监测中心站	024－86125842	024－86806024	沈阳市皇姑区泰山路90号	110031
12	沈阳市环境监测中心站	024－23936527	024－23936527	沈阳市沈河区文艺路42号	110015

续表

序号	单位名称	电话	传真	地址	邮编
13	大连市环境监测中心站	0411-4670974	0411-4671410	大连市沙河口区连山街58号	116023
14	吉林省环境监测中心站	0431-7611190	0431-7600064	吉林省长春市绿园区泰来街83号	130011
15	长春市环境监测中心站	0431-5380802	0431-5380624	长春市卫星路28号	130022
16	黑龙江省环境监测中心站	0451-82422480	0451-2401003	哈尔滨市太平区卫星路2号	150056
17	哈尔滨市环境监测中心站	0451-84842711	0451-84603646	哈尔滨市道里区建国街68号	150076
18	上海市环境监测中心	021-64392063	021-64393639	上海市徐汇区南丹路1号	200030
19	江苏省环境监测中心站	025-6504048	025-6617750	江苏省南京市凤凰西街241号	210029
20	南通市环境监测中心站	0513-5584815	0513-5516050	江苏省南通市青年中路79号	226006
21	连云港市环境保护监测站	0518-5487787	0518-5501191	连云港市新浦区海昌南路78号	222001
22	南京市环境监测中心站	025-3717929	025-3700381	南京市虎踞路175号	210013
23	苏州市环境监测中心站	0512-8262521-418	0512-8654316	苏州市三香路14号	215004
24	浙江省环境监测中心站	0571-88087164	0571-88837535	杭州市教工三路19号	310012
25	杭州市环境监测中心站	0571-85119169	0571-85118836	杭州市保淑路32号	310007
26	温州市环境监测中心站	0577-88844417	0577-88856874	温州市黎明西路10弄12号	325003
27	浙江省舟山海洋生态环境监测站	0580-2025873	0580-2042657	浙江省舟山市定海区文化路17号	316004
28	宁波市环境保护监测中心站	0574-87122795	0574-87127090	宁波市宝善路105号	315012
29	安徽省环境监测中心站	0551-2825748	0551-2825075	合肥市长江西路12号	230061
30	合肥市环境监测中心站	0551-5127234	0551-5114021	合肥市长江西路278号	230031
31	福建省环境监测中心站	0591-7835684	0591-7840824	福州市环保路8号	350003
32	福州市环境保护监测站	0591-7331541	0591-7331506	福建省福州市金鸡山路32号	350011
33	厦门市环境监测站	0592-2220704	0592-2234573	厦门市湖滨南路56号	361004
34	江西省环境监测中心站	0791-8323421	0791-8323421	江西省南昌市江大南路186号	330029
35	南昌市环境监测站	0791-6414429	0791-6412340	南昌市站前西路177号	330002
36	山东省环境监测中心站	0531-6943548-8026	0531-6957724	济南市历山路50号	250013
37	山东省济南市环保所(环境监测站)	0531-6991633	0531-6408412	济南市山大路183号	250014
38	烟台市环境监测中心站	0535-6243270	0535-6243270	烟台市芝罘区青年南路118号	264000

续表

序号	单位名称	电话	传真	地址	邮编
39	青岛市环境保护监测站	0532-2874267	0532-2961761	青岛市延安一路39号	266003
40	湖北省环境监测中心站	027-87882526	027-87885249	湖北省武汉市武昌八一路338号	430072
41	湖南省环境监测中心站	0731-5576034	0731-5656813	长沙市井奎路14号	410004
42	长沙市环境保护监测站	0731-4117519	0731-4119554	长沙市芙蓉区解放东路120号	410001
43	三亚市环境监测站	0898-88254119	0898-88272102	海南省三亚市西河东路17号	572000
44	重庆市环境监测中心	023-67855147	023-67850069	江北区观音桥嘉陵一村37号	400020
45	四川省环境监测中心站	028-5551020	028-5551020	四川省成都市人民南路四段18号	610041
46	成都市环境监测中心站	028-7011695	028-7011681	成都市芳邻路4号环保大楼	610072
47	云南省环境监测中心站	0871-4169651	0871-4141994	昆明市五华区环城西路539号	650034
48	昆明市环境监测中心站	0871-4625821	0871-4625821	昆明市福海彰家楼	650228
49	西藏自治区环境监测中心站	0891-6814545	0891-6833620	拉萨市金珠中路61号	850031
50	陕西省环境监测中心站	029-5230354	029-5230353	西安市长安北路49号	710061
51	西安市环境监测站	029-7883426	029-7884887	西安市友谊东路84号	710054
52	甘肃省环境监测中心站	0931-8418758	0931-8418758	兰州市东方红广场统办二号楼	730030
53	兰州市环境监测站	0931-8848245	0931-8884615	甘肃省兰州市城关区张家园32号	730000
54	青海省环境监测中心站	0971-8176617	0971-8132240	西宁市共和路56号	810007
55	西宁市环境监测站	0971-6304951	0971-6304696	西宁市海晏路25号	810008
56	宁夏回族自治区环境监测中心站	0951-2021779	0951-2027544 2030587	宁夏银川市新市区怀远西路	750021
57	银川市环境监测站	0951-4108853	0951-4108545	银川市凤凰南街9号	750001
58	新疆维吾尔自治区环境监测中心站	0991-3838943	0991-3838943	新疆乌鲁木齐市北京南路38号	830011
59	新疆生产建设兵团环境监测中心站	0991-2819402-104	0991-2311134	新疆乌鲁木齐市建设西路16号	830002
60	乌鲁木齐市环境科学研究监测中心站	0991-4813404	0991-4838131	乌鲁木齐市北艺公园街8号	830000

5. 冶金

序号	质检中心名称	电　话	传　真	地　址	邮编
1	国家钢铁产品质量监督检验中心	010－62182841 62182862	010－62182864	北京市海淀区学院南路76号	100081
2	国家建筑钢材质量监督检验中心	010－62226082	010－62226082	北京市海淀区西土城路33号	100088
3	国家钢渣水泥质量监督检验中心	010－62225599－5060 （2005、3293）	010－62225940	北京市海淀区西土城33号	100088
4	北京矿冶研究总院测试研究所	010－68333366－3418			
5	唐山钢铁股份有限公司技术中心理化中心	0315－2702525			
6	邯郸钢铁集团公司科技环保部	0310－4053450			
7	国家金银及制品质量监督检验中心（沈阳）	024－24320421	024－24832001	沈阳市大东路138号	110042
8	国家金银及制品质量监督检验中心（长春）	0431－5512921	0431－5511548	长春市南湖大路54号	130012
9	宣化钢铁集团有限责任公司技监中心	0313－8674697			
10	太原钢铁集团有限公司技术中心（理化检验科）	0351－3012241			
11	包钢（集团）公司技术中心化检验中心	0472－2186668			
12	鞍钢集团公司化检验中心	0412－6725294			
13	辽宁特钢集团有限责任公司中心试验室	0411－86671315			
14	吉林铁合金集团有限责任公司化检分析研究所	0432－2707605			
15	通化钢铁股份有限公司检测中心	0435－3791411			
16	上海宝钢股份公司技术中心分析测试研究中心	021－56787845			
17	宝钢集团上海第一钢铁有限公司技术中心	021－56825682－2942			
18	马钢股份有限公司技术中心中心检化验室	0555－2889478			
19	新余钢铁有限责任公司中心试验室	0790－6294225			
20	济南钢铁集团总公司技术监督处（质检中心）	0531－8868344			
21	安阳钢铁股份有限公司技术质量处	0372－3122139			
22	武钢公司技术中心化学室	027－86804912－329			
23	长沙矿冶研究院分析室	0731－9657156			
24	湘钢集团有限公司科技开发中心理化管理科	0732－8652960			
25	广州钢铁企业集团有限公司理化检验中心	020－81592049			
26	川股长城特殊钢股份有限公司第四中心试验室	0816－3659012			
27	攀枝花钢铁研究院检测中心	0812－3333764			
28	昆钢集团公司技术中心化验室	0871－8603255			
29	陕西钢铁研究所中心试验室	029－84624473			
30	酒泉钢铁（集团）公司钢研院理化所	0937－6716135			
31	新疆八一钢铁有限责任公司质量控制中心理化检测中心	0991－3894212			

6. 有色金属

序号	单位名称	电话	传真	地址	邮编
1	北京有色金属研究总院分析测试研究所	010－62055347	010－62054704	北京新街口外大街2号	100088
2	国家有色金属质量监督检验中心	010－62012094 62014488－5135	010－62054704	北京市新街口外大街2号	100088
3	国家有色金属质量监督检验中心	010－82241360	010－62012094	北京新街口外大街2号	
4	国家重有色金属质量监督检验中心	010－68333366－3416	010－68321362	北京市西直门外文兴街1号	100044
5	北京矿冶研究总院	010－68333366－3418	010－68321362	北京市西直门外文兴街1号	100044
6	包头稀土研究院				
7	沈阳矿冶研究所	024－25850804		沈阳市铁西区南九中路70号	110023
8	沈阳有色金属加工厂中心试验室	024－89165429		沈阳市苏家屯区金桔路10号	110102
9	抚顺铝厂中心试验室	0413－3812471	0413－4913642	抚顺市鞍山路东段6号	113001
10	葫芦岛锌厂中心化验室	0429－2024273	0429－2024279	葫芦岛市龙港区锌厂路24号	125003
11	上海有色金属研究所	021－5773333		上海松江区长石路245号	201600
12	江西铜业公司贵溪冶炼厂中心化验室	0701－3778085	0701－3778085	江西省贵溪市冶金大道15号	335424
13	中铝股份山东分公司理化检测中心	0533－2945521		淄博市张店区5公里路1号	255052
14	国家轻金属质检中心	0371－8918400	0371－8930371	郑州市上街区济源路82号	
15	郑州轻金属研究院	0371－8918345		河南省郑州市上街区	450000
16	洛阳铜加工厂检测中心	0379－4922411－2382		洛阳市建设路50号洛铜集团检测中心	471039
17	国家轻金属质量监督检验中心	0371－8918262 8918315 8918014 8918345	0371－8930371 8923369	郑州市上街区济源路82号郑州轻金属研究院内	450041
18	长沙矿冶研究院	0731－8870154		长沙市矿冶研究院分析室	410012
19	国家有色冶金机电质量监督检验中心	0731－8824736	0731－8851231	长沙市麓山南路236号	410012
20	株冶集团分析测试中心	13973318739	0733－8391764	湖南株洲市清水塘	412004
21	株洲冶炼厂	0733－8391743		湖南省株洲市株洲冶炼厂分析测试中心	412004
22	株洲硬质合金厂	0733－8265254		湖南省株洲硬质合金厂分析测试中心	412000
23	广州有色金属研究院	020－85231729－6261	020－37238510	广州市五山广州有色金属研究院分析测试中心	510651

续表

序号	单位名称	电话	传真	地址	邮编
24	桂林矿产地质研究院	0773-5839215		桂林市金星路2号	541004
25	西南铝加工厂	023-65807234		重庆市西南铝加工厂技术中心	401326
26	峨眉半导体材料研究所	0833-5522560转检验室		四川峨嵋山市符北路88号	614200
27	昆明冶金研究院	0871-5111554		昆明市圆通北路86号	650031
28	昆明贵金属研究所	0871-5155368-4431		昆明市北郊上马村昆明贵金属研究所	650221
29	西北有色金属研究院	029-86224471		西安51号信箱	710016
30	宝鸡有色金属加工厂理化室			陕西省宝鸡71信箱理化室	
31	西北矿冶研究院	0943-8227662		甘肃省白银市人民路19号	730900
32	西北稀有金属研究院	0452-2012019		宁夏石嘴山105信箱	75300

7. 石油

序号	单位名称	电话	传真	地址	邮编
1	国家石油产品质量监督检验中心	010-62311367	010-62321367	北京914-47#	100083
2	北京燕山石化公司合成橡胶事业部检验中心			北京10023信箱检验中心	102503
3	北京燕化公司炼油厂检验中心	010-69346389	010-69346403	北京燕化公司炼油事业部检验中心	102503
4	橡塑新型材料国家工程研究中心分析检测部	010-69343115-2412	010-69341930	北京市房山区燕山凤凰亭路15号	102500
5	北京燕山石化公司合成橡胶事业部检验中心			北京10023信箱检验中心	102503
6	国家石化有机原料合成树脂质量监督检验中心	010-69343458	010-69341930	北京市房山区凤凰亭路9号	102500
7	中国石油天然气集团公司油井水泥及外加剂质量监督检测中心	022-66310262		天津市塘沽区津塘公路40号石油工程技术研究院	300451
8	中国石油天然气集团公司防腐保温产品质量监督检验中心	022-66310261		天津市塘沽区津塘公路40号石油工程技术研究院	300451
9	中国石油天然气集团公司工程技术研究院工程结构及钢结构力学参数检测实验室	022-25348824		天津市塘沽区津塘公路40号石油工程技术研究院	300451
10	中国石油天然气集团公司工程技术研究院工程材料性能检测实验室	022-25348824		天津市塘沽区津塘公路40号石油工程技术研究院	300451

续表

序号	单位名称	电话	传真	地址	邮编
11	中国石油天然气集团公司工程技术研究院物理化学分析测试中心	022－25348824		天津市塘沽区津塘公路40号石油工程技术研究院	300451
12	大港油田集团有限责任公司环境监测中心站	022－25924615		天津市大港区三号院	300280
13	大港石油集团钻采工艺研究院中心实验室	022－25921415		天津市大港区钻采院钻井液实验室	300280
14	华北石油橡胶制品及防腐材料检验中心	0317－2725939	0317－2758117	河北省任丘市华北石油橡胶研究所	062552
15	中国石油天然气集团公司井下工具质量监督检验中心	0317－2724616		河北省任丘市华北油田钻井工艺研究院	62552
16	国家石蜡质量监督检验中心	0413－6389766		辽宁省抚顺市望花区丹东路东段31号	113001
17	中国石油天然气集团公司石油机械产品质量监督检验站	0459－5812469		黑龙江省大庆市宏阔总公司计量站	163312
18	大庆石油管理局钻井研究所钻井综合实验室	0459－4892607		黑龙江省大庆市红岗区八百垧钻井研究所	163413
19	大庆石油管理局钻井研究所油井水封固材料性能检测实验中心	0459－4892341		黑龙江省大庆市红岗区八百垧钻井研究所	163413
20	国家电动潜油泵质量监督检验中心	0459－5961949 5960836 5976919 5963882	0459－5961949	大庆市让湖路区西宾路9号	163453
21	上海炼油厂质检科	021－58611060－32825	021－58610393	上海炼油厂质检科	200137
22	中国石化集团设备质量监督检测中心	0379－4887114(查号)	0379－4857177	河南洛阳中州路27号	471003
23	国家技术监督局燃料油质量监督检验中心	0379－4887114（查号）	0379－4857177 4857178	河南洛阳中州西路27号	471003
24	国家燃料油质量监督检验中心	0379－4887012 4330548 4330526	0379－4310304	河南省洛阳市国家高新技术开发区河洛大道006号	471003
25	国家油气田井口设备质量监督检验中心	0716－8213549－227		湖北省荆州市沙市区豉湖路1号江汉机械研究所	434000
26	湖北石油地质测试中心化验室	0728－6502084		湖北省潜江市广华研究院地质化验室	433124
27	中国石油天然气集团公司机械产品质量监督检验中心	0716－8213549－270		湖北省荆州市沙市区豉湖路1号江汉机械研究所	434000

续表

序号	单位名称	电话	传真	地址	邮编
28	江汉测井研究所地球物理测井实验室	0728－6574901－2711		湖北省潜江市向阳江汉测井研究所	433123
29	中国石油天然气集团公司井控装置质量监督检验中心	0838－5104742		四川省广汉市中山大道南二段四川油田钻采工艺研究院	618300
30	四川石油管理局酸性油气田材料腐蚀检测评价中心	028－86014356		四川省成都市小关庙后街28号	610017
31	四川石油管理局钻采工艺研究院钻井液实验室	0838－5101604		四川省广汉市中山大道南二段	618300
32	中国石油天然气集团公司石油管材质量监督检验中心	029－88214211－3804		陕西省西安市电子二路21号西安石油管材研究所	710061
33	中国石油天然气集团公司石油仪器仪表质量监督检验中心	029－88220144		陕西省西安市电子二路18号西安石油学院	710061
34	中国兰州润滑油研究开发中心检测中心	0931－4857188		兰州市西固区玉门街369号	730060
35	国家合成橡胶质量监督检验中心	0931－7310797	0931－7553070	甘肃省兰州市西固区合水北路一号	730060
36	新疆石油管理局采油工艺研究院化学实验中心	0990－6222694		新疆克拉玛依市胜利路87号	834000
37	国家石油石化产品质量监督检验中心	0991－2826544 2825170	0991－2817437	新疆维吾尔自治区乌鲁木齐市新华南路32号	830002

8. 煤炭

序号	单位名称	电话	传真	地址	邮编
1	国家煤矿支护设备质量监督检验中心	010－84262613　84262991 84261821		北京市和平里青年沟5号	100013
2	国家煤炭质量监督检验中心	010－84262613　84262081 84262351	010－84262081	北京市和平里青年沟5号	100013
3	国家选煤机械质量监督检验中心	0315－2822145－5545、5544	0315－2829275	河北省唐山市新华西道21号	063012
4	国家煤矿掘进机械质量监督检验中心	0351－7042242－27033、27010	0351－7041314	山西省太原市并州南路256号	030006
5	国家煤及煤化工产品质量监督检验中心	0351－7243604	0351－7243704	山西省太原市长治路222号	030012
6	国家煤矿防爆安全产品质量监督检验中心	0431－6673213　6684462	0431－6680992	辽宁省抚顺市望花区丹东路(西段)10号	113001
7	国家采煤机械质量监督检验中心	021－52816659	021－52809777	上海市芦定路520号	200062
8	国家煤矿防尘通风安全产品质量监督检验中心	023－65206713　65206792 65206805	023－65213928	重庆市沙坪坝区上桥三村	400037
9	国家煤炭质量监督检验中心(西安)	029－85524880　85532605 85515408	029－85524880	西安市雁塔路南段15号	710054

9. 机械

序号	单位名称	电话	传真	地址	邮编
1	国家工程机械质量监督检验中心	010－69102649　69101140　69141024	010－69101604	北京市延庆东外大街70号	102100
2	国家印刷机械质量监督检验中心	010－63734447　63736385　63813312		北京市丰台区造甲街南里5号	100071
3	国家粉末冶金制品质量监督检验中心	010－67645338　67645329　67616608	010－67634067	北京市永定门外宋庄路11号	100078
4	国家饮食服务机械质量监督检验中心	010－67629398	010－67633567	北京市左安门外饮马井45号	100021
5	国家分析仪器质量监督检验中心	010－62451445	010－62451445	北京市海淀区温泉北清路	100095
6	国家起重运输机械质量监督检验中心	010－64018780	010－64052252	北京市东城区雍和宫大街52号	100007
7	国家液压元件质量监督检验中心	010－62023854　62050841　62014773	010－62384244	北京市德胜门外教场口1号	100011
8	国家机床质量监督检验中心	010－64739734　64739629	010－64739727　64739629	北京市朝阳区望京路4号	100102
9	国家复印机质量监督检验中心	022－26650880	022－26650880	天津市红桥区昌图道7号	300131
10	国家轿车质量监督检验中心	022－84771310　84771801　84771802		天津市河东区程林庄道天目山路口(天津59信箱)	300162
11	国家电控配电设备质量监督检验中心	022－24390721－7376	022－24391813　24391401　－7358	天津市河东区津塘路174号	300180
12	国家探矿工程机械质量监督检验中心	0312－2015312－2197		河北廊坊市金光道1号	102849
13	国家日用衡器质量监督检验中心	024－24120743	024－24813739	辽宁省沈阳市沈河区先农坛路15号	110015
14	国家蓄电池质量监督检验中心	024－25874282　85610109		辽宁省沈阳市铁西区北二中路33号	110026
15	国家工业泵质量监督检验中心	024－25820080　25822411－6991	024－25820080	沈阳市铁西区重工街熊家岗路28号	110026
16	国家真空设备质量监督检验中心	024－24809925－2001/2043、24121929	024－24121929	沈阳市沈河区万柳塘路2号	110042
17	国家仪器仪表元器件质量监督检验中心	024－88713229	024－88713452	辽宁省沈阳市大东区北海街242号	110043
18	国家汽车质量监督检验中心(长春)	0431－5907021　5906219　5906704	0431－7677111	吉林省长春市创业街35号	130011
19	国家气象仪器质量监督检验中心	0431－5517707　5515119	0431－5519671	长春市前进大街一号	130012
20	国家试验机质量监督检验中心	0431－5635783　5620742	0431－5635767	吉林省长春市解放大路112号	130021
21	国家光学机械质量监督检验中心	0431－5681989	0431－5682346	吉林省长春市工农大路61号	130022

续表

序号	单位名称	电话	传真	地址	邮编
22	国家链条质量监督检验中心	0431－5687245	0431－5687245	长春市大民大街142号	130025
23	国家变压器质量监督检验中心	024－23787022－8221（8213）	024－23785177	辽宁省沈阳市浑南高新技术产业开发区	110167
24	国家焊接材料质量监督检验中心	0451－6334880 6334855	0451－6325871	哈尔滨市南岗区和兴路111号	150080
25	国家木工机械质量监督检验中心	0451－2190131 2190427	0451－2191089	黑龙江省哈尔滨市动力区和兴路26号	150040
26	国家便携式林业机械质量监督检验中心	0451－6666721 6676554 6664231	0451－6677397	哈尔滨市学府路374号	150086
27	国家电碳制品质量监督检验中心	0451－5311047 5333947 5311037	0451－5303472	哈尔滨市香坊区电炭街18号	150030
28	国家电工仪器仪表质量监督检验中心	0451－6675954 6681896	0451－6681896	黑龙江省哈尔滨市哈平路128号	150040
29	国家起重冶金电机质量监督检验中心	0454－8311761－7511（7529、7530）	0454－8311260	黑龙江省佳木斯市安庆街3号	154002
30	国家电动工具质量监督检验中心	021－64378405	021－64332334	上海徐汇区宝庆路10号	200031
31	国家低压电器质量监督检验中心	021－62574990－216（283）	021－62433250	上海市武宁路505号	200063
32	国家中小电机质量监督检验中心	021－62574990－215 62577704	021－2577704	上海武宁路505号	200063
33	国家电线电缆质量监督检验中心	021－65490171 65494605	021－65490171	上海市军工路1000号	200093
34	国家光学仪器质量监督检验中心	021－65628745	021－65628745	上海市杨浦区长岭路115号	200093
35	国家内燃机质量监督检验中心	021－65741418 65741856	021－65748132	上海市军工路2500号	200432
36	国家油泵油嘴质量监督检验中心	0510－5511245	0510－5511209	江苏省无锡市钱荣路15号	214063
37	国家民用爆破器材质量监督检验中心	025－4315897 4315669	025－4431574	江苏省南京市孝陵卫200号	210094
38	国家塑料机械产品质量监督检验中心	0574－87835083 87871869	0574－87889216	浙江省宁波市江东区王隘路2号	315040
39	国家照相机质量监督检验中心	0571－5121014－213	0571－5121972	杭州市西溪路94号	310013
40	国家压缩机制冷设备质量监督检验中心	0551－5316828	0551－5325105	安徽省合肥市长江西路888号	230031
41	国家铸造锻压机械质量监督检验中心	0531－7979107 7979290	0531－7977340 7971834	山东省济南市经十路464号	250022
42	国家磨料磨具质量监督检验中心	0371－7657921 7657910	0371－7658535 7629107	郑州市中原区华山路121号	450007

续表

序号	单位名称	电话	传真	地址	邮编
43	国家齿轮产品质量监督检验中心	0371－7973021 7930970 7435493	0371－7449148	河南省郑州市嵩山南路81号	450052
44	国家继电器质量监督检验中心	0374－3212440 3310177	0374－3310177	河南省许昌市建设路183号	461000
45	国家拖拉机质量监督检验中心	0379－4967923 4968646	0379－4270817	河南洛阳市涧西区西苑路39号	471039
46	国家轴承质量监督检验中心	0379－4881523	0379－4881596	河南省洛阳市吉林路1号	471039
47	国家矿山机械质量监督检验中心	0379－4288249	0379－4288249	河南省洛阳市涧西区龙鳞路	471039
48	国家防爆电气产品质量监督检验中心	0377－3225471 3258555	0377－3225471	河南省南阳市仲景北路20号	473008
49	国家汽车质量监督检验中心(襄樊)	0710－3310964	0710－3310965	湖北省襄樊市汽车产业开发区试车场	441104
50	国家日用电器质量监督检验中心	020－84451692	020－84183160	广东省广州市新港西路204号	510302
51	国家刀具质量监督检验中心	028－3242782 3242140	028－32444548	四川省成都市二环路东一段16号	610051
52	国家电焊机质量监督检验中心	028－3252866 3258617	028－3277121	四川省成都市二环路东一段29号	610051
53	国家重型汽车质量监督检验中心	023－6881302	023－68821361	重庆市石桥铺朝田村101号(4803信箱)	400039
54	国家电力电子产品质量监督检验中心	029－5271711 5271796 5271801	029－5219219	陕西省西安市朱雀大街94号	710061
55	国家电炉质量监督检验中心	029－5271210 5271340	029－5265538	西安市朱雀大街南端222号	710061
56	国家高压电器质量监督检验中心	029－4264271 4244818－8308(8964)	029－4264483	陕西省西安市沣惠北路副30号	710077
57	国家冶金重型机械质量监督检验中心	029－6713411－2380	029－6713965	西安市辛家庙	710032
58	国家绝缘子避雷器质量监督检验中心	029－4256580 4240147 4265223	029－4265223	陕西省西安市大庆路156	710077
59	国家微电机质量监督检验中心	029－4234755 4234759 4234754	029－4234754	陕西省西安市莲湖区桃园路2号	710077
60	国家电力电容器质量监督检验中心	029－4264081 4221419 4221417	029－4221869	西安市西郊桃园路北口10号	710082
61	国家摩托车质量监督检验中心	0917－6296454 6296243 6296242	0917－6296401	陕西省宝鸡县第51号信箱	721300
62	国家石油钻采炼化设备质量监督检验中心	0931－2332059 2345941 2349984	0931－2345941	甘肃省兰州市七里河区敦煌路155号	730050
63	国家内燃机发电机组质量监督检验中心	0931－2880487 2880370	0931－2868841	兰州市七里河区民乐路64号(兰州市65信箱)	730050

10. 轻工

序号	单位名称	电话	传真	地址	邮编
1	国家食品质量监督检验中心	010－64666597 64665005 64645551	010－64625604	北京市朝阳区东直门外牛王庙霄云路32号	100027
2	国家塑料制品质量监督检验中心(北京)	010－68905380	010－68905371	北京市阜成路11号	100037
3	国家家用电器质量监督检验中心	010－63031712 83159430 83159429	010－63013391	北京市宣武区下斜街29号	100053
4	国家皮革制品质量监督检验中心	010－64337794 64337791	010－64365566	北京市朝阳区酒仙桥将台路3号	100016
5	国家纸张质量监督检验中心	010－65810022 65813151	010－65005677	北京市朝阳区光华路12号	100020
6	国家电光源质量监督检验中心(北京)	010－67746544	010－67787300	北京市朝阳区大北窑厂坡村甲3号	100022
7	国家条码质量监督检验中心	010－64921037 62024522 62024556	010－62024523	北京市西城区德胜门外裕中西里46号东门	100029
8	国家首饰质量监督检验中心	010－64878116 64871972	010－64870362	北京市朝阳区大屯路甲2号	100101
9	国家鞋类质量监督检验中心(北京)	010－64017860 64017842	010－64017860	北京市东四六条45号	100007
10	国家地毯质量监督检验中心	022－28309649 28319680	022－28319680	天津市河西区新围堤道5号	300211
11	国家自行车质量监督检验中心	022－27351763 2735482	022－27342542	天津市和平区闸口街66号	300021
12	国家皮革质量监督检验中心	0313－4061679	0313－4061679	河北省张家口市桥东区纬一路口	075000
13	国家洗涤用品质量监督检验中心(太原)	0351－4046717 4044836	0351－4040802	山西省太原市文源巷34号	030001
14	国家毛皮质量监督检验中心	0471－4962376 4935137	0471－4962254	呼和浩特市乌兰察布路281号	010010
15	国家日用金属制品质量监督检验中心(沈阳)	024－86226336		沈阳市皇姑区宁山东路7号	110032
16	国家乳制品质量监督检验中心	0451－6668500 6689189 6684267	0451－6661773	黑龙江省哈尔滨市学府路337号	150086
17	国家缝纫机质量监督检验中心	021－63771536 63771367	021－63779241	上海市中山南一路210号	200011
18	国家玩具质量监督检验中心	021－64375445	021－64375445	上海襄阳南路450号	200031
19	国家眼镜玻璃搪瓷制品质量监督检验中心	021－62801333 62945150	021－62803366	上海市新华路365弄6号	200052
20	国家灯具质量监督检验中心	021－56383662 56382253	021－56381793	上海市北宝兴路75号	200083

续表

序号	单位名称	电话	传真	地址	邮编
21	国家家具质量监督检验中心	021－65689448	021－65689448	上海市海州路290号	200090
22	国家香料香精化妆品质量监督检验中心	021－64756961 64824490	021－64756961	上海市龙吴路137号	200232
23	国家日用陶瓷质量监督检验中心	0798－8442134	0798－8442134	江西省景德镇新厂四路203号	333001
24	国家日用金属制品质量监督检验中心(成都)	028－6264749 6638594 6244586 6638594	028－6264749 6638594	四川省成都市东门街2号	610031
25	国家酒类质检中心	028－6264749 6638594 6244586 6638594	028－6264749 6638594	四川省成都市东门街2号	610031
26	国家钟表质量监督检验中心	029－5262040	029－5262040	陕西省西安市翠华路60号	710061

11. 化工

序号	单位名称	电话	传真	地址	邮编
1	国家基本有机原料质量监督检验中心	010－64270352	010－64270352	北京市朝阳区北三环东路14号	100013
2	国家化学试剂质量监督检验中心	010－67718953	010－67786281	北京市朝阳区广渠路15号	100022
3	国家橡胶轮胎质量监督检验中心	010－68182211－2166 (2167)	010－68180963	北京市西郊半壁店	100039
4	国家无机盐产品质量监督检验中心	022－26374929－2606 26644947	022－26370175	天津市红桥区丁字沽3号路85号	300131
5	国家染料质量监督检验中心	024－25874251 25867639	024－25867639	辽宁省沈阳市铁西区沈辽东路8号	110021
6	国家农药质量监督检验中心(沈阳)	024－25841574 89351583	024－89351582	辽宁省沈阳市铁西区沈辽东路8号	110021
7	国家化肥质量监督检验中心(上海)	021－52810515 52800971	021－52807275	上海市云岭东路345号	200062
8	国家涂料质量监督检验中心	0519－3270027 3271405	0591－3271405	江苏省常州市机场路北港路口	213016
9	国家化工催化剂质量监督检验中心	025－7793747 7794667	025－7793747	南京市大厂区葛关路699号	210048
10	国家橡胶机械质量监督检验中心	0773－5833116 5833545	0773－5833545	广西桂林市七星路77号	541004
11	国家合成树脂质量监督检验中心	028－5576692 55558176 5586752	028－5558176	四川省成都市人民南路4段30号(424信箱109分箱)	610041
12	国家炭黑质量监督检验中心	0813－2201739 2201649	0813－2201933	四川省自贡市自流井区鸿鹤坝	643000
13	国家橡胶密封制品质量监督检验中心	0910－3319773 3319761 3319429	0910－3319360	陕西省咸阳市第十二号信箱	712023

12. 纺织

序号	单位名称	电话	传真	地址	邮编
1	国家毛纺织产品质量监督检验中心(北京)	010－84273039 84287382 84287226		北京市和平里西街小黄庄1号	100013
2	国家棉纺织产品质量监督检验中心	010－65004780 65014466－3253	010－65003776	北京市朝阳区英家坟	100025
3	国家服装质量监督检验中心(天津)	022－23361206 23614059	022－23366062	天津市南开区红旗南路245号	300191
4	国家针织产品质量监督检验中心	022－27310390 27382810	022－27380390	天津市南开区长江道鹊桥路25号	300193
5	国家纺织器材质量监督检验中心	022－83831136	022－83831624	天津市河西区福建路160号	300202
6	国家毛纺织产品质量监督检验中心(上海)	021－6303542664337863	021－63038077	上海建国西路296号	200031
7	国家棉印染产品质量监督检验中心	021－62666648	021－62666027	上海江宁路931号	200040
8	国家服装质量监督检验中心(上海)	021－62337537	021－62337537	上海市长宁区茅台路567号	200335
9	国家纺织机械质量监督检验中心	0510－5865945	0510－5801824	江苏省无锡市青山路37号	214062
10	国家丝绸质量监督检验中心	0512－7158275 5216064	0512－5221029	江苏省苏州市公园路一号	215006
11	国家纺织服装产品质量监督检验中心(浙江)	0574－87835083 87871869	0574－87889216	浙江省宁波市江东区王隘路2号	315040
12	国家纺织品服装产品质量监督检验中心(广州)	020－83183521	020－83338610	广东省广州市八旗二马路38号	510110

13. 电子/通信

序号	质检中心名称	电话	传真	地址	邮编
1	国家广播电视产品质量监督检验中心	010－64376405 64362316 64376357	010－64362324 64382911 64353357	北京市酒仙桥北路乙7号	100015
2	国家电话机质量监督检验中心	010－68022412	010－68011404	北京市西城区月坛南街11号	100045
3	国家电子计算机质量监督检验中心	010－82387860 82387862 62325820	010－62325830 82387861 62324851	北京市619信箱27分箱(北四环中路211号)	100083
4	国家无线电频谱质量监督检验中心	010－68342082 68341713	010－68366479	北京西城区北礼士路80号	100037
5	国家半导体器件质量监督检验中心	0311－7041921	0311－7045695	河北省石家庄179信箱45分箱(新华区合作路13号)	050051

续表

序号	质检中心名称	电　话	传　真	地　址	邮编
6	国家通信导航设备质量监督检验中心	0311－3633330－4010（4498）	0311－3635440	河北省石家庄市中山西路589号	050081
7	国家电话交换机质量监督检验中心	021－64031320　64432460	021－64031320　64031437	上海平江路8号	200032
8	国家电子计算机外部设备质量监督检验中心	0571－8828284	0571－8828284	杭州1215信箱（马塍路36号）	310012
9	国家电子仪器质量监督检验中心	0552－4081275	0552－4082977	安徽省蚌埠市长征路726号	233006
10	国家环境试验设备质量监督检验中心	020－87236339　87237107　87236189	020－89706045	广东省广州市天河区东莞庄路110号	510610
11	国家通用电子元器件质量监督检验中心	020－87236339　87237006　87237007	020－87236171	广东省广州市天河区东莞庄路110号	510610

14. 医疗

序号	单位名称	电　话	传　真	地　址	邮编
1	国家骨科器械电疗仪器质量监督检验中心	022－23672172	022－23365845	天津市南开区红旗南路237号	300191
2	国家医用X射线机质量监督检验中心	024－25822906　258244531　25828011	024－25820569	辽宁省沈阳市铁西区重工北街22号	110026
3	国家医疗器械质量监督检验中心	021－56635850　36173349	021－56631202	上海市民和路154号	200070
4	国家医用超声波仪器质量监督检验中心	027－86771380　86786706	027－86786706	武汉市武昌中北路岳家咀	430077

15. 农业

序号	单位名称	电　话	传　真	地　址	邮编
1	国家农药质量监督检验中心（北京）	010－65024417　64194073　64194071	010－64194064	北京市朝阳区麦子店街22号楼	100026
2	国家拖拉机质量监督检验中心（北京）	010－67320191　67343730　67326500		北京市东三环南路十里河（小八里庄40号）	100021
3	国家化肥质量监督检验中心（北京）	010－68918638　68975796　68975628	010－68975161　68975628	北京市海淀区中关村南大街12号	100081

续表

序号	单位名称	电话	传真	地址	邮编
4	国家饲料质量监督检验中心(北京)	010－68975110 68975907 68975905	010－68975906/7	北京市海淀区中关村南大街12号	100081
5	国家商业用制冷设备质量监督检验中心	010－68425659	010－68323278	北京市阜成路33号	100037
6	国家农机具质量监督检验中心	010－64882167 64882631	010－64873702	北京德胜门外北沙滩1号	100083
7	国家蜂产品质量监督检验中心	010－63264825		北京市丰台区万泉寺256号	100073
8	国家场上作业机械及机制小农具质量监督检验中心	0351－6261232 6261356 6261231	0351－6261322	太原市兴华南小区81号信箱	030027
9	国家牧业机械质量监督检验中心	0471－4314907 4314801	0471－4314801	内蒙古自治区呼和浩特市郊区大台什北	010010
10	国家粮油加工机械质量监督检验中心	024－86518600 86515594 86518603	024－86515594	沈阳市黄河北大街88－12号	110034
11	国家粮食质量监督检验中心(大连)	0411－84603949 84601138 84633817	0411－84603289	大连市沙河口区万岁街68－2号	116041
12	国家农业深加工产品质量监督检验中心	0431－5374712 5374701	0431－5374700	吉林省长春市卫星路20号	130022
13	国家参茸产品质量监督检验中心	0433－2661221 2661222	0433－2661207	吉林省延吉市朝阳街200号	133000
14	国家渔业机械仪器质量监督检验中心	021－65027260－301 (267)	021－65020049	上海市赤峰路63号	200092
15	国家植保机械质量监督检验中心	025－84346002 84431331	025－84431331	江苏省南京市中山门外柳营100号	210014
16	国家茶叶质量监督检验中心	0571－86043884 86043882	0571－86092735	浙江省杭州市采荷路83号	310016
17	国家排灌及节水设备产品质量监督检验中心	0551－3412823	0551－3429816	安徽省合肥市靶场路15号	230022
18	国家水产品质量监督检验中心	0532－5822959 5826579 5836348	0532－5811514 5825917	山东省青岛市南京路106号	266071
19	国家渔具质量监督检验中心	0631－5218891 5238965	0631－5218891	山东省威海市文化东路4号	264200
20	国家饲料质量监督检验中心(武汉)	027－87493379	027－87803774	湖北省武汉市武昌卓刀泉南路3号	430079
21	国家水田机械质量监督检验中心	0731－5580290 5585896 5580291	0731－5580290	长沙市南郊青园路240号	410004

16. 食品

序号	质检中心名称	电　话	传　真	地　址	邮编
1	国家儿童营养品质量监督检验中心	010－66160142 66518327	010－66160142	北京市西城区西直门内南小街98号	100035
2	国家粮油质量监督检验中心	010－63409511	010－63496166	北京市宣武区广外马连道路13号	100055
3	国家粮油质量监督检验中心			北京大兴西红门镇	
4	国家食品质量监督检验中心			北京朝阳区霄云路32号	
5	国家蜂产品质量监督检验中心			北京丰台区万泉寺256号	
6	国家副食品质量监督检验中心			北京	
7	国家肉类食品质量监督检验中心			北京丰台区洋桥70号	
8	国家儿童营养品质量监督检验中心			北京西城区平安里大街43号	
9	国家乳制品及肉类产品质量监督检验中心			内蒙古呼和浩特市乌兰察布西路281号	
10	国家粮食质量监督检验中心			辽宁大连沙河口区万岁街68－2号	
11	国家食品添加剂质量监督检验中心			沈阳市铁西区滑翔路26号	
12	国家农业深加工产品质量监督检验中心			吉林长春卫星路20号	
13	国家参茸产品质量监督检验中心			吉林延吉市朝阳街200号	
14	国家乳制品质量监督检验中心			哈尔滨南岗区学府路337号	
15	国家农林副产品质量监督检验中心			哈尔滨香坊区珠江路5号	
16	国家食品质量监督检验中心（上海）	021－64850058	021－64851832	上海市苍梧路381号	200233
17	国家食品质量监督检验中心			上海苍梧路381号	
18	国家茶叶质量监督检验中心			浙江杭州采荷路41号	
19	国家加工食品质量监督检验中心			福州杨桥西路山头角121号	
20	国家啤酒质量监督检验中心			山东青岛镇江南路8号	
21	国家水产品质量监督检验中心			山东青岛南京路106号	
22	国家葡萄酒质量监督检验中心			山东烟台上夼西路101号	
23	国家烟草质量监督检验中心			河南郑州进水路98号	
24	国家农副产品质量监督检验中心			湖南长沙新建西路41号	
25	国家食糖产品质量监督检验中心			广西南宁新竹路12号	
26	国家酒类质量监督检验中心			四川成都东门街2号	
27	国家果蔬产品质量监督检验中心			新疆乌鲁木齐新疆南路32号	

17. 其它

序号	单位名称	电话	传真	地址	邮编
1	国家纤维质量监督检验中心	010－64234749	010－64204649	北京市东城区和平里东街20号	100013
2	国家磁性材料质量监督检验中心	010－64218629 64211631－2004	010－64277280	北京市北三环东路18号	100013
3	国家气体产品质量监督检验中心	010－64228403 64228403	010－64228404	北京市朝阳区北三环东路18号	100013
4	国家激光器件质量监督检验中心	010－84024528 84024519	010－64016627	北京市东城区东皇城根北街甲20号	100010
5	国家军需产品质量监督检验中心	010－65135551－3150 3111	010－65250803	北京市326信箱	100010
6	国家假肢质量监督检验中心	010－65016856 65016858	010－62058336	北京市朝阳区白家庄路甲六号	100020
7	国家珠宝玉石质量监督检验中心	010－84273637	010－84274845	北京市安外大街小黄庄路19号	100013
8	国家锅炉压力容器质量监督检验中心	010－84272457 84272458		北京市朝阳区和平街西苑2号楼	100013
9	国家中文信息处理产品质量监督检验中心	010－64964179	010－64964179	北京朝阳区育慧南路3号	100029
10	国家劳动保护用品质量监督检验中心(北京)	010－63522307 63524198	010－63520770	北京市宣武区陶然亭路55号	100054
11	国家康复器械质量监督检验中心	010－67213322－6807	010－67252494	北京丰台角门北路10号	100077
12	国家特种防护服装质量监督检验中心	010－66727002 62258892	010－62251206	北京市西直门北大街28号	100088
13	国家印刷装璜制品质量监督检验中心	022－23005910(5915、5916)	022－23005915	天津市南开区南开二马路265号	300100
14	国家摩托车质量监督检验中心(天津)	022－27404944 27407550	022－27404944	天津市南开区卫津路92号天津大学内	300072
15	国家固定灭火系统和耐火构件质量监督检验中心	022－23387388 23916044	022－23922471	天津市南开区卫津南路110号	300381
16	国家包装产品质量监督检验中心(天津)	022－24713714	022－24713714	天津市河东区程林庄道万新村	300162
17	国家环保产品质量监督检验中心	0311－3038282	0311－3992168	石家庄友谊南大街175号	050051

续表

序号	单位名称	电话	传真	地址	邮编
18	国家体育用品质量监督检验中心	0311－3027380 3033437 3030615	0311－3010654	石家庄市工农路368号	050051
19	国家消防电子产品质量监督检验中心	024－86801434 86807982	024－86801434	辽宁省沈阳市皇姑区蒲河街7号	110031
20	国家食品加工机械质量监督检验中心	024－25898978 25898938 25898958	024－25898718	沈阳市铁西区滑翔路26号	110022
21	国家包装产品质量监督检验中心（大连）	0411－84603949 84601138 84633817	0411－84603289	大连市沙河口区万岁街68－2号	116041
22	国家散热器质量监督检验中心	0431－5374704	0431－5374700	长春市卫星路20号	130022
23	国家电光源质量监督检验中心（上海）	021－64850058	021－64851832	上海市苍梧路381号	200233
24	国家金银制品质量监督检验中心（上海）	021－64701390	021－64701810	上海市宜山路716号	200233
25	国家消防装备质量监督检验中心	021－64176049	021－64176049	上海市中山南二路601号	200032
26	国家化妆品质量监督检验中心	025－86608928 86611737 86515440	025－86608930	南京市石鼓路227号	210029
27	国家图书用品设备质量监督检验中心	0519－6653936 6643017	0519－6653936	江苏省常州市兰陵路30号	213001
28	国家金银制品质量监督检验中心（南京）	025－85408706 85416544 85416425		南京市红山路168号号	210028
29	国家鞋类质量监督检验中心（温州）	0577－88914421 88915347 88915876	0577－88914421	温州市汤家桥南路质检大楼	325027
30	国家塑料制品质量监督检验中心（福州）	0591－83704317 83713682 83704319	0591－83710867	福建省福州市杨桥西路山头角121号	350002
31	国家包装产品质量监督检验中心（济南）	0531－8906546 8904672 8024787	0531－8906546	山东省济南市山大北路81号	250100
32	国家葡萄酒质量监督检验中心	0535－6086959 6085417 6086975	0535－6086959	烟台市芝罘区上夼西路101号	264001
33	国家石墨制品质量监督检验中心	0532－3871267	0532－3861835	青岛市镇江南路8号	266071
34	国家烟草质量监督检验中心	0371－6251426－2268	0371－6251410	郑州市北二七路88号	450000

续表

序号	单位名称	电话	传真	地址	邮编
35	国家建筑装修材料质量监督检验中心	0371－6370827	0371－6325987	郑州市东明路北17号	450004
36	国家红外产品质量监督检验中心	027－85795691	027－85795691	湖北省武汉市台北路72号	430015
37	国家太阳能热水器质量监督检验中心（武汉）	027－88216978	027－88223307	武汉市中山路361号	430061
38	国家家用电器无线电干扰质量监督检验中心	020－84497380	020－84420604	广州市海珠区南村路泰山庙前3号	510220
39	国家燃气用具产品质量监督检验中心（佛山）	0757－3982298		佛山市城南季华一区影荫路	528000
40	国家包装产品质量监督检验中心（广州）	020－83304831	020－83349114	广州市八旗二马路38号	510110
41	国家洗涤用品质量监督检验中心（重庆）	023－67513606　67503554		重庆市江北区观音桥小苑二村二号	630020
42	国家客车质量监督检验中心	023－62653145　62653156	023－62653152	重庆市南岸区五公里	630067
43	国家包装产品质量监督检验中心（成都）	028－85183808　85198406 85183593	028－85189854	成都市衣冠庙永丰路16号	610041
44	国家传感器质量监督检验中心	028－84441512－8204 84442786	028－84456309	成都市玉双路10号	610021
45	国家包装产品质量监督检验中心（兰州）	0931－8824596　8825238 8828251	0931－8824596	兰州市南昌路701号	730030
46	国家低温容器质量监督检验中心	0931－8264461　8274090	0931－8414391	甘肃省兰州市94信箱	730000

分析测试成果

一、2003 年国家自然科学奖获奖项目中与分析测试有关项目简介

有毒化学污染物形态研究中的联用技术、方法学及相关机理

（二等奖）

江桂斌　严秀平　倪哲明　牟世芬　韩恒斌

由中国科学院生态环境研究中心江桂斌等完成

该项目属于地球科学学、环境科学和化学交叉学科中有毒化学污染物检测方法学研究领域。

有毒化学污染物引起的环境问题已成为 21 世纪影响人类生存与健康的重大问题。化学污染物的毒性主要取决于该物质在环境中存在的形态。有毒化学污染物形态的检测方法是研究这类物质环境化学过程、毒性特点与健康风险的关键性制约因素。在现有技术中，尚没有成熟方法能够单独用于痕量元素形态的准确测定。因此，研究方法学机理，发展联用不口特效检测技术是本学科的国际前沿。

该项目在有毒化学污染物形态测定中印各种新的联用技术、方法学及其相关机理方面取得了突出成绩，若干方面的研究处于国际领先水平，并引发了大量的引用和后续研究。

还提出了测定等温原子化过程的动力学级数、活化能和频率因子的新方法，并被以“等温原子化严秀平模式”写入教科书；建立了获取升温原子形成过程的反应级数和活化能的新方法，在文献中被祢为“严法”；提出了原位富集氢化物发生－电热原子吸收光谱法，此法是现有氢化物生成元素最灵敏的方法之一；研究发明了表面发射火焰光度检测方法，被国际同行评价为有机锡等最灵敏的测定方法并获国家发明专利；设计的电热石英原子化器，在国际上产生了较大影响；发展了包括流动注射预富集与原子光/质谱联用技术在内的一系列新的形态测定方法；发明了新的连续流动液膜萃取技术和低温色谱技术；在离子色谱方法的研究与应用方面做出了开创性的工作，出版了国内第一本离子色谱专著，成为该领域的经典著作，被广泛引用；完成了 7 种环境标准物质的研制，均被定为国家一级标准物质，在国内外得到推广使用。

基于上述研究，共发表论文 279 篇，其中国外 SCI 收录期刊上发表论文 137 篇，SCIE 收录期刊

32 篇,国内刊物 110 篇,出版专著 3 部,应邀在国内外学术会议上报告 98 次,申请和获得国家发明专利 8 项。论文被国外 SCI 收录期刊引用 1545 次,其中他人正面引用 1264 次。培养博士生 20 余名。

复杂体系成分分析及波谱结构解析的化学计量学研究

（二等奖）

俞汝勤　梁逸曾　吴海龙　沈国励　蒋健晖

由湖南大学俞汝勤等完成

该项目综合利用现代分析分离技术,结合应用数学、生命科学等领域最新成果,利用化学系统信息结构的特征,在化学计量学基础研究中取得了较深入的创新性成果。主要发现点有:

1. 高阶数据解析方法学研究。结合现代分析技术实现复杂体系的高阶表征,利用高阶数据对称性与分解特征,开展高阶数据解析方法学及应用研究,实现未知干扰存在下复杂体系成分分析。

2. 自然计算模型和方法研究。借鉴自然界物质与生物系统演化的相关原理与优越的信息处理规则,构建与化学体系实际复杂性相适应、并结合化学信息结构特征的自然计算模型与方法,建立复杂与非线性现象研究的新工具。

3. 化学信息形态分析方法。利用分子光谱平滑性构建的化学信息形态分析法是该项目独创的成果,是改善化学计量学方法的稳健性、处理联用色谱及多元光谱数据中复共线性问题的新手段。

4. 联用色谱数据解析及应用研究。利用联用色谱数据双线性代数结构与色谱顺序流出特征,开展二维数据分辨新方法及应用研究,实现复杂体系如含不纯异构体的药物、叶绿素降解体系、大气颗粒污染物、中草药单复方剂等的分析。

5. 稳健多元校正与模式识别方法研究。发展非理想模型条件下准确稳定的模型估计与数据分析技术,建立化学建模中异常值的检出、部分非线性的处理及变量选择与化学秩估计方法,处理全谱校正和交互检验的过拟合问题。

6. 基于数论的序贯优化法等全局优化算法研究。研究数论方法和数值分析相结合的全局优化方法,改善全局优化算法收敛效率,建立"灰色"体系定量分析、聚类分析新方法。

7. 波谱检索及解析方法及智能解析系统的构建。发展基于子结构相似性的混合物质谱检索和匹配算法,集成校正与分辨算法及多个波谱数据库,构建复杂体系联用色谱数据智能解析系统,建立分析仪器智能化的技术基础。

该项目发表论文 100 余篇,所提出的化学计量学新方法,被他引数 10 次,出版专著 3 部,撰写了多部国内外相关专著的章节。

二、2003年中国分析测试协会科学技术奖(CAIA奖)简介

2003年"CAIA奖"评审工作由于受到"非典"的影响,拖延了两个多月,现经多方努力,已全部完成。本年度申报项目共75项,经过有关专家的预评、初评和"CAIA奖"评审委员会综合评定,最后经协会办公会讨论通过,评出一等奖8项、二等奖13项、三等11项。

1. 申报情况和评审结果

2003年共有38个会员单位申报2003年"CAIA奖",申报项目75项,与2002年相比,申报单位多了14个,申报项目多了22项。在38个有申报项目的会员单位中有国家中心9个、部门中心13个、地方中心2个、高校中心14个,国家中心、部门中心和高校中心的申报单位都有所增加。从获奖的单位分布情况来看,集中在分析测试水平较高的高校中心和部门中心中的中科院的研究所,地方中心和公司工厂申报项目和获奖项目仍然很少。申报单位和获奖单位的分布(见表1)。申报和获奖项目仍以有机(包括生物,医药)为多,无机和其它有较明显减少(见表2)。

表1 申报单位和获奖单位分布表(括号内数字是2002年的)

单位类别		国家中心	部门中心	地方中心	高校中心	公司工厂	合计
单位总数		14	57	24	50	41	186
申报单位数		9(7)	13(5)	2(3)	14(8)	0(1)	38(24)
申报项目数		15(14)	29(12)	2(4)	29(21)	0(2)	75(53)
获奖项目	一等奖	1(2)	3(3)	0(0)	4(4)	0(0)	8(9)
	二等奖	1(2)	6(2)	1(0)	5(7)	0(0)	13(11)
	三等奖	2(0)	3(2)	0(1)	6(5)	0(0)	11(8)
	总数	4(4)	12(7)	1(1)	15(16)	0(0)	32(28)
获奖比例(%)		26.7 (28.6)	41.4 (58.3)	50 (25)	51.7 (76.2)	0 (0)	42.7 (52.8)

表2 申报和获奖项目内容分布表(括号内数字是2002年的)

项目内容		有机(包括生物,医药)	无机	材料	其它	合计
申报	项目数	43(其中生物,医药21)(18(其中生物,医药11))	11 (14)	10 (14)	11 (7)	75 (53)
	所占比例(%)	57.3(其中生物,医药28)(34.0(其中生物,医药20.8))	14.7 (26.4)	13.3 (26.4)	14.7 (13.2)	100 (100)
获奖	项目数	22(其中生物,医药12)(12(其中生物,医药8))	4 (6)	5 (8)	1 (2)	32 (28)
	所占比例(%)	68.8(其中生物,医药37.5)(42.9(其中生物,医药28.6))	12.5 (21.4)	15.6 (28.6)	3.1 (7.1)	100 (100)

2. 评审情况

今年评审分为有机、生物医药、无机、材料和其他五个组，每个组聘请五位专家，在评审会前，我们将申报材料发给了专家，每位专家对本组的每个项目都写出了简短的评语和建议的获奖等级，然后经各小组初评和"CAIA奖"评审委员会综合评定，最后提交协会办公会讨论通过。由于今年申报项目的数量比去年增加了41.5%，项目的水平又普遍较高，要将获奖项目的比例控制在40%左右，难度很大。为此我们在专家评审会之前，召开了一次各评审组组长会，介绍了今年申报的情况，统一了组长们的思想。在初评会上，各位专家在预评的基础上，又仔细地看了论文原文或成果的详细说明，进行了认真、公正的评审。由于组长们的思想事先进行了统一，所以较好的控制了各组提出的初评数量，减少了综合评定时的困难，使获奖项目数量的比例为42.7%，基本达到我们的预期目标。

3. 思考与改进

今年的评审工作也暴露出我们过去所订的"CAIA奖"奖励办法与目前我国分析测试发展不相适应，对"CAIA奖"的奖励对象不够突出，使得一些申报者在提供申报材料和论文时，没有注意到设立"CAIA奖"的目的是"鼓励单位会员在分析测试领域的创造性工作"，"奖励高水平的分析测试成果"，所以在申报材料中没有突出自己工作在分析测试方面的创新点，类似的问题过去也出现过，我们都是采用当年缓评，第二年再继续申报，并在申报材料中重点补充自己在分析测试方面所作的工作和创新点，然后再评。针对今年和前几年评审工作中暴露出的问题和我国分析测试水平近年来不断提高的现状，我们准备根据"与时俱进"的精神，对"CAIA奖"的奖励办法作适当的修改，使奖励的对象更加明确，更加适应我国分析测试技术的发展。与此同时，我们对评审细则也要作适当的修改，使专家在评审过程中，能更好掌握奖励等级。我们的目的是使"CAIA奖"的评审工作更加规范化，真正作到评审工作的公平和公正。

电化学STM对手性分子的识别

（一等奖）

徐庆敏　万立骏　王琛　王梅祥　白春礼

中国科学院化学研究所

多年来，科学家们在分子手性识别，手性化合物和手性药物的合成与分离，手性化合物的特殊光电磁性能以及与手性相关的生命现象等领域取得许多重要的成果。随着研究的深入和拓展，发生在表面和界面的二维手性现象引起人们的广泛注意。这一领域的研究不仅在研究立体选择性异相催化剂的催化机理和手性物质的分离与拆分等方面有重要价值，而且可能与物质世界和生命体中的手性起源等重要问题有关。20世纪80年代发展起来的新型表面实验技术——扫描隧道显微术（STM），具有原位、实空间、以原子级或分子级分辨率研究各种表面和界面物理化学现象的能力，成为表面手性问题研究的又一重要技术。科学家利用STM，在真空和大气下，已成功地判定了金属、半导体的表面手性现象。但对于大部分的化学反应来说，其化学反应经常发生在溶液当中。因此，在溶液环境下，观测手性分子、识别手性分子、构筑手性分子尤为必要。电化学扫描隧道显微术（ECSTM）不仅具有实时、原位、高分辨率等普通 STM 的优点，还可以工作在溶液环境中，其试验条件接近于被研究体系的实际状态，所得结果亦与实际反应具有可比性。

本研究，利用 ECSTM，首次实现了在水溶液中对手性分子绝对构型的识别。分别是手性分子（R）－和（S）－2－苯基－丙酰胺（$C_9H_{11}NO$：PPA）在 Cu(111)基底上的 STM 图像，可以看出它们均可以形成相似的具有（4×4）对称性的吸附层。但从高分辨率的 STM 图像中可以看出吸附态分子的结构细节不同，并可以从图中直接确定分子的绝对构象。三个亮点对应于分子中的苯基，而 M 和 N 分别对应于甲基和 $CONH_2$ 基团，这样，通过连接于手性碳上的三个基团的位置关系就能够确定分子的绝对手性为 R。这一结果成功地证明了利用工作于溶液环境下的电化学 STM 判定吸附于固/液界面的手性分子的绝对手性的可能性，为此领域研究提供了又一可能的分析手段，对进一步研究广泛存在的发生在固体表面或固/液界面的手性催化过程具有重要意义。

环境体系中痕量元素及其形态分析的流动注射预富集分离与原子光/质谱联用新技术方法

（一等奖）

严秀平[1]　李妍[1]　江　焱[1]　尹学博[1]　吕运开[1]　叶巧云[2]　何锡文[1]

[1] 南开大学中心实验室　[2] 台州学院化学系

如何实现复杂样品中超痕量元素及其形态的高选择性和高灵敏度测定一直是分析化学界研究的重要课题。我们以流动注射和原子吸收、原子荧光和电感耦合等离子体质谱为依托，发展了一系列简便、快速、高灵敏和高选择性的环境样品中痕量元素及其形态分析的新技术和新方法，在国内外分析化学和环境科学的重要期刊上发表研究论文 11 篇（被 SCI 收录 11 篇，EI 收录 5 篇，影响因子为 3.0 以上的论文 6 篇），被 SCI 期刊录用等发表论文 2 篇，其中在分析化学和环境科学最权威的杂志—Analytical Chemistry 和 Environmental Science & Technology 共发表论文 5 篇。主要内容有：

（1）在国际上率先提出了流动注射（n）在线多步吸附和置换吸附预富集分离与原子光/质谱联用新技术。此技术克服了现有 FI 在线吸附预富集分离（如 C_{18} 微柱及编结反应器体系）原子光谱联用技术中存在的由于共存金属离子与被测元素竞争有机配合剂以及吸附活性点引起的严重的干扰（C_{18} 微柱及编结反应器体系）和吸附效率低的问题（编结反应器体系），以简便、经济的方法为实现复杂体系中超痕量元素的高灵敏和无干扰测定提供了新的途径。n 在线多步吸附预富集原子吸收光谱在线联用技术已成功地应用于环境体系中痕量铅的测定。与常规的 FI 预富集原子光谱在线联用技术相比，此法大大提高了富集效率和测定灵敏度。FI 置换吸附预富集与火焰及电热原子吸收光谱联用新技术已成功地应用于复杂环境和生物样品中痕量铜、汞及甲基汞的无干扰测定。与常规的 FI 预富集原子光谱在线联用技术相比，此技术具有抗干扰能力强和灵敏度高等优点。有关研究工作已发表在 Analytical Chemistry，2002，

74, 1075; Environmental Science & Technology, 2002, 36, 4886; Journal of Analytical Atomic Spectrometry, 2002, /7, 610。

(2)在国际上率先提出了 FI 在线编结反应器吸附预富集与电感耦合等离子体质谱及原子荧光光谱联用新技术,为水样中超痕量无机砷和铁的形态分析提供了简便、快速和灵敏的新方法。FI 在线 KR 吸附预富集分离 ICP - MS 联用技术已成功地应用于地下水中无机砷和铁的形态分析,以及地下水中砷的环境地球化学研究。还提出了 FI 氢化物发生原子荧光光谱法同时测定生物样品中痕量砷和镉的简便、经济、快速和灵敏的新方法。有关成果发表在 Analytical Chemistry, 2002, 74, 1525; AnalyticalChemistry, 2000, 72, 1879; Geochimica et Cosmochimica Acta, 2000, 64, 2637; Ahalytical Chemistry, 2002, 74, 1525。

(3)提出了 n 在线无过滤超痕量无机沉淀—溶解预富集与原子吸收光谱联用技术测定水和大米样品中痕量铅和镉的新方法。有关成果发表在 Atomic Spectroscopy, 2002, 23, 154; Journal ofAgriculturaland FoodChemistry, in preSS.

金属原位统计分布分析技术研究
(一等奖)

王海舟　陈吉文　杨志军　杨新生　高宏斌
贾云海　袁良经　屈文俊　王哲宁　李美玲

国家钢铁材料测试中心

金属原位统计分布分析技术是材料分析中的一项新技术。目前材料研究在宏观平均成分分析和微观结构分析这两个方面已建立了较完整的方法体系。宏观平均成分分析表征了材料平均化学成分的含量或某特定部位的化学成分的含量。微观组织结构表征了材料在分子 - 原子 - 电子层次上的成分、结构和形貌。但是作为材料性能判据而言仍不足以准确、完整地解释材料性能的异同,特别是有关材料中较大范围内成分分布及结构的准确定量分析,一直都是材料测试中的一个难题。

为解决材料研究中的这一关键科学问题,本项目提出一种反映材料中不同组成分布规律的新技术——原位统计分布分析技术。原位统计分布分析指较大尺度范围内(cm^2)各化学组成及其形态的定量统计分布规律的分析技术。本项目将材料学、统计学、计量学和光谱学有机结合,以火花光谱无预燃连续激发—单火花高速采集—原位信息统计解析为技术手段,系统研究了原位信息与材料化学成分、结构的定量关系,建立了元素偏析度、疏松度、夹杂物分析的定量数学模型,创立了金属原位统计分布分析理论;

金属原位统计定量分布分析技术可提供数以万计关于材料原位置的新信息,并派生出一系列表征材料性能的新方法,为金属材料研究和质量判据展示了广阔的发展空间。例如,各元素在材料中不同位置含量的统计定量分布;材料中各元素偏析度的准确定量计算;材料均匀度的表征——元素不同含量在材料中所占的原位置权重比率;材料疏松度的定量表征——表观密度;材料中夹杂物的统计定量分布以及材料中夹杂物不同粒度的统计定量分布等。随着金属原位统计分布技术的推广和应用,将为材料及工艺研究提供更多反映材料内在质量的新判据方法。

以测量信息的原位性、原始性及统计性为特

征的原位统计分布分析作为现有宏观平均含量分析及微观结构分析之外的另一种材料性能全面表征的重要技术和方法，受到国内外同行的广泛关注，已成功地应用到“新一代钢铁材料”、“高效连铸连轧”、“新型海军舰船用钢”等一批国家重大研究项目中，为解决目前材料研究中的疑点难题提供新视角和新手段，为材料设计提供理论指导和科学依据。

高效样品前处理技术研究
（一等奖）

江桂斌　刘景富　蔡亚岐　梁立娜　时国庆　周庆祥

中国科学院生态环境研究中心

样品前处理是目前分析测试工作的瓶颈和国内外研究的薄弱环节，研究发展高效率的样品前处理技术具有十分重要的意义。本项目对膜萃取和流动注射在线样品预处理，以及采用新型固相萃取材料分离富集环境污染物进行了较为系统的研究，取得了突出的创新成果。

1. 发明了一种新的样品前处理技术——连续流动液膜萃取（CFLME）技术，研究了其基本原理和主要影响因素。CFLME 可使甲磺隆富集 1000 倍，是支载液体膜萃取的 200 倍。建立了 CFLME－C_{18}预柱—高效液相色谱（HPLC）在线联用测定环境水样中 ng/L 级的磺酰脲类除草剂，双酚－A 以及氯酚等环境污染物的方法，其检测限比用 C_{18} 固相萃柱富集－HPLC 法降低了 200 倍。CFLME 的突出优点在于：可使用极性、挥发性有机溶剂以大大提高极性化合物的萃取效率；液膜长期稳定并易与各种分析仪器联用。还建立了微孔膜液液萃取系统，用于集辛基酚、壬基酚及其短链聚氧乙烯醚等环境内分泌干扰化合物的高效分离富集。这一技术的研究成功，为环境样品中超痕量污染物的富集提供了自动化的技术平台，具有广泛的推广应用价值。通过本项研究，刘景富获得了 2002 年中国科学院院长奖学金特别奖。此外，还成功地用膜分离技术分离富集鱼血清中的卵黄蛋白，得到国际同行的好评。

2. 研究了几种流动注射（FI）在线样品前处理技术，为 FI 应用于日常分析提供了新的思路和途径。建立了 n 微孔膜液液萃取、高温反应、微波消解、以及试剂注入 FI 技术消除样品基体的背景吸收等在线样品前处理系统，用于洗涤剂、烟草和饲料中有关监控指标的日常测定以及环境样品中有机汞的形态分析。

3. 针对现有固相萃取吸附剂的使用寿命短和不耐酸碱等缺点，开展了新型固相萃取吸附剂的研究。首次探索了新型材料碳纳米管作为固相萃取吸附剂的可能性。研究表明，碳纳米管可以定量吸附双酚 A、辛基酚、壬基酚和酞酸酯等化合物，且很容易用少量甲醇或乙腈定量洗脱；还研究了用 Chromsorb 系列气相色谱固定相作为固相萃取吸附剂富集 pb^{2+} 和 Cd^{2+} 等重金属离子，取得了很好的结果。这些新型固相萃取吸附剂具有富集效率高、适用范围广和稳定耐用等优点。

上述研究所发明发展的分离富集方法具有高效率、高选择性、低成本、长期稳定性好、有机溶剂用量少和环境友好等优点，并已应用于科研及工业生产产品质量监控中。公开发表论文 33 篇，其中 SCI 收录论文 23 篇，国内核心期刊论文 4 篇，会议论文 6 篇，申请国家发明专利 3 项。

毛细管电泳理论及应用基础研究

（一等奖）

陈　义　王志欣　卢小宁　朱　英　郭　磊
党福全　赵　睿　赵莹歆　方　梅　刘国诠

中国科学院化学研究所分析化学与生命科学研究室

对毛细管电泳（CE）的理论基础及应用展开了比较系统的研究，提出了 CE 分离模式的统一表述方法；结合连续方程、行走理论等，建立了适用于扁、圆两种毛细管的 CE 效率方程组，讨论了两种管的异同；利用所推方程组研究了 CE 分离中多种关键参数的理论优化方法，给出了公式；推导了圆毛细管流动池吸光检测方程，发现其不遵守比尔定律，说明了 CE 线性范围窄的根本原因；研究了 CE 中多种柱头直接进样的理论机制，发现各机制相互包容，遂认为已公布的进样公式不准确，提出了新的进样公式。上述研究多为国内外未见，大部已结集出版，书名为《毛细管电泳理论探索》。

在应用基础研究方面，着重研究生物相关样品（主要是氨基酸、神经递质、糖和蛋白质等）的分析，发展了多种新的方法，包括柱技术、径向电场控制、毛细管电泳－拉曼－激光诱导荧光三联用方法和三电极亲和 CE 技术。其中在杯芳烃化学涂层等柱技术方面，在 Electrophoresis 杂志上发表论文 3 篇；电场控制研究导致单电源双电场输出控制系统的建立，由此研究了其在蛋白、神经递质等分离中的应用，同时发展了更为简单的理论处理方法，建立了相关的计算方程，结果亦发表在 Electrophoresis 上；首次建立了 CE－拉曼－激光诱导荧光三联系统，可实时输出时间序列拉曼谱图和电泳的时间谱图，用以进行激光诱导荧光检测，检测限达 30 个荧光素分子；该研究结果获《化学通报》优秀论文奖。以手性氨基酸及其衍生物为对象，系统研究了手性 CE 的问题，建立了基于协同效应的拆分体系，能有效拆分所有人体必需氨基酸的手性异构体，以及氨基酰胺、季碳氨基酸等中间体；发展成功了包括右旋糖苷等在内的低成本手性拆分系统。研究了 pH 值对氨基酸 CE 分离、间接紫外检测重现性的影响。发现微小的 pH 变化（<0.1）就可导致分离的失败，提示在上述 CE 分离时，pH 缓冲能力亦是一个重要的影响因素。研究了多种的糖分析新方法，开发了新型紫外标记试剂一对肼基苯磺酸，建立成功柱上直接衍生糖的 CE 分析新方法，为小体积样品的分析提供了新的可能；建立了鲁米诺衍生单糖的毛细管电泳在线化学发光检测方法，检测限达 10^{-18} mol，且可直接衍生 μmol/l 糖样；发展了 APTS 衍生糖的 CE－LIF 分析方法，获得优良的尺寸分离结果，已用于实际样品的分析中。针对神经递质、多肽和蛋白质等生物活性样品分离，发展了杯芳烃化学涂层 CE 柱以及开管厚涂层反相 CEC 柱制备技术，取得了良好的分离效果。

铁磁共振在磁性薄膜材料研究中的应用

（一等奖）

眭云霞[a] 殷 江[b] 翟 亚[b] 赵宏武[b] 侯碧辉[c]
鹿 牧[b] 翟宏如[a] 胡 安[b] 冯 端[b]

[a] 南京大学现代分析中心
[b] 南京大学固体微结构国家重点实验室
[c] 中国科学技术大学

磁性薄膜材料是材料科学领域中的一类重要材料。自 1988 年法国的 Baibich 等人发现（Fe/Cr）多层膜的磁电阻效应比坡莫合金大一个数量级以来，磁性薄膜材料的研究一直是国际上科学研究的热点。

铁磁共振（FMR）是研究磁性薄膜材料的磁性、缺陷情况、交换作用、电和磁各向异性及层间耦合等物理性质的有力手段之一。本项目是用电子自旋共振波谱仪，在国内最早开展了对磁性薄膜材料作 FMR 的研究。我们建立了一套精确定向、常温、低温、强磁场条件下检测 FMR 谱的实验方法。除自身开展磁性薄膜的研究，还与美国、英国、日本及复旦、中科院物理所、中国科大等科研院所的国内外学者合作开展了具有国际先进水平的一系列磁性薄膜材料（包括单层膜、二层膜、夹层膜、多层膜、刻蚀膜及具有钙钛矿晶体结构的锰氧化物薄膜）的 FMR 研究。

本成果所涉及的一系列磁性薄膜材料以其膜层的类别来分类有：

膜层	膜层组分
单层膜	Fe；Ni；$(BiDy)_3Fe_5O_2$；
二层膜	CO_1-xMn_x/Mn
夹层膜	NiFeCo/Cu/NiFeCo；Fe/Cu/Fe；Fe/Ag/Fe；Fe/AU/Fe；Co/Mn/Co；SiN/GdFeCoSi/SiN；Ta/NiFe/FeMn/NiFe/Ta
多层膜	Co/V；Co/Cu；Co/Pb；Co/Al；Ni/Al；Ni/Cr；Fe/Ag；Fe/Pb：Fe/Cu；FeCo/Cu；FeCoNi/Cu；
刻蚀膜	NiFe
钙钛矿结构的锰氧化物膜	LaSrCaMnO；LaBaMnO

通过十多年研究，取得了丰硕的成果。在国际上首次制备出单晶 $Cm_{1-x}Mn_x$/Mn 二层膜，并用 FMR 方法发现了单向各向异性，首次在 Co/Mn/Co 夹层膜中发现正巨磁阻。用 FMR 方法研究了几种含 Cu 层的多层膜中由于层间耦合使 Cu 层也可传播自旋波的现象，证明了 Cu 层的自旋极化，此研究属国际创新成果。我们对一系列磁性薄膜材料的研究内容属国际前沿课题，通过研究获得了磁性薄膜材料的层间耦合的性质及交换作用的大小；界面各向异性；维度磁特性；磁化强度随磁性层厚度的变化特性；巨磁电阻随磁性层、非磁性层的材料组成与厚度变化的关系等重要物理信息，研究的论点与成果多次被国内外引用，其研究成果达国际先进水平。各课题的成果以论文的形式发表在国内外学术刊物上，这里选择了发表在核心刊物上的论文共计 26 篇。

纳米材料在分析化学中的应用研究

（一等奖）

张新荣　刘国宏　张　超　施进军　张振宇

清华大学化学系

纳米材料的分析特性研究已经受到国际分析化学界的特别关注，而半导体纳米氧化物如 SnO_2 传感器等已经获得了广泛的应用。但是，迄今为止纳米材料在传感器方面的研究多集中在电化学特性方面。由于纳米材料具有很强的催化活性，当某些气体分子通过纳米材料表面时，能产生强烈的化学发光。进一步的研究还表面，化学发光光谱特征不仅与气体分子的种类有关，还与纳米材料的种类与性能有关，因此有可能利用这种发光性质对某些分子进行识别或对纳米材料的性能进行表征。

2000 年以来，进行了纳米材料的化学发光光谱研究，设计了乙醇、硫化氢、卤代烃等传感器。并研究了利用纳米粒子标记 - ICP 质谱进行免疫分析可行性，在 SCI 刊物上发表论文 7 篇，其中 3 篇发表在《Analytical Chemistry》，申请专利一项（No. 02103614. 1）。主要成果总结如下：

1　研究了乙醇在纳米 TiO_2 等纳米材料表面的催化发光，研制了基于纳米 TiO_2 的乙醇传感器。该论文发表在美国《Analytical Chemistry》上；研制了基于纳米 ZrO_2 的可在低温下工作催化发光传感器，将催化温度从 400 度降低到 190 度；发展了基于纳米 $SrCO_3$ 的高灵敏度的催化发光传感器，提高了乙醇传感器的灵敏度；发展了基于纳米 $Cr_2O_3 + LaCoO_3 + Pt$ 掺杂混合材料的氨传感器，扩展了催化发光传感器的检测范围；

2　基于催化发光的原理，开拓思路，发展了先催化分解，再通过产物发光进行检测的新的检测方法，并用）：卤代烃的测定，这种方法将可潜在应用到分析环境中其它有机氯化物，比如执久性有机污染物。该论文发表在美国《Analytical Chemistry》上。

3　以免抗人 IgG 为模型化合物，采用纳米金粒子为标记物，建立了以 ICP - MS 为检测手段的纳米粒子生物探针测定新方法。与稀十离子标记生物分子相比，采用纳米粒子作为标记物，不仅提高了标记率，而且提高了信号强度，从而进一步提高了免疫分析的测定灵敏度，扩展了纳米粒子在生物分析中应用的范围。该论文发表在美国《Analytical Chemistry》上；以促甲状腺素为模型化合物，Eu^{3+} 链亲合素标记抗体，建立了以 ICP - MS 为检测手段的大分子抗原的非竞争免疫分析方法：以甲状腺素（T4）为模型化合物，Eu^{3+} 标记 T4 - 牛血清白蛋白复合物，建立了以 ICP - MS 为检测手段的小分子半抗原的竞争免疫分析方法。这些研究成果为 ICP - MS 在免疫分析中的应用奠定了基础；以人体中甲胎蛋白和游离 β - 绒毛膜促性腺激素为模型化合物，采用 Eu^{3+} 和 Sm^{3+} 为标记物，通过双点位夹心免疫模式建立了用 ICP - MS 对这两种蛋白质同时测定的方法。结果表明，ICP - MS 是生物分子多组分同时测定的一种有效的分析手段。

上述成果已受到国际同行关注。

高空间分辨分析电子显微学在新材料研究中的应用
（一等奖）

朱　静　章晓中　程志英　阎允杰　周惠华　陈锡花

清华大学电子显微镜实验室

本项目采用高空间分辨分析电子显微学的技术，针对新材料的微结构和电子结构研究的需要，发展了许多新方法和新技术，例如：纳米碳管、纳米线、纳米一维异质结的物理结构和电子结构的表征，弛豫铁电体的反铁电畴的显微表征，量子点材料中的应变场的电镜研究，定量CBED方法的应用，纳米孔的电子显微表征，钢中晶界断裂模式的EELS研究等等。

我们的许多工作受到了国际同行的好评。例如：我们发表在Advanced Materials（影响因子5.579）上的纳米异质结研究的论文被审稿人评为发表在该杂志上的最好的10%论文；我们的一张电镜照片被Advanced Funconal Materials用作封面照片（Vol. 13，No. 22003）；Physical Review B对我们的弛豫铁电体的工作的评价是："弛豫铁电体的结构中存在短程有序的反向铁电结构，在最近对PMN的选区电子衍射和高分辨电子显微分析及对另一种弛豫铁电体$Pb(Sc_{1/2}Nb_{1/2})O_3$的X光漫散射分析的研究中已经得到了实验的证据。证实相邻原胞间离子的反相位移确实存在。"其中引文即为我们发表在Physical Review B（影响因子3.070）上的论文。我们还用高分辨电子显微术在介孔微孔分子筛材料SBA－15和MAS－7中拍到了亚纳米微孔的照片，在世界上第一次给出了在介孔微孔分子筛中可能存在1纳米以下的微孔的实验证据，该工作发表在Chemistry of Materials（影响因子3.690）上。我们还发展了用电子能量损失谱（EELS）来研究钢巾晶界断裂模式的新方法，为晶界的微观力学性能的研究提供了一种新的手段，这工作受到了EELS专家英国剑桥大学L. M. Brown教授（皇家学会会员）的好评。

酚与胺类毒物的分析研究
（二等奖）

马会民　苏美红　谷　涵　马泉莉　聂丽华　孙　铭

中国科学院化学研究所

酚与胺是两类重要的生物和环境物质，它们的监测对污染的控制与健康保护至关重要。然而，由于这两类物质极性大、易挥发，且缺乏光学性质等，特别是甲胺和苯酚，其原位检测颇具挑战性。该项目针对这两种重要的生物与环境毒物（挥发性甲胺和苯酚），发展了新的光物理扰动型、且带有活性氯的三嗪类荧光标记探针。这些探针具有供体—受体特性，即存在着自富电子荧光体至电子受体三嗪环的分子内电荷转移过程。当探针分子用于甲胺、苯酚标记时，待分析物作为斥电子基团取代了氯原子后，改变了三嗪环的吸电子特性，抑制了分子内光诱导电荷转移过程，导致荧光光谱产生巨大的变化。利用这些特性，建立了甲胺和苯酚的荧光标记新方法，从而实现了对挥发性分子特别是甲胺的原位标记。方法已成功地用于甲氨酸酯类农药降解所释放的甲胺的原位标记分析，以及含有二酚的污水中苯酚的选择性测定。为发展环境友好、经济实用的氯酚降解新方法，该项目还首次探索了通过放电产生的空气离子尤其空气负离子[O^-，$O_2^-(H_2O)_n$，O_3^-，OH^-，$CO_3^-(H_2O)_n$，$H^+(H_2O)$，etc.]，对毒性大且持久的毒物2，4，6－三氯苯酚的脱氯作用，结果表明，仅经约一小时的处理即可去除高达53%的氯，揭示出空气离子可作为一种有效的脱氯新技术，并联用各种现代分析手段（UV，NMR，GC－MS）对复杂的降解产物（包括中间体以及它们的氘代产物）进行了详细的分析，提出并阐明了三氯苯酚的降解机理是通过亲核分子（空气负离子OH^-，O^-等）的取代首先形成以2，6－二氯－1，4－苯二酚为主的产物。以上成果已在国际重要刊物Anal. Chem.，New J. Chem.，Anal. Chim. Acta上得到发表。

有机分子隧道结制备及有机单分子层的电学性能研究

（二等奖）

范小林　王　琛　万立骏　白喜礼　杨德亮
陈　义　徐　伟　高广义　刘宇宏　严之娟

中国科学院分子纳米结构与纳米技术重点实验室

自1974年，AViram提出采用单个有机分子作为功能电子器件的设想以来，人们对有机分子的电学功能开发表示了浓厚的兴趣。如果单个有机分子充当独立的电子元器件使用成为现实，那么化学家将合成出形形色色的具有不同结构和功能的单分子电子器件。正是出于这些考虑，近几年来，有机分子在纳米级的电子器件研究中充当了及其重要的角色，发挥了重要的作用。

人们可以根据需要设计并合成出各种功能分子，但所合成出的功能分子能否作为独立的电子器件使用，能否满足人们的使用需求，还有待于进行验证。这就要求我们建立一套独立的分析检测系统，对不同的有机分子性能进行客观地分析、评价。

“导体——有机单分子层——导体”型有机分子隧道结是连接微观分子与宏观测试手段的桥梁。本课题组利用毛细现象或外在压力将金属Sn、In、Ga及Au－Ga合金导入石英毛细管，并作为一个电极。通过控制组装条件，在电极表面自组装一层有机分子，再在上面覆盖一层相同的金属，形成另一电极，构成“金属－有机分子－金属”型毛细管隧道结。以此为基础，建立了一套独立的可以对不同结构有机分子的电学性能进行评价的分析测试系统和方法，能够客观地评价有机分子内在结构对其电学性能的影响。

将$C_{18}H_{37}OH$、$C_{18}H_{37}SH$、$C_{18}H_{37}NH_2$、$C_{18}H_{37}$

COOH、$C_{18}H_{37}Cl$、$C_{18}H_{37}Br$、$C_{18}H_{37}I$ 等十多种分子作为功能分子，分别在 Sn、In、Ga 及 Au－Ga 合金等多种基底材料上进行自组装，制备了具有不同官能团和分子骨架结构的有机分子隧道结。研究了－SH、－OH、－COOH、－NH_2、－Cl、－Br、－I等不同官能团对相应隧道结的 I－V、dI/dV 曲线及能带宽度等的影响。发现基底材料对隧道结的电学性能具有重要影响。随功能分子链的长短、不饱和结构的多少、组装官能团的电负性强弱，隧道结的能带宽度呈规律性的变化。

酞菁、卟啉、螺吡喃等光学活性分子作功能分子制成的有机分子隧道结的光学敏感性强。利用毛细管隧道结的高透光率，不仅可以对这些分子的光电转换性能进行研究，还可以对采用这些分子制作光控电子开关、光学场效应管等电子器件的可行性和工艺条件进行研究与探索。

催化重整工艺中在线近红外光谱分析技术与应用

（二等奖）

袁洪福 褚小立 王艳斌 杨玉蕊 谢智彬 陆婉珍

石油化工科学研究院

采用先进过程控制技术（APC）可显著降低石化、医药等工业的生产成本及提高生产效率，APC的优化需要大量的实时过程分析数据。目前，在线近红外光谱分析技术是最先进和最有发展前途的过程分析技术之一，它可测量生产过程中的原料、中间产物和产品的多种组成和物化性质，为APC实时准确地提供分析数据。

催化重整工艺主要用来生产芳烃和高辛烷值的汽油调和组分，是生产清洁燃料的关键工艺之一，在石化工业中占有重要地位。其中，汽油的组成和辛烷值数据是该工艺最重要的检测指标。然而，其现行标准分析方法具有局限性：速度慢（单项分析周期约 1～2h）无法满足过程控制分析要求；辛烷值标准分析方法需要 500mL 样品，无法适应中型装置微量产物分析。为解决上述分析检测难题，本文采用自行研制的新型 CCD 在线近红外光谱仪和化学计量学分析软件，建立在线快速分析重整汽油辛烷值和组成的方法，分别在兰州石化催化重整工业生产装置和石油化工科学研究院中型催化重整试验装置上进行了应用。结合近红外光谱和多元校正方法，建立了测定重整生成油的辛烷值（RON）、芳烃碳数分布（C_6、C_7、C_8 和 C_9^+）和总芳烃含量等 6 项指标的分析模型。试验结果表明，与实验室标准方法相比，其测定辛烷值的极差为 0.4 个辛烷值单位，平均偏差小于 0.3 个辛烷值单位，重复性为 0.2 个辛烷值单位；测定芳烃碳数分布和总芳烃含量的平均偏差分别为 0.33%、0.47%、0.60%、0.70%、0.75%（m）：实现连续在线测量，40s 内可同时完成上述所有数据的分析。在分析准确度和速度方面完全满足生产控制对快速分析的要求。

在兰化重整装置上，采用旁路在线（On－line）方式，通过光纤使分析仪远离装置现场，并将实时测定的结果传输到 APC 系统上，明显提高了 APC 的优化程度，实现了质量“卡边”控制，这无疑会对大型生产装置的技术进步产生积极的推动作用。据兰州石化公司财务统计表明，在应用试验过程中，仅就提高三苯收率一项便可产生 196.74 万元/年的直接经济效益。

石化院中型催化重整试验装置是研究清洁燃

料生产的重要技术设备之一,用来评价催化剂的性能和工艺条件。长期以来,由于常规实验室方法不能快速提供辛烷值等分析数据,成为影响该装置正常运行的关键因素。本文采用线上(in - line)方式检测其液体产物,完成一次分析仅需要30~35s,实时反映和记录着装置的波动变化,不仅为保证系列催化重整催化剂研究工作进度发挥了积极作用,而且在技术上实现了目前国际上采用固定辛烷值改变试验条件的流行评价方法,对于提高我国重整装置评价工作技术水平具有重要意义,潜在着可观的社会和经济效益。

与其他常用的过程分析技术比较,在线近红外光谱分析技术具有分析速度快,与 APC 结合可实现真正意义上的生产装置实时精确控制;一次测量可同时得到被测量样品的多种性质,分析效率高;可以实现一台仪器同时测量多个检测点,即多通道测量;通过光纤可使光谱仪远离现场,适用于条件苛刻的环境等特点。

该技术在催化重整工艺上的成功应用,标志着我国在线近红外光谱技术的突破,对促进我国先进过程控制技术发展具有重要意义。

有机质谱碎裂机理研究
(二等奖)

何美玉　俞振培　贺晓然

北京大学分析测试中心

有机质谱是化学工作者在鉴定化合物分子结构或推断未知物结构时,必须采用的主要手段之一。有机质谱不仅提供分子量、分子式的信息,还提供极其丰富的碎片离子,有的碎片离子具有明显的特征,在确定结构时起着关键作用。研究有机化合物的质谱碎裂机理,对每种主要碎片离子的来源,形成过程进行解释,可进一步佐证所推断结构的正确性:对系列新化合物的质谱碎裂机理进行研究,发现一些新的碎裂反应,不断充实质谱碎裂反应理论,总结新化合物的碎裂规律,将在推断新化合物结构时发挥重要的作用。

亚稳离子的测定技术,如 B^2/E、B/E 联扫、质量分析离子动能谱(MIKES)及 SORI - CID 等等,是确定离子之间“亲缘”关系、离子形成过程的重要方法。高分辨精确质量测定,准确给出离子的结构的元素组成,从而证明离子结构的正确性。

本研究小组,利用傅立叶变换离子回旋共振质谱(FT - ICR - MS)的超高分辨、高精度的性能及双聚焦高分辨有机质谱,对 24 系列,共 135 个新化合物进行了深入、详细的研究,这些新化合物中,有的具有良好的生理活性、有的是新反应新合成方法的产物、有的是大环化合物,在分子识别中有重要意义。

本项系列研究,所用仪器是高档的。采取的技术或方法是先进的。研究方案不仅可行而且非常严密,所获取数据精确可信,所得到结论,具有重要的学术价值。

研究成果已分别在国际刊物《Rapid. Commun. Mass Spectrom.》国内刊物《Chin. J. Chem.》等多种核心刊物上发表论文共 24 篇。其中被 SCI 收录文章 19 篇。影响因子大于 2. 8 有 17 篇。

本研究小组,得到国家自然科学基金的多项资助。

毛细管电色谱柱上富集理论与实验研究
（二等奖）

张玉奎 张维冰 朱 军 张丽华 平贵臣 张凌怡

中国科学院大连化学物理研究所 国家色谱研究分析中心

毛细管电色谱(CEC)是电泳原理与色谱分离原理相结合的分析分离技术，当样品溶液与运行缓冲溶液组成存在差别时，可能导致溶质分子作用力场的改变或溶质形态的变化，使得溶质在两区带中的迁移速率产生差异，其结果是造成溶质在柱内输运过程中分布的改变，溶质区带被压缩或拉伸。因此为了达到溶质在电色谱中柱内富集的目的，可以通过调节两区带化学组成、改变操作条件等手段实现。

电色谱柱内富集可能包括场增强作用、有机调节剂对场强的影响、固相微萃取过程、自富集、“扫”及溶质形态改变等多种过程。按照弛豫理论的一般原理对毛细管电色谱的输运过程进行综合考察，可以建立毛细管电色谱的输运模型。

将富集倍数定义为理想进样函数对流出曲线方差的贡献与富集操作条件下实际进样函数的对应贡献之比的平方根。自富集作用对实验样品安息香和美芬妥因可以达到浓缩十几倍的效果。进样时间越长，自富集作用越明显；而溶质的容量因子越大，产生的相对富集作用也越强。

为了使中性样品在CEC过程中得到柱内富集，可以采用与毛细管电动力学色谱(MEKC)类似的实验方法实现。富集倍数不仅与溶质在不同区带中的容量因子有关，而且与进样长度有关，富集作用在整个柱内输运过程中实现。随着进样区带长度的增加，富集效果随之提高。而溶质在进样区带中容量因子的增加，对富集有利。以30%乙腈/70%水配制美芬妥因和安息香的混合样品时，进样时间330s，而对于保留较强的安息香，连续进样480s可分别获得134和219倍的浓缩效果。

带电溶质溶解在适宜强度的和样品溶液中，长时间电动进样后，切换到高强度的流动相中，可以得到较好的富集效果。样品溶液和流动相的强度差对富集的影响对不同样品存在对应的最佳范围，为了使样品溶液在CEC中得到较好的富集，必须使多种机理协同作用。对于溶质普罗帕酮，半峰宽在实验范围内变化很小，说明在进样过程中的场增强效应对碱性溶质进样区带的压缩作用对富集起着主要作用，而有机调节剂的影响起着协同的作用。以40%乙腈—60%水为样品溶剂时，进样120s可获得1.7万倍以上的峰高增加，且柱效保持在520,000理论塔板数/米。

在电色谱方法中，由于进样函数沿柱轴向分布的不均匀性，可以达到在线富集的目的。同时溶质的迁移受色谱机制和电泳机制共同作用，对不同性质的溶质柱内富集的特征也存在差别，通过理论和实验的系统研究，说明了流动相组成和操作过程对富集效果的影响规律。

纳米碳管电极的构置及在生物分子分离及识别领域中的应用

（二等奖）

罗国安　王宗花　王义明

清华大学分析中心

碳纳米管(CNT)独特的一维分子结构和奇特的物理、化学特性,成为世界范围内的研究热点之一。但CNT在分析化学中的应用研究相对其它领域而言起步较晚。我们研究组利用这一新型纳米材料,引入新的途径和物质构置了三类高生物兼容性的纳米碳管电极:(1)碳纳米管涂层电极,研究了涂层剂极性和电负性等对生物分子电化学行为的影响;(2)碳纳米管镶嵌电极,重点研究了神经递质的电分离行为及其影响因素,为实现在体测定神经递质打下一定的基础。首次提出了碳纳米管修饰电极的界面孔性是产生生物分子分离的重要原因;(3)环糊精复合碳纳米管电极,界面体现了新颖的建筑层—碳纳米管集合体的大的孔隙充填小孔的环糊精,既发挥了碳纳米管独特的性能又体现了环糊精细微的认知能力,用于生物分子的测定和异构体的分离。

制备了碳纳米管涂层修饰电极,并研究了电分离多巴胺(DA)和抗坏血酸(AA)的机理。结果表明,电极的表面拥有一个多孔性立体界面层,不仅对DA和AA具有较强的电催化作用,而且使二者的氧化峰电位差达250mV以上。研究了影响ΔEpa的因素:分散剂的种类、多层碳纳米管的管径、碳纳米管的种类(单层、多层、螺旋型多层)、酸氧化截断等。

制备了碳纳米管镶嵌电极,并对羧基化CNT镶嵌电极与涂层电极的性能进行了比较:镶嵌电极不仅具有更好的催化作用,而且使得抗坏血酸的氧化峰位大大负移。利用镶嵌电极成功的实现了在AA存在下,同时测定DA和5－羟色胺(5－MT),其氧化电位分别为:$E\mathrm{pa}_{5-\mathrm{HT}}=0.32\mathrm{V}$,$E\mathrm{pa}^{\mathrm{DA}}=0.13\mathrm{V}$,$E\mathrm{pa}^{\mathrm{AA}}=-0.07\mathrm{V}$。实验证明兔脑组织基体对测定没有影响。利用镶嵌的纳米二氧化锡电极与碳纳米管电极做了比较,结果表明,界面的孔性对分离起了重要的作用,但界面的材料也有不同的影响。

β－CD与CNT相结合制备的修饰电极(β－CD/CNT),成功的实现了在抗坏血酸的存在下对尿酸的选择性伏安测定。两者的氧化电位差达到400mV。由于β－CD的包结效用,对尿酸的测定灵敏度得到进一步提高。该方法成功的用于实际尿样的测定。

α－CD与CNT相结合制备成的修饰电极(α－CD/CNT),成功的实现了胸腺嘧啶的电化学测定。胸腺嘧啶在普通电极上没有电化学信号,但电极经CNT修饰后,对胸腺嘧啶的氧化表现了较大的电催化作用,α－CD的参与进一步增加了灵敏度。

首次探讨了α－CD复合CNT电极对异构体的电分离和催化作用,并实现了对p－硝基酚的选择性测定。硝基酚异构体在裸电极上得到的是宽而弱的重叠峰,而在CNT/E和α－CD－CNT/E上却是分离良好的尖锐强峰,峰电流增加5~10倍,峰位正移,但峰位差各不相同。这一结果说明,碳纳米管对三者具有不同的催化能力,可能是因为异构体的空间立体构型不同,从而导致它们与活性位点的接触作用方式各不相同。α－CD的掺人,对电位没有影响,但对不同的异构体其电流的增加值不同,这说明 α - CD 的存在增加了修饰电极的认知能力。α - CD 的孔径在 0.47 ~ 0.53nm,相对于碳纳米管的集合孔径小的多,所以对三种异构体的认知能力更加细微。碳纳米管对 CD 而言起了一个载体的作用。

STR 复合扩增陈旧性骨骼和烧骨 DNA 检验技术的研究
(二等奖)

叶　健　季安全　郑秀芬　姜成涛　赵兴春
涂　政　赵　鑫　胡　兰　张纯斌

公安部第二研究所

在许多重大刑事案件、恶性事故中,以及重大历史事件和寻根访祖等方面,陈旧骨骼和烧骨样品往往是唯一能够提供个人信息与家族血缘关系的物证。DNA 检验技术是进行个体识别与血缘关系鉴定的最好方法。但是陈旧性骨骼和烧骨经过腐败变质和长期的复杂环境因素的影响,如土壤掩埋、微生物侵蚀和高温等,DNA 高度降解,骨骼中原本含量极少的 DNA 又大幅度减少,可供检验的核 DNA 模板含量甚微、质量差,以及存在各种抑制物,对之进行检验相当困难。本项目研究解决了一系列技术关键问题,建立了一套完善的陈旧骨骼和烧骨 DNA 检验技术,在陈旧骨骼和烧骨 DNA 的提取、纯化、定量方法,新探针的研制,STR 荧光复合扩增体系的建立等方面均有重大创新,该技术居国际领先水平:

一、立了用 CTAB 和超滤与磁珠结合的纯化骨骼 DNA 的提取新方法。

二、建立了高等灵长类特异性 DNA 的 solt 杂交 DNA 精确定量的方法,可对 0.12ng 的人类 DNA 进行精确定量。

三、建立了 STR 复合扩增体系,随机匹配概率达 10^{-13}。

四、建立了有效去除各种酶抑制物与杂质污染的技术,开发了 STR 亲权鉴定和个人识别计算系统软件。

应用本成果为许多重大疑难案件提供了关键证据,如"焦作大火案"、"浙江桐乡市濮院镇六年白骨案"、"河北玉田交通事故大火焚烧案"、"湖北宜都市十一年白骨案"等。目前本成果已办案近二百起,案件类型涉及疑难的恶性凶杀、奸杀案,杀人焚尸灭迹案件、重大火灾事故、交通事故、飞机失事、爆炸事件等。送检地区包括河南、河北、广东、广西、浙江、四川、内蒙和山东等 20 余个省、市、自治区。本项目已发表论文 7 篇,待发表论文 2 篇,指导各地进修技术人员数十人,并在 2002 年举办了一期培训班。目前已将该技术方法推广到上海、广东、河南、河北、浙江、四川、广西、山东、湖南、湖北等众多省市。在课题研究期间培养研究生一名。本成果的应用,为各种疑难案件的成功侦破与最终结案提供了关键依据,取得了重大的社会经济效益。

大气汞在贵州铜仁地区沉积模式
（二等奖）

何锦林　谭　红　孙向彤　赵亚民　花金兰　姚松林　肖子范

贵州省理化测试分析研究中心

研究大气环境中汞的形态及其转化规律，首先应考虑到 Hg^0、Hg^{2+} 和无机态汞及甲基汞的分析方法，虽然大气环境中汞的分析方法研究近20年来比较活跃，但涉及到的主要是总汞，本课题研究汞在国际上首次报导贵州铜仁地区大气汞流通量和大气汞沉积模式，特别在国际上首次报导该地区大气中甲基汞测定结果和贵州梵净山自然保护区受汞生产的影响，实验工作的完成为汞向敏感受体的大气化学运输和沉降的现代模型提供重要的大气化学参数，这无凝对建立世界大气汞循环理论框架，提供了重要价值的基础理论。尤其是测定了高原湖泊表面、梵净山自然保护区森林土壤表面汞的流通量；大气汞的干湿沉降以及大气中汞的不同形态，特别大气甲基汞的沉降填补了世界上这一纬度的空白，属国际领先。为此，研究贵州大气汞的表面流通、沉降成为是世界研究大气环境汞重要内容。

课题研究在国内首次运用 Moss Bag 和 Moss 的生物监测技术方法。特别采用苔藓评价大气汞，在环境研究中，在调查苔藓用 Moss 估算 Hg 的沉降速率为：沉降速率（$\mu g.\ m^{-2}.\ a^{-1}$）$=\frac{A.\ C}{\alpha.\ E}$，与 Mass Bag 测定 Hg 的结果，两者之间相对结果之差15%，这种结果在野外环境调查是十分可行的。通过苔藓提供大气汞的时间和空间分布，这种分析方法具有评价大气中微量金属沉降的瞬间和相对空间变化关系，使分析技术有巨大进步。因为大气汞分析监测通常是大气中微量和超微量的成分，其又有时间性和空间性。而 Moss 和 Moss Bag 生物监测方法灵敏度高、检测限低、又可以原位、实时测定。这种技术采样相当容易，不用昂贵的仪器，这种技术可以在国内推广和应用，作为大气汞的环境污染监测评价。特别用该技术测定了大气中超微量甲基汞沉降，在国际上尚属首创。同时在国内首次运用扩散管（denuder）的技术分析了大气中汞的形态，为更进一步认识环境汞污染提供了一种选择性的有效方法。由于不同形态汞的化合物在传输、沉降过程中具有不同物理、化学性质，对生态环境的影响也不尽相同，无论是对区域还是对全球都构成复杂的环境影响（Lindberg S. E. And Strattou W. J. 1998）。在这些方面，我们在国内作了起步性的工作，用 d = 4mm，L = 65cm 内壁扩散管可分离颗粒态汞和气态汞，实验表明：在汞源附近粒子态汞浓度在33.07～175.7ng/m^3，相当于大气总汞的25.1～33.3%。扩散管方法理论上解决了用滤膜收集颗粒物方法中几乎无法解决的问题。

该成果经贵州省成果鉴定和上海科学情报研究所，（国家一级科技查新咨询单位）检索：认为该成果运用 Moss Bag 和 Moss 的生物监测技术评价大气汞，用 denuder（扩散管）方法分析大气汞的形态，对贵州铜仁地区大气汞流通量和大气汞沉积摸式进行了测定和研究，在上述检索范围内，除该成果作者自己或与他人合作发表的文献（附件5－7）外，尚未发现对该地区大气汞沉降，大气汞不同形态的研究，特别是对大气中甲基汞沉降的研究。经分析，该成果达到国际先进水平。课题综合研究汞的大气交换中所关心的三个重要的基本问题：

- 点源附近 Hg 的流通量。
- 高海拔梵净山自然保护区流通沉降以及低

纬度来自湖泊表面大气 Hg 的流动。

·适当方法分离和测定来自大气中元素态离子态的汞以及大气中汞的形态在贵州基本分布、流通及动力学机理。

对于铜仁汞矿点源附近土壤表面汞的流通量平均为 173.5ng. $h^{-1}m^{-2}$，矿渣平均 236.6ng. $h^{-1}m^{-2}$，原矿平均 70ng. $h^{-1}m^{-2}$，而在不同地点测定的流通量也在同一数量级上。而对于汞矿附近梵净山自然保护区汞的流通量平均为 21.01μg. $km^{-2}a^{-1}$。在高污染地区大气与湖泊表面之间测定 Hg 的流通量，当水温在 20～24℃时来自贵阳红枫湖表面 Hg 的流通量在 89～196ng. $h^{-1}m^{-2}$之间，而作为对比在瑞典西南部湖泊 Hg 的流通量在白天仅为 3.4～19.5ng. $h^{-1}m^{-2}$之间。土壤、湖泊表面挥发性汞释放通量具有显著的昼夜变化规律，即汞释放通量白天达到最大值而在夜间降到最小。计算流通量与温度关系服从 Arrhemius 方程，计算活化能为 32.28kcal. mol^{-1}。这与 Siegel SM(1988)所测定土壤表面 Hg 释放到大气中活化能 28.0 ± 5.7kcal. mol^{-1}相近似。

在贵州主要 9 个中心城市监测网点进行观测：Hg 在大气中总平均沉降速率 77.41μg. m^{-2}. $month^{-1}$，湿沉降占总沉降 54%左右，甲基汞总沉降速率 0.47～1.15μg. km^{-2}. a^{-1}，平均 0.56μg. $km^{-2}a^{-1}$，湿沉降占总沉降 53%，大气中 Hg^{2+}平均占总汞的 13%，以贵州梵净山自然保护区作背景，在海拔 2000m 以下汞的沉降速率为 42.8～85.0μg. m^{-2}. a^{-1}。

大气汞不同形态在某冶炼汞车间附近，大气总汞的含量 p(H_gT)700～1100ng. m^{-3}，Hg^{2+}含量 p(Hg^{2+})106 -～146ng. m^{-3}，占总汞的 15%左右，颗粒态汞 33.3～175.7ng. m^{-3}占总汞的 30%左右，贵州部分中心城市大气总汞平均浓度 10.0ng. m^{-3}，p(Hg^{2+})占总汞的 13%左右，颗粒态汞占总汞的 15%，而自然保护区大气总汞 2.1～3.4ng. m^{-3}，Hg^{2+}含量 p(Hg^{2+})0.17ng. m^{-3}，占总汞的 5.0%，颗粒态汞占总汞的小于 10%。

大气中气态二价汞与原子汞相比表现出及其不同的地球化学行为。原子汞在大气中的居留时间为 1 年，而气态二价汞只有数小时，因此原子汞是一种全球污染物，而气态二价汞是一种区域性污染物。

lemr et al.(1985)报道在南半球和北半球海洋大气中颗粒态汞的平均浓度 0.013 ±0.004 和 0.007 ±0.004ng m^{-3}，而背景值大气浓度为 0.028 ±0.010ng m^{-3}，在海洋中颗粒态汞/大气汞比是 0.5～0.7%，在乡村是 0.9%。而在汞矿附近颗粒态汞/大气汞比是 30%，从燃烧锅炉附近测定颗粒态汞也有较高的比例 20%左右。而在铜仁就只有 15%，而在梵净山自然保护区粒子态汞/大气汞比降低到 5%，表现出城市比自然保护区高，大部分粒子态汞沉降到 50km 的范围，目前作为在大气中长距离迁移对离子尺寸定义为在 0.002～10um 的气溶胶颗粒物，如果粒子尺寸大于 10um 气溶胶很快就会沉淀。这种沉降模式仍尊从一般沉降模式。颗粒态汞主要发生在短距离迁移。而且也说明颗粒态汞主要是源于人为活动。

荧光与发光分析法在生物大分子分析中的应用

(二等奖)

李克安　赵凤林　李　娜　童沈阳

北京大学分析测试中心

灵敏度高，选择性好是荧光与化学发光分析法的特点。该方法常用于无机离子和有机小分子的分析测定。本课题组自 1996 年以来用荧光与化学发光分析法研究了某些药物与蛋白质的作用

并建立了测定微量生物大分子(蛋白质、核酸、糖原)的灵敏方法,取得的成果主要有:

1. *对药物与蛋白质的作用的研究* 荧光黄、环丙沙星会猝灭蛋白质的内源荧光,确定了猝灭机理及猝灭常数,由此可以了解药物与蛋白质的作用机理和作用强度;根据能量转移理论,求出了药物在蛋白上的结合位点及药物分子距蛋白中的色氨酸残基的距离;结合模式与结合常数的测定在病理学和临床药理学中都有着重要的意义。靛蓝胭脂红、氧杂二吡咯则由于蛋白质的加入而使荧光大大增强,在适宜的酸度、药物浓度、温度、时间等条件下,荧光强度与蛋白浓度成线性关系,据此建立了灵敏的分析测定蛋白质的方法。

2. *人血清中蛋白质含量的测定* 四碘荧光素B的荧光可以被蛋白质线性猝灭,人血清中的蛋白主要为白蛋白(HSA)和球蛋白($\gamma-G$),二者的响应相同,因此该方法可以测定人血清中的蛋白总量;水溶性卟啉TCPP与白蛋白结合时有强荧光,与球蛋白结合则无荧光,但在表面活性剂SDS存在下两种蛋白都产生强荧光,据此建立了同时测定血清中白蛋白和球蛋白的方法;由于蛋白质与Cu(Ⅱ)形成的不饱和络合物在化学发光反应中具有更强的催化作用,蛋白质能够使1,10-邻二氮菲$-H_2O_2-$CTMAB-Cu(Ⅱ)体系和鲁米诺$-H_2O_2-$Cu(Ⅱ)体系的化学发光增强,采用流动注射分析法测定蛋白质,速度快,检测限低,测定的线性范围可达2个数量级。

3. *核酸的测定* 通过核酸与8-羟基喹啉-金属离子体系荧光特性的研究,建立了测定微量核酸的方法。核酸的加入可以使镧、、钪、钇、铝等金属离子与8-羟基喹啉形成的二元荧光配合物的荧光大幅度增强。热变性的DNA比天然的DNA荧光增强效应大,表明核酸的变性使其所带的磷酸根更加暴露,更易与带正电荷的二元荧光配位离子形成多元离子缔合物。研究了试剂加入顺序、最佳酸度、金属离子与8-羟基喹啉的摩尔比、乙醇含量及离子强度的影响,考查了干扰情况,对合成样品中的DNA、RNA浓度进行了测定,精密度好,回收率满足要求;研究了核酸对Ce(Ⅲ)、水溶性阳离子卟啉TAPP和TMPyP-4的荧光猝灭现象。

4. *研究了葡糖氨聚糖(肝素、4-硫酸软骨素)* 对酚藏花红的荧光猝灭现象,实验结果表明二者的荧光猝灭机理均为静态猝灭,由于所带负电荷多少不同对酚藏花红的荧光猝灭程度有所不同。

本研究成果可应用于临床检测、生物大分子的性质研究等方面,对人类健康的研究有重要意义。

分析电镜(AEM/EDS)薄样品定量分析方法及纳米薄标样标准化研究

(二等奖)

孙振亚 刘永康*

武汉理工大学材料研究与测试中心

*中国科学院广州地球化学研究所

与电子探针X射线显微分析相比,分析电镜(AEM/EDS)的薄样品定量成分分析理论和技术还存在不少局限。采用近似方法,理论上当分析试样厚度足够薄,可以忽略样品对特征x射线的吸收效应时,通过比例因子K_{A-B}(又称CLIFF-LORIMER因子)能进行元素定量分析。目前,比

例因子 K_{A-B}可通过理论计算和实验测量确定。由于仪器和实验条件的变化，理论计算的 K_{A-B}值用于实际测量时有很大的局限性；采用实验测量的 K_{A-B}值则首先应建立满足分析电镜要求的"薄"标准样品。因此，如何获得准确可靠的 K_{A-B}因子并建立标准化分析方法是 AEM 薄样品定量分析的关键前提。

本项目采用均匀性和稳定性良好的电子探针显微分析标样对 AEM 的定量方法作了系统研究，用黑云母、方钠石和黄铁矿等探针标样进行了 K_{A-B}因子的实验测量，讨论了主要影响因素。考察了不同型号电镜分析时 K_{A-B}的变化，提出在 CLIFF－LORIMER 因子计算公式中引入仪器校正因子 $K_I=\varepsilon_B/\varepsilon_A$，$K_I$ 与电镜的探测效率 c 有关。对原子序数小于 20 的较轻元素应作 KI 校正。通过标样可以测量 K_I，从而可以获得修正后普适性的比例因子，修正式为：$K_{A-B}=K'_{A-B}\cdot K_I$。建议用易于制备薄膜的黑云母标样进行 KI 测量以及不同分析条件下的 K_{A-B}校正。

在此研究基础上，进一步总结并提出了建立 AEM 定量分析用薄标样的标准化方法与技术规范，制定了 AEM 定量分析方面的第一个基础性技术标准。经全国微束分析标准化技术委员会审查通过，由国家质量监督检验检疫总局于 2002 年发布实施的国标《分析电镜（AEM/EDS）纳米薄标样通用规范》，解决了分析电镜测量 K_{A-B}的纳米薄标样的制备条件、测量与判定方法。由于在分析电镜中薄试样厚度测量目前还没有标准方法可依据，为避开分析微区的样厚测量困难，本标准的关键技术是在 Goldstein J. 的薄样判据基础上，提出选用纳米粉体或薄膜材料为参考样品，在一定的分析条件下，若试样中 A、B 两元素测量的比例因子 K_{A-B}的相对误差小于或等于 10% 时，则该试样可以忽略厚度引起的吸收效应，能作为测量 K_{A-B} 的纳米薄标样。

该微束分析标准的制定为适应当前迫切需要的纳米物质包括粉体和薄膜的 AEM 定量成分分析迈出了重要一步。对发展和规范新型 EDS 如超薄窗和无窗能谱仪的分析电镜定量分析也是极为必要的。

FTIR 和 FT－Raman 光谱研究 PEO－PPO－PEO 嵌段共聚物的聚集行为

（二等奖）

刘会洲　苏延磊　郭　晨　王　靖

中科院过程工程研究所分离科学与工程青年实验室

使用 FTIR 和 FT－Raman 光谱技术研究了 PEO－PPO－PEO 嵌段共聚物在水溶液中温度依赖的聚集行为。盯 IR 和 FT－Raman 光谱可以原位观察到 PEO－PPO－PEO 嵌段共聚物在水溶液中的聚集行为。PPO 链段的甲基和水分子之间存在相互作用，嵌段共聚物的醚氧原子和水分子的氢原子形成氢键。随温度的升高，甲基与水分子之间的相互作用减弱；嵌段共聚物的醚氧原子与水分子之间的氢键断裂，该断裂主要发生在 PPO 的醚氧原子和水分子之间的氢键。可以依据温度依赖的甲基反对称伸缩振动峰和 C－O－C 伸缩振动峰的波数，确定 CMT。

在嵌段共聚物水溶液的 FTIR 光谱图中，甲基的对称变形振动分裂为两个峰：水化的甲基和去水化的甲基。水化甲基的对称变形振动峰随温度的升高向低波数移动，表明水化甲基和水分子之间的作用减弱；该相互作用的减弱有利于水化甲基脱水转变为去水化的甲基。通过分峰曲线拟合方法，得到水化和去水化甲基的相对份数，从而给出了嵌段共聚物胶团结构的一些定量信息。嵌段共聚物胶团的内核为 PPO 链段，去水化甲基的相对份数随温度的升高逐渐增大，意味着 PEO－PPO－PEO 嵌段共聚物在较高温度下形成内核含水量少、疏水性强的胶团。相同温度下，疏水性强的嵌段共聚物的去水化甲基的份数大于亲水性强的嵌段共聚物，表明疏水性强的嵌段共聚物形成内核含水量低的胶团。具有相同 EO/PO 比例的嵌段共聚物，分子量大的嵌段共聚物在水中形成内核含水量低、疏水性强的胶团。具有相近 PPO 链段长度的嵌段共聚物，PEO 链段较长的嵌段共聚物在水中形成内核含水量高、疏水性弱的胶团。

主要的代表性文章如下：(1)FTIR 光谱技术观察到 Pluronic F127 水溶液的甲基对称变形振动峰发生分裂，分别对应水化和去水化甲基。比较温度影响水化和去水化甲基峰的相对强度，确认在较高温度下，PhronicF127 聚集形成疏水性强的胶团。相关的研究结果发表 Macromolecules(2002,35:6426－6431)。(2)FTIR 光谱技术考察了溶剂效应，分峰拟合结果表明：Pluronic P103 在 D20 溶液中的水化甲基的份数高于在 H_2O 溶液中，相同条件下，D_2O 溶液中的胶团包容更多的水。FTIR 光谱研究的结果与小角中子散射研究温度依赖的胶团结构的结果一致。相关的研究结果发表在 J. Phys. Chem. B (2002,106:11823－11828)。(3)FTIR 光谱技术考察了 PEO－PPO－PEO 嵌段的组成对胶团结构的影响，在 Phronic P123、P103、P105 和 P84 系列样品中，PO 含量高的 Pluronic P123 形成疏水性最强的胶团。FTIR 光谱研究的结果佐证了早期的理论模拟研究的结果。相关的研究结果发表在 Langmuir (2002,18:5370－5375)。

可以使用小角中子散射技术研究嵌段共聚物的聚集行为；但是小角中子闪射技术复杂，仪器昂贵，是普通的实验室难以达到的。本实验室发展了使用 FTIR 光谱技术研究嵌段共聚物的聚集行为，拓展了 FTIR 光谱技术的研究领域。本课题的研究引起了国内外同行的关注，在第十二届全国分子光谱学学术会议上应邀做大会报告，国外多个研究小组来函索要论文。

植物病毒的电子显微镜研究

（二等奖）

洪　健　徐　颖　黎军英

浙江大学分析测试中心

电子显微镜作为探索微观世界的重要工具，在生命科学和物质科学领域日益发挥着巨大的作用。近二十年来，我们在国家自然科学基金、浙江省自然科学基金和浙江省分析测试基金资助下，充分发挥自己的专业特长，开展了植物病毒的电子显微镜研究，获得了一系列成果，主要内容如下。

1. 建立了负染色、超薄切片、免疫吸附和修饰、免疫胶体金标记、图象分析等一整套病毒电镜检测研究方法，在国内较早研究免疫电镜新技术并实际应用于检测蔬菜、花卉等作物的病毒病。在植物病毒电镜研究方面已形成了自己的工作特色，在国内享有较高声誉，为国内一些高校、研究院所和动植物检疫部门提供植物病毒分析检测服务，为校内相关专业的教师和研究生提供技术指导。

2. 研究了烟草花叶病毒、黄瓜花叶病毒、番茄花叶病毒、蚕豆萎焉病毒、葡萄扇叶病毒、马铃薯Y 病毒、马铃薯 X 病毒、苜蓿花叶病毒、芜菁花叶病毒、芋花叶病毒、小西葫芦黄花叶病毒、大豆花叶病毒、高梁花叶病毒、甘蔗花叶病毒、大麦黄花叶病毒、小麦黄花叶病毒、小麦梭条斑花叶病毒、水稻矮缩病毒、水稻黑条矮缩病毒、水稻黄矮病毒、土传小麦花叶病毒、百合无症病毒、百合斑驳病毒等三十余种植物病毒的形态结构及寄主细胞超微病变。在国内首次研究报道了番茄花叶病毒的细胞病理学，首次研究报道了葡萄扇叶病毒的细胞病理学及运动蛋白细胞定位，首次研究报道了芜菁花叶病毒破坏光合作用的机理，首先归纳了植物病毒15科、72属的形态学和细胞病理学特征作为电镜诊断的依据。先后在国内外学术刊物及重要会议上发表学术论文40余篇，还为校内外相关研究项目提供了高质量的病毒电镜照片。

3. 出版了国内第一部《植物病毒分类图谱》专著。该书是作者在近二十年的研究工作基础上，以多年积累的大量数据资料和病毒电镜照片为主，吸收了国内外最新的文献资料编写而成。书中内容涉及植物病毒15科、72属以及未分类病毒、病毒卫星和类病毒，全面系统地描述了病毒特性、基因组结构、抗原特性、生物学特性及细胞病理学特征，以136版电镜照片展示了植物病毒的形态结构，附录中列出了植物病毒分属检索表和909种世界植物病毒名录，方便读者的查阅和检索。该书内容丰富、数据翔实、照片质量高、文献资料新，对于推动我国植物病毒学发展以及在生产实践中指导植物病毒的诊断鉴定，具有重要意义。该书的出版填补了国内空白，其科学意义和实用价值得到了国内病毒学和电子显微学权威专家的充分肯定和高度评价。

进口转基因油菜籽检测方法研究

（二等奖）

潘良文[1]　罗　达[2]　沈禹飞[1]　陈家华[1]　胡永强[1]

[1] 上海出入境检验检疫局
[2] 中国科学院上海植物生理研究所

我国每年要从国外进口几百万吨价值数亿美元的油菜籽，其中相当部分是转基因油菜籽，转基因油菜籽的大量进入我国市场，对我国的农业生产、人民身体健康和生态安全带来了很大的风险，因此对进口转基因油菜籽进行检测显得十分迫切和必要。本研究对转基因油菜籽的检测进行了深入研究。

1. 建立了一种操作简便、效果良好的从油菜种籽中提取DNA的方法。

2. 建立了检测抗草丁膦除草剂及雄性不育油菜籽中外源的BAR、PAT、BARNASE、BARSTAR、CaMV 35S启动子、NOS终止子和NPTII基因的定性PCR方法。

3. 转基因抗草甘膦油菜籽是目前世界上少数几个不能用检测CaMV35S启动子、NOS终止子及NPTⅡ基因来进行筛选的转基因品种之一。通过专利查寻、核苷酸序列和蛋白质序列比较，本研究克服了基因序列不清、资料不齐全的重重困难，弄清了抗草甘膦除草剂油菜籽中外源的FMV35S启动子、GOX和CP4－EPSPS基因全部是经过改造过的，建立了抗草甘膦FMV35S启动子、GOX基因、CP4－EPSPS基因和E9 3’终止子的检测方法。

4. 弄清了转基因抗草甘膦油菜籽和抗草甘膦大豆中转入的CP4—EPSPS基因序列的不同，建立了检测抗草甘膦油菜籽和抗草甘膦大豆的相应的PCR方法。

5. 寻找并建立了PE3－PEPCase基因作为油菜特异的内源参照基因的PCR检测方法，解决了PCR方法检测转基因油菜籽可能出现的假阴性问题，同时为攻克转基因油菜籽定量检测技术难关打下了基础。

6. 针对转基因抗草甘膦油菜籽外源基因GOX和内源基因PEP设计了定量PCR检测的特异引物和TaqMan探针,使用ABI PRISM Sequence Detector 7700,建立了转基因抗草甘膦油菜籽及其加工产品中的外源转基因成分的定量检测方法,通过荧光标记的核酸探针技术,使PCR方法更为简便,结果更为可靠,灵敏度达到0.1%。

7. 对上海口岸1999－2000年进口油菜籽进行了抽查,检出78.5万吨、价值1.95亿美元的加拿大油菜籽含有转基因成分,信息上报后,受到了国务院领导和国家局的高度重视,为国务院《农业转基因生物安全管理条例》的出台提供了决策依据。条例出台后,上海口岸进口油菜籽数量2001年下降了38%,2002年下降了80%,有效地限制了转基因产品的进口。

8. 为500万元的出口农产品出具非转基因证明,促进了国内非转基因产品的出口。2002年3月,从一批出口蛋白粉样品中检出转基因成分,避免了该批价值520万美元的蛋白粉出口后可能导致的巨额索赔。

该研究填补了国内外该领域的空白,达到国际先进水平,申请国家发明专利一项。本课题获2002年度国家质检总局"科技兴检"一等奖(证书待发)。

新的遗传标记研究及其在法庭科学中的应用

(三等奖)

王　俭　裴　黎　邓　华　姜成涛　赵兴春　常彩琴

公安部第二研究所

"新的遗传标记研究及其在法庭科学中的应用"课题是公安部B类科研项目(编号998221462)。成果应用于法医学、遗传学、人类学、医学和临床检验等领域。该项研究,主要应用超薄等点聚焦－免疫印迹技术、PCR－RFLP和PCR－STR技术及高效毛细管电泳技术,对四种新的遗传标记完成了蛋白水平和DNA水平的分离、检测、实验方法的建立及群体遗传学数据的统计。成功地①建立了FXIIIA、FXIIIB、ITI蛋白表型的检测方法(灵敏度3－5μl);②首次在国内建立了FXIIIB、ITI和GPT基因型的DNA分析技术分型方法<灵敏度1－5ng);③初步建立了应用毛细管电泳技术对FXIIIB STR位点的检测方法,其分析结果与银染结果一致:在探索毛细管电泳技术的使用方面积累了经验,为这一新的前沿高科技术在法庭科学中的应用,打下了良好的基础。④研究四种遗传标记的多态性在中国汉族群体的分布频率,获得了这些新标记在蛋白水平和核酸水平的群体遗传学数据;⑤利用课题组自己建立的基因型检测方法,对微量检材和陈旧检材的时限进行了研究:实现了对17年左右的精斑和10年左右的血斑完全正确分型的结果,从中建立和完善了血痕及体液斑的分型方法及对其期限的研究,同时也拓宽了生物检材的检验范围。

本课题的研究成果已通过公安部科技局组织的鉴定委员会的鉴定,并一致认为:该课题已完成了项目任务,在FXIIIB、ITI、GPT的DNA水平研究、群体遗传学资料的获得及用毛细管电泳技术检测FXIIIB STR位点方法的建立等方面均有重大突破,填补了国内空白。所建立的用毛细管电泳技术检测FXIIIB STR位点的方法已达国际先进水平。

利用课题组自己建立的蛋白水平和DNA水平的检测方法,将课题成果试用于200余起案例的检验,经与9个STR位点复合扩增的荧光检测结果印证效果良好,解决了实际检案中的问题,在侦察破案中发挥了重要作用,说明这些方法准确、灵敏、稳定和重复性好。同时将实际案例的样本进行了毛细管电泳的检测,结果与银染及荧光检测结果一致,初步建立了可供参考的分型方法。

应用纳升电喷雾串联等生物质谱技术对白血病细胞凋亡相关蛋白质组分析

（三等奖）

张学敏　王红霞　靳宝峰　王　杰　何　昆
李卫华　魏开华　杨松成　沈倍奋

军事医学科学院生物医学分析中心

本项目应用纳升电喷雾串联质谱(nano - ESI - MS/MS)技术与 MALDI - TOF - MS 技术完成了对人 Mo7e 白血病细胞凋亡相关蛋白质组的分析鉴定和相关功能研究。此项工作对白血病诊断、治疗和愈后判断将有重要意义和价值。

阻断泛素通路能够特异性地诱发白血病细胞凋亡,但对正常细胞无明显影响。Mo7e 人白血病细胞系被我们证明是阻断泛素通路诱发凋亡非常理想的模型。因此选择该细胞系为模型,系统地研究了其蛋白质组在凋亡前后或过程中的变化。首先应用固相 pH 梯度双向电泳体系建立了 Mo7e 人白血病细胞的双向电泳图谱,然后在阻断泛素通路诱导凋亡模型基础上,每个样品观察 0,2,6,12,24h 五个时间点,建立了凋亡前后蛋白质动态差异表达电泳图,共找到 39 个变化显著的差异点,其中 22 个凋亡后表达上调,9 个表达下调,8 个表现出先上升后下降的趋势(双相调节)。该结果显示,蛋白质组表达具有明显的时空动态性和可调节性,细胞诱导凋亡后的蛋白质组表达谱中,不同的蛋白质有其特定的最高丰度表达时间点,有的在 6h 即达到最高点,有的则在 24h 达到最高点。

通过胶内酶切和生物质谱分析,我们鉴定了这 39 个差异蛋白点及其翻译后修饰,这些蛋白质涉及细胞生长、分化等不同功能。在生物质谱分析中,我们首先应用 MALDI - TOF - MS 的肽质量指纹谱(PMF)技术进行鉴定,对于不能鉴定及用 PMF 鉴定时数据库查询分值较低的蛋白质,进一步采用纳升电喷雾串联质谱的 *de noro* 测序技术及毛细管液相色谱 - 电喷雾串联质谱的全自动数据依赖性分析(DDA)技术进行鉴定或确认,在鉴定的 39 个蛋白质中,32 个通过纳升电喷雾串联质谱鉴定或确认。

在该研究中,我们首次发现 eIF - 5A 蛋白与白血病细胞的生长和凋亡有密切关系。质谱鉴定的结果表明双向电泳图中两个位置不同的点 m 和 T 均为 eIF - SA 蛋白,随着凋亡的发生,m 点的表达量越来越少而 T 点的表达量越来越多。通过定点突变和多种酶切与生物质谱相结合的方法证明 m 和 T 点的区别在于 eIF - 5A 蛋白第 49 位赖氨酸的翻译后修饰不同,m 点有修饰而 T 点无修饰。该蛋白第 49 位赖氨酸通过特殊翻译后修饰形成 hypusin,它导向 eIF - 5A 蛋白定位并和细胞生长密切相关。抑制 hypusin 形成显著促进白血病细胞凋亡。对 eIF - 5A 综合分析表明它是与白血病发生、发展和愈后判断等有密切关系的候选药物靶标。

纳升电喷雾串联的 de novo 测序和 DDA 技术是根据氨基酸的序列信息鉴定蛋白质,因此具有更高的可靠性,是当前蛋白质组研究中鉴定蛋白质最有效的工具,鉴定成功率在 80% 以上。与常规的 ESI - MS/MS 相比,nano - ESI - MS/MS 的灵敏度高 1 - 2 个数量级。在国内我们最早将该技术应用于白血病凋亡蛋白质组学研究。

2－蒽醌磺酸三重态与高聚鸟嘌呤核苷酸相互作用的激光光解研究

（三等奖）

马建华 林维真[1] 王文峰[1] 韩镇辉[1] 姚思德[1] 林念芸[1]

中国科学院上海原子核研究所辐射化学开放实验室

蒽醌及其衍生物是一类有广泛用途的光敏剂。它不但能光敏氧化许多有机化合物，还能切断肿瘤细胞的DNA。蒽醌衍生物2－蒽醌磺酸(AQS)历来被用作强光敏剂的模型化合物，其光化学早已引起人们的广泛注意。AQS激发三重态是引发光氧化反应的首要瞬态产物，但由于AQS激发三重态与水具有很强的反应活性，从而大大缩短了其寿命，同时所生成的瞬态产物，尤其长寿命瞬态产物的吸收峰的重叠干扰，有碍於研究AQS与生物分子的相互作用。

本研究用纳秒级激光光解研究了乙腈－水(3%)(v/v)溶液中AQS三重态、AQS阴离子自由基特征瞬态吸收谱及其动力学行为。结果表明，在乙腈－水(3%)(v/v)溶液体系中，AQS三重态的寿命大大延长，而AQS阴离子自由基寿命明显缩短。从而使研究AQS与生物分子的相互作用的干扰问题得以基本解决。在此基础上，通过248nm激光辐照AQS与poly[G]乙腈－水(97:3)溶液体系，首次直接、同时检测了AQS激发三重态与高聚鸟嘌呤核苷酸(poly[G])之间发生了电子转移反应生成的poly[G]阳离子自由基及AQS阴离子自由基的瞬态吸收谱及其完整的动力学参数。并以热力学计算予以了验证。获取了AQS激发三重态与poly[G]之间发生了电子转移反应的原始证据。其机理概括为：

$$\mathrm{AQS} \xrightarrow{hv} {}^{1}\mathrm{AQS}^{*} \xrightarrow{isc} {}^{3}\mathrm{AQS}^{*}$$

$$(S_0) \qquad (S_1) \qquad (T_1)$$

$${}^{3}\mathrm{AQS}^{*} + \mathrm{A} \longrightarrow \mathrm{AQS}^{-\cdot} + \mathrm{A}^{+\cdot}$$

A：PolyG

红外光谱研究蛋白质及芳香胺分子中的氢键结构

（三等奖）

谢孟峡 刘 媛 康 娟 崔宗杰 王 南

北京师范大学分析测试中心

芳香胺分子的氢键研究：用红外光谱研究了23种芳香胺化合物在固体状态和不同有机溶剂中(正己烷、苯、四氯化碳和氯仿)的分子内和分子间氢键。在固体状态下，芳香胺氨基的红外吸收峰由于分子内和分子间氢键的作用，使吸收峰分裂为多重峰。研究发现不同极性的溶剂对氨基吸收峰的峰位、峰形及对称和非对称伸缩振动吸收峰的相对峰高有较大影响。在非极性溶剂正己烷中，氨基的吸收峰峰形和对称性较好，随着溶剂极性的增加，氨基吸收峰发生红移、加宽或裂分成多重峰。不同取代基对其吸收峰也有较大的影响，取代基的电子效应在溶剂极性改变时也会发生变化。芳香胺类化合物具有强烈的致癌性，对其氢键的光谱研究有利于了解其致癌机理，阐明多种因素对其氢键的影响可以为研究生物大分子（如蛋白质）中的氢键提供重要的实验依据。

酰氨Ⅲ带各子峰与蛋白质二级结构的对应关系的确定：蛋白质的不同二级结构在红外光谱上的差异主要体现在多肽链上的羰基和酰氨上的N－H键之间氢键强弱的不同，利用不同的数学处理手段（去卷积、二阶导数及曲线拟合）可以定量地将不同二级结构在红外光谱酰氨Ⅰ带（波数范围 1700～1600cm^{-1}）和酰氨Ⅲ带（1330～1220cm^{-1}）上的吸收峰分开，进而对其相对含量定量测定。酰氨Ⅰ带经过处理后各子峰与不同二级结构的对应关系相对比较成熟，但由于受水及水汽的影响，酰氨Ⅰ带在蛋白质二级结构测定中的应用受到很多限制。酰氨Ⅲ带虽然强度较弱，但不受水及水蒸气的影响，并且该谱带范围内各二级结构的谱峰更加特征，非常有利于对蛋白质二级结构的测定。而酰氨Ⅲ带的谱峰指认还不太成熟，所以研究酰氨Ⅲ带各子峰的归属对其在测定蛋白质二级结构中的应用有着非常重要的意义。我们根据蛋白质在有机溶剂中变性这一特点，用甲醇对牛血清白蛋白和核糖核酸酶A进行变性处理，对蛋白质酰氨Ⅲ带的谱峰归属进行了深入的研究，初步归属了蛋白质酰氨Ⅲ带各子峰与蛋白质二级结构的对应关系：1330～1290cm^{-1}为α－螺旋，1295～1265cm^{-1}为β－转角，1270～1245cm^{-1}为无规卷曲，1250～1220cm^{-1}为β－折叠。将归属结果应用于不同蛋白质的二级结构的测定中，定量结果与X－衍射及酰氨Ⅰ带的定量结果有非常好的吻合。成功的建立了应用蛋白质红外光谱酰氨Ⅲ带和酰氨Ⅰ带相结合对蛋白质二级结构准确定量的方法，为研究药物与蛋白质的相互作用奠定了基础。

光动力作用机理的探讨：光动力作用近年来广泛的应用于癌症及其它各种疾病的治疗中，但对其作用机理的研究仍然是人们关注的焦点问题。光动力通过单线态氧的化学反应调整细胞的信号通道。实验研究了模型蛋白（BSA）和大鼠胰腺细胞表面蛋白质二级结构随光动力作用时间的变化，发现随着光动力作用时间的增加，蛋白质的有序结构α－螺旋明显减少，β－折叠结构保持不变，无序结构p－转角和无规卷曲明显增加。结合荧光光谱的结果对光动力作用的机理进行了深入的探讨，实验结果表明光动力作用是通过调整细胞膜表面的信号蛋白的结构而达到对其调控和治疗作用的。

药物与蛋白质的相互作用：药物与蛋白质相互作用是生命科学和药学研究的热点问题。用红外光谱定量的测定蛋白质与药物作用后的结构变化，特别是二级结构的定量变化，将给研究药物的作用机理和作用强度提供重要的实验依据和手段。三七总皂甙作为名贵中药三七的主要有效成分，是二十多种单体皂甙的混合物，通常他们在人体内发生整合作用，所以研究三七总皂甙与蛋白质的相互作用更具有现实意义和应用价值。通过对三七总皂甙与血清白蛋白相互作用的系统研究，初步建立了从蛋白质二级结构的变化方面定量描述药物与蛋白质之间相互作用的光谱学方法。用红外光谱结合荧光光谱研究了人血清白蛋白与三七总皂甙的相互作用；用红外光谱、荧光光谱以及紫外光谱等手段研究了三七总皂甙与牛血清白蛋白之间的相互作用。应用我们建立的酰氨Ⅰ带和酰氨Ⅲ带相结合的方法，对药物作用引起蛋白质的二级结构的变化进行了定量测定。实验结果显示，各种单体皂甙与蛋白质的结合能力存在着较大的差异；随着药物浓度的增加，血清白蛋白与三七总皂甙的结合引起了蛋白质分子中螺旋结构明显减少，折叠结构增加，β－转角和无规卷曲结构则无明显改变，即蛋白质的结构发生了由α－螺旋向β－折叠转化，蛋白质的肽链部分展开。

涂改票证上锰离子无损检验方法
（三等奖）

刘晓东　魏晓蕙　陈以义　霍　军

公安部物证鉴定中心

利用化学消退剂(涂改液)涂改票证、文书以达到诈骗目的是较常见的文书变造手段之一。司法机关在侦察和审理此类案件时,除了要求鉴定可疑文书是否经过涂改、用什么试剂涂改的同时往往还要求不能损坏物证原件。而在实际案例中"原件"的情况却非常复杂,它除了纸张经强氧化剂、还原剂、酸、碱腐蚀后检测条件很差以外,涂改部位多种化学成分互相干扰是一个主要的原因。正因为如此,对文书进行涂改液主要成分的无损测定一直是文检领域中的一项技术难题。

化学消退剂的种类很多,在实际案例中使用高锰酸钾消退类型的约占70%左右。近些年来,随着高科技的发展,文书涂改变造技能也有了很大的提高,主要表现在消退痕迹轻、面积小。尽管涂改液中仍含有高锰酸盐的成分,但用常规的光源检查方法已不再能发现问题。综合以上各因素,课题组有针对性的研制完成了《涂改票证上锰离子无损检验方法》。

《涂改票证上锰离子无损检验方法》是一项化学显色方法。方法中研制的复写取样技术确保了文件检验的无损要求。操作步骤是:先将可疑部位的一部分涂改成分用复写取样方法转印到取样滤纸上,再用锰离子的特效颜色反应进行催化显色。当显色滤纸上观察到锰离子特征颜色的复写字迹时,即可定性可疑部位是经过了高锰酸盐成分的涂改事实。检测结果不受涂改时间、载体纸张、以及涂改部位上其它成分的影响。测试方法具有操作简便易行、结果快速直观和允许多部位、多次数重复取样等优点,作为文件检验方法非常适合各级刑事技术专业人员掌握和应用。

《涂改票证上锰离子定性检验方法》2001年通过公安部科技成果鉴定,现本单位已利用该方法办案四十余起(见附件5),多次为疑难案件的定性提供重要依据,累计挽回经济损失600万元,取得了显著的社会效益和经济效益。成果2002年获中心科技进步二等奖,应用案例中有两项获中心优秀案例奖。鉴于成果的应用效果,公安部已将此方法定为2003年度科技成果重点推广应用项目。

案例介绍:

1、2001年10月山西临汾法院送检一张农业银行转账支票,要求鉴定支票填写字迹是否有涂改,用什么试剂涂改。此前该支票在山西临汾市检察院和山西省高院均做过没有涂改的鉴定结论。支票外观与正常支票没有区别,在银行兑付时也未发现问题。

我们先用常规方法进行检验,确实未发现涂改痕迹,后用《涂改票证上锰离子无损检验方法》检验,在支票人民币大、小写,出票日期和用途四个部位均测出锰离子的阳性反应,据此,我们对此支票做出了有高锰酸钾成分的涂改和涂改部位有四处的明确结论。送检单位依据鉴定结果顺利审理了案件。他们在鉴定意见回执中称赞我们的鉴定方法"对案件的审理起到了重要的作用,科学性、技术性很强,而且非常严谨"。

2、2002年4月,安徽省六安市中级人民法院送检一份标的200万元的《催收贷款通知书》,要求鉴定有无涂改变造。该检材先在安徽省公安厅做过检验,但不能下明确的鉴定结论。

检材《催收贷款通知书》因保存不当,外观污染较严重,特别是在数字200万元的附近有一块黄色斑迹,但经常规方法检查,并没有发现涂改痕迹。后用《涂改票证上锰离子无损检验方法》检验,包括黄色斑迹的部位也没有出现阳性结果。经反复分析后,我们重新调整了取样部位,最后在200万元的“00”部位测出了范围很小的强阳性反应结果。发现了犯罪分子的作案痕迹。检验方法为这份疑难检材的定性提供了科学的依据,同时也为当事人挽回了一笔极大的经济损失。后查明此份检材是在另一份有当事人签名的催收贷款通知书(只有几万元)的基础上涂改变造而成的。

共振光散射技术在核酸探针中的应用研究

(三等奖)

宋功武　方光荣　李　玲　蔡朝霞　刘立明　刘丽红

湖北大学分析测试中心

Pasternack 在1993年建立了共振光散射技术,使其成为继分光光度法,荧光法之后,又一新的高灵敏度的核酸测定方法。目前利用增强有机染料共振光测定核酸已有报。我们开展了以下的研究:

1. 关于镧系配合物的相关报道还不多见。我们合成了稀土镧的混配物LaL1L2·3H2O(L1为邻苯二甲酸,L2为邻菲咯啉),该配合物与DNA作用后,导致共振光散射增强,测定背景干扰小,建立了纳克级测定DNA的方法。

2. 合成铁(Ⅱ)与邻菲咯啉、联吡啶的混配物,通过紫外和荧光光谱研究发现此混配物可以与DNA的作用,进一步利用共振光散射技术研究了混配物在DNA分子表面聚集的状况,证明此混配物可作为脱氧核糖核酸的共振光散射探针,且定量测定DNA时灵敏度高。

3. 合成了稀土镧(La)与2,2-联吡啶(dpy)、1,10-邻菲咯啉(phen)的混配物,并进行了红外和热分析的表征,证实了其混配物的结构为La(dpy)(phen)C13. 并对其与DNA的作用的紫外-可见光谱和共振光散射光谱作了初步的研究。研究结果表明,混配物的吸收峰随着DNA的加入而发生减色效应,而DNA浓度继续增高,吸收峰又增高,说明此混配物与DNA先是嵌入结合,而后伴随有静电结合。而此混配物在470nm处的共振光散射峰随着DNA的加入增强,则表明混配物在DNA分子表面进行长距离自组装。研究证明所合成的配合物能够与DNA作用,可作为DNA的荧光探针。

4. 定量测定核酸一直是人们研究的热门领域,已经发展了多种测定方法,而其中,荧光光谱法是最常用的方法。近年来,使用普通荧光光度计所建立的共振光散射技术,发展比较迅速。在已有的用作分析的光散射探针中,有机染料是最广泛采用的试剂。有机染料小分子在与核酸分子作用时,结合数一般都比较大,相当于小分子在核酸上堆积,进行长距组装,因而能产生强烈的共振光散射信号。核酸的有机染料光散射探针一般具有以下特点:带有正电荷和大的电子共轭环,有强的芳香性或疏水性。因此本文选择了亮绿作为光散射探针,研究了亮绿与DNA作用的共振光散射光谱,据此建立了一种DNA的测定方法。

5. 本文研究了在阳离子表面活性剂十六烷基三甲基溴化铵的存在下孔雀石绿(MG)与DNA作用的共振光散射光谱,400nm和482nm处出现增强的共振散射峰,482nm处出现增强的共振散射峰与DNA的浓度成正比,据此拟定一种DNA的纳克级测定方法。

6. 研究 BRB 在 DNA 分子上进行堆积导致强烈的共振光散射,共振光散射信号增强与 DNA 分子浓度成线性关系,建立分析方法快速简便,线性范围宽,灵敏度高,测定干扰小,应用合成样品测定结果令人满意。

目前,我们已经应用共振光散射技术研究了有关合成探针及有机染料甲基紫,亮绿和孔雀石绿与 DNA 的作用,并且定量的测定 DNA,均获得比较满意得结果。共振光散射探针与普通的核酸荧光探针相比,因为共振光散射的灵敏度很高,即使探针分子与核酸的作用很微弱,也可以用共振光散射技术检测出来,并加以应用. 因此,振光散射技术在核酸的检测及具有非常广泛的应用前景。研究药物与核酸的作用,对抗癌药物的筛选具有重要意义。为进一步提高基因片断及核酸分子杂交的检测灵敏度展示了广阔的应用前景。

原位研究珠贝棱柱层有机模板的多级构造

(三等奖)

童　华　胡继明　马文涛　钟桂荣　姚松年　曹连欣

武汉大学测试中心

生物矿物是生物体的重要组成部分,有机模板的指导作用是该类矿物形成的主要特征。在有机模板的指导下,材料的物相、尺寸、形状、取向、纹理及各组分的浓度均得到精确的控制。矿化晶型专一、结构多样,具有常规复合材料不可比拟的性能优势,骨骼、牙齿、贝壳、珍珠等均为生物矿化的典型产物。因此,有机模板对无机矿物的诱导作用,尤其是有机/无机的界面作用与矿化产物结构之间的关系一直是研究的热点。本论文在查阅相关文献的基础上,以碳酸钙类生物矿物为对象,采用多种现代仪器分析手段对珠母贝不同微观尺度下有机/无机的复合方式、成分的分布以及生物有机分子对结晶生长的控制行为进行了系统研究。旨在揭示生物矿物这种优良的天然梯度复合材料的构成规律,以期阐明其结构与生物功能之间的关系并为人工合成新型复合材料提供有益的启示。具体研究内容如下:

借助离子溅射刻蚀、化学刻蚀脱钙、脱蛋白技术,结合扫描电子显微镜(SEM)和透射电子显微镜(TEM)超微结构分析技术以及 X-射线衍射(XRD)方法,建立立体的原位分析生物矿物多级构造的方法。以珠贝棱柱层和珍珠层为主要对象,分析有机框架及无机结晶在不同尺度下的结构特征,研究晶内外有机模板的空间分布、有机/无机介面的空间几何关系。并比较了两种矿物相的有机模板的形态差异。结果表明:对棱柱层可原位观察到完整的有机模板的三维结构,晶内存在密集的有机质亚结构。棱柱层按照多级构造的规则模式精确地生长,每一个棱柱层的有机模板单元可以独立地决定柱状晶生长的向、晶面择优取向和晶粒的大小。多级构造中高级别的空腔模板担负着系统的支拌及限制晶体尺寸和形状,并决定晶体生长的空间取向的功能。而低级别的晶内亚结构有机基质则主要提供成核位点,诱导方解石的成核。从纳米到微米尺度范围内,有机/无机存在三级复合构造。较之化学合成的方解石,贝壳棱柱层结晶的共格'长度较短。这可归于纳米级的有机缺陷的引入,导致生物矿化结晶的长程有序度降低。对珍珠层则可观察到板状晶在垂直于壳层的方向上堆叠排列形成珍珠层,有机基质表现出复杂的三维构造,呈中空互通结构,整个框架体系相互连通形成完整的弹性网。本研究首次揭示了珠贝棱柱层的有机模板的多层次空间分布规律，为深入了解生物矿化材料的结构和生长方式拓展了新的视角，为建立珠贝形成的新模型提供了新的科学依据。也为复合材料仿生提供了新思路。

重掺砷硅片的质量监控及其应用

（三等奖）

邹子英　闵　靖　郭　瑾　吴晓虹
谢江华　宗龙章　叶祖超

上海市计量测试技术研究院

本项目主要研究内容为：研究重掺砷硅片的缺陷显示方法；重掺砷硅片背面机械损伤；重掺砷硅片的外延以及背封对外延自掺杂的抑制；重掺砷硅片中杂质对外延及器件的影响。

本项目研究开发的择优腐蚀液和缺陷显示技术获发明专利号03115479.4，此技术能清晰的、灵敏的、可重复的显示重掺砷硅片中的晶格缺陷，并能应用于其它重掺硅片和轻掺硅片的缺陷显示，该缺陷显示技术达到了国际同类研究水平。

在本项目的实施中建立了磨角一腐蚀一显微镜测试的常规硅片机械损伤层深度的测试方法，实践证实已能用于硅材料生产线上，填补了该项技术的国内空白。通过择优腐蚀技术和机械损伤层的测试方法，研究了重掺砷硅片损伤层深度与缺陷的关系，成功地显示了损伤处冲出的位错排，揭示了重掺砷硅片背面机械损伤的吸杂机理。

本项目为重掺砷反型杂质的控制、背面处理、外延质量及器件失效提供了有效的测试分析手段。

该项目的研究成果作为质量监控和改进丁艺技术的方法使重掺砷硅片实现了批量生产和稳定的供货，得到了可喜的经济效益。通过本项目的实施，晶华电子材料公司利用本项目的研究成果应用于重掺砷硅单晶和硅片的生产。加强了产品的质量监控，指导了丁艺技术改进，实现了稳定的批量生产和供货。从2001年9月到2002年9月的一年，共生产了重掺砷硅片50万片，大部分出口美国，实现销售收入1253万元，利润172万元，税金26万元，创汇105万美金，并且此产品得到了国内外用户的好评。

新型DNA传感技术的研究

（三等奖）

胡继明　周晓东　胡　毅　刘秉加　胡　敏

武汉大学分析测试中心

核酸探针技术在分子生物学领域中越来越引人瞩目，核酸的杂交严格遵从碱基配对的原则，使核酸探针能够特异性的识别核酸靶分子，因而具有较高的选择性。但是目前使用的核酸探针技术大多须进行放射性和非放射性的标记，从而带来了核酸杂交前后处理手续比较繁琐的缺点；石英压电晶体传感器是一种非常灵敏的质量检测装置,检测能力可达到 ng 级水平,本项目利用压电传感器无需标记的特点,将其与核酸探针技术结合,研制出应用于 DNA 检测的核酸压电传感器。

本项目在国家自然科学基金的资助下,通过探针固定化方法的实验比较,采用聚乙烯亚胺—戊二醛交联法将 DNA 探针固定于 9MHz 镀金石英晶振表面,控制实验条件,使其与溶液中靶基因杂交引起晶体表面质量的变化,从而得到反应的有关信息。利用传感器研究了核酸变性复性过程,探讨了传感器使用的实验条件,达到定性甚至半定量检测目标基因的目的。已经分别成功开发出用于检测乙肝病毒(HBV)和肿瘤坏死因子(TNF)两种压电 DNA 传感器。研究结果表明,该方法对载体靶基因有较高的检出率,免去了传统基因检测的标记的步骤,可以成为基因检测的半定量的检测手段。

上述研究内容的代表作分别发表在 SCI 源刊"Journal of Pharmaceutical and Biomedical Analysis" 2002 年 27 卷 341 - 345 页和"中国化学(Chinese Journal of Chemistry)"2002 年 20 卷 1044 - 1048 页。论文发表后,已有多位国外同行来函索取资料。

气相色谱法测定汽油馏分组成和物理性质的方法和软件包的开发及应用

(三等奖)

李长秀　王　征　杨海鹰　陆婉珍

中国石化股份有限公司石油化工科学研究院

采用毛细管气相色谱法测定汽油详细烃组成的单体烃测定法,是石化分析的重要方法。随着油品深度加工工艺的不断发展,对汽油组成的分析也不断提出新的要求,主要集中在如何不断提高测定的准确度,尽可能缩短单次分析时间,提高分析的效率,数据的二次加工和有用信息的提取以及分析方法的标准化等几方面。

围绕以上几方面的内容,我们开展了深入系统的基础研究,取得了以下成果:

1. 采用均匀设计的方法对色谱分析条件进行了考察和优化,经优化后单次分析时间较以前缩短了三分之一。

2. 采用预分离的方法,将含烯烃汽油分离为烷烃、烯烃和芳烃组分,对每一类组分进行了详细的研究,对含烯汽油组分分布进行了考察,为混峰的归属提供依据,提高了定性定量的准确度。

3. 提出了一种新的采用汽油单体烃结果模拟计算样品辛烷值的方法,该方法模型建立过程简单方便,易于操作,大大降低了传统色谱法模拟计算辛烷值模型建立的成本。

4. 建立了 C_2 ~ C_{12} 组分的物理性质数据库,可以根据样品的单体烃结果计算平均分子量、密度、API、折光、热值、饱和蒸气压等物性数据,由于在数据库中包含了样品的 25 项热力学及物性数据,因此,还可根据需要开发新的计算功能。

5. 建立了采用压力反吹系统测定终馏点为 400℃ ~ 500℃ 的微反装置产物中汽油馏分组成的方法,扩大了样品的测定范围,解决了微反产物组成和物性测定问题,为催化剂评价提供了更详细的信息。

6. 配套自主开发了汽油单体烃及组成计算软件、汽油辛烷值计算软件和汽油多项物理性质计算软件等系列软件,采用 WINDOWS 操作系统,使用简单方便,并可以和国内外各种色谱工作站联用进行数据处理和运算。

7. 将开发的单体烃组成分析方法和软件,应用于乙烯专用石脑油的组成测定,参照 ASTM

D5134－98 的方法，建立了单体烃组成测定法的石化行业标准（SH/T 0714），该标准已被中国石化股份公司石脑油产品标准所采用。

以上述成果为基础，我们开发完成了气相色谱法测定汽油馏分组成和物理性质的系列方法和软件包，该方法和软件包在国内处于领先地位，相关软件已申请了软件保护。目前，该方法软件已成为安捷伦、岛津、PE 等企业在国内的配套技术，现已被二十几家石化企业及科研单位所采用，获得了很好的社会效益和经济效益。

高分子溶液粘度测定的实验改进及粘度法对高分子间相互作用的分析和表征（三等奖）

粘度测定方法设备简单，操作便利，有很好的实验精度，在工业生产和实验室使用极为广泛。但粘度法在确定低浓度高分子溶液粘度时遇到了极大困难，其异常和不定的实验结果引起广泛的争议。杨海洋在深入了解粘度异常机理的基础上，提出了针对性的实验改进，首次正确表征了低浓度时高分子溶液的粘度。粘度测定方法另一个“麻烦”是高分子溶液和纯溶剂的流过时间都需要测量，对自动粘度计的设计和制备带来了几乎难以逾越的障碍。经过改进的粘度测定方法，不仅有效和正确地表征了高分子溶液的粘度，而且省去了纯溶剂流过时间的测量，简化了实验步骤，为研制自动粘度计提供了全新的思路。

具有新意的研究结果如下：

1、提出和论证了利用理想条件下纯溶剂流过时间 t_0^* 验结果的正确性和合理性，既完全消除测量方法给高分子溶液相对粘度确定带来的一切干扰，又省去了纯溶剂流过时间的测定，简化了实验步骤。理想条件下纯溶剂流过时间 t_0^* 概念的提出以及用 t_0^* 代替纯溶剂流过时间的实测值处理实验结果，不论是从观念上，还是从实验手段上说，都是一次重大的创新。根据我们提出的改进方法，不需要去测定纯溶剂的流过时间，因此只要在实验过程中将装有微型发光管和传感器的夹具 A 和 B 夹在 E 和 F 刻度线附近，利用单片机记录不同浓度高分子溶液流过时间，并在单片机编写相应程序，即可自动计算和输出高分子溶液粘度数据（本实验室已完成了自动粘度计的样机研制）。目前采用的传统的粘度测量方法是做不到这一点的，因为传统方法还需要测定纯溶剂的流过时间。

2、利用理想条件下纯溶剂流过时间 t_0^* 与纯溶剂流过时间实测值 t_0 和 t_0' 之间的差异，对倍受争议的高分子极稀溶液粘度的异常行为提供了定量和合理的解释。极稀溶液粘度的异常主要来自高分子吸附层、界面性质以及高分子溶液和纯溶剂表面张力的差异。如用 t_0^* 处理实验结果，就消除了上述的干扰因素，使高分子溶液比浓粘度与浓度依旧满足线性关系，为利用粘度法测定稀溶液中高分子线团尺寸（Flory－Krigbaum 特性粘数理论）奠定了坚实的实验基础。

3、同时，利用高分子溶液流过时间/测定之前和之后纯溶剂的流过时间 t_0 和 t_0' 之差，可对毛细管壁上高分子吸附层进行定量分析和表征。结果表明，剪切流场有利于高分子在固体表面上的吸附，由此提山“动态吸附”的概念。不仅如此，高分子以平躺的方式吸附在固体表面上，吸附层厚度与分子量无关，与 de Dcnnes 对高分子在固体表面吸附所做的标度分析完全一致。当溶剂变劣时，高分子还能以多层的方式吸附在固体表面。吸附高分子和本体高分子的溶解性差别很大，这应与吸附时高分子排列得更加规则有关。

4、利用粘度测量结果正确有效地表征了溶液中高分子间相互作用，重新整合了三元体系高分子溶液粘度法确定高分子共混物相容性的各种判剧，同时对弱相互作用体系高分子共混物复杂相行为提供合理的解释。

三、各省市有关分析测试方面科学技术奖

1. 2003年北京市科学技术奖

项目名称	完成单位	完成人
一　等　奖		
飞秒时间分辨光谱技术及其应用	北京大学	龚旗煌　杨　宏　羌　笛　张铁桥　王树峰　黄文涛　李建良
二　等　奖		
高压气体质量流量在线监测检定装置的研制	北京首科石化自动化设备有限公司 北方交通大学 中石化集团北京化工研究院 北京首科集团公司	胡燕祝　章梓茂　吴宇宏　郎　琦　王霄汉　吕　忠　何　兵　李　旭　张庆水
微乳相萃取分离新技术的应用基础研究	中国科学院过程工程研究所	刘会洲　郭　晨　常志东　苏延磊　官月平　余　江　昌庆龙　张天喜　张　伟
二　等　奖		
混凝土裂缝的检测、诊断与修补技术的研究	中国建筑材料科学研究院 中国水利水电科学研究院 苏州混凝土水泥制品研究院	王武祥　张震夏　买淑芳　邓建良　吴怀国　李平

2. 上海市科技进步奖

项目名称	完成单位	完成人
一　等　奖		
用电子能谱方法研究半导体表面的物理和化学特性	复旦大学	侯晓远　训　民　董国胜　王　迅
水稻基因组第四号染色体测序及分析	中国科学院国家基因研究中心 国家人类基因组南方研究中心 中国科学院遗传与发育生物学研究所 扬州大学	韩　斌　冯　旗　张玉军　黄雨辰　赵
二　等　奖		
虚拟条干均匀度测试仪	东华大学 苏州长风有限责任公司	郑尚德　吴　隽　邵卫在　成荣根　张玉斌　吴亚明　陆培红　陈　杰　王晓阳
三　等　奖		
用户线路测试系统	上海欣泰通信技术有限公司	华锦伟　黄晓东　葛鸿伟　魏　韬　田海波　顾　珊　陶　晶
小波变换近红外光谱分析系统的研究	中国人民解放军第二军医大学	吴玉田　殷学平　柴逸峰　肖　杰　刘荔荔　陆　峰　范国荣

3. 2000 年度天津市科技进步奖

<table>
<tr><td colspan="3">二　等　奖(没有以后的)</td></tr>
<tr><td>DCC－1 型电池电导测试仪</td><td>国家海洋局海洋技术研究所
中国电信集团天津市电信公司</td><td>刘从信　刘雪堂　林红军　王福苓　王艳萍
阎云祥　陈　钢　范东彦</td></tr>
<tr><td colspan="3">三　等　奖</td></tr>
<tr><td>属氢化物-镍蓄电池所用正、负极材料理化分析方法的建立</td><td>信息产业部电子第十八研究所</td><td>吴孟涛　陈开敏　钱德祥　张洪有　王瑞忠</td></tr>
<tr><td>酶法拆分氨基酸</td><td>天津市氨基酸公司
天津华立达生物工程有限公司</td><td>朱廷哲　张　磊　冯胜华　赵建明　张秀文</td></tr>
</table>

4. 重庆科技进步奖(2003)

项　目	部门地方登记号	中图分类号	推荐单位	单位名称
ZL205A 高强度铸造铝光谱标准样品	20030028	TB99	西南铝业(集团)有限责任公司	西南铝业(集团)有限责任公司
地铁列车铝材用光谱标准样品	20030027	TB99	西南铝业(集团)有限责任公司	西南铝业(集团)有限责任公司
5A66 铝合金光谱标准样品(标样)	20030026	TB99	西南铝业(集团)有限责任公司	西南铝业(集团)有限责任公司
智能阀门定位器	20030002	TH	中国四联仪器仪表集团有限公司	重庆川仪总厂有限公司
智能电磁流量计	20030106	TH	中国四联仪器仪表集团有限公司	重庆川仪总厂有限公司流量仪表分公司
小鼠及其瘤株 DNA 分子标记检测的标准化研究	20030041	Q953		第三军医大学训练部实验动物中心
连续无创监测血压的多参数监护仪及其检测方法	20030148	R318	重庆市世创医用设备研究所	重庆市世创医用设备研究所
核场用快速响应温度传感器研制	20030169			重庆仪表材料研究所
蛋白质和肽类药物的分离、分析和纯化新技术	20030210			西南师范大学
便携式红外测油仪的研制	20030168		后勤工程学院	中国人民解放军后勤工程学院
超声微量液体密度传感器研制	20030163			中国人民解放军后勤工程学院
液质联用仪对国际控制麻醉药品及精神药品检验的研究	20030235			重庆刑事科学技术研究所
共振光散射增强技术在生化研究及药物筛选中的应用	20030208			西南师范大学
光谱探针微阵列在生化药物分析中的应用	20030288			西南师范大学

5. 广东省科技进步奖

化-3-009	超临界二氧化碳萃取技术与工业化装备的研究	美晨集团股份有限公司	刘汉槎 金 波 徐继涛 叶铭基 何兆基 王金民 叶 卉
医-3-038	人白骨 mtDNA 测序技术及法医学应用研究	广州市刑事科学技术研究所	王穗保 刘 超 李红霞 李 越 刘 宏 罗质人 胡慧英
医-1-003	核酸扩增(PCR)荧光检测试剂盒研发及产业化	中山大学达安基因诊断中心	何蕴韶 程 钢 周新宇 高劲松 尹爱华 李 虎 李 丹
农-3-005	木材检验标准比较与快速评等方法研究	广东省林业学校 中华人民共和国广州出入境检验检疫局	张汉杰 李伟鑫 林爵平 张志辉 刘善辉 邓诗泉
资-3-009	海面海水层光学测量系统	中国科学院南海海洋研究所 国家海洋局第一海洋研究所 中国科学院长春光学机密机械与物理研究所	曹文熙 柯天存 杨跃忠 王岩峰 禹秉熙 丁永耀 郭永飞
医-2-012	PCR 微板核酸杂交技术在病原微生物核酸诊断、基因分型和基因突变中的应用	第一军医大学热带军队卫生学系 广州蓝星生物科技开发有限公司	万成松 王 虹 曾位森 王省良 龙北国 华旭初 曹 虹 张文炳 陈金华 刘 丹
医-3-048	分子蒸馏/超临界萃取在分离制备天然活性成分的应用研究	广州军区广州总医院 中国科学院广州化学研究所	赵树进 张相年 张镜澄 吴新荣 蒋琳兰 韩丽萍

6. 2003 年度广州市科学技术奖

北斗海用导航仪	广州海格通信有限公司	刘 彦 黎俊明 李俊炜 田震华 周琼华 戴福金 周 治

7. 辽宁省

辽宁省自然科学一等奖	
液相色谱专家系统的理论基础研究	中国科学院大连化学物理研究所
辽宁省科学进步奖二等奖	
高效液相色谱仪的研制与技术开发	中国科学院大连化学物理研究所大连依利特分析仪器公司
辽宁省科学进步奖三等奖	
高效液相色谱研究法对 20 种中药材及成药鉴别和定量方法研究	辽宁中医学院、沈阳市药检所

8. 吉林省科学技术进步奖

一 等 奖		
扫描探针纤微技术在电化学和生命科学中的基础研究	中国科学院长春应用化学研究所	汪尔康 张柏林 李 壮 董绍俊 唐智勇 张敬东 李 晶 彭章朱
近地表弹性波地下目标探测成像系统及应用	吉林大学电子学院	林 君 陈祖斌 于生宝 张林行 张子三 孙 明 高 游 蒋忠进 刘焕江 梁铁成 庄 娟 嵇艳鞠 姜 弢 陈鹏程 刘俊华

二　等　奖		
紫外写入光纤光栅技术研究	吉林大学集成光电子实验室	张玉书　王庆亚　秦　莉　韦占雄　郑　伟 刘国范　张　健　钱　颖　王　东　韦　欣 李惠萍
红外上转换荧光材料合成技术及其对红外激光的探测	中国科学院长春光学精密机械与物理研究所 长春科润光电子材料科技有限公司 中国人民解放军军事医学科学院微生物流行病研究所 吉林大学第二医院	郑　岩　杨瑞馥　侯绣洁　费运启　申德振 常　威　周　蕾　刘忠良
回转工件激光加工技术与设备	中国科学院长春光学精密机械与物理研究所	谢冀江　李雨田　卜宪章　李　维　程义新 于占海　杨彦芹　刘要武　胡　君　肖文礼 卢启鹏　张凤林　陶永义
三　等　奖		
利用基因工程技术生产系统性白色念珠菌感染免疫诊断试剂	东北师范大学	王　丽　朱筱娟　钱志鸿　王桂云　杨　琼 卢大宁　刘春艳
常用中药灵芝的化学成分、药理作用及活性成分检测方法的研究	解放军军需大学	王芳生　蔡　辉　景在新　杨峻山　张聿梅 赵英举　白　燕　张祚新
超纯铬铁((CCC r03)国家化学分析标准样品	吉林铁合金股份有限公司	毕　军　刘　冰　马　勤　李桂梅　袁　萍 杨　帆　刘维国　杨金泽
硅酸根、磷酸根自动分析仪	吉林市光大电力设备有限责任公司	承慰才　承学东　杨青云　潘宏泽
轴类件机械性能音频共振检测系统研究	长春理工大学	柏逢明　刘薇娜　陈　玲　潘毓学　杜振霖 田　雯　段　锦　陈桂芬
亚硝酸盐快速检测技术研究	吉林省卫生监测检验中心	李　青　方赤光　薄　萍　常　新　朴红莲 杨明远　顾小莉　刘思洁

9. 2003 年度湖南科学技术进步奖

一　等　奖		
痕量物质分析新方法、新技术、新仪器的研究	湖南大学	王柯敏　杨荣华　何晓晓　李　杜 羊小海　周雷激
二　等　奖		
回转窑运行状态分析与监测	中南大学 中国铝业股份有限公司河南分公司 湖南科技大学	刘义伦　郭顺喜　李学军　吕子剑 周国荣　赵先琼　肖友刚　曾　涛 袁英才
光谱电化学和压电电化学新方法理论与应用	湖南师范大学 湖南大学	谢青季　姚守拙　聂利华　张友玉 周安宏　何风姣

三　等　奖		
5E智能灰熔点测试仪	长沙开元仪器有限公司	罗建文　徐　勇　袁志武　盛晓兴　康玉蓉　杨海生
亚毫米级精度位移自动监测机器人系统	中南大学 长沙市莱塞光电子技术研究所	张学庄　王爱公　简务人　张　驰　张艳祥

10. 2003年度贵州省科技进步奖

二　等　奖		
集成控制轻型液压柱塞变量泵	贵州力源液压股份有限公司	董　可　侯　刚　王碧泉　罗德刚　杨　强　王仁江　胡冬生
三　等　奖		
超临界 CO_2 萃取印楝素中试工艺及印楝素浸膏质量标准的建立	中国科学院地球化学研究所 成都绿金生物科技有限责任公司	余德顺　杨　军　莫彬彬　田弋夫　刘　毅

11. 2001～2002年度陕西省科学技术奖

二　等　奖		
全固体克尔透镜锁模 Nd:LMA 飞秒激光器	中国科学院西安光学精密机械研究所	杨鸿儒　赵　卫　王水才　陈国夫　刘进元
YG072纱疵分级仪	长岭(集团)股份有限公司	冯陈顺　颜贻真　任保喜　李　航　刘　俊　朱吉良　于宪欣　李　燕　田秀峰
电致化学发光分析新体系、新方法和新技术的研究	陕西师范大学	章竹君　郑行望　李保新　张成孝
三　等　奖		
激光测距机综合测试与控制系统	西北工业大学 中国航空工业第六一三研究所	何明一　冯　燕　夏建涛　张有才　周书荣
三相多功能电能表试验装置测试系统	渭南市惠德电力仪器设备有限责任公司	冀德朝　杨　希　刘　谦　宋　林　张　庆　杨　军　李红军
移动式超速试验装置研制	西北电力试验研究院 上海发电设备成套设计研究所	李　平　贾玉堂　杨建安　张　宏　张恒涛
VEARHR802旋转机械振动分析系统	西北电力试验研究院	王永庆　张　宏　李　洋
DQSS-4A清纱监测装置	长岭(集团)股份有限公司	杨刚亮　张　恺　颜贻真　李　航　黄　斌　刘惠艺　谷宝生

12. 2002 年度内蒙古自治区科学技术进步奖

二　等　奖		
亚甲基蓝分光光度法测水中硫化物预处理装置的改进	内蒙古环境监测中心站	冯沈迎　祁娟娟　何雁英　阿永嘎　王忠恩
计算机色彩心理测试系统	内蒙古医院	刘相辰、赵丽珍、王晓艳、郭元刚、刘永青

13. 2003 年度云南省科学技术奖

二　等　奖(科技进步奖)		
三七道地性及其质量标准研究	文山壮族苗族自治州三七科学技术研究所 云南省地质科学研究所	崔秀明　杨双兰　王朝梁　高宏光　陈中坚 曾　江　曾望群　王　勇　孙玉琴
三　等　奖(科技进步奖)		
云南商品木材检索识别系统	云南大学 西南林学院	赵　越　罗裕梅　张铁中　梅　涛　王从皎 陆正福　汪　萍
云南省主产烟区烤烟内在化学成分的剖析	云南烟草科学研究院	毕　勇　李　忠　王保兴　施红林　刘　巍 王　岚　黄海涛
甲肝疫苗感染性滴度检测方法改进的研究	中国医学科学院医学生物学研究所	谢忠平　宋　霞　李　华　崔萍芳　李文忠 杨　婷　徐琼芳

14. 2000 年湖北省科学技术奖

二　等　奖(自然科学奖)		
食品和环境样品分析方法的研究	华中师范大学 武汉大学	陆光汉　何治柯　宋丹丹　吴晓刚
高灵敏原子捕集原子吸收光谱分析研究	武汉大学	黄淦泉　钱沙华　杨海燕
二　等　奖(科技进步奖)		
轿车组合开关操纵力综合性能测试台	湖北省机电研究院	李鸿华　王路路　邓小梅　李正明　许　冉 陈华奋
APA-1 型自动探针原子化器研制及其分析性能研究	中国地质大学(武汉)	侯书恩　林守麟　史玉芳　王春阳　常　诚 王典洪　叶敦范
LXⅡ岩土工程质量检测分析仪	长江水利委员会长江工程地球物理勘测研究院(武汉)	肖柏勋　周乐宝　杨慧珠　刘春生　王军民 夏代林　杜　凯　杨文杰　张碧星　许煜东

三 等 奖(科技进步奖)		
接地电阻变频测量一体化装置的研制	武汉大学、黄石供电局	周文俊 张爱军 文习山 高汉青 曾 国 乐 琳 张胜发 袁斌
0.01 级三相电能表标准装置的建立	湖北省电力试验研究所	浦秋棣 陈 俊 傅士冀 刘建华 沈 怡 卢世为 王作维
车间空气中有毒物质标准测定方法的研究	湖北省卫生防疫站	梁 禄 张国祥 来爱平 吴锦华 方 星 叶能权

15. 2003 年甘肃省科学技术奖

三 等 奖			
血浆过氧化脂质测定方法探讨及碘量法测定药盒的研制	兰州市第一人民医院 四一一医院海军药物研究中心 四川大学华西基地与法医学院	杨彦彪 景冬樱 王晓明 邓峰美 王树人 冯 光 张志叶	兰州市科技局
抗人血红蛋白单克隆抗体及其免疫诊断试剂盒的研究开发	甘肃省医学科学研究院	李克生 杜惠芬 施 苓 王永昌 张宗久 王 兰 陈 玲	甘肃省卫生厅
卟啉等杂环配合物的电化学特性及化学计量学中的新方法研究	西北师范大学化学化工学院	卢小泉 康敬万 宋玉民 刘宏德 王永生 王志华 张 焱	甘肃省教育厅

16. 2002 年江苏省科技进步奖

二 等 奖		
光学表面激光损伤阈值测试系统	南京理工大学 江苏曙光光学电子仪器厂	倪晓武 缪金义 杨 勇 罗必凯 黄允飞 陆 建 朱耀南
微乳薄层色谱用于中药有效成分分离鉴定的研究	扬州市药品检验所 扬州大学	康 纯 闻琍毓 朱霞石 郭 荣 丁仲伯
三 等 奖		
便携式工况监视与故障分析系统	东南大学	贾民平 许飞云 钟秉林 黄 仁 崔献军
时间分辨荧光免疫分析的应用基础研究及其产品开发	江苏省原子医学研究所 核医学国家重点实验室	肖华龙 黄 飚 金 坚 蔡刚明 谭成

17. 河北省 2001 年科技进步奖

二 等 奖		
3——054 增收宝有效成分的逐级分离、结构鉴定与含量测定	河北省医学科学院	李兰芳 张 魁 张文彦 吴树勋 张杰

四、其　他

1. 第三液相及其联用技术研究

该课题由国家钢铁材料测试中心完成。第三液相及其联用技术研究是科技部资助项目。第三液相具有很高的富集效率和良好的分离效果，特别适用于大量基体或大体积样品中痕量组分的富集分离，与分析技术联用，大大提高了分析方法的灵敏度和降低检出限，可有效解决环境和材料中痕量和超痕量元素的分析检测问题。2001 年获得了中国分析测试协会 CAIA 二等奖。

2. 离子色谱法测定钢铁中痕量硫的研究

该课题由国家钢铁材料测试中心完成。通过对弱酸性、中性至碱性范围的三个 IC 淋洗液体系的比较及色谱条件的优化，实现了以单柱阴离子色谱法测定痕量硫，SO_4^{2-} 的检出限达 3ng/ml；详细研究了氧化铝色层分离条件，解决了色谱测定的干扰问题，同时较好地控制了空白；通过考察了基体对痕量硫的干扰情况，对消除铬、钛、钨的干扰作了进一步研究，使分析方法能适用于高铬钢样中硫的测定，实现了对钢铁中痕量硫（0.000X%）的测定，结束了钢铁中 mg/g 级痕量硫长期无准确测定方法的局面。2002 年获得了冶金科技进步二等奖。

3. 脉冲红外氧化物夹杂分析技术及相关仪器的研制

该课题由国家钢铁材料测试中心完成。该课题实现了分段升温、跟踪升温、斜率升温功能；跟踪升温、斜率升温相结合可以实现不同样品的分析和对不同分析方法的研究，可以判定材料中不同氧化物夹杂的最优释放条件；分段升温实现不同氧化物夹杂释放峰的分离和定量；提出了不同氧化物释放峰分别标定的新模式；使用分峰标定方法取代总氧标定的方法，通过分段升温成功实现钕铁硼中不同状态氧化物夹杂释放峰的分离和定量。2002 年获得了中国钢铁工业协会冶金科学技术奖二等奖。

4. 高温合金中痕量元素分析方法体系的建立

该课题由国家钢铁材料测试中心完成。建立的高温合金中痕量元素分析方法体系涵盖面广，几乎涵盖了所有牌号的高温合金，分析的痕量元素达 25 种，测定下限低，其中有十个元素的测定下限低达 0.1μg/g；分析手段齐全，分析技术包含 ICP－MS、ICP－AES、HG－ICP－AES、HG－AFS、FAAS、GFAAS、HG－AAS、IC、示波极谱、分光光度，采用的分离富集及联用技术有第三液相萃取 色层分离、氢化物发生、萃取浮选、巯基棉分离等；方法先进，部分技术系首次应用于高温合金中痕量元素的分析，并通过方法的相互验证比对、标准物质验证、标准加入法考察、研究、生产分析检验考核以及国外委托分析考验等，表明方法准确可靠，并完成了一套目前国际上定值元素最多的高温合金痕量元素标准物质的研制工作，定值元素达 20 种，定值的不确定度与国际上同类标准物质大体一致，是目前国际上冶炼和定值难度最大的标准物质。2002 年获得了中国国家科学进步奖二等奖。

5. 钢研－6 型涡流探伤仪

该课题由国家钢铁材料测试中心完成。钢研－6 型涡流探伤仪是在综合了当今国内外单频单通道涡流探伤仪优点并加以创新的基础上开发出来的。它适用于各种金属材料制品的表面和近表面的质量检验，特别是对于同类仪器难于检出的各类自然缺陷如裂纹、折叠、未焊透等具有较高的灵敏度。能够实现全自动化、半自动化和手工的检查。2002 年获得了北京市科学技术奖三等奖。

学术活动与展览会

第十届北京分析测试学术报告会及展览会(BCEIA 2003)

经中国科学技术部批准,由中国分析测试协会主办的第十届北京分析测试学术报告会及展览会(BCEIA 2003)已于10月13日至16日在北京顺利举办。自1985你开始以来,每两年举办一届,已经连续成功举办了九届。本届BCEIA大会主席由中华人民共和国科学技术部副部长刘燕华博士担任,组委会主席由中国分析测试协会前理事长杨化先生担任,学术委员会轮值主席由中国光谱学会主席,中科院院士黄本立教授担任。

在北京展览馆举行了BCEIA 2003国际分析仪器展览会。占用4个场馆,占地1万多平方米。国内外参展厂商共有230家。其中,国内厂商170家,境外厂商近60家,主要来自中国、美国、日本、德国、英国和香港等14个国家和地区,设标准展位360多个,比上届增加20%多。增加的展位中,主要是国内新参展厂商。展览会期间,由厂商举办的技术交流讲座达11场。来自研究所、大学、工厂和政府、事业单位等参观展览会的人数超过2万5千人。

在中苑宾馆举行了国际分析测试学术报告会。来自25个国家和地区的学者共433位,其中国内311位,境外121位。会议分大会报告、分会报告和报展三部分进行。内容覆盖了广泛的学术领域:光谱、色谱、质谱、波谱、电化学、电子显微镜、生命科学和环境分析等八个方面,共发表论文507篇。

此届学术会议报告会上,很多国际知名教授都参会并作了精彩报告。美国前总统科学顾问、德克萨斯大学教授Allen J. BARD;国际电子显微学联合会主席、牛津大学教授David COCKAYNE;IUPAC国际原子量委员会前主席Philip D. P. TALOR;美国《应用光谱学》前主编、印地安那大学著名教授G. M. HIEFTJE;美籍华人Carnegie Mellon大学Chien HO教授;美籍华人Iowa大学教授、美国前化学会主席Edward YEUNG分别在大会报告上作了特邀报告,博得了热烈掌声以及参会学者的高度评价。同时,国内著名专家、学者都在会上报告了他们最新的研究成果,引起与会者的关注和兴趣,反映很好。

本届BCEIA还举行了内容丰富的《科学仪器发展论坛》,请到诺贝尔物理奖获得者、瑞士科学家RICHARD ERNST作了题为《诺贝尔奖和核磁共振的发展》的报告,科技部和中科院等单位的领导就我国科学仪器的发展政策作了介绍,几位国内专家还就我国分析仪器的需求等进行了报告,受到与会者的普遍欢迎。

为鼓励国产科学仪器的发展,与往届BCEIA一样,还举行了参展国产分析仪器BCEIA金奖的评奖活动,其中北京英贤仪器有限公司生产的NIR-6000 CCD近红外在线油品质量分析仪;上海通微分析技术有限公司生产的集成式加压毛细管电色谱;北京吉天仪器有限公司生产的AFS-

903 全自动型和 AFS－半自动型顺序注射双道原子荧光光度计；温岭市福立分析仪器有限公司生产的 FL2200 高效液相色谱仪；大连依利特分析仪器有限公司生产的 P230 高效液相色谱仪；上海新仪微波化学科技有限公司生产的 MDS－2003F 自动功率变频控制微波消解系统；北京浩天晖科贸有限公司生产的 CAAM－2001 型原子吸收光谱仪；北京华科仪电力仪表研究所生产的 HK－118W 硅酸根监测仪及 HK－108W 磷酸根监测仪；北京华夏科创仪器技术有限公司生产的 AE01 型自动萃取器。这 9 台国产仪器新产品，受到评委的一致好评，获得了 BCEIA 2003 金奖。与此同时，一年一度的中国分析测试协会科学技术奖（CAIA 奖）也进行了颁奖。

2003'BCEIA 观众调查表统计结果报告

本届 BCEIA 估计有观众 25000 人次左右，共发放观众调查表格 4280 份，回收到有效表格 2912 份。如下表所示：

表格总数	剩余表格数	发放表格数	有效表格数
5000	720	4280	2912

一、参观 BCEIA 的主要目的

您参观 BCEIA 展览会的主要目的									
1. 采购仪器设备		2. 寻找经销合作伙伴		3. 搜集产品资料		4. 技术开发合作		5. 其它	
774	26%	317	11%	1301	45%	232	8%	297	10%

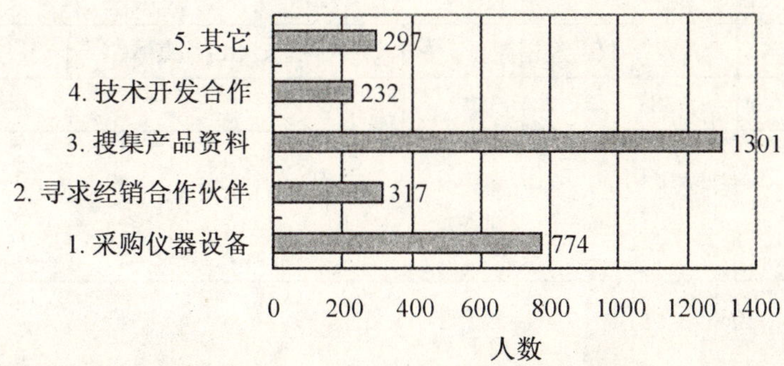

二、是否第一次参加 BCEIA

您是第一次参加 BCEIA 吗			
1. 是		2. 否	
1689	58%	1223	42%

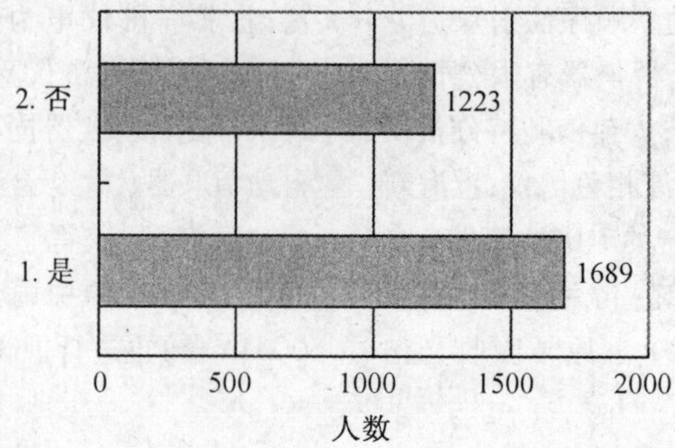

三、得知 BCEIA 的途径。

您是如何知道 BCEIA 的									
1. 早就知道		2. 朋友介绍		3. 期刊杂志		4. 网站		5. 其他方式	
1071	37%	870	30%	248	9%	251	9%	430	15%

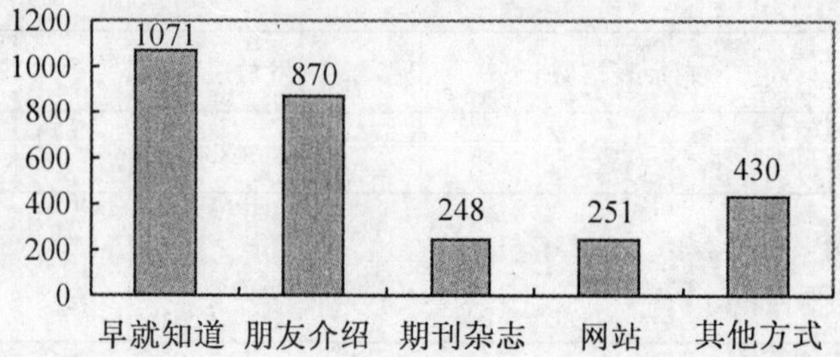

四、观众群体分布

您单位的性质									
1. 政府机关		2. 大专院校		3. 科研院所		4. 工业企业		5. 专业测试机构	
124	4%	638	22%	804	29%	510	18%	124	4%

6. 仪器生产商		7. 仪器经销商		8. 展览/出版/媒体		9. 其他	
150	5%	388	13%	69	2%	84	3%

观众群体分布图

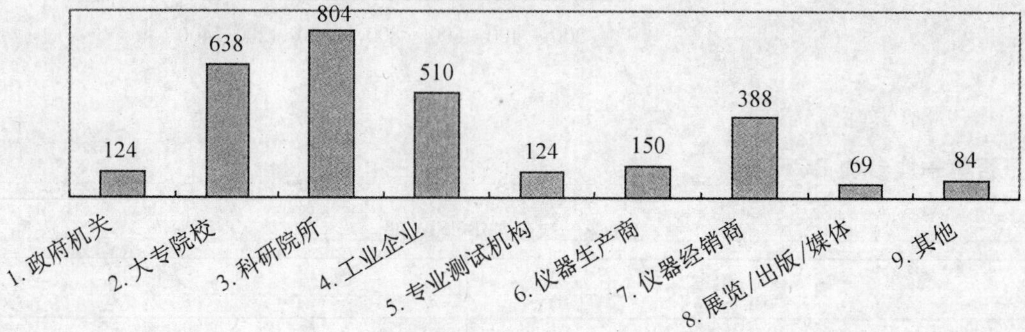

五、仪器使用频率

您日常使用频率较高的分析仪器													
1. GC		2. HPLC		3. LC		4. CE		5. GC/MS		6. LC/MS		7. ICP/MS	
581	10%	596	10%	221	4%	74	1%	233	4%	165	3%	152	2%
8. UV/VIS		9. AAS		10. 原子荧光		11. NIR		12. IR		13. ICP		14. OES	
407	7%	209	4%	206	4%	97	2%	195	3%	122	2%	41	1%
15. 电镜		16. SPM		17. X 衍射/能谱		18. 核磁		19. 物理光学仪器		20. 电化学仪器			
413	7%	46	1%	450	8%	108	2%	103	2%	201	3%		
21. 颗粒度仪		22. 热分析仪		23. 粘度计		24. 试验机		25. 物性试验		26. 图象分析仪			
158	3%	144	2%	218	4%	66	1%	64	1%	113	2%		
27. 环保仪器		28. 农业和食品专用仪		29. 行业专用仪器		30. 无损检测		31. 其他仪器					
82	1%	52	1%	60	1%	51	1%	136	2%				

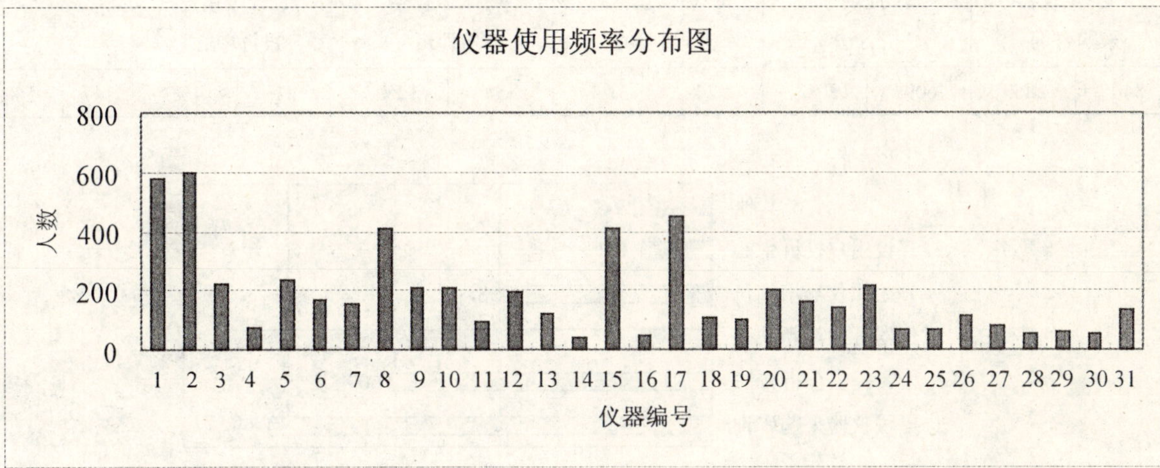

六、近期仪器需求情况(此项填写的人数极少,汇总如下表)

您近期(一年内)想购买的仪器设备名称及台数(请在空格处直接填写)								
SPM 5 台	ICP/MS 3 台	GC 26 台	HPLC 24 台	原子荧光 11 台	IR 4 台	生化仪器 2 台	GC/MS 18 台	AAS 8 台
硬度机 2 台	ICP 3 台	物性测试 7 台	UV/VIS(8) 17 台	粘度计 8 台	无损检测 2 台	LC/MS 22 台	扫描电镜 4 台	天平 33 台

七、观众查询厂商的方式

您购买仪器时查询厂商的方式					
1. 上网查询		2. 查阅期刊广告		3. 从同行或熟人处了解	
982	34%	348	12%	372	13%
4. 参观展览会		5. 平时搜集厂商的产品资料		6. 其他	
634	22%	385	13%	183	6%

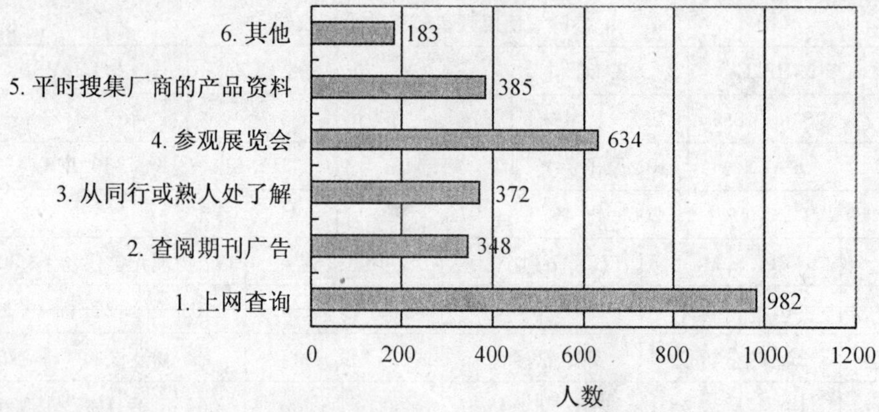

八、观众希望的服务

观众希望中国分析测试协会能够提供何种服务											
1. 提供仪器采购咨询		2. 提供分析方法		3. 提供仪器行业最新动态		4. 组织仪器培训班		5. 开设用户投诉中心		6. 其他	
840	28%	609	20%	924	31%	358	12%	131	4%	147	5%

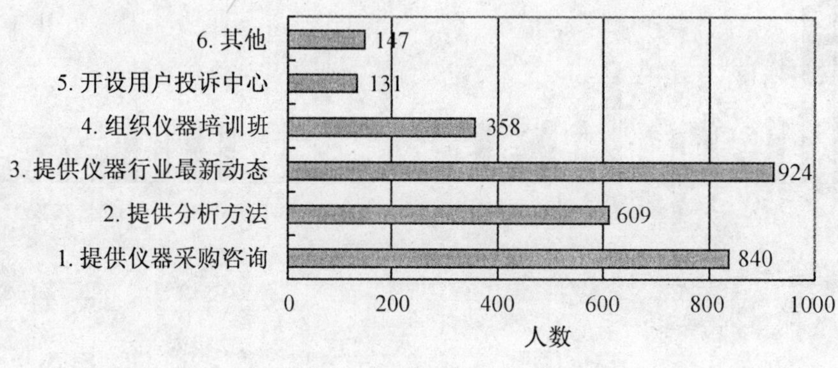

九、访问仪器信息网的频率

您访问"仪器信息网"(www. instrument. com. cn)的频率									
1. 每天访问		2. 每周访问		3. 偶尔访问		4. 不访问		5. 第一次听说该网站	
245	9%	784	28%	1275	46%	175	6%	303	11%

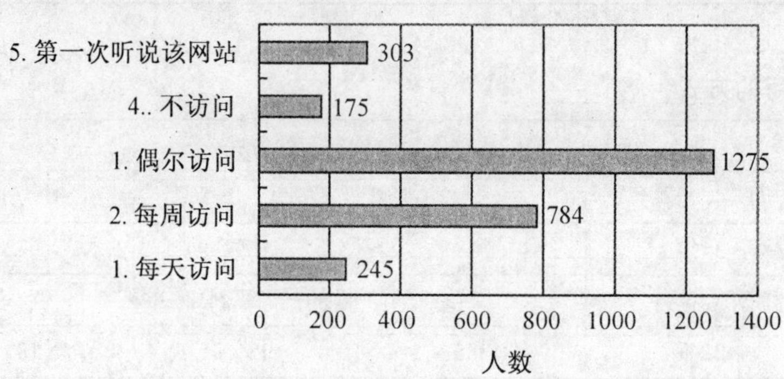

十、结果总结

由以上的统计结果可以看出,本届 BCEIA 的观众中新增加的观众占大多数,观众主要分布在各大专院校和科研院所,观众参观 BCEIA 的主要目的是搜集产品资料和采购仪器;调查结果还显示出,用户在采购仪器时上网和参观展览会的人占大多数,用户经常使用的仪器有气相色谱、高效液相色谱、液相色谱、紫外/可见分光光度计等仪器。观众最希望分析测试协会提供仪器行业动态、采购咨询及分析方法;观众中偶尔访问仪器信息网的占多数,其次是每周访问一次的人数也不少。

历届 BCEIA 学术报告会及展览会的有关资料

中国分析测试协会已连续 20 年成功举办“国际北京分析测试学术报告会及展览会(简称 BCEIA)”。从 1985 年至 2003 年,参加 BCEIA 国际学术报告会的国家和地区有 26 个,国外学者 1312 人次,国内学者 3365 人次,发表论文 5312 篇;参加分析仪器展览会的国家和地区有 16 个,国外参展商 914 家次,国内参展商 609 家次,参观人数 16 万多人次。BCEIA 以其水平和规模得到了国内外学术界和仪器厂商的一致公认和好评。

历史资料

1. 学术会议

年份	1985	1987	1989	1991	1993	1995	1997	1999	2001	2003
国家和地区数	15	25	20	25	25	23	21	19	24	26
国外参会人数	180	126	82	102	134	142	174	126	123	123
国内参会人数	460	508	345	308	308	244	279	305	296	312
发表论文数	633	695	447	531	544	472	552	431	496	511

2. 展览会:

年份	1985	1987	1989	1991	1993	1995	1997	1999	2001	2003
国家和地区数	13	16	13	13	15	14	15	14	14	14
国外参展厂商	109	149	100	107	121	70	66	63	59	70
国内参展厂商	13	19	24	36	42	64	63	70	118	160
参观人数	12 000	14 000	12 000	14 000	14 000	16 000	18 000	16 000	24 000	26 000

BCEIA2003 科学仪器发展论坛

The Scientific Instrument Development Forum of BCEIA 2003

BCEIA2003 举行了内容丰富的《科学仪器发展论坛》,请到诺贝尔化学奖获得者、瑞士科学家 Richard Ernst 作了题为《诺贝尔奖和 NMR 的最新仪器发展》,科技部和有关部门的官员就我国科学仪器发展政策作了演讲,我国科学仪器领域的有关专家学者就分析仪器的应用和发展作了报告,受到与会者的欢迎。本次论坛的演讲专家及演讲题目如下:

演讲专家姓名	演 讲 题 目
1. 科技部条件财务司 处长 张渝英	构建国家科技基础条件平台,全面提升科技创新能力
2. 中国科学院计划局 副处长 杨为进	中科院科学仪器发展的现状与思考
3. 国家自然科学基金委计划局 处长 陈钟	国家自然科学基金科学仪器基础研究专项资助现状及前景
1. 诺贝尔奖获得者 R. Ernst	Nobel Prize and Latest Instrument Development of the N M R
2. Analytica 公司 总裁兼 CEO	Craig M. WhitehouseCurrent Instrumentation and Future Trends in Time - Of - Flight Mass Spectrometry
3. 吉林大学化学系 教授 金钦汉	分析科学的发展展望
1. 北京大学北京核磁共振中心长江特聘教授 首席科学家 金长文	高场 NMR 共振技术在生物大分子研究中的应用
2. 北京大学北京核磁共振中心长江特聘教授 首席科学家 夏 斌	NMR 在结构生物中的应用
3. 北京大学地球与空间科学学院 副教授 陈左生博士	二恶英戊酯的检测 - 对质谱分析技术的挑战
4. 军事医学科学院 全军基因组学和蛋白质组学重点实验室 研究员 钱小红	生物质谱在 SARS 冠状病毒结构蛋白质鉴定中的应用

2003BCEIA 金奖评出

为促进我国分析仪器技术的发展和分析仪器水平的提高,鼓励分析仪器的创新,推动新研制仪器的产业化和推广应用,中国分析测试协会于 1989 的《北京分析测试学术报告会及展览会(BCEIA)》开始设立 BCEIA 金奖,在每届 BCEIA 上进行评选。2003 年 BCEIA 参展厂商共 220 多家。国内参展的有 100 多家,其中 23 个厂商的 24 种产品申报了 2003BCEIA 金奖. 经审阅申报材料,现场观察质疑,必要的技术答辩,评委评审,按公布评选标准核对,无记名投票等程序,评选出由 11 个厂家生产的 9 个参展产品获 2003BCEIA 金奖。获奖仪器名称、型号及生产厂商名单如下:

2003BCEIA(第十届)金奖获奖名单

序号	获 奖 单 位	获奖仪器名称
1	石油化工科学研究院 兰州石化公司自动化研究院 北京英贤仪器有限公司	NIR－6000 CCD 近红外在线油品质量分析仪
2	上海通微分析技术有限公司	集成式加压毛细管电色谱
3	北京吉天仪器有限公司	AFS－930 全自动型,AFS－920 半自动型顺序注射双道原子荧光光度计
4	温岭市福立分析仪器有限公司	FL2200 高效液相色谱仪
5	大连依利特分析仪器有限公司	P230 高效液相色谱仪
6	上海新仪微波化学科技有限公司	MDS－2003F 自动功率变频控制微波消解系统
7	北京浩天晖科贸有限公司	CAAM－2001 型原子吸收光谱仪
8	北京华科仪电力仪表研究所	HK－118W 硅酸根监测仪 HK－108W 磷酸根监测仪
9	北京华夏科创仪器技术有限公司	AE01 型自动萃取器

附:历届 BCEIA 金奖评选结果

89BCEIA(第三届)金奖评选结果

序号	获奖仪器名称	获 奖 单 位
1	SSX－1A 扫描隧道显微镜	中科院北京电镜实验室中科院北京科仪厂
2	XDY－2 双道原子荧光	北京地质仪器厂
3	1102 气相色谱仪	上海分析仪器厂
4	GXH－301B CO2 红外线气体分析仪	北京分析仪器厂
5	WFX－1F2 原子吸收分光光度计	北京第二光学仪器厂
6	KYKY－2000 扫描电镜	中科院北京科仪厂
7	SQ 系列实用型气相色谱	北京分析仪器厂
8	2030 高效液相色谱仪	中科院大连化物所佛山色谱仪器公司
9	PCT－2 差热分析仪	北京光学仪器厂
10	723 可见分光光度计	上海第三分析仪器厂
11	ST－ZMS－88 离子质谱计	信通集团公司
12	LZL－203A 四级质谱仪	北京分析仪器厂德赛系统工程开发研究所
13	GL－690 离子减薄仪	钢铁研究总院
14	754 紫外可见分光光度计	上海第三分析仪器厂
15	MP－1 溶出分析仪	山东电讯七厂

91BCEIA(第四届)金奖评选结果

序号	获奖仪器名称	获 奖 单 位
1	100 型 光离子化气体分析仪	上海第三分析仪器厂
2	1002 型 气相色谱仪	上海分析仪器厂
3	WFZ－900－D4 型 单光束紫外可见分光光度计	北京第二光学仪器厂
4	516MC 型 酶标仪	上海第三分析仪器厂
5	AFS－210 型 双道原子荧光光度计	北京海光仪器公司
6	FIA－2300 型 流动注射分析仪	中国科学院信通科学仪器公司
7	IONCHROM－100 型 离子色谱仪	天津利宝真测试仪器有限公司
8	3070E 型 X 荧光光谱仪	丹东射线仪器集团公司

93BCEIA(第五届)金奖评选结果

序号	获奖仪器名称	获 奖 单 位
1	706 系列双光束紫外可见分光光度计	上海第三分析仪器厂
2	JPSJ－605 微机溶氧分析仪	上海雷磁仪器厂
3	SFC－8000 超临界流体色谱仪	北京先通仪器公司
4	DS－9202 色谱数据工作站	北京国星机电技术公司
5	FIC 系列离子色谱仪	北京市理化分析测试中心
6	2001 离子色谱仪	上海分析仪器厂
7	3500 原子吸收分光光度计	上海分析仪器厂
8	TXD 系列同位素 X 荧光分析仪	北京建隆
9	P100 液相色谱系统	中科院大连化学物理研究所
10	KYKY－3000 高分辨数字扫描电子显微镜	中科院北京科学仪器研制中心

95BCEIA(第六届)金奖评选结果

序号	获奖仪器名称	获 奖 单 位
1	BOD－540 型生化需氧量分析仪	上海雷磁仪器厂
2	TU－1221 型紫外可见分光光度计	北京通用仪器设备公司
3	KYKY－2800 型数字扫描电镜	中科院北京科学仪器研制中心
4	AFS－230 型全自动双道原子荧光光度计	北京海光仪器公司
5	180 型高效毛细管电泳仪系统	上海第三分析仪器厂
6	XJB－200 型便携式现场金相检测仪	北京万泰机电技术开发公司
7	XGY－1011A 型多功能原子荧光分析仪	地矿部物化探研究所
8	SPGN－2 型高纯氮气发生器	北京市百峰新技术开发股份有限公司北京市朝阳区中亚气体仪器研究所
9	BF－9401 型硅酸根监测仪	北京分析仪器厂

97BCEIA(第七届)金奖评选结果

序号	获奖仪器名称	获 奖 单 位
1	HD－9718 型硅酸根自动检测仪	北京华电化学分析仪器研究所
2	TU－1901 型双光束紫外可见分光光度计	北京市通用仪器设备公司上海玉田研究所
3	S22 型可见分光光度计	上海分析仪器总厂
4	WFX110 型原子吸收分光光度计	北京瑞利分析仪器公司
5	ZHP－30 型氦质谱检漏仪	中科院北京科学仪器研制中心
6	TAS－986 型原子吸收分光光度计	北京市通用仪器设备公司
7	MK－1 型光纤压力自控密闭微波消解系统	上海新科微波技术应用研究所

99BCEIA(第八届)金奖评选结果

序号	获奖仪器名称	获 奖 单 位
1	TL－LAB2000 型实验室信息管理系统	北京泰立化电子技术有限公司
2	DA620 型微量荧光检测器	上海棱光技术有限公司
3	NIR－2000 型 CCD 近红外光谱仪	石油化工科学研究院深圳市英贤仪器实业有限公司
4	HL－Ⅱ型扫描隧道探针显微镜	中科院电工研究所
5	8500Ⅱ型双光束紫外/看见分光光度计	上海天美科学仪器有限公司
6	KYKY－3800 型全计算机控制扫描电镜	中科院北京科学仪器研制中心
7	TW－6000 型水质自动检测系统	北京普析通用仪器有限责任公司
8	HF－21 型高压快速气相色谱仪	北京北分瑞利分析仪器(集团)有限责任公司色谱仪器中心

2001BCEIA (第九届)金奖评选结果

序号	获奖仪器名称	获 奖 单 位
1	AF－610A 原子荧光光谱仪	北京瑞利分析仪器公司
2	OIL420 型红外分光测油仪	北京华夏科创仪器技术有限公司解放军后勤工程学院
3	Nspm－6800 型扫描探针显微镜	北京市中科机电设备公司
4	IC1000 离子色谱仪	上海天美科学仪器有限公司
5	GC900A 气相色谱仪	上海科创色谱仪器有限公司
6	LabBuilder 实验室信息管理系统	北京汇博精瑞科技有限责任公司
7	HD－2011 硅酸根自动监测仪	北京世纪新维科技有限公司北京市海淀区华电化学分析仪器研究所
8	QL 型氢气发生器	济南应用化工技术开发有限公司
9	SP－2102UV 紫外可见分光光度计	上海光谱仪器有限公司
10	LC－5500 高效液相色谱仪	北京市东西电子技术研究所

第一届全国纳米测量技术会议召开

为促进我国纳米材料和技术快速发展,加强科技人员与企业界的合作,推进纳米技术进程,由中国分析测试协会、北京新材料发展中心主办、北京市自然科学基金委支持,北京理化分析测试中心、北京理工大学、清华大学联合承办的第一届全国纳米测量技术会议,于2003年3月18日至19日在北京举行。

大会由北京市科学院副院长丁辉研究员主持,中国分析测试协会理事长王顺昌教授致开幕词,北京市科学院院长曹凤国研究员做了重要讲话。

来自国内外近200名专家、学者和业界同仁欢聚一堂,就纳米材料(粉体、薄膜、碳纳米球、碳纳米管、纳米纤维、纳米棒等)制备与特性的测量分析技术和纳米粉体材料的分散技术及纳米结构的形成与性能测定等13个专题进行了研讨。

中科院院士吴全德教授在《纳米测量中美学境界》的报告中,利用TEM对纳米相薄膜进行系统观测,得到的一系列电子显微图像,显示了具有很高视觉欣赏价值的美学境界,给予会者以美的享受。中科院院士朱静教授、英国伯明翰大学纳米物理实验室主任郭全民教授认为,在纳米测量领域,如何能在原子尺度、亚埃尺度得到与物质内部结构或表面结构一一对应的图像,是人们一直在探索的课题。纳米科学和技术包罗万象,研究纳米材料,认识纳米物质的结构和性能,使纳米性能得到开发和应用。在报告中,他们结合科研谈体会,通过一些应用实例,简介了扫描隧道显微镜、无球差高分辨电子显微镜、Z－衬度透射扫描电子成像、同步辐射X－射线形貌像的基本成像原理。他们认为,浸润性是固体表面的重要特征之一,它是由表面的化学组成和微观几何结构共同决定的。固体表面的纳米结构对超疏水性起到重要的作用,它可以产生很高的接触角。纳米结构对增大表面接触角起到有效的作用,表面微米结构的排列影响滚动各向异性。中科院化学所江雷研究员的报告使大家从自然到仿生的超疏水性中认识了纳米物质。

专家认为:我国纳米技术研究与开发目前大多集中在与传统技术的改性和纳米粉体制备技术上,与"在原子、分子水平上操纵物质"、"设计、制造和控制纳米结构"的纳米主流技术差距很大。纳米技术与纳米材料是一个典型的新兴高技术领域,我国也亟待超前发展新的纳米测量方法和纳米加工技术,装备大批先进设备和测量仪器。为避免成为"瓶颈",延误我国纳米科技发展时机,必须实现跨越式发展,尽快建立和加强我国自己的纳米测量仪器和纳米加工设备制造业,并纳入国家纳米科技发展规划。对此,中科院院士姚骏恩研究员就建立我国纳米测量仪器和纳米加工装置制造业进行了探讨;首师大教授方炎、北京科学技术研究院副院长丁辉研究员就激光技术在纳米测量中的应用,纳米测量技术研究的若干新进展,对纳米测量的长度测量、粒度测量、测量标准、测量仪器及其与计算机通讯和网络技术结合等方面进行了讨论。

两天的会议,先后有30多位专家学者登台演讲。来自全国的纳米研究工作者开展了面对面的交流、研讨和咨询,使纳米界的同行更多地了解到纳米研究与纳米工程、纳米产品在中国、在世界所处的位置。与会者认为,这次会议将对我国纳米技术的健康发展起到积极的促进作用。

首届 LIMS 用户培训会在京举办

由中国分析测试协会与北京英普思软件有限公司联合举办的首届"LIMS 用户培训会"于 2003 年 7 月 25 日圆满结束。

北京市理化分析测试中心等几十家 LIMS 用户到场参会。本次大会旨在真正地倾听 LIMS 用户的心声,为用户和 LIMS 企业提供交流的平台,也进一步在全国范围内共享 LIMS 实施经验。

北京市理化分析测试中心主任丁辉研究员、原戈兰素史克公司运营总监 Terry Stanton 先生,北京英普思软件有限公司总裁李滨先生分别在会上作了精彩的发言。英普思软件公司软件工程师同与会代表就 LIMS 的作用、功能、前景等展开了互动式的交流。会场气氛热烈。

英普思公司作为国内最大的 LIMS 供应商之一,今后将继续与协会密切合作,不定期组织相关培训等活动,共同为推进中国实验室信息化管理事业作出努力!

全国实验室管理科学研讨会召开

由中国分析测试协会、中国仪器仪表学会分析仪器学会、中国有色金属学会理化检验学会与北京有色金属研究总院联合主办、《分析试验室》期刊编辑部承办的"2003 年全国实验室管理科学研讨会"于 2003 年 8 月 8 日至 12 日在新疆乌鲁木齐市召开。全国 21 个省、市、自治区以及公安、武警和军队的 110 余位代表出席了这次会议,代表们来自冶金、机械、石油、化工、农业、环境保护、检验检疫、医疗药品、生物、大专院校、科研院所和政府管理等系统或部门。

中国分析测试协会汪正范研究员主持会议,北京有色金属研究总院科技信息研究所所长、《分析试验室》期刊编辑部主任文惠民代表主办单位致辞。会议围绕实验室认证认可、实验室比对、实验室信息管理软件系统(LIMS)、实验室仪器与技术人员管理等几个主题进行了充分交流和热烈讨论。国家认证认可监督管理委员会刘安平教授的"我国实验室认正认可工作现状及如何进行实验室认证认可工作"和中国分析测试协会副理事长王顺昌教授的"实验室管理工作的重要性及我国实验室管理工作的现状"等大会报告受到了与会代表的热烈欢迎。与会代表一致认为,当历史跨入二十一世纪、在科学技术飞速发展的今天、在我国加入 WTO 的新形势下,召开实验室管理科学研讨会具有非常重要的意义,实验室认证认可等问题正是代表们最为关切的问题。

在这次会议上,英普斯公司、汇博精瑞公司、三维公司、东之方公司等 LIMS 系统经营商和岛津公司到会宣讲了各种实验室管理软件产品,并为会议提供了资助。

这次会议共收到征文 55 篇,会议论文集中收集了部分征文,这些征文还将在《分析试验室》2003 年第 22 卷增刊中正式出版,优秀征文将在《分析试验室》2004 年第 23 卷新开辟的"实验室管理论坛"栏目中陆续刊出。

第八届（北京）国际环保展览会、环保家居材料展览会

创立于1986年的CIEPEC，是中国环保领域规模最大、历史最长、水平最高的专业展览会，迄今为止已经成功举办过七届。展览会汇集了中国环保领域的骨干企业，集中反映了中国环保企业的技术水平与发展现状。

近年来，CIEPEC的国际影响与日俱增，越来越多拥有高新技术和设备的国外环保企业关注并积极参加CIEPEC，他们通过展览会了解了中国政府保护环境、改善环境、实行可持续发展政策和相关措施，了解重点环保项目及投资领域，接触中国的环保企业，寻找合适的合作伙伴，从而进入中国的环保市场。

CIEPEC为国内外环保届的交流与合作提供了一个巨大的舞台，为众多持有先进技术和设备的国外企业进入中国市场创造了有利的条件，是进入中国环保市场的最佳通道。

主办方：国家环境保护总局
承办方：中国环境保护产业协会
日　期：2003年12月15日～18日
地　点：中国国际展览中心

第三届中国国际生物技术展览

Bio China 2003——第三届中国国际生物技术展览会于2003年10月在北京落下帷幕。虽然由于受到“非典”的影响，展会比原定日期推迟二个月举行，但为期三天的展览仍然吸引了近一百家来自世界各国和地区的众多生物技术提供商、生物仪器和实验室设备制造商的关注和支持。从2000年开始，连续三届Bio China展会的成功举办使Bio China逐渐成为业界广受瞩目的专业展览会，随着参展商的数量和专业观众的数量不断上升，展会也赢得了众多展商的肯定和满意。

2003中国国际生物技术展览会吸引了超过100家参展企业。同时吸引了来自中国和海外的9600人次专业观众除了来自中国本土的观众，海外人士的比例达到参观总人数的11%。

主办方：中国科学器材进出口总公司
中国技术市场管理促进中心
中国生物工程学会
中国分析测试协会
中国生物医学工程学会
承办方：北京中科汇众展览展示有限公司
日　期：2003年10月28日～30日
地　点：中国国际贸易中心

第十四届多国仪器仪表展览会

中国仪器仪表学会自1983年以来,先后与联合国教科文组织、工发组织、美国仪表学会、英国测量与控制学会、日本测量与控制学会共同发起组织了多国仪器仪表学术会议暨展览会,也就是MICONEX。到2003年9月为止已经成功地举办了16届。由于中国仪器仪表学会充分发挥了MICONEX集"学术交流、展览展示、技术交流、贸易洽谈、成果转让"于一体的突出优势,诚心服务于中国仪器仪表科研单位、企业和不同行业、不同地区的广大用户,从而使MICONEX成为国内乃至国际仪器仪表界都颇具影响的重要活动。MICONEX将美国、德国、日本、英国、法国、意大利、匈牙利、加拿大、荷兰、韩国、瑞士、澳大利亚、新加坡等二十几个国家和香港、澳门、台湾地区的数百家厂商的数千种仪器仪表产品介绍给中国的广大仪器仪表用户。同时也将我国著名仪器仪表企业的产品向国外客商进行了广泛宣传,从而积极推动了我国仪器仪表事业的发展。正如我国广大用户所称赞的那样:MICONEX给他们提供了一次"不出国的考察"机会。为我们借鉴、引进、吸收国外的先进科研成果、生产技术和产品提供了感性认识和第一手材料。

1994年MICONEX正式加入了国际展览联盟(UFI)组织,并成为欧洲仪表测量与自动化展览联合会(EFIMA)的联系会员,从而确立了MICONEX的权威性。MICONEX之所以能获此殊荣,得益于它对观众的成功组织。在数以万计的观众队伍中,95%以上是直接用户,这就大大提高了展览会参展商的贸易机会,从而获得显著的经济效益。

主办方:中国仪器仪表学会

承办方:上海工业商务展览有限公司

北京鑫寰宇展览有限责任公司

日　期:2003年9月16日~19日

地　点:上海展览中心

2003年中国(北京)国际科学仪器及实验室设备展览会

2003年中国(北京)国际科学仪器及实验室设备展览会,是我国唯一以科学仪器命题的国际性展会,展会分为分析测试领域、行业专用领域、生物技术领域、质量控制领域及实验室领域等主题展区,组委会将工作重点放在组织专业观众上,按不同主题邀请相对应的专业观众,展会的宗旨是"大规模、高规格、高参展回报率"。此次展会为国内外专业的科学仪器厂商提供了展示和推广的平台,将是业界厂商树立企业形象,拓展中国市场的重要的商业契机。

主办方:中科院东方科学仪器进出口集团公司

北京市科学器材公司

北京国际科技服务公司

承办方:北京市科学器材公司

北京国际科技服务中学

北京朗普展览有限公司

日　期:2003年3月3日~6日

地　点:北京·全国农业展览馆

2003 国际环境监测技术及设备（广州）展览会

目前，恰逢我国第十个五年计划的关键时期，预计需投入7000亿元人民币用于环境保护。又值中国加入WTO，中国环保产业市场将更加国际化，也更加有序和透明，为环境监测仪器的投资和经营提供了良好的机会。"2003国际环境监测技术及设备（广州）展览会"，将作为业内重要的交流活动，沟通有关先进的科技产品供货商与行业内大批具实力的买家，以广州为中心，辐射华南及全国市场。我们热忱邀请国内外当今环境监测设备先进的制造技术产品展示在本届展会上，组委会将以卓越的服务，为国内企业开拓全国市场、促进技术交流缔造良机。展会将汇集水、气、声、渣、生物与生态和放射性等领域的常规监测、自动在线监测、便携式监测和应急监测仪器设备；实验室常规分析仪器设备；样品采集、处理和监测信息分析评价及其与环境监测相关的仪器设备。

主办方： 中国环境科学学会环境工程分会
广东省安全生产监督管理协会
承办方： 广州市亿帆展览服务有限公司
日　期： 2003年11月7日～9日
地　点： 广东东宝展览中心（广交会期间20号馆）

2003 广州国际分析仪器及生物技术展览会

随着中国经济的迅猛发展，中国成为世界最大的分析仪器、实验室设备、生物技术装备市场。广州是主要的工业贸易中心之一，经济飞速发展、石化、制药，精细化工，生物技术已成为重要产业，均受政府的大力支持，需引进大量技术。广州云集很多科研实验室机构、高等院校、特别是广州大学城、生物岛等科研基地项目建设，为业界提供了巨大商机。本着展览与贸易，展览与交流结合的原则，主办单位将以竭诚服务的精神，努力把展会办成技术交流，贸易合作、项目洽谈于一体的专业盛会。

主办方： 全国医药技术市场协会
中国中药协会
广东省医药集团有限公司
承办方： 广州人杰展览有限公司
时　间： 2003年11月18日～20日
地　点： 广州国际会议展览中心

2003 国际分析检测仪器及实验室设备展览会(济南)

为进一步推进山东及周边省市分析仪器及实验室设备应用水平的提高和发展;为广大用户的产品采购提供正确的引导;为生产企业了解市场需求提供便利条件;为促进、提升生产企业的市场开拓与服务水平,山东省理化分析测试协会决定于2003年11月14日~16日,在中国山东省济南舜耕国际会展中心举办“山东国际分析检测仪器及实验室设备展览会”,同时征编《分析检测仪器及实验室设备供应推荐手册》。

山东省位于中国经济发展最为强劲的华东地区,云集了众多的科研院所、高等院校和实验机构。山东的石油、化工、冶金、医药、环保、纺织、建材、现代农业、食品、疾病防控、信息等产业具备相当规模,为分析检测仪器技术的发展,提供了广阔的市场前景和需求。

本会邀请国内外生产供应单位积极参加“山东国际分析检测仪器及实验室设备展览会”的各项活动,向应用单位展示现代分析检测产品的开发水平,提供优秀的产品与技术信息。把国内外企业的新产品、新技术、新服务等信息传递、介绍给应用单位,将成功的经验介绍给更多的山东企业。

本次大会还邀请山东省各厅局委办、各市地方政府主管部门的各个业务处室和行业质量检验监督中心(站)领导及相关人士;有需求的设计、应用、采购等企事业单位的专业人士与会进行交流。通过参加相关活动、了解真正需求,倾听各方建议,提早想企业所想,帮助采购单位决策者等与会人士获得最新的第一手资料。在迅速成长的山东市场,本次大会可以满足各方面的强烈需求。

主办方:山东省理化分析测试协会
山东省分析测试生产力促进中心
承办方:山东丞华展览有限公司
日　期:2003年11月14日~2003年11月14日
地　点:济南舜耕国际会展中心

全球华人生物科学家大会暨生物医药新技术与新产品展览会

由美洲华人科学会与中国科学院、国家自然科学基金委员会、中国工程院、北京大学、中国医学科学院共同主办,科技部、教育部、卫生部、国家医药监督管理局、国家中医药管理局协办的“2003全球华人生物科学家大会暨生物医药新技术与新产品展览会”将于2003年8月17~21日在北京国际会议中心隆重举行。

本次大会的主题是“科学－为了更美好的生活(Science For A Better Life)”。大会旨在“了解人类健康的分子基础,促进基因组学/蛋白组学和生物技术进步;并推动全球合作和培养新一代的生物科学家”。这与中国未来生物科学与技术的发展方向吻合。

全球华人生物科学家大会暨生物医药新技术与新产品展览会在刚刚过去的二十世纪,科技日新月异,给人类的生活和生产带来了天翻地覆的变化。“科学技术是第一生产力”已被越来越多的人们所接受。生命科学、信息科学和材料科学等新兴学科的迅速发展正越来越明显地提高着人类的生活质量和工作效率。毫无疑问,这些新兴科学将成为二十一世纪的主流科学,将给我们的生活带来更加深刻的革命性变化。作为“对全社会最为重要并可能改变未来工业和经济格局的技术”,生命科学与生物技术正受到世界各国越来越多的重视。

本次大会邀请4－5位诺贝尔奖获得者、多名中美两国科学院院士、国内外150位左右在生物学、医学、生物技术领域从事前沿研究工作的学者和专家做报告。这些科学家和专家将以5场全体会议和30多场不同内容的小型讨论会的形式做学术报告。

大会的议题及展览内容将涉及广泛的生命科学领域,主要包括:干细胞研究及治疗性克隆、实验胚胎学、后遗传学、分子到临床的翻译、进化与遗传、基因组学及相关领域、蛋白质组学、结构和功能,生物信息学、微照射应用和数据挖掘、中草药及传统中医学、环境科学与保护、基因治疗、癌症研究、传染疾病,艾滋病:疫苗及当前治疗方法,心血管疾病、过敏性疾病、神经科学、生物技术及其转化、免疫学、生物技术与转化、水生科学、结构生物学、植物生物技术与转基因、生化等。

本届大会同期举办的“生物技术与产品展览”,将展示以上领域的最前沿的技术,最先进的成果,最优秀的产品,推动我国生命科学的发展。大会同时向各有关企业和单位征集并编撰“2003全球华人生物科学家大会生物医药创新成果报告集”。本次展览会以“创造更美好的生活”为主题,全面介绍全球生命科学的研究成果和生物产业的发展,推动企业进步,促进合作。大会组委会期待着有关企业参与此次盛会,以推动我国生物产业的发展。

主办方: 美洲华人科学会(The Society of Chinese Bioscientists in America 缩写SCBA)
中国科学院
国家自然科学基金委员会
中国工程院
北京大学
中国医学科学院

地　点: 北京国际会议中心

第十四次全国色谱学术报告会暨仪器展览会

本次会议适逢色谱发明100周年,得到了中国化学会、中国分析测试协会、中国色谱学会和中国科学院大连化物所各级领导的大力支持。出席会议的著名色谱专家有中国科学院卢佩章院士、陆婉珍院士、方肇伦院士及马立人教授、夏其昌教授、张玉奎教授,孙毓庆教授、武杰教授、张汉英教授、牟世芬教授、盛龙生教授等,外国友人Dr. R. Stevenson也非常勇敢地特地从美国来中国参加了会议。中国化学会色谱专业委员会委员、中国色谱学会理事和《色谱》杂志编委近60人出席。这次会议共收到论文稿件379篇,录用355篇。其中大会报告34篇,色谱基础理论15篇,气相色谱108篇,液相色谱140篇,离子色谱2篇,薄层色谱5篇,毛细管电泳28篇,仪器及其它23篇。与会总人数400人左右,与会代表普遍认为,这次会议反映了我国色谱界当前最高学术水平。

学术交流作为本次会议的主体和基本任务，分3个层次进行，即大会报告、小会报告和大字报(Poster)。为了体现色谱发明100周年的成果，本次会议特地组织了国内外著名色谱学者的34个大会报告，拟从各个角度反映本学科在生命科学、环境保护、人体健康、食品安全等方面研究的进展，使与会代表能充分了解当前国际上的热点。同时，为保证在有限的时间内，使更多的与会代表有机会把自己的研究成果展示给大家，并彻底纠正大家对大字报的偏见，鼓励通过大字报的形式进行交流，本次会议在香港岛津(Shimadzu)公司的帮助下，特别设立了“岛津优秀展报奖”。从大字报展的情况来看，无论是版面还是大家的参与性，都比以往有很大的提高。这一交流形式今后要坚持下去。会议期间还召开了中国色谱学会理事会和常务理事会，这也是中国色谱学会换届后的第一次全体理事会。会上选举出了中国色谱学会第四届常务理事、理事长、付理事长，任命了秘书长、付秘书长，聘请了顾问和名誉理事、名誉理事长，并讨论了全国色谱会议的总体安排。

值得一提的是，这次会议是在全国防治非典型肺炎的大环境下召开的，会议受到了一定的影响，一些原定出席的代表由于各种原因未能参加会议。会议虽然如期举行，但遗憾的是，由于会议期间在江苏发现一例疑似“非典病人”，根据无锡市政府的决定，会议不得不提前结束，小会报告未能完成。

主办方：中国化学会色谱专业委员会
中国分析测试协会色谱学会和中国色谱学会

日　期：2003－4－20

地　址：无锡

2003年全国实验室管理科学研讨会

由中国分析测试协会、中国仪器仪表学会(分析仪器学会)、中国有色金属学会(理化检验分会)与北京有色金属研究总院联合主办、《分析试验室》编辑部承办的“2003年全国实验室管理科学研讨会”筹备工作进展顺利，主办单位经研究决定，定于2003年8月8～12日在新疆乌鲁木齐市召开。

会议内容包括实验室管理科学、实验室认证认可、实验室比对、实验室信息管理系统(LIMS)、实验室仪器设备运行及考核、技术人员培训以及实验技术等有关方面的学术研讨与经验交流。会议将邀请国内有关专家做大会报告，会议还将组织考察西部技术市场，欢迎全国各行业的实验室管理人员及实验室科研工作人员参加会议。

大会邀请报告预告如下(其他大会报告尚在邀请确认中)：

1. 国家认证认可监督管理委员会——有关专家

题目：我国实验室认证认可工作现状及如何进行实验室认证认可工作

2. 中国分析测试协会副理事长——王顺昌教授

题目：实验室管理工作的重要性及我国实验室管理工作的现状

3. 国家钢铁材料分析测试中心——王海舟教授

题目：实验室间比对－判断实验室能力的有效手段

4. 北京英普思软件有限公司——Terence Stanton 教授

题目：实验室信息化解决方案

5. 北京汇博精瑞科技有限责任公司——夏梁博士

题目：LIMS 在实验室管理中的应用

6. 北京泰立化电子技术有限公司——李华博士

题目：TLLab2000 实验室信息管理系统应用案例

7. 清华大学实验室与设备处——闻星火处长

题目：网络化管理在实验室与资产管理中的应用

西南地区色谱学术报告会

这次会议既是我国色谱界的学术盛会，又是国内外色谱仪器厂家宣传、推销产品、推广和交流新技术的盛会。参加展览和技术交流的仪器厂商达64家，是历次会议中仪器厂家与会最多的一次。其中有日本的岛津(Shimadzu)公司，美国的安捷伦(Agilent)公司、沃特斯(Waters)公司、P－E公司、力可(LECO)公司、奥泰(Alltech)公司、格雷斯(Grace)公司和瑞士的CAMAG公司等外国公司18家；国内公司、厂家48家。会议专门组织20余家厂商举办了内容丰富的技术讲座，展示了不少新观点、新方法、新技术，使大家受益匪浅。大连依利特公司还专门举行了公司成立10周年庆典，安捷伦(Agilent)公司则举行了新产品6820新闻发布会，各大公司均把全国色谱会议当作宣传公司产品、树立良好形象的好时机。

主办方：昆明市锦华大酒店
　　　　中国医药国际交流中心
　　　　云南大学药学院
　　　　云大科技股份有限公司
　　　　昆明制药集团股份有限公司
　　　　云南白药制药股份有限公司

日　期：2003－7－26

第三届全国物理无机化学学术会议

第三届全国物理无机化学学术会议将于2003年9月4～9日在成都四川大学科华苑宾馆举行，会期6天，9月3日报到，会议由中国化学会主办，四川大学承办，仪器信息网协办。

本次会议学术交流内容：

1. 结构和理论无机化学研究；2. 无机化学的热力学和动力学研究；3. 无机化学合成的物理新技术；4. 物理研究方法在无机化学合成、反应、结构的研究中的应用；5. 超分子化学、生物无机和纳米材料中的物理无机化学研究；6. 其它有关物理无机化学研究。

第一轮通知发出后，已有不少学者寄来了论文，其中有5位中科院院士寄来了论文。还有美国、台湾的学者也寄来了论文。

主办方：四川大学科华苑宾馆
　　　　中国化学会
　　　　四川大学

日　期：2003－9－4

地　址：成都

中国科协 2003 年学术年会 生物技术前沿

由中国科协和辽宁省人民政府联合主办的中国科协 2003 年学术年会定于 2003 年 9 月在辽宁省沈阳市召开。本届学术年会主题:"全面建设小康社会:中国科技工作者的历史责任"。

中国生物工程学会在学术年会期间设立"生命科学与生物技术"分会场,对生物技术前沿与我国生物技术产业发展等方面的问题组织研讨。

主办方:中国生物工程学会
日　期:2003 - 9 - 13
地　址:沈阳市

中国化学会第二届现代有机合成学术研讨会

受中国化学会委托,于 2003 年 10 月 9 日至 12 日在长沙主办第二届全国现代有机合成学术研讨会,会议由湖南大学承办。这次会议将回顾第一届现代有机合成学术会议以来的研究成果,展望现代有机合成化学学科发展的趋势,探讨在医药和生命科学、新材料与环境中的化学问题。会议将以中科院院士、研究员、教授特邀报告和分组报告两种形式进行。会议期间还将组织成果及产品展示、宣传,产业界与高校/研究所的技术经济合作洽谈,参观游览毛泽东故居韶山等系列活动。

主办方:湖南大学
日　期:2003 - 10 - 9
地　址:长沙

第八届全国分析化学年会

中国化学会、中国光谱学会、中国地质学会和上届学术会议决定于 2003 年 10 月 20 日在山水甲天下的桂林市召开"第 8 届中国化学会分析化学年会"暨"第 8 届全国原子光谱学术会议",并委托广西师范大学负责筹办。会议将就我国自上届学术会议以来分析化学学科的新成就、新进展和加快我国分析化学学科的发展进行学术交流和讨论。

主办方:中国化学会
　　　　中国光谱学会
　　　　中国地质学会
日　期:2003 - 10 - 20
地　址:广西师范大学

第三届海内外中华青年材料科学技术研讨会

21世纪将是中国的世纪！科教兴国之大政方针为我国科技发展与经济腾飞带来了前所未有的机遇。游游学子情，拳拳报国心，为搭建材料科技研究领域的海内外中华学子报效祖国的桥梁，由中国材料研究学会青年委员会、湖南省科技厅联合主办的第三届海内外中华青年材料科学技术研讨会暨第九届全国青年材料科学技术研讨会，拟定于2003年10月16～20日在湖南省长沙市召开。

海内外中华青年材料科学技术研讨会每四年召开一次。"首届海内外中华青年学者材料科学技术研讨会"、"第二届海内外中华青年学者材料科学技术研讨会"分别于1995年10月、1999年10月在西安、杭州两地隆重召开，大会得到了党和国家领导人及老一辈材料科学家的热情关怀，国家主席江泽民、国务院副总理李岚清分别接见了参加会议的部分代表并发表了重要讲话。而全国青年材料科学技术研讨会每两年一届，自1987年10月于沈阳召开以来，已先后在青岛、大连、武汉、长沙、济南、杭州和哈尔滨举行8次，是全国青年材料学者进行学术交流的定期学术盛会。

本次会议以"二十一世纪的新材料与高新技术"为主题，旨在进一步加强与扩大海内外青年材料科技工作者在材料领域的互补式交流和合作；促进科技与经济结合，满足我国经济飞速发展对材料科学技术研究与开发的需求，加速科技成果转化，促进海外学者以多种形式为国服务，提高我国材料科学技术研究与开发的水平和高新技术产业发展的速度，使我国在二十一世纪高科技竞争中处于有利的地位。

主办方：中国材料研究学会青年委员会
湖南省科技厅
中南大学
湖南大学
湘潭大学

日　期：2003－10－16

地　址：长沙

第十三届光谱仪器与分析监测学术研讨会

由中国仪器仪表学会分析仪器学会、光学仪器学会联合主办的"全国第十三届光谱仪器与分析监测学术研讨会"定于2003年10月在北京召开。本届研讨会的主题是：光谱分析仪器与食品安全 副标题：光谱分析仪器在各个领域中的应用。

随着人民生活的提高，人们对食品的安全意识日益增强，食品质量指标越来越显得重要。近年来由于一些蔬菜、水果等食品中有害物质超标，严重的影响了人体健康。为此需要对食品，农作物，土壤，水环境进行严格监测。中国已经加入世界贸易组织,食品出口数量也将逐年增加,去年一些经济发达国家设“绿色壁垒”对我食品出口进行限制,欧盟对动物源食品的限制,日、韩对蔬菜更加严格的检验。面对挑战我国有关部门已经积极采取措施,农业部最近决定,从2002年开始启动无公害农产品质量安全监测专项工作,攻破“绿色壁垒”。

为振兴我国民族工业,光谱分析仪器生产企业将研制开发适合市场新形式下需求的分析仪器,使光谱分析仪器更加广泛地应用在食品安全检测及相关领域,使其为人民身体健康服务。

在此热忱欢迎从事仪器研制科技人员和分析仪器应用测试科技人员积极踊跃投稿,届时参加交流学习,研讨。应征论文将由学会组织有关专家召开审稿会。入选论文将刊登在学会会刊《光谱仪器与分析》杂志上发表。

主办方:中国仪器仪表学会光学仪器学会分析仪器学会
光学仪器专业委员会
分析仪器学会光分析仪器专业委员会
日 期:2003-10-17
地 址:北京

首届粉体技术及纳米材料应用高级研讨会

会议内容:

•粉体技术发展状况;

&# 8226;当前纳米抗菌材料的发展及应用情况;

•各单元操作(粉碎、分级、混合、干燥、过滤等)在粉体产业领域中的应用状况;

•粉体技术在塑料产业领域中的应用;

•粉体技术在新型陶瓷产业领域中的应用;

•粉体技术在环保产业领域中的应用;

•新材料在纺织工业中的应用状况;

•纳米技术在涂料中的应用研究情况及市场分析;

•纳米材料在橡胶工业中的应用研究;

•纳米材料产业化经验谈;

•抗菌材料在家电产品、卫生产品中的应用;

•钢铁研究总院纳米材料产业化情况及合作机会介绍;

•日本新材料产业的相关技术拥有者介绍可转让的产业化成熟的项目与技术

•新材料促进会、中国抗菌材料及制品协会、中国粉体网情况介绍。

•产品展示及研讨。

•同期组织参观“上海国际粉体及粉体工业技术展览会”

主办方:中国新材料产业发展促进委员会
中国抗菌材料及制品协会
中国粉体网
钢铁研究总院纳米中心
中国建材协会情报所
中国塑料工业协会改性塑料专业委员会
日 期:2003-10-17
地 址:上海物贸大厦

全国药物分析 热分析法学术研讨会

热分析在药物分析中的应用专题学术研讨会会议通知随着现代科学仪器的发展，热分析在药物分析领域中的应用越来越广泛，中国药典2000年版收载了热分析法。近年来，该方法在药品检验、药物生产、中间体产物及最终产品的质量控制，在新药研究中处方筛选及有关制剂的质量分析，在生化药物、抗菌素、中药化学，在药物包装材料等方面，热分析法起着非常重要的作用。为此，药物分析杂志编委会定于2003年四季度在上海召开全国药物分析、热分析法学术研讨会。会上拟请有关国内、外专家就下列问题作专题报告：1. 热分析法在药物分析中的应用；2. 热分析法在研究新药中的应用进展。会上还将开展有关方面专题讨论。

主办方：药物分析杂志编委会
日　期：2003－10－26
地　址：上海

生物安全及生物安全柜技术研讨会

微生物与传染病的生物安全是疾病预防控制研究中的重要问题，生物安全柜是微生物和传染病实验操作中的关键实验设备之一。微生物实验的生物安全基础理论、生物安全仪器设备的原理、技术特征以及生物安全柜的操作及检测等是我国当前从事微生物和传染病研究的科研人员、技术人员和相关管理人员必需掌握和熟悉的重要内容。

美国Labconco公司是国际上最早从事生产生物安全柜的研制生产的厂商之一，具有一流的生物安全研究方面的研究和生产开发人员，其生物安全柜等产品在国际市场上正逐渐被同行认可和接受。为了使国内从事生物安全研究、应用和管理方面的人员更好的了解国际上生物安全理论以及防护设备研发最新进展，特邀美国Labconco公司著名技术专家Joe Roberts先生就生物安全标准及生物安全操作进行专题讲座。

主办方：中国疾病预防控制中心
　　　　照生有限公司
日　期：2003－12－12
地　址：中国疾病预防控制中心

第十二次全国电化学学术会议

"步入21世纪的中国电化学研究和应用"

电化学基础研究；

生物电化学与有机电化学；

化学电源；

电分析化学与传感器；

金属腐蚀与防腐；

纳米电化学及电化学微系统；

电沉积与电解；

电化学测量新技术与仪器；

其它。

主办方：中国化学会电化学委员会
复旦大学
上海大学
上海师范大学

日　期：2003－11－26

地　址：上海市上大路99号上海大学新校区

2003华南医药实验室设备、生化分析仪器展览会

主办单位：中华医学会广东分会
广东省医学器械学会
广州市药品监督管理局
广州市医疗器械行业协会

协办单位：广东省医院管理学会
广东省医学情报研究所
广东省医学学术交流中心

支持单位：广东省卫生厅
广州市卫生局
广东省人民医院

承办单位：广州巴斯特经济发展有限公司

海外承办单位：台湾医疗器材工业同业公会

日　期：2003－3－10

地　址：广州市

2003东北第六届国际仪器仪表及工业自动化展览会

主办单位：中国国际贸易促进委员会辽宁省分会
中国国际商会辽宁商会

承办单位：北方工商业展览有限公司

支持单位：辽宁省科学技术协会
辽宁省自动化学会
辽宁省仪器仪表行业协会
辽宁省计算机用户协会
辽宁省理化检验学会
吉林省自动化学会
黑龙江省自动化学会
沈阳市仪器仪表与自动化学会
展商咨询委员会

日　期：2003－4－10

地　址：沈阳

全国地球化学分析学术报告与X射线光谱分析研讨会

主办方:国家地质学会岩矿技术专业委员会
国家地质实验测试中心
日　期:2003－8－18
地　址:秦皇岛市南戴河二小区碧海兰天度假村

2003中国(北京)国际科学仪器及实验室设备展览会

主办单位:中科院东方科学仪器进出口集团公司
北京市科学器材公司
北京国际科技服务中心
日　　期:2003－3－3
地　　址:北京

2003山东国际分析检测仪器及实验室设备展览会

指导单位:山东省科技厅
主办单位:山东省理化分析测试协会
山东省分析测试生产力促进中心
山东省分析测试中心
日　　期:2003－11－14
地　　址:济南

IABEE 2003第二届上海国际分析 生化及实验室仪器设备展览会

主办单位:中国医药生物技术协会
上海市化工行业协会
上海中贸展览服务有限公司
香港高威展览促进有限公司
日　　期:2003－12－10
地　　址:上海

第十届北京分析测试学术报告会及展览会

支持单位:国家科学技术部
主办单位:中国分析测试协会
日　　期:2003－10－13
地　　址:北京

2003广州国际分析仪器暨生物技术装备展览会

主办单位:全国医药技术市场协会
中国中药协会
广东省医药集团有限公司
日　　期:2003－11－18
地　　址:广州市

第三届西安国际分析测试仪器展览会

主办单位:陕西省经济贸易委员会
陕西省机械行业管理办公室
陕西省仪器仪表学会
陕西省光学学会
支持单位:陕西省兵器工业局
陕西省航空工业局
陕西省理化学会
陕西省冶金行业管理办公室
陕西省物理学会
日　　期:2003－3－10
地　　址:西安

第七届中国国际生物技术和医药工业展览会暨研讨会

主办单位:上海市现代生物与医药产业办公室
承办单位:上海现代国际展览有限公司
(中国首家通过ISO9002质量体系认证的展览主办企业)
上海格雷商务拓展有限公司
协办单位:上海市生物医药产业行业协会
上海市药品监督管理局
国家人类基因组南方研究中心
日　　期:2003－4－9
地　　址:上海

2003华南国际制药工业、分析仪器暨生物技术展览会

主办单位:中国仪器仪表学会分析仪器学会
全国医药技术市场协会
中国非处方药协会
中国药学会制药工程委员会
广东省微生物学会
广东省生物化学学会
支持单位:现代化中医药国际协会
香港医学会
广州市生物工程中心
承办单位:广东会展推广有限公司(专业国际会展推广及组织机构)
日　　期:2003－7－16
地　　址:深圳

2003第三届安徽工业控制自动化及仪器仪表展览会

批准单位:安徽省经济贸易委员会
支持单位:安徽省轻工协会
主办单位:安徽省机械工业协会
安徽省冶金工业协会
协办单位:安徽省自动化学会
安徽省石化工业协会
安徽省仪器仪表学会
安徽省纺织工业协会
承办单位:安徽好博展览有限公司
安徽省建材工业协会
日　　期:2003－7－23
地　　址:合肥

2003 中国（成都）国际分析测试仪器、生化及实验室设备展览会

主办单位：中国分析测试协会
协办单位：中国仪器仪表协会分析仪器专业协会
中国仪器仪表学会分析仪器学会
仪器信息网：http://www.instrument.com.cn
承办单位：成都鼎坚展览服务有限公司
日　　期：2003－4－23
地　　址：成都

第七届中国国际仪器仪表、测试设备、自动化暨传感器展览会

主办单位：中国电子商会
协办单位：深圳市自动化学会 中华工商经贸科技发展协会台湾）
承办单位：深圳市六方展览策划有限公司
日　　期：2003－8－28
地　　址：深圳

2003 上海国际现代化教学仪器设备及信息技术应用软件展览会展览会

批准单位：上海市对外经济贸易委员会
主办单位：上海现代国际展览有限公司
中国教育信息技术协会
支持单位：中国教育工会
协办单位：上海电化教育协会
上海市计算机行业协会
承办单位：上海展益展览有限公司
日　　期：2003－9－3
地　　址：上海

第七届天津工业自动化、仪器仪表展览会

主办单位：天津市经济委员会
天津市科学技术协会
天津市自动化学会
天津电气传动设计研究所
天津市工业自动化仪表研究所
承办单位：天津市泰德展览展示中心
天津市自动化学会
《自动化与仪表》杂志社
日　　期：2003－9－10
地　　址：天津市

第四届中国(广州)国际分析测试仪器展览会暨技术交流会

主办单位:广东省科学技术厅
中国生物工程开发中心
中国生物工程学会
承办单位:广东省对外科技交流中心
广州技术产权交易所
广东省分析测试协会
广东省分析测试中心
广东国际科技贸易展览公司
协办单位:中国分析测试协会
广州风险投资促进会
日　　期:2003－9－17
地　　址:广州

2003第二届华中分析测试仪器 生化与实验室装备展览会

批准单位:武汉市工商行政管理局
主办单位:湖北省科学技术协会
协办单位:中科院武汉分院
湖北省计量测试学会
武汉钢铁集团公司
湖北省科学器材公司
湖北省电子显微镜学会
湖北省机械工程学会无损检测分会
湖北省实验动物学会
湖北省仪器仪表学会
承办单位:湖北省科技馆
武汉中部展览贸易有限公司
日　　期:2003－11－12
地　　址:武汉市

第三届中国国际生物技术展览会

主办单位:中国科学仪器进出口总公司
中国技术市场管理促进中心
中国生物工程学会
中国生物医学工程学会
中国分析测试协会
协办单位:中国农学会中国林学会
中国海洋学会
承办单位:北京中科汇众展览展示有限公司
日　　期:2003－10－28
地　　址:北京

第六届西南(重庆)仪器仪表工控自动化国际展览会

主办单位:中国自动化控制系统总公司
日　　期:2003－10－23
地　　址:重庆

2003国际环境监测技术及设备(广州)展览会

主办单位:中国环境科学学会环境工程分会
广东省安全生产监督管理协会
日　　期:2003－11－7
地　　址:广州市

分析测试仪器与市场

介绍我国“九五”和“十五”攻关已通过验收的分析测试仪器、中国分析测试协会和中国仪器仪表学会推荐的产品、分析测试仪器生产，以及我国分析测试仪器市场分析。

一、“九五”和“十五”攻关已通过验收的分析测试仪器

科学仪器，特别是分析仪器，是了解物质世界信息的重要手段，在科学研究、国民经济和社会生活等方面日益发挥着巨大的作用。科学仪器的发展在一定程度上已成为反映一个国家经济水平的标志。由于历史的原因，我国科学仪器的制造水平与世界先进国家有着明显的差距，总体水平还很落后，基础比较薄弱，对科学仪器的研究和发展的投入不足。为了尽快地改变这一状况，国家科技部从“九五”开始，将《科学仪器和实验条件研究与开发》列入国家科技攻关重大项目，以技术创新为方向，集中优势力量，开展了具有我国特色的、量大面广的科学仪器（主要是分析仪器）的研制与开发，先已取得明显的成效。下面将“九五”和“十五”前三年的《科学仪器和实验条件研究与开发》所列的项目及主要成果提供给大家参考。

“九五”《科学仪器和实验条件研究与开发》项目及主要成果

序号	项目名称	完成单位	主要成果内容
1	高压液相色谱仪系列产品开发研制	中科院大连化物所	研制成功制备与分析合一的 P200 高压输液泵，可变波长的紫外－可见检测器，色谱柱，控制系统，软件和专家系统
2	专用气相色谱仪系列产品开发研制	北京北分瑞利集团色谱中心	研制成功用于变压器油、白酒分析的专用色谱
3	微型电动色谱系统研究与开发	清华大学、内蒙通辽优尼特科技发展公司	研制成功将电动分离技术、微柱液相色谱技术和毛细管电泳技术相结合的微型电动色谱系统、控制及其应用软件

续表

序号	项 目 名 称	完成单位	主要成果内容
4	离子色谱仪的研制与开发	中科院生态环境中心、上海天美科学仪器公司	研制成功具有阴、阳离子分析功能的离子色谱仪
5	微型气相色谱仪的研制与技术开发	中科院大连化物所	研制成功用于录井器、天然气和炼厂气、输电系统高压开关中六氟化硫纯度现场检测的小型专用色谱仪
6	高效毛细管电泳仪的技术改造与开发	中国科学院研究生院	研制成功高性能、稳定的毛细管电泳仪－电化学在线检测系统
7	色谱进样及固相微萃取器的研制与技术开发	中科院生态环境中心	研制成功以微量注射器为基础的带萃取头的固相微萃取器，可更换不同萃取头，萃取头表面涂层有聚二甲基硅氧烷、聚丙烯酯、聚乙二醇-二乙烯基苯；一种内涂萃取固定相的毛细管吸附柱低压进样和切换技术；75－100 微米毛细柱
8	微波等离子光谱仪器的研制	吉林大学	研制成功采用微波等离子体炬为激发光源的单道顺序扫描、微波功率连续可调、光栅为 0.5 米和 1.0 米的微波等离子光谱仪
9	小型 X 射线荧光光谱仪的研制	国家建筑材料科学研究院	研制成功带有真空分光室的 X 射线衍射仪
10	进口多晶 X 射线衍射仪改造升级技术研究	清华大学、内蒙通辽优尼特科技发展公司	开发出一套国产的多晶 X 射线衍射仪的控制，记录和数据处理系统，可用于改造国内近百台进口的多晶 X 射线衍射仪
11	一米、二米光栅摄谱仪改造升级技术研究	国家地质实验测试中心	开发出 ICP 顺序扫描光电直读技术，可用于改造国内一批进口闲置的一米和二米光栅摄谱仪
12	空气污染测试仪器的研究与开发	国家环境计量技术检测中心	研制成功适用环境监测的高性能大流量采样器（PM10）和可移动多参数自动控制大气污染监测仪（SO2，NOX）
13	付立叶红外光谱仪数据系统改造升级技术研究	中科院长春应化所、中科院感光所	开发了可用于进口的 RAD 公司 FTS－7，－15，－20S，－40 四种型号；PE 公司的一种型号和 NICOLET 公司的 170SX，29SX，5DX 三种型号的付里叶红外光谱数据系统改造技术
14	高速高精度凝视式波长扫描和全自动椭偏光谱仪的研制与开发	复旦大学	研制成功可用于各种信息功能材料光学性质研究及其结构分析、可进行复介电函数、复折射率、透射率和反射率光谱的绝对值测量的椭偏光谱仪
15	光纤传导电压耦合元件小型多功能光谱仪的研制	厦门大学、北京大学、万拓仪器厂	研制成功可用于环境监测水中溶解氧、苯胺类和大气二氧化硫、氮氧化物的掌上型光谱仪
16	近红外光谱仪器的研制	上海棱光仪器有限公司	研制成功适用于农产品品质分析的光栅型近红外漫反射光谱仪，样品台具有旋转功能
17	土壤成分快速分析仪器的研制与开发	河南农业大学、中国农业大学	研制成功土壤养分测定快速前处理设备：微型控温消化仪和快速养分综合浸提剂、土壤水分传感器、施肥智能软件和专家系统

续表

序号	项 目 名 称	完成单位	主要成果内容
18	便携式激光拉曼机动车尾气综合测试仪的研制与开发	中科院安徽光机所	研制成功不需取样,直接对静止或准行驶机动车尾气中一氧化碳、氮氧化物、碳氢化合物、氧、二氧化碳的浓度进行检测,并自动输入输出数据光谱仪
19	水中矿物油测试仪的研制与开发	吉林大学	研制成功采用红外分光光度法同时或顺序测量水中矿物油烷烃、环烷烃、芳香烃的测试仪,并配有专用萃取剂
20	全光纤传导荧光光度计的研制与开发	国家海洋局第一海洋研究所	研制成功可测定多种水中矿物油(原油、柴油、煤油、机油)全光纤传导荧光光度计,对测量环境影响能进行自动补偿
21	便携式光波导水质分析仪的研制与开发	华中科技大学	研制成功基于光波导表面等离子谐振效应的水质检测仪,直接现场测试,不会对环境造成污染
22	锅炉管道安全检测仪器的研制与开发	中科院沈阳金属研究所、国家压力容器检测中心	研制成功组合热弹性红外图象安全检测硬件系统,可用于研究压力容器危险区热弹性应力成象技术以及判定评估标准
23	激光扫描共焦显微镜的研制与开发	中国计量科学研究科学院	研制成功由DSP为核心的共焦光学及扫描系统、显微镜主体机械结构系统、驱动与控制系统、光源、数据采集以及图象合成系统
24	光谱检测及样品制备设备的研制与开发	上海交通大学、南开大学、北京地质仪器厂	研制成功透射电镜固体制样设备－金刚石空心钻切割器、超声波切割器;研制成功专用采样头,适合具体工艺流程的光谱测量,提供用于吸收、荧光、拉曼光谱测量适用的光源,实现高速数据传输,满足实时监测;采用高频大功率晶体管制造全固态等离子体高频发生器
25	自然大气太阳跟踪聚光加速暴露实验装置研制	广州电器科学研究所	在研究选定反光和大气防护性能优良聚光镜底材,表面加工及处理工艺的基础上研制成功自然大气太阳跟踪聚光加速暴露实验装置;计算机控制跟踪太阳对地面幅照,加速对塑料、涂料、橡胶等高分子材料老化的实验
26	高性能综合电化学系统	中科院长春应化所	研制成功的系统包括循环伏安法,计时安培法,计时库仑法,计时电位法,线扫伏安法,阶梯伏安法,常规脉冲伏安法,微分脉冲伏安法,交流伏安法,二阶交流伏安法,方波伏安法,流体调制伏安法,交流阻抗伏安法,交流阻抗法,电流-时间曲线法,电解库仑法,电位溶出法和 TAFEL 标绘法,该系统包括了各种电极系统
27	国产电化学仪器改进及新电极、传感器的研制	华东师范大学	对国产电化学仪器电极改进实现了自动控制的 PH 酸度计,研制成功各种化学修饰参比电极,各种材质电极
28	分子识别电化学分析仪的研制与开发	中科院长春应化所	研制成功直接用于临床免疫分析的电化学电容仪,配置小型电解池和生物芯片,可实现与流动注射为一体的计算机控制实时测定
29	污水在线自动监测仪的研制与监测系统开发	国家环境技术计量检测中心	研制成功智能化多参数污水在线监测系统,主要参数有:温度,流量,PH 值,排放总量等

续表

序号	项 目 名 称	完成单位	主要成果内容
30	便携式电子鼻分析仪器的研制与开发	复旦大学、华东师范大学	在研究人功嗅觉基础上，采用模式识别与神经网络结合，研制成功便携式能够抗汽油干扰的酒气电子鼻分析仪、车用空气质量报警仪、碳氢可燃气体报警电子鼻分析仪
31	高速离心机的研制与开发	中科院生物物理所	研制成功大型高速冷冻离心机、低速大容量离心机
32	超滤系统仪器改进提高研究	中国军事医学科学院放射研究所	研制成功用于生物大分子、蛋白质溶液浓缩、脱盐、脱醇、除菌更换溶剂的中试平板超滤器、小型平板超滤器、中空纤维式超滤器
33	生物工程配套设备的研究	中国军事医学科学院仪器厂	研制成功计算机自动控制5L发酵罐，中、低压制备色谱，层析冷柜(4℃)，大型冻干机，-80℃低温冰箱
34	组合靶基因传感芯片及自动检测仪的研制与开发	第三军医大学、重庆大学	将DNA芯片技术和生物传感器技术相结合，研制成功具有DNA探针阵列、分子杂交与非杂交反应特性模式识别和组合靶基因传感器芯片自动检测仪。应用于传染病、遗传病和肿瘤等诊断、基因突变检测
35	全自动生化分析仪的研制与开发	中科院长春光机所	研制成功与日本日立公司7150型同类的快速、准确、自动清洗、自动加样的分立式生化分析仪；研制成功专用分光光度计，满足临床检验血常规、血糖、血脂、肝功、肾功、免疫球蛋白等分析
36	阿达玛变换显微分析仪的研制与开发	武汉大学、万拓仪器有限公司	以阿达玛变换多通道成象技术和显微技术联用，研制成功可进行微小试样的分布和定量分析、提供图象信息，用于DNA,RNA,蛋白质，钙等生物样品分析的光谱仪
37	表面等离子体谐振生化分析仪的研制与开发	中科院电子所	研制成功用于生物医学研究的表面等离子体谐振测试仪器，不需进行标记，对表面生物分子相互作用可直接、实时、原位监测，大大加快和优化免疫测定过程。可检测蛋白质、核酸、多糖、磷脂、小分子药物等
38	核酸扩增基因芯片杂交仪器的研制与开发	东南大学	研制成功集PCR过程、杂交过程、清洗过程、荧光检测过程于一体的自动检测仪及多功能基因芯片。该仪器成本低、操作简便、便于普及
39	全自动生化分析Ⅱ型检测仪器的研制与开发	北京航天海鹰高技术发展公司北京牛牛基因技术有限公司	研制成功采用一次性试剂盒湿法全自动生化分析仪，该仪器带有加样器、搅拌器、独立的净水系统、与之配套控制系统，大大简化传统全自动生化分析仪设备结构，降低成本，减少对人体、环境污染
40	电子显微镜及电子探针改造升级技术研究	中科院科仪中心	全计算机控制的场发射扫描电镜、用于透射电镜的固体制样设备
41	环境扫描电镜的研制及技术开发	中科院科仪中心、中科院化冶所	研制成功直接观察绝缘体和含水生物样品，勿需对试样进行特殊处理的电镜

“十五”前三年《科学仪器和实验条件研究与开发》项目及主要成果

序号	项 目 名 称	完成单位	主要成果内容
1	功率连续可调微波消解装置	北京吉天仪器有限公司北京盈安美诚科学仪器有限公司	研制成功功率连续可调微波装置，结合计算机控制技术实现样品消解过程中的智能、连续、低耗、低污染，具有防爆膜及多重安全保护机构。输出功率：200～1200W，最高温度：230℃，最大压力：5MPa
2	X荧光光谱分析熔样机	国家地质试验测试中心	研制成功电热和高频感应加热两种加热方式的X荧光光谱分析熔样机，样品舟可作旋转和摇摆运动，最高温度可达1250℃，升温速度可调，制样精度优于0.3%（RSD）
3	通用型自动进样器	北京吉天仪器有限公司	研制成功三维方式（带通用模块）和极坐标方式两类通用型自动进样器，通过计算机编程控制和精密机械结合对样品的进样进行准确、定量、自动采集和控制，可与AAS、AFS、GC等多种分析仪器联用
4	固相微萃取器研制与产业化	中科院生态环境研究中心上海由由汽车配件有限公司	研制成功带有三种不同类型的萃取头（PDMS、PA、碳涂层）；使用寿命在50次以上；可配合GC使用的固相微萃取器
5	1700℃陶瓷纤维马弗炉	北京盈安美诚科学仪器有限公司	研制成功比普通装置节电60%以上，升温速度快约1倍（室温升至1700℃所需时间<60min），控温精度高的陶瓷纤维马弗炉
6	变频致冷水循环器	北京盈安美诚科学仪器有限公司	采用变频原理，研制成功了制冷功率/系统发热功率低于定速式同类设备的1.5～2.0，可连续工作，温度波动半径约1℃的变频致冷水循环器
7	微型固态吸附棒萃取器和热解析装置	中科院大连物理化学研究所	研制成功耐温250℃以上的微型固态吸附棒，可对农残有可逆吸附特性，对常用的有机氯（六六六类）、氮、磷和菊酯类农药富集倍数不小于10^4，使用寿命30次以上。同时研制成功与之配套使用的热解析装置
8	室内装修主要有害气体检测试剂盒	天津科技大学北京牛牛基因技术有限公司	研制成功大气中甲醛检测试剂盒，最低检测浓度0.05mg/m^3；大气中氨气检测试剂盒，最低检测浓度：0.1mg/m^3；50ml无动力气体采样器
9	全自动磨样机	北京钢铁研究总院	研制成功用于钢铁成分分析磨样机。磨样速度≤30秒/深度0.5mm；磨样深度达2mm /次；磨样平面度0.01mm的全自动磨样机。样品夹持力：磨样时样品上面施加力应大于30kg；样品温度可达800度
10	有机－无机杂化材料膜BOD生物传感器及BOD快速测定仪的研制与开发	中国科学院长春应用化学研究所江苏江分电分析仪器有限公司	研制成功有机－无机杂化材料膜BOD生物传感器及BOD快速测定仪，检测线性范围：5～100mg/L BOD；检测限为1mg/L；传感器探头的固定化膜具有合适的孔径，能够抗微生物的降解作用，传感器探头可连续使用50天

续表

序号	项　目　名　称	完成单位	主要成果内容
11	溶氧(DO)快速在线检测仪的研制与开发	中国科学院长春应用化学研究所江苏江分电分析仪器有限公司	研制成功溶氧(DO)快速在线检测仪,检测范围:0~20mg/L;响应时间<30秒;测量精度:标准偏差≤±0.3mg/L;传感器寿命:1年(可更换探头);稳定性:0.2mg/L/小时;使用温度范围:0~40℃
12	纳米COD传感器及其快速在线COD电化学检测仪的研制与开发	华东师范大学江苏江分电化学仪器有限公司	研制成功纳米COD传感器及其快速在线COD电化学检测仪,COD测量范围:10~10 000mg/L(分几个测量段);单样分析时间:≤3min;精密度:RSD≤5%
13	毛细管电泳电化学检测仪(CE-ECL)的研制与开发	中国科学院长春应用化学研究所西安瑞迈电子科技有限公司	研制成功毛细管电泳电化学检测仪(CE-ECL),生物分子的检测范围:10^{-8}~10^{-5}mol/L,单次测量时间:≤30分钟,精密度:RSD≤±7%;药物分子的检测范围:10^{-8}~10^{-3}mol/L,单次测量时间:≤10分钟,精密度:RSD≤±5%
14	现场光谱电化学光纤检测器的研制与开发	中国科学院长春应用化学研究所	研制成功现场光谱电化学光纤检测器,能快速、准确、重现地采集微量样品的光谱信号,并得到该试样在现场电化学调制时的结构变化信息;电化学池的平衡时间小于30秒,传感器信号响应时间小于60秒,光谱信号精度RSD小于±5%,样品用量小于50微升,传感器使用寿命大于1年
15	液相色谱纳微米电化学库仑阵列检测器研制	中科院长春应用化学研究所	研制成功液相色谱纳微米电化学库仑阵列检测器,检测器由4~16个阵列组成,各自独立;电极内含丰富的微米-纳米级孔洞,孔洞比≥70%,检测灵敏度≤10^{-13}A;线性范围≥10^5;最低检测电流≤1pA(10^{-12}A);外加电位范围-2000~+2000mV,外加电位精度≤1mV;电极电解效率≥99%,电极寿命≥1年
16	掌上型有机磷农药检测仪的研制与开发	中国科学院研究生院应用化学研究所	研制成功掌上型有机磷农药检测仪,仪器体积:≤180×110×26mm;重量:≤1kg;仪器硬件性能:响应时间:5min;精密度:RSD≤±10%;稳定性:有效期5个月;测量范围:0.1~10mg/mL
17	高精度高压恒流泵系统的研制与开发	温岭福立分析仪器有限公司	研制成功流量范围为0.001~9.999ml/min;流量准确度为±0.3%;流量设置精确度为±1%;最高工作压力为40MPa的HPLC用高精度高压输液泵
18	低压三元梯度泵系统及其控制软件的研制与开发	大连依利特分析仪器有限公司	研制成功比例范围在0~100%(A,B和C三种流动相);流量精确度为±1%;流量分辨率为0.001ml/min;比例精度为1%的低压三元梯度泵系统
19	大流量制备泵	北京北分瑞利分析仪器(集团)有限责任公司	研制成功流量范围为0.1~1000ml/min;流量准确度为±3%;流量精确度为±1%的HPLC用大流量制备泵
20	大流量制备泵	大连依利特分析仪器有限公司	研制成功流量范围为0.1~100ml/min和0.1~250ml/min;流量准确度为±3%;流量精确度为±1%的HPLC用大流量制备泵

续表

序号	项目名称	完成单位	主要成果内容
21	可编程紫外/可见光检测器的研制与开发	温岭福立分析仪器有限公司	研制成功波长范围为190~600nm;波长准确性为±1nm;波长重复性为±0.1nm;基线噪声为$\pm1\times10^{-5}$AU;基线漂移为$\pm2\times10^{-4}$AU/h的HPLC用可编程紫外/可见光检测器
22	全封闭光路系统二极管阵列检测器的研制与开发	大连化学物理研究所大连依利特分析仪器有限公司	研制成功波长范围为200~600nm;扫描速度为10ms;列阵元件分别为256,512和1024的HPLC用全封闭光路系统二极管阵列检测器。基线噪声为6.7×10^{-5}AU（1024阵列元件）;基线漂移为5.2×10^{-4}AU/h（1024阵列元件）
23	高效液相色谱荧光检测器的研制与开发	大连依利特分析仪器有限公司	研制成功灵敏度为100ppt(硫酸奎宁);波长重复性为±0.2nm;波长准确性为±3nm;激发单色器波长范围为200~700nm;发射单色器波长范围为280~900nm;带宽为18nm的高效液相色谱用荧光检测器
24	激光诱导荧光检测器的研制与开发	大连化学物理研究所	研制成功最小浓度检出限为10^{-10}~10^{-11}mol/L(普通池)、10^{-8}~10^{-10}mol/L(0.5mL微池)和10^{-7}~10^{-9}mol/L(0.1mm柱上池);线性范围为10^2~10^3;半导体激光器光源为绿光(532nm)和蓝光(473nm)的HPLC和CE用的激光诱导荧光检测器
25	高效液相色谱示差折光检测器	大连依利特分析仪器有限公司	研制成功折光率测定范围为1~1.75RIU;噪声小于5×10^{-9}RIU;漂移小于3×10^{-7}RIU/h;流通池体积为15ml;灵敏度为5×10^{-9}RIU;时间常数0.1/0.2/0.5/1.0/2.0/5.0/10.0s的高效液相色谱用示差折光检测器
26	高效液相色谱质谱检测器及其接口的研制	复旦大学	研制成功飞行管长度为0.5m;离子源为电喷雾源;离子光学为2级八极杆+透镜组;检测器为MCP+瞬态记录仪;质量范围为20~2000Da;分辨率为2000(≥1000Da,M/ΔM);灵敏度为10ng利血平,信噪比≥20;质量准确度为±0.5Da;带有高效液相色谱接口的飞行时间质谱检测器
27	高效液相色谱自动进样器及其控制软件的研制与开发	大连依利特分析仪器有限公司	研制成功有标准样品瓶48个;进样体积为10-1000μl;进样重复性≤0.5%的高效液相色谱自动进样装置
28	高效液相色谱馏份收集器及其控制软件的研制与开发	北京北分瑞利分析仪器(集团)有限责任公司	研制成功悬臂移动(X-Y)式的高效液相色谱馏份收集装置,室温下用电磁阀控制馏分收集,最大流量:100ml/min
29	氨基酸专用液相色谱分析系统的研制与开发	大连化学物理研究所大连依利特分析仪器有限公司	研制成功了氨基酸分析专用分析系统,智能化给出定性、定量信息,完成18种氨基酸的分离分析任务,可用于食品或饮料等中氨基酸的测定
30	脂肪胺类环境毒物专用液相色谱分析系统的研制与开发	大连化学物理研究所大连依利特分析仪器有限公司	研制成功了专门用于环境中脂肪胺类污染物分析的液相色谱系统,达到分析方法程式化,分离过程自动化:检测限:≤10^{-9}mol

续表

序号	项目名称	完成单位	主要成果内容
31	细内径液相色谱柱的研制与开发	大连化学物理研究所大连依利特分析仪器有限公司	研制成功了柱内径1～2毫米；填有ODS(C_{18})，C_8，C_4，NH_2和CN等5种填料；柱效≥5万理论塔板/米的细内径液相色谱柱
32	连续床层液相色谱柱系统的研制	大连化学物理研究所大连依利特分析仪器有限公司	研制成功了可用于蛋白质的分析分离连续床层液相色谱柱系统
33	专用靶向柱及相关分离介质的研制与开发	北京金欧亚科技发展有限公司	研制成功了用于制备和分离α和γ干扰素的两种专用靶向分离介质和靶向柱
34	新型制备柱的研制与开发	北京金欧亚科技发展有限公司大连依利特分析仪器有限公司	研制成功了制备级高纯硅胶，粒度为3、5、10和20μm；ODS、C_8、NH_2和CN等键合固定相以及大容量制备色谱柱
35	台式光谱全谱仪	北京普析通用仪器有限责任公司	研制成功多功能台式光谱全谱仪，工作波段：200～1100nm，波长准确度<0.1nm，波长重复性<0.1nm，光谱带宽：2nm，检测器为1024位元的CCD
36	便携式光谱全谱仪	北京普析通用仪器有限责任公司	研制成功便携式光谱全谱仪，工作波段：200～800nm，波长准确度0.8nm，波长重复性<0.1nm，光谱带宽为5nm，检测器为512位元的CCD
37	ICP全谱仪	吉林大学	研制成功首台由全面固态自激风冷发生器及中阶梯光栅与紫外增强面阵ICCD检测器组成的ICP全谱仪。ICP光源采用全固态高频发生器（频率40.68MHz，最高功率1200W），波长范围为200～800nm，光谱分辨率为0.05nm（200nm处），检出限：大多数元素达10^{-9}g/ml数量级
38	光谱成像分析仪	武汉大学	研制成功由可见声光调谐滤光器模块、近红外液晶调谐滤光器模块和载物玻片自动更换技术等组成的多用途光谱成像技术平台形成了三种产品，分别为：成像光谱范围420～680nm，光谱分辨率≤10nm的可见光谱成象仪；成象光谱范围720～980nm，光谱分辨率≤20nm的近红外光谱成象仪和异常细胞自动搜寻仪
39	显微荧光光谱成像仪	天津大学	研制成功了由光纤单色器及微弱荧光光谱图像检测技术组成的显微荧光光谱成像仪。激发波长范围250～680nm，波长准确度优于±5%

续表

序号	项 目 名 称	完成单位	主要成果内容
40	X 射线衍射仪	南京地矿所和中国地质大学	研制成功由谐波传动测角仪、高频高压发生器、大型仪器通用控制平台及医药数据检索系统组成的新型 X 射线衍射仪。高压发生器最大输出电压 60kV，电流 50mA，输出电压稳定度 0.3%，功率 3kVA；测角仪测量精度为 2θ 角 0.002°/步，θ 角 0.001°/步
41	科学仪器软件与测控系统协议规范体系	国家标准物质研究中心、吉林大学	研究制订了科学仪器软件平台的一系列技术规范、及通信协议共 13 项，在平台的研发过程中起到了指导作用和规范作用，为进一步建立科学仪器通用软件奠定了基础
42	科学仪器应用软件开发平台及数据处理软件包	南开大学	该平台采用了“图形化语言”配置技术，并将用户所配置的测控程序和界面保存为脚本文件，仪器的最终用户只需利用一个脚本解释器来运行该脚本，实现对仪器的控制和实验数据的处理。我们提出并实现了一个相对简单、运行效率高的解释机制，即采用简单的解释机制辅以略微复杂但是适用的数据结构。这种解释机制，可以使利用这个软件平台开发的测控程序脱离开开发环境，独立运行。这是目前国内各种测控软件开发平台所不具备的特点。平台重要功能有如下： 1)灵活的界面的编辑功能； 2)对控件事件响应和用户自定义过程的编辑功能； 3)动态添加第三方控件； 4)动态添加第三方驱动函数和数据处理函数； 5)提供了相对丰富的数据处理函数
43	科学仪器标准化测控系统开发平台	国家标准物质研究中心、吉林大学大学、	该测控系统开发平台提供基于 B/S 结构、Windows DNA 结构的远程测控系统、支持 TCP/IP 等多种标准接口的模块化测控组合系统、系列通用测控模块和分析仪器专用模块、十几种中间件软件和驱动程序。平台的软硬件组合灵活、功能丰富、使用方便
44	农产品近红外光谱库及其应用	中国农业大学	本部分成果充分利用了软件技术、数学算法技术、硬件技术以及我国的农产品资源优势，初步构建了我国农业系统的近红外技术开发应用平台；该光谱数据库已经收集了 1 万多条光谱，包括 18 种作物，14 种组分，5000 多个化学值，并建成了 60 多个数学模型；该光谱库系统的五个库及六个软件模块实现了农业系统对该光谱库的功能要求；开发的几种国内急需的农产品品质分析仪扩增了该光谱库的信息量，使该库涵盖了短波和长波近红外全谱区、反射和透射光谱等不同光谱信息类型，实现了资源和近红外软、硬件的协同发展，初步形成了在我国发展近红外技术的实用系统

二、分析测试仪器市场分析

1998 年～2001 年我国分析仪器出口情况

1. 分析测试仪器出口数量和出口金额在连续三年(1998 年～2000 年)大幅增长后,2001 年又有较大幅度的增长(见 1998～2001 年分析测试仪器出口示意图)。2001 年分析测试仪器出口的 11 种产品,出口数量 4503 万个(台),出口金额 13604 万美元。

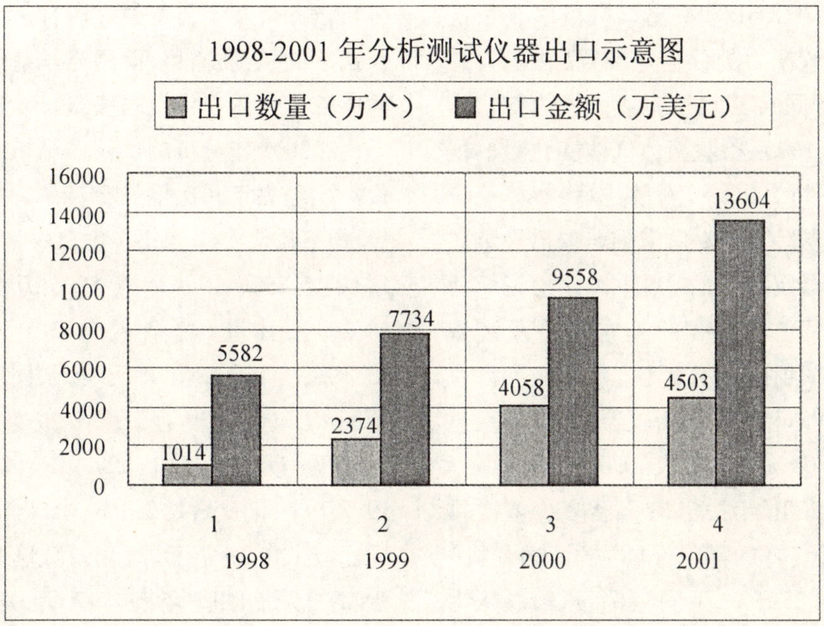

2001 年分析测试仪器出口情况

序号	产品名称	海关编号	出口数量(万个)	出口金额(万美元)	平均单价(美元)
1	测量、检验液体流量和液位的仪器及装置	70261000	129	2242	17.4
2	测量、检验压力的仪器与装置	90262000	3959	3300	0.8
3	其它检验液体或气体变化量的仪器与装置	90268000	187	483	2.6
4	检验液体气体变化量的仪器与装置的零附件	90269000	132	1891	14.3
5	气体和烟雾分析仪器	90271000	1.1107	74	67.1
6	色谱仪及电泳仪	90272000	0.4921	252	514

续表

序号	产品名称	海关编号	出口数量（万个）	出口金额（万美元）	平均单价（美元）
7	使用光学射线的分光仪、分光光度计及摄谱仪	90273000	1.1706	868	741.5
8	使用光学射线的其它仪器及装置	90275000	15	325	21.3
9	质谱仪	90278010	0.0029	3.7986	1309.9
10	未列名仪器及装置	90278090	42	738	17.5
11	9027 仪器及装置的零附件（含检镜切片机）	90279000	35	3422	97.8

注：由于1998年～2000年作分析测试仪器出口分析时将海关编号为9026和9027的产品都作为分析测试仪器进行统计，虽然我们认为海关编号为9026的产品不应属于分析测试仪器，但为与前几年的数据比较，今年仍将海关编号为9026的产品列入分析测试仪器，作出了1998年－2001年分析测试仪器出口示意图。

2. 上述产品中2001年按出口数量多少依次排序为：测量、检验压力的仪器与装置（占出口总数量的87.9%，下同），其它检验液体气体变化量的仪器与装置（4.1%），检验液体气体变化量的仪器与装置的零附件（2.9%），测量、检验液体流量和液位的仪器及装置（2.9%），未列名仪器及装置（0.9%），以上仪器及装置的零附件（含检镜切片机）（0.8%），使用光学射线的其它仪器及装置（0.3%），使用光学射线的分光仪、分光光度计及摄谱仪（0.03），气体和烟雾分析仪器（0.02%），色谱仪及电泳仪（0.01%），质谱仪（0.00%）。

上述产品中2001年按出口金额多少依次排序为：以上仪器及装置的零附件（含检镜切片机）（占出口总金额的25.1%，下同），测量、检验压力的仪器与装置（24.3%），测量、检验液体流量和液位的仪器及装置（16.5%），检验液体气体变化量的仪器与装置的零附件（13.9%），使用光学射线的分光仪、分光光度计及摄谱仪（6.4%），未列名仪器及装置（5.4%），其它检验液体气体变化量的仪器与装置（3.5%），使用光学射线的其它仪器及装置（2.4%），色谱仪及电泳仪（1.9%），气体和烟雾分析仪器（0.5），质谱仪（0.03）。

上述产品中2001年出口数量增长最多的依次是：气体和烟雾分析仪，色谱仪及电泳仪和仪器及装置的零附件；出口金额增长最多的依次是：气体和烟雾分析仪，仪器及装置的零附件和质谱仪。出口数量和金额都有较大增长的是：气体和烟雾分析仪和仪器及装置的零附件。出口平均单价增长最多的是：质谱仪，使用光学射线的其它仪器和检验液体气体变化量的仪器与装置的零附件。

3. 2001年分析测试仪器出口的国家和地区为129个，与去年同比增长21.7%。按照出口金额排序，前五位依次是：美国（出口数量2389万个，同比增长16.8%；出口金额5996万美元，同比增长48.2%），香港（出口数量215万个，同比减少13.3%；出口金额1406万美元，同比增长48.7%），德国（出口数量39万个，同比减少7.7%；出口金额1353万美元，同比增长227.9%），新加坡（出口数量19.7万个，同比增长3.7%；出口金额1250万美元，同比减少0.8%），日本（出口数量115万个，同比减少29.3%；出口金额747万美元，同比增长44.4%）。去年按照出口金额排序排在前五位也是这五个国家和地区，但排列次序有所不同。这五个国家和地区的出口金额占总出口金额的79%，其中美国占44.1%，香港占10.3%，德国占9.9%，新加坡占9.2%，日本占5.5%。这五个国家和地区的出口数量占总出口数量的61.8%，其中美国占53.1%，香港占4.8%，德国占0.9%，新加坡占0.4%，日本占2.6%。

出口金额增长速度最快的前10个国家和地区是：老挝、挪威、毛里求斯、乌克兰、南斯拉夫、波多黎各、喀麦隆、黎巴嫩、阿曼、蒙古。与2000年相比，没有一个相同。

4. 2001年分析测试仪器出口经营单位中，国有企业出口数量2543万个，出口金额3519万美元，占全部出口数量和出口金额的56.5%和25.9%；中外合作、中外合资和外商独资企业出口数量1752万个，出口金额8717万美元，占全部出口数量和出口金额的38.9%和71.4%；集体和个体企业出口数量205万个，出口金额362万美元，占全部出口数量和出口金额的4.6%和2.7%；其它出口数量126个，出口金额2万美元。与2000年相比，中外合作、中外合资和外商独资企业出口数量占总出口数量的份额有较大的减少(2000年为57%)，但出口金额占总出口金额的份额却略有增加(2000年为70.8%)；国营企业出口数量占总出口数量的份额有较大的增加(2000年为46.6%)，但出口金额占总出口金额的份额却略有减少(2000年为26.7%)；集体和个体企业出口数量占总出口数量的份额和出口金额占总出口金额的份额都略有增加(2000年分别为2.5%和2.3%)。位居出口金额前七名的企业是：安捷伦科技上海分析仪器有限公司、北京远东罗斯蒙特仪表有限公司、厦门天合太古宇航有限公司、艾美凯仪表(厦门)有限公司、精量电子(深圳)有限公司、中国精密机械进出口上海浦东公司、捷普电子(番禺)有限公司、北京布莱迪仪器仪表有限公司等。与2000年相比，只是捷普电子(番禺)有限公司取代了霍尼韦尔(天津)有限公司，其它只是3-7的排列次序略有变动。从出口金额来看，分析测试仪器的出口仍是以三资企业为主，集体和个体企业略有增加。

5. 分析测试仪器出口情况分析中的一些问题

分析测试仪器出口情况分析已连续作了几年，从中发现以下几个问题：

(1)近几年来分析测试仪器的出口数量和出口金额连续增长的速度是非常快的，年增长速度均在20%以上，很多年份超过了40%。但由于我们的出口基数很小，出口分析测试仪器的总金额仍不大，2001年还不到1.4亿美元，仅为当年进口分析测试仪器总金额的16%左右。

(2)从出口国家和地区来看，主要集中在美国、香港、德国、新加坡和日本，出口到发展中国家的分析测试仪器很少，而发展中国家是一个很大的市场，值得我们的注意。另外，俄罗斯和欧州的分析测试仪器市场也是很大的，也值得我们注意。

(3)由于分析测试仪器的内涵和界定不十分清楚，不同来源的数字进行对比时，有些出入，引起一些混乱。因此，对分析测试仪器的内涵和界定及分类需要作进一步的研究，以利于国内的分析测试仪器企业对国际分析测试仪器的需求情况有一个更准确的了解。

1998年~2001年我国分析仪器进口情况

1. 按我们通常所指的分析仪器，我们根据海关资料，统计了1998年~2001年下述商品的进口数据，结果见表1~表4。

表1　1998年我国分析仪器的进口情况

序号	产品名称	海关编号	进口数量(万个)	进口金额(万美元)	平均单价(美元)
1	显微镜(光学显微镜除外)、衍射设备	90121000		10.4	
2	显微镜(光学显微镜除外)、衍射设备的零附件	90129000		0.4	
3	气体和烟雾分析仪器	90271000		17.6	
4	色谱仪及电泳仪	90272000		40.1	

续表

序号	产品名称	海关编号	进口数量（万个）	进口金额（万美元）	平均单价（美元）
5	使用光学射线的分光仪、分光光度计及摄谱仪	90273000		19.3	
6	使用光学射线的其它仪器及装置	90275000		31.6	
7	质谱仪	90278010		6.4	
8	9027 未列名仪器及装置	90278090		102.5	
9	9027 仪器及装置的零附件（含检镜切片机）	90279000		18.9	
	总计			247.2	

表 2　1999 年我国分析仪器的进口情况

序号	产品名称	海关编号	进口数量（个）	进口金额（百万美元）	平均单价（美元）
1	显微镜（光学显微镜除外）、衍射设备	90121000		8.9	
2	显微镜（光学显微镜除外）、衍射设备的零附件	90129000		0.5	
3	气体和烟雾分析仪器	90271000		28.9	
4	色谱仪及电泳仪	90272000		51.9	
5	使用光学射线的分光仪、分光光度计及摄谱仪	90273000		25.9	
6	使用光学射线的其它仪器及装置	90275000		47.5	
7	质谱仪	90278010		10.7	
8	9027 未列名仪器及装置	90278090		166.4	
9	9027 仪器及装置的零附件（含检镜切片机）	90279000		26.4	
	总计			367.1	

表 3　2000 年我国分析仪器的进口情况

序号	产品名称	海关编号	进口数量（个）	进口金额（百万美元）	平均单价（美元）
1	显微镜（光学显微镜除外）、衍射设备	90121000	1337	17.2	12865
2	显微镜（光学显微镜除外）、衍射设备的零附件	90129000	4024	0.79	196
3	气体和烟雾分析仪器	90271000	9555	27.7	2899
4	色谱仪及电泳仪	90272000	4293	64.6	15048
5	使用光学射线的分光仪、分光光度计及摄谱仪	90273000	2857	41.2	14421

续表

序号	产品名称	海关编号	进口数量（个）	进口金额（百万美元）	平均单价（美元）
6	使用光学射线的其它仪器及装置	90275000	21740	69.5	3197
7	质谱仪	90278010	227	16.6	73128
8	9027 未列名仪器及装置	90278090	122533	235.0	1918
9	9027 仪器及装置的零附件（含检镜切片机）	90279000	276553	36.5	132
	总计		443119	509.1	1149

表 4　2001 年我国分析仪器的进口情况

序号	产品名称	海关编号	进口数量（个）	进口金额（百万美元）	平均单价（美元）
1	显微镜（光学显微镜除外）、衍射设备	90121000	1689	45.9	27176
2	显微镜（光学显微镜除外）、衍射设备的零附件	90129000	12265	2.4	196
3	气体和烟雾分析仪器	90271000	9828	36.6	3724
4	色谱仪及电泳仪	90272000	6549	91.3	13941
5	使用光学射线的分光仪、分光光度计及摄谱仪	90273000	4662	55.6	11926
6	使用光学射线的其它仪器及装置	90275000	44990	79.5	1767
7	质谱仪	90278010	416	30.9	74279
8	9027 未列名仪器及装置	90278090	108993	330.2	3030
9	9027 仪器及装置的零附件（含检镜切片机）	90279000	352547	41.2	117
	总计		541939	713.6	1317

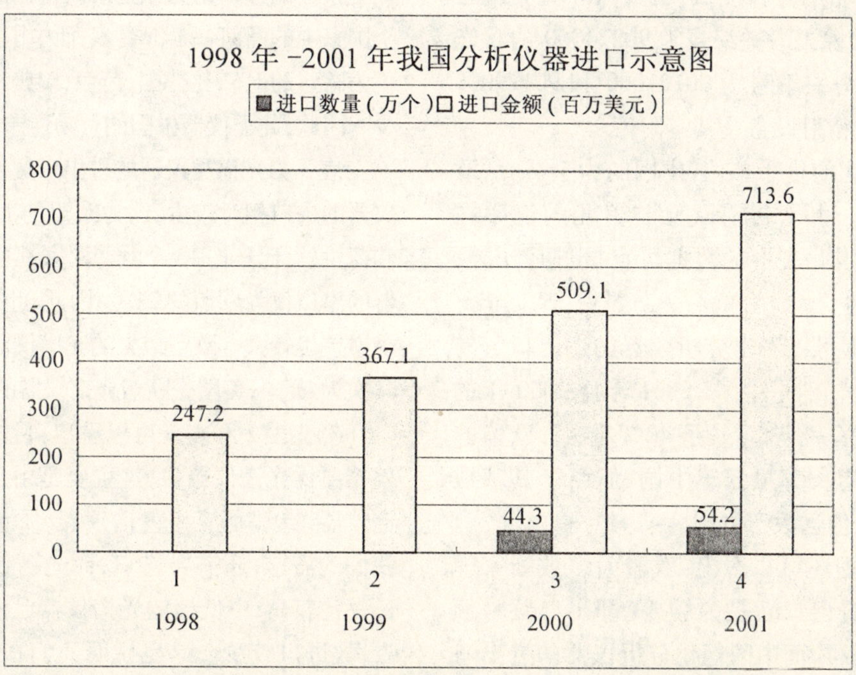

由表1~表4的数据和1998年-2001年我国分析仪器进口示意图可以看出:我国分析仪器的进口自1998年以来每年以35%~45%的速度在增长,2001年已超过了7亿美元,这与近几年我国国民经济,特别科研、教育的飞速发展有关。表中所列的各类分析仪器中,以海关编号为90278010的质谱仪和海关编号为90121000的显微镜(光学显微镜除外)、衍射设备进口金额增长最快,2001年质谱仪的进口金额为1998年的4.83倍,而2001年显微镜(光学显微镜除外)、衍射设备的进口金额为1998年的4.41倍。这里主的要原因是这两类分析仪器我国目前还不能生产,几乎全部需要进口,而且这两类分析仪器的价格也是很高的。

我国进口分析仪器主要来自美国和日本,其次是欧盟各国。

中国与欧盟国家2000年~2001年分析仪器进出口贸易情况

表1~表3给出了中国与欧盟国家2000年~2001年分析仪器进出口的贸易情况,数据分别来自中国海关和欧盟办公室。欧盟共15个国家,其进出口贸易是指与欧盟以外的国家和地区进行的进出口贸易,不包括15个欧盟国家之间进行的进出口贸易。表1所列理化分析仪器,系全球统一商品分类中编号为90270000的商品(即我国的海关编号90270000),中国与欧盟的统计是一致的。与我们通常所指的分析测试仪器仅有以下一些差异:我们通常所指的分析测试仪器,除了海关编号90270000商品(除去海关编号为90274000的曝光表)外,还包括海关编号为90121000和90129000的电子显微镜、衍射设备及其零附件。

表中所使用的货币单位:中国的为千美元,欧盟的为千欧元。由于目前欧元与美元的汇率在1:1左右变动,因此表中的数据可直接进行比较,有一定的可比性。

从表1数据可以看出分析仪器的进出口贸易增长是较快的,特别是中国,2001年比2000年的进口和出口的贸易额都增长了40%左右。欧盟的进出口贸易额增长率虽低于中国,但由于其基数大,故绝对增长值远大于中国。

从表1数据还可以看出:欧盟大多数国家理化分析仪器的进出口贸易为顺差(即出口贸易额大于进口贸易额),而中国理化分析仪器的进出口贸易为逆差(即进口贸易额大于出口贸易额),而且这种贸易的不平衡有继续增大的趋势。欧盟国家2000年理化分析仪器总的贸易顺差为91百万欧元,2001年为476百万欧元,增长了约5倍;中国2000年理化分析仪器的贸易逆差为563百万美元,2001年为768百万美元,增长了约36%。

欧盟进口的分析仪器主要来自美国,占64%;其次为日本、瑞士。欧盟分析仪器的出口国家主要是日本、瑞士和韩国,其次是中国。

表2为色谱和电泳仪器的进出口贸易情况,中国此类仪器的进口约为欧盟总的进口的1/2,比欧盟15个国家中的任何一个都要多;而中国此类仪器的出口仅为欧盟的1%,比德国、荷兰、瑞典、法国和意大利均少。因此,此类仪器中国的贸易逆差大。

表3为光谱类仪器的进出口贸易情况,中国此类仪器的进口相对较少,约为欧盟的1/6~1/7,除德国和荷兰外,比其他13个欧盟国家都多;而中国此类仪器的出口仅为欧盟的2%。因此,此类仪器中国的贸易逆差也较大。欧盟最大的光谱仪器出口国是德国,其次为 英国;美国是欧盟光谱仪器的最大买主。

对比表2和表3可以看出:目前我国进口色谱仪器要比光谱仪器多,这主要是由于我国国产的色谱仪器,特别是液相色谱仪器,质量上还不能满足我们的需求,还需要进口;而光谱仪器我国的水平还是比较高,中低档的光谱仪器已能满足我们的需要,故进口较少。这也说明我们在色谱仪器,特别是在液相色谱仪器方面,加快我们前进步伐。

表1　中国与欧盟国家2000年~2001年理化分析仪器（海关编号90270000商品）进出口贸易额

	2001年进口贸易额	2001年出口贸易额	2001年贸易差额	2000年贸易差额	进出口贸易总额
中国	904 490(+37.3)	136 040(+42.3)	-768 450	-563 160	1 040 530
欧盟国家(总)	2 956 978(+8)	3 432 802(+22)	475 824	91 192	6 389 780
德国	1 091 937(+3)	1 304 339(+26)	212 402	-26 683	2 396 276
英国	573 537(+22)	766 203(+29)	228 210	150 576	1 339 740
荷兰	355 231(+18)	173 238(+22)	-181 993	-159 901	528 469
法国	271 221(+15)	309 682(+22)	38 462	16 889	580 903
意大利	216 726(+5)	134 208(+4)	-82 518	-88 519	350 934
瑞典	138 238(+29)	302 934(+15)	164 695	156 900	441 172
比利时	101 316(-8)	37.127(+5)	-64 190	-74 301	101 353
爱尔兰	77 099(-21)	94 045(+3)	16 946	-6 231	171 144
西班牙	71 874(+16)	50 397(+114)	-21 476	-38 663	122 271
奥地利	31 537(-12)	69 703(-12)	38 166	42 995	101 240
丹麦	24 663(+8)	117 264(+6)	92 961	88 636	141 927
芬兰	22 841(+28)	70 621(+14)	47 773	43 853	93 462
希腊	9 445(+8)	1 331(+49)	-8 314	-7 870	10 776
葡萄牙	6 857(-12)	1 151(-8)	-5 706	-6 493	8 008
卢森堡	394(-44)	218(+8)	-176	-497	612

注：括弧内数字为2001年进口、出口贸易额比2000年增长的百分数，贸易差额为出口贸易额减进口贸易额。中国进出口贸易额以千美元计，欧盟国家进出口贸易额以千欧元计。

表2　中国与欧盟国家2000年~2001年色谱和电化学仪器（海关编号90272000商品）进出口贸易额

	2001年进口贸易额	2001年出口贸易额	2001年贸易差额	2000年贸易差额	进出口贸易总额
中国	91 270(+41.4)	2 530(+42.3)	-88 740	-67 650	93 800
欧盟国家(总)	183 157(-1)	210 660(+36)	27 504	-29.422	393 817
德国	61 157(-2)	49 016(+18)	-12 141	-20 791	110 173
荷兰	36 918(+1)	25 067(+59)	-11 851	-20 904	61 985
英国	29 441(+7)	44 426(+217)	14 985	-13 515	73 867
瑞典	21 252(-1)	66 237(+11)	44 985	38 264	87 489
法国	13 689(-17)	13 994(+15)	305	-4 297	27 683
意大利	10 208(-9)	5 799(+3)	-4 408	-5 516	16 007
西班牙	5 129(+5)	341(-69)	-4 788	-3 792	5 470

注：括弧内数字为2001年进口、出口贸易额比2000年增长的百分数，贸易差额为出口贸易额减进口贸易额。中国进出口贸易额以千美元计，欧盟国家进出口贸易额以千欧元计。

表 3 中国与欧盟国家 2000 年～2001 年各种光谱分析仪器进出口贸易额（×1000 美元）

	2001 年进口贸易额	2001 年出口贸易额	2001 年贸易差额	2000 年贸易差额	进出口贸易总额
中国	55 590（+34.9）	8 680（+20.8）	-46 910	-34 020	64 270
欧盟国家（总）	356 239（+8）	399 751（+11）	43 513	30 763	755 990
德国	127 283（-9）	166 917（+7）	39 634	16 371	294 200
荷兰	78 340（+14）	16 500（+53）	-61 841	-57 943	94 840
英国	43 546（+21）	114 865（+11）	71 391	67 903	158 411
法国	29 735（+19）	38 447（+20）	8 711	7 105	68 182
意大利	28 209（-16）	7 605（-6）	-20 604	-16 191	35 814
瑞典	16 972（+36）	16 608（-12）	-364	5 807	33 580
西班牙	8 251（+36）	1 757（+169）	-6 494	-5 430	10 008

注：括弧内数字为 2001 年进口、出口贸易额比 2000 年增长的百分数，贸易差额为出口贸易额减进口贸易额。中国进出口贸易额以千美元计，欧盟国家进出口贸易额以千欧元计。

2001 年全球分析仪器及实验室设备行业排行榜

据 Instrumenta 报道，2001 年合并产生的企业数由 2000 年的 40 家增加到 70 家。促成这一增长的原因有二：一个是与 2000 年相比，2001 年各公司的估价降低；另一个是各公司为增加他们股东的价值所作的努力。此外，为新药研制市场创造一个独立的仪器和设备供应渠道的趋势在 2001 年更加强劲了。

由于 Kendro Laboratory Products 的 SPX 公司产品进入到重新命名的 Revco 子公司，从而使 SPX 公司在分析仪器市场供应商中的排名一下子提升了很多。此外，Protean 公司的仪器业务已破产并变卖，与 Barloworld 公司共同收罗了 Jenway、Techne、Carbolite 和 LIP，Apogent 公司购买了包括 Chromacol、Amchro 和 Epson Glass 在内的色谱业务。与此同时，PerkinElmer 生命科学部通过购买 Packard BioScience 继续其建立领先的生命科学商务计划。另一个药品开发市场供应商的重要变化是 Mettler - Teledo 收购了专门从事移液装置的 Rainin 公司。

实验室产品的份额继续由 Merck 公司的 VWR 国际部和 Fisher 科学公司所统治，他们总共的年销售额超过了 56 亿美元（5.60×10^9 美元）。年终通过购买 Cole - Parmer 又增加了 1.7 亿美元（170×10^6 美元）。

虽然 IPOs（设备生产订货）数量 2001 年是有计划的，但是，不好的市场条件使得只有一家有影响的公司完成计划，这就是 Bruker AXS 增加了 0.53 亿美元（53×10^6 美元），而 Vivascience、Eppendorf 和 Amersham Bioscieces 都没有继续前进，被拉了下来。

在回顾 2001 年分析仪器销售市场情况时发现，约有 10% 的公司排名有所上升，有 3% 左右的公司排名有所下降，而前一年（2000 年）这一数字分别为 9% 和 3%。

在列入排行榜的 615 个企业中，约有 40% 企业的销售额是由该公司的最高权力机构所确认，其余的或由去年 Instrumenta 上的数据确认、或来源于公司的报告、或由其 2000 年的收入推断。

排行榜中包括了 20 多个中国企业。

以下给出仪器主导制造厂家和第二集团仪器供应厂商的名称和大约的销售额：

仪器主导制造厂家

销售额($\times 10^6$ 美元)	厂 家 名 称
> 1000	Agilent(美国);Applied Biosystems Group(美国);Thermo Electron(美国).
900 ~ 1000	Amersham Biosciences(美国);PerkinElmer(美国).
800 ~ 900	Waters(美国).
600 ~ 700	Milipore(美国);Shimadzu(日本);Invitrogen(美国).
500 ~ 600	Apogent(美国);Hitachi(日本).
400 ~ 500	Beckman Conlter(美国); Mettler - Toledo(瑞士); Varian(美国)
300 ~ 400	Bio - Rad(美国);Danaher(美国);Roper(美国);Sartorius(德国);SPX/Kendro Laboratory Products(美国);Thermo Finnigan(美国).

第二集团仪器供应厂商

销售额(百万美元)	厂 家 名 称
200 ~ 300	ABB Analytical(瑞士);Bruker BioSpin (美国); Cuno(美国);Emerson Process(Rosemount Analitical, Uniloc, PAD, Tekmar Dohrman)(美国);Eppendort(德国); Horiba(日本);JEOL(日本);Pall(美国);Qiagen(荷兰);Rigaku(日本);Seiko Instruments(日本);Tecan(瑞士);Waters/Micromass(美国).
150 ~ 200	A & D(日本);Affymertrix(美国);Canberra(法国);Corning(美国);Dionex(美国);Fisher Scientific/Cole - Parmer(美国);Foss(丹麦);Leco(美国);Olympus Optical(日本);Philips Analytical(荷兰);Veeco/Digital Instruments,TM Miroscoscopes(美国).

注:原报告中还列出了年销售额在 1 百万美元 ~ 150 百万美元的企业,读者如想知道这些企业的名称和年销售额,可与我们联系。报告中列出的销售额最高的中国企业的销售额在 20 ~ 30 百万美元,有 4 家:1 家台湾公司、1 家香港公司和 2 家内地公司;销售额在 15 ~ 20 百万美元的有 1 家;销售额在 10 ~ 15 百万美元的有 2 家(包括 1 家台湾公司和 1 家香港公司);销售额在 3 ~ 5 百万美元的有 6 家(包括 1 家香港公司);销售额在 1 ~ 3 百万美元的有 17 家。由此数据估算,全世界分析仪器的销售额约在 280 亿美元左右。

气相色谱仪的未来市场

很多人都认为气相色谱仪是分析仪器市场中最饱和的一种分析仪器。尽管如此,一份有关美国色谱消耗品市场的最新报告认为,气相色谱仪是一个潜在的市场,就是在美国经济衰退的情况下,气相色谱仪的市场也不受经济衰退的影响。一些主要的气相色谱仪供应商对《Instrumenta》说,对气相色谱仪现在或将来的需求增长要持谨慎态度。

来自商业信息公司{生意沟通 Co(Stamford, CT)}的报告估计,美国气相色谱试剂的市场 2000 年为 57×10^6 美元,2001 年增长到 80×10^6 美元。而美国商业部的数字表明,1999 年至 2001 年美国气相色谱仪的出口下降了 21%,这两个数字是相互矛盾的。按年增长率为 39% 计算,商业信息公司(BCC)预测气相色谱试剂的市场 2002 年为 113×10^6 美元,到 2007 年为 585.3×10^6 美元。相比之下,美国所有各种色谱试剂的年平均增长只有 12%。该报告的作者把增长的需求归结为环境测试和该项技术新应用领域的开发。多数意见认为全世界现有的气相色谱仪数量超过150 000台,气相色谱仪的市场大约在700×10^6美元至800×10^6美元之间。

Thermo Finnigan(San Jose,加州)的报告认为,气相色谱仪的销售还有3年的增长,特别是2002年的订单看涨。然而该公司的一位气相色谱仪产品经理告诉我们,这可能只是反映Thermo的信誉,而不是市场的需求,“虽然你不能低估该市场在中国,印度和伊朗的繁荣(该繁荣是由其他仪器市场的下降为代价的),但总体上还是比较低迷的”。

在注意到气相色谱技术的改进使得类似美国那样的发达市场上的气相色谱仪销售降低时,他继续说道,“美国市场低迷的主要原因是该市场是个饱和市场、是个被取代了的市场,以及分析人员的大量减少。现在,很多气相色谱仪所作的工作有被其他更好的方法所取代的趋势”。换而言之,更快、更好的分析仪器将占据更大的市场。

公司气相色谱仪销售额的增长应归功于比以前更好地覆盖了世界其他地方的市场和更完善的仪器(特别是石油化工使用的气相色谱仪),以及更好的服务(包括咨询和培训)。近年来,Thermo由仅仅制造仪器向为解决某领域应用而将方法与仪器一起销售而努力,这也反映了世界范围内仪器销售的趋势。

尽管该公司在气相色谱仪领域的销售很好,但该公司的发言人还是认为气相色谱仪的市场总体上还是比较低迷的。他指出的一个特殊因素是气相色谱仪和气相色谱-质谱仪的市场销售比例变化了。他说:“一些带有多检测器的气相色谱仪被气相色谱-质谱仪所取代,因为两者的价格相差不大。很多实验室都换了气相色谱-质谱仪,而单独的气相色谱仪数量在减少”。

气相色谱-质谱仪

带有多检测器的气相色谱仪被气相色谱-质谱仪所取代的观点去年被Bruchbůhler AG(Zurich,Switzerland)所证实,他们统计为:5年前每10台气相色谱仪有一台气相色谱-质谱仪,而现在每3台气相色谱仪就有一台气相色谱-质谱仪。(见*instrumenta* 17 (21))。Mike Feeney,Agilent Technologies Inc(Palo Alto,CA)D的气相色谱仪的市场经理,也同意这一观点。他对*instrumenta*说,气相色谱-质谱仪的销售相对于气相色谱仪的增长是用户“力图最大限度地发挥每一台仪器的灵活性和价值”的结果,也是紧缩银根的一种表现。

Agilent公司有最大的气相色谱仪市场份额,Feeney说,尽管工业检测不要求气相色谱仪的市场增长,但是Agilent公司2002年仍有很好的市场,……我们在气相色谱仪和气相色谱-质谱仪方面都比前一年有所增长,超过了预定的目标。无论如何,Feeney相信这一增长并不仅仅是由于较高的单价:“其中一些是市场上的真实增长,而不仅仅是单价的问题。气相色谱 - 质谱仪越来越成为标准方法所需,从气相色谱仪市场中取得了一定的份额。气相色谱仪的平均售价在25 000 ~ 30 000美元,而典型的气相色谱-质谱仪的价格在55 000 ~ 60 000美元。”他认为“现在环境测试更多的选用气相色谱-质谱仪。”气相色谱-质谱仪是气相色谱仪市场中增长最快的一个领域,特别是在亚洲。

与Thermo Finnigan相同,Agilent公司2002年气相色谱仪市场的增长主要在中国和太平洋周边国家(包括日本),在欧洲和美国气相色谱仪的销售也稍有增长,这主要归功于美国本土安全方面的的应用和欧洲食品检测的需求。在中国和其他发展中国家用于环境分析的气相色谱仪市场正在扩大,特别是在食品安全方面的市场,因为与西方贸易的更加开放迫使厂家必须保证产品的质量。Feeney补充道:“在中国气相色谱仪市场的增长还远未达到峰值”,与此同时俄罗斯和东欧的气相色谱仪市场也呈上升趋势。

替代市场

尽管存在上述的市场扩大机会,Feeney却赞同当前气相色谱仪市场仍处于低迷状态的说法,气相色谱仪市场的稍许增长,应归功于总公司加强了市场开发和用较少的仪器加强了应用实验。但是,市场的替代不一定是坏事。Feeney说:“我们确信,在短期内除了气相色谱-质谱仪外,没有一项技术能够取代对气相色谱仪的需求”,即使是液相色谱-质谱仪也不能取代气相色谱仪的常规应用。因此,尽管气相色谱仪市场在减小,但在没有确认气相色谱仪将被取代之前,公司只能延缓对替代市场(气相色谱-质谱仪)的资金投入。

分析仪器市场走向

——美国出口下降,德国和日本出口增加

2000 年分析仪器贸易数据表明:美国出口下降,德国和日本出口增加。

根据政府公布的贸易统计数据,整理出以下三个表(表 1 ~ 表 3),列出美、德、日三国 1999 年和 2000 年主要分析仪器国际贸易数字,并作分析说明如下:

表 1 美国 1999 - 2000 贸易

	2000 年($\times10^6$ 美元)	1999 年($\times10^6$ 美元)	变化(%)
液相色谱			
进口	18.0	11.2	+61
出口	79.5	92.4	-14
差额	61.5	81.2	-24
气相色谱			
进口	7.3	9.3	-22
出口	111.5	131.1	-15
差额 104.2	121.8	-14	
光谱仪器			
进口	172.8	141.0	+23
出口	288.7	319.9	-10
差额	115.9	178.9	-35

分析说明:

1. 美国:进出口顺差,2000 年比 1999 年有所下降,光谱仪器下降 35%,液相色谱下降 24%,气相色谱下降 14%。
2. 2000 年美国出口的买方依次为:

光谱仪器:日本 34.9×10^6 美元,德国 33.1×10^6 美元,加拿大 27.1×10^6 美元,荷兰 24.5×10^6 美元,英国 18.3×10^6 美元。

液相色谱:荷兰 16.3×10^6 美元,日本 13.4×10^6 美元,加拿大 6.4×10^6 美元,德国 6.1×10^6 美元,韩国 5.2×10^6 美元,英国 4.0×10^6 美元。

气相色谱:德国 22.7×10^6 美元,日本 15.4×10^6 美元,荷兰 10.4×10^6 美元。

3. 2000 年美国进口的卖方依次为:

光谱仪气:英国 31.0×10^6 美元,瑞士 29.6×10^6 美元,德国 29.3×10^6 美元。

液相色谱:日本 10.5×10^6 美元,英国 3.2×10^6 美元,德国 2.8×10^6 美元。

表2 德国1999年～2000年的贸易

	2000年(×10^6美元)	1999年(×10^6美元)	变化(%)
色谱和电泳			
进口	74.8	78.6	-5
出口	86.7	83.6	+4
差额	11.9	5.0	+138
光谱仪器			
进口	159.6	117.2	+36
出口	262.9	224.7	+17
差额	103.3	107.5	-4

分析说明：

1. 德国：进出口顺差，2000年比1999年有所提高，色谱和电泳上升幅度较大，为138%，光谱仪器下降4%。
2. 2000年德国出口的买方依次为：光谱仪器：美国40.9×10^6美元，英国21.8×10^6美元，意大利21.6×10^6美元，荷兰19.9×10^6美元。

   色谱和电泳：英国11.3×10^6美元，法国8.1×10^6美元，意大利8.1×10^6美元，美国7.6×10^6美元。
3. 2000年德国进口的卖方依次为：

   光谱仪器：美国81.2×10^6美元，日本22.3×10^6美元，瑞士18.7×10^6美元，英国10.2×10^6美元。

   色谱和电泳：美国57.9×10^6美元，日本11.6×10^6美元，英国10.7×10^6美元。

表3 日本1999年～2000年的贸易

	2000年(×10^6美元)	1999年(×10^6美元)	变化(%)
色谱和电泳			
进口	80.2	92.1	-13
出口	59.2	59.9	-1
差额	-21.0	-32.2	-35
光谱仪器			
进口	112.8	130.3	-13
出口	59.8	57.6	-14
差额	53.0	-72.8	-27

分析说明：

1. 日本：进出口是逆差，2000年比1999年逆差下降较大，色谱和电泳下降35%，光谱仪器下降27%。
2. 2000年日本出口的买方依次为：

   光谱仪器：美国10.9×10^6美元，南韩7.6×10^6美元，德国6.0×10^6美元，台湾5.8×10^6美元，中国5.4×10^6美元。

   色谱仪器和电泳：美国17.9×10^6美元，南韩6.3×10^6美元，中国6.2×10^6美元。
3. 2000年日本进口的卖方依次为：

   光谱仪器：美国36.8×10^6美元，英国32.1×10^6美元，瑞士12.9×10^6美元。

   色谱仪器和电泳：美国57.0×10^6美元，瑞典7.8×10^6美元，英国5.4×10^6美元。

总结：从上三表可以看出几个特点：

1. 以上提到的国家是世界主要贸易国家。

2. 从贸易额平衡看，美国和德国是顺差，德国出差增加很快，直追美国，日本是逆差。

3. 中国进出口额所占世界比重不大。根据以上买方数字可以评估中国分析仪器进口大小，无中国数据的，以买方最小数为底，累积加权，不大于2亿美元。

三、国产科学仪器及实验室设备产品推荐

为了贯彻落实"发展高科技，实现产业化，提高科技持续创新能力，实现技术跨越发展"的科技指导方针，鼓励和推动我国科学仪器事业的发展，应对加入WTO后我国科学仪器企业面临的巨大商机和挑战，中国分析测试协会和中国仪器仪表学会在科技部条件财务司的支持下，分别于1999年和2000年进行了"国产科学仪器及实验室设备产品"的推荐工作，在社会上产生了一定的影响。为进一步推动我国科学仪器事业的发展，扩大国产科学仪器市场占有率，提高产品的信誉度，2002年，我们组织了第三次"国产科学仪器及实验室设备产品推荐"工作，旨在肯定和宣传质量稳定、技术成熟、售后服务良好的国产科学仪器及实验室设备。现将三次推荐的产品目录提供给大家，作为选购科学仪器及实验室设备时的参考。

2002年国产科学仪器及实验室设备产品推荐

序号	仪器名称	型号	生产厂家	电话
一、通用类仪器				
1. 电子光学仪器				
1	KYKY-3800型全计算机控制扫描电子显微镜	KYKY-3800	北京中科科仪技术发展公司	010-62562348
2	扫描探针显微镜(SPM)	HL-Ⅱ	北京市中科机电设备公司	010-62537836
2. 离子光学仪器				
1	四极质谱仪	ZQA-402	北京中科科仪技术发展有限公司	010-62562348
3. 射线仪器				
1	微机-多道一体化能谱仪	BH1224(A)	北京核仪器厂	010-65812082
4. 光谱仪器				
1	可见分光光度计	7200	尤尼柯(上海)仪器有限公司	021-64851004
2	可见分光光度计	S22PC	上海棱光技术有限公司	021-63025595
3	可见分光光度计	S24	上海棱光技术有限公司	021-63025595
4	紫外分光光度计	S51/S52	上海棱光技术有限公司	021-63025595
5	紫外可见分光光度计	S53/S54	上海棱光技术有限公司	021-63025595
6	荧光分光光度计	F95	上海棱光技术有限公司	021-63025595
7	荧光分光光度计	F96CRT	上海棱光技术有限公司	021-63025595
8	可见分光光度计	SP-1105(721)	上海光谱仪器有限公司	021-64959840
9	可见分光光度计	SP-2000(722)	上海光谱仪器有限公司	021-64959840
10	可见分光光度计	SP-2100(723)	上海光谱仪器有限公司	021-64959840

续表

序号	仪器名称	型号	生产厂家	电话
11	紫外分光光度计	SP－1105UV(751)	上海光谱仪器有限公司	021－64959840
12	紫外可见分光光度计	SP－2000UV(752)	上海光谱仪器有限公司	021－64959840
13	紫外可见分光光度计	SP－2100UV(754)	上海光谱仪器有限公司	021－64959840
14	紫外可见分光光度计	SP－2102UV(756)	上海光谱仪器有限公司	021－64959840
15	紫外可见分光光度计	SP－2102(Ⅳ)	上海光谱仪器有限公司	021－64959840
16	紫外可见分光光度计	SP－2102(Ⅴ)	上海光谱仪器有限公司	021－64959840
17	紫外检测仪	WFH－8802	温州市孚华分析仪器厂	0577－88340160
18	三用紫外分析仪	WFH－203	温州市孚华分析仪器厂	0577－88340160
19	多功能紫外透射反射分析仪	WFH－201	温州市孚华分析仪器厂	0577－88340160
20	双道原子荧光光度计	AFS－820	北京吉大小天鹅仪器有限公司	010－64392394
21	双道原子荧光光度计	AFS－2202a	北京万拓仪器有限公司	010－64392346
22	双道原子荧光光度计	AFS－830	北京吉大小天鹅仪器有限公司	010－64392394
23	双道原子荧光光度计	AFS－230a	北京万拓仪器有限公司	010－64392346
24	原子吸收分光光度计	AA370MC	上海精密科学仪器有限公司分析仪器总厂	021－64835890
25	双光束紫外可见分光光度计	760CRT	上海精密科学仪器有限公司分析仪器总厂	021－64835890
26	紫外可见分光光度计	756CRT	上海精密科学仪器有限公司分析仪器总厂	021－64835890
27	原子吸收分光光度计	AA320/AA320CRT	上海精密科学仪器有限公司分析仪器总厂	021－64835890
28	双光束紫外可见分光光度计	UV762	上海精密科学仪器有限公司分析仪器总厂	021－64835890
29	原子荧光光度计	XGY－1012	地质科学院物化探研究所	0316－2018984
30	MPT原子发射光谱仪	520、1020	长春吉大·小天鹅仪器有限公司	0431－5181081
31	可见分光光度计	VIS7200	上海天美科学仪器有限公司	021－64870138
32	双光束紫外/可见分光光度计	UV8500系列	上海天美科学仪器有限公司	021－64870138
33	光栅单色仪	WDG30、WDG30－2	北京光学仪器厂	010－69544601－427
34	小型光栅单色仪	WDG10	北京光学仪器厂	010－69544601－427
35	光栅紫外可见分光光度计	752、752Z	北京光学仪器厂	010－69544601－427
36	光栅可见分光光度计	722、722Z	北京光学仪器厂	010－69544601－427
37	原子荧光光谱仪	WF－610A	北京瑞利分析仪器公司	010－64361320
38	原子吸收分光光度计	WFX－130	北京瑞利分析仪器公司	010－64361320
39	傅立叶变换红外光谱仪	WQF－310/410	北京瑞利分析仪器公司	010－64361320
40	傅立叶变换红外光谱仪	WQF－200	北京瑞利分析仪器公司	010－64361320
41	傅立叶变换近红外光谱仪	WQF－400N	北京瑞利分析仪器公司	010－64361320
42	紫外可见分光光度计	UV－2100	北京瑞利分析仪器公司	010－64361320
43	紫外可见分光光度计	UV－1600	北京瑞利分析仪器公司	010－64361320
44	紫外可见分光光度计	UV－2000	尤尼柯(上海)仪器有限公司	021－64851004
45	金属原位分析仪	OPA－100	北京纳克分析仪器有限公司	010－62181059
46	紫外可见分光光度计	UV－2102PC	尤尼柯(上海)仪器有限公司	021－64851004

续表

序号	仪器名称	型号	生产厂家	电话
47	紫外可见分光光度计	UV－2102C	尤尼柯(上海)仪器有限公司	021－64851004
48	紫外分析仪	WD－9403系列（A、B、C、D、E型）	北京市六一仪器厂	010－88121538 88141391
49	原子吸收光谱仪	AA7000系列（6种型号）	北京东西电子技术研究所	010－62881688
	5. 色谱仪器			
1	气相色谱仪	SP－2100	北京北分瑞利分析仪器(集团)有限责任公司	010－66185240
2	离子色谱仪	EP－2000	北京市历元电子仪器技贸公司	010－82895373
3	气相色谱仪	GC112A	上海精密科学仪器有限公司分析仪器总厂	021－64835890
4	气相色谱仪	GC102AF、GC102AT	上海精密科学仪器有限公司分析仪器总厂	021－64835890
5	江申高效液相色谱仪	LC－10/LC－100	大连江申分离科学技术公司	0411－3629755
6	高效液相制备色谱仪	P260	大连依利特分析仪器有限公司	0411－3635253 3635139
7	自动液相色谱分离层析仪	MA、MB、MC系列	上海沪西分析仪器厂	021－62396112
8	电力系统专用气相色谱仪	GC－900－SD	上海海欣色谱仪器有限公司	021－62100070
9	气相色谱仪	GC－950	上海海欣色谱仪器有限公司	021－62100070
10	气相色谱仪	GC－920	上海海欣色谱仪器有限公司	021－62100070
11	气相色谱仪	GC－960	上海海欣色谱仪器有限公司	021－62100070
12	离子色谱仪	IC1000	上海天美科学仪器有限公司	021－64870138
13	毛细管液相色谱－气相色谱联用仪	科分EM206	大连科美精密仪器有限公司	0411－3693515
14	微型气相色谱仪	科分GC－2100M	大连科美精密仪器有限公司	0411－3693515
15	色相色谱仪	SP－6800A	山东鲁南瑞虹化工仪器公司	0632－5581056
16	气相色谱仪	SP－2000	山东鲁南瑞虹化工仪器公司	0632－5581056
17	气相色谱仪	SP－2000	北京北分瑞利分析仪器(集团)有限责任公司	010－66185240
18	高压液相色谱仪	LC－5500	北京东西电子技术研究所	010－62881688
19	气相色谱仪	GC－4000系列（23种型号）	北京东西电子技术研究所	010－62881688
20	离子色谱仪	EP－100	北京市历元电子仪器公司	010－62187834
	7. 电化学仪器			
1	工业酸度计	HBPH－3	北京环科环保技术公司	010－88361692

续表

序号	仪 器 名 称	型 号	生 产 厂 家	电 话
2	极谱分析仪	JP-303	成都仪器厂	028-86935160
3	微量水分仪	USI-1AB	成都仪器厂	028-86935160
4	高效毛细管电泳仪	ACS2000	北京彩陆科学仪器有限公司	010-68131826
5	全自动卡氏微量水份测定仪	ZDJ-1S	北京先驱威锋技术开发公司	010-62304468
6	全自动电位滴定仪	ZDJ-1D	北京先驱威锋技术开发公司	010-62304468
7	电泳仪	DYY-系列产品（2、4、5、6、7、8、10、11、12型）	北京市六一仪器厂	010-88121538 88141391
8	水分测定仪	WA-2	江苏江环分析仪器有限公司	010-62329075
9	砷含量测定仪	As-1	江苏江环分析仪器有限公司	010-62329075
10	盐含量测定仪	RPA-100C	江苏江环分析仪器有限公司	010-62329075
11	微库仑滴定仪	RPA100-200	江苏江环分析仪器有限公司	010-62329075
12	溴价、溴指数测定仪	RPA-100Br	江苏江环分析仪器有限公司	010-62329075
13	工业 pH 计	Hz3500	天华化工研究设计院分析仪表所	0931-7355447
	8. 生化分离分析仪器			
1	多道生理记录及信号采集与处理系统	RM-6240 系列	成都仪器厂	028-86935160 86935452
2	生物传感分析仪	SBA-40C	山东省科学院生物研究所	0531-2605923
3	生物传感分析仪	SBA-50B	山东省科学院生物研究所	0531-2605923
4	生物传感分析仪	SBA-40	山东省科学院生物研究所	0531-2605923
5	自动酶标洗板机	DEM-Ⅲ	北京拓普分析仪器有限责任公司	010-84047728
6	多功能微生物自动测量分析仪	ZY-300Ⅳ	北京先驱威锋技术开发公司	010-62304468
	9. 气体分析仪器			
1	防爆氢分析器	QRD-101	北京北分麦哈克公司	010-64250916 010-62454243
2	红外定氧仪	IRO-Ⅰ、IRO-Ⅱ	北京纳克分析仪器有限公司	010-62182160
3	数字式氢含量测定仪	科分 100A	大连科美精密仪器有限公司	0411-3693515
4	总烃在线分析仪	科分 300	大连科美精密仪器有限公司	0411-3693515
5	便携式可燃气体检测报警仪	SK6300	北京科力新技术发展总公司	010-62656996 62656966
6	固定式一氧化碳检测变送器	SK6100	北京科力新技术发展总公司	010-62656996 62656966
7	袖珍式一氧化碳检测报警仪	SK103	北京科力新技术发展总公司	010-62656996 62656966

续表

序号	仪器名称	型号	生产厂家	电话
8	固定式可燃气体检测变送器	SK6402	北京科力新技术发展总公司	010－62656996 62656966
9	固定式一氧化碳检测变送器	SK6403	北京科力新技术发展总公司	010－62656996 62656966
10	热导式氢分析器	QRD－1102A	北京北分麦哈克公司	010－62450916 62454243
11	微机化氧分析器	QZS－9601	北京北分麦哈克公司	010－62450916 62454243
	10. 显微镜及图像分析仪器			
1	半导体芯片检测显微镜	XT－500D， XT－1000D， XT－1000B	北京创微达科技发展有限公司	010－84045861
2	图象分析仪	LIM－2000	北京纳克分析仪器有限公司	010－62182160
3	生物显微镜	BK1000	重庆光电仪器总公司	023－67852333
4	双目生物显微镜	XSP－18B（A）	北京市科仪电光仪器厂	010－67237971
5	三目生物显微镜	XSZ－21	北京市科仪电光仪器厂	010－67237971
6	双目连续变倍体视显微镜	XTL－IA	北京市科仪电光仪器厂	010－67237971
7	三目连续变倍体视显微镜	XTL－IIA	北京市科仪电光仪器厂	010－67237971
8	三目连续变倍体视显微镜	XTL－IIA/CTV	北京市科仪电光仪器厂	010－67237971
9	显微熔点测定仪	XT4A	北京市科仪电光仪器厂	010－67237971
10	显微图像分析记录仪	XTH－/VTV	北京市科仪电光仪器厂	010－67237971
11	显微熔点测定仪	XT5	北京市科仪电光仪器厂	010－67237971
12	显微熔点测定仪	XT6	北京市科仪电光仪器厂	010－67237971
	11. 天平及热分析仪器			
1	红外水份测定仪	DHS－20	上海精密科学仪器有限公司天平仪器厂	021－64940540
2	电子天平	JA2003	上海精密科学仪器有限公司天平仪器厂	021－64940540
3	电子天平	FA2004	上海精密科学仪器有限公司天平仪器厂	021－64940540
4	机械天平	TG328A	上海精密科学仪器有限公司天平仪器厂	021－64940540
5	差热天平	PCT－2A	北京光学仪器厂	010－68544601－427
6	电子天平	JA 系列（JA12002， JA21002，JA31002）	上海精密科学仪器有限公司天平仪器厂	021－64362891
7	微机差热天平	WCT－2A	北京光学仪器厂	010－69544601－427

续表

序号	仪器名称	型号	生产厂家	电话
	12. 力学和物性分析仪器			
1	200kN 微机控制水泥压力试验机	YEW-200	北京力智方科技开发有限责任公司	010-62557146
2	微机三元素分析仪	QL-BS1	南京麒麟高速分析仪器厂	025-7339999
3	碳硫分析仪	QL-CS2 系列	南京麒麟高速分析仪器厂	025-7339999
4	数字式超声波探伤仪	KK30	武汉中科创新技术公司	027-87864870
5	数字式超声波探伤仪	HS510	武汉中科创新技术公司	027-87864870
6	数字式超声波探伤仪	HS600	武汉中科创新技术公司	027-87864870
7	数字式超声波探伤仪	KW-4	武汉中科创新技术公司	027-87864870
8	数字式超声波探伤仪	KW-4A	武汉中科创新技术公司	027-87864870
		二、专用类仪器		
	1. 农、林业			
1	智能化土壤水分快速测试仪	TSCII	北京智海电子仪器厂	010-62326238
2	土壤水分传感器	SWR	北京智海电子仪器厂	010-62326238 62336972
3	土壤墒情(旱情)监测系统	TSC	北京智海电子仪器厂	010-62326238 62336972
4	高效食品精细指标检测仪	QT-1180	四川省科泰检测技术发展有限公司	028-83197585
5	农药残毒快速检测仪	RP-410	北京瑞利谱创仪器技术有限公司	010-64350109
6	益农牌土壤肥料养分速测成套测试设备	YN	河南农大机电技术开发中心	0371-3845624
7	益农牌土壤肥料养分速测仪	YN2000 (4000)	河南农大机电技术开发中心	0371-3845624
8	土壤水分测定传感器	YN	河南农大机电技术开发中心	0371-3845624
	2. 环境监测			
1	水质连续自动监测系统	TW-6000	北京普析通用仪器有限责任公司	010-62319830
2	甲醛测定仪	GDYQ	长春吉大·小天鹅仪器有限公司	0431-5181081
3	化学耗氧量(COD)在线自动监测仪	XH9005	河北先河科技发展有限公司	0311-3994594
4	城市空气质量连续自动监测系统	XH2000	河北先河科技发展有限公司	0311-3994594

续表

序号	仪 器 名 称	型 号	生 产 厂 家	电 话
5	降雨自动监测仪	XHARM30	河北先河科技发展有限公司	0311－3994594
6	红外分光测油仪	OIL420	北京华夏科创仪器技术有限公司	010－82896091－104
7	水质自动采样器	HBCY－1	北京环科环保技术公司	010－88361692
8	超声波明渠流量计	HBML－3	北京环科环保技术公司	010－88361692
9	污水水质水量自动监测系统	HBMSC	北京环科环保技术公司	010－88361692
10	在线化学需氧量分析仪	HBCOD－1	北京环科环保技术公司	010－88361692
11	磷酸根分析仪	HK－208	北京华科仪电力仪表研究所	010－82896675
12	硅酸根监测仪	HK－118W	北京华科仪电力仪表研究所	010－82896675
13	硅酸根监测仪	HK－118C	北京华科仪电力仪表研究所	010－82896675
14	磷酸根监测仪	HK－108W	北京华科仪电力仪表研究所	010－82896675
15	磷酸根监测仪	HK－108C	北京华科仪电力仪表研究所	010－82896675
16	硅酸根分析仪	HK－218	北京华科仪电力仪表研究所	010－82896675
5. 计量				
1	旋转粘度计	NXS－11A	成都仪器厂	028－86935160 86935452
2	白度测定仪	ZBD	温州仪器仪表有限公司	0577－86554149
3	数字白度仪	SBD－1B	温州仪器仪表有限公司	0577－86554149
4	反射式黑度仪	FHD－1	温州仪器仪表有限公司	0577－86554149
5	智能式多角光泽度仪	ZGD－1	温州仪器仪表有限公司	0577－86554149
6	旋转式粘度计	NDJ－1	上海精密科学仪器有限公司天平仪器厂	021－64940540
7. 核仪器				
1	康普顿散射微机多道谱仪	BH1307	北京核仪器厂	010－65810595
2	便携式 X－γ 剂量率仪	BH3103A	北京核仪器厂	010－65810595
3	环境 γ 谱仪系统	BH1224F	北京核仪器厂	010－65810595
4	低本底 γ、β 测量仪	BH1216 型	北京核仪器厂	010－65810595
5	大面积 γ、β 检查仪	FJ－402	北京核仪器厂	010－65810595
6	微机热释光剂量仪	FJ4274A1	北京核仪器厂	010－65810595
7	γ 计数器	FT630G(1)型	北京核仪器厂	010－65810595
8	组合式 γ 计数器	BH6020	北京核仪器厂	010－65810595
9	环境 γ 谱仪	BH1936	北京核仪器厂	010－65810595
10	微机放射性活度计	FJ391A3	北京核仪器厂	010－65810595
11	核子水分密度仪	FJ－2	北京求真机电设备研究所	010－68913192
12	放射性核素活度计	RM－905A	中国计量科学研究院	010－64214927
13	电离室剂量计	T6580	中国计量科学研究院	010－64211631－2809

续表

序号	仪器名称	型号	生产厂家	电话
	8. 颗粒测量			
1	干粉激光粒度分析仪	JL9300	济南微纳仪器有限公司	0531-7156134
2	便携式高分辨激光粒度分析仪	JL9200A/B	济南微纳仪器有限公司	0531-7156134
3	台式激光粒度分析仪	winner2000A/B	济南微纳仪器有限公司	0531-7156134
4	激光粒度分布仪	BT-9300	丹东市百特仪器有限公司	0415-6184440
5	扫描沉降式粒度分布仪	BT-2000	丹东市百特仪器有限公司	0415-6184440
6	粉体综合特性测试仪	BT-1000	丹东市百特仪器有限公司	0415-6184440
7	离心沉降式粒度分布仪	BT-1500	丹东市百特仪器有限公司	0415-6184440
8	圆盘离心超细粒度分布仪	BT-3000A	丹东市百特仪器有限公司	0415-6184440
9	激光粒度分析仪	LS-POP(Ⅲ)	珠海欧美克科技有限公司	0756-3391999
10	激光粒度分析仪	LS800	珠海欧美克科技有限公司	0756-3391999
11	激光粒度分析仪	LS601	珠海欧美克科技有限公司	0756-3391999
12	激光粒度分析仪	DP-01P	珠海欧美克科技有限公司	0756-3391999
13	激光粒度分析仪	LS-CWM(Ⅱ)	珠海欧美克科技有限公司	0756-3391999
14	激光粒度分析仪(干粉进样)	LS-C(Ⅰ)	珠海欧美克科技有限公司	0756-3391999
15	电阻法(库尔特)颗粒计数器	RC-2000	珠海欧美克科技有限公司	0756-3391999
16	颗粒图像处理仪	PIP6.0	珠海欧美克科技有限公司	0756-3391999
17	颗粒图像处理仪	PIP7.0	珠海欧美克科技有限公司	0756-3391999
	10. 能源、交通			
1	快速测硫仪	天龙-DL400	鹤壁市天龙煤质仪器有限公司	0392-2670886
2	快速灰分测定仪	HF-Ⅱ	鹤壁实验设备厂	0392-2621555
3	胶质层指数测定仪	JC-2	鹤壁实验设备厂	0392-2621555
4	微电脑时温控制仪	天龙-WK500	鹤壁市天龙煤质仪器有限公司	0392-2670886
5	微机自动灰熔点测定仪	天龙-HR500	鹤壁市天龙煤质仪器有限公司	0392-2670886
6	微机全自动发热量测量仪	天龙-LY300	鹤壁市天龙煤质仪器有限公司	0392-2670886
7	微电脑精密快速自动热量计	WZR-1	长沙仪器厂	0731-5589118
	14. 实验室装置与实验室设备			
1	实验室超纯水器	UPW-10N	北京市历元电子仪器技贸公司	010-82895373
2	药瓶柜及实验车、干燥架	F系列,S系列	天津市拉贝尔实验室设备有限公司	022-68684838
3	中央实验台	M系列	天津市拉贝尔实验室设备有限公司	022-68684838
4	实验边台	M系列	天津市拉贝尔实验室设备有限公司	022-68684838
5	通风柜	TFY-120S,TFY0150S,TFY0180S	天津市拉贝尔实验室设备有限公司	022-68684838

续表

序号	仪器名称	型号	生产厂家	电话
6	实验室洗涤台	M系列	天津市拉贝尔实验室设备有限公司	022－68684838
7	药品柜、仪器柜	M系列	天津市拉贝尔实验室设备有限公司	022－68684838
8	试剂架、药品吊柜	M系列	天津市拉贝尔实验室设备有限公司	022－68684838
9	实验室工作台	G系列、M系列	天津市拉贝尔实验室设备有限公司	022－68684838
10	电热三用水箱	BDS、60cm	北京市医疗设备厂	010－66183314
11	电热三用水箱	BDS2，42cm	北京市医疗设备厂	010－66183314
12	电热恒温水箱	BHW2－Ⅰ，420cm	北京市医疗设备厂	010－66183314
13	电热恒温水浴锅	GSY4－Ⅱ，二列四孔	北京市医疗设备厂	010－66183314
14	电热恒温水浴锅	GSYz－Ⅱ，一列二孔	北京市医疗设备厂	010－66183314
15	电热蒸馏水器	DZ2	北京市医疗设备厂	010－66183314
16	高纯氩气净化器	Zg－Ⅲ	北京有色金属研究总院	010－62014488－2528
17	高纯全自动循环手套箱	Vg－Ⅲ	北京有色金属研究总院	010－62014488－2528
18	标准19″机柜	KYKY	北京中科科仪技术发展有限责任公司	010－62565815 62520349
19	便携式远红外消化仪	YN型	河南农大机电技术开发中心	0371－3845624
20	调速多用振荡器	HY－4	金坛市正基仪器有限公司	0519－2890842
21	往复式水浴恒温振荡器	SHA－C	金坛市正基仪器有限公司	0519－2890842
22	六联磁力加热搅拌器	HJ－6B	金坛市正基仪器有限公司	0519－2890842
23	药品强光照射试验箱	SHH－70GD	重庆市永生实验仪器厂	023－67720711
24	药品稳定性试验箱	SHH－250SD	重庆市永生实验仪器厂	023－67720711
25	纯净空气泵	QL	济南应用化工科技开发有限公司	0531－2602890
26	箱形高温炉	XL－1，4kW	鹤壁市实验设备有限公司	0392－2621555
27	动力转向油泵性能试验台	DZT－2000D	重庆汽车研究所试验设备开发中心	023－68829810
28	动力转向器性能试验台	DZQ－2000E	重庆汽车研究所试验设备开发中心	023－68829810
29	转向传动轴综合试验台	ZCZ－2000F	重庆汽车研究所试验设备开发中心	023－68829810
30	离合器助力泵总成在线检测台	LZBT－1	重庆汽车研究所试验设备开发中心	023－68829810
31	液压感载比例阀总成在线检测台	GBLT－1	重庆汽车研究所试验设备开发中心	023－68829810
32	离合器助力泵及感载比例阀总成综合性能试验台	LBZT－1	重庆汽车研究所试验设备开发中心	023－68829810

续表

序号	仪器名称	型号	生产厂家	电话
33	汽车真空助力器	ZKXT－10	重庆汽车研究所试验设备开发中心	023－68829810
34	汽车制动系液压部件高低温耐久性试验台	ZBJLT－10A	重庆汽车研究所试验设备开发中心	023－68829810
35	汽车制动主缸性能试验台	ZGXT－20	重庆汽车研究所试验设备开发中心	023－68829810
36	高效无菌工作台	DL－CJ－2N	哈尔滨市东联电子技术开发有限公司	010－62020000
37	高效无菌工作台	DL－CJ－IN	哈尔滨市东联电子技术开发有限公司	010－62020000
38	特大全温双层振荡器	HZQ－Y	哈尔滨市东联电子技术开发有限公司	010－62020000
39	超级恒温水浴振荡器	HZS－H	哈尔滨市东联电子技术开发有限公司	010－62020000
40	全温空气恒温振荡器	HZQ－Q	哈尔滨市东联电子技术开发有限公司	010－62020000
41	生化培养箱	HPS－250	哈尔滨市东联电子技术开发有限公司	010－62020000
42	洁净工作台	VD－1320	哈尔滨市东联电子技术开发有限公司	010－62020000
43	洁净工作台	HD－920	哈尔滨市东联电子技术开发有限公司	010－62020000
44	光照培养箱	HPG－280	哈尔滨市东联电子技术开发有限公司	010－62020000
45	人工气候培育箱	HPG－400H	哈尔滨市东联电子技术开发有限公司	010－62020000
46	电泳槽	DYC 系列(DYC－20 型～DYC－43 型)	北京市六一仪器厂	010－88121538、88141391
47	便携式恒速加热磁力搅拌、浸提器	YN 型	河南农大机电技术开发中心	0371－3845624
	15. 仪器控制与数据处理系统及其软件			
1	PumpCtrl V1.0 for Windows95/98 梯度控制系统	HS－PCV1.0	杭州英谱科技开发有限公司	0571－87293657
2	GPC V1.0 for Windows95/98 凝胶色谱数据工作站	HS－GPCV1.0	杭州英谱科技开发有限公司	0571－87293657
3	HS2000 色谱数据工作站	for Windows95/98/2000(普及版) HS2000(普及版)	杭州英谱科技开发有限公司	0571－87293657
4	HS2000 色谱数据工作站	for Windows95/98/2000(通用版) HS2000(通用版)	杭州英谱科技开发有限公司	0571－87293657

续表

序号	仪器名称	型号	生产厂家	电话
5	HS 色谱数据工作站	V4. 0 + for Windows95 /98 HS - V40	杭州英谱科技开发有限公司	0571 - 87293657
6	色谱数据处理机	CDP - 4A	上海伍丰科学仪器有限公司	021 - 62563345
7	色谱数据处理系统	EASY - 2000	北京市历元电子仪器技贸公司	010 - 82895373
8	PIC 全系列 MCU 实时在线仿真器	PICMATE 2002	福州高奇晶圆电子科技有限公司	0591 - 3375855
9	PIC 单片机在线调试器	MPLAB ICD	福州高奇晶圆电子科技有限公司	0591 - 3375855
10	开发型编程器	PICSTART PLUS	福州高奇晶圆电子科技有限公司	0591 - 3375855
	16. 仪器附件及其备品、备件			
1	微量荧光检测器	DA620S	上海棱光技术有限公司	021 - 63025595
2	高效毛细管电泳仪——安培检测器	ACS2000	北京彩陆科学仪器有限公司	010 - 68131826
3	高效毛细管电泳仪——紫外检测器	ACS2000	北京彩陆科学仪器有限公司	010 - 68131826
4	高效毛细管电泳仪——电导检测器	ACS2000	北京彩陆科学仪器有限公司	010 - 68131826
5	氘灯	ML 系列	北京弥拉斯分析仪器有限公司（中日合资）	010 - 68993509
6	恒流泵	HL、BT 系列	上海沪西分析仪器厂	021 - 62396112
7	自动部份收集器	BS、BSZ、SBS、DBS 系列	上海沪西分析仪器厂	021 - 62396112
8	紫外检测仪	HD 系列	上海沪西分析仪器厂	021 - 62396112
9	冷光源	LG - 150A	北京市科仪电光仪器厂	010 - 67237971
10	针头式样品过滤器	GEA	北京金欧亚科技发展有限公司	010 - 67100708
11	微孔滤膜	GEA	北京金欧亚科技发展有限公司	010 - 67100708
12	分析型超纯硅胶化学键合固定相	GEA	北京金欧亚科技发展有限公司	010 - 67100708
13	超纯生物胶	GEA Biochrom gel	北京金欧亚科技发展有限公司	010 - 67100708
14	苯基琼脂糖凝胶	GEA Biochrom gel	北京金欧亚科技发展有限公司	010 - 67100708
15	制备型超纯硅胶化学键合固定相	GEA	北京金欧亚科技发展有限公司	010 - 67100708
16	高效液相色谱保护柱	GEA	北京金欧亚科技发展有限公司	010 - 67100708
17	制备型液相色谱柱	GEA	北京金欧亚科技发展有限公司	010 - 67100708

2000年科学仪器配套产品及实验室设备推荐

序号	仪器名称	型号	生产厂家	电话
一、通用类仪器				
1. 电子光学仪器				
1	氘灯	DL2. 5. 10.	北京市朝阳天宫电器厂	010－64372217
2	氘灯	DD2. 5	上海电光器件有限公司	021－64841574
3	电子探针自动控制系统		中国地质大学测试中心	027－87482970
4	电子探针控制处理系统		地矿科技开发中心实验技术部	010－68326404
5	电镜联机图象处理系统	WD－5	武汉大学测试中心	027－87873793
6	离子溅射仪	SBC－12	中科院北京科仪中心	010－62555306
7	旋转磨光机	ZYM－2	中科院北京科仪中心	010－62555306
8	电子光学仪器图象系统		中科院北京科仪中心	010－62555306
9	多功能试样表面处理机	SBC－2	中科院北京科仪中心	010－62555306
10	冷却水循环机	SX 系列	上海电子光学技术研究所	021－64851538
2. 离子光学仪器				
1	色质联用仪数据处理系统	GC/MS－DS2	中科院北京科仪中心	010－62565522－1204
3. 射线仪器				
1	多晶X射线衍射仪控制和数据处理系统	THX－1	清华大学材料中心实验室	010－62784581
2	四园单晶衍射仪微机控制及解析系统		地矿科技开发中心实验技术部	010－68326404
3	粉晶X射线衍射仪控制及解析系统		地矿科技开发中心实验技术部	010－68326404
4	X射线荧光光谱仪控制处理系统		地矿科技开发中心实验技术部	010－68326404
5	X射线能谱成分分析系统	WD－8	武汉大学测试中心	027－87873793
6	X射线能谱仪控制和数据处理系统	Finde1000	中科院北京科仪中心	010－62565522－3207
7	3080X荧光光谱集成分析系统	XRFIAS	国家地质实验测试中心	010－68352872
4. 光谱仪器				
1	石英比色皿	系列	江苏省宜兴市光玻分析仪器厂	0510－7801516

续表

序号	仪器名称	型号	生产厂家	电话
2	光学玻璃比色皿	系列	江苏省宜兴市光玻分析仪器厂	0510-7801516
3	玻璃滤色元	系列	宜兴市晶科光学仪器公司	0510-7801818
4	空心阴极灯	KY-系列	北京市朝阳天宫电器厂	010-64372217
5	高性能空心阴极灯电源	GKD-2	北京有色金属研究总院分析测试技术研究所	010-62054705
6	高性能空心阴极灯	HP	北京有色金属研究总院分析测试技术研究所	010-62054705
7	空心阴极灯	AS-1	北京有色金属研究总院分析测试技术研究所	010-62054705
8	自吸收校正背景用空心阴极灯	SH-1	北京有色金属研究总院分析测试技术研究所	010-62054705
9	光电倍增管负高压电源模块	DJY-系列	康力电子有限公司	0319-5225993
10	空心阴极灯	KY	上海电光器件有限公司	021-64841574
11	化学计量学光谱分析软件	2.0版本	中国石油化工集团公司石油化工科学研究院	010-62327551-3760
12	ICP多道直读光谱仪数据采集处理系统		地矿科技开发中心实验技术部	010-68326404
13	原子荧光光谱仪控制和数据处理系统		地矿科技开发中心实验技术部	010-68326404
14	一米、二米平面光栅摄谱仪控制和数据处理系统		地矿科技开发中心实验技术部	010-68326404
15	循环冷却水设备	CS-1	北京海光仪器公司	010-68326404
16	流动注射仪	1010型	长春吉大·小天鹅仪器有限公司	0431-5100585
17	微波化学反应系统	JX-2	长春吉大·小天鹅仪器有限公司	0431-5100585
18	溶液样品去溶系统	510型	长春吉大·小天鹅仪器有限公司	0431-5100585
19	石墨炉原子化装置	XML-II	沈阳仪通分析仪器有限公司	024-25874296
20	石墨炉系统	GA3201	上海分析仪器总厂	021-64833916
21	流动注射分析仪	YL-110	北京有色金属研究总院分析测试技术研究所	010-62054705
22	氢化物发生器	LH-02	北京有色金属研究总院分析测试技术研究所	010-62054705
23	原子吸收用雾化器		北京有色金属研究总院分析测试技术研究所	010-62054705
24	石墨炉原子化系统	GFS80	北京世纪新惠仪器技术有限公司	010-62455295
25	紫外光区透射比标准滤光片	GBW(E)130105	江苏省宜兴市光玻分析仪器厂	0510-7801516

续表

序号	仪器名称	型号	生产厂家	电话
26	介质膜干涉滤光片标准物质	GBW(E)130110	江苏省宜兴市光玻分析仪器厂	0510－7801516
27	镨钕滤光片和汞灯		江苏省宜兴市光玻分析仪器厂	0510－7801516
28	氧化钬滤光片标准物质	GBW(E)130112	江苏省宜兴市光玻分析仪器厂	0510－7801516
29	杂散光滤光片标准物质	GBW(E)130114	江苏省宜兴市光玻分析仪器厂	0510－7801516
30	镨钕滤光片标准物质	GBW(E)130111	江苏省宜兴市光玻分析仪器厂	0510－7801516
31	可见光区透射比滤光片标准物质(光谱中性玻璃滤光片)	GBW(E)130113	江苏省宜兴市光玻分析仪器厂	0510－7801516
32	玻璃滤光片标准物质	GBW(E)130115	江苏省宜兴市光玻分析仪器厂	0510－7801516
33	玻璃滤光片标准物质	GBW(E)130116	江苏省宜兴市光玻分析仪器厂	0510－7801516
34	衰减片	BW2023	江苏省宜兴市光玻分析仪器厂	0510－7801516
35	微波消化装置	FR－1	四川分析测试研究所	028－6643809
36	直读光谱仪用手动切割机	ZYQ－2	中科院北京科仪中心	010－62555306
37	高压密封消化罐	MRG－2－30	沈阳市铁西区森华理化仪器研究所	024－25732580
38	静音无油空气泵	WYB－14	北京中亚气体仪器研究所	010－64060430
39	微波样品处理系统	WR－3E/及系列产品	北京美诚科贸集团	010－86451909
40	流动分析处理仪	FI2100	北京海光仪器公司	010－64654032
	5. 色谱仪器			
1	江申系列色谱柱		大连江申分离科学技术公司	0411－4307203
2	高效石英毛细管色谱柱	HLZ	中国科学院兰州化学物理研究所化工试验厂	0931－8889211
3	柔性石墨压环		北京市金先通科贸有限责任公司	010－62450502
4	高效液相色谱柱	Elite	大连依利特科学仪器有限公司	0411－3632109
5	高效液相色谱保护柱	Elite	大连依利特科学仪器有限公司	0411－3632109
6	液相色谱制备柱	Elite	大连依利特科学仪器有限公司	0411－3632109
7	科分色谱柱	各种型号	中科院大连化物所《科分》科学仪器制造部	0411－3693515
8	弹性石英毛细管		河北省永年光导纤维厂	0310－6725412
9	不锈钢精密针形阀	GNV－1	温岭市福立分析仪器有限公司	0576－6111884
10	平面进样阀	PMF	温岭市福立分析仪器有限公司	0576－6111884
11	波纹稳压阀	RPV－2	温岭市福立分析仪器有限公司	0576－6111884
12	背压稳压阀	BWF－1	温岭市福立分析仪器有限公司	0576－6111884
13	稳压阀	RPV－1	温岭市福立分析仪器有限公司	0576－6111884
14	高精度稳压阀	HLV－2	温岭市福立分析仪器有限公司	0576－6111884
15	精密针形阀	GNV－2	温岭市福立分析仪器有限公司	0576－6111884
16	制备型反相色谱填料	GEA－RP(C1、C4、C8、C18)	北京金欧亚科技发展有限公司	010－67702953

续表

序号	仪器名称	型号	生产厂家	电话
17	分析型反相色谱填料	GEA－RP(C8、C18)	北京金欧亚科技发展有限公司	010－67702953
18	生物工程用大孔硅球	GEA－SIO2	北京金欧亚科技发展有限公司	010－67702953
19	固相萃取小柱	SEP－	北京金欧亚科技发展有限公司	010－67702953
20	高效液相色谱柱	GEA－	北京金欧亚科技发展有限公司	010－67702953
21	毛细电色谱柱		优尼特通微技术有限公司	0475－8249169
22	刻度针形阀	ZX01－ZX04	上海天美科学仪器有限公司	021－64892858
23	刻度稳流阀	WL01、WL02	上海天美科学仪器有限公司	021－64892858
24	色谱数据处理机	CDMC－4A	上海市计算机技术研究所	021－62131433
25	色谱数据处理机	CDMC－5	上海市计算机技术研究所	021－62131433
26	色谱数据工作站	ZM－9810	北京精瑞计算机技术有限责任公司	010－82079217
27	实验室信息管理系统	SUN WAY LIMS	北京精瑞计算机技术有限责任公司	010－82079217
28	高性能喷墨式色谱数据处理机	CDP－4S	上海伍丰科学仪器有限公司	021－62563345
29	中文显示喷墨式色谱数据处理机	CDP－3HJ	上海伍丰科学仪器有限公司	021－62563345
30	泰立 TL9000 色谱工作站	TL9000	北京泰立化电子技术有限公司	010－62318086
31	江申色谱工作站	JS－3030,JS－3040,JS－3050	大连江申分离科学技术公司	0411－4307203
32	色谱数据工作站	SPS 系列	中国科学院北京科学仪器研制中心	010－62564186
33	瑞博实验室信息管理系统	(RIPP－LIMS,V01.2.0) V01.2.0	石油化工科学研究院	010－62327551－85
34	科分色谱未知峰定性活数据库软件	各种型号	中科院大连化物所《科分》科学仪器制造部	0411－3693515
35	色谱数据处理工作站	Echrom98	大连依利特科学仪器有限公司	0411－3632109
36	色谱数据系统	GC2000	四川省分析测试中心	028－6643809
37	色谱数据系统	LC2000	四川省分析测试中心	028－6643809
38	HS 色谱数据工作站	V4.0＋Windows95/98 HS－V40	杭州英谱科技开发有限公司	0571－5115617
39	HS2000 色谱数据工作站 for	Windows95/98/2000(通用版) HS2000(通用版)	杭州英谱科技开发有限公司	0571－5115617
40	GPC V1.0 for Windows95/98 凝胶色谱数据工作站	HS－GPCV1.0	杭州英谱科技开发有限公司	0571－5115617
41	PumpCtrl V1.0 for Window95/98 梯度控制系统	HS－PCV1.0	杭州英谱科技开发有限公司	0571－5115617
42	色谱工作站	T2000	上海天美科学仪器有限公司	021－64892858

续表

序号	仪 器 名 称	型 号	生 产 厂 家	电 话
43	高纯氩气净化器 高纯气体干燥器	ZG－Ⅲ	北京有色金属研究总院加工中心	010－62014488－2528
44	馏分收集器	FC－95A	北京市新技术应用研究所	010－66161097
45	微机化裂解进样器	LJ－02	北京北分瑞利分析仪器(集团)有限责任公司	010－62456639
46	紫外检测器	LC－99－02	北京市金先通科贸有限责任公司	010－62450502
47	紫外/可见分光检测器	LC－200－03	北京市金先通科贸有限责任公司	010－62450502
48	热导池检测器	112－TCD	上海分析仪器总厂	010－62450502
49	电子捕获检测器	112－ECD	上海分析仪器总厂	010－62450502
50	氮磷检测器	GC122－NPD	上海分析仪器总厂	010－62450502
51	火焰光度检测器	122－FPD	上海分析仪器总厂	010－62450502
52	有源电泳槽	1100	北京市新技术应用研究所	010－66161097
53	紫外检测仪	8823A	北京市新技术应用研究所	010－66161097
54	膜萃取－微捕集串联装置	CTD400	北京市劳动保护科学研究所	010－63524188
55	薄层色谱摄影仪	SB－2	天津市天分分析仪器厂	022－27365297
56	色谱柱恒温箱	ZW	大连依利特科学仪器有限公司	0411－3632109
57	高纯氢气发生器	G101	北京市东西电子技术研究所	010－62881688
58	高纯氢气发生器	SPDH－400	天津市天分分析仪器厂	022－27365297
59	高纯氮气发生器	SPDN－200	天津市天分分析仪器厂	022－27365297
60	氮、氢、空发生器(三气一体化)	SPG－3Q	北京中亚气体仪器研究所	010－64060430
61	高纯氮发生器	SPGN－2A	北京中亚气体仪器研究所	010－64060430
62	高纯氢发生器	SPGH－300	北京中亚气体仪器研究所	010－64060430
63	氢气发生器	QL	济南应用化工科技开发有限公司	0531－2602890
64	氮气发生器	GCN1300	北京中惠普分析技术研究所	010－66085198
65	氮气、氢气、空气一体机	NHA－300	北京中惠普分析技术研究所	010－66085198
66	氢气发生器	GCH－2500	北京中惠普分析技术研究所	010－66085198
67	紫外检测仪	8802－2	温州市孚华分析仪器厂	0577－8340160
68	紫外检测仪	9704 型	温州市孚华分析仪器厂	0577－8340160
	8. 生化分离分析仪器设备			
1	自控电热消化器	AED 系列	核工业北京化工冶金研究院	010－69554491－4273
2	生物培养箱	SP－1	沈阳仪通分析仪器有限公司	024－25874296
3	固液相分子杂交仪	1339 型	北京市新技术应用研究所	010－66161097
4	微电脑自动基因扩增仪	1109	北京市新技术应用研究所	010－66161097
5	凝胶成像系统分析仪	UV－5	北京市新技术应用研究所	010－66161097

续表

序号	仪器名称	型号	生产厂家	电话
6	自动洗板机	1379	北京市新技术应用研究所	010－66161097
7	台式冷冻干燥机	LGJ	北京四环科学仪器厂	010－68214645
8	台式高速冷冻离心机	TLL－C	北京四环科学仪器厂	010－68214645
9	恒温循环器	HX－10555	北京四环科学仪器厂	010－68214645
10	空气恒温摇床	HQ－45 型	中国科学院武汉科学仪器厂	027－87869144
11	水浴恒瘟摇床	HS	中国科学院武汉科学仪器厂	027－87869144
12	普通摇床	TP22 型	中国科学院武汉科学仪器厂	027－87869144
13	普通摇床	P440 型	中国科学院武汉科学仪器厂	027－87869144
14	恒温冷冻摇床	HQL150B 型	中国科学院武汉科学仪器厂	027－87869144
15	恒温冷冻摇床	HQL150 型	中国科学院武汉科学仪器厂	027－87869144
16	恒温冷冻摇床	HQL300 型	中国科学院武汉科学仪器厂	027－87869144
17	恒温培养箱	HSP300 型	中国科学院武汉科学仪器厂	027－87869144
18	台式高速冷冻离心机	TGL16 型	中国科学院武汉科学仪器厂	027－87869144
19	台式高速离心机	TG16	中国科学院武汉科学仪器厂	027－87869144
20	大容量冷冻离心机	DL－7A 型	中国科学院武汉科学仪器厂	027－87869144
21	高速冷冻离心机	GL20C 型	中国科学院武汉科学仪器厂	027－87869144
22	无氟生化培养箱	HPS－250	哈尔滨市东联电子技术开发有限公司	0451－2344453
23	强光照培养箱	HPG－280B	哈尔滨市东联电子技术开发有限公司	0451－2344453
24	超声波细胞粉碎机	KS 系列	宁波科生仪器厂	0574－7466139
25	旋涡混合器	XW－80A	上海医大仪器厂	021－64039038
26	电解质分析仪	GF－985 型	山东高密分析仪器厂	0536－2322932
27	调速多用振荡器	ZD－2	金坛市金城国胜实验仪器厂	0519－2321270
28	紫外分析仪	UV－Ⅲ	北京市新技术应用研究所	010－66161097
9. 气体分析仪器				
1	质量流量计	SY－93	北京圣业科技发展有限公司	010－62528519
2	零气发生器	XH2000L	河北先河科技发展有限公司	0311－3056442
3	动态气体校准仪	XH2000J	河北先河科技发展有限公司	0311－3056442
4	数据采集仪	XH2000H	河北先河科技发展有限公司	0311－3056442
10. 显微镜及图像分析仪器				
1	通用/金相显微镜图象分析系统	WD－100	武汉大学测试中心	027－87873793
11. 天平及热分析仪器				
1	双盘精密机械天平	TG328A	湖南仪器仪表总厂天平仪器厂	0731－8142028
2	双盘精密机械天平	TG328B	湖南仪器仪表总厂天平仪器厂	0731－8142028

续表

序号	仪器名称	型号	生产厂家	电话
3	单盘精密分析天平	TD－18	湖南仪器仪表总厂天平仪器厂	0731－8142028
4	颗粒测试仪	KF－16A	湖南仪器仪表总厂天平仪器厂	0731－8142028
5	精密电子天平	TMP－1	湖南仪器仪表总厂天平仪器厂	0731－8142028
6	精密公斤电子天平	TP－1000	湖南仪器仪表总厂天平仪器厂	0731－8142028
7	精密公斤电子天平	TP－5000A	湖南仪器仪表总厂天平仪器厂	0731－8142028
8	TP系列精密电子天平	TP－10K	湖南仪器仪表总厂天平仪器厂	0731－8142028
9	AEL系列精密电子天平	AEL－200	湖南仪器仪表总厂天平仪器厂	0731－8142028
10	精密电子天平	AEU－210	湖南仪器仪表总厂天平仪器厂	0731－8142028
	12. 力学和物性分析测试仪器			
1	电子引伸计	YYU系列	北京市华仪理中科技有限公司	010－62182413
2	高精度位移标定器	GWB－200	北京市华仪理中科技有限公司	010－62182413
3	拉力自动测试系统	LZC－2	北京市华仪理中科技有限公司	010－62182413
		二、专用类仪器		
	1. 农、林业			
1	林格曼照相记时测烟望远镜	QT201A	苏州市青安仪器有限公司	0512－8245280
	2. 能源、交通			
1	微机热量计	Y－I型	鹤壁市实验设备有限公司	0392－2621555
	3. 实验室装置及试验装置			
1	光纤压力自控密闭微波消解系统	MK－III	上海懋华电子工程开发中心新科微波技术研究所	021－64384707
2	溶出分析仪	MP－2	山东电讯七厂	0537－2211298
3	高性能空气发生器	CY－1	上海医药工业研究所	021－62479808－615
4	熔点测定仪	RY－2	天津市天分分析仪器厂	022－27365279
5	浊度计	ZD－1	天津市天分分析仪器厂	022－27365279
6	净化空气发生器	JKQ－10	上海电子光学技术研究所	021－64851538
7	交流自动稳压电源	JW型	上海电子光学技术研究所	021－64851538
8	高真空镀膜台	DM220	上海电子光学技术研究所	021－64851538
9	超声波清洗机	KSD系列	宁波科生仪器厂	0574－7466139
10	实验室超纯水器	UPW－10	北京市历元电子仪器技贸公司	010－62187834
11	智能化高温箱式电阻炉(马弗炉)	ZGD－1	上海翔殷机电仪器厂	021－65377894
12	远红外耐酸碱控温电炉	YND－1	上海翔殷机电仪器厂	021－65377894
13	3kV高压电源	TH073A	北京核仪器厂	010－65015198
14	水质自动采样器	772－1	江苏省金坛分析仪器厂	0519－2822191
15	超纯水器	UPW－10N系列	北京普析通用仪器有限责任公司	010－62319830

续表

序号	仪 器 名 称	型 号	生 产 厂 家	电 话
16	色度、白度计	WS－SD d/o	温州仪器仪表有限公司(原温州仪器厂)	0577－6554149
17	数字白度测定仪	SBD－1	温州市仪器仪表有限公司	0577－6554149
18	白度计	WSB－Ⅱd/o	温州仪器仪表有限公司(原温州仪器厂)	0577－6554149
19	微波功率源	510型	长春吉大·小天鹅仪器有限公司	0431－5100585
20	读数显微镜	JC10	济南试金集团有限公司	0531－7110849
21	光泽度计	WGG60－2	济南试金集团有限公司	0531－7110849
22	油污染度检测显微镜	XZY	济南试金集团有限公司	0531－7110849
23	弹簧拉压试验机	TL	济南试金集团有限公司	0531－7110849
24	弹簧高频疲劳试验机	TPG	济南试金集团有限公司	0531－7110849
25	生化分析仪	GF－EⅡ型	山东高密分析仪器厂	0536－2322932
26	紫外光栅分光光度计	752	山东高密分析仪器厂	0536－2322932
27	库仑测硫仪	CLS－2	江苏电分析仪器厂	0523－8273605
28	荧光定硫仪	RPA－200S	江苏江环分析仪器有限公司	0523－8273105
29	砷含量测定仪	AS－1	江苏江环分析仪器有限公司	0523－8273105
30	盐含量测定仪	RPA－100C(WC－20)	江苏江环分析仪器有限公司	0523－8273105
31	溴价、溴指数测定仪	RPA－100Br(BR－1)	江苏江环分析仪器有限公司	0523－8273105
32	实验室用磷酸根分析仪	HD－9403	北京华电化学分析仪器研究所	010－62471903
33	实验室硅酸根分析仪	HD－9404	华电化学分析仪器研究所	010－62471903
34	磷酸根自动分析仪	SYT	核工业北京化工冶金研究院	010－81512839
35	氧化锆氧量分析仪	DHY－206	沈阳仪通分析仪器有限公司	024－25874296
36	钠离子浓度计	DWS－295	上海精密科学仪器有限公司雷磁仪器厂	021－59576920
37	便携式pH计	pHBJ－260	上海精密科学仪器有限公司雷磁仪器厂	021－59576920
38	电导率仪(智能)	DDSJ－308A	上海精密科学仪器有限公司雷磁仪器厂	021－59576920
39	离子分析仪	pXSJ－216	上海精密科学仪器有限公司雷磁仪器厂	021－59576920
40	自动指示旋光仪	WZZ－1	上海精密科学仪器有限公司物理光学仪器厂	021－59576920
41	粒度仪	WQL	上海精密科学仪器有限公司物理光学仪器厂	021－59576920
42	比较测色计	WSL－2	上海精密科学仪器有限公司物理光学仪器厂	021－59576920

续表

序号	仪器名称	型号	生产厂家	电话
43	透光率雾度仪	WGT－S	上海精密科学仪器有限公司物理光学仪器厂	021－59576920
44	测色色差计	WSC－S	上海精密科学仪器有限公司物理光学仪器厂	021－59576920
45	微机光泽度仪	WGG 系列	上海精密科学仪器有限公司物理光学仪器厂	021－59576920
46	阿贝折射仪	WAY	上海精密科学仪器有限公司物理光学仪器厂	021－59576920
47	数字阿贝折射仪	WAY－2S	上海精密科学仪器有限公司物理光学仪器厂	021－59576920
48	滴点、软化点测定仪	WQD－1A	上海精密科学仪器有限公司物理光学仪器厂	021－59576920
49	熔点仪	WRR	上海精密科学仪器有限公司物理光学仪器厂	021－59576920
50	圆盘旋光仪	WXG－4	上海精密科学仪器有限公司物理光学仪器厂	021－59576920
51	数字式自动旋光仪	WZZ－1S(S)	上海精密科学仪器有限公司物理光学仪器厂	021－59576920
52	投影式旋光仪	WZZ－T	上海精密科学仪器有限公司物理光学仪器厂	021－59576920
53	油份浓度分析仪	FOMA－300	佛山分析仪器厂	0757－336400
54	测色色差计	TC－IIG	北京市光学仪器厂	010－69544601－341
55	颜色测量系统	WSF	北京市光学仪器厂	010－69544601－341
56	氧弹式热量计	GR－3500	长沙仪器厂	0731－5589118
57	恒温鼓风干燥箱	HC 系列	天津市试验设备厂	022－26370225
58	盐雾腐蚀试验箱	HK 系列	天津市试验设备厂	022－26370225
59	实验室小型搅拌器	KJ－2	北京星达技术开发公司	010－62554356
60	实验室反应器	MRS 系列	北京星达技术开发公司	010－62554356
61	小型催化反应装置	MRS 系列	北京星达技术开发公司	010－62554356
62	理化实验台	SYT－1－25	北京星达技术开发公司	010－62554356
63	真空镀膜机	DM－450A	北京仪器厂	010－65810223
64	真空镀膜机	DM－450C	北京仪器厂	010－65810223
65	石英晶体测厚仪	IL－100	北京仪器厂	010－65810223
66	真空泵	ZXQ－2	北京仪器厂	010－65810223
67	高真空机组	JK－100	北京仪器厂	010－65810223
68	高真空机组	JK－200	北京仪器厂	010－65810223
69	高真空机组	JKT－200	北京仪器厂	010－65810223
70	定氮仪(双路)	DDY－1	北京仪器厂	010－65810223

续表

序号	仪器名称	型号	生产厂家	电话
71	全自动定氮仪	DDY－5	北京仪器厂	010－65810223
72	气浴恒温振荡器	THZ－82	金坛市金城国胜实验仪器厂	0519－2321270
73	水浴恒温振荡器	SHY－2A	金坛市金城国胜实验仪器厂	0519－2321270
74	石英亚沸高纯水蒸馏器	SYZ－550	金坛市金城国胜实验仪器厂	0519－2321270
75	可调高速电动匀浆器	FSH－2	金坛市金城国胜实验仪器厂	0519－2321270
76	六联电动搅拌器	JJ－3	金坛市金城国胜实验仪器厂	0519－2321270
77	四联恒温搅拌器	CJJ－931	金坛市金城国胜实验仪器厂	0519－2321270
78	增力电动搅拌器	JJ－1、60W、90W、100W	金坛市金城国胜实验仪器厂	0519－2321270
79	磁力加热搅拌器	78－2	金坛市金城国胜实验仪器厂	0519－2321270
80	电动离心机	80－2	金坛市金城国胜实验仪器厂	0519－2321270
81	人工气候箱	HPG－400H	哈尔滨市东联电子技术开发有限公司	0451－2344453
82	漏气量测量仪	SY－9501	北京圣业科技发展有限公司	010－62528519
83	火焰光度计	6400A	上海分析仪器总厂	021－64833916
84	小型高压斧	XG－I型	北京有色金属研究总院加工中心	010－62014488－2528
85	自动吸样器	500－8500－000	上海天美科学仪器有限公司	021－64892858
86	函数记录仪	LM20A	上海大华仪表厂	021－65195586
87	无纸无笔记录仪	EX系列	上海大华仪表厂	021－65195586
88	不间断电源	UPS	上海大华仪表厂	021－65195586
89	智能水分测定仪	ZSH－30A	湖南仪器仪表总厂天平仪器厂	0731－8142028
90	热解石墨坩埚	10－100ml	核工业北京化工冶金研究院	010－69554491－4273
91	硅酸根自动分析仪	FIA－33	核工业北京化工冶金研究院	010－69554491－4273
92	电热恒温水箱	BHW－IV	北京市医疗设备厂	010－66182765
93	电热蒸馏水器	GDZ2	北京市医疗设备厂	010－66182765
94	电热恒温水浴锅	DGSY6	北京市医疗设备厂	010－66182765
95	抗生素效价测量仪	CHB－1型	北京海淀潮声技术开发公司	010－68467108
96	COD快速测定仪	XH9004	河北先河科技发展有限公司	0311－3056442
97	COD快速测定仪	XH9002	河北先河科技发展有限公司	0311－3056442
98	COD快速测定仪	XH9001	河北先河科技发展有限公司	0311－3056442
99	可见分光光度计	7230G	上海分析仪器总厂	021－64833916
100	可见分光光度计	722S	上海分析仪器总厂	021－64833916
101	快速智能定硫仪	KZDL－3型	鹤壁市实验设备有限公司	0392－2621214
102	碳氢元素分析仪	7Q－3	鹤壁市实验设备有限公司	0392－2621214
103	电热蒸馏水器	HS. Z11	鹤壁市实验设备有限公司	0392－2621214
104	标准自动振筛机	SZH－4、GZS－1	鹤壁市实验设备有限公司	0392－2621214
105	封闭式自动缩分器	SF－8	鹤壁市实验设备有限公司	0392－2621214

续表

序号	仪器名称	型号	生产厂家	电话
106	实验台	SYT 系列	深圳美加丽实验室装备有限公司	0755－6610897
107	通风柜	TF 系列	深圳美加丽实验室装备有限公司	0755－6610897
108	净化工作台	SYT－JH－××A	深圳美加丽实验室装备有限公司	0755－6610897
109	毒品安全储存柜	MDJ	深圳美加丽实验室装备有限公司	0755－6610897
110	数字式 BOD5 测定仪	880	江苏电分析仪器厂	0523－8273605
111	密封式化验制样粉碎机	CJ－Ⅰ.Ⅱ.Ⅲ	鹤壁市实验设备有限公司	0392－2623447
112	灰熔点测定仪	HR－I	鹤壁市实验设备有限公司	0392－2623447
113	电热鼓风干燥箱	101A 系列	鹤壁市实验设备有限公司	0392－2623447
114	通风柜	TFB 系列	宜兴市晶科光学仪器公司	0510－7801818
115	实验台	SYT 系列	宜兴市晶科光学仪器公司	0510－7801818
116	药品柜	YPG 系列	宜兴市晶科光学仪器公司	0510－7801818
117	天平台	TPT	宜兴市晶科光学仪器公司	0510－7801818
118	陶瓷纤维马弗炉	TM6220 系列	北京美诚科贸集团	010－864519099
119	散射式浊度仪	QZ201	苏州市青安仪器有限公司	0512－8245280
120	荧光测汞仪	QM201	苏州市青安仪器有限公司	0512－8245280
	16. 通用附件及其备品、备件			
1	往复式柱塞平流泵	LB－系列	北京星达技术开发公司	010－62554356
2	双柱塞微量计量泵	SZB－1A	北京星达技术开发公司	010－62554356
3	往复式柱塞计量泵	JLB－Z	北京星达技术开发公司	010－62554356
4	液体作用隔膜式计量泵	GMB 系列	北京星达技术开发公司	010－62554356
5	科分再生型气体净化器/净化管	HP－N	中科院大连化物所《科分》科学仪器制造部	0411－3693515
6	真空泵	ZXQ－1	北京仪器厂	010－65805028
7	真空泵	ZX－4	北京仪器厂	010－65805028
8	真空泵	ZX－15	北京仪器厂	010－65805028
9	高真空机组	JK－150	北京仪器厂	010－65805028
10	直流稳压/稳流电源	YJ92/3	北京远东仪表有限公司(北京电表厂)	010－64212531－2245
11	标准电压电流发生器	YJ－79	北京远东仪表有限公司(北京电表厂)	010－64212531－2245
12	直流稳流电源	YJ92/5	北京远东仪表有限公司(北京电表厂)	010－64212531－2245
13	高纯手套箱及手套	YC－Ⅱ型	北京有色金属研究总院加工中心	010－62014488－2528
14	小型杜瓦瓶	DU－I	北京有色金属研究总院加工中心	010－62014488－2528
15	制冷水循环器	MC－1500 系列产品	北京美诚科贸集团	010－864519099

1999 年国产科学仪器推荐产品

序号	仪器名称	型号	生产厂家	电话
		一、通用类仪器		
	1. 电子光学仪器			
1	LDM－150D 型离子溅射镀膜机	LDM－150D	上海电子光学技术研究所	021－64851538
2	DXS－10A 普及型智能化扫描电子显微镜	DXS－10A	上海电子光学技术研究所	021－64851538
3	涡轮分子泵系列	F100/110－F250/1500	中国科学院北京科学仪器研制中心	010－62571592
4	KYKY 2800 数字化扫描电子显微镜	KYKY－2800	中国科学院北京科学仪器研制中心	010－62571592
5	恒温冷却循环水机	LX－系列	中国科学院北京科学仪器研制中心	010－62571592
6	KYKY－1000 系列扫描电子显微镜	KYKY－1000 系列	中国科学院北京科学仪器研制中心	010－62571592
7	WS－97 自动划痕试验机	WS－97	中国科学院兰州化学物理研究所	0931－8827972－3195
	2. 离子光学仪器			
1	LZL－203 四极质谱计	LZL－203	北京北分瑞利分析仪器(集团)有限责任公司	010－62456639
2	超高真空溅射离子泵	L200－－L400	中国科学院北京科学仪器研制中心	010－62571592
3	系列氦质谱检漏仪	ZQJ220－－ZQJ291	中国科学院北京科学仪器研制中心	010－62571592
4	ZLS－26D/T 型分子泵检漏仪	ZLS－26D/T	成都仪器厂	028－9635160 6956
	3. 射线仪器			
1	DGX－3B 软 X 射线机	DGX－3B	上海电子光学技术研究所	021－64851538
2	Finder X 射线微分析系统	Finder－1000	中国科学院北京科学仪器研制中心	010－62562348
3	BDX3200 自动 X 射线粉末衍射仪	BDX3200	北京大学仪器厂	010－62751385
4	热释光剂量仪	FJ427A	北京核仪器厂	010－62751385
5	微机多探头 γ 计数器	FT630G	北京核仪器厂	010－62751385
6	双路弱 $\alpha\beta$ 测量仪	BH1217B	北京核仪器厂	010－62751385

续表

序号	仪器名称	型号	生产厂家	电话
7	四路低本底 $\alpha\beta$ 测量仪	BH1227	北京核仪器厂	010－62751385
8	测氡仪	FT648	北京核仪器厂	010－62751385
9	移动式C型臂X射线机	DG5016	南京华东电子集团医疗装备有限责任公司	025－5309548
10	微束XRF黄金首饰分析仪	XRF	中国科学院上海原子核研究所科盛新技术公司	021－59553998－370、374

4. 光谱仪器

序号	仪器名称	型号	生产厂家	电话
1	BF－9401硅酸根监测仪	BF－9401	北京北分瑞利分析仪器(集团)有限责任公司	010－62456639
2	BFS 2100型双光束原子吸收分光光度计	BFS 2100	北京北分瑞利分析仪器(集团)有限责任公司	010－62456639
3	WGH－1(6410A)型火焰光度计	WGH－1(6410A)	上海电子光学技术研究所	021－64851538
4	原子吸收分光光度计	WYX－9004	沈阳仪通分析仪器有限公司(原沈阳分析仪器厂)	024－25874813
5	GGX－6原子吸收分光光度计	GGX－6	地质矿产部北京地质仪器研究所	010－64632153 64614797
6	AFS－2201型双道原子荧光光度计	AFS230	北京海光仪器公司	010－64625836/646
7	双道原子荧光光度计	AFS2201	北京海光仪器公司	010－64625836
8	原子荧光光谱仪	XGY－1011A	国土资源部地球物理地球化学勘查研究所	0316－2018984
9	GGX－9原子吸收分光光度计	GGX－9	地质矿产部北京地质仪器研究所	010－64632153 64614797
10	WLY100－1等离子体单道扫描光电直读光谱仪	WLY100－1	地质矿产部北京地质仪器研究所	010－64632153
11	UV－1100型紫外－可见分光光度计	UV－1100	北京瑞利分析仪器公司	010－64372901
12	WFX－1E2型原子吸收分光光度计	WFX－1E2	北京瑞利分析仪器公司	010－64372901
13	WFX－110/120型原子吸收分光光度计	WFX－110/120	北京瑞利分析仪器公司	010－64372901
14	WFX－1F2B2型原子吸收分光光度计	WFX－1F2B2	北京瑞利分析仪器公司	010－64372901
15	WQF－300型付立叶变换红外光谱仪	WQF－300	北京瑞利分析仪器公司	010－64372901
16	WQF－400型付立叶变换红外光谱仪	WQF－400	北京瑞利分析仪器公司	010－64372901
17	WP1型一米平面光栅摄谱仪	WP1	北京瑞利分析仪器公司	010－64372901
18	WDP500－C/2A型平面光栅单色仪	WDP500－C/2A	北京瑞利分析仪器公司	010－64372901

续表

序号	仪 器 名 称	型 号	生 产 厂 家	电 话
19	WLD－2C ICP 光电直读光谱仪	WLD－2C	北京瑞利分析仪器公司	010－64372901
20	WLD－3C 光电直读光谱仪	WLD－3C	北京瑞利分析仪器公司	010－64372901
21	AA7000 系列原子吸收分光光度计	AA7000	北京市东西电子技术研究所	010－62881688
22	722 型光栅分光光度计	722	重庆川仪股份有限公司川仪九厂	023－62827694
23	UV756MC 紫外可见分光光度计	756MC	上海分析仪器总厂	021－64360311
24	361MC 原子吸收分光光度计	361MC	上海分析仪器总厂	021－64360311
25	石英/玻璃比色皿系列		宜兴市仪器仪表总厂	0510－7801818
26	6400A 型火焰光度计	6400A	高密分析仪器厂	0536－2322932－232
27	722 型光栅分光光度计	722	高密分析仪器厂	0536－2322932－232
28	HD－9718 型硅酸根自动监测仪	HD－9718	北京华电化学分析仪器研究所	010－62471903
29	TU－1901 双光束紫外可见分光光度计	TU－1901	北京普析通用仪器有限责任公司	010－62319824
30	TU－1800 双光束紫外可见分光光度计	TU－1800	北京普析通用仪器有限责任公司	010－62319824
31	TU－1221 双光束紫外可见分光光度计	TU－1221	北京普析通用仪器有限责任公司	010－62319824
32	TAS－986 原子吸收分光光度计	TAS－986	北京普析通用仪器有限责任公司	010－62319824
33	化学发光定氮仪	REN－1000A	江苏江环分析仪器有限公司	0523－8272049
34	S22 型分光光度计	S22	上海棱光技术有限公司	021－63032547 63025595
35	7500/7501 型紫外可见分光光度计	7500/7501	上海天美科学仪器有限公司	021－64870138
36	WZZ－2A 自动旋光仪	WZZ－2A	上海精密科学仪器有限公司物理光学仪器厂	021－64700139
37	WYA－1S 数字阿贝折射仪	WYA－1S	上海精密科学仪器有限公司物理光学仪器厂	021－64700139
38	SJZ1 自动安平激光扫平仪	SJZ1	北京博飞仪器股份有限公司	010－69544601
39	SJ3 激光扫平仪	SJ3	北京博飞仪器股份有限公司	010－69544601
40	DJD 电子经纬仪	DJD	北京博飞仪器股份有限公司	010－69544601
	5. 色谱仪器			
1	SP－3400 气相色谱仪	SP－3400	北京北分瑞利分析仪器(集团)有限责任公司	010－62456639
2	SP－3420 气相色谱仪	SP－3420	北京北分瑞利分析仪器(集团)有限责任公司	010－62456639

续表

序号	仪器名称	型号	生产厂家	电话
3	SP-3430气相色谱仪	SP-3430	北京北分瑞利分析仪器(集团)有限责任公司	010-62456639
4	SP-3440气相色谱仪	SP-3440	北京北分瑞利分析仪器(集团)有限责任公司	010-62456639
5	XT-1型氮、氢、空气三气一体机	XT-1	北京信和诚科技发展有限公司	010-84812650
6	SGD-500型氮、氢、空三气一体机	SGD-500	北京市精华苑技术研究所	010-67961678 139
7	GC-4000气相色谱仪	GC-4000	北京市东西电子技术研究所	010-62881688
8	HZ-3810型工业色谱仪	HZ-3810	化学工业部自动化研究所	0931-7352047
9	SC-200型气相色谱仪	SC-200	重庆川仪股份有限公司川仪九厂	023-62817540/6282
10	SC-2000型气相色谱仪	SC-2000	重庆川仪股份有限公司川仪九厂	023-62817540/6282
11	GC122气相色谱仪	GC-122	上海分析仪器总厂	021-64360311
12	GC900A型气相色谱仪	GC-900A	上海科创色谱仪器公司	021-59920745
13	CX-6800型防爆工业气相色谱仪	CX-6800	南京分析仪器厂	025-6626181
14	GC-9790气相色谱仪	GC-9790	温岭福立分析仪器有限公司	0576-6111884 612120
15	气相色谱仪	SP-6801	山东鲁南瑞虹化工仪器有限公司	0632-5581054
16	气相色谱仪	SP-6800	山东鲁南瑞虹化工仪器有限公司	0632-5581054
17	气相色谱仪	SP-9802(9800)	山东鲁南瑞虹化工仪器有限公司	0632-5581054
18	P200Ⅱ型高效液相色谱仪	P200Ⅱ	大连依利特科学仪器有限公司	0411-3635253
19	7890II型气相色谱仪	7890II	上海天美科学仪器有限公司	021-64870138
20	7890I型气相色谱仪	7890I	上海天美科学仪器有限公司	021-64870138
21	DX-100T型离子色谱仪	DX-100T	上海天美科学仪器有限公司	021-64870138
	6. 波谱仪器			
1	SP-3400气相色谱仪	SP-3400	北京北分瑞利分析仪器(集团)有限责任公司	010-62456639
2	SP-3420气相色谱仪	SP-3420	北京北分瑞利分析仪器(集团)有限责任公司	010-62456639
3	SP-3430气相色谱仪	SP-3430	北京北分瑞利分析仪器(集团)有限责任公司	010-62456639
4	SP-3440气相色谱仪	SP-3440	北京北分瑞利分析仪器(集团)有限责任公司	010-62456639

续表

序号	仪器名称	型号	生产厂家	电话
5	XT－1 型氮、氢、空气三气一体机	XT－1	北京信和诚科技发展有限公司	010－84812650
6	SGD－500 型氮、氢、空三气一体机	SGD－500	北京市精华苑技术研究所	010－67961678－139
7	GC－4000 气相色谱仪	GC－4000	北京市东西电子技术研究所	010－62881688
8	HZ－3810 型工业色谱仪	HZ－3810	化学工业部自动化研究所	0931－7352047
9	SC－200 型气相色谱仪	SC－200	重庆川仪股份有限公司川仪九厂	023－62817540/6282
10	SC－2000 型气相色谱仪	SC－2000	重庆川仪股份有限公司川仪九厂	023－62817540/6282
11	GC122 气相色谱仪	GC－122	上海分析仪器总厂	021－64360311
12	GC900A 型气相色谱仪	GC－900A	上海科创色谱仪器公司	021－59920745
13	CX－6800 型防爆工业气相色谱仪	CX－6800	南京分析仪器厂	025－6626181
14	GC－9790 气相色谱仪	GC－9790	温岭福立分析仪器有限公司	0576－6111884 612120
15	气相色谱仪	SP－6801	山东鲁南瑞虹化工仪器有限公司	0632－5581054
16	气相色谱仪	SP－6800	山东鲁南瑞虹化工仪器有限公司	0632－5581054
17	气相色谱仪	SP－9802(9800)	山东鲁南瑞虹化工仪器有限公司	0632－5581054
18	P200Ⅱ型高效液相色谱仪	P200Ⅱ	大连依利特科学仪器有限公司	0411－3635253
19	7890II 型气相色谱仪	7890II	上海天美科学仪器有限公司	021－64870138
20	7890I 型气相色谱仪	7890I	上海天美科学仪器有限公司	021－64870138
21	DX－100T 型离子色谱仪	DX－100T	上海天美科学仪器有限公司	021－64870138
	7. 电化学仪器			
1	HZ－3900 型防爆工业电导仪	HZ－3900	化学工业部自动化研究所	0931－7355447
2	DDS－307 型电导率仪	DDS－307	上海精密科学仪器有限公司雷磁仪器厂	021－59577340
3	PHS－3B 型精密 pH 计	PHS－3B	上海精密科学仪器有限公司雷磁仪器厂	021－59577340
4	PHS－25 型 pH 计	PHS－25	上海精密科学仪器有限公司雷磁仪器厂	021－59577340
5	PHS－2C 型 pH 计	PHS－2C	上海精密科学仪器有限公司雷磁仪器厂	021－59577340
6	PHSJ－4A 型实验室 pH 计	PHSJ－4A	上海精密科学仪器有限公司雷磁仪器厂	021－59577340

续表

序号	仪 器 名 称	型 号	生 产 厂 家	电 话
7	ZD－2型自动电位滴定仪	ZD－2	上海精密科学仪器有限公司雷磁仪器厂	021－59577340
8	DDG－5205型工业电导率仪	DDG－5205	上海精密科学仪器有限公司雷磁仪器厂	021－59577340
9	ZDJ－4A型自动电位滴定仪	ZDJ－4A	上海精密科学仪器有限公司雷磁仪器厂	021－59577340
10	DWG－8025型钠监测仪	DWG－8025	上海精密科学仪器有限公司雷磁仪器厂	021－59577340
11	PHG－7685型工业PH计	PHG－7685	上海精密科学仪器有限公司雷磁仪器厂	021－59577340
12	SJG－9435型微量溶解氧分析仪	SJG－9435	上海精密科学仪器有限公司雷磁仪器厂	021－59577340
13	PHS－3C型pH计	PHS－3C	上海精密科学仪器有限公司雷磁仪器厂	021－59577340
14	DH－8G型氧化锆氧分析器	DH－8G	南京分析仪器厂	025－6626181
15	PHS－3C实验室精密PH计	PHS－3C	江苏电分析仪器厂	0523－8273605
16	MIA－3微机化多功能离子分析器	MIA－3	江苏电分析仪器厂	0523－8273605
17	PHS－4智能酸度计	PHS－4	江苏电分析仪器厂	0523－8273605
18	DDD－91型工业电导率变送器	DDD－91	烟台市招远自动化仪表厂	0535－8216269
19	DWS－1智能型工业酸度计	DWS－1	烟台市招远自动化仪表厂	0535－8216269
20	ZKF－1型自动卡尔费休水分测定仪	ZKF－1	浙江大学分析测试中心	0571－7951436
21	USI－1B型微量水份仪	USI－1B	成都仪器厂	028－6935160
22	P－303型极谱分析仪	JP－303	成都仪器厂	028－6935160
	8. 生化分离分析仪器			
1	XD－1型血红蛋白仪	XD－1	上海电子光学技术研究所	021－64851538
2	自动酶标洗板机	DEM系列	北京拓普分析仪器有限责任公司	010－67015128
3	二维骨密度仪	BH6012	北京核仪器厂	010－65015198
4	TC－96AE聚合酶链式反应DNA扩增仪	TC－96AE	北京科遗生物技术开发部	010－62554527
5	CA－1680型生化分析仪	CA－1680	南京分析仪器厂	025－6626181
6	GF－D型半自动生化分析仪	GF－D	高密分析仪器厂	0536－2322932
7	全自动冰点渗透压计	FM－8	上海医大仪器厂	021－64045853 64041900－2354
8	AT－648半自动生化分析仪	AT－648	上海安泰分析仪器有限公司	021－56655902
9	AT－838自动酶标分析仪	AT－838	上海安泰分析仪器有限公司	021－56655902

续表

序号	仪器名称	型号	生产厂家	电话
10	AT－658 半自动生化分析仪	AT－658	上海安泰分析仪器有限公司	021－56655902
11	AT－738 半自动生化分析仪	AT－738	上海安泰分析仪器有限公司	021－56655902
12	MK－Ⅱ型光纤控压密闭微波快速消解系统	MK－Ⅱ	上海新科微波溶样测试技术研究所	021－64382344－1304
9. 气体分析仪器				
1	GXH－105 型红外线气体分析器	GXH－105	北京北分瑞利分析仪器(集团)有限责任公司	010－62456639
2	RH－301A 可燃气体报警器	RH－301A	北京北分瑞利分析仪器(集团)有限责任公司	010－62456639
3	BFS 6000 型在线可燃气体监测仪	BFS－6000	北京北分瑞利分析仪器(集团)有限责任公司	010－62456639
4	GXH－3010E 型便携式红外线分析器	GXH－3010E	北京市电脑技术应用研究所	010－66162541
5	GXH－3011A 型便携式红外线CO 分析器	GXH－3011A	北京市电脑技术应用研究所	010－66162541
6	CD－3600 型热磁式氧分析器	CD－3600	南京分析仪器厂	025－6626181
7	RD－4000 型防爆氢气分析器	RD－4000	南京分析仪器厂	025－6626181
8	全自动烟度计	FBY－2A，FBY－2B	佛山分析仪器厂	0757－3364001
9	烟度计	FBY－3	佛山分析仪器厂	0757－3364001
10	汽车排气分析仪	MEXA－324F	佛山分析仪器厂	0757－3364001
10. 显微镜及图像分析仪器				
1	IAS－4 通用金相图像分析系统	IAS－4	中国科学院北京科学仪器研制中心	010－62571592
2	YS2 型双目生物显微镜	YS－2	南京江南光电(集团)股份有限公司	025－5503772
3	XS－200 型双目生物显微镜	XS－200	南京江南光电(集团)股份有限公司	025－5503772
4	油污染度检测显微镜	XZY	济南试金集团有限公司	0531－7968806
5	XSP－C 系列生物显微镜	XSP－C	重庆光电仪器总公司	023－67851881
6	XSZ－G 系列生物显微镜	XSZ－G	重庆光电仪器总公司	023－67851881
7	XTD－5B 体视显微镜	XTD－5B	重庆光电仪器总公司	023－67851881
11. 天平及热分析仪器				
1	FA2004A 电子分析天平	FA2004A	上海精密科学仪器有限公司天平仪器厂	021－64362891
2	JA5003 电子分析天平	JA5003	上海精密科学仪器有限公司天平仪器厂	021－64362891
3	MP2000D 电子分析天平	MP2000D	上海精密科学仪器有限公司天平仪器厂	021－64362891

续表

序号	仪器名称	型号	生产厂家	电话
4	CRY－32P 高温差热分析仪	CRY－32P	上海精密科学仪器有限公司天平仪器厂	021－64362891
5	WRS－1A 数字熔点仪	WRS－1A	上海精密科学仪器有限公司物理光学仪器厂	021－64700139
6	WRX－S 显微热分析仪	WRX－S	上海精密科学仪器有限公司物理光学仪器厂	021－64700139
12. 力学和物性分析测试仪器				
1	CSS－144 型微机自动洛氏硬度计	CSS－144	长春试验机研究所	0431－5655206 5657766
2	CSS－2200 系列电子万能试验机	CSS－2200	长春试验机研究所	0431－5655206 5657766
3	CSS－251(WAW)系列微机控制电子液压万能试验机	CSS－251(WAW)	长春试验机研究所	0431－5655206 5657766
4	PLG 系列高频疲劳试验机	PLG	长春试验机研究所	0431－5655206 5657766
5	PLS 系列电液伺服疲劳试验机	PLS	长春试验机研究所	0431－5655206 5657766
6	HVS－1000 型数显显微硬度计	HVS－1000	上海材料试验机厂	021－58892860
7	HV－1000 型显微硬度计	HV－1000	上海材料试验机厂	021－58892860
8	HBE－3000 型电子布氏硬度计	HBE－3000	上海材料试验机厂	021－58892860
9	HRS－150 型数显洛氏硬度计	HRS－150	上海材料试验机厂	021－58892860
10	电子万能试验机	WDS－1－200	济南试金集团有限公司	0531－7968806
11	四球式摩擦试验机	MRS－10A(P)	济南试金集团有限公司	0531－7968806
12	电子式万能试验机	WDW－5－200	济南试金集团有限公司	0531－7968806
13	屏显式液压万能试验机	WES－C－D	济南试金集团有限公司	0531－7968806
14	数显式液压万能试验机	WES－E	济南试金集团有限公司	0531－7968806
15	液压式万能试验机	WE－C	济南试金集团有限公司	0531－7968806
16	液压压力试验机	YE	济南试金集团有限公司	0531－7968806
17	微机控制电液伺服万能试验机	WAW－Y	济南试金集团有限公司	0531－7968806
18	数显式扭转弹簧试验机	TNS TNS－L	济南试金集团有限公司	0531－7968806
19	数显式弹簧拉压试验机	TLS	济南试金集团有限公司	0531－7968806
20	微机控制电液式水泥压力试验机	YAW－300	济南试金集团有限公司	0531－7968806
二、专用类仪器				
1. 农、林业				
1	PS 3000 型过程气体分析成套系统	PS 3000	重庆川仪股份有限公司川仪九厂	023－62827496

续表

序号	仪器名称	型号	生产厂家	电话
	2. 环境监测			
1	GXH－904 水泥用分析系统	GXH－904	北京北分瑞利分析仪器(集团)有限责任公司	010－62456639
2	AQMS－9000 型环境空气质量监测系统	AQMS－9000	北京北分瑞利分析仪器(集团)有限责任公司	010－62456639
3	GQS－186 智能化油份浓度计	GQS－186	厦门分析仪器厂	0592－2082753－208
4	油份浓度分析仪	OCMA－220	佛山分析仪器厂	0757－3364001
5	前照灯检测仪	FD－1	佛山分析仪器厂	0757－3364001
6	前照灯检测仪校准器	FDJ－1	佛山分析仪器厂	0757－3364001
	3. 实验室装置与实验室设备			
1	TL LAB2000 LIMS 实验室信息管理系统	TL LAB2000 LIMS	北京泰立化电子技术有限公司	010－62318086 62318085

四、中国分析测试仪器生产厂家名录

北京天实同创科技有限公司

地址:北京海淀区远大路 20 号 鹏安世纪大厦 A 座 10A
邮编:100089
电话:010-88507750 8507752
联系人:李捷
E-mail:info@aitechrom.com

北京安普泰克仪器有限公司

地址:北京市朝阳区裕民路 12#华展国际公寓 A201
邮编:100029
电话:010-82250080 82250110
联系人:徐铭
E-mail:ampletec@public.bta.net.cn

培安公司

地址:北京市朝阳区和平街 11 区甲 34 号办公楼一层
邮编:100013
电话:010-64205633 64205632
联系人:杨广
E-mail:sales@analyx.com.cn

瑞士安维公司

地址:北京市朝阳区光华路 12A 号,科伦大厦 B 座 406 室
邮编:100020
电话:010-65814078 65814079
联系人:侯卫红
E-mail:sales@avi-vacuum.com

北京爱威森机电技术开发公司

地址:北京市西直门北大街 45 号时代之光名苑 C 座 605 室
邮编:100044
电话:010-62265039 62265038
联系人:王露
E-mail:aws@midwest.com.cn

贝克曼库尔特香港有限公司

地址:香港英皇道 979 号太古坊濠丰大厦 12 楼
北京市朝阳区建外大街甲 24 东海中心 20 层 2005A-2009 室
邮编:100004
电话:852-22406283 28731270
010-65156028 65156025
联系人:董玮
E-mail:candice_mak@beckman.com
wei_dong@beckman.com

北京安恒测试技术有限公司

地址:北京市海淀区车公庄西路乙 19 号华通大厦 B 座北楼 12 层
邮编:100044
联系人:郝瀛
E-mail:marketing@watertest.com.cn

北京中惠普分析技术研究所

地址:北京市西城区真武庙 4 条 6 里 71 号
电话:010-68033419 68033367
联系人:胡文捷 张惠文
E-mail:bchp@mx.cei.gov.cn
zhonghui@public3.bta.net.cn

北分瑞利集团公司
(原北京分析仪器厂)

地址:北京市海淀区温泉北清路
邮编:100095
电话:010-62456639 62403043
联系人:欧阳良
E-mail:bfrlsc@tom.com

北京瑞利分析仪器公司
（原北京第二光学仪器厂）

地址:北京市东直门外西八间房甲1号
电话:010-64361320 64372901
联系人:李海昌
E-mail:market@ braic. com

北京百和营科技发展有限公司

地址:北京市朝阳区小营路12号亚运花园3号楼8C
邮编:100101
电话:010-84623030 84644432
联系人:袁海波
E-mail:yuanhaibo@ hotmail. com

北京博医康实验仪器有限公司

地址:北京西四环中路安美尔大厦A座1118室
邮编:100039
电话:010-88248072 88248075
联系人:游方圆
E-mail:sale@ boyikang. com

北京博瑞科电器设备有限责任公司

地址:北京市丰台区怡海花园富泽园2-1702
邮编:100070
电话:010-83671755 63787666
联系人:于海峰
E-mail:bbk@ vip. 163. com

北京彩陆科学仪器有限公司

地址:北京海淀区翠微中里15楼615室
邮编:100036
电话:010-68131826 68100508
联系人:杜军
E-mail:cailu999@ sohu. com

北京华电化学分析仪器研究所
北京世纪新维科技有限公司

地址:北京海淀永丰科技园南
电话:010-62471903 62476714
联系人:边东福
E-mail:huadian@ 263. net

北京化学试剂公司

地址:东四南大街160号
电话:010-65130551 65130551
联系人:和杰
E-mail:office@ crc-bj. com

北京华夏科创仪器技术有限公司

地址:北京市海淀区上地信息路2号2座10层E号
邮编:100085
电话:010-82896747 82896091
联系人:张新民
E-mail:zhangxm@ em. tsinghua. edu. cn

北京创美伟业科技有限公司

地址:北京市西城区展览馆路14号中俊酒店529室
邮编:100044
电话:010-68351232 68357048
联系人:孙丽君

北京德泉科技发展有限公司

地址:北京市丰台北华胜写字楼甲24
邮编:100071
电话:010-63830942 63825983
联系人:祁连军
E-mail:dequan KJ@ 263. net

北京德斯维商贸有限公司

地址:北京市海淀区田村路8号丁单元205号
邮编:100039
电话:010-88272682 88272681
联系人:陈波
E-mail:info@ desiwei. com

北京东方圣隆达科贸有限公司

地址:北京朝阳区北四环中路6号华亭嘉园D座29B
邮编:100029
电话:010-82843682 82843689
联系人:陶红
E-mail:esunland@ public. bta. net. cn

北京艾诺威商贸有限公司

地址:北京海淀区魏公村街1号韦伯时代中心C座910室
邮编:100081
电话:010-88570068 88570060
E-mail:hannachina@vip.sina.com

北京市历元电子仪器技贸公司

地址:北京市海淀区上地信息路1号国际创业园1号楼1204
电话:010-82895373 82895374
联系人:刘星汉
E-mail:lygsupw@sina.com

北京海淀潮声技术开发公司

地址:北京市海淀区中关村南大街9号理工科技大厦2103室
邮编:100081
电话:010-68948907/8 68467110
联系人:李乔
E-mail:bhcs@163bj.com

北京海光仪器公司

地址:北京市朝阳区酒仙桥东路1号M3座
电话:010-64351686 64359859
联系人:尹碧桃 张春艳
E-mail:Co@haiguang.sina.net

北京恒信业科技有限公司

地址:北京市海淀区半壁街南路8号汇景阁公寓610室
邮编:100089
电话:010-68435895 68732127
联系人:刘珺
E-mail:webmaster@hangseng.net.cn

北京浩天晖科贸有限公司
(北京瀚时制作所)

地址:北京市朝阳区崔各庄
邮编:100103
电话:010-64385638 64381959
联系人:吴安林
E-mail:wuanlin@public.bta.net.cn

北京正通远恒科技有限公司

地址:北京市朝阳区胜古北路甲3号210室
邮编:100029
电话:010-64415767 64425485
联系人:刘斌
E-mail:info@honoprof.com

北京华科仪电力仪表研究所

地址:北京海淀上地信息路2号国际创业园2#楼2E
邮编:100085
电话:010-82896675 82896674
联系人:刘海波
E-mail:master@huakeyi.com

北京汇佳精仪工贸有限公司

地址:北京市西城区西单东斜街53号-1105室
邮编:100032
电话:010-66018930 66085196
联系人:张继经 马锡恩

北京英贤仪器有限公司

地址:北京市丰台区科兴路7号B108室
电话:010-83671098 83671073
联系人:朱莉莎
E-mail:inceyjy@public3.bta.net.cn

北京康林科技有限责任公司

地址:北京市亚运村小营路10号阳明广场B707室
邮编:100101
电话:010-84659907 84659905
联系人:陈晓
E-mail:suechen@public3.bta.net.cn

北京照生行仪器设备有限公司

地址:北京海淀首体南路20号国兴家园5号楼2104室
邮编:100044
电话:010-88355340 88355332
联系人:武剑西
E-mail:lightace@public3.bta.net.cn

北京盈安科技有限公司

地址：北京市安定门外西滨河路25号仪器仪表大厦一层
邮编：100011
电话：010－84241552　64212554
联系人：刘鹤明
E－mail：info@ michem. com. cn

北京明尼克分析仪器设备中心

地址：海淀区学清路16号学知轩大厦1117室北京石油化工研究院北教楼一层
邮编：100083
电话：010－82755308/9　82755309
联系人：李高沪　张俊国
E－mail：hailing@ public3. bta. net. cn

北京纳克分析仪器有限公司

地址：北京市海淀区高梁桥斜街13号
上海市长安路1001号长安大厦1号楼1031、1032室
邮编：100081　200070
电话：010－62182648　62182155
联系人：高宏斌
E－mail：beijing@ ncschina. com
shanghai@ ncschina. com

北京东方科泰科技发展有限公司

地址：北京市朝阳区惠新西街9号院惠新苑1号楼307室
邮编：100029
电话：010－64971708　64971710
联系人：史桐
E－mail：tshi@ bost－ltd. com
dwang@ bost－ltd. com

普析通用仪器有限责任公司

地址：北京市海淀区中关村南大街甲8号威地科技大厦11层
邮编：100081
电话：010－62139830　62139826
联系人：杨志全
E－mail：zhiquan. yang@ pgeneral. com

北京吉天仪器有限公司

地址：北京市朝阳区酒仙桥东路1号6座4层
邮编：100016
电话：010－64379876　64379929
联系人：卢萍　黄荣
E－mail：sales@ bjtitanco. com

北京清科园环境科技有限公司

地址：北京市海淀区三里河路1号西苑饭店5号楼三层
电话：010－88381858　68310855
联系人：邵剑瑛
E－mail：qky@ public3. bta. net. cn

北京惠泽联合科技有限公司

地址：北京德胜门外大街11号B座415室
邮编：100088
电话：010－62367693　62367694
联系人：夏小燕
E－mail：beijing@ quixave. com

北京赛多利斯仪器系统有限公司

地址：北京市朝阳区望京工业区东湖渠
邮编：100102
电话：010－64392233　64392726
联系人：胡玉兰
E－mail：yulan. hu@ sartorius. com

北京帅仪科技发展有限公司

地址：北京东城区秦老胡同31号
电话：010－64035167　64059331
联系人：吴桂平
E－mail：liuyan@ shuaiyi. com
shichang@ shuaiyi. com

北京唯世泰克特种材料技术有限公司

地址：北京市朝阳区小营路12号亚运花园2－8B
邮编：100101
电话：010－84651818　84650018
联系人：庞勃
E－mail：sp@ versatechltd. com

北京新联安科技有限公司

地址：北京安定门外西滨河路25号仪器仪表大厦512室
邮编：100011
电话：010－64235656　64235955
联系人：王联强
E－mail：amcasg@ public. bta. net. cn

北京汇博精瑞科技有限责任公司

地址:北京市朝阳区安翔路2号
邮编:100101
电话:010-64872594 64873281
联系人:张新杰
E-mail:xinjie@jingrui.com.cn

北京温分分析仪器技术开发有限公司

地址:北京市海淀区温泉白家疃西口
邮编:100095
电话:010-62464945 62464946
联系人:白亮 黄再权
E-mail:webmaster@bwaic.com

北京灏汇北方科技发展有限公司

地址:北京市海淀区花园北路20号牡丹园北里8号楼205室
邮编:100083
电话:010-62080957 62080956
联系人:董伟康
E-mail:ww@i688.com

北京希玛欧美佳教学试验设备有限公司

地址:北京市宣武区西南二环中加大厦A座11楼
邮编:100054
电话:010-83526266 83522929
联系人:黄念
E-mail:sale@ximaoumeijia.com

北京新钢协力文化传播中心

地址:北京100081信箱25分箱
邮编:100081
电话:010-62236993 62242884
联系人:罗先生 管先生
E-mail:advertising@a-1.net.cn

北京约克仪器公司

地址:海淀区紫竹院路31号华澳中心3#楼1E
邮编:100089
电话:010-68715277 68454556
联系人:叶强
E-mail:YQ@yorkinstrument.com

北京永成水净化技术有限公司

地址:北京北三环西路满庭芳园E-301
邮编:100086
电话:010-62191011 13801061736
联系人:解海燕
E-mail:Xiehaiyan@263.net

北京益利精细化学品有限公司

地址:北京市朝阳区金盏乡长店村西
邮编:100018
电话:010-84317341 84311497
联系人:杨春晖
E-mail:info@yilishiji.com

北京中科华星科贸有限公司

地址:北京市海淀区中关村南大街甲56号方圆大厦A-201
邮编:100044
电话:010-88026845/6 88026834
联系人:周陈维
E-mail:sammy2000@etang.com

北京中科奥纳科技有限公司

地址:北京市海淀区上地中关村发展大厦D308
邮编:100085
电话:010-82782708 82780610
联系人:王宏
E-mail:aruik@sohu.com

北京振翔工贸有限责任公司

地址:北京市海淀区复兴路甲38号嘉德公寓1005室
邮编:100039
电话:010-88202718 88202719
联系人:孙军
E-mail:jscience@pub.guangzhou.gd.cn

倍肯公司

地址:北京五棵松路20号美丽园2号楼701市
邮编:100089
电话:010-88590234 88590242
联系人:张蕾
E-mail:pekbio@publica.bj.cninfo.net

北京东方精华苑科技有限公司

地址:北京市丰台区和义西里二区33楼3-202
邮编:100076
电话:010-67961678 67961678
联系人:魏忠士
E-mail:jhy@bj-jhy.com

中国科学院兰州化学物理研究所色谱技术研究开发中心

地址:甘肃兰州市天水路342号
邮编:730000
电话:0931-8278211 8279211
联系人:赵国宏
E-mail:ghzhao@public.lz.gs.cn

北京北分慧杰科技有限公司

地址:北京市海淀区温泉镇西颐小区441室
邮编:100095
电话:010-62408573 62408574
联系人:郭俊杰
E-mail:seeks2000cn@hotmail.com

北京博昊宇商贸有限公司

地址:北京市朝阳区广顺南大街19号嘉润花园B座2801室
邮编:100102
电话:010-64775068
E-mail:bohaoyu@sohu.com

北京北分天普仪器技术有限公司

地址:北京海淀区温泉
邮编:100095
电话:010-62450577 62489238
联系人:周丽红
E-mail:popgenius@hotmail.com

北京科瑞科学器材有限责任公司

地址:北京市宣武区广安门天宁寺东里甲11号(二层)
电话:010-63494170 63423904
联系人:贺军
E-mail:karui123@vip.sina.com

北京中兴汇利科技发展有限公司

(北京中兴分析仪器仪表新技术研究所)

地址:北京市海淀区志新路16号宝灵城北方鑫柜1408室
邮编:100083
电话:010-62347388 62398448
联系人:李军

北京优联光电技术有限公司

电话:010-68993509 68328664
E-mail:bunyxt@public.bta.net.cn

瑞士卡玛(中国)技术支持中心

地址:香港英皇道651号科汇中心1305室
北京市东城区大华路甲2号海诚商务会馆602室
邮编:100005
电话:00852-25692154 25692694
010-65284659 65284679
联系人:黄凯扬 郭国立
E-mail:info@camag-china.com
gguo@camag-china.co

超谱公司

地址:北京北四环中路8号汇欣大厦B座1206室
上海建国西路91弄5号瑞金花园商务中心710室
邮编:100101 200020
电话:010-84987511 84981750
021-64454676 64453040
联系人:王平平 钱文
E-mail:cclbj@public3.bta.net.cn
cclsh@public8.bta.net.cn

长春吉大小天鹅仪器有限公司

地址:长春高新区星火路4号
邮编:130012
电话:0431-5181081 5177310
联系人:盖秀梅
E-mail:gxmxiaoshou@163.com

中国色谱网/杭州普惠科技有限公司

地址:浙江省杭州市学院路102号
邮编:310012
电话:0571-88932180-815
联系人:孔桂昌
E-mail:webmaster@sepu.net

中国电子国际经济合作公司

地址:北京市海淀区复兴路甲2号电子大楼71
上海市闵行区航华一村二街72坊307号202室
邮编:100036 201105
电话:010-68296507 68187111
021-64203075 64203075
联系人:惠国俊 惠绍华
E-mail:hgj@ceiec.com
zxp6529@shanghai.cngb.com

中国科学器材进出口总公司

地址:北京市73灯市口大街75号
邮编:100006
电话:010-65136163 65136113
联系人:邵连生
E-mail:lsshao@csimc.com.cn

大连依利特分析仪器有限公司

地址:大连市中74山路161号
邮编:116011
电话:0411-3635253 3644564
联系人:王跃庆
E-mail:info@eliteHPLC.com

大连华洋科学仪器有限公司

地址:大连市中山75区丰汇园路5号楼
邮编:116013
电话:0411-2364123 2364006
联系人:齐爱华
E-mail:Jenny@dhsi.com.cn

北京迪科马科技有限公司

地址:北京市海淀区76学院路科群大厦东五层
邮编:100083
电话:010-62317719 62317723
联系人:张鲲
E-mail:info@dikma.com.cn

戴安中国有限公司

地址:香港新78界兴芳路223新都会广场2座25楼251790室
北京市朝阳区安定80路33号化信大厦A座606室
邮编:100029
电话:0852-24283282 24287898
010-64436740 64432350
联系人:刘静
E-mail:Dionex@dionex.com.hk
Beijing@dionex.com.cn

北京光谱咨询服务部

地址:北京东直门外西八间房二光厂院内
邮编:100015
电话:010-64372624 64372624
联系人:杜春耕

北京东之方信息网络技术有限责任公司

地址:北京市海淀区太平路甲18号西南饭店写字楼415室
邮编:100039
电话:010-68228642 68222849
联系人:蒋晓春
E-mail:oscarjxc@dzf-infonet.com

北京东方三旋科技发展有限公司

地址:北京市朝阳区朝阳公园南路丽水嘉园六里屯1号楼0105室
邮编:100026
电话:010-65910040 65302991
联系人:李万密
E-mail:selectabj@public.gb.com.cn

北京意力博通技术发展有限公司

地址:北京市朝阳区鼎成路世纪宝鼎大厦B901
邮编:100101
电话:010-84899298 84899413
联系人:陈曦
E-mail:edt-rontec@vip.sina.com

欧陆科仪(中国)有限公司

地址:香港黄竹坑道65号志昌行中心18字楼
北京方庄芳群园四区金城中心5楼507室
邮编:100078
电话:0852-28140311 28700479
010-67666259 67620931
联系人:沈明生 潘巨祥 徐欣
E-mail:euro-tech@euro-tech.com.hk
euro-tech.bj@euro-tech.com

上海优特仪器有限公司

地址:上海市漕宝路103号1320室
邮编:200233
电话:021-64847010 64847010
联系人:苏剑林
E-mail:eutech@sh163c.sta.net.cn

爱尔博科贸有限公司

地址:北京市海淀区花园北路 44 号贯通大厦 401
邮编:100083
电话:010-82079393 82079380
联系人:苏宁
E-mail:fjtuoasc@public.fhent.cn.net

怡孚和融科技有限公司

地址:北京海淀区首体南路 22 号国兴大厦 9F
邮编:100044
电话:010-88356038 88355195
联系人:张引
E-mail:maggie@everisetech.com

FEI 香港有限公司

地址:香港九龙尖沙咀东部科学馆道 1 号
北京建国门北大街 8 号华润大厦
上海延安东路 550 号海洋大厦
邮编:100005 200001
电话:00852-26227382 26206803
010-65172288-3608 65181163
021-63503322
联系人:Susan Chan 臧洁
E-mail:zangjie@163bj.com

丰杰华信科学仪器有限公司

地址:北京市朝阳区安慧里四区十五号五矿大厦 510 室
邮编:100101
电话:010-64974323 64974268
联系人:沈良华
E-mail:lhshen@frontchina.com

北京力博信科贸有限公司

地址:北京市海淀区北太平庄路 25 号豪威大厦 511 室
上海市闵行区黎安路 1189 号
邮编:100088 201100
电话:010-62381018 62381017
021-54955616 54955626
联系人:张克兵
E-mail:joseph.zhang@processequipment.spx.com

北京格润得科技有限公司

地址:北京朝内大街 188 号鸿安国际商务大厦 C 座 803
邮编:100010
电话:010-65170525/6/7 65170529
联系人:李小杏
E-mail:xiaoxing@gatbj.com

皆能(亚洲)有限公司

地址:Rm. 1611, Eastern Harbour Center, 28, Hoi Chak St., Quarry Bay, Hong Kong
北京办事处 上海办事处
电话:0852-28560608 28112947
010-68349328 68332009
021-62776139 62276374
联系人:裴世桥 尹明华
E-mail:guyasia@pacific.net.hk
bguyline@public3.bta.net.cn
guyline@public7.sta.net.cn

广州市艾安得仪器有限公司

地址:广州市中山大道 8 号天河商贸大厦 2007 室
邮编:510630
电话:020-87597787 87568353
联系人:李勇
E-mail:andgzb@public.guangzhou.gd.cn

国家有色金属及电子材料分析测试中心

地址:北京市新街口外大街 2 号
邮编:100088
电话:010-62054705 82241365
联系人:李中建
E-mail:lizhong-jian@263.net

武汉亿通电力环保科技有限公司

地址:武汉市珞瑜路 189 号方达科技楼 4178 室
邮编:430070
电话:027-87383651 87456429
联系人:李先生
E-mail:info@gentechsystems.com

贺利氏(沈阳)特种光源有限公司

地址:沈阳市经济技术开发区大明湖街 17 号
邮编:110141
电话:024-25364448 25367778
联系人:陈芳
E-mail:info@heraeus-hns.com

中国地质科学院地球物理地球化学勘查研究所

地址:河北省廊坊市金光道 84 号
邮编:065000
电话:0316-2018984 2026741
联系人:石静 王莉坤
E-mail:xgy@cnigge.com

江苏江分电分析仪器有限公司

地址：江苏省姜堰市人民中路130号
邮编：225500
电话：0523－8281370　8271822
联系人：吴荣坤　钱志明
E－mail：jsei.jy@public.tz.js.cn

江苏汉邦科技有限公司

地址：江苏省淮安市健康东路116号
邮编：223001
电话：0517－3918801/2/3　3910282
联系人：马玲
E－mail：hyzdb@pub.hy.jsinfo.net

济南应用化工科技开发有限公司

地址：济南市经十路4号
邮编：250014
电话：0531－2602890　2610467
联系人：刘庆兰
E－mail：QLan_QL@163.net

济南试验设备进出口公司

地址：山东省济南市纬十路101号
邮编：250021
电话：0531－7038245　7939322
联系人：王成
E－mail：imshijin@public.jn.sd.cn

北京捷安杰科技发展有限公司

地址：北京朝外大街22号泛利大厦917/918室
邮编：100020
电话：010－65888666　65886577
联系人：冯翠云
E－mail：jnjindus@public.bta.net.cn

香港肯特科技有限公司美国斯别克公司

地址：北京昆仑饭店448房间
邮编：100004
电话：010－65903808
联系人：张扬
E－mail：zhy1005@vip.sina.com

北京捷特澳科贸有限公司

地址：北京市海淀区万泉河路58号3401室
邮编：100080
电话：010－62570224　62537047
联系人：王利红
E－mail：jtochem@sina.com.cn

昆明肯特科技有限公司

地址：昆明市关上关兴路119号华泰花园1－2－402室
邮编：650200
电话：0871－3550765　3550765
联系人：赵昆红
E－mail：ktlzkh@public.km.yn.cn

昆山市超声仪器有限公司

地址：江苏省昆山市淀山湖镇
上海市中山南二路932弄6号龙山公寓1802－1803室
邮编：215345　200030
电话：0512－57491379　57491378
021－64648866　64646222
联系人：许洪泉
E－mail：webmaster@ks－csyq.com

北京中科科仪技术发展有限责任公司

地址：北京中关村北二条13号
邮编：100080
电话：010－62560908　62564613
联系人：王飞
E－mail：kyky@kyky.com.cn

龙口市先科仪器公司/烟台先科仪器有限公司

地址：山东省龙口市黄城怡静街10号
邮编：265701
电话：0535－8525210　8526576
联系人：孙允华
E－mail：lkxk@xk－yiqi.com

北京龙智达科技开发有限公司

地址：北京市宣武区鸭子桥路29号大金都商厦526室
邮编：100055
电话：010－63444635　63455912
联系人：于志勇
E－mail：longzida@263.net

路易企业有限公司

地址:北京崇外大街3A号新世界中心办公楼南座10层1008－1009室
邮编:100062
电话:010－67081764　67081768
联系人:韩爱华
E－mail:lwlbj@ public. bta. net. cn

韩国美卡希斯有限公司北京代表处

地址:北京市朝阳区亮马桥路光明饭店1607室
邮编:100016
电话:010－64672283　64656533
联系人:罗银姬
E－mail:lyj@ mecasys. co. kr

默克(上海)贸易有限公司

地址:上海市南京西路1468号中欣大厦40层
北京市朝阳区建国路88号SOHO现代城B座1604室
邮编:200040　100022
电话:021－32224788　62496124
010－85802406－15　85801294
联系人:郑广秀　王春荣
E－mail:wayne. zheng@ merck－china. com
lucy. wang@ merck－china. com

瑞士万通中国有限公司

地址:香港筲箕湾兴民街68号海田广场1607室
北京建国门内大街18号恒基中心第三座716室
邮编:100005
电话:00852－29676552　29670443
010－65170006　65179657
联系人:谢先生　刘先生
E－mail:info@ metrohm. com. cn
bj. sales@ metrohm. com. cn

梅特勒－托利多仪器(上海)有限公司

地址:上海市桂平路589号
邮编:200233
电话:8621－64850435　64853351
联系人:陈圣杰
E－mail:mtcs@ public. sta. net. cn

南宁市威玛龙色谱科技有限公司

地址:广西南宁市星湖路10号办公楼601室
邮编:530022
电话:0771－5327388
联系人:马彦
E－mail:mayan@ public. nn. gx. cn

北京日之阳技贸有限责任公司

地址:北京海淀区曙光花园望山园2号楼智业园B座11D室
邮编:100089
电话:010－88454515　88454516
联系人:牛君杰
E－mail:newford@ newford. com. cn

宁波新芝生物科技股份有限公司

地址:浙江宁波市前锋路9号
邮编:315010
电话:0574－87134807　87113393
联系人:朱云国
E－mail:zhf@ scientz. com

牛津仪器公司

地址:北京建国门内大街18号恒基中心10办公楼3座714室
邮编:100005
电话:010－65188161　65188155
联系人:张鹏
E－mail:info@ oxford－instruments. com. cn

珀金埃尔默仪器(上海)有限公司

地址:上海市外高桥保税区希雅路33号17号楼4层C座
北京市朝阳区建国路118号招商局大厦24层2401室
邮编:200131　100022
电话:021－50460228　50461922
010－65668166　65668155
联系人:薛萍　莫华
E－mail:xuepn@ perkinelmer. com. cn
helenmo@ perkinelmer. com. cn

普利赛斯国际贸易(上海)有限公司

地址:上海市凯旋路2200号凯旋大厦3500室
邮编:200030
电话:021－64477888　64476677
联系人:宋志国
E－mail:info@ precisaitl. com. cn

流程工业

地址:北京市百万庄路22号10层
上海市漕宝路103号自动化仪表城1206室
邮编:100037　200233
电话:010－69882741　68326337
021－64753225　64847477
联系人:施岚　章旭
E－mail:shilan@ vogel. com. cn
luna_zx@ msn. com

瑞特恩科技有限公司

地址:北京市朝阳区惠新西街16号蓝珏苑2-203
上海市虹桥路591号虹桥丽园3号201室
邮编:100029 200030
电话:010-51668816 64910868
021-51096118 64470145
联系人:温先生 曹小姐
E-mail:sales@rakon.com.cn
shanghai@rakon.com.cn

兴华医疗科仪(香港)有限公司

地址:香港鱼则涌英皇道979号太古坊濠丰大厦十一字楼1101室
北京市西城区阜外大街2号万通新世界广场A座18层
邮编:100037
电话:010-68578918 68578897
联系人:Sanny Leung 蒋静宜
E-mail:sannyleung@schmidtbiomedtech.com
jyjiang@schmidtbiomedtech.com

北京中科科仪计算技术有限责任公司

电话:010-62539153 62564186
联系人:苑杰
E-mail:yuanjie@cas-sisc.com.cn

北京安迪永富科贸有限公司

地址:北京海淀区花园北路20号华盛家园A座1308室
邮编:100083
电话:010-62080026/27 62080025
联系人:殷志成
E-mail:info@scitop.com.cn

上海安谱科学仪器有限公司

地址:上海市斜土路2897弄50号海文商务楼507室
邮编:200030
电话:021-54591085 64697742
联系人:高珏
E-mail:Shanpel@anpel.com.cn

上海富恒科技发展有限公司

地址:上海市邯郸路98号凌武大厦12-A室
邮编:200437
电话:021-65361756 65317376
联系人:周刚
E-mail:forever@public3.sta.net.cn

上海海欣色谱仪器有限公司

地址:上海市愚园路546号
电话:021-62100070 62108864
联系人:王振根
E-mail:HXSEPU@SOHU.COM

上海菁华科技仪器有限公司

地址:上海市安远路187号九龙花苑3FA座
邮编:200040
电话:021-62986098 62982998
联系人:唐界平
E-mail:info@jhyq.com

上海科创色谱仪器有限公司

地址:上海市徐汇区虹桥路333号605A室
邮编:200030
电话:021-64868668 54590396
E-mail:kechuang@sh163.net

上海科导超声仪器有限公司

地址:上海市漕河泾高新技术开发区宜山路801号
邮编:200233
电话:021-64952013 64957817
联系人:朱菊萍
E-mail:chinakudos@online.sh.cn

上海棱光技术有限公司

地址:上海市打浦路350号四楼
邮编:200023
电话:021-63025595 53520146
联系人:杨仁德
E-mail:lengguang.sh@netease.com

上海精密科学仪器有限公司

地址:上海市苍梧路10号
北京朝阳区劲松二区228楼908室
邮编:200233 100021
电话:021-64379467 64379468
010-67758579 67758579
联系人:张俊高 黄东杰 张国平
E-mail:customer@spsic.com
gpzhan@21cn.com

上海新仪微波化学科技有限公司

地址:上海徐家汇宛平南路88号21号楼311室
邮编:200030
电话:021-54243097
联系人:黄庭国 王勤华
E-mail:sineo@online.sh.cn

上海光谱仪器有限公司

地址:上海市漕河泾高新技术开发区宜山路705号C座4楼
邮编:200233
电话:021-64959840 64951739-801
联系人:陈建钢
E-mail:info@spectrum-cn.com

上海申越科技有限公司

地址:上海市华山路1954号交通大学包兆龙图书馆1301室
邮编:200030
电话:021-62933221 62933286
联系人:丁功捷
E-mail:shenyue@online.sh.cn

上海台雄工程配套设备有限公司

地址:上海市罗秀路1980弄38号601室
邮编:201100
电话:021-34133323
联系人:王娟
E-mail:marketing@durconchina.com

上海天能科技有限公司

地址:中山南一路893号
邮编:200023
电话:021-63051016
联系人:孟诚卫
E-mail:tanon@public6.sta.net.cn

上海伍丰科学仪器有限公司

地址:上海胶州路397号
邮编:200040
电话:021-62563345 62586203
联系人:马明远
E-mail:danielma28@hotmail.com

上海延欣贸易有限公司

地址:上海市沪太路315弄2号华舟大厦603室
邮编:200070
电话:021-56558260 56558831
联系人:魏建春
E-mail:gast@sh163.net

上海一恒科技有限公司

地址:上海共和新路966号共和大厦7楼
邮编:200070
电话:021-56325434 56319387
E-mail:BLUEPARD@yihengyiqi.com

北京桑翌科技发展有限公司

地址:北京东城区和平里东街交林夹道长和大厦A座4A室
邮编:100013
电话:010-64294342 64279434
联系人:韩焰
E-mail:shinetec@vip.sina.com

华嘉(香港)有限公司

地址:香港太古城英皇道1111号太古城中心壹座20楼2003-2014室
上海市淮海中路398号世纪巴士大厦9楼D-E室
邮编:200020
电话:00852-28809808 23691042
021-53838811 63856008
联系人:郑佩霞
E-mail:shmsha@public.sta.net.cn

东南科仪

地址:东风中路268号广州交易广场1706室
北京市海淀区交大东路60号舒至嘉园3座603室
邮编:510030 100044
电话:020-83510088 83510388
010-62268660 62238297
联系人:马瑞香 唐海燕
E-mail:dongnan@sti.gd.cn
DONGNAN@STI.GD.CN

国家钢铁材料测试中心

地址:北京市海淀区学院南路76号
邮编:100081
电话:010-62182643 62182584
联系人:蔡宏斌
E-mail:nacis@public.fhnet.cn.net

先德（天津）科技仪器有限公司

地址：中国天津市南开区白堤路240号科贸大楼501室
邮编：300192
电话：022－87890415 87890417
联系人：张丙辰
E－mail：sales@ suntekscience. com

上海同田生化技术有限公司

地址：上海市浦东南路1279号华融大厦1311室
邮编：200122
电话：021－58779812
联系人：王正华
E－mail：tauto@ szonline. net

泰华信息技术有限公司

地址：北京市朝阳区朝外大街22号泛利大厦401室
邮编：100020
电话：010－65884718 65884728
联系人：李滨

天美科技有限公司

地址：香港九龙官塘鸿图道41号华鸿工贸中心9楼
北京市西城区鼓楼西大街41号
邮编：999999 100009
电话：00852－27519488 27519217
010－64010651 64060202
联系人：谢宝华 李梅
E－mail：techcomp@ techcomp. com. hk
beijing@ techcomp. cn

上海天美科学仪器有限公司

地址：上海市漕溪路190号华林大楼9002室
邮编：200233
电话：021－6487013800 64870142
联系人：蒋淑萍
E－mail：shanghai@ techcomp. cn

德祥科技有限公司

地址：香港九龙官塘鸿图道26号威登中心2103－05室
北京市朝阳区德胜门外马甸裕民路12号元辰鑫大厦0626－0628室
邮编：100029
电话：852－27592182 27583830
010－82252919 82250575
联系人：张汉清 周宁
E－mail：tegent@ netvigator. com

德祥科技有限公司

地址：上海市宣化路299弄4号富都花园商务中心205室
广州市天河体育东路138号
邮编：200050 510620
电话：021－62409003 62409006
020－38781375 38781383
联系人：苏诚伟 凌宏军

广州得翔科技有限公司

地址：广州市天河区天河东路信诚南街19号1004房
邮编：510620
电话：020－38781375/6/7 38781383
联系人：陆小姐

北京泰立化电子技术有限公司

地址：北京北四环中路283号（智凯大厦九层）
邮编：100083
电话：010－62316613 62323505
联系人：李华
E－mail：teleh@ public. bta. net. cn

金欧亚（北京）科技发展有限公司

地址：北京崇文区龙潭路乙3号伟图大厦301室
邮编：100061
电话：010－67136152 67114016
联系人：汪若梅
E－mail：rmw@ vip. sina. com

天津奥特赛恩斯仪器有限公司

地址：天津市南开区红旗南路彩虹花园6号楼
邮编：300383
电话：022－23946088 23385295
联系人：徐俊
E－mail：autoscience@ hotmail. com

天津市恒奥科技发展有限公司

地址：天津南京路305号2029室
邮编：300052
电话：022－27311489 27311437
联系人：刘自国
E－mail：hakj@ tj. cnuninet. net

上海通微分析技术有限公司

地址：上海浦东新区张江高科技园区松涛路 489 号 CO1 室
邮编：201203
电话：021－38953588　38953636
联系人：季平
E－mail：jipings@hotmail.com

环球分析测试仪器有限公司

地址：香港荃湾南丰中心 1911 室
北京市中关村南大街 9 号理工科技大厦 506 室
邮编：100081
电话：00852－24906829　24110890
010－68946260　68463639
联系人：洪德炎　唐王宜
E－mail：unihkco@netvigator.com
xtang@universalhkco.com

环球科技有限公司

地址：北京阜成门外大街 2 号万通新世界广场 A2103 室
邮编：100037
电话：010－68012233　68017314
联系人：沈家强
E－mail：usc@public3.bta.net.cn

万和科学仪器设备（深圳）有限公司

地址：深圳市南山区西丽镇龙井村高发工业园 7 栋 4 楼
邮编：518055
电话：0755－26796426　26798795
联系人：赵琦
E－mail：zhaoqi444@sina.com

沃特斯中国有限公司

地址：香港九龙弥敦道 580A 周大福商业中心 1104 室
北京市朝阳区三里屯西里五街 5 号北信京谊大厦 D 座 301－401 室
邮编：100002
电话：00852－29641800　25496802
010－84518918　84518928
联系人：张亮裕　曲维义
E－mail：wei_yi_qu@waters.com

福立分析仪器有限公司

地址：浙江省温岭市太平镇南泉工业区
邮编：317500
电话：0576－6111884　6119790
联系人：黄立财
E－mail：flyq@sina.com
FLYQ@ppp.tzppt.zj.cn

仪器信息网

地址：北京市海淀区西三环北路 27 号北科大厦一层
邮编：100089
电话：010－68432936　88424409
联系人：唐海霞
E－mail：info@instrument.com.cn

厦门欧达科仪发展有限公司

地址：中国厦门软件园综合楼三楼
邮编：361005
电话：0592－2518000　2518006
联系人：陈晓汀
E－mail：astar@astar－tech.com

新拓微波溶样测试技术有限公司

地址：上海天钥桥路 1 号
邮编：200030
电话：021－64384707
联系人：张和清

杭州雪中炭恒温技术有限公司

地址：杭州市机场路彭埠支路 68 号
邮编：310021
电话：0571－85043531　85043478
联系人：徐月明
E－mail：xuym@xutemp.com

宜兴市晶科光学仪器有限公司

地址：江苏省宜兴市和桥镇鹅州南路 345 号
邮编：214211
电话：0510－7801818　7812858
联系人：欧士民
E－mail：jingke@cell－cn.com

源顺国际有限公司

地址：香港九龙荃湾西楼角道 202－216 号荃昌大厦昌宁中心二楼 10 号
上海市闵行区新镇路 1669 号
北京市海淀区花园路 13 号道隆商务会馆
电话：00852－24139555　25086472
021－64196861　64193965
010－62054703　62063757

正安（天津）科学仪器设备有限公司

地址：天津市河西区友谊路5号北方金融大厦2001室
邮编：300201
电话：022－88350122　88350121
联系人：刘吉庆　夏立敏
E－mail：info@zascience.com.cn

中亚气体仪器研究所

地址：北京市东四六条17号
邮编：100007
电话：010－64060430
联系人：张雯田
E－mail：show@instrument.com.cn

《分析试验室》

地址：北京新街口外大街2号
邮编：100088
电话：010－82013328
E－mail：fenxi@public.sti.ac.cn

天津市琛航科技仪器有限公司

地址：天津市南开区复康路23号丹颐园1－2－1101#
邮编：300191
电话：022－23697666　23690080
E－mail：sales@scienhome.com

尤尼柯（上海）仪器有限公司（美商独资）

地址：上海田林路192号
邮编：200233
电话：021－64955137　64957553
联系人：杨宁生
E－mail：unicosh@sh163c.sta.net.cn

北京创新通恒科技有限公司

地址：北京市海淀区清河小营西路20号清河大厦配楼601室
电话：010－62840253　62840254

《现代科学仪器》

地址：北京市海淀区西三环北路27号理化实验楼512室
邮编：100089
电话：010－68410135　68410137

化学工业出版社

地址：北京市朝阳区惠新里3号
邮编：100029
电话：010－64982591　64918089
E－mail：sibian100029_cn@sina.com

上海德记行科技发展有限公司

地址：上海银欣路38号麒麟大厦2205室
邮编：200086
电话：021－53936998　53936997
联系人：岳原白
E－mail：chinmax@public.sta.net.cn

北京汇龙昌海科贸有限公司

地址：北京西城区裕中东里28楼1－102室
邮编：100029
电话：010－82020208　13501122644
联系人：朱占忠
E－mail：bjhl888@263.net

上海电子光学技术研究所

地址：上海市虹漕路41号
邮编：200233
电话：021－64851538　64852288
联系人：张跃群

长春试验机研究所

地址：长春市解放大路112号
邮编：130021
电话：0431－5655206
联系人：李春
E－mail：cssjychu@public.cc.jl

沈阳仪通分析仪器有限公司（原沈阳分析仪器厂）

地址：沈阳市铁西区保工北街68号
邮编：110026
电话：024－25874813　25855427
联系人：王战胜

北京市电脑技术应用研究所

地址：北京市西直门南大街16号
邮编：100035
电话：010－66162541　66166280
联系人：唐青云

北京信和诚科技发展有限公司

地址：北京市朝阳区安外立水桥北
邮编：100012
电话：010－84812650　84812652
E－mail：webmaster@ xinhecheng

北京大学仪器厂

地址：北京市海淀区成府路207号
邮编：100871
电话：010－62751385　62571376
联系人：付献
E－mail：bd90@ 263. net

北京核仪器厂

地址：北京建国门外东环北路42号
邮编：100020
电话：010－65015198　65030596
联系人：何永莉
E－mail：bnif@ public3. bta. net. cn

北京科遗生物技术开发部

地址：北京海淀中关村东平房1号
邮编：100080
电话：010－62554527　64886858
联系人：王长城

厦门分析仪器厂

地址：厦门市大学路591号（胡里山）
邮编：361005
电话：0592－2082753　2095633
联系人：王祥平

南京江南光电（集团）股份有限公司

地址：南京市黄家圩八号
邮编：210037
电话：025－5503772　5519025
联系人：黄卫兵

吉林大学分析测试中心

地址：长春市解放大路125号（吉大北区）
邮编：130023
电话：0431－8922331－3068　8923907
联系人：董凤霞
E－mail：atc@ mail. jlu. edu. cn

重庆川仪股份有限公司川仪九厂

地址：重庆市南坪四小区金山支路6号
邮编：400060
电话：023－62817540　62803142
联系人：刘念慈
E－mail：sicnine@ public. cta. cq

上海分析仪器总厂

地址：上海苍梧路8号
邮编：200233
电话：021－64360311　64700639
联系人：顾明第
E－mail：sfzcb@ sh. col. com. cn

上海精密科学仪器有限公司雷磁仪器厂

地址：上海安亭昌吉路149号
邮编：201805
电话：021－59577340　59573203
联系人：张海兴
E－mail：service@ sh－rex. com

上海精密科学仪器有限公司天平仪器厂

地址:上海市苍梧路10号
邮编:200233
电话:021-64362891 64700658
联系人:陈琦

上海材料试验机厂

地址:上海浦东塘桥路139号
邮编:200127
电话:021-58892860 58811662
联系人:袁宗尧

南京分析仪器厂

地址:南京市中华路26号
邮编:210001
电话:025-6626181 2202830
联系人:高凤萍
E-mail:nanfen@public1.ptt.js.cn

南京华东电子集团医疗装备有限责任公司

地址:南京迈皋桥华电路1号
邮编:210028
电话:025-5309548 5309548
联系人:陈思平

宜兴市仪器仪表总厂

地址:江苏省宜兴市和桥镇周家浜110号
邮编:214211
电话:0510-7801818
联系人:李建潮

烟台市招远自动化仪表厂

地址:山东省招远市金城路389号
邮编:265400
电话:0535-8216269 8222298
联系人:苗志华
E-mail:Kang Taik@public.ytptt.sd.cn

浙江大学分析测试中心

地址:浙江省杭州市玉古路20号
邮编:310027
电话:0571-7951436 7951995
联系人:莫善正

山东鲁南瑞虹化工仪器有限公司

地址:山东省滕州市荆河中路64号
邮编:277500
电话:0632-5581054 5581056
联系人:吕士文
E-mail:luhuay1@zz-public.sd.cninfo.net

济南试金集团有限公司

地址:山东省济南市济微路24号
邮编:250022
电话:0531-7968806 7964160
联系人:王新雨
E-mail:Shijin@public.jn.sd.cn

高密分析仪器厂

地址:山东省高密市南关路86号
邮编:261500
电话:0536-2322932 2323953
联系人:徐芹
E-mail:rainb@public.wfptt.sd.cn

成都仪器厂

地址:成都市人民中路三段三号
邮编:610031
电话:028-6935160
联系人:程晓青
E-mail:scchengyi@scchengyi.com

重庆光电仪器总公司

地址:重庆江北电测村252号
邮编:400020
电话:023-67851881 67850013
联系人:汪洪
E-mail:cqgdy@public.cta.cq.cn

佛山分析仪器厂

地址:广东省佛山市高新技术开发区港口路
邮编:528000
电话:0757-3364001 3335734
E-mail:fofen@foshan.sti.gd.cn

中国科学院上海原子核研究所科盛新技术公司

地址:上海市800-204信箱
邮编:201800
电话:021-59553998-370 59552037
联系人:朱节清
E-mail:zgmks@990.net

江苏江环分析仪器有限公司

地址:江苏江堰市868信箱
邮编:225500
电话:0523-8272049 8275088
联系人:魏月萍

上海医大仪器厂

地址:上海市医学院路138号
邮编:200032
电话:021-64045853 64039038
联系人:娄文华

上海安泰分析仪器有限公司

地址:上海市粤秀路353号
邮编:200072
电话:021-56655902 56655877
联系人:范芙滨
E-mail:antai@online.sh.cn

上海精密科学仪器有限公司物理光学仪器厂

地址:上海苍梧路8号
邮编:200233
电话:021-64700139 64700423
联系人:沈建安

北京博飞仪器股份有限公司

地址:北京市通州区新华大街157号
邮编:101149
电话:010-69544601 69546806
联系人:李国宁
E-mail:trade@BOIF.com

江苏省宜兴市光玻分析仪器厂

地址:江苏省宜兴市和桥镇农贸路68-6号
邮编:214211
电话:0510-7801516
联系人:褚伯明

北京市朝阳天宫电器厂

地址:北京市朝阳区酒仙桥高家园111号
邮编:100015
电话:010-64372217 64363650
联系人:潘纯芳

康力电子有限公司

地址:河北省南宫市胜利大街130号
邮编:055750
电话:0319-5225993
联系人:康力栓

上海电光器件有限公司

地址:漕宝路163号
邮编:200233
电话:021-64841574
联系人:姚正廷

大连江申分离科学技术公司

地址:大连市高尔基路242号香都花园
邮编:116021
电话:0411-4307203
联系人:黄红心
E-mail:johnsson@mall.dlpt.ln.cn

中国科学院兰州化学物理研究所化工试验厂

地址:兰州市天水路342号
邮编:730000
电话:0931-8889211 8417088
联系人:赵国宏
E-mail:GHZHAD@public.L2.gs.cn

北京市金先通科贸有限责任公司

地址:北京海淀区温泉北分厂750地区16-4-11
邮编:100095
电话:010-62450502
联系人:陈斌

北京星达技术开发公司

地址:北京海淀区知春路63号
邮编:100080
电话:010-62554356 82627527
联系人:王正奎

中科院大连化物所《科分》科学仪器制造部

地址:大连市中山路161号中科院大连化物所105组
邮编:116012
电话:0411-3693515 3693479
联系人:关亚风
E-mail:kfguan@mail.dlptt.ln.cn

河北省永年光导纤维厂

地址:河北省永年光纤厂(河北省永年县)
邮编:057150
电话:0310-6725412 6725418
联系人:李彦国
E-mail:FLYQ@ppp.tzppt.zj.cn

中国地质大学测试中心

地址:湖北省武汉市武昌鲁磨路388号中国地质大学测试中心
邮编:430074
电话:027-87482970
联系人:金星
E-mail:jinxing@cug.edu.cn

地矿科技开发中心实验技术部

地址:北京市西城百万庄大街26号(中国地质科学院内)
邮编:100037
电话:010-68326404 68310894
联系人:张天佑

武汉大学测试中心

地址:湖北省武汉市武汉大学测试中心
邮编:430072
电话:027-87873793
联系人:曾立波
E-mail:lbzeng@whu.edu.cn

国家地质实验测试中心

地址:北京西城阜外百万庄26号
邮编:100037
电话:010-68352872
联系人:邓赛文
E-mail:Saihua@publica.bj.cninfo.net

中国石油化工集团公司石油化工科学研究院

地址:北京市914信箱第一分箱
邮编:100083
电话:010-62327551-3760 62311290
联系人:袁洪福
E-mail:wzlu@public.bta.net.cn

上海市计算机技术研究所

地址:上海愚园路546号
邮编:200040
电话:021-62131433 62106975
联系人:严国兴

四川省分析测试中心

地址:成都市西胜街24号
邮编:610015
电话:028-6643809
联系人:钱力

杭州英谱科技开发有限公司
地址:杭州环城西路33号
邮编:310006
电话:0571-5115617 5158519
联系人:卢钢
E-mail:pclu@mail.hz.zj.cn

沈阳市铁西区森华理化仪器研究所
地址:沈阳市铁西区肇工南街29号
邮编:110024
电话:024-25732580 25741182
联系人:王森林

核工业北京化工冶金研究院
地址:北京234信箱
邮编:101149
电话:010-69554491-4273 69547553
联系人:孟健

北京美诚科贸集团
地址:北京安外西滨河路25号仪器仪表大厦一层东侧
邮编:100011
电话:010-86451909 64212554
联系人:邓石菖
E-mail:Sales@michem.com.cn

北京市新技术应用研究所
地址:北京市西直门南大街16号
邮编:100035
电话:010-66161097 66163035
联系人:张琪

北京市劳动保护科学研究所
地址:北京市陶然亭路55号
邮编:100054
电话:010-63524188 63522307
联系人:王立
E-mail:wanglid@public.fhnet.cn.net

天津市天分分析仪器厂
地址:天津市南开区黄河道471号
邮编:300110
电话:022-27365297
联系人:沈恩同

温州市孚华分析仪器厂
地址:温州市航标路板桥头巷8号
邮编:325003
电话:0577-8340160
联系人:黄桂香

北京四环科学仪器厂
地址:北京海淀区太平路27号
邮编:100850
电话:010-68214645 66931939
联系人:武仲德

中国科学院武汉科学仪器厂
地址:武汉市武昌区八一路25号
邮编:430071
电话:027-87869144 87881644
联系人:李开元
E-mail:WHLKY@263.net

哈尔滨市东联电子技术开发有限公司
地址:哈尔滨市高科技开发区湘江路86号
邮编:150090
电话:0451-2344453 2301832
联系人:蔺坤哲
E-mail:dlgs@public.hr.hl.cn

宁波科生仪器厂
地址:宁波市鄞奉路87号
邮编:315012
电话:0574-7466139 7466767
联系人:曹友生
E-mail:nbks@mail.nbptt.zj.cn

苏州市青安仪器有限公司

地址:苏州市滨河路233号
邮编:215011
电话:0512-8245280
联系人:王永森
E-mail:yuqingwa@public1.sz.js.cn

山东电讯七厂

地址:山东省济宁市文大街4号
邮编:272001
电话:0537-2211298 2214455
联系人:杨承志

上海医药工业研究所

地址:上海北京西路1320号
邮编:200040
电话:021-62479808-615
联系人:王文年

上海翔殷机电仪器厂

地址:上海周家嘴路734号208室(公平大楼)
邮编:200082
电话:021-65377894
联系人:丛岭

江苏省金坛分析仪器厂

地址:江苏省金坛市虹桥路199号
邮编:213200
电话:0519-2822191
联系人:王锁柱

温州仪器仪表有限公司
(原温州仪器厂)

地址:浙江省温州经济技术开发区径八路
邮编:325011
电话:0577-6554149 6533644
联系人:金祥成

北京市华仪理中科技有限公司

地址:海淀区西直门外高果桥钭街13号
邮编:100081
电话:010-62182413 62182584
联系人:王春华

北京光学仪器厂

地址:北京通州区新华大街157号
邮编:100149
电话:010-69544601-427 69531548
联系人:李福林

长沙仪器厂

地址:湖南长沙市井圭路2号
邮编:410004
电话:0731-5589118
联系人:蔡杰

天津市试验设备厂

地址:天津市红桥区光荣道153号
邮编:300131
电话:022-26370225 26374083
联系人:卞芬来

北京仪器厂

地址:北京市建国门外朗家园11号
邮编:100022
电话:010-65810223 65815727
联系人:郝刚

金坛市金城国胜实验仪器厂

地址:江苏省金坛市中山路1号
邮编:213200
电话:0519-2321270
联系人:于健

北京远东仪表有限公司
(北京电表厂)
地址:北京市和平里北街6号
邮编:100013
电话:010-64212531-2245
64211304
联系人:高德厚
E-mail:feic@bjfeic.com

北京圣业科技发展有限公司
地址:北京2708信箱南3分箱
电话:010-62528519 62529670
联系人:李然
E-mail:lvfx@public.east.cn.net

北京有色金属研究总院加工中心
地址:北京新街口外大街2号加工中心
邮编:100088
电话:010-62014488-2528
62012579
联系人:高峰明

上海大华仪表厂
地址:上海河间路788号
邮编:200090
电话:021-65195586 65195586
联系人:孟庆祥

湖南仪器仪表总厂天平仪器厂
地址:湖南省长沙市望城坡经济开发区湘仪路
邮编:410205
电话:0731-8142028 8812103
联系人:陈福生

北京市医疗设备厂
地址:北京市西城区平安里西大街育教胡同3号
邮编:100035
电话:010-66182765
66183314
联系人:常玉奇

河北先河科技发展有限公司
地址:河北省石家庄市友谊南大街175号
邮编:050051
电话:0311-3056442 3992168
联系人:张香计
E-mail:sailhero@public.sj.he.cn

鹤壁市实验设备有限公司
地址:河南省鹤壁市实验设备有限公司(市东站路7号)
邮编:458000
电话:0392-2621555 2623447
联系人:曹建军

深圳美加丽实验室装备有限公司
地址:广东深圳南山同乐村兴业工业区A5栋美加丽工业大厦
邮编:518052
电话:0755-6610897 6612192
联系人:王国彬
E-mail:meijiali@public.szptt.net.cn

北京智海电子仪器厂
地址:北京清华东路17号中国农业大学63信箱
邮编:100083
电话:010-62326238
联系人:王一鸣
E-mail:ym-wang@263.net

四川省科泰检测技术发展有限公司
地址:成都市白马寺街19号
邮编:610081
电话:028-83197585 83403791
联系人:李崇英
E-mail:quiktest@mail.china.com

北京瑞利谱创仪器技术有限公司
地址:北京东直门外西八间房1号
邮编:100015
电话:010-64350109
联系人:李海昌

北京环科环保技术公司

地址:北京阜外大街北二巷
邮编:100037
电话:010-88361692 68340159
联系人:全宝玲
E-mail:Bjhkhb@sohu.com

河南农大机电技术开发中心

地址:河南省郑州市文化路95号
邮编:450002
电话:0371-3845624 3900492
联系人:杨剑飞
E-mail:hnjdzx@public2.zz.ha.cn

济南微纳仪器有限公司

地址:济南市道德北街149号
邮编:250022
电话:0531-7156134 7967216
联系人:任中京
E-mail:jnwinner@public.jn.sd.cn

丹东市百特仪器有限公司

地址:丹东市人民街141号
邮编:118002
电话:0415-6184440 6170645
联系人:丛丽华
E-mail:Bettetrsize@sohu.com

珠海欧美克科技有限公司

地址:珠海金鼎港湾大道欧美克科技园
邮编:519085
电话:0756-3391999 3395969
联系人:张福根
E-mail:zhomec@pub.zhuhai.gd.cn

鹤壁市天龙煤质仪器有限公司

地址:河南省鹤壁市红旗街58号
邮编:458000
电话:0392-2670886 2670889
联系人:毛振国
E-mail:zgmao@163.net

北京求真机电设备研究所

地址:北京理工大学61单元6号
邮编:100081
电话:010-68913192 68946137
联系人:王浩

天津市拉贝尔实验室设备有限公司

地址:天津市静海开发区瑞和道11号
邮编:301600
电话:022-68684838 68600012
联系人:李钟波
E-mail:okal@cn99.com

金坛市正基仪器有限公司

地址:江苏金坛市城西马街143号
邮编:213200
电话:0519-2890842 2890123
联系人:曾宾
E-mail:zsr@zhengjiyiqi.com

重庆市永生实验仪器厂

地址:重庆市江北区小苑二村2号
邮编:400020
电话:023-67720711 67731697
联系人:张丽
E-mail:ysei@ysei.com.cn

福州高奇晶圆电子科技有限公司

地址:福州五一中路88号平安大厦15A
邮编:350005
电话:0591-3375855 3370996
联系人:张海光
E-mail:integration@goldenchip.com.cn

北京弥拉斯分析仪器有限公司(中日合资)

地址:北京市西城区百万庄大街26号
邮编:100037
电话:010-68993509 68328664
联系人:杨啸涛
E-mail:BUNYXT@public.bta.net.cn

上海沪西分析仪器厂

地址:上海北翟路 1051 号
邮编:200335
电话:021－62396112　52182348
联系人:王诚
E－mail:shhuxi@ bsbsc. com

北京市中科机电设备公司

地址:北京市海淀区中关村北二条6 号
电话:010－62537836
联系人:王宏
E－mail:aruik@ sohu. com

上海精密科学仪器有限公司分析仪器总厂

地址:上海市苍梧路 8 号
邮编:200233
电话:021－64835890　64833916
联系人:顾明弟
E－mail:stzcb@ saiof. com

北京北分麦哈克公司

地址:北京海淀区温泉北分厂内北分麦哈克公司
邮编:100095
电话:010－64250916　62461014
联系人:史鸣镝

大连科美精密仪器有限公司

地址:大连市七贤岭高新技术产业园区火炬路 1 号
邮编:116021
电话:0411－3693515　3693510
联系人:关亚风
E－mail:kfguan@ mail. dlptt. ln. cn

山东省科学院生物研究所

地址:济南市历下区科院路 19 号
邮编:250014
电话:0531－2605923
联系人:冯德荣
E－mail:zhongdian@ keylab. net

北京拓普分析仪器有限责任公司

地址:北京东城区朝内北小街71 号
邮编:100010
电话:010－84047728　84045852
联系人:魏连营
E－mail:wly@ tuopu. com. cn

北京科力新技术发展总公司

地址:北京市海淀区中关村北二街甲 2 号
邮编:100084
电话:010－62656996　62537642
联系人:陈利平
E－mail:klyb@ public3. bta. net. cn

北京创微达科技发展有限公司

地址:北京市朝内北小街 71 号109 室
邮编:100010
电话:010－84045861　63150145
联系人:张京生
E－mail:zhangjs52@ sohu. com. cn

北京力智方科技开发有限责任公司

地址:北京市海淀区知春路丙18 号
邮编:100080
电话:010－62557146　82612323
联系人:朱亚农
E－mail:LizhiFang4@ sina. com

南京麒麟高速分析仪器厂

地址:南京市高淳县宝塔路 185 号
邮编:211300
电话:025－7339999　7339435
联系人:孔福康
E－mail:webmaster@ jqilin. com

武汉中科创新技术公司

地址:湖北省武汉市武昌小洪山3 号
邮编:430071
电话:027－87864870　87866625
联系人:吴汉华
网址:www. zkcx. com
E－mail:wz@ zkcx. com

中国计量科学研究院

地址:北京北三环东路18号
邮编:100013
电话:010-64214927
联系人:马国华
E-mail:magunim@hotmail.com

北京市六一仪器厂

地址:北京阜外定慧西里17号
邮编:100036
电话:010-88121538 88136620
联系人:刘金龙
E-mail:ly@ly.com.cn

北京东西电子技术研究所

地址:北京颐和园北宫门安和桥大街16号
邮编:100091
电话:010-62881688 62882381
联系人:杨开敏
E-mail:ewch@public3.bta.net.cn

北京先驱威锋技术开发公司

地址:北京海淀区学院路40号
邮编:100083
电话:010-62304468 62301421
联系人:夏吉安
E-mail:xianquweifeng@sina.com

北京市科仪电光仪器厂

地址:北京永外桃园东里15号
邮编:100075
电话:010-67237971 67215485
联系人:曹应谦
E-mail:Dawu8@263.net

重庆汽车研究所试验设备开发中心

地址:重庆市九龙坡区陈家坪朝田村101号
邮编:400039
电话:023-68829810 68821361
联系人:张浩
E-mail:zhanghao@ccari.com

北京汇海宏纳米科技有限公司

地址:北京市海淀区上地信息路15号玉景公寓709
邮编:100085
电话:010-62960251
联系人:杨文艳

北京金博泰光电技术有限公司

地址:北京丰台区东大街57号运通行国际商务大厦C座一层
邮编:100071
电话:010-86660036
联系人:王威

北京欧思通科技发展有限公司

地址:北京市石景山区西井中学院内
邮编:100041
电话:010-68887737
联系人:高峰安

北京清大德人科技有限公司南京研发部

地址:南京市玄武区胜利村路2号7楼
邮编:210014
电话:025-84436503
联系人:徐瑶

北京市华云分析仪器研究所

地址:北京市西直门南大街16号
邮编:100035
电话:010-66162541
联系人:石莉雯

北京天安嘉华超临界科技发展有限公司

地址:北京市海淀区知春路61号34分箱
邮编:100080
电话:010-82612249
联系人:孙云鹏

北京唯恩视信科技发展有限公司

地址:北京海淀区西土城路8号雅迪写字楼205室
邮编:100088
电话:010-62358939
联系人:石天羽

北京永成水净化技术有限公司

地址:北京北三环西路满庭芳园E-301
邮编:100086
电话:010-62191011
联系人:解海燕

长沙三德实业有限公司

地址:长沙市望城坡湘仪路
邮编:410205
电话:0731-8112150
联系人:陈玲

成都精新粉体测试设备有限公司

地址:四川省成都市白马寺街19号
邮编:610081
电话:028-83173777
联系人:周定益　陈立书

佛山市顺德区同力仪器仪表有限公司

地址:顺德区北窖镇林头太平沙
邮编:528311
电话:0757-26657468
联系人:陈正思

广东韶关科力实验仪器有限公司

地址:广东韶关工业中路11栋401室
邮编:512026
电话:0751-8613028
联系人:李昌浦

杭州蓝焰科技有限公司

地址:杭州市文三路256号伟星大厦2幢3单元402室
邮编:310012
电话:0571-88911824
联系人:许卫国

杭州天创净水设备有限公司

地址:杭州市朝晖路182号国都发展大厦A-14-1
邮编:310014
电话:0571-85803560
联系人:丁国良

杭州总研电气有限公司

地址:杭州市滨江区之江花园之泰径9号
邮编:310053
电话:0571-86698056
联系人:叶芬斌

合肥比特光电工程有限公司

地址:安徽省合肥市长江西路669号合肥国家大学科技园B-307
邮编:230031
电话:0551-2156277
联系人:胡子训

恒源研究所

地址:江苏省姜堰市通扬中路418号
邮编:225500
电话:13815933360
联系人:李新林

湖南利德投资股份有限公司

地址:湖南株洲高新开发区利德工业园
邮编:412000
电话:13975310519
联系人:贺昱

湖南赛特湘仪离心机仪器有限公司

地址:长沙市望城坡红枫叶
邮编:410205
电话:0731 - 8168885
联系人:李桂梅

济南海纳特科技有限公司

地址:济南市槐荫区新沙北路20
邮编:250118
电话:0531 - 5613639
联系人:肖华

济南路航试验机设备有限公司

地址:济南市七里山路47号
邮编:250002
电话:0531 - 2986774
联系人:吕文责

江苏省滨海县正红塑料厂

地址:滨海县正红西十字街62号大院内5846信箱
邮编:224523
电话:0515 - 4791246
联系人:徐进成

江苏省金坛市环宇科学仪器厂

地址:江苏省金坛市环城北路69号
邮编:213200
电话:0519 - 2829730
联系人:于健

姜堰市正大科教仪器设备厂

地址:姜堰市新华南街64号
邮编:225500
电话:86 - 523 - 8855172
联系人:市场部

卡特曼(成都)电子有限公司

地址:成都市均隆街59号
邮编:610021
电话:028 - 84463888
联系人:任庚蓉

凯瑞仪器公司
(原西清华仪器研究所)

地址:深圳南山南油大道海王大厦B座9B
邮编:518054
电话:0755 - 26052869
联系人:刘召贵

莱芜市燕云分析仪器厂

地址:莱芜市凤城东大街19号
邮编:271100
电话:13516341001
联系人:王云

兰州连华环保科技有限公司北京分公司

地址:朝阳区甘露园三区6号108室
邮编:100025
电话:010 - 85792803
联系人:纪鹏

兰州中科凯迪化工新技术有限公司

地址:兰州市天水路842号中国科学院兰州化学物理研究所
邮编:730000
电话:0931 - 8277675
联系人:赵渝民

南京中湖科技有限公司

地址:南京市北京东路73号中科院南京地理与湖泊所
邮编:210008
电话:025 - 57714709
联系人:梁雪

南通欧能达检测仪器有限公司

地址:江苏省南通市任港路58号
邮编:226005
电话:0513 - 3550583
联系人:刘培锋

宁波纺织仪器厂

地址:宁波市开明街437号8楼
邮编:315000
电话:0574 - 87346224
联系人:黄秀琴

山东莱芜市燕云分析仪器厂

地址:山东莱芜市凤城东大街19号
邮编:271100
电话:13516341001
联系人:王云

山东省化工研究院

地址:济南市文化东路80号
邮编:250014
电话:0531 - 2661516
联系人:李梅

山东省威海市试验机制造有限公司

地址:山东省威海市青岛北路53号
邮编:264200
电话:0631 - 5322997 - 8007
联系人:戚翠荣

上海宝山精工电子仪器厂

地址:上海市宝山区潘泾路1201号
邮编:201908
电话:021 - 66012700
联系人:孙建国

上海超精科技贸易有限公司

地址:上海市延平路223弄2号楼302A室
邮编:200042
电话:021 - 52891060
联系人:吕建芳

上海地学仪器研究所

地址:上海桂平路680号
邮编:200233
电话:021 - 64857983
联系人:姚华

上海恒一精密仪器有限公司

地址:北京西城区德外安德路67号佳苑宾馆204室
邮编:100011
电话:021 - 62375151
联系人:董海燕

上海力创科学仪器有限公司

地址:上海市浦东新区博兴路1663弄14号6F
邮编:201206
电话:021 - 50252279
联系人:俞一明

上海千谱软件有限公司

地址:上海浦东张家浜路京城大厦2号楼2503室
邮编:200122
电话:021 - 58200225
联系人:胡文军

上海台雄工程配套设备有限公司

地址:上海市罗秀路1980弄38号601室
邮编:201100
电话:021 - 34133323
联系人:王娟

上海艺源超声设备有限公司

地址:上海市奉贤区江海镇九华工业区551号
邮编:201400
电话:021-67102630
联系人:王磊

上海屹尧分析仪器有限公司

地址:上海肇嘉浜路825号尚秀商务中心二号楼6B2室
邮编:200032
电话:021-64410783
联系人:倪晨杰

深圳市安泰信电子有限公司

地址:深圳市福田区金地工业区123栋5楼
邮编:518048
电话:0755-83573306
联系人:刘丽

深圳市科宇欣电子有限公司

地址:深圳市福田区华强北路2006号华联发大厦1222室
邮编:518031
电话:0755-83959418
联系人:罗永兴

沈阳龙腾电子有限公司

地址:沈阳市北大街130-3号
邮编:110034
电话:024-86520895
联系人:吕英寒

沈阳中科博微自动化技术有限公司

地址:辽宁省沈阳市东陵区南塔街114号
邮编:110016
电话:024-23970512
联系人:田硕

天津市九维光电科技有限公司

地址:天津市华苑新技术产业园区鑫茂科技园A座E单元三层甲307号
邮编:300384
电话:022-83712903
联系人:张炜

天津市慕名高新技术有限公司

地址:天津市和平区河北路50号信德大厦808室
邮编:300020
电话:022-27221588
联系人:丁长林

西安索坤技术开发有限公司

地址:陕西省西安市雁塔中路78号
邮编:710054
电话:029-85532106
联系人:马海军

厦门星鲨仪器有限公司

地址:厦门市厦禾路784号文塔苑富贵楼3层
邮编:361004
电话:0592-2132800
联系人:张玉山

湘潭市三星仪器有限公司

地址:湖南省湘潭市中山路320号
邮编:411100
电话:0732-8223399
联系人:钟慧芳

浙江大学富通仪器公司

地址:浙江省杭州市浙大路38号
邮编:310027
电话:0571-87951944
联系人:楼鸣

浙江省金华市科迪仪器设备有限公司

地址:浙江省金华市胜利街248号
邮编:321000
电话:0579-2338734
联系人:朱雪芳

浙江省上虞市和力粉体有限公司

地址:浙江上虞市经济技术开发区
邮编:312300
电话:0575-2212853
联系人:董晖

郑州杜甫仪器厂

地址:河南省巩义市县府街36号
邮编:451261
电话:0371-4426483
联系人:张良军

宜兴市佳美实验装备有限公司

地址:江苏宜兴市东山西路29号
邮编:214200
电话:0510-7978955
联系人:张益斌

分析测试标准与分析测试方法

2003 年国家标准管理委员会发布"中华人民共和国国家标准批准发布公告" 共 14 期，批准国家标准方法共计 1545 个，其中批准发布分析测试相关国家标准共计 790 个。

以下为在各期国家标准批准发布公告中分析测试相关国家标准的标准号及标准名称、代替标准号、批准日期、修订日期和实施日期。

中华人民共和国国家标准批准发布公告

2003 年第 1 号（总第 49 号）

国家质量监督检验检疫总局批准 158 项国家标准，其中分析测试相关标准如下表。

序号	标准号	标准名称	代替标准号	批准日期	修订日期	实施日期
1	GB/T 5070.12—2002	镁铬质耐火材料化学分析方法 第 12 部分：火焰原子吸收光谱法测定氧化钾、氧化钠量	GB/T 5070.10—1985	1985-04-17	2002-12-31	2003-06-01
2	GB/T 6394—2002	金属平均晶粒度测定法	GB/T 6394—1986	1986-05-17	2002-12-31	2003-06-01
4	GB/T 17911.8—2002	耐火陶瓷纤维制品 导热系数试验方法		2002-12-31		2003-06-01
10	GB/T 4122.5—2002	包装术语 检验与试验		2002-12-20		2003-05-01
12	GB/T 231.1—2002	金属布氏硬度试验 第 1 部分：试验方法	GB/T 231—1984	1963-12-31	2002-12-31	2003-06-01
14	GB/T 18929—2002	联合循环发电装置 验收试验		2002-12-31		2003-06-01
15	GB/T 18932.1—2002	蜂蜜中碳-4 植物糖含量测定方法 稳定碳同位素比率法		2002-12-31		2003-06-01

续表

序号	标准号	标准名称	代替标准号	批准日期	修订日期	实施日期
16	GB/T 18932.2—2002	蜂蜜中高果糖淀粉糖浆测定方法 薄层色谱法		2002-12-31		2003-06-01
17	GB/T 18932.3—2002	蜂蜜中链霉素残留量的测定方法 液相色谱法		2002-12-31		2003-06-01
18	GB/T 18932.4—2002	蜂蜜中土霉素、四环素、金霉素、强力霉素残留量的测定方法 液相色谱法		2002-12-31		2003-06-01
19	GB/T 18932.5—2002	蜂蜜中磺胺醋酰、磺胺吡啶、磺胺甲基嘧啶、磺胺甲氧哒嗪、磺胺对甲氧嘧啶、磺胺氯哒嗪、磺胺甲基异恶唑、磺胺二甲氧嘧啶残留量的测定方法 液相色谱法		2002-12-31		2003-06-01
20	GB/T 18932.6—2002	蜂蜜中甘油含量的测定方法 紫外分光光度法		2002-12-31		2003-06-01
21	GB/T 18932.7—2002	蜂蜜中苯酚残留量的测定方法 液相色谱法		2002-12-31		2003-06-01
22	GB/T 18932.8—2002	蜂蜜中红霉素残留量的测定方法 杯碟法		2002-12-31		2003-06-01
23	GB/T 18932.9—2002	蜂蜜中青霉素残留量的测定方法 杯碟法		2002-12-31		2003-06-01
24	GB/T 18932.10—2002	蜂蜜中溴螨酯、4,4′-二溴二苯甲酮残留量的测定方法 气相色谱/质谱法		2002-12-31		2003-06-01
25	GB/T 18932.11—2002	蜂蜜中钾、磷、铁、钙、锌、铝、钠、镁、硼、锰、铜、钡、钛、钒、镍、钴、铬含量的测定方法 电感耦合等离子体原子发射光谱(ICP-AES)法		2002-12-31		2003-06-01
26	GB/T 18932.12—2002	蜂蜜中钾、钠、钙、镁、锌、铁、铜、锰、铬、铅、镉含量的测定方法 原子吸收光谱法		2002-12-31		2003-06-01

续表

序号	标准号	标准名称	代替标准号	批准日期	修订日期	实施日期
27	GB/T 18930—2002	耐火材料术语		2002-12-31		2003-06-01
29	GB/T 2999—2002	耐火材料颗粒体积密度试验方法	GB/T 2999—1982	1982-03-29	2002-12-31	2003-06-01
30	GB/T 5070.1—2002	镁铬质耐火材料化学分析方法 第1部分:重量法测定灼烧减量	GB/T5070.1—1985	1985-04-17	2002-12-31	2003-06-01
31	GB/T 5070.2—2002	镁铬质耐火材料化学分析方法 第2部分:钼蓝光度法测定二氧化硅量	GB/T5070.2—1985	1985-04-17	2002-12-31	2003-06-01
32	GB/T 5070.3—2002	镁铬质耐火材料化学分析方法 第3部分:邻二氮杂菲光度法 测定氧化铁量	GB/T5070.3—1985	1985-04-17	2002-12-31	2003-06-01
33	GB/T 5070.4—2002	镁铬质耐火材料化学分析方法 第4部分:EDTA容量法测定氧化铝量	GB/T5070.4—1985	1985-04-17	2002-12-31	2003-06-01
34	GB/T 5070.5—2002	镁铬质耐火材料化学分析方法 第5部分:二安替比林甲烷光度法测定二氧化钛量	GB/T5070.5—1985	1985-04-17	2002-12-31	2003-06-01
35	GB/T 5070.6—2002	镁铬质耐火材料化学分析方法 第6部分:EGTA容量法测定氧化钙量	GB/T5070.6—1985	1985-04-17	2002-12-31	2003-06-01
36	GB/T 5070.7—2002	镁铬质耐火材料化学分析方法 第7部分:EDTA容量法测定氧化钙量		2002-12-31		2003-06-01
37	GB/T 5070.8—2002	镁铬质耐火材料化学分析方法 第8部分:CyDTA容量法测定氧化镁量	GB/T5070.7—1985	1985-04-17	2002-12-31	2003-06-01
38	GB/T 5070.9—2002	镁铬质耐火材料化学分析方法 第9部分:EDTA容量法测定氧化镁量		2002-12-31		2003-06-01
39	GB/T 5070.10—2002	镁铬质耐火材料化学分析方法 第10部分:硫酸亚铁铵容量法 测定三氧化二铬量	GB/T5070.8—1985	1985-04-17	2002-12-31	2003-06-01
40	GB/T 5070.11—2002	镁铬质耐火材料化学分析方法 第11部分:火焰原子吸收光谱法测定氧化锰量	GB/T5070.9—1985	1985-04-17	2002-12-31	2003-06-01

续表

序号	标准号	标准名称	代替标准号	批准日期	修订日期	实施日期
52	GB/T 13477.2—2002	建筑密封材料试验方法 第2部分:密度的测定	GB/T 13477—1992	1992-06-04	2002-12-17	2003-06-01
53	GB/T 13477.3—2002	建筑密封材料试验方法 第3部分:使用标准器具测定密封材料挤出性的方法	GB/T 13477—1992	1992-06-04	2002-12-17	2003-06-01
54	GB/T 13477.4—2002	建筑密封材料试验方法 第4部分:原包装单组分密封材料挤出性的测定		2002-12-17		2003-06-01
55	GB/T 13477.5—2002	建筑密封材料试验方法 第5部分:表干时间的测定	GB/T 13477—1992	1992-06-04	2002-12-17	2003-06-01
56	GB/T 13477.6—2002	建筑密封材料试验方法 第6部分:流动性的测定	GB/T 13477—1992	1992-06-04	2002-12-17	2003-06-01
57	GB/T 13477.7—2002	建筑密封材料试验方法 第7部分:低温柔性的测定	GB/T 13477—1992	1992-06-04	2002-12-17	2003-06-01
58	GB/T 13477.8—2002	建筑密封材料试验方法 第8部分:拉伸粘结性的测定	GB/T 13477—1992	1992-06-04	2002-12-17	2003-06-01
59	GB/T 18895—2002	面向翻译的术语编纂		2002-12-04		2003-05-01
60	GB/T 18896—2002	彩色投影显象管测试方法		2002-12-04		2003-05-01
61	GB/T 18897—2002	多普勒甚高频全向信标性能要求和测试方法		2002-12-04		2003-05-01
69	GB/T 18907—2002	透射电子显微镜选区电子衍射分析方法		2002-12-05		2003-05-01
71	GB/T 18902—2002	超高频测距仪性能要求和测试方法		2002-12-04		2003-05-01
72	GB/T 15142—2002	方形开口镉镍单体蓄电池总规范	GB/T 15142—1994	1994-07-07	2002-12-04	2003-05-01
73	GB/T 11297.1—2002	激光棒波前畸变的测量方法	GB/T 11297.1—1989	1989-03-31	2002-12-04	2003-05-01
74	GB/T 11297.3—2002	掺钕钇铝石榴石激光棒消光比的测量方法	GB/T 11297.3—1989	1989-03-31	2002-12-04	2003-05-01
75	GB/T 18903—2002	信息技术 服务质量:框架		2002-12-04		2003-05-01

续表

序号	标准号	标准名称	代替标准号	批准日期	修订日期	实施日期
76	GB/T 18904.1—2002	半导体器件 第12-1部分:光电子器件 纤维光学系统或子系统用带/不带尾纤的光发射或红外发射二极管空白详细规范		2002-12-04		2003-05-01
77	GB/T 18904.2—2002	半导体器件 第12-2部分:光电子器件 纤维光学系统或子系统用带尾纤的激光二极管模块空白详细规范		2002-12-04		2003-05-01
78	GB/T 18904.3—2002	半导体器件 第12-3部分:光电子器件 显示用发光二极管空白详细规范		2002-12-04		2003-05-01
79	GB/T 13477.9—2002	建筑密封材料试验方法 第9部分:浸水后拉伸粘结性的测定		2002-12-17		2003-06-01
80	GB/T 13477.10—2002	建筑密封材料试验方法 第10部分:定伸粘结性的测定	GB/T 13477—1992	1992-06-04	2002-12-27	2003-06-01
81	GB/T 13477.11—2002	建筑密封材料试验方法 第11部分:浸水后定伸粘结性的测定		2002-12-17		2003-06-01
82	GB/T 13477.12—2002	建筑密封材料试验方法 第12部分:同一温度下拉伸-压缩循环后粘结性的测定		2002-12-17		2003-06-01
83	GB/T 13477.13—2002	建筑密封材料试验方法 第13部分:冷拉-热压后粘结性的测定		2002-12-17		2003-06-01
84	GB/T 13477.14—2002	建筑密封材料试验方法 第14部分:浸水及拉伸-压缩循环后粘结性的测定		2002-12-17		2003-06-01
85	GB/T 13477.15—2002	建筑密封材料试验方法 第15部分:经过热、透过玻璃的人工光源和水曝露后粘结性的测定		2002-12-17		2003-06-01

续表

序号	标准号	标准名称	代替标准号	批准日期	修订日期	实施日期
86	GB/T 13477.16—2002	建筑密封材料试验方法 第16部分:压缩特性的测定		2002-12-17		2003-06-01
87	GB/T 13477.17—2002	建筑密封材料试验方法 第17部分:弹性恢复率的测定	GB/T 13477—1992	1992-06-04	2002-12-17	2003-06-01
88	GB/T 13477.18—2002	建筑密封材料试验方法 第18部分:剥离粘结性的测定	GB/T 13477—1992	1992-06-04	2002-12-17	2003-06-01
89	GB/T 13477.19—2002	建筑密封材料试验方法 第19部分:质量与体积变化的测定		2002-12-17		2003-06-01
90	GB/T 13477.20—2002	建筑密封材料试验方法 第20部分:污染性的测定	GB/T 13477—1992	1992-06-04	2002-12-17	2003-06-01
91	GB/T 18310.1—2002	纤维光学互连器件和无源器件 基本试验和测量程序 第2-1部分:试验-振动(正弦)		2002-12-04		2003-05-01
92	GB/T 18310.5—2002	纤维光学互连器件和无源器件 基本试验和测量程序 第2-5部分:试验-扭转/扭绞		2002-12-04		2003-05-01
93	GB/T 18310.7—2002	纤维光学互连器件和无源器件 基本试验和测量程序 第2-7部分:试验-弯矩		2002-12-04		2003-05-01
94	GB/T 18310.12—2002	纤维光学互连器件和无源器件 基本试验和测量程序 第2-12部分:试验-撞击		2002-12-04		2003-05-01
95	GB/T 18310.19—2002	纤维光学互连器件和无源器件 基本试验和测量程序 第2-19部分:试验-恒定湿热		2002-12-04		2003-05-01
96	GB/T 18310.21—2002	纤维光学互连器件和无源器件 基本试验和测量程序 第2-21部分:试验-温度-湿度组合循环试验		2002-12-04		2003-05-01
97	GB/T 18908.1—2002	工业用时间继电器 第1部分:要求和试验		2002-12-04		2003-05-01

2003年第2号(总第50号)

国家质量监督检验检疫总局批准66项国家标准,其中分析测试相关标准如下表。

序号	标准号	标准名称	代替标准号	批准日期	修订日期	实施日期
1	GB/T 18950—2003	橡胶和塑料软管 静态下耐紫外线性能测定		2003 - 01 - 10		2003 - 07 - 01
2	GB/T 18951—2003	橡胶配合剂 氧化锌 试验方法		2003 - 01 - 10		2003 - 07 - 01
3	GB/T 18952—2003	橡胶配合剂 硫磺 试验方法		2003 - 01 - 10		2003 - 07 - 01
4	GB/T 18953—2003	橡胶配合剂 硬脂酸 定义及试验方法		2003 - 01 - 10		2003 - 07 - 01
9	GB/T 18938—2003	家用和类似用途的面包片电烘烤器 性能测试方法		2003 - 01 - 17		2003 - 08 - 01
33	GB/T 7922—2003	照明光源颜色的测量方法	GB/T 7922—1987	1987 - 06 - 18	2003 - 01 - 10	2003 - 06 - 01
40	GB/T 10655—2003	高聚物多孔弹性材料 空气透气率的测定	GB/T 10655—1989	1989 - 03 - 31	2003 - 01 10	2003 07 - 01
41	GB/T 12825—2003	高聚物多孔弹性材料 凹入度法硬度测定	GB/T 12825—1991	1991 - 04 - 25	2003 - 01 - 10	2003 - 07 - 01
42	GB/T 14274—2003	高聚物多孔弹性材料 加速老化试验	GB/T 14274—1993	1993 - 03 - 03	2003 - 01 - 10	2003 - 07 - 01
43	GB/T 1698—2003	硬质橡胶硬度的测定	GB/T 1698—1982	1979 - 09 - 15	2003 - 01 - 10	2003 - 07 - 01
44	GB/T 1699—2003	硬质橡胶马丁耐热温度的测定	GB/T 1699—1982	1979 - 09 - 15	2003 - 01 - 10	2003 - 07 - 01
45	GB/T 7760—2003	硫化橡胶或热塑性橡胶与硬质板材粘合强度的测定 90°剥离法	GB/T 7760—1987	1987 - 05 - 25	2003 - 01 - 10	2003 - 07 - 01
46	GB/T 7762—2003	硫化橡胶或热塑性橡胶 耐臭氧龟裂静态拉伸试验	GB/T 7762—1987	1987 - 05 - 25	2003 - 01 - 10	2003 - 07 - 01
47	GB/T 4500—2003	橡胶中锌含量的测定 原子吸收光谱法	GB/T 4500—1984	1984 - 06 - 17	2003 - 01 - 10	2003 - 07 - 01

续表

序号	标准号	标准名称	代替标准号	批准日期	修订日期	实施日期
48	GB/T 11202—2003	橡胶中铁含量的测定 1,10－菲罗啉光度法	GB/T 11202—1989	1989－03－31	2003－01－10	2003－07－01
49	GB/T 12588—2003	塑料涂覆织物 聚氯乙烯涂覆层 融合程度快速检验法	GB/T 12588—1990	1990－12－18	2003－01－10	2003－07－01
52	GB/T 9573—2003	橡胶、塑料软管及软管组合件尺寸测量方法	GB/T 9573—1988	1988－06－29	2003－01－10	2003－07－01
53	GB/T 11409.9—2003	橡胶防老剂、硫化促进剂 盐酸不溶物含量的测定	GB/T 11409.9—1989	1989－05－30	2003－01－10	2003－07－01
54	GB/T 11409.6—2003	橡胶防老剂、硫化促进剂 表观密度的测定	GB/T 11409.6—1989	1989－05－30	2003－01－10	2003－07－01
55	GB/T 11409.3—2003	橡胶防老剂、硫化促进剂 软化点的测定	GB/T 11409.3—1989	1989－05－30	2003－01－10	2003－07－01
56	GB/T 9881—2003	橡胶 术语	GB/T 9881—1988	1988－09－20	2003－01－10	2003－07－01
57	GB/T 12587—2003	橡胶或塑料涂覆织物抗压裂性的测定	GB/T 12587—1990	1990－12－18	2003－01－10	2003－07－01
58	GB/T 18941—2003	高聚物多孔弹性材料定负荷冲击疲劳的测定		2003－01－10		2003－07－01
59	GB/T 18942.1—2003	高聚物多孔弹性材料压缩应力应变特性的测定 第1部分:低密度材料		2003－01－10		2003－07－01
60	GB/T 18942.2—2003	高聚物多孔弹性材料压缩应力应变特性的测定 第2部分:高密度材料		2003－01－10		2003－07－01
61	GB/T 18943—2003	多孔橡胶与塑料 动态缓冲性能测定		2003－01－10		2003－07－01
63	GB/T 18945—2003	高聚物多孔弹性材料恒定压力降时流量的估算方法		2003－01－10		2003－07－01
64	GB/T 18946—2003	橡胶涂覆织物 橡胶与织物粘合强度的测定 直接拉力法		2003－01－10		2003－07－01

2003 年第 3 号(总第 51 号)

国家质量监督检验检疫总局批准 71 项国家标准,其中分析测试相关标准如下表。

序号	标准号	标准名称	代替标准号	批准日期	修订日期	实施日期
5	GB/T 2542—2003	砌墙砖试验方法	GB/T 2542—1992	1981-03-25	2003-02-11	2003-10-01
8	GB/T 18969—2003	饲料中有机磷农药残留量的测定 气相色谱法		2003-02-21		2003-09-01
14	GB/T 18974—2003	太阳集热器热性能室内试验方法		2003-02-24		2003-07-01
18	GB/T 17799.2—2003	电磁兼容 通用标准 工业环境中的抗扰度试验		2003-02-21		2003-08-01
24	GB 15322.1—2003	可燃气体探测器 第1部分:测量范围为0~100% LEL的点型可燃气体探测器	GB 15322—1994	1994-12-22	2003-02-21	2003-12-01
25	GB 15322.2—2003	可燃气体探测器 第2部分:测量范围为0~100% LEL的独立式可燃气体探测器	GB 15322—1994	1994-12-22	2003-02-21	2003-12-01
26	GB 15322.3—2003	可燃气体探测器 第3部分:测量范围为0~100% LEL的便携式可燃气体探测器	GB 15322—1994	1994-12-22	2003-02-21	2003-12-01
27	GB 15322.4—2003	可燃气体探测器 第4部分:测量人工煤气的点型可燃气体探测器	GB 15322—1994	1994-12-22	2003-02-21	2003-12-01
28	GB 15322.5—2003	可燃气体探测器 第5部分:测量人工煤气的独立式可燃气体探测器	GB 15322—1994	1994-12-22	2003-02-21	2003-12-01
29	GB 15322.6—2003	可燃气体探测器 第6部分:测量人工煤气的便携式可燃气体探测器	GB 15322—1994	1994-12-22	2003-02-21	2003-12-01
38	GB/T 17006.6—2003	医用成像部门的评价及例行试验 第2-4部分:硬拷贝照相机稳定性试验		2003-01-27		2003-07-01

续表

序号	标准号	标准名称	代替标准号	批准日期	修订日期	实施日期
39	GB/T 19042. 1—2003	医用成像部门的评价及例行试验 第3-1部分:X射线摄影和透视系统用X射线设备成像性能验收试验		2003-01-27		2003-07-01
48	GB/T 18962—2003	制盐工业通用试验方法 铅离子的测定(原子吸收分光光度法)		2003-01-27		2003-07-01
53	GB/T 17037. 3—2003	塑料 热塑性塑料材料注塑试样的制备 第3部分:小方试片		2003-02-10		2003-07-01
54	GB/T 17037. 4—2003	塑料 热塑性塑料材料注塑试样的制备 第4部分:模塑收缩率的测定		2003-02-10		2003-07-01
55	GB/T 6594. 2—2003	塑料 聚苯乙烯(PS)模塑和挤出材料 第2部分:试样制备和性能测定		2003-02-10		2003-07-01
56	GB/T 2546. 2—2003	塑料 聚丙烯(PP)模塑和挤出材料 第2部分:试样制备和性能测定		2003-02-10		2003-07-01
57	GB/T 18964. 2—2003	塑料 抗冲击聚苯乙烯(PS-I)模塑和挤出材料 第2部分:试样制备和性能测定		2003-02-10		2003-07-01

2003年第4号(总第52号)

国家质量监督检验检疫总局批准119项国家标准,其中分析测试相关标准如下表。

序号	标准号	标准名称	代替标准号	批准日期	修订日期	实施日期
1	GB/T 2396—2003	分散染料 固色率的测定	GB/T 2396—1980	1980-12-31	2003-03-05	2003-08-01
2	GB/T 2397—2003	分散染料 提升力的测定	GB/T 2397—1986	1980-12-31	2003-03-05	2003-08-01
3	GB/T 2402—2003	阳离子染料 染腈纶时对其它各种织物污染的测定	GB/T 2402—1980	1980-12-31	2003-03-05	2003-08-01
4	GB/T 2386—2003	染料及染料中间体 水分的测定	GB/T 2386—1980	1980-12-31	2003-03-05	2003-08-01
5	GB/T 2383—2003	染料 筛分细度的测定	GB/T 2383—1980	1980-12-31	2003-03-05	2003-08-01

续表

序号	标准号	标准名称	代替标准号	批准日期	修订日期	实施日期
6	GB/T 2398—2003	分散染料 对棉沾污性能的测定	GB/T 2398—1980	1980-12-31	2003-03-05	2003-08-01
7	GB/T 10663—2003	分散染料 移染性的测定	GB/T 10663—1989	1989-03-31	2003-03-05	2003-08-01
8	GB/T 2391—2003	反应染料 吸色率和固色率的测定	GB/T 2391—1980	1980-12-31	2003-03-05	2003-08-01
9	GB/T 2390—2003	水溶性染料 pH 值的测定	GB/T 2390—1980	1980-12-31	2003-03-05	2003-08-01
12	GB/T 13529—2003	乙氧基化烷基硫酸钠	GB/T 13529—1992	1992-06-23	2003-03-07	2003-10-01
13	GB/T 18996—2003	银合金首饰中含银量的测定 氯化钠或氯化钾容量法(电位滴定法)		2003-03-07		2003-10-01
22	GB/T 16857.4—2003	产品几何量技术规范(GPS) 坐标测量机的验收检测和复检检测 第4部分:在扫描模式下使用的坐标测量机		2003-03-06		2003-11-01
28	GB/T 13877.2—2003	农林拖拉机和自走式机械封闭驾驶室 第2部分:采暖、通风和空调系统试验方法和性能要求		2003-03-11		2003-08-01
29	GB/T 13877.3—2003	农林拖拉机和自走式机械封闭驾驶室 第3部分:太阳能加热系统效率的确定		2003-03-11		2003-08-01
30	GB/T 13877.4—2003	农林拖拉机和自走式机械封闭驾驶室 第4部分:空气滤清器试验方法		2003-03-11		2003-08-01
31	GB/T 13877.5—2003	农林拖拉机和自走式机械封闭驾驶室 第5部分:空气压力调节系统试验方法	GB/T 13877—1992	1992-11-14	2003-03-11	2003-08-01
34	GB/T 10574.1—2003	锡铅焊料化学分析方法 锡量的测定	GB/T 10574.1—1989	1989-03-22	2003-03-11	2003-08-01
35	GB/T 10574.2—2003	锡铅焊料化学分析方法 锑量的测定	GB/T 10574.2—1989 GB/T 10574.3—1989	1989-03-22	2003-03-11	2003-08-01

续表

序号	标准号	标准名称	代替标准号	批准日期	修订日期	实施日期
36	GB/T 18980—2003	乳和乳粉中黄曲霉毒素 M1 的测定 免疫亲和层析净化高效液相色谱法和荧光光度法		2003-02-21		2003-08-01
49	GB/T 18988.1—2003	放射性核素成像设备性能和试验规则 第1部分:正电子发射断层成像装置		2003-03-05		2003-08-01
50	GB/T 18988.2—2003	放射性核素成像设备性能和试验规则 第2部分:单光子发射计算机断层装置		2003-03-05		2003-08-01
51	GB/T 18988.3—2003	放射性核素成像设备性能和试验规则 第3部分:伽玛照相机全身成像系统		2003-03-05		2003-08-01
52	GB/T 18989—2003	放射性核素成像设备性能和试验规则 伽玛照相机		2003-03-05		2003-08-01
53	GB/T 16886.4—2003	医疗器械生物学评价 第4部分:与血液相互作用试验选择		2003-03-05		2003-08-01
60	GB/T 18993.1—2003	冷热水用氯化聚氯乙烯(PVC-C)管道系统 第1部分:总则		2003-03-05		2003-08-01
63	GB/T 9647—2003	热塑性塑料管材环刚度的测定	GB/T 9647—1988	1988-07-08	2003-03-05	2003-08-01
64	GB/T 6111—2003	流体输送用热塑性塑料管材耐内压试验方法	GB/T 6111—1985	1985-06-15	2003-03-05	2003-08-01
65	GB/T 8804.1—2003	热塑性塑料管材 拉伸性能测定 第1部分:试验方法总则	GB/T 8804.1—1988 GB/T 8804.2—1988	1988-02-13	2003-03-05	2003-08-01
66	GB/T 8804.2—2003	热塑性塑料管材 拉伸性能测定 第2部分:硬聚氯乙烯(PVC-U)、氯化聚氯乙烯(PVC-C)和高抗冲聚氯乙烯(PVC-HI)管材	GB/T 8804.1—1988 GB/T 8804.2—1988	1988-02-13	2003-03-05	2003-08-01

续表

序号	标准号	标准名称	代替标准号	批准日期	修订日期	实施日期
67	GB/T 8804.3—2003	热塑性塑料管材 拉伸性能测定 第3部分:聚烯烃管材	GB/T 8804.1—1988 GB/T 8804.2—1988	1988-02-13	2003-03-05	2003-08-01
68	GB/T 13174—2003	衣料用洗涤剂去污力及抗污渍再沉积能力的测定	GB/T 13174—1991	1991-09-10	2003-03-05	2003-08-01
69	GB/T 16886.5—2003	医疗器械生物学评价 第5部分:体外细胞毒性试验	GB/T 16886.5—1997	1997-06-26	2003-03-05	2003-08-01
70	GB/T 16886.14—2003	医疗器械生物学评价 第14部分:陶瓷降解产物的定性与定量		2003-03-05		2003-08-01
71	GB/T 16886.15—2003	医疗器械生物学评价 第15部分:金属与合金降解产物的定性与定量		2003-03-05		2003-08-01
77	GB/T 7260.3—2003	不间断电源设备(UPS) 第3部分:确定性能的方法和试验要求	GB/T 7260—1987	1987-02-13	2003-02-21	2003-08-01
78	GB/T 13870.3—2003	电流对人和家畜的效应 第3部分:电流通过家畜躯体的效应		2003-02-21		2003-08-01
79	GB/T 18979—2003	食品中黄曲霉毒素的测定 免疫亲和层析净化高效液相色谱法和荧光光度法		2003-02-21		2003-08-01
80	GB/T 10574.3—2003	锡铅焊料化学分析方法 铋量的测定	GB/T 10574.4—1989	1989-03-22	2003-03-11	2003-08-01
81	GB/T 10574.4—2003	锡铅焊料化学分析方法 铁量的测定	GB/T 10574.5—1989	1989-03-22	2003-03-11	2003-08-01
82	GB/T 10574.5—2003	锡铅焊料化学分析方法 砷量的测定	GB/T 10574.6—1989	1989-03-22	2003-03-11	2003-08-01
83	GB/T 10574.6—2003	锡铅焊料化学分析方法 铜量的测定	GB/T 10574.7—1989	1989-03-22	2003-03-11	2003-08-01
84	GB/T 10574.7—2003	锡铅焊料化学分析方法 银量的测定	GB/T 10574.8—1989 GB/T 10574.9—1989	1989-03-22	2003-03-11	2003-08-01
85	GB/T 10574.8—2003	锡铅焊料化学分析方法 锌量的测定	GB/T 10574.10—1989	1989-03-22	2003-03-11	2003-08-01

续表

序号	标准号	标准名称	代替标准号	批准日期	修订日期	实施日期
86	GB/T 10574.9—2003	锡铅焊料化学分析方法 铝量的测定	GB/T 10574.11—1989	1989-03-22	2003-03-11	2003-08-01
87	GB/T 10574.10—2003	锡铅焊料化学分析方法 镉量的测定	GB/T 10574.12—1989	1989-03-22	2003-03-11	2003-08-01
88	GB/T 10574.11—2003	锡铅焊料化学分析方法 磷量的测定	GB/T 10574.13—1989	1989-03-22	2003-03-11	2003-08-01
89	GB/T 10574.12—2003	锡铅焊料化学分析方法 硫量的测定	GB/T 10574.14—1989	1989-03-22	2003-03-11	2003-08-01
90	GB/T 10574.13—2003	锡铅焊料化学分析方法 铜、铁、镉、银、金、砷、锌、铝、铋、磷量的测定		2003-03-11		2003-08-01
109	GB/T 17680.10—2003	核电厂应急计划与准备准则 核电厂营运单位应急野外辐射监测、取样与分析准则		2003-03-24		2003-12-01
110	GB/T 19046—2003	医用电子加速器 验收试验和周期检验规程		2003-03-26		2003-10-01
114	GB/T 7305—2003	石油和合成液水分离性测定法	GB/T 7305—1987	1987-02-26	2003-03-28	2003-09-01

2003 年第 5 号(总第 53 号)

国家质量监督检验检疫总局批准 108 项国家标准,其中分析测试相关标准如下表。

序号	标准号	标准名称	代替标准号	批准日期	修订日期	实施日期
9	GB/T 13161—2003	直读式个人 X 和 γ 辐射剂量当量和剂量当量率监测仪	GB/T 13161—1991	1991-09-03	2003-04-14	2003-12-01
10	GB/T 11684—2003	核仪器电磁环境条件与试验方法	GB/T 11684—1989	1989-10-14	2003-04-14	2003-12-01
11	GB 13837—2003	声音和电视广播接收机及有关设备无线电骚扰特性限值和测量方法	GB 13837—1997	1992-12-28	2003-04-14	2003-12-01
12	GB/T 4129—2003	声学 用于声功率级测定的标准声源的性能与校准要求	GB/T 4129—1995	1984-01-14	2003-04-14	2003-12-01

续表

序号	标准号	标准名称	代替标准号	批准日期	修订日期	实施日期
13	GB/T 19052—2003	声学 机器和设备发射的噪声 噪声测试规范起草和表述的准则		2003-04-14		2003-12-01
17	GB/T 19055—2003	汽车发动机可靠性试验方法		2003-04-15		2003-09-01
22	GB/T 10760.2—2003	离网型风力发电机组用发电机 第2部分:试验方法		2003-04-15		2003-09-01
23	GB/T 19068.2—2003	离网型风力发电机组 第2部分:试验方法		2003-04-15		2003-09-01
24	GB/T 19068.3—2003	离网型风力发电机组 第3部分:风洞试验方法		2003-04-15		2003-09-01
26	GB/T 19070—2003	风力发电机组 控制器试验方法		2003-04-15		2003-09-01
31	GB/T 8243.1—2003	内燃机全流式机油滤清器试验方法 第1部分:压差-流量特性	GB/T 8243.1—1987	1987-10-09	2003-04-15	2003-09-01
32	GB/T 8243.2—2003	内燃机全流式机油滤清器试验方法 第2部分:滤芯旁通阀特性	GB/T 8243.4—1987	1987-10-09	2003-04-15	2003-09-01
33	GB/T 8243.3—2003	内燃机全流式机油滤清器试验方法 第3部分:耐高压差和耐高温特性	GB/T 8243.3—1987	1987-10-09	2003-04-15	2003-09-01
34	GB/T 8243.4—2003	内燃机全流式机油滤清器试验方法 第4部分:原始滤清效率、寿命和累积效率(重量法)		2003-04-15		2003-09-01
35	GB/T 8190.3—2003	往复式内燃机 排放测量 第3部分:稳态工况排气烟度的定义和测量方法		2003-04-15		2003-09-01
36	GB/T 8190.7—2003	往复式内燃机 排放测量 第7部分:发动机系族的确定		2003-04-15		2003-09-01
38	GB/T 6243—2003	水稻插秧机 试验方法	GB/T 6243—1986	1986-04-08	2003-04-15	2003-09-01
41	GB/T 19064—2003	家用太阳能光伏电源系统技术条件和试验方法		2003-04-15		2003-09-01

续表

序号	标准号	标准名称	代替标准号	批准日期	修订日期	实施日期
50	GB/T 19067.1—2003	产品几何量技术规范(GPS)表面结构 轮廓法 测量标准 第1部分:实物测量标准		2003-04-15		2003-11-01
63	GB/T 652—2003	化学试剂 氯化钡	GB/T 652—1988	1965-01-20	2003-04-24	2003-09-01
64	GB 19086—2003	原产地域产品 文山三七		2003-04-24		2003-09-01
65	GB 19087—2003	原产地域产品 庆元香菇		2003-04-24		2003-09-01
66	GB 19088—2003	原产地域产品 金华火腿		2003-04-24		2003-09-01
67	GB/T 19089—2003	橡胶或塑料涂覆织物耐磨性的测定 马丁达尔法		2003-04-24		2003-09-01
69	GB/T 12586—2003	橡胶或塑料涂覆织物耐屈挠破坏性的测定	GB/T 12586—1990	1990-12-18	2003-04-24	2003-09-01
71	GB/T 14345—2003	合成纤维长丝捻度试验方法	GB/T 14345—1993	1993-04-20	2003-04-24	2003-09-01
72	GB/T 14344—2003	合成纤维长丝拉伸性能试验方法	GB/T 14344—1993	1993-04-20	2003-04-24	2003-09-01
73	GB/T 14343—2003	合成纤维长丝线密度试验方法	GB/T 14343—1993	1993-04-20	2003-04-24	2003-09-01
75	GB 9656—2003	汽车安全玻璃	GB 9656—1996	1988-06-30	2003-04-23	2004-04-01
76	GB/T 5832.1—2003	气体湿度的测定 第1部分:电解法	GB/T 5832.1—1986	1986-01-27	2003-04-24	2003-09-01
77	GB/T 6285—2003	气体中微量氧的测定 电化学法	GB/T 6285—1986	1986-04-18	2003-04-24	2003-09-01
79	GB/T 19092—2003	煤粉浮沉试验方法		2003-04-25		2003-10-01
80	GB/T 19093—2003	煤粉筛分试验方法		2003-04-25		2003-10-01

2003年第6号(总第54号)

国家质量监督检验检疫总局批准137项国家标准,其中分析测试相关标准如下表。

序号	标准号	标准名称	代替标准号	批准日期	修订日期	实施日期
12	GB/T 6160—2003	缩微摄影技术 源文件第一代银-明胶型缩微品密度规范与测量方法	GB/T 6160—1995	1985-06-26	2003-05-14	2003-12-01
26	GB/T 19118—2003	农用运输车 噪声测量方法		2003-05-19		2003-10-01

续表

序号	标准号	标准名称	代替标准号	批准日期	修订日期	实施日期
27	GB/T 19119—2003	农用运输车 照明与信号装置的安装规定		2003-05-19		2003-10-01
28	GB/T 19120—2003	农用运输车 制动系统结构、性能和试验方法		2003-05-19		2003-10-01
34	GB/T 19126—2003	农用运输车 座椅系统强度要求及试验方法		2003-05-19		2003-10-01
37	GB/T 19129—2003	农用运输车 电喇叭 性能要求及试验方法		2003-05-19		2003-10-01
41	GB/T 19133—2003	农用运输车 最大侧倾稳定角 试验方法		2003-05-19		2003-10-01
46	GB/T 6072.3—2003	往复式内燃机 性能 第3部分:试验测量	GB/T1105.3—1987	1974-05-04	2003-05-19	2003-10-01
49	GB/T 19115.2—2003	离网型户用风光互补发电系统 第2部分:试验方法		2003-05-19		2003-10-01
53	GB/T 19136—2003	农药热贮稳定性测定方法		2003-05-22		2003-11-01
54	GB/T 19137—2003	农药低温稳定性测定方法		2003-05-22		2003-11-01
55	GB/T 19138—2003	农药丙酮不溶物测定方法		2003-05-22		2003-11-01
56	GB/T 19139—2003	油井水泥试验方法		2003-05-22		2004-01-01
57	GB/T 19140—2003	水泥X射线荧光分析通则		2003-05-22		2004-01-01
60	GB/T 5480.8—2003	矿物棉及其制品油含量试验方法		2003-05-22		2004-01-01
74	GB/T 19143—2003	岩石有机质中碳、氢、氧元素分析方法		2003-05-23		2003-10-01
75	GB/T 19144—2003	沉积岩中干酪根分离方法		2003-05-23		2003-10-01
76	GB/T 19145—2003	沉积岩中总有机碳的测定		2003-05-23		2003-10-01

2003 年第 7 号(总第 55 号)

国家质量监督检验检疫总局批准 159 项国家标准,其中分析测试相关标准如下表。

序号	标准号	标准名称	代替标准号	批准日期	修订日期	实施日期
56	GB/T 1094.10—2003	电力变压器 第 10 部分:声级测定	GB/T 7328—1987	1987-03-02	2003-06-05	2003-12-01
57	GB/T 1981.2—2003	电气绝缘用漆 第 2 部分:试验方法	GB/T 1981—1989	1980-07-01	2003-06-05	2003-12-01
58	GB/T 4207—2003	固体绝缘材料在潮湿条件下相比电痕化指数和耐电痕化指数的测定方法	GB/T 4207—1984	1984-03-19	2003-06-05	2003-12-01
59	GB/T 6553—2003	评定在严酷环境条件下使用的电气绝缘材料耐电痕化和蚀损的试验方法	GB/T 6553—1986	1986-07-02	2003-06-05	2003-12-01
76	GB/T 3727—2003	工业用乙烯、丙烯中微量水的测定	GB/T 3727—1983	1983-04-16	2003-06-09	2003-12-01
77	GB/T 3392—2003	工业用丙烯中烃类杂质的测定 气相色谱法	GB/T 3392—1991	1982-12-30	2003-06-09	2003-12-01
78	GB/T 19186—2003	工业用丙烯中齐聚物含量的测定 气相色谱法		2003-06-09		2003-12-01
92	GB 8058—2003	陶瓷烹调器铅、镉溶出量允许极限和检测方法	GB 8058—1987	1987-07-13	2003-06-13	2003-12-01
103	GB/T 19198—2003	贵金属及其合金对铂热电动势的测试方法		2003-06-16		2004-01-01
104	GB/T 19199—2003	半绝缘砷化镓单晶中碳浓度的红外吸收测试方法		2003-06-16		2004-01-01
105	GB/T 8098—2003	液压传动 带补偿的流量控制阀 安装面	GB/T 8098—1987	1987-07-23	2003-06-16	2004-01-01
106	GB/T 7987—2003	搪玻璃层耐温差急变性试验方法	GB/T 7987—1987	1987-06-24	2003-06-16	2004-01-01
107	GB/T 7989—2003	搪玻璃釉耐沸腾盐酸蒸气腐蚀性能的测定	GB/T 7989—1987	1987-06-24	2003-06-16	2004-01-01

续表

序号	标准号	标准名称	代替标准号	批准日期	修订日期	实施日期
108	GB/T 7991—2003	搪玻璃层厚度测量 电磁法	GB/T 7991—1987	1987-06-24	2003-06-16	2004-01-01
109	GB/T 7993—2003	用在腐蚀条件下的搪玻璃设备的高电压试验方法	GB/T 7993—1987	1987-06-24	2003-06-16	2004-01-01
113	GB/T 8146—2003	松香试验方法	GB/T 8146—1987	1987-08-05	2003-06-17	2003-12-01
115	GB/T 14177—2003	林业机械 便携式割灌机和割草机 试验方法	GB/T 14177—1993	1993-02-16	2003-06-17	2003-12-01
116	GB/T 14540—2003	复混肥料中铜、铁、锰、锌、硼、钼含量的测定	GB/T 14540.1~.4—1993	1993-06-15	2003-06-23	2003-12-01
117	GB/T 19203—2003	复混肥料中钙、镁、硫含量的测定		2003-06-23		2003-12-01
120	GB/T 19206—2003	天然气用有机硫化合物加臭剂的要求和测试方法		2003-06-23		2003-12-01
121	GB/T 13610—2003	天然气的组成分析 气相色谱法	GB/T 13610—1992	1992-08-15	2003-06-23	2003-12-01
122	GB/T 19207—2003	天然气中总硫的测定 氢解-速率计比色法		2003-06-23		2003-12-01
123	GB/T 11059—2003	原油饱和蒸气压的测定 参比法	GB/T 11059—1989	1989-03-31	2003-06-23	2003-12-01
125	GB 19212.1—2003	电力变压器、电源装置和类似产品的安全 第1部分:通用要求和试验		2003-06-24		2004-02-01
127	GB/T 19209.1—2003	拖拉机修理质量检验通则 第1部分:轮式拖拉机		2003-06-21		2003-12-01
128	GB/T 19209.2—2003	拖拉机修理质量检验通则 第2部分:履带拖拉机		2003-06-21		2003-12-01
132	GB/T 7755—2003	硫化橡胶或热塑性橡胶 透气性的测定	GB/T 7755—1987 GB/T 7756—1987	1987-05-25	2003-06-23	2004-02-01
138	GB/T 1001.1—2003	标称电压高于1000V的架空线路绝缘子 第1部分:交流系统用瓷或玻璃绝缘子元件 定义、试验方法和判定准则	GB 1001—1986	1967-03-04	2003-06-24	2004-02-01

续表

序号	标准号	标准名称	代替标准号	批准日期	修订日期	实施日期
142	GB/T 10580—2003	固体绝缘材料在试验前和试验时采用的标准条件	GB/T 10580—1989	1989-03-22	2003-06-24	2004-02-01
143	GB/T 775.2—2003	绝缘子试验方法 第2部分:电气试验方法	GB/T 775.2—1987	1965-12-03	2003-06-24	2004-02-01
147	GB/T 19216.11—2003	在火焰条件下电缆或光缆的线路完整性试验 第11部分:试验装置 火焰温度不低于750℃的单独供火	GB/T 12666.6—1990	1990-12-28	2003-06-24	2004-02-01
148	GB/T 19216.21—2003	在火焰条件下电缆或光缆的线路完整性试验 第21部分:试验步骤和要求 额定电压0.6/1.0kV及以下电缆	GB/T 12666.6—1990	1990-12-28	2003-06-24	2004-02-01
149	GB/T 19216.23—2003	在火焰条件下电缆或光缆的线路完整性试验 第23部分:试验步骤和要求 数据电缆		2003-06-24		2004-02-01
150	GB/T 19216.25—2003	在火焰条件下电缆或光缆的线路完整性试验 第25部分:试验步骤和要求 光缆		2003-06-24		2004-02-01
153	GB/T 17006.7—2003	医用成像部门的评价及例行试验 第2-7部分:稳定性试验 口内牙科X射线摄影设备不包括牙科全景设备		2003-06-24		2003-12-01
154	GB/T 17006.8—2003	医用成像部门的评价及例行试验 第2-9部分:稳定性试验 间接透视和间接摄影X射线设备		2003-06-24		2003-12-01
155	GB/T 17006.9—2003	医用成像部门的评价及例行试验 第2-10部分:稳定性试验 乳腺X射线摄影设备		2003-06-24		2003-12-01
156	GB/T 17006.10—2003	医用成像部门的评价及例行试验 第2-11部分:稳定性试验 普通直接摄影X射线设备		2003-06-24		2003-12-01

2003年第8号(总第56号)

国家质量监督检验检疫总局批准112项国家标准,其中分析测试相关标准如下表。

序号	标准号	标准名称	代替标准号	批准日期	修订日期	实施日期
1	GB/T 19222—2003	煤岩样品采取方法		2003-07-01		2003-11-01
2	GB/T 213—2003	煤的发热量测定方法	GB/T 213—1996	1963-12-31	2003-07-01	2003-11-01
3	GB/T 15460—2003	煤中碳和氢的测定方法 电量-重量法	GB/T 15460—1995	1995-01-12	2003-07-01	2003-11-01
4	GB/T 19223—2003	煤矿矿井水分类		2003-07-01		2003-11-01
5	GB/T 19224—2003	烟煤相对氧化度测定方法		2003-07-01		2003-11-01
6	GB/T 19225—2003	煤中铜、钴、镍、锌的测定方法		2003-07-01		2003-11-01
7	GB/T 216—2003	煤中磷的测定方法	GB/T 216—1996	1982-05-10	2003-07-01	2003-11-01
8	GB/T 19226—2003	煤中钒的测定方法		2003-07-01		2003-11-01
9	GB/T 19227—2003	煤和焦炭中氮的测定方法 半微量蒸汽法		2003-07-01		2003-11-01
10	GB/T 215—2003	煤中各种形态硫的测定方法	GB/T 215—1996	1982-05-10	2003-07-01	2003-11-01
15	GB/T 19230.1—2003	评价汽油清净剂使用效果的试验方法 第1部分:汽油清净剂防锈性能试验方法		2003-07-01		2003-12-01
16	GB/T 19230.2—2003	评价汽油清净剂使用效果的试验方法 第2部分:汽油清净剂破乳性能试验方法		2003-07-01		2003-12-01
17	GB/T 19230.3—2003	评价汽油清净剂使用效果的试验方法 第3部分:汽油清净剂对电子孔式燃油喷嘴(PFI)堵塞倾向影响的试验方法		2003-07-01		2003-12-01
18	GB/T 19230.4—2003	评价汽油清净剂使用效果的试验方法 第4部分:汽油清净剂对汽油机进气系统沉积物(ISD)生成倾向影响的试验方法		2003-07-01		2003-12-01

续表

序号	标准号	标准名称	代替标准号	批准日期	修订日期	实施日期
19	GB/T 19230.5—2003	评价汽油清净剂使用效果的试验方法 第5部分:汽油清净剂对汽油机进气阀和燃烧室沉积物生成倾向影响的发动机台架试验方法(Ford 2.3L方法)		2003-07-01		2003-12-01
20	GB/T 19230.6—2003	评价汽油清净剂使用效果的试验方法 第6部分:汽油清净剂对汽油机进气阀和燃烧室沉积物生成倾向影响的发动机台架试验方法(M111法)		2003-07-01		2003-12-01
27	GB/T 19233—2003	轻型汽车燃料消耗量试验方法		2003-07-01		2003-12-01
35	GB/T 12538—2003	两轴道路车辆 重心位置的测定	部分代替 GB/T 12538—1990	1990-12-12	2003-07-01	2003-12-01
36	GB/T 13594—2003	机动车和挂车防抱制动性能和试验方法	GB 13594—1992	1992-08-17	2003-07-01	2003-12-01
37	GB/T 5211.1—2003	颜料水溶物测定 冷萃取法	GB/T5211.1—1985	1985-07-16	2003-07-03	2004-01-01
38	GB/T 5211.2—2003	颜料水溶物测定 热萃取法	GB/T5211.2—1985	1985-07-16	2003-07-03	2004-01-01
39	GB/T 2705—2003	涂料产品分类和命名	GB/T 2705—1992	1981-09-11	2003-07-03	2004-01-01
40	GB/T 5555—2003	表面活性剂 耐酸性测试法	GB/T 5555—1985	1985-10-29	2003-07-03	2004-01-01
41	GB/T 5556—2003	表面活性剂 耐碱性测试法	GB/T 5556—1985	1985-10-29	2003-07-03	2004-01-01
42	GB/T 5560—2003	非离子表面活性剂 聚乙二醇含量和非离子活性物(加成物)含量的测定-Weilbull法	GB/T 5560—1985	1985-10-29	2003-07-03	2004-01-01
43	GB/T 7379—2003	表面活性剂 浆状物在灌装时表观密度的测定	GB/T 7379—1987	1987-03-09	2003-07-03	2004-01-01

续表

序号	标准号	标准名称	代替标准号	批准日期	修订日期	实施日期
44	GB/T 6373—2003	表面活性剂 表观密度测定 给定体积称量法	GB/T 6373—1986	1986-05-08	2003-07-03	2004-01-01
45	GB/T 5566—2003	橡胶或塑料软管 耐压扁试验方法	GB/T 5566—1985	1985-10-26	2003-07-03	2004-01-01
46	GB/T 7761—2003	橡胶 用锥形件测定与刚性材料的粘合强度	GB/T 7761—1987	1987-05-25	2003-07-03	2004-01-01
47	GB/T 19241—2003	不饱和橡胶中饱和橡胶的鉴定 臭氧氧化法		2003-07-03		2004-01-01
48	GB/T 19242—2003	硫化橡胶 在压缩或剪切状态下蠕变的测定		2003-07-03		2004-01-01
49	GB/T 19243—2003	硫化橡胶或热塑性橡胶与有机物接触污染的试验方法		2003-07-03		2004-01-01

2003 年第 9 号(总第 57 号)

国家质量监督检验检疫总局批准 237 项国家标准,其中分析测试相关标准如下表。

序号	标准号	标准名称	代替标准号	批准日期	修订日期	实施日期
1	GB/T 4789.1—2003	食品卫生微生物学检验 总则	GB/T 4789.1—1994	2003-08-11		2004-01-01
2	GB/T 4789.2—2003	食品卫生微生物学检验 菌落总数测定	GB/T 4789.2—1994	2003-08-11		2004-01-01
3	GB/T 4789.3—2003	食品卫生微生物学检验 大肠菌群测定	GB/T 4789.3—1994	2003-08-11		2004-01-01
4	GB/T 4789.4—2003	食品卫生微生物学检验 沙门氏菌检验	GB/T 4789.4—1994	2003-08-11		2004-01-01
5	GB/T 4789.5—2003	食品卫生微生物学检验 志贺氏菌检验	GB/T 4789.5—1994	2003-08-11		2004-01-01
6	GB/T 4789.6—2003	食品卫生微生物学检验 致泻大肠埃希氏菌检验	GB/T 4789.6—1994	2003-08-11		2004-01-01
7	GB/T 4789.7—2003	食品卫生微生物学检验 副溶血性弧菌检验	GB/T 4789.7—1994	2003-08-11		2004-01-01
8	GB/T 4789.8—2003	食品卫生微生物学检验 小肠结肠炎耶尔森氏菌检验	GB/T 4789.8—1994	2003-08-11		2004-01-01

续表

序号	标准号	标准名称	代替标准号	批准日期	修订日期	实施日期
9	GB/T 4789.9—2003	食品卫生微生物学检验 空肠弯曲菌检验	GB/T 4789.9—1994	2003-08-11		2004-01-01
10	GB/T 4789.10—2003	食品卫生微生物学检验 金黄色葡萄球菌检验	GB/T 4789.10—1994	2003-08-11		2004-01-01
11	GB/T 4789.11—2003	食品卫生微生物学检验 溶血性链球菌检验	GB/T 4789.11—1994	2003-08-11		2004-01-01
12	GB/T 4789.12—2003	食品卫生微生物学检验 肉毒梭菌及肉毒毒素检验	GB/T 4789.12—1994	2003-08-11		2004-01-01
13	GB/T 4789.13—2003	食品卫生微生物学检验 产气夹膜梭菌检验	GB/T 4789.13—1994	2003-08-11		2004-01-01
14	GB/T 4789.14—2003	食品卫生微生物学检验 蜡样芽胞杆菌检验	GB/T 4789.14—1994	2003-08-11		2004-01-01
15	GB/T 4789.15—2003	食品卫生微生物学检验 霉菌和酵母计数	GB/T 4789.15—1994	2003-08-11		2004-01-01
16	GB/T 4789.16—2003	食品卫生微生物学检验 常见产毒霉菌的鉴定	GB/T 4789.16—1994	2003-08-11		2004-01-01
17	GB/T 4789.17—2003	食品卫生微生物学检验 肉与肉制品检验	GB/T 4789.17—1994	2003-08-11		2004-01-01
18	GB/T 4789.18—2003	食品卫生微生物学检验 乳与乳制品检验	GB/T 4789.18—1994	2003-08-11		2004-01-01
19	GB/T 4789.19—2003	食品卫生微生物学检验 蛋与蛋制品检验	GB/T 4789.19—1994	2003-08-11		2004-01-01
20	GB/T 4789.20—2003	食品卫生微生物学检验 水产食品检验	GB/T 4789.20—1994	2003-08-11		2004-01-01
21	GB/T 4789.21—2003	食品卫生微生物学检验 冷冻饮品、饮料检验	GB/T 4789.21—1994	2003-08-11		2004-01-01
22	GB/T 4789.22—2003	食品卫生微生物学检验 调味品检验	GB/T 4789.22—1994	2003-08-11		2004-01-01
23	GB/T 4789.23—2003	食品卫生微生物学检验 冷食菜、豆制品检验	GB/T 4789.23—1994	2003-08-11		2004-01-01
24	GB/T 4789.24—2003	食品卫生微生物学检验 糖果、糕点、蜜饯检验	GB/T 4789.24—1994	2003-08-11		2004-01-01
25	GB/T 4789.25—2003	食品卫生微生物学检验 酒类检验	GB/T 4789.25—1994	2003-08-11		2004-01-01

续表

序号	标准号	标准名称	代替标准号	批准日期	修订日期	实施日期
26	GB/T 4789.26—2003	食品卫生微生物学检验 罐头食品商业无菌的检验	GB/T 4789.26—1994	2003-08-11		2004-01-01
27	GB/T 4789.27—2003	食品卫生微生物学检验 鲜乳中抗生素残留量检验	GB/T 4789.27—1994	2003-08-11		2004-01-01
28	GB/T 4789.28—2003	食品卫生微生物学检验 染色法、培养基和试剂	GB/T 4789.28—1994	2003-08-11		2004-01-01
29	GB/T 4789.29—2003	食品卫生微生物学检验 椰毒假单胞菌酵米面亚种检验	GB/T 4789.29—1994	2003-08-11		2004-01-01
30	GB/T 4789.30—2003	食品卫生微生物学检验 单核细胞增生李斯特氏菌检验	GB/T 4789.30—1994	2003-08-11		2004-01-01
31	GB/T 4789.31—2003	食品卫生微生物学检验 沙门氏菌、志贺氏菌和致泻大肠埃希氏菌的肠杆菌科噬菌体检验方法	GB/T 4789.31—1994	2003-08-11		2004-01-01
32	GB/T 4789.32—2003	食品卫生微生物学检验 乳酸菌饮料中乳酸菌检验	GB/T 16347—1996	2003-08-11		2004-01-01
33	GB/T 4789.33—2003	食品卫生微生物学检验 粮谷、果蔬类食品检验		2003-08-11		2004-01-01
34	GB/T 4789.34—2003	食品卫生微生物学检验 双歧杆菌检验		2003-08-11		2004-01-01
35	GB/T 5009.1—2003	食品卫生检验方法 理化部分 总则	GB/T 5009.1—1996	2003-08-11		2004-01-01
36	GB/T 5009.2—2003	食品的相对密度的测定	GB/T 5009.2—1985	2003-08-11		2004-01-01
37	GB/T 5009.3—2003	食品中水分的测定	GB/T 5009.3—1985	2003-08-11		2004-01-01
38	GB/T 5009.4—2003	食品中灰分的测定	GB/T 5009.4—1985	2003-08-11		2004-01-01
39	GB/T 5009.5—2003	食品中蛋白质的测定	GB/T 5009.5—1985	2003-08-11		2004-01-01
40	GB/T 5009.6—2003	食品中脂肪的测定	GB/T 5009.6—1985	2003-08-11		2004-01-01
41	GB/T 5009.7—2003	食品中还原糖的测定	GB/T 5009.7—1985	2003-08-11		2004-01-01
42	GB/T 5009.8—2003	食品中蔗糖的测定	GB/T 5009.8—1985	2003-08-11		2004-01-01
43	GB/T 5009.9—2003	食品中淀粉的测定	GB/T 5009.9—1985	2003-08-11		2004-01-01
44	GB/T 5009.10—2003	植物类食品中粗纤维的测定	GB/T 5009.10—1985	2003-08-11		2004-01-01

续表

序号	标准号	标准名称	代替标准号	批准日期	修订日期	实施日期
45	GB/T 5009. 11—2003	食品中总砷及无机砷的测定	GB/T 5009. 11—1996	2003-08-11		2004-01-01
46	GB/T 5009. 12—2003	食品中铅的测定	GB/T 5009. 12—1996	2003-08-11		2004-01-01
47	GB/T 5009. 13—2003	食品中铜的测定	GB/T 5009. 13—1996	2003-08-11		2004-01-01
48	GB/T 5009. 14—2003	食品中锌的测定	GB/T 5009. 14—1996	2003-08-11		2004-01-01
49	GB/T 5009. 15—2003	食品中镉的测定	GB/T 5009. 15—1996	2003-08-11		2004-01-01
50	GB/T 5009. 16—2003	食品中锡的测定	GB/T 5009. 16—1996	2003-08-11		2004-01-01
51	GB/T 5009. 17—2003	食品中总汞及有机汞的测定	GB/T 5009. 17—1996	2003-08-11		2004-01-01
52	GB/T 5009. 18—2003	食品中氟的测定	GB/T 5009. 18—1996	2003-08-11		2004-01-01
53	GB/T 5009. 19—2003	食品中六六六、滴滴涕残留量的测定	GB/T 5009. 19—1996	2003-08-11		2004-01-01
54	GB/T 5009. 20—2003	食品中有机磷农药残留量的测定	GB/T 5009. 20—1996	2003-08-11		2004-01-01
55	GB/T 5009. 21—2003	粮、油、菜中甲萘威残留量的测定	GB/T 5009. 21—1996	2003-08-11		2004-01-01
56	GB/T 5009. 22—2003	食品中黄曲霉毒素 Bl 的测定	GB/T 5009. 22—1996	2003-08-11		2004-01-01
57	GB/T 5009. 23—2003	食品中黄曲霉毒素 Bl、B 2、Gl、G2 的测定	GB/T 5009. 23—1996	2003-08-11		2004-01-01
58	GB/T 5009. 24—2003	食品中黄曲霉毒素 Ml 与 Bl 的测定	GB/T 5009. 24—1996	2003-08-11		2004-01-01
59	GB/T 5009. 25—2003	植物性食品中杂色曲霉素的测定	GB/T 5009. 25—1996	2003-08-11		2004-01-01
60	GB/T 5009. 26—2003	食品中 N-亚硝胺类的测定	GB/T 5009. 26—1996	2003-08-11		2004-01-01
61	GB/T 5009. 27—2003	食品中苯并(a)芘的测定	GB/T 5009. 27—1996	2003-08-11		2004-01-01
62	GB/T 5009. 28—2003	食品中糖精钠的测定	GB/T 5009. 28—1996	2003-08-11		2004-01-01
63	GB/T 5009. 29—2003	食品中山梨酸、苯甲酸的测定	GB/T 5009. 29—1996	2003-08-11		2004-01-01
64	GB/T 5009. 30—2003	食品中叔丁基羟基茴香醚(BHA)与2,6-二叔丁基对甲酚(BHT)的测定	GB/T 5009. 30—1996	2003-08-11		2004-01-01

续表

序号	标准号	标准名称	代替标准号	批准日期	修订日期	实施日期
65	GB/T 5009.31—2003	食品中对羟基苯甲酸酯类的测定	GB/T 11672—1989	2003-08-11		2004-01-01
66	GB/T 5009.32—2003	油脂中没食子酸丙酯(PG)测定	GB/T 5009.32—1996	2003-08-11		2004-01-01
67	GB/T 5009.33—2003	食品中亚硝酸盐与硝酸盐的测定	GB/T 5009.33—1996	2003-08-11		2004-01-01
68	GB/T 5009.34—2003	食品中亚硫酸盐的测定	GB/T 5009.34—1996	2003-08-11		2004-01-01
69	GB/T 5009.35—2003	食品中合成着色剂的测定	GB/T 5009.35—1996	2003-08-11		2004-01-01
70	GB/T 5009.36—2003	粮食卫生标准的分析方法	GB/T 5009.36—1996	2003-08-11		2004-01-01
71	GB/T 5009.37—2003	食用植物油卫生标准的分析方法	GB/T 5009.37—1996	2003-08-11		2004-01-01
72	GB/T 5009.38—2003	蔬菜、水果卫生标准的分析方法	GB/T 5009.38—1996	2003-08-11		2004-01-01
73	GB/T 5009.39—2003	酱油卫生标准的分析方法	GB/T 5009.39—1996	2003-08-11		2004-01-01
74	GB/T 5009.40—2003	酱卫生标准的分析方法	GB/T 5009.40—1996	2003-08-11		2004-01-01
75	GB/T 5009.41—2003	食醋卫生标准的分析方法	GB/T 5009.41—1996	2003-08-11		2004-01-01
76	GB/T 5009.42—2003	食盐卫生标准的分析方法	GB/T 5009.42—1996	2003-08-11		2004-01-01
77	GB/T 5009.43—2003	味精卫生标准的分析方法	GB/T 5009.43—1996	2003-08-11		2004-01-01
78	GB/T 5009.44—2003	肉与肉制品卫生标准的分析方法	GB/T 5009.44—1996	2003-08-11		2004-01-01
79	GB/T 5009.45—2003	水产品卫生标准的分析方法	GB/T 5009.45—1996	2003-08-11		2004-01-01
80	GB/T 5009.46—2003	乳与乳制品卫生标准的分析方法	GB/T 5009.46—1996	2003-08-11		2004-01-01
81	GB/T 5009.47—2003	蛋与蛋制品卫生标准的分析方法	GB/T 5009.47—1996	2003-08-11		2004-01-01
82	GB/T 5009.48—2003	蒸馏酒与配制酒卫生标准的分析方法	GB/T 5009.48—1996	2003-08-11		2004-01-01

续表

序号	标准号	标准名称	代替标准号	批准日期	修订日期	实施日期
83	GB/T 5009.49—2003	发酵酒卫生标准的分析方法	GB/T 5009.49—1996	2003-08-11		2004-01-01
84	GB/T 5009.50—2003	冷饮食品卫生标准的分析方法	GB/T 5009.50—1996	2003-08-11		2004-01-01
85	GB/T 5009.51—2003	非发酵性豆制品及面筋卫生标准的分析方法	GB/T 5009.51—1996	2003-08-11		2004-01-01
86	GB/T 5009.52—2003	发酵性豆制品卫生标准的分析方法	GB/T 5009.52—1996	2003-08-11		2004-01-01
87	GB/T 5009.53—2003	淀粉类制品卫生标准的分析方法	GB/T 5009.53—1996	2003-08-11		2004-01-01
88	GB/T 5009.54—2003	酱腌菜卫生标准的分析方法	GB/T 5009.54—1996	2003-08-11		2004-01-01
89	GB/T 5009.55—2003	食糖卫生标准的分析方法	GB/T 5009.55—1996	2003-08-11		2004-01-01
90	GB/T 5009.56—2003	糕点卫生标准的分析方法	GB/T 5009.56—1996	2003-08-11		2004-01-01
91	GB/T 5009.57—2003	茶叶卫生标准的分析方法	GB/T 5009.57—1996	2003-08-11		2004-01-01
92	GB/T 5009.58—2003	食品包装用聚乙烯树脂卫生标准的分析方法	GB/T 5009.58—1996	2003-08-11		2004-01-01
93	GB/T 5009.59—2003	食品包装用聚苯乙烯树脂卫生标准的分析方法	GB/T 5009.59—1996	2003-08-11		2004-01-01
94	GB/T 5009.60—2003	食品包装用聚乙烯、聚苯乙烯、聚丙烯成型品卫生标准的分析方法	GB/T 5009.60—1996	2003-08-11		2004-01-01
95	GB/T 5009.61—2003	食品包装用三聚氰胺成型品卫生标准的分析方法	GB/T 5009.61—1996	2003-08-11		2004-01-01
96	GB/T 5009.62—2003	陶瓷制食具容器卫生标准的分析方法	GB/T 5009.62—1996	2003-08-11		2004-01-01
97	GB/T 5009.63—2003	搪瓷制食具容器卫生标准的分析方法	GB/T 5009.63—1996	2003-08-11		2004-01-01
98	GB/T 5009.64—2003	食品用橡胶垫片(圈)卫生标准的分析方法	GB/T 5009.64—1996	2003-08-11		2004-01-01

续表

序号	标准号	标准名称	代替标准号	批准日期	修订日期	实施日期
99	GB/T 5009.65—2003	食品用高压锅密封圈卫生标准的分析方法	GB/T 5009.65—1996	2003-08-11		2004-01-01
100	GB/T 5009.66—2003	橡胶奶嘴卫生标准的分析方法	GB/T 5009.66—1996	2003-08-11		2004-01-01
101	GB/T 5009.67—2003	食品包装用聚氯乙烯成型品卫生标准的分析方法	GB/T 5009.67—1996	2003-08-11		2004-01-01
102	GB/T 5009.68—2003	食品容器内壁过氯乙烯涂料卫生标准的分析方法	GB/T 5009.68—1996	2003-08-11		2004-01-01
103	GB/T 5009.69—2003	食品罐头内壁环氧酚醛树脂涂料卫生标准的分析方法	GB/T 5009.69—1996	2003-08-11		2004-01-01
104	GB/T 5009.70—2003	食品容器内壁聚酰胺环氧树脂涂料卫生标准的分析方法	GB/T 5009.70—1996	2003-08-11		2004-01-01
105	GB/T 5009.71—2003	食品包装用聚丙烯树脂卫生标准的分析方法	GB/T 5009.71—1996	2003-08-11		2004-01-01
106	GB/T 5009.72—2003	铝制食具容器卫生标准的分析方法	GB/T 5009.72—1996	2003-08-11		2004-01-01
107	GB/T 5009.73—2003	粮食中二溴乙烷残留量的测定	GB 4790—1984	2003-08-11		2004-01-01
108	GB/T 5009.74—2003	食品添加剂中重金属限量试验	GB 8451—1987	2003-08-11		2004-01-01
109	GB/T 5009.75—2003	食品添加剂中铅的测定	GB 8449—1987	2003-08-11		2004-01-01
110	GB/T 5009.76—2003	食品添加剂中砷的测定	GB 8450—1987	2003-08-11		2004-01-01
111	GB/T 5009.77—2003	食用氢化油、人造奶油卫生标准的分析方法		2003-08-11		2004-01-01
112	GB/T 5009.78—2003	食品包装用原纸卫生标准的分析方法	GB 3561—1989	2003-08-11		2004-01-01
113	GB/T 5009.79—2003	食品用橡胶管卫生检验方法	GB 11332—1989	2003-08-11		2004-01-01
114	GB/T 5009.80—2003	食品容器内壁聚四氟乙烯涂料卫生标准的分析方法	GB 11679—1989	2003-08-11		2004-01-01

续表

序号	标准号	标准名称	代替标准号	批准日期	修订日期	实施日期
115	GB/T 5009.81—2003	不锈钢食具容器卫生标准的分析方法	GB 11681—1989	2003-08-11		2004-01-01
116	GB/T 5009.82—2003	食品中维生素A和维生素E的测定	GB 12388—1990	2003-08-11		2004-01-01
117	GB/T 5009.83—2003	食品中胡萝卜素的测定	GB 12389—1990	2003-08-11		2004-01-01
118	GB/T 5009.84—2003	食品中硫胺素(维生素B1)的测定	GB 12390—1990	2003-08-11		2004-01-01
119	GB/T 5009.85—2003	食品中核黄素的测定	GB 12391—1990	2003-08-11		2004-01-01
120	GB/T 5009.86—2003	蔬菜、水果及其制品中总抗坏血酸的测定(荧光法和2,4-二硝基苯肼法)	GB 12392—1990	2003-08-11		2004-01-01
121	GB/T 5009.87—2003	食品中磷的测定	GB 12393—1990	2003-08-11		2004-01-01
122	GB/T 5009.88—2003	食物中不溶性膳食纤维的测定	GB 12394—1990	2003-08-11		2004-01-01
123	GB/T 5009.89—2003	食品中烟酸的测定	GB 12395—1990	2003-08-11		2004-01-01
124	GB/T 5009.90—2003	食品中铁、镁、锰的测定	GB 12396—1990	2003-08-11		2004-01-01
125	GB/T 5009.91—2003	食品中钾、钠的测定	GB 12397—1990	2003-08-11		2004-01-01
126	GB/T 5009.92—2003	食品中钙的测定	GB 12398—1990	2003-08-11		2004-01-01
127	GB/T 5009.93—2003	食品中硒的测定	GB 12399—1996	2003-08-11		2004-01-01
128	GB/T 5009.94—2003	植物性食品中稀土的测定	GB 13108—1991	2003-08-11		2004-01-01
129	GB/T 5009.95—2003	蜂蜜中四环素族抗生素残留量的测定	GB 13110—1991	2003-08-11		2004-01-01
130	GB/T 5009.96—2003	谷物和大豆中赭曲霉毒素A的测定	GB 13111—1991	2003-08-11		2004-01-01
131	GB/T 5009.97—2003	食品中环已基氨基磺酸钠的测定	GB 13112—1991	2003-08-11		2004-01-01
132	GB/T 5009.98—2003	食品容器及包装材料用不饱和聚酯树脂及其玻璃钢制品卫生标准分析方法	GB 13117—1991	2003-08-11		2004-01-01
133	GB/T 5009.99—2003	食品容器及包装材料用聚碳酸酯树脂卫生标准的分析方法	GB 13118—1991	2003-08-11		2004-01-01

续表

序号	标准号	标准名称	代替标准号	批准日期	修订日期	实施日期
134	GB/T 5009.100—2003	食品包装用发泡聚苯乙烯成型品卫生标准的分析方法	GB 13119—1991	2003-08-11		2004-01-01
135	GB/T 5009.101—2003	食品容器及包装材料用聚酯树脂及其成型品中锑的测定	GB/T 13120—1996	2003-08-11		2004-01-01
136	GB/T 5009.102—2003	植物性食品中辛硫磷农药残留量的测定	GB 14875—1994	2003-08-11		2004-01-01
137	GB/T 5009.103—2003	植物性食品中甲胺磷和乙酰甲胺磷农药残留量的测定	GB 14876—1994	2003-08-11		2004-01-01
138	GB/T 5009.104—2003	植物性食品中氨基甲酸酯类农药残留量的测定	GB 14877—1994	2003-08-11		2004-01-01
139	GB/T 5009.105—2003	黄瓜中百菌清残留量的测定	GB 14878—1994	2003-08-11		2004-01-01
140	GB/T 5009.106—2003	植物性食品中二氯苯醚菊酯残留量的测定	GB 14879—1994	2003-08-11		2004-01-01
141	GB/T 5009.107—2003	植物性食品中二嗪磷残留量的测定	GB/T 14929.1—1994	2003-08-11		2004-01-01
142	GB/T 5009.108—2003	畜禽肉中己烯雌酚的测定	GB/T 14931.2—1994	2003-08-11		2004-01-01
143	GB/T 5009.109—2003	柑桔中水胺硫磷残留量的测定	GB/T 14929.3—1994	2003-08-11		2004-01-01
144	GB/T 5009.110—2003	植物性食品中氯氰菊酯、氰戊菊酯和溴氰菊酯残留量的测定	GB/T 14929.4—1994	2003-08-11		2004-01-01
145	GB/T 5009.111—2003	谷物及其制品中脱氧雪腐镰刀菌烯醇的测定	GB/T 14929.5—1994	2003-08-11		2004-01-01
146	GB/T 5009.112—2003	大米和柑桔中喹硫磷残留量的测定	GB/T 14929.6—1994	2003-08-11		2004-01-01
147	GB/T 5009.113—2003	大米中杀虫环残留量的测定	GB/T 14929.7—1994	2003-08-11		2004-01-01
148	GB/T 5009.114—2003	大米中杀虫双残留量的测定	GB/T 14929.8—1994	2003-08-11		2004-01-01

续表

序号	标准号	标准名称	代替标准号	批准日期	修订日期	实施日期
149	GB/T 5009.115—2003	稻谷中三环唑残留量的测定	GB/T 14929.9—1994	2003-08-11		2004-01-01
150	GB/T 5009.116—2003	畜禽肉中土霉素、四环素、金霉素残留量的测定(高效液相色谱法)	GB/T14931.1—1994	2003-08-11		2004-01-01
151	GB/T 5009.117—2003	食用豆粕卫生标准的分析方法	GB/T14932.2—1994	2003-08-11		2004-01-01
152	GB/T 5009.118—2003	小麦中T-2毒素的酶联免疫吸附测定(ELISA)	GB/T 14933—1994	2003-08-11		2004-01-01
153	GB/T 5009.119—2003	复合食品包装袋中二氨基甲苯测定	GB/T 14937—1994	2003-08-11		2004-01-01
154	GB/T 5009.120—2003	食品中丙酸钠、丙酸钙的测定	GB/T 14940—1994	2003-08-11		2004-01-01
155	GB/T 5009.121—2003	食品中脱氢乙酸的测定	GB/T 14941—1994	2003-08-11		2004-01-01
156	GB/T 5009.122—2003	食品容器、包装材料用聚氯乙烯树脂及成型品中残留量1,1-二氯乙烷的测定	GB/T 14943—1994	2003-08-11		2004-01-01
157	GB/T 5009.123—2003	食品中铬的测定	GB/T 14962—1994	2003-08-11		2004-01-01
158	GB/T 5009.124—2003	食品中氨基酸的测定	GB/T 14965—1994	2003-08-11		2004-01-01
159	GB/T 5009.125—2003	尼龙6树脂及成型品中已内酰胺的测定	GB/T 14966—1994	2003-08-11		2004-01-01
160	GB/T 5009.126—2003	植物性食品中三唑酮残留量的测定	GB/T 14973—1994	2003-08-11		2004-01-01
161	GB/T 5009.127—2003	食品包装用聚酯树脂及其成型品中锗的测定	GB/T 15205—1994	2003-08-11		2004-01-01
162	GB/T 5009.128—2003	食品中胆固醇的测定	GB/T 15206—1994	2003-08-11		2004-01-01
163	GB/T 5009.129—2003	水果中乙氧基喹残留量的测定	GB/T 15518—1995	2003-08-11		2004-01-01
164	GB/T 5009.130—2003	大豆及谷物中氟磺胺草醚残留量的测定	GB/T 16337—1996	2003-08-11		2004-01-01
165	GB/T 5009.131—2003	植物性食品中亚胺硫磷残留量的测定	GB/T 16335—1996	2003-08-11		2004-01-01

续表

序号	标准号	标准名称	代替标准号	批准日期	修订日期	实施日期
166	GB/T 5009.132—2003	食品中莠去津残留量的测定	GB/T16336—1996	2003-08-11		2004-01-01
167	GB/T 5009.133—2003	粮食中氯麦隆残留量的测定	GB/T16338—1996	2003-08-11		2004-01-01
168	GB/T 5009.134—2003	大米中禾草敌残留量的测定	GB/T16339—1996	2003-08-11		2004-01-01
169	GB/T 5009.135-2003	植物性食品中灭幼脲残留量的测定	GB/T16340-1996	2003-08-11		2004-01-01
170	GB/T 5009.136—2003	植物性食品中五氯硝基苯残留量的测定	GB/T 16341—1996	2003-08-11		2004-01-01
171	GB/T 5009.137—2003	食品中锑的测定	GB/T 16342—1996	2003-08-11		2004-01-01
172	GB/T 5009.138—2003	食品中镍的测定	GB/T 16343—1996	2003-08-11		2004-01-01
173	GB/T 5009.139—2003	饮料中咖啡因的测定	GB/T 16344—1996	2003-08-11		2004-01-01
174	GB/T 5009.140—2003	饮料中乙酰磺胺酸钾的测定	GB/T 16345—1996	2003-08-11		2004-01-01
175	GB/T 5009.141—2003	食品中诱惑红的测定	GB/T 16346—1996	2003-08-11		2004-01-01
176	GB/T 5009.142—2003	植物性食品中吡氟禾草灵、精吡氟禾草灵残留量的测定	GB/T 17328—1998	2003-08-11		2004-01-01
177	GB/T 5009.143—2003	蔬菜、水果、食用油中双甲脒残留量的测定	GB/T 17329—1998	2003-08-11		2004-01-01
178	GB/T 5009.144—2003	植物性食品中甲基异柳磷残留量的测定	GB/T 17330—1998	2003-08-11		2004-01-01
179	GB/T 5009.145—2003	植物性食品中有机磷和氨基甲酸酯类农药多种残留的测定	GB/T 17331—1998	2003-08-11		2004-01-01
180	GB/T 5009.146—2003	植物性食品中有机氯和拟除虫菊酯类农药多种残留的测定	GB/T 17332—1998	2003-08-11		2004-01-01
181	GB/T 5009.147—2003	植物性食品中除虫脲残留量的测定	GB/T 17333—1998	2003-08-11		2004-01-01
182	GB/T 5009.148—2003	植物性食品中游离棉酚的测定	GB/T 17334—1998	2003-08-11		2004-01-01
183	GB/T 5009.149—2003	食品中栀子黄的测定	GB/T 17335—1998	2003-08-11		2004-01-01
184	GB/T 5009.150—2003	食品中红曲色素的测定	GB/T 17336—1998	2003-08-11		2004-01-01
185	GB/T 5009.151—2003	食品中锗的测定	GB/T 17337—1998	2003-08-11		2004-01-01

续表

序号	标准号	标准名称	代替标准号	批准日期	修订日期	实施日期
186	GB/T 5009.152—2003	食品包装用苯乙烯-丙烯腈共聚物和橡胶改性的丙烯腈-丁二烯-苯乙烯树脂及其成型品中残留丙烯腈单体的测定	GB/T 17338—1998	2003-08-11		2004-01-01
187	GB/T 5009.153—2003	植物性食品中植酸的测定	GB/T 17406—1998	2003-08-11		2004-01-01
188	GB/T 5009.154—2003	食品中维生素B6的测定	GB/T 17407—1998	2003-08-11		2004-01-01
189	GB/T 5009.155—2003	大米中稻瘟灵残留量的测定	GB/T 17408—1998	2003-08-11		2004-01-01
190	GB/T 5009.156—2003	食品用包装材料及其制品的浸泡试验方法通则	GB/T 17409—1998	2003-08-11		2004-01-01
191	GB/T 5009.157—2003	食品中有机酸的测定		2003-08-11		2004-01-01
192	GB/T 5009.158—2003	蔬菜中维生素K1的测定		2003-08-11		2004-01-01
193	GB/T 5009.159—2003	食品中还原型抗坏血酸的测定		2003-08-11		2004-01-01
194	GB/T 5009.160—2003	水果中单甲脒残留量的测定		2003-08-11		2004-01-01
195	GB/T 5009.161—2003	动物性食品中有机磷农药多组分残留量的测定		2003-08-11		2004-01-01
196	GB/T 5009.162—2003	动物性食品中有机氯农药和拟除虫菊酯农药多组分残留量测定		2003-08-11		2004-01-01
197	GB/T 5009.163—2003	动物性食品中氨基甲酸酯类农药多组分残留高效液相色谱测定		2003-08-11		2004-01-01
198	GB/T 5009.164—2003	大米中丁草胺残留量的测定		2003-08-11		2004-01-01
199	GB/T 5009.165—2003	粮食中2.4-滴丁酯残留量的测定		2003-08-11		2004-01-01
200	GB/T 5009.166—2003	食品包装用树脂及其制品的预试验		2003-08-11		2004-01-01
201	GB/T 5009.167—2003	饮用天然矿泉水中氟、氯、溴离子和硝酸根、硫酸根含量的反相高效液相色谱法测定		2003-08-11		2004-01-01
202	GB/T 5009.168—2003	食品中二十碳五烯酸和二十二碳六烯酸的测定		2003-08-11		2004-01-01

续表

序号	标准号	标准名称	代替标准号	批准日期	修订日期	实施日期
203	GB/T 5009.169—2003	食品中牛磺酸的测定		2003-08-11		2004-01-01
204	GB/T 5009.170—2003	保健食品中褪黑素含量的测定		2003-08-11		2004-01-01
205	GB/T 5009.171—2003	保健食品中超氧化物歧化酶(SOD)活性的测定		2003-08-11		2004-01-01
206	GB/T 5009.172—2003	大豆、花生、豆油、花生油中的氟乐灵残留量的测定		2003-08-11		2004-01-01
207	GB/T 5009.173—2003	梨果、柑桔类水果中塞螨酮残留量的测定		2003-08-11		2004-01-01
208	GB/T 5009.174—2003	花生、大豆中异丙甲草胺的测定		2003-08-11		2004-01-01
209	GB/T 5009.175—2003	粮食和蔬菜中2,4-滴残留量的测定		2003-08-11		2004-01-01
210	GB/T 5009.176—2003	茶叶、水果、食用植物油中三氯杀螨醇残留量的测定		2003-08-11		2004-01-01
211	GB/T 5009.177—2003	大米中敌稗残留量的测定		2003-08-11		2004-01-01
212	GB/T 5009.178—2003	食品包装材料中甲醛的测定		2003-08-11		2004-01-01
213	GB/T 5009.179—2003	火腿中三甲胺氮的测定	GB 2731—1988 部分	2003-08-11		2004-01-01
214	GB/T 5009.180—2003	稻谷、花生仁中恶草酮残留量的测定		2003-08-11		2004-01-01
215	GB/T 5009.181—2003	猪油中丙二醛的测定	GB 10146—1988 部分	2003-08-11		2004-01-01
216	GB/T 5009.182—2003	面制食品中铝的测定	GB15202—1994 部分	2003-08-11		2004-01-01
217	GB/T 5009.183—2003	植物蛋白饮料中脲酶的定性测定	GB16322—1996 部分	2003-08-11		2004-01-01
218	GB/T 5009.184—2003	粮食、蔬菜中噻嗪酮残留量的测定	GB 14970—1994 部分	2003-08-11		2004-01-01
219	GB/T 5009.185—2003	苹果和山楂制品中展青霉素的测定	GB 14974—1994 部分	2003-08-11		2004-01-01
220	GB/T 5009.186—2003	乳酸菌饮料中脲酶的定性测定	GB 16321—1996 部分	2003-08-11		2004-01-01

续表

序号	标准号	标准名称	代替标准号	批准日期	修订日期	实施日期
221	GB/T 5009.187—2003	干果(桂元、荔枝、葡萄干、柿饼)中总酸的测定	GB 16325—1996 部分	2003-08-11		2004-01-01
222	GB/T 5009.188—2003	蔬菜、水果中甲基托布津、多菌灵的测定	GB/T 5009.38—1996 部分	2003-08-11		2004-01-01
223	GB/T 5009.189—2003	银耳中米酵菌酸的测定	GB/T 11675—1989 部分	2003-08-11		2004-01-01
224	GB/T 5009.190—2003	海产食品中多氯联苯的测定	GB/T9675—1988	2003-08-11		2004-01-01
225	GB/T 5009.191—2003	食品中3-氯-1,2-丙二醇含量的测定		2003-08-11		2004-01-01
226	GB/T 5009.192—2003	动物性食品中克伦特罗残留量的测定		2003-08-11		2004-01-01
227	GB/T 5009.193—2003	保健食品中脱氢表雄甾酮(DHEA)的测定		2003-08-11		2004-01-01
228	GB/T 5009.194—2003	保健食品中免疫球蛋白 IgG 的测定		2003-08-11		2004-01-01
229	GB/T 5009.195—2003	保健食品中吡啶甲酸铬含量的测定		2003-08-11		2004-01-01
230	GB/T 5009.196—2003	保健食品中肌醇的测定		2003-08-11		2004-01-01
231	GB/T 5009.197—2003	保健食品中盐酸硫胺素、盐酸吡哆醇、烟酸、烟酰胺和咖啡因的测定		2003-08-11		2004-01-01
232	GB/T 5009.198—2003	贝类 记忆丧失性贝类毒素软骨藻酸的测定		2003-08-11		2004-01-01
233	GB/T 5009.199—2003	蔬菜中有机磷和氨基甲酸酯类农药残留量快速检测		2003-08-11		2004-01-01
234	GB/T 5009.200—2003	小麦中野燕枯残留量的测定		2003-08-11		2004-01-01
235	GB/T 5009.201—2003	梨中烯唑醇残留量的测定		2003-08-11		2004-01-01
236	GB/T 5009.202—2003	食用植物油煎炸过程中的极性组分(PC)的测定	GB/T 7102.2—1994	2003-08-11		2004-01-01
237	GB/T 5009.203—2003	植物纤维类食品容器卫生标准中蒸发残渣的分析方法		2003-08-11		2004-01-01

2003年第10号(总第58号)

国家质量监督检验检疫总局批准34项国家标准,其中分析测试相关标准如下表。

序号	标准号	标准名称	代替标准号	批准日期	修订日期	实施日期
8	GB/T 755.2—2003	旋转电机(牵引电机除外)确定损耗和效率的试验方法		2003-08-06		2004-01-01
12	GB/T 19267.1—2003	刑事技术微量物证的理化检验 第1部分:红外吸收光谱法		2003-08-19		2004-01-01
13	GB/T 19267.2—2003	刑事技术微量物证的理化检验 第2部分:紫外-可见吸收光谱法		2003-08-19		2004-01-01
14	GB/T 19267.3—2003	刑事技术微量物证的理化检验 第3部分:分子荧光光谱法		2003-08-19		2004-01-01
15	GB/T 19267.4—2003	刑事技术微量物证的理化检验 第4部分:原子发射光谱法		2003-08-19		2004-01-01
16	GB/T 19267.5—2003	刑事技术微量物证的理化检验 第5部分:原子吸收光谱法		2003-08-19		2004-01-01
17	GB/T 19267.6—2003	刑事技术微量物证的理化检验 第6部分:扫描电子显微镜法		2003-08-19		2004-01-01
18	GB/T 19267.7—2003	刑事技术微量物证的理化检验 第7部分:气相色谱-质谱法		2003-08-19		2004-01-01
19	GB/T 19267.8—2003	刑事技术微量物证的理化检验 第8部分:显微分光光度法		2003-08-19		2004-01-01
20	GB/T 19267.9—2003	刑事技术微量物证的理化检验 第9部分:薄层色谱法		2003-08-19		2004-01-01
21	GB/T 19267.10—2003	刑事技术微量物证的理化检验 第10部分:气相色谱法		2003-08-19		2004-01-01

续表

序号	标准号	标准名称	代替标准号	批准日期	修订日期	实施日期
22	GB/T 19267.11—2003	刑事技术微量物证的理化检验 第11部分：高效液相色谱法		2003-08-19		2004-01-01
23	GB/T 19267.12—2003	刑事技术微量物证的理化检验 第12部分：热分析法		2003-08-19		2004-01-01
29	GB 19269.1—2003	公路运输危险货物包装检验安全规范 通则		2003-08-13		2004-02-01
30	GB 19269.2—2003	公路运输危险货物包装检验安全规范 性能检验		2003-08-13		2004-02-01
31	GB 19269.3—2003	公路运输危险货物包装检验安全规范 使用鉴定		2003-08-13		2004-02-01
33	GB 19270.2—2003	水路运输危险货物包装检验安全规范 性能检验		2003-08-13		2004-02-01

2003 年第 12 号(总第 60 号)

国家质量监督检验检疫总局批准 73 项国家标准，其中分析测试相关标准如下表。

序号	标准号	标准名称	代替标准号	批准日期	修订日期	实施日期
13	GB/T 1839—2003	钢产品镀锌层质量试验方法		2003-09-12		2004-04-01
14	GB/T 3074.4—2003	石墨电极热膨胀系数(CTE)测定方法	GB/T 3074.4—1982	1982-05-10	2003-09-12	2004-04-01
15	GB/T 5985—2003	热双金属弯曲常数测量方法	GB/T 5985—1986	1986-04-08	2003-09-12	2004-04-01
16	GB/T 8364—2003	热双金属比弯曲试验方法	GB/T 8364—1987	1987-12-07	2003-09-12	2004-04-01
17	GB/T 19289—2003	电工钢片(带)的密度、电阻率和叠装系数的测量方法		2003-09-12		2004-04-01
21	GB/T 19292.3—2003	金属和合金的腐蚀 大气腐蚀性 污染物的测量		2003-09-12		2004-04-01
22	GB/T 19292.4—2003	金属和合金的腐蚀 大气腐蚀性 用于评估腐蚀性的标准试样的腐蚀速率的测定		2003-09-12		2004-04-01
23	GB/T 19293—2003	对接焊缝 X 射线实时成像检测法		2003-09-29		2004-04-01

续表

序号	标准号	标准名称	代替标准号	批准日期	修订日期	实施日期
26	GB/T 19276.1—2003	水性培养液中材料最终需氧生物分解能力的测定 采用测定密闭呼吸计中需氧量的方法		2003-08-25		2004-02-01
27	GB/T 19276.2—2003	水性培养液中材料最终需氧生物分解能力的测定 采用测定释放的二氧化碳的方法		2003-08-25		2004-02-01
28	GB/T 19277—2003	受控堆肥条件下材料最终需氧生物分解和崩解能力的测定 采用测定释放的二氧化碳的方法		2003-08-25		2004-02-01
30	GB/T 19279—2003	聚乙烯管材 耐慢速裂纹增长锥体试验方法		2003-08-25		2004-02-01
31	GB/T 19280—2003	流体输送用热塑性塑料管材 耐快速裂纹扩展(RCP)的测定 小尺寸稳态试验(S4试验)		2003-08-25		2004-02-01
32	GB/T 19281—2003	碳酸钙 分析方法		2003-08-25		2004-02-01
33	GB/T 19282—2003	六氟磷酸锂产品分析方法		2003-08-25		2004-02-01
37	GB/T 11213.3—2003	化纤用氢氧化钠 钙含量的测定 EDTA络合滴定法	GB/T 11213.3—1989	1989-03-31	2003-08-25	2004-02-01
39	GB/T 7698—2003	工业用氢氧化钠 碳酸盐含量的测定 滴定法	GB/T 7698—1987	1987-04-21	2003-08-25	2004-02-01
40	GB/T 9350—2003	塑料 氯乙烯均聚和共聚树脂水萃取液pH值的测定	GB/T 9350—1988	1988-06-14	2003-08-25	2004-02-01
41	GB/T 12004.4—2003	聚氯乙烯增塑糊表观粘度的测定 Brookfield试验法	GB/T 12004.4—1989	1989-12-25	2003-08-25	2004-02-01
47	GB 19286—2003	电信网络设备的电磁兼容性要求及测量方法		2003-09-15		2004-05-01
56	GB/T 741—2003	纸浆分析试样水分的测定	GB/T 741—1989	1965-11-30	2003-08-25	2003-12-01
57	GB/T 742—2003	纸、纸板和纸浆残余物(灰分)的测定(900℃)	GB/T 463—1989 GB/T 742—1989	1965-11-30	2003-08-25	2003-12-01
58	GB/T 743—2003	纸浆乙醚抽出物的测定	GB/T 743—1989	1965-11-30	2003-08-25	2003-12-01
59	GB/T 745—2003	纸浆多戊糖的测定	GB/T 745—1989	1965-11-30	2003-08-25	2003-12-01
60	GB/T 747—2003	纸浆酸不溶木素的测定	GB/T 747—1989	1965-11-30	2003-08-25	2003-12-01

2003 年第 13 号(总第 61 号)

国家质量监督检验检疫总局批准 52 项国家标准,其中分析测试相关标准如下表。

序号	标准号	标准名称	代替标准号	批准日期	修订日期	实施日期
32	GB/T 11700—2003	小艇 船用推进发动机和推进装置 功率的测定和标定	GB/T 11700—1989	1989-10-14	2003-09-29	2004-04-01
41	GB/T 2490—2003	普通磨具 喷砂硬度机检验硬度的方法	GB/T 2490—1984	1981-01-17	2003-10-08	2004-04-01
42	GB/T 2491—2003	普通磨具 洛氏硬度计检验硬度的方法	GB/T 2491—1984	1981-02-17	2003-10-08	2004-04-01
43	GB/T 2492—2003	普通磨具 交付砂轮允许的不平衡量 测量	GB/T 2492—1984	1981-02-17	2003-10-08	2004-04-01
44	GB/T 3045—2003	普通磨料 碳化硅化学分析方法	GB/T 3045—1989	1982-04-22	2003-10-08	2004-04-01
45	GB/T 4676—2003	普通磨料 取样方法	GB/T 4676—1984	1984-07-29	2003-10-08	2004-04-01

2003 年第 14 号(总第 62 号)

国家质量监督检验检疫总局批准 219 项国家标准,其中分析测试相关标准如下表。

序号	标准号	标准名称	代替标准号	批准日期	修订日期	实施日期
2	GB/T 144—2003	原木检验	GB/T 144—1995	1958-11-21	2003-11-10	2004-05-01
3	GB/T 19364—2003	轮式专用林业机械 制动系统的词汇、性能试验方法和技术条件		2003-11-10		2004-05-01
6	GB/T 19367.1—2003	人造板-板的厚度、宽度及长度的测定		2003-11-10		2004-05-01
7	GB/T 19367.2—2003	人造板-板的垂直度和边缘直度的测定		2003-11-10		2004-05-01
13	GB/T 19371.2—2003	饲料中液态蛋氨酸羟基类似物的测定 高效液相色谱法		2003-11-10		2004-05-01
14	GB/T 19372—2003	饲料中除虫菊酯类农药残留量测定-气相色谱法		2003-11-10		2004-05-01

续表

序号	标准号	标准名称	代替标准号	批准日期	修订日期	实施日期
15	GB/T 19373—2003	饲料中氨基甲酸酯类农药残留量测定－气相色谱法		2003－11－10		2004－05－01
16	GB/T 13885—2003	动物饲料中钙、铜、铁、镁、锰、钾、钠和锌含量的测定 原子吸收光谱法	GB/T 13885—2992	1992－11－24	2003－11－10	2004－05－01
22	GB/T 14553—2003	粮食、水果和蔬菜中有机磷农药测定 气相色谱法	GB/T 14553—1993	1993－08－06	2003－11－10	2004－04－01
23	GB/T 14550—2003	土壤中六六六和滴滴涕测定 气相色谱法	GB/T 14550—1993	1993－08－06	2003－11－10	2004－04－01
24	GB/T 14552—2003	水、土中有机磷农药测定气相色谱法	GB/T 14552—1993	1993－08－06	2003－11－10	2004－04－01
25	GB/T 14551—2003	动、植物中六六六和滴滴涕测定气相色谱法	GB/T 14551—1993	1993－08－06	2003－11－10	2004－04－01
27	GB/T 606—2003	化学试剂 水分测定通用方法 卡尔．费休法	GB/T 606—1988	1965－01－20	2003－11－10	2004－05－01
34	GB/T 19381—2003	丁基橡胶药用瓶塞通用试验方法		2003－11－10		2004－06－01
90	GB/T 19351—2003	金属覆盖层 金属基体上金覆盖层孔隙率的测定－硝酸蒸汽试验		2003－10－29		2004－05－01
91	GB/T 4956—2003	磁性基体上非磁性覆盖层 覆盖层厚度测量 磁性法	GB/T 4956—1985	1985－02－14	2003－10－29	2004－05－01
92	GB/T 4957—2003	非磁性基体金属上非导电覆盖层 覆盖层厚度测量 涡流法	GB/T 4957—1985	1985－02－14	2003－10－29	2004－05－01
98	GB/T 19353—2003	搪玻璃釉－密闭系统中的腐蚀试验		2003－10－29		2004－05－01
99	GB/T 19354—2003	铝搪瓷－在电解液作用下 铝上瓷层密着性的测定(剥落试验)		2003－10－29		2004－05－01
100	GB/T 9791—2003	锌、镉、铝－锌合金和锌－铝合金的铬酸盐转化膜 试验方法	GB/T 9791—1988	1988－09－05	2003－10－29	2004－05－01

续表

序号	标准号	标准名称	代替标准号	批准日期	修订日期	实施日期
104	GB/T 4104—2003	直接法氧化锌白度(颜色)检验方法	GB/T 4104—1983	1983-12-27	2003-11-03	2004-05-01
110	GB/T 6524—2003	金属粉末 粒度分布的测量 重力沉降光透法	GB/T 6524—1986	1986-06-23	2003-11-03	2004-05-01
115	GB/T 6610.1—2003	氢氧化铝化学分析方法 重量法测定水分	GB/T 6610.1—1980	1986-07-24	2003-11-03	2004-05-01
116	GB/T 6610.2—2003	氢氧化铝化学分析方法 重量法测定灼烧失量	GB/T 6610.2—1986	1986-07-24	2003-11-03	2004-05-01
117	GB/T 6610.3—2003	氢氧化铝化学分析方法 钼蓝光度法测定二氧化硅含量	GB/T 6610.3—1986	1986-07-24	2003-11-03	2004-05-01
118	GB/T 6610.4—2003	氢氧化铝化学分析方法 邻二氮杂菲光度法测定三氧化二铁含量	GB/T 6610.4—1986	1986-07-24	2003-11-03	2004-05-01
119	GB/T 6610.5—2003	氢氧化铝化学分析方法 氧化纳含量的测定	GB/T 6610.5—1986	1986-07-24	2003-11-03	2004-05-01
121	GB/T 6981—2003	硬包装容器透湿度试验方法	GB/T 6981—1986	1986-11-12	2003-11-05	2004-05-01
122	GB/T 6982—2003	软包装容器透湿度试验方法	GB/T 6982—1986	1986-11-12	2003-11-05	2004-05-01
126	GB 19359.1—2003	铁路运输危险货物包装检验安全规范 通则		2003-11-05		2004-06-01
127	GB 19359.2—2003	铁路运输危险货物包装检验安全规范 性能检验		2003-11-05		2004-06-01
128	GB/T 14666—2003	分析化学术语	GB/T 14666—1993	1993-08-06	2003-10-11	2004-05-01
129	GB/T 6678—2003	化工产品采样总则	GB/T 6678—1986	1986-08-13	2003-10-11	2004-05-01
130	GB/T 6679—2003	固体化工产品采样通则	GB/T 6679—1986	1986-08-13	2003-10-11	2004-05-01
131	GB/T 6680—2003	液体化工产品采样通则	GB/T 6680—1986	1986-08-13	2003-10-11	2004-05-01
132	GB/T 6681—2003	气体化工产品采样通则	GB/T 6681—1986	1986-08-13	2003-10-11	2004-05-01
133	GB/T 10722—2003	炭黑 总表面积和外表面积的测定氮吸附法	GB/T 10722—1999	1989-03-31	2003-10-11	2004-05-01
134	GB/T 3780.4—2003	炭黑 第4部分:邻苯二甲酸二丁酯吸收值测定方法和试样制备(压缩试样)	GB/T 3780.4—1994	1983-06-14	2003-10-11	2004-05-01

续表

序号	标准号	标准名称	代替标准号	批准日期	修订日期	实施日期
136	GB/T 7052—2003	色素炭黑 流动度的测定	GB/T 7052—1993	1986-11-24	2003-10-11	2004-05-01
137	GB/T 7050—2003	色素炭黑 着色力的测定	GB/T 7050—1993	1986-11-24	2003-10-11	2004-05-01
138	GB/T 7048—2003	色素炭黑 黑度的测定	GB/T 7048—1993	1986-11-24	2003-10-11	2004-05-01
139	GB/T 7046—2003	色素炭黑 邻苯二甲酸二丁酯吸收值的测定	GB/T 7046—1995	1986-11-24	2003-10-11	2004-05-01
140	GB/T 7045—2003	色素炭黑 pH 值的测定	GB/T 7045—1993	1986-11-24	2003-10-11	2004-05-01
142	GB/T 3780.2—2003	炭黑 第2部分:邻苯二甲酸二丁酯吸收值的测定	GB/T 3780.2—1986	1983-06-14	2003-10-11	2004-05-01
144	GB 19344—2003	在用燃气汽车燃气供给系统泄漏安全技术要求及检验方法		2003-10-28		2004-06-01
154	GB/T 14212—2003	摩托车链条 技术条件和试验方法	GB/T 14212—1993	1993-03-02	2003-10-29	2004-05-01
155	GB/T 19348.1—2003	无损检测 工业射线照相胶片 第1部分:工业射线照相胶片系统的分类		2003-10-29		2004-05-01
156	GB/T 1866—2003	中性染料 染色色光和强度的测定	GB/T 1866—1980	1980-03-18	2003-10-09	2004-06-01
157	GB/T 2375—2003	直接染料 染色色光和强度的测定	GB/T 2375—1980	1980-12-31	2003-10-09	2004-06-01
158	GB/T 2376—2003	硫化染料 染色色光和强度的测定	GB/T 2376—1980	1980-12-31	2003-10-09	2004-06-01
159	GB/T 2378—2003	酸性染料 染色色光和强度的测定	GB/T 2378—1980	1980-12-31	2003-10-09	2004-06-01
160	GB/T 2379—2003	酸性络合染料 染色色光和强度的测定	GB/T 2379—1980	1980-12-31	2003-10-09	2004-06-01
161	GB/T 2380—2003	媒介染料 染色色光和强度的测定	GB/T 2380—1980	2003-12-31	2003-10-09	2004-06-01
162	GB/T 2394—2003	分散染料 染色色光和强度的测定	GB/T 2394—1980	1980-12-31	2003-10-09	2004-06-01
163	GB/T 2395—2003	分散染料 印花色光和强度的测定	GB/T 2395—1980	1980-12-31	2003-10-09	2004-06-01

续表

序号	标准号	标准名称	代替标准号	批准日期	修订日期	实施日期
168	GB/T 10288—2003	羽绒羽毛检验方法	GB/T 10288—1988 GB/T 10289—1988	1988-12-30	2003-10-22	2004-05-01
170	GB/T 4980—2003	容积式压缩机噪声的测定	GB/T 4980—1985 GB/T 7022—1986	1985-03-05	2003-10-29	2004-05-01
171	GB/T 7777—2003	容积式压缩机机械振动测量与评价	GB/T 7777—1987	1987-05-23	2003-10-29	2004-05-01
174	GB/T 9792—2003	金属材料上的转化膜-单位面积膜质量的测定-重量法	GB/T 9792—1988	1988-09-05	2003-10-29	2004-05-01
178	GB 12668.3—2003	调速电气传动系统 第3部分:产品的电磁兼容性标准及其特定的试验方法		2003-10-09		2004-05-01
180	GB/T 7354—2003	局部放电测量	GB/T 7354—1987	1987-03-02	2003-10-09	2004-05-01
181	GB/T 6554—2003	电气绝缘用树脂基反应复合物 第2部分:试验方法-电气用涂敷粉末方法	GB/T 6554—1986	1965-07-02	2003-10-09	2004-05-01
182	GB/T 11026.1—2003	电气绝缘材料 耐热性 第1部分:老化程序和试验结果的评定	GB/T 11026.1—1989	1989-03-31	2003-10-09	2004-05-01
187	GB/T 462—2003	纸和纸板水分的测定	GB/T 462—1989	1964-12-11	2003-10-20	2004-06-01
189	GB/T 1545.1—2003	纸、纸板和纸浆水抽提液酸度或碱度的测定	GB/T 1545.1—1989	1979-04-29	2003-10-20	2004-06-01
190	GB/T 1545.2—2003	纸、纸板和纸浆水抽提液pH的测定	GB/T 1545.2—1989	1979-04-29	2003-10-20	2004-06-01
193	GB/T 7973—2003	纸、纸板和纸浆漫反射因数的测定(漫射/垂直法)	GB/T 7973—1987	1987-06-26	2003-10-20	2004-06-01
202	GB/T 19339—2003	蔬菜中硝酸盐含量的快速测定		2003-10-09		2004-06-01
205	GB/T 12000—2003	塑料暴露于湿热、水喷雾和盐雾中影响的测定	GB/T 12000—1989	1989-12-25	2003-10-09	2004-06-01
211	GB/T 2387—2003	反应染料 染色色光和强度的测定	GB/T 2387—1980	1980-12-31	2003-10-09	2004-06-01
212	GB/T 2388—2003	反应染料 印花色光和强度的测定	GB/T 2388—1980	1980-12-31	2003-10-09	2004-06-01

续表

序号	标准号	标准名称	代替标准号	批准日期	修订日期	实施日期
213	GB/T 2399—2003	阳离子染料 染色色光和强度的测定	GB/T 2399—1980	1980-12-31	2003-10-09	2004-06-01
214	GB/T 4465—2003	碱性染料 染色色光和强度的测定	GB/T 4465—1984	1984-06-05	2003-10-09	2004-06-01
215	GB/T 2377—2003	还原染料 染色色光和强度的测定	GB/T 2377—1980	1980-12-31	2003-10-09	2004-06-01
216	GB/T 4466—2003	还原染料 悬浮体轧染色光和强度的测定	GB/T 4466—1984	1984-06-05	2003-10-09	2004-06-01
217	GB/T 1637—2003	可溶性还原染料 染色色光和强度的测定	GB/T 1637—1979	1979-09-15	2003-10-09	2004-06-01
218	GB/T 1638—2003	可溶性还原染料 印花色光和强度的测定	GB/T 1638—1979	1979-09-15	2003-10-09	2004-06-01
219	GB/T 10664—2003	涂料印花色浆 色光、着色力及颗粒细度的测定	GB/T 10664—1989	1979-09-15	2003-10-09	2004-06-01

化学试剂、标准物质和标准样品及其市场

一、化学试剂

我国的化学试剂行业是从解放后从无到有、从小到大逐渐发展起来的。至今已经有了50多年的历史。在全国形成了北京、上海、天津、广州、沈阳、西安、成都7大发展基地，13个骨干厂。各厂的生产工艺装备和分析测试仪器都已具相当的基础；并培养出一批专业科技人员和有专长的技术工人。根据市场的需要，我国已经能够生产6000多个化学试剂产品，可满足一般分析、测试的要求。随着科学技术的发展和进步，需求的品种与数量越来越多，国内化学试剂生产厂家在研制新产品方面投入较少，供求之间存在一定的矛盾，而且，近些年来不少国有试剂企业出现经济效益滑坡、甚至亏损状态。化学试剂行业的发展不尽人意。

目前全国化学试剂生产厂家有800多个。我国在生产通用化学试剂方面，实行产品生产许可证制度。其生产许可证每5年换发一次。经过1997年换发许可证后，全国有证企业489个。但大部分规模较小，品种单一，主要是集中在生产225种通用试剂。2002年又该换发产品生产许可证。这次换发许可证的品种有193个。这项工作由全国工业产品生产许可证办公室负责化学试剂产品生产许可证颁发和监督管理的日常工作。全国工业产品生产许可证办公室危险化学产品生产许可证审查部设在中国石油和化学工业协会，其中化学试剂产品审查分部设在国家化学试剂质量监督检查中心。自2003年年底陆续有企业上报申请材料。这次换发产品生产许可证的工作还在进行中。

2002年至2003年期间国家发布的化学试剂标准有14项。具体是GB/T 601—2002 化学试剂 标准滴定溶液的制备；GB/T 602—2002 化学试剂 杂质测定用标准溶液的制备；GB/T 603—2002 化学试剂 试验方法中所用制剂及制品的制备；GB/T 604—2002 化学试剂 酸碱指示剂pH变色域测定通用方法；GB/T 678—2002 化学试剂 乙醇（无水乙醇）；GB/T 679—2002 化学试剂 乙醇（95%）；GB/T 682—2002 化学试剂 三氯甲烷；GB/T 6684—2002 化学试剂 30%过氧化氢；GB/T 12591—2002 化学试剂 乙醚；GB/T 606—2003 化学试剂 水分测定通用方法 卡尔·费休法；GB/T 652—2003 化学试剂 氯化钡；GB/T 656—2003 化学试剂 重铬酸铵；GB/T 674—2003 化学试剂 粉状氧化铜；GB/T 1265—2003 化学试剂 溴。

化学试剂产品共分为十大类，即无机试剂、有机试剂、高纯试剂、一般分析试剂、仪器分析试剂、生化与分子生物学试剂、临床医学检验用试剂、同位素试剂、专用化学品、其他试剂。其中品种较多的门类是有机试剂、生化与分子生物学试剂。

化学试剂生产厂家名录

单位	地址	邮编	电话	传真
安徽省萧县化学试剂厂	萧县龙城镇民治街152号	235200	0557-5028989	0557-5024479
安徽特酒总厂试剂分厂	安徽省宿州市淮海路10号	234000	0557-3600232	
白银化学试剂厂	白银市王岘东路11号	730900	0943-8312103	
蚌埠八一化工集团电化试剂厂	蚌埠市江淮路201号	233010	0552-4083339	
蚌埠化学试剂厂	安徽省蚌埠市高新技术开发区山香路149	233010	0552-4921487	
宝应县化学试剂厂	江苏省宝应夏集庄人民陆53号	225824	0514-8721055	
保定化学试剂厂	保定市红星路125号	071000	0312-5085397	
北京北化精细化学品有限责任公司北京北化开元化学品有限公司(原北京化工厂)	北京朝阳区广渠路15号	100022	010-67718144	
北京红化成商贸有限公司(北京红星化工厂)	北京南郊旧宫北红化路6号(红星化工厂院内)	100076	010-87963009	
北京化学试剂公司	北京东四南大街160号	100010	010-65126639 65127916	
北京化学试剂三厂	北京市大兴青云店镇	102600	010-80281067	
北京化学试剂研究所	北京朝阳区西大望路17号	100022	010-67756396	010-67711342
北京市房山刘李店福利化工厂	北京市房山区琉璃河乡刘李店村	102403	010-89383285	
北京益利精细化学品有限公司	朝阳区金盏乡长店村西	100018	010-84316747 84317342	84311497
北京中联试剂精细化学品有限公司	北京市朝阳区广渠路15号	100022	010-67762248	
沧州德信生物技术有限公司(原河北省青县福利化工厂)	河北省青县木门店镇	062650	0317-4191103	0317-4192788
长春市化学试剂厂	长春市绿园区西郊路3号	130062	0431-4842287	0431-4842287
长沙市有机试剂厂	长沙市望城黄花塘(长沙市书院路6号)	410217	0731-5815415 5533997	0731-5825194
常州市试剂厂	江苏省常州市博爱路154号	213003	0519-6648391	
成都宏博实业有限公司	成都市外南石羊场	610041	028-5158440	
成都临江化工厂	成都市温江县柳林乡双河村1组	611130	028-84437316	
成都市金山化工试剂厂	成都市外东琉璃乡包江桥村3组	610023	028-85912540 85915324	85912540
成都天华科技股份有限公司(原成都化学试剂厂)	成都市外东五桂桥8#	610061	028-84549593	028-84533953

续表

单位	地址	邮编	电话	传真
成都御河化工厂	四川省成都市外东高攀桥	610063	028－85221248	
承德晶体技术研究所	河北省承德下板城镇	067400	0314－3012903	
大连湖滨试剂厂	大连市中山区南山路243号	116001	0411－2703450	
丹东市胜利化工厂	丹东市黄海大街729号	118002	0415－6227822 6222025	
德阳市化学试剂厂	四川省德阳市市中区孝泉镇邻姑街80号	618005	0838－3601516 3601054	
东台市飞鹰化工试剂厂	江苏省东台市后港镇后陈路1#	224213	0515－5540052	0515－5540406
东台市化学试剂厂	江苏东台市安丰镇南204国道东侧	224221	0515－5563118	
东台市试剂厂	江苏东台市琼港镇西首	224237	0515－5721361	
东莞东江化学试剂有限公司	广东省东莞市城区博厦鲸鱼洲	511700	0769－2230522 2223879	0769－2111470
福建师范大学附属试剂厂	福州市仓山区对湖路15号	350007	0591－3442582	
福州市化学工业研究所	福州市新店福飞路193号	350012	0591－7910094	
广东省汕头市达濠精细化学品有限公司	汕头市达濠区府前路中段	515071	0754－7380051 7367742 7367681	0754－7383209
广东省台山市化工厂	台山市台城南门路260号	529200	0750－5534249 5529406	5534249
广西师范学院化学试剂厂	广西省南宁市邕宁沿海经济走廊开发区私营工业园八街玉洞	530221	0771－3121204	
广州化学试剂厂	广州市珠海区工业大道南882号	510288	020－84359820 84357435	020－84358111
广州化学试剂二厂	广州三元里走马岗路232号	510400	020－86570332 86595562	
广州新港化工厂	广州新港路135号中山大学东北区381号690室	510275	020－84036383	
贵州省铜仁化学试剂厂	贵州省铜仁市民主路109号	554300	0856－5223088 5520027	
哈尔滨化工化学试剂厂	哈尔滨道外区靖宇街118号	150026	0451－8678662 8987356	
哈尔滨石油化工厂	哈尔滨市太平区化工路246号	150056	0451－2431011	
哈尔滨市化工试剂厂	哈尔滨市道里区城乡路132号	150070	0451－84337146	0451－84337142
邯郸市化学试剂厂	邯郸市新市场街62号	056001	0310－3026131	
杭州炼油厂	杭州市密渡桥路1号	310007	0571－88041011	

续表

单位	地址	邮编	电话	传真
合肥工业大学化学试剂厂	合肥市屯溪路169号	230009	0551－4659754 4659745 2901582	
河南省浙川县化学试剂厂	河南省浙川县金河开发区	474450	0377－4213548 4213651	
呼和浩特市化学试剂厂	内蒙古呼和浩特市赛汗路公主府	010050	0471－6517028	
湖北大学化工厂	武汉市武昌学院路11号	430062	027－88664262	027－88661747
湖南高纯化学试剂厂	湖南长沙劳动路317号	410007	0731－5139037	0731－5139037
湖南化学试剂总厂	长沙市开福区陡岭路44号	410008	0731－4472034	
湖南省邵阳市化学试剂厂	南门外砂子坡22号	422000	0739－5396231	
湖南省湘中地质实验研究所	湖南省娄底市长青中街4号	417000	0738－8225132 8313503 8228483	0738－8228483
湖南师范大学化学试剂厂	湖南师范大学内长沙市河西麓山门	410006	0731－8883411	
湖州化学试剂厂	浙江省湖州市石淙镇西	313015		
淮南市化学试剂厂	安徽省淮南市谢家集区唐山镇	232052	0554－5677780	
吉林市龙潭试剂厂	吉林省吉林市龙潭区遵义东路11号	132021	0432－3037984	
济南化工厂分厂	济南市天桥区汽车厂东路2号	250031	0531－5950634 5953316	
济南鲁康化学工业有限公司	山东省济南市协城区工业北路路家庄东	250101	0531－8881462	0531－8885196
济南市化工研究所	山东省济南市工业南路106号	250100	0531－8938843	0531－8543174
济宁市化工研究所试剂厂	山东省济宁市市中区红星东路8号	272117	0537－2314465	0537－2310823
江西核工业实验化工厂	南昌市洪都中大道	330002	0791－8222469	0791－8216395
锦州化学试剂厂	辽宁省凌海市铁北	121200	0416－8118932	
巨化集团公司试剂厂	浙江衢州市巨化西山	324004	0570－3097505	0570－3097505
开封东大化工(集团)有限公司试剂厂	开封市郑汴路40号	475003	0378－3923115	
开封市芳晶化学试剂有限公司(原开封化学试剂总厂)	开封市铁塔西街	475001	0378－2876836	
莱阳市化工厂	莱阳市荆山路98号	265202	0535－7318590	

续表

单位	地址	邮编	电话	传真
莱阳市经济技术开发区精细化工厂	莱阳市龙门西路70号(中保大楼北200米)	265200	0535－7232380 7211515	0535－7231002
连云港市化学试剂厂经营部	江苏连云港市新浦通灌南路银河购物中心十单元－1－2号	222002	0518－5489757	0518－5489757
廉江安铺化工厂	广东廉江市安铺镇瑞南街瑞环路24号	524444	0759－6846238	
龙游县化工试剂厂	浙江省龙游县城桥下何家巷5号	324400	0570－7022098	
洛阳市化学试剂厂	洛阳市西工区九都路92号	471000	0379－3370757 3922299	3372760
南昌洪都试剂化工厂	江西省南昌市佛塔路万溪中心街	330001	0791－8451621 8452980	8453279
宁波市化学试剂厂	浙江省宁波市慈城镇东镇桥街16号	315031	0574－7592613	
秦皇岛市化学试剂厂	秦皇岛市海港区文化路226号	066000	0335－3045534	
青岛化学试剂厂	青岛市金华路39号甲	266042	0532－4852798	
泉州丰泽东海试剂厂	泉州市东海镇后厝合成氨厂	362000	0595－2903591	0595－2913591
山东省化工研究院中试室	济南市历下区文化东路80号	250014	0531－2967342 2963704	
陕西省岐山县向阳化学试剂厂	陕西省岐山县五丈原镇	722406	0917－8778446	
汕头市光华化学厂	汕头市光华北四路26号	515021	0754－8115161	
汕头西陇化工有限公司	汕头市潮汕路西陇中街2号	515064	0754－2480082 2481166	0754－2481768
上海长江化工厂	上海市松江泗泾东泗桥	201601	021－57812001	
上海虹光化工厂	上海宝山区呼兰楼201弄125号	200431	021－36110924	021－56748324
上海化工高等专科学校实验工厂	上海市漕宝路120号	200235	021－64702123	
上海化学试剂有限公司	上海市徐汇区老沪闵路172号	200062	021－62642424	
上海康达安基酸厂	上海市蒙自西路66号(后门)	200023	021－63016427	
上海科创化工有限公司(原上海科昌精细化学品公司)	上海嘉定区嘉宝公路1978号	201808	021－59559286	021－59558456
上海前进化学试剂厂	上海市南大湾180号	200436	021－56681843	
上海山海工学团实验二厂	上海大华路1385号	200436	021－56680079	
上海市金山化工厂	上海市金山县枫泾镇金枫公路50号	201501	021－57363011	57363012
上海市金山区亭新化工试剂厂	上海市金山区亭林镇工业园区	201505	021－57233650 57233640	021－57233640

续表

单位	地址	邮编	电话	传真
上海试剂四厂昆山分厂	昆山市花桥镇西首	215332	13701836	
上海松江县泗联化工厂	上海市松江区泗泾镇古楼108号	201601	021-57613437	
上海欣鸣工贸有限公司(原上海马陆制药厂)	上海市嘉定区马陆镇桑园路89号	201801	021-59156363	021-59157852
上海振欣试剂厂	上海嘉定外岗镇东沪宜公路5278号	201806	021-59588276	
上海振兴化工二厂	上海市嘉定区外线公路1845号	201800	021-69932329	69932791
上海振兴化工一厂	上海市嘉定区外岗镇东首沪宜公路5261号	201806	021-59588267	021-59584339
沈阳第一试剂厂(原沈阳试剂一厂)	沈阳市新城子区杭州西路4号	110121	024-89863275 23402322	024-89864720 23412889
沈阳化学试剂厂	沈阳市新城子区虎石台镇双楼子村南	110122	024-89872751	
沈阳市试剂二厂	沈阳市铁西区兴顺街222号4门	110024	024-25423813	024-25423823
沈阳市试剂三厂 沈阳纯真化学试剂厂	沈阳市铁西区重工南街132巷11号	110024	024-25740268	024-25740268
沈阳市新西试剂厂	沈阳市和平区北七马路14号8门	110013	024-23411995	024-23411995
石家庄市华迪化工工贸有限公司	谈中街2号	050091	0311-3804146	0311-3804146
石家庄市试剂厂	石家庄市支农路35号	050051	0311-3814224	
石家庄市有机化工厂	石家庄市裕华西路253号	050051	0311-7013186	
四川省德阳市孝泉师范化学试剂厂	四川德阳旌阳区孝泉镇文武庙	618005	0838-3601430 3601759	0838-3601759
四川省自贡市化学试剂厂	四川省自贡市自井区凤凰坝二号	643000	0813-2601226 2600650	
太仓化工二厂	江苏太仓市陆渡镇	215412	0520-3458939	
太仓市化学试剂厂	江苏太仓市直塘镇光明路1号	215417	0520-3250086	
太原化肥厂化学试剂厂	太原市晋祠路三段95号	030021	0351-6321080	
唐山市路北区化工厂	唐山市南新西道14号	063000	0315-2824235	
天津化学试剂研究所	天津市东丽区徐庄子	300240	022-26320288 26320636	022-26320636
天津开发区海光化学制药厂	天津开发区第七大街5号	300000	022-25290065	022-25321645
天津市汉沽区海中化工厂	天津市汉沽区汉北路天化南2公里	300480	022-25698074	

续表

单位	地址	邮编	电话	传真
天津市化学试剂六厂	天津市东丽区程林庄道程旺路5号	300163	022－24373079	022－24373355
天津市化学试剂批发公司	天津市红桥区咸阳路28号	300052	022－27325427	
天津市化学试剂三厂	天津市东丽区徐庄子	300240	022－26321282 26333939	022－26748066
天津市化学试剂四厂凯达化工厂	天津市西青区李七庄4号房(外环线12#桥西侧)	300381	022－23381240	23924397
天津市化学试剂五厂	天津市南开区向阳路60号	300111	022－27363245	022－27367176
天津市化学试剂一厂	天津市西青区王顶堤铁道旁	300384	022－23792258	022－23792239
天津市凯信化学工业有限公司(原天津市天河化学试剂厂)	天津市河北区中山北路35号	300241	022－26430536	022－26444635
天津市石英钟厂霸州市化工分厂	天津市南开区旧津保路23号增8号	300110	022－27612240 27362016	022－27352015
天津市塘沽滨海化工厂	天津市塘沽区营口道31号	300450	022－25892126	022－25887544
天津市塘沽鹏达化工厂	天津市塘沽区胡家园街50间房村	304550	022－25352545 25353626	022－25354724
天津市塘沽区化学试剂厂	天津市塘沽区河北路工农村永兴道202号	300451	022－65720499	022－25214888
天津市天大化工实验厂	天津市东丽区大毕庄工业区	300251	022－26320063	
天津市兴华化学试剂厂	河北区中环线铁东路环宇饭店旁	300000	022－86710572	
温州润华化工实业公司(温州试剂化工厂)	温州市杨府山涂田工业区	325003	0577－88823817	0577－88138633
温州市东升化工试剂厂	温州市双屿镇下岭	325007	0577－88781113	
温州市化学用料厂	温州市双屿温州化工基地	325007	0577－88761169 88761200	88761176
乌鲁木齐化学试剂厂	新疆乌鲁木齐市七道湾路48号	830028	0991－4641350	
无锡市贵金属电子材料厂	无锡市锡澄路288号	214046	0510－3111392	
无锡市民丰试剂厂	无锡市锡澄路一号桥民丰路18号	214045	0510－3112759	0510－3139029
武汉市化学试剂厂	常青化工市场c区6－7号	430000	027－83836291	
武汉市硚口区江北化学试剂厂	武汉市硚口解放大道66号	430034	027－83846627	
武汉市中南化学试剂厂	武汉市武昌南湖潘息村82号	430064	027－87291788	
武汉天运盐化产品开发有限公司	武汉市常青路26号	430023	027－85630192	027－8563092

续表

单位	地址	邮编	电话	传真
西安化学试剂厂	西安市南郊吉祥路176号	710065	029-88237450 88237455	029-88232247
西安市雁塔化学试剂厂	西安市西郊鱼化寨	710077	029-88512498 88513444	029-8219006
厦门市化学试剂一厂	厦门市文屏路15号(电化厂内)	361004	0592-2282722 2042722 5151316 9023015	
萧山化学试剂厂	浙江省萧山市城厢镇城南	311201	0571-82363100	
新疆烧碱厂劳动服务公司试剂厂	新疆乌鲁木齐市西山路78号	830009	0991-8776154	
信阳市化学试剂厂	信阳市民权路322号	464000	0376-6690004	
徐州试剂二厂	江苏徐州市堤北〈市第十中学〉	221007	0516-7768433	
盐城市双源化工厂	江苏阜宁县益林镇建新西路15号	224421	0515-9635325	
宜兴市第二化学试剂厂	宜兴市周铁镇陈墅村	214262	0510-7551186	
宜兴市化学试剂三厂	江苏宜兴市钮家镇北东卫村	214256	0510-7251177	
宜兴市钮家中学化学试剂厂	江苏宜兴市钮家乡吉和实业公司内	214256	0510-7251782	
宜兴市洋溪镇徐渎化工厂	江苏宜兴市洋溪镇徐渎村	214263	0510-7571206	
银川化学试剂厂	宁夏银川市文化东街39号	750004	0951-6029064	
荧光化工有限公司	浙江省东阳市吴宁东路	322100		
云南师范大学化工厂	昆明市一二一大街158号	650092	0871-5516211	
张家口市化学试剂厂	张家口市桥西区大境门外东摇子镇	075000	0313-8060546	0313-8060546
张家口市硫酸厂	张家口市桥东区胜利南路1号	075000	0313-4061246	
浙江省永嘉县化工试剂厂	浙江永嘉县欧北镇楠江东路130号	325102	0577-67332056	0577-67323556
镇江市化剂厂	江苏扬中市老桥汽车站	212219	0511-8511634	0511-8511671
郑州市化学试剂二厂	河南省郑州市城北路4号附2号	450000	0371-7447774 7440321	
郑州市化学试剂三厂	河南省郑州市金水区徐砦路9号	450008	0371-5725467	
郑州市化学试剂一厂	郑州市农业路22号	450002	0371-3923144	
郑州市中联化学试剂厂	郑州市商城东路4号附7号	450004	0371-6328404	0371-6353945
中国人民解放军第九五〇九工厂	武汉市汉西北路213号	430023	027-83518116	
中国医药集团上海化学试剂公司	上海宁波路52号	200002	021-63217630	

续表

单位	地址	邮编	电话	传真
重庆东方试剂总厂	重庆市南岸区纳溪沟37号	400063	023－62504940	023－62513629
重庆无机化学试剂厂	重庆市巴南区桥口坝	401323	023－66480034	
株洲开发区石英化玻有限责任公司	湖南省株洲市清水路38号附1－3号	412005	0733－8641689	0733－8641187
淄博化学试剂厂	淄博市博山区夏家庄路6号	255200	0533－4183392	
安徽淮南化工总厂	安徽淮南市泉山	232038		
北京石鹰化工厂	北京市昌平区阳坊镇	102205		
北京化工三厂	北京市丰台区顺八条8号	100075		
天津市东方化工厂	天津市河北区古北道4号	300232	022－26342383	022－26340370
福建浦城林产化工总厂	福建浦城县工业路188号	353400		
福建三明化工总厂综合厂	福建三明市工业中路41号	365000		
上海联合化工厂	上海市浦东沪南路270号	201204		
上海勤工化工厂	上海市吴淞江杨南路900号	200431		
上海桃浦化工厂	上海市普陀区古浪路153号	200333		
上海新华化工厂	上海市新华路699号	200052		
上海星火化工厂	上海市黄山路199弄4号	200070		
上海金赛医药化工有限公司(原上海市金山化工厂)	上海市金山区枫泾镇嘉枫公路7966号	201501	021－57364269 57362983	021－57362993
江苏常熟杨园化工厂	江苏常熟市杨园镇	215500	0512－52471804 52471192	
辽宁省盘锦市大洼化工总厂	辽宁盘锦市大洼县大洼镇化工街	124200		
杭州瓶窑医药化工试剂厂	余杭镇瓶窑镇大桥北路32号	311115		
杭州长征化工厂	杭州市拱宸桥西路	310015		
温州市东方化工厂	浙江省温州市勤奋路	325005		

二、标 准 物 质

一、基本概念

1. 标准物质基本特点

标准物质是具有准确量值的测量标准,它在化学测量、生物测量、工程测量与物理测量等各个测量领域都有着广泛的应用。标准物质具有以下特点:

a)标准物质的量值只与物质的性质有关,与物质的数量和形状无关;

b)标准物质种类多,仅化学成分量标准物质就数以千计,其量限范围跨越12个数量级;(比较测量的物质特性量值种类繁多,量限跨度大,因此,所需的标准物质种类和多;)

c)标准物质是具有一种或多种足够均匀和很好地确定了特性值的,用以校准测量装置、评价测量方法或给材料赋值的一种材料或物质。

d)标准物质用途明确、实用性强,可在实际工作条件下应用,既可用于检定校准测量仪器,评价测量方法的准确度,也可用于测量过程的质量评价以及实验室的计量认证与测量仲裁等。

e)标准物质具有良好的复现性,可以批量制备并且在用完后在进行复制。

2. 标准物质的定义

依照"国际通用计量学基本术语 "和"国际标准化组织指南30",标准物质(RM)有如下定义:

标准物质(RM):

具有一种或多种足够均匀和很好确定了的特性值,用以校准测量装置,评价测量方法或给材料赋值的材料或物质。

有证标准物质(CRM):

附有证书的标准物质,其一种或多种特性值用建立了溯源性的程序确定,使之可溯源到准确复现的表示该特性值的测量单位,证书上给出的每个特性值都附有给定置信水平的不确定度。

3. 标准物质的功能

3.1 作为测量标准,用于测量过程控制和测量结果的可靠性评价

与测量过程相关的要素主要包括实验人员、测量仪器、待测样品、实验环境、测量方法和测量标准等六个方面,所谓测量标准是指经国家审批承认的测量技术标准,在一个国家内作为对有关量的其他测量标准定值的依据。在分析测量过程中,通常所指的就是标准物质。对测量过程和测量结果进行评价时,首先应选择与测量过程相匹配的有证标准物质,主要应考虑标准物质的特性量值水平、不确定度水平、以及标准物质的基体、稳定性等特性。标准物质用做测量标准,是对以实验人员、测量仪器、待测样品、实验环境、测量方法等方面要素进行评价的必不可少的工具。

评价测量方法:在研究或引用一种测量方法时,通过将标准物质作为标准进行实验,对测量过程的重复性、再现性与准确性做出最客观、最简便的有效评价。

评价测量仪器:标准物质作为校准标准,评价测量仪器的计量性能是否合格。即关系到仪器的响应曲线、精密度、灵敏度及检测限等。在此情况下,需选用与仪器测量范围相一致的一系列标准物质。

测试待测样品:用标准物质作为标准,对相应组分化合物进行检测分析,正如标准物质定义所述:给物质或材料赋值。这种情况下,应选用基体和量值与被测样品十分接近的标准物质。在测量仪器、测量条件和操作程序均正常的情况下,对标准物质与被测样品进行交替测量。将标准物质的测量值为标准,计算出待测样品的特性量值。

评价测量环境:采用相同的测量方法和相同

类型的仪器设备，在不同环境条件下进行实验，通常使用标准物质进行评价，考查检验结果的变动性。

评价实验人员与检测实验室能力：近些年来，国内外十分重视出具公正数据测量实验室的认可工作，通过国家权威公正机构，对测量实验室承担的检测任务的条件与能力进行全面的审查与评价，从而决定是否发授权证书。在审查、评价过程中，运用相应的标准物质是必不可少的。负责审查与评价的专家将标准物质作为盲样发给实验室，将其测量结果与标准物质的保证值进行比较。若在允许的误差范围内与检测结果一致，则表明该实验室有出具可靠数据的实际能力。

3.2 标准物质在质量监控中具有重要的应用

自二十世纪七十年代以来，各国政府相继制定了环境保护法和环境质量标准。在大气质量标准中都规定了总悬浮颗粒物标准，我国的一些大城市，如北京市，每天都公布可吸入颗粒物监测数据。我国北方干旱、半干旱地区面积广，植被稀少，风沙大，一旦遇到东亚季风或大风时容易起沙，并把沙土表面的微细颗粒物送入空中，造成我国北方地区大面积的空气浑浊，形成严重污染。为了控制和监测污染状况，我国研制的黄沙和模拟黄沙标准物质对大气颗粒物检测的质量管理和仪器校正，对我国北方大气颗粒物来源和组分的分析与研究，对沙漠及土壤的分析测定与研究都产生了重大的作用。

3.3 标准物质在分析测试技术中的应用

标准物质与分析测试技术是密不可分的，现代分析测试技术已经从经典的、单一的、简单的基体测试，逐渐演化为以多组分、痕量、复杂基体的测试、分析测试的难度和复杂程度大幅度增加。例如，在临床分析中，血清中胆固醇的测试是采用酶转换法，这种分析测试方法受试剂和基体的影响非常大，不同批次的试剂、血清放置的时间、温度都会使测量结果产生偏差，根据卫生部门 1991 年的调查，北京、天津、上海三市 206 所医院实验室间分析测试血清中总胆固醇含量的相对标准偏差达到 6.8% ~10.8%，个别实验室的偏差超过 30%，为此，卫生部老年医学研究所研制出了血清中胆固醇标准物质，在使用了这个有证标准物质和统一了试剂后这些实验室间的相对偏差显著下降为 3.9% ~5.3%。

3.4 在计量学上，起到复现国际单位制和导出单位的应用

目前，SI 单位中，国际公认的 7 个计量学基本单位，分别是米（长度）、千克（质量）、秒（时间）、安培（电流强度）、开尔文（热力学温度）、摩尔（物质的量）和坎得拉（发光强度）。要复现这些单位，必须采用有证标准物质。例如：采用铂铱合金制作的质量千克原器复现千克单位时，即按照有证标准物质的定值方法和原则，由多个国际权威实验室按照规定的测量方法进行测量，测量得到的数据采用标准物质定值结果处理方法——通用统计学原理要求，得出标准值作为千克单位的标准值，获得的不确定度作为该单位标准值的标准不确定度。

3.5 起着定义和实现常规约定标度的应用

某些工程特性量的单位不在国际单位制体系中，而是特别约定的。为了实现测量量值传递，一般通过标准物质建立其约定标度。在国际建议或者标准文件上说明给定的值。用于约定标度固定点的标准物质在国际范围内具有一致性。这种约定标度的复现与传递主要依赖复现标度固定点的标准物质和测量方法或测量过程的技术规范。这类约定标度在工程测量中较多。例如：辛烷值标度的约定，辛烷值是燃料油的重要技术指标，美国 ASTM 用标准燃料油和 ASTM D2699 - 1984、ASTM D2700 - 1984 标准测试方法定义与复现辛烷值的标度，得到了世界范围的采纳。按照上述标准测量方法，在标准条件下，比较燃料油与已知辛烷值的 ASTM 标准燃料油的混合物的发爆声，确定燃料油的辛烷值。ASTM 标准燃料油的辛烷值溯源到美国 NIST 的 SRM1815 正庚烷标准物质和 SRM1816 异辛烷标准物质。

二、标准物质的保存方式及特点

标准物质对贮存容器通常有专门的要求。例如，选择质纯、水溶性小、器壁吸附性和渗透性小、密封性好的容器贮存标准物质。在使用新钢瓶贮

存气体标准物质时，必须对钢瓶内壁进行去锈、镜面研磨等内壁处理，使内壁尽可能光滑。在某些情况下，还要进行衬腊、涂防氧化漆等防锈处理。对曾经贮存过其它气体对配制气体标准物质的钢瓶，应事先把钢瓶内残留的其它气体全部放出，并进行必要的处理，防止其它气体对配制气体标准物质的干扰。放射性 、有机物、易燃易爆气体、食品、医药卫生…等标准物质需特殊的保存条件。

标准物质的稳定期长短是关系标准物质的量值准确可靠的关键问题之一，应尽可能选择合适的保存条件，以保证标准物质的量值不变。标准物质的保存一般说来有温度、湿度、光照的要求。食品、放射性、医药卫生、有机类的标准物质还有特殊的保存方式的要求。如，低温、低湿环境是保存生物标准物质的最佳条件。

三、标准物质的作用和意义

保证分析测量基标准体系、测量溯源体系的完整性和延续性，保证测量在时空坐标上的连续性与可比性，实现测量结果的可靠性和有效性，提供长期、系统问题的决策依据，如全球环境问题、地质探矿问题、贸易纠纷仲裁问题等。

1. 标准物质在食品安全和国际国内贸易中的作用

检测技术是食品安全控制中的关键技术，标准物质是食品安全检测技术标准的实物载体。农业部、科技部、卫生部、国家质检总局等部门在相应的食品安全计划中都将食品安全的检测技术作为重要的研究和建设内容之一，而要实现检测技术数据的准确、可靠和互认，就必须建立一整套完善的食品中有毒有害和有效成分的标准物质系列，并在全社会相关领域实现资源共享。

标准物质是国家工农业产品质量控制的技术支撑。使用标准物质是实现国际贸易公平竞争，打破它国技术壁垒的重要手段之一。

入世以来，中国出口到发达国家的农产品等商品，因农、兽药残留和重金属含量“超标”而遭拒收、扣留、中止合同或停止进口的事件大为增加。欧盟增加了对中国茶叶的检测项目，从原来6种残余农药检测增加到62种，这使得中国对欧盟的茶叶出口大为减少。联合国2002年上半年数据统计表明，中国约有包括农产品在内的74亿美元出口商品因“绿色壁垒”而受阻。这其中的瓶颈之一是由于缺乏相关的标准物质共享机制，一方面已有的标准物质没有使用，另一方面，由于缺乏相应的研究计划，不能及时研制出急需的标准物质，使我们无法实现进出口商品质量的提前监测和控制，而任由国外机构进行检测，当检测结果不合格时，产品遭遇退货或销毁。仅在天津海关，2002年前两个月遭到退运的农产品就达到1000多吨，比2001年同期上升了五成多。

2. 标准物质在医药卫生领域的作用

标准物质是生命科学领域用于临床检验的必备工具。使用标准物质是医疗领域提高测量准确性、精密度及可比性，实现数据共享，提高诊断和治疗水平的前提。

由于我国缺乏相应的标准物质资源共享机制，使各医疗检验机构使用的标准品来源不同，量值不一致，造成检验结果各异，多次重复检验，检验数据缺乏可比性，检验资源浪费，甚至造成医学误判。例如，同一肝炎患者在不同医院化验转氨酶，可能得到相差甚远的结果，就是因为没有使用统一的、量值准确可靠的有证标准物质，目前各家医院使用的转氨酶活力标准量值出自不同国家、地区，其量值不一致所造成的。

3. 标准物质在环境监测领域的作用

标准物质是预防和控制环境污染的关键基础之一。

近年来，越来越多的化学物质被发现是导致环境污染的重要因素，一些有机污染物如苯系列、醛酮系列、多环芳烃系列，以及硫化物、氟化物等成倍增长，同时，环境污染存在的形态也越来越多，环境监测所面临的任务正迅速变得更加繁重和复杂；中科院大气物理所监测数据表明，北京大气中苯系列污染物1995－1998年每年递增20%，而1999年第一季度与1998年同期增长了128%。美国国家环保局1998年组织的室内空气质量调查表明，一些有机高毒性气体如芳烃类和醛酮类化合物检测含量较高。每一项准确可靠的环境监测，都离不开相应的标准物质作为检测过程的质量控制手段、测量数据的准确性、校正标准、检测方法研究和筛选评定参考物质。

越来越复杂的成分，更多的基体种类，不同的物质含量，使得环境样品检测过程所需的标准物质种类极多，所涉及的标准物质研制和保存都十分困难，因此，建立完善的国家标准物质资源保藏和共享体系就显得尤为突出。

以上仅列出几个典型领域的应用需求，标准物质所涉及的领域，几乎包含社会生活、经济贸易和 R&D 的各领域。标准物质资源保存整合和共享是统一测量量值，提高我国检测技术能力的基本前提，并已成为了实现国际贸易公平竞争的重要保障。

由上述事例可以看出，标准物质对各领域科技发展的重要作用。

我国现有的标准物质见附录。

分析测试传媒

本篇主题为“分析测试传媒”。主要介绍我国与分析测试有关(仪器、分析测试方法、测试技术、试剂等)的刊物、书籍和网站等媒体。由于分析测试涉及各行各业,面很宽、量很大,我们在选编时主要考虑了代表性、重要性及比较新的版本(例如书籍大部分是2003年及以后的)等原则。文中除了介绍媒体的各项基本信息外,还重点综述了它们的主要内容、主要特色、在行业中的地位作用等。对广大分析测试工作者是一份很实用的科技资料。

一、分析仪器、分析测试期刊媒体

《现代科学仪器》

《现代科学仪器》是我国介绍和评论国内外科学仪器的权威科技期刊之一。两院资深院士王大珩先生任该刊名誉主编。多年来,该刊在我国仪器的引进、研制、技术交流和改造升级方面做了大量的工作,获得了各方面的好评。该刊的一些专辑,像“纳米科技及其检测仪器”、“中国原子吸收光谱仪”、“环境监测仪器及监测技术”、“现代科学仪器与生命科学”、“芯片实验室(微型全分析系统)”、“实验室信息管理系统(LIMS)”“食品、农产品安全分析测试技术与仪器”、“SARS检测技术与信息系统”等,紧跟当时科学研究的前沿发展,至今受到广大读者欢迎。

《现代科学仪器》主要栏目有:专论;综述与评论;软件开发;分析仪器;电子仪器及计算机;光学及光电仪器;生物医疗仪器与设备;计量与测量仪器;实验技术与实验室建设;研究与开发;知识讲座;公司介绍;仪器市场;用户评论;资料;读者之声;新产品信息;简讯;名人专访;振兴仪器事业笔会;纳米科技与纳米检测仪器;仪器技术与应用;仪器功能开发;计算机与软件应用;仪器产品及技术;仪器研制;环境监测仪器及应用;仪器装备协作共用;芯片实验室;仪器升级改造与资源共享;BCEIA金奖;仪器分析及样品预处理;实验室信息管理系统(LIMS);国家科学仪器“五年”发展规划;离子色谱仪应用;食品、农产品安全分析测试技术与仪器;SARS检测技术与信息系统;实验室技术与仪器维修等。

《现代科学仪器》读者对象:各行各业实验室、试验室、研究室应用仪器的科技人员及购置仪器设备的管理人员;从事高技术及其产品研制开发的科技人员;各级有关管理决策人员;大专院校师生等。涉及科技、医疗卫生、制药、农业、地矿、机械、电子、石油、化工、冶金、能源、交通、环保、建筑、轻工、商检、技术监督等领域。

《现代科学仪器》是中国科技论文统计源期刊并已加入《中国学术期刊(光盘版)》和“中国期刊网”、“国家科技图书文献中心”、“万方数据-数字化期刊群”和被《中国核心期刊(遴选)数据库》收录。

《现代科学仪器》发行范围:中国及世界各地。

该刊为双月刊,双月末出版。每期定价 8 元,全年定价 48 元。

主管单位:中国科学院

主办单位:中国分析测试协会

主编:王大珩(名誉主编)、胡柏顺

地址:北京市海淀区西三环北路 27 号理化实验楼 512 室

邮编:100089

电话:010 - 68410135、68422478

传真:010 - 68410137

电子信箱: info@ instrumentation. com. cn

国内统一刊号:CN 11 - 2837/TH

国际刊号: ISSN 1003 - 8892

《分析仪器》

《分析仪器》由北京分析仪器研究所、中仪器仪表学会分析仪器学会和中国仪器仪表协会分析仪器协会主办,国内外公开发行。《分析仪器》主要任务是:反映分析仪器和仪器分析技术的发展动态;报导分析仪器科研成果和新的分析技术;探讨分析仪器和仪器分析的有关理论;推广分析仪器的应用;交流分析仪器使用、改进和维修经验;介绍分析仪器和仪器分析方法的基础知识等。主要栏目有:综述,仪器与装备、仪器分析、讨论与研究、知识介绍、经验交流、信息与通讯等。主要读者对象是科研单位、石油、化工、冶金、地质、食品、轻工、农业、医药卫生、环境保护、仪器制造等部门的科技人员,高等和中等专科学校有关学校有关专业的教师与卫生。

《分析仪器》是《中国科技论文统计与分析》(年度分析报告)选用刊物,并被美国《化学文摘》、《美国工程索引》EI Page One 及国内多种数据库收录。本刊国内外公开发行,刊号为 6 - 90,列在邮局报刊目录天津地区,定价:6.00 元/期,全年四期 24.00 元,全国各地邮局均可订阅,如读者有漏订,可将款直接汇至编辑部补订。欢迎订阅,欢迎投稿。

主管单位:国家机械工业局

主办单位:北京北分仪器技术公司

主编:朱良漪

地址:北京海淀温泉北京分析仪器研究所

邮编:100095

电话:010 - 62403151

传真:010 - 62451377

国内统一刊号:CN 11 - 1822/TH

国际刊号: ISSN 1001 - 232X

《电子测量与仪器学报》

《电子测量与仪器学报》由中国电子学会和中国仪器仪表学会联合主办;中国科协主管;是国内外公开发行的国家级学术刊物,已创建近 20 年,是国家教委所列的 286 种自然科学核心刊物之一;中科院文献情报中心《中国科学引文数据库》列为学术类核心刊物;国家科委中国科技情报研究所《中国科技论文统计与分析》列为《中国科技论文源期刊》;2002 年入选由中国科协和自然科学基金会共同主办的检索性学术期刊《中国学术期刊文摘》;该刊已被国内许多理工科大学认为教师评定职称以及硕士研究生、博士研究生学位论文发表的学术期刊。

主管单位:中国科协

主办单位:中国电子学会

主编:周立基

地址:北京市北三环中路 31 号

邮编:100088

电话:62382686

国内统一刊号:CN 11 - 2488/TN

国际刊号: ISSN 1000 - 7105

《中国测试技术》

《中国测试技术》由中国测试技术研究院主办。是中国计量测试领域核心期刊,中国学术期刊综合评价数据库统计源期刊,中国核心期刊数据库收录期刊 ,为科技论文统计用刊。

主管单位:中国测试技术研究院

主办单位:中国测试技术研究院

主编:高洁

地址:四川省成都市玉双路 10 号

邮编:610021

电话:028 - 84404872 84403677

传真:028-84403677
电子信箱:zgcsjs@nimtt.com
国内统一刊号:CN51-1643/N
国际刊号:ISSN1672-4984

《分析化学》

《分析化学》是中国化学会和中国科学院长春应用化学研究所共同主办的专业性学术期刊,主要报道我国分析化学创新性研究成果,反映国内外分析化学学科前沿和进展。刊物设有研究报告、研究简报、评述与进展、仪器装置与实验技术、来稿摘登等栏目。读者对象为从事分析化学研究和测试的科技人员及大专院校师生。

《分析化学》目前是我国自然科学核心期刊及全国优秀科技期刊,荣获1999年首届国家期刊奖和2000年中国科学院优秀期刊特别奖,2001年入选中国期刊方阵"双高"期刊,2002年获第三届中国科协优秀科技期刊奖,2003年获第二届国家期刊奖。论文已被包括美、英、日、俄的国内外近30种文摘刊物和检索系统收录。多年来,本刊逐年被选入美国权威文摘《化学文摘》(CA)摘引量最大的1000种期刊(简称"CA千种表")中,并居我国入选"CA千种表"期刊的前列。从1999年开始被美国科学信息研究所(ISI)正式收入《科学引文索引扩大版》(Science Citation Index - Expanded, SCIE),同时还被收入《Research Alert》和《Chemistry Citation Index》等ISI系列。根据中国科技信息研究所历年来发布的"中国科技期刊引证报告"获悉,本刊被引频次和影响因子均居中国科技期刊排序前列,其中1994~1998年连续五年被引频次居全国第1名,1995和1997年影响因子居全国第1名,1996年和1998年居全国第3名。1999年和2000年被引频次分别居全国第2名和第3名,影响因子和被引频次两项指标均居国内化学期刊第一名。2001年被引频次和影响因子分别居国内化学期刊第2名和第3名。本刊是我国发行量、报道容量和国内外影响较大的科技学术期刊之一。

主管单位:中国科学院
主办单位:中国化学会
中科院长春应用化学研究所
主编:汪尔康
地址:长春市人民大街5625号
邮编:130022
电话:0431-5262017
传真:0431-5262018
电子信箱:fxhx@ciac.jl.cn
国内统一刊号:CN22-1125/06
国际刊号:ISSN 0253-3820

《分析测试学报》

《分析测试学报》是由中国分析测试协会主办、中国广州分析测试中心协办的专业性学术类核心期刊。双月刊,国内外公开发行。国际标准刊号:ISSN 1004-4957,国内刊号:CN 44-1318/TH,国际刊名代码CODEN:FCEXES,国内邮发代号:46-104。《分析测试学报》的宗旨是刊登电子显微学、质谱学、光谱学、色谱学、波谱学及电化学等方面的分析测试新理论、新方法、新技术及其在各领域中的应用研究成果,供从事分析测试和分析化学研究的科技人员、大专院校师生和管理人员阅读,为发展国民经济、促进我国四个现代化服务。刊物设有研究报告、研究简报、综述、仪器装置及实验技术等栏目。读者遍及全国科研院、大专院校、分析测试中心、医疗、卫生、商检、公安、防疫、环保、制药、化工、药检、食品等部门。

《分析测试学报》于1982年创刊,原名《分析测试通报》,1992年升级为《分析测试学报》。本刊获广东省第一、二、三届(1992年、1996、2001年)优秀科技期刊;《分析测试学报》为国家级核心期刊,在化学界影响较大,影响因子在国内名列前茅,1997年、1998年影响因子在化学类排名第4,其中1997年在全国科技期刊影响因子排序中居第9位,为广东省唯一进入全国影响因子前10名的科技期刊;1998年度"CA"千种表中《分析测试学报》在1998年至1999年被美国科学引文索引(SCI)摘引9篇;据中国科技信息研究所1998年的统计资料,《分析测试学报》在我国被列入统计源的1286种科技期刊的总被引频次排序中居98名(被引频次344),但因《分析测试通报》(本刊前身)未被列入统计源,故实际排序应在第98名之前;《分析测试学报》于2000年再次入选为化学类核心期刊，并被编入《中文核心期刊要目总览》2000年版第三版。

《分析测试学报》为进一步推动我国分析测试技术的发展，加速科技成果商品化，推广先进现代分析仪器和更好地为经济建设服务，为分析仪器厂家、公司、销售商提供广告服务。广告范围：1. 分析测试仪器、设备、配件和计算机软件、工作站；2. 专利、标准、出版、会议、征订等信息；3. 分析测试人员开发的产品、科技成果等。广告价格（人民币）：一页黑白为1000页，彩页4000元，插页装订500元。

主管单位：国家科技部
主办单位：中国分析测试协会
主编：程志青
地址：广州市先烈中路100号《分析测试学报》
邮编：510070
电话：020－87759776、37656606
传真：020－87759776
电子信箱：fxcsxb@china.com
国内统一刊号：CN 44－1318/TH
国际刊号：ISSN 1004－4957

《分析科学学报》

《分析科学学报》是教育部主管。武汉大学，北京大学和南京大学三栈共同主办的分析科学领域的综合性学术期刊。其办刊宗旨为：及时报道我国在分析科学领域具有先进性、创造性的研究成果，反映国内外分析科学前沿领域的进展和动向，推动我国分析科学学科的发展，它的任务是坚持理论联系实践，以基础研究和应用基础研究为主，普及与提高相结合，以提高为主，贯彻“双百方针”，追踪世界分析科学发展新动向，充分反映当代分析科学新成就，为促进学术交流和四化建设服务。

主管单位：教育部
主办单位：武汉大学　北京大学　南京大学
主编：程介克
地址：湖北省武昌武汉大学化学与环境科学学院
邮编：430072
电话：027－87682248
电子信箱：cjcu@mail. jlu. edu. cn
国内统一刊号：CN 42－1338/O
国际刊号：ISSN 1006－6144

《分析测试技术与仪器》

《分析测试技术与仪器》是经国家科委批准向国内外公开发行的技术性季刊（刊号：ILRNlo06－3757，（CN62－1086/O6），由中国科学院计划财务局、中国科学院兰州分院分析测试中心和中国科学院兰州化学物理研究所主办。其服务对象主要是在科研、教育系统隶属的分析测试中心、开放实验室、各行各业的分析测试实验室以及国外相应的部门等从事分析科学研究、分析测试的工作者和教师及有关行业的科技工作者。《分析测试技术与仪器》为之提供一个发表新技术、新理论、新方法、新成果的园地，并将遵循技术性与学术性相结合、应用性与基础性相结合的方针，在内容上要求突出一个“新”字。

主管单位：中国科学院综合计划局
主办单位：中国科学院综合计划局
　　　　　中国科学院兰州分院分析测试中心
　　　　　中国科学院兰州化学物理研究所
主编：俞惟乐
地址：兰州市天水路342号
邮编：730000
电话：0931－8277660
传真：0931－8277088
电子信箱：fxcs@ns. lzb. ac. cn
国内统一刊号：CN 62－1123/O6
国际刊号：ISSN 1006－3757

《分析实验室》

《分析试验室》创刊于1982年，是国内外公开发行的综合性分析化学刊物。本刊适合于冶金、地质、石油化工、环保、药物、食品、农业和商品检验等领域从事分析化学研究和测试的科技工作者及大专院校分析化学专业的师生阅读。

特色之一：突出创新性和实用性，是理论与实践、学术与应用并蓄的专业期刊。新增“国际会议”专栏，介绍近期重要分析化学国际会议。

特色之二:"定期评述"专栏系统发布特邀知名专家撰写的分析化学各专业近期进展,跟踪报道分析化学科研与应用的前沿发展状况。

特色之三:在国内同类科技期刊中影响因子领先,继1999年被评为"1998年国内化学类科技期刊影响因子第1名"之后,2000年又被评为"1999年国内化学类科技期刊影响因子第2名"。2000年继续入选美国CA千种表,全国中文核心期刊。

主管单位:中国有色金属工业协会
主办单位:北京有色金属研究总院
主编:屠海令
地址:北京新街口外大街2号
邮编:100088
电话:010-82013328
传真:010-82013328
电子信箱:analysislab@263.net
国内统一刊号:CN11-2017/TF
国际刊号: ISSN 1000-0720

《光谱实验室》

《光谱实验室》是中国科学院主管、国内外公开发行、科学出版社出版的中国科学核心期刊之一,由中国科学院化工冶金研究所、中国科学院福建物质结构研究所、中国科学院物理研究所、北京钢铁研究总院和北京航空材料研究院等单位联合主办;由《光谱实验室》编辑部自筹经费、自主经营;编辑方针是理论联系实际,以普及为主,兼顾提高,通过学术交流,促进光谱、能谱、波谱等谱学分析技术的发展,为我国四个现代化建设服务。主要读者是在生产、科研和教学第一线、从事或爱好光谱、能谱、波谱等谱学分析技术的科学工作者。

主管单位:中国科学院
主办单位:中国科学院化工冶金研究所
主编:周开亿
地址:北京市81信箱66分箱刘建林
邮编:100095
电话:010-62183031
传真:010-62183031
电子信箱:gpsys@263.net
国内统一刊号:CN11-3157/O4
国际刊号: ISSN 1004-8138

《色谱》

《色谱》(国际标准刊号ISSN 1000-8713,国际期刊CODEN编码SEPUER,国内统一刊号CN 21-1185/O6)是中国化学会主办、中科院大连化学物理研究所和国家色谱研究分析中心承办、科学出版社出版、国内外公开发行的专业性学术期刊,于1984年创刊。重点报道色谱学科的学术理论,色谱仪器与部件的研制开发,色谱及其相关技术在各领域应用的原始性、创新性科研成果。设有研究报告、研究快报、专论与综述、研究简报、技术与应用等多种栏目,并载有色谱方面的书评与书讯、国内外学术活动简讯、色谱仪器及相关产品广告等内容。读者对象为从事色谱理论研究及分析工作的化学分析工作者、大专院校相关专业的师生、色谱仪器开发单位的有关人员。

《色谱》在国内外均有一定的影响力,系中文核心期刊、《中国科技论文统计与分析》统计源期刊、《中国科学引文数据库》来源期刊 、《中国学术期刊综合评价数据库》来源期刊、《中国期刊全文数据库》收录期刊、《中国期刊网》全文收录的期刊、《万方数据-数字化期刊群》收录期刊、《中国学术期刊文摘》收录期刊、《中文科技期刊数据库》收录期刊,在中国自然科学学术期刊显示度排行表中名列化学类期刊第10名(2002年),曾被评为辽宁省一级期刊,获"中国科学院优秀期刊二等奖",获"中国科协优秀期刊三等奖"。已被美国《化学文摘》(CA)、俄罗斯《文摘杂志》(AJ)、美国《 剑桥科学文摘》(CSA)、美国《医学索引》(IM)、英国《分析文摘》(AA)收录。

主管单位:中国科协
主办单位:中国化学会
主编:卢佩章 张玉奎
地址:大连市中山路457号
邮编:116023
电话:0411-4379021
传真:0411-4379021
电子信箱:sepu@dicp.ac.cn

国内统一刊号:CN 21-1185/O6
国际刊号: ISSN 1000-8713

《质谱学报》

《质谱学报》是经国家科委批准,中国质谱学会、北京中科科仪技术发展有限责任公司主办,中国原子能科学研究院承办的学术期刊。

主办单位:中国质谱学会
　　　　　北京中科科仪技术股份有限公司
主编:赵墨田
地址:北京275信箱65分箱
邮编:102413
电话:010-69357734
电子信箱:jcmss401@21cn.com
国内统一刊号:CN 11-2979/TH
国际刊号: ISSN 1004-2997

《电子显微镜学报》

《电子显微学报》由中国科协主管,由中国物理学会主办,是我国电子显微学和其他新兴显微学领域的唯一的科技期刊,涵盖的学科广泛,包括生物、医学、材料科学(含金属、陶瓷、复合材料、新兴的高科技材料如纳米材料、薄膜材料、超导材料等)、半导体、化工、地质矿产、电子光学及其它新兴显微学(如扫描隧道显微学等)的理论及相关仪器、实验室技术和方法,以及电子显微学和新兴显微学的发展、展望等。

《电子显微学报》在1996年成为入编"国家光盘中心"的首批期刊,1998年又成为科技期刊首批上网的刊物("ChinaInfo(中国信息)网络资源系统《电子期刊》)。该刊在国内是《中国科学引文数据库》等多家数据库的来源期刊;1998年本刊获悉:《电子显微学报》被国际著名检索系统《美国化学文摘》CA收录。2000年被选入国家自然科学无线电电子学、电信技术类核心期刊。2002年被国际著名检索系统[俄]《文摘杂志》AJ收录。根据中国科技信息所信息分析中心统计,近几年来,电子显微学报的影响因子逐年提高,2003年为0.404,在全国1534种来源期刊中列第352名;在全国电子通讯类53种来源期刊中列第6名;其被引频次在全国电子通讯类53种来源期刊中列第15名。《电子显微学报》作为物理学会主办的学术刊物,为发展我国的电子显微学事业并在国际上取得一席之地起到了不可替代的交流促进作用,也为我国的基础性研究、高科技和工农业生产作出了重要贡献。

主办单位:中国物理学会
主编:姚骏恩
地址:北京2724信箱电子显微学报编辑部
邮编:100080
电话:010-62565522-3301
传真:010-62611720
电子信箱:dzxwxb@blem.ac.cn
国内统一刊号:CN 11-2295/TN
国际刊号: ISSN 1000-6281

《岩矿测试》

《岩矿测试》杂志是中国地质学会岩矿测试专业委员会和国家地质实验测试中心共同主办的分析测试技术科技期刊(ISSN 0254 5357,CODEN码YACEDJ,国内统一刊号CN 11-2131/TD)。《岩矿测试》的宗旨是突出服务于地球科学和地质找矿事业以及促进岩矿测试技术的发展;主要报道国内与分析科学相关的新技术、新方法、新理论和新设备等研究成果、动态、评述以及相关实践经验。

《岩矿测试》1982年创刊,近年来刊物地位不断提高,是中文核心期刊,中国期刊方阵双效期刊,目前被国内外多家检索数据库、文摘收录,影响因子连续五年全国排名前10位,曾先后被评为国家、原地矿部、北京市、中国科协的优秀科技刊物。适于地质、冶金、环保、石油、化工、煤炭等部门从事分析测试的科技工作者及大专院校分析化学及相关专业的师生阅读。

《岩矿测试》为国内外公开发行刊物,国内邮发代号2-313,国际书店发行代号Q4089,广告经营许可证:京西工商广字第0227号。本刊2003年仍为季刊,定价8.00元/本,全年32.00元。

主管单位:中国科协
主办单位:中国地质学会岩矿测试专业委员会
主编:尹明

地址:北京百万庄大街26号
邮编:100037
电话:010-68999562
传真:010-68999563
电子信箱:ykcs_zazhi@163.com
国内统一刊号:CN 11-2131/TD
国际刊号: ISSN 0254-5357

《冶金分析》

《冶金分析》杂志是由钢铁研究总院,中国金属学会主办的冶金领域中权威的分析化学专业科技期刊。《冶金分析》1981年创刊,为双月刊大16开84页,国内外公开发行。期刊内容主要反映冶金领域分析方面的新技术、新方法、先进经验、报导研究成果,发表综述文章及介绍国内外冶金分析动态等,可供冶金、矿山、化工、机械、地质、环保、商检等部门的分析工作者参考。《冶金分析》为中国科技论文统计源期刊,中国科学引文数据库的核心库期刊,全国中文核心期刊,中国期刊网、万方数据网、美国工程信息公司EI数据库收录期刊,美国"CA"千种表中我国化工类核心期刊。多年来在"冶金、金属"类专业的统计源期刊中名列前茅,其中2000年影响因子值为0.700,名列全国科技期刊(1411种)第56位,并在"冶金、金属"类专业的统计源期刊中名列第一位。网址为:www.yejinfenxi.cn

主管单位:北京钢铁研究总院
主办单位:钢铁研究总院,中国金属学会
编辑出版:冶金分析编辑部
主编:王海舟
创刊时间:1981年
刊期:双月刊
地址:北京海淀区学院南路76号《冶金分析》编辑部
邮编:100081
电话:010-62182398
传真:010-62182398
检索系统:EI, CA, 中国期刊网,维普数据库
电子信箱:yjfx@analysis.org.cn
网址:http://www.yejinfenxi.cn
国内刊号:ISSN 1000-7571,CN 11-2030/TF
国际刊号:1579BM(国外发行代号)
邮发代号:82-157
国内定价:每册8.00元,全年(含邮费)48.00元

《中国环境监测》

《中国环境监测》为中央级科技期刊,大16开、64页、双月刊,国内、外公开发行。《中国环境监测》设有优化布点、采样技术、分析测试、污染源监测、环境评价、污染治理、监侧仪器等14个栏目,刊出文章多具指导性和实用性内容,同时发布国家环保总局各个时期的方针、政策和重点工作,具有较强的权威性。每期还刊发多达近20种环境监测仪器的彩色产品广告,供广大用户选择。所刊内容深受广大读者欢迎,尤其被环保系统各级监测站、科研所;大中型工矿企业监测站、实验室;高等院校环保系、教研室和全国各级图书馆作为工具书广泛订阅。也是国、内外有意打入环保领域的各类环保仪器、设备的生产、经营厂商推出产品、开拓市场、刊登广告的针对性极强的宣传媒传。

主管单位:国家环境保护总局
主办单位:中国环境监测总站
主编:丁中元
地址:北京市朝阳区北四环东路育慧南路1号
邮编:100029
电话:010-84637722-2633
电子信箱:IAOB@Chinajournal.net.cn
国内统一刊号:CN 11-2861/X
国际刊号: ISSN 1002-6002

《中国卫生检验杂志》

《中国卫生检验杂志》创办于1991年隶属于卫生部主管,中华预防医学会主办,双月刊,大16开,国内外公开发行,是一份跨行业性国家级刊物。杂志以分析实验室为主,分析对象比较全面而广泛。主要涉及的领域:食品、水、空气、化妆品、生物材料、药品等。本刊在国内已被列入"科技类核心期刊",国家科技部中国科技论文统计源期刊,中文生物医学期刊文献数据库(CMCC)来源期刊,中国学术期刊(光盘版)全文收录并在因特网上向全世界广泛发布。美国《化学文摘》(CA)

源期刊。主要读者群体：全国各实验室分析检验人员，如各疾病预防控制中心检验检测中心，国家检验检疫局，环境卫生检测站、所，技术监督局，水厂，化工，制药，各大学医学院校卫生化学教研室研究所等行业。

主管单位：国家卫生部

主办单位：中华预防医学会

主编：张绍武

地址：北京市 2086 – 208 信箱

邮编：100035

电话：010 – 83131596

传真：010 – 83131639

电子信箱：wsjyzz@ 126. com

国内统一刊号：CN41 – 1192/R

国际刊号：ISSN 1004 – 8685

《现代仪器》

《现代仪器》杂志（原名《现代仪器实用与维修》）是由国家科技部主管，中国科学器材进出口总公司主办的仪器专业刊物。

办刊宗旨：在国家科技方针政策的指导下，广泛传播现代仪器应用技术与研究成果，大力促进学术及技术交流，客观报道国内外仪器动态，正确引导国内仪器使用与开发，迅速传达仪器领域信息，全面沟通仪器供求关系，为创造我国良好的科研条件服务，推动国内科技活动的发展和科技水平的提高。

发行对象：从事教学科研、医疗卫生、农林水利、商检、环保、司法鉴定、仪器研究与开发、以及从事仪器贸易、采购、维修服务、仪器经营和管理等专业人员。

主设栏目：综述与专论、研究成果、新技术应用、研制与开发、使用与维修、经验交流、产品信息等。杂志辟广告专页，具备广告经营和审查资格，欢迎有关各界商洽广告业务。

＊＊ 2002 年列入国家科技部中国科技论文统计源期刊（中国科技核心期刊）

主管单位：国家科学技术部

主办单位：中国科学器材进出口总公司

主编：王效杰

地址：北京市东城区灯市口大街 75 号

邮编：100006

电话：010 – 65132649/42

传真：010 – 65136113

电子信箱：lixd@ csimc. com. cn

国内统一刊号：CN11 – 3681/TH

国际刊号：ISSN 1006 – 7094

《生命科学仪器》

为适应科学仪器发展的需要，充分利用有限资源，使分析仪器更好的为国民经济建设服务，根据国家重点发展生命科学的规划，在国家有关领导和众多专家学者及业内人士的积极支持下，经国家主管部门批准，自 2003 年始，将《国外分析仪器 – 技术与应用》更名为《生命科学仪器》。主要交流生命科学仪器研发和应用技术等的初始性创新论文及其它相关内容，以推动分析仪器特别是生命科学仪器的发展。

《生命科学仪器》是中国仪器仪表学会分析仪器学会主办，由我国仪器仪表界著名专家、清华大学精密仪器系金国藩院士任名誉主编，清华大学生命科学与工程学院院长助理罗国安教授任主编。

《生命科学仪器》拟开办综述与评论、探索与创新、技术进展与市场动态、仪器与装备、仪器应用与维修、计算机应用、生命科学研究与动态、医药研究与仪器、讨论与研究、知识介绍、信息与通讯、生态农业、绿色环保、关爱健康及应用技术等栏目。

《生命科学仪器》编辑部与世界各大相关仪器公司保持密切的伙伴关系，不断扩大服务范围．服务项目有：仪器进出口，仪器选购咨询，仪器销售代理，广告服务，产品推介，信息交流技术培训，中介服务。

《生命科学仪器》刊物为大 16 开本，双月刊，每期发行量约 10000 册，刊物容量为 80 – 100 页。读者主要为大专院校，科研单位及农业，环保，医疗卫生，商品检验、生物工程等与生命科学 – 相关的部门和个人。

主办单位：北京分析仪器研究所

主编：王业伦

地址:北京市丰台区草桥东路 14 号 B1 层《生命科学仪器》编辑部
邮编:100067
电话:010-67505470
传真:010-67505370
国内统一刊号:CN11-4846/TH
国际刊号:ISSN1671-7929

《化学分析计量》

《化学分析计量》是全国性分析计量专业技术刊物,双月刊,大16开本,单月20日出版,国内外公开发行。

报道范围:化学分析计量行业的法规、政策,标准,管理经验和技术、经济发展动态;化学分析计量专业技术、学术论文标准物质及分析测试的研究成果分析计量仪器的新产品、新技术、新方法,仪器检定、维修经验本专业文献综述和信息等。

读者对象:化学计量、分析测试、标准物质研究,分析计量仪器开发与生产、检定与维修等领域的工程技术人员、管理人员、供销人员、技术工人和大中专院校师生。

发行范围:化工、轻工、机械、汽车、电子、家电、兵器、航空、航天、建材、冶金、医疗、环保等各行业。

广告内容 化学分析仪器、化学计量器具、有关试剂、标准物质及其厂商介绍;仪器、器具的检定、维修单位介绍,对外服务的理化实验室介绍等。

主办单位:中国兵器工业第五三研究所
国防科工委化学计量一级站
主编:孙安垣
地址:山东省济南市108信箱杂志社
邮编:250031
电话:0531-5816706-803、801、805
传真:0531-5947355
电子信箱:master@anameter.net
国内统一刊号:CN137-1315/06
国际刊号:ISSN 1008-6145

《理化检验-化学分册》

《理化检验-化学分册》杂志创刊于1963年,由上海材料研究所与中国机械工程学会理化检验分会联合主办的技术类刊物。主要报道材料的化学分析与仪器分析专业领域中的新方法、新技术、新设备,以及国内外的研究方向。"面向生产,注重实用,反映动向,兼顾普及"为刊物的编辑方针,旨在最大限度的满足不同层次读者的需要。

《理化检验-化学分册》杂志为国内理化测试专业领域之权威刊物,已被列为中国科技论文统计用期刊,全国中文核心期刊,美国"CA 千种表"中我国化学化工类核心期刊,中国学术期刊(光盘版)和中国期刊网全文数据库几美国工程信息公司 Ei Page One 数据库收录期刊。

主办单位:上海材料研究所
主编:吴诚
地址:上海市邯郸路99号《理化检验》(化学分册)编辑部
邮编:200437
电话:021-65556775-263
传真:021-65544911
电子信箱:ptca-ca@mat-test.com
国内统一刊号:CN 31-137/TB
国际刊号:ISSN 1001-4020

《化学试剂》

本刊是由全国化学试剂信息站(原化工部化学试剂信息站)编辑出版的全国惟一一本有关化学试剂及其相关领域的专业性刊物。报导国内外化学试剂、精细、专用化学品及相关领域的科研成果,先进技术和发展水平等,可供化工、农业、食品、地质、冶炼、纺织、环保、医药、医院、新材料等各行业、实验室、化验室、研究室、试验室等的科研、技术、教学人员、管理人员和各大专院校师生阅读。1992年被国家科委、中宣部、国家新闻出版署、联合评为全国优秀科技期刊三等奖。2001年入选"期刊方阵"被国家新闻出版署评为"双效期刊"。2002年被中国石油和化学工业协会评为第五届全国石油和化工行业优秀期刊专业技术类一等奖。论文被美国《化学文摘》、俄国《文摘杂志:化学》、《中国化学化工文摘》、《中国科学引文索引》等多种检索刊物和数据库收录。本刊2000年被引用频次为363次,在化学学科内排名第12。

主要栏目:研究报告和简报、专论与综述、分析测试研究、试剂介绍、经验交流、生产提纯技术等。双月刊。

主管单位:中国石油和化学工业协会

主办单位:全国化学试剂信息站

编辑单位:化学试剂编辑部

主编:李建华

地址:北京市东四南大街160号

邮编:100010

电话:010-65283411

传真:010-65281741

电子信箱:webmaster@ chinareagent. com. cn

国内刊号:11-2135/TQ

国际刊号:0258-3283

邮发代号:2-444

定价:10元

《化学进展》

本刊是由中国科学院基础科学局、化学部、文献情报中心和国家自然科学基金委员会化学科学部共同主办，以刊登化学领域综述与评论性文章为主的学术性期刊。读者可从中了解化学专业领域国内外研究动向、最新研究成果及发展趋势。主要栏目有:综述与评论,专题论坛,科学基金,基础研究论文评介,动态与信息等。该刊可供化学及相关学科领域的科研、教学、决策管理人员及大学生、研究生阅读。《化学进展》已被以下4种ISI检索刊物收录:ISI Web of Science(ISI网络版)、SCI-E(SCI扩展版)、ISI Alerting Services(ISI快讯)、Current Contents/Clinical Medicine(近期目次/临床医学)。另外,《化学进展》还被《美国化学文摘、《中国化学化工文摘》、《中国化学文摘》、《中国物理文摘》、《中国药学文摘》、《中国科学引文索引》等重要检索刊物收录。双月刊。

主管单位:中国科学院

主办单位:中国科学院基础科学局化学部
国家自然科学基金委员会化学科学部

编辑单位:《化学进展》编辑部

主编:王夔

主任:马建华

地址:北京中关村科学院南路8号

邮编:100080

电话:010-82627757

传真:010-82626600

电子信箱:scinfo@ mail. las. ac. cn

国内刊号:11-3383/O6

国际刊号:1005-281X

邮发代号:82-645

定价:15元

《化学世界》

本刊为化学化工综合性技术刊物。报道化学、化工领域的科研技术与应用成果。栏目有综述专论、有机工业化学、无机工业化学、工业分析、化学工程、新技术、新成果、新信息、化学天地、学会活动。读者对象为化学化工专业科研技术人员及大学、中学教师月刊。

主管单位:上海华谊集团公司

主办单位:上海市化学化工学会

编辑单位:《化学世界》编辑部

主编:高滋

地址:上海市南昌路203号

邮编:200020

电话:021-64733615

传真:021-64733615

电子信箱:Shahua@ online. sh. cn

国内刊号:31-1274/TQ

国际刊号:0367-6358

邮发代号:4-19

定价:6元

《化工新型材料》

《化工新型材料》系中国化工信息中心主办的化工科技信息刊物,创刊于1973年,为中国学术期刊综合评价数据库来源期刊、中国学术期刊(光盘版)入编刊物。主要报道国内外新近发展和正在开发的具有某些优异性能或特种功能的先进化工材料的研究开发、技术创新、生产制造、加工应用、市场动向及产品发展趋势。

本刊内容广泛,应用领域跨行业、跨部门,读者和服务对象不仅有化工科研人员、生产加工企业的厂长经验和营销人员、大专院校师生等,而且还有从国防建设到国民经济各部门的广大用户和关注化工新材料的各界人士。

主办单位:中国化工信息中心
编辑单位:北京中化信深达信息技术有限公司
主编:林莉
地址:北京安定门外小关街53号
邮编:100029
电话:010-64437113
传真:010-64444086
电子信箱:hgxx@cheminfo.gov.cn
国内刊号:11-2357/TQ
国际刊号:1006-3536
邮发代号:82-816
定价:10元

其他医学仪器与试剂杂志

提供关于医疗器械、诊断试剂、广告、杂志、医学、仪器等信息。

二、分析仪器、分析测试书刊媒体

《生物医学测量与仪器》

本书以测量方法为主导，同时介绍相关的医学仪器，即将测量与仪器进行系统化论述，介绍了国内外最新的生物医学测量方法及仪器。主要内容包括：生物电测量及仪器，生理参数测量及仪器，生化参数测量及仪器，超声诊断仪器，病人监护系统，植入式测量及仪器，生物医学光子测量及仪器，细胞及生物大分子层次上的测量技术及仪器等。本书可供生物医学工程专业的本科生、研究生，医疗器械行业的工程技术人员，医院中的医技人员，生命科学研究领域中从事生物医学测量及仪器工作的研究人员，以及电子与信息工程领域中的科技人员作为参考书和教科书。

作者：王保华主编

开本：16

装帧：平

标准书号 ISBN：7－309－03569－0/R.771

出版日期：2003 年 6 月

出版社：复旦大学出版社

单价：38 元

《现代分析测试技术应用丛书——药物分析》

本书主要介绍了气相色谱法、平面色谱法、高效液相色谱法、电泳法、分光光度法、核磁共振光谱和质谱法等现代分析测试技术，着重介绍了现代分析测试技术在化学合成药物、中药、生物技术药物、药物代谢等领域中的应用，并结合典型应用实例，讨论了分析方法的建立和验证。本书注重内容的实用性和先进性，针对每种分析方法，详细讲解了基本原理、仪器与试剂、分析条件、技术参数、分析步骤、数据处理、结果讨论等。本书可供在药品生产、检验和研究机构中从事药品分析和药品结构确证的技术人员使用，也可作为高等院校医药专业师生的教学参考资料。

作者：盛龙生　何丽一　沈文斌

开本：16

装帧：平

标准书号 ISBN：7－5025－4190－X/TQ

出版日期：2003 年 2 月

出版社：化工出版社

单价：98 元

《现代生物技术制药丛书——生物制药设备和分离纯化技术》

本书由公用设施与设备、分离纯化技术与应用 3 篇组成。第 1 篇介绍生物制药中通用洁净厂房空气环境净化调节、自动控制与监视、生产线关键和工艺生产服务系统的原理、结构功能、应用以及验证技术等；第 2 篇重要生物技术药物成分分离纯化所用的主流技术，包括细胞破碎、盐析沉降、离心与超速离心、层析、过滤与超滤、萃取和冷冻干燥技术，并介绍了各项技术与相关设备的验证原则；第 3 篇以当代生物药物代表品种为例，简单介绍各种分离纯化技术在菌苗、疫苗、血液制剂、细胞因子、酶及肽类药品及中药成分提取生产工艺中的应用情况及质量控制要点。本书结合基本原理，以介绍生物制药设备和分离纯化相关技术为主，为生物技术制药行业的实用技术书，书中较全面地总结了相关技术、经验、成就和发展。本书读者对象为生物技术制药企事业单位的研究技术人员、管理人员、大专院校药学类师生等。

作者：李津　俞詠霆　董德祥

开本：16

装帧：平

标准书号 ISBN：7－5025－4128－4/Q

出版日期：2003 年 6 月

出版社:化工出版社

单价:68 元

《卫生检验基础》

本书共 24 章,较全面、系统地阐述了在卫生检验中所普遍使用的现代技术。全书共分三大部分,化学物质的测定(仪器分析)、微生物与病毒的检验、现代分子生物学(PCR 技术),因此本书的内容较新颖。本书有 3 个特点:①涉及卫生检验的 3 种主要分析检验方法编在一本书内;②所涉及的内容特别适用于生物样品的分析与鉴定;③着重介绍方法的使用,对理论内容做了简单介绍。本书可作卫生管理研究生班(MPH)教材,也可供预防医学专业的本科生作选修课教材,并可供医药、卫生的分析检验人员和研究生使用。

作者:郑力行主编

开本:16

装帧:平

标准书号 ISBN:7-309-03674-3/R.792

出版日期:2003 年 10 月

出版社:复旦大学出版社

单价:32 元

《细胞超微结构与电镜技术——分子细胞生物学基础》(第二版)

本书以分子细胞生物学为基础,全面介绍了细胞质膜、细胞核、核糖体、高尔基复合体、内质网、溶酶体及细胞骨架等细胞器的超微结构及其功能,使读者对正常细胞的微细结构有一个全面的认识。同时为满足部分研究人员进一步深入了解的需要,本书在改版时增加了一些组织内的特化细胞的内容,包括上皮细胞、神经胶质细胞及感觉传导细胞。对用于超微结构研究的各项技术,如常规透射电镜技术、扫描电镜技术、电镜组织化学技术、低温制样和冷冻蚀刻技术、电镜 X 线显微分析技术和超高压电镜技术,以及近年来新发展起来的扫描探针技术,也一并作了详细介绍。本书编排合理,内容实用,适用于本科以上学生作为教材,同时还可作为科研人员从事超微结构研究的参考书。

作者:凌诒萍　俞彰主编

开本:16

装帧:平

标准书号 ISBN:7-309-03842-8/R.824

出版日期:2004 年 2 月

出版社:复旦大学出版社

单价:19 元

《分析科学现代方法丛书——现代仪器分析在生物医学研究中的应用》

本书收集国内外新技术、新方法,深入浅出地介绍了液相色谱、有机质谱、生物传感器技术等的原理。简要介绍各种技术相关的分析仪器,着重向读者提供了各种技术在生物医学领域的应用,并附以实例。本书为广大从事药学与基础医学相关研究的研究生和科研人员提供了现代仪器分析技术的重要知识,为其今后的学习及研究奠定基础。

作者:钱小红　谢剑炜

开本:32

装帧:平

标准书号 ISBN:7-5025-4674-X/TQ

出版日期:2003 年 9 月 1 日

出版社:化工出版社

单价:35 元

《医学微生物学》(第 2 版)

根据医学微生物学课程教学大纲的要求,本书设基础细菌学和临床细菌学、基础病毒学和临床病毒学 4 篇共 39 章。基础微生物学强调医学微生物的基本理论,重点阐述细菌和病毒的形态与结构、生长与繁殖、遗传与变异、致病机制与防御功能等基础知识;临床微生物学重点介绍各种细菌和病毒的主要生物学性状、致病性与免疫性,以及微生物学诊断与防治。分子生物学的发展为本书增添内容,引入了微生物基因组学和蛋白组学,从分子水平认识病原微生物与新型疫苗、新型抗菌药物等的研制和开发。新现和再现微生物肆疟全球,譬如幽门螺杆菌、肠出血性大肠杆菌(O157:H7)、疱疹病毒—8 型和艾滋病毒等都作为本书的重要内容。反生物恐怖是911 事件后的突出问题，故适当增加编写炭疽杆菌等与生物武器相关的内容，以增强防御生物武器的应变能力。非典型性肺炎是21世纪首场全球性传染病，新型传染病的出现是对全世界的一个严峻考验。本书新增冠状病毒与传染性非典型性肺炎，突出“预防为主”的方针，增强人们的防范意识。

作者：钱利生主编

开本：16

装帧：平

标准书号 ISBN：7-309-03627-1/R.783

出版日期：2003年8月

出版社：复旦大学出版社

单价：32元

《医学遗传学》（第3版）

《医学遗传学》第3版是针对临床医学七年制和基础医学专业的教学用书，也可用于临床五年制和其他专业的数学。全书内容分为遗传学基础和临床应用两部分，从遗传学的角度系统地描述了疾病的病因、发病机制、病变过程；并应用人类遗传学的理论和方法来研究这些遗传病从亲代传至子代的特点和规律、起源和发生及其与临床医学的关系（包括诊断、治疗和预防）。同时在书中插入了一些英文原文材料，希望它有助于专业知识和专业英文的学习。

作者：刘雯　左伋主编

开本：16

装帧：平

标准书号 ISBN：7-309-03692-1/R.799

出版日期：2003年9月

出版社：复旦大学出版社

单价：34元

《医用分子遗传学》（第二版）

本书紧密联系医学，系统介绍分子遗传学的基本理论及其在医学中的应用。全书共分10章，以基因工程及其与医学的关系为切入点，较深入地介绍基因的结构与功能，基因组的组织，DNA复制、转录、后加工、翻译，基因表达的调节等分子遗传学的基础理论；以地中海贫血的分子遗传学基础为例介绍基因诊断的基本原理，以t一PA为例介绍基因工程和蛋白质工程等。本书可作为医学研究生和7年制医学本科学生的教材，也可供其他相关学科领域的教学、科研工作者和临床医生参考。

作者：宋后燕　朱运松主编

开本：16

装帧：平

标准书号 ISBN：7-309-03738-3/R.806

出版日期：2003年9月

出版社：复旦大学出版社

单价：32元

《人类基因组我们的DNA》人类基因组测序被公认为当代最具突破性的科学事件。它将有助于我们洞察自身的历史和个体。本书引人入胜，装帧精美，内容贴近于社会公众。本书从生物学和基因组测序技术的基础简介开始，以历史性的基因组序列研究论文结尾。书中记述了主要人类基因组计划的参与者和重要事件年表及关于该项工作的影响的各种观点，囊括了全球媒体的相关报道，及对人类基因组测序的伦理、法律和社会意义的评估。本书是理解人类基因组的必备指南。

作者：C. 丹尼斯　R. 加拉格尔

开本：大16

装帧：平

标准书号 ISBN：7-03-010570-2/Q.1191

出版日期：2003年7月8日

出版社：科学出版社

单价：48元

《高等医学院校教材——实验生理科学》

本书是一部系统性介绍实验生理科学知识的教科书，内容包括绪论、实验生理科学基本知识、动物实验、人体（临床）实验、讨论课及附录等六部分。重点讲述动物实验方法。每个实验项目中都分为实验原理和目的、实验对象、实验器材和药品、实验步骤和观察指标、注意事项以及思考题等。实验步骤按仪器装置、手术操作、观察与记录三层结构描述，逻辑性强，条理清晰。书中采用大量数码照片，图文并茂。本书适用于高等医学院校基础、临床、预防、口腔、护理、检验医学及药学等各专业本科及专科教学，也适用于医学研究生及临床医务工作者在生理科学实验过程中参考

作者：陈世民主编
开本：16
装帧：平
标准书号 ISBN：7－5323－7206－5/R·1867
出版日期：2003 年 9 月 1 日
出版社：上海科学技术出版社
单价：28 元

《抗微生物药物敏感性试验规范》

本书以美国微生物学会编纂的检验操作丛书"CUMI TECH"为蓝本，结合国内检验操作实际情况，以建立规范的微生物实验室流程及进行专业教育为目的。本书主要分三部分：抗生素主要类型、作用特点和耐药特点；抗生素敏感试验各种方法、流程和操作规范、结果临床意义的解释等。

作者：倪语星
开本：16
装帧：平
标准书号 ISBN：7－5323－6631－6/R·1691
出版日期：2003 年 9 月 1 日
出版社：上海科学技术出版社
单价：14 元

《生命科学专著丛书——茶多酚化学》

本书按茶叶化学的学科内涵，理论与应用相结合地阐述了茶多酚领域的基础理论及应用的研究，为茶叶的深加工、综合利用和医药保健提供科学依据和理论基础。全书共分 10 章，在介绍茶多酚的组成、性质、代谢、红变机理及其调控的基础上，着重阐述茶多酚清除自由基的分子机理、毒理学评价以及对某些疾病的药理药效；书中还介绍了茶多酚的分子修饰，为扩大应用范围和提高活性提供新途径；最后对茶多酚的提取技术进行综述，并介绍检测方法。这些内容将有助于读者提高基础理论和专业知识，又对本领域的科研及发展方向有所了解，增进开发利用茶多酚的理解，有利于振兴华茶和使茶叶有效成分的保健功能为人类健康作出贡献。本书是茶叶科学与自由基医学交叉的学术专著，可作为茶学、医药学和生物学等学科的本科生、硕士、博士研究生的参考书或选修课程的教材，也可作为药物工作者研究开发天然药物的阅读资料，并可供从事茶叶深加工和综合利用、医学和生物学等相关领域的工作者参考。

作者：杨贤强等著
开本：16
装帧：平
标准书号 ISBN：7－5323－7238－3/Q·89
出版日期：2003 年 12 月 1 日
出版社：上海科学技术出版社
单价：72 元

《生物化学实验指导》（供中医类专业用）

本实验教材由生化基本操作、实验内容和附录三部分组成，共 37 个实验，既考虑到配合课堂理论学习，又能训练基本操作和基本技能（如离心、层析、电泳等）。在编写中，注重了每个实验的科学性、实用性和可靠性。为了适合不同专业、不同层次的需要，各院校又可按实际情况取舍。在每章理论课内容中，基本上都配有 2～3 个实验供选择。最后几个实验，如针刺对家兔血糖浓度的双向调节、中药对家兔实验性高脂血症的影响、动物组织 Na、K－ATP 酶活性测定、四君子汤对控制饲料小鼠胸腺核酸含量的影响等，可供研究生或七年制学生使用，以开阔实验研究思路。

作者：周梦圣主编
开本：16
装帧：平
标准书号 ISBN：7－5323－3840－1/Q·58K
出版日期：2003 年 9 月 1 日
出版社：上海科学技术出版社
单价：6 元

《不孕不育现代诊治技术》

本书根据不孕不育研究及临床诊治的发展趋势，针对我国不孕不育障碍的现代诊治技术与方法。各位资深专家结合自身专业特点、多年临床

经验及国内外进展，分别提出了临床诊治的规范化程序，分析了各种人类辅助生育技术特点，阐述了祖国医学对男女不孕不育的辩证施治。本书还对精液生化分析、精子动力学分析、精卵及胚胎的冷冻保存、精子库建立及管理等技术作了系统详尽介绍。

作者：贺昌海主编

开本：16

装帧：平

标准书号 ISBN：7-309-03794-4/R.815

出版日期：2003年11月

出版社：复旦大学出版社

单价：25元

《毒理学基础》

本书系统地介绍了毒理学的基本概念；毒物在体内吸收、分布、转化、排泄的基本知识，以及它们产生的各种毒效应和影响这些效应的宿主和环境因素；毒物在体内过程的研究方法及毒物动力学参数；毒物对机体产生的毒性表现以及可能的作用机制。介绍了常见毒物对不同靶器官损伤的基本特征以及研究的基本思路。详细说明了发现非靶器官损害（即致癌、致突变和致畸）的过程。详细介绍了毒性测量的过程、安全性评价及危险度评定的概念和过程。最后在附录中介绍了国内农药、工业品、食品、化妆品、药品等安全性评价的要求等。

作者：金泰廙主编

开本：16

装帧：平

标准书号 ISBN：7-309-03383-3/R.761

出版日期：2003年2月

出版社：复旦大学出版社

单价：28元

《药用化学实验教程》（药用专业高职、大专班用）

本教程是一本供高等职业专科学校药学专业学生使用的实验用书。考虑到本教程的实用性和广泛性，同时又兼顾到不同层次的药学专业实验教学特点，使学生能在较短时间内掌握有机化学实验的基本操作，并在药物化学和天然药物化学实验中将这些基本操作技能综合应用并拓展，因此，将有机化学、药物化学和天然药物化学三门课程的相关实验内容有机地结合起来编写成本书，并已经多年的实验教学验证。本书包括了有机化学实验的一般知识、基本操作、基础有机化学合成实验、有机化合物的性质实验，以及药物化学实验和天然药物化学成分的提取、分离和鉴定实验。所有的教学实验都可操作完成，且具有易操作、现象明显、结果明确的特点，有深有浅，各类学校可根据学校情况和教学目标选择不同的实验。本教程可作为中专、大专、夜大和本科同类专业的实验教材。

作者：朱佳玲等编著

开本：16

装帧：平

标准书号 ISBN：7-5323-7386-X/R·1913

出版日期：2004年3月1日

出版社：上海科学技术出版社

单价：20元

《中药化学》

本书是由国家中医药管理局领导组织编写的、供普通高等教育中药类专业使用的规划教材。根据培养目标的要求，本书内容主要以中药为对象，着重讲述各重要类型化学成分的结构特征、提取、分离、检识和结构测定的基本理论、基本知识和基本技能，并注意结合中药的性能、功效、药理和临床，介绍了一些有代表性的实例。本书在上版教材的基础上，对内容作了重要的补充和调整。总论中加强了波谱分析的新技术、新方法的应用；增添了中药化学成分的预试验及药理供试样品的配制。各论中除充实了各类成分的生源途径、生理活性、结构测定和中药研究的实例外，还补充了主要中药动物药和矿物药的化学成分，删去了上版中目前尚不成熟的第十三章中药有效成分的研究途径。通过修订，本书更体现教材的教学适应性、科学性和先进性。

作者：肖崇厚主编

开本：16

装帧:平
标准书号 ISBN:7－5323－4287－5/R ·1142
出版日期:2003 年 8 月 1 日
出版社:上海科学技术出版社
单价:36.1 元

《中药鉴定学》(供中药类专业用)

为了深化教学改革,本教材根据国家中医药管理局的《普通高等教育中医药类规划教材编写原则》及教材审定会审定的《中药鉴定学》教学大纲及编写提纲编写。新教材根据《编写原则》对前版教材进行了重新编写与修改。对原有教材的中药品种只作了少量改动,增补了近十年来国内外,中药研究的新成就。在总论部分的重新编写过程中,补充了适用于中药鉴定的现代分析检测手段,增加了中成药的检验内容。为了与国际接轨并符合市场发展的需要,着重补充了中药材质量鉴定、新药源开发、品种整理等内容。如选取有代表性的检测方法补充进各类药材之中,并增加了较多的含量测定及薄层色谱方法。对果实种子类药材及动物类药材增加了蛋白电泳分析法。此外在显微鉴定项目下也适当增加了一些新内容。对矿物类药材补充了含量测定及 X 射线衍射内容。本书收载引用了历代本草的主要论述,并对古代本草收载的品种进行考证,为避免与相关教材内容上的重复,对前版教材有关内容进行了必要的删减

作者:李家实主编
开本:16
装帧:平
标准书号 ISBN:7－5323－4099－6/R ·1078K
出版日期:2004 年 2 月 1 日
出版社:上海科学技术出版社
单价:36.8 元

《中药二维相关红外光谱鉴定图集》

本《中药二维相关红外光谱鉴定图集》(Atlas of Two－dimensional Correlation Infrared Spectroscopy for Traditional Chinese Medicine Identification)共收载 300 余种中药材(包括:伪品、不同产地、不同生境和不同等级),30 种中药配方颗粒、10 种中药注射剂的红外光谱、二阶导数谱及二维相关谱图。书中中药材品种以《中国药典》2000 年版收载粉末品种鉴别的品种为主。中药配方颗粒选择了常用的不加辅料的品种。中药注射剂选择了市售的产品。书中按红外光谱的指纹性特征(高 油脂类、高蛋白类、高蔗糖类、高淀粉类、高鞣质类、高树脂类、高指纹性)和最大吸收峰特征等编排并加以说明。每种中药收载内容有药材名(别名)、汉语拼音名、拉丁名、基原[包括科名、植(动)物学名及药用部位]、中药谱图(红外光谱图、二阶导数谱和二维相关谱)、图注说明等。每个品种占一页,真伪品鉴定的列在同一个图版内对照说明。在"绪论"中对中药二维红外的测试技术及样品来源做了详细说明。二维相关红外(2D IR)谱把在传统的一维红外光谱中不容易观测到的详细的光谱特征变得显而易见,使应用二维谱峰的图谱来区分不同级别的复杂中药成为可能。这种独特的光谱图集将会为中药研究、鉴定、经营、管理等方面的技术人员提供一个颇有价值的参考依据。

作者:孙素琴　周群　秦竹
开本:16
装帧:精
标准书号 ISBN:7－5025－4423－2/R
出版日期:2003 年 9 月 1 日
出版社:化工出版社
单价:290 元

《中药数字化色谱指纹谱》

中药数字化色谱指纹谱技术是针对中药药材及中成药的鉴定和质量控制的新方法、新技术。它针对中药这一复杂对象,运用色谱技术,得到色谱图和一系列实验数据,再通过一定的公式建立参数,将复杂的色谱图转变成直观的数字,从而进行中药的质控和质检。本书介绍了数字化色谱指纹谱技术的原理、建立方法、公式与参数,并以柴胡、麝香、大黄、檀香、淫羊藿、半夏和地榆等中药为例,来说明指纹谱技术在中药鉴定中的成功应用,为其进一步的推广应用提供依据;另外以麝香保心丸中麝香、桂皮、冰片、苏合香、蟾酥等药味的鉴定为例说明了色谱指纹谱技术在中成药质控方面的可信性与可行性,在双黄连制剂的研究中也得到了类似证明。

作者:洪筱坤等著
开本:16
装帧:平
标准书号 ISBN:7-5323-6707-X/R·1716
出版日期:2003 年 5 月 1 日
出版社:上海科学技术出版社
单价:38 元

《中药制剂分析》

本书是根据高等中医药院校中药专业教学计划中开设《中药制剂分析》课程的要求,按照《普通高等教育中医药类规划教材编写基本原则》及《中药剂分析》教学大纲编写而成,主要内容是在中医药理论的指导之下,应用现代分析方法,围绕中药制剂的定性鉴别、杂质检查、含量测定、中药制剂质量标准的制定,结合一些有代表性的实例进行论述,并扼要地介绍了生物样品内中药化学成分的测定方法学。本书还编写了中药制剂分析实验14 个,内容包括实验目的、原理、药品仪器、实验步骤和思考题。本书除可供高等中医药院校中药类专业教学使用外,还可供中药制药厂、医院药房、药品检验部门药剂分析工作人员参考使用。

作者:魏路雪主编
开本:16
装帧:平
标准书号 ISBN:7-5323-4436-3/R ·1175
出版日期:2004 年 3 月 1 日
出版社:上海科学技术出版社
单价:26 元

《 国内外药品标准对比分析手册(2003) 》

本书将中国药典(2000 年版)及部分国家药品标准,与现行版美国药典(USP)、欧洲药典(ph. Eur)英国药典(BP)、日本药局方(JP)及《日本抗生素医药品基准解说》等收载的同品种药品和附录进行对比,并对基标准水平和控制内在质量方法等方面加以必要的分析评述。包括四部分内容:第一篇国内外药品标准概论。第二篇中药与化学药品种质量标准对比分析。第三篇制剂通则及附录方法对比分析。第四篇原料药品种和附录对比分析。书后设有药品名西文索引。本书旨在为广大读者全面了解国内外药典的概况和水平,为中国药典与国际先进标准接轨提供直观且具有指导性的参考信息。可供从事药品监督管理、分析检验、生产经营以及医院、企业、教学科研部门的广大医药工作者作为参考工具书。

作者:《国内外药品标准对比分析手册》编委员
开本:16
装帧:精
出版日期:2003 年 8 月 1 日
出版社:化学工业出版社
单价:450 元

《国内外环境监测仪器产品手册》

本书是一本全面介绍国内外环境监测仪器设备的产品信息类工具书。本书分为两部分:第一部分为环境监测仪器产品信息,(类别)包括采样器、BOD/COD 测试仪、pH 计、电导率计、溶氧仪、水质分析监测仪器、流量计、分光光度计及色谱仪、温湿度仪等;第二部分为环境监测仪器国内外厂商名录。书中所收集的产品均为近几年的新产品,每种产品介绍了用途、特点、技术参数等内容。厂商名录部分列出企业名称、地址、邮编、电话、传真、电子邮件、网址等内容。信息量大、覆盖面广。本书可供从事环境治理及相关工作的单位和技术人员参考使用。

作者:孙桂林
开本:16
装帧:精
标准书号 ISBN:7-5025-4920-0/X
出版日期:2004 年 1 月 1 日
出版社:化工出版社
单价:65 元

《环保设备选用手册——监测仪器设备》

《环境保护设备选用手册》共 4 册,包括水处理设备,水气污染控制设备,固体废物处理、噪声控制及节能设备,监测仪器设备。本书为监测仪器设备。共 18 章,包括水体采样器,污水流量计和液(料)位计,水质常用参数测量仪,化学需氧量与生化需氧量测定仪,总有机碳及油分测定仪,水质检测仪，大气环境采样器，烟尘、粉尘及烟气测定仪，挥发性有机物测定仪，光谱仪及其他环境保护用监测仪器。书中收录的技术资料均来自相应生产厂家的产品样本，涵盖了目前国内环境保护用的绝大多数监测仪器，内容权威、实用性强。本书是实用技术、工具书，适宜于环境保护领域的工程技术人员、仪器采购人员查阅和参考。

作者：鹿政理
开本：16
装帧：平
标准书号 ISBN：7－5025－4039－3/X
出版日期：2003 年 1 月
出版社：化工出版社
单价：80 元

《环境工程化学》

本书主要介绍环境工程学科中所应用的化学原理、化学过程和化学工艺，是环境工程与基础化学的结合。全书共分 10 章，包括绪论、环境工程基础、环境工程化学基础、典型水处理工艺中的化学热力学和动力学、重金属废水的污染控制化学、氮除磷过程化学、工业固体废物污染控制化学、有机固体废物的污染控制化学、废气治理过程化学、环境影响与环境监测等。本书可供化学、环境工程、环境科学、化工冶金等领域的科技人员阅读，也可供在中专院校相关专业师生参考。

作者：赵由才
开本：32
装帧：平
标准书号 ISBN：7－5025－4466－6/X
出版日期：2003 年 7 月 1 日
出版社：化工出版社
单价：43 元

《环境保护》(第二版)

介绍了环境保护和可持续发展战略的基本概念和基础知识；大气、水、噪声、固体废物、其他物理污染及海洋环境保护和污染防治知识；环境管理内容，包括环境管理、环境质量评价、环境标准、环境监测、环境保护法和环境经济。

作者：刘天齐
开本：16
装帧：平
标准书号 ISBN：7－5025－2677－3
出版日期：2003 年 1 月
出版社：化工出版社
单价：25 元

《环境监测》

本书将环境监测的对象进行了明确的分类，详细讲述了各种监测技术的基础理论和手段。内容包括环境和环境污染概述、水质监测与分析、气体监测、土壤污染监测、固体废物监测、生物污染监测、噪声污染监测、放射性污染监测。另外，本书还对现代环境监测技术的新仪器、新方法和新方向做了综述。为了培养学生的动手能力，本书在书后附加了 17 个实验，除了训练学生掌握环境监则中最基础的操作外，还针对新技术做了一些拓展，学生可以根据实际情况进行适当的取舍。本书可作为大专院校环境科学与环境工程专业师生的教学参考用书。

作者：陈玲　赵建夫
开本：16
装帧：平
标准书号 ISBN：7－5025－4984－6/X
出版日期：2004 年 2 月 1 日
出版社：化工出版社
单价：49 元

《环境监测》

本书分四篇共 10 章。第一篇为环境监测基础，介绍了环境监测的基本情况、样品的采集与保存、数据处理与质量保证；第二篇为监测分析方法，介绍了化学分析法和仪器分析法；第三篇为环境质量和污染监测，介绍了水、大气、固体废物及其他污染，包括噪声、土壤、放射性、生物污染的监测，简单介绍了在线与自动监测。第四篇为实验，安排了 18 个教学实验。本书为高等学校环境科学、环境工程专业的教材，也可供相关科研和技术人员参考。

作者:吴忠标

开本:16

装帧:平

标准书号 ISBN:7-5025-4580-8

出版日期:2003 年 8 月

出版社:化工出版社

单价:39 元

《环境监测技术》

本书是教育部"面向21世纪职业教育课程改革和教材建设规划"的系列教材之一,根据2001年审定通过的中等专业学校环境类专业《环境监测技术教学大纲》的要求编写而成。本书较为详细地介绍了环境监测的基本原理、技术方法和监测过程的质量保证,突出环境监测的特点,在一定的理论基础上,强调实践,注重专业素质和能力的培养。本书为中等职业学校环境保护与监测专业教材,亦可作为中等职业学校环境类其他专业的教学用书或作为环境保护科技人员、管理干部、环保职工培训教材及参考书。

作者:姚运先

开本:16

装帧:平

标准书号 ISBN:7-5025-4023-7

出版日期:2003 年 5 月

出版社:化工出版社

单价:16.8 元

《环境监测技术实习》

本书是中等职业学校环境保护与监测专业系列教材之一。主要介绍环境监测技术实习的基本内容,需要达到的实习目的和能力目标,着重提出实习过程中的学习重点,同时也为实习学习提出了拓展性活动的建议。全书共分六章,其中包括水质监测、空气和废气监测、噪声监测、土壤中重金属含量监测等环境监测的主要内容;同时内容也涉及当今最新环境监测技术的应用,如污水COD在线连续自动监测、固定污染源排放烟气连续监测、突发性环境污染事故应急监测和计算机信息处理技术在环境监测中的应用等,具有较强的实用性,能满足读者的实际工作需要。本书可供中等职业学校环境保护与监测专业学生在实习教学过程中使用。

作者:吴同华

开本:16

装帧:平

标准书号 ISBN:7-5025-4010-5

出版日期:2003 年 5 月

出版社:化工出版社

单价:15 元

《环境监测新技术》

本书共分8章,分别介绍了全球重大环境问题及相关监测技术。烟气固定源监测与常规大气监测、放射性核素污染及监测、水质监测、自动在线监测系统、新型监测仪器及多种仪器联用、环境管理与研究、危险废物的焚烧处理与相关标准。在新型监测仪器与多种仪器联用一章中,重点介绍了目前国内外环境监测中普遍使用的ICP-MS、GC-MS、LS-MS、FT-IR、XRF、IC、AAS、TLC、PAS及分子吸收法、超临界色谱、荧光和磷光等内容。本书内容全面,技术性强,所参考资料多为近年来国际上环境监测方面的研究成果,这些国内外最新的环境监测技术以对国内从事环境监测的专业人士和从事污染物控制监测的工程技术人员具有很大的价值。

作者:齐文启　孙宗光　边归国

开本:16

装帧:平

标准书号 ISBN:7-5025-4787-8/X

出版日期:2004 年 1 月 1 日

出版社:化工出版社

单价:108 元

《环境监测与分析实践教程》

本书系统介绍了环境监测与分析实践环节教学、各种常见样品预处理技术及分析技术和手段、分析监测实验室基础知识等内容。在此基础上,编写了常见的14个水质监测实验、5个大气监测实验、3个生物监测实验,为了配合教学改革的需要,还编写了5个综合设计及研究性试验,并介绍了环境监测过程中常用的或正在开发研制的生物传感器。本书还编写的环境监测实习任务书及指导书，同时附有教师编写的、引导性环境监测方案设计案例及环境监测实习报告案例和学生在教师指导下编写的相应的案例。本书的附录部分为读者提供了部分环境标准及监测分析中常用的相关常数。本书可作为高等院校环境科学、分析化学及相关专业学生课程实验及实习教学用书，也可作为环境监测与分析技术人员的参考书。

作者：聂麦茜

开本：16

装帧：平

标准书号 ISBN：7－5025－4814－9

出版日期：2003 年 10 月

出版社：化工出版社

单价：22 元

《环境监测中的电化学分析法》

本书介绍了环境监测中的电化学分析法，涉及离子选择电极、库化分析、微库化分析、极谱法和溶出伏安法。其中详细地介绍了离子选择电极、库化分析和溶出伏安法的基本原理、分析方法及在环境监测中的应用。强调了实用性，对应用中出现的一些具体问题作了解释与说明，是实际工作者的指南。本书可供从事化学、化工、冶金、地质、土壤、生物化学、医学、卫生防疫、食品检验，海洋等领域应用电化学分析的工作者，特别是从事监测的科技人员以及大专院校与中专技校有关专业师生参考。

作者：杜宝中

开本：32

装帧：平

标准书号 ISBN：7－5025－4380－5/X

出版日期：2003 年 5 月

出版社：化工出版社

单价：20 元

《环境生物技术丛书——现代生物技术在环境工程中的应用》

现代生物技术在解决日益严重的环境问题方面发挥越来越大的作用，本书就是在此基础上编写而成。全书共分 8 章，主要介绍了现代生物技术概论、现代生物技术在环境监测与评价中的应用、生物强化处理技术、现代生物技术与生物质能源、应用现代生物技术进行生态制品的设计与制备、新绿色革命与现代农业、几种典型的分子生物学技术及其应用、现代生物技术风险分析等内容，为环境工程提供了有效的污染治理、污染物监测等技术，同时也为深入、准确地理解环境微生物的特征提供了实验方法和科学依据。本书内容丰富，具有较强的系统性、技术性和实用性，适于环境工程、环境生物技术领域的工程技术人员参考，也供高等院校相关专业师生参阅。

作者：冯玉杰

开本：16

装帧：平

标准书号 ISBN：7－5025－5270－7/X

出版日期：2004 年 3 月 1 日

出版社：化工出版社

单价：46 元

《环境污染与生物变异》

本书比较系统地介绍了当前环境污染学方面新的研究进展与成果。讨论了当前一些新的环境污染源，如食物污染源、人的自身污染源、室内污染源、战争污染源；尤其讨论了环境污染物引发生物体的某些微观的变化，包括环境污染物引发的生物畸变或变异、环境污染物对生物免疫系统的影响而导致各种奇异怪病与癌症、环境污染物对生物生殖系统的干扰与破坏作用以及环境污染对人大脑及中枢神经的影响作用等，同时也对当前流行的非典疫情与环境的关系进行了讨论。本书内容新颖、图文并茂，既有生动的实例，又有较严谨的理论，同时注意了知识性、趣味性与普及性的完美结合。本书可作为环境科学专业大专院校学生、教师、科研人员的教学与科研的参考书，也可以作为关心环境保护事业的非专业人士和高级科普读物。

作者：孙胜龙

开本：32

装帧：平
标准书号 ISBN:7－5025－4628－6/X
出版日期:2003 年 10 月 1 日
出版社:化工出版社
单价:30 元

《环境中有毒有害物质与分析检测》

本书共分十四章。第一章至第三章介绍了环境中有毒有害物质的种类和来源、体内过程、对生物体的危害、毒理学试验方法等，并能样品采集、预处理和检测方法进行了概述。第四章至第十四章详细阐述了有毒有害气体、易挥发性物质、化学元素、农药及兽药与激素残留、致癌有机化合物、细菌、真菌毒素、病毒、寄生虫、动植物毒素等各种有毒有害物质的理化性质、病原特性、污染来源、毒性作用、对人体的危害和检测方法等方面。本书内容涉及许多交叉学科，系统、丰富。可供化学化工、生物医学、卫生防疫、环境保护与监测、食品卫生、进出口检验等相关人员使用，也可供高等院校相关专业师生使用。

作者:毛跟年　许牡丹　黄建文
开本:16
装帧:平
标准书号 ISBN:7－5025－4902－1/X
出版日期:2004 年 1 月 1 日
出版社:化工出版社
单价:66 元

《环境监测实验》

本书涵盖环境监测过程中各类常用的方法，从样品采集到现代分析仪器的使用，从常规环境监测到复杂环境样品中微量污染物分析，监测对象涉及废水、大气、生物样品等诸多类型。本书共选择 40 个实验，力求将环境样品的多样性和实验方法的互补性相结合，体现实验科学的实用性、知识性和先进性。本书的附录部分还为读者提供了样品采集与处理、环境质量标准及实验室基本知识等内容。本书可作为大学本、专科学生的实验教学用书，也可作为环境监测工作者的参考书。

作者:孙成　于红霞
开本:B5
装帧:平
标准书号 ISBN:7－03－010926－0/X. 76
出版日期:2003 年 3 月 3 日
出版社:科学出版社
单价:25 元

《环境污染与生态恢复》

本书以污染与恢复生态学的核心理论与技术体系为框架，以华南经济高速发展过程中凸显的生态环境问题为重点，系统总结了黄铭洪教授及其合作者二十余年来在污染与恢复生态学领域取得的理论与技术成果。在分析总结华南经济高速发展区(粤港澳经济圈)主要的生态环境问题与成因的基础上，提出污染与恢复生态学可为区域性生态环境的整治与管理的理论与技术，并重点介绍了重金属和有机污染的生态过程、效应与评价技术，以及环境污染的生物修复与生态恢复，最后，提出该地区未来可能出现的生态环境问题及其整体性的整治与管理策略。本书可供生态、环境、生物、农业、国土和资源等领域的专家学者、相关的管理人员及研究生参考。

作者:黄铭洪
开本:16
装帧:精
标准书号 ISBN:7－03－011135－4/Q. 1238
出版日期:2003 年 3 月 4 日
出版社:科学出版社
单价:55 元

《甲醛释放与检测》

本书内容包括 GB18580－2001《室内装饰装修材料人造板及制品中甲醛释放限量》强制性国家标准的制定和实施；欧、美、日等对人造板甲醛释放量的规定、各种方法测定人造板甲醛释放量等。本书的宗旨是以实用性为主、宣传媒体或广大消费者，需要了解的问题都能从本书中找到基本答案。本书可供环境监测技术与管理人员、大专院校环境工程专业师生、建筑行业管理及监理人员参阅。

作者:王维新
开本:32
装帧:平
标准书号 ISBN:7-5025-4291-4
出版日期:2003年1月
出版社:化工出版社
单价:26元

《固体废物试验与监测分析方法》

本书分七章介绍了固体废物有害特性试验与监测分析方法,第一章从固体废物有害特性试验与有成分分析技术的发展历程、现状和趋势,指出了固体废物环境监测技术和监测分析方法的目的、意义和存在的问题,提出了中国固体废物环境监测的技术路线;第二章简要叙述了固体废物的定义和分类;第三章介绍了国内主要的固体废物环境污染控制标准,明确了固体废物环境监测的优先目标化合物;第四章介绍了固体废物样品的采集方法、样品制备方法和浸出液的制备及预处理方法;第五章介绍了固体废物6种有害特性的12种试验鉴别方法;第六章给了固体废物中36大类近120种有害成分的91个监测分析方法,第七章简要介绍了固体废物监测分析的质量管理程序。书后附录给出了国外有关固体废物环境管理法规和标准等内容,并列出100多篇主要参考文献。本书可作为各级环境监测站、科研院所、各工矿企业从事环境监测工作者和重要参考书籍,亦可作为大专院校有关环境监测专业师生的参考资料。

作者:李国刚
开本:32
装帧:平
标准书号 ISBN:7-5025-4765-7/X
出版日期:2003年10月1日
出版社:化工出版社
单价:30元

《水与废水的臭氧处理》

水与废水的臭氧处理 本书系统介绍了臭氧的基本特性、臭氧发生器;论述了臭氧的发生及分析检测方法;较全面地分析了水与废水臭氧处理的反应机理、实验装置的设计,传质过程、反应动力学及建模等;系统地介绍了臭氧在饮用水深度处理、污水处理等方面的应用,并从理论和实践两个方面对饮用水及废水的臭氧处理做了阐述,并附有工程实例的介绍和分析。在编写过程中征得 C. Gottschalk 教授的许可支持,编译了 C. Gottschalk 所著《水与废水的臭氧化》一书中的部分内容。本书具有较强的参考价值,特别适用于研究人员、工程技术人员、设计人员以及大专院校师生使用。同时由于该书比较简洁,也比较适用于初学者。

作者:徐新华　赵伟荣
开本:32
装帧:平
标准书号 ISBN:7-5025-4786-X/X
出版日期:2003年10月1日
出版社:化工出版社
单价:35元

《食品安全性与分析检测》

本书共分十七章,介绍了食品安全性的概念、研究方法及评价程序,食品中天然毒素、环境污染物、霉菌、细菌、病毒、寄生虫、农药及兽药残留、化学元素、食品添加剂、食品加工与贮藏过程中产生的毒素、食品包装材料的容器、食品掺伪、转基因食品等因素对食品安全性的影响与检测方法,还介绍了安全食品的质量标准、管理方法及质量控制。书后附有《中华人民共和国食品卫生法》和《食物中毒诊断标准及技术处理总则》。本书理论联系实际,内容涉及许多交叉学科,可供轻工、农业、医学、环境保护、商学、化工等行业的科研人员、管理人员和相关专业的师生试用,也可作为科普读物提供给对食品安全感兴趣的读者阅读。

作者:许牡丹　毛跟年
开本:16
装帧:平
标准书号 ISBN:7-5025-4446-1/TS
出版日期:2003年6月1日
出版社:化工出版社
单价:49.45元

《食品工厂环境检测》

本书是从积极推行普及 HACCP(体系)、GMP(规范)、SSOP(程序)和 QS 质量认证的实际需要出发,以促进食品加工企业提高环境清洁程度和进行安全卫生生产为目的而编写的一部分析检测专业工具书。全书共七章,主要包括绪论、分析检测方法的选择、评价与数据处理、环境样品采集与预处理、空气和废气的检测、水和废水的检测、环境微生物的检测以及环境检测样品制备新技术等内容。在著作选材方面力求编入标准方法、快速检测方法和仪器方法等内容,在简述方法原理的基础上,重点突出方法和可操作性和实用性。本书可供食品加工企业的生产技术、质量管理、分析检测、产品开发等专业人员,卫生防疫、疾病防控、技术监督、工商管理、环境保护、污染治理等行业有关岗位的专业人员使用,也可供高等院校、科研院所从事食品科学、食品工程、生物工程与技术、环境科学与工程等专业的师生及技术人员参考。

作者:董文宾
开本:16
装帧:平
标准书号 ISBN:7-5025-5055-0/X
出版日期:2004 年 1 月 1 日
出版社:化工出版社
单价:48 元

《食品与农产品品质无损检测新技术》

食品与农产品品质无损快速检测技术是 20 世纪后期发展起来的集物理学、化学、物料物性学、分析仪器、数据处理、信号分析和计算机应用等学科为一体的交叉型应用科学。本书从原理和应用两个方面,介绍了利用食品与农产品的力学特性、电学特性、光学特性、外形特征和嗅觉特性等快速检测其品质的新技术。本书内容新颖,实用性强。本书可作为从事食品与农产品品质检测和控制的技术人员的参考书,也以作为食品科学与工程、农产品加工与贮藏等专业本科学生的专业教材以及相关专业研究生的参考书籍。

作者:陈斌　黄星奕
开本:32
装帧:平
标准书号 ISBN:7-5025-5175-1/TS
出版日期:2004 年 3 月 1 日
出版社:化工出版社
单价:25 元

《危害分析和关键控制点(HACCP)及在食品生产中的应用》

本书共分七章,分别为 HACCP 安全保证体系的概述、食品中的危害、HACCP 体系与 CMP、SSOP 的关系、HACCP 安全保证体系应用的具体操作、HACCP 体系文件的编制、HACCP 体系文件模式、HACCP 体系的认证。书后有七个附录。分别为 HACCP 体系及其应用准则、食品卫生通则、良好操作规范、中华人民共和国标准食品企业通用卫生规范 GB14881-94、出口食品生产企业卫生注册登记管理规定、水产品 HACCP 法规、果蔬汁产品 HACCP 法规。本书注重理论与实践相结合,资料丰富、语言精练,适合从事食品行业及企事业单位的生产、技术、科研人员以及相关专业的大中专院校师生使用。

作者:姜南　张欣　贺国铭　王冬冬
开本:16
装帧:平
标准书号 ISBN:7-5025-4464-X/TS
出版日期:2003 年 7 月 7 日
出版社:化工出版社
单价:48 元

《 食品安全快速检测技术 》

本书是根据食品安全影响因素进行分类编写的。全书共六章,即导论、检测技术基础知识、食品中有害化学物质快速检测方法、毒素快速检测方法、食品中有害微生物快速检测方法、转基因食品的危害和检测基本情况,主要以污染物为主线分别详细介绍了各种快速检测方法的基本原理、技术方法和实验过程中的质量保证,以及简易检验方法和现代最新快速检测技术等内容。该书尤其注重理论与实践的结合,注意突出国际权威的新方法、新技术;这些新方法、新技术能够比较全面地反映出当前学科的发展水平。本书主要作为产品检验检疫、质量检验、安全(卫生)监督、企业质量控制操作人员参考用书,也可供有关专业、食品安全研究人员及工商、农委、饮食协会、食品工业协会工作者参考使用

作者:王晶　王林　黄晓蓉
开本:32
装帧:平
出版日期:2002年12月
出版社:化学工业出版社
单价:32元

《现代仪器分析》(影印版)

本书为中国科学院研究生教学丛书之一。本书系统介绍了包括电化学、光谱、核磁共振、质谱、色谱等方法在内的各类现代仪器分析技术的原理与应用,以及与分析过程相关的样品制备与纯化、电子学基础、数字信号的获得与模拟、动力学方法等知识。本书以提高读者解决实际问题的能力为目标,通过引用大量的应用实例来解释一些基本的分析概念与原则。其主要特色为可读性强、指导性强、实用性强。本书的读者对象为与仪器分析相关的诸学科领域的研究生、科研工作者及技术人员。

作者:Kenneth A. Rubinson　Judith F. Rubinson 美
开本:16
装帧:平
标准书号 ISBN:7-03-010883-3/O.1677
出版日期:2003年1月17日
出版社:科学出版社
单价:69元

《仪器分析》

本书根据高等职业教育工业分析与检验专业对《仪器分析》的基本要求和课程标准编写。全书共分10章,内容包括电位分析法、库仑分析法、紫外-可分光光度法、红外光谱分析法、原子吸收分光光度法、气相色谱分析法、高效液相色谱分析法、离子色谱法、其他仪器分析法简介(发射光谱法、质谱法、核磁供振波谱法、毛细管电泳法)以及仪器联用方法等。介绍了这些常用分析方法的基本原理、仪器结构、方法特点,应用范围和实验技术。书中涉及的仪器既有生产实际中的常用仪器,也有具有较大应用潜力的新型仪器,内容新颖、实用。每种方法均安排有多个典型实用的实验,范围涉及化工、冶金、医药、生物、环境监测等方面。书末附录和汉英索引为学习习提供了相关的资料。本书可作为高职工业分析与检验专业及相关专业的教材,也可作分析化验人员业务培训用书及参考资料。

作者:黄一石
开本:16
装帧:平
标准书号 ISBN:7-5025-3656-6
出版日期:2004年1月1日
出版社:化工出版社
单价:38元

《仪器分析》

作者:梁述忠
开本:32
装帧:平
标准书号 ISBN:7-5025-2126-7
出版日期:2004年2月1日
出版社:化工出版社
单价:17元

《仪器分析实验》(第二版)

本书共选编九种仪器分析方法,共有四十一个仪器分析试验。重点在于紫外可见分光光度、红外吸收光谱法、高效液相色谱法、电位分析法、库仑分析法、原子吸收光谱法、气相色谱法、极谱分析与溶出伏安法和原子发射光谱法等内容。本书实验选题紧扣中等职业教育的特点,内容实用,通俗易懂,实验的可靠性和通用性好。本书为中等职业学校工业分析专业的教材,也可供高职高专相关专业的师生和厂矿分析人员参考。

作者:穆华荣　陈志超
开本:16
装帧:平
标准书号 ISBN:7-5025-5134-4、7-5025-

5134－4/G

出版日期:2004 年 2 月 1 日

出版社:化工出版社

单价:23 元

《仪器分析实验》

本书是根据一九八六年四月化学工业部化工技工学校分析专业教材编审委员会审定的“仪器分析实验教学大纲”和“仪器分析实验编写大纲”，为配合技工学校试用教材《仪器分析》而编写的实验教材。内容包括常用分析仪器的操作技术、维护保养知识以及常用仪器分析实验 25 个。对分析仪器的介绍。着重于目前工厂常用的分析仪器;所选定的实验内容,根据技工教育的特点,大多来自于目前工厂生产实际中典型的分析项目。本书也可作分析工人的培训教材;可供其它各类技工学校有关专业师生及厂矿化验人员参考;有部分实验对大中专化学专业学生有一定的参考价值。

作者:刘小珍

开本:32

装帧:平

标准书号 ISBN:7－5025－0032－4

出版日期:2003 年 7 月

出版社:化工出版社

单价:11 元

《表面活性剂实用仪器分析》

本书简单介绍了表面活性剂分类、特性、制备、应用及其物理、化学试验法。重点介绍了近代分析法的原理、实验技术及其在表面活性剂分析中的应用。其中包括红外光谱、紫外-可见吸收光谱、核磁共振波谱、有机质谱、气相色谱、气相色谱-质谱联用、气相色谱-红外光谱联用、薄层色谱、高效液相色谱、液相色谱-质谱联用、液相色谱-红外光谱联用、毛细管电泳等内容。还列举了表面活性剂分析实例及其分析方法。本书可供从事表面科学研究、表面活性剂合成、生物化学研究、环境保护、表面活性剂应用和表面活性剂分析与测试等相关行业的工程技术人员及大专院校师生参考。

作者:王文波　刘玉芬　申书昌

开本:32

装帧:平

标准书号 ISBN:7－5025－4618－9/TQ

出版日期:2003 年 8 月 1 日

出版社:化工出版社

单价:25 元

《光机电一体化丛书——光机电一体化技术产品实例》

本书共分 7 章,汇集了各类光机电一体化的产品实例。第 1 章对光机电一体化技术及其应用进行了较为全面的阐述,其余各章分别介绍了光机电一体化技术在工业、生物和医疗、军用、家用电器、仪器仪表产品和在汽车和交通上的应用实例。全书配有大量说明图表,尽量避免出现繁复冗长的公式推导,偏重普及性、实用性和新颖性,在内容深度和语言叙述方法面力求面向不同层次的读者。本书适合相关产品的开发人员,也可供大专院校相关专业的师生参考。

作者:林宋　刘杰生　殷际英　田建君

开本:16

装帧:平

标准书号 ISBN:7－5025－4918－8/TH

出版日期:2004 年 1 月 1 日

出版社:化工出版社

单价:35 元

《光机电一体化丛书——光机电一体化系统设计》

光机电一体化是集光、机、电于一体的现代机械系统。它由传感、驱动、控制和执行机构四部分组成。本书从光、机、电有机结合的角度出发,较为全面地、系统地阐述了光机电一体化系统的设计原理和方法。全书共分七章,分别介绍光机电一体化系统的主要思想、传感部件的原理和选择、执行元件的原理和驱动、控制器的选择、光机电一本化软件和控制技术、伺服系统设计以及光机电一体化实例。全书的最大特点是在介绍具体部件的原理性知识的同时通过讲解伺服系统的完整设计过程,帮助读者了解如何设计光机电一休化系统或产品。本书结构清新、文笔流畅,图文并茂、内容深入浅出、注重实用，它不仅适合于用作高等院校光机电一体化等相关专业本科生的教材，对于从事光机电一体化设计、制造、研究和管理的工程技术人员也有很好的参考价值。

作者：方建军　田建君　郑青春
开本：16
装帧：平
标准书号 ISBN：7－5025－4788－6/TH
出版日期：2003年10月1日
出版社：化工出版社
单价：32元

《纳米材料与应用技术丛书——聚合物-无机纳米复合材料》

本书基于国内外作者的主要工作，结合国内外有关的前沿与经典理论，详细介绍了聚合物高分子与无机纳米材料的分类、制备、复合与组装、结构与性能研究表征以及应用前景。全书贯穿纳米材料与技术对传统产业的改造，以及这一新技术对传统产业的冲击与渗透。这些内容也部分地体现在适用参考例中。本书还包括了作者原创性的工作，未加修饰地呈现给读者。本书适用于化学、材料学、材料物理化学、化学工艺、高分子化学与物理等专业的本科生及研究生的参考资料，也可供石油化工、石油下游企业、厂矿部门的工程师，以及在化学材料、建筑材料、粉体加工等企业与商业部门的材料工程师与技术人员参考。

作者：柯扬船
开本：16
装帧：平
标准书号 ISBN：7－5025－4071－7
出版日期：2003年1月
出版社：化工出版社
单价：42元

《纳米粉体的分散及表面改性》

本书为纳米粉体的分散及表面改性的一本专著。书中系统论述了与纳米粉体分散有关的胶体化学和流变学和材料学等相关基础理论。同时注重引入了分形等新理论对纳米粉体分散的研究成果。还根据纳米粉体的实际应用较详细地介绍了纳米粉体的表面化学，纳米粉体在液相介质中的性能表征以及纳米粉体表面改性的方法和技术。书中还介绍了陶瓷胶态成型的最新技术以及纳米粉体分散和表面改性技术的应用前景和展望。

作者：高濂　孙静　刘阳桥
开本：32
装帧：平
标准书号 ISBN：7－5025－4849－1/TQ
出版日期：2003年12月1日
出版社：化工出版社
单价：30元

《分析科学现代方法丛书——纳米材料分析》

“纳米科技”是指在纳米尺度（0.1～100nm）上研究物质的特性和相互作用以及利用这些特性开发新产品的科学与技术。本书内容是纳米科技的重要方面之一——纳米检测与表征的方法与技术。书中介绍了在纳米尺度上原位研究各种纳米结构的电磁、光、热、力学等特性；纳米空间的化学过程、物理运输过程；以及纳米空间的原子、分子的排列、组装与其奇异的物性的关系的研究方法。包括了全部的纳米材料现代检测技术，详述了方法原理与检测技术，并有具体实例。本书可供从事纳米材料研究与器件开发的科技人员学习参考，亦可作为相关领域的研究生教材。

作者：黄惠忠
开本：32
装帧：平
标准书号 ISBN：7－5025－4097－0/TQ
出版日期：2003年3月
出版社：化工出版社
单价：30元

《高新技术科普丛书——纳米生物技术》

全书共分六章，第一章介绍了纳米生物技术的发展概况，第二章介绍了纳米生物的材料，包括纳米生物高分子材料、纳米生物陶瓷、纳米生物复合材料、纳米结构组织工程支架材料等。第三章介绍了生物芯片和生物计算机。第四章介绍了分子马达和生物机器人。第五章介绍了分子探针和纳米生物传感器。第六章对纳米生物技术的研究动态和发展趋势进行了分析和预测。内容较为全面系统，图文并茂，深入浅出，力求通俗易懂，生动形象。本书适用于在纳米科技和生物技术交叉领域从事研发工作的研究人员、技术人员、管理人员等阅读，同时，也可供大专院校相关专业的师生参考。

作者：姜忠义　成国祥

开本：32

装帧：平

标准书号 ISBN：7－5025－4324－4

出版日期：2003 年 1 月

出版社：化工出版社

单价：14 元

《纳米材料和器件》

本书由活跃在纳米材料和器件领域第一线的从事科研和教学的 20 位专家、学者联合撰写而成。它的基本框架和内容来源于清华大学研究生课程——纳米材料和器件。全书共 11 章，叙述了纳米材料和器件的概念、分类、设计和表征；撰写中注意了材料和器件并重、基础和前沿并重、科学和技术并重。本书适合于从事纳米科技领域研究工作的教师、科技人员、研究生和本科生阅读。即使非专业人员，作为科普知识一读，也会有所收益。

作者：朱静

标准书号 ISBN：7－302－06250－1

出版日期：2003 年

出版社：清华大学出版社

《生物化学仪器分析与实验技术》

全书共分 7 章，主要包括光谱、层析、电泳、免疫等常规分析技术，还包括蛋白质测序等一些超微分析技术以及生物化学技术中最常用到的离心和膜分离技术，体现了当今应用生物化学仪器进行分析的基本技术和最新研究成果。本书全面、系统地介绍了生物化学的仪器和实验技术两方面的内容，仪器部分主要介绍仪器的基本原理、构造、性能及用途；实验技术部分主要介绍实验的基本原理、方法、影响因素和结果分析等，并在每一节都列举了相应的实例。本书为生物化学实用技术图书，可作为学习生物化学技术的在校本科生、研究生、进修教师的教材和参考书，也会对从事生物化学研究和实验的工作人员有所帮助。

作者：周先碗　胡晓倩

开本：16

装帧：平

标准书号 ISBN：7－5025－4226－4

出版日期：2003 年 1 月

出版社：化工出版社

单价：45 元

《生物实验室系列——发酵工程实验技术》

本书是一本系统介绍发酵工程实验技术的专著全书共分 11 章，重点介绍涉及各种生物反应器的微生物细胞、动物细胞和植物细胞培养技术，包括发酵工程实验室的建立、实验室规模生物反应器的使用、菌种保藏、接种技术、无菌操作技术、发酵过程的检测与传感器、连续培养和补料分批培养操作技术等内容，还详细讨论了发酵过程控制、建模和仿真等发酵工程领域的前沿技术。本书将国外最新实验技术、国内现有的实验材料以及作者自己的科研有机地结合起来，前沿性、实践性和系统性构成了本书的特色。本书可供从事发酵工程、生化工程、生物工程、环境工程和制药工程的广大高校师生作为实验技术专著阅读使用，也可供上述领域的企业生产、技术和管理人员参考。

作者：陈坚　堵国成　李寅　华兆哲

开本：16

装帧：平

标准书号 ISBN：7－5025－4118－7/Q

出版日期：2003 年 5 月

出版社：化工出版社

单价：56 元

《生物体系中的化学测量》

本书主要介绍进行生物体系中化学测量的基本概念和原理，以及与之密切相关的基础知识（如水、pH 值和缓冲体系),同时结合生物体系的特点介绍了生物体系化学测量中的常用方法,即分光光度法、比色反应、酶浓度的测定、酶参数的测定,酶作为反应试剂的使用、各种色谱(包括 TLC、LC、HPLC 和 GLC)、电泳、酶联免疫吸附分析(ELISA)、数据验证和分析质量控制。本书是一本完整而实用的生物分析指导书,可供从事生命科学的工作者以及相关专业的大学生、研究生等专业人员参考使用。

作者:Kent K. Stewart, Richard E. Ebel

开本:32

装帧:精

标准书号 ISBN:7-5025-4684-7/Q

出版日期:2003 年 9 月 1 日

出版社:化工出版社

单价:26 元

《生物药物分析》

本书全面总结了当前药物分析的各种分析的原理、技术及应用实例,并且涉及一些当前国内外先进的技术及应用。全书共 14 章,包括生物药物分析的信息获取,药物分析方法的选择、建立和认证、酶法分析、免疫分析法、高效液相色谱法、生物质谱法、生物检定法、氨基酸、多肽和蛋白质类药品检验、酶类药品检验、糖类、脂类和核酸类药品检验、基因工程药物质量控制、生物药物产品的新药开发和质量控制等内容。本书内容新颖,实用性强。本书可作为化学化工、生化、药学、环保的专业人员参考,也可供高等院校大学生及研究生教材参考用书。

作者:何华

开本:16

装帧:平

标准书号 ISBN:7-5025-4301-5/Q

出版日期:2003 年 3 月

出版社:化工出版社

单价:53 元

《生物反应工程原理》(第二版)

本书从酶促反应动力学、微生物反应动力学、微生物反应器的操作、动植物细胞培养动力学、生物反应器中的传质过程和生物反应器等几个方面,系统地介绍了生物反应工程的基本理论、基本规律、传递因素对生物反应过程的影响及生物反应器设计和操作的基本原理与方法,并对生物反应工程领域的一些新进展进行了简要介绍。书中还编有大量的例题和复习题。本书既可作为高等院校生物工程、生物技术、制药工程、发酵工程、食品工程、环境工程等专业的教材,也可供从事生产、科研和设计等有关方面的工作人员参考。

作者:贾士儒

开本:B5

装帧:平

标准书号 ISBN:7-03-010799-3/Q.1204

出版日期:2003 年 2 月 20 日

出版社:科学出版社

单价:22 元

《细胞工程》

本书以关键技术和应用为主线,系统、全面、生动地介绍了细胞工程领域的主要技术原理与方法,内容包括绪论、细胞工程基础、植物组织与细胞培养、动物细胞与组织培养、细胞融合、染色体工程、胚胎工程、细胞重组与克隆技术、转基因动物与生物反应器等 9 章。本书适于作为高等院校生物工程、医药、农业及其他相关专业的本科生、研究生教材,也适合相关领域科研人员参考。

作者:李志勇

开本:B5

装帧:平

标准书号 ISBN:7-03-010987-2/Q.1219

出版日期:2003 年 2 月 25 日

出版社:科学出版社

单价:26 元

《现代生物样品分离分析方法》

现代分离分析技术包括高效液相色谱、双向电泳、超临界色谱和毛细管电泳等分离模式,每种分离模式各具特点,在生物样品的分离分析中得到越来越广泛的应用。本书较系统地介绍了这些方法的基本原理、实验技术和最新进展。本书共分为8章,内容包括:高效液相色谱用于生物样品、手性样品的分离分析;生物样品的离子和离子交换色谱的分离技术;HPLC制备;双向电泳在生物样品分离分析中的应用;生物样品的超临界色谱分离分析;毛细管电泳、电色谱及芯片技术在生物样品分离分析中的应用。本书可供化学、化工、医药、卫生、生命科学、环境科学等领域的科学研究人员参考,也可作为高等学校相关专业研究生的辅助教材。

作者:张玉奎

开本:A5

装帧:精

标准书号 ISBN:7-03-011117-6/O.1713

出版日期:2003年3月31日

出版社:科学出版社

单价:35元

《精细化学品的现代分离与分析》

本书介绍精细化学品、复合化合物、天然化合物、药物等的常规分析方法,着重介绍了核磁、红外、质谱等分析仪器、气液相色谱、柱色谱等仪器在精细化学品的分离与分析中的应用。该书以丰富的实例为其特色,适合于精细化工、制药工程、有机合成、海洋化学、天然化合物等专业作教材选用,也可供上述领域的博士生、研究生及科研人员参考。

作者:陈立功

开本:16

装帧:平

标准书号 ISBN:7-5025-2653-6

出版日期:2003年8月

出版社:化工出版社

单价:28元

《高分子光化学原理及应用》(第二版)

本书共十章,在介绍光化学和光物理过程的基础理论之后,从反应机理和反应动力学的角度讨论了光聚合反应、光交联反应、光降解反应和光稳定现象,它们在工业上都很重要,其中包括介绍应用广泛的光引发剂和光敏剂的内容。高分子光化学应用的最重要方面,即光敏涂料和制造集成电路及印刷工业上使用的光致抗蚀剂则分别专门列章讨论。对于在这一领域中最重要的实验技术——荧光技术也作简要介绍,对光功能高聚物的新进展加以扼要评述。最后介绍蛋白质、核酸等生物大分子的光化学。本书可作为高等院校高分子化学专业、应用化学专业的教材或教学参考书,亦可供有关的科技人员参考阅读。

作者:李善君　纪才圭等编著　于同隐审订

开本:32

装帧:平

标准书号 ISBN:7-309-00741-7/O.100

出版日期:2003年6月

出版社:复旦大学出版社

单价:22元

《微型高分子化学实验》

微型化学实验是近20年来发展很快的一种化学实验的新方法、新技术。本书是新世纪第一部有关高分子微型化学实验的教科书,它首先对20年来微型化学实验的创造过程进行介绍,然后按高分子化学制备原理,分别给出了连锁聚合、逐步聚合、聚合物的化学反应等制备高聚物的微型化学实验方法,也包括一些主要单体、助剂的微型化学制备。本书图文并茂,实验理论与仪器设备相结合,旨在培养学生的创新思维和发明能力,并倡导绿色环保理念。本书可作为高分子相关专业本科生、研究生的教学用书,也可供高分子科研工作者参考。

作者:李青山

开本:16

装帧:平

标准书号 ISBN:7-5025-4587-5

出版日期:2003年8月

出版社:化工出版社

单价:20元

《高分子X射线学》

X射线自20世纪初被发现以来,在研究物质结构方面已取得了辉煌的成就，仅在大分子领域就获得诺贝尔奖达10个之多。本书主要介绍x射线在研究高分子微观结构、相态结构（晶相、非晶相、多相等）、超分子结构等方面的基础知识。内容包括晶体学基础、X射线物理学、高分子x射线学、同步辐射在高分子研究中的应用等，本书特点在于其具有基础性、系统性与先进性。本书可作为高分子化学与物理、结构化学、结构生物学等相关专业研究生的教材和教学参考书，也可供高分子相关专业的科研、教学人员参考。

作者：胡家璁

开本：B5

装帧：精

标准书号 ISBN：7－03－010357－2/O.1611

出版日期：2003年3月13日

出版社：科学出版社

单价：68元

《X射线衍射分析原理与应用》

本书在对X射线衍射分析原理简单介绍基础上，选出了许多有代表性的应用实例，重点介绍X射线分析法在新型材料研究方面的应用。全书共10章。第1章为概述。第2－第5章为X射线衍射分析法基础理论部分。第6、第7章为X线衍射物相定性和定量分析方法。第8章为衍射系统的消光概念及应用。第9章为应用实例。第10章为Rietveld方法简介。本书可作为高等学校化工、材料类专业有关“测试方法”、“材料结构”课程本科生、研究生的教材，也可作为相关科研工作者及厂矿技术人员的参考书。

作者：刘粤惠　刘平安

开本：32

装帧：平

标准书号 ISBN：7－5025－4830－0/TQ

出版日期：2003年10月1日

出版社：化工出版社

单价：25元

《晶态聚合物结构和X射线衍射》

本书是关于晶态聚合物结构和X射线衍射在晶态聚合物中应用的专著，全书共十四章。第一至第六章论述了相关基础理论，包括聚合物X射线晶体学基础、晶态聚合物、X射线物理基础、聚合物X射线衍射、实验方法、高聚物X射线衍射图分类等内容；第七至第十四章介绍了若干具体应用，包括高聚物材料结构鉴定、多晶法测定聚合物晶体结构、聚合物材料结晶度、取向度、微晶尺寸和点阵畸变、小角X射线散射、非晶态聚合物材料X射线散射、聚合物材料掠入射X射线衍射等内容。本书可作为高等院校和科研院所高分子专业研究生教学用书，也可供相关专业的科技人员参考使用。

作者：莫志深　张宏放

开本：B5

装帧：精

标准书号 ISBN：7－03－011306－3/O.1745

出版日期：2003年12月30日

出版社：科学出版社

单价：55元

《新显色剂及其在光度分析中的应用》

上世纪80年代以来，以新试剂新方法为主要特色的现代光度分析获得空前发展，形成了有机光度试剂研究的兴盛期，我国科学家做了大量原创性工作，在很多方面的研究居国际领先水平。本书作者在有机分析试剂的合成、结构与功能分析方法建立，高速分析仪器研制等领域进行了深入细致的研究，取得了大量科研成果。本书是作者在工作经验及大量文献总结的基础上精心编撰而成，全书共七章，较系统、全面地介绍了变色酸偶氮类、荧光酮类、卟啉类、重氮氨基偶氮苯类、吡啶偶氮类、5－偶氮苯类、亚甲胺H类、偶氮苯类和安替比林试剂的合成及在光度分析中的应用。书中注重理论与应用性相结合，列出了40个元素的150个新方法，并引用了丰富的文献。本书可供从事冶金，机械、电子、地质、环保、化工、食品等行业从事理化检验的一线人员使用，也可作为高等学校化学系师生的教学参考书，对从事其它分析或相关专业的人员也有很高的借鉴与参考价值。

作者：潘教麦　李在均　张其颖　方国臻

开本：16

装帧:精
标准书号 ISBN:7－5025－4772－X/TQ
出版日期:2003 年 10 月 1 日
出版社:化工出版社
单价:38 元

《应用原子吸收与原子荧光光谱分析》

原子吸收光谱分析与原子荧光光谱分析已广泛应用于各行各业的微量分析与痕量分析。本书在扼要地介绍了原子吸收光谱分析及原子荧光光谱分析基本原理的基础上,全面介绍了该分析领域相关的仪器、分析技术、干扰及其消除方法、联用技术、分析数据处理等问题;重点介绍了原子吸收光谱分析在地质、冶金、材料、石油、化工、轻工、农林、食品、生物、医药、保健品、环境等领域的应用,以及原子荧光光谱分析在诸多领域的应用。本书对我国的原子光谱专家及其成就(诸如氢化物发生-流动注射技术及其联用技术等具有我国特色的原子光谱技术、我国研制的光谱仪等)亦作了详细的介绍。本书理论与实践紧密结合,内容丰富,方法可靠,可操作性、实用性强。本书可供在工厂、研究所、学校、检验检疫、环境等领域实验室从事分析化验工作的科技人员、大专院校相关专业师生参考,也可作为分析人员职业培训教学参考书。

作者:邓勃
开本:32
装帧:平
标准书号 ISBN:7－5025－4131－4－/TQ
出版日期:2003 年 5 月
出版社:化工出版社
单价:60 元

《X 射线荧光光谱分析》

本书为《中国科学院研究生教学丛书》之一。本书系统地介绍了 X 射线荧光光谱分析的理论、测试技术和实际应用,以及近年来的重要进展。书中重点论述了波长色散和能量色散 X 射线荧光光谱所涉及的基本理论和实验技术、理论强度计算公式、基体校正、样品制备、定量分析和光谱仪结构性能等内容。此外,本书还对近年来提出的半定量分析、薄膜和镀层分析、不确定度评定、化学计量学研究在 X 射线荧光光谱分析中的应用及普通波长色散 X 射线荧光光谱仪在化学态分析中的应用领域作了专门论述。本书概念清晰、图文并茂、结合实际,既可作为综合性大学及理工科院校化学及化学工程专业学生和教师的教学用书,也可供从事 X 射线荧光光谱分析的工作者和科学研究人员参考。

作者:吉昂　陶光仪　卓尚军
开本:16
装帧:平
标准书号 ISBN:7－03－010868－X/O. 1674
出版日期:2003 年 5 月 8 日
出版社:科学出版社
单价:29 元

《有机分子结构光谱鉴定》

本书为《中国科学院研究生教学丛书》之一。全书共 6 章。前 5 章分别阐述红外光谱、紫外－可见光谱、核磁共振(1H 和 13C)及有机质谱的基本原理、光谱新进展,着重讨论谱线与分子结构的关系及其在有机分子结构鉴定中的应用,并扼要介绍 Raman 光谱、旋光谱和圆二色谱、顺磁共振等其他光谱方法。第 6 章讨论用于复杂分子结构鉴定的组合光谱,论述化学分析方法与光谱解析的配合作用与生源学说对天然产物分子结构鉴定的启发和引导。每章选用典型例解,力求接近学科前沿。本书可作为化学、药学及分子生物学专业的研究生教学用书,也可供高等院校师生和相关研究工作者参考。

作者:赵瑶兴　孙祥玉
开本:16
装帧:平
标准书号 ISBN:7－03－010866－3/O. 1672
出版日期:2003 年 8 月 5 日
出版社:科学出版社
单价:39 元

《有机物的分离和结构鉴定》

本书详细介绍了有机物分离和结构鉴定技术

的基本知识和常用实验技巧，包括如何利用经典和理现代的分离技术获得所需的有机物，如何用光谱、波谱、质谱方法进行分析测试，如何完成图谱的初步解析等等。全书共十二章，分为导论，有机物的提取收集方法，有机物常规分离方法，薄层色谱和柱色谱，气相色谱，高效液相色谱，紫外可见光谱，红外和拉曼光谱，核磁共振谱，有机质谱，图谱综合解析，有机物分离和结构鉴定联用技术。本书是介绍有机物分离和结构鉴定技术的入门参考书，可供化学专业初学者和广大非化学专业科技人员阅读，也可供大中专院校相关专业师生参考。

作者：孔垂华　徐效华
开本：32
装帧：平
标准书号 ISBN：7－5025－4519－0/TQ
出版日期：2003 年 7 月 1 日
出版社：化工出版社
单价：28 元

《有机物络合萃取技术》

络合萃取技术对于极性有机物稀溶液的分离具有高效性和高选择性，已成为化工分离过程研究开发的重要方向。本书集作者多年研究成果，全面、系统地介绍有机物络合萃取技术，包括概述、络合萃取基本原理、常用的络合萃取剂、络合萃取的再生方法、有机羧酸稀溶液的络合萃取、酚类稀溶液的络合萃取、芳香酸和有机磺酸稀溶液的络合萃取、有机胺类稀溶液的络合萃取、醇类稀溶液的络合萃取、两性官能团有机物稀溶液的络合萃取、络合萃取技术在分离纯化中的应用、络合萃取技术在有机废水处理中的应用，计 12 章。本书可供化工、生物化工、环境和制药等行业从事分离过程研究开发、设计和运行的科研技术人员参考，也可作为上述专业高等院校师生教学用书。

作者：戴猷元　秦炜　王瑾
开本：16
装帧：平
标准书号 ISBN：7－5025－4402－X/X
出版日期：2003 年 5 月
出版社：化工出版社
单价：38 元

《不对称催化反应-原理及在有机合成中的应用》

本书总结了作者 20 年来从事不对称催化反应研究的成果，并参考国内外 20 世纪 80 年代末以来（主要是近 10 年来）该领域的原始文献和最新进展编写而成。全书共 12 章，主要包括不对称氢化、不对称环氧化、不对称异构化、不对称氢甲酚化、不对称氢硅烷化、不对称环丙烷化和氮丙啶化及不对称 Diels-Alder 反应、不对称相转移催化反应等的基本原理。不对称催化反应在药物、食品添加剂、农药、香料以及电子元件特殊材料等领域的应用则分散在各章介绍。本书介绍了不对称催化反应的最新研究成果和进展，可供高等院校相关专业的高年级学生，硕士、博士研究生及相关专业的工程技术人员阅读、参考。

作者：张生勇　郭建权
开本：B5
装帧：平
标准书号 ISBN：7－03－009975－3/O. 1562
出版日期：2003 年 1 月 15 日
出版社：科学出版社
单价：58 元

《分析化学》

本书为“普通高等教育‘十五’国家级规划教材”之一。本书是基础分析化学部分，含两篇：第一篇为化学定量分析（含误差与分析数据处理），包括滴定分析法概论、酸碱滴定法、络合滴定法、氧化还原滴定法、沉淀滴定法和重量分析法等内容，共 7 章；第二篇为仪器分析，包括电位分析法、光学分析法概论、紫外-可见分光光度法、荧光分析法、红外分光光度法、核磁共振波谱法、质谱法、色谱分析法等内容，共 11 章。本书贯彻“三基”、“五性”的精神，符合分析化学的教学需要，系统性强，内容全面、新颖、简洁明了。本书配套有《分析化学习题集》、《分析化学实验》及《分析化学多媒体教学软件》，其内容与《分析化学》密切相关。本书可作为高等院校药学、化学、化工等专业本科生教材，也可供相关专业教学、科研人员阅读参考。

作者:孙毓庆

开本:B5

装帧:平

标准书号 ISBN:7－03－011879－0/O.1818

出版日期:2003 年 12 月 27 日

出版社:科学出版社

单价:39 元

《分析化学的明天——学科发展前沿与挑战》

本书汇集了 45 位在分析化学科研及教学第一线的专家学者对分析化学学科发展战略的最新研究成果。讨论了分析化学学科在科学研究、国家安全和国民经济建设中的战略地位;研究和分析了分析化学的发展现状、面临形势、有利条件和优先领域;提出了我国分析化学学科近期发展的战略设想、战略目标及应对策略。本书对我国从事分析化学基础研究工作的科研和教学人员具有很好的参考价值,同时也可作为分析化学及相关专业的研究生、教师的参考用书。

作者:梁文平　庄乾坤

开本:B5

装帧:精

标准书号 ISBN:7－03－011743－3/O.1807

出版日期:2004 年 1 月 5 日

出版社:科学出版社

单价:50 元

《分析化学手册》

本书是美国 J. A. 迪安教授为帮助分析化学、生物化学、环境化学及化学工程专业人员评价和选择特定情况下最恰当的分析方法而编辑的一本单卷式的实验室指南。全书共分 23 章,除提供必备的基础知识外,重点介绍了 19 个方面的权威性的最新资料:1. 分析的初级操作和预分离技术;2. 重量和容量分析;3. 色谱法;4. 电子吸收、发光、红外、拉曼和原子光谱法;5. 光学活性和旋光色散;6. 折射法;7. X 射线法;8 · 放射化学方法;9. 核磁共振波谱法;10. 电子顺磁共振;11. 质谱法;12. 电分析和热分析;13. 磁化率;14. 有机元素分析;15. 有机化合物中功能团的检测和定量;16. 气、液、固态水的测定方法;17. 统计学;18. 地质和无机材料;19. 水分析。本书编者独具匠心,内容丰富,资料翔实,数据准确,具有很高的权威性和很强的实用性,由北京大学化学系博士生导师常文保教授组织北京大学等单位相关专家翻译、校订,是高等学校分析化学、生物化学、环境化学、化学工程等专业本科生、研究生、教师及科研院所、生产部门分析工作者必备的工具书。

作者::[美]J. A. 迪安

开本:16

装帧:精

标准书号 ISBN:7－03－010391－2/O.1616

出版日期:2003 年 4 月 18 日

出版社:科学出版社

单价:128 元

《化学计量学——统计学与计算机在分析化学中的应用》

本书全面讲解了化学计量学的基本知识与应用,既包括统计学方法、平滑滤噪、回归校正等传统内容,又包括近期发展起来的遗传算法、人工神经网络、模糊理论等新方法。在各项内容的讲述中,作者强调了对基本概念和基础理论的描述并配有应用实例,而对于复杂的数学推导进行了省略或简化。此外,书中还配有大量的例题与习题,便于读者理解和掌握。本书适合作为化学、药学、生物化学或生态学专业的研究生教材,也可供相关从业人员参考。

作者:邵学广　蔡文生　徐筱杰

开本:B5

装帧:平

标准书号 ISBN:7－03－010646－6/O.1653

出版日期:2003 年 2 月 11 日

出版社:科学出版社

单价:39 元

《化学计量学在分析化学中的应用》

本书根据作者多年来在化学计量学领域中的教学实践与科学研究的经验,对化学计量学的一些基本理论及原理进行了深入浅出的阐述,并对化学计量学在分析化学中的实际应用作了较详细的叙述和介绍。本书共分12章,内容包括统计基础、化学实验设计与优化方法、分析信号处理、多元校正分析、因子分析及相关技术、化学模式识别、人工神经网络及遗传算法等常用的化学计量学方法的原理,以及化学计量学在电分析化学、动力学分析、电位滴定分析及分光光度分析中的应用。本书的目的是使读者阅读之后能更好地掌握化学计量学的基础知识,并有更多的机会应用化学计量学方法来解决科研和教学中的实际问题。本书既可作为化学领域科技工作者的参考书,同时也可作为大专院校化学专业研究生及高年级本科生的教材,能起到教学与科研相辅相成、相互促进的作用。

作者:倪永年
开本:A5
装帧:精
标准书号 ISBN:7-03-012158-9/O.1843
出版日期:2004年1月30日
出版社:科学出版社
单价:40元

《化学修饰电极》(修订版)

本书为《中国科学院研究生教学丛书》之一。本书以化学和相关边缘科学为基础,结合现代电化学和电分析化学的最新进展,系统地介绍化学修饰电极的由来、表面分子设计与制备、表征方法、膜内的电荷传输、电极过程动力学、功能与效应及其在生物传感器、蛋白质的电子转移、流动体系和分析中的应用,展望了化学修饰电极的发展前景,并对近期受到关注的无机膜和聚合物膜修饰电极另列章节分别论述。结合21世纪科技发展,增加“分子自组有序膜”一章,反映现代有关研究的趋势和前沿。本书可供电化学、电分析化学和相关边缘学科的研究工作者、教学人员及硕士生、博士生参考。

作者:董绍俊 车广礼 谢远武
开本:16
装帧:精
标准书号 ISBN:7-03-011004-8/O.1701
出版日期:2003年3月20日
出版社:科学出版社
单价:62元

《用同时平衡原理绘制综合平衡电势-PH图》

电势-PH图是电化学热力学分析的结果,在金属腐蚀、电化学、无机化学、分析化学、地质科学、温法冶金等方面都得到了广泛的应用。本书主要介绍作者运用同时平衡原理计算并绘制电势-PH图,包括绘制体系中各种溶液态物质的优势区域,并介绍了利用活性元系的计算方法。本书图文并茂,理论性与实用性强,可供化学、化学热力学、电化学等专业的研究人员学习参考,也可作为相关专业的大专院校师生的参考书。

作者:易清风
开本:32
装帧:平
标准书号 ISBN:7-5025-3260-9/TQ
出版日期:2003年4月
出版社:化工出版社
单价:16元

《基础化学实验技术绿色化教程》

本书在综合普通化学实验、分析化学实验、有机化学实验内容的基础上,进行了较大程度的提升和拓宽,自成体系,是一本全新体系的实验教科书。实验内容包含了目前高等院校所开设的通用化学实验,同时吸收了最新的教学改革成果,引入微型实验和仿真实验,引导学生建立绿色化的理念。本书从一个新的视角提出对学生综合能力和科研素质的培养,对一些新的教育理念进行了简要的阐述,是一本以化学实验为载体、全面培养科学实验与绿色环保素质的教材。全书内容丰富,结构新颖、合理、可操作性强。本书可作为高等农、林、水产院校各专业或其他院校非化学专业学生的基础化学实验教材。

作者:林宝凤
开本:B5
装帧:平
标准书号 ISBN:7-03-011209-1/O.1732
出版日期:2003年7月25日

出版社:科学出版社

单价:22 元

《显示技术基础》

本书是“前沿显示技术丛书”之一,属于该系列的基础部分,重点介绍与视觉、评价有关的显示技术基础知识。这些内容无论是对从事开发、制造的技术工作者还是对使用者都必须掌握的基本知识,内容包括特性的观测与应用、测光测色、CIE色坐标及均等色坐标、白场色温的测定和计算等。本书的主编和执笔者都是日本当全各相关技术领域中的权威人士和长年工作于第一线的专家。本书可作为相关专业领域的研究开发人员、技术人员及高层技术主管、管理人员的参考用书,而可作为大学相关专业高年级学生及研究生的参考教材。

作者:[日]大石 严,畑田丰彦,田

开本:A5

装帧:平

标准书号 ISBN:7-03-011104-4/TN.446

出版日期:2003 年 5 月 8 日

出版社:科学出版社

单价:24 元

《协同组合化学》

协同组合化学是在组合化学和协同学基础上发展起来的一间新兴前沿交叉学科,已在科学研究实践中显示出其空前强大的生命力。协同中组合、组合中协同,这就是协同组合化学的精髓。全书共分 16 章,介绍了协同组合化学的基本概念、思想由来、认识体会及基本方法,主要介绍了作者及合作者近 20 年,尤其是近 10 年来运用协同组合方法,研究一些化学和生命科学现象所取得的部分成果。本书可供化学、物理学、化工、冶金、医药卫生、环境科学、材料科学和生命科学等相关学科及产业部门的科技工作者参考,也可作为相关专业的研究生教材或大学师生的教学参考书。

作者:胡文祥　王建营

开本:B5

装帧:平

标准书号 ISBN:7-03-011447-7/O.1761

出版日期:2003 年 7 月 24 日

出版社:科学出版社

单价:58 元

《微流控分析芯片》

微流控芯片是一个跨学科的新领域,是新世纪分析科学、微机电加工、生命科学、化学合成、分析仪器及环境科学等许多领域的重要发展前沿。本书共分 7 章,全面系统地介绍该领域国内外的发展状况及最渐成就。内容涉及微流控芯片的发展历史和趋势,各类芯片的结构、加工方法、操作技术及其应用和产业化前景等。本书的读者对象为有关科研机构的研究人员、高等学校相关专业的教师与学生、化学及生物检验部门的工作人员,以及相关产业部门的决策者有技术人员。

作者:方肇伦

开本:B5

装帧:精

标准书号 ISBN:7-03-010872-8/O.1675

出版日期:2003 年 3 月 11 日

出版社:科学出版社

单价:40 元

《金属材料化学分析 300 问》

本书以问答形式系统阐述了金属材料化学分析的基本原理和分析技术,着重介绍了碳、硫、猛、硅、磷、镍、铬、钼、铜、钒等元素含量的测定方法。本书深入浅出,理论联系实际,突出实用性、可操作性。本书可作为从事金属材料化学分析的工程技术人员的参考书和职业院校化学专业学生的专业辅助读物。

作者:吴诚

开本:32

装帧: 平

标准书号 ISBN:7-302-06250-1

出版日期:2003 年 10 月 28 日

出版社:上海交通大学出版社

单价: 21 元

《聚合物流变实验与应用》

本书主要介绍聚合物实验流变学的相关内容:为了掌握聚合物流变性能与表征聚合物复杂体系的内部结构,需要进行流变实验测定,然后结合现有的理论进行分析研究,得出有关性能-结构-加工条件之间的定量关系。本书第1章介绍聚合物在不同流场中的主要流变参数以及测定方法的选择。这部分内容涉及流变实验流场的基础理论。第2章至第8章分别叙述了熔融指数测量仪、乌氏粘度计等各种仪器不同的流变实验原理、方法及其应用。鉴于近些年来运用旋转流变仪研究聚合物及其共混、复合体系内部结构与形态的研究取得了很大进展,本书在第4、5章中详细介绍了旋转流变议的测量原理、各种不同测试模式以及应用研究的最新进展,第9章介绍了通过流变实验测定聚合物熔体界面张力的原理与方法。本书将满足如下两个方面的需求:一是高分子化学与物理、教材学专业以及相关专业的大学本简直教学;二是从事高分子材料及其加工成型研究、开发、生产的工程技术人员的进修提高。因此,本书既可用作本简直生或进修提高班教材,也可用作相关研究人员与工程技术人员的参考书。

作者:周持兴主编
开本:16
装帧:平
标准书号 ISBN:7-313-03287-0
出版日期:2003年4月1日
出版社:上海交通大学出版社
单价:13元

《现代计量学概论》

本书共十八章。第一至八章为绪论、计量和单位、测量不确定度和误差的基础、测量结果的处理和表示、计量器具及其特性、量值传递与溯源、基本计量单位、基本物理常量,主要论述计量学的基本概念、单位制及有关计量器具应用和基本单位的复现。第九至十九章为几何量计量、温度计量、力学计量、电磁学计量、光学计量、声学计量、电子学计量、时间频率计量、电离辐射计量、化学计量、标准物质,主要是按学科划分,分别阐述十大计量专业知识的概要。本书概括了当代计量学科的主要内容,系理论及实践经验的结晶,可供各领域的计量科技工作者和管理人员以及大专院校师生学习和参考。

作者:施昌彦主编
开本:16
装帧:精
标准书号 ISBN:7-5026-1677-2
出版日期:2003年7月
出版社:中国计量出版社
单价:97元

《量化分析测量不确定度指南》

本书是国际分析化学家、化学计量学家、统计学家结合各领域分析测量实践,探讨和应用广义测量不确定度理论与基本方法的成果,是在量化分析中确定测量不确定度的国际性指南。指南包括:系统论述了测量不确定度的基本概念、来源和组分;阐明了不确定度与误差的区别;结合分析测量过程,指导读者如何对被测对象进行详细说明,针对不同情况运用不同方法量化不确定度,计算合成不确定度,报告不确定度等。

作者:刘立译
开本:16
装帧:平
标准书号 ISBN:7-5026-1740-X
出版日期:2003年4月
出版社:中国计量出版社
单价:28元

《分析样品制备》

该书收集了近千例各种分析样品的预处理和试样制备的方法,涉及地质冶金、石油化工、农业轻工、生物医药、食品、环境保护等各个领域,对各种样品制备和试样制备的具体操作有较详细的叙述。

作者:阎军　胡文祥
开本:16
装帧:精
标准书号 ISBN:55065.1733
出版日期:2003年9月1日

出版社:解放军出版社

单价:76 元

《化工过程分析与设计导论》

本书是一本介绍化工过程分析与设计内容的导论性书籍。全书共分为6章,在介绍了化学工程基本概念后,通过许多工业应用实例介绍了化工过程分析与设计放大的3种方法,即数学模型法、图形分析法和量纲分析法。本书各章所列实例中不仅覆盖了大量化学工程概念,更可贵的是涉及了环境保护、能源、绿色化工、生物化工等新兴学科,内容极具新颖性。各章后还附有习题,帮助读者检验所学知识,灵活运用,加强了工程应用的目的。本书作者为美国著名的化学工程学教授,知识及经验丰富,因此本书适合作为化学工程及相关专业学生的专业入门教材,同时可作为化工类高等专科、中专学生的教学参考书,也可作为化工工程、设计人员的参考书。

作者:[美]T. 迈克尔. 邓肯　杰弗里. A. 雷默

开本:16

装帧:平

标准书号 ISBN:7－5025－4791－6/TQ

出版日期:2004 年 1 月 1 日

出版社:化工出版社

单价:40 元

《工业分析化学》

本书介绍工业分析实验室的组织与管理、标准分析方法、标准物质、各种分析方法的技术应用、三废排放物分析、分析数据处理及质量保证,以及分析实验室的计量认证。附录给出实用上重要的资料。全书内容实用,适合化学类师生的分析化学教学、自学,实际分析化学工作者和实验室组织管理人员以及拟实行实验室认证认可的领导参考。

作者:邱德仁编著

开本:16

装帧:平

标准书号 ISBN:7－309－03501－1/O. 301

出版日期:2003 年 11 月

出版社:复旦大学出版社

单价:28 元

《革制品分析检验技术》

本书主要以国家标准、行业标准为依据,参照部分国际及国外标准,介绍了大量国内外革制品检测方面分析检验技术,内容涵盖了测试仪器或设备,测试方法和质量指标。全书包括革制品所用原材料的分析检验和成品的分析检验两大部分。前者的分析检验包括天然皮革、人造皮革、橡胶及胶黏剂的分析检验;后者包括皮鞋、皮服装、箱包、球类等的分析检验。本书方法齐全,资料丰富可靠,可操作性强。可作为从事革制品及其相关专业的科研、生产、商贸、质检单位从事分析检验工作人员使用,同时也适用于高等院校师生。

作者:丁绍兰

开本:16

装帧:平

标准书号 ISBN:7－5025－3479－2/TS

出版日期:2003 年 4 月

出版社:化工出版社

单价:39 元

《表面活性剂产品工业分析》

本书共分九章,分别为合成洗涤剂常规分析、合成洗涤剂原料分析、合成洗涤剂生产控制分析、表面活性剂常规分析、表面活性剂基础分析、表面活性剂结构分析、表面活性剂分离分析、未知物分析和溶液配制。内容丰富,覆盖面广,注重实用,内容新颖。本书可供轻工、化工等部门从事洗涤剂和化妆品的生产技术人员、检验人员及商业外贸部门的供销人员使用。

作者:毛培坤

开本:16

装帧:平

标准书号 ISBN:7－5025－4174－8

出版日期:2003 年 1 月

出版社:化工出版社

单价:86 元

《商品检验技术手册——商品检验概论》

本书为《商品检验技术手册》分册之一。全书按照国际惯例并结合我国的现实情况,对商品检验的有关法规和国际惯例以及商品检验的具体方法进行阐述与分析。主要内容有商品检验的发展概况与作用,进出口商品检验检疫,内贸商品检验依据、方式与基本程序,商品检验方法,商品检验的抽样方法,标准与标准化、既有商品检验所涉及的法律法规,又有具体的方法和标准,并将其有机地融合,突出综合性、时代性以及使用上的方便性。本书适合从事商品检验的人员作为业务指导用书,同时可作为高等院校相关专业师生学习参考。

作者:李岩　夏玉宇
开本:16
装帧:平
标准书号 ISBN:7-5025-4796-7/TS
出版日期:2003 年 10 月 1 日
出版社:化工出版社
单价:33 元

《商品检验技术手册——饲料品质检验》

本书为《商品检验技术手册》的《饲料品质检验》分册。全书详细介绍了目前国内外使用的饲料检验方法,包括国家的标准检验方法和经过实践证明、行之可靠的非国家标准检验方法。每种方法介绍其原理、试剂药品、仪器设备、具体操作步骤以及注意事项等。本书汇集反映了截至 2002 年之前有关饲料的国家标准,内容实用、丰富、可靠。本书可供饲料品质检验相关企业、科研、管理部门以及商品检验部门分析检验人员使用。

作者:朱燕　夏玉宇
开本:16
装帧:平
标准书号 ISBN:7-5025-4465-8/TQ
出版日期:2003 年 8 月 1 日
出版社:化工出版社
单价:49 元

《标准气体及其应用》

本书是一本系统地叙述有关标准气体的书籍。内容包括标准气体的制备方法、标准气体的分析方法及标准气体的应用。本书内容丰富,实用性强。可供从事研究、制备和使用标准气体的技术人员参考。

作者:金美兰　赵建南
开本:32
装帧:平
标准书号 ISBN:7-5025-4467-4/TQ
出版日期:2003 年 7 月 1 日
出版社:化工出版社
单价:26 元

《标准物质及其应用技术》(第 2 版)

本书是《标准物质及其应用技术》的第 2 版。在总结近十多年来突飞猛进的科技新成果的基础上,对第 1 版进行了修改、补充和提高。本书比较系统地阐述了标准物质的基本理论及其在冶金、地质、石油化工、环境、核材料与放射性、医药及临床检验、食品与建材等领域的应用,对从事标准物质研制、生产和使用人员是一本有益的参考书,对广大分析测试工作者和管理干部也有相当的参考价值。

作者:金浩　韩永志编
开本:16
装帧:平
标准书号 ISBN:7-313-03287-0
出版日期:2003 年 3 月
出版社:中国标准出版社
单价:58 元

《常用天然提取物质量标准参考手册》

天然提取物(包括粗提物)是中药现代化不可缺少的一部分,其相关的质量控制方法也将成为“学科标准化”、“成分可控化”等现代化中药的要求要素,并可为中药药理技术发展提供基础条件。本书汇总了近 400 个天然提取物成分的标准,分为单体和活性成分、油类、植物提取物、浸膏、干粉、天然色素、天然香料、天然化工原料和检测方法九章,内容全面,数据可靠。本书是广大中药研究开发人员,生物和药学相关专业教师、学生的必备参考书,同时也可供医药管理部门借鉴。

作者:许海琴 许列琴 许江苇

开本:16

装帧:平

标准书号 ISBN:7-5025-4345-7-/Q

出版日期:2003 年 4 月

出版社:化工出版社

单价:78 元

《化妆品卫生检验手册》

本手册从实用角度出发,在介绍化妆品理化和微生物检验中的取样、样品预处理、检验中的质量控制和基本检验知识与技术的基础上,对化妆品卫生规范(2002 年版)中理化检验和微生物检验中的检验方法和国内外有参考价值的方法给予了详尽的注解,并介绍化妆品检验人员必须具备的化妆品基本知识。是一本较为系统全面的有关化妆品理化检验和微生物检验的手册性参考书。本书作为各地疾病预防控制中心/卫生防疫站的理化和微生物的检验人员和化妆品生产厂家检验人员和管理人员的工具书;也可供大专院校有关专业师生教学、科研参考。

作者:郑星泉 周淑玉 周世伟

开本:16

装帧:平

标准书号 ISBN:7-5025-4473-9/TS

出版日期:2003 年 8 月 1 日

出版社:化工出版社

单价:70 元

《分析化学辞典》

本书是一部分析化学综合性工具书,收集分析化学及其相关学科的词条 5300 条,内容涉及分析化学的各个领域。对分析化学中重要的定义、概念、常用的术语、分析方法、分析技术等都分别列为词条,并对每一词条的含义都做了简明扼要的诠释。本书可供化学、化工、冶金、地质、环境、医药卫生、农业、商检与其他领域从事分析测试和借助于分析测试方法进行其他科技工作的人员,以及大专院校有关专业的师生参考。

作者:邓勃

开本:16

装帧:精

标准书号 ISBN:7-5025-2872-5

出版日期:2003 年 2 月

出版社:化工出版社

单价:86 元

《兰氏化学手册》(第二版)

本书是一部资料齐全、数据翔实、使用方便、供化学及相关科学工作者使用的单卷式化学数据手册,是两代作者花费了半个多世纪的心血搜集、编纂而成的,在国际上享有盛誉,自 1934 年第 1 版问世以来,一直受到各国化学工作者的重视和欢迎。本书第 1 至第 10 版由 N. A. 兰格(Lange)先生主持编纂,原名《化学手册》。兰格先生逝世后,从第 11 版开始由 J. A. 迪安(Dean)任主编,并更为现名,以纪念兰格先生。中译本根据原书 1998 年第 15 版译出,共分 11 部分,内容包括有机化合物,通用数据,换算表和数学,无机化合物,原子、自由基和键的性质,物理性质,热力学性质,光谱学,电解质、电动势和化学平衡,物理化学关系,聚合物、橡胶、脂肪、油和蜡及实用实验室资料等。本书所列数据和命名原则均取自国际纯粹化学与应用化学联合会最新数据和规定。化合物中文名称按中国化学会 1980 年命名原则命名。本书是从事化学、物理、生物、矿物、医药、石油、化工、材料、工程、能源、地质、环保、专利、管理等方面工作的科技人员、生产人员、大专院校师生和各类图书馆必备的工具书。

作者:[美]J. A. 迪安 魏俊发

开本:16

装帧:精

标准书号 ISBN:7-03-010409-9/O. 1622

出版日期:2003 年 5 月 22 日

出版社:科学出版社

单价:188 元

《分析实验室装备手册》

近年来,电子技术和计算机技术的加速发展,推动分析化学的各种分析技术的进步。分析仪器向着微机化和集约化方向发展，同时对分析实验室的各项也提出新的要求。本书正是为了适应分析化学新时代的要求而编写的。全书内容共分3篇，第一篇为分析实验室建设篇，包括分析实验室建设的总体规划和基本要求、分析实验室的基本设施和基本条件，并对各类分析实验室作了分别论述。第二篇为分析仪器与分析方法篇，分别对电化学器、原子发射光谱、原子吸收光谱、原子荧光、X射线荧光、分子吸收、红外光谱、质谱、核磁共振波谱和各种色谱等分析仪器和分析方法作了详细介绍。第三篇为分析实验室常规设备施展，分别对常用的玻璃、石英、金属、石墨和有机玻璃等器皿的型号，及各种天平，电动设备等作了详细介绍。本书内容丰富，既有理论也有各种先进技术有的介绍，实用性很强。本书可作为从事分析化学工作的技术人员参考用书，也可作为高等院校有分析化学相关专业广大师生参阅用书。

作者：骆巨新

开本：16

装帧：平

标准书号 ISBN：7-5025-3456-3/TQ

出版日期：2003年7月7日

出版社：化工出版社

单价：80元

《实验化学》（上册）

本书是基础化学实验系列课程教材。本书有目的、有针对性地对学生进行各方面的训练。其基本内容分为：①基础化学实验的知识，包括实验室安全知识、实验数据的记录及处理、化学试剂的规格及取用、气体钢瓶的识别及应用等；②基本实验技能训练，包括玻工基本操作、滴定分析基本操作、无机及有机合成的基本操作、基本仪器的使用等；③基本性质实验；④基本合成实验。书中还设置了一些旨在训练学生综合能力的综合性、设计性实验，以逐步锻炼学生综合实验能力。本书适合化学、化工、生命、农学、医学、药学、环境等本科专业的低年级学生使用，也可供有关人员参考。

作者：陈虹锦

开本：B5

装帧：平

标准书号 ISBN：7-03-012116-3/O.1841

出版日期：2004年1月12日

出版社：科学出版社

单价：26元

《化学试剂标准手册》

为了适应科学研究及产品质量等各种分析测试的需要，化学试剂形成了品种多、纯度高、门类广的特点。同时，化学试剂的通用试验方法也因数量多、精度高、针对性广而被各行业广泛引用。因引，化学试剂产品标准及通用试验方法标准对化学试剂行业及其他行业都有实用价值。为了满足广大读者的要求，特出版此书。本书分成两大部分：第一部分为378个化学试剂产品标准，第二部分为49个化学试剂通用试验方法标准。最后附有汉语拼音索引。本书可供科研单位、工矿企业、商贸系统、大中专院校中从事生产、科研、质量管理、销售、教学等方面的有关人员使用。

作者：北京化学试剂公司

开本：16

装帧：精

标准书号 ISBN：7-5025-4388-0/TQ

出版日期：2003年4月

出版社：化工出版社

单价：88元

《化学数据速查手册》

本书是一本综合性的化学数据手册，广泛手机了包括国际单位制（SI）及基本常数、化学元素的性质、化合物的性质、化学实验常用数据表、化学危险品安全数据等与日常工作和实验、教学密切相关的常用数据和必备知识。除文字说明部分，基本采用了中英文对照形式，以满足各种使用者的要求。本手册以使用便于为宗旨，表格设计科学紧凑，数据容量较同类型手册大且查找方便。附赠光盘包含本书全部内容，搜集软件采用全模糊检索技术，方便快捷，光盘中还带有化学软件、反应机理、装置图示、虚拟化学、化学常识和化学资源等内容。本书可供大中专院校师生用做化学类课程教学的工具书，也是化学化工科技工作者必备的数据手册。

作者:李梦龙
开本:16
装帧:平
标准书号 ISBN:7-5025-0954
出版日期:2003年4月
出版社:化工出版社
单价:38元

《化验工作实用手册》

本书汇集了化验室工作人员必备的基本知识与数据,是一本实用性工具书。书中涉及分析化验室的各类分析、操作、运算、化验室管理等基础知识以及各种常用的化学分析与仪器分析方法。全书共分十三章,包括:量和单位,数值和数据处理,仪器、器材、化学试剂,溶剂,样品,操作,滴定分析,称量分析,分光光度分析,物理特性的测定,分析测试工作与安全知识。书中扼要阐明各种分析方法的原理,重点介绍操作要领与关健环节,并以大量表格列举各种分析方法的应用实例及常用数据资料。本书内容深入浅出,具体实用,查阅使用方便。对于中学以上文化水平的化验人员,既可作为自学读物,又是工作中必备的操作手册。

作者:张铁垣
开本:32
装帧:精
标准书号 ISBN:7-5025-4096-2/TQ
出版日期:2003年3月
出版社:化工出版社
单价:65元

《电子天平的使用与调修200问》

电子天平是计量检测、量值传递、产品化验与科学分析等工作中应用非常广泛的计量仪器。本书系统解答了电子天平的选购、使用、安装、检定和调修中常见的各种问题,重点介绍了瑞士的普利赛斯、德国的赛多利斯、美国的丹佛、沈阳的龙腾等国内外众多厂家生产的电子天平。

作者:赵亚军
开本:16
装帧:
标准书号 ISBN:
出版日期:2003年6月
出版社:中国计量出版社
单价:28元

《化验员读本》(上册)(化学分析)(第四版)

《化验员读本》作为化验员的培训教材与自修读本,全书分为上下两册,上册“化学分析”,下册“仪器分析”。本册(上册)共十章,介绍滴定分析、重量分析、分离富集、分析误差等化学分析方法的基础知识与基本操作,以及一般化验室仪器(玻璃仪器及其它制品)、实验用水、溶液配置与浓度计算、分析实验室的建设等化验员的必备知识与技能。本次修订保持了原有的编排体例与编写风格,在内容选材上更加注重实用性,注意到近年化验室仪器装备的更新及发展,考虑到当前化验员的现有文化水平与知识基础,结合了现代工业及科技进步对分析工作的新要求,从化验员工作实际需要出发,重新全面考虑书中内容取材与编排。更新了实验室常用仪器介绍了的内容,删除了一些目前较少采用的分析方法与旧型号仪器操作方法的有关知识与介绍,增加了新型实验室仪器及使用介绍。全面深入贯彻了我国法定计量单位的有关规定,书中的名词、术语全部达到标准化。为了方便作为培训教材使用本版补充增加了例题与习题的数量,强化了有关化验员综合能力培训的内容。

作者:刘珍
开本:32
装帧:平
标准书号 ISBN:7-5025-4932-3/TQ
出版日期:2004年1月1日
出版社:化工出版社
单价:26元

《化验员读本》(下册)(仪器分析)(第四版)

《化验员读本》作为化验员的培训教材与自修读本,全书分为上下两册,上册“化学分析”,下册“仪器分析”。本册(下册)共九章,介绍化验室常用电器设备、电化学分析法、紫外可见分光光度法、红外吸收光谱法、原子吸收光谱法、气相色谱法、高效液相色谱法及物理常数测定方法等常用仪器分析方法。本次修订保持了与上一版相同的编排体例与编写风格，在内容选材上更加注重实用性，注意到近年化验室仪器装备的更新及发展，考虑到当前化验员的现有文化水平与知识基础，结合了现代工业及科技进步对分析工作的新要求，从化验员工作实际需要出发，重新全面考虑了书中内容取材与编排。更新了实验室常用仪器介绍的内容，删除了一些目前较少采用的分析方法与旧型号仪器操作方法的有关知识与介绍，增强了有关实际操作知识与应用实例的介绍、强化了有关化验员综合能力培养的内容。书中全面深入贯彻了我国法定计量单位的有关规定，书中的名词、术语全部达到标准化。为了方便作业培训教材使用本版补充增加了例题与习题的数量。

作者:刘珍

开本:32

装帧:平

标准书号 ISBN:7 - 5025 - 4977 - 3/TQ

出版日期:2004 年 1 月 1 日

出版社:化工出版社

单价:34 元

《化验员基础知识问答》

本书紧紧围绕化验分析工作中的重点难点，采用问答形式并配以必要的图表，空出了各种标准和法规在化验分析工作中的应用，强调了基本理论、基本操作的通用性和规范化。全书共十章，内容包含了化验基本知识、常用标准物质和标准溶液、滴定法、重量法、紫外可见吸收光谱法、比色法、比浊法、红外吸收光谱法、原子吸收和火焰发射光谱法、电化学分析法、色谱法、物理常数的测定等。本书内容深入浅出、规范实用，可供化工及其他行业的化验员学习，也可作为有关学校分析专业学生或化验员的培养参考书。

作者:刘天煦

开本:32

装帧:平

标准书号 ISBN:7 - 5025 - 4813 - 0/TQ

出版日期:2003 年 11 月 1 日

出版社:化工出版社

单价:32 元

三、分析仪器、分析测试网络媒体

目前我国大部分的科研机构和高等院校都已通过 CERNET 或 NCFC 接入 internet，越来越多的其他用户也通过专线接入、宽带网络、拨号连接等方式连接到 internet。随着 internet 的迅速发展和与分析测试相关领域的不断扩展，internet 中的关于分析测试方面的资源越来越丰富，中文的网络资源也越来越多。相对于手工检索，利用 internet 检索具有时效性强、费用低、快捷迅速的特点，可以节省大量的时间和精力。如何快速有效地获取并利用网络资源，具有十分重要的现实意义。在本文中，笔者将着重介绍了与分析测试领域有关的网络资源的检索和利用。

1、分析测试行业协会、学会网站

中国分析测试协会（http://www. caia. org. cn）网站，由北京仪信网通科技有限公司制作维护。网站主要栏目有：动态信息、组织机构、综合展板、会员单位、地方协会、技术开发、技术咨询、BCEIA、出版物等；

中国仪器仪表学会（http://www. cis. org. cn）网站，主要栏目：组织机构、科学普及、科技评估、国际交流等；

中国仪器仪表行业协会（http://www. cima. org. cn）网站，主要栏目：行业动态、企业风采、经济信息、产品技术等。

2、分析测试行业门户网站

仪器信息网（http://www. instrument. com. cn）

虽然，目前国内关于关于分析测试及仪器方面的网站不下几十个了，但是作为集商业信息服务、网络技术和行业媒体为一身的行业门户网站只有中国分析测试协会、北京仪信网通科技有限公司与中国仪器仪表学会分析仪器学会共同建设的仪器信息网（http://www. instrument. com. cn）。

该网站创建于 1999 年，是国内最早建立的科学仪器专业门户网站。发展至今，共有注册厂商 2000 余家、收录仪器近 20000 余台、相关技术文章近 2500 余篇。仪器种类涵盖了通用分析仪器、专用分析仪器、零配件及耗材、化学试剂等诸多领域，共 33 个大类（包括：色谱仪、光谱仪、波谱仪、质谱仪、显微镜、热分析仪器、X 射线衍射仪/能谱仪、激光散射仪、流变仪/粘度计、物性测试仪、物理光学仪器、材料力学性能试验机系列、电化学仪器、生化/分子生物、空气质量及废气监测专用仪器、环境水质与污水监测专用仪器、环境污染事故应急监测仪器、核辐射及其他要素环境监测仪器、元素分析仪、化学试剂、石油产品专用分析仪器、农业和食品专用仪器、纺织行业专用仪器、煤炭行业专用仪器、实验室常用设备、样品处理与制备、实验室家具、仪器配件/附件/耗材、工作站及软件、工业过程控制及在线分析仪、无损检测仪器/设备、相关仪表、其它行业专用仪器/仪表），383 个小类。同时，该网站还提供了强大的搜索引擎功能，可以通过仪器名称、仪器型号、厂商名称、关键字、展位号等诸多模式快速检索到相关的产品及厂商信息。权威的仪器信息、专业的技术咨询、迅捷的行业资讯、可靠的网络技术构成了该网站的四大亮点。网站特色栏目主要有：

网上仪器展（www. netshow. com. cn）

全新理念的网上仪器展览，克服了传统展览会在时间、地域上的限制，参展厂商可常年在网上充分展示产品，发布各种商业信息，人才招聘信息，及时获取用户的反馈，并可与参观者随时进行网上交流。

“仪器用户的采购手册，仪器厂商的展示平台，业界人士的交流园地”；

仪器专场

按仪器的种类对市场上的各通用及专用分析仪器进行分类展示,并给出采购方面的指导以及相关技术指标的具体解释,是仪器用户身边的最佳采购手册。目前开设的仪器专场有:

气相色谱(GC) http://gc. instrument. com. cn
液相色谱(LC) http://lc. instrument. com. cn
离子色谱(IC) http://ionc. instrument. com. cn
毛细管电泳(CE)
http://ce. instrument. com. cn
薄层色谱(TLC) http://tlc. instrument. com. cn
制备液相色谱 http://prelc. instrument. com. cn
紫外可见分光光度计(UV/VIS)
http://uv. instrument. com. cn
红外光谱(IR)
http://ir. instrument. com. cn
近红外光谱(NIR)
http://nir. instrument. com. cn
激光拉曼光谱(RAMAN)
http://RAMAN. instrument. com. cn
原子吸收(AAS)光谱
http://aas. instrument. com. cn
ICP-AES http://icp. instrument. com. cn
原子荧光光谱(AFS)
http://AFS. instrument. com. cn
X 荧光光谱(XRF)
http://xrf. instrument. com. cn
光电直读光谱(OES)
http://OES. instrument. com. cn
分子荧光光谱(FS)
http://FS. instrument. com. cn
光栅光谱仪(单色仪)
http://ds. instrument. com. cn
可见分光光度计
http://vis. instrument. com. cn
生物质谱 http://BM. instrument. com. cn
气-质联用仪(GC-MS)
http://GCMS. instrument. com. cn
液-质联用仪(LC-MS)
http://LCMS. instrument. com. cn
等离子体质谱(ICP-MS)
http://ICPMS. instrument. com. cn
气体质谱 http://onlinems. instrument. com. cn
核磁共振(NMR)
http://NMR. instrument. com. cn
X 射线衍射仪(XRD)
http://XRD. instrument. com. cn
红外元素分析仪
http://IREA. instrument. com. cn
测汞仪 http://mercury. instrument. com. cn
定氮仪 http://N2. instrument. com. cn
热导元素分析仪
http://TCDELEMENT. instrument. com. cn
电子显微镜/电镜(SEM TEM)
http://EM. instrument. com. cn
扫描探针显微镜(SPM)
http://SPM. instrument. com. cn
金相显微镜
http://fractography. instrument. com. cn
PH 计(酸度计)
http://PH. instrument. com. cn
自动电位滴定仪
http://titra. instrument. com. cn
电导仪(Conductivity)
http://CM. instrument. com. cn
卡氏水分测定仪
http://kfma. instrument. com. cn
颗粒度分析仪
http://granula. instrument. com. cn
激光粒度仪
http://laserpartical. instrument. com. cn
粘度计 http://vm. instrument. com. cn
红外测温仪 http://IT. instrument. com. cn
流变仪 http://rheometer. instrument. com. cn
水份测定仪/水份仪
http://MA. instrument. com. cn
表面张力仪
http://surface-tension. instrument. com. cn
差示扫描量热仪(DSC/DTA)
http://DSC. instrument. com. cn
同步热分析仪(STA)
http://STA. instrument. com. cn

中国色谱网(http://www.sepu.net),特色栏目-仪器论坛,主要商品为仪器零配件与耗材;

计量仪器信息网(http://www.chinameasure.com),特色栏目-仪器数字商城,主要商品为测试测量仪器;

中国实验室(http://www.chinalab.com.cn)的实验室商城是实验室仪器及相关设备的在线资源,用户可通过在查询框内输入主题词后即可查询产品或公司信息;

现代实验室装备网(http://www.eduienet.com/xdsys.htm),以提供实验室设备方面的厂商及产品信息为主,同时也提供网上销售服务;

我要仪器仪表网(http://www.511718.com)是异域天堂集团网站中的一个提供仪器仪表工控自动化行业产品网上交易的电子商务专业网站;

世界仪器网(http://www.123lab.net)是专门提供国内外仪器和仪器厂商资料的信息平台及具备网上交易能力的仪器商务网站;

仪器仪表交易网(http://www.testmart.cn)主要是为上网仪器仪表生产厂家、仪器仪表经销商提供全面的网上代销代购服务;

中国仪器仪表信息网(http://www.instrnet.com)是由机械工业仪器仪表综合技术经济研究所(ITEI)创办的提供仪器仪表专业信息、商务信息和宣传普及仪器仪表知识的商业网站;

中国仪器仪表网(http://www.china-17.com)主要以提供仪器仪表、物位仪表、流量仪表、液位仪表、料位仪表、压力仪表等行业的厂商、产品信息为主;

蓝天仪器网(http://www.ltyq.com),也是一个以提供网上仪器的买卖平台,展示平台为主的电子商务网站。

4、专用仪器网站

从数量上看,虽然不多,但处在一个上升趋势,不过各网站之间水平差别很大,专业性还有待进一步加强,主要集中在生化、化工、环境监测等行业。较有特色的有:

生物通(http://www.ebiotrade.com)是办得较有特色的生化网站之一,其生物通网上商城的产品包括了与生化相关的试剂、仪器、耗材、书籍等;

中国生物器材网(http://www.bio-equip.com)是一个提供生物仪器设备和耗材、化学试剂、实验动物信息的专业网站;

中国化工仪器网(http://www.chem17.com),成立时间不长,产品信息主要涉及化工行业的通用及专用仪器;

生化分析仪器网(http://www.yiqiwu.com)是一个以生物、医药等行业为主体内容,提供相关行业实验室专业仪器产品信息;

中国生物仪器网(http://www.bio-instrument.com)2004年初开通,是一家B2B的生物仪器电子商务服务平台;

国环境中测控仪器网(http://www.emcc.com.cn),提供与环境监测仪器相关的行业动态、厂商及产品信息、技术成果等。

5、提供分析方法及标准全文网站

仪器买回来了,自然是为了用,但是仪器和民用产品不同,尤其是分析仪器,光看使用说明书恐怕是不行的,还得有分析方法、分析标准。尤其是分析测试涉及的行业非常广,科学研究、产品检验、以及包括与普通老百姓密切相关的环境保护等都离不开分析测试,同时分析方法、分析标准又浩如烟海,这样就给掌握和利用这些文献增加了难度。而利用网上检索就可以全面快捷地得到所需要的资料,为分析测试工作提供有力的支持。常用的分析方法及标准网站主要有:

中国标准咨询网(http://www.chinastandard.com.cn),该网站是国内首家标准全文网站,共收录国家及行业标准数十万条,并支持多种检索方式,用户可通过分类号、标准号、任意词等途径,查找自己所需要的标准;

中国分析网(http://www.analysis.org.cn),该网站由四个部分组成,即:国家分析测试方法体系资源库(涉及环境资源、生物医药、食品领域、材料领域、农产品领域、能源领域、轻工领域、纺织领域、临床化学领域、化工领域、机械领域、电子领域、交通领域、航空航天领域、ASTM、EPA、ISO、

AOAC等)、仪器检定规程及校准方法体系资源库(检定规程/规范、国际标准方法、国内外企业标准方法)、标准物质体系资源库(一级标准物质、二级标准物质、国外标准物质、其它)和图谱资源库。其数据来自于国内外权威组织、机构发布的现行分析测试标准方法或推荐方法以及重要研究单位及企业研究、使用的分析方法和成果;

中国环境标准网(http://www.es.org.cn),提供与环境检测相关的国家及行业部分标准和最新的标准信息;

中国专利检索系统(http://jiansuo.com)提供中国专利的全文检索服务,可浏览、下载最近几年的中国专利全文,所有专利全文都以TIF格式的图形文件保存;

中国期刊网(http://www.cnki.net)由清华同方光盘股份有限公司(TTOD)、中国学术期刊(光盘版)电子杂志社和清华大学光盘国家工程研究中心共同启动和实施。该数据库从1996年创建以来,已经建成了囊括6000多种期刊(5400多种期刊全文收录)的"中国期刊全文数据库";

万方数据资源系统数字化期刊子系统(http://newperiodicals.wanfangdata.com.cn/)包含了大部分国内关于分析测试的期刊。检索的系统分为简单检索和复杂检索两种。使用简单检索时,可以输入要查询的关键词,并在选择框内选择是在论文、引文还是期刊名称中进行检索。利用复杂搜索则能进行快速有效的组合检索。

6、相关行业网站

由于分析测试与众多行业是密切相关的,因此许多行业网站中的部分栏目也涉及到了分析测试方面的内容,本文将这些网站也一并列出,以供读者参考。

国家生物医学分析中心蛋白质组网(http://www.proteomics.com.cn)是由军事医学科学院投巨资建设的蛋白质组学技术平台的一部分,可提供蛋白质组学技术方面的服务;

37℃医学网(http://www.37c.com.cn)主要提供各类国内外的医学动态信息、医学资料文献,以及医学继续教育服务及各类专题学术会议等医学信息服务;

中国粉体网(http://www.cnpowder.com.cn)主要提供与粉体及纳米材料相关的测试仪器及设备信息;

中华检验网(http://www.chinalabnet.com),检验医学方面的一个综合性网站,尤其是检验医学检测项目方面的信息比较全面;

中国试验机行业网(http://www.tc122.org)主要提供全国试验机标准化技术委员会、国家试验机质量监督检验中心、试验机行业协会、试验机学会和试验机行业活动信息以及试验机生产制造企业、公司和用户的情况;

中国食品安全网(http://www.foodsafe.com.cn)主要提供食品生产与流通领域的食品安全信息与电子商务等服务;

大众医药网(http://www.windrug.com)提供大量医学图谱相关资料,包括1100余幅中草药图谱,17000余幅医药图谱;

材料与测试网(http://www.mat-test.com)是涵盖"材料"与"测试"两大专业及相关学会、行业组织活动动态和市场信息的专业网站;

中华电炉网(http://chinafurnace.org)是国内电炉专业技术网站,同时提供实验室及工业用电炉的相关产品及厂商信息;

检验医学信息网(http://www.clinet.com.cn)提供临床体外诊断试剂的检定、临床分析仪器的临床评估和全国血液质量检定和终裁等相关信息服务;

中国水质检验网(http://www.zzwater.net/szjy)提供与水质检验相关的国家标准、政策法规、操作规程、检验方法等信息;

中国材料网(http://www.materials.gov.cn)是国家级材料信息综合服务平台,整合并提供国内与材料相关的战略信息资源;

检验天空网(http://www.labsky.com)是拜腾信息技术有限责任公司制作的检验行业门户网站,跟踪国内外检验医学的最新进展,提供业界新闻、产品信息、学术动态、政策法规等内容。

7、科学仪器协作网站

科学仪器装备是社会资源的一部分,开展科

学仪器装备的协作共用是必然的。科学仪器装备所有者既有维护和正确使用的权利，也有提供社会化服务的责任。通过协作共用逐步形成一个走出围墙，生存于市场环境下的开放的综合的科学仪器装备资源系统，建立起良性循环的协作共用市场运行机制，为科学仪器装备协作共用拓展广阔的生存和发展空间。目前，我国许多省、市都已经或即将建立本地区的大型科学仪器共享网站。

河北省大型科研仪器协作共用网（http://dyb.heinfo.gov.cn），由河北省大型精密仪器管理办公室负责建立，维护。河北省大型精密仪器管理办公室（简称“大仪办”）是“河北省协调领导小组”、“河北省专家委员会”和网委会的日常办事机构。同时，兼“京津冀协作网”的有关日常办公事宜。负责大型科研仪器运行补贴费的具体管理工作，包括“测试卷”发放、资金补贴等；

广州地区科学仪器协作共用网（http://www.sti.gd.cn/kxyq/index.htm），由广东省科技厅、广州市科委、中国科学院广州分院和广东省科学院、广东省教育厅于1997年11月23日建立，至今，入网仪器已达83台；

陕西大型精密仪器设备协作共用核心网（http://www.sninfo.gov.cn/dxyq/dxyq.html），是由政府组织，从陕西科研条件信息网络中筛选出的一部分高、精、尖仪器设备建立的一个跨系统、跨部门的资源共享系统。目前，首期入网的有28家单位共41台（套）仪器设备开展对外服务，重点支持基础性研究、高新技术、技术攻关、技术开发及科技成果转化项目；支持科技型中小企业研制开发高新技术产品，为其进入高新技术产业领域创造条件；

辽宁省科学仪器设备共用网（http://www.lninfo.gov.cn/kytj/index.php），旨在提高辽宁省科学仪器的利用率，改变由科学仪器部门所有、条块分割等结构不合理形成的浪费现象。建立以市场为导向，充分调动大型仪器所有权单位工作积极性，促进科技资源跨部门、跨地区共享；

厦门市仪器设备技术协作网（http://www.xmppc.gov.cn/xmyq.nsf），是由厦门市生产力促进中心牵头，组织建立的一个跨系统、跨部门实现科研条件资源共享的技术协作系统。它是不以营利为目的、公益性的技术协作组织。作为科研条件共享网络平台，开设有服务项目、仪器资源、最新动态、学习园地、在线登记、信息查询、会员天地、仪器商场等栏目。目前已经登录的仪器设备近1000台（件）；

山西科研条件网（http://www.shanxiwindow.net/sxkw），发挥山西省现有科学仪器优势，利用政府调控手段和市场机制作用，改善科学仪器的部门所有和条块分割状况，盘活存量，实现资源共享和优势互补，提高大型科学仪器的利用率和使用效果，促进山西省科技创新体系的建立，推动山西省科技进步和经济社会发展；

安徽科研条件网（http://218.104.68.55/kytj/index.htm），该协作网为科研、教学单位组成的事业性质的联合体，不以赢利为目的，于1987年7月正式成立。协作网的主要任务是，团结安徽省有关分析测试单位及分析测试工作者，认真贯彻执行科技工作的方针，促进安徽省大型精密仪器和分析测试技术的普及、开发和提高，在保证完成各成面单位科研、教学任务的前提下，充分发挥安徽省大型精密仪器的利用率和实验技术的潜力，组织大型精密仪器协作共用，更好地为安徽省科研、生产服务，为安徽经济建设作出贡献；

广西大型仪器协作共用网（http://www.gxyq.net.cn），旨在促进广西大型仪器协作共用的开展，实现资源共享，提高大型仪器的利用率和使用水平，减少不必要的重复引进，在1998年，由科技厅牵头组建；

东北科学仪器共用网（http://www.dbi.com.cn/zhuye/index.asp），是由辽宁省科技厅、吉林省科技厅、黑龙江省科技厅主办，长春天河网络工程有限公司承办，服务于整个仪器行业的大型、权威、正规的专业网站。目前网站提供了上百台东北三省大型科学仪器的详细资料，并对资深专家学者、重点科研机构进行了详细的介绍；

黑龙江省大型科学仪器协作共用网（http://www.longjianglab.com.cn），旨在提高黑龙江省大型仪器的利用率，减少重复购置和引进，促进资源共享；扩大入网仪器种类和数量，由黑龙江省大型仪器管理办公室协调各仪器使用部门，共同组成“大型科学仪器协作共用及专业维修网”，完善协作共用仪器运行保障措施，面向全社会开展大型科学仪器协作共用服务；

内蒙古大型科学仪器协作共用网（http://www.cnmma.com/yqw/index.asp），是内蒙古自治区科技厅组织的一个面向全社会开放的公益性科技服务网。该网采取政府扶持和择优奖励的激励机制，促进各入网单位大型科学仪器对社会的开放，实现资源共享，为自治区的科技进步和经济建设提供良好的科研条件支撑环境。其业务范围包括为自治区大型科学仪器提供维修维护服务、大型科学仪器使用和维护的技术培训等；

四川科研条件网（http://sckt.sichuan.net.cn），旨在利用现有科学仪器资源，盘活存量、优化配置、开展协作共用，逐步形成服务全川、辐射西南的科学仪器协作共用网络；

新疆科学仪器设备协作共用网（http://www.xjlab.com/web），旨在给新疆自治区属科研机构创造基本的科研条件，缓解科学仪器设备不足的矛盾，合理布局科学仪器设备，实行优势互补和资源共享，提高科学仪器设备的利用率，进一步推动科研机构的改革与发展，搭建科学研究与技术开发的科学仪器设备支撑服务平台。首批共有17个院所、62台仪器设备获准入网，总价值达2400万元。仪器设备涉及多种学科，综合性强，覆盖面广，有不少仪器设备在自治区处于领先。

8、化学试剂网站

中国试剂网（www.chinareagent.com.cn），由全国化学试剂信息站建立。全国化学试剂信息站（化工部化学试剂信息站）是1962年成立的。一直是化学试剂行业的情报、信息中心。及时、准确的反映国内外有关试剂及其相关领域的最新动态和成果，适时地提出看法和建议由它组织编写的情报调研多次获化工部情报成果奖。多项调研被企业采纳。信息站承办的两个刊物是信息交流的好平台、企业宣传的好媒体。《化学试剂》是我国中文化学类核心期刊，也是美国化学文摘社（CA）摘录频率最高的千种期刊之一。

信息站是《化学试剂》双月刊的主办单位。该刊于2002年被协会评为第五届全国石油和化工行业优秀期刊专业技术类一等奖。2001年被国家新闻出版署评为双效期刊，1992年被国家科委国家新闻出版署、中宣部、评为全国优秀科技期刊三等奖 另外，还在化学试剂行业内组建了“试剂与精细化学品经济技术信息网”为网员单位提供服务。发行网刊“试剂与化学品情报信息”月刊。每期3万字。信息站一直是企业的好伙伴，领导决策的好参谋。为网员单位及时、准确的提供经济技术信息、行业动态、技术金桥、市场供求、新产品、新技术、可应用的专利、某些精细化学品简介等等。深受化学试剂行业的欢迎。

中国试剂网（www.reagennt.com.cn），由国药集团化学试剂有限公司负责建立起来的，以配置实验室解决方案为目的，提供各类实验室试剂、耗材和小型仪器及其他实验设备的检索和购买的综合性网站。

中国试剂网利用现代的互联网技术将各种产品资源在信息高速公路上与大家一同分享，并寻求更好的途径，更高的效率来服务于人，提高所有化工行业人员和相关需求者的工作绩效。

网站的数据平台实时动态的进行更新，所有用户在这里找到的信息将会是有效的，并在信息体本身来说都将是不断完善和丰富的。用户可以很方便的通过已知的产品订货号对具体产品进行了解，也可以在查询中心内通过多字段匹配的方式进行多方位的模糊检索，渐进的定位到具体的产品信息来满足自己的需求。

中国试剂网在提供用户检索的同时，更提供了用户在线订购和企业产品在线发布和销售的功能。您只要在本站通过一系列帮助轻松的注册成为本站的会员，并通过有效身份的确认，您就可以使用网站提供的在线订购服务。

《化学试剂目录》收录了该公司经营的化学试剂品种规格14000余条，将经营的品牌产品的规格、包装和参考售价都一一列出。除了有产品的中文品名和别名首字排序的正文外，产品的英文品名和英文别名都分别列入了索引。尤其值得介绍的是本版目录尽可能的收入了产品的CAS No.和《试剂手册》（第三版）编号，以方便对照查询商品的理化数据、用途、储存和有关信息，《目录》是

《试剂手册》配套用书。

国药集团化学试剂有限公司（www. sinoreagent. com. cn www. reagent. com. cn），国药集团化学试剂有限公司是全国规模最大的实验室产品专业生产商和经销商，其产品包括化学试剂、生化试剂、诊断试剂、玻璃仪器、实验室仪器及设备等，涵盖了实验室产品的各个领域。公司注册资金5000万，年销售额突破4亿元。目前公司经营的化学试剂12000品规（包括通用、有机、生化、色谱、高纯、指示剂、食品添加剂、医药中间体等）。经营各类玻璃仪器3800多种。

经过多年的努力，公司建立起强大的品牌规模，销售网络遍布全国，并不断朝着专业化和多元化的方向发展，良好的企业形象和优质服务深得广大用户的认同与喜爱。化试员工勤于学习，乐于创新，用激情和智慧打造中国化试行业的第一品牌，我们相信今天能比昨天做得更好！

中国化学试剂网（www. ruishichemical. com），由山西瑞世化工有限公司创建，公司为具有法人资格的民营实体。

2000年10月，经中国科学器材进出口总公司考察审核后，认定授权为中国科器连锁网太原连锁中心，并致力建设中国化学试剂供应保障中心，受命组建中国化学快速反应部队，将代表中国科学器材总公司在山西省从事各类科学器材的批发和零售业务，参加各类科学器材的集中采购的投标业务。

公司生产的“瑞世”牌合成用试剂，化学品达3000余个，同时生产适合中学化学实验的“瑞世”牌教学试剂200个，按照教育部中学教学大纲要求，配备齐全中学化学实验教学需要的全部 教学试剂，开发生产适合国标分析的行业标准溶液100余种。

中国化学化工网（www. sinocnet. com），北京某单位建立的网站。是国内致力于面向中国化学化工教育科研界提供电子商务应用的互联网站点。致力于化学化工教育科研、技术交易、化学试剂、化学仪器专业图书等领域的专业网站。目前设有新闻报道、化学教育、人才广场、科研天地、技术成果、专家苑、网上书店、软件天地、化学试剂、化学仪器、化工论坛、化工搜索等12个栏目

化工世界（www. chemworld. com. cn），青岛天瑞网络技术有限公司建立的网站。化工世界：是大型的专业化工网站。2001年创建，与全国各大石化工厂：扬子石化、上海石化、茂名石化、燕山石化、齐鲁石化等34家大型石化企业和近百家大型生产企业已建成了国内最大的、遍布国内外的信息网络和信息员队伍。内容包括当地报价，各地行情、库存、企业出厂价、外盘、船货信息，生产现况，下游产品报价和近期走势分析预测等。

中国石油和化工网（www. chemall. com. cn），朗津网络前身是成立于一九九四年的国家机关化工部“化工决策信息网”。北京朗津网络信息技术有限公司是由隶属于《经济日报》报业集团的《中国化工报》社控股，从事化工专业信息、信息技术开发与应用的股份制企业。拥有化工专业、信息情报、市场营销、计算机软硬件、创意设计、经营管理等方面的专业人才 朗津网络以提供及时、有效、可信的新闻、信息、咨询、产品经营的商务平台为己任，为提升行业企业国际竞争力，不断拓展和延伸信息服务宽度和深度，完善企业急需的各类市场经营平台功能。此外，还提供专业期刊、技术咨询、信息数据库产品。

中国万维化工城（www. chem. com. c），化工搜索引擎 生产厂家 化学试剂．检索：模糊检索．分类（生产厂家 & 化学试剂）

中国实验室有限公司（www. chinalaboratory. com），中国实验室网站是在完成国家科技部、北京市科委多项课题的基础上整合而成，为我国科研、教育、工业等领域各类实验室及科技人员提供全面、权威、快捷的实验室信息服务的综合性网站。

中国实验室网站的目标是通过高效、方便的网络工具，建立功能多元化、使用简单快捷的实验室信息系统，为我国实验室科技人员提供全面、及时的实验室信息服务。

化学试剂（www. chemreagent. com. cn）天津市化学试剂研究所网站。天津市化学试剂研究所成立于1964年，是一个集科、工、贸一体化，以开发新型化学试剂及精细化工产品为主的独立科研机构。曾获国家级、市级科研成果20项。天津市技术监督局委任本所为质量监督检验第十站，负

责全市化学试剂产品的质量检验工作。目前销售额已达2000万元。1998年国家外经贸委授予我所产品自营进出口权。

试剂现货保税库（www. appliedbiosystems. com. cn/），现货试剂人民币购售方法。美国Applied Biosystem公司为方便广大用户购 买试剂和消耗品，特此在上海建立试剂及消耗品仓库，存放一定量 现货供大家选购。试剂与耗材以人民币结算，直接购买快速方便。

新科信息网（www. xkinfo. com），由天津市慧日广告有限公司提供信息查询、交流、磋商等的化工、物资综合信息网站。

中国试剂信息网（www. cnreagent. com），网站由广州某人建立。不经营产品，只提供产品信息服务。若您需要购买数据库中所列产品，请直接和厂家联系，如果不是会员或者是免费会员，只可查看收费会员的产品信息。只有成为收费会员才可以查看产品库中全部产品的。

试剂信息网（www. reagentinfo. com），北京某人建立的网站。是面向国内的试剂B2B型网站之一提供试剂信息服务。有贸易搜索引擎“能够快速查找到所需要的信息。

环球化工资源在线（www. globalchems. com），常州力天科技有限公司建立，是专注于化工行业的专业性网站平台。

全国医药信息网（www. qgyyzs. net）

结束语：

随着计算机的不断普及和网络技术的不断完善，网络资源的检索与利用的重要性日益突出。通过登陆上述的网址，可以全面了解分析测试行业的最新动向、快速准确地检索到所需仪器及相关厂商信息、分析方法、分析标准。因此，可以说基本上覆盖了关于分析测试领域的全部网络资源。

▲2003年BCEIA大会主席、科技部副部长刘燕华先生在2003年BCEIA招待会上

▲协会王顺昌副理事长在新疆会议上作报告

▲协会前理事长、现协会顾问杨化同志参观上海天美仪器有限公司

▲诺贝尔化学奖获得者R.Ernst先生在2003年BCEIA科学仪器发展论坛上作报告

▲2003年BCEIA学术报告会会场

▲协会领导向CAIA奖获得者发奖

▲2003年BCEIA金奖和CAIA奖颁奖大会

▲中国分析测试技术成果报告会

▲ 2003 年 BCEIA 招待会会场

▲ 2003 年 BCEIA 展会会场

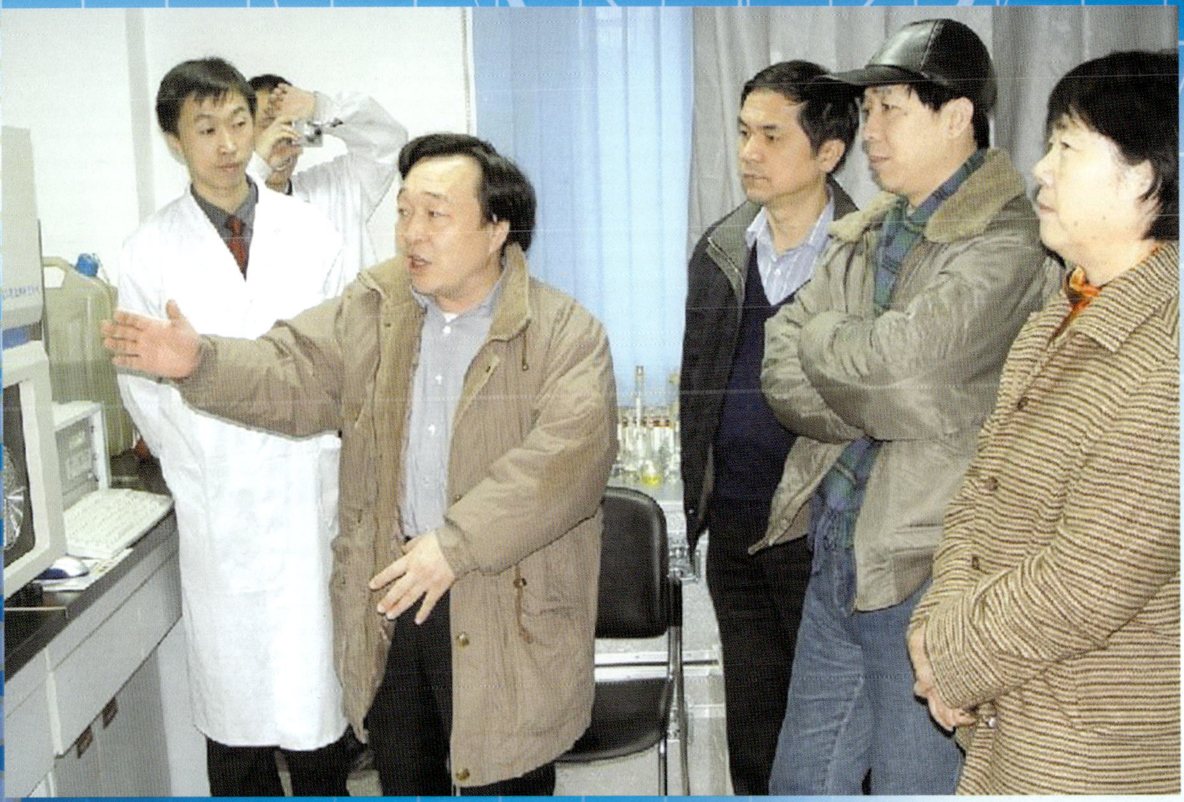

▲普析通用公司总经理田禾向专家和领导介绍“十五”攻关成果

▲“十五”国家科学仪器攻关验收会

中国分析测试协会与地方分析测试协会

中国分析测试协会是经中华人民共和国民政部批准登记的专业性社会团体，于1986年成立，业务主管单位是中华人民共和国科学技术部。

协会由全国分析测试及相关业务的单位和组织自愿组成的非营利性的专业性社会团体。宗旨是：团结全国分析测试单位和组织及分析测试工作者，以邓小平理论和“三个代表”的重要思想为指导，与时俱进、开拓创新，认真实施科教兴国战略和可持续发展战略，促进我国分析测试科学技术的普及、提高和发展，为建设有中国特色社会主义的伟大事业作出贡献。

协会开展如下工作：承担分析测试方面的技术咨询和服务；承担科学仪器市场调查；开展分析测试仪器和分析测试方法和技术开发；举办北京分析测试学术报告会及展览（BCEIA）；组织分析测试科学技术交流和培训；开展国际交流和合作；主办和出版分析测试科技期刊；设立中国分析测试协会科学技术奖（CAIA奖）、CAIA青年奖和技术开发基金；接收有关部门委托的任务等等。

组织机构

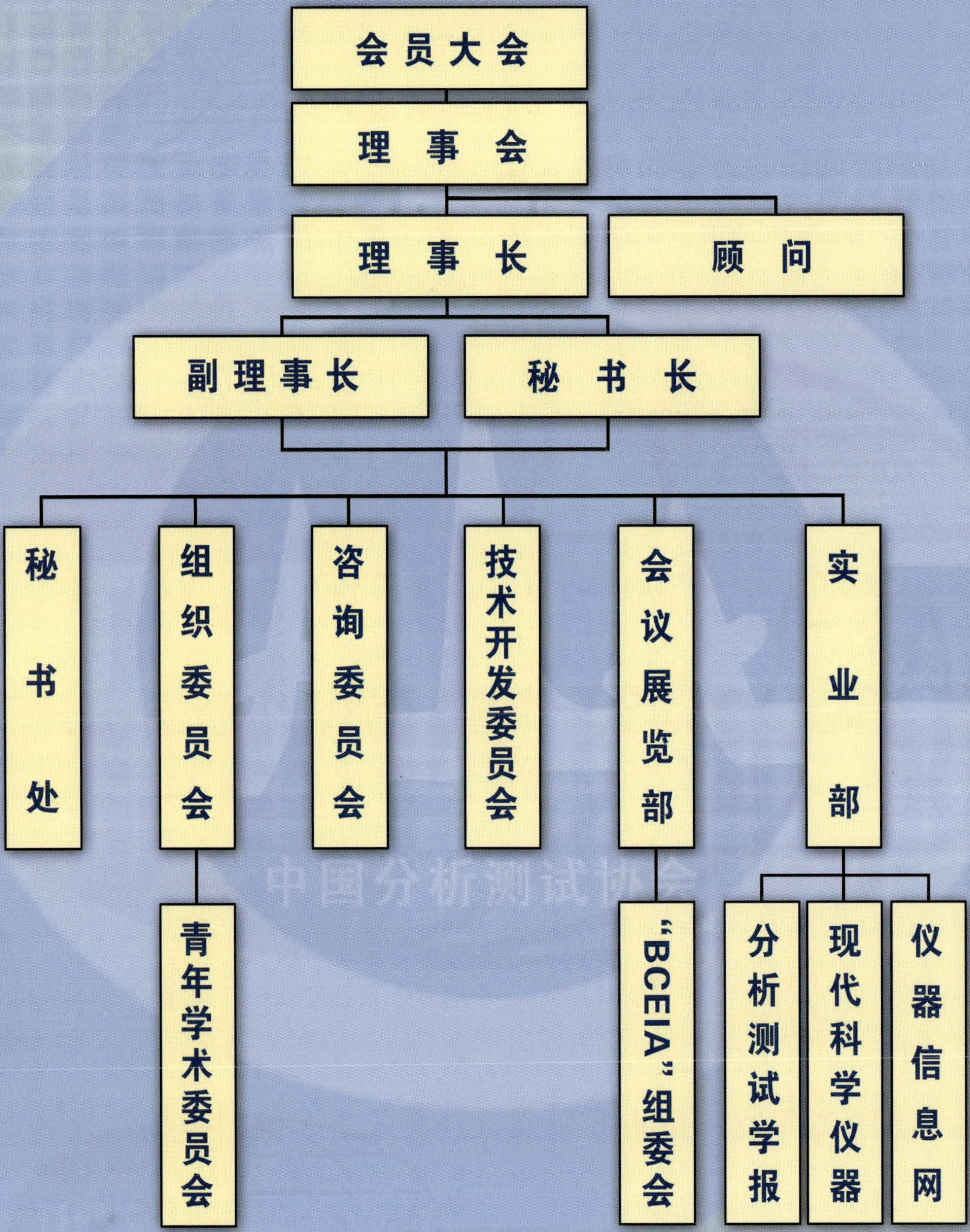
会员大会
理事会
理事长
顾问
副理事长
秘书长
秘书处
组织委员会
咨询委员会
技术开发委员会
会议展览部
实业部
青年学术委员会
"BCEIA"组委会
分析测试学报
现代科学仪器
仪器信息网

会员单位发展

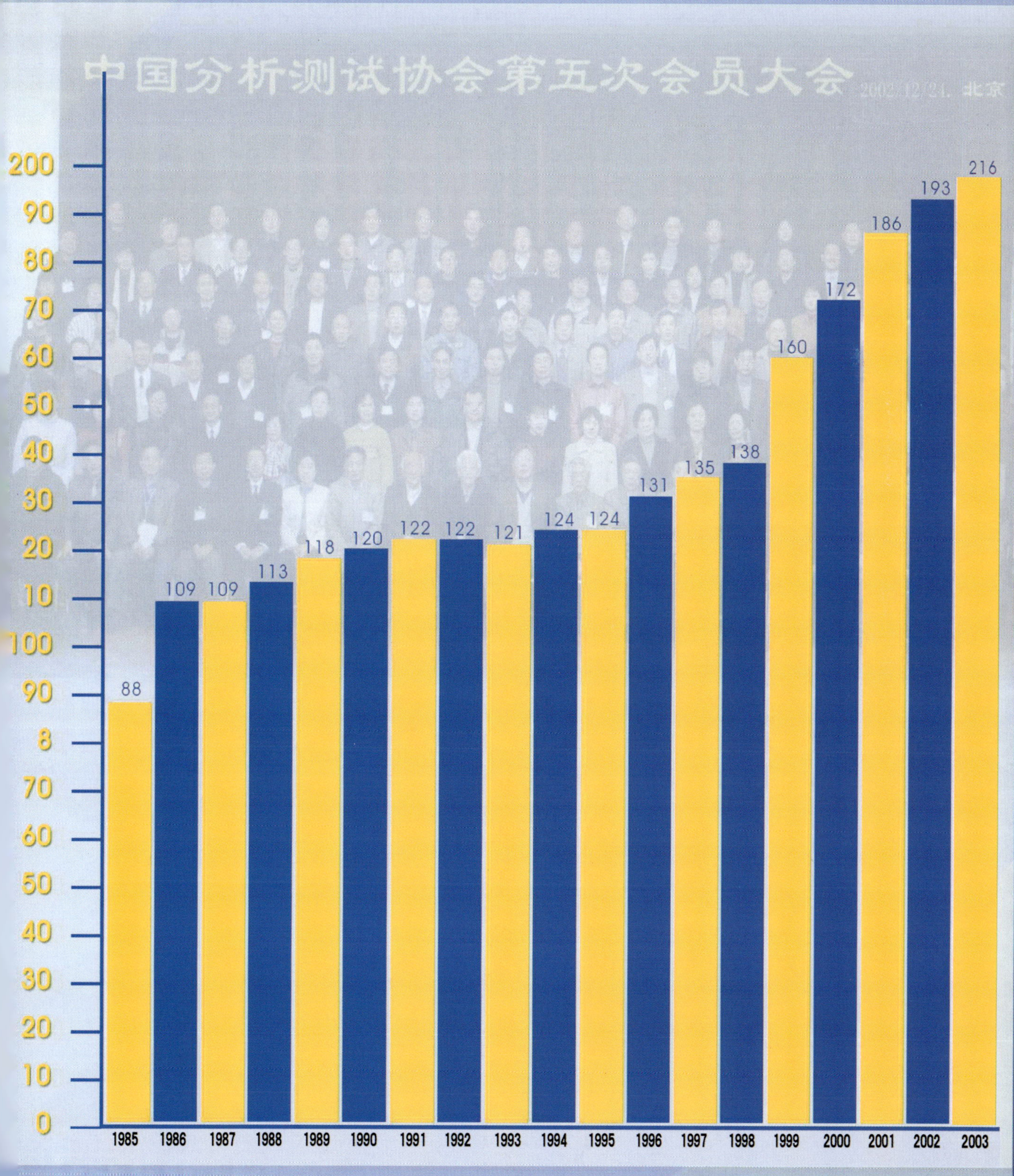

中国分析测试协会第五次会员大会 2002.12.21. 北京
200
90
80
70
60
50
40
30
20
10
100
90
8
70
60
50
40
30
20
10
0
88
109
109
113
118
120
122
122
121
124
124
131
135
138
160
172
186
193
216
1985
1986
1987
1988
1989
1990
1991
1992
1993
1994
1995
1996
1997
1998
1999
2000
2001
2002
2003

技术开发基金

年 份	批准金额（万元）
1988	71
1991	45
1992	61
1993	87
1994	90
1995	100
1996	30
1997	15
1998	10
1999	50
2003	100

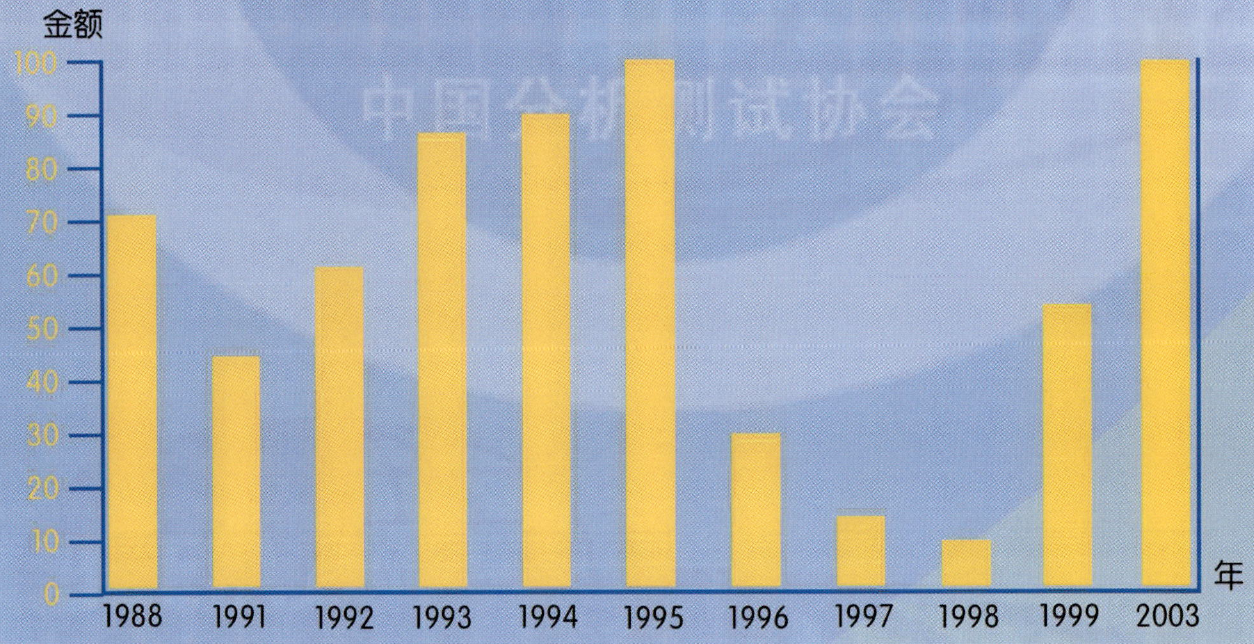

中国分析测试协会科学技术奖(CAIA)

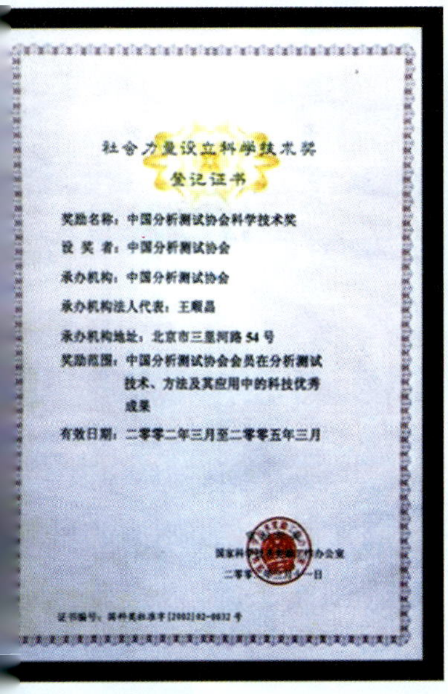
社会力量设立科学技术奖
登记证书

奖励名称：中国分析测试协会科学技术奖

设 奖 者：中国分析测试协会

承办机构：中国分析测试协会

承办机构法人代表：王顺昌

承办机构地址：北京市三里河路54号

奖励范围：中国分析测试协会会员在分析测试技术、方法及其应用中的科技优秀成果

有效日期：二零零二年三月至二零零五年三月

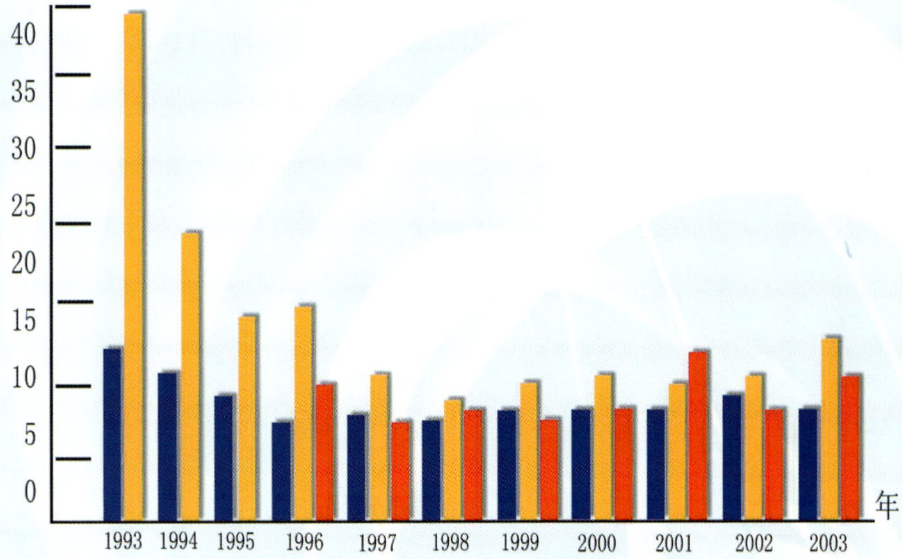

1993~2003年，共计有317个优秀项目获奖

年度	合计	特等奖	一等奖	二等奖	三等奖
1993	55	2	14	39	0
1994	35	0	12	23	0
1995	27	1	10	16	0
1996	35	0	7	17	11
1997	25	0	7	12	6
1998	24	0	7	9	8
1999	26	0	8	11	7
2000	31	0	9	12	10
2001	31	1	8	10	12
2002	28	0	9	11	8
2003	32	0	8	13	11

历届 BCEIA

1）学术会议

年　份	1985	1987	1989	1991	1993	1995	1997	1999	2001	2003
国家和地区数	15	25	20	25	25	23	21	19	24	24
国外参展人数	180	126	82	102	134	142	174	126	123	146
国内参展人数	460	508	345	308	308	244	279	305	296	317
发表论文数	633	695	447	531	544	472	552	431	496	506

2）展览会

年　份	1985	1987	1989	1991	1993	1995	1997	1999	2001	2003
国家和地区数	13	16	13	13	15	14	15	14	14	14
国外参展厂商	109	149	100	107	121	70	66	63	59	65
国内参展厂商	13	19	24	36	42	64	63	70	117	152
参观人数	12000	14000	12000	14000	14000	16000	18000	16000	24000	~25000

BCEIA 金奖

从第三届BCEIA（1989年）起至第九届BCEIA（2001年），共计有68台优秀国产分析测试仪器获得金奖奖牌。

年度	届次	获金奖数	获奖仪器名称及厂家
1989	第三届	15台	扫描隧道显微镜SSX-1A型等 中科院北京电镜实验室和科仪厂等
1991	第四届	8台	光离子化气体分析仪110型等 上海第三分析仪器厂等
1993	第五届	11台	760系列双光束紫外可见光度计等 上海第三分析仪器厂等
1995	第六届	9台	BOD-540型生化需氧量分析仪等 上海雷磁仪器厂等
1997	第七届	7台	HD-9718型硅酸根自动监测仪等 北京华电化学分析仪器研究所等
1999	第八届	8台	TL-LAB2000型实验室信息管理系统等 北京泰立化电子技术有限公司等
2001	第九届	10台	AF-610A原子荧光光谱仪器公司等 北京瑞利分析仪器公司等
2003	第十届	9 台	集成式加压毛细管电色谱等 上海通微分析技术有限公司等

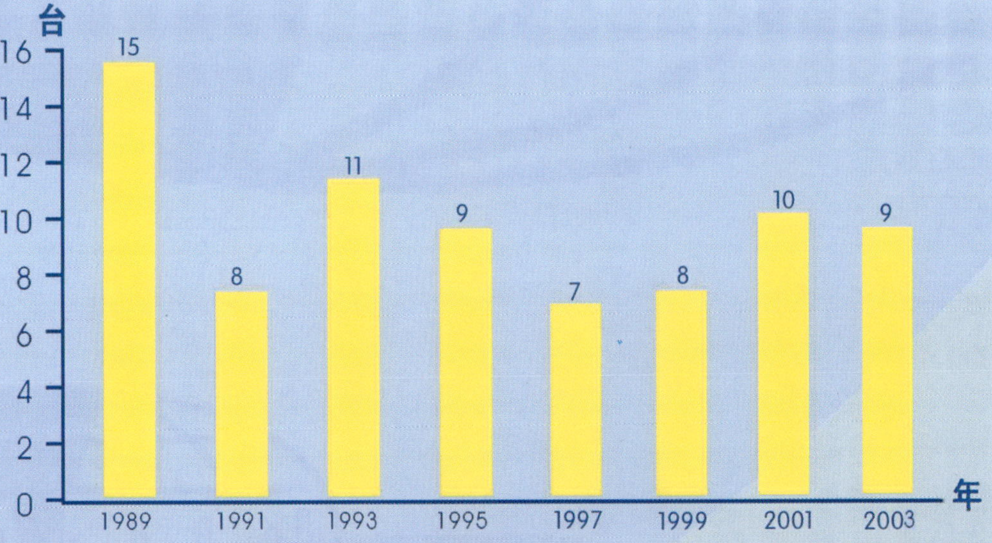

出版刊物

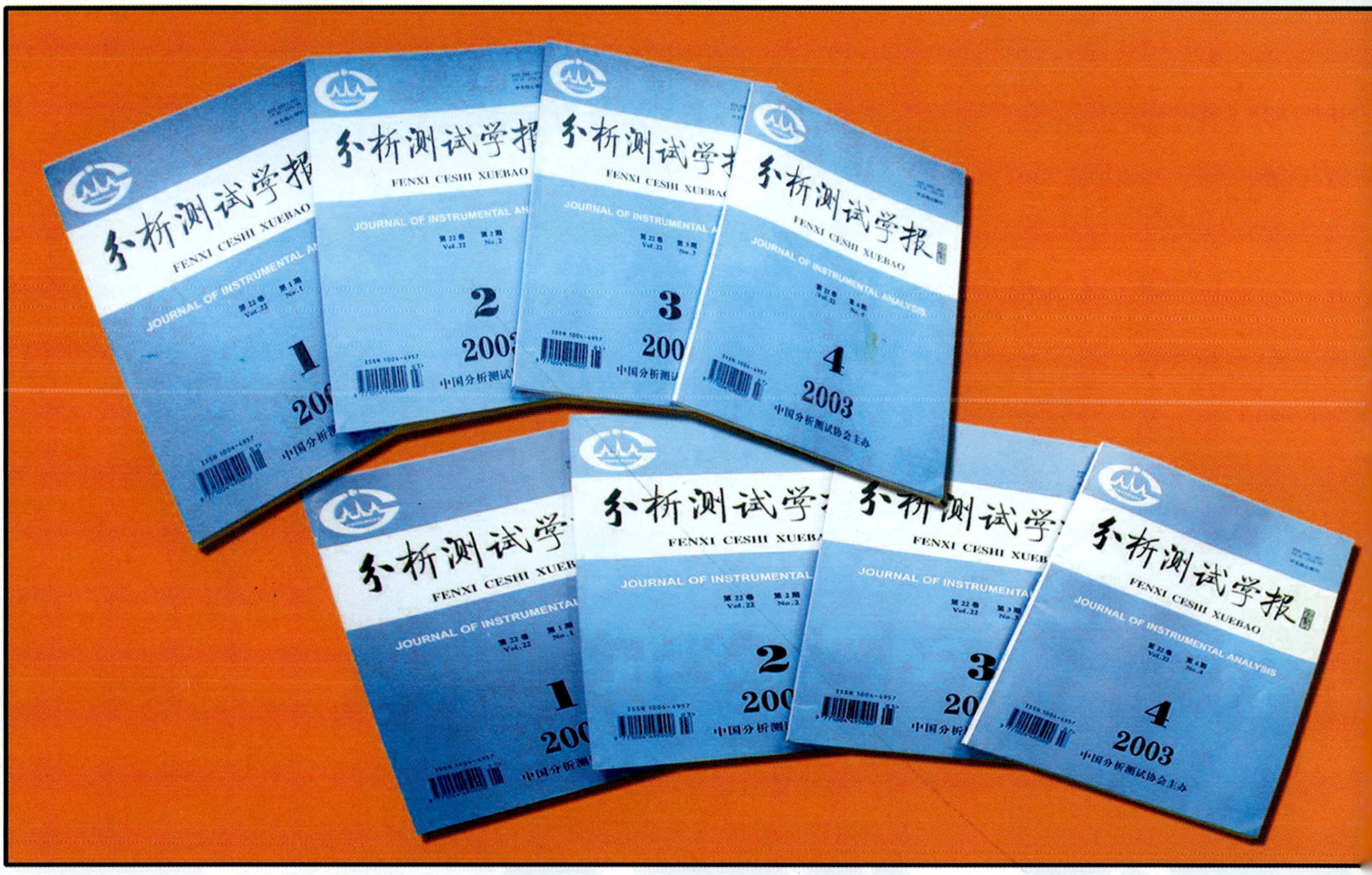

《分析测试学报》，为双月刊，国内外公开发行，已出版了110期，刊载论文1500余篇。自1987年起，陆续入选世界著名的刊物，如：《化学文摘》CA千种表；美国《科学引文索引》(SCI)；英国皇家化学学会的《分析文摘》(AA)和该学会的《质谱公报》(MSB)。从1992评为中国自然科学核心期刊和我国重点科技期刊（100种）。1991年，荣获广东省优秀期刊并获金色奖杯。

现代科学仪

《现代科学仪器》是在国家有关领导和著名科学家的指导和大力支持下诞生的。它是国内唯一以介绍和评论国内外科学仪器为主的综合性的科技期刊。是具有权威性的科学仪器论坛，也是一份具有参考价值的指南。已出版87期

您想选择适合需要的性能价格比较好的仪器吗？请订阅本刊，它是您了解国内外仪器市场的窗口。

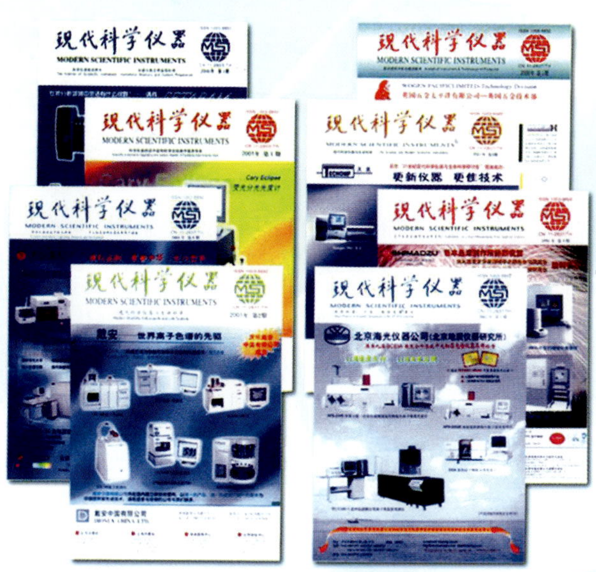

您想使自的产品更有争力吗？欢在本刊刊登告，它是您产品通向用的桥梁。

中国分析测试协会第五届理事会理事长、副理事长、秘书长

理事长：惠永正

副理事长并兼秘书长：王顺昌

副理事长：张　泽

副理事长：汪尔康

副理事长：程诂青

▲中国分析测试协会第五次会员大会合影留念

▲中国分析测试协会第五届第二次理事会合影留念

最权威的专业指导；

应用文章

由仪器生产厂商直接提供的基于各自参展仪器的最新分析方法、仪器进展、使用维护经验等方面的极具参考价值的技术文章；

网上有声讲座

采用先进的流媒体技术，就是将视音频文件经过压缩处理后，放在网络服务器上进行分段的传输，客户端计算机不用将整个的视音频文件下载到本地，便可以即时收听和收看。真正做到将传统的面对面的仪器讲座搬到了网上，仪器用户无需出门，在家里就可以完全感觉到现场气氛。同时，可根据各人不同情况，自由选择课程进度及听课时间，克服了现场讲座的局限性；

展会信息

国内外与仪器相关的展览和学术会议信息，主办单位可通过展会平台发布展会详细信息，提供网上注册、征文、投稿、招商等全方位服务；

专业期刊

提供20多种专业期刊的最新信息浏览（题目、摘要、作者详细信息及联系方式），部分期刊可网上订阅。目前已加盟期刊有《分析测试技术与仪器》、《分析测试学报》、《分析化学》、《分析科学学报》、《分析试验室》、《分析仪器》、《光谱实验室》、《理化检验-化学分册》、《色谱》、《遗传》、《石油化工》、《实验技术与管理》、《遗传学报》、《现代仪器》、《岩矿测试》、《中国环境监测》、《中国生物工程杂志》、《中国兽药杂志》、《质谱学报》、《世界标准化与质量管理》、《中国测试技术》、《中国卫生检验杂志》等；

仪器论坛

由中国分析测试协会组织委员会、青年学术委员会、北京大学等多个单位合作建设，按仪器种类分为色谱、光谱、质谱、波谱、衍射/能谱仪、电化学、热分析、激光光散射仪、物性测试、生化仪器及设备、元素分析仪、样品前处理、实验室辅助设备、显微镜、物理光学仪器、材料试验机、过程分析控制、行业专用仪器、实验室家具、化学试剂、LIMS等多个子论坛和样品处理、分析测试、数据处理、使用维护、采购交流五个主题论坛，是分析测试界人士讨论问题，结交业内朋友的好去处；

人才频道

业内单位（仪器厂商、测试中心）发布招聘信息，求职者可通过招聘职位及招聘单位名称进行快速检索，是专业人才找工作的好地方；推荐好书几乎涵盖所有分析测试类领域的相关专业书籍信息，目前收录的各种书目信息将近10 000条，部分新书和好书可网上订购。

3、仪器电子商务网站

电子商务作为一种全新的营销方式在仪器行业刚刚兴起，国内许多仪器网站都在这方面做了一些有益的尝试，尤其是在测试、测量仪器、仪表、仪器耗材、化学试剂、工作站等方面。

其中，比较具有代表性的B2C网站有：

中国分析仪器网（http://www.54pc.com），特色栏目－54PC商城，主要商品为色谱零配件、耗材及色谱工作站；

实验室采购网（http://www.chinaallinone.com），该网站所提供的产品包括仪器设备、化学试剂、玻璃仪器等方面；

东方电子集成商务网（http://www.jicheng.net.cn），特色栏目-仪器商城，主要商品为测试、测量仪表；

我要仪器网（http://www.5117.net），特色栏目-仪器网上商城，主要商品为测试、测量仪表；

北京测试仪器网（http://www.tester.net.cn），可以说该网站整体上就是一个仪器商城，主要商品为测试、测量仪表；

北京仪器商城（http://www.17web.com），网如其名，也是一个仪器商城网站，主要商品为测试、测量仪表；

中国科学器材网（http://www.sciequip.com.cn），特色栏目-产品直通车，是国内仪器仪表与耗材方面的网上商城之一；

中国仪器仪表大市场（http://www.1718cn.com），特色栏目-仪器仪表商城，主要商品为测量仪器、仪表；

华仪网（http://www.yibiao.net），特色栏目-选型平台，主要商品为自动化仪表等。

比较具有代表性的B2B网站有：

动态机械热分析仪
http://DMTA. instrument. com. cn
硬度计(机)
http://hardness. instrument. com. cn
万能材料试验机
http://omni. instrument. com. cn
色差/测色仪 http://colour. instrument. com. cn
比色计 http://colorimeter. instrument. com. cn
微波消解 http://MD. instrument. com. cn
萃取设备 http://extract. instrument. com. cn
凝胶净化系统(GPC)
http://gpcprep. instrument. com. cn
热解析仪 http://desorber. instrument. com. cn
天平(Balance)
http://balance. instrument. com. cn
离心机 http://LX. instrument. com. cn
实验炉 http://MF. instrument. com. cn
纯水器 http://PW. instrument. com. cn
清洗器(机) http://cleaner. instrument. com. cn
气体(氢气、氮气、空气)发生器
http://gg. instrument. com. cn
搅拌器 http://stir. instrument. com. cn
粉碎设备 http://muller. instrument. com. cn
水浴/摇床/振荡器
http://bath. instrument. com. cn
水循环 http://recirculate. instrument. com. cn
通风橱/柜 http://VC. instrument. com. cn
生物安全柜
http://bioclean. instrument. com. cn
流动分析仪(FIA SFA CFA)
http://FA. instrument. com. cn
生化培养箱(试验箱)
http://cb. instrument. com. cn
基因扩增仪(PCR)
http://pcr. instrument. com. cn
冷冻干燥机(冻干机)
http://lyophilization. instrument. com. cn
抑菌圈(抗生素效价)测量仪
http://antibiotic. instrument. com. cn
细胞分析 http://FCM. instrument. com. cn
均质器(细胞破碎仪)
http://Homogenizer. instrument. com. cn
发酵罐 http://fermenter. instrument. com. cn
COD 测定仪 http://COD. instrument. com. cn
BOD 测定仪 http://BOD. instrument. com. cn
多参数水质分析仪
http://mpw. instrument. com. cn
总有机碳(TOC)分析仪
http://TOC. instrument. com. cn
离子(钠表、氨氮、硅酸根、余氯)检测仪
http://ion. instrument. com. cn
红外气体分析仪
http://IRG. instrument. com. cn
烟气分析仪
http://smoke. instrument. com. cn
便携式气相色谱
http://PGC. instrument. com. cn
甲醛分析仪
http://formaldehyde. instrument. com. cn
农药残留速测仪
http://pesticideremains. instrument. com. cn
量热仪 http://calorimeter. instrument. com. cn

厂商列表

众多家国内外仪器厂商按仪器性质分类汇集于此,用户可根据仪器名称和厂商名称进行检索;

仪器讲座

由多位仪器专家精心整理,深入浅出地系统介绍仪器的原理和结构,及各种应用技巧和最新进展,讲座内容涉及色谱、光谱、质谱等诸多领域;

专家咨询

针对用户在仪器采购、选型、实验室应用、仪器应用和维护等方面的实际问题,多位仪器专家随时提供免费咨询;

市场分析

权威机构搜集整理的全球及中国仪器市场的销售统计数据,仪器厂商的排名,仪器市场的分析及预测,获取商业信息,帮助决策的重要工具;

采购指南

数百篇由多位专家精心搜集、整理的仪器采购方面的指南性综述文章,为用户采购仪器提供

第五届理事会理事、常务理事

（按姓氏笔划为序）

理　　事：丁　辉　于亚东　于秉华　马振珠　马锡冠　尹　明　王　琦
王　博　王忠云　王建春　王顺昌　王海舟　邓志威　田　禾
田松柏　孙泽明　冯国利　冯建跃　冯素萍　江桂斌　毕　宁
刘成雁　刘明钟　刘景全　李　华　李选培　李国刚　李桂贞
朱绍棠　再帕尔·阿不力孜　吉晓江　张　泽　张　静　（张文祥）
张玉奎　张学敏　张渝英　吴长民　吴恒基　吴继宗　邹汉法
汪尔康　陈巧珍　邱忠臣　陈江韩　严秀平　杨杰东　（何美玉）
苏晓鸥　郑国安　郑贻新　金鹤鸣　郁鉴源　赵伟中　赵鑫淼
欧阳讷　胡先明　姜国栋　郭洪涛　（夏　锋）　夏春阳　唐亚林
黄天宝　黄衍信　龚正泰　鲁　非　惠永正　路庆华　程诘青
傅嘉骏　解成喜　潘甦民　※权明达　※刘建华　※鲁统部　※翁诗甫

※补选　　（　）更换

常务理事：丁　辉　马锡冠　王顺昌　王海舟　田　禾　孙泽明　冯建跃
毕　宁　张　泽　张玉奎　张学敏　张渝英　汪尔康　郑国安
郁鉴源　姜国栋　惠永正　程诘青　潘甦民

第五届理事会顾问、名誉理事

（按姓氏笔划为序）

顾　　问：卢佩章　朱良漪　杨　化　吴征铠　陆婉珍
周同惠　郭可信　俞惟乐　梁晓天

名誉理事：卢涌泉　朱铨钧　江君照　李家熙
苏正悟　张灿如　费　伦　崔风辉

中国分析测试协会第五次会员大会文件

工 作 报 告

王顺昌

2002 年 12 月 24 日

各位代表：

我受第四届理事会的委托，向会员大会做工作报告，提请大会审议。

四年工作回顾

过去的四年是跨世纪的四年，是不平凡的四年。四年来协会紧紧围绕章程确立的宗旨和任务，努力开拓，积极进取，伴着卓有成效的业绩迈进了新世纪。

一、务实求新，成功举办了两届 BCEIA

办好两年一届的 BCEIA 是本届理事会的一项重要工作。1999 年的第八届和 2001 年的第九届 BCEIA 在大家的努力下获得了圆满成功。两届大会主席由科技部惠永正和李学勇副部长分别担任。来自 20 多个国家和地区的国内外学者踊跃参加了学术报告会，两届分别为 431 名和 419 名，发表论文分别为 431 篇和 496 篇。大会的学术报告体现了当今分析测试技术研究、分析测试技术应用和分析仪器发展的国际水平。中外学者高兴地看到中国分析技术水平有了显著提高，与发达国家的差距在逐渐缩小，特别是年青一代学者提供的论文质量、英文撰写水平、英语口语表达能力都有明显提高。第九届 BCEIA 评选出了 25 篇优秀论文报展，并为获奖者颁发了证书。分析仪器展览厂商参展保持积极态势，特别是 BCEIA2001 面临我国加入 WTO 和申办奥运成功的新机遇，国内外参展商参展积极性均比上届高。有来自 14 个国家和地区的 176 个厂商参加，设展台 282 个。比上届厂商增加了 43 家，其中美国、德国均增加了 5 家。展台增加了 46 个，参观人数也有较大增加，据对参展厂商问卷调查反映，80% 以上的参展商表示满意，直接留购的仪器设备价值就有 46 万美元，比上届多 30% 左右。

BCEIA2001 增加了“科学仪器发展论坛”。“论坛”就科学仪器发展的方针政策、发展前沿、企业管理和市场需求进行研讨。举办论坛是一种新探索，首次尝试取得了很好的效果。

二、促进国产科学仪器的发展

1. 国产科学仪器推荐工作

为了贯彻落实“关于《九五》期间科学仪器发展的若干意见”中提出的加强技术创新、发展高科技、实现产业化，以推动我国科学仪器工业发展的精神，受科技部条财司的委托，我会与中国仪器仪表学会于 1999 年编辑出版了《99 国产科学仪器推荐产品》。共有 54 家企业，168 个产品被推荐；2000 年编辑出版了《科学仪器配套产品及实验室设备产品推荐》光盘，共有73家企业，271个产品被推荐。该项工作达到了使产品质量稳定、技术先进、售后服务良好的国产分析测试仪器得到推广使用，减少进口节约外汇，推动我国分析仪器工业发展的目的。

2. 仪器改造升级工作

为了扩大《九五》期间大型进口仪器改造升级成果，使更多单位受益，四年中我会每年一次召开仪器改造、维修、研制、使用和管理的技术人员参加的仪器改造升级技术交流会，通过会议交流了技术，沟通了情况，总结了经验。都说明了仪器升级改造的必要性和巨大的社会经济效益，增强了大家振兴我国科学仪器事业的信心。

2000年、2001年我会还完成了科技部条财司委托的、科学仪器设备改造升级技术开发项目的评审工作。共组织28个单位48位专家，对175个申报项目，按光谱、色谱、质谱、专用分析仪器、检测仪器及系统、实验装置及系统、其他仪器等组，进行了认真负责的评审。从申报的项目来看，不少项目都有一定的先进性和创新性，具有推广应用的前景，对发挥现有仪器的潜能提供了希望。评审结果为管理决策提供了参考依据。

3. 评选BCEIA金奖

为了鼓励分析仪器技术的发展，促进我国分析仪器水平的提高，我会设立了BCEIA金奖，在每届BCEIA上进行评选。第八、九届BCEIA有19个厂家和单位生产的18个产品获此殊荣。

4. 联合组织仪表调研

2000年4月王大珩、杨嘉墀、金国藩等十一位院士提出"我国仪器仪表工业急需统一规划和归口管理的建议"，受到了李岚清、吴邦国、温家宝三位副总理的高度重视，并做了重要批示，批转国家计委、国家经贸委和科学技术部。在新世纪即将来临和我国即将加入WTO的重要时刻，面对我国仪器仪表工业分散、落后的严重局面，为了提出振兴我国仪器仪表工业的对策和建议，鼓励和推动仪器仪表工作的发展，"两部一委"委托中国仪器仪表学会和我会负责组织调研组，对我国仪器仪表行业开展调查研究工作。这在我国仪器仪表工业发展史上尚属首次，它不仅是科学家们多次建议和努力争取的结果，也体现了政府对发展仪器仪表工业的高度重视。

对于这样一个涉及到我国仪器仪表工业发展前途，意义重大和影响深远的调查研究，中国仪器仪表学会和我会极为重视。组织了由王大珩院士和杨嘉墀院士任顾问，金国藩院士任组长，以及由多位专家组成的调研组。历时三个月，采取多种形式，包括赴全国仪器仪表重点地区展开调研；召开多次专家、企业座谈会；委托相关的地方分会协助调研以及通过互联网扩大调研范围等方式，对我国仪器仪表行业进行了一次广泛深入的调查研究，收集了大量真实信息。经调研组全体成员的认真分析、充分讨论和有效集成，客观分析了我国仪器仪表工业的现状和制约我国仪器仪表工业发展的"瓶颈"，提出了加快发展仪器仪表产业的紧迫性。在此基础上提出我国仪器仪表工业发展的战略目标和重点领域以及振兴我国仪器仪表产业的对策与建议。这为政府决策提供了科学的依据，为开创我国仪器仪表工业发展新时期迈出了重要一步。

5. 组织企业走出国门参与竞争

为促进我国科学仪器事业与国际接轨，开阔企业管理人员和技术人员视野，我们与中国机电产品进出口商会合作组团，参加了2002年美国匹兹堡会议展览。展团包括12个单位、6个展位，占我国在该展会上总展位数的67%。展会期间，我会组织的参展团产品成交金额30万美元，合作意向150多万美元。

我们还与中国机电产品进出口商会合作，申请了中小企业国际市场开拓基金的资助，组织"中国分析测试仪器企业考察团"赴美国进行考察、交流和培训。

三、鼓励分析方法研究和创新

1. 评选"CAIA"奖

为鼓励会员单位在分析测试领域的创造性工作，促进分析测试技术水平的提高，我会从1993年开始设立“中国分析测试协会奖”（简称“CAIA 奖”），以奖励高水平的分析测试成果。本届理事会四年共受理了来自 114 个会员单位的 215 个申报项目，通过聘请包括中国科学院、中国工程院院士组成的评委会进行评定，共评出特等奖 1 项、一等奖 34 项、二等奖 43 项、三等奖 38 项。该项奖励对会员单位的分析测试技术水平的提高起到了很好的促进作用，受到会员单位的重视和广大分析测试工作者的欢迎。

2002 年 3 月 28 日在科技部召开的第二批社会力量设奖登记证书颁发仪式新闻发布会上，我会设立了的“CAIA 奖”通过了国家科学技术奖励工作办公室的审查，正式定名为“中国分析测试协会科学技术奖”，领到了登记证书，成为我国分析测试领域惟一的、国家正式确认的、社会力量设立的科学技术奖，在各部委相关奖项撤销的情况下，“CAIA 奖”的影响将进一步扩大。

2. 出版《分析科学现代方法》丛书

分析科学现代方法是人类知识宝库中最重要、最活跃的领域之一，它不仅是研究的对象，同时又是观察和探索事物，特别是微观世界的理论和手段，各行各业都离不开它。可以毫不夸张地说，没有分析科学、分析方法和分析仪器就没有现代工业、没有现代科学技术。而现代工业、现代科学技术的发展又使分析科学不断面临新需求的挑战，从而获得了发展的动力。为了总结和推广经验，交流成果，不断提高分析测试队伍的业务水平，开阔视野，以适应分析科学与技术的飞速发展和国家发展的需要，我会决定编辑出版一套《分析科学现代方法》丛书，以反映国内分析科学的新水平。迄今为止，已出版了三本，2002 年底还将出版一本。今后该丛书还将陆续出版。

四、加强市场调研与分析

我会与《科学时报》共同举办了十大知名分析仪器品牌用户调查。这是国内首次针对分析仪器进行的用户调查，目的是树立分析仪器品牌公众形象，促进企业市场开拓。国内外几十家分析仪器生产企业参加了调查活动，19 家企业的仪器品牌分别入选光谱、色谱、生命科学仪器等三项十大知名分析仪器品牌。

五、咨询和信息工作

围绕分析测试领域，利用协会会员及本身活动形成的资源，加以收集、整理、加工，累积成较系统的数据资料，向全社会提供与分析测试相关的知识、信息及决策的无偿或有偿咨询服务，促进我国分析测试事业的发展，也是我会的一项重要工作。四年来，我会提供了“分析测试活动分析报告”并进行了分析方法资料的收集、分析仪器企业和分析测试专家资料的收集，为开展多种形式的咨询活动奠定了基础。

我会主办的《分析测试学报》于 2000 年再次入选中文核心期刊，并被编入《中文核心期刊要目总览》2000 年版（即第三版），被国家教委认可为晋升中、高级职称及通过博士学位的选定期刊之一。《分析测试学报》认真执行科技期刊国家标准，学科专业名词和术语统一、标准、规范。在《中国学术期刊（光盘版）检查与评价数据规范》首届《CAJ-CD 规范》执行评优活动中，荣获《CAJ-CD 规范》执行优秀奖。

我会与中科院合作主办的《现代科学仪器》杂志克服了休制、经费等方面的困难，不断提高刊物质量。

我会积极采用先进的网络技术，在继续完善 BCEIA 和 CAIA 两个网站的同时，与北京仪信网通公司合办了仪器信息网站，并开设了常设自助式网上仪器展览。目前已收录近 1100 个仪器厂商和经销商的联系信息，有 103 家仪器厂商正式参展，展出仪器 700 多台，仪器厂商发表各类仪器应用文章近 200 篇。最近，《仪器信息网》又推出了“专业期刊”、“测试中心”和“专家咨询”平台，向“办成具有权威性的、专业性的商业网站”的目标又迈进了一步。

另外，协会每月定期发行《简报》。四年来，已发行 51 期，报道消息 75 篇，经验介绍 32 篇，较系统地介绍了全国分析测试领域的重要活动和各会员单位根据自身情况总结的成功的经验，促进了各单位改革开放的进一步深入。

六、加强联系，关心会员单位的改革和发展

我会是全国性的、跨部门综合性社团，在改革开放进程中，由于专业不同，遇到的问题也不同，但更多的问题带有普遍性。因此，把那些好的工作方法加以总结，并及时向全体会员单位介绍，是协会的一项重要任务。2002 年 5 月在安徽滁州召开了地方中心主任暨地方协会负责人会议，第一次邀请地方协会的同志和地方中心主任一起就深入改革、中心与协会如何协调发展等方面的问题进行了有益的探讨。此外，还参加了华东十一省市、三北地区中心主任、教育部直属高校中心主任年会和有关部门、企业召开的会议，相互沟通了信息、交流了经验。

七、基金与会费

1. 在科技部的支持下，我会设立的“科学仪器发展基金”于 1998 年和 1999 年经申报、形式审查、函评、评审、批准等程序，对获准立项的 26 个项目进行无偿资助，总金额达 170 多万元。这些项目基本上都完成了预定任务，取得了很好的结果。大多数项目承担者是利用协会基金作为启动费，有了前期成果，又争取到本单位或国家基金更多的资助，研制的仪器都具有自主知识产权，性能指标有的达国际领先水平，有的填补国内空白。这批成果通过产学研结合，产业化前景看好。

为支持和帮助会员单位的技术开发，以适应目前高新技术发展的需要，协会于 1990 年设立了技术开发基金。基金为有偿使用。资助的 43 个项目有的已形成出口创汇产品，有的成为标准物质、标准方法用于生产和科研，到目前为止，共借出 559 万元。对会员单位的初期技术开发工作起了很好的推动作用。为更好加强管理，经协会四届五次常务理事会批准，将上述两个基金合并成中国分析测试协会技术开发基金，基金总金额为 800 万元，已按新的基金管理办法启动。

2. 四年来，会员单位都能较好地履行会员义务，除参加协会组织的活动外，大都能按时交纳会费。四年间应收费 21.2 万元，截至 2002 年 11 月底实收 17 万元，约占应收会费的 80%。协会的会费收入，采取“取之于民，用之于民”的原则，主要用于向会员单位无偿提供协会发行的学术刊物—《分析测试学报》、《现代科学仪器》；“BCEIA”报告会的论文集、会刊；年报、简报等，四年总计支出即达 26 万元，已超出了会费的收入，如果加上召开各种会议，以及发放“CAIA 奖”奖金的费用，超出会费收入就更多了。因此，根据当前实际情况和民政部的规定将会费作适当的调整是完全必要的。

八、开展国际合作

协会每年组团参加美国匹兹堡会议并建立了良好的合作关系，学到了不少有益的经验，得到了不少支持和帮助，这种中美两国以及全世界分析测试领域科学家和企业家的合作与交流，起到了积极的推动作用。BCEIA 展台的设立加强了宣传，扩大了影响，并对次年 BCEIA 的征文与招展产生了较好的效果。

协会在 BCEIA2001 期间与日本分析仪器制造商协会（JAIMA）进行了友好的会谈，就交流办会经验、今后合作方式和内容等取得了共识。2002 年 9 月协会派团参加 2002 年的第 40 届 JAIMA，就 CAIA 和 JAIMA 长期合作问题进一步商讨，达成了一致意见。双方正式签定了长期合作“备忘录”，双方表示今后要努力推动和组织自己的会员参加对方举办的展览会和学术报告会，为中日双方今后长期合作奠定了基础。

协会与岛津公司、发玛西亚公司的合作得到进一步加强。

九、培养青年分析测试科学专业人才

协会组织了两届全国青年分析测试学术报告会。大会邀请分析测试领域著名专家和学者做报告，对分析化学最新技术及今后的发展和青年分析测试工作者的重任等做出了精辟的分析和阐述，使与会代表在轻松的气氛中领略到分析测试科学的前沿和发展。两届学术报告会共收到学术论文400余篇，录用了300余篇。论文显示，我国的青年分析测试工作者的研究工作，已与国际本学科的发展趋于同步，是我国分析测试领域后继有人的可喜现象。

协会从1994年起在武汉大学分析测试科学系设立了“分析测试奖学金”，每年为15名左右优秀本科生、研究生提供三个等次的奖学金，对培养分析测试领域的高级技术人才，起到了一定的鼓励和推动作用，深受武汉大学各级领导的重视。1994年至2000年共有87人次获得该项奖学金。

十、组织工作

本届理事会在2000年完成了调整领导班子和各专业委员会的分工。为进一步发挥常务理事的作用，大多数常务理事分别参加了协会各方面的具体工作。协会坚持年初预算，年终决算的财务制度并不断加强会计管理和会计人员的责任制。协会推进了办公自动化，配备了电脑并开始建立数据库。

随着全国经济发展的大好形势，协会富有成效的工作影响逐年扩大，申请入会的单位逐年增加。按照协会积极稳步发展组织的方针，四年来我们共发展新会员四批，发展单位会员56个，新发展的会员中，既有中科院的化学所、海洋所、生态中心等研究机构，也有农业、化工、石油大学的测试中心，还有一批仪器开发企业，同时第一次吸收了外资在国内注册登记的独资企业。本届期间还有三个单位会员做自动退会处理，有两个单位会员合并，恢复一个单位会员的会籍。目前协会共有单位会员186个，基本代表了我国分析测试领域的最高水平，初步形成了全国性分析测试网络，为国民经济发展作出了积极的贡献。

四年来，在各会员单位和各位理事的共同努力下，协会的组织管理工作也有了进一步的加强，会员大会确定的任务和协会章程的规定都较好地得到执行。

关于今后的发展思路和工作重点

新世纪的到来，我国进入了实施社会主义现代化建设第三步战略的关键时期。面对新世纪世界经济发展的形势，国家制定了“提高科技持续创新能力，加强技术创新，发展高科技，实现产业化”的指导方针。按照国家科技战略部署，“十五”期间，我国将在信息技术、生物技术、新材料技术、先进制造与自动化技术等事关国家中长期发展和安全战略性和前沿性高技术领域取得突破。在生命科学、农业、资源与环境、人口与健康等基础研究方面取得新进展。根据国家“十五”科技发展要求，科研条件建设作为“十五”国家科技发展计划的一项重要内容，科技部制定了《科研条件“十五”发展纲要》。今年六月，科技部又提出了加强科技基础平台建设的意见，力争在一个不长的时间内，初步建成比较完善的国家科技基础条件平台体系，形成比较完整的国家基础和要件服务体系、管理机制及其运行和共享机制，实现与国际科技资源的接轨，基本满足我国科技发展、经济建设和国家安全的现实需要。

随着我国加入WTO，我国已真正进入国际经济、技术、贸易的大舞台。在实行全方位对外开放时，如何打破发达国家的技术壁垒，保护本国的利益，已对我国计量、标准、检测等技术体系提出了严峻的挑战。

充分发挥政府的宏观调控、社会管理和公共服务职能是当前政府职能转变中的首要任务。随着政府职能的转变，很多具体工作将逐步转交到中介机构。一个以科研机构、高校、中介服务机构、企业和政府相互连动的可持续发展创新体系和运行机制的形成已成为新世纪科技工作的重要任务。

新的形势给协会工作带来了新的机遇和广阔的发展空间。今后四年，协会必须要有一个新的发展思路，才能抓住机遇，切实增强协会的凝聚力、吸引力和竞争力，为科教兴国做出更大贡献。

1. 以信息化和国际化带动协会全面工作。协会要全面加强信息的收集、分析、管理和交流；要充分运用信息技术手段，规范工作，提高工作的质量和效率，要努力同国际接轨，注意吸收国外成熟的管理经验和通行做法，结合实际情况，不断开拓，使协会的工作迈上一个新的台阶。

2. 加强同相关学会、协会的协调和合作。大力发展我国分析测试事业，促进科学仪器产业化，是协会一项重要任务，也是有关组织，如分析学会和分析仪器行业协会的重要工作。协会与这些组织各有自己的优势。加强相互间工作的协调和合作，实现优势集成，必将更有利于协会工作开展，也能更有效地推动我国分析测试和科学仪器的发展。

3. 全面拓展协会功能，特别是中介和咨询服务功能。协会作为一个专业性的社会团体，具有全方位的服务功能。在新形势下，需要也可能全面地拓展协会的功能，多方面开展服务。要在制定我国分析仪器标准，建立和完善分析测试体系上发挥作用。特别要大力开展形式多样的中介、技术咨询活动，及时提供市场发展趋势的信息和服务的平台，更大地提高协会的影响力和社会满意度。

4. 采取切实措施，努力增加协会经济实力。协会的经济实力是协会发展的基本条件，也是增强凝聚力的重要保证。多年来，依靠自己努力，协会的积累已能解决一般日常活动所需的经费。但是随着事业的发展，工作的开拓，必须要有一个经费的持续和稳定的来源。今后，应在各项工作深入开展的同时，千方百计努力增加协会的经济实力。

按照这些思路，对协会今后四年的工作重点，提出以下建议：

1. *加大改革力度，努力使 BCEIA 有一个新的发展*

BCEIA 有近二十年的成功经验，已成为我国分析测试领域规模最大也最有影响的学术会议和展览会。但是也应清醒地看到目前的困难和问题。特别是国内仪器仪表展览会越来越多，竞争十分激烈，BCEIA 正面临新的压力和挑战。所以，BCEIA 要继续前进和发展，必须与时俱进，进行一次大的改革，一是要加强学术报告、仪器展览、仪器论坛三个板块的有机衔接和配合，做到相互促进，相得益彰，坚持已形成的会议特色；二是不断提高会议质量。要从 BCEIA 的内容组成以及会议组织、活动安排、招展等各个方面，加大改革力度，把 BCEIA 办成水平越来越高、影响越来越大的国际性学术会议和展览会；三是努力提高会议效率。要实行更为科学的组织管理，加速信息技术等高技术手段对 BCEIA 组织管理的全面改造，使 BCEIA 的效率有一个明显的提高。四是加强 BCEIA 的宣传力度。要充分利用各种媒体，扩大宣传，特别要注意运用现有的网站，扩大对外商和国外学者的宣传，进一步加大与国内外学术界、企业家的联系，把 BCEIA 办成学术水平高、展览规模大的高质量国际学术报告会和展览会，使更多的人了解、关心、支持和参加 BCEIA；五是努力增加会议的经济效益。

2. *全面开展和切实搞好咨询服务*

今后四年协会要把咨询服务全面开展起来，着重把以下三个方面的工作搞好：一是加强专题咨询，包括分析方法、仪器选购、实验室建设的咨询服务以及分析仪器的市场调研和评估。特别要主动为中小企业产品质量的提高服务。可以从质量环节入手，开展对中小企业产品诊断，直至提出工艺改进的咨询；二是技术交流和培训，包括分析测试方法和技术交流、分析仪器技术交流、实验室操作人员培训等。针对我国实际情况，争取有关部门的支持，取得关系健康和安全的部分仪器的法定校准和操作人员上岗培训授权；三是市场调查，为用户提供及时、准确的市场信息。特别要注重生命科学、农业和食品、材料科学、环境和能源等直接关系到人类生存和发展的各学科和领域的需求，及时提供针对通用仪器、特定专用仪器、有自主知识产权和特色的新型仪器以及科学仪器软件和支撑系统的市场信息，引导企业参与国际市场竞争。

3. *努力推动科学仪器发展*

协会应把推动科学仪器发展，实现产业化作为一项重要工作。一是要充分发挥协会“技术开发基金”的作用，调整技术开发基金的使用政策，更好地促进创新成果的企业化；二是采取各种措施，扩大成熟的国产科学仪器的影响和知名度。例如继续做好国产分析仪器推荐工作，使这项活动带动整个国产分析仪器和厂家；三是结合国家科技基础条件平台的建设，推动有较好基础的科学仪器企业快速发展。积极推动以北京、上海、长春为中心的科学仪器基地建设，使它们真正成为我国科学仪器研究开发中心、科学仪器产业化和科学仪器人才培养基地。

4. 加强协会网站建设

一是继续完善 CAIA 和 BCEIA 两个网站，不断增加信息量，充分发挥网站的作用；二是努力办好《仪器信息网》。力争在四个数据库——文献库、产品库、方法库、资源库的基础上，使仪器信息网得到有力的支撑和迅速的发展。在已有的"网上仪器展览"、"专业期刊"、"测试中心"和"专家咨询"平台的基础上，着力在信息的及时性、广泛性和权威性上下功夫。开拓网络咨询、信息服务业务，争取在分析测试方法和分析仪器市场咨询方面打开局面。

5. 培养青年分析测试人才

人才匮乏已成为分析测试技术和仪器行业发展的严重障碍，协会要发挥自己强大的专家资源优势，采取多种形式开展培训工作，努力培养有学识深度又有实践经验，有分析测试技术又有坚实的电子、仪表、自动化等相关应用技术人才。为鼓励青年人才成长，协会除在评定"CAIA 奖"中注意向优秀青年倾斜外，正在考虑筹备设立专门针对优秀青年的奖项。

6. 加强国际合作和交流

加强与国际分析测试领域的联系、合作。除继续组织会员单位参加 Pittcon、JAIMA，加强与美国实验室主任协会(ALMA)的联系外，还要加强与国外相关领域协会的合作，吸取他们的经验，采用合作办展、办学术交流会等形式，为行业内企业走出国门，真正进入国际市场竞争创造条件。

7. 切实加强协会自身建设

新的形势对协会工作也提出了新的要求。因此，必须切实加强协会自身建设。要进一步完善协会的各项规章制度，增加透明度，充分利用 CAIA 网和 BCEIA 网，使协会工作制度化、规范化、信息化，进一步提高协会的工作效率、管理水平和服务能力。

各位代表，最近闭幕的党的十六大为我们指明了胜利前进的方向，开启了新的伟大进军的征程。

让我们在党的十六大精神指引下，高举邓小平理论的伟大旗帜，全面贯彻"三个代表"重要思想，与时俱进，开拓创新，为把我们协会的各项工作提高到一个新水平，再创卓越业绩而共同努力！

关于修改协会章程的说明

郁镒源

（2002 年 12 月 24 日）

各位代表：

我受第四届理事会的委托，向会员大会做关于修改《章程》的说明。

协会原《章程》是经 1998 年 12 月召开的第四届会员大会表决通过的。又按民政部社会团体《章程》示范文本做的补充，经 1999 年 2 月 5 日协会第四届第一次常务理事会表决通过。

协会《章程》是协会工作的纲领性文件，是协会工作的行动指南，是会员共同贯彻执行的准绳。

根据协会《章程》的规定，会员大会的任务之一是根据实际情况对《章程》进行修改。为此，在筹备会员大会期间，协会 6 月份发出了征求会员单位对协会《章程》修改意见的通知，随后收到了一些会员单位提出的修改意见，在此基础上，组委会先后对《章程》修改讨论 2 次，提出了修改方案，在今年 9 月 27 日四届五次常务理事会原则通过了修改稿，现对修改的部分，予以说明：

第一章　总　　则

第一章第二条是阐明协会性质。强调了协会是“非营利性的”专业性社会团体。业务主管部门是中华人民共和国科学技术部。

第三条是阐明协会的宗旨，补充了“以‘三个代表’的重要思想为指导，与时俱进，开拓创新”这一段，以此激励会员认清形势，抓机遇，迎接挑战，踏踏实实做好本职工作。

在第三条最后一段加进了“反对伪科学”这一思想，坚持实事求是的科学作风。

第二章　业务范围

第六条第六款，“CAIA”已通过了国家科学技术奖励工作办公室的审查，正式定名为“中国分析测试协会科学技术奖”，成为我国分析测试领域惟一的、国家正式承认的、社会力量设立的科学技术奖，故把正式定名的奖励名称写入《章程》。此外，由于武汉大学分析测试系已于 2001 年停办，“分析测试奖学金”已停止发放，故应删去相应的条款。

第四章　组织机构和负责人产生、罢免

对第十四条会员大会的职权，根据实际进行的程序做了文字上的修改。

把第一款和第四款合并修改为审议理事会“工作报告”，实际上已包涵了上述内容。

第二十四条第二款加上“并热心为协会工作”，鼓励、欢迎热心为协会做奉献的同志进入协会工作。

对《章程》修改做以上说明，提请大会审议。

关于第五届理事会候选人产生经过的说明

姜国栋

（2002 年 12 月 24 日）

各位代表：

我受第五届理事会的委托，对第五届理事会候选人产生的经过及有关情况作如下说明：

一、第五届理事会理事候选人的产生过程

根据协会《章程》的规定第五次会员大会应于 2002 年召开。今年 1 月 14 日成立了由专职常务理事参加的第五次会员大会筹备小组，随即开始了各项筹备工作。第五次会员大会的重要任务之一是选举新一届理事会。为此，今年以来经过反复酝酿、协商和听取各方面的意见，提出了第五届理事会组成方案的建议。经协会办公会议研究后，于 2002 年 9 月 27 日提交候选人的单位。随即函请有关单位推荐理事候选人。同时与科学技术部和协会机关协商推荐出主管部门和协会机关的理事会候选人名单。

二、第五届理事会理事候选人产生原则

1. 本届理事会组成人数仍然参照理事人数（不含专职理事）与单位会员数的比例为三分之一左右。根据当时的单位会员数目，确定的理事候选人数为 61 名，比例为 33.2%。

2. 确定本届理事会推荐理事的单位会员，既要考虑到专业性质，也要考虑到部门性质，还要考虑到地区分布，总之要有广泛的代表性。

3. 每个推荐理事的单位会员只能推荐一名理事候选人。

4. 考虑到理事会工作的连续性，大部分四届理事所在单位会员未变。但根据情况变化和工作需要，对部分推荐理事的单位作了调整。本届理事会中新的推荐理事的单位会员占 31.1%。但由于单位会员领导班子的调整，理事本人工作调动和退休等情况，理事候选人的具体人选择有较大的变化。

5. 为了加强业务主管部门对协会工作的指导，本届理事会候选人中，由科学技术部推荐适当名额的人选。为了有利于协会工作的开展，协会机关的专职工作人员也需要有一定名额的理事候选人。

三、第五届理事会理事候选人分布情况

根据产生理事候选人的原则，经过反复协商共推荐出本届理事会候选人 72 名。其组成如下：

1. 单位会员推荐的理事候选人 61 名。

其中：	
国家级和部门分析测试中心	24 名；
省、市、自治区分析测试中心	11 名；
高等院校分析测试中心	16 名；
企业	10 名。

2. 业务主管部门和协会机关 11 名。

3. 本届理事会理事候选人 72 名中，是上届理事会理事的 40 名，占总人数的 54.2%，新的理事候选人 33 名，占总人数的 45.8%。

4. 从地区分布看本届理事会的理事候选人分布在全国 17 个省、市、自治区。

中国分析测试协会第五次会员大会关于《工作报告》的决议

（2002年12月25日第五次会员大会通过）

中国分析测试协会第五次会员大会听取和审议了协会副理事长王顺昌代表第四届理事会所做的《工作报告》。

大会认为，四年来协会在科学技术部的指导和广大会员的支持下，努力贯彻科教兴国战略和可持续发展战略，开拓创新推动我国分析测试事业的发展，为我国的经济发展和社会进步发挥了积极作用。

大会充分肯定第四届理事会的工作，《工作报告》实事求是地总结了四年来的工作。

大会同意《工作报告》提出的关于协会今后发展思路和工作重点。

大会批准第四届理事会《工作报告》。

我们坚信，在党的十六大精神指引下，全面贯彻“三个代表”重要思想，与时俱进，开拓创新，我们协会的工作必将再创佳绩。

中国分析测试协会第五次会员大会关于修改《中国分析测试协会章程》的决议

（2002年12月25日第五次会员大会通过）

中国分析测试协会第五次会员大会审议了修改后的《中国分析测试协会章程》。

大会认为，随着我国改革开放和社会主义现代化建设的快速发展，协会各方面的工作都取得丰硕成果。修改后的《章程》更符合协会的实际情况，更为完善，对协会的工作将起到积极的指导作用。大会一致通过第四届理事会提出的《中国分析测试协会章程》。

中国分析测试协会章程

（2002年12月24日第五次会员大会通过）

第一章 总 则

第一条 本团体的名称为中国分析测试协会（以下简称协会）英文名称为 The China Association for Instrumental Analysis（缩写为 CAIA）。协会会徽图案由中国分析测试协会英文名称的缩写变形构成，其形状象征着仪器分析中的图谱,六边形苯环代表分析测试的研究对象。会徽还标明协会的中文全称。

第二条 协会是经中华人民共和国民政部批准的,由全国分析测试及相关业务的单位和组织自愿组成的非营利性的专业性社会团体。业务主管部门是中华人民共和国科学技术部。

第三条 协会的宗旨是团结全国分析测试单位和组织及分析测试工作者,以邓小平理论和“三个代表”的重要思想为指导,与时俱进,开拓创新,实施科教兴国战略和可持续发展战略,促进我国分析测试科学技术的普及、提高和发展,为建设中国特色社会主义的伟大事业作出贡献。

协会遵守宪法、法律、法规和国家政策,反对伪科学,遵守社会道德风尚。

第四条 协会接受中华人民共和国科学技术部和民政部的业务指导和监督管理。

第五条 协会设在北京市。

第二章 业务范围

第六条 协会的业务范围是:

1. 宣传贯彻党和国家有关的方针、政策、法律和法规;
2. 组织举办各种分析测试学术报告会、展览会;主办“北京分析测试学术报告会及展览会”(英文缩写为 BCEIA);
3. 组织分析测试科学技术交流;
4. 组织和推动会员单位交流管理和改革的经验;
5. 开展技术咨询、技术服务和人员培训,组织各种经济与技术合作;
6. 设立并管理中国分析测试协会科学技术奖(CAIA 奖)和 BCEIA 金奖;
7. 设立并管理技术开发基金;
8. 出版学术刊物、分析测试丛书、会刊和简报;
9. 开展国际交流和协作活动;
10. 接受政府有关部门委托的业务。

第三章 会 员

第七条 协会的会员为单位会员。根据工作需要,协会可吸收某些人士为个人会员,参加协会工作。

第八条 申请入会者,必须具备下列条件:

1. 从事分析测试及相关业务的单位和组织;
2. 有入会的意愿并承认协会章程;
3. 在协会的业务领域内有一定的影响。

第九条 会员入会的程序是:

1. 提交入会申请书;
2. 经理事会讨论通过。

第十条 会员享有下列权利:

1. 协会内的选举权、被选举权和表决权;
2. 对协会工作有批评权、建议权和监督权;
3. 参加协会举办有关活动的权利;
4. 有申请协会设立的基金和奖励的权利,以及获得协会出版的刊物、资料和权利;
5. 入会自愿、退会自由。

第十一条 会员履行下列义务:

1. 遵守协会章程,执行协会的决议;

2. 维护协会合法权益；

3. 完成协会交办的工作；

4. 按规定交纳会费；

5. 向协会反映情况，提供有关材料。

第十二条 会员退会应书面通知协会。会员如果一年不交纳会费或不参加协会活动的，视为自动退会。

第十三条 会员如有严重违反本章程行为，经理事会或常务理事会表决通过，予以除名。

第四章 组织机构和负责人产生、罢免

第十四条 协会的最高的权力机构是会员大会，会员大会的职权是：

1. 制定和修改章程；

2. 选举和罢免理事；

3. 审议理事会的工作报告；

4. 决定终止事宜；

5. 决定其他重大事宜。

第十五条 会员大会须有2/3以上的会员出席方能召开，其决议须经到会会员半数以上表决通过方能生效。

第十六条 会员大会每四年召开一次。因特殊情况需提前或延期召开的，须由理事会表决通过，报业务主管单位审查并经社团登记管理机关批准同意。但延期最长不得超过一年。

第十七条 理事会是会员大会的执行机构，在会员大会闭会期间领导协会开展日常工作，对会员大会负责。

第十八条 理事会的职权是：

1. 执行会员大会的决议；

2. 选举和罢免理事长、副理事长、秘书长；

3. 筹备召开会员大会；

4. 向会员大会报告工作；

5. 决定聘请名誉理事长、顾问及名誉理事；

6. 决定个别理事的调整；

7. 决定会员的吸收或除名；

8. 决定设立办事机构、分支机构、代表机构和实体机构；

9. 决定副秘书长、各机构主要负责人的聘任；

10. 领导协会各机构开展工作；

11. 制定内部管理制度；

12. 决定其他重大事项。

第十九条 理事会须有2/3以上理事出席方能召开，其决议须经到会理事2/3以上表决通过方能生效。

第二十条 理事会每年召开一次会议；情况特殊时，也可采用通讯形式召开。

第二十一条 协会设立常务理事会。常务理事会由理事会选举产生，在理事会闭会期间行使第十八条第一、三、五、六、七、八、九项的职权，对理事会负责(常务事会人数不超过理事人数的1/3)。

由驻会常务理事和部门负责人组成的办公会处理协会日常工作。

第二十二条 常务理事会须有2/3以上常务理事出席方能召开，其决议须经到会常务理事2/3以上

表决通过方能生效。

第二十三条 常务理事会半年召开一次会议，情况特殊时，也可采用通讯形式召开。

第二十四条 协会的理事长、副理事长、秘书长必须具备下列条件：

1. 坚持党的路线、方针、政策，政治素质好；
2. 在本协会业务领域内有较大影响并热心协会工作；
3. 理事长、副理事长、秘书长最高任职年龄不超过70周岁，秘书长为专职；
4. 身体健康，能坚持正常工作；
5. 未受过剥夺政治权利的刑事处罚；
6. 具有完全民事行为能力。

第二十五条 协会理事长、副理事长、秘书长如超过最高任职年龄的，须经理事会表决通过，报业务主管单位审查并经社团登记管理机关批准同意后，方可继续任职。

第二十六条 协会理事长、副理事长、秘书长任期四年。（理事长、副理事长、秘书长任期不得超过两届）因特殊情况需延长任职期的，须经会员大会2/3以上会员表决通过，报业务主管单位审查并经社团登记管理机关批准同意后方可任职。

第二十七条 协会理事长为本协会法定代表人（如因特殊情况须由副理事长或秘书长担任法定代表人，应报业务主管单位审查并经社团登记管理机关批准同意后方可担任）。

协会法定代表人不得兼任其他团体的法定代表人。

第二十八条 协会理事长行使下列职权：

1. 召集和主持理事会（或常务理事会）；
2. 检查会员大会、理事会（或常务理事会）决议的落实情况；
3. 代表协会签署有关重要文件。

第二十九条 协会秘书长行使下列职权：

1. 组织实施年度工作计划；
2. 协调各分支机构、代表机构、实体机构开展工作；
3. 提名副秘书长以及各办事机构、分支机构、代表机构和实体机构主要负责人，交理事会或常务理事会决定；
4. 决定办事机构、代表机构、实体机构专职工作人员的聘用；
5. 处理其他日常事务。

第五章 资产管理、使用原则

第三十条 协会经费来源：

1. 会费；
2. 捐赠或赞助；
3. 在核准的业务范围内开展活动或服务的收入；
4. 利息；
5. 其他合法收入。

第三十一条 协会按照国家有关规定收取会员会费。

第三十二条 协会经费必须用于本章程规定的业务范围和事业的发展，不得在会员中分配。

第三十三条 协会建立严格的财务管理制度，保证会计资料合法、真实、准确、完整。

第三十四条 协会配备具有专业资格的会计人员。会计不得兼任出纳。会计人员必须进行会计核算，实行会计监督。会计人员调动工作或离职时，必须与接管人员办清交接手续。

第三十五条 协会的资产管理必须执行国家规定的财务管理制度。

第三十六条 协会换届或更换法定代表人之前必须接受社团登记管理机关和业务主管单位组织的财务审计。

第三十七条 协会的资产，任何单位、个人不得侵占、私分和挪用。

第三十八条 协会专职工作人员的待遇，参照国家对事业单位的有关规定执行。

第六章 章程的修改程序

第三十九条 对协会章程的修改，须经理事会表决通过后报会员大会审议。

第四十条 协会修改的章程，须在会员大会通过后 15 天内，经业务主管单位审查同意，并报社团登记管理机关核准。

第七章 终止程序及终止后的财产处理

第四十一条 协会完成宗旨或自行解散或由于分立、合并等原因需要注销的，由理事会或常务理事会提出终止动议。

第四十二条 协会终止动议须经会员大会表决通过，并报业务主管单位审查同意。

第四十三条 协会终止前，须在业务主管单位及有关机关指导下成立清算组织，清理债权债务，处理善后事宜。清算期间，不开展清算以外的活动。

第四十四条 协会经社团登记管理机关办理注销登记手续后即为终止。

第四十五条 协会终止的剩余财产，在业务主管单位和社团登记管理机关的监督下，按照国家有关规定，用于发展与协会宗旨相关的事业。

第八章 附 则

第四十六条 本章程经 2002 年 12 月 25 日协会第五次会员大会表决通过。

第四十七条 章程的解释权属本协会的理事会。

第四十八条 章程自社团登记管理机关核准之日起生效。

协会活动

黑龙江省学会第六届会员代表大会召开

黑龙江省分析测试学会第六届会员代表大会暨第十五次学术年会于2003年8月16日在哈尔滨市召开。参加会议的共180人。这次会议是全省分析测试工作者的一次重要聚会,代表着全省的大学(15所)、科研院所和卫生防疫、环境监测、商检、质检、药检、农业、农垦、地质、公安等专业检测系统及大中型企业等100多个分析测试单位。中国分析测试协会王顺昌副理事长、黑龙江省科技厅孙尧厅长、黑龙江省质量技术监督局姚贵宝副局长到会祝贺并做了重要讲话。本次会议主要议题有五项:一是听取五届常务理事会的工作报告;二是选举产生新一届分析测试学会的理事、常务理事、秘书长及理事长;三是讨论学会的发展创新问题;四是进行学术交流;五是与国内外仪器厂商合作,沟通科研部门与厂商的联系,解决供求矛盾。

大会由秘书长林茂青致开幕词,副秘书长刘敬东做《工作报告》。对于以上两个报告,全体与会者都给予了充分的肯定。大会一致认为:第五届常务理事会所开展的各项工作是卓有成效的,在此期间学会不但很好地完成学术交流任务,并且使学会在多方面实现了跨越式的发展,是非常难能可贵的。

根据第五届常务理事会提出的理事及常务理事候选人名单,新当选的理事93名,常务理事49名;常务理事会表决选出理事长、副理事长、秘书长、副秘书长。新一届学会理事长由黑龙江省质量技术监督局副局长(博士生导师)张琢担任;副理事长兼秘书长由黑龙江省分析测试中心主任林茂青担任。

天津市协会召开第四次会员代表大会

天津市分析测试协会于2003年9月6日在南开大学召开第四次会员代表大会。

来自高等院校、科研院所、大中企业、检测和分析仪器公司等89个单位103名代表出席会议。

中国分析测试协会副理事长兼秘书长王顺昌特邀出席会议并作了“适应世界经济一体化,迎接政府职能转变,开创分析测试发展新局面”的主题报告。天津市科协、社团管理局领导出席会议并讲话。

大会通过了天津市分析测试协会第三届理事会工作报告、修改后的天津市分析测试协会章程,选举出第四届理事会。大会表彰了为协会作出成绩10名优秀会员和10名荣誉理事。在第四届理事会第一次会议上选举产生出理事长、副理事长、秘书长及常务理事。确定新一届理事会工作目标。协会将在仪器资源共享、人才交流、技术交流、物资调剂、化学试剂配套生产和配送、仪器国产化和升级改造等方面为全市科技进步,经济发展做好服务。

岛津公司的代表应邀出席大会并介绍公司新产品、新技术特点,受到与会代表欢迎。

高校分析测试中心第十六届主任年会召开

教育部高校分析测试中心第十六届主任年会于9月19日至23日在湖南长沙中南大学召开。来自全国各地的高校分析测试中心的代表共50余人参加了本次会议。教育部高教司教学条件处陈小平处长、中国分析测试协会王顺昌副理事长和中南大学副校长邱冠周教授出席会议并分别作了重要讲话。会议就“新形势下,如何加强与学科的结合,创建和完善分析测试技术大平台”、“如何利用自身优势,更好地开展分析仪器的研究与开发、分析测试方法的研究”、“高校分析测试中心的队伍建设”、“大型仪器采购的经验交流”等方面进行了热烈的讨论,达成了共识。最后,会议对“教育部高校分析测试中心研究会”理事会进行了改选,由清华大学郁鉴源任名誉理事长,浙江大学冯建跃任理事长,中国科技大学鲁非、清华大学张新荣和上海交通大学路庆华任副理事长。

“三北”地区分析测试中心主任研讨会召开

由中国分析测试协会主办,北京市理化分析测试中心承办的“华北、东北、西北地区分析测试中心改革研讨会”于2003年10月11日至12日在北京科技条件市场召开。三北地区和云南、贵州测试中心的代表,参加了会议。本次会议旨在探讨分析测试中心体制改革、国家实验室认可实验室信息化管理、政府化实验室与民营化实验室的发展模式等议题。中国分析测试协会副理事长王顺昌做了关于提高实验室管理水平的报告,并向与会代表介绍了国家科技基础建设平台建设的有关情况。北京市理化分析测试中心主任丁辉介绍了北京市理化中心近几年的发展情况,北京理化中心的经验说明在市场经济条件下,商业化实验室或者是政府实验室都是值得采纳的实验室经营模式。

随后,与会代表分别介绍了各自的发展情况。其中贵州省理化测试中心发挥自身的优势,与贵州海尔集团共同建立了在线检测实验室,本着为中小企业服务的原则,在为企业服务的同时,自身获得了可观的效益;黑龙江分析测试中心在现有业务的基础上,正在建立针对化学恐怖的快速检测队伍;辽宁测试中心的发展特色之一是加强“安全卫生农产品”的检测,同时与高等院校开展合作,进行有关科研项目的开发;云南测试中心的业务重点是环境检测分析,近两年又添加了火灾痕迹检验等业务;河北省测试中心积极利用大学的优势,在为学校教学、科研服务的同时,注重绿色食品的检测;甘肃测试中心结合当地农业发达的特点,业务重点是无公害农产品的检测等。

在会上各代表畅所欲言,充分交流了各自实验室的发展经验。入世之后,中国各类分析实验室面临巨大的压力,也带来机遇。三北地区的测试中心,大多是属于事业单位,在国家科研体制改革的浪潮中,正在积极寻求自身的发展之路。

最后,中国分析测试协会组委会主任姜国栋做了总结发言,并希望“三北”地区的各测试中心,在新的经济条件下,能够找到适合自身的经营模式,争取更大的经济效益和社会效益。

第十二届华东地区测试中心主任联席会召开

由江西省分析测试中心承办的第十二届华东地区分析测试中心主任联席会议于2003年10月28日至31日在江西南昌召开。来自上海、山东、江苏、浙江、福建、安徽和江西的分析测试中心主任及代表参加了会议。中国分析测试协会组委会姜国栋主任应邀出席会议并讲话。江西省科技厅左喜明副厅长出席会议并致欢迎词,江西省科技厅条财处和江西省财政厅教科文处负责人也参加了会议。

与会代表分别介绍了近年来本单位在解放思想、深化改革、开拓进取、加快发展等方面的情况。代表们针对地方分析测试中心在市场经济体制下,如何适应新形势新要求,把握新机遇和迎接新挑战等方面的问题展开讨论与交流。目前,华东地区分析测试中心的发展模式各不相同:有规模庞大、专业齐全、技术雄厚的上海测试中心;也有在产权制度进行彻底改革,实行民营股份制科技型企业的浙江省分析测试中心;有以科技中介服务为主体的江苏省分析测试中心;也有在区域技术创新体系中作为技术支撑和服务平台的山东省分析测试中心;福建、江西和安徽各省的分析测试中心在体现特色、突出优势、开拓市场等方面都取得了显著成绩。实践表明,各单位根据本地区实际情况,结合社会经济发展需求,面向市场,服务社会,开展了卓有成效的工作,取得了较好的社会经济效益。

会后,代表们专程赴井冈山红色革命历史纪念地,接受了革命传统思想教育。与会代表对江西拥有丰富的历史文化和美丽的自然风光表示赞赏。

与会代表对会议的精心组织和周到安排向江西省分析测试中心表示感谢。经与会代表提议,下一届华东地区测试中心主任会议由浙江省分析测试中心主办,将于2005年在浙江省召开。

首届全国分析测试界人士联谊会召开

由中国分析测试协会主办,江苏省分析测试协会承办的"首届全国分析测试界人士联谊会"于2003年12月4日至6日在南京召开。来自北京、上海、河北、湖北、吉林、江苏等省市的数十位分析测试界有关人士参加了联谊活动,其中包括有著名仪器厂商、仪器专家、高校的教授、管理专家、研究所的学者、科研人员等,可谓是产、学、研、用聚集一堂。中国分析测试协会王顺昌副理事长,中国仪器仪表学会分析仪器学会刘长宽秘书长也参加了聚会。联谊会由中国分析测试协会实业部主任蒋益民先生主持。

此次联谊会宗旨是互通信息、交流经验、促进互动、共同发展。共议行业热点话题,共同商讨行业发展大计。

联谊会气氛热烈,参会人员发言踊跃。王顺昌副理事长介绍了我国科学仪器的一些政策,发展方向,提出要对国内外仪器发展现状进行调研,比较两者的差距。并重点提到国有企业体制改革的重要性。众多仪器厂商的老总们,纷纷在会上介绍企业发展现状和取得的经验。如加强技术合作、加大仪器研发投资、引进高级人才等。会上也讨论了国产仪器如何发展以便尽快缩短与国外仪器的距离等问题,同时要求得到国家支持。江苏江分电分析仪器有限公司吴荣坤经理把近两年公司在改制过程中遇到的问题和取得的经验,从企业与体制、人才、管理、市场等四个方面的关系向大家作了详细介绍。北京普析通用公司田禾总经理也作了十分精采的发言。向大家介绍公司近几年启动的"三优工程"(优秀的人才,优良的管理,优质的服务)和取得的明显成效。他还建议分析测试界的"界"还应更扩大些,应该把配件、耗材、计算机、家电等扩进来,促进联动,互相学习,共同发展。江苏省静安科技公司修连存总经理,武大电子信息学院曾立波教授、中国地质大学(武汉)机电学院金星教授、长春应化所光谱中心徐经伟主任等有的向大家介绍本单位仪器联合研发方面的经验教训,有的介绍本公司在仪器升级改造方面具有的能力和取得的成功,表示愿意多与国产仪器厂商和用户进行仪器升级改造合作。此外,多位用户代表在对国产仪器表现粗糙、稳定性差等提出中肯批评的同时,也强烈表达了想用国产仪器、要与国产仪器厂商共同联合,研发国产仪器,共同推动我国分析测试事业发展的愿望。联谊会气氛热烈,畅所欲言。同时,协会指定网站——《仪器信息网》也以最快的速度,及时在网站上进行了报导。

另外,与会者还在江苏省生产力促进中心夏春阳副主任陪同下参观了江苏省科技条件服务中心,对所设立的常设性仪器展示与推广平台表示赞赏和支持。

虽然此次联谊活动结束了,但大家意犹未尽,均表示联谊会还应继续办下去,而且要越办越好。

五届二次理事会会议纪要

中国分析测试协会第五届二次理事会会议于2003年12月9日在海口市召开。

出席会议的理事48人,会议由程诎青副理事长主持。

会上,汪尔康副理事长报告了2003年所做的主要工作和2004年的工作设想,组委会主任姜国栋就设立青年分析测试工作奖项、个别理事的调整和有关单位申请入会等事项做了说明。与会理事对上述议程进行了认真的讨论和审议。

会议充分肯定,一年来协会根据第五次会员大会确定的发展思路和工作重点所做的大量卓有成效的工作。会议同意明年的工作设想。

会议原则同意关于优秀青年分析测试工作者的评选章程,会后根据理事的意见再做修改后,交由常务理事会批准实施。

会议同意下列理事的调整:

1. 吉林大学测试科学实验中心张文祥理事调整为权明达担任;
2. 山东省分析测试中心吴长民理事调整为刘建华担任;
3. 中山大学测试中心夏峰理事调整为鲁统部担任;
4. 北京大学分析测试中心何美玉理事调整为翁诗甫担任。

会议批准国家安全监督局劳保检测中心等33个申请入会的单位为团体会员,自即日起成为协会的正式成员,希望他们履行会员的权利和义务,积极关心和支持协会的各项工作。

会议批准由于机构撤销或连续两年未交会费的11个会员单位按自动退会处理。

会前还召开了五届二次常务理事会,就本次理事会的议程做了研究,同意本次理事会的议程安排。

通过与会理事的共同努力,会议圆满完成了预定的各项议程。

部分会员单位及地方协会简介

国家生物医学分析中心

国家生物医学分析中心(以下简称中心)于1992年4月以军事医学科学院仪器测试分析中心为基础,吸收院有关生物医学分析实验室组建而成,由总后勤部核准申报,1994年8月15日经国家科委(现为科技部)批准成立,是我国目前惟一的国家级生物医学分析中心。中心1995年1月14日获得国家科技部科技成果检测鉴定国家级检测机构授权证书;1995年12月8日获得国家技术监督局的计量认证合格证书;2001年4月通过"中国实验室国家认可"评审和"国家计量认证"复审;2003、2004年分别通过"中国实验室国家认可"监督评审。中心由总后勤部领导,军事医学科学院负责管理,业务上受国家科技部、卫生部指导。

中心拥有现代化的科学仪器设备和先进的测试手段,其中主要的大型仪器设备有:高分辨磁质谱仪,基质辅助激光解吸附飞行时间质谱仪,液相色谱-串联质谱联用仪,气/质联用仪,超导核磁共振仪,电感耦合等离子体质谱,顺磁波谱仪,有机元素分析仪,透射电子显微镜,扫描电子显微镜,自动图像分析仪,傅立叶变换红外光谱仪,傅立叶变换拉曼光谱仪,紫外-可见光谱仪,气相/原子发射光谱仪,高效液相色谱仪,气相色谱仪,毛细管电泳仪,氨基酸分析仪,多肽合成仪,蛋白序列分析仪,DNA合成仪,DNA序列分析仪,高速冷冻离心机,动物行为测试系统以及x、y射线照射剂量标准装置等。

中心的主要任务是研究和发展生物医学分析中的新技术、新方法及其在生物医学中的应用,可承担生物医学领域中的核酸、蛋白质分析;有机药物、有机毒物分析;基因工程重组等生物技术药物分析;微生物分析;致癌致畸致突变物分析;免疫分析;生物自由基分析;细胞分析;微区元素分析;放射计量分析等。曾为国内外有关学术界组办多次学术交流和专题研讨会;为军内外科研教学、医药卫生等各界提供了大量的测试数据和技术服务。

中心设备、技术和人才结构相对配套,不仅掌握了生命科学若干前沿领域之中最先进、最尖端和必不可少的关键设备,还拥有一支包括多名留学回国博士为主要学术带头人的专业人才队伍,相继承担了国家"八五"、"九五"、"863"、"973"等多项重点攻关与基金课题。几年来,共获得国家发明四等奖以上成果4项;国家科技进步一、二、三等奖10项;军队科技进步一、二、三等奖92项。在国内外刊物发表论文和著述多篇。为军内外培养博士后、博士研究生、硕士研究生近百名。

地址:北京市太平路27号
邮编:100850
电话:010-66930762
传真:010-68186281
网址:ncba.bmi.ac.cn
E-mail:ncba@nic.bmi.ac.cn

国家环境保护总局标准样品研究所

国家环境保护总局标准样品研究所(简称:标样所)是国家环境保护总局指定研究和制备国家环境标准样品的专业机构,负责完成国家环境保护标准制修订项目计划任务,承担全国标准样品技术委员会环境标准样品分技术委员会的技术管理工作。目前,标样所下设研究一室、研究二室和业务管理室;有一批多年从事环境标准样品研制和管理的专业技术人才;拥有国内先进的液体、气体和固体环境标准样品成套生产设备,各类分析测量仪器和优良的工作环境条件;是我国国家环境标准样品研制、生产、销售和服务的主要基地;现可对外提供气体、水质、土壤、生物和工业固体废弃物等各类环境标准样品和各种标准溶液及配套试剂共240多项340多种,其中已有227项被批准为中华人民共和国国家标准,并先后荣获国家环保科技进步(部级)"一等奖"、"三等奖",中华绿色科技"银奖"及2003年度"环境保护科学技术奖三等奖"。

标准样品是指具有足够均匀的一种或多种特性量值经过充分确定了的材料与物质,主要用于评价测量方法、校准测量仪器或确定其他材料与物质的特性量值。有证标准样品是经权威部门认证的标准样品,其一种或多种特性量值通过建立了溯源性的程序确定,并可溯源到准确复现表示该特性量值的计量单位,且每个标准值都附有不确定度。我国有证标准样品现由国家质量监督检验检疫总局和国家标准化管理委员会批准、颁布和授权生产,并称之为国家标准样品,以GSB进行编号。为了保证全国环境监测数据量值的可溯源性和准确可比性,国家环境保护总局一直非常重视国家环境标准样品的推广应用,如在《环境标准管理办法》中明确要求:"在对各级环境监测分析实验室及分析人员进行质量控制考核,校准、检验分析仪器,制备标准溶液,进行分析方法验证以及其他环境监测工作活动中,都应使用国家环境标准样品"。我国国家环境标准样品现已广泛应用于全国环境保护系统及其他各行各业的实验室认可、计量认证、质控考核、方法验证、技术仲裁等日常工作中。

国家环境保护总局标准样品研究所,一贯以"质量第一,优质服务"为原则,竭诚为全国环境监测系统、部门等广大用户提供技术服务。

联系地址:北京市北四环东路育慧南路1号8#信箱　标样所业务管理室
邮编:100029
电话:010-84634279　84637722-2819
传真:010-84628431

国家钢铁材料测试中心

国家钢铁材料测试中心是为公众服务的第三方检测机构，为1984年10月经原国家科委批准成立的13个国家级综合分析测试中心之一，设立于钢铁研究总院内，与钢铁研究总院分析测试所为同一组织机构。其前身为1952年及以后相继成立的钢铁研究总院的二级部门化学室、物理室、力学室、无损检测中心、计量中心等。具备常规检测中心、仲裁中心、培训中心、测试技术研究中心的四大职能，奉行科学、公正、准确、高效的质量方针。

中心开展化学分析、物理测试、力学试验、无损检测、计量检定、材料质量综合评定、标准物质研制、分析测试技术培训、实验室设计咨询、科研、分析仪器研制、标准制修订和《冶金分析》编辑发行等专业服务与项目，主要从事材料理化性能的常规测试及材料失效分析、工艺缺陷分析、特种材料的安全评估及材料的鉴定和仲裁分析。

中心通过了国家质量监督检验检疫总局的计量认证、中国实验室国家认可委员会和 Rolls-Royce 公司等多家机构的认可，多次在国际实验室能力比对中名列前茅。

中心拥有雄厚的资源。现有200多名专业工作者，其中具有中高级职称的有80名，有博士硕士学位的共30多人；拥有仪器设备固定资产3千多万元（现值），其中先进的大型检测仪器80多台（套），其他各类检测设备共计800多台（套）。

50年来，中心完成了300多项国家重要课题，其中60多项获国家级或省部级科技进步奖，申请了17项国家专利，出版了80多本著作，发表了1000多篇论文。主持和参与制订了150多项金属材料分析测试国家标准，建立了GB/T 223钢铁及合金化学分析标准体系。为促进我国冶金工艺的发展、新型材料的研究、国家重大工程的顺利实施发挥了重要作用。

中心拥有冶金工程专业博士点及分析化学专业和材料学专业2个硕士点，已为冶金行业培养大量的高端人才。

全国钢标准化委员会钢铁及合金化学成分测定分技术委员会秘书处、中国金属学会分析测试分会均设立于该中心。

国家钢铁材料测试中心经过50年发展建设，已成为中国开展金属材料分析检验的权威检测机构，检测技术的引领者，研究推广金属材料分析新技术和培养高级冶金分析人才的摇篮，我国研制冶金分析标准物质和开发现代冶金分析仪器的重要产业基地。

清华大学材料科学与工程研究院中心实验室

清华大学材料科学与工程研究院中心实验室是清华大学“211”工程和“985”工程的重点建设项目，是清华大学材料学科群的实验基地，也是北京市生命科学与材料科学测试中心的材料测试基地。本实验室主要从事科学研究与提供材料测试服务（全部仪器均向全国开放）。实验室现有大型仪器20多台，实验室仪器总价值为四千多万元。

实验室的主要仪器有：

场发射透射电镜（JEM－2010F，配有EDS、GIF、STEM、HAADF）

场发射扫描电镜（JSM－6301F，配有EDS、EBSD）

场发射扫描电镜（S－4500，配有低温装置）

高分辨透射电镜（JEM－200CX）

低真空扫描电镜（JSM－6460LV，配有EDS）

扫描电镜（S－450，配有EDS）

扫描探针显微镜（PicoScan AFM/STM）2台

超声显微镜（WINSAM Vario-Ⅲ）

激光扫描共聚焦显微镜（Bio-Rad Radiance2100）

金相显微镜（OLYMPUS PMG3）

反射式显微镜2台

高分辨X射线衍射仪（D8 Discover型）

高功率多晶X射线衍射仪（经改造的D/max－rB型）2台

多晶X射线衍射仪（经改造的D/max－3A型）

高低温X射线衍射仪（D8 ADVANCE）

X射线荧光分析仪（XRF－1800）

振动样品磁强计（LakeShore 7307）

纳米压痕仪（MTS XP型），激光粒度仪（MASTERSIZER 2000）

高温力学实验仪（Instron），高级扩展式流变仪（MCR 300）

高速自动比表面与孔隙度分析仪（NOVA 4000）

热重分析仪（TGA 2050），示差扫描量热仪（DSC 2910）

动态热机械分析仪（DMA 2980），三检测凝胶色谱系统（302型）

自动砂轮切断机2台，金刚石圆盘锯，线锯，自动样品热镶嵌机，磨抛机2台，离子减薄仪，凹坑减薄仪，双喷电解装置，超声钻，超声振动装置，真空镀膜仪。

关于仪器的详细情况与联系人，可见实验室主页

（http://www.mse.tsinghua.edu.cn/faculty/advanmater/centre%201ab/MAIN PAGE/Materials_Central_Lab_Tsinghua_University.htm）

复旦大学分析测试中心

复旦大学分析测试中心成立于1983年,其宗旨是促进大型仪器的资源共享和跨学科的交叉研究,提高仪器使用效率,是一个培养高层次人才、完成高水平科研项目的重要实验基地和公共服务体系。同时也是一个立足于学校、面向社会的分析测试机构。

作为复旦大学科学研究和教学的分析测试基地,复旦大学分析测试中心配置了各种大型精密仪器设备,而且还拥有一支一流的教学和分析测试队伍。

复旦大学分析测试中心建有核磁共振、顺磁共振、X射线衍射、红外光谱、拉曼光谱、气相色谱、液相色谱、色谱/质谱、电子显微镜、图像分析、ICP发射光谱、原子吸收光谱以及化学分析实验室。这些实验室分别可以从事无机物分析、有机物分析、晶体材料相变结构分析、微区结构分析以及常规分析和专项分析等。分析测试业务涵盖了化学、物理、生物、材料、高分子、医药、质检、环境、地质以及考古多个领域。

复旦大学分析测试中心现有工作人员30人,其中含高级职称12人,中级职称13人。多年来,复旦大学分析测试中心与校内其他专业合作,以原有的仪器设备为基础,在新的分析测试方法学研究和与此相关的实验技术等研制开发方面,做了大量的工作;同时也承担了国家自然科学基金26项,攀登计划项目1项,上海市级及其他部委项目10余项。获国家科技进步奖1项,科学院科技成果奖1项,教委科技进步奖二等奖2项,通过科研成果技术鉴定10项,批准专利4项,中国分析测试协会和上海分析测试协会论文奖各1项。几年来,发表SCI论文30余篇。

复旦大学分析测试中心在研究生培养方面也倾注了很大的精力,自中心成立以来已培养了98名研究生,2名博士生。这些毕业生有的活跃在国内各个领域;有的出国深造,争取掌握更多的创新知识,为祖国效力。为了提高研究生开展科研活动的能力,中心集中了对分析测试有相当造诣的教师,花了近十年的时间编写出版了《高等结构分析》一书,作为由中心开设并面向全校相关专业研究生课程的教材,并获得了良好的效果。且此教材获得了华东地区大学出版社第六届优秀教材学术专著二等奖。

复旦大学分析测试中心自1995年通过国家级计量认证以来,本着“质量第一”的理念,落实了一系列检测质量保证措施,所有工作人员都严格按照国家及国际的相关标准,开展分析测试工作,逐渐形成了一套规范化的操作程序和管理程序,大大提高了分析测试的效率和水平,杜绝了不合格的检测数据流入使用领域,及时满足用户的需求。为各种用户提供了公正、可靠的检测数据,受到了有关方面的好评。

创新是民族进步的灵魂,是科技发展的直接动力。分析测试作为创新的必备手段,复旦大学分析测试中心愿为民族振兴和科技发展作出自己不懈的努力!

上海交通大学分析测试中心

上海交通大学分析测试中心(前身为理化实验中心)正式成立于1983年6月,1999年6月改制成为上海交通大学的直属单位,是一个具备向校内外科学研究和品质鉴定提供公证、权威测试数据能力的、通过国家计量认证的科研服务机构。

近年来,经过教育部“211工程”和“985工程”的连续投入,交大分析测试中心无论是在仪器设备方面,还是在学科建设、人才梯队建设方面都取得了长足的进步,逐步成为学校科学研究不可缺少的重要技术支撑。目前,中心在徐汇校区(校本部)有实验用房约1500平方米,随着学校的发展,还将在闵行新校区建造7500平方米的分析测试实验大楼;中心现有仪器设备资产约2500万元,能够从事有机成分与结构、无机材质、微结构与形貌、物相组成与相变、环境质量和药物等分析工作。现有主要的大型仪器设备包括变角度变波长椭圆偏振仪,液相色谱-质谱联用仪、气相色谱-质谱联用仪、傅立叶红外-拉曼光谱仪、元素分析仪、碳硫分析仪、纳米粒径分析仪、粒度粒型分析仪、原子力显微镜以及生物用原子力显微镜、全谱直读电感耦合等离子体发射光谱仪、X射线多晶衍射仪、二维面探(GADDS)X射线衍射仪、超高真空低温扫描探针显微镜系统、高分辨透射电子显微镜,分析型透射电子显微镜和场发射扫描电子显微镜等。

2003年3月中心成功获得了与上海市科委共建的《上海市纳米分析测试公共服务平台》建设项目的资助,该项目是上海市改善科研环境、促进纳米技术发展的重点建设项目之一。目前中心人员中,具有博士硕士学历者占65%,并拥有一批具有丰富实践经验的高级专业人员。中心先后承担了多项国家和省部级科研项目,其中包括国家自然科学基金,并获得两项上海市科技进步奖。

中心坚持为科学研究和学科建设提供优质服务的宗旨,充分发挥现代化的高、精、尖仪器的作用,在培养研究生的动手能力、提高科研水平方面起到了重要作用。中心十分重视实验室建设和管理工作,内部各项规章制度健全,实验室操作实行规范化和制度化,整体上形成了“积极向上、奋发有为”的良好氛围,多年蝉联上海交通大学文明单位称号。

通过“十五规划”的进一步建设,将继续提升分析测试中心的功能,真正成为我校科学研究的重要支撑、学科交叉的重要平台、现代分析的重要基地。

欢迎上海及全国的用户来交大测试中心进行检测和分析工作,我们将以优惠的价格为您提供认真、迅速、准确的服务,同时也欢迎在科学研究领域的广泛合作。

地址:上海华山路1954号上海交通大学新建楼2000室

联系电话:021-62932997

传真:021-62932067

网址:www.sjtu-iac.org.cn/

电子邮件:qhlu@sjtu.edu.cn

武汉大学科学仪器工程中心简介

武汉大学科学仪器工程中心2002年5月成立。技术委员会主任为武汉大学副校长刘经南院士、副主任为武汉大学电子信息学院院长柯亨玉教授。中心主任曾立波教授。

中心以电子信息学院为依托单位,融合化学与分子科学学院、生命科学学院、资源与环境科学学院、计算机科学学院、医学院等学院的相关技术力量从事科学仪器的创新研究与开发。中心现有人员40余人,其中院士:1人,博导:8人,教授:12人,副教授:12人,讲师:15人。现设有办公室,传感器及新测试技术和方法研究室、成像仪器研究室、光谱仪器研究室、系统集成与整机技术研究室、工业仪器研究室。实验室面积2000余平方米,固定资产1000多万元。

中心结合国际科学技术发展前沿、我国国民经济和社会发展的需要以及武汉大学的特色和优势,开展科学仪器有关相关理论的研究、新技术和新产品的开发研究,承担国家重点重大科研项目,取得国际先进水平的研究成果,培养在国内外有较大影响的学术带头人和学术骨干,力争建成国家级的工程技术中心,为创建世界一流的武汉大学作出贡献。

经过一年多的建设,目前已成为湖北省光谱与成像工程技术研究中心,中国分析测试协会会员单位。中心承担国家科技部十五攻关重点项目"光谱成像仪器的研制与开发"等省部级以上基础科研课题及重大攻关项目30余项,获省部级奖励30余项,成果鉴定20余项,申请专利10余项,出版学术著作10余部,还承担多项军口项目的研究,为我军装备的现代化作出了较大贡献,研制的产品已在清华、中科院等国内几百个单位获得应用。

中心优势领域为:新型光谱分析仪器和激光分析仪器,生物医学影像仪器,非接触精密测量及水利电力监测仪器。

中心现有产品为:

·扫描电镜联机图象处理分析系统:可联机任一型号的扫描电镜,图像分辨率512-4096。

·透射电镜联机图象处理分析系统:联机实时采集透射电镜图像,图像分辨率1024-2048。

·电镜X射线能谱仪:适合现有X射线能谱仪升级改造,4096道,道宽5ev,采集时间<1us,16道线扫和面扫描采集。

·金相显微镜分析系统:可配接合各种型号的金相显微镜,分析金相组织的百分比含量,颗粒(孔洞、晶粒)尺寸,多个专用分析软件,符合国际和ASTM国际标准。

·生物显微镜分析系统:可配接合各种型号的普通或荧光显微镜,分析病理组织、细胞(核)结构、染色体核型、细菌的几何形态、灰度值参数。

地址:湖北省武汉市武昌珞珈山

通讯地址:武汉大学电子信息学院

邮编:430079

电话:027-67805472、62901518

传真:027-87342793

网址:sierc. whu. edu. cn

E-mail:lbceng@ whu. edu. cn

第三军医大学中心实验室

第三军医大学中心实验室始建于1981年,在历任校首长及机关的大力支持和关怀下,在学校财力有限的情况下,坚持大型仪器设备投资集中、共用、开放服务的原则,经过十多年的发展建设,目前已拥有总价值超千万元的大型精密仪器,涵盖生物医学理化分析及生物组织细胞成分分析的主要设备;工作场地约3100m^2,新建了大型细胞培养教学实验室和开放性综合实验室,承担了学校的大部分科研和教学分析测试任务,是我校学科建设及学科发展的重要支撑条件之一,也是对外交流的窗口,对我校科研水平的提高起着重要作用。

中心实验室的宗旨是为全校的科研、教学和医疗服务,分为三个职能单位:电镜组、理化测试组和综合实验室。电镜组:拥有先进的透射电镜和扫描电镜5台套,有2名高级实验师专门管理,提供各类电镜样品制作,电镜新技术的咨询,代客户电镜超微结构观察等一条龙服务,可满足医、工、农、法、等领域的各种需求,在西南地区乃至全国都有一定的影响。理化组:拥有激光共聚焦显微镜、流式细胞仪、高效液相色谱仪、氨基酸分析仪、等大型精密仪器,能广泛开展生物医学理化分析、组织细胞成分分析、图像定量检测、成分分离、纯化等工作。新建的综合实验室:具有细胞组织培养、组织成分分离、动物试验、形态学研究等领域所涉及的技术、设备和条件,可为各层次的研究人员提供全方位的优质服务。

科室拥有较高素质的专业科技队伍。现有教授2名,其中1名博士生导师,1名硕士生导师,培养博士生1名,硕士生5名;高级实验师3名,实验师3名。在全国或省市级学会任理事、副理事长等职务有8名,是重庆市电镜专业委员会牵头单位。

科室除了承担大量的分析测试和技术服务工作外,还承担了研究生的《仪器分析》、《电镜技术及细胞超微结构》的教学任务及校级多媒体课件的制作。获国家自然科学基金资助项目2项,校管课题1项,协助完成军队指令性课题2项,有5人次获省部级以上奖项,其中2人次分别获得国家一、二等奖各一次。

中心实验室将进一步加强分析测试服务,拓展技术服务,走学科发展路子。强化管理,狠抓人才建设,努力提高服务质量,为学校的建设和发展作出应有的贡献。

附件:

机构名称:第三军医大学中心实验室

负责人:张正治

联系人:张正治

电话:023-68752346

传真:023-68752334

地址:重庆市沙坪坝高滩岩第三军医大学中心实验室

邮编:400038

北京普析通用仪器有限责任公司

北京普析通用仪器有限责任公司创立于1991年,是致力于发展中国分析仪器事业的高科技企业。经过十余年的艰苦奋斗和不断创新,现已成长为同行业的领先企业。产品从紫外可见分光光度计与原子吸收分光光度计发展到拥有ICP全谱仪、X射线衍射仪、光谱成像分析仪等比较齐全的产品群,同时大力开发应用软件,获得了良好的社会与经济效益。2003年经中国企业评价协会评为“中国500家成长型中小企业”。

普析通用仪器有限公司自创业以来,始终秉怀科技服务社会的理念,不断钻研领先行业、满足社会需求的科学技术,全力开发满足各领域需求的高质产品,在业界拥有较高的声誉。2001年起,公司承担国家十五科技攻关计划重大项目“科学仪器研制与开发”中“光谱分析仪器研制与开发”课题,并且于2004年2月顺利通过科技部验收,体现了“对社会有长期贡献”的企业理想。

科学的全面管理、先进的研究技术以及严格的控制标准,使公司开发生产出高品质的产品,具有强大的市场竞争力。普析通用的产品系列在中国分析仪器行业中率先通过ISO 9001质量体系认证、ISO 14001环境体系认证和CE认证。紫外可见分光光度计、原子吸收分光光度计和水质连续自动监测系统多次获得BCEIA金奖。紫外可见分光光度计和原子吸收分光光度计被中国国际贸易促进会评为“中国进入WTO推荐产品”。水质连续自动监测系统获得北京市科技进步二等奖和科技部、外经贸部、环保总局等五部局颁发的国家重点新产品证书,普析通用公司也成为参加环保总局的流域及污染源试点的惟一国内厂家。

普析通用公司在新的发展起点上系统地引入现代管理模式,建立与国际接轨的基于科学仪器行业的管理体系。在产品开发、质量控制、集成供应链、人力资源管理、财务管理等诸多方面取得长足发展。普析通用公司2001年被北京市经济委员会确定为北京市首批重点联系民营企业。2002年荣获“科技之光”优秀企业称号,2003年普析通用公司又成为国家高技术研究发展计划(863计划)“水质自动监测系统关键技术及集成设备研制”课题的承担单位之一。总经理田禾1999年选为中国仪器仪表学会分析仪器学会常务理事,2002年选为中国分析测试协会常务理事,同年获得“科技之光”优秀企业家称号。这些成绩的取得都标志着普析通用公司在广泛吸收世界先进成果的同时,已经开始独立自主开发相关领域核心技术体系的步伐。目前公司已经将医疗卫生、软件开发作为新的开发领域。

在提供高质产品的同时,普析通用公司还竭诚为用户提供优质完备的售后服务。形成了覆盖全国的快速服务系统,以尽心尽责的服务理念和完备的技术,得到了客户的一致称赞。在牢固占据国内市场优势的同时,公司还大力扩展海外市场,产品已经销往德国、美国、韩国以及东南亚、中东等国家和地区。

在新的发展征途上,普析通用人将以勤谨务实的态度致力于中国高科技行业的发展,以先进的产品和优良的服务回报社会,不断为促进科技进步、提高人类生活水平而努力!

上海海欣色谱仪器有限公司

上海海欣色谱仪器有限公司是集研制、生产、销售气相色谱仪为一体的上海市高新技术企业。公司成立于1990年,前身是上海市计算技术研究所分析仪器事业部。公司充分发挥人才和技术优势,致力于高性能、智能化的GC系列光相色谱仪产品制造,以精湛的工艺、可靠的性能、优质的服务在广大色谱用户中赢得了良好的声誉。

公司生产销售的产品有:高性能的GC-920型,多功能的GC-930型,普及型的GC-950型,单检测器型的GC-980型以及电力系统专用GC-900-SD型等气相色谱仪。供选用的检测器有FID、TCD、ECD、NPD、FPD五种。本公司产品功能齐全、性能优越、自动化程度高,各项技术指标均优于国家标准,整机性能在国内同行业处于领先地位,可广泛应用于石油化工、电力工业、生物医药、食品酒类、香精香料、环境保护等诸多分析领域。

公司在上海浦东拥有近3000平方米的现代化生产基地,现已具备年产各种型号气相色谱仪500台的生产规模,销售额超过1000万元。公司拥有一支年轻而富有经验的技术服务队伍和各类中高级人才,为广大用户提供技术咨询、应用培训、安装调试等售后服务的全方位技术支持。

地址:上海市斜土路2084弄7号5楼

邮编:200032

电话:021-64170156、64170155、64188616

传真:021-64170155

江苏江分电分析仪器有限公司

江苏江分电分析仪器有限公司(江苏电分析仪器厂)创建于1966年,坐落于风光秀丽的长江三角洲,是中国从事研制、生产分析仪器的主要骨干企业,国家电化学分析仪器科技产业化基地。在国内同行业中拥有较强的经济实力、雄厚的技术优势、先进的检测设备,通过了ISO9001-2000质量体系认证。公司占地1.5万平方米,新区占地2万平方米,拥有从事高新技术产品开发的研究所和6个各具特色的专业分析仪器制造基地。技术人员占员工总数的59%。

江苏江分的产品共分四大类:国家重点新产品、国家十五攻关项目引领石油分析仪器、环保水质分析仪器覆盖全国市场,高新技术产品为煤质分析仪器提供了广阔的市场空间,酸度计、离子计及100多种电极以其品种最全,批量最大,居国内首位。十二项产品填补国内空白,十五项产品获国家专利,部分产品远销欧、亚、美等十多个国家和地区。

数十年来,江分人依靠科技进步振兴,始终坚持"科学管理创品牌,优质服务求信誉"的宗旨,多次得到省政府和科技部的嘉奖,完成国家重点新产品八项,高新技术产品九项,省、部科技成果二十四项,荣获江苏省高新技术企业、江苏省省级先进企业和江苏省计量先进企业称号。

展望未来,江苏江分仍将以对产品品质的自信和不断创新、追求完善的精神,为广大用户提供更多代表国际技术的高科技产品。在立足国内市场的基础上,产品国际化的战略将会把江苏江分带向更为广阔的世界舞台。

江苏江分与您携手共创美好明天!

地方分析测试协会

序号	单位名称	电话	理事长	副理事长	秘书长	联系人
1	北京市分析测试技术学会	010－68436474	丁　辉		汪正范	桂三刚
2	天津市分析测试协会	022－23113051	姚心侃	于秉华	蒋瑞亭	蒋瑞亭
3	河北省分析测试学会	0311－8632976		宋俊周	韩　伟	韩　伟
4	辽宁省分析测试协会	024－24821648	刘成雁	王美其	吕深山	吕深山
5	黑龙江分析测试学会	0451－82827756	赵玉海	林茂青	梁振芬	刘敬东
6	上海市分析测试协会	021－64840335	郑吉园		毛镇道	陆　慧
7	江苏省分析测试协会	025－85485998	陈义文	姚义刚	夏春阳	夏春阳
8	浙江省分析测试协会	0571－88826213	周　文	潘培松	庞惠民	吴晓玲
9	安徽省分析测试协会	0551－5323946	施伟国	章醉潢	李永昌	李永昌
10	福建省分析测试协会	0591－7842757	林清将	陈国南	黄文凤	赵　平
11	江西省分析测试协会	0791－8307094	高介福	赖光松	杨泉生	张鸣虹
12	山东省分析测试协会	0531－2605305	刘建华		田昭明	杨文珍
13	河南省分析测试协会	0731－5728774	陈荣峰		曾隆强	曾隆强
14	湖南省分析测试协会	0731－4467939	王柯敏		饶桂春	王丽萍
15	广东省分析测试协会	020－87304952	郑汉麟	没　设	沙振茂	沙振茂
16	广西分析测试协会	0771－5324691	苏仁芳	黄衔信	钟会超	宋苏环
17	四川省分析测试学会	028－6643809	田子斌	陈复生	田效文	刘明臣
18	云南省分析测试协会	0871－3137617	刘诗嵩	王永康	杨泰强	李云鹏
19	陕西省分析测试协会	029－85510987	师万雄	覃光明	卫新年	郭　爱

中国分析测试协会会员单位名录

序号	代　码	单　位　名　称	负责人	联系人	联系电话	传　真
1	110101	国家钢铁材料测试中心	王海舟	贾慧明	010－62182297	010－62182584
2	110102	国家有色金属及电子材料测试中心	孙泽明	王文爽	010－62241350	010－62054704
3	110103	国家地质实验测试中心	尹　明	王军芝	010－68999557	010－68336788
4	110104	国家建筑材料测试中心	马振珠	张继军	010－51167679	010－65715991
5	110105	国家化学建材测试中心(材料部)	魏若奇	者东梅	010－64208747	010－64208747
6	110106	国家化学建材测试中心(建工部)	孟小平	金　谦	010－84272233－2581	010－84276038
7	110107	国家环境测试中心	欧阳讷	王娟娟	010－84634275	010－84634275
8	110108	国家生物医学分析中心	王玉民	杨根锁	010－66930184	010－68186281
9	110109	国家药物及代谢产物分析中心	周同惠	周志华	010－63153121	010－63017757
10	110110	国家兴奋剂及营养 测试中心	张长久	朱绍棠	010－64912132	010－64912136
11	110601	国家色谱研究分析中心	邹汉法	孔　亮	0411－3693430	0411－3693407
12	110701	国家电化学和光谱研究中心	徐经伟	廉军秀	0431－5262169	0431－5685653
13	120901	中国上海测试中心	毕　宁	陆　慧	021－64701390－2234	021－64840335
14	121901	中国广州分析中心	陈江韩	林展江	020－87776508	020－87785344
15	210101	国家标准物质研究中心	于亚东	倪晓丽	010－64222124	010－64228404
16	210102	海关总署关税司	张亦鸣	刘成凯	010－65195343	010－65195345
17	210103	中国检验检疫科学研究院	王大宁	朱韦静	010－85791022	010－85755968
18	210104	公安部第二研究所	周云彪	季安全	010－63432132	010－63267051
19	210105	中国药品生物制品检定所	桑国卫	刘增顺	010－67017755－280	010－67018628
20	210106	中国环境监测总站	李国刚	何金娣	010－84643675	010－84636374
21	210107	国家环保总局标准样品研究所	张太先	邱　争	010－84634279	010－84628431
22	210108	国家安全监督局劳保检测中心	陈　胜	杜欢永	010－－64892434	010－64812561
23	210109	北京市药品检验所	赵　明	车宝泉	010－66124424	010－66161432
24	210901	上海检验检疫局原材料检测中心	蒋海宁	董建华	021－68549151	021－68549029
25	210902	上海检验检疫局动植物检测中心	陈家华	严罗美	021－68546620	021－68546620
26	210601	饲料质量监督检验测试中心(沈阳)	曹　东	张建勋	024－24155743	024－24810160
27	211401	饲料质量监督检验测试中心(南昌)	曾志明	饶　辉	0791－8106364	0791－8107671
28	212701	饲料质量监督检验测试中心(西安)	高联政	李会玲	029－86254585	029－86254586
29	220101	中科院化学研究所	王梅祥	杨　静	010－62658184	010－62569564
30	220102	中科院生态环境研究中心	江桂斌	杨克武	010－62923597	010－62923538
31	220103	中科院过程工程研究所	肖　昕	朱宇丽	010－62558316	010－62558316
32	220104	中科院电镜重点实验室	张　泽	杨新安	010－82649359	010－62561422

续表

序号	代 码	单 位 名 称	负责人	联系人	联 系 电 话	传 真
33	220105	中科院电工研究所	孔 力	张一鸣	010－62629767	010－62560904
34	220406	中科院山西煤化所大仪测试站	贵国庆	刘东艳	0351－4077369	0351－4041153
35	220707	中科院长春光机医疗仪器有限公司	唐玉国	卢启鹏	0431－4653971	0431－4666372
36	221508	中科院海洋研究所	杨建海	王 琦	0532－2886390	0532－2898762
37	222309	中科院成都分院测试中心	黄天宝	王 红	028－85223712	028－85223712
38	2228010	中科院兰州分院测试中心	赵鑫淼	张宏伟	0931－4968125	0931－8277088
39	230101	中国原子能研究院化学测试中心	吴继宗	刘峻岭	010－69357587	010－69357572
40	230102	中国原子能研究院快堆钠工艺室	谢 淳	谢 淳	010－69358161	010－69358161
41	230103	核工业地质分析测试研究中心	郭冬发	刘 牧	010－64965990	010－64965960
42	230104	核工业北京化冶院分析测试中心	曹淑琴	曹淑琴	010－81530736	010－81530736
43	230205	核工业理化工程院九室	李金树	李金树	022－84801630	022－24391190
44	240101	总装备部防化院分析测试中心	刘景全	魏崇禧	010－66758063	010－69760259
45	240102	蛋白质组与基因组研究中心	贺福初	钱小红	010－68279585	010－68279585
46	240103	解放军总医院测试中心	廖 杰	廖 杰	010－66939194	010－66939194
47	240104	航天集团三院三十一所质量技术处	姜海光	赵长铸	010－68375385	010－68374052
48	240105	北京航空材料研究院测试研究室	刘 平	刘 平	010－62458153	010－62456212
49	240106	北京微量化学所分析中心	肖宏展	许 莉	010－82694066	010－82693594
50	270107	北京东方光华质谱技术服务中心	郑 舰	仇方丽	010－62539153－1016	010－62564186
51	241101	兵器金属理化分析测试中心	倪培君	胡文骏	0574－87902028	0574－87905977
52	241502	兵器非金属材料检测中心	王建国	毛如增	0531－5060041	0531－5951499
53	242303	兵器西南地区理化检测中心	刘兴智	陈 军	023－67592132	023－67865385
54	242704	西安近代化学研究所分析测试部	孙丽霞	张 皋	029－88291604	029－8291777
55	250201	中国地科院物化探研究所	朱立新	张 勤	0316－2212841	0316－2014156
56	250202	中国地科院物化所实验工厂	高一峰	高一峰	0316－2212572	0316－2026741
57	250603	地矿沈阳综合岩矿测试中心	张耀华		024－86219227	024－86232736
58	251004	江苏省地矿测试应用研究所	周康民	罗惠芬	025－84800829	025－84801933
59	251005	南京地质矿产研究所	陈国栋	修连存	025－84625017－808	025－84616961
60	251006	中石化无锡实验地质研究所	徐旭辉	周文杰	0510－3209751	0510－3202742
61	251407	江西省地矿局实验测试中心	王亚询	杨荣才	0791－5210581	0791－5240954
62	251708	地矿武汉综合岩矿测试中心	李 华	王 琦	027－85832847	027－85831445
63	251709	宜昌地质矿产研究所	李金发	朱家平	0717－6346734	0717－6331867
64	252310	中国地科院成都矿产综合利用所	刘亚川	刘 卫	028－85592376	028－85594582
65	252311	地矿成都综合岩矿测试中心	高明远	李晓英	028－83226591	028－83221597
66	252512	云南省矿产开发局中心实验室	黄晓林	梁民科	0871－7211986	0871－7211986
67	252713	陕西省地矿实验研究所	郑存江	陈忠民	029－87851467	029－7851443
68	260101	中国农科院分析测试中心	苏晓鸥	杨曙明	010－68975902	
69	260102	中国农科院油料作物研究所	王汉中	李培武	027－86812943	027－86812943
70	260103	中国农科院计财局资产处	刘瀛弢	贾中一	010－68919452	010－68975190

续表

序号	代 码	单 位 名 称	负责人	联系人	联 系 电 话	传 真
71	261702	湖北省农科院农业测试与信息中心	胡定金	朱 毅	027－87389465	027－87389457
72	262103	中国热带农业科学院分析测试中心	吴莉宇	江 俊	0898－23300167	0898－23300166
73	262304	四川省农科院分析测试中心	雷绍荣	游米沙	028－84504140	028－84791119
74	263105	新疆农科院分析测试中心	孙晓陆	师 昕	0991－4537561	0991－453761
75	270101	北京矿研总院资源评价检测所	符 斌	岳永平	010－68333366－3418	010－68342279
76	271602	中铝公司郑州研究院质检中心	李旺兴	张树朝	0371－8918400	0371－8930371
77	272703	有色金属西北矿产地质测试中心	王智民	柯 玲	029－5524092	029－5529848
78	270104	中国石化科学研究院分析研究室	田松柏	杨永坛	010－62327551－8976	010－62329075
79	270105	中国农机研究院机电技术应用所	赵化平	刘 刚	010－64882584	010－64882652
80	270101	中国食品发酵工业研究所检测中心	宋全厚	周志强	010－64645551	010－64625604
81	270102	中国肉类食品研究中心	王绪茂	赵 榕	010－67223366－315	010－87293157
82	270103	中国医科院基础所中心实验室	赵方萄	赵方萄	010－65296951	010－65296951
83	270704	吉林省光谱仪器工程技术研究中心	金钦汉	周建光	0431－8499976	0431－8499805
84	300101	北京市理化分析测试中心	丁 辉	孙海洋	010－68419606	010－68417642
85	300102	北京科学仪器装备协作中心	董高应	张 静	010－68476388	010－68730676
86	300201	天津市理化分析测试中心	于秉华	王文彩	022－23396032	022－23191749
87	300301	河北省分析测试研究中心	宋俊周	韩 伟	0311－8632976	0311－8632976
88	300401	山西省分析测试中心	史新珍	乔石虎	0351－8946735	0351－7235384
89	300501	内蒙古分析测试中心	吴苏海	刘 爽	0471－6280722	0471－6965929
90	300601	辽宁省分析测试研究中心	刘成雁	吕深山	024－24821648	024－24823748
91	300801	黑龙江省分析测试中心	林茂青	刘敬东	0451－82827756	0451－82513412
92	301001	江苏省生产力促进中心	倪 刚	夏春阳	025－85485998	025－85485971
93	301101	浙江省分析测试中心	庞惠民	周 进	0571－88065396	0571－88801862
94	301201	安徽省分析测试中心	吕 扬	费 帅	0551－5145209	0551－5145209
95	301301	福建省分析测试研究所	郑贻新	赵 平	0591－7848424	0591－7814856
96	301401	江西省分析测试中心	刘晶磊	王 景	0791－8307094	0791－8302703
97	301501	山东省分析测试中心	刘建华	王晓东	0531－2605316	0531－2964889
98	301601	河南省分析测试中心	常俊标	朱 琰	0371－5511787	0371－5727239
99	301801	湖南省分析测试中心	饶桂春	饶桂春	0731－5311777	0731－5311777
100	302001	广西分析测试研究中心	黄衍信	宋苏环	0771－5324691	0771－5318326
101	302301	四川省分析测试服务中心	秦晋安	戴述文	028－86643809	028－86643809
102	302401	贵州省理化分析测试中心	谭 红	张晓云	0851－5891281	0851－5891974
103	302501	云南省分析测试中心	衡根华	李 翼	0871－3137617	0871－3137617
104	302801	甘肃省分析测试中心	朱晓力	朱永平	0931－8616234	0931－8763908
105	302901	青海省测试计算中心	罗湘宁	余 旭	0971－6303880	0971－6303559
106	303001	宁夏分析测试中心	吴澜尔	韩凤兰	0951－2077884	0951－2077715
107	303101	新疆分析测试中心	张 静	战国利	0991－3835162	0991－3835162
108	400101	清华大学分析中心	张新荣	梁建华	010－62771139	010－62770327

续表

序号	代 码	单 位 名 称	负责人	联系人	联系电话	传 真
109	400102	清华大学材料与工程院中心实验室	陶 琨	章晓中	010－62773999	010－62772507
110	400103	北京大学分析测试中心	翁诗甫	贺晓然	010－62782485	010－62751708
111	400104	北京大学医药卫生分析中心	崔育新	王靖野	010－82801736	010－82805681
112	400105	北京师范大学分析测试中心	邓志威	马 辉	010－62207978	010－62200076
113	400106	中国农业大学信息学院应用物理系	张晔晖	张晔晖	010－62892572	010－62892581
114	400107	中国农业大学理学院色谱质谱室	李重九	马晓东	010－62893079	010－62893084
115	400108	北京林业大学森林生物实验中心	金幼菊	金幼菊	010－62338171	
116	400109	北京化工大学材料分析与评价中心	程 斌	张志远	010－64434862	010－64437587
117	400110	中央民族大学生物化学系	冯金朝	杨若明	010－68932633	
118	400111	北京印刷学院	蒲嘉陵	张伟民	010－61265905	010－69243485
119	400201	天津大学分析中心	范国梁	李 娜	022－27405694	
120	400202	南开大学中心实验室	严秀平	吴鸿毅	022－23501380	022－23503034
121	400601	辽宁大学分析测试中心	马良吉	李 凯	024－62202381	024－86852421
122	400602	东北大学实验测试中心	边为民	苗小松	024－83683904	
123	400603	沈阳药科大学测试中心	李 文	李 文	024－23843711－3787	3448
124	400604	沈阳农业大学分析测试中心	牛 森	周艳明	024－88421248	024－88421248
125	400605	辽宁师范大学实验中心	李继平	王洪明	0411－4258279	0411－4214450
126	400606	大连轻工业学院分析中心	田 晶	田 晶	0411－6323691	0411－6323086
127	400607	辽宁石油化工大学分析测试中心	陈世醒	陈世醒	0413－6664959	0413－6664959
128	400701	吉林大学分析测试中心	权明达	戈静华	0431－8498965	0431－8498976
129	400901	上海交通大学分析测试中心	路庆华	金承钰	021－62932997	021－62932067
130	400902	复旦大学分析测试中心	陈巧珍	孙久宽	021－65643063	021－65643014
131	400903	华东理工大学分析测试中心	兰闽波	黄家桢	021－64253235	021－64252947
132	401001	南京大学现代分析中心	杨伯苗	方江邻	025－83592290	025－83325180
133	401002	东南大学分析测试中心	余 锟	苏兴武	025－83793226	
134	401003	中国药科大学分析测试中心	张尊建	王有根	025－83271233	025－83271454
135	401004	南京师范大学分析测试中心	刘国锦	冯玉英	025－83598359	025－83598359
136	401005	苏州大学分析测试中心	丁元晨	顾卫群	0512－65112343	0512－65112970
137	401101	浙江大学分析测试中心	冯建跃	滕向荣	0571－87951287	0571－87951995
138	401201	中国科学技术大学理化科学中心	鲁 非	童建安	0551－3602802	0551－3602803
139	401202	安徽大学现代实验技术中心	孟祥春	严睿文	0551－5106442	0551－5107240
140	401301	福州大学中心实验室	刘艳斌		0591－7893207	0591－7893207
141	401302	厦门大学分析测试中心	张棋河	林姝珠	0592－2186129	0592－2186129
142	401303	集美大学生物工程学院	蔡惠农	马建华	0592－6183326	0592－6180470
143	401401	南昌大学分析测试中心	万益群	郭 岚	0791－8304414	
144	401402	南昌大学设备与实验管理处	邓凤蓝	余淑娴	0791－8304441	
145	401403	江西师范大学理化测试中心	徐景士	刘华卿	0791－8507276	
146	401501	山东大学环保学院现代分析所	冯素萍	冯素萍	0531－8362819	0531－8362819

续表

序号	代　码	单　位　名　称	负责人	联系人	联系电话	传　真
147	401502	青岛海洋大学测试中心	李兰生		0532－2032810	
148	401503	石油大学（华东）仪器分析中心	刘树文	林德莲	0546－8392289	0546－8392280
149	401601	郑州大学分析测试中心	刘宏民	张西林	0371－7763224	0371－7763390
150	401701	武汉大学分析测试中心	胡先明	冯雪松	027－62216556	027－87882136
151	401702	武汉大学科学仪器工程技术中心	曾立波	王先培	027－67805472	027－87432793
152	401703	华中科技大学微观分析中心	陶景光	陶景光	027－87543778	
153	401704	武汉理工大学材料研究与测试中心	薛理辉	白燕新	027－87651849	027－87395164
154	401706	湖北大学分析测试中心	宋功武	宋功武	027－88664193	027－88663034
155	401801	中南大学现代分析测试中心	徐纪成	屈易明	0731－8879705	0731－8876597
156	401901	中山大学测试中心	鲁统部	郭汝丽	020－84112711	020－84038784
157	401902	暨南大学实验技术中心	黄智诚	李　艳	020－85227793	020－85227790
158	401903	华南理工大学测试中心	张大同	曹珍年	020－87111322	020－87114695
159	401904	湛江海洋大学现代生化实验中心	杨　捷	杨　捷	0759－2382134	0759－2383129
160	402201	重庆大学（化工学院）化学实验中心	陈昌国	陈昌国	023－65111748	
161	402202	第三军医大学中心实验室	张正治	张正治	023－68752346	
162	402301	四川大学分析测试中心（东区）	李　晖	吉晓江	028－85412512	028－85412849
163	402701	西安交通大学电子材料与器件所	姚　熹	徐　卓	029－82668679	029－8268784
164	402801	兰州大学分析测试中心	盛芬玲	邹　湘	0931－8912519	0931－8912503
165	403101	新疆大学理化测试中心	解成喜	钱秀英	0991－8582966	
166	510101	中国科学器材进出口总公司	赵伟中	陈　钢	010－65132641	010－65136113
167	510102	中仪英斯泰克进出口公司	吴恒基	吴恒基	13901089530	
168	510103	北京五洲东方科技发展有限公司	王宏革	李晨红	010－82388866	010－82388989
169	510901	上海科学器材有限公司	申学宪	冯国利	021－64712953	021－64330024
170	511701	湖北省科学器材公司	刘　嘉	汪　文	027－87641853	027－87662851
171	520101	北京汇博精瑞科技有限责任公司	章希宜	章希宜	010－64820059	010－64872594
172	520102	北京泰立化电子技术有限公司	郦建国	杨则楠	010－62316613	010－62323505
173	520103	北京英普思软件有限责任分司	李　滨	周　东	010－65884718	010－65884728
174	520104	北京东之方信息网络技术有限公司	蒋晓春	景艳丽	010－68228642	010－68222849
175	520105	北京三维天地科技有限公司	闫　蕊	薛旭森	010－82856868	010－82856820
176	530101	中科科仪技术发展有限责任公司	金鹤鸣	王燕芳	010－62565522－3207	010－62564613
177	530102	北京分析仪器研究所	郑增德	马雅娟	010－62459283	010－62451377
178	530103	北京北分瑞利分析仪器（集团）公司	闫增序	丛连日	010－62457772－634	010－62456592
179	530104	北京瑞利分析仪器公司	郑国华	王京凤	010－64362531－360	010－64372901
180	530105	北京科创海光仪器有限公司	周志恒	尹碧桃	010－64357677	010－64359859
181	530106	北京普析通用仪器有限责任公司	田　禾	王　薇	010－62139830	010－62319826
182	530107	北京东西电子技术研究所	李选培	杨开敏	010－62881688	010－62882381
183	530108	北京彩陆科学仪器有限公司	杜　军	杜　军	010－68131826	010－68253890
184	530109	北京华电化学分析仪器研究所	边东福	马新春	010－62479206	010－62476714

续表

序号	代　码	单　位　名　称	负责人	联系人	联系电话	传　真
185	530110	北京万拓仪器有限公司	王安邦	黄　荣	010－64379532	010－64379929
186	530111	北京吉天仪器有限公司	刘明钟	卢　萍	010－64379876	010－64379929
187	530113	北京英贤仪器有限公司	姚建垣	朱莉莎	010－83671098	010－83671073
188	530114	北京拓普分析仪器有限责任公司	马选民	魏连营	010－84047728	010－84045852
189	530116	北京金欧亚科技发展有限公司	陈　萍	汪若梅	010－67100708	010－67114016
190	530117	北京格润得科技有限公司	吴　鹏	李　旭	010－65170525	010－65170529
191	530118	北京天美分析仪器有限公司	王　萌	李　梅	010－64010651	010－64060202
192	530119	长城润滑油应用研究中心有限公司	张春辉	夏　鹏	010－62949747	010－62949751
193	530120	北京先驱威锋技术开发公司	范　飞	张明政	010－62304468	010－62301421
194	530121	北京盈安美诚科学仪器有限公司	张　岩	李润霖	010－64212538	010－64212554
195	530601	中科院沈阳科学仪器研制中心	孙宇凌	史雪松	024－23893850	024－23890572
196	530602	贺利氏(沈阳)特种光源有限公司	迟延辉	陈　芳	024－25816090	024－25367778
197	530701	长春吉大·小天鹅仪器有限公司	王振德	王丽华	0431－5170818	0431－5177310
198	530901	上海精密科学仪器有限公司	陈正国	王初泰	021－64956760	021－64950892
199	530902	上海雷磁仪器厂	汤志东	沈华明	021－59577340	021－59573203
200	530903	上海棱光技术有限公司	吴树恩	杨仁德	021－63025595	021－53520146
201	530904	上海爱建纳米科技发展有限公司	林学海	魏顺康	021－52930547	021－52930547
202	530905	上海通微分折技术有限公司	薛文煜	季　平	021－38953588	021－38953636
203	530906	普莱克斯(中国)投资有限公司		蔡廷忠	021－28947433	021－68769912
204	530907	上海光谱仪器有限公司	陈建钢	王希娟	021－64951739	021－64958987
205	530908	上海新仪微波化学科技有限公司	黄庭国	王勤华	021－54487840	021－54487842
206	530909	国药集团化学试剂有限公司	陈　彪	范益民	021－63219651	021－33130567
207	530910	中国石化润滑油上海分公司	方　伟	方　伟	021－58611265	021－58672856
208	531001	南京普江科学仪器有限公司	周系增	金耀国	025－84208543	025－84208547
209	531002	江苏江分电分析仪器有限公司	吴荣坤	常旭晋	0523－8263915	0523－8271822
210	531101	聚光科技(杭州)有限公司	王　健	余拓野	0571－88074399	0571－88074399
211	531102	温岭福立分析仪器有限公司	黄立财	马　跃	0576－6111884	0576－6119790
212	540101	北京仪信网通科技有限公司	唐海霞	唐海霞	010－68432936	010－68432939
213	540102	北京燕山石油化工有限公司	赖遇晓	杨建海	010－69342474	010－6934217
214	540103	燕山石化职业病防治研究所	周学勤	王　剑	010－69345458	010－69341605
215	540901	宝钢股份有限公司检测中心	郭洪涛	周　星	021－26647601	021－26645922
216	541401	中石化九江分公司科研所	刘明清	赵惠菊	0792－8494101	0792－8617006

附录　标准物质目录

标准物质编号	组份	标准值	标准不确定度	质量分数	标准物质名称	研制单位
GBW01101b	C	3.04	0.02	质量分数（10^{-2}）	生铁成分分析标准物质	本溪钢铁(集团)有限责任公司(本溪市)
GBW01102b	C	2.38	0.02	质量分数（10^{-2}）	生铁成分分析标准物质	本溪钢铁(集团)有限责任公司(本溪市)
	Si	0.48	0.01	质量分数（10^{-2}）		
	Mn	0.700	0.009	质量分数（10^{-2}）		
	P	0.082	0.001	质量分数（10^{-2}）		
	S	0.034	0.002	质量分数（10^{-2}）		
	Ti	0.006	0.001	质量分数（10^{-2}）		
	Cu	0.026	0.002	质量分数（10^{-2}）		
GBW01103b	C	3.53	0.02	质量分数（10^{-2}）	生铁成分分析标准物质	本溪钢铁(集团)有限责任公司(本溪市)
	Si	1.83	0.02	质量分数（10^{-2}）		
	Mn	1.10	0.02	质量分数（10^{-2}）		
	P	0.066	0.002	质量分数（10^{-2}）		
	S	0.048	0.002	质量分数（10^{-2}）		
	Ti	0.025	0.002	质量分数（10^{-2}）		
	Cu	0.258	0.008	质量分数（10^{-2}）		
GBW01104b	C	3.39	0.02	质量分数（10^{-2}）	生铁成分分析标准物质	本溪钢铁(集团)有限责任公司(本溪市)
	Si	2.41	0.02	质量分数（10^{-2}）		
	Mn	0.94	0.02	质量分数（10^{-2}）		
	P	0.113	0.004	质量分数（10^{-2}）		
	S	0.016	0.001	质量分数（10^{-2}）		
	Ti	0.058	0.002	质量分数（10^{-2}）		
	Cu	0.202	0.009	质量分数（10^{-2}）		
GBW01105b	C	3.27	0.03	质量分数（10^{-2}）	生铁成分分析标准物质	本溪钢铁(集团)有限责任公司(本溪市)
	Si	3.87	0.02	质量分数（10^{-2}）		
	Mn	0.42	0.01	质量分数（10^{-2}）		
	P	0.219	0.006	质量分数（10^{-2}）		
	S	0.0046	0.0003	质量分数（10^{-2}）		
	Ti	0.107	0.004	质量分数（10^{-2}）		
	Cu	0.123	0.004	质量分数（10^{-2}）		

续表

标准物质编号	组份	标准值	标准不确定度	质量分数	标准物质名称	研制单位
GBW01106b	C	2.71	0.02	质量分数（10^{-2}）	生铁成分分析标准物质	本溪钢铁（集团）有限责任公司（本溪市）
	Si	1.14	0.02	质量分数（10^{-2}）		
	Mn	0.98	0.01	质量分数（10^{-2}）		
	P	0.077	0.003	质量分数（10^{-2}）		
	S	0.089	0.002	质量分数（10^{-2}）		
	Ti	0.007	0.002	质量分数（10^{-2}）		
	Cu	0.036	0.003	质量分数（10^{-2}）		
GBW01107b	C	3.67	0.03	质量分数（10^{-2}）	生铁成分分析标准物质	本溪钢铁（集团）有限责任公司（本溪市）
	Si	1.00	0.02	质量分数（10^{-2}）		
	Mn	1.57	0.02	质量分数（10^{-2}）		
	P	0.051	0.003	质量分数（10^{-2}）		
	S	0.056	0.003	质量分数（10^{-2}）		
	Ti	0.013	0.001	质量分数（10^{-2}）		
	Cu	0.030	0.003	质量分数（10^{-2}）		
GBW01108b	C	3.45	0.02	质量分数（10^{-2}）	生铁成分分析标准物质	本溪钢铁（集团）有限责任公司（本溪市）
	Si	1.44	0.02	质量分数（10^{-2}）		
	Mn	1.84	0.02	质量分数（10^{-2}）		
	P	0.046	0.003	质量分数（10^{-2}）		
	S	0.018	0.002	质量分数（10^{-2}）		
	Ti	0.019	0.002	质量分数（10^{-2}）		
	Cu	0.015	0.001	质量分数（10^{-2}）		
GBW01109b	C	2.31	0.02	质量分数（10^{-2}）	生铁成分分析标准物质	本溪钢铁（集团）有限责任公司（本溪市）
	Si	0.28	0.02	质量分数（10^{-2}）		
	Mn	0.509	0.005	质量分数（10^{-2}）		
	P	0.025	0.002	质量分数（10^{-2}）		
	S	0.100	0.001	质量分数（10^{-2}）		
	Ti	0.030	0.002	质量分数（10^{-2}）		
	Cu	0.038	0.002	质量分数（10^{-2}）		
GBW01110b	C	3.90	0.03	质量分数（10^{-2}）	生铁成分分析标准物质	本溪钢铁（集团）有限责任公司（本溪市）
	Si	0.93	0.02	质量分数（10^{-2}）		
	Mn	0.414	0.004	质量分数（10^{-2}）		
	P	0.044	0.002	质量分数（10^{-2}）		
	S	0.044	0.002	质量分数（10^{-2}）		
	Cu	0.010	0.001	质量分数（10^{-2}）		
	Ti	0.024	0.001	质量分数（10^{-2}）		
GBW01111c	C	3.55	0.03	质量分数（10^{-2}）	铸铁喷粉碳硫成分分析标准物质	江苏省机电研究所（徐州市）、郑州机械研究所（郑州市）
	S	0.016	0.001	质量分数（10^{-2}）		
GBW01112c	C	3.82	0.02	质量分数（10^{-2}）	铸铁喷粉碳硫成分分析标准物质	江苏省机电研究所（徐州市）、郑州机械研究所（郑州市）
	S	0.038	0.002	质量分数（10^{-2}）		

续表

标准物质编号	组份	标准值	标准不确定度	质量分数	标准物质名称	研制单位
GBW01113c	C	4.11	0.02	质量分数 (10^{-2})	铸铁喷粉碳硫成分分析标准物质	江苏省机电研究所(徐州市)、郑州机械研究所(郑州市)
	S	0.054	0.003	质量分数 (10^{-2})		
GBW01114b	C	3.16	0.01	质量分数 (10^{-2})	铸铁喷粉碳硫成分分析标准物质	江苏省机电研究所(徐州市)、郑州机械研究所(郑州市)
	S	0.123	0.002	质量分数 (10^{-2})		
GBW01115c	C	4.06	0.03	质量分数 (10^{-2})	铸铁喷粉碳硫成分分析标准物质	江苏省机电研究所(徐州市)、郑州机械研究所(郑州市)
	S	0.030	0.002	质量分数 (10^{-2})		
GBW01116b	C	3.58	0.02	质量分数 (10^{-2})	铸铁喷粉碳硫成分分析标准物质	江苏省机电研究所(徐州市)、郑州机械研究所(郑州市)
	S	0.073	0.002	质量分数 (10^{-2})		
GBW01117	C	3.08	0.02	质量分数 (10^{-2})	铸铁喷粉碳硫成分分析标准物质	江苏省机电研究所(徐州市)、郑州机械研究所(郑州市)
	S	0.098	0.002	质量分数 (10^{-2})		
GBW01118	C	2.88	0.02	质量分数 (10^{-2})	铸铁喷粉碳硫成分分析标准物质	江苏省机电研究所(徐州市)、郑州机械研究所(郑州市)
	S	0.142	0.003	质量分数 (10^{-2})		
GBW01119a	C	3.67	0.01	质量分数 (10^{-2})	稀土球墨铸铁成分分析标准物质	山东省冶金科学研究院(济南市)
	Si	2.673	0.013	质量分数 (10^{-2})		
	Mn	0.497	0.003	质量分数 (10^{-2})		
	P	0.084	0.001	质量分数 (10^{-2})		
	S	0.0053	0.0001	质量分数 (10^{-2})		
	Cu	0.033	0.001	质量分数 (10^{-2})		
	Cr	0.0115	0.0008	质量分数 (10^{-2})		
	Ni	0.011	0.001	质量分数 (10^{-2})		
	Mo	0.0013	0.0001	质量分数 (10^{-2})		
	Co	0.0065	0.0001	质量分数 (10^{-2})		
	∑RE	0.0157	0.0003	质量分数 (10^{-2})		
	Mg	0.023	0.001	质量分数 (10^{-2})		
	V	0.0205	0.0006	质量分数 (10^{-2})		
	Ti	0.068	0.001	质量分数 (10^{-2})		
GBW01120	C	1.95	0.02	质量分数 (10^{-2})	高铬铸铁成分分析标准物质	钢铁研究总院(北京市)
	Si	0.59	0.01	质量分数 (10^{-2})		
	Mn	0.926	0.006	质量分数 (10^{-2})		
	P	0.0084	0.0002	质量分数 (10^{-2})		
	S	0.0079	0.0008	质量分数 (10^{-2})		
	Cr	13.11	0.04	质量分数 (10^{-2})		
	Mo	0.52	0.01	质量分数 (10^{-2})		
	V	0.137	0.004	质量分数 (10^{-2})		
	Ti	0.064	0.002	质量分数 (10^{-2})		

续表

标准物质编号	组份	标准值	标准不确定度	质量分数	标准物质名称	研制单位
GBW01121	C	2. 35	0. 01	质量分数（10^{-2}）	高铬铸铁成分分析标准物质	钢铁研究总院（北京市）
	Si	1. 05	0. 02	质量分数（10^{-2}）		
	Mn	1. 05	0. 01	质量分数（10^{-2}）		
	P	0. 010	0. 001	质量分数（10^{-2}）		
	S	0. 0094	1. 0006	质量分数（10^{-2}）		
	Cr	15. 06	0. 04	质量分数（10^{-2}）		
	Mo	2. 84	0. 03	质量分数（10^{-2}）		
	V	0. 16	0. 01	质量分数（10^{-2}）		
	Ti	0. 062	0. 002	质量分数（10^{-2}）		
GBW01122	C	1. 89	0. 02	质量分数（10^{-2}）	高铬铸铁成分分析标准物质	钢铁研究总院（北京市）
	Si	1. 27	0. 03	质量分数（10^{-2}）		
	Mn	1. 29	0. 02	质量分数（10^{-2}）		
	P	0. 013	0. 001	质量分数（10^{-2}）		
	S	0. 010	0. 001	质量分数（10^{-2}）		
	Cr	24. 58	0. 03	质量分数（10^{-2}）		
	Ni	2. 18	0. 01	质量分数（10^{-2}）		
	Mo	0. 61	0. 01	质量分数（10^{-2}）		
	V	0. 26	0. 01	质量分数（10^{-2}）		
	Ti	0. 038	0. 001	质量分数（10^{-2}）		
GBW01123	C	2. 00	0. 02	质量分数（10^{-2}）	生铁成分分析标准物质	武汉钢铁（集团）公司（武汉市）
	Si	1. 54	0. 01	质量分数（10^{-2}）		
	Mn	1. 13	0. 01	质量分数（10^{-2}）		
	P	0. 096	0. 001	质量分数（10^{-2}）		
	S	0. 022	0. 001	质量分数（10^{-2}）		
	Cu	0. 122	0. 002	质量分数（10^{-2}）		
	Co	0. 0077	0. 0007	质量分数（10^{-2}）		
	Ni	0. 125	0. 004	质量分数（10^{-2}）		
	V	0. 018	0. 001	质量分数（10^{-2}）		
	Ti	0. 053	0. 003	质量分数（10^{-2}）		
	Cr	0. 124	0. 002	质量分数（10^{-2}）		
	Mo	0. 017	0. 001	质量分数（10^{-2}）		
	Al(s)	0. 026	0. 002	质量分数（10^{-2}）		
	Pb	0. 00019	0. 00002	质量分数（10^{-2}）		
	Sn	0. 0043	0. 0003	质量分数（10^{-2}）		
	As	0. 0067	0. 0008	质量分数（10^{-2}）		
	Sb	0. 0010	0. 0001	质量分数（10^{-2}）		
	Bi	(0. 00005)		质量分数（10^{-2}）		

续表

标准物质编号	组份	标准值	标准不确定度	质量分数	标准物质名称	研制单位
GBW01124	C	2.68	0.02	质量分数 (10^{-2})	生铁成分分析标准物质	武汉钢铁(集团)公司(武汉市)
	Si	0.627	0.005	质量分数 (10^{-2})		
	Mn	0.783	0.006	质量分数 (10^{-2})		
	P	0.174	0.002	质量分数 (10^{-2})		
	Cu	0.063	0.001	质量分数 (10^{-2})		
	Co	0.0050	0.0006	质量分数 (10^{-2})		
	Ni	0.093	0.004	质量分数 (10^{-2})		
	V	0.019	0.001	质量分数 (10^{-2})		
	Ti	0.015	0.001	质量分数 (10^{-2})		
	Cr	0.110	0.002	质量分数 (10^{-2})		
	Mo	0.021	0.001	质量分数 (10^{-2})		
	Al(s)	0.0066	0.0003	质量分数 (10^{-2})		
	Pb	0.00025	0.00001	质量分数 (10^{-2})		
	Sn	0.0021	0.0003	质量分数 (10^{-2})		
	As	0.0048	0.0005	质量分数 (10^{-2})		
	Sb	0.00084	0.00006	质量分数 (10^{-2})		
	Bi	(0.00005)		质量分数 (10^{-2})		
	S	0.067	0.002	质量分数 (10^{-2})		
GBW01125	C	2.20	0.02	质量分数 (10^{-2})	稀土镁铸铁光谱分析标准物质	钢铁研究总院(北京市)、船舶工业总公司第十二研究所(西安市)
	Si	3.80	0.02	质量分数 (10^{-2})		
	Mn	0.250	0.003	质量分数 (10^{-2})		
	P	0.432	0.010	质量分数 (10^{-2})		
	S	0.018	0.001	质量分数 (10^{-2})		
	Cu	0.358	0.003	质量分数 (10^{-2})		
	Mo	0.716	0.007	质量分数 (10^{-2})		
	V	0.017	0.001	质量分数 (10^{-2})		
	Ti	0.055	0.001	质量分数 (10^{-2})		
	Sn	0.233	0.005	质量分数 (10^{-2})		
	Sb	0.011	0.001	质量分数 (10^{-2})		
	Mg	0.071	0.003	质量分数 (10^{-2})		
	La	0.011	0.001	质量分数 (10^{-2})		
	Ce	0.033	0.001	质量分数 (10^{-2})		
GBW01127	C	3.68	0.02	质量分数 (10^{-2})	稀土镁铸铁光谱分析标准物质	钢铁研究总院(北京市)、船舶工业总公司第十二研究所(西安市)
	Si	2.60	0.02	质量分数 (10^{-2})		
	Mn	0.712	0.004	质量分数 (10^{-2})		
	P	0.035	0.001	质量分数 (10^{-2})		
	S	0.0048	0.0006	质量分数 (10^{-2})		
	Cu	0.644	0.005	质量分数 (10^{-2})		
	Mo	0.340	0.004	质量分数 (10^{-2})		
	V	0.026	0.001	质量分数 (10^{-2})		
	Ti	0.064	0.001	质量分数 (10^{-2})		

续表

标准物质编号	组份	标准值	标准不确定度	质量分数	标准物质名称	研制单位
GBW01127	Sn	0.064	0.002	质量分数 (10^{-2})	稀土镁铸铁光谱分析标准物质	钢铁研究总院(北京市)、船舶工业总公司第十二研究所(西安市)
	Sb	0.048	0.001	质量分数 (10^{-2})		
	Mg	0.065	0.002	质量分数 (10^{-2})		
	La	0.020	0.001	质量分数 (10^{-2})		
	Ce	0.092	0.002	质量分数 (10^{-2})		
GBW01128	C	3.31	0.02	质量分数 (10^{-2})	稀土镁铸铁光谱分析标准物质	钢铁研究总院(北京市)、船舶工业总公司第十二研究所(西安市)
	Si	2.92	0.02	质量分数 (10^{-2})		
	Mn	0.463	0.003	质量分数 (10^{-2})		
	P	0.051	0.001	质量分数 (10^{-2})		
	S	0.022	0.001	质量分数 (10^{-2})		
	Cu	0.221	0.003	质量分数 (10^{-2})		
	Mo	0.160	0.002	质量分数 (10^{-2})		
	V	0.087	0.002	质量分数 (10^{-2})		
	Ti	0.047	0.001	质量分数 (10^{-2})		
	Sn	0.091	0.001	质量分数 (10^{-2})		
	Sb	0.030	0.001	质量分数 (10^{-2})		
	Mg	0.025	0.002	质量分数 (10^{-2})		
	La	0.0043	0.0002	质量分数 (10^{-2})		
	Ce	0.012	0.001	质量分数 (10^{-2})		
GBW01129	C	2.80	0.01	质量分数 (10^{-2})	稀土镁铸铁光谱分析标准物质	钢铁研究总院(北京市)、船舶工业总公司第十二研究所(西安市)
	Si	1.82	0.01	质量分数 (10^{-2})		
	Mn	0.832	0.003	质量分数 (10^{-2})		
	P	0.108	0.002	质量分数 (10^{-2})		
	S	0.105	0.002	质量分数 (10^{-2})		
	Cu	1.01	0.01	质量分数 (10^{-2})		
	Mo	0.103	0.004	质量分数 (10^{-2})		
	V	0.261	0.004	质量分数 (10^{-2})		
	Ti	0.216	0.004	质量分数 (10^{-2})		
	Sn	0.028	0.001	质量分数 (10^{-2})		
	Sb	0.018	0.001	质量分数 (10^{-2})		
	Mg	0.009	0.002	质量分数 (10^{-2})		
	La	0.0010	0.0001	质量分数 (10^{-2})		
	Ce	0.0024	0.0003	质量分数 (10^{-2})		
GBW01130	C	4.14	0.04	质量分数 (10^{-2})	稀土镁铸铁光谱分析标准物质	钢铁研究总院(北京市)、船舶工业总公司第十二研究所(西安市)
	Si	0.959	0.004	质量分数 (10^{-2})		
	Mn	0.364	0.003	质量分数 (10^{-2})		
	P	0.202	0.003	质量分数 (10^{-2})		
	S	0.031	0.001	质量分数 (10^{-2})		
	Cu	0.504	0.004	质量分数 (10^{-2})		
	Mo	0.066	0.002	质量分数 (10^{-2})		
	V	0.356	0.005	质量分数 (10^{-2})		

续表

标准物质编号	组份	标准值	标准不确定度	质量分数	标准物质名称	研制单位
	Ti	0.036	0.001	质量分数（10^{-2}）		
	Sn	0.027	0.002	质量分数（10^{-2}）		
GBW01130	Sb	0.111	0.002	质量分数（10^{-2}）	稀土镁铸铁光谱分析标准物质	钢铁研究总院（北京市）、船舶工业总公司第十二研究所（西安市）
	Mg	0.008	0.001	质量分数（10^{-2}）		
	La	0.0037	0.0003	质量分数（10^{-2}）		
	Ce	0.0096	0.0006	质量分数（10^{-2}）		
	C	4.22	0.02	质量分数（10^{-2}）		
	Si	0.27	0.01	质量分数（10^{-2}）		
	Mn	0.916	0.004	质量分数（10^{-2}）		
	P	0.031	0.002	质量分数（10^{-2}）		
	S	0.018	0.001	质量分数（10^{-2}）		
	Cr	1.42	0.02	质量分数（10^{-2}）		
	Ni	0.164	0.003	质量分数（10^{-2}）		
	Cu	1.69	0.02	质量分数（10^{-2}）		
GBW01131	W	0.009	0.001	质量分数（10^{-2}）	低合金铸铁光谱分析标准物质	钢铁研究总院（北京市）、上海汇众汽车制造有限公司（上海市）
	Mo	0.010	0.001	质量分数（10^{-2}）		
	V	0.051	0.002	质量分数（10^{-2}）		
	Ti	0.008	0.001	质量分数（10^{-2}）		
	B	0.0064	0.0005	质量分数（10^{-2}）		
	Mg	0.049	0.003	质量分数（10^{-2}）		
	Sn	0.013	0.001	质量分数（10^{-2}）		
	La	0.010	0.001	质量分数（10^{-2}）		
	Ce	0.031	0.003	质量分数（10^{-2}）		
	C	3.74	0.03	质量分数（10^{-2}）		
	Si	1.21	0.01	质量分数（10^{-2}）		
	Mn	0.403	0.003	质量分数（10^{-2}）		
	P	0.139	0.004	质量分数（10^{-2}）		
	S	0.013	0.002	质量分数（10^{-2}）		
	Cr	1.88	0.02	质量分数（10^{-2}）		
	Ni	0.455	0.008	质量分数（10^{-2}）		
	Cu	1.49	0.02	质量分数（10^{-2}）		
GBW01132	W	0.008	0.001	质量分数（10^{-2}）	低合金铸铁光谱分析标准物质	钢铁研究总院（北京市）、上海汇众汽车制造有限公司（上海市）
	Mo	0.097	0.003	质量分数（10^{-2}）		
	V	0.147	0.002	质量分数（10^{-2}）		
	Ti	0.024	0.001	质量分数（10^{-2}）		
	B	0.030	0.004	质量分数（10^{-2}）		
	Mg	0.012	0.001	质量分数（10^{-2}）		
	Sn	0.0011	0.0001	质量分数（10^{-2}）		
	La	0.095	0.003	质量分数（10^{-2}）		
	Ce	0.0013	0.0005	质量分数（10^{-2}）		

续表

标准物质编号	组份	标准值	标准不确定度	质量分数	标准物质名称	研制单位
GBW01133	C	3.38	0.03	质量分数（10^{-2}）	低合金铸铁光谱分析标准物质	钢铁研究总院（北京市）、上海汇众汽车制造有限公司（上海市）
	Si	1.86	0.02	质量分数（10^{-2}）		
	Mn	0.644	0.006	质量分数（10^{-2}）		
	P	0.232	0.005	质量分数（10^{-2}）		
	S	0.015	0.002	质量分数（10^{-2}）		
	Cr	0.912	0.006	质量分数（10^{-2}）		
	Ni	0.179	0.003	质量分数（10^{-2}）		
	Cu	0.821	0.005	质量分数（10^{-2}）		
	W	0.210	0.009	质量分数（10^{-2}）		
	Mo	0.217	0.009	质量分数（10^{-2}）		
	V	0.029	0.002	质量分数（10^{-2}）		
	Ti	0.250	0.005	质量分数（10^{-2}）		
	B	0.059	0.001	质量分数（10^{-2}）		
	Mg	0.032	0.001	质量分数（10^{-2}）		
	Sn	0.0045	0.0005	质量分数（10^{-2}）		
	La	0.047	0.003	质量分数（10^{-2}）		
	Ce	0.012	0.002	质量分数（10^{-2}）		
GBW01134	C	3.24	0.01	质量分数（10^{-2}）	低合金铸铁光谱分析标准物质	钢铁研究总院（北京市）、上海汇众汽车制造有限公司（上海市）
	Si	2.02	0.03	质量分数（10^{-2}）		
	Mn	0.867	0.005	质量分数（10^{-2}）		
	P	0.316	0.005	质量分数（10^{-2}）		
	S	0.038	0.002	质量分数（10^{-2}）		
	Cr	1.60	0.01	质量分数（10^{-2}）		
	Ni	0.542	0.006	质量分数（10^{-2}）		
	Cu	1.15	0.01	质量分数（10^{-2}）		
	W	0.633	0.007	质量分数（10^{-2}）		
	Mo	0.281	0.006	质量分数（10^{-2}）		
	V	0.050	0.002	质量分数（10^{-2}）		
	Ti	0.182	0.004	质量分数（10^{-2}）		
	B	0.112	0.003	质量分数（10^{-2}）		
	Mg	0.008	0.001	质量分数（10^{-2}）		
	Sn	0.0022	0.0003	质量分数（10^{-2}）		
	La	0.0064	0.0005	质量分数（10^{-2}）		
	Ce			质量分数（10^{-2}）		
GBW01135	C	2.90	0.03	质量分数（10^{-2}）	低合金铸铁光谱分析标准物质	钢铁研究总院（北京市）、上海汇众汽车制造有限公司（上海市）
	Si	2.31	0.02	质量分数（10^{-2}）		
	Mn	0.867	0.005	质量分数（10^{-2}）		
	P	0.316	0.005	质量分数（10^{-2}）		
	S	0.038	0.002	质量分数（10^{-2}）		
	Cr	1.60	0.01	质量分数（10^{-2}）		

续表

标准物质编号	组份	标准值	标准不确定度	质量分数	标准物质名称	研制单位
GBW01135	Ni	0.542	0.006	质量分数 (10^{-2})	低合金铸铁光谱分析标准物质	钢铁研究总院(北京市)、上海汇众汽车制造有限公司(上海市)
	Cu	1.15	0.01	质量分数 (10^{-2})		
	W	0.633	0.007	质量分数 (10^{-2})		
	Mo	0.416	0.006	质量分数 (10^{-2})		
	V	0.103	0.003	质量分数 (10^{-2})		
	Ti	0.142	0.005	质量分数 (10^{-2})		
	B	0.197	0.006	质量分数 (10^{-2})		
	Sn	0.0036	0.0004	质量分数 (10^{-2})		
GBW01136	C	2.69	0.03	质量分数 (10^{-2})	低合金铸铁光谱分析标准物质	钢铁研究总院(北京市)、上海汇众汽车制造有限公司(上海市)
	Si	3.03	0.03	质量分数 (10^{-2})		
	Mn	1.37	0.01	质量分数 (10^{-2})		
	P	0.613	0.006	质量分数 (10^{-2})		
	S	0.082	0.004	质量分数 (10^{-2})		
	Cr	0.302	0.006	质量分数 (10^{-2})		
	Cu	0.349	0.005	质量分数 (10^{-2})		
	W	0.524	0.007	质量分数 (10^{-2})		
	Mo	0.524	0.008	质量分数 (10^{-2})		
	V	0.239	0.004	质量分数 (10^{-2})		
	Ti	0.052	0.001	质量分数 (10^{-2})		
	B	0.0012	0.0002	质量分数 (10^{-2})		
	Sn	0.0049	0.0006	质量分数 (10^{-2})		
	Ni	0.143	0.005	质量分数 (10^{-2})		
GBW01137	C	1.90	0.02	质量分数 (10^{-2})	低合金铸铁光谱分析标准物质	钢铁研究总院(北京市)、上海汇众汽车制造有限公司(上海市)
	Si	3.66	0.02	质量分数 (10^{-2})		
	Mn	1.67	0.02	质量分数 (10^{-2})		
	P	0.78	0.01	质量分数 (10^{-2})		
	S	0.114	0.005	质量分数 (10^{-2})		
	Cr	0.037	0.004	质量分数 (10^{-2})		
	Ni	0.106	0.004	质量分数 (10^{-2})		
	Cu	0.126	0.004	质量分数 (10^{-2})		
	W	0.696	0.010	质量分数 (10^{-2})		
	Mo	0.626	0.006	质量分数 (10^{-2})		
	V	0.304	0.005	质量分数 (10^{-2})		
	Ti	0.153	0.004	质量分数 (10^{-2})		
	B	0.0041	0.0005	质量分数 (10^{-2})		
	Sn	0.011	0.001	质量分数 (10^{-2})		
GBW01138	C	1.85	0.01	质量分数 (10^{-2})	含氮铸铁光谱分析标准物质	钢铁研究总院(北京市)、中国船舶重工集团公司第十二研究所(西安市)
	Si	3.15	0.02	质量分数 (10^{-2})		
	Mn	0.387	0.003	质量分数 (10^{-2})		
	P	0.544	0.012	质量分数 (10^{-2})		

续表

标准物质编号	组份	标准值	标准不确定度	质量分数	标准物质名称	研制单位
GBW01138	S	0.032	0.001	质量分数（10^{-2}）	含氮铸铁光谱分析标准物质	钢铁研究总院（北京市）、中国船舶重工集团公司第十二研究所（西安市）
	Cr	0.156	0.003	质量分数（10^{-2}）		
	Ni	0.294	0.003	质量分数（10^{-2}）		
	Cu	1.83	0.01	质量分数（10^{-2}）		
	V	0.0040	0.0004	质量分数（10^{-2}）		
	Ti	0.041	0.001	质量分数（10^{-2}）		
	Mo	0.057	0.003	质量分数（10^{-2}）		
	Mg	0.016	0.002	质量分数（10^{-2}）		
	Al(t)	0.012	0.001	质量分数（10^{-2}）		
	La	0.010	0.001	质量分数（10^{-2}）		
	Sn	0.007	0.001	质量分数（10^{-2}）		
	Ce	0.021	0.002	质量分数（10^{-2}）		
	N	0.006	0.001	质量分数（10^{-2}）		
GBW01139	C	2.25	0.02	质量分数（10^{-2}）	含氮铸铁光谱分析标准物质	钢铁研究总院（北京市）、中国船舶重工集团公司第十二研究所（西安市）
	Si	2.72	0.02	质量分数（10^{-2}）		
	Mn	1.27	0.01	质量分数（10^{-2}）		
	P	0.035	0.001	质量分数（10^{-2}）		
	S	0.148	0.003	质量分数（10^{-2}）		
	Cr	1.02	0.02	质量分数（10^{-2}）		
	Cu	1.21	0.02	质量分数（10^{-2}）		
	V	0.026	0.001	质量分数（10^{-2}）		
	Ti	0.032	0.002	质量分数（10^{-2}）		
	Mo	0.111	0.004	质量分数（10^{-2}）		
	Mg	0.005	0.001	质量分数（10^{-2}）		
	Al(t)	0.081	0.002	质量分数（10^{-2}）		
	La	0.003	0.001	质量分数（10^{-2}）		
	Sn	0.069	0.002	质量分数（10^{-2}）		
	Ce	0.006	0.001	质量分数（10^{-2}）		
	N	0.017	0.001	质量分数（10^{-2}）		
	Ni	0.194	0.003	质量分数（10^{-2}）		
GBW01140	C	2.51	0.02	质量分数（10^{-2}）	含氮铸铁光谱分析标准物质	钢铁研究总院（北京市）、中国船舶重工集团公司第十二研究所（西安市）
	Si	1.43	0.02	质量分数（10^{-2}）		
	Mn	0.758	0.005	质量分数（10^{-2}）		
	P	0.038	0.002	质量分数（10^{-2}）		
	S	0.089	0.002	质量分数（10^{-2}）		
	Cr	0.561	0.005	质量分数（10^{-2}）		
	Ni	1.69	0.02	质量分数（10^{-2}）		
	Cu	0.221	0.002	质量分数（10^{-2}）		
	V	0.056	0.002	质量分数（10^{-2}）		
	Ti	0.042	0.002	质量分数（10^{-2}）		
	Mo	0.167	0.003	质量分数（10^{-2}）		

续表

标准物质编号	组份	标准值	标准不确定度	质量分数	标准物质名称	研制单位
GBW01140	Mg	0.008	0.001	质量分数 (10^{-2})	含氮铸铁光谱分析标准物质	钢铁研究总院(北京市)、中国船舶重工集团公司第十二研究所(西安市)
	Al(t)	0.021	0.001	质量分数 (10^{-2})		
	La	0.007	0.001	质量分数 (10^{-2})		
	Sn	0.365	0.006	质量分数 (10^{-2})		
	Ce	0.012	0.001	质量分数 (10^{-2})		
	N	0.010	0.001	质量分数 (10^{-2})		
GBW01141	C	3.12	0.02	质量分数 (10^{-2})	含氮铸铁光谱分析标准物质	钢铁研究总院(北京市)、中国船舶重工集团公司第十二研究所(西安市)
	Si	2.06	0.01	质量分数 (10^{-2})		
	Mn	0.526	0.004	质量分数 (10^{-2})		
	P	0.154	0.003	质量分数 (10^{-2})		
	S	0.033	0.002	质量分数 (10^{-2})		
	Cr	0.223	0.005	质量分数 (10^{-2})		
	Ni	0.405	0.004	质量分数 (10^{-2})		
	Cu	0.858	0.010	质量分数 (10^{-2})		
	V	0.105	0.002	质量分数 (10^{-2})		
	Ti	0.040	0.001	质量分数 (10^{-2})		
	Mo	0.308	0.004	质量分数 (10^{-2})		
	Mg	0.018	0.002	质量分数 (10^{-2})		
	Al(t)	0.082	0.002	质量分数 (10^{-2})		
	La	0.012	0.003	质量分数 (10^{-2})		
	Sn	0.138	0.005	质量分数 (10^{-2})		
	Ce	0.019	0.002	质量分数 (10^{-2})		
	N	0.007	0.001	质量分数 (10^{-2})		
GBW01142	C	3.82	0.02	质量分数 (10^{-2})	含氮铸铁光谱分析标准物质	钢铁研究总院(北京市)、中国船舶重工集团公司第十二研究所(西安市)
	Si	1.51	0.01	质量分数 (10^{-2})		
	Mn	0.118	0.002	质量分数 (10^{-2})		
	P	0.349	0.006	质量分数 (10^{-2})		
	S	0.040	0.001	质量分数 (10^{-2})		
	Cr	1.50	0.02	质量分数 (10^{-2})		
	Ni	1.01	0.01	质量分数 (10^{-2})		
	Cu	0.642	0.010	质量分数 (10^{-2})		
	V	0.248	0.003	质量分数 (10^{-2})		
	Ti	0.113	0.003	质量分数 (10^{-2})		
	Mo	0.537	0.008	质量分数 (10^{-2})		
	Mg	0.034	0.002	质量分数 (10^{-2})		
	Al(t)	0.057	0.002	质量分数 (10^{-2})		
	La	0.008	0.001	质量分数 (10^{-2})		
	Sn	0.104	0.003	质量分数 (10^{-2})		
	Ce	0.030	0.002	质量分数 (10^{-2})		
	N	0.005	0.001	质量分数 (10^{-2})		

续表

标准物质编号	组份	标准值	标准不确定度	质量分数	标准物质名称	研制单位
GBW01143	C	4.26	0.03	质量分数（10^{-2}）	含氮铸铁光谱分析标准物质	钢铁研究总院（北京市）、中国船舶重工集团公司第十二研究所（西安市）
	Si	1.00	0.01	质量分数（10^{-2}）		
	Mn	0.293	0.003	质量分数（10^{-2}）		
	P	0.086	0.004	质量分数（10^{-2}）		
	S	0.165	0.004	质量分数（10^{-2}）		
	Cr	0.246	0.004	质量分数（10^{-2}）		
	Ni	0.608	0.006	质量分数（10^{-2}）		
	Cu	0.403	0.006	质量分数（10^{-2}）		
	V	0.500	0.004	质量分数（10^{-2}）		
	Ti	0.325	0.003	质量分数（10^{-2}）		
	Mo	0.857	0.005	质量分数（10^{-2}）		
	Mg	0.006	0.001	质量分数（10^{-2}）		
	La	0.003	0.001	质量分数（10^{-2}）		
	Sn	0.030	0.001	质量分数（10^{-2}）		
	Ce	0.008	0.002	质量分数（10^{-2}）		
	N	0.005	0.001	质量分数（10^{-2}）		
	Al(t)	0.385	0.004	质量分数（10^{-2}）		
GBW01144	C	3.73	0.03	质量分数（10^{-2}）	含氮铸铁光谱分析标准物质	钢铁研究总院（北京市）、中国船舶重工集团公司第十二研究所（西安市）
	Si	2.01	0.02	质量分数（10^{-2}）		
	Mn	0.449	0.004	质量分数（10^{-2}）		
	P	0.228	0.003	质量分数（10^{-2}）		
	S	0.018	0.001	质量分数（10^{-2}）		
	Cr	0.401	0.010	质量分数（10^{-2}）		
	Ni	0.638	0.004	质量分数（10^{-2}）		
	Cu	0.548	0.004	质量分数（10^{-2}）		
	V	0.161	0.003	质量分数（10^{-2}）		
	Ti	0.220	0.003	质量分数（10^{-2}）		
	Mo	0.220	0.003	质量分数（10^{-2}）		
	Mg	0.059	0.003	质量分数（10^{-2}）		
	Al(t)	0.023	0.001	质量分数（10^{-2}）		
	La	0.013	0.001	质量分数（10^{-2}）		
	Sn	0.128	0.004	质量分数（10^{-2}）		
	Ce	0.046	0.003	质量分数（10^{-2}）		
	N	0.004	0.001	质量分数（10^{-2}）		
GBW01201	C	0.091	0.002	质量分数（10^{-2}）	碳素比色钢成分分析标准物质	上海第一钢铁（集团）有限公司（上海市）
	S	0.031	0.001	质量分数（10^{-2}）		
	P	0.0123	0.0004	质量分数（10^{-2}）		
	Si	0.266	0.003	质量分数（10^{-2}）		
	Mn	0.569	0.005	质量分数（10^{-2}）		
	Cr	0.093	0.002	质量分数（10^{-2}）		
	Ni	0.241	0.005	质量分数（10^{-2}）		

续表

标准物质编号	组份	标准值	标准不确定度	质量分数	标准物质名称	研制单位
GBW01201	Cu	0.196	0.002	质量分数 (10^{-2})	碳素比色钢成分分析标准物质	上海第一钢铁(集团)有限公司(上海市)
	Al	0.095	0.001	质量分数 (10^{-2})		
	V	0.011	0.001	质量分数 (10^{-2})		
	Ti	0.0098	0.0002	质量分数 (10^{-2})		
GBW01202	C	0.188	0.004	质量分数 (10^{-2})	碳素比色钢成分分析标准物质	上海第一钢铁(集团)有限公司(上海市)
	S	0.052	0.001	质量分数 (10^{-2})		
	P	0.0269	0.0006	质量分数 (10^{-2})		
	Si	0.150	0.002	质量分数 (10^{-2})		
	Mn	0.461	0.008	质量分数 (10^{-2})		
	Cr	0.128	0.002	质量分数 (10^{-2})		
	Ni	0.175	0.003	质量分数 (10^{-2})		
	Cu	0.268	0.005	质量分数 (10^{-2})		
	Al	0.048	0.001	质量分数 (10^{-2})		
	V	0.0048	0.0002	质量分数 (10^{-2})		
	Ti	0.0028	0.0001	质量分数 (10^{-2})		
GBW01203	C	0.338	0.004	质量分数 (10^{-2})	碳素比色钢成分分析标准物质	上海第一钢铁(集团)有限公司(上海市)
	S	0.012	0.001	质量分数 (10^{-2})		
	P	0.038	0.001	质量分数 (10^{-2})		
	Si	0.475	0.006	质量分数 (10^{-2})		
	Mn	0.856	0.008	质量分数 (10^{-2})		
	Cr	0.270	0.003	质量分数 (10^{-2})		
	Ni	0.042	0.001	质量分数 (10^{-2})		
	Cu	0.053	0.002	质量分数 (10^{-2})		
	Al	0.0079	0.0006	质量分数 (10^{-2})		
	V	0.0026	0.0002	质量分数 (10^{-2})		
	Ti	0.0030	0.0002	质量分数 (10^{-2})		
GBW01204	C	0.494	0.005	质量分数 (10^{-2})	碳素比色钢成分分析标准物质	上海第一钢铁(集团)有限公司(上海市)
	S	0.052	0.001	质量分数 (10^{-2})		
	P	0.052	0.001	质量分数 (10^{-2})		
	Si	0.078	0.002	质量分数 (10^{-2})		
	Mn	0.266	0.006	质量分数 (10^{-2})		
	Cr	0.300	0.005	质量分数 (10^{-2})		
	Ni	0.130	0.002	质量分数 (10^{-2})		
	Cu	0.117	0.004	质量分数 (10^{-2})		
	Al	0.026	0.001	质量分数 (10^{-2})		
	V	0.0066	0.0003	质量分数 (10^{-2})		
	Ti	0.0021	0.0001	质量分数 (10^{-2})		
GBW01205b	C	0.455	0.004	质量分数 (10^{-2})	普碳钢成分分析标准物质	钢铁研究总院(北京市)
	Si	0.270	0.004	质量分数 (10^{-2})		
	Mn	0.734	0.006	质量分数 (10^{-2})		
	P	0.024	0.001	质量分数 (10^{-2})		

续表

标准物质编号	组份	标准值	标准不确定度	质量分数	标准物质名称	研制单位
GBW01205b	S	0.023	0.001	质量分数（10^{-2}）	普碳钢成分分析标准物质	钢铁研究总院（北京市）
	Cr	0.113	0.004	质量分数（10^{-2}）		
	Ni	0.050	0.002	质量分数（10^{-2}）		
	Cu	0.043	0.001	质量分数（10^{-2}）		
GBW01206	C	0.725	0.004	质量分数（10^{-2}）	碳素钢成分分析标准物质	鞍山钢铁集团公司（鞍山市）
	Si	0.24	0.01	质量分数（10^{-2}）		
	Mn	1.28	0.01	质量分数（10^{-2}）		
	P	0.016	0.001	质量分数（10^{-2}）		
	S	0.030	0.001	质量分数（10^{-2}）		
GBW01207	C	0.81	0.01	质量分数（10^{-2}）	碳素钢成分分析标准物质	鞍山钢铁集团公司（鞍山市）
	Si	0.18	0.01	质量分数（10^{-2}）		
	Mn	0.23	0.01	质量分数（10^{-2}）		
	P	0.013	0.001	质量分数（10^{-2}）		
	S	0.0065	0.0004	质量分数（10^{-2}）		
GBW01208	C	1.26	0.01	质量分数（10^{-2}）	碳素钢成分分析标准物质	鞍山钢铁集团公司（鞍山市）
	Si	0.25	0.01	质量分数（10^{-2}）		
	Mn	0.28	0.01	质量分数（10^{-2}）		
	P	0.018	0.001	质量分数（10^{-2}）		
	S	0.0105	0.0005	质量分数（10^{-2}）		
GBW01209a	C	0.156	0.004	质量分数（10^{-2}）	碳素结构钢成分分析标准物质	钢铁研究总院（北京市）
	Si	0.277	0.006	质量分数（10^{-2}）		
	Mn	0.879	0.007	质量分数（10^{-2}）		
	P	0.015	0.001	质量分数（10^{-2}）		
	S	0.0105	0.0006	质量分数（10^{-2}）		
	Cr	0.058	0.001	质量分数（10^{-2}）		
	Ni	0.054	0.002	质量分数（10^{-2}）		
	Cu	0.124	0.003	质量分数（10^{-2}）		
GBW01210a	C	0.613	0.003	质量分数（10^{-2}）	碳素结构钢成分分析标准物质	钢铁研究总院（北京市）
	Mn	0.818	0.006	质量分数（10^{-2}）		
	P	0.023	0.001	质量分数（10^{-2}）		
	S	0.014	0.001	质量分数（10^{-2}）		
	Cr	0.015	0.002	质量分数（10^{-2}）		
	Ni	0.027	0.001	质量分数（10^{-2}）		
	Cu	0.016	0.001	质量分数（10^{-2}）		
	Si	0.234	0.004	质量分数（10^{-2}）		
GBW01211	C	0.692	0.009	质量分数（10^{-2}）	碳钢、碳素工具钢光谱分析标准物质	抚顺钢厂（抚顺市）
	Mn	0.712	0.012	质量分数（10^{-2}）		
	Si	0.282	0.006	质量分数（10^{-2}）		
	S	0.013	0.001	质量分数（10^{-2}）		
	P	0.028	0.001	质量分数（10^{-2}）		

续表

标准物质编号	组份	标准值	标准不确定度	质量分数	标准物质名称	研制单位
GBW01211	Ni	0.507	0.006	质量分数（10^{-2}）	碳钢、碳素工具钢光谱分析标准物质	抚顺钢厂（抚顺市）
	Cr	0.280	0.008	质量分数（10^{-2}）		
	W	0.155	0.009	质量分数（10^{-2}）		
	V	0.108	0.008	质量分数（10^{-2}）		
	Mo	0.160	0.005	质量分数（10^{-2}）		
	Al	0.019	0.002	质量分数（10^{-2}）		
	Ti	0.132	0.001	质量分数（10^{-2}）		
	Cu	0.161	0.007	质量分数（10^{-2}）		
GBW01212	C	0.982	0.008	质量分数（10^{-2}）	碳钢、碳素工具钢光谱分析标准物质	抚顺钢厂（抚顺市）
	Mn	0.342	0.004	质量分数（10^{-2}）		
	Si	0.368	0.009	质量分数（10^{-2}）		
	S	0.031	0.002	质量分数（10^{-2}）		
	P	0.013	0.001	质量分数（10^{-2}）		
	Ni	0.394	0.005	质量分数（10^{-2}）		
	Cr	0.162	0.005	质量分数（10^{-2}）		
	W	0.248	0.009	质量分数（10^{-2}）		
	V	0.063	0.002	质量分数（10^{-2}）		
	Mo	0.083	0.004	质量分数（10^{-2}）		
	Al	0.023	0.002	质量分数（10^{-2}）		
	Ti	0.145	0.004	质量分数（10^{-2}）		
	Cu	0.091	0.002	质量分数（10^{-2}）		
GBW01213	C	0.369	0.004	质量分数（10^{-2}）	碳钢、碳素工具钢光谱分析标准物质	抚顺钢厂（抚顺市）
	Mn	1.02	0.01	质量分数（10^{-2}）		
	Si	0.189	0.001	质量分数（10^{-2}）		
	S	0.0026	0.0003	质量分数（10^{-2}）		
	P	0.017	0.001	质量分数（10^{-2}）		
	Ni	0.084	0.003	质量分数（10^{-2}）		
	Cr	0.223	0.009	质量分数（10^{-2}）		
	W	0.0091	0.009	质量分数（10^{-2}）		
	V	0.172	0.005	质量分数（10^{-2}）		
	Mo	0.229	0.005	质量分数（10^{-2}）		
	Al	0.176	0.004	质量分数（10^{-2}）		
	Ti	0.051	0.002	质量分数（10^{-2}）		
	Cu	0.226	0.008	质量分数（10^{-2}）		
GBW01214	C	0.056	0.002	质量分数（10^{-2}）	碳钢、碳素工具钢光谱分析标准物质	抚顺钢厂（抚顺市）
	Mn	0.058	0.002	质量分数（10^{-2}）		
	Si	0.031	0.002	质量分数（10^{-2}）		
	S	0.026	0.002	质量分数（10^{-2}）		
	P	0.003	0.001	质量分数（10^{-2}）		
	Ni	0.025	0.002	质量分数（10^{-2}）		
	Cr	0.493	0.006	质量分数（10^{-2}）		

续表

标准物质编号	组份	标准值	标准不确定度	质量分数	标准物质名称	研制单位
GBW01214	W	0.38	0.01	质量分数（10^{-2}）	碳钢、碳素工具钢光谱分析标准物质	抚顺钢厂（抚顺市）
	V	0.242	0.007	质量分数（10^{-2}）		
	Mo	0.303	0.005	质量分数（10^{-2}）		
	Al	0.072	0.004	质量分数（10^{-2}）		
	Ti	0.012	0.001	质量分数（10^{-2}）		
	Cu	0.28	0.01	质量分数（10^{-2}）		
GBW01215	C	1.27	0.01	质量分数（10^{-2}）	碳钢、碳素工具钢光谱分析标准物质	抚顺钢厂（抚顺市）
	Mn	1.27	0.02	质量分数（10^{-2}）		
	Si	0.517	0.008	质量分数（10^{-2}）		
	S	0.025	0.001	质量分数（10^{-2}）		
	P	0.040	0.001	质量分数（10^{-2}）		
	Ni	0.215	0.003	质量分数（10^{-2}）		
	Cr	0.094	0.002	质量分数（10^{-2}）		
	W	0.033	0.003	质量分数（10^{-2}）		
	V	0.049	0.002	质量分数（10^{-2}）		
	Mo	0.014	0.001	质量分数（10^{-2}）		
	Al	0.130	0.005	质量分数（10^{-2}）		
	Ti	0.168	0.002	质量分数（10^{-2}）		
	Cu	0.063	0.003	质量分数（10^{-2}）		
GBW01216	C	0.189	0.005	质量分数（10^{-2}）	碳钢、碳素工具钢光谱分析标准物质	抚顺钢厂（抚顺市）
	Mn	0.226	0.002	质量分数（10^{-2}）		
	Si	0.133	0.003	质量分数（10^{-2}）		
	S	0.037	0.002	质量分数（10^{-2}）		
	P	0.045	0.001	质量分数（10^{-2}）		
	Ni	0.286	0.005	质量分数（10^{-2}）		
	Cr	0.377	0.009	质量分数（10^{-2}）		
	W	0.46	0.03	质量分数（10^{-2}）		
	V	0.286	0.006	质量分数（10^{-2}）		
	Mo	0.399	0.006	质量分数（10^{-2}）		
	Al	0.108	0.009	质量分数（10^{-2}）		
	Ti	0.190	0.005	质量分数（10^{-2}）		
	Cu	0.330	0.008	质量分数（10^{-2}）		
GBW01217	C	0.095	0.001	质量分数（10^{-2}）	碳素钢成分分析标准物质	兵器工业西南地区理化检测中心（重庆市）
	S	0.010	0.001	质量分数（10^{-2}）		
	P	0.052	0.002	质量分数（10^{-2}）		
	Si	0.053	0.003	质量分数（10^{-2}）		
	Mn	0.238	0.006	质量分数（10^{-2}）		
	Ni	0.142	0.002	质量分数（10^{-2}）		
	Cr	0.316	0.004	质量分数（10^{-2}）		
	Sn	0.050	0.003	质量分数（10^{-2}）		
	As	0.040	0.002	质量分数（10^{-2}）		

续表

标准物质编号	组份	标准值	标准不确定度	质量分数	标准物质名称	研制单位
GBW01217	B	(0.00042)		质量分数 (10^{-2})	碳素钢成分分析标准物质	兵器工业西南地区理化检测中心(重庆市)
	Al	0.0089	0.0004	质量分数 (10^{-2})		
	Cu	0.071	0.003	质量分数 (10^{-2})		
GBW01218	C	0.167	0.004	质量分数 (10^{-2})	碳素钢成分分析标准物质	兵器工业西南地区理化检测中心(重庆市)
	S	0.010	0.001	质量分数 (10^{-2})		
	P	0.038	0.001	质量分数 (10^{-2})		
	Si	0.293	0.005	质量分数 (10^{-2})		
	Mn	0.362	0.005	质量分数 (10^{-2})		
	Ni	0.172	0.005	质量分数 (10^{-2})		
	Cr	0.299	0.004	质量分数 (10^{-2})		
	Sn	0.097	0.005	质量分数 (10^{-2})		
	As	0.076	0.002	质量分数 (10^{-2})		
	B	0.0031	0.0003	质量分数 (10^{-2})		
	Al	0.156	0.006	质量分数 (10^{-2})		
	Cu	0.071	0.003	质量分数 (10^{-2})		
GBW01219	C	0.292	0.005	质量分数 (10^{-2})	碳素钢成分分析标准物质	兵器工业西南地区理化检测中心(重庆市)
	S	0.030	0.002	质量分数 (10^{-2})		
	P	0.028	0.001	质量分数 (10^{-2})		
	Si	0.469	0.004	质量分数 (10^{-2})		
	Mn	0.460	0.008	质量分数 (10^{-2})		
	Ni	0.211	0.005	质量分数 (10^{-2})		
	Cr	0.250	0.006	质量分数 (10^{-2})		
	Sn	0.147	0.007	质量分数 (10^{-2})		
	As	0.016	0.001	质量分数 (10^{-2})		
	B	0.0018	0.0001	质量分数 (10^{-2})		
	Al	0.510	0.005	质量分数 (10^{-2})		
	Cu	0.104	0.003	质量分数 (10^{-2})		
GBW01220	C	0.423	0.003	质量分数 (10^{-2})	碳素钢成分分析标准物质	兵器工业西南地区理化检测中心(重庆市)
	S	0.032	0.002	质量分数 (10^{-2})		
	P	0.018	0.001	质量分数 (10^{-2})		
	Si	0.272	0.004	质量分数 (10^{-2})		
	Ni	0.266	0.005	质量分数 (10^{-2})		
	Cr	0.196	0.006	质量分数 (10^{-2})		
	Sn	0.084	0.005	质量分数 (10^{-2})		
	As	0.017	0.002	质量分数 (10^{-2})		
	B	0.0031	0.0002	质量分数 (10^{-2})		
	Al	0.602	0.004	质量分数 (10^{-2})		
	Cu	0.154	0.002	质量分数 (10^{-2})		
	Mn	0.562	0.008	质量分数 (10^{-2})		

续表

标准物质编号	组份	标准值	标准不确定度	质量分数	标准物质名称	研制单位
GBW01221	C	0.493	0.006	质量分数（10^{-2}）	碳素钢成分分析标准物质	兵器工业西南地区理化检测中心（重庆市）
	S	0.062	0.002	质量分数（10^{-2}）		
	P	0.063	0.003	质量分数（10^{-2}）		
	Si	0.573	0.005	质量分数（10^{-2}）		
	Mn	0.663	0.008	质量分数（10^{-2}）		
	Ni	0.370	0.003	质量分数（10^{-2}）		
	Cr	0.112	0.002	质量分数（10^{-2}）		
	Sn	0.123	0.004	质量分数（10^{-2}）		
	As	0.010	0.001	质量分数（10^{-2}）		
	B	0.0014	0.0001	质量分数（10^{-2}）		
	Al	0.504	0.006	质量分数（10^{-2}）		
	Cu	0.204	0.003	质量分数（10^{-2}）		
GBW01222	C	0.048	0.002	质量分数（10^{-2}）	碳素钢成分分析标准物质	兵器工业西南地区理化检测中心（重庆市）
	S	0.029	0.001	质量分数（10^{-2}）		
	P	0.0097	0.0008	质量分数（10^{-2}）		
	Si	0.098	0.006	质量分数（10^{-2}）		
	Mn	0.179	0.006	质量分数（10^{-2}）		
	Ni	0.392	0.005	质量分数（10^{-2}）		
	Cr	0.443	0.007	质量分数（10^{-2}）		
	Sn	0.026	0.002	质量分数（10^{-2}）		
	As	0.086	0.003	质量分数（10^{-2}）		
	B	0.0069	0.0005	质量分数（10^{-2}）		
	Al	0.492	0.009	质量分数（10^{-2}）		
	Cu	0.069	0.002	质量分数（10^{-2}）		
GBW01223	C	0.095	0.001	质量分数（10^{-2}）	碳素钢光谱分析标准物质	兵器工业西南地区理化检测中心（重庆市）
	S	0.010	0.001	质量分数（10^{-2}）		
	P	0.052	0.002	质量分数（10^{-2}）		
	Si	0.053	0.003	质量分数（10^{-2}）		
	Mn	0.238	0.006	质量分数（10^{-2}）		
	Ni	0.142	0.002	质量分数（10^{-2}）		
	Cr	0.316	0.004	质量分数（10^{-2}）		
	Sn	0.050	0.003	质量分数（10^{-2}）		
	As	0.040	0.002	质量分数（10^{-2}）		
	B	(0.00042)		质量分数（10^{-2}）		
	Al	0.0089	0.0004	质量分数（10^{-2}）		
	Cu	0.071	0.002	质量分数（10^{-2}）		
GBW01224	C	0.167	0.004	质量分数（10^{-2}）	碳素钢光谱分析标准物质	兵器工业西南地区理化检测中心（重庆市）
	S	0.010	0.001	质量分数（10^{-2}）		
	P	0.038	0.001	质量分数（10^{-2}）		
	Si	0.293	0.005	质量分数（10^{-2}）		
	Mn	0.362	0.005	质量分数（10^{-2}）		

续表

标准物质编号	组份	标准值	标准不确定度	质量分数	标准物质名称	研制单位
GBW01224	Ni	0.172	0.005	质量分数 (10^{-2})	碳素钢光谱分析标准物质	兵器工业西南地区理化检测中心(重庆市)
	Cr	0.299	0.004	质量分数 (10^{-2})		
	Sn	0.097	0.005	质量分数 (10^{-2})		
	As	0.076	0.002	质量分数 (10^{-2})		
	B	0.0031	0.0003	质量分数 (10^{-2})		
	Al	0.156	0.006	质量分数 (10^{-2})		
	Cu	0.071	0.003	质量分数 (10^{-2})		
GBW01225	C	0.292	0.005	质量分数 (10^{-2})	碳素钢光谱分析标准物质	兵器工业西南地区理化检测中心(重庆市)
	S	0.030	0.002	质量分数 (10^{-2})		
	P	0.028	0.001	质量分数 (10^{-2})		
	Si	0.469	0.004	质量分数 (10^{-2})		
	Mn	0.460	0.008	质量分数 (10^{-2})		
	Ni	0.211	0.005	质量分数 (10^{-2})		
	Cr	0.250	0.006	质量分数 (10^{-2})		
	Sn	0.147	0.007	质量分数 (10^{-2})		
	As	0.016	0.001	质量分数 (10^{-2})		
	B	0.0018	0.0001	质量分数 (10^{-2})		
	Al	0.510	0.005	质量分数 (10^{-2})		
	Cu	0.104	0.003	质量分数 (10^{-2})		
GBW01226	C	0.423	0.003	质量分数 (10^{-2})	碳素钢光谱分析标准物质	兵器工业西南地区理化检测中心(重庆市)
	S	0.032	0.002	质量分数 (10^{-2})		
	P	0.018	0.001	质量分数 (10^{-2})		
	Si	0.272	0.004	质量分数 (10^{-2})		
	Mn	0.562	0.008	质量分数 (10^{-2})		
	Ni	0.266	0.005	质量分数 (10^{-2})		
	Cr	0.196	0.006	质量分数 (10^{-2})		
	Sn	0.084	0.005	质量分数 (10^{-2})		
	As	0.017	0.002	质量分数 (10^{-2})		
	B	0.0031	0.0002	质量分数 (10^{-2})		
	Al	0.602	0.004	质量分数 (10^{-2})		
	Cu	0.154	0.002	质量分数 (10^{-2})		
GBW01227	C	0.493	0.006	质量分数 (10^{-2})	碳素钢光谱分析标准物质	兵器工业西南地区理化检测中心(重庆市)
	S	0.062	0.002	质量分数 (10^{-2})		
	P	0.063	0.003	质量分数 (10^{-2})		
	Si	0.573	0.005	质量分数 (10^{-2})		
	Mn	0.663	0.008	质量分数 (10^{-2})		
	Ni	0.370	0.003	质量分数 (10^{-2})		
	Cr	0.112	0.002	质量分数 (10^{-2})		
	Sn	0.123	0.004	质量分数 (10^{-2})		
	As	0.010	0.001	质量分数 (10^{-2})		
	B	0.0014	0.0001	质量分数 (10^{-2})		
	Al	0.504	0.006	质量分数 (10^{-2})		
	Cu	0.204	0.003	质量分数 (10^{-2})		

续表

标准物质编号	组份	标准值	标准不确定度	质量分数	标准物质名称	研制单位
GBW01228	C	0.048	0.002	质量分数（10^{-2}）	碳素钢光谱分析标准物质	兵器工业西南地区理化检测中心（重庆市）
	S	0.029	0.001	质量分数（10^{-2}）		
	P	0.0097	0.0008	质量分数（10^{-2}）		
	Si	0.098	0.006	质量分数（10^{-2}）		
	Mn	0.179	0.006	质量分数（10^{-2}）		
	Cr	0.443	0.007	质量分数（10^{-2}）		
	Sn	0.026	0.002	质量分数（10^{-2}）		
	As	0.086	0.003	质量分数（10^{-2}）		
	B	0.0069	0.0005	质量分数（10^{-2}）		
	Al	0.492	0.009	质量分数（10^{-2}）		
	Cu	0.069	0.002	质量分数（10^{-2}）		
	Ni	0.392	0.005	质量分数（10^{-2}）		
GBW01301	C	0.91	0.01	质量分数（10^{-2}）	低合金钢成分分析标准物质	鞍山钢铁集团公司（鞍山市）
	Si	0.056	0.002	质量分数（10^{-2}）		
	Mn	2.09	0.02	质量分数（10^{-2}）		
	P	0.054	0.001	质量分数（10^{-2}）		
	S	0.030	0.001	质量分数（10^{-2}）		
	Ni	0.076	0.003	质量分数（10^{-2}）		
	Cr	0.105	0.004	质量分数（10^{-2}）		
	Cu	0.20	0.01	质量分数（10^{-2}）		
	Al(s)**	0.015	0.002	质量分数（10^{-2}）		
GBW01302	C	0.056	0.002	质量分数（10^{-2}）	低合金钢成分分析标准物质	鞍山钢铁集团公司（鞍山市）
	Si	1.07	0.02	质量分数（10^{-2}）		
	Mn	1.20	0.01	质量分数（10^{-2}）		
	P	0.127	0.003	质量分数（10^{-2}）		
	S	0.093	0.002	质量分数（10^{-2}）		
	Ni	0.66	0.01	质量分数（10^{-2}）		
	Cr	2.88	0.02	质量分数（10^{-2}）		
	Cu	0.073	0.001	质量分数（10^{-2}）		
	Al(s)**	0.405	0.010	质量分数（10^{-2}）		
GBW01303	C	0.70	0.01	质量分数（10^{-2}）	合金钢成分分析标准物质	鞍山钢铁集团公司（鞍山市）
	Si	0.041	0.002	质量分数（10^{-2}）		
	Mn	0.28	0.01	质量分数（10^{-2}）		
	P	0.083	0.002	质量分数（10^{-2}）		
	S	0.064	0.002	质量分数（10^{-2}）		
	Ni	0.93	0.01	质量分数（10^{-2}）		
	Cr	1.45	0.02	质量分数（10^{-2}）		
	Cu	0.12	0.01	质量分数（10^{-2}）		
	Al(s)**	(0.0007)		质量分数（10^{-2}）		

续表

标准物质编号	组份	标准值	标准不确定度	质量分数	标准物质名称	研制单位
GBW01304	C	0.097	0.006	质量分数（10^{-2}）	低合金钢成分分析标准物质	鞍山钢铁集团公司（鞍山市）
	Si	0.29	0.01	质量分数（10^{-2}）		
	Mn	0.87	0.01	质量分数（10^{-2}）		
	S	0.096	0.002	质量分数（10^{-2}）		
	Ni	0.29	0.01	质量分数（10^{-2}）		
	Cr	0.76	0.01	质量分数（10^{-2}）		
	Cu	0.034	0.001	质量分数（10^{-2}）		
	Al(s)**	0.073	0.002	质量分数（10^{-2}）		
	P	0.011	0.001	质量分数（10^{-2}）		
GBW01305	C	0.035	0.002	质量分数（10^{-2}）	低合金钢成分分析标准物质	鞍山钢铁集团公司（鞍山市）
	Si	0.59	0.01	质量分数（10^{-2}）		
	Mn	1.79	0.02	质量分数（10^{-2}）		
	P	0.089	0.001	质量分数（10^{-2}）		
	S	0.009	0.001	质量分数（10^{-2}）		
	Ni	0.020	0.001	质量分数（10^{-2}）		
	Cr	1.03	0.01	质量分数（10^{-2}）		
	Cu	0.46	0.01	质量分数（10^{-2}）		
	Al(s)**	0.59	0.02	质量分数（10^{-2}）		
GBW01306	C	0.81	0.01	质量分数（10^{-2}）	低合金钢成分分析标准物质	鞍山钢铁集团公司（鞍山市）
	Si	0.29	0.01	质量分数（10^{-2}）		
	Mn	0.19	0.01	质量分数（10^{-2}）		
	P	0.060	0.002	质量分数（10^{-2}）		
	S	0.047	0.001	质量分数（10^{-2}）		
	Ni	0.11	0.01	质量分数（10^{-2}）		
	Cr	0.53	0.01	质量分数（10^{-2}）		
	Cu	0.295	0.004	质量分数（10^{-2}）		
	Al(s)**	0.065	0.002	质量分数（10^{-2}）		
GBW01307	C	0.294	0.005	质量分数（10^{-2}）	低合金钢成分分析标准物质	鞍山钢铁集团公司（鞍山市）
	Si	0.070	0.002	质量分数（10^{-2}）		
	Mn	1.48	0.01	质量分数（10^{-2}）		
	P	0.036	0.001	质量分数（10^{-2}）		
	S	0.009	0.001	质量分数（10^{-2}）		
	Ni	0.019	0.001	质量分数（10^{-2}）		
	Cr	0.037	0.001	质量分数（10^{-2}）		
	Cu	0.035	0.001	质量分数（10^{-2}）		
	Al(s)	0.029	0.002	质量分数（10^{-2}）		
	V	0.025	0.002	质量分数（10^{-2}）		
	Ti	0.023	0.001	质量分数（10^{-2}）		
	Mo	0.038	0.002	质量分数（10^{-2}）		
	Al(s)**	0.011	0.001	质量分数（10^{-2}）		

续表

标准物质编号	组份	标准值	标准不确定度	质量分数	标准物质名称	研制单位
GBW01308	C	1.085	0.005	质量分数 (10^{-2})	低合金钢成分分析标准物质	鞍山钢铁集团公司（鞍山市）
	Si	1.42	0.01	质量分数 (10^{-2})		
	Mn	0.308	0.004	质量分数 (10^{-2})		
	P	0.013	0.001	质量分数 (10^{-2})		
	S	0.004	0.001	质量分数 (10^{-2})		
	Ni	0.021	0.001	质量分数 (10^{-2})		
	Cr	0.045	0.002	质量分数 (10^{-2})		
	Cu	0.036	0.001	质量分数 (10^{-2})		
	Al(s)	0.115	0.006	质量分数 (10^{-2})		
	V	0.50	0.01	质量分数 (10^{-2})		
	Ti	0.30	0.01	质量分数 (10^{-2})		
	Mo	0.89	0.02	质量分数 (10^{-2})		
	Al(s)**	0.016	0.002	质量分数 (10^{-2})		
GBW01309	C	0.042	0.002	质量分数 (10^{-2})	低合金钢成分分析标准物质	鞍山钢铁集团公司（鞍山市）
	Si	1.11	0.01	质量分数 (10^{-2})		
	Mn	0.309	0.004	质量分数 (10^{-2})		
	P	0.012	0.001	质量分数 (10^{-2})		
	S	0.006	0.001	质量分数 (10^{-2})		
	Ni	0.021	0.001	质量分数 (10^{-2})		
	Cr	0.013	0.001	质量分数 (10^{-2})		
	Cu	0.035	0.002	质量分数 (10^{-2})		
	Al(s)	0.186	0.008	质量分数 (10^{-2})		
	V	0.25	0.01	质量分数 (10^{-2})		
	Ti	0.70	0.01	质量分数 (10^{-2})		
	Mo	0.485	0.014	质量分数 (10^{-2})		
	B(s)***	0.010	0.001	质量分数 (10^{-2})		
GBW01310	C	0.01		质量分数 (10^{-2})	低合金钢成分分析标准物质	鞍山钢铁集团公司（鞍山市）
	Si	0.01		质量分数 (10^{-2})		
	Mn	0.005		质量分数 (10^{-2})		
	P	0.001		质量分数 (10^{-2})		
	S	0.002		质量分数 (10^{-2})		
	Ni	0.001		质量分数 (10^{-2})		
	Cr	0.002		质量分数 (10^{-2})		
	Cu	0.002		质量分数 (10^{-2})		
	Al(s)	0.01		质量分数 (10^{-2})		
	V	0.01		质量分数 (10^{-2})		
	Ti	0.01		质量分数 (10^{-2})		
	Mo	0.01		质量分数 (10^{-2})		
	B(s)***	0.88	0.0004	质量分数 (10^{-2})		

续表

标准物质编号	组份	标准值	标准不确定度	质量分数	标准物质名称	研制单位
GBW01311	C	0.43	0.01	质量分数（10^{-2}）	低合金钢成分分析标准物质	鞍山钢铁集团公司（鞍山市）
	Si	0.685	0.005	质量分数（10^{-2}）		
	Mn	0.18	0.01	质量分数（10^{-2}）		
	P	0.018	0.001	质量分数（10^{-2}）		
	S	0.036	0.001	质量分数（10^{-2}）		
	Ni	0.020	0.001	质量分数（10^{-2}）		
	Cr	0.020	0.001	质量分数（10^{-2}）		
	Cu	0.035	0.001	质量分数（10^{-2}）		
	Al(s)	0.036	0.001	质量分数（10^{-2}）		
	V	0.081	0.003	质量分数（10^{-2}）		
	Ti	0.087	0.003	质量分数（10^{-2}）		
	Mo	0.28	0.01	质量分数（10^{-2}）		
	B(s)***	0.0028	0.0003	质量分数（10^{-2}）		
GBW01312	C	0.045	0.002	质量分数（10^{-2}）	低合金钢成分分析标准物质	鞍山钢铁集团公司（鞍山市）
	Si	0.46	0.01	质量分数（10^{-2}）		
	Mn	0.396	0.007	质量分数（10^{-2}）		
	P	0.054	0.001	质量分数（10^{-2}）		
	S	0.069	0.002	质量分数（10^{-2}）		
	Ni	0.016	0.001	质量分数（10^{-2}）		
	Cr	(0.0095)		质量分数（10^{-2}）		
	Cu	0.030	0.001	质量分数（10^{-2}）		
	Al(s)	0.028	0.001	质量分数（10^{-2}）		
	V	0.051	0.002	质量分数（10^{-2}）		
	Mo	0.11	0.01	质量分数（10^{-2}）		
	B(s)***	0.028	0.002	质量分数（10^{-2}）		
	Ti	0.041	0.001	质量分数（10^{-2}）		
GBW01313	C	0.855	0.006	质量分数（10^{-2}）	合金工具钢成分分析标准物质	本溪钢铁（集团）特殊钢有限责任公司（本溪市）
	Si	0.232	0.007	质量分数（10^{-2}）		
	Mn	0.275	0.009	质量分数（10^{-2}）		
	P	0.0261	0.0010	质量分数（10^{-2}）		
	S	0.011	0.001	质量分数（10^{-2}）		
	Cr	4.08	0.02	质量分数（10^{-2}）		
	Ni	0.046	0.002	质量分数（10^{-2}）		
	W	5.99	0.04	质量分数（10^{-2}）		
	V	2.02	0.03	质量分数（10^{-2}）		
	Mo	4.84	0.03	质量分数（10^{-2}）		
	Cu	0.041	0.001	质量分数（10^{-2}）		

续表

标准物质编号	组份	标准值	标准不确定度	质量分数	标准物质名称	研制单位
GBW01314	C	0.359	0.005	质量分数（10^{-2}）	合金工具钢成分分析标准物质	本溪钢铁(集团)特殊钢有限责任公司(本溪市)
	Si	0.170	0.007	质量分数（10^{-2}）		
	Mn	0.298	0.009	质量分数（10^{-2}）		
	P	0.0211	0.0011	质量分数（10^{-2}）		
	S	0.021	0.001	质量分数（10^{-2}）		
	Cr	2.48	0.02	质量分数（10^{-2}）		
	Ni	0.0208	0.0012	质量分数（10^{-2}）		
	W	8.39	0.03	质量分数（10^{-2}）		
	V	0.27	0.01	质量分数（10^{-2}）		
	Mo	0.055	0.003	质量分数（10^{-2}）		
	Cu	0.030	0.001	质量分数（10^{-2}）		
GBW01315	C	1.308	0.012	质量分数（10^{-2}）	合金工具钢成分分析标准物质	本溪钢铁(集团)特殊钢有限责任公司(本溪市)
	Si	0.266	0.007	质量分数（10^{-2}）		
	Mn	0.186	0.007	质量分数（10^{-2}）		
	P	0.0222	0.0013	质量分数（10^{-2}）		
	S	0.040	0.002	质量分数（10^{-2}）		
	Cr	0.56	0.01	质量分数（10^{-2}）		
	Ni	0.0217	0.0011	质量分数（10^{-2}）		
	W	5.03	0.04	质量分数（10^{-2}）		
	V			质量分数（10^{-2}）		
	Mo	0.0175	0.0010	质量分数（10^{-2}）		
	Cu	0.029	0.001	质量分数（10^{-2}）		
GBW01316	C	0.762	0.005	质量分数（10^{-2}）	合金工具钢成分分析标准物质	本溪钢铁(集团)特殊钢有限责任公司(本溪市)
	Si	0.241	0.006	质量分数（10^{-2}）		
	Mn	0.280	0.009	质量分数（10^{-2}）		
	P	0.0241	0.0014	质量分数（10^{-2}）		
	S	0.026	0.001	质量分数（10^{-2}）		
	Cr	4.03	0.03	质量分数（10^{-2}）		
	Ni	0.040	0.002	质量分数（10^{-2}）		
	W	18.16	0.03	质量分数（10^{-2}）		
	V	1.30	0.01	质量分数（10^{-2}）		
	Mo	0.245	0.009	质量分数（10^{-2}）		
	Cu	0.038	0.001	质量分数（10^{-2}）		
GBW01317b	C	0.990	0.007	质量分数（10^{-2}）	轴承钢成分分析标准物质	宝钢集团上海五钢有限公司(上海市)
	Si	0.239	0.005	质量分数（10^{-2}）		
	Mn	0.315	0.008	质量分数（10^{-2}）		
	P	0.0065	0.0005	质量分数（10^{-2}）		
	S	0.0054	0.0003	质量分数（10^{-2}）		
	Mo	0.032	0.002	质量分数（10^{-2}）		
	Cr	1.47	0.02	质量分数（10^{-2}）		
	Cu	0.086	0.002	质量分数（10^{-2}）		

续表

标准物质编号	组份	标准值	标准不确定度	质量分数	标准物质名称	研制单位
GBW01317b	Ni	0.042	0.001	质量分数（10^{-2}）	轴承钢成分分析标准物质	宝钢集团上海五钢有限公司(上海市)
	Sn	0.020	0.001	质量分数（10^{-2}）		
	As	0.0092	0.0006	质量分数（10^{-2}）		
	Sb	0.0045	0.0004	质量分数（10^{-2}）		
	Ti	0.0035	0.0001	质量分数（10^{-2}）		
	Al(t) *	0.037	0.002	质量分数（10^{-2}）		
	Al(s)	0.035	0.001	质量分数（10^{-2}）		
	Co)	0.0093	0.0007	质量分数（10^{-2}）		
	Pb	0.00017	0.0005	质量分数（10^{-2}）		
GBW01318a	C	1.14	0.01	质量分数（10^{-2}）	合金工具钢成分分析标准物质	钢铁研究总院(北京市)
	Si	0.274	0.007	质量分数（10^{-2}）		
	Mn	0.287	0.006	质量分数（10^{-2}）		
	P	0.014	0.001	质量分数（10^{-2}）		
	S	0.0046	0.0005	质量分数（10^{-2}）		
	Cr	0.183	0.004	质量分数（10^{-2}）		
	Ni	0.073	0.002	质量分数（10^{-2}）		
	W	2.31	0.02	质量分数（10^{-2}）		
	Cu	0.040	0.001	质量分数（10^{-2}）		
GBW01319a	C	2.00	0.01	质量分数（10^{-2}）	合金工具钢成分分析标准物质	钢铁研究总院(北京市)
	Si	0.297	0.003	质量分数（10^{-2}）		
	Mn	0.294	0.005	质量分数（10^{-2}）		
	P	0.049	0.001	质量分数（10^{-2}）		
	S	0.0053	0.0003	质量分数（10^{-2}）		
	Cr	11.71	0.02	质量分数（10^{-2}）		
	Ni	0.113	0.005	质量分数（10^{-2}）		
	W	0.96	0.02	质量分数（10^{-2}）		
GBW01320	C	0.234	0.008	质量分数（10^{-2}）	中低合金钢成分分析标准物质	抚顺钢厂(抚顺市)
	Mn	0.651	0.007	质量分数（10^{-2}）		
	S	0.083	0.002	质量分数（10^{-2}）		
	P	0.039	0.001	质量分数（10^{-2}）		
	Ni	2.13	0.01	质量分数（10^{-2}）		
	Cr	1.03	0.01	质量分数（10^{-2}）		
	W	0.62	0.02	质量分数（10^{-2}）		
	V	0.21	0.01	质量分数（10^{-2}）		
	Mo	0.115	0.005	质量分数（10^{-2}）		
	Al	0.22	0.01	质量分数（10^{-2}）		
	Ti	0.23	0.01	质量分数（10^{-2}）		
	Cu	0.191	0.005	质量分数（10^{-2}）		
	B	0.0037	0.0002	质量分数（10^{-2}）		
	Co	0.048	0.003	质量分数（10^{-2}）		
	Nb	0.28	0.01	质量分数（10^{-2}）		
	Zr	0.009	0.001	质量分数（10^{-2}）		
	Si	0.311	0.005	质量分数（10^{-2}）		

续表

标准物质编号	组份	标准值	标准不确定度	质量分数	标准物质名称	研制单位
GBW01321	C	0.633	0.006	质量分数（10^{-2}）	刃口钢成分分析标准物质	上海第一钢铁（集团）有限公司（上海市）
	S	0.0125	0.0007	质量分数（10^{-2}）		
	P	0.031	0.001	质量分数（10^{-2}）		
	Si	0.242	0.005	质量分数（10^{-2}）		
	Mn	0.926	0.007	质量分数（10^{-2}）		
	Cr	0.042	0.002	质量分数（10^{-2}）		
	Ni	0.030	0.002	质量分数（10^{-2}）		
	Cu	0.059	0.002	质量分数（10^{-2}）		
	Al	0.032	0.002	质量分数（10^{-2}）		
	V	0.0027	0.0002	质量分数（10^{-2}）		
	N	0.0090	0.0004	质量分数（10^{-2}）		
	Mo	0.0046	0.0005	质量分数（10^{-2}）		
GBW01322	C	0.0332	0.0023	质量分数（10^{-2}）	低合金钢成分分析标准物质	本溪钢铁（集团）特殊钢有限责任公司（本溪市）
	Si	1.50	0.02	质量分数（10^{-2}）		
	Mn	0.230	0.005	质量分数（10^{-2}）		
	P	0.013	0.001	质量分数（10^{-2}）		
	S	0.022	0.002	质量分数（10^{-2}）		
	Cr	0.473	0.007	质量分数（10^{-2}）		
	Ni	0.078	0.003	质量分数（10^{-2}）		
	Cu	0.320	0.010	质量分数（10^{-2}）		
	V	0.050	0.002	质量分数（10^{-2}）		
	Ti	0.247	0.005	质量分数（10^{-2}）		
	Al(s)	0.066	0.005	质量分数（10^{-2}）		
	Al(t)	0.069	0.006	质量分数（10^{-2}）		
	B(s)	0.0061	0.0006	质量分数（10^{-2}）		
	B(t)*	0.0067	0.0006	质量分数（10^{-2}）		
GBW01323	C	0.188	0.006	质量分数（10^{-2}）	低合金钢成分分析标准物质	本溪钢铁（集团）特殊钢有限责任公司（本溪市）
	Si	0.305	0.008	质量分数（10^{-2}）		
	Mn	1.44	0.02	质量分数（10^{-2}）		
	P	0.013	0.001	质量分数（10^{-2}）		
	S	0.046	0.004	质量分数（10^{-2}）		
	Cr	0.389	0.006	质量分数（10^{-2}）		
	Ni	0.166	0.004	质量分数（10^{-2}）		
	Cu	0.277	0.009	质量分数（10^{-2}）		
	V	0.158	0.005	质量分数（10^{-2}）		
	Ti	0.285	0.006	质量分数（10^{-2}）		
	Al(s)	0.106	0.007	质量分数（10^{-2}）		
	Al(t)	0.112	0.010	质量分数（10^{-2}）		
	B(s)	0.0018	0.0002	质量分数（10^{-2}）		
	B(t)*	0.0023	0.0004	质量分数（10^{-2}）		

续表

标准物质编号	组份	标准值	标准不确定度	质量分数	标准物质名称	研制单位
GBW01324	C	0.283	0.009	质量分数（10^{-2}）	低合金钢成分分析标准物质	本溪钢铁（集团）特殊钢有限责任公司（本溪市）
	Si	1.09	0.01	质量分数（10^{-2}）		
	Mn	0.438	0.005	质量分数（10^{-2}）		
	P	0.022	0.001	质量分数（10^{-2}）		
	S	0.023	0.002	质量分数（10^{-2}）		
	Cr	0.300	0.006	质量分数（10^{-2}）		
	Ni	0.224	0.007	质量分数（10^{-2}）		
	Cu	0.247	0.009	质量分数（10^{-2}）		
	V	0.144	0.009	质量分数（10^{-2}）		
	Ti	0.171	0.004	质量分数（10^{-2}）		
	Al(s)	0.128	0.006	质量分数（10^{-2}）		
	Al(t)	0.132	0.009	质量分数（10^{-2}）		
	B(s)	0.0041	0.0002	质量分数（10^{-2}）		
	B(t) *	0.0045	0.0003	质量分数（10^{-2}）		
GBW01325	C	0.392	0.005	质量分数（10^{-2}）	低合金钢成分分析标准物质	本溪钢铁（集团）特殊钢有限责任公司（本溪市）
	Si	0.626	0.006	质量分数（10^{-2}）		
	Mn	1.08	0.02	质量分数（10^{-2}）		
	P	0.028	0.001	质量分数（10^{-2}）		
	Cr	0.174	0.004	质量分数（10^{-2}）		
	Ni	0.241	0.008	质量分数（10^{-2}）		
	Cu	0.030	0.003	质量分数（10^{-2}）		
	V	0.023	0.002	质量分数（10^{-2}）		
	Ti	0.116	0.004	质量分数（10^{-2}）		
	Al(s)	0.082	0.005	质量分数（10^{-2}）		
	Al(t)	0.086	0.005	质量分数（10^{-2}）		
	B(s)	0.0037	0.0002	质量分数（10^{-2}）		
	B(t) *	0.0042	0.0005	质量分数（10^{-2}）		
	S	0.019	0.001	质量分数（10^{-2}）		
GBW01326	C	0.506	0.006	质量分数（10^{-2}）	低合金钢成分分析标准物质	本溪钢铁（集团）特殊钢有限责任公司（本溪市）
	Si	1.96	0.01	质量分数（10^{-2}）		
	Mn	0.755	0.008	质量分数（10^{-2}）		
	P	0.034	0.001	质量分数（10^{-2}）		
	S	0.012	0.001	质量分数（10^{-2}）		
	Cr	0.102	0.004	质量分数（10^{-2}）		
	Ni	0.314	0.007	质量分数（10^{-2}）		
	Cu	0.126	0.005	质量分数（10^{-2}）		
	V	0.241	0.007	质量分数（10^{-2}）		
	Ti	0.76	0.02	质量分数（10^{-2}）		
	Al(s)	0.197	0.013	质量分数（10^{-2}）		
	Al(t)	0.201	0.012	质量分数（10^{-2}）		
	B(s)	0.0016	0.0003	质量分数（10^{-2}）		
	B(t) *	0.0019	0.0003	质量分数（10^{-2}）		

续表

标准物质编号	组份	标准值	标准不确定度	质量分数	标准物质名称	研制单位
GBW01327	C	0.569	0.005	质量分数（10^{-2}）	低合金钢成分分析标准物质	本溪钢铁(集团)特殊钢有限责任公司(本溪市)
	Si	0.204	0.004	质量分数（10^{-2}）		
	Mn	1.90	0.02	质量分数（10^{-2}）		
	P	0.038	0.001	质量分数（10^{-2}）		
	S	0.0038	0.0005	质量分数（10^{-2}）		
	Cr	0.018	0.003	质量分数（10^{-2}）		
	Ni	0.413	0.007	质量分数（10^{-2}）		
	Cu	0.116	0.003	质量分数（10^{-2}）		
	V	0.283	0.008	质量分数（10^{-2}）		
	Ti	0.064	0.003	质量分数（10^{-2}）		
	Al(s)	0.276	0.003	质量分数（10^{-2}）		
	Al(t)	0.279	0.005	质量分数（10^{-2}）		
	B(s)	0.0007	0.0002	质量分数（10^{-2}）		
	B(t)*	0.0010	0.0002	质量分数（10^{-2}）		
GBW01328	C	0.0332	0.0023	质量分数（10^{-2}）	低合金钢光谱分析标准物质	本溪钢铁(集团)特殊钢有限责任公司(本溪市)
	Si	1.50	0.02	质量分数（10^{-2}）		
	Mn	0.230	0.005	质量分数（10^{-2}）		
	P	0.013	0.001	质量分数（10^{-2}）		
	S	0.022	0.002	质量分数（10^{-2}）		
	Cr	0.473	0.007	质量分数（10^{-2}）		
	Ni	0.078	0.003	质量分数（10^{-2}）		
	Cu	0.320	0.010	质量分数（10^{-2}）		
	V	0.050	0.002	质量分数（10^{-2}）		
	Ti	0.247	0.005	质量分数（10^{-2}）		
	Al	0.069	0.006	质量分数（10^{-2}）		
	B	0.0067	0.0006	质量分数（10^{-2}）		
GBW01329	C	0.188	0.006	质量分数（10^{-2}）	低合金钢光谱分析标准物质	本溪钢铁(集团)特殊钢有限责任公司(本溪市)
	Si	0.305	0.008	质量分数（10^{-2}）		
	Mn	1.44	0.02	质量分数（10^{-2}）		
	P	0.013	0.001	质量分数（10^{-2}）		
	S	0.046	0.004	质量分数（10^{-2}）		
	Cr	0.389	0.006	质量分数（10^{-2}）		
	Ni	0.166	0.004	质量分数（10^{-2}）		
	Cu	0.277	0.009	质量分数（10^{-2}）		
	V	0.158	0.005	质量分数（10^{-2}）		
	Ti	0.285	0.006	质量分数（10^{-2}）		
	B	0.0023	0.0004	质量分数（10^{-2}）		
	Al	0.112	0.010	质量分数（10^{-2}）		

续表

标准物质编号	组份	标准值	标准不确定度	质量分数	标准物质名称	研制单位
GBW01330	C	0.283	0.009	质量分数（10^{-2}）	低合金钢光谱分析标准物质	本溪钢铁（集团）特殊钢有限责任公司（本溪市）
	Si	1.09	0.01	质量分数（10^{-2}）		
	Mn	0.438	0.005	质量分数（10^{-2}）		
	P	0.022	0.001	质量分数（10^{-2}）		
	S	0.023	0.002	质量分数（10^{-2}）		
	Cr	0.300	0.006	质量分数（10^{-2}）		
	Ni	0.224	0.007	质量分数（10^{-2}）		
	Cu	0.247	0.009	质量分数（10^{-2}）		
	V	0.144	0.009	质量分数（10^{-2}）		
	Ti	0.171	0.004	质量分数（10^{-2}）		
	Al	0.132	0.009	质量分数（10^{-2}）		
	B	0.0045	0.0003	质量分数（10^{-2}）		
GBW01331	C	0.392	0.005	质量分数（10^{-2}）	低合金钢光谱分析标准物质	本溪钢铁（集团）特殊钢有限责任公司（本溪市）
	Si	0.626	0.006	质量分数（10^{-2}）		
	Mn	1.08	0.02	质量分数（10^{-2}）		
	P	0.028	0.01	质量分数（10^{-2}）		
	S	0.019	0.001	质量分数（10^{-2}）		
	Cr	0.174	0.004	质量分数（10^{-2}）		
	Ni	0.241	0.008	质量分数（10^{-2}）		
	Cu	0.030	0.003	质量分数（10^{-2}）		
	V	0.023	0.002	质量分数（10^{-2}）		
	Ti	0.116	0.004	质量分数（10^{-2}）		
	Al	0.086	0.005	质量分数（10^{-2}）		
	B	0.0042	0.0005	质量分数（10^{-2}）		
GBW01332	C	0.506	0.006	质量分数（10^{-2}）	低合金钢光谱分析标准物质	本溪钢铁（集团）特殊钢有限责任公司（本溪市）
	Si	1.96	0.01	质量分数（10^{-2}）		
	Mn	0.755	0.008	质量分数（10^{-2}）		
	P	0.034	0.001	质量分数（10^{-2}）		
	S	0.012	0.001	质量分数（10^{-2}）		
	Cr	0.102	0.004	质量分数（10^{-2}）		
	Ni	0.314	0.007	质量分数（10^{-2}）		
	Cu	0.126	0.005	质量分数（10^{-2}）		
	V	0.241	0.007	质量分数（10^{-2}）		
	Ti			质量分数（10^{-2}）		
	Al	0.201	0.012	质量分数（10^{-2}）		
	B	0.0019	0.0003	质量分数（10^{-2}）		
GBW01333	C	0.569	0.005	质量分数（10^{-2}）	低合金钢光谱分析标准物质	本溪钢铁（集团）特殊钢有限责任公司（本溪市）
	Si	0.204	0.004	质量分数（10^{-2}）		
	Mn	1.90	0.02	质量分数（10^{-2}）		
	P	0.038	0.001	质量分数（10^{-2}）		
	S	0.0038	0.0005	质量分数（10^{-2}）		

续表

标准物质编号	组份	标准值	标准不确定度	质量分数	标准物质名称	研制单位
GBW01333	Cr	0.018	0.003	质量分数（10^{-2}）	低合金钢光谱分析标准物质	本溪钢铁（集团）特殊钢有限责任公司（本溪市）
	Ni	0.413	0.007	质量分数（10^{-2}）		
	Cu	0.116	0.003	质量分数（10^{-2}）		
	V	0.283	0.008	质量分数（10^{-2}）		
	Ti	0.064	0.003	质量分数（10^{-2}）		
	Al	0.279	0.005	质量分数（10^{-2}）		
	B	0.0010	0.0002	质量分数（10^{-2}）		
GBW01334a	C	0.358	0.004	质量分数（10^{-2}）	低合金钢成分分析标准物质	武汉钢铁（集团）公司（武汉市）
	Si	0.272	0.004	质量分数（10^{-2}）		
	Mn	0.573	0.004	质量分数（10^{-2}）		
	P	0.014	0.001	质量分数（10^{-2}）		
	S	0.0086	0.0005	质量分数（10^{-2}）		
	Cu	0.150	0.004	质量分数（10^{-2}）		
	Cr	1.03	0.01	质量分数（10^{-2}）		
	Mo	0.137	0.004	质量分数（10^{-2}）		
	Ni	0.020	0.002	质量分数（10^{-2}）		
	Al(s)	0.061	0.002	质量分数（10^{-2}）		
GBW01335	C	0.307	0.003	质量分数（10^{-2}）	中低合金钢成分分析标准物质	北京重型机器厂（北京市）
	Si	0.186	0.006	质量分数（10^{-2}）		
	Mn	0.519	0.004	质量分数（10^{-2}）		
	P	0.0049	0.0003	质量分数（10^{-2}）		
	S	0.0109	0.0005	质量分数（10^{-2}）		
	Cr	0.892	0.004	质量分数（10^{-2}）		
	Ni	0.040	0.001	质量分数（10^{-2}）		
	Mo	0.424	0.007	质量分数（10^{-2}）		
	Cu	0.048	0.001	质量分数（10^{-2}）		
	Al(s)	0.012	0.001	质量分数（10^{-2}）		
	Sb	0.0011	0.0002	质量分数（10^{-2}）		
	As	0.0037	0.0003	质量分数（10^{-2}）		
	Sn	0.0042	0.0004	质量分数（10^{-2}）		
GBW01336	C	0.118	0.005	质量分数（10^{-2}）	低合金钢成分分析标准物质	武汉钢铁（集团）公司（武汉市）
	Si	0.405	0.008	质量分数（10^{-2}）		
	Mn	0.433	0.007	质量分数（10^{-2}）		
	P	0.017	0.001	质量分数（10^{-2}）		
	S	0.012	0.001	质量分数（10^{-2}）		
	Cu	0.421	0.010	质量分数（10^{-2}）		
	W	0.519	0.014	质量分数（10^{-2}）		
	Sn	0.389	0.011	质量分数（10^{-2}）		
	Ni	0.013	0.001	质量分数（10^{-2}）		
	Al(s)	0.030	0.003	质量分数（10^{-2}）		
	Co	0.0077	0.0007	质量分数（10^{-2}）		
	Mo	0.0022	0.0006	质量分数（10^{-2}）		

续表

标准物质编号	组份	标准值	标准不确定度	质量分数	标准物质名称	研制单位
GBW01337	C	0.082	0.003	质量分数 (10^{-2})	低合金钢成分分析标准物质	武汉钢铁(集团)公司(武汉市)
	Mn	0.222	0.008	质量分数 (10^{-2})		
	P	0.012	0.001	质量分数 (10^{-2})		
	S	0.024	0.002	质量分数 (10^{-2})		
	Cu	0.274	0.006	质量分数 (10^{-2})		
	W	0.249	0.007	质量分数 (10^{-2})		
	Sn	0.190	0.009	质量分数 (10^{-2})		
	Si	0.177	0.003	质量分数 (10^{-2})		
GBW01338	C	0.080	0.003	质量分数 (10^{-2})	低合金钢成分分析标准物质	武汉钢铁(集团)公司(武汉市)
	Si	0.583	0.006	质量分数 (10^{-2})		
	Mn	0.636	0.007	质量分数 (10^{-2})		
	P	0.024	0.002	质量分数 (10^{-2})		
	S	0.012	0.001	质量分数 (10^{-2})		
	Cu	0.363	0.005	质量分数 (10^{-2})		
	W	0.149	0.007	质量分数 (10^{-2})		
	Sn	0.317	0.011	质量分数 (10^{-2})		
GBW01339	C	0.076	0.004	质量分数 (10^{-2})	低合金钢成分分析标准物质	武汉钢铁(集团)公司(武汉市)
	Si	0.037	0.004	质量分数 (10^{-2})		
	Mn	0.303	0.008	质量分数 (10^{-2})		
	P	0.033	0.002	质量分数 (10^{-2})		
	S	0.061	0.003	质量分数 (10^{-2})		
	Cu	0.220	0.003	质量分数 (10^{-2})		
	W	0.144	0.005	质量分数 (10^{-2})		
	Sn	0.334	0.013	质量分数 (10^{-2})		
GBW01340	C	0.089	0.004	质量分数 (10^{-2})	低合金钢成分分析标准物质	武汉钢铁(集团)公司(武汉市)
	Si	0.389	0.005	质量分数 (10^{-2})		
	Mn	0.540	0.009	质量分数 (10^{-2})		
	P	0.013	0.002	质量分数 (10^{-2})		
	S	0.022	0.001	质量分数 (10^{-2})		
	Cu	0.314	0.007	质量分数 (10^{-2})		
	W	0.089	0.005	质量分数 (10^{-2})		
	Sn	0.465	0.021	质量分数 (10^{-2})		
GBW01341	C	1.014	0.006	质量分数 (10^{-2})	轴承钢碳、硫成分分析标准物质	上海五钢(集团)有限公司(上海市)
	S	0.0078	0.0005	质量分数 (10^{-2})		
GBW01342	C	0.268	0.006	质量分数 (10^{-2})	低合金钢成分分析标准物质	鄂城钢铁厂(鄂城)
	Si	0.904	0.009	质量分数 (10^{-2})		
	Mn	1.72	0.01	质量分数 (10^{-2})		
	P	0.034	0.001	质量分数 (10^{-2})		
	S	0.016	0.001	质量分数 (10^{-2})		
	Cu	0.210	0.003	质量分数 (10^{-2})		
	Cr	0.046	0.002	质量分数 (10^{-2})		
	Ni	0.036	0.001	质量分数 (10^{-2})		

续表

标准物质编号	组份	标准值	标准不确定度	质量分数	标准物质名称	研制单位
GBW01343	C	0.209	0.007	质量分数（10^{-2}）	低合金钢成分分析标准物质	鄂城钢铁厂(鄂城)
	Si	0.774	0.007	质量分数（10^{-2}）		
	Mn	1.45	0.01	质量分数（10^{-2}）		
	P	0.042	0.001	质量分数（10^{-2}）		
	S	0.025	0.001	质量分数（10^{-2}）		
	Cu	0.137	0.003	质量分数（10^{-2}）		
	Cr	0.031	0.003	质量分数（10^{-2}）		
	Ni	0.051	0.001	质量分数（10^{-2}）		
GBW01344	C	0.191	0.005	质量分数（10^{-2}）	低合金钢成分分析标准物质	鄂城钢铁厂(鄂城)
	Si	0.556	0.006	质量分数（10^{-2}）		
	Mn	1.17	0.01	质量分数（10^{-2}）		
	P	0.022	0.001	质量分数（10^{-2}）		
	S	0.028	0.002	质量分数（10^{-2}）		
	Cu	0.192	0.004	质量分数（10^{-2}）		
	Cr	0.010	0.001	质量分数（10^{-2}）		
	Ni	0.028	0.002	质量分数（10^{-2}）		
GBW01345	C	0.238	0.006	质量分数（10^{-2}）	低合金钢成分分析标准物质	鄂城钢铁厂(鄂城)
	Si	0.650	0.006	质量分数（10^{-2}）		
	Mn	1.35	0.01	质量分数（10^{-2}）		
	P	0.020	0.001	质量分数（10^{-2}）		
	Cu	0.351	0.006	质量分数（10^{-2}）		
	Cr	0.014	0.002	质量分数（10^{-2}）		
	Ni	0.028	0.002	质量分数（10^{-2}）		
	S	0.010	0.001	质量分数（10^{-2}）		
GBW01351a	C	0.124	0.004	质量分数（10^{-2}）	合金结构钢成分分析标准物质	抚顺钢厂(抚顺市)
	Mn	0.527	0.004	质量分数（10^{-2}）		
	Si	0.183	0.005	质量分数（10^{-2}）		
	S	0.021	0.001	质量分数（10^{-2}）		
	P	0.021	0.001	质量分数（10^{-2}）		
	Ni	2.82	0.02	质量分数（10^{-2}）		
	Cr	0.740	0.003	质量分数（10^{-2}）		
	W	0.202	0.005	质量分数（10^{-2}）		
	Mo	0.141	0.004	质量分数（10^{-2}）		
	Al	0.052	0.004	质量分数（10^{-2}）		
	Cu	0.195	0.002	质量分数（10^{-2}）		
GBW01352a	C	0.289	0.005	质量分数（10^{-2}）	合金结构钢成分分析标准物质	抚顺钢厂(抚顺市)
	Mn	0.930	0.006	质量分数（10^{-2}）		
	Si	1.15	0.01	质量分数（10^{-2}）		
	Si	0.023	0.001	质量分数（10^{-2}）		
	P	0.014	0.001	质量分数（10^{-2}）		
	Ni	0.162	0.003	质量分数（10^{-2}）		

续表

标准物质编号	组份	标准值	标准不确定度	质量分数	标准物质名称	研制单位
GBW01352a	Cr	0.943	0.005	质量分数（10^{-2}）	合金结构钢成分分析标准物质	抚顺钢厂（抚顺市）
	W	0.216	0.002	质量分数（10^{-2}）		
	Mo	0.150	0.006	质量分数（10^{-2}）		
	Al	0.089	0.004	质量分数（10^{-2}）		
	Cu	0.152	0.002	质量分数（10^{-2}）		
GBW01353	C	0.302	0.006	质量分数（10^{-2}）	合金结构钢成分分析标准物质	抚顺钢厂（抚顺市）
	Mn	0.503	0.005	质量分数（10^{-2}）		
	Si	0.278	0.005	质量分数（10^{-2}）		
	S	0.061	0.002	质量分数（10^{-2}）		
	P	0.039	0.001	质量分数（10^{-2}）		
	Ni	2.31	0.01	质量分数（10^{-2}）		
	Cr	0.94	0.01	质量分数（10^{-2}）		
	W	0.056	0.002	质量分数（10^{-2}）		
	Mo	0.244	0.006	质量分数（10^{-2}）		
	Al	0.011	0.002	质量分数（10^{-2}）		
	Cu	0.257	0.006	质量分数（10^{-2}）		
	V	0.217	0.004	质量分数（10^{-2}）		
GBW01354	C	0.197	0.004	质量分数（10^{-2}）	合金结构钢成分分析标准物质	抚顺钢厂（抚顺市）
	Mn	0.92	0.01	质量分数（10^{-2}）		
	Si	0.297	0.006	质量分数（10^{-2}）		
	S	0.022	0.001	质量分数（10^{-2}）		
	P	0.032	0.001	质量分数（10^{-2}）		
	Ni	0.366	0.007	质量分数（10^{-2}）		
	Cr	1.328	0.007	质量分数（10^{-2}）		
	W	0.12	0.01	质量分数（10^{-2}）		
	Mo	0.110	0.007	质量分数（10^{-2}）		
	Cu	0.303	0.003	质量分数（10^{-2}）		
	Ti	0.073	0.003	质量分数（10^{-2}）		
GBW01355	C	0.252	0.006	质量分数（10^{-2}）	合金结构钢成分分析标准物质	抚顺钢厂（抚顺市）
	Mn	1.50	0.01	质量分数（10^{-2}）		
	Si	0.609	0.007	质量分数（10^{-2}）		
	S	0.025	0.001	质量分数（10^{-2}）		
	P	0.044	0.002	质量分数（10^{-2}）		
	Ni	0.301	0.006	质量分数（10^{-2}）		
	Cr	0.228	0.007	质量分数（10^{-2}）		
	W	0.056	0.003	质量分数（10^{-2}）		
	Mo	0.054	0.003	质量分数（10^{-2}）		
	Cu	0.272	0.006	质量分数（10^{-2}）		
	V	0.109	0.005	质量分数（10^{-2}）		
	Ti	0.076	0.003	质量分数（10^{-2}）		
	B	0.0053	0.0004	质量分数（10^{-2}）		

续表

标准物质编号	组份	标准值	标准不确定度	质量分数	标准物质名称	研制单位
GBW01356a	C	0.212	0.005	质量分数（10^{-2}）	合金结构钢成分分析标准物质	钢铁研究总院（北京市）
	Si	0.270	0.003	质量分数（10^{-2}）		
	P	0.0174	0.0006	质量分数（10^{-2}）		
	S	0.0117	0.0007	质量分数（10^{-2}）		
	Cr	0.972	0.004	质量分数（10^{-2}）		
	Mo	0.191	0.007	质量分数（10^{-2}）		
	Cu	0.031	0.002	质量分数（10^{-2}）		
	Mn	0.460	0.005	质量分数（10^{-2}）		
GBW01357	C	0.209	0.003	质量分数（10^{-2}）	合金结构钢成分分析标准物质	上海钢铁研究所（上海市）
	S	0.014	0.001	质量分数（10^{-2}）		
	P	0.015	0.001	质量分数（10^{-2}）		
	Mn	0.609	0.004	质量分数（10^{-2}）		
	Si	0.298	0.007	质量分数（10^{-2}）		
	Ni	0.093	0.003	质量分数（10^{-2}）		
	Cr	0.808	0.004	质量分数（10^{-2}）		
	Cu	0.089	0.002	质量分数（10^{-2}）		
	Mo	0.0088	0.0007	质量分数（10^{-2}）		
	V	0.0032	0.0003	质量分数（10^{-2}）		
GBW01358	C	0.409	0.004	质量分数（10^{-2}）	合金结构钢成分分析标准物质	上海钢铁研究所（上海市）
	S	0.011	0.001	质量分数（10^{-2}）		
	P	0.015	0.001	质量分数（10^{-2}）		
	Mn	0.742	0.005	质量分数（10^{-2}）		
	Si	0.376	0.004	质量分数（10^{-2}）		
	Ni	0.063	0.002	质量分数（10^{-2}）		
	Cr	1.053	0.006	质量分数（10^{-2}）		
	Cu	0.086	0.002	质量分数（10^{-2}）		
	Mo	0.0088	0.0008	质量分数（10^{-2}）		
	V	0.0023	0.0003	质量分数（10^{-2}）		
GBW01359	C	0.285	0.004	质量分数（10^{-2}）	合金结构钢成分分析标准物质	兵器工业西南地区理化检测中心（重庆市）
	S	0.012	0.001	质量分数（10^{-2}）		
	P	0.030	0.001	质量分数（10^{-2}）		
	Si	0.236	0.006	质量分数（10^{-2}）		
	Mn	0.315	0.008	质量分数（10^{-2}）		
	Cr	2.37	0.02	质量分数（10^{-2}）		
	Mo	1.27	0.03	质量分数（10^{-2}）		
	V	0.351	0.008	质量分数（10^{-2}）		
	Sn	0.0085	0.0005	质量分数（10^{-2}）		
	As	0.024	0.002	质量分数（10^{-2}）		
	Pb	0.00029	0.00004	质量分数（10^{-2}）		
	Sb	0.0058	0.0005	质量分数（10^{-2}）		
	Bi	0.00005	0.00002	质量分数（10^{-2}）		
	Ni	0.102	0.002	质量分数（10^{-2}）		

续表

标准物质编号	组份	标准值	标准不确定度	质量分数	标准物质名称	研制单位
GBW01360	C	0.282	0.005	质量分数 (10^{-2})	合金结构钢成分分析标准物质	兵器工业西南地区理化检测中心（重庆市）
	S	0.016	0.001	质量分数 (10^{-2})		
	P	0.024	0.002	质量分数 (10^{-2})		
	Si	0.265	0.007	质量分数 (10^{-2})		
	Mn	0.466	0.006	质量分数 (10^{-2})		
	Cr	1.62	0.02	质量分数 (10^{-2})		
	Mo	1.09	0.02	质量分数 (10^{-2})		
	V	0.252	0.009	质量分数 (10^{-2})		
	Sn	0.030	0.003	质量分数 (10^{-2})		
	As	0.019	0.003	质量分数 (10^{-2})		
	Pb	0.0015	0.0002	质量分数 (10^{-2})		
	Sb	0.0058	0.0006	质量分数 (10^{-2})		
	Bi	0.0002	0.0001	质量分数 (10^{-2})		
	Ni	0.248	0.008	质量分数 (10^{-2})		
GBW01361	C	0.318	0.004	质量分数 (10^{-2})	合金结构钢成分分析标准物质	兵器工业西南地区理化检测中心（重庆市）
	S	0.025	0.001	质量分数 (10^{-2})		
	P	0.034	0.002	质量分数 (10^{-2})		
	Si	0.325	0.010	质量分数 (10^{-2})		
	Mn	0.348	0.005	质量分数 (10^{-2})		
	Cr	1.93	0.03	质量分数 (10^{-2})		
	Mo	1.19	0.02	质量分数 (10^{-2})		
	V	0.301	0.008	质量分数 (10^{-2})		
	Sn	0.014	0.001	质量分数 (10^{-2})		
	As	0.037	0.002	质量分数 (10^{-2})		
	Pb	0.0037	0.0003	质量分数 (10^{-2})		
	Sb	0.0086	0.0007	质量分数 (10^{-2})		
	Bi	0.0022	0.0002	质量分数 (10^{-2})		
	Ni	0.204	0.008	质量分数 (10^{-2})		
GBW01362	C	0.244	0.008	质量分数 (10^{-2})	合金结构钢成分分析标准物质	兵器工业西南地区理化检测中心（重庆市）
	S	0.050	0.002	质量分数 (10^{-2})		
	P	0.017	0.002	质量分数 (10^{-2})		
	Si	0.400	0.010	质量分数 (10^{-2})		
	Mn	0.505	0.007	质量分数 (10^{-2})		
	Mo	0.987	0.010	质量分数 (10^{-2})		
	V	0.193	0.008	质量分数 (10^{-2})		
	Sn	0.033	0.002	质量分数 (10^{-2})		
	As	0.042	0.003	质量分数 (10^{-2})		
	Pb	0.0036	0.0004	质量分数 (10^{-2})		
	Sb	0.0084	0.0003	质量分数 (10^{-2})		
	Bi	0.0027	0.0003	质量分数 (10^{-2})		
	Ni	0.292	0.006	质量分数 (10^{-2})		
	Cr	1.50	0.03	质量分数 (10^{-2})		

续表

标准物质编号	组份	标准值	标准不确定度	质量分数	标准物质名称	研制单位
GBW01363	C	0.352	0.005	质量分数（10^{-2}）	合金结构钢成分分析标准物质	兵器工业西南地区理化检测中心（重庆市）
	S	0.0080	0.0004	质量分数（10^{-2}）		
	P	0.040	0.001	质量分数（10^{-2}）		
	Si	0.179	0.005	质量分数（10^{-2}）		
	Mn	0.264	0.004	质量分数（10^{-2}）		
	Cr	2.51	0.03	质量分数（10^{-2}）		
	Mo	1.47	0.02	质量分数（10^{-2}）		
	V	0.164	0.007	质量分数（10^{-2}）		
	Sn	0.016	0.002	质量分数（10^{-2}）		
	As	0.019	0.002	质量分数（10^{-2}）		
	Pb	0.0056	0.0003	质量分数（10^{-2}）		
	Sb	0.0047	0.0004	质量分数（10^{-2}）		
	Bi	0.0052	0.0004	质量分数（10^{-2}）		
	Ni	0.059	0.002	质量分数（10^{-2}）		
GBW01364	C	0.285	0.004	质量分数（10^{-2}）	合金结构钢光谱分析标准物质	兵器工业西南地区理化检测中心（重庆市）
	S	0.012	0.001	质量分数（10^{-2}）		
	P	0.030	0.001	质量分数（10^{-2}）		
	Si	0.236	0.006	质量分数（10^{-2}）		
	Mn	0.315	0.008	质量分数（10^{-2}）		
	Cr	2.37	0.02	质量分数（10^{-2}）		
	Mo	1.27	0.03	质量分数（10^{-2}）		
	V	0.351	0.008	质量分数（10^{-2}）		
	Sn	0.0085	0.0005	质量分数（10^{-2}）		
	As	0.024	0.002	质量分数（10^{-2}）		
	Pb	0.00029	0.00004	质量分数（10^{-2}）		
	Sb	0.0058	0.0005	质量分数（10^{-2}）		
	Bi	0.00005	0.00002	质量分数（10^{-2}）		
	Ni	0.102	0.002	质量分数（10^{-2}）		
GBW01365	C	0.282	0.005	质量分数（10^{-2}）	合金结构钢光谱分析标准物质	兵器工业西南地区理化检测中心（重庆市）
	S	0.016	0.001	质量分数（10^{-2}）		
	P	0.024	0.002	质量分数（10^{-2}）		
	Si	0.265	0.007	质量分数（10^{-2}）		
	Mn	0.466	0.006	质量分数（10^{-2}）		
	Cr	1.62	0.02	质量分数（10^{-2}）		
	Mo	1.09	0.02	质量分数（10^{-2}）		
	V	0.252	0.009	质量分数（10^{-2}）		
	Sn	0.030	0.003	质量分数（10^{-2}）		
	As	0.019	0.003	质量分数（10^{-2}）		
	Pb	0.0015	0.0002	质量分数（10^{-2}）		
	Sb	0.0058	0.0006	质量分数（10^{-2}）		
	Bi	0.0002	0.0001	质量分数（10^{-2}）		
	Ni	0.248	0.008	质量分数（10^{-2}）		

续表

标准物质编号	组份	标准值	标准不确定度	质量分数	标准物质名称	研制单位
GBW01366	C	0.318	0.004	质量分数 (10^{-2})	合金结构钢光谱分析标准物质	兵器工业西南地区理化检测中心(重庆市)
	S	0.025	0.001	质量分数 (10^{-2})		
	P	0.034	0.002	质量分数 (10^{-2})		
	Si	0.325	0.010	质量分数 (10^{-2})		
	Mn	0.348	0.005	质量分数 (10^{-2})		
	Cr	1.93	0.03	质量分数 (10^{-2})		
	Mo	1.19	0.02	质量分数 (10^{-2})		
	V	0.301	0.008	质量分数 (10^{-2})		
	Sn	0.014	0.001	质量分数 (10^{-2})		
	As	0.037	0.002	质量分数 (10^{-2})		
	Pb	0.0037	0.0003	质量分数 (10^{-2})		
	Sb	0.0086	0.0007	质量分数 (10^{-2})		
	Bi	0.0022	0.0002	质量分数 (10^{-2})		
	Ni	0.204	0.008	质量分数 (10^{-2})		
GBW01367	C	0.244	0.008	质量分数 (10^{-2})	合金结构钢光谱分析标准物质	兵器工业西南地区理化检测中心(重庆市)
	S	0.050	0.002	质量分数 (10^{-2})		
	P	0.017	0.002	质量分数 (10^{-2})		
	Si	0.400	0.010	质量分数 (10^{-2})		
	Mn	0.505	0.007	质量分数 (10^{-2})		
	Cr	1.50	0.03	质量分数 (10^{-2})		
	Mo	0.987	0.010	质量分数 (10^{-2})		
	V	0.193	0.008	质量分数 (10^{-2})		
	As	0.042	0.003	质量分数 (10^{-2})		
	Pb	0.0036	0.0004	质量分数 (10^{-2})		
	Sb	0.0084	0.0003	质量分数 (10^{-2})		
	Bi	0.0027	0.0003	质量分数 (10^{-2})		
	Ni	0.292	0.006	质量分数 (10^{-2})		
	Sn	0.033	0.002	质量分数 (10^{-2})		
GBW01368	C	0.352	0.005	质量分数 (10^{-2})	合金结构钢光谱分析标准物质	兵器工业西南地区理化检测中心(重庆市)
	S	0.0080	0.0004	质量分数 (10^{-2})		
	P	0.040	0.001	质量分数 (10^{-2})		
	Si	0.179	0.005	质量分数 (10^{-2})		
	Mn	0.264	0.004	质量分数 (10^{-2})		
	Cr	2.51	0.03	质量分数 (10^{-2})		
	Mo	1.47	0.02	质量分数 (10^{-2})		
	V	0.164	0.007	质量分数 (10^{-2})		
	Sn	0.016	0.002	质量分数 (10^{-2})		
	As	0.019	0.002	质量分数 (10^{-2})		
	Pb	0.0056	0.0003	质量分数 (10^{-2})		
	Sb	0.0047	0.0004	质量分数 (10^{-2})		
	Bi	0.0052	0.0004	质量分数 (10^{-2})		
	Ni	0.059	0.002	质量分数 (10^{-2})		

续表

标准物质编号	组份	标准值	标准不确定度	质量分数	标准物质名称	研制单位
GBW01369a	C	1.585	0.015	质量分数 (10^{-2})	模具钢成分分析标准物质	川投长城特殊钢公司第一钢厂(江油市)
	Mn	0.328	0.003	质量分数 (10^{-2})		
	P	0.0209	0.0011	质量分数 (10^{-2})		
	S	0.0157	0.0007	质量分数 (10^{-2})		
	Si	0.231	0.009	质量分数 (10^{-2})		
	Cr	11.44	0.04	质量分数 (10^{-2})		
	V	0.217	0.010	质量分数 (10^{-2})		
	Ni	0.083	0.002	质量分数 (10^{-2})		
	Mo	0.430	0.009	质量分数 (10^{-2})		
	Cu	0.073	0.003	质量分数 (10^{-2})		
GBW01371	C	0.079	0.001	质量分数 (10^{-2})	硅钢成分分析标准物质	上海钢铁研究所(上海市)
	S	0.025	0.001	质量分数 (10^{-2})		
	P	0.026	0.001	质量分数 (10^{-2})		
	Mn	0.313	0.004	质量分数 (10^{-2})		
	Si	2.39	0.02	质量分数 (10^{-2})		
	Ni	0.222	0.003	质量分数 (10^{-2})		
	Cr	0.392	0.007	质量分数 (10^{-2})		
	Cu	0.408	0.007	质量分数 (10^{-2})		
	Mo	0.0040	0.0004	质量分数 (10^{-2})		
GBW01372	C	0.057	0.002	质量分数 (10^{-2})	硅钢成分分析标准物质	上海钢铁研究所(上海市)
	S	0.020	0.001	质量分数 (10^{-2})		
	P	0.012	0.001	质量分数 (10^{-2})		
	Mn	0.225	0.005	质量分数 (10^{-2})		
	Si	3.36	0.02	质量分数 (10^{-2})		
	Ni	0.316	0.004	质量分数 (10^{-2})		
	Cr	0.259	0.006	质量分数 (10^{-2})		
	Cu	0.314	0.007	质量分数 (10^{-2})		
	Mo	0.0036	0.0004	质量分数 (10^{-2})		
	Al(s)	0.166	0.006	质量分数 (10^{-2})		
	Al(is)*	0.0019	0.0004	质量分数 (10^{-2})		
GBW01373	C	0.034	0.002	质量分数 (10^{-2})	硅钢成分分析标准物质	上海钢铁研究所(上海市)
	S	0.019	0.001	质量分数 (10^{-2})		
	P	0.007	0.001	质量分数 (10^{-2})		
	Mn	0.127	0.006	质量分数 (10^{-2})		
	Si	4.38	0.02	质量分数 (10^{-2})		
	Ni	0.415	0.007	质量分数 (10^{-2})		
	Cr	0.164	0.008	质量分数 (10^{-2})		
	Cu	0.118	0.003	质量分数 (10^{-2})		
	Mo	0.0037	0.0004	质量分数 (10^{-2})		
	Al(s)	0.073	0.004	质量分数 (10^{-2})		
	Al(is)*	0.0018	0.0004	质量分数 (10^{-2})		

续表

标准物质编号	组份	标准值	标准不确定度	质量分数	标准物质名称	研制单位
GBW01374	C	0.162	0.003	质量分数 (10^{-2})	硅钢成分分析标准物质	上海钢铁研究所(上海市)
	S	0.030	0.001	质量分数 (10^{-2})		
	P	0.036	0.001	质量分数 (10^{-2})		
	Mn	0.346	0.005	质量分数 (10^{-2})		
	Si	0.998	0.006	质量分数 (10^{-2})		
	Ni	0.103	0.002	质量分数 (10^{-2})		
	Cr	0.471	0.006	质量分数 (10^{-2})		
	Cu	0.213	0.004	质量分数 (10^{-2})		
	Mo	0.0048	0.0004	质量分数 (10^{-2})		
	Al(s)	0.208	0.006	质量分数 (10^{-2})		
	Al(is) *	0.0010	0.0002	质量分数 (10^{-2})		
GBW01375	C	0.773	0.007	质量分数 (10^{-2})	轴承钢成分分析标准物质	本溪钢铁(集团)特殊钢有限责任公司(本溪市)
	Si	0.710	0.010	质量分数 (10^{-2})		
	Mn	0.197	0.003	质量分数 (10^{-2})		
	P	0.032	0.001	质量分数 (10^{-2})		
	S	0.012	0.001	质量分数 (10^{-2})		
	Cr	0.986	0.004	质量分数 (10^{-2})		
	Ni	0.275	0.003	质量分数 (10^{-2})		
	Cu	0.0294	0.0006	质量分数 (10^{-2})		
GBW01376	C	0.907	0.006	质量分数 (10^{-2})	轴承钢成分分析标准物质	本溪钢铁(集团)特殊钢有限责任公司(本溪市)
	Si	0.578	0.005	质量分数 (10^{-2})		
	Mn	0.980	0.004	质量分数 (10^{-2})		
	P	0.025	0.001	质量分数 (10^{-2})		
	S	0.027	0.001	质量分数 (10^{-2})		
	Cr	1.64	0.01	质量分数 (10^{-2})		
	Ni	0.072	0.001	质量分数 (10^{-2})		
	Cu	0.190	0.004	质量分数 (10^{-2})		
GBW01377	C	0.960	0.004	质量分数 (10^{-2})	轴承钢成分分析标准物质	本溪钢铁(集团)特殊钢有限责任公司(本溪市)
	Si	0.300	0.005	质量分数 (10^{-2})		
	Mn	0.391	0.005	质量分数 (10^{-2})		
	P	0.023	0.001	质量分数 (10^{-2})		
	S	0.017	0.001	质量分数 (10^{-2})		
	Cr	1.41	0.01	质量分数 (10^{-2})		
	Ni	0.141	0.003	质量分数 (10^{-2})		
	Cu	0.136	0.002	质量分数 (10^{-2})		
GBW01378	C	1.11	0.01	质量分数 (10^{-2})	轴承钢成分分析标准物质	本溪钢铁(集团)特殊钢有限责任公司(本溪市)
	Si	0.429	0.003	质量分数 (10^{-2})		
	Mn	0.667	0.006	质量分数 (10^{-2})		
	P	0.021	0.001	质量分数 (10^{-2})		
	S	0.0044	0.0002	质量分数 (10^{-2})		
	Cr	0.790	0.008	质量分数 (10^{-2})		
	Ni	0.221	0.004	质量分数 (10^{-2})		
	Cu	0.0924	0.0012	质量分数 (10^{-2})		

续表

标准物质编号	组份	标准值	标准不确定度	质量分数	标准物质名称	研制单位
GBW01379	C	1.31	0.01	质量分数（10^{-2}）	轴承钢成分分析标准物质	本溪钢铁(集团)特殊钢有限责任公司(本溪市)
	Si	0.274	0.004	质量分数（10^{-2}）		
	Mn	1.19	0.01	质量分数（10^{-2}）		
	P	0.026	0.001	质量分数（10^{-2}）		
	S	0.022	0.001	质量分数（10^{-2}）		
	Cr	0.386	0.004	质量分数（10^{-2}）		
	Ni	0.022	0.002	质量分数（10^{-2}）		
	Cu	0.249	0.006	质量分数（10^{-2}）		
GBW01380	C	0.773	0.007	质量分数（10^{-2}）	轴承钢光谱分析标准物质	本溪钢铁(集团)特殊钢有限责任公司(本溪市)
	Si	0.710	0.010	质量分数（10^{-2}）		
	Mn	0.197	0.003	质量分数（10^{-2}）		
	P	0.032	0.001	质量分数（10^{-2}）		
	S	0.012	0.001	质量分数（10^{-2}）		
	Cr	0.986	0.004	质量分数（10^{-2}）		
	Ni	0.275	0.003	质量分数（10^{-2}）		
	Cu	0.0294	0.0006	质量分数（10^{-2}）		
GBW01381	C	0.907	0.006	质量分数（10^{-2}）	轴承钢光谱分析标准物质	本溪钢铁(集团)特殊钢有限责任公司(本溪市)
	Si	0.578	0.005	质量分数（10^{-2}）		
	Mn	0.980	0.004	质量分数（10^{-2}）		
	P	0.025	0.001	质量分数（10^{-2}）		
	S	0.027	0.001	质量分数（10^{-2}）		
	Cr	1.64	0.01	质量分数（10^{-2}）		
	Ni	0.072	0.001	质量分数（10^{-2}）		
	Cu	0.190	0.004	质量分数（10^{-2}）		
GBW01382	C	0.960	0.004	质量分数（10^{-2}）	轴承钢光谱分析标准物质	本溪钢铁(集团)特殊钢有限责任公司(本溪市)
	Si	0.300	0.005	质量分数（10^{-2}）		
	Mn	0.391	0.005	质量分数（10^{-2}）		
	P	0.023	0.001	质量分数（10^{-2}）		
	S	0.017	0.001	质量分数（10^{-2}）		
	Cr	1.41	0.01	质量分数（10^{-2}）		
	Ni	0.141	0.003	质量分数（10^{-2}）		
	Cu	0.136	0.002	质量分数（10^{-2}）		
GBW01383	C	1.11	0.01	质量分数（10^{-2}）	轴承钢光谱分析标准物质	本溪钢铁(集团)特殊钢有限责任公司(本溪市)
	Si	0.429	0.003	质量分数（10^{-2}）		
	Mn	0.667	0.006	质量分数（10^{-2}）		
	P	0.021	0.001	质量分数（10^{-2}）		
	S	0.0044	0.0002	质量分数（10^{-2}）		
	Cr	0.790	0.008	质量分数（10^{-2}）		
	Ni	0.221	0.004	质量分数（10^{-2}）		
	Cu	0.0924	0.0012	质量分数（10^{-2}）		

续表

标准物质编号	组份	标准值	标准不确定度	质量分数	标准物质名称	研制单位
GBW01389	Zr	0.0035	0.0002	质量分数（10^{-2}）	硅钢光谱分析标准物质	钢铁研究总院（北京市）、宝山钢铁（集团）公司钢铁研究所（上海市）
	Al(s)	0.065	0.002	质量分数（10^{-2}）		
	Al(t)	0.068	0.002	质量分数（10^{-2}）		
	B	0.0054	0.0003	质量分数（10^{-2}）		
	N	0.0026	0.0003	质量分数（10^{-2}）		
	Sb	0.022	0.002	质量分数（10^{-2}）		
	Sn	0.0055	0.0003	质量分数（10^{-2}）		
GBW01390	C	0.032	0.001	质量分数（10^{-2}）	硅钢光谱分析标准物质	钢铁研究总院（北京市）、宝山钢铁（集团）公司钢铁研究所（上海市）
	Si	3.38	0.02	质量分数（10^{-2}）		
	Mn	2.08	0.01	质量分数（10^{-2}）		
	P	0.018	0.001	质量分数（10^{-2}）		
	S	0.0087	0.0006	质量分数（10^{-2}）		
	Cr	0.627	0.005	质量分数（10^{-2}）		
	Ni	0.060	0.002	质量分数（10^{-2}）		
	Cu	0.350	0.002	质量分数（10^{-2}）		
	Ti	0.037	0.002	质量分数（10^{-2}）		
	Zr	0.0035	0.0003	质量分数（10^{-2}）		
	Al(t)	0.0067	0.0011	质量分数（10^{-2}）		
	B	0.022	0.002	质量分数（10^{-2}）		
	N	0.0050	0.0004	质量分数（10^{-2}）		
	Sb	0.0011	0.0002	质量分数（10^{-2}）		
	Sn	0.105	0.001	质量分数（10^{-2}）		
	Al(s)	0.0049	0.0006	质量分数（10^{-2}）		
GBW01391	C	0.036	0.002	质量分数（10^{-2}）	硅钢光谱分析标准物质	钢铁研究总院（北京市）、宝山钢铁（集团）公司钢铁研究所（上海市）
	Si	2.47	0.01	质量分数（10^{-2}）		
	Mn	1.75	0.01	质量分数（10^{-2}）		
	P	0.061	0.002	质量分数（10^{-2}）		
	S	0.011	0.001	质量分数（10^{-2}）		
	Cr	0.493	0.004	质量分数（10^{-2}）		
	Ni	0.159	0.001	质量分数（10^{-2}）		
	Cu	0.278	0.003	质量分数（10^{-2}）		
	Ti	0.043	0.001	质量分数（10^{-2}）		
	Zr	0.023	0.001	质量分数（10^{-2}）		
	Al(s)	1.17	0.01	质量分数（10^{-2}）		
	Al(t)	1.18	0.01	质量分数（10^{-2}）		
	B	0.021	0.002	质量分数（10^{-2}）		
	N	0.0042	0.0003	质量分数（10^{-2}）		
	Sb	0.0008	0.0001	质量分数（10^{-2}）		
	Sn	0.072	0.002	质量分数（10^{-2}）		

续表

标准物质编号	组份	标准值	标准不确定度	质量分数	标准物质名称	研制单位
GBW01392	Mn	0.315	0.002	质量分数（10^{-2}）	热作模具钢成分分析标准物质	山东省冶金科学研究院（济南市）
	C	0.407	0.005	质量分数（10^{-2}）		
	Si	1.06	0.03	质量分数（10^{-2}）		
	P	0.015	0.001	质量分数（10^{-2}）		
	S	0.013	0.001	质量分数（10^{-2}）		
	Ni	0.037	0.012	质量分数（10^{-2}）		
	Cr	5.08	0.04	质量分数（10^{-2}）		
	Mo	1.20	0.03	质量分数（10^{-2}）		
	V	0.946	0.008	质量分数（10^{-2}）		
	Cu	0.017	0.001	质量分数（10^{-2}）		
	W	(0.0038)		质量分数（10^{-2}）		
	Al(s)	0.0056	0.0006	质量分数（10^{-2}）		
	Al(is)	0.0040	0.0006	质量分数（10^{-2}）		
	Al(t)	0.0096	0.0010	质量分数（10^{-2}）		
	Co	0.011	0.001	质量分数（10^{-2}）		
	As	(0.0021)		质量分数（10^{-2}）		
	Ti	0.0049	0.0005	质量分数（10^{-2}）		
GBW01393	C	0.383	0.006	质量分数（10^{-2}）	热作模具钢成分分析标准物质	山东省冶金科学研究院（济南市）
	Si	0.918	0.005	质量分数（10^{-2}）		
	Mn	0.250	0.003	质量分数（10^{-2}）		
	P	0.016	0.001	质量分数（10^{-2}）		
	S	0.0043	0.0001	质量分数（10^{-2}）		
	Ni	0.040	0.001	质量分数（10^{-2}）		
	Cr	5.24	0.02	质量分数（10^{-2}）		
	Mo	1.36	0.01	质量分数（10^{-2}）		
	V	0.952	0.007	质量分数（10^{-2}）		
	Cu	0.029	0.002	质量分数（10^{-2}）		
	W	0.0080	0.0006	质量分数（10^{-2}）		
	Al(s)	0.0056	0.0004	质量分数（10^{-2}）		
	Al(is)	0.0049	0.0007	质量分数（10^{-2}）		
	Al(t)	0.0105	0.0007	质量分数（10^{-2}）		
	Co	0.011	0.001	质量分数（10^{-2}）		
	As	0.0026	0.0003	质量分数（10^{-2}）		
	Ti	0.0069	0.0002	质量分数（10^{-2}）		
GBW01401a	C	0.0015	0.0002	质量分数（10^{-2}）	纯铁成分分析标准物质	钢铁研究总院（北京市）
	Si	0.049	0.002	质量分数（10^{-2}）		
	Mn	0.017	0.001	质量分数（10^{-2}）		
	P	0.0014	0.0002	质量分数（10^{-2}）		
	S	0.0015	0.0002	质量分数（10^{-2}）		
	Cr	0.0056	0.0003	质量分数（10^{-2}）		
	Ni	0.012	0.001	质量分数（10^{-2}）		

续表

标准物质编号	组份	标准值	标准不确定度	质量分数	标准物质名称	研制单位
GBW01401a	Mo	0.0028	0.0003	质量分数（10^{-2}）	纯铁成分分析标准物质	钢铁研究总院（北京市）
	Co	0.0024	0.0002	质量分数（10^{-2}）		
	Cu	0.0030	0.0002	质量分数（10^{-2}）		
	N	0.0025	0.0003	质量分数（10^{-2}）		
	Al	0.010	0.001	质量分数（10^{-2}）		
	Ti	0.0025	0.0003	质量分数（10^{-2}）		
GBW01402d	C	0.0012	0.0003	质量分数（10^{-2}）	高纯铁成分分析标准物质	太原钢铁（集团）有限公司钢铁研究所（太原市）
	S	0.0008	0.0002	质量分数（10^{-2}）		
	P	（0.0001）		质量分数（10^{-2}）		
	Mn	0.00022	0.00003	质量分数（10^{-2}）		
	Cr	0.00037	0.00005	质量分数（10^{-2}）		
	Ni	0.0011	0.0002	质量分数（10^{-2}）		
	Cu	0.00040	0.00006	质量分数（10^{-2}）		
	Al	0.00034	0.00006	质量分数（10^{-2}）		
	V	（0.0001）		质量分数（10^{-2}）		
	Ti	（0.0001）		质量分数（10^{-2}）		
	Si	0.0042	0.0004	质量分数（10^{-2}）		
	Mo	0.00014	0.00001	质量分数（10^{-2}）		
	Co	（0.0001）		质量分数（10^{-2}）		
	Pb	（0.0001）		质量分数（10^{-2}）		
	Bi	（0.0001）		质量分数（10^{-2}）		
	As	（0.0001）		质量分数（10^{-2}）		
	Sb	（0.0001）		质量分数（10^{-2}）		
	Sn	（0.0001）		质量分数（10^{-2}）		
	Ca	0.0017	0.0002	质量分数（10^{-2}）		
	Mg	0.00024	0.00004	质量分数（10^{-2}）		
	Cd	（0.0001）		质量分数（10^{-2}）		
	Zn	（0.0001）		质量分数（10^{-2}）		
GBW01403a	C	0.012	0.001	质量分数（10^{-2}）	工业纯铁成分分析标准物质	太原钢铁（集团）有限公司钢铁研究所（太原市）
	Si	0.017	0.002	质量分数（10^{-2}）		
	Mn	0.034	0.002	质量分数（10^{-2}）		
	P	0.0019	0.0002	质量分数（10^{-2}）		
	S	0.020	0.001	质量分数（10^{-2}）		
	Ni	0.030	0.001	质量分数（10^{-2}）		
	Cr	0.016	0.001	质量分数（10^{-2}）		
	Cu	0.021	0.002	质量分数（10^{-2}）		
	Al(t)	0.060	0.002	质量分数（10^{-2}）		
	N	0.015	0.001	质量分数（10^{-2}）		

续表

标准物质编号	组份	标准值	标准不确定度	质量分数	标准物质名称	研制单位
GBW01404a	C	0.027	0.003	质量分数（10^{-2}）	工业纯铁成分分析标准物质	太原钢铁（集团）有限公司钢铁研究所（太原市）
	Si	0.180	0.002	质量分数（10^{-2}）		
	Mn	0.195	0.004	质量分数（10^{-2}）		
	P	0.014	0.001	质量分数（10^{-2}）		
	S	0.0063	0.0004	质量分数（10^{-2}）		
	Ni	0.116	0.002	质量分数（10^{-2}）		
	Cr	0.048	0.002	质量分数（10^{-2}）		
	Cu	0.089	0.003	质量分数（10^{-2}）		
	Al(t)	0.290	0.005	质量分数（10^{-2}）		
	N	0.016	0.001	质量分数（10^{-2}）		
GBW01405a	C	0.030	0.001	质量分数（10^{-2}）	工业纯铁成分分析标准物质	太原钢铁（集团）有限公司钢铁研究所（太原市）
	Si	0.182	0.004	质量分数（10^{-2}）		
	Mn	0.106	0.003	质量分数（10^{-2}）		
	P	0.0061	0.0003	质量分数（10^{-2}）		
	S	0.025	0.001	质量分数（10^{-2}）		
	Ni	0.162	0.004	质量分数（10^{-2}）		
	Cr	0.147	0.004	质量分数（10^{-2}）		
	Cu	0.123	0.002	质量分数（10^{-2}）		
	Al(t)	0.205	0.006	质量分数（10^{-2}）		
	N	0.011	0.001	质量分数（10^{-2}）		
GBW01406a	Si	0.341	0.003	质量分数（10^{-2}）	工业纯铁成分分析标准物质	太原钢铁（集团）有限公司钢铁研究所（太原市）
	Mn	0.254	0.005	质量分数（10^{-2}）		
	P	0.021	0.001	质量分数（10^{-2}）		
	S	0.0058	0.0004	质量分数（10^{-2}）		
	Ni	0.182	0.004	质量分数（10^{-2}）		
	Cr	0.114	0.001	质量分数（10^{-2}）		
	Cu	0.168	0.003	质量分数（10^{-2}）		
	Al(t)	0.412	0.006	质量分数（10^{-2}）		
	N	0.012	0.001	质量分数（10^{-2}）		
	C	0.061	0.003	质量分数（10^{-2}）		
GBW01407a	C	0.080	0.003	质量分数（10^{-2}）	工业纯铁成分分析标准物质	太原钢铁（集团）有限公司钢铁研究所（太原市）
	Si	0.506	0.006	质量分数（10^{-2}）		
	Mn	0.358	0.004	质量分数（10^{-2}）		
	P	0.036	0.001	质量分数（10^{-2}）		
	S	0.031	0.002	质量分数（10^{-2}）		
	Ni	0.203	0.003	质量分数（10^{-2}）		
	Cr	0.170	0.005	质量分数（10^{-2}）		
	Cu	0.254	0.006	质量分数（10^{-2}）		
	Al(t)	0.432	0.006	质量分数（10^{-2}）		
	N	0.018	0.001	质量分数（10^{-2}）		

续表

标准物质编号	组份	标准值	标准不确定度	质量分数	标准物质名称	研制单位
GBW01421	Si	0.92	0.01	质量分数（10^{-2}）	中碳锰铁成分分析标准物质	吉林铁合金集团有限责任公司（吉林市）
	P	0.277	0.005	质量分数（10^{-2}）		
	Mn	79.95	0.14	质量分数（10^{-2}）		
	C	1.34	0.02	质量分数（10^{-2}）		
	S	0.0024	0.0007	质量分数（10^{-2}）		
GBW01422a	Si	76.74	0.14	质量分数（10^{-2}）	硅铁成分分析标准物质	吉林铁合金集团有限责任公司（吉林市）
	P	0.023	0.001	质量分数（10^{-2}）		
	Mn	0.172	0.007	质量分数（10^{-2}）		
	C	0.081	0.005	质量分数（10^{-2}）		
	S	0.004	0.001	质量分数（10^{-2}）		
	Cr	0.140	0.004	质量分数（10^{-2}）		
	Al	1.80	0.03	质量分数（10^{-2}）		
	Ca	0.30	0.02	质量分数（10^{-2}）		
GBW01423	Si	0.23	0.02	质量分数（10^{-2}）	钼铁成分分析标准物质	吉林铁合金集团有限责任公司（吉林市）
	P	0.025	0.002	质量分数（10^{-2}）		
	C	0.066	0.002	质量分数（10^{-2}）		
	S	0.080	0.003	质量分数（10^{-2}）		
	Cu	0.177	0.008	质量分数（10^{-2}）		
	Mo	62.76	0.22	质量分数（10^{-2}）		
GBW01424	Si	1.29	0.03	质量分数（10^{-2}）	高碳铬铁成分分析标准物质	吉林铁合金集团有限责任公司（吉林市）
	P	0.025	0.002	质量分数（10^{-2}）		
	Mn	0.14	0.02	质量分数（10^{-2}）		
	C	6.55	0.06	质量分数（10^{-2}）		
	S	0.043	0.002	质量分数（10^{-2}）		
	Cr	68.75	0.19	质量分数（10^{-2}）		
GBW01425a	Si	1.02	0.03	质量分数（10^{-2}）	低碳铬铁成分分析标准物质	吉林铁合金集团有限责任公司（吉林市）
	P	0.026	0.02	质量分数（10^{-2}）		
	Mn	0.356	0.013	质量分数（10^{-2}）		
	C	0.178	0.006	质量分数（10^{-2}）		
	S	0.0044	0.0004	质量分数（10^{-2}）		
	Cr	66.96	0.09	质量分数（10^{-2}）		
GBW01426	Si	1.43	0.03	质量分数（10^{-2}）	高碳锰铁成分分析标准物质	吉林铁合金集团有限责任公司（吉林市）
	P	0.162	0.007	质量分数（10^{-2}）		
	Mn	72.96	0.20	质量分数（10^{-2}）		
	C	6.27	0.09	质量分数（10^{-2}）		
	S	0.0115	0.0010	质量分数（10^{-2}）		
GBW01427	Si	19.34	0.13	质量分数（10^{-2}）	硅锰合金成分分析标准物质	吉林铁合金集团有限责任公司（吉林市）
	P	0.217	0.012	质量分数（10^{-2}）		
	Mn	66.66	0.18	质量分数（10^{-2}）		
	C	0.922	0.013	质量分数（10^{-2}）		
	S	0.0125	0.0007	质量分数（10^{-2}）		

续表

标准物质编号	组份	标准值	标准不确定度	质量分数	标准物质名称	研制单位
GBW01428	Si	0.34	0.03	质量分数（10^{-2}）	钨铁成分分析标准物质	吉林铁合金集团有限责任公司（吉林市）
	P	(0.028)		质量分数（10^{-2}）		
	Mn	0.12	0.01	质量分数（10^{-2}）		
	C	0.055	0.002	质量分数（10^{-2}）		
	S	0.048	0.005	质量分数（10^{-2}）		
	Cu	0.043	0.002	质量分数（10^{-2}）		
	W	76.66	0.17	质量分数（10^{-2}）		
GBW01429	Si	1.87	0.05	质量分数（10^{-2}）	磷铁成分分析标准物质	吉林铁合金集团有限责任公司（吉林市）
	P	17.90	0.07	质量分数（10^{-2}）		
	Mn	0.47	0.01	质量分数（10^{-2}）		
	C	0.224	0.005	质量分数（10^{-2}）		
	S	0.0681	0.0011	质量分数（10^{-2}）		
GBW01430	Si	4.68	0.05	质量分数（10^{-2}）	钛铁成分分析标准物质	吉林铁合金集团有限责任公司（吉林市）
	P	0.040	0.002	质量分数（10^{-2}）		
	Mn	2.54	0.05	质量分数（10^{-2}）		
	C	0.023	0.001	质量分数（10^{-2}）		
	Cu	0.012	0.001	质量分数（10^{-2}）		
	Al	5.08	0.07	质量分数（10^{-2}）		
	Ti	28.76	0.07	质量分数（10^{-2}）		
	S	0.012	0.001	质量分数（10^{-2}）		
GBW01431	Si	57.02	0.15	质量分数（10^{-2}）	硅钙合金成分分析标准物质	钢铁研究总院（北京市）
	Al	1.95	0.05	质量分数（10^{-2}）		
	Ca	30.03	0.09	质量分数（10^{-2}）		
	Fe	8.49	0.05	质量分数（10^{-2}）		
	Mn	0.426	0.006	质量分数（10^{-2}）		
	C	0.61	0.01	质量分数（10^{-2}）		
	P	0.025	0.003	质量分数（10^{-2}）		
	S	0.048	0.003	质量分数（10^{-2}）		
GBW01432	C	0.024	0.002	质量分数（10^{-2}）	硅铁成分分析标准物质	武汉钢铁（集团）公司技术中心（武汉市）
	S	78.96	0.08	质量分数（10^{-2}）		
	Mn	0.058	0.005	质量分数（10^{-2}）		
	P	0.0093	0.0004	质量分数（10^{-2}）		
	S	0.0037	0.0004	质量分数（10^{-2}）		
	Cu	0.049	0.002	质量分数（10^{-2}）		
	Cr	0.0053	0.0004	质量分数（10^{-2}）		
	Ni	0.035	0.002	质量分数（10^{-2}）		
	Ca	0.064	0.004	质量分数（10^{-2}）		
	Al	0.24	0.01	质量分数（10^{-2}）		
	Fe	20.24	0.05	质量分数（10^{-2}）		
	V	0.0024	0.0002	质量分数（10^{-2}）		
	Co	0.0031	0.0003	质量分数（10^{-2}）		

续表

标准物质编号	组份	标准值	标准不确定度	质量分数	标准物质名称	研制单位
GBW01432	Ti	0.032	0.002	质量分数（10^{-2}）	硅铁成分分析标准物质	武汉钢铁（集团）公司技术中心（武汉市）
	B	0.0029	0.0002	质量分数（10^{-2}）		
	Ba	0.0060	0.0004	质量分数（10^{-2}）		
	Mo	0.0013	0.0002	质量分数（10^{-2}）		
	Mg	0.0051	0.0002	质量分数（10^{-2}）		
	Sn	0.0003	0.0001	质量分数（10^{-2}）		
	As	0.0012	0.0002	质量分数（10^{-2}）		
	O	（0.256）		质量分数（10^{-2}）		
GBW01433	C	0.19	0.01	质量分数（10^{-2}）	硅铁成分分析标准物质	武汉钢铁（集团）公司技术中心（武汉市）
	Si	55.73	0.07	质量分数（10^{-2}）		
	Mn	0.22	0.01	质量分数（10^{-2}）		
	P	0.038	0.001	质量分数（10^{-2}）		
	S	0.0048	0.0003	质量分数（10^{-2}）		
	Cu	0.060	0.002	质量分数（10^{-2}）		
	Cr	0.014	0.001	质量分数（10^{-2}）		
	Ni	0.0063	0.0004	质量分数（10^{-2}）		
	Ca	0.14	0.01	质量分数（10^{-2}）		
	Al	0.78	0.01	质量分数（10^{-2}）		
	Fe	41.89	0.09	质量分数（10^{-2}）		
	V	0.011	0.001	质量分数（10^{-2}）		
	Co	0.0047	0.0005	质量分数（10^{-2}）		
	Ti	0.119	0.004	质量分数（10^{-2}）		
	B	0.0032	0.0002	质量分数（10^{-2}）		
	Ba	0.0043	0.0002	质量分数（10^{-2}）		
	Mo	0.011	0.001	质量分数（10^{-2}）		
	Mg	0.0068	0.0003	质量分数（10^{-2}）		
	Sn	0.0004	0.0001	质量分数（10^{-2}）		
	As	0.0015	0.0002	质量分数（10^{-2}）		
	O	（0.665）		质量分数（10^{-2}）		
GBW01434	C	0.21	0.01	质量分数（10^{-2}）	硅钙钡成分分析标准物质	武汉钢铁（集团）公司技术中心（武汉市）
	Si	59.24	0.06	质量分数（10^{-2}）		
	Mn	0.067	0.004	质量分数（10^{-2}）		
	P	0.024	0.001	质量分数（10^{-2}）		
	S	0.051	0.001	质量分数（10^{-2}）		
	Cu	0.13	0.01	质量分数（10^{-2}）		
	Cr	0.035	0.002	质量分数（10^{-2}）		
	Ni	0.012	0.001	质量分数（10^{-2}）		
	Ca	9.89	0.08	质量分数（10^{-2}）		
	Al	1.55	0.03	质量分数（10^{-2}）		
	Ba	16.54	0.06	质量分数（10^{-2}）		
	Fe	9.71	0.08	质量分数（10^{-2}）		

续表

标准物质编号	组份	标准值	标准不确定度	质量分数	标准物质名称	研制单位
GBW01501	C	0.0015	0.0005	质量分数（10^{-2}）	精密合金成分分析标准物质	上海钢铁研究所（上海市）
	S	0.0024	0.0003	质量分数（10^{-2}）		
	P	0.0007	0.0002	质量分数（10^{-2}）		
	Si	0.317	0.007	质量分数（10^{-2}）		
	Mn	0.983	0.009	质量分数（10^{-2}）		
	Cr	0.466	0.010	质量分数（10^{-2}）		
	Cu	0.027	0.002	质量分数（10^{-2}）		
	Co	0.043	0.003	质量分数（10^{-2}）		
	Mo	4.13	0.03	质量分数（10^{-2}）		
	Ti	0.0040	0.0005	质量分数（10^{-2}）		
	Ni	80.07	0.08	质量分数（10^{-2}）		
GBW01502	C	0.0015	0.0004	质量分数（10^{-2}）	精密合金成分分析标准物质	上海钢铁研究所（上海市）
	S	0.0056	0.0003	质量分数（10^{-2}）		
	P	0.0019	0.0002	质量分数（10^{-2}）		
	Si	0.106	0.007	质量分数（10^{-2}）		
	Mn	0.307	0.007	质量分数（10^{-2}）		
	Ni	28.80	0.06	质量分数（10^{-2}）		
	Cr	0.148	0.004	质量分数（10^{-2}）		
	Cu	0.072	0.002	质量分数（10^{-2}）		
	Co	17.77	0.07	质量分数（10^{-2}）		
	Mo	0.029	0.002	质量分数（10^{-2}）		
	Ti	0.0030	0.0006	质量分数（10^{-2}）		
GBW01503	C	0.032	0.002	质量分数（10^{-2}）	精密合金成分分析标准物质	大连钢厂精密合金研究所（大连市）
	Mn	0.206	0.005	质量分数（10^{-2}）		
	Si	0.149	0.003	质量分数（10^{-2}）		
	P	0.0030	0.0002	质量分数（10^{-2}）		
	S	0.0050	0.0002	质量分数（10^{-2}）		
	Ni	33.20	0.09	质量分数（10^{-2}）		
	Co	14.27	0.04	质量分数（10^{-2}）		
GBW01531	C	0.132	0.005	质量分数（10^{-2}）	硫磷易切钢成分分析标准物质	江苏省机电研究所（徐州市）
	S	0.057	0.002	质量分数（10^{-2}）		
	P	0.152	0.004	质量分数（10^{-2}）		
	Mn	0.475	0.008	质量分数（10^{-2}）		
	Si 质量法	0.167	0.006	质量分数（10^{-2}）		
	Si 比色法	0.159	0.005	质量分数（10^{-2}）		
GBW01532	C	0.251	0.006	质量分数（10^{-2}）	硫磷易切钢成分分析标准物质	江苏省机电研究所（徐州市）
	S	0.129	0.002	质量分数（10^{-2}）		
	P	0.104	0.004	质量分数（10^{-2}）		
	Mn	0.804	0.011	质量分数（10^{-2}）		
	Si 质量法	0.527	0.003	质量分数（10^{-2}）		
	Si 比色法	0.478	0.009	质量分数（10^{-2}）		

续表

标准物质编号	组份	标准值	标准不确定度	质量分数	标准物质名称	研制单位
GBW01533	C	0.334	0.008	质量分数（10^{-2}）	硫磷易切钢成分分析标准物质	江苏省机电研究所（徐州市）
	S	0.236	0.005	质量分数（10^{-2}）		
	P	0.048	0.003	质量分数（10^{-2}）		
	Mn	1.91	0.02	质量分数（10^{-2}）		
	Si 质量法	0.531	0.010	质量分数（10^{-2}）		
	Si 比色法	0.518	0.017	质量分数（10^{-2}）		
GBW01534	C	0.399	0.008	质量分数（10^{-2}）	硫磷易切钢成分分析标准物质	江苏省机电研究所（徐州市）
	S	0.329	0.006	质量分数（10^{-2}）		
	P	0.034	0.001	质量分数（10^{-2}）		
	Mn	1.09	0.02	质量分数（10^{-2}）		
	Si 质量法	0.280	0.006	质量分数（10^{-2}）		
	Si 比色法	0.274	0.007	质量分数（10^{-2}）		
GBW01601	C	0.088	0.001	质量分数（10^{-2}）	不锈钢成分分析标准物质	重庆特殊钢股份有限公司特钢研究所（重庆市）
	Si	0.643	0.006	质量分数（10^{-2}）		
	Mn	1.28	0.01	质量分数（10^{-2}）		
	P	0.0273	0.0007	质量分数（10^{-2}）		
	S	0.006	0.001	质量分数（10^{-2}）		
	Ni	9.35	0.03	质量分数（10^{-2}）		
	Cr	17.82	0.04	质量分数（10^{-2}）		
	W	0.038	0.001	质量分数（10^{-2}）		
	Mo	0.223	0.010	质量分数（10^{-2}）		
	Ti	0.66	0.01	质量分数（10^{-2}）		
	Cu	0.080	0.003	质量分数（10^{-2}）		
	Al	0.12	0.01	质量分数（10^{-2}）		
GBW01602	C	0.089	0.005	质量分数（10^{-2}）	不锈钢成分分析标准物质	抚顺钢厂（抚顺市）
	Mn	0.92	0.02	质量分数（10^{-2}）		
	Si	0.46	0.02	质量分数（10^{-2}）		
	S	0.015	0.002	质量分数（10^{-2}）		
	P	0.023	0.001	质量分数（10^{-2}）		
	Ni	0.538	0.007	质量分数（10^{-2}）		
	Cr	10.49	0.06	质量分数（10^{-2}）		
	V	0.216	0.008	质量分数（10^{-2}）		
	Mo	0.79	0.01	质量分数（10^{-2}）		
	Cu	0.084	0.003	质量分数（10^{-2}）		
	N	0.018	0.002	质量分数（10^{-2}）		
	B	0.009	0.001	质量分数（10^{-2}）		
	Nb	0.35	0.01	质量分数（10^{-2}）		
	Co	6.20	0.06	质量分数（10^{-2}）		

续表

标准物质编号	组份	标准值	标准不确定度	质量分数	标准物质名称	研制单位
GBW01603	C	0.099	0.004	质量分数 (10^{-2})	不锈钢成分分析标准物质	抚顺钢厂(抚顺市)
	Mn	0.71	0.01	质量分数 (10^{-2})		
	Si	0.29	0.02	质量分数 (10^{-2})		
	S	0.024	0.002	质量分数 (10^{-2})		
	P	0.027	0.001	质量分数 (10^{-2})		
	Ni	2.53	0.03	质量分数 (10^{-2})		
	Cr	11.81	0.04	质量分数 (10^{-2})		
	V	0.36	0.01	质量分数 (10^{-2})		
	Mo	1.76	0.03	质量分数 (10^{-2})		
	Cu	0.084	0.003	质量分数 (10^{-2})		
	N	0.021	0.001	质量分数 (10^{-2})		
GBW01604	C	0.109	0.005	质量分数 (10^{-2})	不锈钢成分分析标准物质	抚顺钢厂(抚顺市)
	Mn	0.960	0.009	质量分数 (10^{-2})		
	Si	1.35	0.02	质量分数 (10^{-2})		
	S	0.0130	0.0005	质量分数 (10^{-2})		
	P	0.027	0.001	质量分数 (10^{-2})		
	Ni	20.12	0.09	质量分数 (10^{-2})		
	Cr	17.94	0.04	质量分数 (10^{-2})		
	Mo	0.153	0.006	质量分数 (10^{-2})		
	Cu	0.208	0.005	质量分数 (10^{-2})		
	W	0.155	0.005	质量分数 (10^{-2})		
	Al(t)	0.029	0.003	质量分数 (10^{-2})		
	Ti	0.45	0.02	质量分数 (10^{-2})		
GBW01605	C	0.040	0.002	质量分数 (10^{-2})	高合金钢光谱分析标准物质	抚顺钢厂(抚顺市)
	Mn	0.130	0.005	质量分数 (10^{-2})		
	Si	0.223	0.001	质量分数 (10^{-2})		
	Si	0.0028	0.0004	质量分数 (10^{-2})		
	P	0.0062	0.0004	质量分数 (10^{-2})		
	Ni	0.500	0.008	质量分数 (10^{-2})		
	Cr	14.26	0.05	质量分数 (10^{-2})		
	W	0.058	0.003	质量分数 (10^{-2})		
	V	0.059	0.003	质量分数 (10^{-2})		
	Mo	0.064	0.003	质量分数 (10^{-2})		
	Ti	0.041	0.002	质量分数 (10^{-2})		
	Cu	0.056	0.001	质量分数 (10^{-2})		
	Co	0.016	0.001	质量分数 (10^{-2})		

续表

标准物质编号	组份	标准值	标准不确定度	质量分数	标准物质名称	研制单位
GBW01606	C	0.245	0.004	质量分数（10^{-2}）	高合金钢光谱分析标准物质	抚顺钢厂（抚顺市）
	Mn	0.337	0.004	质量分数（10^{-2}）		
	Si	0.420	0.007	质量分数（10^{-2}）		
	S	0.032	0.002	质量分数（10^{-2}）		
	P	0.0103	0.0004	质量分数（10^{-2}）		
	Ni	0.393	0.004	质量分数（10^{-2}）		
	Cr	11.03	0.06	质量分数（10^{-2}）		
	W	0.27	0.01	质量分数（10^{-2}）		
	V	0.151	0.003	质量分数（10^{-2}）		
	Mo	0.353	0.009	质量分数（10^{-2}）		
	Ti	0.079	0.003	质量分数（10^{-2}）		
	Cu	0.284	0.005	质量分数（10^{-2}）		
	Co	0.054	0.002	质量分数（10^{-2}）		
GBW01607	C	0.159	0.004	质量分数（10^{-2}）	高合金钢光谱分析标准物质	抚顺钢厂（抚顺市）
	Mn	0.495	0.007	质量分数（10^{-2}）		
	Si	0.568	0.006	质量分数（10^{-2}）		
	Si	0.017	0.001	质量分数（10^{-2}）		
	P	0.0165	0.0006	质量分数（10^{-2}）		
	Ni	0.207	0.005	质量分数（10^{-2}）		
	Cr	12.52	0.07	质量分数（10^{-2}）		
	W	0.19	0.01	质量分数（10^{-2}）		
	V	0.089	0.003	质量分数（10^{-2}）		
	Mo	0.157	0.007	质量分数（10^{-2}）		
	Ti	0.091	0.002	质量分数（10^{-2}）		
	Cu	0.171	0.005	质量分数（10^{-2}）		
	Co	0.036	0.002	质量分数（10^{-2}）		
GBW01608	C	0.340	0.005	质量分数（10^{-2}）	高合金钢光谱分析标准物质	抚顺钢厂（抚顺市）
	Si	0.772	0.004	质量分数（10^{-2}）		
	S	0.0054	0.0004	质量分数（10^{-2}）		
	P	0.0262	0.0006	质量分数（10^{-2}）		
	Ni	0.461	0.005	质量分数（10^{-2}）		
	Cr	9.37	0.04	质量分数（10^{-2}）		
	W	0.38	0.02	质量分数（10^{-2}）		
	V	0.201	0.004	质量分数（10^{-2}）		
	Mo	0.244	0.007	质量分数（10^{-2}）		
	Ti	0.371	0.006	质量分数（10^{-2}）		
	Cu	0.374	0.006	质量分数（10^{-2}）		
	Co	0.078	0.003	质量分数（10^{-2}）		
	Mn	0.740	0.006	质量分数（10^{-2}）		

续表

标准物质编号	组份	标准值	标准不确定度	质量分数	标准物质名称	研制单位
GBW01609	C	0.472	0.004	质量分数（10^{-2}）	高合金钢光谱分析标准物质	抚顺钢厂（抚顺市）
	Mn	0.983	0.006	质量分数（10^{-2}）		
	Si	0.487	0.007	质量分数（10^{-2}）		
	Si	0.041	0.002	质量分数（10^{-2}）		
	P	0.043	0.002	质量分数（10^{-2}）		
	Ni	0.771	0.008	质量分数（10^{-2}）		
	Cr	7.84	0.03	质量分数（10^{-2}）		
	W	0.50	0.01	质量分数（10^{-2}）		
	V	0.287	0.005	质量分数（10^{-2}）		
	Mo	0.487	0.008	质量分数（10^{-2}）		
	Ti	0.187	0.005	质量分数（10^{-2}）		
	Cu	0.522	0.009	质量分数（10^{-2}）		
	Co	0.116	0.002	质量分数（10^{-2}）		
GBW01610	C	0.137	0.006	质量分数（10^{-2}）	不锈钢成分分析标准物质	重庆特殊钢股份有限公司特钢研究所（重庆市）
	Si	0.98	0.02	质量分数（10^{-2}）		
	Mn	2.03	0.03	质量分数（10^{-2}）		
	P	0.027	0.002	质量分数（10^{-2}）		
	S	0.146	0.005	质量分数（10^{-2}）		
	Ni	15.35	0.08	质量分数（10^{-2}）		
	Cr	24.46	0.05	质量分数（10^{-2}）		
	W	0.28	0.01	质量分数（10^{-2}）		
	Mo	0.104	0.005	质量分数（10^{-2}）		
	Cu	0.072	0.002	质量分数（10^{-2}）		
	Al			质量分数（10^{-2}）		
	Pb	0.0018	0.0002	质量分数（10^{-2}）		
	Ti			质量分数（10^{-2}）		
	Sn	0.0064	0.0005	质量分数（10^{-2}）		
	As	0.0066	0.0007	质量分数（10^{-2}）		
GBW01611	C	0.095	0.003	质量分数（10^{-2}）	不锈钢成分分析标准物质	重庆特殊钢股份有限公司特钢研究所（重庆市）
	Si	1.04	0.02	质量分数（10^{-2}）		
	Mn	0.76	0.01	质量分数（10^{-2}）		
	P	0.019	0.001	质量分数（10^{-2}）		
	S	0.022	0.002	质量分数（10^{-2}）		
	Ni	5.11	0.03	质量分数（10^{-2}）		
	Cr	20.99	0.04	质量分数（10^{-2}）		
	W	0.21	0.01	质量分数（10^{-2}）		
	Mo	0.27	0.01	质量分数（10^{-2}）		
	Cu	0.148	0.003	质量分数（10^{-2}）		
	Al	0.29	0.01	质量分数（10^{-2}）		
	Ti	0.490	0.004	质量分数（10^{-2}）		

续表

标准物质编号	组份	标准值	标准不确定度	质量分数	标准物质名称	研制单位
GBW01612	C	0.043	0.002	质量分数（10^{-2}）	不锈钢成分分析标准物质	重庆特殊钢股份有限公司特钢研究所（重庆市）
	Si	0.70	0.02	质量分数（10^{-2}）		
	Mn	1.08	0.01	质量分数（10^{-2}）		
	P	0.0165	0.0003	质量分数（10^{-2}）		
	S	0.007	0.001	质量分数（10^{-2}）		
	Ni	13.30	0.05	质量分数（10^{-2}）		
	Cr	17.41	0.04	质量分数（10^{-2}）		
	W	0.017	0.005	质量分数（10^{-2}）		
	Mo	0.36	0.01	质量分数（10^{-2}）		
	Cu	0.226	0.003	质量分数（10^{-2}）		
	Al	0.46	0.01	质量分数（10^{-2}）		
	Ti	0.267	0.004	质量分数（10^{-2}）		
GBW01613	C	0.028	0.003	质量分数（10^{-2}）	不锈钢成分分析标准物质	重庆特殊钢股份有限公司特钢研究所（重庆市）
	Si	0.48	0.02	质量分数（10^{-2}）		
	Mn	1.59	0.02	质量分数（10^{-2}）		
	P	0.040	0.001	质量分数（10^{-2}）		
	S	0.079	0.002	质量分数（10^{-2}）		
	Ni	10.99	0.08	质量分数（10^{-2}）		
	Cr	15.96	0.05	质量分数（10^{-2}）		
	W	0.085	0.006	质量分数（10^{-2}）		
	Mo	1.93	0.04	质量分数（10^{-2}）		
	Cu	0.238	0.006	质量分数（10^{-2}）		
	Al	0.29	0.02	质量分数（10^{-2}）		
	Ti	0.101	0.006	质量分数（10^{-2}）		
GBW01614	C	0.071	0.003	质量分数（10^{-2}）	不锈钢成分分析标准物质	重庆特殊钢股份有限公司特钢研究所（重庆市）
	Si	0.474	0.008	质量分数（10^{-2}）		
	Mn	1.03	0.01	质量分数（10^{-2}）		
	P	0.034	0.001	质量分数（10^{-2}）		
	S	0.051	0.003	质量分数（10^{-2}）		
	Ni	10.12	0.07	质量分数（10^{-2}）		
	Cr	13.78	0.04	质量分数（10^{-2}）		
	W	0.066	0.007	质量分数（10^{-2}）		
	Mo	0.98	0.02	质量分数（10^{-2}）		
	Cu	0.173	0.003	质量分数（10^{-2}）		
	Al	0.57	0.02	质量分数（10^{-2}）		
	Pb	0.0025	0.0005	质量分数（10^{-2}）		
	Ti	0.69	0.01	质量分数（10^{-2}）		
	Sn	0.013	0.002	质量分数（10^{-2}）		
	As	0.019	0.003	质量分数（10^{-2}）		

续表

标准物质编号	组份	标准值	标准不确定度	质量分数	标准物质名称	研制单位
GBW01615	C	0.347	0.005	质量分数 (10^{-2})	不锈钢成分分析标准物质	重庆特殊钢股份有限公司特钢研究所(重庆市)
	Si	0.98	0.02	质量分数 (10^{-2})		
	Mn	0.533	0.009	质量分数 (10^{-2})		
	P	0.0125	0.0007	质量分数 (10^{-2})		
	S	0.008	0.001	质量分数 (10^{-2})		
	Ni	7.16	0.02	质量分数 (10^{-2})		
	Cr	11.92	0.05	质量分数 (10^{-2})		
	Mo	0.47	0.01	质量分数 (10^{-2})		
	Cu	0.348	0.004	质量分数 (10^{-2})		
	Al	0.96	0.02	质量分数 (10^{-2})		
	Pb	0.0032	0.0003	质量分数 (10^{-2})		
	Ti	0.52	0.01	质量分数 (10^{-2})		
	Sn	0.016	0.001	质量分数 (10^{-2})		
	As	0.024	0.001	质量分数 (10^{-2})		
GBW01616	C	0.079	0.004	质量分数 (10^{-2})	不锈钢成分分析标准物质	重庆特殊钢股份有限公司特钢研究所(重庆市)
	Si	0.0658	0.009	质量分数 (10^{-2})		
	Mn	1.16	0.01	质量分数 (10^{-2})		
	P	0.026	0.001	质量分数 (10^{-2})		
	S	0.046	0.002	质量分数 (10^{-2})		
	Ni	8.91	0.03	质量分数 (10^{-2})		
	Cr	18.10	0.06	质量分数 (10^{-2})		
	Mo	0.072	0.006	质量分数 (10^{-2})		
	Cu	0.074	0.002	质量分数 (10^{-2})		
	Al	0.110	0.009	质量分数 (10^{-2})		
GBW01617	C	0.046	0.001	质量分数 (10^{-2})	不锈钢成分分析标准物质	重庆特殊钢股份有限公司特钢研究所(重庆市)
	Si	0.420	0.007	质量分数 (10^{-2})		
	Mn	13.81	0.04	质量分数 (10^{-2})		
	P	0.026	0.001	质量分数 (10^{-2})		
	S	0.005	0.001	质量分数 (10^{-2})		
	Ni	0.194	0.006	质量分数 (10^{-2})		
	Cr	17.55	0.06	质量分数 (10^{-2})		
	W	0.018	0.005	质量分数 (10^{-2})		
	Mo	1.81	0.02	质量分数 (10^{-2})		
	Cu	0.060	0.002	质量分数 (10^{-2})		
	Al	(0.0086)		质量分数 (10^{-2})		
	N	0.265	0.004	质量分数 (10^{-2})		
GBW01618	C	0.126	0.005	质量分数 (10^{-2})	不锈钢成分分析标准物质	重庆特殊钢股份有限公司特钢研究所(重庆市)
	Si	0.80	0.02	质量分数 (10^{-2})		
	Mn	1.50	0.02	质量分数 (10^{-2})		
	P	0.032	0.002	质量分数 (10^{-2})		
	S	0.031	0.002	质量分数 (10^{-2})		

续表

标准物质编号	组份	标准值	标准不确定度	质量分数	标准物质名称	研制单位
GBW01618	Ni	36.62	0.06	质量分数 (10^{-2})	不锈钢成分分析标准物质	重庆特殊钢股份有限公司特钢研究所(重庆市)
	Cr	15.46	0.03	质量分数 (10^{-2})		
	W	2.76	0.04	质量分数 (10^{-2})		
	Cu	0.026	0.001	质量分数 (10^{-2})		
	Al	0.033	0.003	质量分数 (10^{-2})		
	Ti	1.27	0.02	质量分数 (10^{-2})		
GBW01619	Ag	3.5	0.3	质量分数 (10^{-2})	铁镍基高温合金痕量元素成分分析标准物质	钢铁研究总院(北京市)
	As	17	2	质量分数 (10^{-2})		
	Bi	4.2	0.6	质量分数 (10^{-2})		
	Ca	42	4	质量分数 (10^{-2})		
	Cd	7.0	0.4	质量分数 (10^{-2})		
	Ca	29	3	质量分数 (10^{-2})		
	In	11	1	质量分数 (10^{-2})		
	Mg	82	2	质量分数 (10^{-2})		
	Pb	12	2	质量分数 (10^{-2})		
	Sb	204	9	质量分数 (10^{-2})		
	Se	43	2	质量分数 (10^{-2})		
	Sn	103	4	质量分数 (10^{-2})		
	Te	3.0	0.5	质量分数 (10^{-2})		
	Tl	8.5	0.3	质量分数 (10^{-2})		
	Zn	24	3	质量分数 (10^{-2})		
GBW01620	Ag	4.6	0.5	质量分数(10 –6)	铁镍基高温合金痕量元素成分分析标准物质	钢铁研究总院(北京市)
	As	11	2	质量分数(10^{-6})		
	Bi	0.4	0.1	质量分数(10^{-6})		
	Ca	21	2	质量分数(10^{-6})		
	Cd	4.6	0.4	质量分数(10^{-6})		
	Ca	32	2	质量分数(10^{-6})		
	In	2.6	0.4	质量分数(10^{-6})		
	Mg	16	2	质量分数(10^{-6})		
	Pb	4.1	0.5	质量分数(10^{-6})		
	Sb	95	6	质量分数(10^{-6})		
	Se	16	2	质量分数(10^{-6})		
	Sn	53	4	质量分数(10^{-6})		
	Te	11	1	质量分数(10^{-6})		
	Tl	22	3	质量分数(10^{-6})		
	Zn	32	3	质量分数(10^{-6})		
GBW01621	Ag	5.3	0.4	质量分数 (10^{-2})	铁镍基高温合金痕量元素成分分析标准物质	钢铁研究总院(北京市)
	As	15	2	质量分数 (10^{-2})		
	Bi	0.4	0.1	质量分数 (10^{-2})		
	Cd	1.8	0.2	质量分数 (10^{-2})		
	Ca	108	7	质量分数 (10^{-2})		

续表

标准物质编号	组份	标准值	标准不确定度	质量分数	标准物质名称	研制单位
GBW01621	In	30	3	质量分数（10^{-2}）	铁镍基高温合金痕量元素成分分析标准物质	钢铁研究总院（北京市）
	Mg	15	2	质量分数（10^{-2}）		
	Pb	11	1	质量分数（10^{-2}）		
	Sb	59	4	质量分数（10^{-2}）		
	Se	11	2	质量分数（10^{-2}）		
	Sn	72	7	质量分数（10^{-2}）		
	Te	2.1	0.4	质量分数（10^{-2}）		
	Tl	51	1	质量分数（10^{-2}）		
	Zn	105	13	质量分数（10^{-2}）		
	Ca	11	2	质量分数（10^{-2}）		
GBW01622	Ag	0.3	0.1	质量分数（10^{-2}）	铁镍基高温合金痕量元素成分分析标准物质	钢铁研究总院（北京市）
	As	72	3	质量分数（10^{-2}）		
	Bi	0.5	0.2	质量分数（10^{-2}）		
	Ca	32	2	质量分数（10^{-2}）		
	Cd	1.9	0.2	质量分数（10^{-2}）		
	Ca	28	3	质量分数（10^{-2}）		
	In	0.4	0.2	质量分数（10^{-2}）		
	Mg	53	4	质量分数（10^{-2}）		
	Pb	2.2	0.8	质量分数（10^{-2}）		
	Sb	7.4	1.0	质量分数（10^{-2}）		
	Se	43	4	质量分数（10^{-2}）		
	Sn	0.104	0.007	质量分数（10^{-2}）		
	Te	0.5	0.1	质量分数（10^{-2}）		
	Tl	83	4	质量分数（10^{-2}）		
	Zn	20	2	质量分数（10^{-2}）		
GBW01623	Ag	0.7	0.2	质量分数（10^{-2}）	铁镍基高温合金痕量元素成分分析标准物质	钢铁研究总院（北京市）
	As	72	3	质量分数（10^{-2}）		
	Bi	3.4	0.5	质量分数（10^{-2}）		
	Ca	5.3	0.5	质量分数（10^{-2}）		
	Cd	1.6	0.3	质量分数（10^{-2}）		
	Ca	63	4	质量分数（10^{-2}）		
	In	92	7	质量分数（10^{-2}）		
	Mg	111	8	质量分数（10^{-2}）		
	Pb	91	5	质量分数（10^{-2}）		
	Sb	6.2	0.2	质量分数（10^{-2}）		
	Se	53	3	质量分数（10^{-2}）		
	Sn	92	5	质量分数（10^{-2}）		
	Te	83	3	质量分数（10^{-2}）		
	Tl	8.1	0.7	质量分数（10^{-2}）		
	Zn	6.0	0.5	质量分数（10^{-2}）		

续表

标准物质编号	组份	标准值	标准不确定度	质量分数	标准物质名称	研制单位
GBW01624	C	0.400	0.003	质量分数（10^{-2}）	耐热合金成分分析标准物质	钢铁研究总院（北京市）
	Si	1.85	0.02	质量分数（10^{-2}）		
	Mn	0.95	0.01	质量分数（10^{-2}）		
	P	0.015	0.002	质量分数（10^{-2}）		
	S	0.0041	0.0004	质量分数（10^{-2}）		
	Cr	25.58	0.04	质量分数（10^{-2}）		
	Ni	34.86	0.13	质量分数（10^{-2}）		
	W	0.93	0.02	质量分数（10^{-2}）		
	Mo	0.348	0.007	质量分数（10^{-2}）		
	V	0.041	0.004	质量分数（10^{-2}）		
	Nb	1.64	0.02	质量分数（10^{-2}）		
GBW01625	C	0.327	0.003	质量分数（10^{-2}）	高合金钢成分分析标准物质	钢铁研究总院（北京市）
	Si	2.36	0.02	质量分数（10^{-2}）		
	Mn	0.896	0.008	质量分数（10^{-2}）		
	P	0.018	0.001	质量分数（10^{-2}）		
	S	0.0084	0.0008	质量分数（10^{-2}）		
	Cr	9.11	0.03	质量分数（10^{-2}）		
	Ni	0.129	0.003	质量分数（10^{-2}）		
	Cu	0.068	0.002	质量分数（10^{-2}）		
GBW01626	As	1.2	0.4	质量分数（10^{-2}）	镍基铸造高温合金杂质成分分析标准物质	北京航空材料研究院（北京市）
	Sb	1.2	0.3	质量分数（10^{-2}）		
	Pb	1.3	0.4	质量分数（10^{-2}）		
	Sn	2.2	0.5	质量分数（10^{-2}）		
	Bi	0.26	0.14	质量分数（10^{-2}）		
	Ag	0.47	0.16	质量分数（10^{-2}）		
	Te	0.72	0.24	质量分数（10^{-2}）		
	Tl	0.22	0.07	质量分数（10^{-2}）		
	Se	1.1	0.4	质量分数（10^{-2}）		
GBW01627	As	2.8	0.4	质量分数（10^{-2}）	镍基铸造高温合金杂质成分分析标准物质	北京航空材料研究院（北京市）
	Sb	2.4	0.4	质量分数（10^{-2}）		
	Pb	2.8	0.4	质量分数（10^{-2}）		
	Sn	3.0	0.5	质量分数（10^{-2}）		
	Bi	0.69	0.20	质量分数（10^{-2}）		
	Ag	0.47	0.23	质量分数（10^{-2}）		
	Te	3.3	0.5	质量分数（10^{-2}）		
	Tl	1.2	0.5	质量分数（10^{-2}）		
	Se	1.0	0.4	质量分数（10^{-2}）		
GBW01628	As	4.3	0.8	质量分数（10^{-2}）	镍基铸造高温合金杂质成分分析标准物质	北京航空材料研究院（北京市）
	Sb	5.0	0.7	质量分数（10^{-2}）		
	Pb	1.2	0.3	质量分数（10^{-2}）		
	Sn	10.0	1.0	质量分数（10^{-2}）		

续表

标准物质编号	组份	标准值	标准不确定度	质量分数	标准物质名称	研制单位
GBW01628	Bi	0.20	0.08	质量分数 (10^{-2})	镍基铸造高温合金杂质成分分析标准物质	北京航空材料研究院(北京市)
	Ag	1.3	0.2	质量分数 (10^{-2})		
	Te	0.57	0.19	质量分数 (10^{-2})		
	Tl	0.26	0.13	质量分数 (10^{-2})		
	Se	1.8	0.4	质量分数 (10^{-2})		
GBW01629	As	16	2	质量分数 (10^{-2})	镍基铸造高温合金杂质成分分析标准物质	北京航空材料研究院(北京市)
	Sb	17	3	质量分数 (10^{-2})		
	Pb	3.2	0.4	质量分数 (10^{-2})		
	Sn	28.0	3.0	质量分数 (10^{-2})		
	Bi	0.98	0.24	质量分数 (10^{-2})		
	Ag	2.2	0.5	质量分数 (10^{-2})		
	Te	7.5	0.4	质量分数 (10^{-2})		
	Tl	0.52	0.12	质量分数 (10^{-2})		
	Se	8.7	1.4	质量分数 (10^{-2})		
GBW01630	As	50.0	5.0	质量分数 (10^{-2})	镍基铸造高温合金杂质成分分析标准物质	北京航空材料研究院(北京市)
	Sb	22.0	4.0	质量分数 (10^{-2})		
	Pb	18.0	2.0	质量分数 (10^{-2})		
	Sn	38.0	4.0	质量分数 (10^{-2})		
	Bi	2.9	0.4	质量分数 (10^{-2})		
	Ag	6.2	0.4	质量分数 (10^{-2})		
	Te	21.0	4.0	质量分数 (10^{-2})		
	Tl	0.97	0.21	质量分数 (10^{-2})		
	Se	25.0	4.0	质量分数 (10^{-2})		
GBW01631	As	6.4	1.0	质量分数 (10^{-2})	铁镍基铸造高温合金杂质成分分析标准物质	北京航空材料研究院(北京市)
	Sb	2.9	0.3	质量分数 (10^{-2})		
	Pb	1.0	0.4	质量分数 (10^{-2})		
	Sn	2.3	0.4	质量分数 (10^{-2})		
	Bi	0.32	0.10	质量分数 (10^{-2})		
	Ag	0.53	0.18	质量分数 (10^{-2})		
	Te	1.6	0.4	质量分数 (10^{-2})		
	Tl	0.36	0.11	质量分数 (10^{-2})		
	Se	1.7	0.6	质量分数 (10^{-2})		
GBW01632	As	8.3	2.0	质量分数 (10^{-2})	铁镍基铸造高温合金杂质成分分析标准物质	北京航空材料研究院(北京市)
	Sb	4.7	0.5	质量分数 (10^{-2})		
	Pb	1.1	0.2	质量分数 (10^{-2})		
	Sn	4.2	1.0	质量分数 (10^{-2})		
	Bi	0.42	0.14	质量分数 (10^{-2})		
	Ag	1.1	0.4	质量分数 (10^{-2})		
	Te	1.4	0.3	质量分数 (10^{-2})		
	Tl	0.60	0.37	质量分数 (10^{-2})		
	Se	1.4	0.5	质量分数 (10^{-2})		

续表

标准物质编号	组份	标准值	标准不确定度	质量分数	标准物质名称	研制单位
GBW01633	As	12.0	4.0	质量分数（10^{-2}）	铁镍基铸造高温合金杂质成分分析标准物质	北京航空材料研究院(北京市)
	Sb	6.3	0.9	质量分数（10^{-2}）		
	Pb	4.5	0.9	质量分数（10^{-2}）		
	Sn	9.7	1.7	质量分数（10^{-2}）		
	Bi	1.6	0.3	质量分数（10^{-2}）		
	Ag	2.3	0.3	质量分数（10^{-2}）		
	Te	3.6	0.3	质量分数（10^{-2}）		
	Tl	1.5	0.8	质量分数（10^{-2}）		
	Se	3.8	0.5	质量分数（10^{-2}）		
GBW01634	As	23.0	7.0	质量分数（10^{-2}）	铁镍基铸造高温合金杂质成分分析标准物质	北京航空材料研究院(北京市)
	Sb	22.0	2.0	质量分数（10^{-2}）		
	Pb	11.0	2.0	质量分数（10^{-2}）		
	Sn	19.0	2.0	质量分数（10^{-2}）		
	Bi	3.8	0.6	质量分数（10^{-2}）		
	Ag	5.3	1.0	质量分数（10^{-2}）		
	Te	12.0	2.0	质量分数（10^{-2}）		
	Tl	4.4	1.1	质量分数（10^{-2}）		
	Se	13.0	2.0	质量分数（10^{-2}）		
GBW01635	As	58	13	质量分数（10^{-2}）	铁镍基铸造高温合金杂质成分分析标准物质	北京航空材料研究院(北京市)
	Sb	52.0	3.0	质量分数（10^{-2}）		
	Pb	34.0	3.0	质量分数（10^{-2}）		
	Sn	25.0	4.0	质量分数（10^{-2}）		
	Bi	6.0	0.6	质量分数（10^{-2}）		
	Ag	10.0	2.0	质量分数（10^{-2}）		
	Te	44.0	4.0	质量分数（10^{-2}）		
	Tl	1.9	0.5	质量分数（10^{-2}）		
	Se	36.0	7.0	质量分数（10^{-2}）		
GBW01636	Ag	0.78	0.15	质量分数（10^{-2}）	镍基高温合金成分分析标准物质	钢铁研究总院(北京市)
	As	6.7	1.5	质量分数（10^{-2}）		
	B	90	4	质量分数（10^{-2}）		
	Bi	0.14	0.04	质量分数（10^{-2}）		
	Cd	0.31	0.03	质量分数（10^{-2}）		
	Ce	0.37	0.09	质量分数（10^{-2}）		
	Cu	571	22	质量分数（10^{-2}）		
	Hf	3.5	0.2	质量分数（10^{-2}）		
	Ga	31	7	质量分数（10^{-2}）		
	Ge	13	3	质量分数（10^{-2}）		
	In	0.88	0.23	质量分数（10^{-2}）		
	P	41	6	质量分数（10^{-2}）		
	Pb	3.4	1.0	质量分数（10^{-2}）		
	Sb	1.4	0.4	质量分数（10^{-2}）		

续表

标准物质编号	组份	标准值	标准不确定度	质量分数	标准物质名称	研制单位
GBW01636	Sc	1.3	0.4	质量分数（10^{-2}）	镍基高温合金成分分析标准物质	钢铁研究总院（北京市）
	Se	9.8	2.6	质量分数（10^{-2}）		
	Sn	3.2	1.1	质量分数（10^{-2}）		
	Te	28	3	质量分数（10^{-2}）		
	Tl	0.13	0.05	质量分数（10^{-2}）		
	Zn	12	1	质量分数（10^{-2}）		
GBW01637	Ag	1.0	0.4	质量分数（10^{-2}）	镍基高温合金成分分析标准物质	钢铁研究总院（北京市）
	As	14	2	质量分数（10^{-2}）		
	B	47	3	质量分数（10^{-2}）		
	Bi	0.19	0.06	质量分数（10^{-2}）		
	Ce	1.8	0.7	质量分数（10^{-2}）		
	Cu	363	18	质量分数（10^{-2}）		
	Hf	7.4	1.0	质量分数（10^{-2}）		
	Ga	34	4	质量分数（10^{-2}）		
	Ge	24	3	质量分数（10^{-2}）		
	In	7.2	0.8	质量分数（10^{-2}）		
	P	36	6	质量分数（10^{-2}）		
	Pb	3.7	0.6	质量分数（10^{-2}）		
	Sb	3.3	0.6	质量分数（10^{-2}）		
	Sc	2.7	0.4	质量分数（10^{-2}）		
	Se	12	3	质量分数（10^{-2}）		
	Sn	8.3	2.5	质量分数（10^{-2}）		
	Te	31	4	质量分数（10^{-2}）		
	Tl	0.16	0.06	质量分数（10^{-2}）		
	Zn	13	2	质量分数（10^{-2}）		
GBW01638	Ag	2.5	0.7	质量分数（10^{-2}）	镍基高温合金成分分析标准物质	钢铁研究总院（北京市）
	As	96	6	质量分数（10^{-2}）		
	B	25	1	质量分数（10^{-2}）		
	Bi	1.2	0.3	质量分数（10^{-2}）		
	Ce	0.44	0.07	质量分数（10^{-2}）		
	Cu	172	12	质量分数（10^{-2}）		
	Hf	3.8	0.7	质量分数（10^{-2}）		
	Ga	38	5	质量分数（10^{-2}）		
	Ge	38	4	质量分数（10^{-2}）		
	In	2.6	0.6	质量分数（10^{-2}）		
	P	55	4	质量分数（10^{-2}）		
	Pb	4.7	0.6	质量分数（10^{-2}）		
	Sb	16	1	质量分数（10^{-2}）		
	Sc	1.2	0.3	质量分数（10^{-2}）		
	Se	4.1	1.3	质量分数（10^{-2}）		
	Sn	18	4	质量分数（10^{-2}）		
	Te	7.5	0.9	质量分数（10^{-2}）		
	Tl	4.3	0.6	质量分数（10^{-2}）		
	Zn	14	4	质量分数（10^{-2}）		

续表

标准物质编号	组份	标准值	标准不确定度	质量分数	标准物质名称	研制单位
GBW01639	Ag	4.4	0.5	质量分数（10^{-2}）	镍基高温合金成分分析标准物质	钢铁研究总院（北京市）
	As	44	3	质量分数（10^{-2}）		
	B	24	4	质量分数（10^{-2}）		
	Bi	2.0	0.3	质量分数（10^{-2}）		
	Ce	0.28	0.08	质量分数（10^{-2}）		
	Cu	94	4	质量分数（10^{-2}）		
	Hf	33	3	质量分数（10^{-2}）		
	Ga	52	9	质量分数（10^{-2}）		
	Ge	75	8	质量分数（10^{-2}）		
	In	31	5	质量分数（10^{-2}）		
	P	131	13	质量分数（10^{-2}）		
	Pb	8.2	0.9	质量分数（10^{-2}）		
	Sb	49	4	质量分数（10^{-2}）		
	Sc	1.2	0.3	质量分数（10^{-2}）		
	Se	2.5	0.9	质量分数（10^{-2}）		
	Sn	45	3	质量分数（10^{-2}）		
	Te	2.3	0.4	质量分数（10^{-2}）		
	Tl	3.9	0.6	质量分数（10^{-2}）		
	Zn	15	2	质量分数（10^{-2}）		
GBW01640	Ag	5.4	0.6	质量分数（10^{-2}）	镍基高温合金成分分析标准物质	钢铁研究总院（北京市）
	As	25	2	质量分数（10^{-2}）		
	B	13	2	质量分数（10^{-2}）		
	Bi	1.8	0.2	质量分数（10^{-2}）		
	Ce	0.19	0.09	质量分数（10^{-2}）		
	Cu	53	4	质量分数（10^{-2}）		
	Hf	12	2	质量分数（10^{-2}）		
	Ga	49	5	质量分数（10^{-2}）		
	Ge	27	5	质量分数（10^{-2}）		
	In	10	1	质量分数（10^{-2}）		
	P	80	5	质量分数（10^{-2}）		
	Pb	11	1	质量分数（10^{-2}）		
	Sb	33	4	质量分数（10^{-2}）		
	Sc	0.6	0.3	质量分数（10^{-2}）		
	Se	2.2	0.7	质量分数（10^{-2}）		
	Sn	43	2	质量分数（10^{-2}）		
	Te	1.3	0.3	质量分数（10^{-2}）		
	Tl	1.1	0.3	质量分数（10^{-2}）		
	Zn	13	3	质量分数（10^{-2}）		

续表

标准物质编号	组份	标准值	标准不确定度	质量分数	标准物质名称	研制单位
GBW01651	C	0.073	0.005	质量分数（10^{-2}）	合金结构钢成分分析标准物质	上海第一钢铁（集团）有限公司（上海市）
	S	0.0053	0.0004	质量分数（10^{-2}）		
	P	0.0253	0.0006	质量分数（10^{-2}）		
	Si	0.438	0.005	质量分数（10^{-2}）		
	Mn	0.675	0.003	质量分数（10^{-2}）		
	Cr	0.090	0.002	质量分数（10^{-2}）		
	Ni	0.096	0.002	质量分数（10^{-2}）		
	Cu	0.089	0.002	质量分数（10^{-2}）		
	Nb	0.044	0.003	质量分数（10^{-2}）		
	RE	0.048	0.002	质量分数（10^{-2}）		
	Al(s)	0.093	0.004	质量分数（10^{-2}）		
	N	0.013	0.001	质量分数（10^{-2}）		
GBW01652	C	0.069	0.003	质量分数（10^{-2}）	合金结构钢成分分析标准物质	上海第一钢铁（集团）有限公司（上海市）
	S	0.0076	0.0007	质量分数（10^{-2}）		
	P	0.0135	0.0007	质量分数（10^{-2}）		
	Si	0.715	0.007	质量分数（10^{-2}）		
	Mn	0.991	0.007	质量分数（10^{-2}）		
	Cr	0.228	0.002	质量分数（10^{-2}）		
	Ni	0.071	0.002	质量分数（10^{-2}）		
	Cu	0.075	0.003	质量分数（10^{-2}）		
	Nb	0.076	0.003	质量分数（10^{-2}）		
	RE	0.018	0.001	质量分数（10^{-2}）		
	Al(s)	0.123	0.006	质量分数（10^{-2}）		
	N	0.014	0.002	质量分数（10^{-2}）		
GBW01653	C	0.124	0.005	质量分数（10^{-2}）	合金结构钢成分分析标准物质	上海第一钢铁（集团）有限公司（上海市）
	P	0.0045	0.0005	质量分数（10^{-2}）		
	S	0.0125	0.0007	质量分数（10^{-2}）		
	Si	0.674	0.008	质量分数（10^{-2}）		
	Mn	0.821	0.008	质量分数（10^{-2}）		
	Cr	0.127	0.005	质量分数（10^{-2}）		
	Ni	0.055	0.002	质量分数（10^{-2}）		
	Cu	0.094	0.002	质量分数（10^{-2}）		
	Nb	0.122	0.004	质量分数（10^{-2}）		
	RE	0.098	0.004	质量分数（10^{-2}）		
	Al(s)	0.177	0.007	质量分数（10^{-2}）		
GBW01654	C	0.137	0.004	质量分数（10^{-2}）	合金结构钢成分分析标准物质	上海第一钢铁（集团）有限公司（上海市）
	P	0.014	0.001	质量分数（10^{-2}）		
	S	0.012	0.001	质量分数（10^{-2}）		
	Mn	1.03	0.01	质量分数（10^{-2}）		
	Si	0.102	0.003	质量分数（10^{-2}）		
	Cr	1.36	0.01	质量分数（10^{-2}）		

续表

标准物质编号	组份	标准值	标准不确定度	质量分数	标准物质名称	研制单位
GBW01654	Ni	0.035	0.002	质量分数 (10^{-2})	合金结构钢成分分析标准物质	上海第一钢铁(集团)有限公司(上海市)
	V	0.272	0.007	质量分数 (10^{-2})		
	W	0.032	0.001	质量分数 (10^{-2})		
	Ti	0.0045	0.0003	质量分数 (10^{-2})		
	Al	0.031	0.002	质量分数 (10^{-2})		
	Cu	0.080	0.002	质量分数 (10^{-2})		
	Mo	0.910	0.007	质量分数 (10^{-2})		
	Co	0.010	0.001	质量分数 (10^{-2})		
GBW01655	C	0.058	0.002	质量分数 (10^{-2})	不锈钢成分分析标准物质	上海钢铁研究所(上海市)
	P	0.026	0.001	质量分数 (10^{-2})		
	S	0.0053	0.0004	质量分数 (10^{-2})		
	Mn	1.25	0.01	质量分数 (10^{-2})		
	Si	0.435	0.005	质量分数 (10^{-2})		
	Cr	18.78	0.04	质量分数 (10^{-2})		
	Ni	7.09	0.03	质量分数 (10^{-2})		
	Sn	0.0047	0.0003	质量分数 (10^{-2})		
	As	0.0095	0.0005	质量分数 (10^{-2})		
	V	0.026	0.002	质量分数 (10^{-2})		
	W	0.0022	0.0004	质量分数 (10^{-2})		
	Ti	0.0093	0.0004	质量分数 (10^{-2})		
	AL	0.0037	0.0004	质量分数 (10^{-2})		
	Cu	0.058	0.0003	质量分数 (10^{-2})		
	Mo	0.0070	0.0004	质量分数 (10^{-2})		
	Co	0.033	0.001	质量分数 (10^{-2})		
	[N]	0.042	0.002	质量分数 (10^{-2})		
GBW01656	C	0.032	0.002	质量分数 (10^{-2})	不锈钢成分分析标准物质	上海钢铁研究所(上海市)
	P	0.013	0.001	质量分数 (10^{-2})		
	S	0.0036	0.0001	质量分数 (10^{-2})		
	Mn	0.578	0.005	质量分数 (10^{-2})		
	Si	0.238	0.004	质量分数 (10^{-2})		
	Cr	4.04	0.02	质量分数 (10^{-2})		
	Ni	22.43	0.05	质量分数 (10^{-2})		
	Sn	0.0022	0.0002	质量分数 (10^{-2})		
	As	0.0026	0.0004	质量分数 (10^{-2})		
	V	0.0047	0.0005	质量分数 (10^{-2})		
	W	(0.001)		质量分数 (10^{-2})		
	Ti	0.0018	0.0003	质量分数 (10^{-2})		
	AL	0.0024	0.0003	质量分数 (10^{-2})		
	Cu	0.030	0.002	质量分数 (10^{-2})		
	Mo	0.0019	0.0003	质量分数 (10^{-2})		
	Co	0.011	0.001	质量分数 (10^{-2})		
	[N]	0.011	0.001	质量分数 (10^{-2})		

续表

标准物质编号	组份	标准值	标准不确定度	质量分数	标准物质名称	研制单位
GBW01657	C	0.069	0.003	质量分数 (10^{-2})	不锈钢成分分析标准物质	上海钢铁研究所(上海市)
	P	0.031	0.001	质量分数 (10^{-2})		
	S	0.011	0.001	质量分数 (10^{-2})		
	Mn	4.76	0.02	质量分数 (10^{-2})		
	Si	0.470	0.006	质量分数 (10^{-2})		
	Cr	11.54	0.02	质量分数 (10^{-2})		
	Ni	4.54	0.01	质量分数 (10^{-2})		
	Sn	0.015	0.001	质量分数 (10^{-2})		
	As	0.0093	0.0005	质量分数 (10^{-2})		
	V	0.020	0.002	质量分数 (10^{-2})		
	W	0.023	0.002	质量分数 (10^{-2})		
	Ti	0.010	0.001	质量分数 (10^{-2})		
	Al	0.63	0.01	质量分数 (10^{-2})		
	Cu	0.121	0.004	质量分数 (10^{-2})		
	Mo	3.09	0.03	质量分数 (10^{-2})		
	Co	0.044	0.002	质量分数 (10^{-2})		
	[N]	0.040	0.001	质量分数 (10^{-2})		
GBW01658	P	0.024	0.001	质量分数 (10^{-2})	不锈钢成分分析标准物质	上海钢铁研究所(上海市)
	S	0.011	0.001	质量分数 (10^{-2})		
	Mn	1.30	0.01	质量分数 (10^{-2})		
	Si	0.574	0.006	质量分数 (10^{-2})		
	Cr	17.03	0.03	质量分数 (10^{-2})		
	Ni	12.14	0.02	质量分数 (10^{-2})		
	Sn	0.016	0.001	质量分数 (10^{-2})		
	As	0.0096	0.0004	质量分数 (10^{-2})		
	V	0.029	0.002	质量分数 (10^{-2})		
	W	0.013	0.001	质量分数 (10^{-2})		
	Ti	0.350	0.005	质量分数 (10^{-2})		
	Al	0.062	0.003	质量分数 (10^{-2})		
	Cu	0.197	0.003	质量分数 (10^{-2})		
	Mo	2.73	0.03	质量分数 (10^{-2})		
	Co	0.056	0.002	质量分数 (10^{-2})		
	[N]	0.023	0.001	质量分数 (10^{-2})		
	C	0.046	0.003	质量分数 (10^{-2})		
GBW01659	C	0.025	0.001	质量分数 (10^{-2})	不锈钢光谱分析标准物质	钢铁研究总院(北京市)
	Si	0.253	0.007	质量分数 (10^{-2})		
	Mn	0.707	0.005	质量分数 (10^{-2})		
	P	0.044	0.002	质量分数 (10^{-2})		
	S	0.053	0.001	质量分数 (10^{-2})		
	Cr	25.16	0.05	质量分数 (10^{-2})		
	Ni	6.03	0.03	质量分数 (10^{-2})		

续表

标准物质编号	组份	标准值	标准不确定度	质量分数	标准物质名称	研制单位
GBW01659	Cu	0.378	0.006	质量分数（10^{-2}）	不锈钢光谱分析标准物质	钢铁研究总院（北京市）
	W	0.054	0.003	质量分数（10^{-2}）		
	Mo	0.056	0.003	质量分数（10^{-2}）		
	Co	0.018	0.002	质量分数（10^{-2}）		
	Ti	0.051	0.002	质量分数（10^{-2}）		
	Al(t)	0.255	0.006	质量分数（10^{-2}）		
	Pb	0.0007	0.0001	质量分数（10^{-2}）		
	As	0.033	0.002	质量分数（10^{-2}）		
	Sn	0.0068	0.0005	质量分数（10^{-2}）		
GBW01660	C	0.080	0.002	质量分数（10^{-2}）	不锈钢光谱分析标准物质	钢铁研究总院（北京市）
	Si	0.734	0.007	质量分数（10^{-2}）		
	Mn	0.836	0.007	质量分数（10^{-2}）		
	P	0.023	0.001	质量分数（10^{-2}）		
	S	0.023	0.002	质量分数（10^{-2}）		
	Cr	14.48	0.03	质量分数（10^{-2}）		
	Ni	13.88	0.03	质量分数（10^{-2}）		
	Cu	0.288	0.005	质量分数（10^{-2}）		
	W	0.435	0.005	质量分数（10^{-2}）		
	Mo	0.436	0.008	质量分数（10^{-2}）		
	Co	0.187	0.003	质量分数（10^{-2}）		
	Ti	0.223	0.003	质量分数（10^{-2}）		
	Al(t)	0.191	0.006	质量分数（10^{-2}）		
	Pb	0.0008	0.0001	质量分数（10^{-2}）		
	As	0.027	0.002	质量分数（10^{-2}）		
	Sn	0.035	0.001	质量分数（10^{-2}）		
GBW01661	C	0.126	0.003	质量分数（10^{-2}）	不锈钢光谱分析标准物质	钢铁研究总院（北京市）
	Si	0.368	0.003	质量分数（10^{-2}）		
	Mn	0.929	0.005	质量分数（10^{-2}）		
	P	0.011	0.001	质量分数（10^{-2}）		
	S	0.013	0.001	质量分数（10^{-2}）		
	Cr	11.64	0.02	质量分数（10^{-2}）		
	Ni	18.49	0.05	质量分数（10^{-2}）		
	Cu	0.197	0.007	质量分数（10^{-2}）		
	W	0.680	0.008	质量分数（10^{-2}）		
	Mo	0.639	0.005	质量分数（10^{-2}）		
	Co	0.223	0.004	质量分数（10^{-2}）		
	Ti	0.794	0.008	质量分数（10^{-2}）		
	Al(t)	0.061	0.007	质量分数（10^{-2}）		
	Pb	0.0005	0.0001	质量分数（10^{-2}）		
	As	0.024	0.001	质量分数（10^{-2}）		
	Sn	0.031	0.001	质量分数（10^{-2}）		

续表

标准物质编号	组份	标准值	标准不确定度	质量分数	标准物质名称	研制单位
GBW01662	C	0.147	0.002	质量分数 (10^{-2})	不锈钢光谱分析标准物质	钢铁研究总院(北京市)
	Si	0.283	0.007	质量分数 (10^{-2})		
	Mn	0.622	0.007	质量分数 (10^{-2})		
	P	0.034	0.002	质量分数 (10^{-2})		
	S	0.040	0.002	质量分数 (10^{-2})		
	Cr	20.52	0.05	质量分数 (10^{-2})		
	Ni	12.39	0.03	质量分数 (10^{-2})		
	Cu	0.148	0.003	质量分数 (10^{-2})		
	W	0.163	0.006	质量分数 (10^{-2})		
	Co	0.171	0.004	质量分数 (10^{-2})		
	Ti	0.592	0.006	质量分数 (10^{-2})		
	Al(t)	0.074	0.003	质量分数 (10^{-2})		
	Pb			质量分数 (10^{-2})		
	As	0.012	0.001	质量分数 (10^{-2})		
	Sn	0.013	0.001	质量分数 (10^{-2})		
	Mo	0.322	0.003	质量分数 (10^{-2})		
GBW01663	C	0.215	0.003	质量分数 (10^{-2})	不锈钢光谱分析标准物质	钢铁研究总院(北京市)
	Si	0.923	0.004	质量分数 (10^{-2})		
	Mn	1.57	0.02	质量分数 (10^{-2})		
	P	0.0077	0.0007	质量分数 (10^{-2})		
	S	0.0072	0.0004	质量分数 (10^{-2})		
	Cr	7.94	0.04	质量分数 (10^{-2})		
	Ni	20.19	0.04	质量分数 (10^{-2})		
	Cu	0.078	0.003	质量分数 (10^{-2})		
	W	0.724	0.009	质量分数 (10^{-2})		
	Mo	0.675	0.005	质量分数 (10^{-2})		
	Co	0.301	0.004	质量分数 (10^{-2})		
	Ti	0.789	0.007	质量分数 (10^{-2})		
	Al(t)	0.032	0.001	质量分数 (10^{-2})		
	Pb	0.0014	0.0002	质量分数 (10^{-2})		
	As	0.0059	0.0006	质量分数 (10^{-2})		
	Sn	0.052	0.002	质量分数 (10^{-2})		
GBW01664	C	0.052	0.001	质量分数 (10^{-2})	不锈钢光谱分析标准物质	钢铁研究总院(北京市)
	Si	0.576	0.004	质量分数 (10^{-2})		
	Mn	1.15	0.01	质量分数 (10^{-2})		
	P	0.034	0.001	质量分数 (10^{-2})		
	S	0.041	0.002	质量分数 (10^{-2})		
	Cr	17.01	0.03	质量分数 (10^{-2})		
	Ni	8.79	0.03	质量分数 (10^{-2})		
	Cu	0.276	0.003	质量分数 (10^{-2})		
	W	0.251	0.009	质量分数 (10^{-2})		

续表

标准物质编号	组份	标准值	标准不确定度	质量分数	标准物质名称	研制单位
GBW01664	Mo	0.164	0.003	质量分数 (10^{-2})	不锈钢光谱分析标准物质	钢铁研究总院(北京市)
	Co	0.094	0.004	质量分数 (10^{-2})		
	Ti	0.392	0.003	质量分数 (10^{-2})		
	Al(t)	0.039	0.001	质量分数 (10^{-2})		
	Pb	0.0026	0.0002	质量分数 (10^{-2})		
	As	0.016	0.001	质量分数 (10^{-2})		
	Sn	0.015	0.001	质量分数 (10^{-2})		
GBW01665	C	0.214	0.002	质量分数 (10^{-2})	不锈钢光谱分析标准物质	钢铁研究总院(北京市)
	Si	1.02	0.02	质量分数 (10^{-2})		
	Mn	1.48	0.01	质量分数 (10^{-2})		
	P	0.025	0.001	质量分数 (10^{-2})		
	S	0.039	0.001	质量分数 (10^{-2})		
	Cr	17.29	0.04	质量分数 (10^{-2})		
	Ni	8.83	0.04	质量分数 (10^{-2})		
	Cu	0.054	0.002	质量分数 (10^{-2})		
	W	0.739	0.007	质量分数 (10^{-2})		
	Mo	0.775	0.003	质量分数 (10^{-2})		
	Co	0.019	0.002	质量分数 (10^{-2})		
	Ti	0.112	0.002	质量分数 (10^{-2})		
	Al(t)	0.021	0.002	质量分数 (10^{-2})		
	Pb	0.0015	0.0002	质量分数 (10^{-2})		
	As	0.0025	0.0002	质量分数 (10^{-2})		
	Sn	0.031	0.002	质量分数 (10^{-2})		
GBW01666	C	0.162	0.003	质量分数 (10^{-2})	合金结构钢光谱分析标准物质	钢铁研究总院(北京市)
	Si	0.191	0.004	质量分数 (10^{-2})		
	Mn	0.606	0.004	质量分数 (10^{-2})		
	P	0.044	0.002	质量分数 (10^{-2})		
	S	0.0096	0.0002	质量分数 (10^{-2})		
	Cr	3.03	0.02	质量分数 (10^{-2})		
	Ni	3.29	0.02	质量分数 (10^{-2})		
	Cu	0.314	0.004	质量分数 (10^{-2})		
	W	0.457	0.006	质量分数 (10^{-2})		
	Mo	0.331	0.007	质量分数 (10^{-2})		
	Al(t)	0.033	0.002	质量分数 (10^{-2})		
	Ti	0.227	0.004	质量分数 (10^{-2})		
	Pb	0.0009	0.0001	质量分数 (10^{-2})		
	As	0.019	0.002	质量分数 (10^{-2})		
	Sn	0.045	0.002	质量分数 (10^{-2})		
	V	0.215	0.003	质量分数 (10^{-2})		
	Ce	0.018	0.002	质量分数 (10^{-2})		
	N	0.010	0.001	质量分数 (10^{-2})		
	B	0.0061	0.0005	质量分数 (10^{-2})		

续表

标准物质编号	组份	标准值	标准不确定度	质量分数	标准物质名称	研制单位
GBW01667	Si	0. 105	0. 004	质量分数 (10^{-2})	合金结构钢光谱分析标准物质	钢铁研究总院（北京市）
	Mn	3. 74	0. 04	质量分数 (10^{-2})		
	P	0. 058	0. 002	质量分数 (10^{-2})		
	S	0. 057	0. 003	质量分数 (10^{-2})		
	Cr	0. 864	0. 008	质量分数 (10^{-2})		
	Ni	4. 22	0. 03	质量分数 (10^{-2})		
	Cu	0. 083	0. 002	质量分数 (10^{-2})		
	W	0. 109	0. 007	质量分数 (10^{-2})		
	Mo	0. 061	0. 002	质量分数 (10^{-2})		
	Al(t)	0. 018	0. 003	质量分数 (10^{-2})		
	Ti	0. 345	0. 003	质量分数 (10^{-2})		
	Pb	0. 0011	0. 0002	质量分数 (10^{-2})		
	As	0. 028	0. 002	质量分数 (10^{-2})		
	Sn	0. 064	0. 002	质量分数 (10^{-2})		
	V	0. 503	0. 006	质量分数 (10^{-2})		
	Ce	0. 0006	0. 0001	质量分数 (10^{-2})		
	N	0. 0079	0. 0007	质量分数 (10^{-2})		
	B	0. 0005	0. 0001	质量分数 (10^{-2})		
	C	0. 137	0. 003	质量分数 (10^{-2})		
GBW01668	C	0. 227	0. 003	质量分数 (10^{-2})	合金结构钢光谱分析标准物质	钢铁研究总院（北京市）
	Si	0. 324	0. 004	质量分数 (10^{-2})		
	Mn	0. 771	0. 006	质量分数 (10^{-2})		
	P	0. 038	0. 002	质量分数 (10^{-2})		
	S	0. 021	0. 002	质量分数 (10^{-2})		
	Cr	2. 22	0. 01	质量分数 (10^{-2})		
	Ni	1. 15	0. 02	质量分数 (10^{-2})		
	Cu	0. 244	0. 003	质量分数 (10^{-2})		
	W	0. 757	0. 004	质量分数 (10^{-2})		
	Mo	0. 577	0. 005	质量分数 (10^{-2})		
	Al(t)	0. 054	0. 003	质量分数 (10^{-2})		
	Ti	0. 335	0. 003	质量分数 (10^{-2})		
	As	0. 011	0. 001	质量分数 (10^{-2})		
	Sn	0. 010	0. 001	质量分数 (10^{-2})		
	V	0. 347	0. 003	质量分数 (10^{-2})		
	Ce	0. 0019	0. 0004	质量分数 (10^{-2})		
	N	0. 0054	0. 0004	质量分数 (10^{-2})		
	B	0. 0044	0. 0004	质量分数 (10^{-2})		
GBW01669	C	0. 061	0. 002	质量分数 (10^{-2})	合金结构钢光谱分析标准物质	钢铁研究总院（北京市）
	Si	0. 104	0. 003	质量分数 (10^{-2})		
	Mn	2. 71	0. 02	质量分数 (10^{-2})		
	P	0. 049	0. 003	质量分数 (10^{-2})		

续表

标准物质编号	组份	标准值	标准不确定度	质量分数	标准物质名称	研制单位
GBW01669	S	0.020	0.001	质量分数（10^{-2}）	合金结构钢光谱分析标准物质	钢铁研究总院（北京市）
	Cr	4.88	0.02	质量分数（10^{-2}）		
	Ni	2.86	0.03	质量分数（10^{-2}）		
	Cu	0.342	0.004	质量分数（10^{-2}）		
	W	1.99	0.03	质量分数（10^{-2}）		
	Mo	1.41	0.02	质量分数（10^{-2}）		
	Al(t)	0.012	0.002	质量分数（10^{-2}）		
	Ti	0.100	0.002	质量分数（10^{-2}）		
	As	0.016	0.002	质量分数（10^{-2}）		
	Sn	0.036	0.001	质量分数（10^{-2}）		
	V	0.404	0.003	质量分数（10^{-2}）		
	N	(0.035)		质量分数（10^{-2}）		
	B	0.0019	0.0004	质量分数（10^{-2}）		
GBW01670	C	0.193	0.002	质量分数（10^{-2}）	合金结构钢光谱分析标准物质	钢铁研究总院（北京市）
	Si	0.242	0.004	质量分数（10^{-2}）		
	Mn	1.03	0.01	质量分数（10^{-2}）		
	P	0.030	0.002	质量分数（10^{-2}）		
	S	0.027	0.001	质量分数（10^{-2}）		
	Cr	1.42	0.02	质量分数（10^{-2}）		
	Ni	1.78	0.02	质量分数（10^{-2}）		
	Cu	0.121	0.002	质量分数（10^{-2}）		
	W	0.775	0.011	质量分数（10^{-2}）		
	Mo	0.811	0.006	质量分数（10^{-2}）		
	Al(t)	0.043	0.003	质量分数（10^{-2}）		
	Ti	0.202	0.004	质量分数（10^{-2}）		
	Pb	0.0018	0.0002	质量分数（10^{-2}）		
	As	0.040	0.002	质量分数（10^{-2}）		
	Sn	0.0098	0.0005	质量分数（10^{-2}）		
	V	0.215	0.004	质量分数（10^{-2}）		
	N	(0.026)		质量分数（10^{-2}）		
	B	0.0052	0.0004	质量分数（10^{-2}）		
GBW01671	C	0.273	0.002	质量分数（10^{-2}）	合金结构钢光谱分析标准物质	钢铁研究总院（北京市）
	Si	0.458	0.006	质量分数（10^{-2}）		
	Mn	1.92	0.02	质量分数（10^{-2}）		
	P	0.034	0.001	质量分数（10^{-2}）		
	S	0.036	0.001	质量分数（10^{-2}）		
	Cr	3.59	0.02	质量分数（10^{-2}）		
	Ni	0.924	0.005	质量分数（10^{-2}）		
	Cu	0.247	0.004	质量分数（10^{-2}）		
	W	0.210	0.003	质量分数（10^{-2}）		
	Mo	0.196	0.003	质量分数（10^{-2}）		

续表

标准物质编号	组份	标准值	标准不确定度	质量分数	标准物质名称	研制单位
GBW01671	Al(t)	0.170	0.004	质量分数（10^{-2}）	合金结构钢光谱分析标准物质	钢铁研究总院（北京市）
	Ti	0.116	0.002	质量分数（10^{-2}）		
	Pb	0.0007	0.0001	质量分数（10^{-2}）		
	As	0.025	0.001	质量分数（10^{-2}）		
	Sn	0.028	0.002	质量分数（10^{-2}）		
	V	0.301	0.004	质量分数（10^{-2}）		
	N	(0.027)		质量分数（10^{-2}）		
	B	0.011	0.001	质量分数（10^{-2}）		
GBW01672	C	0.481	0.004	质量分数（10^{-2}）	合金结构钢光谱分析标准物质	钢铁研究总院（北京市）
	Si	0.920	0.007	质量分数（10^{-2}）		
	Mn	0.345	0.004	质量分数（10^{-2}）		
	P	0.0072	0.0004	质量分数（10^{-2}）		
	S	0.055	0.002	质量分数（10^{-2}）		
	Cr	0.194	0.004	质量分数（10^{-2}）		
	Ni	0.151	0.005	质量分数（10^{-2}）		
	Cu	0.526	0.003	质量分数（10^{-2}）		
	W	0.429	0.004	质量分数（10^{-2}）		
	Mo	0.422	0.005	质量分数（10^{-2}）		
	Al(t)	0.441	0.011	质量分数（10^{-2}）		
	Ti	0.046	0.002	质量分数（10^{-2}）		
	Pb	0.015	0.001	质量分数（10^{-2}）		
	As	0.0047	0.0004	质量分数（10^{-2}）		
	Sn	0.0042	0.0004	质量分数（10^{-2}）		
	V	0.013	0.001	质量分数（10^{-2}）		
	N	0.0068	0.0003	质量分数（10^{-2}）		
	B	0.030	0.001	质量分数（10^{-2}）		
GBW01673	C	0.435	0.004	质量分数（10^{-2}）	合金结构钢光谱分析标准物质	钢铁研究总院（北京市）
	Si	0.551	0.005	质量分数（10^{-2}）		
	Mn	0.452	0.003	质量分数（10^{-2}）		
	P	0.032	0.001	质量分数（10^{-2}）		
	S	(0.0007)		质量分数（10^{-2}）		
	Cr	0.147	0.002	质量分数（10^{-2}）		
	Ni	0.177	0.002	质量分数（10^{-2}）		
	Cu	0.539	0.002	质量分数（10^{-2}）		
	W	0.237	0.008	质量分数（10^{-2}）		
	Mo	0.447	0.005	质量分数（10^{-2}）		
	Al(t)	0.551	0.008	质量分数（10^{-2}）		
	Ti	0.051	0.001	质量分数（10^{-2}）		
	Pb	0.0014	0.0002	质量分数（10^{-2}）		
	As	0.0063	0.0003	质量分数（10^{-2}）		
	Sn	0.0072	0.0003	质量分数（10^{-2}）		
	V	0.061	0.002	质量分数（10^{-2}）		
	Ce	0.128	0.002	质量分数（10^{-2}）		
	N	0.0044	0.0005	质量分数（10^{-2}）		
	B	0.023	0.002	质量分数（10^{-2}）		

续表

标准物质编号	组份	标准值	标准不确定度	质量分数	标准物质名称	研制单位
GBW01701	SiO_2	28.24	0.10	质量分数（10^{-2}）	碱性高炉渣成分分析标准物质	鄂城钢铁厂（鄂城）
	CaO	49.44	0.08	质量分数（10^{-2}）		
	MgO	4.15	0.08	质量分数（10^{-2}）		
	Al_2O_3	14.63	0.15	质量分数（10^{-2}）		
	MnO	0.085	0.001	质量分数（10^{-2}）		
	S	1.01	0.01	质量分数（10^{-2}）		
	TFe	0.44	0.01	质量分数（10^{-2}）		
	TiO_2	0.34	0.02	质量分数（10^{-2}）		
	K_2O	0.058	0.003	质量分数（10^{-2}）		
	Na_2O	0.057	0.003	质量分数（10^{-2}）		
GBW01702	SiO_2	38.67	0.14	质量分数（10^{-2}）	碱性高炉渣成分分析标准物质	鄂城钢铁厂（鄂城）
	CaO	44.57	0.08	质量分数（10^{-2}）		
	MgO	4.07	0.07	质量分数（10^{-2}）		
	Al_2O_3	9.03	0.09	质量分数（10^{-2}）		
	S	1.19	0.01	质量分数（10^{-2}）		
	TFe	0.21	0.02	质量分数（10^{-2}）		
	TiO_2	0.28	0.01	质量分数（10^{-2}）		
	K_2O	0.61	0.01	质量分数（10^{-2}）		
	Na_2O	0.18	0.01	质量分数（10^{-2}）		
	MnO	0.272	0.003	质量分数（10^{-2}）		
GBW01703	SiO_2	36.09	0.11	质量分数（10^{-2}）	碱性高炉渣成分分析标准物质	鄂城钢铁厂（鄂城）
	CaO	40.98	0.08	质量分数（10^{-2}）		
	MgO	7.17	0.07	质量分数（10^{-2}）		
	Al_2O_3	12.30	0.07	质量分数（10^{-2}）		
	MnO	0.142	0.003	质量分数（10^{-2}）		
	S	0.92	0.02	质量分数（10^{-2}）		
	TFe	0.30	0.02	质量分数（10^{-2}）		
	TiO_2	0.44	0.01	质量分数（10^{-2}）		
	K_2O	0.91	0.01	质量分数（10^{-2}）		
	Na_2O	0.38	0.01	质量分数（10^{-2}）		
GBW01704	SiO_2	10.24	0.07	质量分数（10^{-2}）	转炉渣成分分析标准物质	武汉钢铁（集团）公司（武汉市）
	TCa	40.62	0.13	质量分数（10^{-2}）		
	MgO	6.89	0.06	质量分数（10^{-2}）		
	Al_2O_3	0.62	0.02	质量分数（10^{-2}）		
	TiO_2	0.565	0.006	质量分数（10^{-2}）		
	TFe	13.60	0.08	质量分数（10^{-2}）		
	MnO	1.88	0.02	质量分数（10^{-2}）		
	P_2O_5	1.03	0.02	质量分数（10^{-2}）		
	F	2.22	0.05	质量分数（10^{-2}）		
	S	0.105	0.004	质量分数（10^{-2}）		

续表

标准物质编号	组份	标准值	标准不确定度	质量分数	标准物质名称	研制单位
GBW01705	SiO_2	13.73	0.10	质量分数 (10^{-2})	转炉渣成分分析标准物质	武汉钢铁(集团)公司(武汉市)
	TCa	37.39	0.08	质量分数 (10^{-2})		
	MgO	8.33	0.08	质量分数 (10^{-2})		
	Al_2O_3	1.43	0.03	质量分数 (10^{-2})		
	TiO_2	0.520	0.006	质量分数 (10^{-2})		
	TFe	12.56	0.07	质量分数 (10^{-2})		
	MnO	3.03	0.02	质量分数 (10^{-2})		
	P_2O_5	1.08	0.01	质量分数 (10^{-2})		
	F	2.06	0.04	质量分数 (10^{-2})		
	S	0.126	0.004	质量分数 (10^{-2})		
GBW01706	SiO_2	19.13	0.09	质量分数 (10^{-2})	转炉渣成分分析标准物质	武汉钢铁(集团)公司(武汉市)
	TCa	35.27	0.07	质量分数 (10^{-2})		
	MgO	5.18	0.05	质量分数 (10^{-2})		
	Al_2O_3	4.73	0.03	质量分数 (10^{-2})		
	TiO_2	0.445	0.008	质量分数 (10^{-2})		
	TFe	11.21	0.06	质量分数 (10^{-2})		
	MnO	3.63	0.02	质量分数 (10^{-2})		
	K_2O	0.038	0.002	质量分数 (10^{-2})		
	Na_2O	0.064	0.003	质量分数 (10^{-2})		
	P_2O_5	1.15	0.01	质量分数 (10^{-2})		
	F	1.52	0.03	质量分数 (10^{-2})		
	S	0.192	0.006	质量分数 (10^{-2})		
GBW01707	SiO_2	26.40	0.07	质量分数 (10^{-2})	转炉渣成分分析标准物质	武汉钢铁(集团)公司(武汉市)
	TCa	31.73	0.08	质量分数 (10^{-2})		
	MgO	9.24	0.08	质量分数 (10^{-2})		
	Al_2O_3	7.75	0.04	质量分数 (10^{-2})		
	TiO_2	0.531	0.007	质量分数 (10^{-2})		
	TFe	5.55	0.04	质量分数 (10^{-2})		
	MnO	1.93	0.02	质量分数 (10^{-2})		
	K_2O	0.36	0.01	质量分数 (10^{-2})		
	Na_2O	0.12	0.01	质量分数 (10^{-2})		
	P_2O_5	0.58	0.01	质量分数 (10^{-2})		
	F	0.80	0.02	质量分数 (10^{-2})		
	S	0.459	0.006	质量分数 (10^{-2})		
GBW01708	SiO_2	12.20	0.07	质量分数 (10^{-2})	转炉渣成分分析标准物质	武汉钢铁(集团)公司(武汉市)
	TCa	25.90	0.08	质量分数 (10^{-2})		
	Al_2O_3	3.08	0.06	质量分数 (10^{-2})		
	TiO_2	0.781	0.006	质量分数 (10^{-2})		
	TFe	18.82	0.08	质量分数 (10^{-2})		
	MnO	1.64	0.02	质量分数 (10^{-2})		
	K_2O	0.052	0.002	质量分数 (10^{-2})		

续表

标准物质编号	组份	标准值	标准不确定度	质量分数	标准物质名称	研制单位
GBW01708	Na_2O	0.030	0.002	质量分数（10^{-2}）	转炉渣成分分析标准物质	武汉钢铁（集团）公司（武汉市）
	P_2O_5	0.95	0.01	质量分数（10^{-2}）		
	F	0.85	0.02	质量分数（10^{-2}）		
	S	0.089	0.002	质量分数（10^{-2}）		
	MgO	11.67	0.07	质量分数（10^{-2}）		
GBW02101	Cu	58.00	0.04	质量分数（10^{-2}）	铁黄铜成分分析标准物质	沈阳有色金属加工厂（沈阳市）
	Fe	0.89	0.02	质量分数（10^{-2}）		
	Mn	0.73	0.02	质量分数（10^{-2}）		
	Al	0.26	0.01	质量分数（10^{-2}）		
	Sn	0.54	0.01	质量分数（10^{-2}）		
	Pb	0.19	0.01	质量分数（10^{-2}）		
	Sb	0.0091	0.0002	质量分数（10^{-2}）		
	Bi	0.0024	0.0001	质量分数（10^{-2}）		
	P	0.0076	0.0004	质量分数（10^{-2}）		
	Fe	2.82	0.02	质量分数（10^{-2}）		
	Mn	0.25	0.01	质量分数（10^{-2}）		
	Al	9.21	0.04	质量分数（10^{-2}）		
	Sn	0.090	0.003	质量分数（10^{-2}）		
	Pb	0.011	0.001	质量分数（10^{-2}）		
	Sb	0.0025	0.0001	质量分数（10^{-2}）		
	P	0.012	0.001	质量分数（10^{-2}）		
	Zn	1.00	0.01	质量分数（10^{-2}）		
	Ni	0.45	0.01	质量分数（10^{-2}）		
	Si	0.11	0.01	质量分数（10^{-2}）		
	As	0.011	0.001	质量分数（10^{-2}）		
GBW02103	Cu	55.64	0.04	质量分数（10^{-2}）	锰黄铜成分分析标准物质	沈阳有色金属加工厂（沈阳市）
	Fe	1.13	0.03	质量分数（10^{-2}）		
	Mn	3.41	0.03	质量分数（10^{-2}）		
	Al	0.10	0.01	质量分数（10^{-2}）		
	Sn	0.186	0.004	质量分数（10^{-2}）		
	Pb	0.44	0.01	质量分数（10^{-2}）		
	Sb	0.045	0.001	质量分数（10^{-2}）		
	P	0.020	0.001	质量分数（10^{-2}）		
	Fe	0.47	0.01	质量分数（10^{-2}）		
	Mn	0.32	0.01	质量分数（10^{-2}）		
	Pb	0.019	0.001	质量分数（10^{-2}）		
	Sb	0.0020	0.0001	质量分数（10^{-2}）		
	Bi	0.0019	0.0001	质量分数（10^{-2}）		
	P	0.0048	0.0001	质量分数（10^{-2}）		
	Zn	20.81	0.05	质量分数（10^{-2}）		
	Ni	14.87	0.07	质量分数（10^{-2}）		

续表

标准物质编号	组份	标准值	标准不确定度	质量分数	标准物质名称	研制单位
GBW02103	Si	0.146	0.006	质量分数（10^{-2}）	锰黄铜成分分析标准物质	沈阳有色金属加工厂（沈阳市）
	As	0.0098	0.0006	质量分数（10^{-2}）		
	Mg	0.033	0.001	质量分数（10^{-2}）		
	Fe	0.85	0.01	质量分数（10^{-2}）		
	Mn	0.068	0.002	质量分数（10^{-2}）		
	Pb	0.0072	0.0004	质量分数（10^{-2}）		
	Sb	0.0118	0.0004	质量分数（10^{-2}）		
	Bi	0.0070	0.0005	质量分数（10^{-2}）		
	Zn	（20.76）		质量分数（10^{-2}）		
	Ni	（14.77）		质量分数（10^{-2}）		
	As	0.013	0.001	质量分数（10^{-2}）		
	Mg	0.0071	0.0006	质量分数（10^{-2}）		
	Si	0.033	0.001	质量分数（10^{-2}）		
	Fe	0.64	0.01	质量分数（10^{-2}）		
	Mn	0.15	0.01	质量分数（10^{-2}）		
	Pb	0.0098	0.0009	质量分数（10^{-2}）		
	Sb	0.0063	0.0001	质量分数（10^{-2}）		
	Bi	0.0040	0.0001	质量分数（10^{-2}）		
	Zn	（21.20）		质量分数（10^{-2}）		
	Ni	（14.96）		质量分数（10^{-2}）		
	Si	0.43	0.01	质量分数（10^{-2}）		
	As	0.0070	0.0005	质量分数（10^{-2}）		
	Mg	0.018	0.001	质量分数（10^{-2}）		
	Fe	0.45	0.01	质量分数（10^{-2}）		
	Mn	0.205	0.005	质量分数（10^{-2}）		
	Pb	0.20	0.01	质量分数（10^{-2}）		
	Sb	0.0021	0.0001	质量分数（10^{-2}）		
	Bi	0.0021	0.0001	质量分数（10^{-2}）		
	Zn	（20.82）		质量分数（10^{-2}）		
	Ni	（14.58）		质量分数（10^{-2}）		
	Si	0.140	0.003	质量分数（10^{-2}）		
	As	0.034	0.002	质量分数（10^{-2}）		
	Mg	0.029	0.001	质量分数（10^{-2}）		
	Fe	0.231	0.005	质量分数（10^{-2}）		
	Mn	0.505	0.007	质量分数（10^{-2}）		
	Pb	0.030	0.001	质量分数（10^{-2}）		
	Sb	0.0036	0.0001	质量分数（10^{-2}）		
	Bi	0.0014	0.0001	质量分数（10^{-2}）		
	Zn	（21.08）		质量分数（10^{-2}）		
	Ni	（14.86）		质量分数（10^{-2}）		
	Si	0.281	0.002	质量分数（10^{-2}）		

续表

标准物质编号	组份	标准值	标准不确定度	质量分数	标准物质名称	研制单位
GBW02103	As	0.0041	0.0003	质量分数 (10^{-2})	锰黄铜成分分析标准物质	沈阳有色金属加工厂(沈阳市)
	Mg	0.058	0.002	质量分数 (10^{-2})		
	Fe	0.112	0.002	质量分数 (10^{-2})		
	Mn	0.82	0.01	质量分数 (10^{-2})		
	Pb	0.049	0.002	质量分数 (10^{-2})		
	Sb	0.0015	0.0001	质量分数 (10^{-2})		
	Bi	0.00074	0.00006	质量分数 (10^{-2})		
	Zn	(21.17)		质量分数 (10^{-2})		
	Ni	(14.91)		质量分数 (10^{-2})		
	Si	0.089	0.003	质量分数 (10^{-2})		
	As	0.055	0.001	质量分数 (10^{-2})		
	Mg	0.101	0.003	质量分数 (10^{-2})		
GBW02110	Cu	77.53	0.06	质量分数 (10^{-2})	铝黄铜成分分析标准物质	沈阳有色金属加工厂(沈阳市)
	Fe	0.060	0.002	质量分数 (10^{-2})		
	Al	2.00	0.04	质量分数 (10^{-2})		
	Sn	0.020	0.001	质量分数 (10^{-2})		
	Pb	0.052	0.002	质量分数 (10^{-2})		
	Sb	0.0051	0.0003	质量分数 (10^{-2})		
	Bi	0.0018	0.0001	质量分数 (10^{-2})		
	P	0.020	0.002	质量分数 (10^{-2})		
	Ni	0.252	0.004	质量分数 (10^{-2})		
	As	0.049	0.001	质量分数 (10^{-2})		
	Fe	0.00093	0.00007	质量分数 (10^{-2})		
	Sn	0.00062	0.00005	质量分数 (10^{-2})		
	Pb	0.0012	0.0001	质量分数 (10^{-2})		
	Sb	0.00084	0.00001	质量分数 (10^{-2})		
	Bi	0.00050	0.00002	质量分数 (10^{-2})		
	Zn	0.0123	0.0006	质量分数 (10^{-2})		
	Ni	0.0015	0.0001	质量分数 (10^{-2})		
	As	0.0135	0.0006	质量分数 (10^{-2})		
	Fe	0.0026	0.0003	质量分数 (10^{-2})		
	Pb	0.0110	0.0004	质量分数 (10^{-2})		
	Sb	0.0025	0.0002	质量分数 (10^{-2})		
	Bi	0.0053	0.0001	质量分数 (10^{-2})		
	As	0.0022	0.0002	质量分数 (10^{-2})		
	Fe	0.0048	0.0003	质量分数 (10^{-2})		
	Sn	0.0017	0.0002	质量分数 (10^{-2})		
	Pb	0.0083	0.0004	质量分数 (10^{-2})		
	Sb	0.0018	0.0001	质量分数 (10^{-2})		
	Bi	0.0013	0.0001	质量分数 (10^{-2})		
	Zn	0.0021	0.0002	质量分数 (10^{-2})		

续表

标准物质编号	组份	标准值	标准不确定度	质量分数	标准物质名称	研制单位
GBW02110	Ni	0.0173	0.0007	质量分数 (10^{-2})	铝黄铜成分分析标准物质	沈阳有色金属加工厂(沈阳市)
	As	0.0013	0.0001	质量分数 (10^{-2})		
	Fe	0.0089	0.0004	质量分数 (10^{-2})		
	Sn	0.0037	0.0002	质量分数 (10^{-2})		
	Pb	0.0047	0.0001	质量分数 (10^{-2})		
	Sb	0.0042	0.0002	质量分数 (10^{-2})		
	Bi	0.0026	0.0002	质量分数 (10^{-2})		
	Zn	0.0046	0.0002	质量分数 (10^{-2})		
	Ni	0.0050	0.0003	质量分数 (10^{-2})		
	As	0.0043	0.0003	质量分数 (10^{-2})		
	Fe	0.0157	0.0008	质量分数 (10^{-2})		
	Sn	0.0112	0.0005	质量分数 (10^{-2})		
	Pb	0.0031	0.0001	质量分数 (10^{-2})		
	Sb	0.0074	0.0004	质量分数 (10^{-2})		
	Bi	0.010	0.001	质量分数 (10^{-2})		
	Zn	0.0083	0.0004	质量分数 (10^{-2})		
	Ni	0.0031	0.0001	质量分数 (10^{-2})		
	As	0.0074	0.0005	质量分数 (10^{-2})		
GBW02117	Al	9.03	0.05	质量分数 (10^{-2})	铝青铜成分分析标准物质	沈阳有色金属加工厂(沈阳市)
	Mn	2.04	0.04	质量分数 (10^{-2})		
	Fe	0.55	0.01	质量分数 (10^{-2})		
	Ni	0.48	0.01	质量分数 (10^{-2})		
	Pb	0.022	0.002	质量分数 (10^{-2})		
	Si	0.115	0.003	质量分数 (10^{-2})		
	Sn	0.091	0.001	质量分数 (10^{-2})		
	Zn	0.99	0.02	质量分数 (10^{-2})		
	P	0.0158	0.0005	质量分数 (10^{-2})		
	Cu	余量	余量	质量分数 (10^{-2})		
GBW02118	Al	9.44	0.04	质量分数 (10^{-2})	铝青铜成分分析标准物质	沈阳有色金属加工厂(沈阳市)
	Mn	1.69	0.02	质量分数 (10^{-2})		
	Fe	2.89	0.04	质量分数 (10^{-2})		
	Ni	0.48	0.02	质量分数 (10^{-2})		
	Pb	0.031	0.001	质量分数 (10^{-2})		
	Si	0.161	0.004	质量分数 (10^{-2})		
	Sn	0.054	0.002	质量分数 (10^{-2})		
	Zn	0.51	0.01	质量分数 (10^{-2})		
	P	0.0155	0.0004	质量分数 (10^{-2})		
	Sb	0.0024	0.0001	质量分数 (10^{-2})		
	As	0.0108	0.0004	质量分数 (10^{-2})		
	Cu	余量	余量	质量分数 (10^{-2})		

续表

标准物质编号	组份	标准值	标准不确定度	质量分数	标准物质名称	研制单位
GBW02119	Al	10.08	0.04	质量分数 (10^{-2})	铝青铜成分分析标准物质	沈阳有色金属加工厂(沈阳市)
	Mn	0.332	0.003	质量分数 (10^{-2})		
	Fe	4.33	0.04	质量分数 (10^{-2})		
	Ni	4.47	0.03	质量分数 (10^{-2})		
	Pb	0.021	0.001	质量分数 (10^{-2})		
	Si	0.106	0.02	质量分数 (10^{-2})		
	Sn	0.052	0.002	质量分数 (10^{-2})		
	Zn	0.299	0.008	质量分数 (10^{-2})		
	P	0.0105	0.0002	质量分数 (10^{-2})		
	Sb	0.0024	0.0002	质量分数 (10^{-2})		
	As	0.0108	0.0006	质量分数 (10^{-2})		
	Cu	余量	余量	质量分数 (10^{-2})		
GBW02121	Al	7.35	0.05	质量分数 (10^{-2})	铝青铜光谱分析标准物质	沈阳有色金属加工厂(沈阳市)
	Mn	0.182	0.002	质量分数 (10^{-2})		
	Fe	0.98	0.03	质量分数 (10^{-2})		
	Ni	0.98	0.03	质量分数 (10^{-2})		
	Si	0.064	0.003	质量分数 (10^{-2})		
	Sn	0.289	0.007	质量分数 (10^{-2})		
	Zn	1.92	0.04	质量分数 (10^{-2})		
	Cu	余量	余量	质量分数 (10^{-2})		
	Pb	0.058	0.001	质量分数 (10^{-2})		
GBW02122	Al	8.87	0.04	质量分数 (10^{-2})	铝青铜光谱分析标准物质	沈阳有色金属加工厂(沈阳市)
	Mn	0.351	0.006	质量分数 (10^{-2})		
	Fe	0.63	0.01	质量分数 (10^{-2})		
	Ni	1.52	0.03	质量分数 (10^{-2})		
	Pb	0.0311	0.0006	质量分数 (10^{-2})		
	Si	0.094	0.005	质量分数 (10^{-2})		
	Sn	0.161	0.003	质量分数 (10^{-2})		
	Zn	1.01	0.02	质量分数 (10^{-2})		
	Cu	余量	余量	质量分数 (10^{-2})		
GBW02123	Al	8.29	0.04	质量分数 (10^{-2})	铝青铜光谱分析标准物质	沈阳有色金属加工厂(沈阳市)
	Mn	0.99	0.01	质量分数 (10^{-2})		
	Fe	3.92	0.06	质量分数 (10^{-2})		
	Ni	0.21	0.01	质量分数 (10^{-2})		
	Pb	0.0166	0.0005	质量分数 (10^{-2})		
	Si	0.0505	0.0007	质量分数 (10^{-2})		
	Sn	0.091	0.002	质量分数 (10^{-2})		
	Zn	0.277	0.005	质量分数 (10^{-2})		
	Cu	余量	余量	质量分数 (10^{-2})		

续表

标准物质编号	组份	标准值	标准不确定度	质量分数	标准物质名称	研制单位
GBW02124	Al	10.51	0.07	质量分数（10^{-2}）	铝青铜光谱分析标准物质	沈阳有色金属加工厂(沈阳市)
	Mn	2.54	0.04	质量分数（10^{-2}）		
	Fe	0.38	0.01	质量分数（10^{-2}）		
	Ni	0.55	0.02	质量分数（10^{-2}）		
	Pb	0.0097	0.0005	质量分数（10^{-2}）		
	Si	0.176	0.006	质量分数（10^{-2}）		
	Sn	0.052	0.002	质量分数（10^{-2}）		
	Zn	0.365	0.007	质量分数（10^{-2}）		
	Cu	余量	余量	质量分数（10^{-2}）		
GBW02125	Al	9.36	0.06	质量分数（10^{-2}）	铝青铜光谱分析标准物质	沈阳有色金属加工厂(沈阳市)
	Mn	0.760	0.005	质量分数（10^{-2}）		
	Fe	1.93	0.03	质量分数（10^{-2}）		
	Ni	0.35	0.02	质量分数（10^{-2}）		
	Pb	0.0123	0.0002	质量分数（10^{-2}）		
	Si	0.300	0.008	质量分数（10^{-2}）		
	Zn	0.67	0.01	质量分数（10^{-2}）		
	Cu	余量	余量	质量分数（10^{-2}）		
	Sn	0.035	0.002	质量分数（10^{-2}）		
GBW02126	Al	10.27	0.03	质量分数（10^{-2}）	铝青铜光谱分析标准物质	沈阳有色金属加工厂(沈阳市)
	Fe	4.51	0.01	质量分数（10^{-2}）		
	Ni	4.37	0.04	质量分数（10^{-2}）		
	Si	0.031	0.002	质量分数（10^{-2}）		
	Cu	余量	余量	质量分数（10^{-2}）		
GBW02127	Sn	10.66	0.05	质量分数（10^{-2}）	铜合金成分分析标准物质	兵器工业西南地区理化检测中心(重庆市)
	Cu	82.21	0.05	质量分数（10^{-2}）		
	Pb	2.93	0.04	质量分数（10^{-2}）		
	Ni	3.96	0.03	质量分数（10^{-2}）		
GBW02128	Sn	10.49	0.06	质量分数（10^{-2}）	铜合金成分分析标准物质	兵器工业西南地区理化检测中心(重庆市)
	Cu	82.94	0.06	质量分数（10^{-2}）		
	Pb	2.68	0.04	质量分数（10^{-2}）		
	Ni	3.53	0.03	质量分数（10^{-2}）		
GBW02129	Sn	9.02	0.06	质量分数（10^{-2}）	铜合金成分分析标准物质	兵器工业西南地区理化检测中心(重庆市)
	Cu	86.24	0.05	质量分数（10^{-2}）		
	Pb	1.95	0.03	质量分数（10^{-2}）		
	Ni	2.52	0.03	质量分数（10^{-2}）		
GBW02130	Sn	7.98	0.05	质量分数（10^{-2}）	铜合金成分分析标准物质	兵器工业西南地区理化检测中心(重庆市)
	Cu	86.42	0.03	质量分数（10^{-2}）		
	Pb	2.26	0.03	质量分数（10^{-2}）		
	Ni	2.98	0.02	质量分数（10^{-2}）		

续表

标准物质编号	组份	标准值	标准不确定度	质量分数	标准物质名称	研制单位
GBW02131	Sn	12.16	0.04	质量分数（10^{-2}）	铜合金成分分析标准物质	兵器工业西南地区理化检测中心（重庆市）
	Cu	85.56	0.03	质量分数（10^{-2}）		
	Pb	0.98	0.02	质量分数（10^{-2}）		
	Ni	1.02	0.02	质量分数（10^{-2}）		
GBW02132	Cu	94.50	0.04		磷青铜成分分析标准物质	上海材料研究所（上海市）、江苏省机电研究所（徐州市）
	Sn	4.77	0.02			
	P	0.673	0.008			
GBW02133	Cu	93.72	0.04		磷青铜成分分析标准物质	上海材料研究所（上海市）、江苏省机电研究所（徐州市）
	Sn	5.79	0.02			
	Pb	0.423	0.008			
GBW02134	Cu	92.85	0.05		磷青铜成分分析标准物质	上海材料研究所（上海市）、江苏省机电研究所（徐州市）
	Sn	6.82	0.04			
	P	0.238	0.004			
GBW02135	Cu	91.73	0.05		磷青铜成分分析标准物质	上海材料研究所（上海市）、江苏省机电研究所（徐州市）
	Sn	7.92	0.03			
	Pb	0.106	0.003			
GBW02136	Cu	93.70	0.05		磷青铜成分分析标准物质	上海材料研究所（上海市）、江苏省机电研究所（徐州市）
	Sn	5.79	0.04			
	p	0.372	0.006			
	Pb	0.021	0.002			
	Fe	0.011	0.001			
	Sb	0.0058	0.0002	质量分数（10^{-2}）		
	Si	0.0012	0.0003	质量分数（10^{-2}）		
GBW02137	Cu	85.16	0.04	质量分数（10^{-2}）	青铜成分分析标准物质	上海材料研究所（上海市）、江苏省机电研究所（徐州市）
	Sn	5.69	0.04	质量分数（10^{-2}）		
	Pb	3.25	0.03	质量分数（10^{-2}）		
	Zn	5.25	0.02	质量分数（10^{-2}）		
GBW02138	Cu	81.29	0.04	质量分数（10^{-2}）	青铜成分分析标准物质	上海材料研究所（上海市）、江苏省机电研究所（徐州市）
	Sn	5.31	0.04	质量分数（10^{-2}）		
	Pb	6.33	0.03	质量分数（10^{-2}）		
	Zn	6.50	0.02	质量分数（10^{-2}）		
GBW02139	Cu	81.45	0.04	质量分数（10^{-2}）	青铜成分分析标准物质	上海材料研究所（上海市）、江苏省机电研究所（徐州市）
	Sn	4.08	0.04	质量分数（10^{-2}）		
	Pb	6.16	0.02	质量分数（10^{-2}）		
	Zn	6.96	0.03	质量分数（10^{-2}）		
	Ni	1.07	0.01	质量分数（10^{-2}）		
GBW02140	Cu	72.25	0.04	质量分数（10^{-2}）	青铜成分分析标准物质	上海材料研究所（上海市）、江苏省机电研究所（徐州市）
	Sn	4.24	0.03	质量分数（10^{-2}）		
	Pb	17.62	0.05	质量分数（10^{-2}）		
	Zn	5.37	0.03	质量分数（10^{-2}）		

续表

标准物质编号	组份	标准值	标准不确定度	质量分数	标准物质名称	研制单位
GBW02141	Cu	99.93	0.01	质量分数（10^{-2}）	纯铜成分分析标准物质	上海钢铁研究所（上海市）
	Sn	0.0023	0.0002	质量分数（10^{-2}）		
	Pb	0.0033	0.0002	质量分数（10^{-2}）		
	As	0.0024	0.0002	质量分数（10^{-2}）		
	Bi	0.00070	0.00004	质量分数（10^{-2}）		
	Sb	0.0020	0.0001	质量分数（10^{-2}）		
	Zn	0.0053	0.0002	质量分数（10^{-2}）		
	Pb	0.0041	0.0002	质量分数（10^{-2}）		
	Fe	0.011	0.001	质量分数（10^{-2}）		
	Ni	0.0038	0.0002	质量分数（10^{-2}）		
	S	0.0035	0.0001	质量分数（10^{-2}）		
GBW02201	Cu	0.043	0.002	质量分数（10^{-2}）	变形铝合金成分分析标准物质	东北轻合金加工厂（哈尔滨市）
	Mg	6.02	0.04	质量分数（10^{-2}）		
	Mn	0.60	0.01	质量分数（10^{-2}）		
	Fe	0.18	0.01	质量分数（10^{-2}）		
	Si	0.14	0.01	质量分数（10^{-2}）		
	Zn	0.20	0.01	质量分数（10^{-2}）		
	Ti	0.076	0.002	质量分数（10^{-2}）		
	Ni	0.038	0.003	质量分数（10^{-2}）		
	Be	0.0022	0.0002	质量分数（10^{-2}）		
GBW02202	Cu	0.095	0.003	质量分数（10^{-2}）	变形铝合金成分分析标准物质	东北轻合金加工厂（哈尔滨市）
	Mg	0.021	0.002	质量分数（10^{-2}）		
	Mn	1.38	0.01	质量分数（10^{-2}）		
	Fe	0.38	0.01	质量分数（10^{-2}）		
	Si	0.18	0.01	质量分数（10^{-2}）		
	Zn	0.10	0.01	质量分数（10^{-2}）		
	Ti	0.036	0.002	质量分数（10^{-2}）		
	Ni	0.013	0.002	质量分数（10^{-2}）		
	Pb	0.032	0.003	质量分数（10^{-2}）		
GBW02203	Cu	0.38	0.02	质量分数（10^{-2}）	变形铝合金成分分析标准物质	东北轻合金加工厂（哈尔滨市）
	Mg	0.58	0.02	质量分数（10^{-2}）		
	Mn	0.25	0.01	质量分数（10^{-2}）		
	Fe	0.25	0.01	质量分数（10^{-2}）		
	Si	0.95	0.02	质量分数（10^{-2}）		
	Zn	0.11	0.01	质量分数（10^{-2}）		
	Ti	0.033	0.002	质量分数（10^{-2}）		
	Ni	0.031	0.002	质量分数（10^{-2}）		
	Cr	0.21	0.01	质量分数（10^{-2}）		
	Sn	0.030	0.002	质量分数（10^{-2}）		

续表

标准物质编号	组份	标准值	标准不确定度	质量分数	标准物质名称	研制单位
GBW02204	Cu	4.89	0.04	质量分数（10^{-2}）	铝合金成分分析标准物质	北京航空材料研究院(北京市)
	Mn	0.41	0.01	质量分数（10^{-2}）		
	Ti	0.24	0.01	质量分数（10^{-2}）		
	V	0.18	0.01	质量分数（10^{-2}）		
	Zr	0.093	0.002	质量分数（10^{-2}）		
	Si	0.050	0.003	质量分数（10^{-2}）		
	Cd	0.19	0.01	质量分数（10^{-2}）		
	Fe	0.077	0.003	质量分数（10^{-2}）		
	B	0.013	0.001	质量分数（10^{-2}）		
	Mg	0.034	0.001	质量分数（10^{-2}）		
GBW02205	Fe	0.0015	0.0002	质量分数（10^{-2}）	精铝成分分析标准物质	抚顺铝厂(抚顺市)
	Si	0.0014	0.0003	质量分数（10^{-2}）		
	Cu	0.00049	0.00004	质量分数（10^{-2}）		
GBW02206	Fe	0.0027	0.0003	质量分数（10^{-2}）	精铝成分分析标准物质	抚顺铝厂(抚顺市)
	Si	0.0026	0.0004	质量分数（10^{-2}）		
	Cu	0.0019	0.0001	质量分数（10^{-2}）		
GBW02207	Fe	0.0069	0.0004	质量分数（10^{-2}）	精铝成分分析标准物质	抚顺铝厂(抚顺市)
	Si	0.0061	0.0008	质量分数（10^{-2}）		
	Cu	0.0048	0.0002	质量分数（10^{-2}）		
GBW02208	Fe	0.020	0.002	质量分数（10^{-2}）	精铝成分分析标准物质	抚顺铝厂(抚顺市)
	Si	0.019	0.002	质量分数（10^{-2}）		
	Cu	0.00097	0.00009	质量分数（10^{-2}）		
GBW02209	Fe	0.052	0.002	质量分数（10^{-2}）	精铝成分分析标准物质	抚顺铝厂(抚顺市)
	Si	0.050	0.003	质量分数（10^{-2}）		
	Cu	0.021	0.001	质量分数（10^{-2}）		
GBW02210	Fe	0.0015	0.0002	质量分数（10^{-2}）	精铝光谱分析标准物质	抚顺铝厂(抚顺市)
	Si	0.0014	0.0003	质量分数（10^{-2}）		
	Cu	0.00049	0.00004	质量分数（10^{-2}）		
GBW02211	Fe	0.0027	0.0003	质量分数（10^{-2}）	精铝光谱分析标准物质	抚顺铝厂(抚顺市)
	Si	0.0026	0.0004	质量分数（10^{-2}）		
	Cu	0.0019	0.0001	质量分数（10^{-2}）		
GBW02212	Fe	0.0069	0.0004	质量分数（10^{-2}）	精铝光谱分析标准物质	抚顺铝厂(抚顺市)
	Si	0.0061	0.0008	质量分数（10^{-2}）		
	Cu	0.0048	0.0002	质量分数（10^{-2}）		
GBW02213	Fe	0.020	0.002	质量分数（10^{-2}）	精铝光谱分析标准物质	抚顺铝厂(抚顺市)
	Si	0.019	0.002	质量分数（10^{-2}）		
	Cu	0.0097	0.0009	质量分数（10^{-2}）		
GBW02214	Fe	0.052	0.002	质量分数（10^{-2}）	精铝光谱分析标准物质	抚顺铝厂(抚顺市)
	Si	0.050	0.003	质量分数（10^{-2}）		
	Cu	0.021	0.001	质量分数（10^{-2}）		

续表

标准物质编号	组份	标准值	标准不确定度	质量分数	标准物质名称	研制单位
GBW02215	Fe	0.50	0.01	质量分数（10^{-2}）	铝合金光谱分析标准物质	抚顺铝厂（抚顺市）
	Si	0.12	0.01	质量分数（10^{-2}）		
	Cu	0.080	0.003	质量分数（10^{-2}）		
	Mg	1.04	0.04	质量分数（10^{-2}）		
	Mn	0.15	0.01	质量分数（10^{-2}）		
	Zn	0.21	0.02	质量分数（10^{-2}）		
	Ti	0.018	0.001	质量分数（10^{-2}）		
	Cr	0.022	0.001	质量分数（10^{-2}）		
GBW02216	Fe	0.29	0.01	质量分数（10^{-2}）	铝合金光谱分析标准物质	抚顺铝厂（抚顺市）
	Si	0.30	0.02	质量分数（10^{-2}）		
	Cu	0.096	0.002	质量分数（10^{-2}）		
	Mg	0.85	0.02	质量分数（10^{-2}）		
	Mn	0.10	0.01	质量分数（10^{-2}）		
	Zn	0.13	0.01	质量分数（10^{-2}）		
	Ti	0.010	0.001	质量分数（10^{-2}）		
	Cr	0.14	0.01	质量分数（10^{-2}）		
GBW02217	Fe	0.19	0.01	质量分数（10^{-2}）	铝合金光谱分析标准物质	抚顺铝厂（抚顺市）
	Si	0.47	0.02	质量分数（10^{-2}）		
	Cu	0.18	0.01	质量分数（10^{-2}）		
	Mg	0.56	0.01	质量分数（10^{-2}）		
	Mn	0.37	0.01	质量分数（10^{-2}）		
	Zn	0.020	0.002	质量分数（10^{-2}）		
	Ti	0.040	0.001	质量分数（10^{-2}）		
	Cr	0.035	0.003	质量分数（10^{-2}）		
GBW02218	Fe	0.087	0.004	质量分数（10^{-2}）	铝合金光谱分析标准物质	抚顺铝厂（抚顺市）
	Si	0.56	0.02	质量分数（10^{-2}）		
	Cu	0.036	0.002	质量分数（10^{-2}）		
	Mg	0.48	0.01	质量分数（10^{-2}）		
	Mn	0.24	0.01	质量分数（10^{-2}）		
	Zn	0.071	0.005	质量分数（10^{-2}）		
	Ti	0.11	0.01	质量分数（10^{-2}）		
	Cr	0.078	0.002	质量分数（10^{-2}）		
GBW02219	Fe	0.051	0.004	质量分数（10^{-2}）	铝合金光谱分析标准物质	抚顺铝厂（抚顺市）
	Si	0.89	0.03	质量分数（10^{-2}）		
	Cu	0.018	0.001	质量分数（10^{-2}）		
	Mg	0.22	0.01	质量分数（10^{-2}）		
	Mn	0.042	0.002	质量分数（10^{-2}）		
	Zn	0.013	0.002	质量分数（10^{-2}）		
	Ti	0.20	0.01	质量分数（10^{-2}）		
	Cr	0.021	0.001	质量分数（10^{-2}）		

续表

标准物质编号	组份	标准值	标准不确定度	质量分数	标准物质名称	研制单位
GBW02220	Cu	2.17	0.03	质量分数（10^{-2}）	变形铝合金成分分析标准物质	东北轻合金加工厂（哈尔滨市）
	Mg	1.56	0.03	质量分数（10^{-2}）		
	Mn	0.14	0.01	质量分数（10^{-2}）		
	Fe	1.18	0.02	质量分数（10^{-2}）		
	Si	0.88	0.02	质量分数（10^{-2}）		
	Zn	0.30	0.02	质量分数（10^{-2}）		
	Ti	0.041	0.002	质量分数（10^{-2}）		
	Ni	1.15	0.02	质量分数（10^{-2}）		
GBW02221	Cu	4.46	0.03	质量分数（10^{-2}）	变形铝合金成分分析标准物质	东北轻合金加工厂（哈尔滨市）
	Mg	1.51	0.02	质量分数（10^{-2}）		
	Mn	0.36	0.01	质量分数（10^{-2}）		
	Fe	0.38	0.01	质量分数（10^{-2}）		
	Si	0.34	0.02	质量分数（10^{-2}）		
	Zn	0.28	0.02	质量分数（10^{-2}）		
	Ti	0.055	0.003	质量分数（10^{-2}）		
	Ni	0.045	0.003	质量分数（10^{-2}）		
GBW02222	Cu	2.30	0.03	质量分数（10^{-2}）	铝合金成分分析标准物质	北京航空材料研究院(北京市)
	Fe	0.141	0.006	质量分数（10^{-2}）		
	Mg	2.21	0.04	质量分数（10^{-2}）		
	Si	0.0069	0.0004	质量分数（10^{-2}）		
	Ti	0.0196	0.0005	质量分数（10^{-2}）		
	Zn	6.21	0.04	质量分数（10^{-2}）		
	Zr	0.127	0.005	质量分数（10^{-2}）		
GBW02223	Cu	0.624	0.006	质量分数（10^{-2}）	铸铝合金光谱分析标准物质	西南铝加工厂（重庆市）
	Mg	1.35	0.01	质量分数（10^{-2}）		
	Mn	0.251	0.004	质量分数（10^{-2}）		
	Fe	0.504	0.004	质量分数（10^{-2}）		
	Si	10.89	0.02	质量分数（10^{-2}）		
	Zn	0.208	0.001	质量分数（10^{-2}）		
	Ti	0.079	0.001	质量分数（10^{-2}）		
	Ni	1.33	0.01	质量分数（10^{-2}）		
	Pb	0.016	0.001	质量分数（10^{-2}）		
	Sn	0.022	0.001	质量分数（10^{-2}）		
GBW02224	Cu	0.932	0.005	质量分数（10^{-2}）	铸铝合金光谱分析标准物质	西南铝加工厂（重庆市）
	Mg	0.843	0.008	质量分数（10^{-2}）		
	Mn	0.614	0.008	质量分数（10^{-2}）		
	Fe	0.216	0.002	质量分数（10^{-2}）		
	Si	11.34	0.03	质量分数（10^{-2}）		
	Zn	0.165	0.002	质量分数（10^{-2}）		
	Ti	0.115	0.002	质量分数（10^{-2}）		
	Ni	0.827	0.009	质量分数（10^{-2}）		
	Pb	0.136	0.002	质量分数（10^{-2}）		
	Sn	0.120	0.004	质量分数（10^{-2}）		

续表

标准物质编号	组份	标准值	标准不确定度	质量分数	标准物质名称	研制单位
GBW02225	Cu	1.13	0.01	质量分数（10^{-2}）	铸铝合金光谱分析标准物质	西南铝加工厂（重庆市）
	Mg	1.14	0.01	质量分数（10^{-2}）		
	Si	7.08	0.03	质量分数（10^{-2}）		
	Zn	0.098	0.002	质量分数（10^{-2}）		
	Ti	0.056	0.002	质量分数（10^{-2}）		
	Ni	1.00	0.01	质量分数（10^{-2}）		
	Pb	0.039	0.002	质量分数（10^{-2}）		
	Sn	0.0085	0.0001	质量分数（10^{-2}）		
GBW02226	Cu	1.27	0.01	质量分数（10^{-2}）	铸铝合金光谱分析标准物质	西南铝加工厂（重庆市）
	Mg	0.801	0.009	质量分数（10^{-2}）		
	Mn	0.788	0.003	质量分数（10^{-2}）		
	Fe	0.310	0.003	质量分数（10^{-2}）		
	Si	12.47	0.03	质量分数（10^{-2}）		
	Ti	0.139	0.002	质量分数（10^{-2}）		
	Ni	0.623	0.005	质量分数（10^{-2}）		
	Pb	0.031	0.001	质量分数（10^{-2}）		
	Sn	0.012	0.001	质量分数（10^{-2}）		
	Zn	0.133	0.002	质量分数（10^{-2}）		
GBW02227	Cu	0.410	0.005	质量分数（10^{-2}）	铸铝合金光谱分析标准物质	西南铝加工厂（重庆市）
	Mg	1.55	0.01	质量分数（10^{-2}）		
	Mn	0.092	0.002	质量分数（10^{-2}）		
	Fe	0.082	0.002	质量分数（10^{-2}）		
	Si	8.69	0.04	质量分数（10^{-2}）		
	Zn	2.52	0.002	质量分数（10^{-2}）		
	Ti	0.021	0.001	质量分数（10^{-2}）		
	Ni	1.58	0.01	质量分数（10^{-2}）		
	Pb	0.0025	0.0002	质量分数（10^{-2}）		
	Sn	0.019	0.001	质量分数（10^{-2}）		
GBW02228	Cu	0.0025	0.0002	质量分数（10^{-2}）	铸铝合金光谱分析标准物质	西南铝加工厂（重庆市）
	Mg	0.0031	0.0002	质量分数（10^{-2}）		
	Mn	0.0008	0.0002	质量分数（10^{-2}）		
	Fe	0.062	0.002	质量分数（10^{-2}）		
	Si	0.051	0.001	质量分数（10^{-2}）		
	Zn	0.0018	0.0002	质量分数（10^{-2}）		
	Ti	0.0095	0.0002	质量分数（10^{-2}）		
	Ni	0.0026	0.0002	质量分数（10^{-2}）		
	Pb	0.0046	0.0004	质量分数（10^{-2}）		
	Ga	0.00024	0.00002	质量分数（10^{-2}）		
	Ce	0.00031	0.00002	质量分数（10^{-2}）		
	Na	0.00020	0.00006	质量分数（10^{-2}）		

续表

标准物质编号	组份	标准值	标准不确定度	质量分数	标准物质名称	研制单位
GBW02229	Cu	0.015	0.001	质量分数（10^{-2}）	铸铝合金光谱分析标准物质	西南铝加工厂（重庆市）
	Mg	0.011	0.001	质量分数（10^{-2}）		
	Mn	0.017	0.001	质量分数（10^{-2}）		
	Fe	0.193	0.002	质量分数（10^{-2}）		
	Si	0.194	0.001	质量分数（10^{-2}）		
	Zn	0.030	0.001	质量分数（10^{-2}）		
	Ti	0.036	0.001	质量分数（10^{-2}）		
	Ni	0.014	0.001	质量分数（10^{-2}）		
	V	0.237	0.003	质量分数（10^{-2}）		
	Sn	0.171	0.004	质量分数（10^{-2}）		
	Cd	0.105	0.003	质量分数（10^{-2}）		
	Sb	0.040	0.002	质量分数（10^{-2}）		
GBW02230	Cu	0.031	0.001	质量分数（10^{-2}）	铸铝合金光谱分析标准物质	西南铝加工厂（重庆市）
	Mg	0.031	0.001	质量分数（10^{-2}）		
	Mn	0.034	0.001	质量分数（10^{-2}）		
	Fe	0.371	0.005	质量分数（10^{-2}）		
	Si	0.344	0.002	质量分数（10^{-2}）		
	Zn	0.067	0.002	质量分数（10^{-2}）		
	Ti	0.013	0.001	质量分数（10^{-2}）		
	Ni	0.030	0.001	质量分数（10^{-2}）		
	Pb	0.123	0.002	质量分数（10^{-2}）		
GBW02231	Cu	0.104	0.002	质量分数（10^{-2}）	铸铝合金光谱分析标准物质	西南铝加工厂（重庆市）
	Mg	0.092	0.002	质量分数（10^{-2}）		
	Mn	0.046	0.001	质量分数（10^{-2}）		
	Fe	0.940	0.007	质量分数（10^{-2}）		
	Si	0.933	0.007	质量分数（10^{-2}）		
	Zn	0.096	0.002	质量分数（10^{-2}）		
	Ti	0.081	0.001	质量分数（10^{-2}）		
	Ni	0.075	0.001	质量分数（10^{-2}）		
	Sn	0.071	0.002	质量分数（10^{-2}）		
	Cd	0.048	0.001	质量分数（10^{-2}）		
	Sb	0.0043	0.0005	质量分数（10^{-2}）		
	V	0.027	0.001	质量分数（10^{-2}）		
GBW02232	Cu	0.076	0.002	质量分数（10^{-2}）	铸铝合金光谱分析标准物质	西南铝加工厂（重庆市）
	Mn	0.108	0.003	质量分数（10^{-2}）		
	Fe	0.612	0.005	质量分数（10^{-2}）		
	Si	0.634	0.005	质量分数（10^{-2}）		
	Zn	1.04	0.02	质量分数（10^{-2}）		
	Ti	0.081	0.001	质量分数（10^{-2}）		
	Ni	0.075	0.001	质量分数（10^{-2}）		
	Pb	0.065	0.001	质量分数（10^{-2}）		
	Ga	0.0085	0.0001	质量分数（10^{-2}）		
	Ce	0.0080	0.0002	质量分数（10^{-2}）		

续表

标准物质编号	组份	标准值	标准不确定度	质量分数	标准物质名称	研制单位
GBW02233	Cu	0. 134	0. 002	质量分数（10^{-2}）	铸铝合金光谱分析标准物质	西南铝加工厂（重庆市）
	Mg	0. 127	0. 003	质量分数（10^{-2}）		
	Mn	0. 142	0. 003	质量分数（10^{-2}）		
	Fe	0. 748	0. 002	质量分数（10^{-2}）		
	Si	0. 790	0. 007	质量分数（10^{-2}）		
	Zn	0. 523	0. 007	质量分数（10^{-2}）		
	Ni	0. 105	0. 003	质量分数（10^{-2}）		
	V	0. 027	0. 001	质量分数（10^{-2}）		
	Sn	0. 071	0. 002	质量分数（10^{-2}）		
	Cd	0. 011	0. 001	质量分数（10^{-2}）		
	Sb	0. 097	0. 001	质量分数（10^{-2}）		
	Ti	0. 114	0. 002	质量分数（10^{-2}）		
GBW02234	Cu	0. 048	0. 001	质量分数（10^{-2}）	铸铝合金光谱分析标准物质	西南铝加工厂（重庆市）
	Mg	0. 021	0. 001	质量分数（10^{-2}）		
	Mn	0. 070	0. 002	质量分数（10^{-2}）		
	Fe	0. 505	0. 007	质量分数（10^{-2}）		
	Si	0. 491	0. 004	质量分数（10^{-2}）		
	Zn	1. 50	0. 02	质量分数（10^{-2}）		
	Ni	0. 133	0. 002	质量分数（10^{-2}）		
	Pb	0. 0052	0. 0003	质量分数（10^{-2}）		
	Ga	0. 032	0. 001	质量分数（10^{-2}）		
	Ce	0. 014	0. 001	质量分数（10^{-2}）		
	Ga	0. 105	0. 002	质量分数（10^{-2}）		
	Ce	0. 026	0. 001	质量分数（10^{-2}）		
	Ca	0. 015	0. 001	质量分数（10^{-2}）		
	Na	0. 0009	0. 0002	质量分数（10^{-2}）		
	Ca	0. 048	0. 004	质量分数（10^{-2}）		
	Na	0. 0015	0. 0002	质量分数（10^{-2}）		
	B	（0. 018）		质量分数（10^{-2}）		
	Ca	0. 175	0. 006	质量分数（10^{-2}）		
	Na	0. 014	0. 001	质量分数（10^{-2}）		
GBW02238	Si	4. 71	0. 08	质量分数（10^{-2}）	高硅高铜铸造铝合金光谱分析标准物质	北京航空材料研究院（北京市）、贵航集团吉安铸造厂（安顺市）
	Mg	0. 19	0. 01	质量分数（10^{-2}）		
	Fe	0. 41	0. 01	质量分数（10^{-2}）		
	Cu	5. 28	0. 07	质量分数（10^{-2}）		
	Zn	0. 59	0. 01	质量分数（10^{-2}）		
	Mn	0. 57	0. 02	质量分数（10^{-2}）		
GBW02239	Si	8. 61	0. 10	质量分数（10^{-2}）	高硅高铜铸造铝合金光谱分析标准物质	北京航空材料研究院（北京市）、贵航集团吉安铸造厂（安顺市）
	Mg	0. 18	0. 01	质量分数（10^{-2}）		
	Mn	0. 40	0. 01	质量分数（10^{-2}）		
	Fe	0. 63	0. 01	质量分数（10^{-2}）		
	Cu	1. 45	0. 02	质量分数（10^{-2}）		
	Zn	0. 79	0. 02	质量分数（10^{-2}）		

续表

标准物质编号	组份	标准值	标准不确定度	质量分数	标准物质名称	研制单位
GBW02240	Si	5.63	0.08	质量分数（10^{-2}）	高硅高铜铸造铝合金光谱分析标准物质	北京航空材料研究院（北京市）、贵航集团吉安铸造厂（安顺市）
	Mg	0.40	0.01	质量分数（10^{-2}）		
	Mn	0.79	0.02	质量分数（10^{-2}）		
	Fe	0.50	0.01	质量分数（10^{-2}）		
	Cu	3.54	0.03	质量分数（10^{-2}）		
	Zn	1.25	0.03	质量分数（10^{-2}）		
GBW02241	Si	6.17	0.09	质量分数（10^{-2}）	高硅高铜铸造铝合金光谱分析标准物质	北京航空材料研究院（北京市）、贵航集团吉安铸造厂（安顺市）
	Mg	0.21	0.01	质量分数（10^{-2}）		
	Mn	0.46	0.01	质量分数（10^{-2}）		
	Fe	0.56	0.02	质量分数（10^{-2}）		
	Cu	3.98	0.03	质量分数（10^{-2}）		
	Zn	0.30	0.01	质量分数（10^{-2}）		
GBW02242	Si	9.19	0.08	质量分数（10^{-2}）	高硅高铜铸造铝合金光谱分析标准物质	北京航空材料研究院（北京市）、贵航集团吉安铸造厂（安顺市）
	Mg	0.23	0.01	质量分数（10^{-2}）		
	Mn	0.21	0.01	质量分数（10^{-2}）		
	Fe	1.01	0.02	质量分数（10^{-2}）		
	Cu	0.99	0.01	质量分数（10^{-2}）		
	Zn	0.77	0.02	质量分数（10^{-2}）		
GBW02243	Si	10.40	0.10	质量分数（10^{-2}）	高硅高铜铸造铝合金光谱分析标准物质	北京航空材料研究院（北京市）、贵航集团吉安铸造厂（安顺市）
	Mg	0.53	0.01	质量分数（10^{-2}）		
	Mn	0.30	0.01	质量分数（10^{-2}）		
	Fe	0.79	0.02	质量分数（10^{-2}）		
	Cu	2.27	0.03	质量分数（10^{-2}）		
	Zn	1.16	0.03	质量分数（10^{-2}）		
GBW02301	Sn	86.61	0.08	质量分数（10^{-2}）	锡基合金成分分析标准物质	上海材料研究所（上海市）、江苏省机电研究所（徐州市）
	Sb	7.87	0.04	质量分数（10^{-2}）		
	Cu	4.06	0.01	质量分数（10^{-2}）		
	Pb	1.32	0.01	质量分数（10^{-2}）		
	Bi	0.014	0.001	质量分数（10^{-2}）		
	As	0.018	0.001	质量分数（10^{-2}）		
GBW02302	Sn	80.27	0.03	质量分数（10^{-2}）	锡基合金成分分析标准物质	上海材料研究所（上海市）、江苏省机电研究所（徐州市）
	Sb	11.81	0.04	质量分数（10^{-2}）		
	Cu	6.72	0.04	质量分数（10^{-2}）		
	Pb	1.20	0.01	质量分数（10^{-2}）		
	Bi	0.012	0.001	质量分数（10^{-2}）		
	As	0.020	0.001	质量分数（10^{-2}）		
GBW02351	Cu	0.00089	0.00007	质量分数（10^{-2}）	稀土镁合金成分分析标准物质	北京航空材料研究院（北京市）
	Mn	0.028	0.001	质量分数（10^{-2}）		
	Ni	0.00093	0.00008	质量分数（10^{-2}）		
	RE	0.85	0.02	质量分数（10^{-2}）		
	Zn	5.76	0.02	质量分数（10^{-2}）		
	Zr	0.57	0.01	质量分数（10^{-2}）		

续表

标准物质编号	组份	标准值	标准不确定度	质量分数	标准物质名称	研制单位
GBW02401	Pb	65.72	0.05	质量分数 (10^{-2})	铅基合金成分分析标准物质	上海材料研究所(上海市)、江苏省机电研究所(徐州市)
	Sn	15.97	0.07	质量分数 (10^{-2})		
	Sb	16.09	0.10	质量分数 (10^{-2})		
	Cu	1.96	0.02	质量分数 (10^{-2})		
	Bi	0.024	0.001	质量分数 (10^{-2})		
	As	0.014	0.001	质量分数 (10^{-2})		
GBW02402	Pb	76.22	0.06	质量分数 (10^{-2})	铅基合金成分分析标准物质	上海材料研究所(上海市)、江苏省机电研究所(徐州市)
	Sn	5.69	0.06	质量分数 (10^{-2})		
	Sb	15.02	0.06	质量分数 (10^{-2})		
	Cu	2.88	0.03	质量分数 (10^{-2})		
	Bi	0.0075	0.0003	质量分数 (10^{-2})		
	As	0.012	0.001	质量分数 (10^{-2})		
GBW02501	C	0.013	0.001	质量分数 (10^{-2})	钛合金成分分析标准物质	抚顺钢厂(抚顺市)
	Si	0.28	0.01	质量分数 (10^{-2})		
	Cr	1.55	0.01	质量分数 (10^{-2})		
	Mo	2.53	0.03	质量分数 (10^{-2})		
	Al	6.42	0.04	质量分数 (10^{-2})		
	Zr	0.276	0.012	质量分数 (10^{-2})		
	Fe	0.473	0.008	质量分数 (10^{-2})		
	N	0.010	0.001	质量分数 (10^{-2})		
GBW02502	C	0.0123	0.0004	质量分数 (10^{-2})	钛合金成分分析标准物质	抚顺钢厂(抚顺市)
	Si	0.275	0.005	质量分数 (10^{-2})		
	Mo	3.40	0.04	质量分数 (10^{-2})		
	Al	6.33	0.02	质量分数 (10^{-2})		
	Zr	1.71	0.01	质量分数 (10^{-2})		
	Fe	0.057	0.006	质量分数 (10^{-2})		
	N	0.021	0.001	质量分数 (10^{-2})		
GBW02551	C	0.042	0.002	质量分数 (10^{-2})	高温合金成分分析标准物质	抚顺钢厂(抚顺市)
	Mn	0.345	0.005	质量分数 (10^{-2})		
	Si	0.37	0.01	质量分数 (10^{-2})		
	S	0.006	0.001	质量分数 (10^{-2})		
	P	0.011	0.001	质量分数 (10^{-2})		
	Cr	20.30	0.03	质量分数 (10^{-2})		
	Al	1.09	0.01	质量分数 (10^{-2})		
	Ti	2.89	0.03	质量分数 (10^{-2})		
	Cu	0.059	0.002	质量分数 (10^{-2})		
	Nb	1.52	0.05	质量分数 (10^{-2})		
	B	0.0090	0.0008	质量分数 (10^{-2})		
	Fe	1.30	0.03	质量分数 (10^{-2})		
	Zr	0.047	0.003	质量分数 (10^{-2})		
	Ce	0.0035	0.0004	质量分数 (10^{-2})		

续表

标准物质编号	组份	标准值	标准不确定度	质量分数	标准物质名称	研制单位
GBW02601	N	0.017	0.001	质量分数 (10^{-2})	钛中氮成分分析标准物质	北京航空材料研究院(北京市)
GBW02602	N	0.020	0.001	质量分数 (10^{-2})	钛合金中氮成分分析标准物质	北京航空材料研究院(北京市)
GBW02603	N	0.027	0.001	质量分数 (10^{-2})	钛合金中氧、氮成分分析标准物质	北京航空材料研究院(北京市)
	O	0.119	0.005	质量分数 (10^{-2})		
GBW02604	N	0.023	0.001	质量分数 (10^{-2})	钛中氧、氮成分分析标准物质	北京航空材料研究院(北京市)
	O	0.273	0.008	质量分数 (10^{-2})		
	O	0.316	0.011	质量分数 (10^{-2})		
GBW02606	H	6.5	0.1	质量分数 (10^{-2})	钢中氢成分分析标准物质	上海钢铁研究所(上海市)
GBW02607a	H	4.4	0.1	质量分数 (10^{-2})	钢中氢成分分析标准物质	上海钢铁研究所(上海市)
GBW02608b	H	2.5	0.1	质量分数 (10^{-2})	钢中氢成分分析标准物质	上海钢铁研究所(上海市)
GBW02609	O	12.0	1.0	质量分数 (10^{-2})	轴承钢氧、氮成分分析标准物质	上海五钢(集团)有限公司(上海市)
	N	51.1	1.4	质量分数 (10^{-2})		
GBW02610	H	62	4	质量分数 (10^{-2})	钛中氢成分分析标准物质	北京航空材料研究院(北京市)
GBW02611	H	94	3	质量分数 (10^{-2})	钛中氢成分分析标准物质	北京航空材料研究院(北京市)
GBW02612	H	133	4	质量分数 (10^{-2})	钛中氢成分分析标准物质	北京航空材料研究院(北京市)
GBW02613	O	333	5	质量分数 (10^{-2})	铜中氧成分分析标准物质	上海材料研究所(上海市)
GBW02614	O	272	5	质量分数 (10^{-2})	铜中氧成分分析标准物质	上海材料研究所(上海市)
GBW02615	O	8.5	0.4	质量分数 (10^{-2})	铜中氧成分分析标准物质	上海材料研究所(上海市)
GBW02616	O	4.6	0.4	质量分数 (10^{-2})	铜中氧成分分析标准物质	上海材料研究所(上海市)
GBW02617a	O	0.00085	0.00005	质量分数 (10^{-2})	轴承钢氧、氮成分分析标准物质	宝钢集团上海五钢有限公司(上海市)
	N	0.0068	0.0004	质量分数 (10^{-2})		
	N	0.013	0.001	质量分数 (10^{-2})		
GBW02619	O	0.0010	0.0001	质量分数 (10^{-2})	镍基铸造高温合金气体成分分析标准物质	北京航空材料研究院(北京市)
	N	0.00063	0.00012	质量分数 (10^{-2})		
GBW02620	O	0.0020	0.0004	质量分数 (10^{-2})	铁镍基铸造高温合金气体成分分析标准物质	北京航空材料研究院(北京市)
	N	0.0051	0.0007	质量分数 (10^{-2})		
GBW02701	Pb	0.0030	0.0001	质量分数 (10^{-2})	锌成分分析标准物质	葫芦岛锌厂(锦州市)
	Cd	0.0010	0.0001	质量分数 (10^{-2})		
	Fe	0.0010	0.0001	质量分数 (10^{-2})		
	Cu	0.00010	0.00001	质量分数 (10^{-2})		

续表

标准物质编号	组份	标准值	标准不确定度	质量分数	标准物质名称	研制单位
GBW02702	Pb	0.0142	0.0006	质量分数（10^{-2}）	锌成分分析标准物质	葫芦岛锌厂（锦州市）
	Cd	0.0103	0.0005	质量分数（10^{-2}）		
	Fe	0.0097	0.0004	质量分数（10^{-2}）		
	Cu	0.00099	0.00003	质量分数（10^{-2}）		
GBW02703	Pb	0.309	0.009	质量分数（10^{-2}）	锌成分分析标准物质	葫芦岛锌厂（锦州市）
	Cd	0.0733	0.0018	质量分数（10^{-2}）		
	Fe	0.0301	0.0007	质量分数（10^{-2}）		
	Cu	0.0021	0.0001	质量分数（10^{-2}）		
	As	0.0052	0.0002	质量分数（10^{-2}）		
	Sb	0.0106	0.0005	质量分数（10^{-2}）		
	Sn	0.0025	0.0001	质量分数（10^{-2}）		
GBW02704	Al	4.09	0.04	质量分数（10^{-2}）	锌合金成分分析标准物质	国防科工委化学计量一级站（济南市）
	Cu	0.935	0.007	质量分数（10^{-2}）		
	Mg	0.040	0.002	质量分数（10^{-2}）		
	Sn	0.00099	0.00004	质量分数（10^{-2}）		
	Pb	0.0050	0.0003	质量分数（10^{-2}）		
	Cd	0.0024	0.0002	质量分数（10^{-2}）		
	Fe	0.019	0.002	质量分数（10^{-2}）		
	Zn	余量	余量	质量分数（10^{-2}）		
GBW02705	Al	4.72	0.05	质量分数（10^{-2}）	锌合金成分分析标准物质	国防科工委化学计量一级站（济南市）
	Mg	0.0224	0.0004	质量分数（10^{-2}）		
	Sn	0.00058	0.00004	质量分数（10^{-2}）		
	Pb	0.0026	0.0004	质量分数（10^{-2}）		
	Cd	0.00081	0.00005	质量分数（10^{-2}）		
	Zn	余量	余量	质量分数（10^{-2}）		
	Cu	0.165	0.004	质量分数（10^{-2}）		
GBW02706	Al	3.92	0.03	质量分数（10^{-2}）	锌合金成分分析标准物质	国防科工委化学计量一级站（济南市）
	Cu	0.256	0.004	质量分数（10^{-2}）		
	Mg	0.159	0.003	质量分数（10^{-2}）		
	Sn	0.00104	0.00006	质量分数（10^{-2}）		
	Pb	0.0032	0.0003	质量分数（10^{-2}）		
	Cd	0.0014	0.0001	质量分数（10^{-2}）		
	Zn	余量	余量	质量分数（10^{-2}）		
GBW02707	Al	3.91	0.04	质量分数（10^{-2}）	锌合金成分分析标准物质	国防科工委化学计量一级站（济南市）
	Cu	0.412	0.004	质量分数（10^{-2}）		
	Mg	0.075	0.002	质量分数（10^{-2}）		
	Sn	0.0021	0.0001	质量分数（10^{-2}）		
	Pb	0.0057	0.0004	质量分数（10^{-2}）		
	Cd	0.0031	0.0002	质量分数（10^{-2}）		
	Zn	余量	余量	质量分数（10^{-2}）		

续表

标准物质编号	组份	标准值	标准不确定度	质量分数	标准物质名称	研制单位
GBW02708	Al	2.92	0.03	质量分数（10^{-2}）	锌合金成分分析标准物质	国防科工委化学计量一级站(济南市)
	Cu	0.773	0.003	质量分数（10^{-2}）		
	Mg	0.0368	0.0005	质量分数（10^{-2}）		
	Sn	0.0040	0.0001	质量分数（10^{-2}）		
	Pb	0.0120	0.0005	质量分数（10^{-2}）		
	Cd	0.0072	0.0003	质量分数（10^{-2}）		
	Zn	余量	余量	质量分数（10^{-2}）		
GBW02709	Al	2.64	0.03	质量分数（10^{-2}）	锌合金成分分析标准物质	国防科工委化学计量一级站(济南市)
	Cu	1.37	0.01	质量分数（10^{-2}）		
	Mg	0.0085	0.0003	质量分数（10^{-2}）		
	Sn	0.0077	0.0003	质量分数（10^{-2}）		
	Pb	0.0235	0.0005	质量分数（10^{-2}）		
	Cd	0.0138	0.0004	质量分数（10^{-2}）		
	Zn	余量	余量	质量分数（10^{-2}）		
GBW02751	Au	99.994	0.037	质量分数（10^{-2}）	金纯度标准物质	沈阳冶炼厂(沈阳市)
	Ag	99.994	0.044	质量分数（10^{-2}）		
	Cu	99.99	0.031	质量分数（10^{-2}）		
GBW02754a	Au	99.60	0.70	质量分数（10^{-2}）	首饰金成分标准物质	沈阳冶炼厂(沈阳市)
	Ag	0.203	0.017	质量分数（10^{-2}）		
	Cu	0.207	0.011	质量分数（10^{-2}）		
GBW02755a	Au	98.98	0.08	质量分数（10^{-2}）	首饰金成分标准物质	沈阳冶炼厂(沈阳市)
	Ag	0.517	0.032	质量分数（10^{-2}）		
	Cu	0.508	0.014	质量分数（10^{-2}）		
GBW02756a	Au	99.60	0.07	质量分数（10^{-2}）	首饰金成分标准物质	沈阳冶炼厂(沈阳市)
	Ag	1.96	0.03	质量分数（10^{-2}）		
	Cu	2.03	0.04	质量分数（10^{-2}）		
GBW02757a	Au	96.00	0.07	质量分数（10^{-2}）	首饰金成分标准物质	沈阳冶炼厂(沈阳市)
	Ag	1.96	0.03	质量分数（10^{-2}）		
	Cu	2.03	0.04	质量分数（10^{-2}）		
GBW02758a	Au	91.68	0.08	质量分数（10^{-2}）	首饰金成分标准物质	沈阳冶炼厂(沈阳市)
	Ag	4.14	0.12	质量分数（10^{-2}）		
	Cu	4.14	0.08	质量分数（10^{-2}）		
GBW02759a	Ag	7.45	0.09	质量分数（10^{-2}）	首饰金成分标准物质	沈阳冶炼厂(沈阳市)
	Cu	7.51	0.08	质量分数（10^{-2}）		
	Au	85.00	0.08	质量分数（10^{-2}）		
GBW02760a	Au	78.99	0.08	质量分数（10^{-2}）	首饰金成分标准物质	沈阳冶炼厂(沈阳市)
	Ag	5.97	0.12	质量分数（10^{-2}）		
	Cu	15.03	0.13	质量分数（10^{-2}）		
GBW02761a	Au	74.99	0.04	质量分数（10^{-2}）	首饰金成分标准物质	沈阳冶炼厂(沈阳市)
	Ag	14.95	0.09	质量分数（10^{-2}）		
	Cu	10.02	0.10	质量分数（10^{-2}）		

续表

标准物质编号	组份	标准值	标准不确定度	质量分数	标准物质名称	研制单位
GBW02762a	Au	70.00	0.07	质量分数（10^{-2}）	首饰金成分标准物质	沈阳冶炼厂（沈阳市）
	Ag	10.00	0.19	质量分数（10^{-2}）		
	Cu	19.97	0.13	质量分数（10^{-2}）		
GBW02763a	Au	64.99	0.06	质量分数（10^{-2}）	首饰金成分标准物质	沈阳冶炼厂（沈阳市）
	Cu	10.02	0.11	质量分数（10^{-2}）		
	Ag	24.92	0.20	质量分数（10^{-2}）		
GBW02764a	Au	58.50	0.05	质量分数（10^{-2}）	首饰金成分标准物质	沈阳冶炼厂（沈阳市）
	Ag	11.50	0.15	质量分数（10^{-2}）		
	Cu	29.99	0.18	质量分数（10^{-2}）		
GBW02765a	Au	49.98	0.05	质量分数（10^{-2}）	首饰金成分标准物质	沈阳冶炼厂（沈阳市）
	Ag	9.98	0.14	质量分数（10^{-2}）		
	Cu	39.85	0.12	质量分数（10^{-2}）		
GBW02766a	Au	44.02	0.08	质量分数（10^{-2}）	首饰金成分标准物质	沈阳冶炼厂（沈阳市）
	Ag	35.01	0.17	质量分数（10^{-2}）		
	Cu	20.91	0.18	质量分数（10^{-2}）		
GBW02767a	Au	37.50	0.06	质量分数（10^{-2}）	首饰金成分标准物质	沈阳冶炼厂（沈阳市）
	Ag	7.56	0.10	质量分数（10^{-2}）		
	Cu	55.06	0.30	质量分数（10^{-2}）		
GBW02768a	Au	91.96	0.09	质量分数（10^{-2}）	首饰金成分标准物质	沈阳冶炼厂（沈阳市）
	Ag	3.31	0.14	质量分数（10^{-2}）		
	Cu	3.40	0.07	质量分数（10^{-2}）		
	Zn	1.02	0.03	质量分数（10^{-2}）		
	Ni	0.522	0.041	质量分数（10^{-2}）		
GBW02769a	Au	83.20	0.09	质量分数（10^{-2}）	首饰金成分标准物质	沈阳冶炼厂（沈阳市）
	Ag	6.81	0.13	质量分数（10^{-2}）		
	Cu	6.91	0.09	质量分数（10^{-2}）		
	Zn	1.99	0.08	质量分数（10^{-2}）		
	Ni	1.03	0.02	质量分数（10^{-2}）		
GBW02770a	Au	75.00	0.06	质量分数（10^{-2}）	首饰金成分标准物质	沈阳冶炼厂（沈阳市）
	Ag	14.86	0.15	质量分数（10^{-2}）		
	Cu	4.01	0.08	质量分数（10^{-2}）		
	Zn	4.00	0.13	质量分数（10^{-2}）		
	Ni	2.04	0.06	质量分数（10^{-2}）		
GBW02771a	Au	66.60	0.09	质量分数（10^{-2}）	首饰金成分标准物质	沈阳冶炼厂（沈阳市）
	Ag	3.35	0.06	质量分数（10^{-2}）		
	Cu	19.96	0.07	质量分数（10^{-2}）		
	Zn	6.05	0.16	质量分数（10^{-2}）		
	Ni	4.04	0.15	质量分数（10^{-2}）		
GBW02772a	Au	54.99	0.06	质量分数（10^{-2}）	首饰金成分标准物质	沈阳冶炼厂（沈阳市）
	Ag	26.89	0.18	质量分数（10^{-2}）		
	Cu	15.97	0.10	质量分数（10^{-2}）		
	Zn	0.516	0.035	质量分数（10^{-2}）		
	Ni	1.51	0.09	质量分数（10^{-2}）		

续表

标准物质编号	组份	标准值	标准不确定度	质量分数	标准物质名称	研制单位
GBW02773a	Au	41.59	0.07	质量分数 (10^{-2})	首饰金成分标准物质	沈阳冶炼厂(沈阳市)
	Ag	20.50	0.15	质量分数 (10^{-2})		
	Cu	31.84	0.08	质量分数 (10^{-2})		
	Zn	2.98	0.07	质量分数 (10^{-2})		
	Ni	3.00	0.11	质量分数 (10^{-2})		
GBW02774a	Au	35.00	0.08	质量分数 (10^{-2})	首饰金成分标准物质	沈阳冶炼厂(沈阳市)
	Ag	9.01	0.15	质量分数 (10^{-2})		
	Cu	40.01	0.26	质量分数 (10^{-2})		
	Zn	7.94	0.14	质量分数 (10^{-2})		
	Ni	8.00	0.16	质量分数 (10^{-2})		
GBW02775a	Au	91.70	0.07	质量分数 (10^{-2})	首饰金成分标准物质	沈阳冶炼厂(沈阳市)
	Ag	4.08	0.13	质量分数 (10^{-2})		
	Cu	4.13	0.10	质量分数 (10^{-2})		
GBW02776a	Au	83.20	0.10	质量分数 (10^{-2})	首饰金成分标准物质	沈阳冶炼厂(沈阳市)
	Ag	8.29	0.22	质量分数 (10^{-2})		
	Cu	8.42	0.10	质量分数 (10^{-2})		
GBW02777a	Au	75.01	0.08	质量分数 (10^{-2})	首饰金成分标准物质	沈阳冶炼厂(沈阳市)
	Ag	9.97	0.25	质量分数 (10^{-2})		
	Cu	14.98	0.13	质量分数 (10^{-2})		
GBW02778a	Au	58.50	0.06	质量分数 (10^{-2})	首饰金成分标准物质	沈阳冶炼厂(沈阳市)
	Cu	25.94	0.13	质量分数 (10^{-2})		
	Ag	15.55	0.18	质量分数 (10^{-2})		
GBW02779a	Au	37.50	0.07	质量分数 (10^{-2})	首饰金成分标准物质	沈阳冶炼厂(沈阳市)
	Ag	25.42	0.14	质量分数 (10^{-2})		
	Cu	36.96	0.23	质量分数 (10^{-2})		
GBW02780	Ag	0.00061	0.00017	质量分数 (10^{-2})	金中杂质光谱分析标准物质	内蒙古乾坤金银精练股份有限公司(呼和浩特市)
	Cu	0.00035	0.00006	质量分数 (10^{-2})		
	Fe	0.00054	0.00013	质量分数 (10^{-2})		
	Pb	0.00039	0.00007	质量分数 (10^{-2})		
	Bi	0.00036	0.00005	质量分数 (10^{-2})		
	Sb	0.00044	0.00010	质量分数 (10^{-2})		
	Au	余量	余量	质量分数 (10^{-2})		
GBW02781	Ag	0.0021	0.0002	质量分数 (10^{-2})	金中杂质光谱分析标准物质	内蒙古乾坤金银精练股份有限公司(呼和浩特市)
	Cu	0.0010	0.0001	质量分数 (10^{-2})		
	Fe	0.0010	0.0003	质量分数 (10^{-2})		
	Pb	0.0020	0.0002	质量分数 (10^{-2})		
	Bi	0.0022	0.0001	质量分数 (10^{-2})		
	Sb	0.0019	0.0002	质量分数 (10^{-2})		
	Au	余量	余量	质量分数 (10^{-2})		

续表

标准物质编号	组份	标准值	标准不确定度	质量分数	标准物质名称	研制单位
GBW02782	Ag	0.0033	0.0004	质量分数 (10^{-2})	金中杂质光谱分析标准物质	内蒙古乾坤金银精练股份有限公司(呼和浩特市)
	Cu	0.0021	0.0002	质量分数 (10^{-2})		
	Fe	0.0018	0.0003	质量分数 (10^{-2})		
	Pb	0.0020	0.0002	质量分数 (10^{-2})		
	Bi	0.0022	0.0001	质量分数 (10^{-2})		
	Sb	0.0019	0.0002	质量分数 (10^{-2})		
	Au	余量	余量	质量分数 (10^{-2})		
GBW02783	Ag	0.0068	0.0002	质量分数 (10^{-2})	金中杂质光谱分析标准物质	内蒙古乾坤金银精练股份有限公司(呼和浩特市)
	Cu	0.0044	0.0002	质量分数 (10^{-2})		
	Fe	0.0042	0.0003	质量分数 (10^{-2})		
	Pb	0.0043	0.0004	质量分数 (10^{-2})		
	Bi	0.0045	0.0005	质量分数 (10^{-2})		
	Sb	0.0041	0.0005	质量分数 (10^{-2})		
	Au	余量	余量	质量分数 (10^{-2})		
GBW02784	Ag	0.0148	0.0010	质量分数 (10^{-2})	金中杂质光谱分析标准物质	内蒙古乾坤金银精练股份有限公司(呼和浩特市)
	Cu	0.0106	0.0002	质量分数 (10^{-2})		
	Fe	0.0087	0.0006	质量分数 (10^{-2})		
	Pb	0.0088	0.0006	质量分数 (10^{-2})		
	Bi	0.0094	0.0009	质量分数 (10^{-2})		
	Sb	0.0094	0.0003	质量分数 (10^{-2})		
	Au	余量	余量	质量分数 (10^{-2})		
GBW02785	Ag	0.0306	0.0019	质量分数 (10^{-2})	金中杂质光谱分析标准物质	内蒙古乾坤金银精练股份有限公司(呼和浩特市)
	Cu	0.0213	0.0006	质量分数 (10^{-2})		
	Fe	0.0180	0.0011	质量分数 (10^{-2})		
	Pb	0.0178	0.0008	质量分数 (10^{-2})		
	Bi	0.0188	0.0013	质量分数 (10^{-2})		
	Sb	0.0177	0.0011	质量分数 (10^{-2})		
	Au	余量	余量	质量分数 (10^{-2})		
GBW02786	Au	0.00041	0.00003	质量分数 (10^{-2})	银中杂质光谱分析标准物质	内蒙古乾坤金银精练股份有限公司(呼和浩特市)
	Cu	0.00019	0.00002	质量分数 (10^{-2})		
	Fe	0.00048	0.00007	质量分数 (10^{-2})		
	Pb	0.00044	0.00009	质量分数 (10^{-2})		
	Bi	0.00048	0.00010	质量分数 (10^{-2})		
	Sb	0.00045	0.00007	质量分数 (10^{-2})		
	Ag	余量	余量	质量分数 (10^{-2})		
GBW02787	Au	0.00079	0.00019	质量分数 (10^{-2})	银中杂质光谱分析标准物质	内蒙古乾坤金银精练股份有限公司(呼和浩特市)
	Cu	0.0010	0.0002	质量分数 (10^{-2})		
	Fe	0.0013	0.0002	质量分数 (10^{-2})		
	Pb	0.0014	0.0001	质量分数 (10^{-2})		
	Bi	0.00080	0.00016	质量分数 (10^{-2})		
	Sb	0.00093	0.00011	质量分数 (10^{-2})		
	Ag	余量	余量	质量分数 (10^{-2})		

续表

标准物质编号	组份	标准值	标准不确定度	质量分数	标准物质名称	研制单位
GBW02788	Au	0.0021	0.0002	质量分数（10^{-2}）	银中杂质光谱分析标准物质	内蒙古乾坤金银精练股份有限公司（呼和浩特市）
	Cu	0.0022	0.0002	质量分数（10^{-2}）		
	Fe	0.0022	0.0003	质量分数（10^{-2}）		
	Pb	0.0018	0.0003	质量分数（10^{-2}）		
	Bi	0.0019	0.0003	质量分数（10^{-2}）		
	Sb	0.0024	0.0003	质量分数（10^{-2}）		
	Ag	余量	余量	质量分数（10^{-2}）		
GBW02789	Au	0.0038	0.0006	质量分数（10^{-2}）	银中杂质光谱分析标准物质	内蒙古乾坤金银精练股份有限公司（呼和浩特市）
	Cu	0.0055	0.0002	质量分数（10^{-2}）		
	Fe	0.0033	0.0004	质量分数（10^{-2}）		
	Pb	0.0044	0.0004	质量分数（10^{-2}）		
	Bi	0.0044	0.0005	质量分数（10^{-2}）		
	Sb	0.0041	0.0006	质量分数（10^{-2}）		
	Ag	余量	余量	质量分数（10^{-2}）		
GBW02790	Au	0.0077	0.0008	质量分数（10^{-2}）	银中杂质光谱分析标准物质	内蒙古乾坤金银精练股份有限公司（呼和浩特市）
	Cu	0.0136	0.0004	质量分数（10^{-2}）		
	Fe	0.0074	0.0005	质量分数（10^{-2}）		
	Pb	0.0094	0.0005	质量分数（10^{-2}）		
	Bi	0.0092	0.0008	质量分数（10^{-2}）		
	Sb	0.0077	0.0005	质量分数（10^{-2}）		
	Ag	余量	余量	质量分数（10^{-2}）		
GBW02791	Au	0.0157	0.0009	质量分数（10^{-2}）	银中杂质光谱分析标准物质	内蒙古乾坤金银精练股份有限公司（呼和浩特市）
	Cu	0.0289	0.0015	质量分数（10^{-2}）		
	Fe	0.0111	0.0008	质量分数（10^{-2}）		
	Pb	0.0185	0.0006	质量分数（10^{-2}）		
	Bi	0.0190	0.0005	质量分数（10^{-2}）		
	Sb	0.0153	0.0014	质量分数（10^{-2}）		
	Ag	余量	余量	质量分数（10^{-2}）		
GBW02801	C	6.10	0.01	质量分数（10^{-2}）	碳化钨总碳成分分析标准物质	株州硬质合金厂（株州市）
GBW02901	CeO_2	4.80	0.10	质量分数（10^{-2}）	氧化钇成分分析标准物质	中国有色金属工业总公司北京有色金属研究总院（北京市）
	Pr_6O_{11}	10.4	0.6	质量分数（10^{-2}）		
	Tb_4O_7	10.5	0.5	质量分数（10^{-2}）		
	Dy_2O_3	21.6	2.6	质量分数（10^{-2}）		
	CaO	8.15	0.31	质量分数（10^{-2}）		
	CuO	1.51	0.21	质量分数（10^{-2}）		
	Fe_2O_3	6.19	0.34	质量分数（10^{-2}）		
	NiO	9.8	0.2	质量分数（10^{-2}）		
	PbO	2.81	0.22	质量分数（10^{-2}）		
	SiO_2	34.0	1.8	质量分数（10^{-2}）		

续表

标准物质编号	组份	标准值	标准不确定度	质量分数	标准物质名称	研制单位
GBW02902	La_2O_3	12.8	1.2	质量分数（10^{-2}）	氧化铕成分分析标准物质	核工业总公司稀土分析检测中心（北京市）
	CeO_2	3.4	0.4	质量分数（10^{-2}）		
	Pr_6O_{11}	15.2	1.5	质量分数（10^{-2}）		
	Nd_2O_3	11.8	0.6	质量分数（10^{-2}）		
	Sm_2O_3	15.3	1.8	质量分数（10^{-2}）		
	Gd_2O_3	16.8	1.3	质量分数（10^{-2}）		
	Tb_4O_7	12.2	1.0	质量分数（10^{-2}）		
	Dy_2O_3	11.3	0.6	质量分数（10^{-2}）		
	Ho_2O_3	15.0	1.0	质量分数（10^{-2}）		
	Er_2O_3	12.6	1.1	质量分数（10^{-2}）		
	Tm_2O_3	10.2	0.7	质量分数（10^{-2}）		
	Yb_2O_3	16.3	0.6	质量分数（10^{-2}）		
	Lu_2O_3	11.6	0.8	质量分数（10^{-2}）		
	Y_2O_3	17.2	1.0	质量分数（10^{-2}）		
	Na_2O	31.1	1.5	质量分数（10^{-2}）		
	SiO_2（酸容）	30.0	3.5	质量分数（10^{-2}）		
	SiO_2（碱容）	(40.5)		质量分数（10^{-2}）		
	CaO	13.0	1.1	质量分数（10^{-2}）		
	Fe_2O_3	7.2	1.2	质量分数（10^{-2}）		
	NiO	9.6	0.8	质量分数（10^{-2}）		
	CuO	6.7	0.2	质量分数（10^{-2}）		
	ZnO	15.6	2.3	质量分数（10^{-2}）		
	PbO_2	8.0	0.3	质量分数（10^{-2}）		
GBW02903	La_2O_3	67.8	9.2	质量分数（10^{-2}）	氧化铈成分分析标准物质	核工业总公司稀土分析检测中心（北京市）
	Pr_6O_{11}	64	12	质量分数（10^{-2}）		
	Nd_2O_3	67	12	质量分数（10^{-2}）		
	Sm_2O_3	65.8	7.0	质量分数（10^{-2}）		
	Gd_2O_3	69	14	质量分数（10^{-2}）		
	Y_2O_3	72	12	质量分数（10^{-2}）		
	SiO_2	21.7	2.8	质量分数（10^{-2}）		
	Fe_2O_3	45.9	4.5	质量分数（10^{-2}）		
	CaO	53	12	质量分数（10^{-2}）		
	Na_2O	48.0	7.6	质量分数（10^{-2}）		
GBW03101a	SiO_2	49.98	0.10	质量分数（10^{-2}）	粘土成分分析标准物质	中非地质工程勘查研究院（北京市）
	Al_2O_3	26.27	0.06	质量分数（10^{-2}）		
	Fe_2O_3	10.55	0.14	质量分数（10^{-2}）		
	CaO	(0.080)		质量分数（10^{-2}）		
	MgO	0.13	0.01	质量分数（10^{-2}）		
	K_2O	0.46	0.09	质量分数（10^{-2}）		
	Na_2O	0.79	0.02	质量分数（10^{-2}）		
	TiO_2	0.060	0.005	质量分数（10^{-2}）		

续表

标准物质编号	组份	标准值	标准不确定度	质量分数	标准物质名称	研制单位
GBW03101a	SO_3	0.70	0.12	质量分数（10^{-2}）	粘土成分分析标准物质	中非地质工程勘查研究院(北京市)
	P_2O_5	0.049	0.017	质量分数（10^{-2}）		
	MnO	0.14	0.02	质量分数（10^{-2}）		
	L. O. I.	0.052	0.008	质量分数（10^{-2}）		
	Cl	10.62	0.16	质量分数（10^{-2}）		
	$fSiO_2$ *	(0.041)		质量分数（10^{-2}）		
	CO_2	(9.64)		质量分数（10^{-2}）		
	H_2O^+	0.0041	0.0008	质量分数（10^{-2}）		
GBW03102a	SiO_2	53.67	0.19	质量分数（10^{-2}）	粘土成分分析标准物质	中非地质工程勘查研究院(北京市)
	Fe_2O_3	0.33	0.05	质量分数（10^{-2}）		
	CaO	1.80	0.05	质量分数（10^{-2}）		
	MgO	0.083	0.002	质量分数（10^{-2}）		
	K_2O	1.15	0.03	质量分数（10^{-2}）		
	Na_2O	2.55	0.05	质量分数（10^{-2}）		
	TiO_2	0.030	0.003	质量分数（10^{-2}）		
	SO_3	0.023	0.005	质量分数（10^{-2}）		
	P_2O_5	0.053	0.002	质量分数（10^{-2}）		
	MnO	0.020	0.002	质量分数（10^{-2}）		
	L. O. I.	8.81	0.17	质量分数（10^{-2}）		
	Cl	0.0029	0.0008	质量分数（10^{-2}）		
	CO_2	(0.051)		质量分数（10^{-2}）		
	H_2O^+	(8.64)		质量分数（10^{-2}）		
	FeO	(0.052)		质量分数（10^{-2}）		
	Al_2O_3	31.32	0.18	质量分数（10^{-2}）		
GBW03103	SiO_2	66.64	0.18	质量分数（10^{-2}）	粘土成分分析标准物质	中非地质工程勘查研究院(北京市)
	Al_2O_3	13.28	0.12	质量分数（10^{-2}）		
	Fe_2O_3	4.64	0.07	质量分数（10^{-2}）		
	CaO	3.23	0.11	质量分数（10^{-2}）		
	MgO	1.84	0.08	质量分数（10^{-2}）		
	K_2O	2.50	0.09	质量分数（10^{-2}）		
	Na_2O	1.81	0.06	质量分数（10^{-2}）		
	TiO_2	0.66	0.03	质量分数（10^{-2}）		
	SO_3	0.027	0.010	质量分数（10^{-2}）		
	P_2O_5	0.106	0.011	质量分数（10^{-2}）		
	MnO	0.088	0.006	质量分数（10^{-2}）		
	L. O. I.	5.10	0.10	质量分数（10^{-2}）		
	Cl	0.011	0.005	质量分数（10^{-2}）		
	CO_2	1.66	0.11	质量分数（10^{-2}）		
	H_2O^+	(3.38)		质量分数（10^{-2}）		
	FeO	(0.80)		质量分数（10^{-2}）		

续表

标准物质编号	组份	标准值	标准不确定度	质量分数	标准物质名称	研制单位
GBW03104	SiO_2	69.63	0.16	质量分数（10^{-2}）	页岩成分分析标准物质	中非地质工程勘查研究院(北京市)
	Al_2O_3	14.82	0.10	质量分数（10^{-2}）		
	Fe_2O_3	5.67	0.08	质量分数（10^{-2}）		
	CaO	0.22	0.06	质量分数（10^{-2}）		
	MgO	0.67	0.07	质量分数（10^{-2}）		
	K_2O	3.76	0.10	质量分数（10^{-2}）		
	Na_2O	0.20	0.03	质量分数（10^{-2}）		
	TiO_2	0.68	0.04	质量分数（10^{-2}）		
	SO_3	0.028	0.008	质量分数（10^{-2}）		
	P_2O_5	0.043	0.009	质量分数（10^{-2}）		
	MnO	0.024	0.004	质量分数（10^{-2}）		
	L.O.I.	4.17	0.08	质量分数（10^{-2}）		
	Cl	0.014	0.005	质量分数（10^{-2}）		
	CO_2	0.13	0.07	质量分数（10^{-2}）		
	H_2O^+	(3.17)		质量分数（10^{-2}）		
	FeO	(0.04)		质量分数（10^{-2}）		
GBW03105a	SiO_2	1.09	0.11	质量分数（10^{-2}）	石灰岩成分分析标准物质	中非地质工程勘查研究院(北京市)
	Al_2O_3	0.24	0.02	质量分数（10^{-2}）		
	Fe_2O_3	0.11	0.02	质量分数（10^{-2}）		
	CaO	54.03	0.09	质量分数（10^{-2}）		
	MgO	0.81	0.06	质量分数（10^{-2}）		
	K_2O	0.084	0.003	质量分数（10^{-2}）		
	Na_2O	0.017	0.007	质量分数（10^{-2}）		
	TiO_2	0.010	0.002	质量分数（10^{-2}）		
	SO_3	0.018	0.006	质量分数（10^{-2}）		
	P_2O_5	0.0081	0.0005	质量分数（10^{-2}）		
	MnO	0.0067	0.0013	质量分数（10^{-2}）		
	L.O.I.	43.12	0.03	质量分数（10^{-2}）		
	Cl	0.0028	0.0004	质量分数（10^{-2}）		
	$fSiO_2$ *	0.67	0.02	质量分数（10^{-2}）		
	CO_2	(43.12)		质量分数（10^{-2}）		
GBW03106a	SiO_2	2.09	0.06	质量分数（10^{-2}）	石灰岩成分分析标准物质	中非地质工程勘查研究院(北京市)
	Al_2O_3	0.33	0.03	质量分数（10^{-2}）		
	Fe_2O_3	0.17	0.03	质量分数（10^{-2}）		
	CaO	51.61	0.15	质量分数（10^{-2}）		
	MgO	2.25	0.08	质量分数（10^{-2}）		
	K_2O	0.17	0.01	质量分数（10^{-2}）		
	Na_2O	0.017	0.006	质量分数（10^{-2}）		
	TiO_2	0.015	0.002	质量分数（10^{-2}）		
	SO_3	0.016	0.003	质量分数（10^{-2}）		
	P_2O_5	0.0061	0.0017	质量分数（10^{-2}）		

续表

标准物质编号	组份	标准值	标准不确定度	质量分数	标准物质名称	研制单位
GBW03106a	MnO	0.0089	0.0022	质量分数（10^{-2}）	石灰岩成分分析标准物质	中非地质工程勘查研究院(北京市)
	L. O. I.	42.84	0.07	质量分数（10^{-2}）		
	Cl	0.0066	0.0020	质量分数（10^{-2}）		
	$fSiO_2$ *	1.38	0.03	质量分数（10^{-2}）		
	CO_2	(42.59)		质量分数（10^{-2}）		
GBW03107	SiO_2	3.76	0.05	质量分数（10^{-2}）	石灰岩成分分析标准物质	中非地质工程勘查研究院(北京市)
	Al_2O_3	1.25	0.02	质量分数（10^{-2}）		
	Fe_2O_3	0.78	0.02	质量分数（10^{-2}）		
	CaO	49.94	0.13	质量分数（10^{-2}）		
	MgO	2.18	0.07	质量分数（10^{-2}）		
	K_2O	0.50	0.05	质量分数（10^{-2}）		
	Na_2O	0.026	0.005	质量分数（10^{-2}）		
	TiO_2	0.059	0.003	质量分数（10^{-2}）		
	SO_3	0.11	0.02	质量分数（10^{-2}）		
	P_2O_5	0.040	0.004	质量分数（10^{-2}）		
	MnO	0.019	0.004	质量分数（10^{-2}）		
	L. O. I.	41.35	0.03	质量分数（10^{-2}）		
	Cl	0.016	0.002	质量分数（10^{-2}）		
	$fSiO_2$ *	1.00	0.06	质量分数（10^{-2}）		
	CO_2	(41.19)		质量分数（10^{-2}）		
GBW03108	SiO_2	3.84	0.07	质量分数（10^{-2}）	石灰岩成分分析标准物质	中非地质工程勘查研究院(北京市)
	Al_2O_3	0.88	0.07	质量分数（10^{-2}）		
	Fe_2O_3	1.97	0.03	质量分数（10^{-2}）		
	CaO	47.49	0.09	质量分数（10^{-2}）		
	MgO	3.63	0.09	质量分数（10^{-2}）		
	K_2O	0.23	0.02	质量分数（10^{-2}）		
	Na_2O	0.024	0.008	质量分数（10^{-2}）		
	TiO_2	0.14	0.02	质量分数（10^{-2}）		
	SO_3	0.090	0.013	质量分数（10^{-2}）		
	P_2O_5	0.040	0.005	质量分数（10^{-2}）		
	MnO	0.19	0.04	质量分数（10^{-2}）		
	L. O. I.	41.52	0.01	质量分数（10^{-2}）		
	Cl	0.0062	0.0013	质量分数（10^{-2}）		
	$fSiO_2$ *	1.99	0.06	质量分数（10^{-2}）		
	CO_2	(41.13)		质量分数（10^{-2}）		
GBW03109a	SiO_2	1.68	0.05	质量分数（10^{-2}）	石膏成分分析标准物质	中非地质工程勘查研究院(北京市)
	Al_2O_3	0.34	0.03	质量分数（10^{-2}）		
	Fe_2O_3	0.16	0.01	质量分数（10^{-2}）		
	CaO	39.24	0.06	质量分数（10^{-2}）		
	MgO	1.74	0.05	质量分数（10^{-2}）		
	K_2O	0.094	0.010	质量分数（10^{-2}）		

续表

标准物质编号	组份	标准值	标准不确定度	质量分数	标准物质名称	研制单位
GBW03109a	Na_2O	0.065	0.004	质量分数（10^{-2}）	石膏成分分析标准物质	中非地质工程勘查研究院(北京市)
	TiO_2	0.016	0.002	质量分数（10^{-2}）		
	SO_3	51.91	0.06	质量分数（10^{-2}）		
	H_2O^+	0.39	0.02	质量分数（10^{-2}）		
	Cl	0.033	0.003	质量分数（10^{-2}）		
	CO_2	(4.02)		质量分数（10^{-2}）		
	L.O.I	4.55	0.04	质量分数（10^{-2}）		
	SrO	(0.27)		质量分数（10^{-2}）		
GBW03110	SiO_2	7.21	0.06	质量分数（10^{-2}）	石膏成分分析标准物质	中非地质工程勘查研究院(北京市)
	Al_2O_3	1.92	0.05	质量分数（10^{-2}）		
	Fe_2O_3	0.63	0.01	质量分数（10^{-2}）		
	CaO	28.50	0.09	质量分数（10^{-2}）		
	MgO	4.92	0.07	质量分数（10^{-2}）		
	K_2O	0.38	0.01	质量分数（10^{-2}）		
	Na_2O	0.021	0.004	质量分数（10^{-2}）		
	TiO_2	0.10	0.01	质量分数（10^{-2}）		
	SO_3	32.55	0.11	质量分数（10^{-2}）		
	H_2O^+	14.27	0.03	质量分数（10^{-2}）		
	Cl	0.019	0.003	质量分数（10^{-2}）		
	CO_2	(8.63)		质量分数（10^{-2}）		
	SrO	(0.071)		质量分数（10^{-2}）		
	L.O.I	(23.55)		质量分数（10^{-2}）		
GBW03111a	SiO_2	0.63	0.04	质量分数（10^{-2}）	石膏成分分析标准物质	中非地质工程勘查研究院(北京市)
	Al_2O_3	0.14	0.01	质量分数（10^{-2}）		
	Fe_2O_3	0.11	0.02	质量分数（10^{-2}）		
	CaO	32.30	0.04	质量分数（10^{-2}）		
	MgO	2.47	0.08	质量分数（10^{-2}）		
	K_2O	0.026	0.003	质量分数（10^{-2}）		
	Na_2O	0.014	0.004	质量分数（10^{-2}）		
	TiO_2	0.010	0.001	质量分数（10^{-2}）		
	SO_3	40.72	0.13	质量分数（10^{-2}）		
	H_2O^+	17.95	0.05	质量分数（10^{-2}）		
	Cl	0.0032	0.0003	质量分数（10^{-2}）		
	CO_2	(5.44)		质量分数（10^{-2}）		
	SrO	(0.096)		质量分数（10^{-2}）		
	L.O.I	23.60	0.05	质量分数（10^{-2}）		
GBW03112	SiO_2	98.51	0.09	质量分数（10^{-2}）	硅质砂岩成分分析标准物质	中非地质工程勘查研究院(北京市)
	Fe_2O_3	0.093	0.004	质量分数（10^{-2}）		
	$Al2O_3$	0.84	0.04	质量分数（10^{-2}）		
	CaO	0.077	0.008	质量分数（10^{-2}）		
	MgO	0.066	0.003	质量分数（10^{-2}）		

续表

标准物质编号	组份	标准值	标准不确定度	质量分数	标准物质名称	研制单位
GBW03112	TiO_2	0.020	0.002	质量分数（10^{-2}）	硅质砂岩成分分析标准物质	中非地质工程勘查研究院(北京市)
	K_2O	0.061	0.005	质量分数（10^{-2}）		
	Na_2O	0.021	0.004	质量分数（10^{-2}）		
	Cr_2O_3	0.00034	0.00010	质量分数（10^{-2}）		
	L. O. I	0.24	0.04	质量分数（10^{-2}）		
	MnO	(0.0016)		质量分数（10^{-2}）		
	P_2O_5	(0.0041)		质量分数（10^{-2}）		
GBW03113	SiO_2	95.74	0.08	质量分数（10^{-2}）	硅质砂岩成分分析标准物质	中非地质工程勘查研究院(北京市)
	Fe_2O_3	0.21	0.01	质量分数（10^{-2}）		
	Al_2O_3	2.36	0.06	质量分数（10^{-2}）		
	CaO	0.17	0.02	质量分数（10^{-2}）		
	MgO	0.098	0.003	质量分数（10^{-2}）		
	TiO_2	0.036	0.004	质量分数（10^{-2}）		
	K_2O	0.67	0.03	质量分数（10^{-2}）		
	Na_2O	0.25	0.02	质量分数（10^{-2}）		
	Cr_2O_3	0.00054	0.00009	质量分数（10^{-2}）		
	L. O. I	0.35	0.03	质量分数（10^{-2}）		
	MnO	(0.0033)		质量分数（10^{-2}）		
	P_2O_5	(0.0076)		质量分数（10^{-2}）		
GBW03114	SiO_2	89.59	0.13	质量分数（10^{-2}）	硅质砂岩成分分析标准物质	中非地质工程勘查研究院(北京市)
	Fe_2O_3	0.48	0.02	质量分数（10^{-2}）		
	Al_2O_3	5.48	0.07	质量分数（10^{-2}）		
	CaO	0.34	0.02	质量分数（10^{-2}）		
	MgO	0.16	0.03	质量分数（10^{-2}）		
	TiO_2	0.102	0.010	质量分数（10^{-2}）		
	K_2O	2.07	0.07	质量分数（10^{-2}）		
	Na_2O	1.09	0.05	质量分数（10^{-2}）		
	Cr_2O_3	0.0012	0.0002	质量分数（10^{-2}）		
	L. O. I	0.53	0.06	质量分数（10^{-2}）		
	MnO	(0.010)		质量分数（10^{-2}）		
	P_2O_5	(0.014)		质量分数（10^{-2}）		
GBW03115	SiO_2	55.90	0.21	质量分数（10^{-2}）	软质粘土成分分析标准物质	国家建筑材料测试中心(北京市)
	Al_2O_3	28.57	0.19	质量分数（10^{-2}）		
	Fe_2O_3	0.86	0.03	质量分数（10^{-2}）		
	TiO_2	1.21	0.05	质量分数（10^{-2}）		
	CaO	0.70	0.07	质量分数（10^{-2}）		
	MgO	0.30	0.03	质量分数（10^{-2}）		
	K_2O	1.54	0.04	质量分数（10^{-2}）		
	Na_2O	1.74	0.08	质量分数（10^{-2}）		
	L. O. I	8.72	0.13	质量分数（10^{-2}）		

续表

标准物质编号	组份	标准值	标准不确定度	质量分数	标准物质名称	研制单位
GBW03116	SiO_2	66.26	0.15	质量分数 (10^{-2})	钾长石成分分析标准物质	国家建筑材料测试中心(北京市)
	Al_2O_3	18.63	0.15	质量分数 (10^{-2})		
	Fe_2O_3	0.19	0.02	质量分数 (10^{-2})		
	TiO_2	0.048	0.007	质量分数 (10^{-2})		
	CaO	0.76	0.06	质量分数 (10^{-2})		
	MgO	0.054	0.011	质量分数 (10^{-2})		
	K_2O	9.60	0.11	质量分数 (10^{-2})		
	Na_2O	3.69	0.11	质量分数 (10^{-2})		
	L. O. I	0.86	0.06	质量分数 (10^{-2})		
GBW03117	SiO_2	71.25	0.12	质量分数 (10^{-2})	钠钙硅玻璃成分分析标准物质	国家建筑材料测试中心(北京市)
	Al_2O_3	2.56	0.08	质量分数 (10^{-2})		
	Fe_2O_3	0.18	0.01	质量分数 (10^{-2})		
	TiO_2	0.057	0.06	质量分数 (10^{-2})		
	CaO	6.37	0.09	质量分数 (10^{-2})		
	MgO	3.98	0.08	质量分数 (10^{-2})		
	K_2O	1.10	0.07	质量分数 (10^{-2})		
	Na_2O	13.77	0.16	质量分数 (10^{-2})		
	L. O. I	0.44	0.08	质量分数 (10^{-2})		
	SO_3	0.17	0.03	质量分数 (10^{-2})		
GBW03118	SiO_2	49.84	0.06	质量分数 (10^{-2})	石墨矿成分分析标准物质	中非地质工程勘查研究院(北京市)
	Al_2O_3	12.93	0.07	质量分数 (10^{-2})		
	TFe_2O_3	6.73	0.12	质量分数 (10^{-2})		
	TiO_2	0.57	0.02	质量分数 (10^{-2})		
	CaO	9.37	0.18	质量分数 (10^{-2})		
	MgO	6.10	0.13	质量分数 (10^{-2})		
	K_2O	2.54	0.05	质量分数 (10^{-2})		
	Na_2O	1.60	0.07	质量分数 (10^{-2})		
	MnO	0.084	0.003	质量分数 (10^{-2})		
	P_2O_5	0.13	0.02	质量分数 (10^{-2})		
	CO_2	3.60	0.11	质量分数 (10^{-2})		
	S	1.18	0.03	质量分数 (10^{-2})		
	H_2O^+	2.60	0.13	质量分数 (10^{-2})		
	固定碳	2.91	0.12	质量分数 (10^{-2})		
GBW03119	SiO_2	49.34	0.11	质量分数 (10^{-2})	石墨矿成分分析标准物质	中非地质工程勘查研究院(北京市)
	Al_2O_3	13.03	0.11	质量分数 (10^{-2})		
	TFe_2O_3	6.99	0.14	质量分数 (10^{-2})		
	TiO_2	0.64	0.02	质量分数 (10^{-2})		
	CaO	5.34	0.16	质量分数 (10^{-2})		
	MgO	5.35	0.10	质量分数 (10^{-2})		
	K_2O	2.17	0.07	质量分数 (10^{-2})		
	Na_2O	1.56	0.07	质量分数 (10^{-2})		

续表

标准物质编号	组份	标准值	标准不确定度	质量分数	标准物质名称	研制单位
GBW03119	MnO	0.054	0.002	质量分数（10^{-2}）	石墨矿成分分析标准物质	中非地质工程勘查研究院(北京市)
	P_2O_5	0.14	0.02	质量分数（10^{-2}）		
	CO2	0.67	0.06	质量分数（10^{-2}）		
	S	2.59	0.05	质量分数（10^{-2}）		
	H_2O^+	2.80	0.08	质量分数（10^{-2}）		
	固定碳	9.91	0.08	质量分数（10^{-2}）		
GBW03120	SiO_2	10.34	0.09	质量分数（10^{-2}）	石墨矿成分分析标准物质	中非地质工程勘查研究院(北京市)
	Al_2O_3	5.60	0.07	质量分数（10^{-2}）		
	TFe_2O_3	1.48	0.07	质量分数（10^{-2}）		
	TiO_2	0.55	0.05	质量分数（10^{-2}）		
	CaO	0.74	0.08	质量分数（10^{-2}）		
	MgO	0.50	0.05	质量分数（10^{-2}）		
	K_2O	0.99	0.06	质量分数（10^{-2}）		
	Na_2O	0.23	0.05	质量分数（10^{-2}）		
	MnO	0.022	0.001	质量分数（10^{-2}）		
	P_2O_5	0.16	0.01	质量分数（10^{-2}）		
	CO_2	0.28	0.06	质量分数（10^{-2}）		
	S	0.14	0.04	质量分数（10^{-2}）		
	H_2O^+	1.98	0.07	质量分数（10^{-2}）		
	固定碳	76.50	0.08	质量分数（10^{-2}）		
	灰分	20.78	0.04	质量分数（10^{-2}）		
	挥发分	2.72	0.09	质量分数（10^{-2}）		
GBW03121	SiO_2	54.55	0.17	质量分数（10^{-2}）	高岭土成分分析标准物质	中非地质工程勘查研究院(北京市)
	Al_2O_3	31.41	0.11	质量分数（10^{-2}）		
	TFe_2O_3	0.50	0.03	质量分数（10^{-2}）		
	CaO	0.052	0.008	质量分数（10^{-2}）		
	MgO	0.12	0.02	质量分数（10^{-2}）		
	K_2O	0.34	0.02	质量分数（10^{-2}）		
	Na_2O	0.015	0.004	质量分数（10^{-2}）		
	TiO_2	0.69	0.03	质量分数（10^{-2}）		
	MnO	0.0032	0.0003	质量分数（10^{-2}）		
	P_2O_5	0.099	0.009	质量分数（10^{-2}）		
	SO_3	0.53	0.04	质量分数（10^{-2}）		
	H_2O^+	11.72	0.11	质量分数（10^{-2}）		
	L. O. I.	11.94	0.11	质量分数（10^{-2}）		
	FeO	(0.026)		质量分数（10^{-2}）		
	CO_2	(0.026)		质量分数（10^{-2}）		
GBW03122	SiO_2	44.53	0.17	质量分数（10^{-2}）	高岭土成分分析标准物质	中非地质工程勘查研究院(北京市)
	Al_2O_3	38.62	0.10	质量分数（10^{-2}）		
	TFe_2O_3	0.72	0.04	质量分数（10^{-2}）		
	CaO	0.16	0.03	质量分数（10^{-2}）		

续表

标准物质编号	组份	标准值	标准不确定度	质量分数	标准物质名称	研制单位
GBW03122	MgO	0.068	0.005	质量分数（10^{-2}）	高岭土成分分析标准物质	中非地质工程勘查研究院（北京市）
	K_2O	0.049	0.007	质量分数（10^{-2}）		
	Na_2O	0.069	0.006	质量分数（10^{-2}）		
	TiO_2	0.39	0.02	质量分数（10^{-2}）		
	MnO	0.0054	0.0011	质量分数（10^{-2}）		
	P_2O_5	0.21	0.02	质量分数（10^{-2}）		
	SO_3	0.12	0.01	质量分数（10^{-2}）		
	H_2O^+	14.77	0.17	质量分数（10^{-2}）		
	L.O.I.	15.00	0.17	质量分数（10^{-2}）		
	FeO	(0.33)		质量分数（10^{-2}）		
	CO2	(0.06)		质量分数（10^{-2}）		
GBW03123	SiO_2	50.50	0.13	质量分数（10^{-2}）	硅灰石成分分析标准物质	中非地质工程勘查研究院（北京市）
	Al_2O_3	0.39	0.03	质量分数（10^{-2}）		
	Fe_2O_3	0.10	0.02	质量分数（10^{-2}）		
	FeO	0.28	0.02	质量分数（10^{-2}）		
	TiO_2	0.022	0.004	质量分数（10^{-2}）		
	CaO	40.39	0.11	质量分数（10^{-2}）		
	MgO	0.95	0.08	质量分数（10^{-2}）		
	K_2O	0.14	0.02	质量分数（10^{-2}）		
	Na_2O	0.052	0.007	质量分数（10^{-2}）		
	P_2O_5	0.052	0.005	质量分数（10^{-2}）		
	MnO	0.096	0.009	质量分数（10^{-2}）		
	L.O.I.	6.93	0.09	质量分数（10^{-2}）		
	S	(0.010)		质量分数（10^{-2}）		
GBW03124	SiO_2	60.64	0.14	质量分数（10^{-2}）	霞石正长岩成分分析标准物质	中非地质工程勘查研究院（北京市）
	Al_2O_3	20.05	0.13	质量分数（10^{-2}）		
	Fe_2O_3	1.37	0.06	质量分数（10^{-2}）		
	FeO	0.28	0.04	质量分数（10^{-2}）		
	TiO_2	0.12	0.01	质量分数（10^{-2}）		
	CaO	0.52	0.04	质量分数（10^{-2}）		
	MgO	0.13	0.02	质量分数（10^{-2}）		
	K_2O	5.06	0.10	质量分数（10^{-2}）		
	Na_2O	8.97	0.13	质量分数（10^{-2}）		
	P_2O_5	0.020	0.003	质量分数（10^{-2}）		
	MnO	0.050	0.005	质量分数（10^{-2}）		
	H_2O^+	2.34	0.03	质量分数（10^{-2}）		
	S	(0.011)		质量分数（10^{-2}）		
	L.O.I.	2.37	0.05	质量分数（10^{-2}）		

续表

标准物质编号	组份	标准值	标准不确定度	质量分数	标准物质名称	研制单位
GBW03125	SiO_2	39.42	0.09	质量分数（10^{-2}）	霞石正长岩成分分析标准物质	中非地质工程勘查研究院（北京市）
	Al_2O_3	29.67	0.13	质量分数（10^{-2}）		
	Fe_2O_3	0.33	0.04	质量分数（10^{-2}）		
	FeO	1.24	0.07	质量分数（10^{-2}）		
	TiO_2	0.14	0.01	质量分数（10^{-2}）		
	CaO	5.98	0.14	质量分数（10^{-2}）		
	MgO	0.92	0.06	质量分数（10^{-2}）		
	K_2O	4.72	0.08	质量分数（10^{-2}）		
	Na_2O	12.59	0.10	质量分数（10^{-2}）		
	P_2O_5	0.072	0.007	质量分数（10^{-2}）		
	MnO	0.031	0.004	质量分数（10^{-2}）		
	H_2O^+	1.78	0.12	质量分数（10^{-2}）		
	S	(0.064)		质量分数（10^{-2}）		
	CO_2	2.97	0.15	质量分数（10^{-2}）		
GBW03126	SiO_2	66.84	0.13	质量分数（10^{-2}）	叶腊石成分分析标准物质	中非地质工程勘查研究院（北京市）
	Al_2O_3	23.58	0.14	质量分数（10^{-2}）		
	Fe_2O_3	1.94	0.04	质量分数（10^{-2}）		
	CaO	0.17	0.02	质量分数（10^{-2}）		
	MgO	0.087	0.011	质量分数（10^{-2}）		
	K_2O	0.38	0.03	质量分数（10^{-2}）		
	Na_2O	0.34	0.03	质量分数（10^{-2}）		
	TiO_2	0.70	0.06	质量分数（10^{-2}）		
	P_2O_5	0.20	0.02	质量分数（10^{-2}）		
	MnO	0.0037	0.0011	质量分数（10^{-2}）		
	SO_3	0.61	0.06	质量分数（10^{-2}）		
	H_2O^+	4.15	0.14	质量分数（10^{-2}）		
	L.O.I.	5.48	0.07	质量分数（10^{-2}）		
GBW03127	SiO_2	70.34	0.16	质量分数（10^{-2}）	叶腊石成分分析标准物质	中非地质工程勘查研究院（北京市）
	Al_2O_3	22.20	0.17	质量分数（10^{-2}）		
	Fe_2O_3	0.22	0.02	质量分数（10^{-2}）		
	CaO	0.066	0.019	质量分数（10^{-2}）		
	MgO	0.041	0.007	质量分数（10^{-2}）		
	K_2O	0.028	0.006	质量分数（10^{-2}）		
	Na_2O	0.043	0.005	质量分数（10^{-2}）		
	TiO_2	0.18	0.02	质量分数（10^{-2}）		
	P_2O_5	0.11	0.02	质量分数（10^{-2}）		
	MnO	0.0040	0.0013	质量分数（10^{-2}）		
	SO_3	0.17	0.02	质量分数（10^{-2}）		
	H_2O^+	5.57	0.11	质量分数（10^{-2}）		
	L.O.I.	6.34	0.05	质量分数（10^{-2}）		

续表

标准物质编号	组份	标准值	标准不确定度	质量分数	标准物质名称	研制单位
GBW03128	SiO_2	2.69	0.09	质量分数（10^{-2}）	水镁石成分分析标准物质	中非地质工程勘查研究院（北京市）
	Al_2O_3	0.053	0.005	质量分数（10^{-2}）		
	Fe_2O_3	0.49	0.02	质量分数（10^{-2}）		
	CaO	2.51	0.11	质量分数（10^{-2}）		
	MgO	61.43	0.10	质量分数（10^{-2}）		
	K_2O	0.0041	0.0004	质量分数（10^{-2}）		
	Na_2O	0.0066	0.0004	质量分数（10^{-2}）		
	TiO_2	0.12	0.01	质量分数（10^{-2}）		
	P_2O_5	0.036	0.005	质量分数（10^{-2}）		
	MnO	(25.24)		质量分数（10^{-2}）		
	CO_2	8.08	0.15	质量分数（10^{-2}）		
GBW03129	SiO_2	4.47	0.04	质量分数（10^{-2}）	水镁石成分分析标准物质	中非地质工程勘查研究院（北京市）
	Al_2O_3	0.067	0.005	质量分数（10^{-2}）		
	Fe_2O_3	0.40	0.02	质量分数（10^{-2}）		
	CaO	6.18	0.14	质量分数（10^{-2}）		
	MgO	56.21	0.13	质量分数（10^{-2}）		
	K_2O	0.0066	0.0007	质量分数（10^{-2}）		
	Na_2O	0.013	0.002	质量分数（10^{-2}）		
	TiO_2	0.12	0.03	质量分数（10^{-2}）		
	P_2O_5	0.033	0.005	质量分数（10^{-2}）		
	MnO	9.95	0.16	质量分数（10^{-2}）		
	CO_2	(23.22)		质量分数（10^{-2}）		
GBW03130	SiO_2	62.03	0.07	质量分数（10^{-2}）	滑石成分分析标准物质	中非地质工程勘查研究院（北京市）
	Al_2O_3	0.082	0.008	质量分数（10^{-2}）		
	Fe_2O_3	0.29	0.02	质量分数（10^{-2}）		
	CaO	0.38	0.05	质量分数（10^{-2}）		
	MgO	31.89	0.13	质量分数（10^{-2}）		
	K_2O	0.009	0.002	质量分数（10^{-2}）		
	Na_2O	0.022	0.002	质量分数（10^{-2}）		
	TiO_2	0.14	0.01	质量分数（10^{-2}）		
	P_2O_5	0.0015	0.0001	质量分数（10^{-2}）		
	MnO	0.0052	0.0003	质量分数（10^{-2}）		
	SO_3	0.34	0.07	质量分数（10^{-2}）		
	H_2O^+	4.73	0.08	质量分数（10^{-2}）		
	L.O.I.	5.14	0.03	质量分数（10^{-2}）		
	A.U.M.	(92.78)		质量分数（10^{-2}）		
GBW03131	SiO_2	47.71	0.11	质量分数（10^{-2}）	滑石成分分析标准物质	中非地质工程勘查研究院（北京市）
	Al_2O_3	7.62	0.03	质量分数（10^{-2}）		
	Fe_2O_3	2.64	0.03	质量分数（10^{-2}）		
	CaO	2.39	0.04	质量分数（10^{-2}）		
	MgO	29.50	0.06	质量分数（10^{-2}）		

续表

标准物质编号	组份	标准值	标准不确定度	质量分数	标准物质名称	研制单位
GBW03131	K_2O	0.026	0.003	质量分数（10^{-2}）	滑石成分分析标准物质	中非地质工程勘查研究院(北京市)
	Na_2O	0.049	0.003	质量分数（10^{-2}）		
	TiO_2	0.11	0.01	质量分数（10^{-2}）		
	P_2O_5	0.021	0.001	质量分数（10^{-2}）		
	MnO	0.52	0.02	质量分数（10^{-2}）		
	SO_3	2.17	0.05	质量分数（10^{-2}）		
	H_2O^+	7.34	0.13	质量分数（10^{-2}）		
	L. O. I.	9.40	0.04	质量分数（10^{-2}）		
	A. U. M.	(83.13)		质量分数（10^{-2}）		
GBW03132	SiO_2	53.98	0.14	质量分数（10^{-2}）	硼硅酸盐玻璃成分分析标准物质	国家建筑材料测试中心(北京市)
	Al_2O_3	14.50	0.12	质量分数（10^{-2}）		
	Fe_2O_3	0.34	0.01	质量分数（10^{-2}）		
	CaO	0.19	0.02	质量分数（10^{-2}）		
	MgO	16.54	0.09	质量分数（10^{-2}）		
	K_2O	4.40	0.12	质量分数（10^{-2}）		
	Na_2O	0.59	0.04	质量分数（10^{-2}）		
	TiO_2	0.096	0.011	质量分数（10^{-2}）		
	P_2O_5	8.87	0.11	质量分数（10^{-2}）		
	MnO	0.54	0.04	质量分数（10^{-2}）		
	SO_3	0.26	0.04	质量分数（10^{-2}）		
GBW03133	H_2O^+	8.17	0.15	质量分数（10^{-2}）	矾土成分分析标准物质	国家建筑材料测试中心(北京市)
	L. O. I.	85.07	0.15	质量分数（10^{-2}）		
	A. U. M.	1.18	0.03	质量分数（10^{-2}）		
	TiO_2	3.76	0.07	质量分数（10^{-2}）		
	CaO	0.24	0.03	质量分数（10^{-2}）		
	MgO	0.21	0.04	质量分数（10^{-2}）		
	K_2O	0.44	0.04	质量分数（10^{-2}）		
	Na_2O	0.080	0.010	质量分数（10^{-2}）		
	L. O. I.	0.29	0.05	质量分数（10^{-2}）		
GBW03134	SiO_2	67.96	0.10	质量分数（10^{-2}）	钠长石成分分析标准物质	国家建筑材料测试中心(北京市)
	Al_2O_3	19.62	0.07	质量分数（10^{-2}）		
	Fe_2O_3	0.10	0.01	质量分数（10^{-2}）		
	TiO_2	0.054	0.008	质量分数（10^{-2}）		
	CaO	0.48	0.05	质量分数（10^{-2}）		
	MgO	0.015	0.002	质量分数（10^{-2}）		
	K_2O	0.098	0.011	质量分数（10^{-2}）		
	Na_2O	11.26	0.08	质量分数（10^{-2}）		
	L. O. I.	0.36	0.06	质量分数（10^{-2}）		

续表

标准物质编号	组份	标准值	标准不确定度	质量分数	标准物质名称	研制单位
GBW03201a	SiO_2	20.56	0.09	质量分数（10^{-2}）	硅酸盐水泥成分分析标准物质	中国建筑材料学研究院水泥研究所（北京市）
	Al_2O_3	3.16	0.06	质量分数（10^{-2}）		
	Fe_2O_3	5.02	0.07	质量分数（10^{-2}）		
	TiO_2	0.21	0.02	质量分数（10^{-2}）		
	CaO	62.34	0.13	质量分数（10^{-2}）		
	MgO	1.40	0.07	质量分数（10^{-2}）		
	K_2O	1.15	0.06	质量分数（10^{-2}）		
	Na_2O	0.18	0.04	质量分数（10^{-2}）		
	SO_3	2.29	0.06	质量分数（10^{-2}）		
	L. O. I.	3.39	0.09	质量分数（10^{-2}）		
	不溶物	0.98	0.05	质量分数（10^{-2}）		
GBW04101	U	3.29	0.02	质量分数（10^{-2}）	铀矿石成分分析标准物质	核工业北京化工冶金研究院（北京市）、国营272厂（衡阳市）
	SiO_2	81.31	0.13	质量分数（10^{-2}）		
	Al_2O_3	6.29	0.11	质量分数（10^{-2}）		
	Fe_2O_3	1.74	0.04	质量分数（10^{-2}）		
	CaO	0.806	0.060	质量分数（10^{-2}）		
	MgO	0.312	0.013	质量分数（10^{-2}）		
	K_2O	2.82	0.07	质量分数（10^{-2}）		
	Na_2O	0.508	0.013	质量分数（10^{-2}）		
	TiO_2	0.158	0.001	质量分数（10^{-2}）		
	钼 MoO_3	0.043	0.002	质量分数（10^{-2}）		
	MnO	0.047	0.002	质量分数（10^{-2}）		
	总硫（SO_3）	0.608	0.033	质量分数（10^{-2}）		
	P_2O_5	0.095	0.006	质量分数（10^{-2}）		
	L. O. I.	（1.34）		质量分数（10^{-2}）		
GBW04102	U	0.0679	0.0008	质量分数（10^{-2}）	铀矿石成分分析标准物质	核工业北京化工冶金研究院（北京市）、国营272厂（衡阳市）
	Al_2O_3	3.10	0.10	质量分数（10^{-2}）		
	总铁 Fe_2O_3	2.10	0.04	质量分数（10^{-2}）		
	CaO	0.380	0.043	质量分数（10^{-2}）		
	MgO	0.159	0.013	质量分数（10^{-2}）		
	K_2O	0.340	0.015	质量分数（10^{-2}）		
	Na_2O	0.024	0.005	质量分数（10^{-2}）		
	TiO_2	0.105	0.002	质量分数（10^{-2}）		
	钼 MoO_3	0.037	0.002	质量分数（10^{-2}）		
	MnO	0.064	0.001	质量分数（10^{-2}）		
	总硫（SO_3）	2.34	0.08	质量分数（10^{-2}）		
	P_2O_5	0.207	0.006	质量分数（10^{-2}）		
	L. O. I.	（3.22）		质量分数（10^{-2}）		
	SiO_2	89.75	0.16	质量分数（10^{-2}）		

续表

标准物质编号	组份	标准值	标准不确定度	质量分数	标准物质名称	研制单位
GBW04103	U	0.219	0.002	质量分数（10^{-2}）	铀矿石成分分析标准物质	核工业北京化工冶金研究院（北京市）、国营272厂（衡阳市）
	SiO_2	50.42	0.15	质量分数（10^{-2}）		
	Al_2O_3	13.39	0.15	质量分数（10^{-2}）		
	总铁 Fe_2O_3	1.89	0.05	质量分数（10^{-2}）		
	CaO	13.75	0.22	质量分数（10^{-2}）		
	MgO	0.561	0.026	质量分数（10^{-2}）		
	K_2O	0.110	0.011	质量分数（10^{-2}）		
	Na_2O	7.22	0.14	质量分数（10^{-2}）		
	TiO_2	0.123	0.002	质量分数（10^{-2}）		
	MnO	0.131	0.004	质量分数（10^{-2}）		
	总硫（SO_3）	0.052	0.004	质量分数（10^{-2}）		
	P_2O_5	4.13	0.04	质量分数（10^{-2}）		
	CO_2	6.41	0.06	质量分数（10^{-2}）		
	L.O.I.	（7.01）		质量分数（10^{-2}）		
GBW04104	U	0.0726	0.0014	质量分数（10^{-2}）	铀矿石成分分析标准物质	核工业北京化工冶金研究院（北京市）、国营272厂（衡阳市）
	SiO_2	5.01	0.05	质量分数（10^{-2}）		
	Al_2O_3	1.50	0.05	质量分数（10^{-2}）		
	总铁 Fe_2O_3	2.94	0.04	质量分数（10^{-2}）		
	CaO	27.92	0.38	质量分数（10^{-2}）		
	MgO	18.74	0.21	质量分数（10^{-2}）		
	K_2O	0.259	0.016	质量分数（10^{-2}）		
	Na_2O	0.024	0.005	质量分数（10^{-2}）		
	TiO_2	0.067	0.001	质量分数（10^{-2}）		
	MnO	0.036	0.002	质量分数（10^{-2}）		
	总硫（SO_3）	1.72	0.02	质量分数（10^{-2}）		
	P_2O_5	0.040	0.002	质量分数（10^{-2}）		
	CO_2	41.58	0.09	质量分数（10^{-2}）		
	L.O.I.	（41.4）		质量分数（10^{-2}）		
GBW04105	U	0.425	0.004	质量分数（10^{-2}）	铀矿石成分分析标准物质	核工业北京化工冶金研究院（北京市）、国营272厂（衡阳市）
	SiO_2	56.84	0.20	质量分数（10^{-2}）		
	Al_2O_3	17.00	0.22	质量分数（10^{-2}）		
	总铁 Fe_2O_3	3.67	0.05	质量分数（10^{-2}）		
	CaO	4.86	0.13	质量分数（10^{-2}）		
	MgO	1.18	0.06	质量分数（10^{-2}）		
	K_2O	0.126	0.009	质量分数（10^{-2}）		
	Na_2O	8.53	0.11	质量分数（10^{-2}）		
	TiO_2	0.746	0.012	质量分数（10^{-2}）		
	MnO	0.080	0.002	质量分数（10^{-2}）		
	总硫（SO_3）	0.115	0.008	质量分数（10^{-2}）		
	P_2O_5	0.756	0.010	质量分数（10^{-2}）		
	CO_2	3.02	0.03	质量分数（10^{-2}）		
	L.O.I.	（4.43）		质量分数（10^{-2}）		

续表

标准物质编号	组份	标准值	标准不确定度	质量分数	标准物质名称	研制单位
GBW04106	U	0.0504	0.0013	质量分数（10^{-2}）	铀矿石成分分析标准物质	核工业北京化工冶金研究院（北京市）、国营272厂（衡阳市）
	Th	0.156	0.003	质量分数（10^{-2}）		
GBW04107	U	0.0807	0.0013	质量分数（10^{-2}）	铀矿石成分分析标准物质	核工业北京化工冶金研究院（北京市）、国营272厂（衡阳市）
GBW04108	U	0.0079	0.0002	质量分数（10^{-2}）	铀矿石成分分析标准物质	核工业北京化工冶金研究院（北京市）、国营272厂（衡阳市）
GBW04109	U	0.0117	0.0003	质量分数（10^{-2}）	铀矿石成分分析标准物质	核工业北京化工冶金研究院（北京市）、国营272厂（衡阳市）
GBW04110	U	0.0285	0.0007	质量分数（10^{-2}）	矿石中铀钍镭成分分析标准物质	中国核工业总公司地质局（北京市）
	Th	0.0025	0.0002	质量分数（10^{-2}）		
	Ra	8.98×10〈SUP〉-9〈/SUP〉	0.21×10〈SUP〉-9〈SUP〉	质量分数（10^{-2}）		
GBW04111	U	0.0788	0.0012	质量分数（10^{-2}）	矿石中铀钍镭成分分析标准物质	中国核工业总公司地质局（北京市）
	Th	0.0026	0.0002	质量分数（10^{-2}）		
	Ra	2.67×10〈SUP〉-8〈SUP〉	0.05×10〈SUP〉-8〈SUP〉	质量分数（10^{-2}）		
GBW04112	U	0.0682	0.0010	质量分数（10^{-2}）	矿石中铀钍镭成分分析标准物质	中国核工业总公司地质局（北京市）
	Th	0.0011	0.0001	质量分数（10^{-2}）		
	Ra	2.36×10〈SUP〉-8〈SUP〉	0.04×10〈SUP〉-8〈SUP〉	质量分数（10^{-2}）		
GBW04113	U	0.194	0.002	质量分数（10^{-2}）	矿石中铀钍镭成分分析标准物质	中国核工业总公司地质局（北京市）
	Th	0.0043	0.0002	质量分数（10^{-2}）		
	Ra	6.41×10〈SUP〉-8〈SUP〉	0.10×10〈SUP〉-8〈SUP〉	质量分数（10^{-2}）		
GBW04114	U	0.703	0.004	质量分数（10^{-2}）	矿石中铀钍镭成分分析标准物质	中国核工业总公司地质局（北京市）
	Th	0.231	0.005	质量分数（10^{-2}）		
	Ra	2.36×10〈SUP〉-7〈SUP〉	0.04×10〈SUP〉-7〈SUP〉	质量分数（10^{-2}）		
GBW04115	U	0.0986	0.0018	质量分数（10^{-2}）	矿石中铀钍镭成分分析标准物质	中国核工业总公司地质局（北京市）
	Th	0.0313	0.0014	质量分数（10^{-2}）		
	Ra	3.72×10〈SUP〉-8〈SUP〉	0.09×10〈SUP〉-8〈SUP〉	质量分数（10^{-2}）		
GBW04116	U	0.0536	0.0010	质量分数（10^{-2}）	矿石中铀钍镭成分分析标准物质	中国核工业总公司地质局（北京市）
	Th	0.202	0.004	质量分数（10^{-2}）		
	Ra	1.15×10〈SUP〉-8〈SUP〉	0.06×10〈SUP〉-8〈SUP〉	质量分数（10^{-2}）		

续表

标准物质编号	组份	标准值	标准不确定度	质量分数	标准物质名称	研制单位
GBW04130	U	0.114	0.002	质量分数（10^{-2}）	含铀砂岩成分分析标准物质	核工业第六研究所（衡阳市）、核工业北京地质研究所（北京市）
	SiO_2	84.17	0.25	质量分数（10^{-2}）		
	Al_2O_3	7.92	0.25	质量分数（10^{-2}）		
	CaO	0.33	0.02	质量分数（10^{-2}）		
	MgO	0.25	0.02	质量分数（10^{-2}）		
	TFe_2O_3	1.20	0.05	质量分数（10^{-2}）		
	MnO	0.010	0.001	质量分数（10^{-2}）		
	Th	7.1	0.5	质量分数（10^{-2}）		
	K_2O	2.27	0.06	质量分数（10^{-2}）		
	Na_2O	0.15	0.01	质量分数（10^{-2}）		
	P_2O_5	0.028	0.002	质量分数（10^{-2}）		
	TiO_2	0.296	0.012	质量分数（10^{-2}）		
	C	0.54	0.02	质量分数（10^{-2}）		
	S	0.17	0.01	质量分数（10^{-2}）		
	MoO_3	15.5	2.5	质量分数（10^{-2}）		
	V	43.0	2.3	质量分数（10^{-2}）		
	Ra	3.6	0.1	质量分数（10^{-2}）		
	FeO	(0.60)		质量分数（10^{-2}）		
GBW05101	数均摩尔质量（克/摩尔）25℃	4.18×10〈SUP〉4〈SUP〉	0.3	质量分数（10^{-2}）	窄分布聚苯乙烯分子量标准物质	国家标准物质研究中心（北京市）
	重均摩尔质量（克/摩尔）25℃	4.63×10〈SUP〉4〈SUP〉	0.7	质量分数（10^{-2}）		
	特性粘数（mL/g）25℃	27.10	0.18	质量分数（10^{-2}）		
GBW05102	数均摩尔质量（克/摩尔）25℃	14.36×10〈SUP〉4〈SUP〉	0.7	质量分数（10^{-2}）	窄分布聚苯乙烯分子量标准物质	国家标准物质研究中心（北京市）
	重均摩尔质量（克/摩尔）25℃	17.24×10〈SUP〉4〈SUP〉	0.6	质量分数（10^{-2}）		
	特性粘数（mL/g）25℃	67.79	0.22	质量分数（10^{-2}）		
GBW06201	C	71.09		质量分数（10^{-2}）	乙酰苯胺元素分析标准物质	上海市计量测试技术研究院（上海市）
	H	6.71		质量分数（10^{-2}）		
	N	10.36		质量分数（10^{-2}）		
GBW06202	C	20.00		质量分数（10^{-2}）	脲元素分析标准物质	上海市计量测试技术研究院（上海市）
	H	6.71		质量分数（10^{-2}）		
	O	26.64		质量分数（10^{-2}）		
	N	46.65		质量分数（10^{-2}）		
GBW06303	氮	0.06-20.0	1	质量分数（10^{-2}）	甲烷中氮、二氧化碳、正丁烷气体标准物质	国家标准物质研究中心（北京市）
	二氧化碳	0.02-20.0	1	质量分数（10^{-2}）		
	正丁烷	0.03-0.9	1	质量分数（10^{-2}）		
	甲烷	余量		质量分数（10^{-2}）		

续表

标准物质编号	组份	标准值	标准不确定度	质量分数	标准物质名称	研制单位
GBW06304	氧	0.04－0.25	1	质量分数（10^{-2}）	氮中氧、乙烷、正丁烷气体标准物质	国家标准物质研究中心(北京市)
	乙烷	0.01－20.0	1	质量分数（10^{-2}）		
	正丁烷	0.05－0.95	1	质量分数（10^{-2}）		
	氮	余量		质量分数（10^{-2}）		
GBW06305	丙烷	0.01－7.00	1	质量分数（10^{-2}）	甲烷中丙烷、异丁烷、正丁烷气体标准物质	国家标准物质研究中心(北京市)
	异丁烷	0.01－0.85	1	质量分数（10^{-2}）		
	正丁烷	0.01－0.85	1	质量分数（10^{-2}）		
	甲烷	余量		质量分数（10^{-2}）		
GBW06501	N	46.30	0.12	质量分数（10^{-2}）	尿素中氮、缩二脲成分分析标准物质	国家标准物质研究中心(北京市)
	Biuret	1.38	0.04	质量分数（10^{-2}）		
	Ca	(0.00011)		质量分数（10^{-2}）		
	Mn	(0.00002)		质量分数（10^{-2}）		
	Fe	(0.00011)		质量分数（10^{-2}）		
	B	(0.00024)		质量分数（10^{-2}）		
GBW07101	Nd	0.16		质量分数（10^{-2}）	超基性岩成分分析标准物质	地质矿产部西安地址矿产研究所(西安市)
	Cr_2O_3	1.57	0.03	质量分数（10^{-2}）		
	SiO_2	34.34	0.12	质量分数（10^{-2}）		
	Al_2O_3	0.67	0.02	质量分数（10^{-2}）		
	Fe_2O_3	(4.21)		质量分数（10^{-2}）		
	FeO	(2.42)		质量分数（10^{-2}）		
	MgO	41.03	0.13	质量分数（10^{-2}）		
	CaO	0.10	0.01	质量分数（10^{-2}）		
	TiO_2	0.008	0.001	质量分数（10^{-2}）		
	P_2O_5	0.004	0.001	质量分数（10^{-2}）		
	MnO	0.068	0.003	质量分数（10^{-2}）		
	Na_2O	0.008	0.003	质量分数（10^{-2}）		
	K_2O	0.010	0.001	质量分数（10^{-2}）		
	H_2O^+	14.17	0.20	质量分数（10^{-2}）		
	CO_2	0.58	0.02	质量分数（10^{-2}）		
	S	0.051	0.001	质量分数（10^{-2}）		
	NiO	0.32	0.01	质量分数（10^{-2}）		
	CoO	0.012	0.001	质量分数（10^{-2}）		
	V_2O_5	0.007	0.001	质量分数（10^{-2}）		
	Cl	0.57	0.02	质量分数（10^{-2}）		
	全铁 Fe_2O_3	6.90	0.06	质量分数（10^{-2}）		
	Pt +	0.004	0.001	质量分数（10^{-2}）		
	Pd +	0.005	0.001	质量分数（10^{-2}）		
	Rh +	0.0006	0.0001	质量分数（10^{-2}）		
	Ir +	0.003	0.001	质量分数（10^{-2}）		
	Os +	0.006	0.001	质量分数（10^{-2}）		
	Ru +	0.010	0.001	质量分数（10^{-2}）		

续表

标准物质编号	组份	标准值	标准不确定度	质量分数	标准物质名称	研制单位
GBW07101	Ag	0.031	0.012	质量分数（10^{-2}）	超基性岩成分分析标准物质	地质矿产部西安地址矿产研究所（西安市）
	As	0.82	0.23	质量分数（10^{-2}）		
	Au	0.0014	0.0005	质量分数（10^{-2}）		
	B	5.9	1.2	质量分数（10^{-2}）		
	Ba	6.4	2.8	质量分数（10^{-2}）		
	Cu	5.5	0.8	质量分数（10^{-2}）		
	F	21.4	7.3	质量分数（10^{-2}）		
	Ga	1.2	0.6	质量分数（10^{-2}）		
	Ge	0.66	0.25	质量分数（10^{-2}）		
	Hg	0.046	0.004	质量分数（10^{-2}）		
	Li	1.3	0.5	质量分数（10^{-2}）		
	Pb	2.8	0.3	质量分数（10^{-2}）		
	Sc	4.9	0.2	质量分数（10^{-2}）		
	Sr	2.3	0.6	质量分数（10^{-2}）		
	Zn	45.4	7.3	质量分数（10^{-2}）		
	Br	（24.7）		质量分数（10^{-2}）		
	Cd	（0.024）		质量分数（10^{-2}）		
	Sb	（0.12）		质量分数（10^{-2}）		
	Ce	0.34		质量分数（10^{-2}）		
	Dy	0.020		质量分数（10^{-2}）		
	Eu	0.0043		质量分数（10^{-2}）		
	Gd	0.024		质量分数（10^{-2}）		
	Ho	0.0049		质量分数（10^{-2}）		
	La	0.20		质量分数（10^{-2}）		
	Lu	0.004		质量分数（10^{-2}）		
	Sm	0.025		质量分数（10^{-2}）		
	Tb	0.0029		质量分数（10^{-2}）		
	Tm	0.0030		质量分数（10^{-2}）		
	Yb	0.020		质量分数（10^{-2}）		
	Er	（0.014）		质量分数（10^{-2}）		
	Pr	（0.045）		质量分数（10^{-2}）		
	Y	（0.14）		质量分数（10^{-2}）		
GBW07102	Cr_2O_3	0.42	0.01	质量分数（10^{-2}）	超基性岩成分分析标准物质	地质矿产部西安地址矿产研究所（西安市）
	SiO_2	37.75	0.13	质量分数（10^{-2}）		
	Al_2O_3	0.21	0.02	质量分数（10^{-2}）		
	Fe_2O_3	（4.85）		质量分数（10^{-2}）		
	FeO	（1.97）		质量分数（10^{-2}）		
	MgO	38.34	0.10	质量分数（10^{-2}）		
	CaO	1.80	0.04	质量分数（10^{-2}）		
	TiO_2	0.004	0.001	质量分数（10^{-2}）		
	P_2O_5	0.003	0.001	质量分数（10^{-2}）		

续表

标准物质编号	组份	标准值	标准不确定度	质量分数	标准物质名称	研制单位
GBW07102	MnO	0.097	0.002	质量分数（10^{-2}）	超基性岩成分分析标准物质	地质矿产部西安地址矿产研究所（西安市）
	Na_2O	0.028	0.007	质量分数（10^{-2}）		
	K_2O	0.009	0.001	质量分数（10^{-2}）		
	H_2O^+	12.69	0.18	质量分数（10^{-2}）		
	CO_2	1.66	0.02	质量分数（10^{-2}）		
	S	0.008	0.001	质量分数（10^{-2}）		
	NiO	0.30	0.01	质量分数（10^{-2}）		
	CoO	0.013	0.001	质量分数（10^{-2}）		
	V_2O_5	0.003	0.001	质量分数（10^{-2}）		
	Cl	0.022	0.003	质量分数（10^{-2}）		
	全铁 Fe_2O_3	7.04	0.06	质量分数（10^{-2}）		
	Pt +	0.006	0.001	质量分数（10^{-2}）		
	Pd +	0.002	0.001	质量分数（10^{-2}）		
	Rh +	0.0012	0.0004	质量分数（10^{-2}）		
	Ir +	0.003	0.001	质量分数（10^{-2}）		
	Os +	0.006	0.001	质量分数（10^{-2}）		
	Ru +	0.009	0.001	质量分数（10^{-2}）		
	Ag	0.023	0.011	质量分数（10^{-2}）		
	As	(0.43)		质量分数（10^{-2}）		
	Au	0.0004	0.0003	质量分数（10^{-2}）		
	B	10.2	1.5	质量分数（10^{-2}）		
	Ba	10.5	3.3	质量分数（10^{-2}）		
	Cu	5.3	0.3	质量分数（10^{-2}）		
	F	35.3	3.2	质量分数（10^{-2}）		
	Ga	0.38	0.12	质量分数（10^{-2}）		
	Ge	0.63	0.17	质量分数（10^{-2}）		
	Hg	(0.015)		质量分数（10^{-2}）		
	Li	2.3	0.4	质量分数（10^{-2}）		
	Pb	3.2	0.8	质量分数（10^{-2}）		
	Sc	4.8	0.2	质量分数（10^{-2}）		
	Sr	33.2	6.2	质量分数（10^{-2}）		
	Zn	43.6	5.3	质量分数（10^{-2}）		
	Br	(1.4)		质量分数（10^{-2}）		
	Cd	(0.034)		质量分数（10^{-2}）		
	Sb	(0.050)		质量分数（10^{-2}）		
	As	0.90		质量分数（10^{-2}）		
	B	3.4		质量分数（10^{-2}）		
	Ba	19		质量分数（10^{-2}）		
	Be	2.0		质量分数（10^{-2}）		
	Bi	0.07		质量分数（10^{-2}）		
	Br	0.39		质量分数（10^{-2}）		

续表

标准物质编号	组份	标准值	标准不确定度	质量分数	标准物质名称	研制单位
GBW07102	Ce	19		质量分数（10^{-2}）	超基性岩成分分析标准物质	地质矿产部西安地址矿产研究所（西安市）
	Co	0.73		质量分数（10^{-2}）		
	Cr	1.6		质量分数（10^{-2}）		
	Cs	0.42		质量分数（10^{-2}）		
	Cu	6.27	1.7	质量分数（10^{-2}）		
	Dy	0.72		质量分数（10^{-2}）		
	Er	0.22		质量分数（10^{-2}）		
	Eu	0.15		质量分数（10^{-2}）		
	Ga	4.9		质量分数（10^{-2}）		
	Gd	2.2		质量分数（10^{-2}）		
	Ge	0.17		质量分数（10^{-2}）		
	Hf	6.4		质量分数（10^{-2}）		
	Hg	0.004		质量分数（10^{-2}）		
	Ho	0.18		质量分数（10^{-2}）		
	I	31.8	0.04	质量分数（10^{-2}）		
	In	0.03		质量分数（10^{-2}）		
	La	16		质量分数（10^{-2}）		
	Li	3.4		质量分数（10^{-2}）		
	Lu	0.15		质量分数（10^{-2}）		
	Mo	0.09		质量分数（10^{-2}）		
	Nb	6.9		质量分数（10^{-2}）		
	Nd	6.8		质量分数（10^{-2}）		
	Ni	0.72		质量分数（10^{-2}）		
	Pb	20		质量分数（10^{-2}）		
	Pr	251	2.4	质量分数（10^{-2}）		
	Rb	8		质量分数（10^{-2}）		
	Sb	0.06		质量分数（10^{-2}）		
	Sc	0.29		质量分数（10^{-2}）		
	Se	0.02		质量分数（10^{-2}）		
	Sm	1.2		质量分数（10^{-2}）		
	Sn	0.73		质量分数（10^{-2}）		
	Sr	0.011〈SUP〉*〈SUP〉		质量分数（10^{-2}）		
	Ta	0.17		质量分数（10^{-2}）		
	Tb	0.13		质量分数（10^{-2}）		
	Te	19.2	0.006	质量分数（10^{-2}）		
	Th	6.4		质量分数（10^{-2}）		
	Tl	0.10		质量分数（10^{-2}）		
	Tm	0.07		质量分数（10^{-2}）		
	U	1.9		质量分数（10^{-2}）		
	V	11		质量分数（10^{-2}）		

续表

标准物质编号	组份	标准值	标准不确定度	质量分数	标准物质名称	研制单位
GBW07102	W	0.20		质量分数（10^{-2}）	超基性岩成分分析标准物质	地质矿产部西安地址矿产研究所（西安市）
	Y	2.1		质量分数（10^{-2}）		
	Yb	0.16		质量分数（10^{-2}）		
	Zn	7		质量分数（10^{-2}）		
	Zr	0.37	0.014〈SUP〉 *〈SUP〉	质量分数（10^{-2}）		
	SiO_2	0.14		质量分数（10^{-2}）		
	TiO_2	0.04		质量分数（10^{-2}）		
	Al_2O_3	0.15		质量分数（10^{-2}）		
	Fe_2O_3	0.10		质量分数（10^{-2}）		
	FeO	0.07		质量分数（10^{-2}）		
	MnO	0.01		质量分数（10^{-2}）		
	MgO	0.10		质量分数（10^{-2}）		
	CaO	0.07		质量分数（10^{-2}）		
	Na_2O	0.15		质量分数（10^{-2}）		
	K_2O	1.21	0.16	质量分数（10^{-2}）		
	H_2O^+	0.14		质量分数（10^{-2}）		
	CO_2	0.09		质量分数（10^{-2}）		
	P_2O_5	0.006		质量分数（10^{-2}）		
	F	0.007		质量分数（10^{-2}）		
	S	0.005		质量分数（10^{-2}）		
	Cl	0.005		质量分数（10^{-2}）		
	Cd	0.02		质量分数（10^{-2}）		
GBW07110	Eu	1.96	0.11	质量分数（10^{-6}）	岩石成分分析标准物质	地质矿产部岩矿测试技术研究所（北京市）
	Ag	0.17	0.03	质量分数（10^{-6}）		
	As	5.96	0.89	质量分数（10^{-6}）		
	B	10.8	2.0	质量分数（10^{-6}）		
	Ba	1053	51	质量分数（10^{-6}）		
	Be	3.64	0.76	质量分数（10^{-6}）		
	Bi	0.09	0.04	质量分数（10^{-6}）		
	Br	(0.55)		质量分数（10^{-6}）		
	Cd	0.61	0.13	质量分数（10^{-6}）		
	Ce	117	12	质量分数（10^{-6}）		
	Co	7.9	1.0	质量分数（10^{-6}）		
	Cr	7.7	2.2	质量分数（10^{-6}）		
	Cs	7.16	0.63	质量分数（10^{-6}）		
	Cu	9.1	1.5	质量分数（10^{-6}）		
	Dy	5.32	0.31	质量分数（10^{-6}）		
	Er	2.93	0.17	质量分数（10^{-6}）		
	Ga	19.8	1.6	质量分数（10^{-6}）		
	Gd	6.54	0.56	质量分数（10^{-6}）		

续表

标准物质编号	组份	标准值	标准不确定度	质量分数	标准物质名称	研制单位
GBW07110	Ge	1.11	0.15	质量分数(10^{-6})	岩石成分分析标准物质	地质矿产部岩矿测试技术研究所(北京市)
	Hf	7.5	1.5	质量分数(10^{-6})		
	Hg	0.014	0.004	质量分数(10^{-6})		
	Ho	1.10	0.15	质量分数(10^{-6})		
	I	0.07	0.04	质量分数(10^{-6})		
	In	0.11	0.03	质量分数(10^{-6})		
	La	62.5	5.2	质量分数(10^{-6})		
	Li	17.5	1.7	质量分数(10^{-6})		
	Lu	0.49	0.06	质量分数(10^{-6})		
	Mo	0.95	0.13	质量分数(10^{-6})		
	Nb	20.8	2.0	质量分数(10^{-6})		
	Nd	47.2	4.2	质量分数(10^{-6})		
	Ni	12.6	1.9	质量分数(10^{-6})		
	Pb	97.7	9.3	质量分数(10^{-6})		
	Pr	13.2	0.8	质量分数(10^{-6})		
	Rb	183	13	质量分数(10^{-6})		
	Sb	1.34	0.21	质量分数(10^{-6})		
	Sc	7.52	0.74	质量分数(10^{-6})		
	Se	0.03	0.02	质量分数(10^{-6})		
	Sm	8.63	0.39	质量分数(10^{-6})		
	Sn	3.12	0.34	质量分数(10^{-6})		
	Sr	318	14	质量分数(10^{-6})		
	Ta	1.42	0.31	质量分数(10^{-6})		
	Tb	0.99	0.12	质量分数(10^{-6})		
	Te	(0.007)		质量分数(10^{-6})		
	Th	16.7	1.2	质量分数(10^{-6})		
	Tl	1.02	0.19	质量分数(10^{-6})		
	Tm	0.50	0.05	质量分数(10^{-6})		
	U	3.04	0.53	质量分数(10^{-6})		
	V	64.3	6.4	质量分数(10^{-6})		
	W	1.62	0.20	质量分数(10^{-6})		
	Y	28.0	1.8	质量分数(10^{-6})		
	Yb	3.15	0.19	质量分数(10^{-6})		
	Zn	164	10	质量分数(10^{-6})		
	Zr	335	32	质量分数(10^{-6})		
	SiO_2	63.06	0.19	质量分数(10^{-6})		
	TiO_2	0.80	0.04	质量分数(10^{-6})		
	Al_2O_3	16.1	0.2	质量分数(10^{-6})		
	Fe_2O_3	4.51	0.12	质量分数(10^{-6})		
	FeO	0.19	0.08	质量分数(10^{-6})		
	MnO	0.089	0.005	质量分数(10^{-6})		

续表

标准物质编号	组份	标准值	标准不确定度	质量分数	标准物质名称	研制单位
GBW07110	MgO	0.84	0.10	质量分数(10^{-6})	岩石成分分析标准物质	地质矿产部岩矿测试技术研究所(北京市)
	CaO	2.47	0.07	质量分数(10^{-6})		
	Na_2O	3.06	0.08	质量分数(10^{-6})		
	K_2O	5.17	0.10	质量分数(10^{-6})		
	H_2O^+	1.79	0.18	质量分数(10^{-6})		
	CO_2	1.03	0.07	质量分数(10^{-6})		
	P_2O_5	0.36	0.01	质量分数(10^{-6})		
	F	0.112	0.008	质量分数(10^{-6})		
	S	0.023	0.005	质量分数(10^{-6})		
	Cl	0.016	0.003	质量分数(10^{-6})		
	C(T)	(0.29)		质量分数(10^{-6})		
GBW07111	Ag	0.066	0.018	质量分数 (10^{-2})	岩石成分分析标准物质	地质矿产部岩矿测试技术研究所(北京市)
	As	0.4	0.3	质量分数 (10^{-2})		
	B	3.92	0.85	质量分数 (10^{-2})		
	Ba	0.190	0.014	质量分数 (10^{-2})		
	Be	2.11	0.78	质量分数 (10^{-2})		
	Bi	0.05	0.03	质量分数 (10^{-2})		
	Br	(0.34)		质量分数 (10^{-2})		
	Cd	0.08	0.03	质量分数 (10^{-2})		
	Ce	112	7	质量分数 (10^{-2})		
	Co	15.6	1.2	质量分数 (10^{-2})		
	Cr	37.6	3.4	质量分数 (10^{-2})		
	Cs	0.97	0.13	质量分数 (10^{-2})		
	Cu	8.8	1.5	质量分数 (10^{-2})		
	Dy	3.20	0.34	质量分数 (10^{-2})		
	Er	1.57	0.11	质量分数 (10^{-2})		
	Eu	1.91	0.19	质量分数 (10^{-2})		
	Ga	20.8	2.4	质量分数 (10^{-2})		
	Gd	5.09	0.44	质量分数 (10^{-2})		
	Ge	1.00	0.16	质量分数 (10^{-2})		
	Hg	0.035	0.001	质量分数 (10^{-2})		
	Ho	0.60	0.17	质量分数 (10^{-2})		
	I	(0.078)		质量分数 (10^{-2})		
	In	0.08	0.04	质量分数 (10^{-2})		
	La	60.5	5.2	质量分数 (10^{-2})		
	Li	16.2	2.1	质量分数 (10^{-2})		
	Lu	0.24	0.03	质量分数 (10^{-2})		
	Mo	0.47	0.40	质量分数 (10^{-2})		
	Nb	10.6	1.4	质量分数 (10^{-2})		
	Nd	48.1	4.3	质量分数 (10^{-2})		
	Ni	24.4	2.3	质量分数 (10^{-2})		

续表

标准物质编号	组份	标准值	标准不确定度	质量分数	标准物质名称	研制单位
GBW07111	Pb	19.8	2.3	质量分数 (10^{-2})	岩石成分分析标准物质	地质矿产部岩矿测试技术研究所(北京市)
	Pr	13.2	0.8	质量分数 (10^{-2})		
	Rb	183	13	质量分数 (10^{-2})		
	Sb	1.34	0.21	质量分数 (10^{-2})		
	Sc	7.52	0.74	质量分数 (10^{-2})		
	Se	0.03	0.02	质量分数 (10^{-2})		
	Sm	7.74	0.48	质量分数 (10^{-2})		
	Sn	1.44	0.24	质量分数 (10^{-2})		
	Sr	1198	88	质量分数 (10^{-2})		
	Ta	0.62	0.15	质量分数 (10^{-2})		
	Tb	0.68	0.11	质量分数 (10^{-2})		
	Te	0.011	0.007	质量分数 (10^{-2})		
	Th	10.9	1.0	质量分数 (10^{-2})		
	Tl	0.39	0.09	质量分数 (10^{-2})		
	Tm	0.26	0.03	质量分数 (10^{-2})		
	U	1.40	0.35	质量分数 (10^{-2})		
	V	104	7	质量分数 (10^{-2})		
	W	0.19	0.06	质量分数 (10^{-2})		
	Y	15.5	1.7	质量分数 (10^{-2})		
	Yb	1.56	0.09	质量分数 (10^{-2})		
	Zn	85.4	9.4	质量分数 (10^{-2})		
	Zr	224	29	质量分数 (10^{-2})		
	SiO_2	59.68	0.15	质量分数 (10^{-2})		
	TiO_2	0.77	0.04	质量分数 (10^{-2})		
	Al_2O_3	16.56	0.14	质量分数 (10^{-2})		
	Fe_2O_3	2.64	0.17	质量分数 (10^{-2})		
	FeO	3.08	0.12	质量分数 (10^{-2})		
	MnO	0.094	0.005	质量分数 (10^{-2})		
	MgO	2.81	0.10	质量分数 (10^{-2})		
	CaO	4.72	0.12	质量分数 (10^{-2})		
	Na_2O	4.05	0.08	质量分数 (10^{-2})		
	K_2O	3.50	0.08	质量分数 (10^{-2})		
	H_2O^+	0.88	0.17	质量分数 (10^{-2})		
	CO_2	0.15	0.08	质量分数 (10^{-2})		
	P_2O_5	0.34	0.01	质量分数 (10^{-2})		
	F	0.084	0.004	质量分数 (10^{-2})		
	S	0.011	0.004	质量分数 (10^{-2})		
	Cl	0.023	0.03	质量分数 (10^{-2})		
	C(T)	(0.057)		质量分数 (10^{-2})		
	Hf	5.2	1.2	质量分数 (10^{-2})		

续表

标准物质编号	组份	标准值	标准不确定度	质量分数	标准物质名称	研制单位
GBW07112	In	0.12	0.04	质量分数(10^{-6})	岩石成分分析标准物质	地质矿产部岩矿测试技术研究所(北京市)
	Ag	0.05	0.03	质量分数(10^{-6})		
	As	(0.21)		质量分数(10^{-6})		
	B	1.84	0.78	质量分数(10^{-6})		
	Ba	86.2	9.2	质量分数(10^{-6})		
	Be	(0.98)		质量分数(10^{-6})		
	Bi	0.04	0.03	质量分数(10^{-6})		
	Br	(0.32)		质量分数(10^{-6})		
	Cd	0.09	0.04	质量分数(10^{-6})		
	Ce	4.2	1.1	质量分数(10^{-6})		
	Co	93.0	5.2	质量分数(10^{-6})		
	Cr	14.5	4.7	质量分数(10^{-6})		
	Cs	(0.17)		质量分数(10^{-6})		
	Cu	28.3	2.0	质量分数(10^{-6})		
	Dy	1.11	0.32	质量分数(10^{-6})		
	Er	0.47	0.06	质量分数(10^{-6})		
	Eu	0.74	0.07	质量分数(10^{-6})		
	Ga	23.7	3.6	质量分数(10^{-6})		
	Gd	1.31	0.58	质量分数(10^{-6})		
	Ge	1.06	0.37	质量分数(10^{-6})		
	Hf	0.65	0.22	质量分数(10^{-6})		
	Hg	(0.005)		质量分数(10^{-6})		
	Ho	0.20	0.02	质量分数(10^{-6})		
	I	0.08	0.04	质量分数(10^{-6})		
	La	1.71	0.35	质量分数(10^{-6})		
	Li	1.94	0.45	质量分数(10^{-6})		
	Lu	0.06	0.04	质量分数(10^{-6})		
	Mo	(0.094)		质量分数(10^{-6})		
	Nb	9.3	4.3	质量分数(10^{-6})		
	Nd	4.10	0.79	质量分数(10^{-6})		
	Ni	69	10	质量分数(10^{-6})		
	Pb	(5.16)		质量分数(10^{-6})		
	Pr	0.84	0.25	质量分数(10^{-6})		
	Rb	(4.79)		质量分数(10^{-6})		
	Sb	(0.04)		质量分数(10^{-6})		
	Sc	22.5	3.1	质量分数(10^{-6})		
	Se	0.26	0.11	质量分数(10^{-6})		
	Sm	1.22	0.11	质量分数(10^{-6})		
	Sn	0.89	0.36	质量分数(10^{-6})		
	Sr	612	61	质量分数(10^{-6})		
	Ta	(0.56)		质量分数(10^{-6})		

续表

标准物质编号	组份	标准值	标准不确定度	质量分数	标准物质名称	研制单位
GBW07112	Tb	0.20	0.07	质量分数(10^{-6})	岩石成分分析标准物质	地质矿产部岩矿测试技术研究所(北京市)
	Te	0.010	0.004	质量分数(10^{-6})		
	Th	(0.28)		质量分数(10^{-6})		
	Tl	0.07	0.02	质量分数(10^{-6})		
	Tm	0.09	0.04	质量分数(10^{-6})		
	U	(0.086)		质量分数(10^{-6})		
	V	768	42	质量分数(10^{-6})		
	W	(0.10)		质量分数(10^{-6})		
	Y	4.9	1.3	质量分数(10^{-6})		
	Yb	0.36	0.08	质量分数(10^{-6})		
	Zn	118	11	质量分数(10^{-6})		
	Zr	20	16	质量分数(10^{-6})		
	SiO_2	35.69	0.15	质量分数(10^{-6})		
	TiO_2	7.69	0.20	质量分数(10^{-6})		
	Al_2O_3	14.14	0.30	质量分数(10^{-6})		
	Fe_2O_3	9.90	0.63	质量分数(10^{-6})		
	FeO	13.36	0.53	质量分数(10^{-6})		
	MgO	0.193	0.014	质量分数(10^{-6})		
	MgO	5.25	0.13	质量分数(10^{-6})		
	CaO	9.86	0.22	质量分数(10^{-6})		
	Na_2O	2.11	0.05	质量分数(10^{-6})		
	K_2O	0.15	0.02	质量分数(10^{-6})		
	H_2O^+	1.09	0.10	质量分数(10^{-6})		
	CO_2	0.12	0.08	质量分数(10^{-6})		
	P_2O_5	0.028	0.004	质量分数(10^{-6})		
	F	0.006	0.002	质量分数(10^{-6})		
	S	0.37	0.02	质量分数(10^{-6})		
	Cl	0.006	0.002	质量分数(10^{-6})		
	C(T)	(0.039)		质量分数(10^{-6})		
GBW07113	Ag	0.08	0.02	质量分数(10^{-6})	岩石成分分析标准物质	地质矿产部岩矿测试技术研究所(北京市)
	As	0.7	0.3	质量分数(10^{-6})		
	B	3.5	1.1	质量分数(10^{-6})		
	Ba	506	51	质量分数(10^{-6})		
	Be	4.09	0.86	质量分数(10^{-6})		
	Bi	0.06	0.02	质量分数(10^{-6})		
	Br	(0.25)		质量分数(10^{-6})		
	Cd	0.14	0.03	质量分数(10^{-6})		
	Ce	163	5	质量分数(10^{-6})		
	Co	2.40	0.73	质量分数(10^{-6})		
	Cr	7.3	3.3	质量分数(10^{-6})		
	Cs	3.34	0.34	质量分数(10^{-6})		

续表

标准物质编号	组份	标准值	标准不确定度	质量分数	标准物质名称	研制单位
GBW07113	Cu	10.9	1.6	质量分数(10^{-6})	岩石成分分析标准物质	地质矿产部岩矿测试技术研究所(北京市)
	Dy	8.19	0.51	质量分数(10^{-6})		
	Er	4.31	0.32	质量分数(10^{-6})		
	Eu	1.18	0.11	质量分数(10^{-6})		
	Ga	20.5	1.4	质量分数(10^{-6})		
	Gd	9.47	0.79	质量分数(10^{-6})		
	Ge	1.17	0.22	质量分数(10^{-6})		
	Hf	10.8	1.7	质量分数(10^{-6})		
	Hg	0.005	0.003	质量分数(10^{-6})		
	Ho	1.64	0.21	质量分数(10^{-6})		
	I	(0.093)		质量分数(10^{-6})		
	In	0.09	0.02	质量分数(10^{-6})		
	La	82.7	7.4	质量分数(10^{-6})		
	Li	12.7	1.4	质量分数(10^{-6})		
	Lu	0.67	0.12	质量分数(10^{-6})		
	Mo	2.46	0.26	质量分数(10^{-6})		
	Nb	34.3	3.1	质量分数(10^{-6})		
	Nd	64.5	7.9	质量分数(10^{-6})		
	Ni	64.5	8.0	质量分数(10^{-6})		
	Pb	33.3	3.1	质量分数(10^{-6})		
	Pr	18.4	1.1	质量分数(10^{-6})		
	Rb	213	10	质量分数(10^{-6})		
	Sb	0.38	0.05	质量分数(10^{-6})		
	Sc	5.15	0.81	质量分数(10^{-6})		
	Se	0.040	0.010	质量分数(10^{-6})		
	Sc	3.35	0.70	质量分数(10^{-6})		
	Sr	43.0	3.8	质量分数(10^{-6})		
	Ta	2.41	0.66	质量分数(10^{-6})		
	Tb	1.51	0.23	质量分数(10^{-6})		
	Te	(0.009)		质量分数(10^{-6})		
	Th	27.1	1.1	质量分数(10^{-6})		
	Tl	0.83	0.06	质量分数(10^{-6})		
	Tm	0.73	0.05	质量分数(10^{-6})		
	U	4.83	0.62	质量分数(10^{-6})		
	V	3.8	2.3	质量分数(10^{-6})		
	W	1.10	0.13	质量分数(10^{-6})		
	Y	42.5	3.8	质量分数(10^{-6})		
	Yb	4.51	0.53	质量分数(10^{-6})		
	Zn	86.3	7.8	质量分数(10^{-6})		
	Zr	403	35	质量分数(10^{-6})		
	SiO_2	72.78	0.18	质量分数(10^{-6})		

续表

标准物质编号	组份	标准值	标准不确定度	质量分数	标准物质名称	研制单位
GBW07113	TiO_2	0.30	0.02	质量分数(10^{-6})	岩石成分分析标准物质	地质矿产部岩矿测试技术研究所(北京市)
	Al_2O_3	12.96	0.10	质量分数(10^{-6})		
	Fe_2O_3	1.14	0.12	质量分数(10^{-6})		
	FeO	1.86	0.09	质量分数(10^{-6})		
	MgO	0.14	0.02	质量分数(10^{-6})		
	MgO	0.16	0.06	质量分数(10^{-6})		
	CaO	0.59	0.07	质量分数(10^{-6})		
	Na_2O	2.57	0.10	质量分数(10^{-6})		
	K_2O	5.43	0.15	质量分数(10^{-6})		
	H_2O^+	1.18	0.12	质量分数(10^{-6})		
	CO_2	0.52	0.04	质量分数(10^{-6})		
	P_2O_5	0.045	0.008	质量分数(10^{-6})		
	F	0.13	0.01	质量分数(10^{-6})		
	S	0.009	0.004	质量分数(10^{-6})		
	Cl	(0.002)		质量分数(10^{-6})		
	C(T)	(0.15)		质量分数(10^{-6})		
	Sm	11.7	0.6	质量分数(10^{-6})		
GBW07114	Mo	(0.24)		质量分数(10^{-6})	岩石成分分析标准物质	地质矿产部岩矿测试技术研究所(北京市)
	Ag	0.04	0.03	质量分数(10^{-6})		
	As	0.23	0.07	质量分数(10^{-6})		
	B	20.5	2.7	质量分数(10^{-6})		
	Ba	44.3	5.1	质量分数(10^{-6})		
	Be	(0.22)		质量分数(10^{-6})		
	Bi	0.03	0.02	质量分数(10^{-6})		
	Br	0.84	0.15	质量分数(10^{-6})		
	Cd	0.07	0.03	质量分数(10^{-6})		
	Ce	3.58	0.53	质量分数(10^{-6})		
	Co	3.88	0.86	质量分数(10^{-6})		
	Cr	2.6	1.6	质量分数(10^{-6})		
	Cs	0.07	0.02	质量分数(10^{-6})		
	Cu	30.2	4.2	质量分数(10^{-6})		
	Dy	0.19	0.04	质量分数(10^{-6})		
	Er	0.09	0.04	质量分数(10^{-6})		
	Eu	0.05	0.03	质量分数(10^{-6})		
	Ga	(0.21)		质量分数(10^{-6})		
	Gd	0.18	0.11	质量分数(10^{-6})		
	Ge	0.15	0.04	质量分数(10^{-6})		
	Hf	(0.10)		质量分数(10^{-6})		
	Hg	(0.004)		质量分数(10^{-6})		
	Ho	0.04	0.02	质量分数(10^{-6})		
	I	0.23	0.04	质量分数(10^{-6})		

续表

标准物质编号	组份	标准值	标准不确定度	质量分数	标准物质名称	研制单位
GBW07114	In	(0.066)		质量分数(10^{-6})	岩石成分分析标准物质	地质矿产部岩矿测试技术研究所(北京市)
	La	1.34	0.29	质量分数(10^{-6})		
	Li	2.30	0.37	质量分数(10^{-6})		
	Lu	0.009	0.006	质量分数(10^{-6})		
	Nb	(2.77)		质量分数(10^{-6})		
	Nd	1.39	0.51	质量分数(10^{-6})		
	Ni	241	34	质量分数(10^{-6})		
	Pb	(4.44)		质量分数(10^{-6})		
	Pr	(0.44)		质量分数(10^{-6})		
	Rb	(1.42)		质量分数(10^{-6})		
	Sb	(0.04)		质量分数(10^{-6})		
	Sc	0.098	0.032	质量分数(10^{-6})		
	Se	0.08	0.02	质量分数(10^{-6})		
	Sm	0.25	0.09	质量分数(10^{-6})		
	Sn	0.53	0.23	质量分数(10^{-6})		
	Sr	27.0	5.2	质量分数(10^{-6})		
	Ta	(0.18)		质量分数(10^{-6})		
	Tb	0.05	0.03	质量分数(10^{-6})		
	Te	(0.012)		质量分数(10^{-6})		
	Th	0.11	0.06	质量分数(10^{-6})		
	Tl	(0.070)		质量分数(10^{-6})		
	Tm	(0.040)		质量分数(10^{-6})		
	U	0.16	0.08	质量分数(10^{-6})		
	V	2.10	0.99	质量分数(10^{-6})		
	W	0.11	0.06	质量分数(10^{-6})		
	Y	(1.40)		质量分数(10^{-6})		
	Yb	0.09	0.06	质量分数(10^{-6})		
	Zn	11.7	2.6	质量分数(10^{-6})		
	Zr	3.0	1.5	质量分数(10^{-6})		
	SiO_2	0.62	0.04	质量分数(10^{-6})		
	TiO_2	0.015	0.003	质量分数(10^{-6})		
	Al_2O_3	0.10	0.04	质量分数(10^{-6})		
	Fe_2O_3	0.04	0.02	质量分数(10^{-6})		
	FeO	0.15	0.03	质量分数(10^{-6})		
	MgO	0.010	0.001	质量分数(10^{-6})		
	MgO	21.8	0.3	质量分数(10^{-6})		
	CaO	30.02	0.29	质量分数(10^{-6})		
	Na_2O	(0.030)		质量分数(10^{-6})		
	K_2O	0.038	0.009	质量分数(10^{-6})		
	H_2O^+	(0.34)		质量分数(10^{-6})		
	CO_2	46.77	0.31	质量分数(10^{-6})		

续表

标准物质编号	组份	标准值	标准不确定度	质量分数	标准物质名称	研制单位
GBW07114	P_2O_5	0.006	0.003	质量分数(10^{-6})	岩石成分分析标准物质	地质矿产部岩矿测试技术研究所(北京市)
	F	0.014	0.004	质量分数(10^{-6})		
	S	0.011	0.005	质量分数(10^{-6})		
	Cl	0.012	0.001	质量分数(10^{-6})		
	C(T)	(12.88)		质量分数(10^{-6})		
GBW07120	Ag	(0.025)		质量分数(10^{-6})	石灰岩成分分析标准物质	地球物理地球化学勘查研究院(廊坊市)
	As	0.66	0.10	质量分数(10^{-6})		
	B	(12)		质量分数(10^{-6})		
	Ba	9	2	质量分数(10^{-6})		
	Be	0.14	0.03	质量分数(10^{-6})		
	Bi	0.032	0.006	质量分数(10^{-6})		
	Cd	0.016	0.005	质量分数(10^{-6})		
	Ce	4.6	0.4	质量分数(10^{-6})		
	Cl	(24)		质量分数(10^{-6})		
	Co	0.8	0.3	质量分数(10^{-6})		
	Cr	3.4	0.3	质量分数(10^{-6})		
	Cs	(0.10)		质量分数(10^{-6})		
	Cu	2.2	0.3	质量分数(10^{-6})		
	Dy	0.28	0.06	质量分数(10^{-6})		
	Er	0.15	0.04	质量分数(10^{-6})		
	Eu	0.082	0.017	质量分数(10^{-6})		
	F	242	21	质量分数(10^{-6})		
	Ga	0.87	0.12	质量分数(10^{-6})		
	Gd	0.36	0.07	质量分数(10^{-6})		
	Ge	0.14	0.02	质量分数(10^{-6})		
	Hf	0.22	0.04	质量分数(10^{-6})		
	Hg	5	2	质量分数(10^{-6})		
	Ho	(0.045)		质量分数(10^{-6})		
	In	(0.02)		质量分数(10^{-6})		
	La	2.3	0.2	质量分数(10^{-6})		
	Li	4.8	1.0	质量分数(10^{-6})		
	Lu	0.023	0.006	质量分数(10^{-6})		
	Mn	28	4	质量分数(10^{-6})		
	Mo	0.18	0.06	质量分数(10^{-6})		
	Nb	0.8	0.2	质量分数(10^{-6})		
	Nd	1.95	0.14	质量分数(10^{-6})		
	P	57	6	质量分数(10^{-6})		
	Pb	5	2	质量分数(10^{-6})		
	Pr	0.60	0.12	质量分数(10^{-6})		
	Rb	4.0	0.5	质量分数(10^{-6})		
	S	36	6	质量分数(10^{-6})		

续表

标准物质编号	组份	标准值	标准不确定度	质量分数	标准物质名称	研制单位
GBW07120	Sb	0.072	0.014	质量分数(10^{-6})	石灰岩成分分析标准物质	地球物理地球化学勘查研究院(廊坊市)
	Sc	0.7	0.3	质量分数(10^{-6})		
	Se	0.021	0.004	质量分数(10^{-6})		
	Sm	0.40	0.04	质量分数(10^{-6})		
	Sn	(0.5)		质量分数(10^{-6})		
	Sr	107	11	质量分数(10^{-6})		
	Ta	(0.05)		质量分数(10^{-6})		
	Tb	0.054	0.009	质量分数(10^{-6})		
	Th	0.86	0.07	质量分数(10^{-6})		
	Ti	230	30	质量分数(10^{-6})		
	Tl	(0.03)		质量分数(10^{-6})		
	Tm	0.022	0.006	质量分数(10^{-6})		
	U	0.24	0.03	质量分数(10^{-6})		
	V	5.4	1.5	质量分数(10^{-6})		
	W	0.13	0.03	质量分数(10^{-6})		
	Y	1.9	0.2	质量分数(10^{-6})		
	Yb	0.15	0.04	质量分数(10^{-6})		
	Zn	7	2	质量分数(10^{-6})		
	Br	(0.3)		质量分数(10^{-6})		
	I	(0.1)		质量分数(10^{-6})		
	N	(68)		质量分数(10^{-6})		
	Zr	11	3	质量分数(10^{-6})		
	SiO_2	6.65	0.13	质量分数(10^{-6})		
	Al_2O_3	0.68	0.05	质量分数(10^{-6})		
	TFe_2O_3	0.21	0.01	质量分数(10^{-6})		
	FeO	(0.06)		质量分数(10^{-6})		
	MgO	0.71	0.09	质量分数(10^{-6})		
	CaO	51.1	0.4	质量分数(10^{-6})		
	Na_2O	0.03	0.01	质量分数(10^{-6})		
	K_2O	0.15	0.02	质量分数(10^{-6})		
	H_2O^+	(0.4)		质量分数(10^{-6})		
	CO_2	39.8	0.2	质量分数(10^{-6})		
	L.O.I.	40.2	0.3	质量分数(10^{-6})		
	Ni	(4)		质量分数(10^{-6})		
GBW07121	Rb	57	5	质量分数(10^{-6})	花岗质片麻岩成分分析标准物质	地球物理地球化学勘查研究院(廊坊市)
	Ag	0.027	0.007	质量分数 (10^{-2})		
	As	0.25	0.06	质量分数 (10^{-2})		
	B	15	2	质量分数 (10^{-2})		
	Ba	1140	80	质量分数 (10^{-2})		
	Be	1.7	0.3	质量分数 (10^{-2})		
	Bi	0.094	0.014	质量分数 (10^{-2})		

续表

标准物质编号	组份	标准值	标准不确定度	质量分数	标准物质名称	研制单位
GBW07121	Cd	(0.006)		质量分数(10^{-2})	花岗质片麻岩成分分析标准物质	地球物理地球化学勘查研究院(廊坊市)
	Ce	48	3	质量分数(10^{-2})		
	Cl	(127)		质量分数(10^{-2})		
	Co	7.5	1.2	质量分数(10^{-2})		
	Cr	23	2	质量分数(10^{-2})		
	Cs	2.6	0.3	质量分数(10^{-2})		
	Cu	(2.6)		质量分数(10^{-2})		
	Dy	1.5	0.1	质量分数(10^{-2})		
	Er	0.76	0.07	质量分数(10^{-2})		
	Eu	0.10	0.02	质量分数(10^{-2})		
	F	660	60	质量分数(10^{-2})		
	Ga	18	2	质量分数(10^{-2})		
	Gd	2.4	0.3	质量分数(10^{-2})		
	Ge	0.93	0.04	质量分数(10^{-2})		
	Hf	3.3	0.5	质量分数(10^{-2})		
	Hg	4	2	质量分数(10^{-2})		
	Ho	0.27	0.02	质量分数(10^{-2})		
	In			质量分数(10^{-2})		
	La	25	2	质量分数(10^{-2})		
	Li	24	2	质量分数(10^{-2})		
	Lu	0.11	0.01	质量分数(10^{-2})		
	Mn	430	14	质量分数(10^{-2})		
	Mo	(0.3)		质量分数(10^{-2})		
	Nb	4	1	质量分数(10^{-2})		
	Nd	21	4	质量分数(10^{-2})		
	Ni	12.2	1.4	质量分数(10^{-2})		
	P	570	40	质量分数(10^{-2})		
	Pb	7.7	1.7	质量分数(10^{-2})		
	Pr	5.7	0.7	质量分数(10^{-2})		
	S	(50)		质量分数(10^{-2})		
	Sb	0.063	0.010	质量分数(10^{-2})		
	Sc	5.0	0.4	质量分数(10^{-2})		
	Se	0.019	0.005	质量分数(10^{-2})		
	Sm	3.3	0.3	质量分数(10^{-2})		
	Sn	0.8	0.2	质量分数(10^{-2})		
	Sr	690	20	质量分数(10^{-2})		
	Ta	(0.33)		质量分数(10^{-2})		
	Tb	0.29	0.02	质量分数(10^{-2})		
	Th	1.9	0.2	质量分数(10^{-2})		
	Ti	178×10	15×10	质量分数(10^{-2})		
	Tl	(0.20)		质量分数(10^{-2})		

续表

标准物质编号	组份	标准值	标准不确定度	质量分数	标准物质名称	研制单位
GBW07121	Tm	0.11	0.02	质量分数（10^{-2}）	花岗质片麻岩成分分析标准物质	地球物理地球化学勘查研究院（廊坊市）
	U	(0.4)		质量分数（10^{-2}）		
	V	45	3	质量分数（10^{-2}）		
	W	0.42	0.13	质量分数（10^{-2}）		
	Y	7.4	1.3	质量分数（10^{-2}）		
	Yb	0.69	0.08	质量分数（10^{-2}）		
	Zn	46	4	质量分数（10^{-2}）		
	Zr	(90)		质量分数（10^{-2}）		
	SiO_2	66.3	0.2	质量分数（10^{-2}）		
	Al_2O_3	16.3	0.2	质量分数（10^{-2}）		
	TFe_2O_3	3.12	0.07	质量分数（10^{-2}）		
	FeO	1.6	0.2	质量分数（10^{-2}）		
	MgO	1.63	0.08	质量分数（10^{-2}）		
	CaO	2.66	0.08	质量分数（10^{-2}）		
	Na_2O	5.3	0.1	质量分数（10^{-2}）		
	K_2O	2.60	0.04	质量分数（10^{-2}）		
	H_2O^+	(1.0)		质量分数（10^{-2}）		
	CO_2	0.35	0.03	质量分数（10^{-2}）		
	L.O.I.	1.28	0.09	质量分数（10^{-2}）		
GBW07122	Ag	(0.05)		质量分数(10^{-6})	斜三角岩成分分析标准物质	地球物理地球化学勘查研究院（廊坊市）
	As	25	3	质量分数(10^{-6})		
	B	12	2	质量分数(10^{-6})		
	Ba	62	11	质量分数(10^{-6})		
	Be	0.34	0.05	质量分数(10^{-6})		
	Bi	(0.06)		质量分数(10^{-6})		
	Cd	0.14	0.05	质量分数(10^{-6})		
	Ce	7.8	0.9	质量分数(10^{-6})		
	Cl	(120)		质量分数(10^{-6})		
	Co	52	5	质量分数(10^{-6})		
	Cr	137	5	质量分数(10^{-6})		
	Cs	1.9	0.5	质量分数(10^{-6})		
	Cu	84	5	质量分数(10^{-6})		
	Dy	3.5	0.4	质量分数(10^{-6})		
	Er	2.3	0.4	质量分数(10^{-6})		
	Eu	0.92	0.15	质量分数(10^{-6})		
	F	206	25	质量分数(10^{-6})		
	Ga	17.3	0.9	质量分数(10^{-6})		
	Gd	2.7	0.3	质量分数(10^{-6})		
	Ge	1.46	0.13	质量分数(10^{-6})		
	Hf	1.5	0.2	质量分数(10^{-6})		
	Hg	3.2	0.8	质量分数(10^{-6})		

续表

标准物质编号	组份	标准值	标准不确定度	质量分数	标准物质名称	研制单位
GBW07122	Ho	0.84	0.10	质量分数(10^{-6})	斜三角岩成分分析标准物质	地球物理地球化学勘查研究院(廊坊市)
	La	2.9	0.4	质量分数(10^{-6})		
	Li	11	2	质量分数(10^{-6})		
	Lu	0.38	0.05	质量分数(10^{-6})		
	Mn	1600	60	质量分数(10^{-6})		
	Mo	0.16	0.05	质量分数(10^{-6})		
	Nb	2.7	0.7	质量分数(10^{-6})		
	Nd	6.4	1.2	质量分数(10^{-6})		
	Ni	119	6	质量分数(10^{-6})		
	P	375	28	质量分数(10^{-6})		
	Pb	(9)		质量分数(10^{-6})		
	Pr	1.25	0.12	质量分数(10^{-6})		
	Rb	30	6	质量分数(10^{-6})		
	S	(70)		质量分数(10^{-6})		
	Sb	(0.7)		质量分数(10^{-6})		
	Sc	43	4	质量分数(10^{-6})		
	Se	0.083	0.007	质量分数(10^{-6})		
	Sn	(0.8)		质量分数(10^{-6})		
	Sr	142	8	质量分数(10^{-6})		
	Ta	(0.14)		质量分数(10^{-6})		
	Tb	0.57	0.10	质量分数(10^{-6})		
	Th	(0.34)		质量分数(10^{-6})		
	Ti	553×10	13×10	质量分数(10^{-6})		
	Tl	(0.11)		质量分数(10^{-6})		
	Tm	0.36	0.08	质量分数(10^{-6})		
	U	(0.14)		质量分数(10^{-6})		
	V	300	30	质量分数(10^{-6})		
	W	0.34	0.09	质量分数(10^{-6})		
	Y	20	3	质量分数(10^{-6})		
	Yb	2.4	0.4	质量分数(10^{-6})		
	Zn	100	14	质量分数(10^{-6})		
	Zr	(57)		质量分数(10^{-6})		
	SiO_2	49.6	0.2	质量分数(10^{-6})		
	Al_2O_3	13.8	0.2	质量分数(10^{-6})		
	TFe_2O_3	14.8	0.3	质量分数(10^{-6})		
	FeO	10.8	0.5	质量分数(10^{-6})		
	MgO	7.2	0.2	质量分数(10^{-6})		
	CaO	9.6	0.2	质量分数(10^{-6})		
	Na_2O	2.07	0.07	质量分数(10^{-6})		
	K_2O	0.48	0.03	质量分数(10^{-6})		
	H_2O^+	(1.7)		质量分数(10^{-6})		
	CO_2	(0.16)		质量分数(10^{-6})		
	L. O. I.	1.06	0.07	质量分数(10^{-6})		
	Sm	2.1	0.2	质量分数(10^{-6})		

续表

标准物质编号	组份	标准值	标准不确定度	质量分数	标准物质名称	研制单位
GBW07123	Y	24.5	0.7	质量分数（10^{-2}）	辉绿岩成分分析标准物质	国家地质实验测试中心(北京市)
	Ag	0.33	0.08	质量分数（10^{-2}）		
	As	5.1	1.1	质量分数（10^{-2}）		
	B	17.0	1.6	质量分数（10^{-2}）		
	Ba	614	46	质量分数（10^{-2}）		
	Be	1.5	0.4	质量分数（10^{-2}）		
	Bi	0.39	0.09	质量分数（10^{-2}）		
	Cd	0.39	0.08	质量分数（10^{-2}）		
	Ce	78.1	4.1	质量分数（10^{-2}）		
	Co	37.5	6.2	质量分数（10^{-2}）		
	Cr	111	11	质量分数（10^{-2}）		
	Cs	1.7	0.7	质量分数（10^{-2}）		
	Cu	82.6	7.6	质量分数（10^{-2}）		
	Dy	5.5	0.2	质量分数（10^{-2}）		
	Er	2.6	2.5～2.7	质量分数（10^{-2}）		
	Eu	3.5	0.5	质量分数（10^{-2}）		
	Ga	21.2	0.5	质量分数（10^{-2}）		
	Gd	7.2	1.1	质量分数（10^{-2}）		
	Ge	1.5	0.1	质量分数（10^{-2}）		
	Hf	9.2	1.9	质量分数（10^{-2}）		
	Hg	0.017	0.007	质量分数（10^{-2}）		
	Ho	1.2	0.2	质量分数（10^{-2}）		
	La	38.1	2.5	质量分数（10^{-2}）		
	Li	20.8	1.3	质量分数（10^{-2}）		
	Lu	0.34	0.06	质量分数（10^{-2}）		
	Mo	1.4	0.2	质量分数（10^{-2}）		
	Nb	25.3	3.2	质量分数（10^{-2}）		
	Nd	42.8	1.5	质量分数（10^{-2}）		
	Ni	56.8	3.2	质量分数（10^{-2}）		
	Pb	33.0	3.4	质量分数（10^{-2}）		
	Pr	10.6	0.7	质量分数（10^{-2}）		
	Rb	47.4	3.7	质量分数（10^{-2}）		
	Sb	2.3	0.5	质量分数（10^{-2}）		
	Sc	27.1	3.2	质量分数（10^{-2}）		
	Se	(0.19)		质量分数（10^{-2}）		
	Sm	8.6	0.8	质量分数（10^{-2}）		
	Sn	2.0	0.3	质量分数（10^{-2}）		
	Sr	470	15	质量分数（10^{-2}）		
	Ta	1.8	0.2	质量分数（10^{-2}）		
	Tb	1.1	0.1	质量分数（10^{-2}）		
	Th	4.9	1.1	质量分数（10^{-2}）		

续表

标准物质编号	组份	标准值	标准不确定度	质量分数	标准物质名称	研制单位
GBW07123	Tm	0.36	0.03	质量分数（10^{-2}）	辉绿岩成分分析标准物质	国家地质实验测试中心（北京市）
	U	1.2	0.4	质量分数（10^{-2}）		
	V	268	11	质量分数（10^{-2}）		
	W	1.4	0.2	质量分数（10^{-2}）		
	Yb	2.2	0.2	质量分数（10^{-2}）		
	Zn	160	157~164	质量分数（10^{-2}）		
	Zr	359	15	质量分数（10^{-2}）		
	Al_2O_3	13.21	0.08	质量分数（10^{-2}）		
	CaO	7.83	0.13	质量分数（10^{-2}）		
	FeO	7.24	0.21	质量分数（10^{-2}）		
	K_2O	1.49	0.08	质量分数（10^{-2}）		
	MgO	5.08	0.07	质量分数（10^{-2}）		
	Mn	0.16	0.15~0.17	质量分数（10^{-2}）		
	Na_2O	3.17	0.10	质量分数（10^{-2}）		
	P_2O_5	0.55	0.02	质量分数（10^{-2}）		
	SiO_2	49.88	0.22	质量分数（10^{-2}）		
	TFe_2O_3	13.40	0.21	质量分数（10^{-2}）		
	TiO_2	2.94	0.06	质量分数（10^{-2}）		
	CO_2	(0.11)		质量分数（10^{-2}）		
	Cl	(0.04)		质量分数（10^{-2}）		
	F	(0.07)		质量分数（10^{-2}）		
	H_2O^+	(2.44)		质量分数（10^{-2}）		
	L.O.I.	2.30	0.09	质量分数（10^{-2}）		
	SO3	0.44	0.04	质量分数（10^{-2}）		
GBW07124	Ag	(0.06)		质量分数（10^{-2}）	金伯利岩成分分析标准物质	国家地质实验测试中心（北京市）
	As	3.5	0.4	质量分数（10^{-2}）		
	B	(31.8)		质量分数（10^{-2}）		
	Ba	0.177	0.175~0.178	质量分数（10^{-2}）		
	Be	1.3	0.5	质量分数（10^{-2}）		
	Bi	(0.1)		质量分数（10^{-2}）		
	Cd	0.46	0.20	质量分数（10^{-2}）		
	Ce	127	7	质量分数（10^{-2}）		
	Co	40.0	3.4	质量分数（10^{-2}）		
	Cr	795	50	质量分数（10^{-2}）		
	Cs	5.2	0.3	质量分数（10^{-2}）		
	Cu	26.2	1.9	质量分数（10^{-2}）		
	Dy	2.6	0.1	质量分数（10^{-2}）		
	Er	1.2	1.1~1.4	质量分数（10^{-2}）		
	Eu	1.6	0.2	质量分数（10^{-2}）		
	Ga	7.1	0.9	质量分数（10^{-2}）		
	Gd	4.7	0.7	质量分数（10^{-2}）		

续表

标准物质编号	组份	标准值	标准不确定度	质量分数	标准物质名称	研制单位
GBW07124	Ge	0.89	0.15	质量分数（10^{-2}）	金伯利岩成分分析标准物质	国家地质实验测试中心(北京市)
	Hf	4.9	0.8	质量分数（10^{-2}）		
	Hg	0.010	0.005	质量分数（10^{-2}）		
	Ho	0.49	0.04	质量分数（10^{-2}）		
	La	69.8	3.4	质量分数（10^{-2}）		
	Li	75.7	9.8	质量分数（10^{-2}）		
	Lu	0.16	0.02	质量分数（10^{-2}）		
	Mo	1.4	0.2	质量分数（10^{-2}）		
	Nb	60.4	5.5	质量分数（10^{-2}）		
	Nd	49.0	4.2	质量分数（10^{-2}）		
	Ni	516	42	质量分数（10^{-2}）		
	Pb	20.7	3.1	质量分数（10^{-2}）		
	Pr	13.8	0.8	质量分数（10^{-2}）		
	Rb	28.4	4.2	质量分数（10^{-2}）		
	Sb	(0.22)		质量分数（10^{-2}）		
	Sc	10.9	2.2	质量分数（10^{-2}）		
	Se	0.10	0.03	质量分数（10^{-2}）		
	Sm	6.5	0.4	质量分数（10^{-2}）		
	Sn	1.7	0.3	质量分数（10^{-2}）		
	Sr	262	12	质量分数（10^{-2}）		
	Ta	3.9	0.5	质量分数（10^{-2}）		
	Tb	0.54	0.10	质量分数（10^{-2}）		
	Th	10.8	2.4	质量分数（10^{-2}）		
	Tm	0.17	0.02	质量分数（10^{-2}）		
	U	2.2	0.3	质量分数（10^{-2}）		
	V	86	8	质量分数（10^{-2}）		
	W	2.4	0.2	质量分数（10^{-2}）		
	Y	11.6	1.1	质量分数（10^{-2}）		
	Yb	1.1	0.1	质量分数（10^{-2}）		
	Zn	190	13	质量分数（10^{-2}）		
	Zr	182	12	质量分数（10^{-2}）		
	Al_2O_3	3.73	0.07	质量分数（10^{-2}）		
	CaO	12.64	0.15	质量分数（10^{-2}）		
	FeO	3.71	0.23	质量分数（10^{-2}）		
	K_2O	0.49	0.03	质量分数（10^{-2}）		
	Mn	0.09	0.08～0.10	质量分数（10^{-2}）		
	Na_2O	(0.1)		质量分数（10^{-2}）		
	P_2O_5	0.30	0.01	质量分数（10^{-2}）		
	SiO_2	35.88	0.14	质量分数（10^{-2}）		
	TFe_2O_3	6.53	0.04	质量分数（10^{-2}）		
	TiO_2	0.71	0.03	质量分数（10^{-2}）		

续表

标准物质编号	组份	标准值	标准不确定度	质量分数	标准物质名称	研制单位
GBW07124	CO_2	(16.78)		质量分数 (10^{-2})	金伯利岩成分分析标准物质	国家地质实验测试中心(北京市)
	Cl	(0.05)		质量分数 (10^{-2})		
	F	(0.11)		质量分数 (10^{-2})		
	H_2O^+	(4.47)		质量分数 (10^{-2})		
	L. O. I.	20.73	0.16	质量分数 (10^{-2})		
	SO_3	0.68	0.06	质量分数 (10^{-2})		
	MgO	17.56	0.27	质量分数 (10^{-2})		
GBW07125	CO_2	(0.05)		质量分数 (10^{-2})	伟晶岩成分分析标准物质	国家地质实验测试中心(北京市)
	Ag	(0.09)		质量分数 (10^{-2})		
	As	3.1	0.1	质量分数 (10^{-2})		
	B	(1.9)		质量分数 (10^{-2})		
	Ba	728	685~741	质量分数 (10^{-2})		
	Be	1.3	0.3	质量分数 (10^{-2})		
	Bi	(0.07)		质量分数 (10^{-2})		
	Cd	0.15	0.04	质量分数 (10^{-2})		
	Ce	(5)		质量分数 (10^{-2})		
	Co	(1.5)		质量分数 (10^{-2})		
	Cr	4.8	0.2	质量分数 (10^{-2})		
	Cs	1.8	0.2	质量分数 (10^{-2})		
	Cu	4.2	1.8	质量分数 (10^{-2})		
	Dy	0.20	0.05	质量分数 (10^{-2})		
	Er	0.12	0.01	质量分数 (10^{-2})		
	Eu	(0.16)		质量分数 (10^{-2})		
	Ga	13.5	0.7	质量分数 (10^{-2})		
	Gd	0.22	0.04	质量分数 (10^{-2})		
	Ge	1.5	0.1	质量分数 (10^{-2})		
	Hf	(0.8)		质量分数 (10^{-2})		
	Hg	(0.008)		质量分数 (10^{-2})		
	Ho	(0.04)		质量分数 (10^{-2})		
	La	(3.3)		质量分数 (10^{-2})		
	Li	14.4	1.1	质量分数 (10^{-2})		
	Lu	0.03	0.01	质量分数 (10^{-2})		
	Mo	0.29	0.27~0.39	质量分数 (10^{-2})		
	Nb	14.6	1.8	质量分数 (10^{-2})		
	Nd	1.5	0.2	质量分数 (10^{-2})		
	Ni	(1.6)		质量分数 (10^{-2})		
	Pb	34.6	5.8	质量分数 (10^{-2})		
	Pr	0.48	0.10	质量分数 (10^{-2})		
	Rb	155	8	质量分数 (10^{-2})		
	Sb	0.64	0.12	质量分数 (10^{-2})		
	Sc	(2.85)		质量分数 (10^{-2})		

续表

标准物质编号	组份	标准值	标准不确定度	质量分数	标准物质名称	研制单位
GBW07125	Se	(0.015)		质量分数 (10^{-2})	伟晶岩成分分析标准物质	国家地质实验测试中心(北京市)
	Sm	(0.24)		质量分数 (10^{-2})		
	Sn	3.5	0.9	质量分数 (10^{-2})		
	Sr	45.5	2.4	质量分数 (10^{-2})		
	Ta	1.3	0.5	质量分数 (10^{-2})		
	Tb	(0.04)		质量分数 (10^{-2})		
	Th	0.66	0.10	质量分数 (10^{-2})		
	Tm	(0.02)		质量分数 (10^{-2})		
	U	(0.75)		质量分数 (10^{-2})		
	V	44.5	5.6	质量分数 (10^{-2})		
	W	3.2	0.2	质量分数 (10^{-2})		
	Y	1.6	0.3	质量分数 (10^{-2})		
	Yb	0.21	0.09	质量分数 (10^{-2})		
	Zn	20.9	2.7	质量分数 (10^{-2})		
	Zr	22.6	6.6	质量分数 (10^{-2})		
	Al_2O_3	13.19	0.04	质量分数 (10^{-2})		
	CaO	(0.1)		质量分数 (10^{-2})		
	FeO	(0.04)		质量分数 (10^{-2})		
	K_2O	6.22	0.16	质量分数 (10^{-2})		
	MgO	0.13	0.02	质量分数 (10^{-2})		
	Mn	(0.01)		质量分数 (10^{-2})		
	Na_2O	1.60	0.04	质量分数 (10^{-2})		
	P_2O_5	0.18	0.01	质量分数 (10^{-2})		
	SiO_2	76.40	0.33	质量分数 (10^{-2})		
	TFe_2O_3	0.24	0.03	质量分数 (10^{-2})		
	TiO_2	0.61	0.03	质量分数 (10^{-2})		
	F	(0.03)		质量分数 (10^{-2})		
	H_2O^+	(1.02)		质量分数 (10^{-2})		
	L.O.I.	1.27	0.07	质量分数 (10^{-2})		
	SO_3	0.07	0.01	质量分数 (10^{-2})		
GBW07150	BeO	0.060	0.006	质量分数 (10^{-2})	铍矿石成分分析标准物质	地质矿产部沈阳综合岩矿测试中心(沈阳市)
	∑REXOY	75.6	4.7	质量分数 (10^{-2})		
	La_2O_5	7.0	0.6	质量分数 (10^{-2})		
	CeO_2	14.3	1.1	质量分数 (10^{-2})		
	Pr_6O_{11}	1.7	0.1	质量分数 (10^{-2})		
	Nd_2O_3	6.6	0.7	质量分数 (10^{-2})		
	Si	2.5	0.3	质量分数 (10^{-2})		
	Eu_2O_3	0.14	0.01	质量分数 (10^{-2})		
	Gd_2O_3	3.6	0.4	质量分数 (10^{-2})		
	Tb_4O_7	0.80	0.13	质量分数 (10^{-2})		
	Dy_2O_3	4.5	0.7	质量分数 (10^{-2})		

续表

标准物质编号	组份	标准值	标准不确定度	质量分数	标准物质名称	研制单位
GBW07150	Ho_2O_3	0.82	0.12	质量分数（10^{-2}）	铍矿石成分分析标准物质	地质矿产部沈阳综合岩矿测试中心（沈阳市）
	Er_2O_3	2.1	0.3	质量分数（10^{-2}）		
	Tm_2O_3	0.32	0.04	质量分数（10^{-2}）		
	Yb_2O_3	2.2	0.3	质量分数（10^{-2}）		
	Lu <$2O_3$	0.31	0.05	质量分数（10^{-2}）		
	Sc_2O_3	29.2	2.8	质量分数（10^{-2}）		
	W	1.7	0.2	质量分数（10^{-2}）		
	Mo	1.3	0.2	质量分数（10^{-2}）		
	Sn	0.41	0.07	质量分数（10^{-2}）		
	Al_2O_3	73.97	0.56	质量分数（10^{-2}）		
	Fe_2O_3	14.86	0.08	质量分数（10^{-2}）		
	FeO	0.513	0.023	质量分数（10^{-2}）		
	CaO	(0.18)		质量分数（10^{-2}）		
	MgO	0.582	0.035	质量分数（10^{-2}）		
	MnO	0.071	0.008	质量分数（10^{-2}）		
	TiO_2	0.030	0.003	质量分数（10^{-2}）		
	K_2O	0.015	0.001	质量分数（10^{-2}）		
	Na_2O	4.10	0.08	质量分数（10^{-2}）		
	P_2O_5	4.79	0.06	质量分数（10^{-2}）		
	F^-	(0.012)		质量分数（10^{-2}）		
	H_2O^+	0.019	0.002	质量分数（10^{-2}）		
	L. O. I.	0.60	0.05	质量分数（10^{-2}）		
	Sm_2O_3	0.68	0.05	质量分数（10^{-2}）		
GBW07151	BeO	0.365	0.026	质量分数（10^{-2}）	铍矿石成分分析标准物质	国家地质实验测试中心（北京市）
	∑REXOY	78.6	4.2	质量分数（10^{-2}）		
	La_2O_5	7.7	0.7	质量分数（10^{-2}）		
	CeO_2	14.8	1.4	质量分数（10^{-2}）		
	Pr_6O_{11}	2.0	0.2	质量分数（10^{-2}）		
	Nd_2O_3	2.7	2.2	质量分数（10^{-2}）		
	Si	0.15	0.14 - 0.16	质量分数（10^{-2}）		
	Eu_2O_3	3.8	0.4	质量分数（10^{-2}）		
	Gd_2O_3	0.80	0.10	质量分数（10^{-2}）		
	Tb_4O_7	4.6	0.5	质量分数（10^{-2}）		
	Dy_2O_3	0.87	0.16	质量分数（10^{-2}）		
	Ho_2O_3	2.2	0.4	质量分数（10^{-2}）		
	Er_2O_3	0.36	0.06	质量分数（10^{-2}）		
	Tm_2O_3	2.5	0.5	质量分数（10^{-2}）		
	Yb_2O_3	0.36	0.06	质量分数（10^{-2}）		
	Lu <$2O_3$	28.9	2.9	质量分数（10^{-2}）		
	Sc_2O_3	3.1	0.3	质量分数（10^{-2}）		
	W	5.5	0.6	质量分数（10^{-2}）		

续表

标准物质编号	组份	标准值	标准不确定度	质量分数	标准物质名称	研制单位
GBW07151	Mo	1.2	0.2	质量分数（10^{-2}）	铍矿石成分分析标准物质	国家地质实验测试中心（北京市）
	SiO_2	73.99	0.51	质量分数（10^{-2}）		
	Al_2O_3	14.86	14.72－14.91	质量分数（10^{-2}）		
	Fe_2O_3	0.593	0.030	质量分数（10^{-2}）		
	FeO	（0.18）		质量分数（10^{-2}）		
	CaO	0.584	0.040	质量分数（10^{-2}）		
	MgO	0.069	0.007	质量分数（10^{-2}）		
	MnO	0.036	0.002	质量分数（10^{-2}）		
	TiO_2	0.016	0.001	质量分数（10^{-2}）		
	K_2O	3.89	0.10	质量分数（10^{-2}）		
	Na_2O	4.67	0.07	质量分数（10^{-2}）		
	P_2O_5	0.013	0.001	质量分数（10^{-2}）		
	F^-	0.041	0.004	质量分数（10^{-2}）		
	H_2O^+	0.59	0.05	质量分数（10^{-2}）		
	L. O. I.	0.73	0.06	质量分数（10^{-2}）		
	Sm_2O_3	7.6	0.7	质量分数（10^{-2}）		
GBW07152	BeO	0.98	0.05	质量分数（10^{-2}）	锂矿石成分分析标准物质	地质矿产部沈阳综合岩矿测试中心（沈阳市）
	Li_2O	0.018	0.017－0.019	质量分数（10^{-2}）		
	Rb_2O	0.460	0.010	质量分数（10^{-2}）		
	Cs_2O	0.145	0.011	质量分数（10^{-2}）		
	Ta_2O_5	0.037	0.003	质量分数（10^{-2}）		
	Nb_2O_5	49.4	4.7	质量分数（10^{-2}）		
	ZrO_2	27.0	2.1	质量分数（10^{-2}）		
	La_2O_5	47.0	43.5～47.5	质量分数（10^{-2}）		
	CeO_2	5.1	0.5	质量分数（10^{-2}）		
	Pr_6O_{11}	9.0	0.7	质量分数（10^{-2}）		
	Nd_2O_3	1.3	0.3	质量分数（10^{-2}）		
	Si	5.0	0.6	质量分数（10^{-2}）		
	Eu_2O_3	1.6	0.2	质量分数（10^{-2}）		
	Gd_2O_3	（0.14）		质量分数（10^{-2}）		
	Tb_4O_7	2.1	0.3	质量分数（10^{-2}）		
	Dy_2O_3	0.43	0.05	质量分数（10^{-2}）		
	Ho_2O_3	2.5	0.3	质量分数（10^{-2}）		
	Er_2O_3	0.45	0.10	质量分数（10^{-2}）		
	Tm_2O_3	1.2	0.2	质量分数（10^{-2}）		
	Yb_2O_3	0.18	0.03	质量分数（10^{-2}）		
	$Lu<2O_3$	1.3	0.3	质量分数（10^{-2}）		
	Sc_2O_3	0.18	0.04	质量分数（10^{-2}）		
	W	16.9	1.8	质量分数（10^{-2}）		
	Mo	8.9	0.5	质量分数（10^{-2}）		
	Th	（36）		质量分数（10^{-2}）		

续表

标准物质编号	组份	标准值	标准不确定度	质量分数	标准物质名称	研制单位
GBW07152	Al_2O_3	74.37	0.46	质量分数（10^{-2}）	锂矿石成分分析标准物质	地质矿产部沈阳综合岩矿测试中心（沈阳市）
	Fe_2O_3	14.76	0.14	质量分数（10^{-2}）		
	FeO	0.394	0.016	质量分数（10^{-2}）		
	CaO	（0.062）		质量分数（10^{-2}）		
	MgO	0.335	0.016	质量分数（10^{-2}）		
	MnO	0.054	0.003	质量分数（10^{-2}）		
	TiO_2	0.070	0.006	质量分数（10^{-2}）		
	K_2O	0.018	0.002	质量分数（10^{-2}）		
	Na_2O	3.17	0.10	质量分数（10^{-2}）		
	P_2O_5	4.19	0.09	质量分数（10^{-2}）		
	F^-	0.173	0.014	质量分数（10^{-2}）		
	H_2O^+	0.677	0.064	质量分数（10^{-2}）		
	L. O. I.	1.06	0.05	质量分数（10^{-2}）		
	Sm_2O_3	1.48	0.06	质量分数（10^{-2}）		
GBW07153	BeO	0.026	0.003	质量分数（10^{-2}）	锂矿石成分分析标准物质	地质矿产部沈阳综合岩矿测试中心（沈阳市）
	Li_2O	2.29	0.06	质量分数（10^{-2}）		
	Rb_2O	0.735	0.028	质量分数（10^{-2}）		
	Cs_2O	0.177	0.011	质量分数（10^{-2}）		
	Ta_2O_5	0.012	0.002	质量分数（10^{-2}）		
	Nb_2O_5	61.1	9.6	质量分数（10^{-2}）		
	∑REXOY	15.2	2.4	质量分数（10^{-2}）		
	La_2O_5	（2.1）		质量分数（10^{-2}）		
	CeO_2	2.6	0.4	质量分数（10^{-2}）		
	Pr_6O_{11}	0.63	0.13	质量分数（10^{-2}）		
	Nd_2O_3	2.8	0.4	质量分数（10^{-2}）		
	Si	0.64	0.09	质量分数（10^{-2}）		
	Eu_2O_3	0.13	0.02	质量分数（10^{-2}）		
	Gd_2O_3	0.75	0.10	质量分数（10^{-2}）		
	Tb_4O_7	0.13	0.03	质量分数（10^{-2}）		
	Dy_2O_3	0.64	0.04	质量分数（10^{-2}）		
	Ho_2O_3	（0.13）		质量分数（10^{-2}）		
	Er_2O_3	0.26	0.07	质量分数（10^{-2}）		
	Tm_2O_3	0.040	0.008	质量分数（10^{-2}）		
	Yb_2O_3	0.23	0.08	质量分数（10^{-2}）		
	$Lu<2O_3$	0.034	0.015	质量分数（10^{-2}）		
	Sc_2O_3	3.4	0.8	质量分数（10^{-2}）		
	W	0.44	0.04	质量分数（10^{-2}）		
	Mo	43.7	3.1	质量分数（10^{-2}）		
	Th	97.1	4.7	质量分数（10^{-2}）		
	Al_2O_3	64.64	0.38	质量分数（10^{-2}）		
	Fe_2O_3	19.12	0.26	质量分数（10^{-2}）		

续表

标准物质编号	组份	标准值	标准不确定度	质量分数	标准物质名称	研制单位
GBW07153	FeO	0.301	0.035	质量分数（10^{-2}）	锂矿石成分分析标准物质	地质矿产部沈阳综合岩矿测试中心（沈阳市）
	CaO	(0.020)		质量分数（10^{-2}）		
	MgO	0.076	0.008	质量分数（10^{-2}）		
	MnO	0.036	0.004	质量分数（10^{-2}）		
	TiO_2	0.252	0.011	质量分数（10^{-2}）		
	K_2O	0.028	0.003	质量分数（10^{-2}）		
	Na_2O	4.80	0.17	质量分数（10^{-2}）		
	P_2O_5	2.33	0.07	质量分数（10^{-2}）		
	F^-	0.237	0.014	质量分数（10^{-2}）		
	H_2O^+	2.29	0.15	质量分数（10^{-2}）		
	L. O. I.	4.06	0.22	质量分数（10^{-2}）		
	Sm_2O_3	3.12	0.18	质量分数（10^{-2}）		
GBW07154	BeO	(52)		质量分数（10^{-2}）	钽矿石成分分析标准物质	地质矿产部沈阳综合岩矿测试中心（沈阳市）
	Li_2O	0.033	0.002	质量分数（10^{-2}）		
	Rb_2O	0.790	0.024	质量分数（10^{-2}）		
	Cs_2O	0.244	0.009	质量分数（10^{-2}）		
	Ta_2O_5	0.064	0.003	质量分数（10^{-2}）		
	Nb_2O_5	88.6	6.0	质量分数（10^{-2}）		
	ZrO_2	42.3	2.5	质量分数（10^{-2}）		
	La_2O_5	18.6	1.9	质量分数（10^{-2}）		
	CeO_2	3.3	0.6	质量分数（10^{-2}）		
	Pr_6O_{11}	3.6	0.4	质量分数（10^{-2}）		
	Nd_2O_3	0.86	0.16	质量分数（10^{-2}）		
	Si	3.4	0.5	质量分数（10^{-2}）		
	Eu_2O_3	0.77	0.15	质量分数（10^{-2}）		
	Gd_2O_3	0.16	0.15～0.20	质量分数（10^{-2}）		
	Tb_4O_7	0.84	0.13	质量分数（10^{-2}）		
	Dy_2O_3	0.14	0.13～0.17	质量分数（10^{-2}）		
	Ho_2O_3	0.65	0.06	质量分数（10^{-2}）		
	Er_2O_3	0.13	0.04	质量分数（10^{-2}）		
	Tm_2O_3	0.27	0.05	质量分数（10^{-2}）		
	Yb_2O_3	0.040	0.008	质量分数（10^{-2}）		
	$Lu<2O_3$	0.24	0.07	质量分数（10^{-2}）		
	Sc_2O_3	0.028	0.025～0.043	质量分数（10^{-2}）		
	W	3.7	0.7	质量分数（10^{-2}）		
	Mo	0.64	0.08	质量分数（10^{-2}）		
	Sn	16.4	1.2	质量分数（10^{-2}）		
	Al_2O_3	75.06	0.51	质量分数（10^{-2}）		
	Fe_2O_3	14.28	0.19	质量分数（10^{-2}）		
	FeO	0.324	0.021	质量分数（10^{-2}）		
	CaO	(0.019)		质量分数（10^{-2}）		

续表

标准物质编号	组份	标准值	标准不确定度	质量分数	标准物质名称	研制单位
GBW07154	MgO	0.107	0.010	质量分数（10^{-2}）	钽矿石成分分析标准物质	地质矿产部沈阳综合岩矿测试中心（沈阳市）
	MnO	0.050	0.006	质量分数（10^{-2}）		
	TiO_2	0.115	0.010	质量分数（10^{-2}）		
	K_2O	0.027	0.002	质量分数（10^{-2}）		
	Na_2O	2.04	0.06	质量分数（10^{-2}）		
	P_2O_5	3.62	0.08	质量分数（10^{-2}）		
	F^-	0.347	0.025	质量分数（10^{-2}）		
	H_2O^+	1.32	0.06	质量分数（10^{-2}）		
	L. O. I.	1.52	0.11	质量分数（10^{-2}）		
	Sm_2O_3	2.21	0.13	质量分数（10^{-2}）		
GBW07155	BeO	0.033	0.032~0.039	质量分数（10^{-2}）	钽矿石成分分析标准物质	地质矿产部沈阳综合岩矿测试中心（沈阳市）
	Li_2O	0.779	0.046	质量分数（10^{-2}）		
	Rb_2O	0.241	0.019	质量分数（10^{-2}）		
	Cs_2O	0.066	0.006	质量分数（10^{-2}）		
	Ta_2O_5	0.070	0.006	质量分数（10^{-2}）		
	Nb_2O_5	0.043	0.003	质量分数（10^{-2}）		
	∑REXOY	45.0	41.5~47.5	质量分数（10^{-2}）		
	La_2O_5	6.9	0.6	质量分数（10^{-2}）		
	CeO_2	16.5	1.4	质量分数（10^{-2}）		
	Pr_6O_{11}	2.2	0.1	质量分数（10^{-2}）		
	Nd_2O_3	6.4	0.6	质量分数（10^{-2}）		
	Si	1.4	0.2	质量分数（10^{-2}）		
	Eu_2O_3	0.18	0.02	质量分数（10^{-2}）		
	Gd_2O_3	1.2	1.1~1.3	质量分数（10^{-2}）		
	Tb_4O_7	0.22	0.04	质量分数（10^{-2}）		
	Dy_2O_3	1.1	1.0~1.2	质量分数（10^{-2}）		
	Ho_2O_3	0.22	0.04	质量分数（10^{-2}）		
	Er_2O_3	0.56	0.05	质量分数（10^{-2}）		
	Tm_2O_3	0.11	0.02	质量分数（10^{-2}）		
	Yb_2O_3	0.93	0.13	质量分数（10^{-2}）		
	$Lu<2O_3$	0.15	0.03	质量分数（10^{-2}）		
	Sc_2O_3	5.3	0.7	质量分数（10^{-2}）		
	W	6.1	0.5	质量分数（10^{-2}）		
	Mo	0.020	0.002	质量分数（10^{-2}）		
	Th	(63)		质量分数（10^{-2}）		
	Al_2O_3	74.98	0.34	质量分数（10^{-2}）		
	Fe_2O_3	14.25	0.17	质量分数（10^{-2}）		
	FeO	0.377	0.027	质量分数（10^{-2}）		
	CaO	(0.026)		质量分数（10^{-2}）		
	MgO	0.105	0.013	质量分数（10^{-2}）		
	MnO	0.048	0.007	质量分数（10^{-2}）		

续表

标准物质编号	组份	标准值	标准不确定度	质量分数	标准物质名称	研制单位
GBW07155	TiO_2	0.144	0.005	质量分数（10^{-2}）	钽矿石成分分析标准物质	地质矿产部沈阳综合岩矿测试中心（沈阳市）
	K_2O	0.032	0.002	质量分数（10^{-2}）		
	Na_2O	2.01	0.08	质量分数（10^{-2}）		
	P_2O_5	3.68	0.08	质量分数（10^{-2}）		
	F^-	0.348	0.011	质量分数（10^{-2}）		
	H_2O^+	1.33	0.07	质量分数（10^{-2}）		
	L. O. I.	1.52	0.10	质量分数（10^{-2}）		
	Sm_2O_3	2.21	0.12	质量分数（10^{-2}）		
	ZrO_2	0.187	0.004	质量分数（10^{-2}）		
	HfO_2	42.1	5.3	质量分数（10^{-2}）		
	∑REXOY	0.018	0.002	质量分数（10^{-2}）		
	La_2O_5	36.6	5.1	质量分数（10^{-2}）		
	CeO_2	7.7	0.6	质量分数（10^{-2}）		
	Pr_6O_{11}	27.5	3.0	质量分数（10^{-2}）		
	Nd_2O_3	4.7	0.3	质量分数（10^{-2}）		
	Si	1.2	0.2	质量分数（10^{-2}）		
	Eu_2O_3	3.4	0.3	质量分数（10^{-2}）		
	Gd_2O_3	0.53	0.05	质量分数（10^{-2}）		
	Tb_4O_7	2.8	0.4	质量分数（10^{-2}）		
	Dy_2O_3	0.59	0.06	质量分数（10^{-2}）		
	Ho_2O_3	1.8	0.4	质量分数（10^{-2}）		
	Er_2O_3	0.31	0.04	质量分数（10^{-2}）		
	$Tm2O_3$	2.2	0.3	质量分数（10^{-2}）		
	$Yb2O_3$	0.38	0.06	质量分数（10^{-2}）		
	$Lu<2O_3$	19.5	1.2	质量分数（10^{-2}）		
	Sc_2O_3	14.1	13.4～15.0	质量分数（10^{-2}）		
	Th	7.8	0.7	质量分数（10^{-2}）		
	SiO_2	66.02	0.43	质量分数（10^{-2}）		
	Al_2O_3	14.74	0.11	质量分数（10^{-2}）		
	Fe_2O_3	4.80	0.09	质量分数（10^{-2}）		
	FeO	1.83	0.06	质量分数（10^{-2}）		
	CaO	2.70	0.14	质量分数（10^{-2}）		
	MgO	2.10	0.07	质量分数（10^{-2}）		
	MnO	0.085	0.003	质量分数（10^{-2}）		
	TiO_2	0.420	0.009	质量分数（10^{-2}）		
	K_2O	3.37	0.05	质量分数（10^{-2}）		
	Na_2O	3.83	0.10	质量分数（10^{-2}）		
	P_2O_5	0.163	0.010	质量分数（10^{-2}）		
	F^-	0.080	0.007	质量分数（10^{-2}）		
	H_2O^+	1.35	0.04	质量分数（10^{-2}）		
	L. O. I.	1.55	0.08	质量分数（10^{-2}）		
	Sm_2O_3	70.7	4.8	质量分数（10^{-2}）		

续表

标准物质编号	组份	标准值	标准不确定度	质量分数	标准物质名称	研制单位
	BeO	14.8	0.9	质量分数 (10^{-2})		
	HfO_2	1.25	0.04	质量分数 (10^{-2})		
	$\sum REXOY$	0.025	0.003	质量分数 (10^{-2})		
	La_2O_5	0.022	0.002	质量分数 (10^{-2})		
	CeO_2	37.9	5.0	质量分数 (10^{-2})		
	Pr_6O_{11}	74.4	7.3	质量分数 (10^{-2})		
	Nd_2O_3	7.8	0.6	质量分数 (10^{-2})		
	Si	26.9	1.4	质量分数 (10^{-2})		
	Eu_2O_3	4.9	0.4	质量分数 (10^{-2})		
	Gd_2O_3	1.2	0.2	质量分数 (10^{-2})		
	Tb_4O_7	(4.1)		质量分数 (10^{-2})		
	Dy_2O_3	0.74	0.70~0.84	质量分数 (10^{-2})		
	Ho_2O_3	4.6	0.4	质量分数 (10^{-2})		
	Er_2O_3	1.3	0.1	质量分数 (10^{-2})		
	Tm_2O_3	4.6	0.8	质量分数 (10^{-2})		
	Yb_2O_3	0.92	0.08	质量分数 (10^{-2})		
	$Lu < 2O_3$	7.8	1.0	质量分数 (10^{-2})		
	Sc_2O_3	1.5	0.2	质量分数 (10^{-2})		
	W	41.9	4.9	质量分数 (10^{-2})		
	SiO_2	15.2	1.0	质量分数 (10^{-2})		
GBW07157	Al_2O_3	65.66	0.37	质量分数 (10^{-2})	锆矿石成分分析标准物质	地质矿产部沈阳综合岩矿测试中心(沈阳市)
	Fe_2O_3	14.70	0.24	质量分数 (10^{-2})		
	FeO	4.69	0.07	质量分数 (10^{-2})		
	CaO	1.82	0.09	质量分数 (10^{-2})		
	MgO	2.64	0.07	质量分数 (10^{-2})		
	MnO	2.01	0.04	质量分数 (10^{-2})		
	TiO_2	0.083	0.003	质量分数 (10^{-2})		
	K_2O	0.410	0.010	质量分数 (10^{-2})		
	Na_2O	3.31	0.06	质量分数 (10^{-2})		
	P_2O_5	3.74	0.09	质量分数 (10^{-2})		
	F^-	0.167	0.011	质量分数 (10^{-2})		
	H_2O^+	0.082	0.006	质量分数 (10^{-2})		
	L.O.I.	1.29	0.05	质量分数 (10^{-2})		
	Sm_2O_3	1.51	0.08	质量分数 (10^{-2})		
	Li_2O	40.3	1.6	质量分数 (10^{-2})		
	Rb_2O	0.012	0.001	质量分数 (10^{-2})		
	Cs_2O	5.6	0.5	质量分数 (10^{-2})		
	$\sum REXOY$	0.092	0.088~0.100	质量分数 (10^{-2})		
	La_2O_5	0.031	0.002	质量分数 (10^{-2})		
	CeO_2	92	11	质量分数 (10^{-2})		
	Pr_6O_{11}	49.2	3.6	质量分数 (10^{-2})		

续表

标准物质编号	组份	标准值	标准不确定度	质量分数	标准物质名称	研制单位
GBW07157	Nd_2O_3	0.017	0.002	质量分数（10^{-2}）	锆矿石成分分析标准物质	地质矿产部沈阳综合岩矿测试中心（沈阳市）
	Si	33.8	0.6	质量分数（10^{-2}）		
	Eu_2O_3	8.1	0.3	质量分数（10^{-2}）		
	Gd_2O_3	31.7	2.3	质量分数（10^{-2}）		
	Tb_4O_7	5.4	0.4	质量分数（10^{-2}）		
	Dy_2O_3	27.3	2.6	质量分数（10^{-2}）		
	Ho_2O_3	5.7	0.2	质量分数（10^{-2}）		
	Er_2O_3	（16）		质量分数（10^{-2}）		
	Tm_2O_3	2.4	0.3	质量分数（10^{-2}）		
	Yb_2O_3	14.1	0.9	质量分数（10^{-2}）		
	$Lu<2O_3$	2.0	0.2	质量分数（10^{-2}）		
	Sc_2O_3	（0.018）		质量分数（10^{-2}）		
	W	11.3	10.7～11.7	质量分数（10^{-2}）		
	SiO_2	24.5	2.3	质量分数（10^{-2}）		
	Al_2O_3	67.28	0.16	质量分数（10^{-2}）		
	Fe_2O_3	19.04	0.16	质量分数（10^{-2}）		
	FeO	3.49	0.10	质量分数（10^{-2}）		
	CaO	（0.071）		质量分数（10^{-2}）		
	MgO	（0.033）		质量分数（10^{-2}）		
	MnO	0.229	0.011	质量分数（10^{-2}）		
	TiO_2	0.070	0.005	质量分数（10^{-2}）		
	K_2O	0.537	0.022	质量分数（10^{-2}）		
	Na_2O	2.13	0.06	质量分数（10^{-2}）		
	P_2O_5	0.062	0.058～0.069	质量分数（10^{-2}）		
	F^-	0.029	0.033	质量分数（10^{-2}）		
	H_2O^+	0.016	0.002	质量分数（10^{-2}）		
	L. O. I.	6.73	0.29	质量分数（10^{-2}）		
	Sm_2O_3	6.64	0.23	质量分数（10^{-2}）		
GBW07159	BeO			质量分数（10^{-2}）	稀土矿石成分分析标准物质	地质矿产部沈阳综合岩矿测试中心（沈阳市）
	Li_2O	0.015	0.001	质量分数（10^{-2}）		
	Rb_2O	0.069	0.003	质量分数（10^{-2}）		
	Cs_2O	17.7	1.5	质量分数（10^{-2}）		
	∑REXOY	0.085	0.006	质量分数（10^{-2}）		
	La_2O_5	20.0	2.1	质量分数（10^{-2}）		
	CeO_2	21.7	2.1	质量分数（10^{-2}）		
	Pr_6O_{11}	6.3	0.6	质量分数（10^{-2}）		
	Nd_2O_3	27.6	2.4	质量分数（10^{-2}）		
	Si	15.7	1.0	质量分数（10^{-2}）		
	Eu_2O_3	0.36	0.35～0.45	质量分数（10^{-2}）		
	Gd_2O_3	32.4	4.2	质量分数（10^{-2}）		
	Tb_4O_7	8.2	1.2	质量分数（10^{-2}）		

续表

标准物质编号	组份	标准值	标准不确定度	质量分数	标准物质名称	研制单位
GBW07159	Dy_2O_3	56.3	5.9	质量分数（10^{-2}）	稀土矿石成分分析标准物质	地质矿产部沈阳综合岩矿测试中心（沈阳市）
	Ho_2O_3	12.0	1.1	质量分数（10^{-2}）		
	Er_2O_3	36.4	3.7	质量分数（10^{-2}）		
	Tm_2O_3	5.7	0.6	质量分数（10^{-2}）		
	Yb_2O_3	36.6	4.5	质量分数（10^{-2}）		
	Lu <$2O_3$	5.5	0.6	质量分数（10^{-2}）		
	Sc_2O_3	0.057	0.004	质量分数（10^{-2}）		
	Sc_2O_3	9.5	0.9	质量分数（10^{-2}）		
	SiO_2	74.55	0.24	质量分数（10^{-2}）		
	Al_2O_3	14.70	0.24	质量分数（10^{-2}）		
	Fe_2O_3	1.15	0.05	质量分数（10^{-2}）		
	FeO	0.054	0.006	质量分数（10^{-2}）		
	CaO	(0.026)		质量分数（10^{-2}）		
	MgO	0.077	0.010	质量分数（10^{-2}）		
	MnO	0.017	0.010	质量分数（10^{-2}）		
	TiO_2	0.022	0.002	质量分数（10^{-2}）		
	K_2O	4.98	0.12	质量分数（10^{-2}）		
	Na_2O	0.158	0.014	质量分数（10^{-2}）		
	P_2O_5	(0.0027)		质量分数（10^{-2}）		
	F^-	0.034	0.001	质量分数（10^{-2}）		
	H_2O^+	3.61	0.15	质量分数（10^{-2}）		
	L. O. I.	3.70	0.19	质量分数（10^{-2}）		
	Li_2O	0.015	0.001	质量分数（10^{-2}）		
	Rb_2O	0.067	0.004	质量分数（10^{-2}）		
	Cs_2O	17.8	2.1	质量分数（10^{-2}）		
	∑REXOY	0.486	0.042〈SUP〉*〈SUP〉	质量分数（10^{-2}）		
	La_2O_5	0.011	0.001	质量分数（10^{-2}）		
	CeO_2	34.8	5.0	质量分数（10^{-2}）		
	Pr_6O_{11}	(45)		质量分数（10^{-2}）		
	Nd_2O_3	0.022	0.002〈SUP〉*〈SUP〉	质量分数（10^{-2}）		
	Si	1.8	0.3	质量分数（10^{-2}）		
	Eu_2O_3	(0.027		质量分数（10^{-2}）		
	Gd_2O_3	57.7	6.0	质量分数（10^{-2}）		
	Tb_4O_7	0.036	0.005	质量分数（10^{-2}）		
	Dy_2O_3	75.0	6.2	质量分数（10^{-2}）		
	Ho_2O_3	0.022	0.003	质量分数（10^{-2}）		
	Er_2O_3	31.6	3.5	质量分数（10^{-2}）		
	Tm_2O_3	0.022	0.003	质量分数（10^{-2}）		
	Yb_2O_3	30.4	3.0	质量分数（10^{-2}）		

续表

标准物质编号	组份	标准值	标准不确定度	质量分数	标准物质名称	研制单位
GBW07159	Lu<2O$_3$	0.303	0.026	质量分数（10^{-2}）	稀土矿石成分分析标准物质	地质矿产部沈阳综合岩矿测试中心（沈阳市）
	Sc_2O_3	8.9	8.7~10.7	质量分数（10^{-2}）		
	Th	39.0	2.6	质量分数（10^{-2}）		
	SiO_2	74.34	0.42	质量分数（10^{-2}）		
	Al_2O_3	14.65	0.17	质量分数（10^{-2}）		
	Fe_2O_3	1.13	0.03	质量分数（10^{-2}）		
	FeO	(0.039)		质量分数（10^{-2}）		
	CaO	(0.031)		质量分数（10^{-2}）		
	MgO	0.080	0.009	质量分数（10^{-2}）		
	MnO	0.016	0.002	质量分数（10^{-2}）		
	TiO_2	(0.023)		质量分数（10^{-2}）		
	K_2O	4.92	0.12	质量分数（10^{-2}）		
	Na_2O	0.155	0.007	质量分数（10^{-2}）		
	P_2O_5	(0.0025)		质量分数（10^{-2}）		
	F^-	0.034	0.002	质量分数（10^{-2}）		
	H_2O^+	3.67	0.16	质量分数（10^{-2}）		
	L.O.I.	3.77	0.17	质量分数（10^{-2}）		
	Sm_2O_3	0.015	0.002	质量分数（10^{-2}）		
GBW07161	Y_2O_3	0.124	0.006	质量分数（10^{-2}）	稀土矿石成分分析标准物质	地质矿产部沈阳综合岩矿测试中心（沈阳市）
	Li_2O	39.8	3.3	质量分数（10^{-2}）		
	Rb_2O	0.011	0.001	质量分数（10^{-2}）		
	Cs_2O	5.5	0.8	质量分数（10^{-2}）		
	∑REXOY	0.784	0.020	质量分数（10^{-2}）		
	La_2O_5	0.277	0.017	质量分数（10^{-2}）		
	CeO_2	0.023	0.001	质量分数（10^{-2}）		
	Pr_6O_{11}	0.054	0.003	质量分数（10^{-2}）		
	Nd_2O_3·	0.186	0.010	质量分数（10^{-2}）		
	Si	0.033	0.003	质量分数（10^{-2}）		
	Eu_2O_3	75.0	4.2	质量分数（10^{-2}）		
	Gd_2O_3	0.026	0.003	质量分数（10^{-2}）		
	Tb_4O_7	40.7	2.6	质量分数（10^{-2}）		
	Dy_2O_3	0.021	0.002	质量分数（10^{-2}）		
	Ho_2O_3	40.9	4.6	质量分数（10^{-2}）		
	Er_2O_3	0.011	0.001	质量分数（10^{-2}）		
	Tm_2O_3	15.1	1.3	质量分数（10^{-2}）		
	Yb_2O_3	100	12	质量分数（10^{-2}）		
	Lu<2O$_3$	13.6	1.0	质量分数（10^{-2}）		
	Sc_2O_3	11.8	0.9	质量分数（10^{-2}）		
	Th	23.6	2.2	质量分数（10^{-2}）		
	SiO_2	66.72	0.43	质量分数（10^{-2}）		
	Al_2O_3	19.00	0.17	质量分数（10^{-2}）		

续表

标准物质编号	组份	标准值	标准不确定度	质量分数	标准物质名称	研制单位
GBW07161	Fe_2O_3	3.46	0.11	质量分数（10^{-2}）	稀土矿石成分分析标准物质	地质矿产部沈阳综合岩矿测试中心（沈阳市）
	FeO	(0.072)		质量分数（10^{-2}）		
	CaO	0.029	0.003	质量分数（10^{-2}）		
	MgO	0.231	0.017	质量分数（10^{-2}）		
	MnO	0.069	0.005	质量分数（10^{-2}）		
	TiO_2	0.530	0.021	质量分数（10^{-2}）		
	K_2O	2.11	0.06	质量分数（10^{-2}）		
	Na_2O	0.064	0.007	质量分数（10^{-2}）		
	P_2O_5	(0.029)		质量分数（10^{-2}）		
	F^-	0.014	0.002	质量分数（10^{-2}）		
	H_2O^+	6.64	0.25	质量分数（10^{-2}）		
	L. O. I.	6.80	0.30	质量分数（10^{-2}）		
GBW07201	Cr_2O_3	49.44	0.06	质量分数（10^{-2}）	铬铁矿成分分析标准物质	地质矿产部西安地质矿产研究所（西安市）
	SiO_2	4.08	0.06	质量分数（10^{-2}）		
	Al_2O_3	12.10	0.07	质量分数（10^{-2}）		
	Fe_2O_3	(1.84)		质量分数（10^{-2}）		
	FeO	(13.06)		质量分数（10^{-2}）		
	MgO	15.66	0.09	质量分数（10^{-2}）		
	CaO	0.36	0.02	质量分数（10^{-2}）		
	TiO_2	0.12	0.01	质量分数（10^{-2}）		
	P_2O_5	0.003	0.001	质量分数（10^{-2}）		
	MnO	0.28	0.01	质量分数（10^{-2}）		
	Na_2O	0.025	0.004	质量分数（10^{-2}）		
	K_2O	0.11	0.01	质量分数（10^{-2}）		
	H_2O^+	1.55	0.07	质量分数（10^{-2}）		
	CO_2	1.06	0.03	质量分数（10^{-2}）		
	S	0.040	0.001	质量分数（10^{-2}）		
	NiO	0.14	0.01	质量分数（10^{-2}）		
	CoO	0.023	0.001	质量分数（10^{-2}）		
	V_2O_5	0.14`	0.01	质量分数（10^{-2}）		
	全铁 Fe <$2O_3$	16.35	0.07	质量分数（10^{-2}）		
	Pt +	0.010	0.001	质量分数（10^{-2}）		
	Pd +	0.007	0.001	质量分数（10^{-2}）		
	Rh +	0.012	0.001	质量分数（10^{-2}）		
	Ir +	0.090	0.006	质量分数（10^{-2}）		
	Os +	0.175	0.008	质量分数（10^{-2}）		
	Ru +	0.305	0.006	质量分数（10^{-2}）		
GBW07202	Cr_2O_3	48.97	0.06	质量分数（10^{-2}）	铬铁矿成分分析标准物质	地质矿产部西安地质矿产研究所（西安市）
	SiO_2	4.20	0.06	质量分数（10^{-2}）		
	Al_2O_3	13.37	0.07	质量分数（10^{-2}）		
	Fe_2O_3	(3.86)		质量分数（10^{-2}）		

续表

标准物质编号	组份	标准值	标准不确定度	质量分数	标准物质名称	研制单位
GBW07202	FeO	(9.13)		质量分数（10^{-2}）	铬铁矿成分分析标准物质	地质矿产部西安地质矿产研究所（西安市）
	MgO	16.95	0.09	质量分数（10^{-2}）		
	CaO	0.66	0.02	质量分数（10^{-2}）		
	TiO_2	0.077	0.004	质量分数（10^{-2}）		
	P_2O_5	0.003	0.001	质量分数（10^{-2}）		
	MnO	0.12	0.01	质量分数（10^{-2}）		
	Na_2O	0.009	0.003	质量分数（10^{-2}）		
	K_2O	0.010	0.003	质量分数（10^{-2}）		
	H_2O^+	1.63	0.07	质量分数（10^{-2}）		
	CO_2	0.67	0.02	质量分数（10^{-2}）		
	S	0.003	0.001	质量分数（10^{-2}）		
	NiO	0.18	0.01	质量分数（10^{-2}）		
	CoO	0.022	0.001	质量分数（10^{-2}）		
	全铁 $Fe<2O_3$	14.01	0.08	质量分数（10^{-2}）		
	Pt	0.019	0.001	质量分数（10^{-2}）		
	Pd	0.002	0.001	质量分数（10^{-2}）		
	Rh	0.017	0.001	质量分数（10^{-2}）		
	Ir	0.333	0.016	质量分数（10^{-2}）		
	Os	0.569	0.013	质量分数（10^{-2}）		
	Ru	0.193	0.006	质量分数（10^{-2}）		
	V_2O_5	0.16	0.01	质量分数（10^{-2}）		
GBW07203	Au	3.59	0.10	质量分数（10－6）	矿石中金和银成分分析标准物质	中国有色金属工业总公司矿产地质研究院（桂林市）
	Ag	5.41	0.14	质量分数（10－6）		
GBW07204	Au	7.16	0.14	质量分数（10－6）	矿石中金和银成分分析标准物质	中国有色金属工业总公司矿产地质研究院（桂林市）
	Ag	3.34	0.12	质量分数（10－6）		
GBW07205	Au	14.0	0.2	质量分数（10－6）	矿石中金和银成分分析标准物质	中国有色金属工业总公司矿产地质研究院（桂林市）
	Ag	19.4	0.4	质量分数（10－6）		
GBW07206	Au	19.4	0.2	质量分数（10－6）	矿石中金和银成分分析标准物质	中国有色金属工业总公司矿产地质研究院（桂林市）
	Ag	24.6	0.4	质量分数（10－6）		
GBW07207	Au	0.008	0.001	质量分数（10－6）	矿石中金和银成分分析标准物质	中国有色金属工业总公司矿产地质研究院（桂林市）、中南冶金地质研究所（宜昌市）
	Ag	0.33	0.01	质量分数（10－6）		
GBW07208	Au	0.051	0.002	质量分数（10－6）	矿石中金和银成分分析标准物质	中国有色金属工业总公司矿产地质研究院（桂林市）、中南冶金地质研究所（宜昌市）
	Ag	2.06	0.08	质量分数（10－6）		

续表

标准物质编号	组份	标准值	标准不确定度	质量分数	标准物质名称	研制单位
GBW07209	Au	0.421	0.012	质量分数（10－6）	矿石中金和银成分分析标准物质	中国有色金属工业总公司矿产地质研究院（桂林市）、中南冶金地质研究所（宜昌市）
	Ag	9.08	0.11	质量分数（10－6）		
GBW07210	P_2O_5	36.89	0.07	质量分数（10^{-2}）	磷矿石成分分析标准物质	化学工业部化学矿产地质研究院（涿州市）
	SiO	3.26	0.05	质量分数（10^{-2}）		
	CaO	51.32	0.13	质量分数（10^{-2}）		
	Mg	0.43	0.02	质量分数（10^{-2}）		
	Fe_2O_3	1.04	0.03	质量分数（10^{-2}）		
	Al_2O_3	0.58	0.04	质量分数（10^{-2}）		
	MnO	0.024	0.002	质量分数（10^{-2}）		
	TiO_2	0.037	0.002	质量分数（10^{-2}）		
	F	3.54	0.05	质量分数（10^{-2}）		
	SiO_2	2.15	0.07	质量分数（10^{-2}）		
	Al_2O_3	0.17	0.02	质量分数（10^{-2}）		
	Na_2O	0.33	0.02	质量分数（10^{-2}）		
	SrO	0.077	0.003	质量分数（10^{-2}）		
	TS	0.0052	0.0005	质量分数（10^{-2}）		
GBW07211	P_2O_5	20.86	0.06	质量分数（10^{-2}）	磷矿石成分分析标准物质	化学工业部化学矿产地质研究院（涿州市）
	SiO	3.61	0.04	质量分数（10^{-2}）		
	CaO	40.71	0.15	质量分数（10^{-2}）		
	Mg	8.19	0.06	质量分数（10^{-2}）		
	Fe_2O_3	1.08	0.02	质量分数（10^{-2}）		
	Al_2O_3	2.28	0.06	质量分数（10^{-2}）		
	MnO	0.015	0.002	质量分数（10^{-2}）		
	TiO_2	0.14	0.01	质量分数（10^{-2}）		
	F	2.05	0.05	质量分数（10^{-2}）		
	SiO_2	18.46	0.14	质量分数（10^{-2}）		
	Al_2O_3	0.28	0.02	质量分数（10^{-2}）		
	Na_2O	0.059	0.010	质量分数（10^{-2}）		
	SrO	0.16	0.01	质量分数（10^{-2}）		
	TS	0.0059	0.0004	质量分数（10^{-2}）		
	I	0.79	0.03	质量分数（10^{-2}）		
GBW07212	P_2O_5	6.06	0.03	质量分数（10^{-2}）	磷矿石成分分析标准物质	化学工业部化学矿产地质研究院（涿州市）
	SiO	38.80	0.08	质量分数（10^{-2}）		
	CaO	19.42	0.08	质量分数（10^{-2}）		
	Mg	7.12	0.09	质量分数（10^{-2}）		
	Fe_2O_3	3.08	0.03	质量分数（10^{-2}）		
	Al_2O_3	4.06	0.06	质量分数（10^{-2}）		
	MnO	0.026	0.002	质量分数（10^{-2}）		
	TiO_2	0.48	0.02	质量分数（10^{-2}）		

续表

标准物质编号	组份	标准值	标准不确定度	质量分数	标准物质名称	研制单位
GBW07212	F	0.51	0.03	质量分数 (10^{-2})	磷矿石成分分析标准物质	化学工业部化学矿产地质研究院(涿州市)
	SiO_2	16.41	0.10	质量分数 (10^{-2})		
	Al_2O_3	2.63	0.05	质量分数 (10^{-2})		
	Na_2O	0.14	0.02	质量分数 (10^{-2})		
	SrO	0.055	0.003	质量分数 (10^{-2})		
GBW07213	TFe	67.01	0.09	质量分数 (10^{-2})	铁矿石成分分析标准物质	鞍山钢铁集团公司(鞍山市)
	FeO	(29.60)		质量分数 (10^{-2})		
	SiO_2	3.16	0.06	质量分数 (10^{-2})		
	Al_2O_3	1.23	0.04	质量分数 (10^{-2})		
	CaO	0.22	0.02	质量分数 (10^{-2})		
	MgO	0.71	0.02	质量分数 (10^{-2})		
	MnO	0.19	0.01	质量分数 (10^{-2})		
	TiO_2	0.032	0.001	质量分数 (10^{-2})		
	P	(0.0037)		质量分数 (10^{-2})		
	S	0.118	0.006	质量分数 (10^{-2})		
	H_2O^+	(0.52)		质量分数 (10^{-2})		
	C	(0.99)		质量分数 (10^{-2})		
	SiO_2	(0.72)		质量分数 (10^{-2})		
GBW07214a	Al_2O_3	53.34	0.06	质量分数 (10^{-2})	石灰石成分分析标准物质	武汉钢铁(集团)公司(武汉市)
	MgO	0.29	0.02	质量分数 (10^{-2})		
	SiO_2	0.22	0.01	质量分数 (10^{-2})		
	Al_2O_3	0.093	0.004	质量分数 (10^{-2})		
	TFe_2O_3	0.085	0.003	质量分数 (10^{-2})		
	MnO	0.0050	0.0001	质量分数 (10^{-2})		
	P	0.0011	0.0001	质量分数 (10^{-2})		
	S	0.043	0.001	质量分数 (10^{-2})		
	L.O.I.	43.61	0.10	质量分数 (10^{-2})		
	K_2O	0.020	0.001	质量分数 (10^{-2})		
	Na_2O	(0.007)		质量分数 (10^{-2})		
GBW07215a	CaO	51.20	0.07	质量分数 (10^{-2})	石灰石成分分析标准物质	武汉钢铁(集团)公司(武汉市)
	MgO	2.29	0.05	质量分数 (10^{-2})		
	SiO_2	1.80	0.02	质量分数 (10^{-2})		
	Al_2O_3	0.77	0.04	质量分数 (10^{-2})		
	TFe_2O_3	0.446	0.005	质量分数 (10^{-2})		
	MnO	0.014	0.001	质量分数 (10^{-2})		
	P	0.0013	0.0001	质量分数 (10^{-2})		
	S	0.302	0.005	质量分数 (10^{-2})		
	L.O.I.	42.57	0.10	质量分数 (10^{-2})		
	K_2O	0.168	0.004	质量分数 (10^{-2})		
	Na_2O	0.025	0.002	质量分数 (10^{-2})		

续表

标准物质编号	组份	标准值	标准不确定度	质量分数	标准物质名称	研制单位
GBW07216a	CaO	35.02	0.11	质量分数（10^{-2}）	白云石成分分析标准物质	武汉钢铁(集团)公司(武汉市)
	MgO	17.88	0.06	质量分数（10^{-2}）		
	SiO_2	0.049	0.002	质量分数（10^{-2}）		
	Al_2O_3	0.024	0.002	质量分数（10^{-2}）		
	TFe_2O_3	0.495	0.007	质量分数（10^{-2}）		
	MnO	0.020	0.001	质量分数（10^{-2}）		
	P	0.0012	0.0001	质量分数（10^{-2}）		
	S	0.0093	0.0003	质量分数（10^{-2}）		
	L.O.I.	46.32	0.11	质量分数（10^{-2}）		
	K_2O	(0.001)		质量分数（10^{-2}）		
	Na_2O	0.013	0.001	质量分数（10^{-2}）		
GBW07217a	CaO	32.11	0.10	质量分数（10^{-2}）	白云石成分分析标准物质	武汉钢铁(集团)公司(武汉市)
	MgO	20.37	0.03	质量分数（10^{-2}）		
	SiO_2	0.021	0.001	质量分数（10^{-2}）		
	Al_2O_3	0.017	0.002	质量分数（10^{-2}）		
	Fe_2O_3	0.224	0.005	质量分数（10^{-2}）		
	MnO	0.032	0.001	质量分数（10^{-2}）		
	P	0.0010	0.0001	质量分数（10^{-2}）		
	S	0.018	0.001	质量分数（10^{-2}）		
	L.O.I.	46.89	0.11	质量分数（10^{-2}）		
	K_2O	0.0011	0.0002	质量分数（10^{-2}）		
	Na_2O	0.023	0.001	质量分数（10^{-2}）		
GBW07218a	SiO_2	3.48	0.05	质量分数（10^{-2}）	铁矿成分分析标准物质	武汉钢铁(集团)公司(武汉市)
	Al_2O_3	1.59	0.02	质量分数（10^{-2}）		
	CaO	0.080	0.008	质量分数（10^{-2}）		
	MgO	0.044	0.001	质量分数（10^{-2}）		
	TFe	64.88	0.10	质量分数（10^{-2}）		
	P	0.055	0.002	质量分数（10^{-2}）		
	S	0.015	0.001	质量分数（10^{-2}）		
	Ti	0.044	0.002	质量分数（10^{-2}）		
	K_2O	0.085	0.004	质量分数（10^{-2}）		
	Na_2O	0.012	0.002	质量分数（10^{-2}）		
	FeO	0.37	0.06	质量分数（10^{-2}）		
	Mn	0.056	0.002	质量分数（10^{-2}）		
GBW07219b	SiO_2	7.46	0.06	质量分数（10^{-2}）	烧结矿成分分析标准物质	武汉钢铁(集团)公司(武汉市)
	Al_2O_3	2.24	0.03	质量分数（10^{-2}）		
	CaO	11.87	0.13	质量分数（10^{-2}）		
	MgO	2.94	0.06	质量分数（10^{-2}）		
	TFe	52.20	0.08	质量分数（10^{-2}）		
	Mn	0.133	0.005	质量分数（10^{-2}）		
	P	0.052	0.002	质量分数（10^{-2}）		

续表

标准物质编号	组份	标准值	标准不确定度	质量分数	标准物质名称	研制单位
GBW07219b	S	0.045	0.002	质量分数（10^{-2}）	烧结矿成分分析标准物质	武汉钢铁(集团)公司(武汉市)
	Cu	0.038	0.002	质量分数（10^{-2}）		
	TiO_2	0.127	0.005	质量分数（10^{-2}）		
	K_2O	0.26	0.01	质量分数（10^{-2}）		
	Na_2O	0.083	0.003	质量分数（10^{-2}）		
	FeO	5.57	0.06	质量分数（10^{-2}）		
	Ni	0.0042	0.0005	质量分数（10^{-2}）		
GBW07220a	SiO_2	3.06	0.05	质量分数（10^{-2}）	球团矿成分分析标准物质	武汉钢铁(集团)公司(武汉市)
	Al_2O_3	0.71	0.01	质量分数（10^{-2}）		
	CaO	2.37	0.05	质量分数（10^{-2}）		
	MgO	0.039	0.003	质量分数（10^{-2}）		
	TFe	65.58	0.10	质量分数（10^{-2}）		
	Mn	0.102	0.003	质量分数（10^{-2}）		
	P	0.038	0.002	质量分数（10^{-2}）		
	S	0.0043	0.0006	质量分数（10^{-2}）		
	Ti	0.029	0.001	质量分数（10^{-2}）		
	K_2O	0.011	0.001	质量分数（10^{-2}）		
	Na_2O	0.0047	0.0006	质量分数（10^{-2}）		
	FeO	1.57	0.06	质量分数（10^{-2}）		
	Ni	0.0024	0.0003	质量分数（10^{-2}）		
GBW07221a	SiO_2	3.48	0.05	质量分数（10^{-2}）	磁铁精矿成分分析标准物质	武汉钢铁(集团)公司(武汉市)
	Al_2O_3	0.91	0.02	质量分数（10^{-2}）		
	CaO	0.78	0.03	质量分数（10^{-2}）		
	MgO	1.41	0.05	质量分数（10^{-2}）		
	TFe	64.29	0.10	质量分数（10^{-2}）		
	Mn	0.117	0.004	质量分数（10^{-2}）		
	P	0.012	0.001	质量分数（10^{-2}）		
	S	0.397	0.004	质量分数（10^{-2}）		
	Cu	0.056	0.002	质量分数（10^{-2}）		
	Ti	0.066	0.002	质量分数（10^{-2}）		
	K_2O	0.18	0.01	质量分数（10^{-2}）		
	Na_2O	0.061	0.002	质量分数（10^{-2}）		
	FeO	24.18	0.20	质量分数（10^{-2}）		
	Co	0.0068	0.0003	质量分数（10^{-2}）		
	Ni	0.0083	0.0003	质量分数（10^{-2}）		
GBW07222a	SiO_2	3.99	0.04	质量分数（10^{-2}）	菱铁矿成分分析标准物质	武汉钢铁(集团)公司(武汉市)
	Al_2O_3	0.60	0.02	质量分数（10^{-2}）		
	CaO	3.38	0.04	质量分数（10^{-2}）		
	MgO	3.84	0.07	质量分数（10^{-2}）		
	TFe	43.66	0.09	质量分数（10^{-2}）		
	Mn	0.235	0.004	质量分数（10^{-2}）		

续表

标准物质编号	组份	标准值	标准不确定度	质量分数	标准物质名称	研制单位
GBW07222a	P	0.034	0.002	质量分数（10^{-2}）	菱铁矿成分分析标准物质	武汉钢铁（集团）公司（武汉市）
	S	1.46	0.02	质量分数（10^{-2}）		
	Cu	0.088	0.002	质量分数（10^{-2}）		
	Ti	0.013	0.001	质量分数（10^{-2}）		
	K_2O	0.20	0.01	质量分数（10^{-2}）		
	Na_2O	0.024	0.002	质量分数（10^{-2}）		
	FeO	37.96	0.16	质量分数（10^{-2}）		
	Co	0.016	0.001	质量分数（10^{-2}）		
	Ni	0.0060	0.0004	质量分数（10^{-2}）		
GBW072235	Cd	3.2	0.4	质量分数（10^{-2}）	铅矿石成分分析标准物质	地质矿产部湖北地质实验研究所（武汉市）
	Cu	0.20〈SUP〉*〈SUP〉	0.01〈SUP〉*〈SUP〉	质量分数（10^{-2}）		
	Pb	4.17〈SUP〉*〈SUP〉	0.10〈SUP〉*〈SUP〉	质量分数（10^{-2}）		
	Zn	0.062〈SUP〉*〈SUP〉	0.005〈SUP〉*〈SUP〉	质量分数（10^{-2}）		
	Co	14.7	1.9	质量分数（10^{-2}）		
	Ni	27.7	2.9	质量分数（10^{-2}）		
	As	85.1	7.9	质量分数（10^{-2}）		
	Sb	39.3	1.4	质量分数（10^{-2}）		
	Bi	15.6	1.6	质量分数（10^{-2}）		
	Sn	3.0	1.0	质量分数（10^{-2}）		
	W	17.6	1.9	质量分数（10^{-2}）		
	Mo	1.6	0.2	质量分数（10^{-2}）		
	Ag	14.7	1.5	质量分数（10^{-2}）		
	S	0.86	0.02	质量分数（10^{-2}）		
	Ga	16.7	1.3	质量分数（10^{-2}）		
	In	0.12	0.02	质量分数（10^{-2}）		
	Ge	0.90	0.16	质量分数（10^{-2}）		
	Se	1.7	0.3	质量分数（10^{-2}）		
	Te	3.9	1.4	质量分数（10^{-2}）		
	Tl	0.43	0.04	质量分数（10^{-2}）		
	La	40.5	1.7	质量分数（10^{-2}）		
	Ce	78.3	2.2	质量分数（10^{-2}）		
	Pr	8.1	0.6	质量分数（10^{-2}）		
	Nd	28.2	2.2	质量分数（10^{-2}）		
	Sm	5.1	0.3	质量分数（10^{-2}）		
	Eu	1.2	0.1	质量分数（10^{-2}）		
	Gd	3.7	0.3	质量分数（10^{-2}）		
	Tb	0.58	0.04	质量分数（10^{-2}）		
	Dy	3.0	0.3	质量分数（10^{-2}）		

续表

标准物质编号	组份	标准值	标准不确定度	质量分数	标准物质名称	研制单位
GBW072235	Ho	0.61	0.06	质量分数（10^{-2}）	铅矿石成分分析标准物质	地质矿产部湖北地质实验研究所（武汉市）
	Er	1.5	0.2	质量分数（10^{-2}）		
	Tm	0.23	0.03	质量分数（10^{-2}）		
	Yb	1.5	0.1	质量分数（10^{-2}）		
	Lu	0.24	0.02	质量分数（10^{-2}）		
	Y	15.4	0.7	质量分数（10^{-2}）		
	Sc	7.5	0.6	质量分数（10^{-2}）		
	Th	10.2	0.5	质量分数（10^{-2}）		
	Cr	(29)		质量分数（10^{-2}）		
	Li	(19)		质量分数（10^{-2}）		
	Rb	(55)		质量分数（10^{-2}）		
	Cs	(6)		质量分数（10^{-2}）		
	SiO_2	43.63	0.07	质量分数（10^{-2}）		
	Al_2O_3	4.37	0.18	质量分数（10^{-2}）		
	TFe_2O_3	12.88	0.17	质量分数（10^{-2}）		
	TiO_2	0.53	0.01	质量分数（10^{-2}）		
	MnO	1.40	0.04	质量分数（10^{-2}）		
	CaO	19.51	0.21	质量分数（10^{-2}）		
	MgO	1.62	0.08	质量分数（10^{-2}）		
	K_2O	1.42	0.07	质量分数（10^{-2}）		
	Na_2O	1.61	0.06	质量分数（10^{-2}）		
	F	0.27	0.03	质量分数（10^{-2}）		
GBW07223a	SiO_2	9.82	0.07	质量分数（10^{-2}）	赤铁矿成分分析标准物质	武汉钢铁（集团）公司（武汉市）
	Al_2O_3	0.48	0.02	质量分数（10^{-2}）		
	CaO	0.11	0.02	质量分数（10^{-2}）		
	MgO	0.055	0.003	质量分数（10^{-2}）		
	TFe	61.73	0.10	质量分数（10^{-2}）		
	Mn	0.027	0.003	质量分数（10^{-2}）		
	P	0.024	0.001	质量分数（10^{-2}）		
	S	0.036	0.002	质量分数（10^{-2}）		
	Cu	0.061	0.002	质量分数（10^{-2}）		
	Ti	0.041	0.001	质量分数（10^{-2}）		
	K_2O	0.056	0.002	质量分数（10^{-2}）		
	Na_2O	0.0056	0.0006	质量分数（10^{-2}）		
	FeO	1.51	0.11	质量分数（10^{-2}）		
	Co	0.0048	0.0002	质量分数（10^{-2}）		
	Ni	0.0023	0.0002	质量分数（10^{-2}）		
GBW07224	SiO_2	20.33	0.13	质量分数（10^{-2}）	钒钛磁铁矿（原矿）成分分析标准物质	攀枝花钢铁研究院（攀枝花市）
	Al_2O_3	8.26	0.03	质量分数（10^{-2}）		
	CaO	6.38	0.10	质量分数（10^{-2}）		
	MgO	6.16	0.08	质量分数（10^{-2}）		

续表

标准物质编号	组份	标准值	标准不确定度	质量分数	标准物质名称	研制单位
GBW07224	V_2O_5	0.313	0.005	质量分数（10^{-2}）	钒钛磁铁矿（原矿）成分分析标准物质	攀枝花钢铁研究院（攀枝花市）
	TiO_2	10.63	0.08	质量分数（10^{-2}）		
	MnO	0.288	0.004	质量分数（10^{-2}）		
	P	0.0100	0.0006	质量分数（10^{-2}）		
	TFe	32.97	0.11	质量分数（10^{-2}）		
	S	0.687	0.008	质量分数（10^{-2}）		
	Cu	0.020	0.001	质量分数（10^{-2}）		
	Ce	0.018	0.001	质量分数（10^{-2}）		
	Ni	0.0094	0.0003	质量分数（10^{-2}）		
	Cr	0.0067	0.0004	质量分数（10^{-2}）		
	Ga	0.0032	0.0003	质量分数（10^{-2}）		
GBW07225	SiO_2	25.47	0.14	质量分数（10^{-2}）	钒钛磁铁矿（原矿）成分分析标准物质	攀枝花钢铁研究院（攀枝花市）
	Al_2O_3	10.29	0.04	质量分数（10^{-2}）		
	CaO	7.50	0.06	质量分数（10^{-2}）		
	MgO	6.17	0.10	质量分数（10^{-2}）		
	V_2O_5	0.258	0.006	质量分数（10^{-2}）		
	TiO_2	9.72	0.05	质量分数（10^{-2}）		
	MnO	0.264	0.004	质量分数（10^{-2}）		
	P	0.0119	0.0006	质量分数（10^{-2}）		
	TFe	52.66	0.14	质量分数（10^{-2}）		
	S	0.556	0.010	质量分数（10^{-2}）		
	Cu	0.019	0.001	质量分数（10^{-2}）		
	Ce	0.020	0.001	质量分数（10^{-2}）		
	Ni	0.012	0.001	质量分数（10^{-2}）		
	Cr	0.024	0.002	质量分数（10^{-2}）		
	Ga	0.0042	0.0003	质量分数（10^{-2}）		
GBW07226a	SiO_2	4.11	0.03	质量分数（10^{-2}）	钒钛磁铁矿（精矿）成分分析标准物质	攀枝花钢铁研究院（攀枝花市）
	Al_2O_3	4.46	0.05	质量分数（10^{-2}）		
	CaO	1.04	0.07	质量分数（10^{-2}）		
	MgO	3.21	0.07	质量分数（10^{-2}）		
	V_2O_5	0.572	0.009	质量分数（10^{-2}）		
	TiO_2	12.66	0.10	质量分数（10^{-2}）		
	MnO	0.349	0.005	质量分数（10^{-2}）		
	P	0.0022	0.0004	质量分数（10^{-2}）		
	TFe	52.66	0.14	质量分数（10^{-2}）		
	S	0.556	0.010	质量分数（10^{-2}）		
	Cu	0.019	0.001	质量分数（10^{-2}）		
	Ce	0.020	0.001	质量分数（10^{-2}）		
	Ni	0.012	0.001	质量分数（10^{-2}）		
	Cr	0.024	0.002	质量分数（10^{-2}）		
	Ga	0.0042	0.0003	质量分数（10^{-2}）		

续表

标准物质编号	组份	标准值	标准不确定度	质量分数	标准物质名称	研制单位
GBW07227	SiO_2	36.33	0.27	质量分数（10^{-2}）	钒钛磁铁矿（尾矿）成分分析标准物质	攀枝花钢铁研究院（攀枝花市）
	Al_2O_3	11.47	0.07	质量分数（10^{-2}）		
	CaO	11.62	0.12	质量分数（10^{-2}）		
	MgO	8.32	0.12	质量分数（10^{-2}）		
	V_2O_5	0.059	0.003	质量分数（10^{-2}）		
	MnO	0.242	0.003	质量分数（10^{-2}）		
	P	0.0115	0.0005	质量分数（10^{-2}）		
	TFe	13.23	0.12	质量分数（10^{-2}）		
	S	0.446	0.007	质量分数（10^{-2}）		
	Cu	0.0065	0.0006	质量分数（10^{-2}）		
	Ce	0.0098	0.0002	质量分数（10^{-2}）		
	Ni	0.0048	0.0003	质量分数（10^{-2}）		
	Cr	0.0033	0.0004	质量分数（10^{-2}）		
	Ga	0.0016	0.0002	质量分数（10^{-2}）		
	TiO_2	10.74	0.10	质量分数（10^{-2}）		
GBW07228	Au	3.4	0.2	质量分数（10^{-2}）	金地质成分分析标准物质	地质矿产部郑州矿产综合利用研究所（郑州市）
GBW07229	Au	52	3	质量分数（10^{-2}）	金地质成分分析标准物质	地质矿产部郑州矿产综合利用研究所（郑州市）
GBW07230	Au	1.33	0.02	质量分数（10^{-2}）	金地质成分分析标准物质	地质矿产部郑州矿产综合利用研究所（郑州市）
GBW07231	Sn	45.80	0.005	质量分数（10^{-2}）	锡精矿成分分析标准物质	云南锡业公司研究设计院（个旧市）
	Pb	2.89	0.03	质量分数（10^{-2}）		
	Fe	21.33	0.06	质量分数（10^{-2}）		
	As	0.574	0.006	质量分数（10^{-2}）		
	Sb	0.024	0.003	质量分数（10^{-2}）		
	Bi	0.034	0.002	质量分数（10^{-2}）		
	Zn	0.264	0.0004	质量分数（10^{-2}）		
	S	0.183	0.010	质量分数（10^{-2}）		
	Ag	25.5	1.2	质量分数（10^{-2}）		
GBW07232	Sn	62.49	0.06	质量分数（10^{-2}）	锡精矿成分分析标准物质	云南锡业公司研究设计院（个旧市）
	Pb	1.62	0.01	质量分数（10^{-2}）		
	Fe	9.53	0.03	质量分数（10^{-2}）		
	As	0.306	0.004	质量分数（10^{-2}）		
	Sb	0.016	0.002	质量分数（10^{-2}）		
	Bi	0.020	0.002	质量分数（10^{-2}）		
	Zn	0.120	0.004	质量分数（10^{-2}）		
	S	0.090	0.005	质量分数（10^{-2}）		

续表

标准物质编号	组份	标准值	标准不确定度	质量分数	标准物质名称	研制单位
GBW07232	Cu	0.043	0.001	质量分数（10^{-2}）	锡精矿成分分析标准物质	云南锡业公司研究设计院(个旧市)
	SiO_2	0.930	0.026	质量分数（10^{-2}）		
	WO_3	0.182	0.007	质量分数（10^{-2}）		
GBW07233	Cu	1.15	0.04	质量分数(10^{-6})	铜矿石成分分析标准物质	地质矿产部湖北地质实验研究所(武汉市)
	Pb	9.1	2.3	质量分数(10^{-6})		
	Zn	0.059	0.007	质量分数(10^{-6})		
	Cd	0.42	0.10	质量分数(10^{-6})		
	Co	76.0	4.5	质量分数(10^{-6})		
	Ni	9.6	2.0	质量分数(10^{-6})		
	As	4.2	1.8	质量分数(10^{-6})		
	Sb	0.36	0.07	质量分数(10^{-6})		
	Bi	1.5	0.3	质量分数(10^{-6})		
	Sn	11.1	4.2	质量分数(10^{-6})		
	W	4.1	1.0	质量分数(10^{-6})		
	Mo	1.4	0.3	质量分数(10^{-6})		
	Ag	3.9	0.7	质量分数(10^{-6})		
	S	0.72	0.03	质量分数(10^{-6})		
	Ga	22.6	2.0	质量分数(10^{-6})		
	In	1.4	0.4	质量分数(10^{-6})		
	Ge	0.89	0.41	质量分数(10^{-6})		
	Se	5.1	0.8	质量分数(10^{-6})		
	Te	0.62	0.12	质量分数(10^{-6})		
	Tl	0.06	0.02	质量分数(10^{-6})		
	La	7.5	0.4	质量分数(10^{-6})		
	Ce	13.2	1.4	质量分数(10^{-6})		
	Pr	1.4	0.2	质量分数(10^{-6})		
	Nd	4.7	0.1	质量分数(10^{-6})		
	Sm	1.0	0.2	质量分数(10^{-6})		
	Eu	0.28	0.03	质量分数(10^{-6})		
	Gd	1.1	0.2	质量分数(10^{-6})		
	Tb	0.21	0.05	质量分数(10^{-6})		
	Dy	1.1	0.2	质量分数(10^{-6})		
	Ho	0.26	0.03	质量分数(10^{-6})		
	Er	0.78	0.10	质量分数(10^{-6})		
	Tm	0.11	0.03	质量分数(10^{-6})		
	Yb	0.89	0.06	质量分数(10^{-6})		
	Lu	0.16	0.03	质量分数(10^{-6})		
	Y	7.3	0.5	质量分数(10^{-6})		
	Sc	1.8	0.3	质量分数(10^{-6})		
	Th	0.90	0.09	质量分数(10^{-6})		
	Cr	(7)		质量分数(10^{-6})		

续表

标准物质编号	组份	标准值	标准不确定度	质量分数	标准物质名称	研制单位
GBW07233	SiO_2	9.27	0.08	质量分数(10^{-6})	铜矿石成分分析标准物质	地质矿产部湖北地质实验研究所(武汉市)
	Al_2O_3	55.58	0.54	质量分数(10^{-6})		
	TFe_2O_3	1.73	0.05	质量分数(10^{-6})		
	TiO_2	0.079	0.007	质量分数(10^{-6})		
	MnO	0.60	0.03	质量分数(10^{-6})		
	CaO	9.61	0.32	质量分数(10^{-6})		
	MgO	3.91	0.14	质量分数(10^{-6})		
	K_2O	0.071	0.014	质量分数(10^{-6})		
	Na_2O	0.044	0.031	质量分数(10^{-6})		
	F	0.079	0.003	质量分数(10^{-6})		
	Li	(9)		质量分数(10^{-6})		
GBW07234	Cu	0.19	0.01	质量分数(10^{-6})	铜矿石成分分析标准物质	地质矿产部湖北地质实验研究所(武汉市)
	Pb	13.0	3.7	质量分数(10^{-6})		
	Zn	0.013	0.001	质量分数(10^{-6})		
	Cd	0.14	0.04	质量分数(10^{-6})		
	Co	16.9	2.1	质量分数(10^{-6})		
	Ni	5.6	1.2	质量分数(10^{-6})		
	As	1.5	0.4	质量分数(10^{-6})		
	Sb	0.23	0.06	质量分数(10^{-6})		
	Bi	0.43	0.05	质量分数(10^{-6})		
	Sn	3.8	0.5	质量分数(10^{-6})		
	W	3.9	0.6	质量分数(10^{-6})		
	Mo	2.4	0.5	质量分数(10^{-6})		
	Ag	0.70	0.19	质量分数(10^{-6})		
	S	0.14	0.03	质量分数(10^{-6})		
	Ga	22.6	2.6	质量分数(10^{-6})		
	In	0.25	0.06	质量分数(10^{-6})		
	Ge	0.93	0.26	质量分数(10^{-6})		
	Se	0.89	0.19	质量分数(10^{-6})		
	Te	0.13	0.04	质量分数(10^{-6})		
	Tl	0.36	0.04	质量分数(10^{-6})		
	La	40.3	2.7	质量分数(10^{-6})		
	Ce	72.6	8.9	质量分数(10^{-6})		
	Pr	8.1	0.7	质量分数(10^{-6})		
	Nd	29.4	2.6	质量分数(10^{-6})		
	Sm	5.1	0.4	质量分数(10^{-6})		
	Eu	1.3	0.1	质量分数(10^{-6})		
	Gd	3.6	0.3	质量分数(10^{-6})		
	Tb	0.48	0.05	质量分数(10^{-6})		
	Dy	2.4	0.3	质量分数(10^{-6})		
	Ho	0.48	0.06	质量分数(10^{-6})		

续表

标准物质编号	组份	标准值	标准不确定度	质量分数	标准物质名称	研制单位
GBW07234	Er	1.3	0.2	质量分数(10^{-6})	铜矿石成分分析标准物质	地质矿产部湖北地质实验研究所(武汉市)
	Tm	0.18	0.05	质量分数(10^{-6})		
	Yb	1.2	0.1	质量分数(10^{-6})		
	Lu	0.20	0.02	质量分数(10^{-6})		
	Y	11.8	0.9	质量分数(10^{-6})		
	Sc	5.4	0.4	质量分数(10^{-6})		
	Th	8.8	0.5	质量分数(10^{-6})		
	Cr	(10)		质量分数(10^{-6})		
	Li	(15)		质量分数(10^{-6})		
	Ba	(0.08		质量分数(10^{-6})		
	Rb	(94)		质量分数(10^{-6})		
	Cs	(10)		质量分数(10^{-6})		
	SiO_2	53.36	0.29	质量分数(10^{-6})		
	Al_2O_3	12.25	0.13	质量分数(10^{-6})		
	TFe_2O_3	15.18	0.36	质量分数(10^{-6})		
	TiO_2	0.50	0.02	质量分数(10^{-6})		
	MnO	0.12	0.01	质量分数(10^{-6})		
	CaO	4.95	0.08	质量分数(10^{-6})		
	MgO	1.30	0.06	质量分数(10^{-6})		
	K_2O	2.71	0.06	质量分数(10^{-6})		
	Na_2O	3.21	0.13	质量分数(10^{-6})		
	F	0.080	0.004	质量分数(10^{-6})		
GBW07236	Cu	0.035	0.002	质量分数(10^{-6})	铅矿石成分分析标准物质	地质矿产部湖北地质实验研究所(武汉市)
	Pb	0.61	0.03	质量分数(10^{-6})		
	Zn	0.092	0.007	质量分数(10^{-6})		
	Cd	2.6	0.4	质量分数(10^{-6})		
	Co	15.7	2.3	质量分数(10^{-6})		
	Ni	34.5	3.2	质量分数(10^{-6})		
	As	43.2	5.0	质量分数(10^{-6})		
	Sb	12.0	1.3	质量分数(10^{-6})		
	Bi	12.5	2.0	质量分数(10^{-6})		
	Sn	2.9	0.9	质量分数(10^{-6})		
	W	30.6	2.6	质量分数(10^{-6})		
	Mo	1.3	0.2	质量分数(10^{-6})		
	Ag	5.6	1.2	质量分数(10^{-6})		
	S	0.38	0.02	质量分数(10^{-6})		
	Ga	11.7	1.2	质量分数(10^{-6})		
	In	0.09	0.65	质量分数(10^{-6})		
	Ge	0.93	0.19	质量分数(10^{-6})		
	Se	0.81	0.15	质量分数(10^{-6})		
	Te	1.2	0.4	质量分数(10^{-6})		

续表

标准物质编号	组份	标准值	标准不确定度	质量分数	标准物质名称	研制单位
GBW07236	Tl	1.0	0.1	质量分数(10^{-6})	铅矿石成分分析标准物质	地质矿产部湖北地质实验研究所(武汉市)
	La	31.2	1.5	质量分数(10^{-6})		
	Ce	66.8	1.8	质量分数(10^{-6})		
	Pr	6.2	0.7	质量分数(10^{-6})		
	Sm	4.6	0.3	质量分数(10^{-6})		
	Eu	0.82	0.07	质量分数(10^{-6})		
	Gd	3.6	0.2	质量分数(10^{-6})		
	Tb	0.60	0.05	质量分数(10^{-6})		
	Dy	3.1	0.4	质量分数(10^{-6})		
	Ho	0.65	0.08	质量分数(10^{-6})		
	Er	1.6	0.3	质量分数(10^{-6})		
	Tm	0.26	0.02	质量分数(10^{-6})		
	Yb	1.7	0.3	质量分数(10^{-6})		
	Lu	0.25	0.05	质量分数(10^{-6})		
	Y	16.2	2.1	质量分数(10^{-6})		
	Sc	8.1	1.7	质量分数(10^{-6})		
	Th	10.2	0.5	质量分数(10^{-6})		
	Cr	(41)		质量分数(10^{-6})		
	Li	(18)		质量分数(10^{-6})		
	Rb	(74)		质量分数(10^{-6})		
	Cs	(2.3)		质量分数(10^{-6})		
	SiO_2	30.51	0.06	质量分数(10^{-6})		
	Al_2O_3	3.79	0.12	质量分数(10^{-6})		
	TFe_2O_3	8.95	0.22	质量分数(10^{-6})		
	TiO_2	0.44	0.02	质量分数(10^{-6})		
	MnO	1.53	0.07	质量分数(10^{-6})		
	CaO	34.56	0.34	质量分数(10^{-6})		
	MgO	2.06	0.05	质量分数(10^{-6})		
	K_2O	0.82	0.05	质量分数(10^{-6})		
	Na_2O	0.066	0.008	质量分数(10^{-6})		
	F	0.23	0.02	质量分数(10^{-6})		
	Nd	23.4	1.2	质量分数(10^{-6})		
GBW07237	Al_2O_3	2.80	0.09	质量分数(10^{-6})	锌矿石成分分析标准物质	地质矿产部湖北地质实验研究所(武汉市)
	Cu	0.71	0.02	质量分数(10^{-6})		
	Pb	0.25	0.01	质量分数(10^{-6})		
	Zn	2.75	0.09	质量分数(10^{-6})		
	Cd	29.3	1.8	质量分数(10^{-6})		
	Co	8.7	0.6	质量分数(10^{-6})		
	Ni	5.5	1.3	质量分数(10^{-6})		
	As	12.4	1.4	质量分数(10^{-6})		
	Sb	1.1	0.4	质量分数(10^{-6})		

续表

标准物质编号	组份	标准值	标准不确定度	质量分数	标准物质名称	研制单位
GBW07237	Bi	56.4	5.1	质量分数(10^{-6})	锌矿石成分分析标准物质	地质矿产部湖北地质实验研究所(武汉市)
	Sn	6.1	1.9	质量分数(10^{-6})		
	W	3.4	0.6	质量分数(10^{-6})		
	Mo	2.8	0.5	质量分数(10^{-6})		
	Ag	13.5	1.3	质量分数(10^{-6})		
	S	2.87	0.09	质量分数(10^{-6})		
	Ga	8.0	1.3	质量分数(10^{-6})		
	In	0.23	0.03	质量分数(10^{-6})		
	Ge	1.4	0.3	质量分数(10^{-6})		
	Se	2.3	0.6	质量分数(10^{-6})		
	Te	0.17	0.07	质量分数(10^{-6})		
	Tl	0.49	0.08	质量分数(10^{-6})		
	La	1.3	0.2	质量分数(10^{-6})		
	Ce	2.3	0.1	质量分数(10^{-6})		
	Pr	0.30	0.07	质量分数(10^{-6})		
	Nd	0.92	0.11	质量分数(10^{-6})		
	Sm	0.36	0.18	质量分数(10^{-6})		
	Eu	0.06	0.03	质量分数(10^{-6})		
	Gd	0.31	0.08	质量分数(10^{-6})		
	Tb	0.10	0.06	质量分数(10^{-6})		
	Dy	0.47	0.14	质量分数(10^{-6})		
	Ho	0.13	0.03	质量分数(10^{-6})		
	Er	0.28	0.05	质量分数(10^{-6})		
	Tm	0.05	0.01	质量分数(10^{-6})		
	Yb	0.42	0.07	质量分数(10^{-6})		
	Lu	0.08	0.06	质量分数(10^{-6})		
	Y	4.5	0.5	质量分数(10^{-6})		
	Sc	0.33	0.02	质量分数(10^{-6})		
	Th	(1.1)		质量分数(10^{-6})		
	Cr	(62)		质量分数(10^{-6})		
	Li	(86)		质量分数(10^{-6})		
	Rb	(73)		质量分数(10^{-6})		
	SiO_2	82.95	0.31	质量分数(10^{-6})		
	Al_2O_3	3.50	0.14	质量分数(10^{-6})		
	TFe_2O_3	0.017	0.004	质量分数(10^{-6})		
	MnO	0.026	0.004	质量分数(10^{-6})		
	CaO	1.91	0.09	质量分数(10^{-6})		
	MgO	0.082	0.011	质量分数(10^{-6})		
	K_2O	0.99	0.03	质量分数(10^{-6})		
	Na_2O	0.56	0.02	质量分数(10^{-6})		
	F	1.20	0.06	质量分数(10^{-6})		

续表

标准物质编号	组份	标准值	标准不确定度	质量分数	标准物质名称	研制单位
GBW07238	Cu	93.6	12.3	质量分数(10^{-6})	钼矿石成分分析标准物质	地质矿产部湖北地质实验研究所(武汉市)
	Pb	18.7	3.2	质量分数(10^{-6})		
	Zn	65.5	11.2	质量分数(10^{-6})		
	Cd	0.12	0.04	质量分数(10^{-6})		
	Co	11.8	2.0	质量分数(10^{-6})		
	Ni	17.8	2.2	质量分数(10^{-6})		
	As	1.6	0.4	质量分数(10^{-6})		
	Sb	1.2	0.2	质量分数(10^{-6})		
	Bi	2.2	0.4	质量分数(10^{-6})		
	Sn	86.7	4.6	质量分数(10^{-6})		
	W	0.36	0.03	质量分数(10^{-6})		
	Mo	1.51	0.03	质量分数(10^{-6})		
	Ag	0.09	0.04	质量分数(10^{-6})		
	S	1.64	0.05	质量分数(10^{-6})		
	Ga	25.1	2.1	质量分数(10^{-6})		
	In	2.9	0.2	质量分数(10^{-6})		
	Ge	19.0	1.1	质量分数(10^{-6})		
	Se	2.1	0.4	质量分数(10^{-6})		
	Te	0.40	0.15	质量分数(10^{-6})		
	Tl	0.06	0.03	质量分数(10^{-6})		
	La	7.1	0.6	质量分数(10^{-6})		
	Ce	20.8	1.8	质量分数(10^{-6})		
	Pr	3.0	0.4	质量分数(10^{-6})		
	Nd	11.3	2.2	质量分数(10^{-6})		
	Sm	2.1	0.4	质量分数(10^{-6})		
	Eu	0.59	0.11	质量分数(10^{-6})		
	Gd	1.9	0.3	质量分数(10^{-6})		
	Tb	0.34	0.05	质量分数(10^{-6})		
	Dy	1.8	0.3	质量分数(10^{-6})		
	Ho	0.36	0.06	质量分数(10^{-6})		
	Er	1.0	0.2	质量分数(10^{-6})		
	Tm	0.14	0.03	质量分数(10^{-6})		
	Yb	1.0	0.2	质量分数(10^{-6})		
	Lu	0.16	0.05	质量分数(10^{-6})		
	Y	11.4	1.2	质量分数(10^{-6})		
	Sc	3.4	0.3	质量分数(10^{-6})		
	Th	2.3	0.5	质量分数(10^{-6})		
	Cr	(24)		质量分数(10^{-6})		
	Li	(3.2)		质量分数(10^{-6})		
	SiO_2	34.10	0.27	质量分数(10^{-6})		
	Al_2O_3	21.34	0.36	质量分数(10^{-6})		

续表

标准物质编号	组份	标准值	标准不确定度	质量分数	标准物质名称	研制单位
GBW07238	TFe_2O_3	3.46	0.21	质量分数(10^{-6})	钼矿石成分分析标准物质	地质矿产部湖北地质实验研究所(武汉市)
	TiO_2	0.13	0.01	质量分数(10^{-6})		
	MnO	1.40	0.07	质量分数(10^{-6})		
	CaO	31.44	0.36	质量分数(10^{-6})		
	MgO	0.86	0.05	质量分数(10^{-6})		
	K_2O	0.046	0.014	质量分数(10^{-6})		
	Na_2O	0.075	0.051	质量分数(10^{-6})		
	F	4.08	0.15	质量分数(10^{-6})		
GBW07240	Cu	0.079	0.004	质量分数(10^{-6})	矿石成分分析标准物质	地质矿产部湖北地质实验研究所(武汉市)
	Pb	0.26	0.01	质量分数(10^{-6})		
	Zn	0.29	0.02	质量分数(10^{-6})		
	Cd	26.1	1.5	质量分数(10^{-6})		
	Co	2.7	0.7	质量分数(10^{-6})		
	Ni	4.1	1.8	质量分数(10^{-6})		
	As	0.18	0.02	质量分数(10^{-6})		
	Sb	5.3	1.0	质量分数(10^{-6})		
	Bi	0.011	0.001	质量分数(10^{-6})		
	Sn	0.14	0.03	质量分数(10^{-6})		
	Mo	4.2	1.2	质量分数(10^{-6})		
	Ag	8.3	1.4	质量分数(10^{-6})		
	S	3.12	0.09	质量分数(10^{-6})		
	Ga	17.8	1.0	质量分数(10^{-6})		
	In	8.7	1.1	质量分数(10^{-6})		
	Ge	2.5	0.5	质量分数(10^{-6})		
	Se	0.39	0.13	质量分数(10^{-6})		
	Te	0.66	0.10	质量分数(10^{-6})		
	Tl	5.0	0.7	质量分数(10^{-6})		
	La	5.0	0.6	质量分数(10^{-6})		
	Ce	10.0	1.0	质量分数(10^{-6})		
	Pr	1.1	0.3	质量分数(10^{-6})		
	Nd	4.0	0.5	质量分数(10^{-6})		
	Sm	0.79	0.14	质量分数(10^{-6})		
	Eu	0.15	0.05	质量分数(10^{-6})		
	Gd	0.64	0.15	质量分数(10^{-6})		
	Tb	0.15	0.09	质量分数(10^{-6})		
	Dy	0.46	0.14	质量分数(10^{-6})		
	Ho	0.11	0.03	质量分数(10^{-6})		
	Er	0.23	0.08	质量分数(10^{-6})		
	Tm	0.04	0.01	质量分数(10^{-6})		
	Yb	0.28	0.09	质量分数(10^{-6})		
	Lu	0.06	0.03	质量分数(10^{-6})		

续表

标准物质编号	组份	标准值	标准不确定度	质量分数	标准物质名称	研制单位
GBW07240	Y	2.8	1.0	质量分数(10^{-6})	矿石成分分析标准物质	地质矿产部湖北地质实验研究所(武汉市)
	Sc	1.8	0.5	质量分数(10^{-6})		
	Th	2.2	0.2	质量分数(10^{-6})		
	Cr	(6.5)		质量分数(10^{-6})		
	Li	(0.02		质量分数(10^{-6})		
	Rb	(0.08		质量分数(10^{-6})		
	Re	(0.12)		质量分数(10^{-6})		
	Cs	(36)		质量分数(10^{-6})		
	SiO_2	13.27	0.33	质量分数(10^{-6})		
	Al_2O_3	7.79	0.19	质量分数(10^{-6})		
	TFe_2O_3	8.24	0.32	质量分数(10^{-6})		
	TiO_2	0.079	0.011	质量分数(10^{-6})		
	MnO	0.97	0.05	质量分数(10^{-6})		
	CaO	37.33	0.55	质量分数(10^{-6})		
	MgO	1.45	0.05	质量分数(10^{-6})		
	K_2O	1.94	0.09	质量分数(10^{-6})		
	Na_2O	0.16	0.04	质量分数(10^{-6})		
	F	9.91	0.31	质量分数(10^{-6})		
	W	0.015	0.003	质量分数(10^{-6})		
GBW07241	Ho	4.5	0.2	质量分数(10^{-6})	钨矿石成分分析标准物质	地质矿产部湖北地质实验研究所(武汉市)
	Cu	0.096	0.004	质量分数(10^{-6})		
	Pb	81.2	3.1	质量分数(10^{-6})		
	Zn	0.103	0.008	质量分数(10^{-6})		
	Cd	0.94	0.12	质量分数(10^{-6})		
	Co	3.7	0.4	质量分数(10^{-6})		
	Ni	2.8	0.7	质量分数(10^{-6})		
	As	69.9	9.3	质量分数(10^{-6})		
	Sb	3.1	0.4	质量分数(10^{-6})		
	Bi	0.068	0.004	质量分数(10^{-6})		
	Sn	0.17	0.01	质量分数(10^{-6})		
	W	0.22	0.02	质量分数(10^{-6})		
	Mo	0.098	0.006	质量分数(10^{-6})		
	Ag	1.8	0.5	质量分数(10^{-6})		
	S	1.90	0.11	质量分数(10^{-6})		
	Ga	16.5	1.4	质量分数(10^{-6})		
	In	1.3	0.3	质量分数(10^{-6})		
	Ge	11.2	1.5	质量分数(10^{-6})		
	Se	0.96	0.24	质量分数(10^{-6})		
	Te	2.9	0.4	质量分数(10^{-6})		
	Tl	1.8	0.4	质量分数(10^{-6})		
	La	23.7	0.3	质量分数(10^{-6})		

续表

标准物质编号	组份	标准值	标准不确定度	质量分数	标准物质名称	研制单位
GBW07241	Ce	60.3	3.3	质量分数(10^{-6})	钨矿石成分分析标准物质	地质矿产部湖北地质实验研究所(武汉市)
	Pr	7.9	0.8	质量分数(10^{-6})		
	Nd	32.9	3.2	质量分数(10^{-6})		
	Sm	12.5	1.2	质量分数(10^{-6})		
	Eu	0.17	0.04	质量分数(10^{-6})		
	Gd	14.8	0.3	质量分数(10^{-6})		
	Tb	3.3	0.3	质量分数(10^{-6})		
	Dy	20.7	1.3	质量分数(10^{-6})		
	Er	13.1	1.1	质量分数(10^{-6})		
	Tm	2.2	0.2	质量分数(10^{-6})		
	Yb	14.9	1.4	质量分数(10^{-6})		
	Lu	2.4	0.2	质量分数(10^{-6})		
	Y	128	27	质量分数(10^{-6})		
	Sc	5.4	0.6	质量分数(10^{-6})		
	Th	28.3	0.8	质量分数(10^{-6})		
	Cr	(30)		质量分数(10^{-6})		
	Li	(0.03		质量分数(10^{-6})		
	Rb	(0.05		质量分数(10^{-6})		
	Re	(0.08)		质量分数(10^{-6})		
	Cs	(41)		质量分数(10^{-6})		
	SiO_2	71.27	0.22	质量分数(10^{-6})		
	Al_2O_3	5.60	0.07	质量分数(10^{-6})		
	TFe_2O_3	11.15	0.18	质量分数(10^{-6})		
	TiO_2	0.044	0.006	质量分数(10^{-6})		
	MnO	0.090	0.006	质量分数(10^{-6})		
	CaO	4.17	0.08	质量分数(10^{-6})		
	MgO	0.14	0.01	质量分数(10^{-6})		
	K_2O	1.58	0.07	质量分数(10^{-6})		
	Na_2O	0.12	0.01	质量分数(10^{-6})		
	F	4.84	0.16	质量分数(10^{-6})		
GBW07249	Mn(T)	20.92	0.14	质量分数(10^{-2})	多金属结核成分分析标准物质	地质矿产部海洋地质研究所(青岛市)、地质矿产部岩矿测试技术研究所(北京市)、地质矿产部广州海洋地质调查局(广州市)
	Fe(T)	18.71	0.18	质量分数(10^{-2})		
	Co	0.35	0.02	质量分数(10^{-2})		
	Ni	0.36	0.02	质量分数(10^{-2})		
	Cu	0.28	0.02	质量分数(10^{-2})		
	SiO_2	13.30	0.16	质量分数(10^{-2})		
	$AL>2O_3$	3.53	0.17	质量分数(10^{-2})		
	TiO_2	1.71	0.06	质量分数(10^{-2})		
	PO_5	0.73	0.03	质量分数(10^{-2})		
	MgO	2.00	0.08	质量分数(10^{-2})		
	CaO	2.81	0.14	质量分数(10^{-2})		

续表

标准物质编号	组份	标准值	标准不确定度	质量分数	标准物质名称	研制单位
GBW07249	K_2O	2.12	0.10	质量分数（10^{-2}）	多金属结核成分分析标准物质	地质矿产部海洋地质研究所（青岛市）、地质矿产部岩矿测试技术研究所（北京市）、地质矿产部广州海洋地质调查局（广州市）
	Na_2O	0.68	0.04	质量分数（10^{-2}）		
	Ba	0.14	0.01	质量分数（10^{-2}）		
	Sr	0.12	0.01	质量分数（10^{-2}）		
	H_2O	9.40	0.57	质量分数（10^{-2}）		
	CO_2	(0.42)		质量分数（10^{-2}）		
	Org. C	(0.07)		质量分数（10^{-2}）		
	S	0.18	0.03	质量分数（10^{-2}）		
	Cl	0.85	0.05	质量分数（10^{-2}）		
	L. O. I.	(15.70)		质量分数（10^{-2}）		
	MnO_2	32.71	0.25	质量分数（10^{-2}）		
	As	179	21	质量分数（10^{-2}）		
	B	215	38	质量分数（10^{-2}）		
	Ce	998	94	质量分数（10^{-2}）		
	Cr	10.0	1.4	质量分数（10^{-2}）		
	Dy	48.9	2.7	质量分数（10^{-2}）		
	Er	26.4	2.1	质量分数（10^{-2}）		
	Eu	12.7	1.4	质量分数（10^{-2}）		
	F	(289)		质量分数（10^{-2}）		
	Ga	5.5	0.8	质量分数（10^{-2}）		
	Gd	56.2	3.8	质量分数（10^{-2}）		
	Ho	9.9	0.7	质量分数（10^{-2}）		
	La	239	23	质量分数（10^{-2}）		
	Li	11.1	1.0	质量分数（10^{-2}）		
	Lu	3.5	0.6	质量分数（10^{-2}）		
	Mo	371	30	质量分数（10^{-2}）		
	Nb	(64.9)		质量分数（10^{-2}）		
	Nd	238	8	质量分数（10^{-2}）		
	Pb	948	41	质量分数（10^{-2}）		
	Pr	55.1	3.1	质量分数（10^{-2}）		
	Rb	8.3	1.5	质量分数（10^{-2}）		
	Sb	28.1	1.0	质量分数（10^{-2}）		
	Sc	13.4	1.6	质量分数（10^{-2}）		
	Sm	51.9	3.5	质量分数（10^{-2}）		
	Tb	8.6	1.2	质量分数（10^{-2}）		
	Th	32.5	4.0	质量分数（10^{-2}）		
	Tl	133	19	质量分数（10^{-2}）		
	Tm	3.6	0.5	质量分数（10^{-2}）		
	U	9.3	1.6	质量分数（10^{-2}）		
	V	588	24	质量分数（10^{-2}）		
	W	61.0	4.6	质量分数（10^{-2}）		
	Y	159	18	质量分数（10^{-2}）		
	Yb	24.3	2.0	质量分数（10^{-2}）		
	Zn	563	22	质量分数（10^{-2}）		
	Zr	659	45	质量分数（10^{-2}）		

续表

标准物质编号	组份	标准值	标准不确定度	质量分数	标准物质名称	研制单位
GBW07250	CaF_2	94.91	0.20	质量分数 (10^{-2})	萤石成分分析标准物质	武汉钢铁(集团)公司(武汉市)
	SiO_2	4.72	0.07	质量分数 (10^{-2})		
	P	0.0025	0.0002	质量分数 (10^{-2})		
	S	0.029	0.002	质量分数 (10^{-2})		
	$CaCO_3$	(0.02)		质量分数 (10^{-2})		
	Fe_2O_3	0.019	0.002	质量分数 (10^{-2})		
	K_2O	0.005	0.001	质量分数 (10^{-2})		
	Na_2O	0.096	0.005	质量分数 (10^{-2})		
GBW07251	CaF_2	90.87	0.14	质量分数 (10^{-2})	萤石成分分析标准物质	武汉钢铁(集团)公司(武汉市)
	SiO_2	8.35	0.06	质量分数 (10^{-2})		
	P	0.0031	0.0001	质量分数 (10^{-2})		
	S	0.090	0.002	质量分数 (10^{-2})		
	$CaCO_3$	(0.02)		质量分数 (10^{-2})		
	Fe_2O_3	0.124	0.006	质量分数 (10^{-2})		
	K_2O	0.026	0.002	质量分数 (10^{-2})		
	Na_2O	0.005	0.001	质量分数 (10^{-2})		
GBW07252	CaF2	92.57	0.16	质量分数 (10^{-2})	萤石成分分析标准物质	武汉钢铁(集团)公司(武汉市)
	SiO2	6.84	0.06	质量分数 (10^{-2})		
	P	0.0024	0.0002	质量分数 (10^{-2})		
	S	0.043	0.002	质量分数 (10^{-2})		
	CaCO3	(0.02)		质量分数 (10^{-2})		
	Fe2O3	0.124	0.006	质量分数 (10^{-2})		
	K2O	0.029	0.002	质量分数 (10^{-2})		
	Na2O	0.006	0.001	质量分数 (10^{-2})		
GBW07253	CaF_2	85.21	0.10	质量分数 (10^{-2})	萤石成分分析标准物质	武汉钢铁(集团)公司(武汉市)
	SiO_2	14.15	0.07	质量分数 (10^{-2})		
	P	0.0013	0.0001	质量分数 (10^{-2})		
	S	0.045	0.002	质量分数 (10^{-2})		
	$CaCO_3$	(0.02)		质量分数 (10^{-2})		
	Fe_2O_3	0.209	0.007	质量分数 (10^{-2})		
	K_2O	0.044	0.006	质量分数 (10^{-2})		
	Na_2O	0.005	0.001	质量分数 (10^{-2})		
GBW07254	CaF_2	98.59	0.12	质量分数 (10^{-2})	萤石成分分析标准物质	武汉钢铁(集团)公司(武汉市)
	SiO_2	0.87	0.02	质量分数 (10^{-2})		
	P	0.0070	0.0005	质量分数 (10^{-2})		
	S	0.011	0.001	质量分数 (10^{-2})		
	$CaCO_3$	0.27	0.02	质量分数 (10^{-2})		
	Fe_2O_3	0.087	0.005	质量分数 (10^{-2})		

续表

标准物质编号	组份	标准值	标准不确定度	质量分数	标准物质名称	研制单位
GBW07261	Mn	45.39	0.07	质量分数（10^{-2}）	锰矿石成分分析标准物质	中南地质勘查局研究所(宜昌市)
	Fe	1.22	0.02	质量分数（10^{-2}）		
	SiO_2	16.16	0.08	质量分数（10^{-2}）		
	Al_2O_3	2.20	0.05	质量分数（10^{-2}）		
	TiO_2	0.063	0.003	质量分数（10^{-2}）		
	CaO	1.06	0.03	质量分数（10^{-2}）		
	MgO	0.64	0.03	质量分数（10^{-2}）		
	Na_2O	0.044	0.003	质量分数（10^{-2}）		
	K_2O	1.00	0.03	质量分数（10^{-2}）		
	S	0.007	0.001	质量分数（10^{-2}）		
	P	0.054	0.002	质量分数（10^{-2}）		
	Cu	0.013	0.001	质量分数（10^{-2}）		
	Zn	0.027	0.002	质量分数（10^{-2}）		
	Ni	0.019	0.001	质量分数（10^{-2}）		
	BaO	0.68	0.04	质量分数（10^{-2}）		
	MnO_2	67.25	0.19	质量分数（10^{-2}）		
	Mn(SiO^{32})	(0.028)		质量分数（10^{-2}）		
GBW07262	Mn	36.99	0.07	质量分数（10^{-2}）	锰矿石成分分析标准物质	中南地质勘查局研究所(宜昌市)
	Fe	2.24	0.02	质量分数（10^{-2}）		
	SiO_2	22.24	0.10	质量分数（10^{-2}）		
	Al_2O_3	3.00	0.04	质量分数（10^{-2}）		
	TiO_2	0.10	0.01	质量分数（10^{-2}）		
	CaO	3.60	0.05	质量分数（10^{-2}）		
	MgO	1.44	0.03	质量分数（10^{-2}）		
	Na_2O	0.048	0.003	质量分数（10^{-2}）		
	K_2O	0.46	0.02	质量分数（10^{-2}）		
	S	0.013	0.001	质量分数（10^{-2}）		
	P	0.081	0.002	质量分数（10^{-2}）		
	Zn	0.029	0.002	质量分数（10^{-2}）		
	Ni	0.019	0.001	质量分数（10^{-2}）		
	BaO	0.47	0.06	质量分数（10^{-2}）		
	MnO_2	54.38	0.20	质量分数（10^{-2}）		
	Mn(SiO^{32})	(0.019)		质量分数（10^{-2}）		
	Cu	0.014	0.001	质量分数（10^{-2}）		
GBW07263	Mn	32.54	0.06	质量分数（10^{-2}）	锰矿石成分分析标准物质	中南地质勘查局研究所(宜昌市)
	Fe	11.24	0.05	质量分数（10^{-2}）		
	SiO_2	14.50	0.08	质量分数（10^{-2}）		
	Al_2O_3	8.55	0.04	质量分数（10^{-2}）		
	TiO_2	0.43	0.01	质量分数（10^{-2}）		
	CaO	0.083	0.005	质量分数（10^{-2}）		
	MgO	0.11	0.01	质量分数（10^{-2}）		

续表

标准物质编号	组份	标准值	标准不确定度	质量分数	标准物质名称	研制单位
GBW07263	Na_2O	0.039	0.002	质量分数（10^{-2}）	锰矿石成分分析标准物质	中南地质勘查局研究所(宜昌市)
	K_2O	0.93	0.03	质量分数（10^{-2}）		
	S	0.019	0.001	质量分数（10^{-2}）		
	P	0.207	0.004	质量分数（10^{-2}）		
	Cu	0.036	0.002	质量分数（10^{-2}）		
	Zn	0.064	0.002	质量分数（10^{-2}）		
	Ni	0.099	0.004	质量分数（10^{-2}）		
	BaO	0.18	0.02	质量分数（10^{-2}）		
	MnO_2	48.01	0.08	质量分数（10^{-2}）		
	Mn(SiO^{32})	(0.003)		质量分数（10^{-2}）		
GBW07264	Mn	25.00	0.04	质量分数（10^{-2}）	锰矿石成分分析标准物质	中南地质勘查局研究所(宜昌市)
	Fe	20.99	0.06	质量分数（10^{-2}）		
	SiO_2	10.46	0.05	质量分数（10^{-2}）		
	Al_2O_3	8.97	0.06	质量分数（10^{-2}）		
	TiO_2	0.54	0.02	质量分数（10^{-2}）		
	CaO	0.051	0.002	质量分数（10^{-2}）		
	MgO	0.10	0.01	质量分数（10^{-2}）		
	Na_2O	0.030	0.003	质量分数（10^{-2}）		
	K_2O	0.72	0.03	质量分数（10^{-2}）		
	S	0.032	0.001	质量分数（10^{-2}）		
	P	0.275	0.005	质量分数（10^{-2}）		
	Cu	0.028	0.001	质量分数（10^{-2}）		
	Zn	0.048	0.003	质量分数（10^{-2}）		
	Ni	0.073	0.003	质量分数（10^{-2}）		
	BaO	0.23	0.03	质量分数（10^{-2}）		
	MnO_2	36.93	0.19	质量分数（10^{-2}）		
	Mn(SiO^{32})	(0.004)		质量分数（10^{-2}）		
GBW07265	Mn	22.54	0.07	质量分数（10^{-2}）	锰矿石成分分析标准物质	中南地质勘查局研究所(宜昌市)
	Fe	1.40	0.02	质量分数（10^{-2}）		
	SiO_2	14.07	0.07	质量分数（10^{-2}）		
	Al_2O_3	1.68	0.04	质量分数（10^{-2}）		
	TiO_2	0.10	0.01	质量分数（10^{-2}）		
	CaO	14.73	0.07	质量分数（10^{-2}）		
	MgO	3.50	0.04	质量分数（10^{-2}）		
	K_2O	0.46	0.01	质量分数（10^{-2}）		
	S	0.21	0.01	质量分数（10^{-2}）		
	P	0.043	0.002	质量分数（10^{-2}）		
	Cu	0.009	0.001	质量分数（10^{-2}）		
	Zn	0.018	0.001	质量分数（10^{-2}）		
	Ni	0.041	0.001	质量分数（10^{-2}）		
	BaO	0.13	0.01	质量分数（10^{-2}）		
	Mn(CO^{32})	22.46	0.09	质量分数（10^{-2}）		
	Mn(SiO^{32})	(0.015)		质量分数（10^{-2}）		
	Na_2O	0.024	0.002	质量分数（10^{-2}）		

续表

标准物质编号	组份	标准值	标准不确定度	质量分数	标准物质名称	研制单位
GBW07266	Mn	15.74	0.06	质量分数（10^{-2}）	锰矿石成分分析标准物质	中南地质勘查局研究所(宜昌市)
	Fe	2.07	0.03	质量分数（10^{-2}）		
	SiO_2	15.82	0.08	质量分数（10^{-2}）		
	Al_2O_3	2.49	0.04	质量分数（10^{-2}）		
	TiO_2	0.15	0.01	质量分数（10^{-2}）		
	CaO	19.78	0.08	质量分数（10^{-2}）		
	MgO	3.82	0.04	质量分数（10^{-2}）		
	Na_2O	0.040	0.003	质量分数（10^{-2}）		
	K_2O	0.70	0.02	质量分数（10^{-2}）		
	S	0.27	0.01	质量分数（10^{-2}）		
	P	0.061	0.002	质量分数（10^{-2}）		
	Cu	0.014	0.001	质量分数（10^{-2}）		
	Zn	0.020	0.001	质量分数（10^{-2}）		
	Ni	0.050	0.002	质量分数（10^{-2}）		
	BaO	0.15	0.01	质量分数（10^{-2}）		
	Mn(CO^{32})	15.69	0.08	质量分数（10^{-2}）		
	Mn(SiO^{32})	(0.012)		质量分数（10^{-2}）		
GBW07267	Ag	0.13		质量分数（10^{-2}）	硫化物单矿物成分分析标准物质	地质矿产部岩矿测试技术研究所(北京市)
	Bi	0.5		质量分数（10^{-2}）		
	Cd	0.08		质量分数（10^{-2}）		
	Cu	30		质量分数（10^{-2}）		
	Fe	0.29		质量分数（10^{-2}）		
	Ga	0.14		质量分数（10^{-2}）		
	S	0.21		质量分数（10^{-2}）		
	Sb	0.3		质量分数（10^{-2}）		
	Se	(14.4)	0.7	质量分数（10^{-2}）		
	Te	0.21		质量分数（10^{-2}）		
	Zn	17		质量分数（10^{-2}）		
	Mn	2.1		质量分数（10^{-2}）		
	Ni	2.7		质量分数（10^{-2}）		
GBW07268	Ag	846	40	质量分数（10^{-2}）	硫化物单矿物成分分析标准物质	地质矿产部岩矿测试技术研究所(北京市)
	As	(3.1)		质量分数（10^{-2}）		
	Bi	16.1	2.4	质量分数（10^{-2}）		
	Cd	20.2	1.0	质量分数（10^{-2}）		
	Co	75.1	4.2	质量分数（10^{-2}）		
	Cu	33.30	0.17	质量分数（10^{-2}）		
	Fe	30.30	0.28	质量分数（10^{-2}）		
	Ga	(0.3)		质量分数（10^{-2}）		
	In	66.6	4.8	质量分数（10^{-2}）		
	S	34.69	0.19	质量分数（10^{-2}）		
	Sb	(2.7)		质量分数（10^{-2}）		

续表

标准物质编号	组份	标准值	标准不确定度	质量分数	标准物质名称	研制单位
GBW07268	Se	48.3	2.0	质量分数（10^{-2}）	硫化物单矿物成分分析标准物质	地质矿产部岩矿测试技术研究所（北京市）
	Sn	(5.8)		质量分数（10^{-2}）		
	Te	10.4	2.7	质量分数（10^{-2}）		
	Zn	0.30	0.03	质量分数（10^{-2}）		
	Mn	47.5	3.7	质量分数（10^{-2}）		
	Ni	41.3	4.3	质量分数（10^{-2}）		
	Pb	128	33	质量分数（10^{-2}）		
GBW07269	Ag	0.97	0.02	质量分数（10^{-2}）	硫化物单矿物成分分析标准物质	地质矿产部岩矿测试技术研究所（北京市）
	As	5.3	1.6	质量分数（10^{-2}）		
	Bi	1.4	0.4	质量分数（10^{-2}）		
	Cd	16.5	2.8	质量分数（10^{-2}）		
	Co	(0.4)		质量分数（10^{-2}）		
	Cu	62.4	2.5	质量分数（10^{-2}）		
	Fe	127	23	质量分数（10^{-2}）		
	Ga	(0.3)		质量分数（10^{-2}）		
	In	0.29	0.06	质量分数（10^{-2}）		
	S	13.30	0.08	质量分数（10^{-2}）		
	Sb	0.43	0.07	质量分数（10^{-2}）		
	Sn	0.11	0.01	质量分数（10^{-2}）		
	Te	(0.07)		质量分数（10^{-2}）		
	Zn	533	31	质量分数（10^{-2}）		
	Tl	0.65	0.10	质量分数（10^{-2}）		
	Pb	84.26	0.36	质量分数（10^{-2}）		
	Ge	1.47	0.26	质量分数（10^{-2}）		
GBW07270	Ag	5.0	0.4	质量分数（10^{-2}）	硫化物单矿物成分分析标准物质	地质矿产部岩矿测试技术研究所（北京市）
	As	(3.3)		质量分数（10^{-2}）		
	Bi	6.1	1.2	质量分数（10^{-2}）		
	Cd	0.15	0.01	质量分数（10^{-2}）		
	Co	491	23	质量分数（10^{-2}）		
	Cu	0.105	0.01	质量分数（10^{-2}）		
	Fe	2.14	0.14	质量分数（10^{-2}）		
	Ga	251	18	质量分数（10^{-2}）		
	Ge	6.0	0.7	质量分数（10^{-2}）		
	In	21.0	1.4	质量分数（10^{-2}）		
	S	32.33	0.17	质量分数（10^{-2}）		
	Sb	249	56	质量分数（10^{-2}）		
	Se	(3.0)		质量分数（10^{-2}）		
	Sn	(0.2)		质量分数（10^{-2}）		
	Te	(0.3)	8	质量分数（10^{-2}）		
	Zn	62.51	0.17	质量分数（10^{-2}）		
	Mn	169	8	质量分数（10^{-2}）		
	Ni	43.2	4.0	质量分数（10^{-2}）		
	Pb	0.099	0.013	质量分数（10^{-2}）		

续表

标准物质编号	组份	标准值	标准不确定度	质量分数	标准物质名称	研制单位
GBW07271	MFe	10.0	0.2	质量分数（10^{-2}）	铁矿石物相成分分析标准物质	中南地质勘查局研究所(宜昌市)
	SiFe	(1.3)		质量分数（10^{-2}）		
	SFe	0.9	0.1	质量分数（10^{-2}）		
	CFe	15.6	0.3	质量分数（10^{-2}）		
	OFe	(16.5)		质量分数（10^{-2}）		
	TFe	44.67	0.11	质量分数（10^{-2}）		
GBW07272	MFe	46.9	0.2	质量分数（10^{-2}）	铁矿石物相成分分析标准物质	中南地质勘查局研究所(宜昌市)
	SiFe	(0.8)		质量分数（10^{-2}）		
	SFe	0.7	0.1	质量分数（10^{-2}）		
	CFe	2.0	0.1	质量分数（10^{-2}）		
	OFe	(2.6)		质量分数（10^{-2}）		
	TFe	52.96	0.09	质量分数（10^{-2}）		
GBW07273	MFe	30.0	0.3	质量分数（10^{-2}）	铁矿石物相成分分析标准物质	中南地质勘查局研究所(宜昌市)
	SiFe	(0.7)		质量分数（10^{-2}）		
	CFe	4.5	0.2	质量分数（10^{-2}）		
	OFe	(2.2)		质量分数（10^{-2}）		
	TFe	43.73	0.10	质量分数（10^{-2}）		
	SFe	6.4	0.2	质量分数（10^{-2}）		
GBW07274	MFe	0.8	0.1	质量分数（10^{-2}）	铁矿石物相成分分析标准物质	中南地质勘查局研究所(宜昌市)
	SiFe	(2.9)		质量分数（10^{-2}）		
	SFe	(0.04)		质量分数（10^{-2}）		
	CFe	0.3	0.1	质量分数（10^{-2}）		
	OFe	(44.7)		质量分数（10^{-2}）		
	TFe	48.76	0.12	质量分数（10^{-2}）		
GBW07275	SiFe	(4.8)		质量分数（10^{-2}）	铁矿石物相成分分析标准物质	中南地质勘查局研究所(宜昌市)
	MFe	18.5	0.2	质量分数（10^{-2}）		
	SFe	(0.080		质量分数（10^{-2}）		
	CFe	0.8	0.1	质量分数（10^{-2}）		
	OFe	(2.8)		质量分数（10^{-2}）		
	TFe	26.90	0.14	质量分数（10^{-2}）		
GBW07276	MFe	33.8	0.3	质量分数（10^{-2}）	铁矿石物相成分分析标准物质	中南地质勘查局研究所(宜昌市)
	SiFe	(1.3)		质量分数（10^{-2}）		
	SFe	(0.03)		质量分数（10^{-2}）		
	CFe	0.3	0.1	质量分数（10^{-2}）		
	OFe	(0.3)		质量分数（10^{-2}）		
	TFe	35.85	0.13	质量分数（10^{-2}）		
GBW07277	As	9.33	0.13	质量分数(10^{-6})	砷矿石成分分析标准物质	地质矿产部武汉综合岩矿测试中心(武汉市)
	Cu	0.014	0.001	质量分数(10^{-6})		
	Pb	0.016	0.002	质量分数(10^{-6})		
	Zn	0.033	0.003	质量分数(10^{-6})		
	Cd	3.9	0.2	质量分数(10^{-6})		

续表

标准物质编号	组份	标准值	标准不确定度	质量分数	标准物质名称	研制单位
GBW07277	Ni	33.6	5.5	质量分数(10^{-6})	砷矿石成分分析标准物质	地质矿产部武汉综合岩矿测试中心(武汉市)
	Co	9.8	0.4	质量分数(10^{-6})		
	Sb	0.037	0.002	质量分数(10^{-6})		
	Bi	9.9	0.6	质量分数(10^{-6})		
	Ag	0.29	0.04	质量分数(10^{-6})		
	S	4.60	0.17	质量分数(10^{-6})		
	Ga	3.2	0.3	质量分数(10^{-6})		
	Se	28.0	4.0	质量分数(10^{-6})		
	Te	0.50	0.08	质量分数(10^{-6})		
	Li	10.1	1.7	质量分数(10^{-6})		
	La	9.3	1.0	质量分数(10^{-6})		
	Ce	17.1	2.9	质量分数(10^{-6})		
	Pr	1.9	0.2	质量分数(10^{-6})		
	Nd	6.9	0.8	质量分数(10^{-6})		
	Sm	1.2	0.3	质量分数(10^{-6})		
	Sn	(2.8)		质量分数(10^{-6})		
	Sc	(1.6)		质量分数(10^{-6})		
	P	(0.022		质量分数(10^{-6})		
	Eu	0.24	0.05	质量分数(10^{-6})		
	Gd	1.0	0.2	质量分数(10^{-6})		
	Tb	0.16	0.04	质量分数(10^{-6})		
	Dy	0.87	0.12	质量分数(10^{-6})		
	Ho	0.19	0.04	质量分数(10^{-6})		
	Er	0.51	0.09	质量分数(10^{-6})		
	Tm	0.06	0.02	质量分数(10^{-6})		
	Yb	0.46	0.06	质量分数(10^{-6})		
	Lu	0.07	0.02	质量分数(10^{-6})		
	Y	5.0	0.6	质量分数(10^{-6})		
	SiO_2	13.74	0.17	质量分数(10^{-6})		
	Al_2O_3	1.24	0.03	质量分数(10^{-6})		
	TFe_2O_3	2.66	0.08	质量分数(10^{-6})		
	TiO_2	0.096	0.005	质量分数(10^{-6})		
	MnO	0.060	0.003	质量分数(10^{-6})		
	CaO	27.56	0.17	质量分数(10^{-6})		
	MgO	8.59	0.08	质量分数(10^{-6})		
	K_2O	0.51	0.03	质量分数(10^{-6})		
	F	0.029	0.005	质量分数(10^{-6})		
	Na_2O	0.32	0.03	质量分数(10^{-6})		
GBW07278	As	5.35	0.10	质量分数(10^{-6})	砷矿石成分分析标准物质	地质矿产部武汉综合岩矿测试中心(武汉市)
	Cu	97.4	4.1	质量分数(10^{-6})		
	Pb	0.010	0.001	质量分数(10^{-6})		

续表

标准物质编号	组份	标准值	标准不确定度	质量分数	标准物质名称	研制单位
GBW07278	Zn	0.023	0.003	质量分数(10^{-6})	砷矿石成分分析标准物质	地质矿产部武汉综合岩矿测试中心(武汉市)
	Cd	2.6	0.3	质量分数(10^{-6})		
	Ni	25.0	2.1	质量分数(10^{-6})		
	Co	7.4	0.5	质量分数(10^{-6})		
	Sb	0.016	0.002	质量分数(10^{-6})		
	Bi	5.4	0.5	质量分数(10^{-6})		
	Ag	0.20	0.02	质量分数(10^{-6})		
	S	2.81	0.06	质量分数(10^{-6})		
	Ga	2.9	0.2	质量分数(10^{-6})		
	Se	14.3	2.0	质量分数(10^{-6})		
	Te	0.31	0.04	质量分数(10^{-6})		
	Li	11.8	1.4	质量分数(10^{-6})		
	Sn	2.0	0.5	质量分数(10^{-6})		
	Eu	0.88	0.06	质量分数(10^{-6})		
	Gd	3.8	0.4	质量分数(10^{-6})		
	Tb	0.62	0.06	质量分数(10^{-6})		
	Dy	3.7	0.2	质量分数(10^{-6})		
	Ho	0.75	0.03	质量分数(10^{-6})		
	Er	2.1	0.2	质量分数(10^{-6})		
	Tm	0.33	0.03	质量分数(10^{-6})		
GBW07279	As	35.2	2.8	质量分数(10^{-6})	锑矿石成分分析标准物质	地质矿产部武汉综合岩矿测试中心(武汉市)
	Cu	42.7	1.6	质量分数(10^{-6})		
	Pb	17.0	1.2	质量分数(10^{-6})		
	Zn	39.9	2.9	质量分数(10^{-6})		
	Ni	21.2	1.7	质量分数(10^{-6})		
	Co	9.6	0.8	质量分数(10^{-6})		
	Sb	6.26	0.18	质量分数(10^{-6})		
	Bi	0.36	0.08	质量分数(10^{-6})		
	Ag	0.07	0.02	质量分数(10^{-6})		
	S	2.25	0.08	质量分数(10^{-6})		
	Ga	13.8	1.3	质量分数(10^{-6})		
	Se	0.30	0.09	质量分数(10^{-6})		
	Li	18.0	4.9	质量分数(10^{-6})		
	La	31.3	0.9	质量分数(10^{-6})		
	Ce	59.7	1.8	质量分数(10^{-6})		
	Pr	6.7	0.3	质量分数(10^{-6})		
	Nd	25.4	0.7	质量分数(10^{-6})		
	Sm	4.6	0.4	质量分数(10^{-6})		
	Sn	(2.9)		质量分数(10^{-6})		
	Sc	7.8	0.9	质量分数(10^{-6})		
	P	(0.035)		质量分数(10^{-6})		

续表

标准物质编号	组份	标准值	标准不确定度	质量分数	标准物质名称	研制单位
GBW07279	W	2.2	0.2	质量分数(10^{-6})	锑矿石成分分析标准物质	地质矿产部武汉综合岩矿测试中心(武汉市)
	Nb	10.3	1.8	质量分数(10^{-6})		
	Eu	0.88	0.06	质量分数(10^{-6})		
	Gd	3.8	0.4	质量分数(10^{-6})		
	Tb	0.62	0.06	质量分数(10^{-6})		
	Dy	3.7	0.2	质量分数(10^{-6})		
	Ho	0.75	0.03	质量分数(10^{-6})		
	Er	2.1	0.2	质量分数(10^{-6})		
	Tm	0.33	0.03	质量分数(10^{-6})		
	Yb	2.1	0.1	质量分数(10^{-6})		
	Lu	0.30	0.03	质量分数(10^{-6})		
	Y	19.5	0.5	质量分数(10^{-6})		
	SiO_2	71.03	0.18	质量分数(10^{-6})		
	Al_2O_3	2.91	0.11	质量分数(10^{-6})		
	TFe_2O_3	9.69	0.21	质量分数(10^{-6})		
	TiO2	0.44	0.05	质量分数(10^{-6})		
	MnO	0.046	0.005	质量分数(10^{-6})		
	CaO	0.18	0.05	质量分数(10^{-6})		
	MgO	0.75	0.03	质量分数(10^{-6})		
	K_2O	2.70	0.07	质量分数(10^{-6})		
	Na_2O	0.080	0.006	质量分数(10^{-6})		
	F	0.064	0.005	质量分数(10^{-6})		
GBW07280	As	25.3	2.0	质量分数(10^{-6})	锑矿石成分分析标准物质	地质矿产部武汉综合岩矿测试中心(武汉市)
	Cu	51.3	2.1	质量分数(10^{-6})		
	Pb	0.012	0.001	质量分数(10^{-6})		
	Zn	0.037	0.003	质量分数(10^{-6})		
	Cd	2.6	0.2	质量分数(10^{-6})		
	Ni	3.2	0.8	质量分数(10^{-6})		
	Co	2.2	0.2	质量分数(10^{-6})		
	Sb	1.81	0.09	质量分数(10^{-6})		
	Bi	(0.24)		质量分数(10^{-6})		
	Ag	7.3	0.4	质量分数(10^{-6})		
	S	1.02	0.04	质量分数(10^{-6})		
	Ga	9.1	0.8	质量分数(10^{-6})		
	Se	0.018	0.003	质量分数(10^{-6})		
	Li	22.8	0.9	质量分数(10^{-6})		
	Sn	3.0	0.6	质量分数(10^{-6})		
	Nb	5.4	1.0	质量分数(10^{-6})		
GBW07281	As	0.79	0.06	质量分数(10^{-2})	锡矿石成分分析标准物质	地质矿产部武汉综合岩矿测试中心(武汉市)
	Cu	0.26	0.01	质量分数(10^{-2})		
	Pb	2.72	0.07	质量分数(10^{-2})		

续表

标准物质编号	组份	标准值	标准不确定度	质量分数	标准物质名称	研制单位
GBW07281	Zn	0.74	0.03	质量分数（10^{-2}）	锡矿石成分分析标准物质	地质矿产部武汉综合岩矿测试中心(武汉市)
	Cd	26.8	1.4	质量分数（10^{-2}）		
	Ni	70.9	5.4	质量分数（10^{-2}）		
	Co	26.2	2.1	质量分数（10^{-2}）		
	Sb	0.018	0.001	质量分数（10^{-2}）		
	Bi	80.3	1.7	质量分数（10^{-2}）		
	Ag	16.7	1.0	质量分数（10^{-2}）		
	S	0.097	0.008	质量分数（10^{-2}）		
	Ga	25.2	1.7	质量分数（10^{-2}）		
	Se	3.0	0.6	质量分数（10^{-2}）		
	Li	39.1	2.7	质量分数（10^{-2}）		
	La	45.3	1.8	质量分数（10^{-2}）		
	Pr	10.8	0.7	质量分数（10^{-2}）		
	Nd	39.9	1.9	质量分数（10^{-2}）		
	Sm	8.0	0.4	质量分数（10^{-2}）		
	Sn	4.47	0.10	质量分数（10^{-2}）		
	Sc	16.4	3.9	质量分数（10^{-2}）		
	P	(0.11		质量分数（10^{-2}）		
	W	0.068	0.006	质量分数（10^{-2}）		
	Nb	46.9	2.6	质量分数（10^{-2}）		
	Ta	16.2	1.2	质量分数（10^{-2}）		
	Mo	0.027	0.002	质量分数（10^{-2}）		
	Eu	1.8	0.1	质量分数（10^{-2}）		
	Gd	7.4	0.6	质量分数（10^{-2}）		
	Tb	1.1	0.2	质量分数（10^{-2}）		
	Dy	6.7	0.8	质量分数（10^{-2}）		
	Ho	1.3	0.2	质量分数（10^{-2}）		
	Er	3.5	0.3	质量分数（10^{-2}）		
	Tm	0.57	0.08	质量分数（10^{-2}）		
	Yb	3.3	0.3	质量分数（10^{-2}）		
	Lu	0.50	0.05	质量分数（10^{-2}）		
	Y	32.1	1.3	质量分数（10^{-2}）		
	SiO_2	9.50	0.16	质量分数（10^{-2}）		
	Al_2O_3	36.19	0.32	质量分数（10^{-2}）		
	TFe_2O_3	14.04	0.19	质量分数（10^{-2}）		
	TiO_2	0.85	0.03	质量分数（10^{-2}）		
	MnO	1.17	0.07	质量分数（10^{-2}）		
	CaO	7.73	0.26	质量分数（10^{-2}）		
	MgO	0.99	0.10	质量分数（10^{-2}）		
	K_2O	0.35	0.03	质量分数（10^{-2}）		
	Na_2O	0.050	0.005	质量分数（10^{-2}）		
	F	0.10	0.01	质量分数（10^{-2}）		
	Ce	87.0	3.5	质量分数（10^{-2}）		

续表

标准物质编号	组份	标准值	标准不确定度	质量分数	标准物质名称	研制单位
GBW07282	Sn	1.27	0.01	质量分数(10^{-6})	锡矿石成分分析标准物质	地质矿产部武汉综合岩矿测试中心(武汉市)
	As	0.78	0.04	质量分数(10^{-6})		
	Cu	0.32	0.01	质量分数(10^{-6})		
	Pb	2.82	0.06	质量分数(10^{-6})		
	Zn	0.91	0.03	质量分数(10^{-6})		
	Cd	32.4	1.6	质量分数(10^{-6})		
	Ni	44.1	2.5	质量分数(10^{-6})		
	Co	9.6	0.9	质量分数(10^{-6})		
	Sb	0.012	0.002	质量分数(10^{-6})		
	Bi	80.9	9.5	质量分数(10^{-6})		
	Ag	16.5	0.6	质量分数(10^{-6})		
	S	0.082	0.017	质量分数(10^{-6})		
	Ga	17.8	1.1	质量分数(10^{-6})		
	Se	2.9	0.5	质量分数(10^{-6})		
	Li	33.7	4.6	质量分数(10^{-6})		
	W	0.015	0.003	质量分数(10^{-6})		
	Nb	12.2	2.0	质量分数(10^{-6})		
	Ta	3.6	0.7	质量分数(10^{-6})		
	Mo	0.033	0.001	质量分数(10^{-6})		
GBW07283	AS	5.4	1.1	质量分数(10^{-6})	锡矿石成分分析标准物质	地质矿产部武汉综合岩矿测试中心(武汉市)
	Cu	0.70	0.02	质量分数(10^{-6})		
	Pb	30.2	4.1	质量分数(10^{-6})		
	Zn	55.5	4.8	质量分数(10^{-6})		
	Cd	0.20	0.03	质量分数(10^{-6})		
	Ni	4.33	0.18	质量分数(10^{-6})		
	Co	0.069	0.005	质量分数(10^{-6})		
	Sb	0.43	0.03	质量分数(10^{-6})		
	Bi	6.4	1.0	质量分数(10^{-6})		
	Ag	0.73	0.09	质量分数(10^{-6})		
	S	10.44	0.19	质量分数(10^{-6})		
	Ga	13.2	0.8	质量分数(10^{-6})		
	Se	29.0	2.6	质量分数(10^{-6})		
	Te	2.3	0.4	质量分数(10^{-6})		
	Li	17.7	1.0	质量分数(10^{-6})		
	La	29.4	1.8	质量分数(10^{-6})		
	Ce	62.2	2.4	质量分数(10^{-6})		
	Pr	7.0	0.6	质量分数(10^{-6})		
	Nd	26.4	3.1	质量分数(10^{-6})		
	Sm	5.5	0.8	质量分数(10^{-6})		
	Sn	5.5	1.5	质量分数(10^{-6})		
	Sc	7.6	0.9	质量分数(10^{-6})		

续表

标准物质编号	组份	标准值	标准不确定度	质量分数	标准物质名称	研制单位
GBW07283	P	(0.052		质量分数(10^{-6})	锡矿石成分分析标准物质	地质矿产部武汉综合岩矿测试中心(武汉市)
	Cr	0.033	0.004	质量分数(10^{-6})		
	Eu	0.82	0.03	质量分数(10^{-6})		
	Gd	5.0	4.0	质量分数(10^{-6})		
	Tb	0.88	0.04	质量分数(10^{-6})		
	Dy	4.6	0.5	质量分数(10^{-6})		
	Ho	0.85	0.13	质量分数(10^{-6})		
	Er	2.1	0.2	质量分数(10^{-6})		
	Tm	0.32	0.05	质量分数(10^{-6})		
	Yb	1.8	0.2	质量分数(10^{-6})		
	Lu	0.24	0.04	质量分数(10^{-6})		
	Y	22.7	0.9	质量分数(10^{-6})		
	SiO_2	50.17	0.16	质量分数(10^{-6})		
	Al_2O_3	16.06	0.16	质量分数(10^{-6})		
	TFe_2O_3	8.85	0.17	质量分数(10^{-6})		
	TiO_2	0.37	0.02	质量分数(10^{-6})		
	MnO	0.040	0.003	质量分数(10^{-6})		
	CaO	0.71	0.03	质量分数(10^{-6})		
	MgO	2.02	0.07	质量分数(10^{-6})		
	K_2O	2.76	0.07	质量分数(10^{-6})		
	Na_2O	1.00	0.03	质量分数(10^{-6})		
	F	0.095	0.007	质量分数(10^{-6})		
GBW07284	As	0.036	0.002	质量分数(10^{-6})	钨铋矿石成分分析标准物质	地质矿产部武汉综合岩矿测试中心(武汉市)
	Cu	0.13	0.01	质量分数(10^{-6})		
	Pb	0.081	0.003	质量分数(10^{-6})		
	Zn	0.032	0.003	质量分数(10^{-6})		
	Cd	2.5	0.3	质量分数(10^{-6})		
	Ni	24.1	1.0	质量分数(10^{-6})		
	Co	13.2	1.5	质量分数(10^{-6})		
	Sb	16.4	1.3	质量分数(10^{-6})		
	Bi	0.26	0.01	质量分数(10^{-6})		
	Ag	6.7	0.4	质量分数(10^{-6})		
	S	0.83	0.04	质量分数(10^{-6})		
	Ga	19.4	1.5	质量分数(10^{-6})		
	Se	2.3	0.3	质量分数(10^{-6})		
	Te	26.7	3.6	质量分数(10^{-6})		
	Li	0.018	0.002	质量分数(10^{-6})		
	Sn	0.017	0.003	质量分数(10^{-6})		
	W	3.66	0.06	质量分数(10^{-6})		
	Nb	0.010	0.001	质量分数(10^{-6})		
	Ta	6.0	0.8	质量分数(10^{-6})		
	Mo	85	15	质量分数(10^{-6})		

续表

标准物质编号	组份	标准值	标准不确定度	质量分数	标准物质名称	研制单位
GBW07285	As	18.8	2.5	质量分数(10^{-6})	钼矿石成分分析标准物质	地质矿产部武汉综合岩矿测试中心(武汉市)
	Cu	0.031	0.001	质量分数(10^{-6})		
	Pb	0.20	0.01	质量分数(10^{-6})		
	Zn	0.024	0.001	质量分数(10^{-6})		
	Cd	1.8	0.2	质量分数(10^{-6})		
	Ni	19.1	1.7	质量分数(10^{-6})		
	Sb	8.1	0.8	质量分数(10^{-6})		
	Bi	66.8	6.5	质量分数(10^{-6})		
	Ag	7.5	0.6	质量分数(10^{-6})		
	S	4.06	0.06	质量分数(10^{-6})		
	Ga	15.0	1.1	质量分数(10^{-6})		
	Se	2.0	0.4	质量分数(10^{-6})		
	Te	3.1	0.3	质量分数(10^{-6})		
	Li	29.0	1.7	质量分数(10^{-6})		
	Sn	14.8	3.0	质量分数(10^{-6})		
	W	54.7	7.4	质量分数(10^{-6})		
	Nb	27.0	3.5	质量分数(10^{-6})		
	Ta	(1.4)		质量分数(10^{-6})		
	Mo	5.17	0.11	质量分数(10^{-6})		
	Re	31.2	3.7	质量分数(10^{-6})		
	Co	9.8	1.0	质量分数(10^{-6})		
GBW07286	S	2.49	0.06	质量分数(10^{-6})	铜铅锌矿石成分分析标准物质	地质矿产部武汉综合岩矿测试中心(武汉市)
	As	0.13	0.01	质量分数(10^{-6})		
	Cu	0.22	0.01	质量分数(10^{-6})		
	Pb	1.27	0.07	质量分数(10^{-6})		
	Zn	2.51	0.05	质量分数(10^{-6})		
	Cd	0.015	0.001	质量分数(10^{-6})		
	Ni	9.2	1.1	质量分数(10^{-6})		
	Co	6.3	0.4	质量分数(10^{-6})		
	Sb	38.0	1.8	质量分数(10^{-6})		
	Bi	0.91	0.03	质量分数(10^{-6})		
	Ag	42.4	2.1	质量分数(10^{-6})		
	Ga	14.6	0.8	质量分数(10^{-6})		
	Se	4.5	0.6	质量分数(10^{-6})		
	Li	4.3	0.4	质量分数(10^{-6})		
	Sn	8.0	1.1	质量分数(10^{-6})		
	W	12.6	1.4	质量分数(10^{-6})		
	Mo	0.023	0.002	质量分数(10^{-6})		

续表

标准物质编号	组份	标准值	标准不确定度	质量分数	标准物质名称	研制单位
GBW07287	As	0.086	0.002	质量分数(10^{-6})	铅锌矿石成分分析标准物质	地质矿产部武汉综合岩矿测试中心(武汉市)
	Cu	0.028	0.004	质量分数(10^{-6})		
	Pb	3.38	0.10	质量分数(10^{-6})		
	Zn	6.20	0.16	质量分数(10^{-6})		
	Cd	0.016	0.002	质量分数(10^{-6})		
	Ni	6.4	1.3	质量分数(10^{-6})		
	Co	2.5	0.6	质量分数(10^{-6})		
	Sb	89.4	4.6	质量分数(10^{-6})		
	Bi	0.22	0.04	质量分数(10^{-6})		
	Ag	61.3	3.4	质量分数(10^{-6})		
	S	10.76	0.12	质量分数(10^{-6})		
	Ga	34.6	1.4	质量分数(10^{-6})		
	Se	0.21	0.08	质量分数(10^{-6})		
	Li	5.0	1.3	质量分数(10^{-6})		
	W	1.9	0.3	质量分数(10^{-6})		
GBW07288	Pt	0.26	0.05	质量分数(10^{-9})	铂族元素地球化学成分分析标准物质	地球物理地球化学勘查研究院(廊坊市)
	Pd	0.26	0.05	质量分数(10^{-9})		
	Os	0.050	0.023	质量分数(10^{-9})		
	Ru	(0.05)		质量分数(10^{-9})		
	Ir	0.032	0.013	质量分数(10^{-9})		
	Rh	0.018	0.006	质量分数(10^{-9})		
	Au	0.9	0.2	质量分数(10^{-9})		
GBW07289	Pt	1.6	0.3	质量分数(10^{-9})	铂族元素地球化学成分分析标准物质	地球物理地球化学勘查研究院(廊坊市)
	Pd	2.3	0.2	质量分数(10^{-9})		
	Os	0.06	0.01	质量分数(10^{-9})		
	Ru	(0.09)		质量分数(10^{-9})		
	Ir	0.05	0.01	质量分数(10^{-9})		
	Rh	0.10	0.02	质量分数(10^{-9})		
	Au	10	2	质量分数(10^{-9})		
GBW07290	Pt	6.4	0.9	质量分数(10^{-9})	铂族元素地球化学成分分析标准物质	地球物理地球化学勘查研究院(廊坊市)
	Pd	4.6	0.6	质量分数(10^{-9})		
	Os	9.6	2.0	质量分数(10^{-9})		
	Ru	14.8	2.7	质量分数(10^{-9})		
	Ir	4.3	0.5	质量分数(10^{-9})		
	Rh	1.3	0.3	质量分数(10^{-9})		
	Au	1.1	0.1	质量分数(10^{-9})		
GBW07291	Pt	58	5	质量分数(10^{-9})	铂族元素地球化学成分分析标准物质	地球物理地球化学勘查研究院(廊坊市)
	Pd	60	9	质量分数(10^{-9})		
	Os	2.4	0.6	质量分数(10^{-9})		
	Ru	0.5	0.2	质量分数(10^{-9})		
	Ir	4.7	1.1	质量分数(10^{-9})		
	Rh	4.3	0.8	质量分数(10^{-9})		
	Au	4.3	0.3	质量分数(10^{-9})		

续表

标准物质编号	组份	标准值	标准不确定度	质量分数	标准物质名称	研制单位
GBW07292	Pt	20	4	质量分数(10^{-9})	铂族元素地球化学成分分析标准物质	地球物理地球化学勘查研究院(廊坊市)
	Pd	11.3	1.5	质量分数(10^{-9})		
	Os	353	27	质量分数(10^{-9})		
	Ir	136	10	质量分数(10^{-9})		
	Rh	10	2	质量分数(10^{-9})		
	Ru	527	91	质量分数(10^{-9})		
GBW07293	Pt	440	37	质量分数(10^{-9})	铂族元素地球化学成分分析标准物质	地球物理地球化学勘查研究院(廊坊市)
	Pd	568	51	质量分数(10^{-9})		
	Os	15.6	2.0	质量分数(10^{-9})		
	Ru	13	1	质量分数(10^{-9})		
	Ir	28	7	质量分数(10^{-9})		
	Rh	22	3	质量分数(10^{-9})		
	Au	(45)		质量分数(10^{-9})		
GBW07294	Pt	14.7	2.5	质量分数(10^{-9})	铂族元素地球化学成分分析标准物质	地球物理地球化学勘查研究院(廊坊市)
	Pd	15.2	2.3	质量分数(10^{-9})		
	Os	0.64	0.14	质量分数(10^{-9})		
	Ru	0.66	0.20	质量分数(10^{-9})		
	Ir	1.2	0.3	质量分数(10^{-9})		
	Rh	1.1	0.2	质量分数(10^{-9})		
	Au	(1.8)		质量分数(10^{-9})		
GBW07295	As	105	7	质量分数(10^{-6})	金属结核成分分析标准物质	地质矿产部岩矿测试技术研究所(北京市)、国家海洋局第二海洋研究所(杭州市)、地质矿产部广州海洋地质调查局(广州市)、地质矿产部海洋地质研究所(青岛市)
	B	174	18	质量分数(10^{-6})		
	Ba	0.18	0.01	质量分数(10^{-6})		
	Be	3.5	0.7	质量分数(10^{-6})		
	Bi	15	1	质量分数(10^{-6})		
	Br	23	3	质量分数(10^{-6})		
	Cd	10	2	质量分数(10^{-6})		
	Ce	320	60	质量分数(10^{-6})		
	Co	0.29	0.02	质量分数(10^{-6})		
	Cr	17	3	质量分数(10^{-6})		
	Cs	0.84	0.08	质量分数(10^{-6})		
	Cu	0.69	0.04	质量分数(10^{-6})		
	Dy	42	3	质量分数(10^{-6})		
	Er	21	2	质量分数(10^{-6})		
	Eu	11	1	质量分数(10^{-6})		
	Ga	27	5	质量分数(10^{-6})		
	Gd	48	7	质量分数(10^{-6})		
	Hf	10	2	质量分数(10^{-6})		
	Hg	0.20	0.01	质量分数(10^{-6})		
	Ho	8.2	0.6	质量分数(10^{-6})		
	La	184	22	质量分数(10^{-6})		

续表

标准物质编号	组份	标准值	标准不确定度	质量分数	标准物质名称	研制单位
GBW07295	Li	78	5	质量分数(10^{-6})	金属结核成分分析标准物质	地质矿产部岩矿测试技术研究所(北京市)、国家海洋局第二海洋研究所(杭州市)、地质矿产部广州海洋地质调查局(广州市)、地质矿产部海洋地质研究所(青岛市)
	Lu	2.9	0.4	质量分数(10^{-6})		
	Mo	473	33	质量分数(10^{-6})		
	Nb	48	8	质量分数(10^{-6})		
	Nd	198	22	质量分数(10^{-6})		
	Ni	1.02	0.08	质量分数(10^{-6})		
	Pb	709	44	质量分数(10^{-6})		
	Pr	49	5	质量分数(10^{-6})		
	Rb	16	2	质量分数(10^{-6})		
	Sb	31	3	质量分数(10^{-6})		
	Sc	13	1	质量分数(10^{-6})		
	Sm	46	5	质量分数(10^{-6})		
	Sr	869	74	质量分数(10^{-6})		
	Tb	7.6	0.8	质量分数(10^{-6})		
	Th	26	4	质量分数(10^{-6})		
	Tl	150	13	质量分数(10^{-6})		
	Tm	3.1	0.4	质量分数(10^{-6})		
	U	6.2	1.0	质量分数(10^{-6})		
	V	456	49	质量分数(10^{-6})		
	W	67	5	质量分数(10^{-6})		
	Y	133	6	质量分数(10^{-6})		
	Yb	20	2	质量分数(10^{-6})		
	Zn	918	66	质量分数(10^{-6})		
	Zr	618	58	质量分数(10^{-6})		
	SiO_2	15.45	0.14	质量分数(10^{-6})		
	Al_2O_3	5.2	0.2	质量分数(10^{-6})		
	Fe(t)	10.87	0.16	质量分数(10^{-6})		
	Mn(t)	24.7	0.4	质量分数(10^{-6})		
	MnO_2	37.8	0.2	质量分数(10^{-6})		
	MgO	3.03	0.11	质量分数(10^{-6})		
	CaO	2.67	0.18	质量分数(10^{-6})		
	Na_2O	2.56	0.16	质量分数(10^{-6})		
	K_2O	1.08	0.06	质量分数(10^{-6})		
	TiO_2	1.37	0.06	质量分数(10^{-6})		
	P_{25}	0.58	0.05	质量分数(10^{-6})		
	CO_2	(0.3)		质量分数(10^{-6})		
	L. O. I	(15.3)		质量分数(10^{-6})		
	SO_3	(0.35)		质量分数(10^{-6})		
	Cl	0.73	0.07	质量分数(10^{-6})		
	F	0.04	0.01	质量分数(10^{-6})		
	Org. C	(0.09)		质量分数(10^{-6})		
	H_2O^+	(8.5)		质量分数(10^{-6})		

续表

标准物质编号	组份	标准值	标准不确定度	质量分数	标准物质名称	研制单位
GBW07296	Org. C	(0.08)		质量分数(10^{-6})	多金属结核成分分析标准物质	地质矿产部岩矿测试技术研究所(北京市)、国家海洋局第二海洋研究所(杭州市)、地质矿产部广州海洋地质调查局(广州市)、地质矿产部海洋地质研究所(青岛市)
	As	53	6	质量分数(10^{-6})		
	B	102	20	质量分数(10^{-6})		
	Ba	0.24	0.02	质量分数(10^{-6})		
	Be	2.0	0.6	质量分数(10^{-6})		
	Bi	5	1	质量分数(10^{-6})		
	Br	25	1	质量分数(10^{-6})		
	Cd	23	3	质量分数(10^{-6})		
	Ce	249	21	质量分数(10^{-6})		
	Co	0.17	0.01	质量分数(10^{-6})		
	Cr	18	4	质量分数(10^{-6})		
	Cs	1.2	0.3	质量分数(10^{-6})		
	Cu	1.36	0.05	质量分数(10^{-6})		
	Dy	27	3	质量分数(10^{-6})		
	Er	13	1	质量分数(10^{-6})		
	Eu	7.6	0.7	质量分数(10^{-6})		
	Ga	38	5	质量分数(10^{-6})		
	Gd	28	4	质量分数(10^{-6})		
	Hf	3.9	0.5	质量分数(10^{-6})		
	Hg	0.5	0.1	质量分数(10^{-6})		
	Ho	5.1	0.3	质量分数(10^{-6})		
	La	96	10	质量分数(10^{-6})		
	Li	205	17	质量分数(10^{-6})		
	Lu	1.8	0.2	质量分数(10^{-6})		
	Mo	622	37	质量分数(10^{-6})		
	Nb	21	3	质量分数(10^{-6})		
	Nd	121	15	质量分数(10^{-6})		
	Ni	1.55	0.07	质量分数(10^{-6})		
	Pb	328	33	质量分数(10^{-6})		
	Pr	29	2	质量分数(10^{-6})		
	Rb	17	3	质量分数(10^{-6})		
	Sb	46	9	质量分数(10^{-6})		
	Sc	9.4	1.0	质量分数(10^{-6})		
	Sm	31	2	质量分数(10^{-6})		
	Sr	561	62	质量分数(10^{-6})		
	Tb	4.6	0.5	质量分数(10^{-6})		
	Th	15	2	质量分数(10^{-6})		
	Tl	167	17	质量分数(10^{-6})		
	Tm	1.9	0.1	质量分数(10^{-6})		
	U	3.8	0.7	质量分数(10^{-6})		
	V	442	51	质量分数(10^{-6})		

续表

标准物质编号	组份	标准值	标准不确定度	质量分数	标准物质名称	研制单位
GBW07296	W	61	5	质量分数(10^{-6})	多金属结核成分分析标准物质	地质矿产部岩矿测试技术研究所(北京市)、国家海洋局第二海洋研究所(杭州市)、地质矿产部广州海洋地质调查局(广州市)、地质矿产部海洋地质研究所(青岛市)
	Y	84	3	质量分数(10^{-6})		
	Yb	12	1	质量分数(10^{-6})		
	Zn	0.16	0.01	质量分数(10^{-6})		
	Zr	256	31	质量分数(10^{-6})		
	SiO_2	12.3	0.2	质量分数(10^{-6})		
	Al_2O_3	4.7	0.3	质量分数(10^{-6})		
	TFe_2O_3	4.70	0.19	质量分数(10^{-6})		
	FeO	32.2	0.5	质量分数(10^{-6})		
	MgO	49.3	0.5	质量分数(10^{-6})		
	CaO	3.56	0.13	质量分数(10^{-6})		
	Na_2O	2.25	0.17	质量分数(10^{-6})		
	K_2O	3.03	0.14	质量分数(10^{-6})		
	H_2O^+	1.14	0.05	质量分数(10^{-6})		
	CO_2	0.54	0.04	质量分数(10^{-6})		
	Org. C	0.37	0.06	质量分数(10^{-6})		
	L. O. I.	(8.1)		质量分数(10^{-6})		
	CO_2	(0.21)		质量分数(10^{-6})		
	L. O. I.	(15.8)		质量分数(10^{-6})		
	SO_3	(0.27)		质量分数(10^{-6})		
	Cl	0.80	0.05	质量分数(10^{-6})		
	F	0.03	0.01	质量分数(10^{-6})		
GBW07301a	Ag	0.035	0.010	质量分数(10^{-6})	水系沉积物成分分析标准物质	地球物理地球化学勘查研究院(廊坊市)、地质矿产部岩矿测试技术研究所(北京市)
	As	2.7	0.3	质量分数(10^{-6})		
	B	9.8	1.9	质量分数(10^{-6})		
	Ba	920	70	质量分数(10^{-6})		
	Be	3.1	0.4	质量分数(10^{-6})		
	Bi	0.49	0.12	质量分数(10^{-6})		
	Cd	0.11	0.03	质量分数(10^{-6})		
	Ce	81	6	质量分数(10^{-6})		
	Co	20	2	质量分数(10^{-6})		
	Cr	128	6	质量分数(10^{-6})		
	Br	1.6	0.4	质量分数(10^{-6})		
	Cl	72	7	质量分数(10^{-6})		
	I	0.6	0.1	质量分数(10^{-6})		
	N	741	3	质量分数(10^{-6})		
	Cs	5.5	0.2	质量分数(10^{-6})		
	Cu	28	2	质量分数(10^{-6})		
	Dy	4.3	0.2	质量分数(10^{-6})		
	Er	2.3	0.3	质量分数(10^{-6})		
	Eu	1.7	0.2	质量分数(10^{-6})		

续表

标准物质编号	组份	标准值	标准不确定度	质量分数	标准物质名称	研制单位
GBW07301a	F	872	46	质量分数(10^{-6})	水系沉积物成分分析标准物质	地球物理地球化学勘查研究院(廊坊市)、地质矿产部岩矿测试技术研究所(北京市)
	Ga	23.6	1.3	质量分数(10^{-6})		
	Gd	5.6	0.5	质量分数(10^{-6})		
	Ge	1.5	0.2	质量分数(10^{-6})		
	Hf	9.3	0.6	质量分数(10^{-6})		
	Hg	0.032	0.004	质量分数(10^{-6})		
	Ho	0.82	0.09	质量分数(10^{-6})		
	In	(0.07)		质量分数(10^{-6})		
	La	41	2	质量分数(10^{-6})		
	Li	32	3	质量分数(10^{-6})		
	Lu	0.39	0.04	质量分数(10^{-6})		
	Mn	910	30	质量分数(10^{-6})		
	Mo	1.04	0.13	质量分数(10^{-6})		
	Nb	31.5	1.8	质量分数(10^{-6})		
	Nd	36	3	质量分数(10^{-6})		
	Ni	56	7	质量分数(10^{-6})		
	P	1520	70	质量分数(10^{-6})		
	Pb	31	4	质量分数(10^{-6})		
	Pr	9.3	0.7	质量分数(10^{-6})		
	Rb	126	6	质量分数(10^{-6})		
	Sb	0.30	0.05	质量分数(10^{-6})		
	Sc	14	2	质量分数(10^{-6})		
	Sm	6.7	0.4	质量分数(10^{-6})		
	Sn	3.3	0.7	质量分数(10^{-6})		
	Sr	486	34	质量分数(10^{-6})		
	Ta	3.0	0.2	质量分数(10^{-6})		
	S	(144)		质量分数(10^{-6})		
	Tb	0.81	0.06	质量分数(10^{-6})		
	Th	27	3	质量分数(10^{-6})		
	Ti	0.537	0.022	质量分数(10^{-6})		
	Tl	0.67	0.10	质量分数(10^{-6})		
	Tm	0.34	0.03	质量分数(10^{-6})		
	U	4.6	0.5	质量分数(10^{-6})		
	V	115	9	质量分数(10^{-6})		
	W	1.0	0.1	质量分数(10^{-6})		
	Y	22	2	质量分数(10^{-6})		
	Yb	2.3	0.2	质量分数(10^{-6})		
	Zn	90	7	质量分数(10^{-6})		
	Zr	316	14	质量分数(10^{-6})		
	SiO_2	59.2	0.2	质量分数(10^{-6})		
	Al_2O_3	15.4	0.1	质量分数(10^{-6})		

续表

标准物质编号	组份	标准值	标准不确定度	质量分数	标准物质名称	研制单位
GBW07301a	TFe_2O_3	6.50	0.12	质量分数(10^{-6})	水系沉积物成分分析标准物质	地球物理地球化学勘查研究院(廊坊市)、地质矿产部岩矿测试技术研究所(北京市)
	FeO	(2.4)		质量分数(10^{-6})		
	MgO	3.30	0.12	质量分数(10^{-6})		
	CaO	4.0	0.1	质量分数(10^{-6})		
	Na_2O	3.4	0.1	质量分数(10^{-6})		
	K_2O	2.8	0.1	质量分数(10^{-6})		
	H_2O^+	(2.7)		质量分数(10^{-6})		
	CO_2	(0.07)		质量分数(10^{-6})		
	Org. C	(0.73)		质量分数(10^{-6})		
	L. O. I.	3.8	0.2	质量分数(10^{-6})		
	Se	0.12	0.03	质量分数(10^{-6})		
GBW07302	Ag	0.066	0.015	质量分数(10^{-6})	水系沉积物成分分析标准物质	地球物理地球化学勘查研究院(廊坊市)、地质矿产部岩矿测试技术研究所(北京市)
	As	6.2	0.9	质量分数(10^{-6})		
	B	10.8	3.7	质量分数(10^{-6})		
	Ba	185	37	质量分数(10^{-6})		
	Be	17.1	1.6	质量分数(10^{-6})		
	Bi	1.64	0.17	质量分数(10^{-6})		
	Cd	0.065	0.006	质量分数(10^{-6})		
	Ce	192	5	质量分数(10^{-6})		
	Co	2.6	1.0	质量分数(10^{-6})		
	Cr	12	4	质量分数(10^{-6})		
	Br	3.0	0.6	质量分数(10^{-6})		
	Cl	(62)		质量分数(10^{-6})		
	I	2.9	0.4	质量分数(10^{-6})		
	N	363	60	质量分数(10^{-6})		
	Cs	16.6	1.8	质量分数(10^{-6})		
	Cu	4.9	0.7	质量分数(10^{-6})		
	Dy	11	2	质量分数(10^{-6})		
	Er	8.2	0.4	质量分数(10^{-6})		
	Eu	0.49	0.09	质量分数(10^{-6})		
	F	0.198	0.025	质量分数(10^{-6})		
	Ga	27.4	1.7	质量分数(10^{-6})		
	Gd	9.5	1.4	质量分数(10^{-6})		
	Ge	1.7	0.4	质量分数(10^{-6})		
	Hf	20	2.6	质量分数(10^{-6})		
	Hg	0.040	0.009	质量分数(10^{-6})		
	Ho	2.6	0.4	质量分数(10^{-6})		
	In	(0.046)		质量分数(10^{-6})		
	La	90	10	质量分数(10^{-6})		
	Li	101	6	质量分数(10^{-6})		
	Lu	1.6	0.34	质量分数(10^{-6})		

续表

标准物质编号	组份	标准值	标准不确定度	质量分数	标准物质名称	研制单位
GBW07302	Mn	240	30	质量分数(10^{-6})	水系沉积物成分分析标准物质	地球物理地球化学勘查研究院(廊坊市)、地质矿产部岩矿测试技术研究所(北京市)
	Mo	2.0	0.4	质量分数(10^{-6})		
	Nb	95	9	质量分数(10^{-6})		
	Nd	62	8	质量分数(10^{-6})		
	Ni	5.5	2.1	质量分数(10^{-6})		
	P	200	42	质量分数(10^{-6})		
	Pb	32	8	质量分数(10^{-6})		
	Pr	18.6	2.4	质量分数(10^{-6})		
	Rb	470	33	质量分数(10^{-6})		
	Sb	0.46	0.17	质量分数(10^{-6})		
	Sc	4.4	0.7	质量分数(10^{-6})		
	Se	0.20	0.06	质量分数(10^{-6})		
	Sm	10.8	1.0	质量分数(10^{-6})		
	Sn	29	4	质量分数(10^{-6})		
	Sr	28	11	质量分数(10^{-6})		
	Ta	15.3	1.0	质量分数(10^{-6})		
	S	89	16	质量分数(10^{-6})		
	Tb	1.8	0.3	质量分数(10^{-6})		
	Te	(0.03)		质量分数(10^{-6})		
	Th	70	5	质量分数(10^{-6})		
	Ti	0.138	0.012	质量分数(10^{-6})		
	Tl	1.9	0.5	质量分数(10^{-6})		
	Tm	1.55	0.17	质量分数(10^{-6})		
	U	17	3	质量分数(10^{-6})		
	V	16.5	2.8	质量分数(10^{-6})		
	W	24	3	质量分数(10^{-6})		
	Y	67	13	质量分数(10^{-6})		
	Yb	11	2	质量分数(10^{-6})		
	Zn	44	7	质量分数(10^{-6})		
	Zr	460	40	质量分数(10^{-6})		
	SiO_2	69.91	0.18	质量分数(10^{-6})		
	Al_2O_3	15.72	0.14	质量分数(10^{-6})		
	TFe_2O_3	1.90	0.08	质量分数(10^{-6})		
	FeO	0.56	0.07	质量分数(10^{-6})		
	MgO	0.21	0.03	质量分数(10^{-6})		
	CaO	0.25	0.06	质量分数(10^{-6})		
	Na_2O	3.03	0.14	质量分数(10^{-6})		
	K_2O	5.20	0.13	质量分数(10^{-6})		
	H_2O^+	2.58	0.20	质量分数(10^{-6})		
	CO_2	(0.10)		质量分数(10^{-6})		
	Org. C	(0.39)		质量分数(10^{-6})		

续表

标准物质编号	组份	标准值	标准不确定度	质量分数	标准物质名称	研制单位
GBW07303	Ag	0.59	0.07	质量分数(10^{-6})	水系沉积物成分分析标准物质	地球物理地球化学勘查研究院(廊坊市)、地质矿产部岩矿测试技术研究所(北京市)
	As	18	3	质量分数(10^{-6})		
	B	33	5	质量分数(10^{-6})		
	Be	1.5	0.3	质量分数(10^{-6})		
	Bi	0.79	0.14	质量分数(10^{-6})		
	Cd	0.10	0.02	质量分数(10^{-6})		
	Ce	64	6	质量分数(10^{-6})		
	Co	11.7	1.7	质量分数(10^{-6})		
	Cr	87	9	质量分数(10^{-6})		
	Cs	7.8	0.6	质量分数(10^{-6})		
	Cu	177	11	质量分数(10^{-6})		
	Dy	4.0	0.5	质量分数(10^{-6})		
	Er	2.3	0.3	质量分数(10^{-6})		
	Eu	1.3	0.1	质量分数(10^{-6})		
	F	345	34	质量分数(10^{-6})		
	Ga	15.9	1.2	质量分数(10^{-6})		
	Gd	4.7	0.3	质量分数(10^{-6})		
	Ge	1.3	0.4	质量分数(10^{-6})		
	Hf	6.0	1.3	质量分数(10^{-6})		
	Hg	0.05	0.02	质量分数(10^{-6})		
	Ho	0.9	0.2	质量分数(10^{-6})		
	In	0.09	0.02	质量分数(10^{-6})		
	La	39	7	质量分数(10^{-6})		
	Li	33	2	质量分数(10^{-6})		
	Lu	0.39	0.04	质量分数(10^{-6})		
	Mn	400	35	质量分数(10^{-6})		
	Mo	92	7	质量分数(10^{-6})		
	Nb	16	3	质量分数(10^{-6})		
	Nd	30	4	质量分数(10^{-6})		
	Ni	26	4	质量分数(10^{-6})		
	P	630	60	质量分数(10^{-6})		
	Pb	40	5	质量分数(10^{-6})		
	Pr	8.3	0.8	质量分数(10^{-6})		
	Rb	79	8	质量分数(10^{-6})		
	Sb	5.4	0.8	质量分数(10^{-6})		
	Sc	14.3	1.5	质量分数(10^{-6})		
	Se	1.0	0.2	质量分数(10^{-6})		
	Sm	5.3	0.4	质量分数(10^{-6})		
	Sn	3.4	0.9	质量分数(10^{-6})		
	Sr	90	11	质量分数(10^{-6})		
	Ta	1.0	0.2	质量分数(10^{-6})		

续表

标准物质编号	组份	标准值	标准不确定度	质量分数	标准物质名称	研制单位
GBW07303	S	192	18	质量分数(10^{-6})	水系沉积物成分分析标准物质	地球物理地球化学勘查研究院(廊坊市)、地质矿产部岩矿测试技术研究所(北京市)
	Tb	0.70	0.08	质量分数(10^{-6})		
	Te	0.14	0.03	质量分数(10^{-6})		
	Th	9.2	1.0	质量分数(10^{-6})		
	Ti	0.636	0.035	质量分数(10^{-6})		
	Tl	0.58	0.15	质量分数(10^{-6})		
	Tm	0.39	0.07	质量分数(10^{-6})		
	U	1.9	0.5	质量分数(10^{-6})		
	V	120	10	质量分数(10^{-6})		
	W	4.9	0.7	质量分数(10^{-6})		
	Y	22	4	质量分数(10^{-6})		
	Yb	2.6	0.2	质量分数(10^{-6})		
	Zn	52	6	质量分数(10^{-6})		
	Zr	230	22	质量分数(10^{-6})		
	SiO_2	71.29	0.34	质量分数(10^{-6})		
	Al_2O_3	12.04	0.16	质量分数(10^{-6})		
	TFe_2O_3	6.54	0.14	质量分数(10^{-6})		
	FeO	(0.72)		质量分数(10^{-6})		
	MgO	0.68	0.05	质量分数(10^{-6})		
	CaO	(0.22)		质量分数(10^{-6})		
	Na_2O	0.32	0.04	质量分数(10^{-6})		
	K_2O	2.46	0.09	质量分数(10^{-6})		
	H_2O^+	(4.1)		质量分数(10^{-6})		
	CO_2	(0.07)		质量分数(10^{-6})		
	Org. C	(0.73)		质量分数(10^{-6})		
	L. O. I.	3.8	0.2	质量分数(10^{-6})		
	Ba	615	63	质量分数(10^{-6})		
GBW07304	Co	18	3	质量分数(10^{-6})	水系沉积物成分分析标准物质	地球物理地球化学勘查研究院(廊坊市)、地质矿产部岩矿测试技术研究所(北京市)
	Ag	0.084	0.026	质量分数(10^{-6})		
	As	19.7	2.6	质量分数(10^{-6})		
	B	52	9	质量分数(10^{-6})		
	Ba	470	60	质量分数(10^{-6})		
	Be	2.4	0.4	质量分数(10^{-6})		
	Bi	0.64	0.15	质量分数(10^{-6})		
	Cd	0.19	0.03	质量分数(10^{-6})		
	Ce	78	4	质量分数(10^{-6})		
	Cr	81	9	质量分数(10^{-6})		
	Cs	10	1	质量分数(10^{-6})		
	Cu	37	4	质量分数(10^{-6})		
	Dy	4.6	0.4	质量分数(10^{-6})		
	Er	2.5	0.4	质量分数(10^{-6})		

续表

标准物质编号	组份	标准值	标准不确定度	质量分数	标准物质名称	研制单位
GBW07304	Eu	1.31	0.13	质量分数(10^{-6})	水系沉积物成分分析标准物质	地球物理地球化学勘查研究院(廊坊市)、地质矿产部岩矿测试技术研究所(北京市)
	F	740	60	质量分数(10^{-6})		
	Ga	20.5	1.5	质量分数(10^{-6})		
	Gd	5.0	0.8	质量分数(10^{-6})		
	Ge	1.4	0.4	质量分数(10^{-6})		
	Hf	5.8	1.2	质量分数(10^{-6})		
	Hg	0.044	0.009	质量分数(10^{-6})		
	Ho	1.0	0.2	质量分数(10^{-6})		
	In	0.085	0.021	质量分数(10^{-6})		
	La	40	9	质量分数(10^{-6})		
	Li	51	3	质量分数(10^{-6})		
	Lu	0.47	0.13	质量分数(10^{-6})		
	Mn	825	50	质量分数(10^{-6})		
	Mo	0.86	0.27	质量分数(10^{-6})		
	Nb	18	4	质量分数(10^{-6})		
	Nd	32	4	质量分数(10^{-6})		
	Ni	40	5	质量分数(10^{-6})		
	P	470	60	质量分数(10^{-6})		
	Pb	30	7	质量分数(10^{-6})		
	Pr	9.3	1.3	质量分数(10^{-6})		
	Rb	130	10	质量分数(10^{-6})		
	Sb	1.84	0.27	质量分数(10^{-6})		
	Sc	15.4	1.6	质量分数(10^{-6})		
	Se	0.29	0.07	质量分数(10^{-6})		
	Sm	6.2	0.5	质量分数(10^{-6})		
	Sn	4.0	1.1	质量分数(10^{-6})		
	Sr	142	18	质量分数(10^{-6})		
	Ta	1.4	0.1	质量分数(10^{-6})		
	S	354	45	质量分数(10^{-6})		
	Tb	0.90	0.16	质量分数(10^{-6})		
	Te	(0.07)		质量分数(10^{-6})		
	Th	14.6	1.4	质量分数(10^{-6})		
	Ti	0.534	0.024	质量分数(10^{-6})		
	Tl	1.2	0.2	质量分数(10^{-6})		
	Tm	0.46	0.05	质量分数(10^{-6})		
	U	2.6	0.6	质量分数(10^{-6})		
	V	118	9	质量分数(10^{-6})		
	W	2.5	0.8	质量分数(10^{-6})		
	Y	26	4	质量分数(10^{-6})		
	Yb	2.9	0.4	质量分数(10^{-6})		
	Zn	101	15	质量分数(10^{-6})		

续表

标准物质编号	组份	标准值	标准不确定度	质量分数	标准物质名称	研制单位
GBW07304	Zr	188	16	质量分数(10^{-6})	水系沉积物成分分析标准物质	地球物理地球化学勘查研究院(廊坊市)、地质矿产部岩矿测试技术研究所(北京市)
	SiO_2	52.59	0.29	质量分数(10^{-6})		
	Al_2O_3	15.69	0.19	质量分数(10^{-6})		
	TFe_2O_3	5.91	0.15	质量分数(10^{-6})		
	FeO	(0.91)		质量分数(10^{-6})		
	MgO	1.02	0.06	质量分数(10^{-6})		
	CaO	7.54	0.17	质量分数(10^{-6})		
	Na_2O	0.30	0.03	质量分数(10^{-6})		
	K_2O	2.23	0.09	质量分数(10^{-6})		
	H_2O^+	(6.6)		质量分数(10^{-6})		
	CO_2	5.48	0.15	质量分数(10^{-6})		
	Org. C	(1.05)		质量分数(10^{-6})		
GBW07305	Ni	34	5	质量分数(10^{-6})	水系沉积物成分分析标准物质	地球物理地球化学勘查研究院(廊坊市)、地质矿产部岩矿测试技术研究所(北京市)
	Ag	0.36	0.04	质量分数(10^{-6})		
	As	75	11	质量分数(10^{-6})		
	B	51	9	质量分数(10^{-6})		
	Ba	440	50	质量分数(10^{-6})		
	Be	2.3	0.2	质量分数(10^{-6})		
	Bi	2.4	0.4	质量分数(10^{-6})		
	Cd	0.82	0.07	质量分数(10^{-6})		
	Ce	89	8	质量分数(10^{-6})		
	Co	18.9	3.2	质量分数(10^{-6})		
	Cr	70	9	质量分数(10^{-6})		
	Cs	9.4	1.0	质量分数(10^{-6})		
	Cu	137	10	质量分数(10^{-6})		
	Dy	5.0	0.5	质量分数(10^{-6})		
	Er	2.8	0.5	质量分数(10^{-6})		
	Eu	1.4	0.2	质量分数(10^{-6})		
	F	585	55	质量分数(10^{-6})		
	Ga	20.3	1.2	质量分数(10^{-6})		
	Gd	6.4	1.1	质量分数(10^{-6})		
	Ge	1.4	0.4	质量分数(10^{-6})		
	Hf	6.5	1.3	质量分数(10^{-6})		
	Hg	0.10	0.02	质量分数(10^{-6})		
	Ho	0.95	0.15	质量分数(10^{-6})		
	In	0.13	0.03	质量分数(10^{-6})		
	La	46	7	质量分数(10^{-6})		
	Li	45	2	质量分数(10^{-6})		
	Lu	0.46	0.05	质量分数(10^{-6})		
	Mn	1160	60	质量分数(10^{-6})		
	Mo	1.2	0.3	质量分数(10^{-6})		

续表

标准物质编号	组份	标准值	标准不确定度	质量分数	标准物质名称	研制单位
GBW07305	Nb	19	4	质量分数(10^{-6})	水系沉积物成分分析标准物质	地球物理地球化学勘查研究院(廊坊市)、地质矿产部岩矿测试技术研究所(北京市)
	Nd	35	5	质量分数(10^{-6})		
	P	630	40	质量分数(10^{-6})		
	Pb	112	13	质量分数(10^{-6})		
	Pr	9.9	0.9	质量分数(10^{-6})		
	Rb	118	8	质量分数(10^{-6})		
	Sb	3.9	0.7	质量分数(10^{-6})		
	Sc	14.5	2.1	质量分数(10^{-6})		
	Se	0.40	0.11	质量分数(10^{-6})		
	Sm	6.6	0.5	质量分数(10^{-6})		
	Sn	4.6	1.2	质量分数(10^{-6})		
	Sr	204	18	质量分数(10^{-6})		
	Ta	1.4	0.1	质量分数(10^{-6})		
	S	410	52	质量分数(10^{-6})		
	Tb	0.89	0.17	质量分数(10^{-6})		
	Te	0.12	0.03	质量分数(10^{-6})		
	Th	15.2	1.7	质量分数(10^{-6})		
	Ti	0.537	0.025	质量分数(10^{-6})		
	Tl	1.16	0.22	质量分数(10^{-6})		
	Tm	0.46	0.05	质量分数(10^{-6})		
	U	2.6	0.5	质量分数(10^{-6})		
	V	109	9	质量分数(10^{-6})		
	W	3.2	0.6	质量分数(10^{-6})		
	Y	26	4	质量分数(10^{-6})		
	Yb	2.9	0.3	质量分数(10^{-6})		
	Zn	243	23	质量分数(10^{-6})		
	Zr	220	17	质量分数(10^{-6})		
	SiO_2	56.44	0.28	质量分数(10^{-6})		
	Al_2O_3	15.37	0.20	质量分数(10^{-6})		
	TFe_2O_3	5.84	0.13	质量分数(10^{-6})		
	FeO	(0.94)		质量分数(10^{-6})		
	MgO	0.98	0.06	质量分数(10^{-6})		
	CaO	5.34	0.13	质量分数(10^{-6})		
	Na_2O	0.39	0.04	质量分数(10^{-6})		
	K_2O	2.11	0.10	质量分数(10^{-6})		
	H_2O^+	(6.7)		质量分数(10^{-6})		
	CO_2	3.56	0.06	质量分数(10^{-6})		
	Org.C	(1.3)		质量分数(10^{-6})		

续表

标准物质编号	组份	标准值	标准不确定度	质量分数	标准物质名称	研制单位
GBW07306	Ag	0.36	0.04	质量分数(10^{-6})	水系沉积物成分分析标准物质	地球物理地球化学勘查研究院(廊坊市)、地质矿产部岩矿测试技术研究所(北京市)
	As	13.6	1.5	质量分数(10^{-6})		
	B	50	10	质量分数(10^{-6})		
	Ba	330	40	质量分数(10^{-6})		
	Be	1.7	0.4	质量分数(10^{-6})		
	Bi	5.0	0.6	质量分数(10^{-6})		
	Cd	0.43	0.04	质量分数(10^{-6})		
	Ce	68	8	质量分数(10^{-6})		
	Co	24.4	3.0	质量分数(10^{-6})		
	Cr	190	24	质量分数(10^{-6})		
	Cs	9.1	1.4	质量分数(10^{-6})		
	Cu	383	18	质量分数(10^{-6})		
	Dy	3.8	1.0	质量分数(10^{-6})		
	Er	2.2	0.5	质量分数(10^{-6})		
	Eu	1.50	0.13	质量分数(10^{-6})		
	F	690	50	质量分数(10^{-6})		
	Ga	16.7	0.8	质量分数(10^{-6})		
	Gd	5.5	0.9	质量分数(10^{-6})		
	Ge	1.3	0.4	质量分数(10^{-6})		
	Hf	6.5	1.3	质量分数(10^{-6})		
	Hg	0.045	0.008	质量分数(10^{-6})		
	Ho	0.76	0.12	质量分数(10^{-6})		
	In	0.14	0.02	质量分数(10^{-6})		
	La	39	8	质量分数(10^{-6})		
	Li	40	2	质量分数(10^{-6})		
	Lu	0.34	0.08	质量分数(10^{-6})		
	Mn	970	60	质量分数(10^{-6})		
	Mo	7.7	1.2	质量分数(10^{-6})		
	Nb	12	5	质量分数(10^{-6})		
	Nd	33	6	质量分数(10^{-6})		
	Ni	78	7	质量分数(10^{-6})		
	P	1020	60	质量分数(10^{-6})		
	Pb	27	5	质量分数(10^{-6})		
	Pr	8.4	0.6	质量分数(10^{-6})		
	Rb	107	8	质量分数(10^{-6})		
	Sc	17	2	质量分数(10^{-6})		
	Se	0.30	0.09	质量分数(10^{-6})		
	Sm	5.6	0.6	质量分数(10^{-6})		
	Sn	2.8	1.0	质量分数(10^{-6})		
	Sr	266	28	质量分数(10^{-6})		
	Ta	0.75	0.08	质量分数(10^{-6})		

续表

标准物质编号	组份	标准值	标准不确定度	质量分数	标准物质名称	研制单位
GBW07306	S	784	84	质量分数(10^{-6})	水系沉积物成分分析标准物质	地球物理地球化学勘查研究院(廊坊市)、地质矿产部岩矿测试技术研究所(北京市)
	Tb	0.69	0.15	质量分数(10^{-6})		
	Te	(0.13)		质量分数(10^{-6})		
	Th	9.0	2.9	质量分数(10^{-6})		
	Ti	0.464	0.018	质量分数(10^{-6})		
	Tl	1.08	0.18	质量分数(10^{-6})		
	Tm	0.35	0.07	质量分数(10^{-6})		
	U	2.4	0.5	质量分数(10^{-6})		
	V	142	12	质量分数(10^{-6})		
	W	25	3	质量分数(10^{-6})		
	Y	20	3	质量分数(10^{-6})		
	Yb	2.1	0.4	质量分数(10^{-6})		
	Zn	144	10	质量分数(10^{-6})		
	Zr	170	12	质量分数(10^{-6})		
	SiO_2	61.24	0.16	质量分数(10^{-6})		
	Al_2O_3	14.16	0.13	质量分数(10^{-6})		
	TFe_2O_3	5.88	0.11	质量分数(10^{-6})		
	FeO	1.58	0.10	质量分数(10^{-6})		
	MgO	3.00	0.09	质量分数(10^{-6})		
	CaO	3.87	0.11	质量分数(10^{-6})		
	Na_2O	2.30	0.10	质量分数(10^{-6})		
	K_2O	2.43	0.07	质量分数(10^{-6})		
	H_2O^+	3.49	0.16	质量分数(10^{-6})		
	CO_2	2.03	0.10	质量分数(10^{-6})		
	Org. C	(0.63)		质量分数(10^{-6})		
	Sb	1.25	0.33	质量分数(10^{-6})		
GBW07307	Ag	1.05	0.09	质量分数(10^{-6})	水系沉积物成分分析标准物质	地球物理地球化学勘查研究院(廊坊市)、地质矿产部岩矿测试技术研究所(北京市)
	As	84	9	质量分数(10^{-6})		
	B	143	25	质量分数(10^{-6})		
	Ba	720	70	质量分数(10^{-6})		
	Be	2.7	0.4	质量分数(10^{-6})		
	Bi	0.66	0.14	质量分数(10^{-6})		
	Cd	1.05	0.08	质量分数(10^{-6})		
	Ce	78	7	质量分数(10^{-6})		
	Co	21	3	质量分数(10^{-6})		
	Cr	122	10	质量分数(10^{-6})		
	Cs	5.9	0.7	质量分数(10^{-6})		
	Cu	38	2	质量分数(10^{-6})		
	Dy	4.2	0.7	质量分数(10^{-6})		
	Er	2.3	0.2	质量分数(10^{-6})		
	Eu	1.3	0.2	质量分数(10^{-6})		

续表

标准物质编号	组份	标准值	标准不确定度	质量分数	标准物质名称	研制单位
GBW07307	F	890	80	质量分数(10^{-6})	水系沉积物成分分析标准物质	地球物理地球化学勘查研究院(廊坊市)、地质矿产部岩矿测试技术研究所(北京市)
	Ga	17.	1.2	质量分数(10^{-6})		
	Gd	5.8	0.8	质量分数(10^{-6})		
	Ge	1.4	0.4	质量分数(10^{-6})		
	Hf	4.9	1.0	质量分数(10^{-6})		
	Hg	0.053	0.016	质量分数(10^{-6})		
	Ho	0.96	0.21	质量分数(10^{-6})		
	In	0.081	0.012	质量分数(10^{-6})		
	La	45	6	质量分数(10^{-6})		
	Li	32	2	质量分数(10^{-6})		
	Lu	0.39	0.07	质量分数(10^{-6})		
	Mn	690	50	质量分数(10^{-6})		
	Mo	1.4	0.2	质量分数(10^{-6})		
	Nb	17	3	质量分数(10^{-6})		
	Nd	37	6	质量分数(10^{-6})		
	Ni	53	5	质量分数(10^{-6})		
	P	820	60	质量分数(10^{-6})		
	Pb	350	26	质量分数(10^{-6})		
	Pr	9.6	1.1	质量分数(10^{-6})		
	Rb	147	11	质量分数(10^{-6})		
	Sb	2.6	0.3	质量分数(10^{-6})		
	Sc	14.6	1.4	质量分数(10^{-6})		
	Se	0.30	0.09	质量分数(10^{-6})		
	Sm	5.6	0.6	质量分数(10^{-6})		
	Sn	2.8	1.0	质量分数(10^{-6})		
	Sr	220	23	质量分数(10^{-6})		
	Ta	1.35	0.13	质量分数(10^{-6})		
	S	190	21	质量分数(10^{-6})		
	Tb	0.76	0.16	质量分数(10^{-6})		
	Te	0.06	0.02	质量分数(10^{-6})		
	Th	12.6	1.5	质量分数(10^{-6})		
	Ti	0.448	0.018	质量分数(10^{-6})		
	Tl	0.93	0.19	质量分数(10^{-6})		
	Tm	0.44	0.09	质量分数(10^{-6})		
	U	3.5	0.5	质量分数(10^{-6})		
	V	96	9	质量分数(10^{-6})		
	W	5.5	1.0	质量分数(10^{-6})		
	Y	24	3	质量分数(10^{-6})		
	Yb	2.6	0.4	质量分数(10^{-6})		
	Zn	238	19	质量分数(10^{-6})		
	Zr	162	13	质量分数(10^{-6})		

续表

标准物质编号	组份	标准值	标准不确定度	质量分数	标准物质名称	研制单位
GBW07307	SiO_2	64.70	0.21	质量分数(10^{-6})	水系沉积物成分分析标准物质	地球物理地球化学勘查研究院(廊坊市)、地质矿产部岩矿测试技术研究所(北京市)
	Al_2O_3	13.41	0.13	质量分数(10^{-6})		
	TFe_2O_3	6.51	0.13	质量分数(10^{-6})		
	FeO	1.50	0.08	质量分数(10^{-6})		
	MgO	3.08	0.13	质量分数(10^{-6})		
	CaO	1.67	0.07	质量分数(10^{-6})		
	Na_2O	1.21	0.06	质量分数(10^{-6})		
	K_2O	3.54	0.12	质量分数(10^{-6})		
	H_2O^+	(3.6)		质量分数(10^{-6})		
	CO_2	(0.17)		质量分数(10^{-6})		
	Org. C	(0.63)		质量分数(10^{-6})		
GBW07308	Ag	0.062	0.014	质量分数(10^{-6})	水系沉积物成分分析标准物质	地球物理地球化学勘查研究院(廊坊市)、地质矿产部岩矿测试技术研究所(北京市)
	As	2.4	0.6	质量分数(10^{-6})		
	B	3.6	0.8	质量分数(10^{-6})		
	Ba	480	50	质量分数(10^{-6})		
	Be	2.0	0.3	质量分数(10^{-6})		
	Bi	0.19	0.04	质量分数(10^{-6})		
	Cd	0.081	0.017	质量分数(10^{-6})		
	Ce	54	6	质量分数(10^{-6})		
	Co	3.6	1.2	质量分数(10^{-6})		
	Cr	7.6	2.2	质量分数(10^{-6})		
	Br	(0.9)		质量分数(10^{-6})		
	Cl	(38)		质量分数(10^{-6})		
	I	(0.8)		质量分数(10^{-6})		
	N	(340)		质量分数(10^{-6})		
	Cs	3.6	0.5	质量分数(10^{-6})		
	Cu	4.1	0.7	质量分数(10^{-6})		
	Dy	2.6	0.4	质量分数(10^{-6})		
	Er	1.8	0.3	质量分数(10^{-6})		
	Eu	0.56	0.08	质量分数(10^{-6})		
	F	204	43	质量分数(10^{-6})		
	Ga	10.8	0.8	质量分数(10^{-6})		
	Gd	3.5	0.6	质量分数(10^{-6})		
	Ge	0.94	0.27	质量分数(10^{-6})		
	Hf	14.5	1.8	质量分数(10^{-6})		
	Hg	0.042	0.005	质量分数(10^{-6})		
	Ho	(0.90)		质量分数(10^{-6})		
	In	(0.04)		质量分数(10^{-6})		
	La	30	5	质量分数(10^{-6})		
	Li	13.2	0.8	质量分数(10^{-6})		
	Lu	0.38	0.07	质量分数(10^{-6})		

续表

标准物质编号	组份	标准值	标准不确定度	质量分数	标准物质名称	研制单位
GBW07308	Mn	335	25	质量分数(10^{-6})	水系沉积物成分分析标准物质	地球物理地球化学勘查研究院（廊坊市）、地质矿产部岩矿测试技术研究所（北京市）
	Mo	0.54	0.19	质量分数(10^{-6})		
	Nb	35	4	质量分数(10^{-6})		
	Nd	21	2	质量分数(10^{-6})		
	Ni	2.7	1.3	质量分数(10^{-6})		
	P	140	33	质量分数(10^{-6})		
	Pb	21	4	质量分数(10^{-6})		
	Pr	5.8	0.5	质量分数(10^{-6})		
	Rb	132	9	质量分数(10^{-6})		
	Sb	0.24	0.09	质量分数(10^{-6})		
	Sc	5.7	0.4	质量分数(10^{-6})		
	Se	(0.11)		质量分数(10^{-6})		
	Sm	3.8	0.3	质量分数(10^{-6})		
	Sr	52	9	质量分数(10^{-6})		
	Ta	3.7	0.5	质量分数(10^{-6})		
	S	(80)		质量分数(10^{-6})		
	Tb	0.54	0.09	质量分数(10^{-6})		
	Th	13.4	1.0	质量分数(10^{-6})		
	Ti	0.364	0.016	质量分数(10^{-6})		
	Tl	0.78	0.22	质量分数(10^{-6})		
	Tm	0.33	0.06	质量分数(10^{-6})		
	U	3.0	0.3	质量分数(10^{-6})		
	V	26	5	质量分数(10^{-6})		
	W	2.0	0.5	质量分数(10^{-6})		
	Y	18	3	质量分数(10^{-6})		
	Yb	2.1	0.4	质量分数(10^{-6})		
	Zn	43	4	质量分数(10^{-6})		
	Zr	490	60	质量分数(10^{-6})		
	SiO_2	82.89	0.33	质量分数(10^{-6})		
	Al_2O_3	7.70	0.12	质量分数(10^{-6})		
	TFe_2O_3	2.20	0.06	质量分数(10^{-6})		
	FeO	0.53	0.06	质量分数(10^{-6})		
	MgO	0.25	0.03	质量分数(10^{-6})		
	CaO	0.24	0.06	质量分数(10^{-6})		
	Na_2O	0.47	0.06	质量分数(10^{-6})		
	K_2O	2.84	0.12	质量分数(10^{-6})		
	H_2O^+	2.22	0.16	质量分数(10^{-6})		
	CO_2	(0.09)		质量分数(10^{-6})		
	Org. C	(0.33)		质量分数(10^{-6})		
	Sn	9.4	1.5	质量分数(10^{-6})		

续表

标准物质编号	组份	标准值	标准不确定度	质量分数	标准物质名称	研制单位
GBW07309	B	54	9	质量分数(10^{-6})	水系沉积物成分分析标准物质	地球物理地球化学勘查研究院(廊坊市)、地质矿产部岩矿测试技术研究所(北京市)
	Ag	0.089	0.015	质量分数(10^{-6})		
	As	8.4	1.4	质量分数(10^{-6})		
	Au	(1.3)		质量分数(10^{-6})		
	Ba	430	27	质量分数(10^{-6})		
	Be	1.8	0.4	质量分数(10^{-6})		
	Bi	0.42	0.06	质量分数(10^{-6})		
	Br	(1.5)		质量分数(10^{-6})		
	Cd	0.26	0.05	质量分数(10^{-6})		
	Ce	78	9	质量分数(10^{-6})		
	Cl	(50)		质量分数(10^{-6})		
	Co	14.4	1.8	质量分数(10^{-6})		
	Cr	85	10	质量分数(10^{-6})		
	Cs	5.1	1.0	质量分数(10^{-6})		
	Cu	32	3	质量分数(10^{-6})		
	Dy	5.1	0.3	质量分数(10^{-6})		
	Er	2.8	0.3	质量分数(10^{-6})		
	Eu	1.33	0.09	质量分数(10^{-6})		
	F	494	39	质量分数(10^{-6})		
	Ga	14.0	0.9	质量分数(10^{-6})		
	Gd	5.5	0.4	质量分数(10^{-6})		
	Ge	1.3	0.2	质量分数(10^{-6})		
	Hf	9.7	1.6	质量分数(10^{-6})		
	Hg	83	14	质量分数(10^{-6})		
	Ho	0.96	0.08	质量分数(10^{-6})		
	I	(0.61)		质量分数(10^{-6})		
	In	0.056	0.008	质量分数(10^{-6})		
	La	40	4	质量分数(10^{-6})		
	Li	30	2	质量分数(10^{-6})		
	Lu	0.045	0.004	质量分数(10^{-6})		
	Mn	620	30	质量分数(10^{-6})		
	Mo	0.64	0.16	质量分数(10^{-6})		
	Nb	18	3	质量分数(10^{-6})		
	Nd	34	3	质量分数(10^{-6})		
	Ni	32	4	质量分数(10^{-6})		
	P	670	36	质量分数(10^{-6})		
	Pb	23	4	质量分数(10^{-6})		
	Pr	9.2	0.9	质量分数(10^{-6})		
	Rb	80	4	质量分数(10^{-6})		
	S	150	30	质量分数(10^{-6})		
	Sb	0.81	0.23	质量分数(10^{-6})		

续表

标准物质编号	组份	标准值	标准不确定度	质量分数	标准物质名称	研制单位
GBW07309	Sc	11.1	0.8	质量分数(10^{-6})	水系沉积物成分分析标准物质	地球物理地球化学勘查研究院（廊坊市）、地质矿产部岩矿测试技术研究所（北京市）
	Se	0.16	0.06	质量分数(10^{-6})		
	Sm	6.3	0.5	质量分数(10^{-6})		
	Sn	2.6	0.5	质量分数(10^{-6})		
	Sr	166	14	质量分数(10^{-6})		
	Ta	1.3	0.2	质量分数(10^{-6})		
	Tb	0.87	0.13	质量分数(10^{-6})		
	Te	(0.04)		质量分数(10^{-6})		
	Th	12.4	1.0	质量分数(10^{-6})		
	Ti	0.550	0.025	质量分数(10^{-6})		
	Tl	0.49	0.10	质量分数(10^{-6})		
	Tm	0.44	0.09	质量分数(10^{-6})		
	U	2.6	0.6	质量分数(10^{-6})		
	V	97	8	质量分数(10^{-6})		
	W	1.8	0.3	质量分数(10^{-6})		
	Y	27	3	质量分数(10^{-6})		
	Yb	2.8	0.4	质量分数(10^{-6})		
	Zn	78	5	质量分数(10^{-6})		
	Zr	370	31	质量分数(10^{-6})		
	SiO_2	64.89	0.16	质量分数(10^{-6})		
	Al_2O_3	10.58	0.15	质量分数(10^{-6})		
	TFe_2O_3	4.86	0.11	质量分数(10^{-6})		
	FeO	1.53	0.07	质量分数(10^{-6})		
	MgO	2.39	0.09	质量分数(10^{-6})		
	CaO	5.35	0.14	质量分数(10^{-6})		
	Na_2O	1.44	0.06	质量分数(10^{-6})		
	K_2O	1.99	0.08	质量分数(10^{-6})		
	H_2O^+	2.93	0.27	质量分数(10^{-6})		
	CO_2	4.20	0.11	质量分数(10^{-6})		
	Org. C	0.46	0.05	质量分数(10^{-6})		
	L. O. I.	7.21	0.22	质量分数(10^{-6})		
GBW07310	Cs	2.3	0.6	质量分数(10^{-6})	水系沉积物成分分析标准物质	地球物理地球化学勘查研究院（廊坊市）、地质矿产部岩矿测试技术研究所（北京市）
	Ag	0.27	0.03	质量分数(10^{-6})		
	As	25	4	质量分数(10^{-6})		
	B	26	6	质量分数(10^{-6})		
	Ba	42	11	质量分数(10^{-6})		
	Be	0.9	0.3	质量分数(10^{-6})		
	Bi	0.38	0.05	质量分数(10^{-6})		
	Br	(2.4)		质量分数(10^{-6})		
	Cd	1.12	0.12	质量分数(10^{-6})		
	Ce	58	5	质量分数(10^{-6})		

续表

标准物质编号	组份	标准值	标准不确定度	质量分数	标准物质名称	研制单位
GBW07310	Cl	(50)		质量分数(10^{-6})	水系沉积物成分分析标准物质	地球物理地球化学勘查研究院(廊坊市)、地质矿产部岩矿测试技术研究所(北京市)
	Co	15.3	1.7	质量分数(10^{-6})		
	Cr	136	15	质量分数(10^{-6})		
	Cu	22.6	2.0	质量分数(10^{-6})		
	Dy	2.2	0.3	质量分数(10^{-6})		
	Er	1.3	0.2	质量分数(10^{-6})		
	Eu	0.47	0.05	质量分数(10^{-6})		
	F	149	38	质量分数(10^{-6})		
	Ga	6.4	1.0	质量分数(10^{-6})		
	Gd	2.2	0.3	质量分数(10^{-6})		
	Ge	0.40	0.06	质量分数(10^{-6})		
	Hf	1.8	0.4	质量分数(10^{-6})		
	Hg	280	40	质量分数(10^{-6})		
	Ho	0.45	0.08	质量分数(10^{-6})		
	I	1.6	0.4	质量分数(10^{-6})		
	In	0.067	0.015	质量分数(10^{-6})		
	La	13.0	1.4	质量分数(10^{-6})		
	Li	13.0	0.7	质量分数(10^{-6})		
	Lu	0.19	0.04	质量分数(10^{-6})		
	Mn	1010	44	质量分数(10^{-6})		
	Mo	1.2	0.2	质量分数(10^{-6})		
	Nb	6.8	1.8	质量分数(10^{-6})		
	Nd	11.8	1.6	质量分数(10^{-6})		
	Ni	30	3	质量分数(10^{-6})		
	P	271	23	质量分数(10^{-6})		
	Pb	27	3	质量分数(10^{-6})		
	Pr	3.2	0.4	质量分数(10^{-6})		
	Rb	3.2	2.3	质量分数(10^{-6})		
	S	90	20	质量分数(10^{-6})		
	Sb	6.3	0.9	质量分数(10^{-6})		
	Sc	4.1	0.5	质量分数(10^{-6})		
	Se	0.28	0.06	质量分数(10^{-6})		
	Sm	2.4	0.2	质量分数(10^{-6})		
	Sn	1.4	0.4	质量分数(10^{-6})		
	Sr	25	4	质量分数(10^{-6})		
	Ta	(0.5)		质量分数(10^{-6})		
	Tb	0.42	0.11	质量分数(10^{-6})		
	Te	0.08	0.03	质量分数(10^{-6})		
	Th	5.0	0.4	质量分数(10^{-6})		
	Ti	0.127	0.010	质量分数(10^{-6})		
	Tl	0.21	0.06	质量分数(10^{-6})		

续表

标准物质编号	组份	标准值	标准不确定度	质量分数	标准物质名称	研制单位
GBW07310	Tm	0.20	0.04	质量分数(10^{-6})	水系沉积物成分分析标准物质	地球物理地球化学勘查研究院(廊坊市)、地质矿产部岩矿测试技术研究所(北京市)
	U	2.1	0.3	质量分数(10^{-6})		
	V	107	7	质量分数(10^{-6})		
	W	1.6	0.4	质量分数(10^{-6})		
	Y	14	3	质量分数(10^{-6})		
	Yb	1.2	0.3	质量分数(10^{-6})		
	Zn	46	5	质量分数(10^{-6})		
	Zr	70	9	质量分数(10^{-6})		
	SiO_2	88.89	0.29	质量分数(10^{-6})		
	Al_2O_3	2.84	0.11	质量分数(10^{-6})		
	TFe_2O_3	3.86	0.13	质量分数(10^{-6})		
	FeO	(0.26)		质量分数(10^{-6})		
	MgO	0.12	0.05	质量分数(10^{-6})		
	CaO	0.70	0.04	质量分数(10^{-6})		
	Na_2O	0.039	0.014	质量分数(10^{-6})		
	K_2O	0.125	0.020	质量分数(10^{-6})		
	H_2O^+	(2.1)		质量分数(10^{-6})		
	CO_2	0.42	0.06	质量分数(10^{-6})		
	Org. C	0.40	0.04	质量分数(10^{-6})		
	L. O. I.	2.88	0.15	质量分数(10^{-6})		
GBW07311	Ag	3.2	0.5	质量分数(10^{-6})	水系沉积物成分分析标准物质	地球物理地球化学勘查研究院(廊坊市)、地质矿产部岩矿测试技术研究所(北京市)
	As	188	20	质量分数(10^{-6})		
	Au	(3.6)		质量分数(10^{-6})		
	B	68	7	质量分数(10^{-6})		
	Ba	260	26	质量分数(10^{-6})		
	Be	26	4	质量分数(10^{-6})		
	Bi	50	5	质量分数(10^{-6})		
	Br	(2.3)		质量分数(10^{-6})		
	Cd	2.3	0.2	质量分数(10^{-6})		
	Ce	58	5	质量分数(10^{-6})		
	Cl	290	32	质量分数(10^{-6})		
	Co	8.5	1.2	质量分数(10^{-6})		
	Cr	40	4	质量分数(10^{-6})		
	Cs	17.4	1.0	质量分数(10^{-6})		
	Cu	79	4	质量分数(10^{-6})		
	Dy	7.2	0.8	质量分数(10^{-6})		
	Er	4.6	0.6	质量分数(10^{-6})		
	F	0.165	0.013	质量分数(10^{-6})		
	Ga	18.5	1.3	质量分数(10^{-6})		
	Gd	5.9	0.5	质量分数(10^{-6})		
	Ge	1.81	0.23	质量分数(10^{-6})		

续表

标准物质编号	组份	标准值	标准不确定度	质量分数	标准物质名称	研制单位
GBW07311	Hf	5.4	0.5	质量分数(10^{-6})	水系沉积物成分分析标准物质	地球物理地球化学勘查研究院(廊坊市)、地质矿产部岩矿测试技术研究所(北京市)
	Hg	72	14	质量分数(10^{-6})		
	Ho	1.4	0.2	质量分数(10^{-6})		
	I	2.0	0.3	质量分数(10^{-6})		
	In	1.9	0.3	质量分数(10^{-6})		
	La	30	3	质量分数(10^{-6})		
	Li	71	3	质量分数(10^{-6})		
	Lu	0.78	0.08	质量分数(10^{-6})		
	Mn	0.249	0.013	质量分数(10^{-6})		
	Mo	5.9	0.8	质量分数(10^{-6})		
	Nb	25	4	质量分数(10^{-6})		
	Nd	27	3	质量分数(10^{-6})		
	Ni	14.3	1.5	质量分数(10^{-6})		
	P	255	42	质量分数(10^{-6})		
	Pb	636	34	质量分数(10^{-6})		
	Pr	7.4	0.6	质量分数(10^{-6})		
	Rb	408	17	质量分数(10^{-6})		
	S	170	30	质量分数(10^{-6})		
	Sb	14.9	1.8	质量分数(10^{-6})		
	Sc	7.4	0.6	质量分数(10^{-6})		
	Se	0.20	0.06	质量分数(10^{-6})		
	Sm	6.2	0.4	质量分数(10^{-6})		
	Sn	370	68	质量分数(10^{-6})		
	Sr	29	5	质量分数(10^{-6})		
	Ta	5.7	0.5	质量分数(10^{-6})		
	Tb	1.13	0.14	质量分数(10^{-6})		
	Te	(0.36)		质量分数(10^{-6})		
	Th	23.3	1.8	质量分数(10^{-6})		
	Ti	0.210	0.015	质量分数(10^{-6})		
	Tl	2.9	0.5	质量分数(10^{-6})		
	Tm	0.74	0.11	质量分数(10^{-6})		
	U	9.1	1.3	质量分数(10^{-6})		
	V	47	5	质量分数(10^{-6})		
	W	126	13	质量分数(10^{-6})		
	Y	43	8	质量分数(10^{-6})		
	Yb	5.1	0.8	质量分数(10^{-6})		
	Zn	373	21	质量分数(10^{-6})		
	Zr	153	19	质量分数(10^{-6})		
	SiO_2	76.25	0.27	质量分数(10^{-6})		
	Al_2O_3	10.37	0.15	质量分数(10^{-6})		
	TFe_2O_3	4.39	0.11	质量分数(10^{-6})		

续表

标准物质编号	组份	标准值	标准不确定度	质量分数	标准物质名称	研制单位
GBW07311	FeO	(0.35)		质量分数(10^{-6})	水系沉积物成分分析标准物质	地球物理地球化学勘查研究院(廊坊市)、地质矿产部岩矿测试技术研究所(北京市)
	MgO	0.62	0.10	质量分数(10^{-6})		
	CaO	0.47	0.04	质量分数(10^{-6})		
	Na_2O	0.46	0.04	质量分数(10^{-6})		
	K_2O	3.28	0.10	质量分数(10^{-6})		
	H_2O^+	2.67	0.15	质量分数(10^{-6})		
	CO_2	(0.09)		质量分数(10^{-6})		
	Org. C	(0.24)		质量分数(10^{-6})		
	L. O. I.	(3.02)		质量分数(10^{-6})		
	Eu	0.60	0.08	质量分数(10^{-6})		
GBW07312	Gd	4.4	0.4	质量分数(10^{-6})	水系沉积物成分分析标准物质	地球物理地球化学勘查研究院(廊坊市)、地质矿产部岩矿测试技术研究所(北京市)
	Ag	1.15	0.16	质量分数(10^{-6})		
	As	115	9	质量分数(10^{-6})		
	Au	(5.6)		质量分数(10^{-6})		
	B	24	3	质量分数(10^{-6})		
	Ba	206	23	质量分数(10^{-6})		
	Be	8.2	1.1	质量分数(10^{-6})		
	Bi	10.9	1.3	质量分数(10^{-6})		
	Br	(1.7)		质量分数(10^{-6})		
	Cd	4.0	0.4	质量分数(10^{-6})		
	Ce	61	5	质量分数(10^{-6})		
	Cl	(163)		质量分数(10^{-6})		
	Co	8.8	1.1	质量分数(10^{-6})		
	Cr	35	4	质量分数(10^{-6})		
	Cs	7.9	0.5	质量分数(10^{-6})		
	Cu	1230	51	质量分数(10^{-6})		
	Dy	4.8	0.2	质量分数(10^{-6})		
	Er	3.1	0.3	质量分数(10^{-6})		
	Eu	0.61	0.04	质量分数(10^{-6})		
	F	1250	61	质量分数(10^{-6})		
	Ga	14.1	0.7	质量分数(10^{-6})		
	Ge	1.87	0.13	质量分数(10^{-6})		
	Hf	8.3	1.1	质量分数(10^{-6})		
	Hg	56	8	质量分数(10^{-6})		
	Ho	0.94	0.09	质量分数(10^{-6})		
	I	1.8	0.3	质量分数(10^{-6})		
	In	0.96	0.17	质量分数(10^{-6})		
	La	32.7	2.2	质量分数(10^{-6})		
	Li	39.0	1.5	质量分数(10^{-6})		
	Lu	0.58	0.08	质量分数(10^{-6})		
	Mn	1400	73	质量分数(10^{-6})		

续表

标准物质编号	组份	标准值	标准不确定度	质量分数	标准物质名称	研制单位
GBW07312	Mo	8.4	0.9	质量分数(10^{-6})	水系沉积物成分分析标准物质	地球物理地球化学勘查研究院(廊坊市)、地质矿产部岩矿测试技术研究所(北京市)
	Nb	15.4	1.6	质量分数(10^{-6})		
	Nd	26	4	质量分数(10^{-6})		
	Ni	12.8	1.9	质量分数(10^{-6})		
	P	235	34	质量分数(10^{-6})		
	Pb	285	16	质量分数(10^{-6})		
	Pr	6.0	1.2	质量分数(10^{-6})		
	Rb	270	15	质量分数(10^{-6})		
	S	940	60	质量分数(10^{-6})		
	Sb	24	4	质量分数(10^{-6})		
	Sc	5.1	0.6	质量分数(10^{-6})		
	Se	0.25	0.04	质量分数(10^{-6})		
	Sm	5.0	0.5	质量分数(10^{-6})		
	Sn	54	7	质量分数(10^{-6})		
	Sr	24	4	质量分数(10^{-6})		
	Ta	3.2	0.3	质量分数(10^{-6})		
	Tb	0.82	0.08	质量分数(10^{-6})		
	Te	0.29	0.07	质量分数(10^{-6})		
	Th	21.4	1.7	质量分数(10^{-6})		
	Ti	1510	70	质量分数(10^{-6})		
	Tl	1.76	0.37	质量分数(10^{-6})		
	Tm	0.53	0.07	质量分数(10^{-6})		
	U	7.8	1.0	质量分数(10^{-6})		
	V	47	6	质量分数(10^{-6})		
	W	37	3	质量分数(10^{-6})		
	Y	29	4	质量分数(10^{-6})		
	Yb	3.7	0.5	质量分数(10^{-6})		
	Zn	498	27	质量分数(10^{-6})		
	Zr	234	35	质量分数(10^{-6})		
	SiO_2	77.29	0.19	质量分数(10^{-6})		
	Al_2O_3	9.30	0.17	质量分数(10^{-6})		
	TFe_2O_3	4.88	0.13	质量分数(10^{-6})		
	FeO	1.19	0.09	质量分数(10^{-6})		
	MgO	0.47	0.12	质量分数(10^{-6})		
	CaO	1.16	0.07	质量分数(10^{-6})		
	Na_2O	0.44	0.04	质量分数(10^{-6})		
	K_2O	2.91	0.06	质量分数(10^{-6})		
	H_2O^+	2.15	0.12	质量分数(10^{-6})		
	CO_2	(0.18)		质量分数(10^{-6})		
	Org. C	(0.40)		质量分数(10^{-6})		
	L. O. I.	2.62	0.17	质量分数(10^{-6})		

续表

标准物质编号	组份	标准值	标准不确定度	质量分数	标准物质名称	研制单位
GBW07313	SiO_2	53.86	0.12	质量分数（10^{-2}）	海底沉积物成分分析标准物质	地质矿产部海洋地质研究所（青岛市）、地质矿产部岩矿测试技术研究所（北京市）、地质矿产部广州海洋地质调查局（广州市）
	Al_2O_3	13.75	0.20	质量分数（10^{-2}）		
	TFe_2O_3	6.58	0.17	质量分数（10^{-2}）		
	FeO	(0.29)		质量分数（10^{-2}）		
	TiO_2	0.67	0.03	质量分数（10^{-2}）		
	P_2O_5	0.45	0.02	质量分数（10^{-2}）		
	MnO	0.43	0.03	质量分数（10^{-2}）		
	MgO	3.38	0.13	质量分数（10^{-2}）		
	CaO	1.71	0.06	质量分数（10^{-2}）		
	Na_2O	4.81	0.09	质量分数（10^{-2}）		
	K_2O	2.95	0.09	质量分数（10^{-2}）		
	Ba	0.44	0.04	质量分数（10^{-2}）		
	H_2O^+	5.39	0.21	质量分数（10^{-2}）		
	CO2	(0.38)		质量分数（10^{-2}）		
	Org. C	(0.25)		质量分数（10^{-2}）		
	S	0.31	0.03	质量分数（10^{-2}）		
	Cl	4.07	0.07	质量分数（10^{-2}）		
	F	(0.13)		质量分数（10^{-2}）		
	L. O. I.	(9.93)		质量分数（10^{-2}）		
	Salt	(8.73)		质量分数（10^{-2}）		
	B	125	13	质量分数（10^{-2}）		
	Ce	92	14	质量分数（10^{-2}）		
	Co	76.7	3.2	质量分数（10^{-2}）		
	Cr	58.4	3.0	质量分数（10^{-2}）		
	Cs	9.4	0.9	质量分数（10^{-2}）		
	Cu	424	19	质量分数（10^{-2}）		
	Dy	19.9	2.5	质量分数（10^{-2}）		
	Er	11.0	1.0	质量分数（10^{-2}）		
	Eu	5.3	0.5	质量分数（10^{-2}）		
	Ga	23.7	2.6	质量分数（10^{-2}）		
	Gd	22.0	1.6	质量分数（10^{-2}）		
	Ho	4.3	0.2	质量分数（10^{-2}）		
	La	67.8	5.7	质量分数（10^{-2}）		
	Li	60.0	2.9	质量分数（10^{-2}）		
	Lu	1.46	0.28	质量分数（10^{-2}）		
	Mo	7.2	0.6	质量分数（10^{-2}）		
	Nb	(15.1)		质量分数（10^{-2}）		
	Nd	91.8	5.4	质量分数（10^{-2}）		
	Ni	150	8	质量分数（10^{-2}）		
	Pb	29.3	2.4	质量分数（10^{-2}）		
	Pr	20.1	2.5	质量分数（10^{-2}）		

续表

标准物质编号	组份	标准值	标准不确定度	质量分数	标准物质名称	研制单位
GBW07313	Rb	97.3	5.6	质量分数（10^{-2}）	海底沉积物成分分析标准物质	地质矿产部海洋地质研究所（青岛市）、地质矿产部岩矿测试技术研究所（北京市）、地质矿产部广州海洋地质调查局（广州市）
	Sb	1.85	0.33	质量分数（10^{-2}）		
	Sc	25.6	4.3	质量分数（10^{-2}）		
	Sm	21.5	2.0	质量分数（10^{-2}）		
	Sr	267	28	质量分数（10^{-2}）		
	Tb	3.4	0.5	质量分数（10^{-2}）		
	Th	13.9	1.5	质量分数（10^{-2}）		
	Tm	1.54	0.17	质量分数（10^{-2}）		
	U	1.98	0.56	质量分数（10^{-2}）		
	V	112	10	质量分数（10^{-2}）		
	W	5.5	0.7	质量分数（10^{-2}）		
	Y	104	9	质量分数（10^{-2}）		
	Yb	9.8	1.6	质量分数（10^{-2}）		
	Zn	160	6	质量分数（10^{-2}）		
	Zr	177	8	质量分数（10^{-2}）		
	As	5.8	0.7	质量分数（10^{-2}）		
GBW07314	Al_2O_3	13.07	0.20	质量分数（10^{-6}）	近海海洋沉积物成分分析标准物质	国家海洋局第二海洋研究所（杭州市）
	Cu	31	4	质量分数（10^{-6}）		
	Pb	25	4	质量分数（10^{-6}）		
	Zn	87	2	质量分数（10^{-6}）		
	Cd	0.20	0.04	质量分数（10^{-6}）		
	Cr	86	4	质量分数（10^{-6}）		
	As	10.3	1.4	质量分数（10^{-6}）		
	Hg	0.048	0.012	质量分数（10^{-6}）		
	Se	0.16	0.04	质量分数（10^{-6}）		
	Ni	34.3	4.0	质量分数（10^{-6}）		
	Co	14.2	1.2	质量分数（10^{-6}）		
	Sr	150	8	质量分数（10^{-6}）		
	Ba	425	20	质量分数（10^{-6}）		
	B	(73)		质量分数（10^{-6}）		
	Ga	(16.1)		质量分数（10^{-6}）		
	Mo	(0.64)		质量分数（10^{-6}）		
	Zr	(229)		质量分数（10^{-6}）		
	La	(38)		质量分数（10^{-6}）		
	Ce	(78)		质量分数（10^{-6}）		
	Nd	(33)		质量分数（10^{-6}）		
	Sm	(6.7)		质量分数（10^{-6}）		
	Eu	(1.3)		质量分数（10^{-6}）		
	Th	(0.83)		质量分数（10^{-6}）		
	Ho	(1.0)		质量分数（10^{-6}）		
	Yb	(2.8)		质量分数（10^{-6}）		

续表

标准物质编号	组份	标准值	标准不确定度	质量分数	标准物质名称	研制单位
GBW07314	Lu	(0.45)		质量分数(10^{-6})	近海海洋沉积物成分分析标准物质	国家海洋局第二海洋研究所(杭州市)
	Y	(27.0)		质量分数(10^{-6})		
	Pr	(8.7)		质量分数(10^{-6})		
	Gd	(5.6)		质量分数(10^{-6})		
	Dy	(5.4)		质量分数(10^{-6})		
	Er	(3.0)		质量分数(10^{-6})		
	Tm	(0.44)		质量分数(10^{-6})		
	Rb	(109.3)		质量分数(10^{-6})		
	Sc	(12.5)		质量分数(10^{-6})		
	Th	(10.2)		质量分数(10^{-6})		
	V	(103.1)		质量分数(10^{-6})		
	Nb	(19.1)		质量分数(10^{-6})		
	Ta	(1.2)		质量分数(10^{-6})		
	Hf	(6.2)		质量分数(10^{-6})		
	Cs	(8.2)		质量分数(10^{-6})		
	W	(2.1)		质量分数(10^{-6})		
	Sb	(1.4)		质量分数(10^{-6})		
	U	(2.7)		质量分数(10^{-6})		
	SiO_2	61.91	0.54	质量分数(10^{-6})		
	Al_2O_3	5.36	0.12	质量分数(10^{-6})		
	TFe_2O_3	4.31	0.24	质量分数(10^{-6})		
	FeO	2.50	0.08	质量分数(10^{-6})		
	MgO	2.48	0.14	质量分数(10^{-6})		
	CaO	1.68	0.14	质量分数(10^{-6})		
	Na_2O	0.825	0.030	质量分数(10^{-6})		
	K_2O	0.148	0.014	质量分数(10^{-6})		
	H_2O^+	0.096	0.004	质量分数(10^{-6})		
	CO_2	0.50	0.06	质量分数(10^{-6})		
	L. O. I.	4.70	0.30	质量分数(10^{-6})		
	Org. C	28	2	质量分数(10^{-6})		
	Pb	23	4	质量分数(10^{-6})		
	Zn	77	6	质量分数(10^{-6})		
	Cd	0.17	0.04	质量分数(10^{-6})		
	Cr	46	8	质量分数(10^{-6})		
GBW07315	As	7.1	0.6	质量分数(10^{-6})	深海沉积物成分分析标准物质	地质矿产部岩矿测试技术研究所(北京市)、国家海洋局第二海洋研究所(杭州市)、地质矿产部广州海洋地质调查局(广州市)、地质矿产部海洋地质研究所(青岛市)
	B	125	12	质量分数(10^{-6})		
	Ba	0.31	0.03	质量分数(10^{-6})		
	Be	1.9	0.3	质量分数(10^{-6})		
	Bi	0.9	0.2	质量分数(10^{-6})		
	Br	145	6	质量分数(10^{-6})		
	Cd	(0.25)		质量分数(10^{-6})		

续表

标准物质编号	组份	标准值	标准不确定度	质量分数	标准物质名称	研制单位
GBW07315	Ce	82	6	质量分数(10^{-6})	深海沉积物成分分析标准物质	地质矿产部岩矿测试技术研究所(北京市)、国家海洋局第二海洋研究所(杭州市)、地质矿产部广州海洋地质调查局(广州市)、地质矿产部海洋地质研究所(青岛市)
	Co	81	6	质量分数(10^{-6})		
	Cr	59	6	质量分数(10^{-6})		
	Cs	6.8	1.2	质量分数(10^{-6})		
	Cu	357	20	质量分数(10^{-6})		
	Dy	17	1.4	质量分数(10^{-6})		
	Er	9.8	0.7	质量分数(10^{-6})		
	Eu	4.5	0.3	质量分数(10^{-6})		
	Ga	18	1.3	质量分数(10^{-6})		
	Gd	18	1.4	质量分数(10^{-6})		
	Hf	3.6	0.4	质量分数(10^{-6})		
	Hg	0.95	0.09	质量分数(10^{-6})		
	Ho	3.6	0.2	质量分数(10^{-6})		
	La	62	4	质量分数(10^{-6})		
	Li	51	3	质量分数(10^{-6})		
	Lu	1.3	0.1	质量分数(10^{-6})		
	Mo	14	1.3	质量分数(10^{-6})		
	Nb	11	1.8	质量分数(10^{-6})		
	Nd	75	4	质量分数(10^{-6})		
	Ni	167	12	质量分数(10^{-6})		
	Pb	37	4	质量分数(10^{-6})		
	Pr	17	1.0	质量分数(10^{-6})		
	Rb	73	5	质量分数(10^{-6})		
	Sb	2.0	0.4	质量分数(10^{-6})		
	Sc	23	3	质量分数(10^{-6})		
	Sm	18	1.1	质量分数(10^{-6})		
	Sr	298	23	质量分数(10^{-6})		
	Ta	(0.6)		质量分数(10^{-6})		
	Tb	3.1	0.3	质量分数(10^{-6})		
	Th	11	1	质量分数(10^{-6})		
	Tm	1.4	0.17	质量分数(10^{-6})		
	U	1.9	0.5	质量分数(10^{-6})		
	V	101	8	质量分数(10^{-6})		
	Y	98	4	质量分数(10^{-6})		
	Yb	8.9	0.5	质量分数(10^{-6})		
	Zn	137	15	质量分数(10^{-6})		
	Zr	140	8	质量分数(10^{-6})		
	SiO_2	51.1	0.6	质量分数(10^{-6})		
	Al_2O_3	11.41	0.22	质量分数(10^{-6})		
	TFe_2O_3	5.93	0.16	质量分数(10^{-6})		
	FeO	(0.30)		质量分数(10^{-6})		

续表

标准物质编号	组份	标准值	标准不确定度	质量分数	标准物质名称	研制单位
GBW07315	MgO	0.59	0.03	质量分数(10^{-6})	深海沉积物成分分析标准物质	地质矿产部岩矿测试技术研究所(北京市)、国家海洋局第二海洋研究所(杭州市)、地质矿产部广州海洋地质调查局(广州市)、地质矿产部海洋地质研究所(青岛市)
	CaO	3.02	0.10	质量分数(10^{-6})		
	Na_2O	5.74	0.22	质量分数(10^{-6})		
	K_2O	4.43	0.20	质量分数(10^{-6})		
	H_2O^+	2.32	0.11	质量分数(10^{-6})		
	CO_2	0.61	0.03	质量分数(10^{-6})		
	L.O.I.	(5.8)		质量分数(10^{-6})		
	Org. C	3.6	0.3	质量分数(10^{-6})		
	Ag	(13.0)		质量分数(10^{-6})		
	SO_3	(0.63)		质量分数(10^{-6})		
	Cl	3.9	0.3	质量分数(10^{-6})		
	F	0.11	0.01	质量分数(10^{-6})		
	Org. C	(0.3)		质量分数(10^{-6})		
	W	5.3	0.9	质量分数(10^{-6})		
	P_2O_5	0.48	0.03	质量分数(10^{-6})		
GBW07316	Org. C	(0.26)		质量分数(10^{-6})	深海沉积物成分分析标准物质	地质矿产部岩矿测试技术研究所(北京市)、国家海洋局第二海洋研究所(杭州市)、地质矿产部广州海洋地质调查局(广州市)、地质矿产部海洋地质研究所(青岛市)
	As	4.6	0.5	质量分数(10^{-6})		
	B	84	11	质量分数(10^{-6})		
	Ba	0.25	0.02	质量分数(10^{-6})		
	Be	1.5	0.2	质量分数(10^{-6})		
	Bi	0.57	0.05	质量分数(10^{-6})		
	Br	125	6	质量分数(10^{-6})		
	Cd	(0.3)		质量分数(10^{-6})		
	Ce	55	4	质量分数(10^{-6})		
	Co	53	4	质量分数(10^{-6})		
	Cr	38	5	质量分数(10^{-6})		
	Cs	4.5	0.7	质量分数(10^{-6})		
	Cu	231	10	质量分数(10^{-6})		
	Dy	11	1	质量分数(10^{-6})		
	Er	6.3	0.2	质量分数(10^{-6})		
	Eu	3.0	0.2	质量分数(10^{-6})		
	Ga	12	1	质量分数(10^{-6})		
	Gd	12	1	质量分数(10^{-6})		
	Hf	2.3	0.2	质量分数(10^{-6})		
	Hg	0.13	0.02	质量分数(10^{-6})		
	Ho	2.4	0.2	质量分数(10^{-6})		
	La	44	4	质量分数(10^{-6})		
	Li	35	2	质量分数(10^{-6})		
	Lu	0.89	0.07	质量分数(10^{-6})		
	Mo	5.7	0.8	质量分数(10^{-6})		
	Nb	6.9	0.6	质量分数(10^{-6})		

续表

标准物质编号	组份	标准值	标准不确定度	质量分数	标准物质名称	研制单位
GBW07316	Nd	51	2	质量分数(10^{-6})	深海沉积物成分分析标准物质	地质矿产部岩矿测试技术研究所(北京市)、国家海洋局第二海洋研究所(杭州市)、地质矿产部广州海洋地质调查局(广州市)、地质矿产部海洋地质研究所(青岛市)
	Ni	108	9	质量分数(10^{-6})		
	Pb	22	5	质量分数(10^{-6})		
	Pr	12	1	质量分数(10^{-6})		
	Rb	50	5	质量分数(10^{-6})		
	Sb	1.3	0.3	质量分数(10^{-6})		
	Sc	15	2	质量分数(10^{-6})		
	Sm	12	1	质量分数(10^{-6})		
	Sr	667	68	质量分数(10^{-6})		
	Ta	(0.41)		质量分数(10^{-6})		
	Tb	2.0	0.2	质量分数(10^{-6})		
	Th	7.0	0.6	质量分数(10^{-6})		
	Tm	0.96	0.09	质量分数(10^{-6})		
	U	1.1	0.3	质量分数(10^{-6})		
	V	69	6	质量分数(10^{-6})		
	Y	69	6	质量分数(10^{-6})		
	Yb	5.8	0.4	质量分数(10^{-6})		
	Zn	142	22	质量分数(10^{-6})		
	Zr	94	8	质量分数(10^{-6})		
	SiO_2	31.6	0.3	质量分数(10^{-6})		
	Al_2O_3	7.7	0.3	质量分数(10^{-6})		
	TFe_2O_3	3.81	0.14	质量分数(10^{-6})		
	FeO	(0.23)		质量分数(10^{-6})		
	MgO	0.40	0.02	质量分数(10^{-6})		
	CaO	2.04	0.07	质量分数(10^{-6})		
	CaO	22.6	0.6	质量分数(10^{-6})		
	Na_2O	3.75	0.14	质量分数(10^{-6})		
	K_2O	1.61	0.12	质量分数(10^{-6})		
	TiO_2	0.39	0.02	质量分数(10^{-6})		
	P_2O_5	0.33	0.01	质量分数(10^{-6})		
	H_2O^+	(4.0)		质量分数(10^{-6})		
	CO_2	17.3	0.7	质量分数(10^{-6})		
	L.O.I.	(25.8)		质量分数(10^{-6})		
	SO_3	(0.51)		质量分数(10^{-6})		
	Cl	3.5	0.2	质量分数(10^{-6})		
	F	0.08	0.01	质量分数(10^{-6})		
	W	4.1	0.9	质量分数(10^{-6})		
GBW07317	Ag	0.027	0.005	质量分数(10^{-6})	水系沉积物成分分析标准物质	地球物理地球化学勘查研究院(廊坊市)
	As	2.0	0.2	质量分数(10^{-6})		
	B	5.3	0.5	质量分数(10^{-6})		
	Ba	690	50	质量分数(10^{-6})		

续表

标准物质编号	组份	标准值	标准不确定度	质量分数	标准物质名称	研制单位
GBW07317	Be	0.96	0.04	质量分数(10^{-6})	水系沉积物成分分析标准物质	地球物理地球化学勘查研究院(廊坊市)
	Bi	0.057	0.010	质量分数(10^{-6})		
	Cd	0.045	0.013	质量分数(10^{-6})		
	Ce	42	3	质量分数(10^{-6})		
	Cl	32	5	质量分数(10^{-6})		
	Co	3.5	0.5	质量分数(10^{-6})		
	Cr	10.7	1.4	质量分数(10^{-6})		
	Br	(0.5)		质量分数(10^{-6})		
	I	0.30	0.08	质量分数(10^{-6})		
	N	(94)		质量分数(10^{-6})		
	Cs	1.0	0.1	质量分数(10^{-6})		
	Cu	11	2	质量分数(10^{-6})		
	Dy	1.56	0.15	质量分数(10^{-6})		
	Er	0.98	0.12	质量分数(10^{-6})		
	Eu	0.38	0.04	质量分数(10^{-6})		
	F	(133)	16	质量分数(10^{-6})		
	Ga	11.1	0.8	质量分数(10^{-6})		
	Gd	1.8	0.2	质量分数(10^{-6})		
	Ge	1.16	0.05	质量分数(10^{-6})		
	Hf	4.5	0.3	质量分数(10^{-6})		
	Hg	0.011	0.002	质量分数(10^{-6})		
	Ho	0.33	0.02	质量分数(10^{-6})		
	In	(0.04)		质量分数(10^{-6})		
	La	24	4	质量分数(10^{-6})		
	Li	7.4	0.7	质量分数(10^{-6})		
	Lu	0.16	0.02	质量分数(10^{-6})		
	Mn	218	30	质量分数(10^{-6})		
	Mo	0.44	0.10	质量分数(10^{-6})		
	Nb	9.0	1.2	质量分数(10^{-6})		
	Nd	14.7	1.6	质量分数(10^{-6})		
	Ni	3.7	0.8	质量分数(10^{-6})		
	P	166	11	质量分数(10^{-6})		
	Pb	13.5	2.4	质量分数(10^{-6})		
	Pr	4.3	0.4	质量分数(10^{-6})		
	Rb	70	6	质量分数(10^{-6})		
	S	(50)		质量分数(10^{-6})		
	Sb	0.19	0.06	质量分数(10^{-6})		
	Sc	2.4	0.3	质量分数(10^{-6})		
	Se	0.040	0.011	质量分数(10^{-6})		
	Sm	2.3	0.2	质量分数(10^{-6})		
	Sn	0.97	0.32	质量分数(10^{-6})		

续表

标准物质编号	组份	标准值	标准不确定度	质量分数	标准物质名称	研制单位
GBW07317	Sr	87	4	质量分数(10^{-6})	水系沉积物成分分析标准物质	地球物理地球化学勘查研究院(廊坊市)
	Ta	(0.52)		质量分数(10^{-6})		
	Tb	0.28	0.05	质量分数(10^{-6})		
	Th	5.4	0.6	质量分数(10^{-6})		
	Ti	0.137	0.013	质量分数(10^{-6})		
	Tl	0.30	0.05	质量分数(10^{-6})		
	Tm	0.13	0.02	质量分数(10^{-6})		
	U	0.75	0.08	质量分数(10^{-6})		
	V	19	3	质量分数(10^{-6})		
	W	0.50	0.07	质量分数(10^{-6})		
	Y	8.9	1.4	质量分数(10^{-6})		
	Yb	0.99	0.15	质量分数(10^{-6})		
	Zn	18	2	质量分数(10^{-6})		
	Zr	187	14	质量分数(10^{-6})		
	SiO_2	80.6	0.2	质量分数(10^{-6})		
	Al_2O_3	9.7	0.22	质量分数(10^{-6})		
	TFe_2O_3	1.46	0.05	质量分数(10^{-6})		
	FeO	(0.2)		质量分数(10^{-6})		
	MgO	0.24	0.03	质量分数(10^{-6})		
	CaO	0.34	0.03	质量分数(10^{-6})		
	Na_2O	2.35	0.05	质量分数(10^{-6})		
	K_2O	3.9	0.1	质量分数(10^{-6})		
	H_2O^+	(0.9)		质量分数(10^{-6})		
	CO_2	(0.08)		质量分数(10^{-6})		
	L.O.I.	1.07	0.13	质量分数(10^{-6})		
	Org. C	0.07		质量分数(10^{-6})		
GBW07318	As	18	2	质量分数(10^{-6})	水系沉积物成分分析标准物质	地球物理地球化学勘查研究院(廊坊市)
	B	27	3	质量分数(10^{-6})		
	Ba	760	50	质量分数(10^{-6})		
	Be	6.0	0.6	质量分数(10^{-6})		
	Bi	3.0	0.4	质量分数(10^{-6})		
	Cd	0.20	0.03	质量分数(10^{-6})		
	Ce	109	8	质量分数(10^{-6})		
	Cl	(58)		质量分数(10^{-6})		
	Co	28	2	质量分数(10^{-6})		
	Cr	243	14	质量分数(10^{-6})		
	Br	(2.8)		质量分数(10^{-6})		
	I	1.6	0.2	质量分数(10^{-6})		
	N	668	18	质量分数(10^{-6})		
	Cs	4.3	0.6	质量分数(10^{-6})		
	Cu	66	6	质量分数(10^{-6})		

续表

标准物质编号	组份	标准值	标准不确定度	质量分数	标准物质名称	研制单位
GBW07318	Dy	7.0	0.6	质量分数(10^{-6})	水系沉积物成分分析标准物质	地球物理地球化学勘查研究院(廊坊市)
	Er	4.0	0.4	质量分数(10^{-6})		
	Eu	2.5	0.4	质量分数(10^{-6})		
	F	593	36	质量分数(10^{-6})		
	Ga	25	2	质量分数(10^{-6})		
	Gd	7.6	0.8	质量分数(10^{-6})		
	Ge	1.6	0.3	质量分数(10^{-6})		
	Hf	13.6	0.4	质量分数(10^{-6})		
	Hg	0.037	0.005	质量分数(10^{-6})		
	Ho	1.43	0.07	质量分数(10^{-6})		
	In	(0.18)		质量分数(10^{-6})		
	La	54	3	质量分数(10^{-6})		
	Li	24	2	质量分数(10^{-6})		
	Lu	0.58	0.05	质量分数(10^{-6})		
	Mn	1230	80	质量分数(10^{-6})		
	Mo	2.7	0.3	质量分数(10^{-6})		
	Nb	72	5	质量分数(10^{-6})		
	Nd	45	5	质量分数(10^{-6})		
	Ni	87	9	质量分数(10^{-6})		
	P	1000	30	质量分数(10^{-6})		
	Pb	66	5	质量分数(10^{-6})		
	Pr	11.8	0.8	质量分数(10^{-6})		
	Rb	87	6	质量分数(10^{-6})		
	S	(110)		质量分数(10^{-6})		
	Sb	2.7	0.4	质量分数(10^{-6})		
	Sc	18	2	质量分数(10^{-6})		
	Se	(0.15)		质量分数(10^{-6})		
	Sm	8.5	0.6	质量分数(10^{-6})		
	Sn	9.5	1.6	质量分数(10^{-6})		
	Sr	216	5	质量分数(10^{-6})		
	Ta	5.0	0.3	质量分数(10^{-6})		
	Tb	1.23	0.09	质量分数(10^{-6})		
	Th	12.4	1.1	质量分数(10^{-6})		
	Ti	1.44	0.06	质量分数(10^{-6})		
	Tl	0.47	0.14	质量分数(10^{-6})		
	Tm	0.60	0.03	质量分数(10^{-6})		
	U	3.0	0.3	质量分数(10^{-6})		
	V	190	20	质量分数(10^{-6})		
	W	5.6	0.5	质量分数(10^{-6})		
	Y	34	5	质量分数(10^{-6})		
	Yb	3.8	0.5	质量分数(10^{-6})		

续表

标准物质编号	组份	标准值	标准不确定度	质量分数	标准物质名称	研制单位
GBW07318	Zn	165	16	质量分数(10^{-6})	水系沉积物成分分析标准物质	地球物理地球化学勘查研究院(廊坊市)
	Zr	524	14	质量分数(10^{-6})		
	SiO_2	57.3	0.2	质量分数(10^{-6})		
	Al_2O_3	13.4	0.2	质量分数(10^{-6})		
	TFe_2O_3	9.5	0.1	质量分数(10^{-6})		
	FeO	(2.4)		质量分数(10^{-6})		
	MgO	3.4	0.1	质量分数(10^{-6})		
	CaO	3.5	0.1	质量分数(10^{-6})		
	Na_2O	2.0	0.1	质量分数(10^{-6})		
	K_2O	2.3	0.1	质量分数(10^{-6})		
	H_2O^+	(4.4)		质量分数(10^{-6})		
	CO_2	(0.26)		质量分数(10^{-6})		
	L. O. I.	5.64	0.33	质量分数(10^{-6})		
	Org. C	0.70		质量分数(10^{-6})		
	Ag	0.13	0.03	质量分数(10^{-6})		
GBW07401	B	50	4	质量分数(10^{-6})	土壤成分分析标准物质	地球物理地球化学勘查研究院(廊坊市)、地质矿产部岩矿测试技术研究所(北京市)
	Ag	0.35	0.07	质量分数(10^{-6})		
	As	34	5	质量分数(10^{-6})		
	Au	(0.55)		质量分数(10^{-6})		
	Ba	590	50	质量分数(10^{-6})		
	Be	2.5	0.4	质量分数(10^{-6})		
	Bi	1.2	0.2	质量分数(10^{-6})		
	Br	2.9	0.5	质量分数(10^{-6})		
	Cd	4.3	0.6	质量分数(10^{-6})		
	Ce	70	5	质量分数(10^{-6})		
	Cl	66	15	质量分数(10^{-6})		
	Co	14.2	1.5	质量分数(10^{-6})		
	Cr	62	6	质量分数(10^{-6})		
	Cs	9.0	0.9	质量分数(10^{-6})		
	Cu	21	2	质量分数(10^{-6})		
	Dy	4.6	0.3	质量分数(10^{-6})		
	Er	2.6	0.2	质量分数(10^{-6})		
	Eu	1.0	0.1	质量分数(10^{-6})		
	F	506	49	质量分数(10^{-6})		
	Ga	19.3	1.7	质量分数(10^{-6})		
	Gd	4.6	0.3	质量分数(10^{-6})		
	Ge	1.34	0.21	质量分数(10^{-6})		
	Hf	6.8	0.9	质量分数(10^{-6})		
	Hg	32	6	质量分数(10^{-6})		
	Ho	0.87	0.08	质量分数(10^{-6})		
	I	1.9	0.4	质量分数(10^{-6})		

续表

标准物质编号	组份	标准值	标准不确定度	质量分数	标准物质名称	研制单位
GBW07401	In	0.08	0.02	质量分数(10^{-6})	土壤成分分析标准物质	地球物理地球化学勘查研究院(廊坊市)、地质矿产部岩矿测试技术研究所(北京市)
	La	34	3	质量分数(10^{-6})		
	Li	35	2	质量分数(10^{-6})		
	Lu	0.41	0.06	质量分数(10^{-6})		
	Mn	1760	98	质量分数(10^{-6})		
	Mo	1.4	0.2	质量分数(10^{-6})		
	Nb	16.6	2.2	质量分数(10^{-6})		
	Nd	28	3	质量分数(10^{-6})		
	Ni	20.4	2.7	质量分数(10^{-6})		
	P	735	43	质量分数(10^{-6})		
	Pb	98	8	质量分数(10^{-6})		
	Pr	7.5	0.5	质量分数(10^{-6})		
	Rb	140	8	质量分数(10^{-6})		
	S	(0.031)		质量分数(10^{-6})		
	Sb	0.97	0.32	质量分数(10^{-6})		
	Sc	11.2	0.9	质量分数(10^{-6})		
	Se	0.14	0.04	质量分数(10^{-6})		
	Sm	5.2	0.4	质量分数(10^{-6})		
	Sn	6.1	1.0	质量分数(10^{-6})		
	Sr	155	10	质量分数(10^{-6})		
	Ta	1.4	0.2	质量分数(10^{-6})		
	Tb	0.75	0.09	质量分数(10^{-6})		
	Te	(0.047)		质量分数(10^{-6})		
	Th	11.6	1.1	质量分数(10^{-6})		
	Ti	0.483	0.025	质量分数(10^{-6})		
	Tl	1.0	0.2	质量分数(10^{-6})		
	Tm	0.42	0.07	质量分数(10^{-6})		
	U	3.3	0.6	质量分数(10^{-6})		
	V	86	6	质量分数(10^{-6})		
	W	3.1	0.4	质量分数(10^{-6})		
	Y	25	4	质量分数(10^{-6})		
	Yb	2.7	0.4	质量分数(10^{-6})		
	Zn	680	39	质量分数(10^{-6})		
	Zr	245	18	质量分数(10^{-6})		
	N	0.1870	0.0054	质量分数(10^{-6})		
	SiO_2	62.60	0.22	质量分数(10^{-6})		
	Al_2O_3	14.18	0.21	质量分数(10^{-6})		
	TFe_2O_3	5.19	0.13	质量分数(10^{-6})		
	FeO	(1.27)		质量分数(10^{-6})		
	MgO	1.81	0.12	质量分数(10^{-6})		
	CaO	1.72	0.08	质量分数(10^{-6})		

续表

标准物质编号	组份	标准值	标准不确定度	质量分数	标准物质名称	研制单位
GBW07401	Na_2O	1.66	0.05	质量分数(10^{-6})	土壤成分分析标准物质	地球物理地球化学勘查研究院(廊坊市)、地质矿产部岩矿测试技术研究所(北京市)
	K_2O	2.59	0.06	质量分数(10^{-6})		
	H_2O+	(5.0)		质量分数(10^{-6})		
	CO2	1.12	0.10	质量分数(10^{-6})		
	Org. C	1.80	0.13	质量分数(10^{-6})		
	L. O. I.	(8.59)		质量分数(10^{-6})		
GBW07402	Ag	0.054	0.010	质量分数(10^{-6})	土壤成分分析标准物质	地球物理地球化学勘查研究院(廊坊市)、地质矿产部岩矿测试技术研究所(北京市)
	As	13.7	1.8	质量分数(10^{-6})		
	Au	(1.7)		质量分数(10^{-6})		
	B	36	4	质量分数(10^{-6})		
	Ba	930	81	质量分数(10^{-6})		
	Be	1.8	0.3	质量分数(10^{-6})		
	Br	4.5	0.6	质量分数(10^{-6})		
	Cd	0.071	0.022	质量分数(10^{-6})		
	Ce	402	25	质量分数(10^{-6})		
	Cl	(56)		质量分数(10^{-6})		
	Co	8.7	1.4	质量分数(10^{-6})		
	Cr	47	6	质量分数(10^{-6})		
	Cs	4.9	0.6	质量分数(10^{-6})		
	Cu	16.3	1.4	质量分数(10^{-6})		
	Dy	4.4	0.3	质量分数(10^{-6})		
	Er	2.1	0.4	质量分数(10^{-6})		
	Eu	3.0	0.3	质量分数(10^{-6})		
	F	0.224	0.018	质量分数(10^{-6})		
	Ga	12	1	质量分数(10^{-6})		
	Gd	7.8	0.6	质量分数(10^{-6})		
	Ge	1.2	0.2	质量分数(10^{-6})		
	Hf	5.8	0.9	质量分数(10^{-6})		
	Hg	15	4	质量分数(10^{-6})		
	Ho	0.93	0.15	质量分数(10^{-6})		
	I	1.8	0.2	质量分数(10^{-6})		
	In	0.09	0.03	质量分数(10^{-6})		
	La	164	16	质量分数(10^{-6})		
	Li	22	1	质量分数(10^{-6})		
	Lu	0.32	0.06	质量分数(10^{-6})		
	Mn	510	25	质量分数(10^{-6})		
	Mo	0.98	0.17	质量分数(10^{-6})		
	Nb	27	3	质量分数(10^{-6})		
	Nd	210	22	质量分数(10^{-6})		
	Ni	19.4	1.9	质量分数(10^{-6})		
	P	446	38	质量分数(10^{-6})		

续表

标准物质编号	组份	标准值	标准不确定度	质量分数	标准物质名称	研制单位
GBW07402	Pb	20	4	质量分数(10^{-6})	土壤成分分析标准物质	地球物理地球化学勘查研究院(廊坊市)、地质矿产部岩矿测试技术研究所(北京市)
	Pr	57	6	质量分数(10^{-6})		
	Rb	88	5	质量分数(10^{-6})		
	S	210	50	质量分数(10^{-6})		
	Sb	1.3	0.3	质量分数(10^{-6})		
	Sc	10.7	0.8	质量分数(10^{-6})		
	Se	0.16	0.04	质量分数(10^{-6})		
	Sm	18	3	质量分数(10^{-6})		
	Sn	3.0	0.4	质量分数(10^{-6})		
	Sr	187	14	质量分数(10^{-6})		
	Ta	0.78	0.18	质量分数(10^{-6})		
	Tb	0.97	0.40	质量分数(10^{-6})		
	Te	(0.035)		质量分数(10^{-6})		
	Th	16.6	1.2	质量分数(10^{-6})		
	Ti	0.271	0.012	质量分数(10^{-6})		
	Tl	0.62	0.28	质量分数(10^{-6})		
	Tm	0.42	0.13	质量分数(10^{-6})		
	U	1.4	0.4	质量分数(10^{-6})		
	V	62	6	质量分数(10^{-6})		
	W	1.08	0.33	质量分数(10^{-6})		
	Y	22	3	质量分数(10^{-6})		
	Yb	2.0	0.3	质量分数(10^{-6})		
	Zn	42	5	质量分数(10^{-6})		
	Zr	219	23	质量分数(10^{-6})		
	N	0.0630	0.0047	质量分数(10^{-6})		
	SiO_2	73.35	0.27	质量分数(10^{-6})		
	Al_2O_3	10.31	0.15	质量分数(10^{-6})		
	TFe_2O_3	3.52	0.10	质量分数(10^{-6})		
	FeO	0.57	0.09	质量分数(10^{-6})		
	MgO	1.04	0.06	质量分数(10^{-6})		
	CaO	2.36	0.07	质量分数(10^{-6})		
	Na_2O	1.62	0.06	质量分数(10^{-6})		
	K_2O	2.54	0.07	质量分数(10^{-6})		
	H_2O^+	(2.9)		质量分数(10^{-6})		
	CO_2	(0.97)		质量分数(10^{-6})		
	Org. C	0.49	0.05	质量分数(10^{-6})		
	L. O. I.	4.4	0.2	质量分数(10^{-6})		
	Bi	0.38	0.06	质量分数(10^{-6})		

续表

标准物质编号	组份	标准值	标准不确定度	质量分数	标准物质名称	研制单位
GBW07403	Cd	0.059	0.022	质量分数(10^{-6})	土壤成分分析标准物质	地球物理地球化学勘查研究院(廊坊市)、地质矿产部岩矿测试技术研究所(北京市)
	Ag	0.091	0.011	质量分数(10^{-6})		
	As	4.4	0.9	质量分数(10^{-6})		
	B	23	4	质量分数(10^{-6})		
	Ba	0.121	0.011	质量分数(10^{-6})		
	Be	1.4	0.3	质量分数(10^{-6})		
	Bi	0.17	0.06	质量分数(10^{-6})		
	Br	4.3	0.7	质量分数(10^{-6})		
	Ce	39	6	质量分数(10^{-6})		
	Cl	(60)		质量分数(10^{-6})		
	Co	5.5	1.0	质量分数(10^{-6})		
	Cr	32	6	质量分数(10^{-6})		
	Cs	3.2	0.5	质量分数(10^{-6})		
	Cu	11.4	1.6	质量分数(10^{-6})		
	Dy	2.6	0.2	质量分数(10^{-6})		
	Er	1.5	0.3	质量分数(10^{-6})		
	Eu	0.72	0.06	质量分数(10^{-6})		
	F	246	40	质量分数(10^{-6})		
	Ga	31	5	质量分数(10^{-6})		
	Gd	4.7	0.6	质量分数(10^{-6})		
	Ge	1.9	0.4	质量分数(10^{-6})		
	Hf	14	2	质量分数(10^{-6})		
	Hg	590	80	质量分数(10^{-6})		
	Ho	1.46	0.14	质量分数(10^{-6})		
	I	9.4	1.2	质量分数(10^{-6})		
	In	0.12	0.03	质量分数(10^{-6})		
	La	53	6	质量分数(10^{-6})		
	Li	55	3.7	质量分数(10^{-6})		
	Lu	0.29	0.03	质量分数(10^{-6})		
	Mn	304	21	质量分数(10^{-6})		
	Mo	0.30	0.13	质量分数(10^{-6})		
	Nb	9.3	2.3	质量分数(10^{-6})		
	Nd	18.4	2.4	质量分数(10^{-6})		
	Ni	12	27	质量分数(10^{-6})		
	P	320	28	质量分数(10^{-6})		
	Pb	26	4	质量分数(10^{-6})		
	Pr	4.8	0.4	质量分数(10^{-6})		
	Rb	85	6	质量分数(10^{-6})		
	S	120	20	质量分数(10^{-6})		
	Sb	0.45	0.15	质量分数(10^{-6})		
	Sc	5.0	0.6	质量分数(10^{-6})		

续表

标准物质编号	组份	标准值	标准不确定度	质量分数	标准物质名称	研制单位
GBW07403	Se	0.094	0.045	质量分数(10^{-6})	土壤成分分析标准物质	地球物理地球化学勘查研究院(廊坊市)、地质矿产部岩矿测试技术研究所(北京市)
	Sm	3.3	0.3	质量分数(10^{-6})		
	Sn	2.5	0.4	质量分数(10^{-6})		
	Sr	380	25	质量分数(10^{-6})		
	Ta	0.76	0.20	质量分数(10^{-6})		
	Tb	0.49	0.09	质量分数(10^{-6})		
	Te	0.040	0.015	质量分数(10^{-6})		
	Th	6.0	0.7	质量分数(10^{-6})		
	Ti	0.224	0.012	质量分数(10^{-6})		
	Tl	0.5	0.28	质量分数(10^{-6})		
	Tm	0.28	0.06	质量分数(10^{-6})		
	U	1.3	0.4	质量分数(10^{-6})		
	V	36	4	质量分数(10^{-6})		
	W	0.95	0.29	质量分数(10^{-6})		
	Y	15	2	质量分数(10^{-6})		
	Yb	1.7	0.3	质量分数(10^{-6})		
	Zn	31	4	质量分数(10^{-6})		
	Zr	246	21	质量分数(10^{-6})		
	N	0.0640	0.0040	质量分数(10^{-6})		
	SiO_2	74.72	0.29	质量分数(10^{-6})		
	Al_2O_3	12.24	0.14	质量分数(10^{-6})		
	TFe_2O_3	2.00	0.07	质量分数(10^{-6})		
	FeO	0.50	0.08	质量分数(10^{-6})		
	MgO	0.58	0.05	质量分数(10^{-6})		
	CaO	1.27	0.06	质量分数(10^{-6})		
	Na_2O	2.71	0.08	质量分数(10^{-6})		
	K_2O	3.04	0.07	质量分数(10^{-6})		
	H_2O^+	(1.9)		质量分数(10^{-6})		
	CO_2	(0.13)		质量分数(10^{-6})		
	Org. C	0.50	0.04	质量分数(10^{-6})		
	L. O. I.	2.67	0.16	质量分数(10^{-6})		
GBW07404	Ag	0.070	0.016	质量分数(10^{-6})	土壤成分分析标准物质	地球物理地球化学勘查研究院(廊坊市)、地质矿产部岩矿测试技术研究所(北京市)
	As	58	8	质量分数(10^{-6})		
	Au	(5.5)		质量分数(10^{-6})		
	B	97	13	质量分数(10^{-6})		
	Ba	213	31	质量分数(10^{-6})		
	Be	1.85	0.53	质量分数(10^{-6})		
	Bi	1.04	0.20	质量分数(10^{-6})		
	Br	4.0	1.1	质量分数(10^{-6})		
	Cd	0.35	0.08	质量分数(10^{-6})		
	Ce	136	16	质量分数(10^{-6})		

续表

标准物质编号	组份	标准值	标准不确定度	质量分数	标准物质名称	研制单位
GBW07404	Cl	(36)		质量分数(10^{-6})	土壤成分分析标准物质	地球物理地球化学勘查研究院(廊坊市)、地质矿产部岩矿测试技术研究所(北京市)
	Cr	370	24	质量分数(10^{-6})		
	Cs	21.4	1.3	质量分数(10^{-6})		
	Cu	40	4	质量分数(10^{-6})		
	Dy	6.6	0.7	质量分数(10^{-6})		
	Er	4.5	0.8	质量分数(10^{-6})		
	Eu	0.85	0.11	质量分数(10^{-6})		
	F	540	38	质量分数(10^{-6})		
	Ga	31	5	质量分数(10^{-6})		
	Gd	4.7	0.6	质量分数(10^{-6})		
	Ge	1.9	0.4	质量分数(10^{-6})		
	Hf	8.1	1.7	质量分数(10^{-6})		
	Hg	290	40	质量分数(10^{-6})		
	Ho	0.8	0.2	质量分数(10^{-6})		
	I	3.8	0.8	质量分数(10^{-6})		
	In	4.1	0.6	质量分数(10^{-6})		
	La	36	6	质量分数(10^{-6})		
	Li	56	2	质量分数(10^{-6})		
	Lu	0.75	0.09	质量分数(10^{-6})		
	Mn	0.142	0.012	质量分数(10^{-6})		
	Mo	2.6	0.4	质量分数(10^{-6})		
	Nb	38	5	质量分数(10^{-6})		
	Nd	27	3	质量分数(10^{-6})		
	Ni	64	7	质量分数(10^{-6})		
	P	695	43	质量分数(10^{-6})		
	Pb	58	7	质量分数(10^{-6})		
	Pr	8.4	1.9	质量分数(10^{-6})		
	Rb	75	6	质量分数(10^{-6})		
	S	180	40	质量分数(10^{-6})		
	Sb	6.3	1.7	质量分数(10^{-6})		
	Sc	20	2	质量分数(10^{-6})		
	Se	0.64	0.18	质量分数(10^{-6})		
	Sm	4.4	0.5	质量分数(10^{-6})		
	Sn	5.7	1.3	质量分数(10^{-6})		
	Sr	77	9	质量分数(10^{-6})		
	Ta	3.1	0.3	质量分数(10^{-6})		
	Tb	0.94	0.13	质量分数(10^{-6})		
	Te	(0.15)		质量分数(10^{-6})		
	Th	27	2	质量分数(10^{-6})		
	Ti	1.080	0.047	质量分数(10^{-6})		
	Tl	0.94	0.33	质量分数(10^{-6})		

续表

标准物质编号	组份	标准值	标准不确定度	质量分数	标准物质名称	研制单位
GBW07404	Tm	0.70	0.12	质量分数(10^{-6})	土壤成分分析标准物质	地球物理地球化学勘查研究院(廊坊市)、地质矿产部岩矿测试技术研究所(北京市)
	U	6.7	1.2	质量分数(10^{-6})		
	V	247	21	质量分数(10^{-6})		
	W	6.2	0.7	质量分数(10^{-6})		
	Y	39	8	质量分数(10^{-6})		
	Yb	4.8	0.8	质量分数(10^{-6})		
	Zn	210	19	质量分数(10^{-6})		
	Zr	500	65	质量分数(10^{-6})		
	N	0.1000	0.0050	质量分数(10^{-6})		
	SiO_2	50.95	0.21	质量分数(10^{-6})		
	Al_2O_3	23.45	0.29	质量分数(10^{-6})		
	TFe_2O_3	10.30	0.16	质量分数(10^{-6})		
	FeO	(0.41)		质量分数(10^{-6})		
	MgO	0.49	0.07	质量分数(10^{-6})		
	CaO	0.26	0.05	质量分数(10^{-6})		
	Na_2O	0.11	0.03	质量分数(10^{-6})		
	K_2O	1.03	0.09	质量分数(10^{-6})		
	H_2O^+	(10.1)		质量分数(10^{-6})		
	CO_2	(0.12)		质量分数(10^{-6})		
	Org. C	0.62	0.06	质量分数(10^{-6})		
	L. O. I.	(10.9)		质量分数(10^{-6})		
	Co	22	3	质量分数(10^{-6})		
GBW07405	Cu	166	9	质量分数(10^{-6})	土壤成分分析标准物质	地球物理地球化学勘查研究院(廊坊市)、地质矿产部岩矿测试技术研究所(北京市)
	Ag	4.4	0.6	质量分数(10^{-6})		
	As	412	24	质量分数(10^{-6})		
	Au	260	6	质量分数(10^{-6})		
	B	53	8	质量分数(10^{-6})		
	Ba	296	40	质量分数(10^{-6})		
	Be	2.0	0.5	质量分数(10^{-6})		
	Bi	41	6	质量分数(10^{-6})		
	Br	(1.8)		质量分数(10^{-6})		
	Cd	0.45	0.09	质量分数(10^{-6})		
	Ce	91	15	质量分数(10^{-6})		
	Cl	(70)		质量分数(10^{-6})		
	Co	12	2	质量分数(10^{-6})		
	Cr	118	10	质量分数(10^{-6})		
	Cs	15	2	质量分数(10^{-6})		
	Dy	3.7	0.6	质量分数(10^{-6})		
	Er	2.4	0.3	质量分数(10^{-6})		
	Eu	0.82	0.06	质量分数(10^{-6})		
	F	603	43	质量分数(10^{-6})		

续表

标准物质编号	组份	标准值	标准不确定度	质量分数	标准物质名称	研制单位
GBW07405	Ga	32	5	质量分数(10^{-6})	土壤成分分析标准物质	地球物理地球化学勘查研究院(廊坊市)、地质矿产部岩矿测试技术研究所(北京市)
	Gd	3.5	0.3	质量分数(10^{-6})		
	Ge	2.6	0.4	质量分数(10^{-6})		
	Hf	8.1	1.7	质量分数(10^{-6})		
	Hg	290	40	质量分数(10^{-6})		
	Ho	0.8	0.2	质量分数(10^{-6})		
	I	3.8	0.8	质量分数(10^{-6})		
	In	4.1	0.6	质量分数(10^{-6})		
	La	36	6	质量分数(10^{-6})		
	Li	56	2	质量分数(10^{-6})		
	Lu	0.42	0.07	质量分数(10^{-6})		
	Mn	0.136	0.012	质量分数(10^{-6})		
	Mo	4.6	0.5	质量分数(10^{-6})		
	Nb	23	4	质量分数(10^{-6})		
	Nd	24	2	质量分数(10^{-6})		
	Ni	40	5	质量分数(10^{-6})		
	P	390	53	质量分数(10^{-6})		
	Pb	552	44	质量分数(10^{-6})		
	Pr	7.0	1.3	质量分数(10^{-6})		
	Rb	117	9	质量分数(10^{-6})		
	S	410	60	质量分数(10^{-6})		
	Sb	35	7	质量分数(10^{-6})		
	Sc	17	2	质量分数(10^{-6})		
	Se	1.6	0.3	质量分数(10^{-6})		
	Sm	4.0	0.6	质量分数(10^{-6})		
	Sn	18	4	质量分数(10^{-6})		
	Sr	42	6	质量分数(10^{-6})		
	Ta	1.8	0.3	质量分数(10^{-6})		
	Tb	0.7	0.2	质量分数(10^{-6})		
	Te	(0.4)		质量分数(10^{-6})		
	Th	23	2	质量分数(10^{-6})		
	Ti	0.629	0.032	质量分数(10^{-6})		
	Tl	1.6	0.4	质量分数(10^{-6})		
	Tm	0.41	0.05	质量分数(10^{-6})		
	U	6.5	1.1	质量分数(10^{-6})		
	V	166	14	质量分数(10^{-6})		
	W	34	4	质量分数(10^{-6})		
	Y	21	4	质量分数(10^{-6})		
	Yb	2.8	0.5	质量分数(10^{-6})		
	Zn	494	39	质量分数(10^{-6})		
	Zr	272	25	质量分数(10^{-6})		

续表

标准物质编号	组份	标准值	标准不确定度	质量分数	标准物质名称	研制单位
GBW07405	N	0.0610	0.0025	质量分数(10^{-6})	土壤成分分析标准物质	地球物理地球化学勘查研究院(廊坊市)、地质矿产部岩矿测试技术研究所(北京市)
	SiO_2	52.57	0.25	质量分数(10^{-6})		
	Al_2O_3	21.58	0.23	质量分数(10^{-6})		
	TFe_2O_3	12.62	0.27	质量分数(10^{-6})		
	FeO	(0.22)		质量分数(10^{-6})		
	MgO	0.61	0.08	质量分数(10^{-6})		
	CaO	(0.095)		质量分数(10^{-6})		
	Na_2O	0.12	0.03	质量分数(10^{-6})		
	K_2O	1.50	0.06	质量分数(10^{-6})		
	H_2O^+	(8.8)		质量分数(10^{-6})		
	CO_2	(0.10)		质量分数(10^{-6})		
	Org. C	(0.32)		质量分数(10^{-6})		
	L. O. I.	(9.1)		质量分数(10^{-6})		
GBW07406	Ag	0.20	0.03	质量分数(10^{-6})	土壤成分分析标准物质	地球物理地球化学勘查研究院(廊坊市)、地质矿产部岩矿测试技术研究所(北京市)
	As	220	21	质量分数(10^{-6})		
	Au	(9)		质量分数(10^{-6})		
	B	57	7	质量分数(10^{-6})		
	Ba	118	41	质量分数(10^{-6})		
	Be	4.4	1.0	质量分数(10^{-6})		
	Bi	49	7	质量分数(10^{-6})		
	Br	(7.2)		质量分数(10^{-6})		
	Cd	0.13	0.04	质量分数(10^{-6})		
	Ce	66	8	质量分数(10^{-6})		
	Cl	98	20	质量分数(10^{-6})		
	Co	7.6	1.7	质量分数(10^{-6})		
	Cr	75	8	质量分数(10^{-6})		
	Cs	10.8	0.7	质量分数(10^{-6})		
	Cu	390	22	质量分数(10^{-6})		
	Dy	3.3	0.3	质量分数(10^{-6})		
	Er	2.2	0.3	质量分数(10^{-6})		
	Eu	0.66	0.06	质量分数(10^{-6})		
	F	906	70	质量分数(10^{-6})		
	Ga	30	4	质量分数(10^{-6})		
	Gd	3.4	0.3	质量分数(10^{-6})		
	Ge	3.2	0.4	质量分数(10^{-6})		
	Hf	7.5	0.8	质量分数(10^{-6})		
	Hg	72	11	质量分数(10^{-6})		
	Ho	0.69	0.06	质量分数(10^{-6})		
	I	19.4	1.0	质量分数(10^{-6})		
	In	0.84	0.20	质量分数(10^{-6})		
	La	30	3	质量分数(10^{-6})		

续表

标准物质编号	组份	标准值	标准不确定度	质量分数	标准物质名称	研制单位
GBW07406	Li	36	2	质量分数(10^{-6})	土壤成分分析标准物质	地球物理地球化学勘查研究院(廊坊市)、地质矿产部岩矿测试技术研究所(北京市)
	Lu	0.42	0.06	质量分数(10^{-6})		
	Mn	0.145	0.013	质量分数(10^{-6})		
	Mo	18	3	质量分数(10^{-6})		
	Nb	27	4	质量分数(10^{-6})		
	Nd	21	3	质量分数(10^{-6})		
	Ni	53	5	质量分数(10^{-6})		
	P	303	47	质量分数(10^{-6})		
	Pb	314	20	质量分数(10^{-6})		
	Pr	5.8	0.6	质量分数(10^{-6})		
	Rb	237	12	质量分数(10^{-6})		
	S	260	50	质量分数(10^{-6})		
	Sb	60	10	质量分数(10^{-6})		
	Sc	15.5	1.4	质量分数(10^{-6})		
	Se	1.34	0.24	质量分数(10^{-6})		
	Sm	3.8	0.6	质量分数(10^{-6})		
	Sn	72	10	质量分数(10^{-6})		
	Sr	39	6	质量分数(10^{-6})		
	Ta	5.3	0.6	质量分数(10^{-6})		
	Tb	0.61	0.12	质量分数(10^{-6})		
	Te	(4.0)		质量分数(10^{-6})		
	Th	23	2	质量分数(10^{-6})		
	Ti	0.439	0.018	质量分数(10^{-6})		
	Tl	2.4	0.6	质量分数(10^{-6})		
	Tm	0.40	0.07	质量分数(10^{-6})		
	U	6.7	1.1	质量分数(10^{-6})		
	V	130	11	质量分数(10^{-6})		
	W	90	10	质量分数(10^{-6})		
	Y	19	3	质量分数(10^{-6})		
	Yb	2.7	0.5	质量分数(10^{-6})		
	Zn	97	9	质量分数(10^{-6})		
	Zr	220	22	质量分数(10^{-6})		
	N	0.0740	0.0047	质量分数(10^{-6})		
	SiO_2	56.93	0.27	质量分数(10^{-6})		
	Al_2O_3	21.23	0.25	质量分数(10^{-6})		
	TFe_2O_3	8.09	0.19	质量分数(10^{-6})		
	FeO	(0.57)		质量分数(10^{-6})		
	MgO	0.34	0.07	质量分数(10^{-6})		
	CaO	0.22	0.04	质量分数(10^{-6})		
	Na_2O	0.19	0.02	质量分数(10^{-6})		
	K_2O	1.70	0.08	质量分数(10^{-6})		

续表

标准物质编号	组份	标准值	标准不确定度	质量分数	标准物质名称	研制单位
GBW07406	H_2O^+	(8.9)		质量分数(10^{-6})	土壤成分分析标准物质	地球物理地球化学勘查研究院(廊坊市)、地质矿产部岩矿测试技术研究所(北京市)
	CO_2	(0.084)		质量分数(10^{-6})		
	Org. C	0.81	0.07	质量分数(10^{-6})		
	L. O. I.	(10.0)		质量分数(10^{-6})		
GBW07407	Ag	0.057	0.016	质量分数(10^{-6})	土壤成分分析标准物质	地球物理地球化学勘查研究院(廊坊市)、地质矿产部岩矿测试技术研究所(北京市)
	As	4.8	1.9	质量分数(10^{-6})		
	Au	(0.8)		质量分数(10^{-6})		
	B	(10.5)		质量分数(10^{-6})		
	Ba	108	41	质量分数(10^{-6})		
	Be	2.8	2.9	质量分数(10^{-6})		
	Bi	0.20	0.07	质量分数(10^{-6})		
	Br	5.2	1.2	质量分数(10^{-6})		
	Cd	0.080	0.033	质量分数(10^{-6})		
	Ce	98	16	质量分数(10^{-6})		
	Cl	100	13	质量分数(10^{-6})		
	Co	97	9	质量分数(10^{-6})		
	Cr	410	35	质量分数(10^{-6})		
	Cs	2.7	0.9	质量分数(10^{-6})		
	Cu	97	9	质量分数(10^{-6})		
	Dy	6.6	0.8	质量分数(10^{-6})		
	Er	2.7	0.6	质量分数(10^{-6})		
	Eu	3.4	0.3	质量分数(10^{-6})		
	F	321	45	质量分数(10^{-6})		
	Ga	39	7	质量分数(10^{-6})		
	Ge	1.6	0.3	质量分数(10^{-6})		
	Hf	7.7	0.4	质量分数(10^{-6})		
	Hg	61	8	质量分数(10^{-6})		
	Ho	1.1	0.2	质量分数(10^{-6})		
	I	19	2	质量分数(10^{-6})		
	In	0.10	0.03	质量分数(10^{-6})		
	La	46	7	质量分数(10^{-6})		
	Li	19.5	1.4	质量分数(10^{-6})		
	Lu	0.35	0.08	质量分数(10^{-6})		
	Mn	0.178	0.018	质量分数(10^{-6})		
	Mo	2.9	0.4	质量分数(10^{-6})		
	Nb	64	10	质量分数(10^{-6})		
	Nd	45	3	质量分数(10^{-6})		
	Ni	276	23	质量分数(10^{-6})		
	P	1150	61	质量分数(10^{-6})		
	Pb	14	4	质量分数(10^{-6})		
	Pr	11	1	质量分数(10^{-6})		

续表

标准物质编号	组份	标准值	标准不确定度	质量分数	标准物质名称	研制单位
GBW07407	Rb	16	4	质量分数(10^{-6})	土壤成分分析标准物质	地球物理地球化学勘查研究院(廊坊市)、地质矿产部岩矿测试技术研究所(北京市)
	S	250	40	质量分数(10^{-6})		
	Sb	0.42	0.13	质量分数(10^{-6})		
	Sc	28	3	质量分数(10^{-6})		
	Se	0.32	0.09	质量分数(10^{-6})		
	Sm	10.3	0.6	质量分数(10^{-6})		
	Sn	3.6	1.6	质量分数(10^{-6})		
	Sr	26	6	质量分数(10^{-6})		
	Ta	3.9	0.6	质量分数(10^{-6})		
	Tb	1.3	0.3	质量分数(10^{-6})		
	Te	(0.047)		质量分数(10^{-6})		
	Th	9.1	1.1	质量分数(10^{-6})		
	Ti	2.020	0.078	质量分数(10^{-6})		
	Tl	(0.21)		质量分数(10^{-6})		
	Tm	0.42	0.06	质量分数(10^{-6})		
	U	2.2	0.5	质量分数(10^{-6})		
	V	245	32	质量分数(10^{-6})		
	W	1.2	0.4	质量分数(10^{-6})		
	Y	27	6	质量分数(10^{-6})		
	Yb	2.4	0.6	质量分数(10^{-6})		
	Zn	142	17	质量分数(10^{-6})		
	Zr	318	57	质量分数(10^{-6})		
	N	0.0660	0.0050	质量分数(10^{-6})		
	SiO_2	32.69	0.27	质量分数(10^{-6})		
	Al_2O_3	29.26	0.52	质量分数(10^{-6})		
	TFe_2O_3	18.76	0.51	质量分数(10^{-6})		
	FeO	(1.05)		质量分数(10^{-6})		
	MgO	0.26	0.06	质量分数(10^{-6})		
	CaO	0.16	0.05	质量分数(10^{-6})		
	SiO_2	0.074	0.028	质量分数(10^{-6})		
	Al_2O_3	0.20	0.03	质量分数(10^{-6})		
	TFe_2O_3	(13.7)		质量分数(10^{-6})		
	CO_2	(0.11)		质量分数(10^{-6})		
	Org. C	0.64	0.05	质量分数(10^{-6})		
	L. O. I.	(14.3)		质量分数(10^{-6})		
	Gd	9.6	1.0	质量分数(10^{-6})		
GBW07408	Hf	7.0	0.8	质量分数(10^{-6})	土壤成分分析标准物质	地球物理地球化学勘查研究院(廊坊市)、地质矿产部岩矿测试技术研究所(北京市)
	Ag	0.060	0.014	质量分数(10^{-6})		
	As	12.7	1.7	质量分数(10^{-6})		
	Au	(1.4)		质量分数(10^{-6})		
	B	54	5	质量分数(10^{-6})		

续表

标准物质编号	组份	标准值	标准不确定度	质量分数	标准物质名称	研制单位
GBW07408	Ba	480	36	质量分数(10^{-6})	土壤成分分析标准物质	地球物理地球化学勘查研究院(廊坊市)、地质矿产部岩矿测试技术研究所(北京市)
	Be	1.9	0.3	质量分数(10^{-6})		
	Bi	0.30	0.05	质量分数(10^{-6})		
	Br	(2.6)		质量分数(10^{-6})		
	Cd	0.13	0.05	质量分数(10^{-6})		
	Ce	66	10	质量分数(10^{-6})		
	Cl	(70)		质量分数(10^{-6})		
	Co	12.7	1.7	质量分数(10^{-6})		
	Cr	68	8	质量分数(10^{-6})		
	Cs	7.5	0.9	质量分数(10^{-6})		
	Cu	24.3	1.8	质量分数(10^{-6})		
	Dy	4.8	0.5	质量分数(10^{-6})		
	Er	2.8	0.2	质量分数(10^{-6})		
	Eu	1.2	0.1	质量分数(10^{-6})		
	F	577	37	质量分数(10^{-6})		
	Ga	14.8	1.6	质量分数(10^{-6})		
	Ga	5.4	0.5	质量分数(10^{-6})		
	Gd	1.27	0.22	质量分数(10^{-6})		
	Hg	17	4	质量分数(10^{-6})		
	Ho	0.97	0.08	质量分数(10^{-6})		
	I	1.6	0.5	质量分数(10^{-6})		
	In	(0.044)		质量分数(10^{-6})		
	La	36	4	质量分数(10^{-6})		
	Li	35	2	质量分数(10^{-6})		
	Lu	0.43	0.06	质量分数(10^{-6})		
	Mn	650	35	质量分数(10^{-6})		
	Mo	1.16	0.15	质量分数(10^{-6})		
	Nb	15	3	质量分数(10^{-6})		
	Nd	32	3	质量分数(10^{-6})		
	Ni	31.5	2.7	质量分数(10^{-6})		
	P	775	39	质量分数(10^{-6})		
	Pb	21	3	质量分数(10^{-6})		
	Pr	8.3	0.9	质量分数(10^{-6})		
	Rb	96	5	质量分数(10^{-6})		
	S	120	50	质量分数(10^{-6})		
	Sb	1.0	0.3	质量分数(10^{-6})		
	Sc	11.7	1.1	质量分数(10^{-6})		
	Se	0.12	0.04	质量分数(10^{-6})		
	Sm	5.9	0.6	质量分数(10^{-6})		
	Sn	2.8	0.7	质量分数(10^{-6})		
	Sr	236	19	质量分数(10^{-6})		

续表

标准物质编号	组份	标准值	标准不确定度	质量分数	标准物质名称	研制单位
GBW07408	Ta	1.05	0.26	质量分数(10^{-6})	土壤成分分析标准物质	地球物理地球化学勘查研究院(廊坊市)、地质矿产部岩矿测试技术研究所(北京市)
	Tb	0.89	0.12	质量分数(10^{-6})		
	Te	0.046	0.012	质量分数(10^{-6})		
	Th	11.8	1.1	质量分数(10^{-6})		
	Ti	0.380	0.018	质量分数(10^{-6})		
	Tl	0.59	0.16	质量分数(10^{-6})		
	Tm	0.46	0.08	质量分数(10^{-6})		
	U	2.7	0.5	质量分数(10^{-6})		
	V	81	7	质量分数(10^{-6})		
	W	1.7	0.5	质量分数(10^{-6})		
	Y	26	3	质量分数(10^{-6})		
	Yb	2.8	0.3	质量分数(10^{-6})		
	Zn	68	6	质量分数(10^{-6})		
	Zr	229	18	质量分数(10^{-6})		
	N	0.0370	0.0043	质量分数(10^{-6})		
	SiO_2	58.61	0.20	质量分数(10^{-6})		
	Al_2O_3	11.92	0.23	质量分数(10^{-6})		
	TFe_2O_3	4.48	0.07	质量分数(10^{-6})		
	FeO	1.22	0.07	质量分数(10^{-6})		
	MgO	2.38	0.10	质量分数(10^{-6})		
	CaO	8.27	0.18	质量分数(10^{-6})		
	Na_2O	1.72	0.06	质量分数(10^{-6})		
	K_2O	2.42	0.06	质量分数(10^{-6})		
	H_2O^+	(3.3)		质量分数(10^{-6})		
	CO_2	5.97	0.20	质量分数(10^{-6})		
	Org. C	(0.31)		质量分数(10^{-6})		
	L. O. I.	9.12	0.22	质量分数(10^{-6})		
GBW07409	Ag	0.067	0.014	质量分数(10^{-6})	土壤成分分析标准物质	地球物理地球化学勘查研究院(廊坊市)、地质矿产部岩矿测试技术研究所(北京市)
	As	2.9	0.2	质量分数(10^{-6})		
	B	13.8	1.5	质量分数(10^{-6})		
	Ba	693	36	质量分数(10^{-6})		
	Be	2.1	0.3	质量分数(10^{-6})		
	Bi	0.10	0.01	质量分数(10^{-6})		
	Cd	0.068	0.023	质量分数(10^{-6})		
	Ce	58.9	2.0	质量分数(10^{-6})		
	Co	4.9	1.0	质量分数(10^{-6})		
	Cr	26.4	2.1	质量分数(10^{-6})		
	Cs	3.3	0.4	质量分数(10^{-6})		
	Cu	4.9	1.3	质量分数(10^{-6})		
	Dy	3.2	0.3	质量分数(10^{-6})		
	Eu	0.97	0.10	质量分数(10^{-6})		

续表

标准物质编号	组份	标准值	标准不确定度	质量分数	标准物质名称	研制单位
GBW07409	F	215	29	质量分数(10^{-6})	土壤成分分析标准物质	地球物理地球化学勘查研究院(廊坊市)、地质矿产部岩矿测试技术研究所(北京市)
	Ga	14.6	2.4	质量分数(10^{-6})		
	Gd	3.9	0.4	质量分数(10^{-6})		
	Ge	1.2	0.2	质量分数(10^{-6})		
	Hg	0.015	0.006	质量分数(10^{-6})		
	La	31.3	3.4	质量分数(10^{-6})		
	Li	14.3	1.0	质量分数(10^{-6})		
	Lu	0.27	0.05	质量分数(10^{-6})		
	Mn	262	30	质量分数(10^{-6})		
	Mo	0.43	0.07	质量分数(10^{-6})		
	Nd	26.0	2.1	质量分数(10^{-6})		
	Ni	9.3	1.0	质量分数(10^{-6})		
	P	318	21	质量分数(10^{-6})		
	Pb	16.3	2.4	质量分数(10^{-6})		
	Rb	97.4	3.5	质量分数(10^{-6})		
	Sb	0.21	0.03	质量分数(10^{-6})		
	Sc	4.8	0.1	质量分数(10^{-6})		
	Se	(0.044)		质量分数(10^{-6})		
	Sm	4.9	0.4	质量分数(10^{-6})		
	Sn	1.4	0.6	质量分数(10^{-6})		
	Sr	270	16	质量分数(10^{-6})		
	Tb	0.55	0.08	质量分数(10^{-6})		
	Th	8.4	0.9	质量分数(10^{-6})		
	Ti	0.25	0.02	质量分数(10^{-6})		
	Tl	0.58	0.11	质量分数(10^{-6})		
	Tm	0.28	0.05	质量分数(10^{-6})		
	U	1.6	0.3	质量分数(10^{-6})		
	V	34.7	5.4	质量分数(10^{-6})		
	W	0.98	0.28	质量分数(10^{-6})		
	Y	16.9	1.3	质量分数(10^{-6})		
	Yb	1.8	0.1	质量分数(10^{-6})		
	Zn	34.2	3.2	质量分数(10^{-6})		
	Zr	300	27	质量分数(10^{-6})		
	SiO_2	73.28	0.21	质量分数(10^{-6})		
	Al_2O_3	12.91	0.23	质量分数(10^{-6})		
	MgO	0.49	0.04	质量分数(10^{-6})		
	CaO	1.35	0.06	质量分数(10^{-6})		
	Na_2O	3.31	0.17	质量分数(10^{-6})		
	K_2O	3.37	0.10	质量分数(10^{-6})		
	Br	(1.2)		质量分数(10^{-6})		
	Cl	(57.4)		质量分数(10^{-6})		

续表

标准物质编号	组份	标准值	标准不确定度	质量分数	标准物质名称	研制单位
GBW07409	Er	(1.8)		质量分数(10^{-6})	土壤成分分析标准物质	地球物理地球化学勘查研究院(廊坊市)、地质矿产部岩矿测试技术研究所(北京市)
	Ho	(0.66)		质量分数(10^{-6})		
	I	(0.44)		质量分数(10^{-6})		
	In	(0.032)		质量分数(10^{-6})		
	N	(0.052)		质量分数(10^{-6})		
	Pr	(7.1)		质量分数(10^{-6})		
	S	(97.0)		质量分数(10^{-6})		
	Te	(0.024)		质量分数(10^{-6})		
	Fe_2O_3	2.08	0.10	质量分数(10^{-6})		
	Nb	13.0	1.2	质量分数(10^{-6})		
GBW07410	Sn	4.2	0.8	质量分数(10^{-6})	土壤成分分析标准物质	地球物理地球化学勘查研究院(廊坊市)、地质矿产部岩矿测试技术研究所(北京市)
	Ag	0.11	0.02	质量分数(10^{-6})		
	As	10.5	0.8	质量分数(10^{-6})		
	B	38.3	4.8	质量分数(10^{-6})		
	Ba	623	27	质量分数(10^{-6})		
	Be	2.6	0.3	质量分数(10^{-6})		
	Bi	0.37	0.04	质量分数(10^{-6})		
	Cd	0.090	0.030	质量分数(10^{-6})		
	Ce	76.6	3.9	质量分数(10^{-6})		
	Co	12.8	1.1	质量分数(10^{-6})		
	Cr	66.0	4.5	质量分数(10^{-6})		
	Cs	7.9	0.3	质量分数(10^{-6})		
	Cu	23.2	2.2	质量分数(10^{-6})		
	Dy	(5.3)		质量分数(10^{-6})		
	Eu	1.2	0.1	质量分数(10^{-6})		
	F	438	44	质量分数(10^{-6})		
	Ga	18.8	1.8	质量分数(10^{-6})		
	Gd	5.6	0.7	质量分数(10^{-6})		
	Ge	(1.6)		质量分数(10^{-6})		
	Hg	0.066	0.012	质量分数(10^{-6})		
	La	37.6	1.8	质量分数(10^{-6})		
	Li	33.2	1.5	质量分数(10^{-6})		
	Lu	0.46	0.06	质量分数(10^{-6})		
	Mn	706	33	质量分数(10^{-6})		
	Mo	0.84	0.12	质量分数(10^{-6})		
	Nb	17.1	2.2	质量分数(10^{-6})		
	Nd	34.4	1.6	质量分数(10^{-6})		
	Ni	27.6	2.8	质量分数(10^{-6})		
	P	439	16	质量分数(10^{-6})		
	Pb	29.2	3.2	质量分数(10^{-6})		
	Rb	109	4	质量分数(10^{-6})		

续表

标准物质编号	组份	标准值	标准不确定度	质量分数	标准物质名称	研制单位
GBW07410	Sb	0.93	0.32	质量分数(10^{-6})	土壤成分分析标准物质	地球物理地球化学勘查研究院(廊坊市)、地质矿产部岩矿测试技术研究所(北京市)
	Sc	11.4	0.6	质量分数(10^{-6})		
	Se	0.28	0.06	质量分数(10^{-6})		
	Sm	6.6	0.2	质量分数(10^{-6})		
	Sr	188	9	质量分数(10^{-6})		
	Tb	0.85	0.14	质量分数(10^{-6})		
	Th	42.0	1.3	质量分数(10^{-6})		
	Ti	0.46	0.03	质量分数(10^{-6})		
	Tl	0.62	0.16	质量分数(10^{-6})		
	Tm	0.48	0.07	质量分数(10^{-6})		
	U	2.4	0.2	质量分数(10^{-6})		
	V	82.7	3.7	质量分数(10^{-6})		
	W	5.0	0.4	质量分数(10^{-6})		
	Y	27.4	1.9	质量分数(10^{-6})		
	Yb	3.1	0.1	质量分数(10^{-6})		
	Zn	72.8	4.5	质量分数(10^{-6})		
	Zr	337	19	质量分数(10^{-6})		
	SiO_2	65.64	0.38	质量分数(10^{-6})		
	Al_2O_3	14.55	0.18	质量分数(10^{-6})		
	MgO	1.25	0.04	质量分数(10^{-6})		
	CaO	1.42	0.10	质量分数(10^{-6})		
	Na_2O	1.90	0.09	质量分数(10^{-6})		
	K_2O	2.59	0.07	质量分数(10^{-6})		
	Br	(5.0)		质量分数(10^{-6})		
	Cl	(45.6)		质量分数(10^{-6})		
	Er	(2.9)		质量分数(10^{-6})		
	Ho	(1.1)		质量分数(10^{-6})		
	I	(2.6)		质量分数(10^{-6})		
	In	(0.07)		质量分数(10^{-6})		
	N	(0.12)		质量分数(10^{-6})		
	Pr	(8.8)		质量分数(10^{-6})		
	S	(174)		质量分数(10^{-6})		
	Te	(0.035)		质量分数(10^{-6})		
	Fe_2O_3	4.60	0.13	质量分数(10^{-6})		
GBW07411	Ag	5.4	1.0	质量分数(10^{-6})	土壤成分分析标准物质	地球物理地球化学勘查研究院(廊坊市)、地质矿产部岩矿测试技术研究所(北京市)
	As	205	11	质量分数(10^{-6})		
	B	63.9	6.5	质量分数(10^{-6})		
	Ba	550	27	质量分数(10^{-6})		
	Be	2.3	0.2	质量分数(10^{-6})		
	Bi	1.7	0.3	质量分数(10^{-6})		
	Cd	28.2	1.3	质量分数(10^{-6})		

续表

标准物质编号	组份	标准值	标准不确定度	质量分数	标准物质名称	研制单位
GBW07411	Ce	66.3	1.8	质量分数(10^{-6})	土壤成分分析标准物质	地球物理地球化学勘查研究院(廊坊市)、地质矿产部岩矿测试技术研究所(北京市)
	Co	11.6	1.4	质量分数(10^{-6})		
	Cr	59.6	5.0	质量分数(10^{-6})		
	Cs	9.3	0.8	质量分数(10^{-6})		
	Cu	65.4	4.7	质量分数(10^{-6})		
	Dy	(4.4)		质量分数(10^{-6})		
	Eu	1.1	0.1	质量分数(10^{-6})		
	F	624	75	质量分数(10^{-6})		
	Ga	17.3	3.2	质量分数(10^{-6})		
	Gd	4.6	0.7	质量分数(10^{-6})		
	Ge	(1.3)		质量分数(10^{-6})		
	Hg	0.150	0.022	质量分数(10^{-6})		
	La	32.8	2.6	质量分数(10^{-6})		
	Li	29.4	0.5	质量分数(10^{-6})		
	Lu	0.36	0.05	质量分数(10^{-6})		
	Mn	0.97	0.06	质量分数(10^{-6})		
	Mo	1.5	0.3	质量分数(10^{-6})		
	Nb	15.1	3.0	质量分数(10^{-6})		
	Nd	27.4	2.9	质量分数(10^{-6})		
	Ni	24.2	2.1	质量分数(10^{-6})		
	P	0.14	0.01	质量分数(10^{-6})		
	Pb	0.27	0.01	质量分数(10^{-6})		
	Rb	111	7	质量分数(10^{-6})		
	Sb	9.2	1.4	质量分数(10^{-6})		
	Sc	11.0	1.1	质量分数(10^{-6})		
	Se	0.51	0.13	质量分数(10^{-6})		
	Sm	5.4	0.2	质量分数(10^{-6})		
	Sn	64.3	6.1	质量分数(10^{-6})		
	Sr	130	13	质量分数(10^{-6})		
	Tb	0.70	0.13	质量分数(10^{-6})		
	Th	12.6	2.7	质量分数(10^{-6})		
	Ti	0.41	0.02	质量分数(10^{-6})		
	Tl	(1.7)		质量分数(10^{-6})		
	Tm	0.40	0.06	质量分数(10^{-6})		
	U	3.3	0.4	质量分数(10^{-6})		
	W	6.9	0.2	质量分数(10^{-6})		
	Y	24.2	2.9	质量分数(10^{-6})		
	Yb	2.5	0.1	质量分数(10^{-6})		
	Zn	0.38	0.03	质量分数(10^{-6})		
	Zr	192	16	质量分数(10^{-6})		
	SiO_2	47.96	0.63	质量分数(10^{-6})		

续表

标准物质编号	组份	标准值	标准不确定度	质量分数	标准物质名称	研制单位
GBW07411	Al_2O_3	12.04	0.55	质量分数(10^{-6})	土壤成分分析标准物质	地球物理地球化学勘查研究院(廊坊市)、地质矿产部岩矿测试技术研究所(北京市)
	MgO	3.71	0.11	质量分数(10^{-6})		
	CaO	4.33	0.18	质量分数(10^{-6})		
	Na_2O	1.10	0.06	质量分数(10^{-6})		
	K_2O	2.03	0.09	质量分数(10^{-6})		
	Br	(3.1)		质量分数(10^{-6})		
	Cl	(101)		质量分数(10^{-6})		
	Er	(2.4)		质量分数(10^{-6})		
	Ho	(0.88)		质量分数(10^{-6})		
	I	(2.6)		质量分数(10^{-6})		
	In	(0.38)		质量分数(10^{-6})		
	N	(0.32)		质量分数(10^{-6})		
	Pr	(7.5)		质量分数(10^{-6})		
	S	(999)		质量分数(10^{-6})		
	Te	(0.055)		质量分数(10^{-6})		
	Fe_2O_3	7.97	0.34	质量分数(10^{-6})		
	V	88.5	6.9	质量分数(10^{-6})		
GBW07423	Tm	0.44	0.06	质量分数(10^{-6})	湖积物成分分析标准物质	地球物理地球化学勘查研究院(廊坊市)
	Ag	0.075	0.015	质量分数(10^{-6})		
	As	8.4	1.0	质量分数(10^{-6})		
	B	52	4	质量分数(10^{-6})		
	Ba	520	40	质量分数(10^{-6})		
	Be	2.2	0.1	质量分数(10^{-6})		
	Bi	0.29	0.07	质量分数(10^{-6})		
	Cd	0.10	0.02	质量分数(10^{-6})		
	Ce	74	4	质量分数(10^{-6})		
	Cl	45	9	质量分数(10^{-6})		
	Co	14	3	质量分数(10^{-6})		
	Cr	75	4	质量分数(10^{-6})		
	Cs	8.3	0.7	质量分数(10^{-6})		
	Br	3.7	0.3	质量分数(10^{-6})		
	I	2.8	0.4	质量分数(10^{-6})		
	N	1300	90	质量分数(10^{-6})		
	Te	(0.035)		质量分数(10^{-6})		
	Cu	25	4	质量分数(10^{-6})		
	Dy	4.7	0.4	质量分数(10^{-6})		
	Er	2.8	0.3	质量分数(10^{-6})		
	Eu	1.30	0.12	质量分数(10^{-6})		
	F	504	17	质量分数(10^{-6})		
	Ga	16.7	1.5	质量分数(10^{-6})		
	Gd	5.4	0.6	质量分数(10^{-6})		

续表

标准物质编号	组份	标准值	标准不确定度	质量分数	标准物质名称	研制单位
GBW07423	Ge	1.32	0.08	质量分数(10^{-6})	湖积物成分分析标准物质	地球物理地球化学勘查研究院(廊坊市)
	Hf	6.6	0.8	质量分数(10^{-6})		
	Hg	0.032	0.004	质量分数(10^{-6})		
	Ho	1.03	0.07	质量分数(10^{-6})		
	In	(0.08)		质量分数(10^{-6})		
	La	38	3	质量分数(10^{-6})		
	Li	38	3	质量分数(10^{-6})		
	Lu	0.43	0.04	质量分数(10^{-6})		
	Mn	520	30	质量分数(10^{-6})		
	Mo	0.4	0.1	质量分数(10^{-6})		
	Nb	14.4	1.7	质量分数(10^{-6})		
	Nd	32	3	质量分数(10^{-6})		
	Ni	33	3	质量分数(10^{-6})		
	P	480	30	质量分数(10^{-6})		
	Pb	25	4	质量分数(10^{-6})		
	Pr	8.5	0.7	质量分数(10^{-6})		
	Rb	102	8	质量分数(10^{-6})		
	S	241	24	质量分数(10^{-6})		
	Sb	0.86	0.12	质量分数(10^{-6})		
	Sc	12.1	1.3	质量分数(10^{-6})		
	Se	0.15	0.03	质量分数(10^{-6})		
	Sm	6.2	0.5	质量分数(10^{-6})		
	Sn	3.4	0.6	质量分数(10^{-6})		
	Sr	172	10	质量分数(10^{-6})		
	Ta	1.1	0.2	质量分数(10^{-6})		
	Tb	0.86	0.12	质量分数(10^{-6})		
	Th	12.8	1.3	质量分数(10^{-6})		
	Ti	424×10	24×10	质量分数(10^{-6})		
	Tl	0.6	0.1	质量分数(10^{-6})		
	U	2.1	0.3	质量分数(10^{-6})		
	V	90	10	质量分数(10^{-6})		
	W	1.9	0.2	质量分数(10^{-6})		
	Y	26	2	质量分数(10^{-6})		
	Yb	2.6	0.4	质量分数(10^{-6})		
	Zn	61	6	质量分数(10^{-6})		
	Zr	233	8	质量分数(10^{-6})		
	SiO_2	61.7	0.3	质量分数(10^{-6})		
	Al_2O_3	13.3	0.1	质量分数(10^{-6})		
	TFe_2O_3	4.8	0.16	质量分数(10^{-6})		
	FeO	(1.4)		质量分数(10^{-6})		
	MgO	1.52	0.13	质量分数(10^{-6})		

续表

标准物质编号	组份	标准值	标准不确定度	质量分数	标准物质名称	研制单位
GBW07423	CaO	5.0	0.17	质量分数(10^{-6})	湖积物成分分析标准物质	地球物理地球化学勘查研究院(廊坊市)
	Na_2O	1.28	0.04	质量分数(10^{-6})		
	K_2O	1.98	0.04	质量分数(10^{-6})		
	H_2O^+	(4.7)		质量分数(10^{-6})		
	CO_2	2.9	0.2	质量分数(10^{-6})		
	L.O.I.	(9.5)		质量分数(10^{-6})		
	Org.C	1.1	0.1	质量分数(10^{-6})		
GBW07601	Ag	0.029	0.008	质量分数(10^{-6})	人发粉成分分析标准物质	地球物理地球化学勘查研究院(廊坊市)
	As	0.28	0.05	质量分数(10^{-6})		
	Au	(0.0025)		质量分数(10^{-6})		
	B	(1.3)		质量分数(10^{-6})		
	Ba	17	2	质量分数(10^{-6})		
	Be	0.063	0.020	质量分数(10^{-6})		
	Bi	0.34	0.02	质量分数(10^{-6})		
	Br	(0.36)		质量分数(10^{-6})		
	Ca	0.29	0.03	质量分数(10^{-6})		
	Cd	0.11	0.03	质量分数(10^{-6})		
	Ce	0.12	0.03	质量分数(10^{-6})		
	Co	0.071	0.012	质量分数(10^{-6})		
	Cr	0.37	0.06	质量分数(10^{-6})		
	Cu	10.6	1.2	质量分数(10^{-6})		
	Dy	(0.017)		质量分数(10^{-6})		
	Eu	(0.006)		质量分数(10^{-6})		
	Fe	54	10	质量分数(10^{-6})		
	Hg	0.36	0.08	质量分数(10^{-6})		
	K	(20)		质量分数(10^{-6})		
	La	0.049	0.011	质量分数(10^{-6})		
	Li	2.0	0.1	质量分数(10^{-6})		
	Mg	360	40	质量分数(10^{-6})		
	Mn	6.3	0.8	质量分数(10^{-6})		
	Mo	0.073	0.014	质量分数(10^{-6})		
	N	14.9	0.1	质量分数(10^{-6})		
	Na	152	17	质量分数(10^{-6})		
	Ni	0.83	0.19	质量分数(10^{-6})		
	P	170	10	质量分数(10^{-6})		
	Pb	8.8	1.1	质量分数(10^{-6})		
	S	4.3	0.3	质量分数(10^{-6})		
	Sb	0.095	0.016	质量分数(10^{-6})		
	Sc	0.008	0.001	质量分数(10^{-6})		
	Se	0.60	0.04	质量分数(10^{-6})		
	Si	870	80	质量分数(10^{-6})		

续表

标准物质编号	组份	标准值	标准不确定度	质量分数	标准物质名称	研制单位
GBW07601	Sm	(0.012)		质量分数(10^{-6})	人发粉成分分析标准物质	地球物理地球化学勘查研究院(廊坊市)
	Sr	24	1	质量分数(10^{-6})		
	Ti	2.7	0.6	质量分数(10^{-6})		
	Y	0.084	0.016	质量分数(10^{-6})		
	Zn	190	9	质量分数(10^{-6})		
GBW07602	Ag	0.006		质量分数(10^{-6})	灌木枝叶成分分析标准物质	地球物理地球化学勘查研究院(廊坊市)
	Al	0.022		质量分数(10^{-6})		
	As	0.12		质量分数(10^{-6})		
	B	7		质量分数(10^{-6})		
	Ba	3		质量分数(10^{-6})		
	Be	0.014		质量分数(10^{-6})		
	Br	0.4		质量分数(10^{-6})		
	Ca	0.13		质量分数(10^{-6})		
	Cd	0.06		质量分数(10^{-6})		
	Ce	0.3		质量分数(10^{-6})		
	Co	0.214	0.05	质量分数(10^{-6})		
	Cr	0.3		质量分数(10^{-6})		
	Cu	0.5		质量分数(10^{-6})		
	Dy			质量分数(10^{-6})		
	Eu	0.002		质量分数(10^{-6})		
	F	3		质量分数(10^{-6})		
	Fe	67		质量分数(10^{-6})		
	Hf	0.02		质量分数(10^{-6})		
	Hg	0.95		质量分数(10^{-6})		
	K	0.05		质量分数(10^{-6})		
	La	0.10		质量分数(10^{-6})		
	Li	0.4		质量分数(10^{-6})		
	Mg	0.018		质量分数(10^{-6})		
	Mn	6		质量分数(10^{-6})		
	Mo	0.04		质量分数(10^{-6})		
	N	0.02		质量分数(10^{-6})		
	Na	34	0.10	质量分数(10^{-6})		
	Ni	0.4		质量分数(10^{-6})		
	P	40		质量分数(10^{-6})		
	Pb	1.1		质量分数(10^{-6})		
	Rb	0.2		质量分数(10^{-6})		
	S	0.03		质量分数(10^{-6})		
	Sb	0.020		质量分数(10^{-6})		
	Sc	0.03		质量分数(10^{-6})		
	Se	19	0.013	质量分数(10^{-6})		
	Si	0.04		质量分数(10^{-6})		

续表

标准物质编号	组份	标准值	标准不确定度	质量分数	标准物质名称	研制单位
GBW07602	Sm	0.01		质量分数(10^{-6})	灌木枝叶成分分析标准物质	地球物理地球化学勘查研究院(廊坊市)
	Sr	11		质量分数(10^{-6})		
	Th	0.02		质量分数(10^{-6})		
	Ti	18		质量分数(10^{-6})		
	V	0.3		质量分数(10^{-6})		
	W	0.056		质量分数(10^{-6})		
	Yb	0.014		质量分数(10^{-6})		
	Zn	2.2		质量分数(10^{-6})		
	Cs	0.03		质量分数(10^{-6})		
GBW07603	Pr	(0.24)		质量分数(10^{-6})	灌木枝叶成分分析标准物质	地球物理地球化学勘查研究院(廊坊市)
	Ag	0.049	0.007	质量分数(10^{-6})		
	Al	0.20	0.03	质量分数(10^{-6})		
	As	1.25	0.15	质量分数(10^{-6})		
	B	38	6	质量分数(10^{-6})		
	Ba	18	2	质量分数(10^{-6})		
	Be	0.051	0.004	质量分数(10^{-6})		
	Bi	0.023	0.005	质量分数(10^{-6})		
	Br	3.0	0.4	质量分数(10^{-6})		
	Ca	1.68	0.11	质量分数(10^{-6})		
	Cd	(0.38)		质量分数(10^{-6})		
	Ce	2.2	0.1	质量分数(10^{-6})		
	Cl	(1.92)		质量分数(10^{-6})		
	Co	0.41	0.05	质量分数(10^{-6})		
	Cr	2.6	0.2	质量分数(10^{-6})		
	Cs	0.27	0.02	质量分数(10^{-6})		
	Cu	6.6	0.8	质量分数(10^{-6})		
	Dy	(0.13)		质量分数(10^{-6})		
	Eu	0.039	0.003	质量分数(10^{-6})		
	F	23	4	质量分数(10^{-6})		
	Fe	1070	57	质量分数(10^{-6})		
	Gd	(0.19)		质量分数(10^{-6})		
	Hf	(0.15)		质量分数(10^{-6})		
	Ho	(0.033)		质量分数(10^{-6})		
	K	0.92	0.10	质量分数(10^{-6})		
	La	1.25	0.06	质量分数(10^{-6})		
	Li	2.6	0.4	质量分数(10^{-6})		
	Lu	(0.011)		质量分数(10^{-6})		
	Mg	0.48	0.04	质量分数(10^{-6})		
	Mn	61	5	质量分数(10^{-6})		
	Mo	0.28	0.05	质量分数(10^{-6})		
	N	1.50	0.03	质量分数(10^{-6})		

续表

标准物质编号	组份	标准值	标准不确定度	质量分数	标准物质名称	研制单位
GBW07603	Na	1.96	0.18	质量分数(10^{-6})	灌木枝叶成分分析标准物质	地球物理地球化学勘查研究院(廊坊市)
	Nd	1.0	0.1	质量分数(10^{-6})		
	Ni	1.7	0.3	质量分数(10^{-6})		
	P	1000	40	质量分数(10^{-6})		
	Pb	47	3	质量分数(10^{-6})		
	Rb	4.5	0.6	质量分数(10^{-6})		
	S	0.73	0.06	质量分数(10^{-6})		
	Sb	0.095	0.014	质量分数(10^{-6})		
	Sc	0.32	0.04	质量分数(10^{-6})		
	Se	0.12	0.02	质量分数(10^{-6})		
	Si	0.60	0.07	质量分数(10^{-6})		
	Sm	0.19	0.02	质量分数(10^{-6})		
	Sn	(0.27)		质量分数(10^{-6})		
	Sr	246	16	质量分数(10^{-6})		
	Tb	0.025	0.003	质量分数(10^{-6})		
	Th	0.36	0.04	质量分数(10^{-6})		
	Ti	95	20	质量分数(10^{-6})		
	U	(0.12)		质量分数(10^{-6})		
	V	2.4	0.4	质量分数(10^{-6})		
	W	(0.06)		质量分数(10^{-6})		
	Y	(0.63)		质量分数(10^{-6})		
	Yb	0.063	0.014	质量分数(10^{-6})		
	Zn	20.6	2.2	质量分数(10^{-6})		
GBW07604	Ag	(0.013)		质量分数(10^{-6})	杨树叶成分分析标准物质	地球物理地球化学勘查研究院(廊坊市)
	Al	0.104	0.06	质量分数(10^{-6})		
	As	0.37	0.09	质量分数(10^{-6})		
	B	53	5	质量分数(10^{-6})		
	Ba	26	4	质量分数(10^{-6})		
	Be	0.021	0.005	质量分数(10^{-6})		
	Bi	0.027	0.002	质量分数(10^{-6})		
	Br	7.2	1.4	质量分数(10^{-6})		
	Ca	1.81	0.13	质量分数(10^{-6})		
	Cd	0.32	0.07	质量分数(10^{-6})		
	Ce	0.49	0.07	质量分数(10^{-6})		
	Cl	(0.23)		质量分数(10^{-6})		
	Co	0.42	0.03	质量分数(10^{-6})		
	Cr	0.55	0.07	质量分数(10^{-6})		
	Cs	0.053	0.003	质量分数(10^{-6})		
	Cu	9.3	1.0	质量分数(10^{-6})		
	Dy	(0.036)		质量分数(10^{-6})		
	Eu	0.009	0.003	质量分数(10^{-6})		

续表

标准物质编号	组份	标准值	标准不确定度	质量分数	标准物质名称	研制单位
GBW07604	F	22	4	质量分数(10^{-6})	杨树叶成分分析标准物质	地球物理地球化学勘查研究院(廊坊市)
	Fe	274	17	质量分数(10^{-6})		
	Gd	(0.043)		质量分数(10^{-6})		
	Hf	(0.026)		质量分数(10^{-6})		
	Hg	0.026	0.003	质量分数(10^{-6})		
	K	1.38	0.07	质量分数(10^{-6})		
	La	0.26	0.02	质量分数(10^{-6})		
	Li	0.84	0.15	质量分数(10^{-6})		
	Mg	0.65	0.05	质量分数(10^{-6})		
	Mn	45	4	质量分数(10^{-6})		
	Mo	0.18	0.01	质量分数(10^{-6})		
	N	2.56	0.06	质量分数(10^{-6})		
	Na	200	13	质量分数(10^{-6})		
	Nd	(0.22)		质量分数(10^{-6})		
	Ni	1.9	0.3	质量分数(10^{-6})		
	P	1680	60	质量分数(10^{-6})		
	Pb	1.5	0.3	质量分数(10^{-6})		
	Rb	7.6	0.8	质量分数(10^{-6})		
	S	0.35	0.04	质量分数(10^{-6})		
	Sb	0.045	0.006	质量分数(10^{-6})		
	Sc	0.069	0.007	质量分数(10^{-6})		
	Se	0.14	0.02	质量分数(10^{-6})		
	Si	0.71	0.08	质量分数(10^{-6})		
	Sm	0.038	0.006	质量分数(10^{-6})		
	Sr	154	9	质量分数(10^{-6})		
	Th	0.07	0.01	质量分数(10^{-6})		
	Ti	20.4	2.2	质量分数(10^{-6})		
	U	(0.028)		质量分数(10^{-6})		
	V	(0.64)		质量分数(10^{-6})		
	Y	0.145	0.015	质量分数(10^{-6})		
	Yb	0.018	0.004	质量分数(10^{-6})		
	Zn	37	3	质量分数(10^{-6})		
GBW07605	Ag	(0.018)		质量分数(10^{-6})	茶叶成分分析标准物质	地球物理地球化学勘查研究院(廊坊市)
	As	0.28	0.04	质量分数(10^{-6})		
	B	15	4	质量分数(10^{-6})		
	Ba	58	6	质量分数(10^{-6})		
	Be	0.034	0.006	质量分数(10^{-6})		
	Bi	0.063	0.008	质量分数(10^{-6})		
	Br	3.4	0.5	质量分数(10^{-6})		
	Ca	0.43	0.04	质量分数(10^{-6})		
	Cd	0.057	0.010	质量分数(10^{-6})		

续表

标准物质编号	组份	标准值	标准不确定度	质量分数	标准物质名称	研制单位
GBW07605	Ce	1.0	0.2	质量分数(10^{-6})	茶叶成分分析标准物质	地球物理地球化学勘查研究院(廊坊市)
	Co	0.18	0.02	质量分数(10^{-6})		
	Cr	0.80	0.03	质量分数(10^{-6})		
	Cs	0.29	0.02	质量分数(10^{-6})		
	Cu	17.3	1.8	质量分数(10^{-6})		
	Dy	(0.074)		质量分数(10^{-6})		
	Eu	0.018	0.002	质量分数(10^{-6})		
	F	320	31	质量分数(10^{-6})		
	Fe	264	15	质量分数(10^{-6})		
	Gd	(0.093)		质量分数(10^{-6})		
	Hf	(0.033)		质量分数(10^{-6})		
	Hg	(0.013)		质量分数(10^{-6})		
	Ho	(0.019)		质量分数(10^{-6})		
	K	1.66	0.12	质量分数(10^{-6})		
	La	0.60	0.04	质量分数(10^{-6})		
	Li	(0.36)		质量分数(10^{-6})		
	Lu	(0.007)		质量分数(10^{-6})		
	Mg	0.17	0.02	质量分数(10^{-6})		
	Mn	1240	70	质量分数(10^{-6})		
	Mo	0.038	0.007	质量分数(10^{-6})		
	N	3.32	0.09	质量分数(10^{-6})		
	Na	44	6	质量分数(10^{-6})		
	Nd	(0.44)		质量分数(10^{-6})		
	Ni	4.6	0.5	质量分数(10^{-6})		
	P	2840	90	质量分数(10^{-6})		
	Pb	4.4	0.3	质量分数(10^{-6})		
	Pr	(0.12)		质量分数(10^{-6})		
	Rb	74	5	质量分数(10^{-6})		
	S	0.245	0.022	质量分数(10^{-6})		
	Sb	0.056	0.006	质量分数(10^{-6})		
	Sc	0.085	0.013	质量分数(10^{-6})		
	Se	(0.072)		质量分数(10^{-6})		
	Si	(0.21)		质量分数(10^{-6})		
	Sm	0.085	0.023	质量分数(10^{-6})		
	Sr	15.2	0.7	质量分数(10^{-6})		
	Tb	(0.011)		质量分数(10^{-6})		
	Th	0.061	0.009	质量分数(10^{-6})		
	Ti	24	4	质量分数(10^{-6})		
	V	(0.86)		质量分数(10^{-6})		
	Y	0.36	0.04	质量分数(10^{-6})		
	Yb	0.044	0.005	质量分数(10^{-6})		
	Zn	26.3	2.0	质量分数(10^{-6})		
	Al	(0.30)		质量分数(10^{-6})		

续表

标准物质编号	组份	标准值	标准不确定度	质量分数	标准物质名称	研制单位
GBW08121	甲烷	1000	1.5	质量分数(10^{-6})	氩中甲烷气体标准物质	化工部西南化工研究院(成都市)
GBW08131	乙烷	1000	1.5	质量分数(10^{-6})	氮中甲烷、乙烷、丙烷、乙烯、异丁烷混合气体标准物质	国家标准物质研究中心
	丙烷	1000	1.5	质量分数(10^{-6})		
	乙烯	10	1.5	质量分数(10^{-6})		
	异丁烷	10	1.5	质量分数(10^{-6})		
	氮	余量		质量分数(10^{-6})		
GBW08132	甲烷	500	1.5	质量分数(10^{-6})	氮中甲烷、乙烷、丙烷、丙烯混合气体标准物质	国家标准物质研究中心(北京市)
	乙烷	500	1.5	质量分数(10^{-6})		
	丙烷	10	1.5	质量分数(10^{-6})		
	丙烯	10	1.5	质量分数(10^{-6})		
	氮	余量		质量分数(10^{-6})		
GBW08133	一氧化碳	1.60	1	质量分数 (10^{-2})	氮中一氧化碳、丙烷气体标准物质	国家标准物质研究中心(北京市)
	丙烷	0.08	1	质量分数 (10^{-2})		
	氮	余量		质量分数 (10^{-2})		
GBW08136	一氧化碳	1.5－8	1	质量分数 (10^{-2})	氮中一氧化碳、丙烷气体标准物质	国家标准物质研究中心(北京市)
	丙烷	0.08－1.2	1	质量分数 (10^{-2})		
	氮	余量		质量分数 (10^{-2})		
GBW08303	Al	68600	1700	质量分数(10^{-6})	硫化氢渗透管	国家标准物质研究中心(北京市)
	As	10.6	0.6	质量分数(10^{-6})		
	Ca	47900	1700	质量分数(10^{-6})		
	Cd	1.20	0.07	质量分数(10^{-6})		
	Co	13.0	0.6	质量分数(10^{-6})		
	Cr	112	6	质量分数(10^{-6})		
	Cu	120	6	质量分数(10^{-6})		
	Fe	29700	1000	质量分数(10^{-6})		
	Hg	2.15	0.06	质量分数(10^{-6})		
	K	15700	800	质量分数(10^{-6})		
	Mg	13000	800	质量分数(10^{-6})		
	Mn	519	18	质量分数(10^{-6})		
	Na	11000	600	质量分数(10^{-6})		
	Ni	40	2	质量分数(10^{-6})		
	P	1600	80	质量分数(10^{-6})		
	Pb	73	2	质量分数(10^{-6})		
	Th	11.6	0.5	质量分数(10^{-6})		
	Ti	3600	100	质量分数(10^{-6})		
	Sr	405	16	质量分数(10^{-6})		
	Zn	260	11	质量分数(10^{-6})		
	Ba	(724)		质量分数(10^{-6})		
	Be	(2.5)		质量分数(10^{-6})		
	La	(40)		质量分数(10^{-6})		

续表

标准物质编号	组份	标准值	标准不确定度	质量分数	标准物质名称	研制单位
GBW08303	Mo	(3.3)		质量分数(10^{-6})	硫化氢渗透管	国家标准物质研究中心(北京市)
	Sc	(10)		质量分数(10^{-6})		
	Se	(1.0)		质量分数(10^{-6})		
	U	(3.2)		质量分数(10^{-6})		
	Rb	(68)		质量分数(10^{-6})		
	Si	(259000)		质量分数(10^{-6})		
GBW08304a	^{238}U	0.158	12	比活度(Bq/g)	河流沉积物环境放射性标准物质	中国计量科学研究院(北京市)
	^{235}U	0.00840	13	比活度(Bq/g)		
	^{226}Ra	0.132	7.2	比活度(Bq/g)		
	^{232}Th	0.0656	6.9	比活度(Bq/g)		
	^{40}K	0.575	6.0	比活度(Bq/g)		
	^{60}Co	0.137	5.7	比活度(Bq/g)		
	^{137}Cs	0.0810	6.0	比活度(Bq/g)		
	^{90}Sr	0.00579		比活度(Bq/g)		
	$^{239}Pu+^{240}Pu$	0.0383	23	比活度(Bq/g)		
GBW08305	Na	1.32	0.03	质量分数(10^{-2})	中国黄土成分分析标准物质	国家环境分析测试中心(北京)
	Mg	1.56	0.03	质量分数(10^{-2})		
	Al	6.04	0.03	质量分数(10^{-2})		
	Si	27.80	0.1	质量分数(10^{-2})		
	K	1.94	0.06	质量分数(10^{-2})		
	Ca	5.82	0.10	质量分数(10^{-2})		
	Ti	0.359	0.14	质量分数(10^{-2})		
	Fe	2.94	0.03	质量分数(10^{-2})		
	P	661	42	质量分数(10^{-2})		
	Sc	(10)		质量分数(10^{-2})		
	Mn	644	21	质量分数(10^{-2})		
	Ni	31	3	质量分数(10^{-2})		
	Cu	21	2	质量分数(10^{-2})		
	Zn	62	5	质量分数(10^{-2})		
	Sr	276	5	质量分数(10^{-2})		
	Ba	499	13	质量分数(10^{-2})		
GBW08401	As	0.3		质量分数(10^{-6})	煤飞灰成分分析标准物质	中国科学院生态环境研究中心(北京市)
	Be	0.5		质量分数(10^{-6})		
	Cd	0.02		质量分数(10^{-6})		
	Co	1.4		质量分数(10^{-6})		
	Cu	2		质量分数(10^{-6})		
	Mn	20		质量分数(10^{-6})		
	Pb	2.2		质量分数(10^{-6})		
	Se	0.08		质量分数(10^{-6})		
	V	5		质量分数(10^{-6})		
	Zn	4		质量分数(10^{-6})		
	Fe	700		质量分数(10^{-6})		
	Cr	4		质量分数(10^{-6})		
	Ba	10.7		质量分数(10^{-6})		

续表

标准物质编号	组份	标准值	标准不确定度	质量分数	标准物质名称	研制单位
GBW08402				质量分数（10^{-2}）	煤飞灰中氟成分分析标准物质	中国预防医学科学院环境与卫生工程研究所（北京市）、国家标准物质研究中心（北京市）
GBW08403	菲	7.1	2.6	质量分数(10^{-6})	煤飞灰多环芳烃标准物质	中国科学院生态环境研究中心（北京市）
	蒽	2.0	0.8	质量分数(10^{-6})		
	荧蒽	7.4	1.9	质量分数(10^{-6})		
	芘	7	2	质量分数(10^{-6})		
	苯并(a)芘	1.3	0.3	质量分数(10^{-6})		
GBW08501	As	0.34	0.03	质量分数(10^{-6})	桃叶成分分析标准物质	中国科学院生态环境研究中心（北京市）
	Ba	18.4	0.9	质量分数(10^{-6})		
	Cd	0.018	0.004	质量分数(10^{-6})		
	Cr	0.94	0.07	质量分数(10^{-6})		
	Cu	10.4	0.8	质量分数(10^{-6})		
	Fe	431	15	质量分数(10^{-6})		
	Hg	0.046	0.006	质量分数(10^{-6})		
	K	21700	800	质量分数(10^{-6})		
	Mg	4700	200	质量分数(10^{-6})		
	Mn	75.4	2.7	质量分数(10^{-6})		
	Pb	0.99	0.04	质量分数(10^{-6})		
	Sr	61.6	3.9	质量分数(10^{-6})		
	Zn	22.8	1.3	质量分数(10^{-6})		
	B	(45.8)		质量分数(10^{-6})		
	Co	(0.25)		质量分数(10^{-6})		
	Se	(0.04)		质量分数(10^{-6})		
GBW08502	K	656	15	质量分数(10^{-6})	大米粉成分分析标准物质	北京市环境保护监测中心(北京市)
	Mg	120	5	质量分数(10^{-6})		
	Ca	55	3	质量分数(10^{-6})		
	Mn	9.8	0.2	质量分数(10^{-6})		
	Fe	5.1	0.2	质量分数(10^{-6})		
	Zn	14.1	0.5	质量分数(10^{-6})		
	Na	8.4	0.6	质量分数(10^{-6})		
	Cu	2.6	0.2	质量分数(10^{-6})		
	As	0.051	0.003	质量分数(10^{-6})		
	Se	0.045	0.008	质量分数(10^{-6})		
	Cd	0.020	0.002	质量分数(10^{-6})		
	Pb	0.75	0.05	质量分数(10^{-6})		
GBW08503	K	1980	140	质量分数(10^{-6})	小麦粉成分分析标准物质	国家粮食储备局谷物油脂化学研究所(北京市)
	As	0.22	0.02	质量分数(10^{-6})		
	Ca	441	22	质量分数(10^{-6})		
	Cd	0.031	0.002	质量分数(10^{-6})		

续表

标准物质编号	组份	标准值	标准不确定度	质量分数	标准物质名称	研制单位
GBW08503	Cu	4.40	0.31	质量分数(10^{-6})	小麦粉成分分析标准物质	国家粮食储备局谷物油脂化学研究所(北京市)
	Fe	39.8	2.6	质量分数(10^{-6})		
	Mg	551	21	质量分数(10^{-6})		
	Mn	19.6	1.0	质量分数(10^{-6})		
	Pb	0.35	0.08	质量分数(10^{-6})		
	Zn	22.7	2.0	质量分数(10^{-6})		
	N	(23900)		质量分数(10^{-6})		
	P	(1500)		质量分数(10^{-6})		
	Na	(10.0)		质量分数(10^{-6})		
	Se	(0.10)		质量分数(10^{-6})		
GBW08503a	La	15.1	1.6	质量分数(10^{-9})	小麦粉中稀土元素成分分析标准物质	北京大学医学部(北京市)、国家粮食储备局谷物油脂化学研究所(北京市)
	Pr	(3.1)		质量分数(10^{-9})		
	Nd	14.5	2.4	质量分数(10^{-9})		
	Sm	2.3	0.6	质量分数(10^{-9})		
	Eu	(0.7)		质量分数(10^{-9})		
	Gd	(2.5)		质量分数(10^{-9})		
	Tb	(0.3)		质量分数(10^{-9})		
	Dy	(2.0)		质量分数(10^{-9})		
	Ho	(0.3)		质量分数(10^{-9})		
	Er	(1.0)		质量分数(10^{-9})		
	Tm	(0.2)		质量分数(10^{-9})		
	Yb	(0.9)		质量分数(10^{-9})		
	Lu	(0.2)		质量分数(10^{-9})		
	Y	(9.5)		质量分数(10^{-9})		
	Ce	27.0	5.8	质量分数(10^{-9})		
GBW08504	K	14500	400	质量分数(10^{-6})	甘兰成分分析标准物质	国家贸易部食品检测科学研究所(北京市)
	Na	7570	80	质量分数(10^{-6})		
	Ca	7920	180	质量分数(10^{-6})		
	Mg	1840	20	质量分数(10^{-6})		
	Cu	3.00	0.10	质量分数(10^{-6})		
	Zn	26.7	0.8	质量分数(10^{-6})		
	Mn	22.0	0.5	质量分数(10^{-6})		
	Fe	52.0	1.6	质量分数(10^{-6})		
	Cd	0.029	0.003	质量分数(10^{-6})		
	Sr	45.2	1.3	质量分数(10^{-6})		
	As	0.056	0.006	质量分数(10^{-6})		
	Se	0.083	0.004	质量分数(10^{-6})		
	N	28000	1000	质量分数(10^{-6})		
	P	3400	100	质量分数(10^{-6})		
	Pb	0.28	0.04	质量分数(10^{-6})		
	Rb	(31.7)		质量分数(10^{-6})		

续表

标准物质编号	组份	标准值	标准不确定度	质量分数	标准物质名称	研制单位
GBW08505	As	0.191	0.027	质量分数(10^{-6})	茶叶成分分析标准物质	中国科学院生态环境研究中心(北京市)
	Ba	15.7	1.9	质量分数(10^{-6})		
	Cd	0.032	0.005	质量分数(10^{-6})		
	Ce	0.686	0.092	质量分数(10^{-6})		
	Cu	16.2	1.9	质量分数(10^{-6})		
	Fe	373	23	质量分数(10^{-6})		
	La	0.458	0.020	质量分数(10^{-6})		
	Na	142	13	质量分数(10^{-6})		
	Ni	7.61	0.48	质量分数(10^{-6})		
	Pb	1.06	0.10	质量分数(10^{-6})		
	Rb	36.9	1.3	质量分数(10^{-6})		
	Sb	0.037	0.003	质量分数(10^{-6})		
	Se	0.041	0.010	质量分数(10^{-6})		
	Sr	10.8	1.8	质量分数(10^{-6})		
	Th	0.105	0.012	质量分数(10^{-6})		
	Zn	38.7	3.9	质量分数(10^{-6})		
	Ca	0.284×10^4	0.021×10^4	质量分数(10^{-6})		
	Mg	0.224×10^4	0.019×10^4	质量分数(10^{-6})		
	K	1.97×10^4	0.13×10^4	质量分数(10^{-6})		
	N	4.88×10^4	0.14×10^4	质量分数(10^{-6})		
	P	0.426×10^4	0.023×10^4	质量分数(10^{-6})		
	S	0.315×10^4	0.008×10^4	质量分数(10^{-6})		
	Br	(2)		质量分数(10^{-6})		
	Co	(0.2)		质量分数(10^{-6})		
	Cr	(0.8)		质量分数(10^{-6})		
	Cs	(0.13)		质量分数(10^{-6})		
	Hg	(0.004)		质量分数(10^{-6})		
	Sc	(0.1)		质量分数(10^{-6})		
	Sm	(0.06)		质量分数(10^{-6})		
	Ti	(36)		质量分数(10^{-6})		
	Mn	766	28	质量分数(10^{-6})		
GBW08508	Hg	0.038	0.003	质量分数(10^{-6})	大米粉中汞成分分析标准物质	北京市粮油食品检验所(北京市)、北京市环境保护监测中心(北京市)
	Cu	3.6	0.2	质量分数(10^{-6})		
	Fe	43.2	1.5	质量分数(10^{-6})		
	Mn	28.4	1.9	质量分数(10^{-6})		
	Zn	18.0	0.5	质量分数(10^{-6})		
GBW08514	Ca	3.00	0.08	质量分数(10^{-2})	烟草成分分析标准物质	中国烟草总公司青州烟草研究所(青州市)国家标准物质研究中心(北京市)
	Mg	0.51	0.02	质量分数(10^{-2})		
	K	2.39	0.10	质量分数(10^{-2})		
	N	1.72	0.06	质量分数(10^{-2})		
	Cl	0.77	0.03	质量分数(10^{-2})		

续表

标准物质编号	组份	标准值	标准不确定度	质量分数	标准物质名称	研制单位
GBW08514	P	0.229	0.014	质量分数（10^{-2}）	烟草成分分析标准物质	中国烟草总公司青州烟草研究所（青州市）国家标准物质研究中心（北京市）
	Mn	93.9×10^{-4}	3.4×10^{-4}	质量分数（10^{-2}）		
	Cu	16.4×10^{-4}	2.4×10^{-4}	质量分数（10^{-2}）		
	Zn	28.6×10^{-4}	2.0×10^{-4}	质量分数（10^{-2}）		
	Fe	962×10^{-4}	60×10^{-4}	质量分数（10^{-2}）		
	B	22.0×10^{-4}	1.8×10^{-4}	质量分数（10^{-2}）		
	烟碱	1.72	0.04	质量分数（10^{-2}）		
	总糖	18.8	0.8	质量分数（10^{-2}）		
	还原糖	17.2	0.8	质量分数（10^{-2}）		
GBW08515	Ca	4.30	0.14	质量分数（10^{-2}）	烟草成分分析标准物质	中国烟草总公司青州烟草研究所（青州市）国家标准物质研究中心（北京市）
	Mg	0.74	0.04	质量分数（10^{-2}）		
	K	3.31	0.12	质量分数（10^{-2}）		
	N	3.56	0.10	质量分数（10^{-2}）		
	Cl	0.98	0.04	质量分数（10^{-2}）		
	P	0.258	0.015	质量分数（10^{-2}）		
	Mn	236×10^{-4}	12×10^{-4}	质量分数（10^{-2}）		
	Cu	17.4×10^{-4}	1.4×10^{-4}	质量分数（10^{-2}）		
	Zn	36.2×10^{-4}	3.0×10^{-4}	质量分数（10^{-2}）		
	Fe	966×10^{-4}	64×10^{-4}	质量分数（10^{-2}）		
	B	41.6×10^{-4}	2.2×10^{-4}	质量分数（10^{-2}）		
	烟碱	3.84	0.10	质量分数（10^{-2}）		
	总糖	1.8	0.3	质量分数（10^{-2}）		
	还原糖			质量分数（10^{-2}）		
GBW08551	K	1.15×10^{4}	0.02×10^{4}	质量分数(10^{-6})	猪肝成分分析标准物质	国家贸易部食品检测科学研究所（北京市）
	Na	0.233×10^{4}	0.004×10^{4}	质量分数(10^{-6})		
	Ca	197	7	质量分数(10^{-6})		
	Mg	747	26	质量分数(10^{-6})		
	Cu	17.2	0.5	质量分数(10^{-6})		
	Zn	172	4	质量分数(10^{-6})		
	Mn	8.32	0.19	质量分数(10^{-6})		
	Fe	0.105×10^{4}	0.004×10^{4}	质量分数(10^{-6})		
	Pb	0.54	0.02	质量分数(10^{-6})		
	Cd	0.067	0.002	质量分数(10^{-6})		
	As	0.044	0.004	质量分数(10^{-6})		
	Se	0.94	0.03	质量分数(10^{-6})		
	Mo	3.8	0.4	质量分数(10^{-6})		
	P	$(1.3)\times10^{4}$		质量分数(10^{-6})		
	Co	(0.100)		质量分数(10^{-6})		
	Cr	(0.20)		质量分数(10^{-6})		
	N	10.86×10^{4}	0.05×10^{4}	质量分数(10^{-6})		

续表

标准物质编号	组份	标准值	标准不确定度	质量分数	标准物质名称	研制单位
GBW08552	K	1.40×10^4	0.06×10^4	质量分数(10^{-6})	猪肉成分分析标准物质	中国科学院上海原子核研究所(上海市)
	Na	0.202×10^4	0.007×10^4	质量分数(10^{-6})		
	P	0.817×10^4	0.031×10^4	质量分数(10^{-6})		
	Ca	147	15	质量分数(10^{-6})		
	Fe	43.6	2.4	质量分数(10^{-6})		
	Cu	3.88	0.15	质量分数(10^{-6})		
	Zn	94.2	3.6	质量分数(10^{-6})		
	Mg	988	50	质量分数(10^{-6})		
	Rb	42.7	1.5	质量分数(10^{-6})		
	Se	0.049	0.05	质量分数(10^{-6})		
	Mn	0.48	0.09	质量分数(10^{-6})		
	N	12.27×10^4	0.28×10^4	质量分数(10^{-6})		
	Cl	0.187×10^4	0.007×10^4	质量分数(10^{-6})		
	Br	6.2	0.7	质量分数(10^{-6})		
	Ba	(0.39)		质量分数(10^{-6})		
	Co	(0.03)		质量分数(10^{-6})		
	Cr	(0.39)		质量分数(10^{-6})		
	Cs	(0.14)		质量分数(10^{-6})		
	Hg	(0.023)		质量分数(10^{-6})		
	Pb	(0.20)		质量分数(10^{-6})		
	Sr	(0.18)		质量分数(10^{-6})		
	Mo	(0.055)		质量分数(10^{-6})		
GBW08572	K	0.597	0.006	质量分数(10^{-2})	对虾成分分析标准物质	国内贸易部食品检测科学研究所(北京市)
	Na	0.381	0.004	质量分数(10^{-2})		
	Ca	0.304	0.003	质量分数(10^{-2})		
	Mg	0.160	0.002	质量分数(10^{-2})		
	Al	0.131	0.002	质量分数(10^{-2})		
	Cu	0.000466	0.000012	质量分数(10^{-2})		
	Zn	0.00608	0.00007	质量分数(10^{-2})		
	Mn	0.000196	0.000007	质量分数(10^{-2})		
	Fe	0.00198	0.00005	质量分数(10^{-2})		
	Sr	0.00406	0.00017	质量分数(10^{-2})		
	As	0.000142	0.000003	质量分数(10^{-2})		
	Se	0.000152	0.000002	质量分数(10^{-2})		
	Pb	0.0000298	0.000001	质量分数(10^{-2})		
	Cd	0.0000023	0.0000002	质量分数(10^{-2})		
	Hg	0.0000201	0.0000002	质量分数(10^{-2})		
	Cr	0.000024	0.000003	质量分数(10^{-2})		
	Ba	0.000429	0.000036	质量分数(10^{-2})		
	N	14.3	0.2	质量分数(10^{-2})		
	P	0.845	0.006	质量分数(10^{-2})		

续表

标准物质编号	组份	标准值	标准不确定度	质量分数	标准物质名称	研制单位
GBW08572	F	0.000531	0.00002	质量分数（10^{-2}）	对虾成分分析标准物质	国内贸易部食品检测科学研究所（北京市）
	Co	(0.0000029)		质量分数（10^{-2}）		
	Br	(0.00135)		质量分数（10^{-2}）		
	Ti	(0.000105)		质量分数（10^{-2}）		
	S	(0.85)		质量分数（10^{-2}）		
GBW08606	氯根	22.0	2	质量分数（10^{-2}）	水中氯根、硝酸根和硫酸根成分分析标准物质	国家标准物质研究中心（北京市）
	硝酸根	4.50	2	质量分数（10^{-2}）		
	硫酸根	38.0	1	质量分数（10^{-2}）		
GBW08607	镉	0.100	2	质量分数（10^{-2}）	水中镉、铬、铜、镍、铅、锌成分分析标准物质	国家标准物质研究中心（北京市）
	铅	1.00	2	质量分数（10^{-2}）		
	铜	1.00	1	质量分数（10^{-2}）		
	铬	0.500	2	质量分数（10^{-2}）		
	锌	5.00	1	质量分数（10^{-2}）		
	镍	0.500	2	质量分数（10^{-2}）		
GBW08608	镉	10.0	4	质量分数（10^{-2}）	水中镉、铬、铜、镍、铅、锌成分分析标准物质	国家标准物质研究中心（北京市）
	铅	50	4	质量分数（10^{-2}）		
	铬	30	7	质量分数（10^{-2}）		
	铜	50	4	质量分数（10^{-2}）		
	锌	90	5	质量分数（10^{-2}）		
	镍	60	5	质量分数（10^{-2}）		
GBW09135	Mg	20.4	0.8	质量分数（10^{-2}）	人血清无机成份分析标准物质	成都蜀阳制药厂（成都市）、国家标准物质研究中心（北京市）、四川省分析测试技术联合服务中心（成都市）
	Cu	1.05	0.09	质量分数（10^{-2}）		
	Zn	1.03	0.23	质量分数（10^{-2}）		
	Ga	85.5	5.3	质量分数（10^{-2}）		
	Fe	1.3	0.3	质量分数（10^{-2}）		
	K	0.178	0.010	质量分数（10^{-2}）		
	Na	3.12	0.13	质量分数（10^{-2}）		
	Cl	3.37	0.14	质量分数（10^{-2}）		
	P	0.108	0.005	质量分数（10^{-2}）		
	Pb	(0.17)		质量分数（10^{-2}）		
	P(inorganic)	(35.5)		质量分数（10^{-2}）		
GBW09303a	Hh	1.33	0.06	质量分数（10^{-2}）	胆固醇纯度标准物质	卫生部北京老年医学研究所（北京市）
	As	10.2	0.2	质量分数（10^{-2}）		
GBW11101d	热值(MJ/kg)	30.53	0.15	质量分数（10^{-2}）	煤物理特性和化学成分分析标准物质	国家煤炭质量监督检验中心（北京市）山东省冶金科学研究院（济南市）
	全硫	0.48	0.05	质量分数（10^{-2}）		
	灰分	9.71	0.15	质量分数（10^{-2}）		
	挥发分	32.97	0.30	质量分数（10^{-2}）		
	碳	75.01	0.36	质量分数（10^{-2}）		
	氢	4.65	0.10	质量分数（10^{-2}）		
	氮	1.36	0.07	质量分数（10^{-2}）		
	’真相对密度(20℃)	1.40	0.02	质量分数（10^{-2}）		

续表

标准物质编号	组份	标准值	标准不确定度	质量分数	标准物质名称	研制单位
GBW11102d	热值(MJ/kg)	21.17	0.15	质量分数 (10^{-2})	煤物理特性和化学成分分析标准物质	国家煤炭质量监督检验中心(北京市)山东省冶金科学研究院(济南市)
	全硫	1.45	0.06	质量分数 (10^{-2})		
	灰分	34.70	0.24	质量分数 (10^{-2})		
	挥发分	23.57	0.30	质量分数 (10^{-2})		
	碳	52.60	0.36	质量分数 (10^{-2})		
	氢	3.30	0.10	质量分数 (10^{-2})		
	氮	0.90	0.06	质量分数 (10^{-2})		
	'真相对密度(20℃)	1.66	0.02	质量分数 (10^{-2})		
GBW11103c	热值(MJ/kg)	26.19	0.15	质量分数 (10^{-2})	煤物理特性和化学成分分析标准物质	国家煤炭质量监督检验中心(北京市)山东省冶金科学研究院(济南市)
	全硫	0.30	0.05	质量分数 (10^{-2})		
	灰分	16.83	0.18	质量分数 (10^{-2})		
	挥发分	6.64	0.20	质量分数 (10^{-2})		
	碳	77.25	0.38	质量分数 (10^{-2})		
	氮	0.23	0.06	质量分数 (10^{-2})		
	'真相对密度(20℃)	1.94	0.02	质量分数 (10^{-2})		
	氢	0.95	0.15	质量分数 (10^{-2})		
GBW11104b	热值(MJ/kg)	23.08	0.15	质量分数 (10^{-2})	煤物理特性和化学成分分析标准物质	国家煤炭质量监督检验中心(北京市)山东省冶金科学研究院(济南市)
	全硫	1.00	0.06	质量分数 (10^{-2})		
	灰分	26.42	0.18	质量分数 (10^{-2})		
	挥发分	6.07	0.20	质量分数 (10^{-2})		
	碳	68.44	0.36	质量分数 (10^{-2})		
	氢	0.69	0.15	质量分数 (10^{-2})		
	氮	0.21	0.06	质量分数 (10^{-2})		
	'真相对密度(20℃)	2.10	0.02	质量分数 (10^{-2})		
GBW11105a	热值(MJ/kg)	29.86	0.15	质量分数 (10^{-2})	煤物理特性和化学成分分析标准物质	国家煤炭质量监督检验中心(北京市)山东省冶金科学研究院(济南市)
	全硫	1.72	0.05	质量分数 (10^{-2})		
	灰分	13.92	0.20	质量分数 (10^{-2})		
	挥发分	11.94	0.20	质量分数 (10^{-2})		
	碳	76.15	0.36	质量分数 (10^{-2})		
	氢	3.33	0.12	质量分数 (10^{-2})		
	氮	1.13	0.07	质量分数 (10^{-2})		
	'真相对密度(20℃)	1.49	0.02	质量分数 (10^{-2})		
GBW11106b	硫	0.56	0.01	质量分数 (10^{-2})	冶金焦炭物理化学成分分析标准物质	山东省冶金科学研究院(济南市)
	灰分	13.02	0.05	质量分数 (10^{-2})		
	磷	0.009	0.001	质量分数 (10^{-2})		
	挥发分	1.26	0.05	质量分数 (10^{-2})		
	热值(MJ/kg)	28.82	0.12	质量分数 (10^{-2})		
GBW11107c	热值(MJ/kg)	31.17	0.12	质量分数 (10^{-2})	煤物理特性和化学成分分析标准物质	国家煤炭质量监督检验中心(北京市)山东省冶金科学研究院(济南市)
	全硫	0.91	0.05	质量分数 (10^{-2})		
	灰分	8.45	0.13	质量分数 (10^{-2})		
	挥发分	33.84	0.30	质量分数 (10^{-2})		

续表

标准物质编号	组份	标准值	标准不确定度	质量分数	标准物质名称	研制单位
GBW11107c	碳	76.68	0.36	质量分数（10^{-2}）	煤物理特性和化学成分分析标准物质	国家煤炭质量监督检验中心（北京市）山东省冶金科学研究院（济南市）
	氢	4.61	0.12	质量分数（10^{-2}）		
	氮	1.40	0.06	质量分数（10^{-2}）		
	'真相对密度(20℃)	1.39	0.02	质量分数（10^{-2}）		
GBW11108c	热值(MJ/kg)	31.74	0.12	质量分数（10^{-2}）	煤物理特性和化学成分分析标准物质	国家煤炭质量监督检验中心（北京市）山东省冶金科学研究院（济南市）
	全硫	1.84	0.06	质量分数（10^{-2}）		
	灰分	10.46	0.15	质量分数（10^{-2}）		
	挥发分	32.16	0.30	质量分数（10^{-2}）		
	碳	76.62	0.37	质量分数（10^{-2}）		
	氢	4.77	0.10	质量分数（10^{-2}）		
	氮	1.34	0.07	质量分数（10^{-2}）		
	'真相对密度(20℃)	1.37	0.02	质量分数（10^{-2}）		
GBW11109b	热值(MJ/kg)	28.24	0.15	质量分数（10^{-2}）	煤物理特性和化学成分分析标准物质	国家煤炭质量监督检验中心（北京市）山东省冶金科学研究院（济南市）
	全硫	3.05	0.08	质量分数（10^{-2}）		
	灰分	13.88	0.15	质量分数（10^{-2}）		
	挥发分	34.16	0.34	质量分数（10^{-2}）		
	碳	68.41	0.36	质量分数（10^{-2}）		
	氢	4.49	0.10	质量分数（10^{-2}）		
	氮	1.16	0.06	质量分数（10^{-2}）		
	'真相对密度(20℃)	1.45	0.02	质量分数（10^{-2}）		
GBW11110c	热值(MJ/kg)	21.46	0.15	质量分数（10^{-2}）	煤物理特性和化学成分分析标准物质	国家煤炭质量监督检验中心（北京市）山东省冶金科学研究院（济南市）
	全硫	4.69	0.12	质量分数（10^{-2}）		
	灰分	32.72	0.25	质量分数（10^{-2}）		
	挥发分	12.93	0.28	质量分数（10^{-2}）		
	碳	55.60	0.37	质量分数（10^{-2}）		
	氢	2.39	0.10	质量分数（10^{-2}）		
	氮	0.70	0.06	质量分数（10^{-2}）		
	'真相对密度(20℃)	1.81	0.01	质量分数（10^{-2}）		
GBW11111a	热值(MJ/kg)	32.04	0.15	质量分数（10^{-2}）	煤物理特性和化学成分分析标准物质	国家煤炭质量监督检验中心（北京市）山东省冶金科学研究院（济南市）
	全硫	1.38	0.06	质量分数（10^{-2}）		
	灰分	10.01	0.18	质量分数（10^{-2}）		
	挥发分	25.23	0.25	质量分数（10^{-2}）		
	碳	78.38	0.36	质量分数（10^{-2}）		
	氢	4.53	0.12	质量分数（10^{-2}）		
	氮	1.34	0.07	质量分数（10^{-2}）		
	'真相对密度(20℃)	1.38	0.02	质量分数（10^{-2}）		
GBW11112a	热值(MJ/kg)	26.92	0.15	质量分数（10^{-2}）	煤物理特性和化学成分分析标准物质	国家煤炭质量监督检验中心（北京市）山东省冶金科学研究院（济南市）
	全硫	2.20	0.06	质量分数（10^{-2}）		
	灰分	21.25	0.20	质量分数（10^{-2}）		
	挥发分	12.00	0.20	质量分数（10^{-2}）		
	碳	68.91	0.36	质量分数（10^{-2}）		

续表

标准物质编号	组份	标准值	标准不确定度	质量分数	标准物质名称	研制单位
GBW11112a	氢	3.06	0.13	质量分数 (10^{-2})	煤物理特性和化学成分分析标准物质	国家煤炭质量监督检验中心(北京市)山东省冶金科学研究院(济南市)
	氮	1.01	0.05	质量分数 (10^{-2})		
	'真相对密度(20℃)	1.58	0.02	质量分数 (10^{-2})		
GBW11113a	热值(MJ/kg)	19.34	0.15	质量分数 (10^{-2})	煤物理特性和化学成分分析标准物质	国家煤炭质量监督检验中心(北京市)山东省冶金科学研究院(济南市)
	全硫	3.40	0.08	质量分数 (10^{-2})		
	灰分	40.65	0.20	质量分数 (10^{-2})		
	碳	50.03	0.38	质量分数 (10^{-2})		
	氢	2.20	0.14	质量分数 (10^{-2})		
	氮	0.63	0.05	质量分数 (10^{-2})		
	'真相对密度(20℃)	1.84	0.02	质量分数 (10^{-2})		
	挥发分	10.48	0.20	质量分数 (10^{-2})		
GBW11114	变形温度(IT)(弱还原气氛)	1120	7	质量分数 (10^{-2})	煤灰熔融性标准物质	能源部西安热工研究所(西安市)
	软化温度(ST)(弱还原气氛)	1210	11	质量分数 (10^{-2})		
	半球温度(HT)(弱还原气氛)	1230	13	质量分数 (10^{-2})		
	流动温度(FT)(弱还原气氛)	1280	10	质量分数 (10^{-2})		
	变形温度(IT)(氧化气氛)	1290	9	质量分数 (10^{-2})		
	软化温度(ST)(氧化气氛)	1370	4	质量分数 (10^{-2})		
	半球温度(HT)(氧化气氛)	1390	4	质量分数 (10^{-2})		
	流动温度(FT)(氧化气氛)	1400	3	质量分数 (10^{-2})		
GBW11115	As	0.0015	0.0001	质量分数 (10^{-2})	煤中砷和磷成分分析标准物质	煤炭科学研究总院北京煤化学研究所(北京市)
	P	0.031	0.002	质量分数 (10^{-2})		
GBW11116	As	0.0034	0.0002	质量分数 (10^{-2})	煤中砷和磷成分分析标准物质	煤炭科学研究总院北京煤化学研究所(北京市)
	P	0.007	0.001	质量分数 (10^{-2})		
GBW11117	As	0.0051	0.0003	质量分数 (10^{-2})	煤中砷和磷成分分析标准物质	煤炭科学研究总院北京煤化学研究所(北京市)
	P	0.092	0.005	质量分数 (10^{-2})		
GBW13120	基准溶液 gKCl/1000g 溶液(真空中)			质量分数 (10^{-2})	氯化钾电导率标准物质	国家标准物质研究中心(北京市)
	基准溶液 gKCl/1000g 溶液(真空中)			质量分数 (10^{-2})		
	基准溶液 gKCl/1000g 溶液(真空中)			质量分数 (10^{-2})		
	基准溶液 gKCl/1000g 溶液(真空中)			质量分数 (10^{-2})		
	电导率 $S.m^{-1}$	质量分数 (10^{-2})				
GBW13120	电导率 $S.m^{-1}$	质量分数 (10^{-2})			氯化钾电导率标准物质	国家标准物质研究中心(北京市)
	电导率 $S.m^{-1}$	质量分数 (10^{-2})				
	电导率 $S.m^{-1}$	质量分数 (10^{-2})				
GBW13202	熔解焓(J/mol)	3265	7	质量分数 (10^{-2})	铟－热分析标准物质	国家标准物质研究中心(北京市)
	熔点(K)	429.75	0.01	质量分数 (10^{-2})		

德国 OBLF 分析仪器公司

OBLF

SPEKTROMETRIE

德国 **OBLF** 分析仪器公司成立于 **1975** 年，是一个专业生产光电直读光谱仪的高科技公司，用户遍及世界各地。公司一贯秉承“不求最大，只求最好”的原则，在直读光谱仪的生产和服务中一丝不苟，精益求精，向用户提供**高品质、高性能**的直读光谱仪和制样设备。

■ **OBLF** 直读光谱仪不仅分析精度好、稳定性好，而且分析速度快、坚固耐用，其特点如下：

* 免维护的激发光源采用了全新的 **GDS(Gated discharge source** 脉冲放电光源)技术、全固态电路、无辅助电极，最高可达 **1000Hz** 激发频率的光源，一次钢铁样品分析约需 **15s**。
* 由计算机控制真空泵的开启，真空泵的开启时间小于仪器全部运行时间的 **5%**，极大地提高了泵的使用寿命，彻底消除油蒸汽对光学系统的污染。
* 光学器件、积分板及控制电路均置于真空光室中。在真空气氛的保护下，可不受外界环境变化的影响，重现性及长期稳定性好。
* 光学系统自动进行谱线扫描，免除每日的描迹工作。
* 激发弧焰由透镜直接导入真空光室，消除光路损耗，保持数据的长期稳定性。
* 独特的自清洁开放式激发台，没有静态氩，在等待样品分析时可以不用氩气保护，大大的减少了氩气的消耗量。

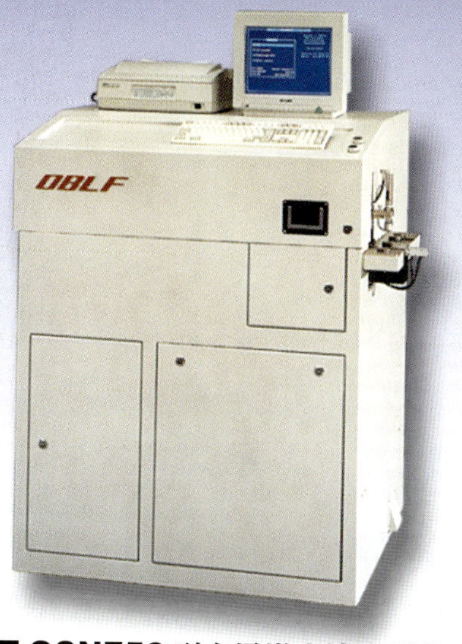

■ **QSN750** 型多通道直读光谱仪

另有性价比上佳的 **GS1000** 型及用于高纯金属材料分析的 **QSG750** 型直读光谱仪

Worldwide Analytical Systems AG

PMI-Master^Plus 型便携式直读光谱仪

全谱接收　准确可靠　操作方便　轻巧灵活

* 采用 **CCD** 作为接收器，像素高达 **42000** 条。多基体分析，增加基体和元素无需增加硬件。
* 波长范围 **185～420nm**，不附加任何外部设施即可准确测定钢中的 **C** 元素及其他合金元素的含量；附加小光室可分析 **P**、**S** 元素。
* 自动进行谱线扫描，免除繁琐的波峰扫描工作。
* 采用触摸屏操作，**Windows** 操作系统，显示窗口可实现 **180°** 的调转，适用不同工作场所操作。
* 可采用电池供电方式，便于没有电源供应的场所使用。

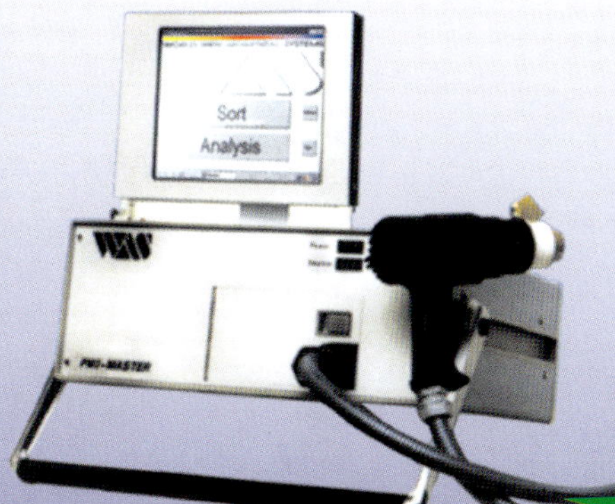

另有用于实验室、炉前分析的 **FOUNDRY-Master** 型直读光谱仪

网络实名“超谱”

中国总代理：超谱公司

北京联络处

地址：北京北四环中路 8 号汇欣大厦 B 座 1206 室

邮编：100101

电话：010-84987512 或 84987511

传真：010-84981750

http://www.chaopu-ccl.com

E-mail:cclbj@public3.bta.net.cn

上海联络处

地址：上海建国西路 91 弄 5 号

瑞金花园商务中心 710 室

邮编：200020

电话：021-64454676 或 64454677

传真：021-64453040

E-mail:cclsh@public8.sta.net.cn

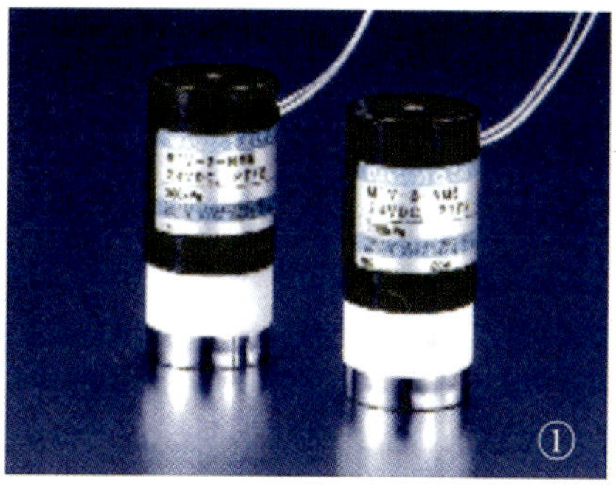
①

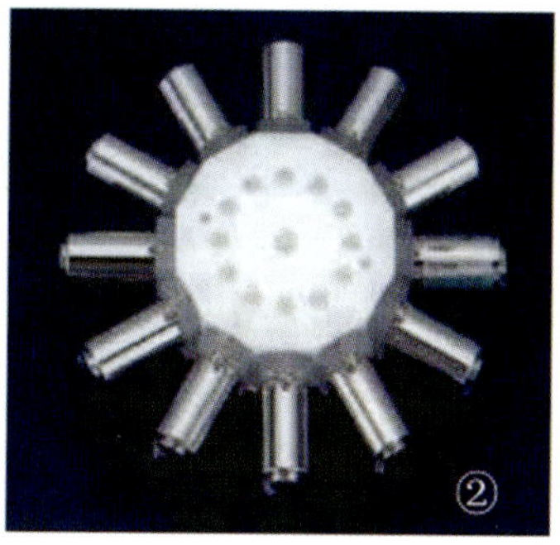
②

③

④

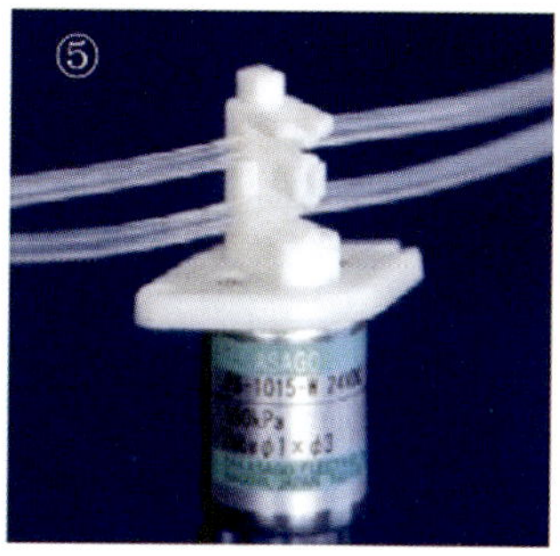
⑤

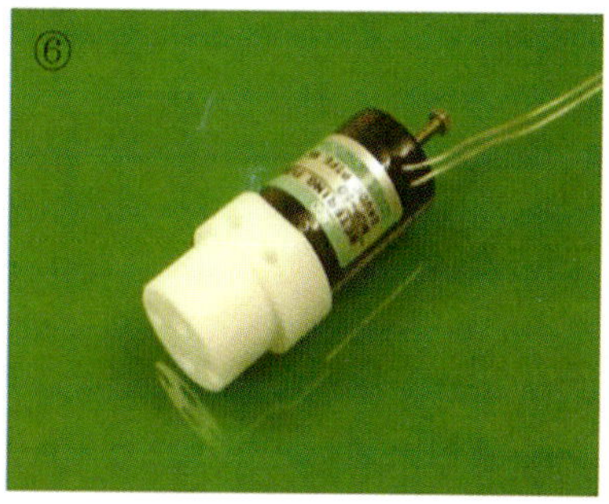
⑥

青岛市科学器材服务中心

(青岛市科学器材公司)

青岛市科学器材服务中心前身为青岛市科学器材公司。几十年来，中心始终把“诚信、质量”作为中心发展永恒的主题，本着“优质、高效、灵活、方便”的服务宗旨，为高等院校、科研院所、医疗、环保、检验监测、工矿企业等单位提供了大量的科研、教学、生产所需的仪器设备，以优质优价和周到服务赢得了用户的信赖，在岛城享有较高的声誉和信誉。

经过多年的发展与完善，中心已成为中国科器网青岛连锁中心、瑞士梅特勒天平、南京江南光电（集团）显微镜、日本尼康显微镜、中科美菱低温冰箱、上海精密科学仪器公司（下设上海天平仪器厂、上海雷磁仪器厂、上海分析仪器厂、上海物理光学仪器厂上海实验仪器总厂）等诸多国内外仪器厂先进产品的胶东地区总代理。并且青岛市分析测试学会分析仪器维修专业委员会设立于本中心，可为广大客户提供仪器维修服务。

多年来，青岛市科学器材服务中心始终保持与时俱进的精神状态，奋发有力、开拓创新，坚持以“服务为宗旨、市场为导向”的工作主线，全面实施“发展科器、振兴科技”战略，取得了两个文明建设的丰硕成果。

在上级的指导下，中心依靠自身得天独厚的无形资产和遍及全国的科器网络，不仅可做好国内贸易，而且可做好国际贸易。同时，可为各单位在市科技部门申请立项、成果鉴定、申请科技进步奖提供快捷、优质、专业的服务，以满足广大客户的要求。

书　　记
总 经 理　闵祥玲

科研条件的保障

快捷、专业的服务

科技创新条件的重要延续

:　青岛市大沽路35号　邮编：266001

:　总经理室、书记室　0532-2811645

办公室　0532-2842002　财务部　0532-2854896

业务一部　0532-2825296　2801625

业务二部　0532-2825859　2809321

业务三部　0532-2851550　2826755

业务四部　0532-2826089

招待所　0532-2840171　传达室　0532-2854147

:　0532-2842002

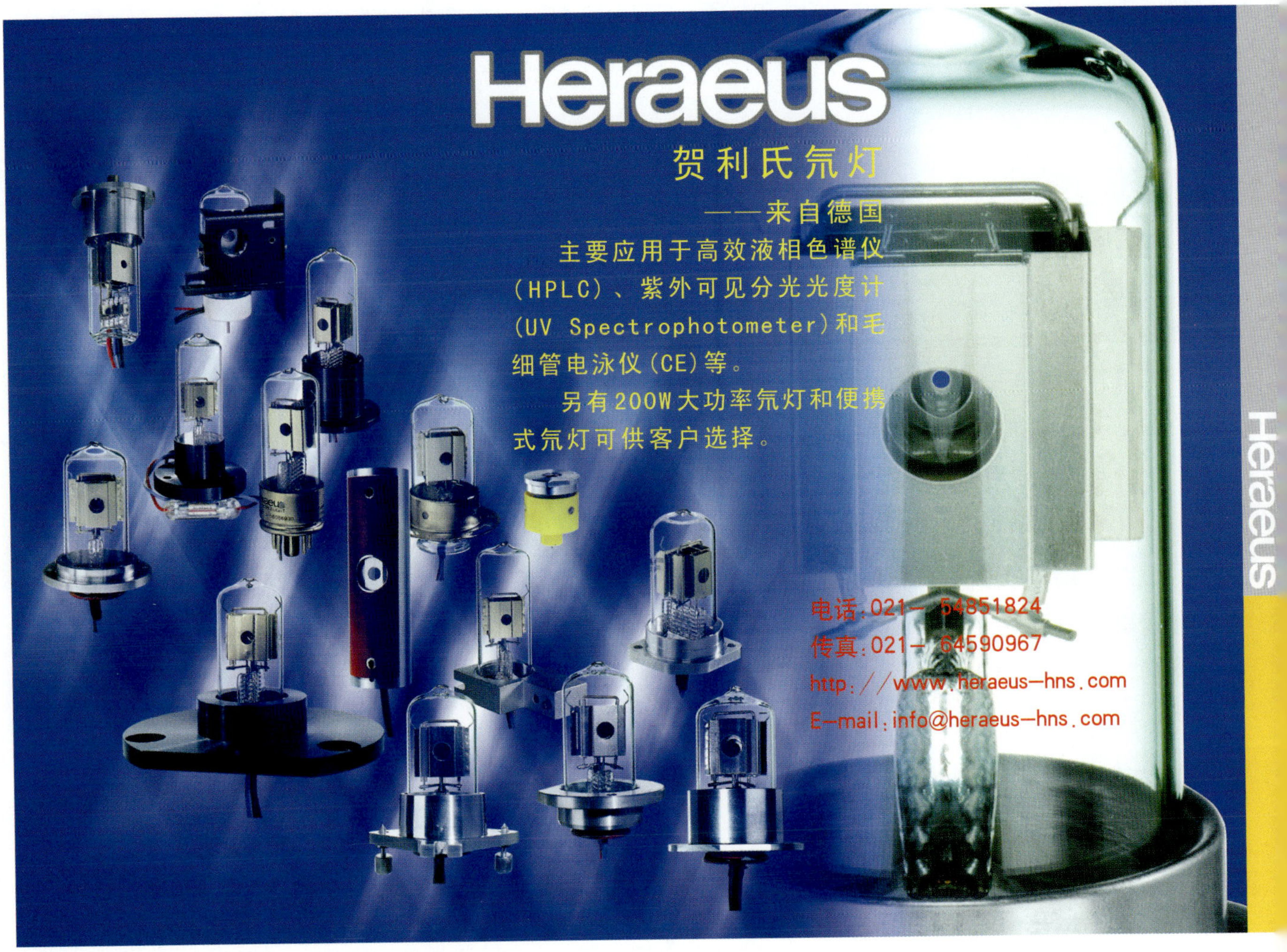

Heraeus
贺利氏氘灯
——来自德国
主要应用于高效液相色谱仪(HPLC)、紫外可见分光光度计(UV Spectrophotometer)和毛细管电泳仪(CE)等。
另有200W大功率氘灯和便携式氘灯可供客户选择。
电话:021-54851824
传真:021-64590967
http://www.heraeus-hns.com
E-mail:info@heraeus-hns.com
Heraeus

通信地址：湖南省长沙市中南大学现代分析测试中心

电话：0731－8879705

E-mail：f-cszx@mail.csu.edu.cn

邮编：410083

传真：0731－8876597

国家药物及代谢产物分析研究中心

国家药物及代谢产物分析研究中心是从事药物分析和药物代谢研究及咨询服务的开放性研究单位。该中心于1994年在中国医学科学院药物研究所分析室和仪器分析室的基础上建立的。该中心是我国药物及代谢产物研究、技术人员培训和药物分析服务的分析研究中心。

中心的方向任务是结合国家新药研究与开发工作的需要，研究并开发药物分析的新技术、新方法，重点研究微量药物成分在生物体内的分析技术，主要包括：药物代谢转化的研究，体液中原型药物及代谢物分析方法的研究，中草药有效成分的分离、结构鉴定及分析，新药的质量控制研究，利用现代仪器测定药物有效成分的结构。

中心主任为中国科学院院士分析化学家周同惠教授，现有科技人员16人，其中高级职称者10人（包括研究员5人），中级职称者3人，初级职称者3人。

中心拥有的主要实验设备与大型精密仪器：高效液相色谱仪，薄层扫描仪（日本岛津CS-930），库仑滴定仪，微量元素分析仪（ThermoFinnigan LtaliaS.P.A公司FLASH1112型），气－质联用仪（英国VG公司MD800，美国惠普公司HP5890A），毛细管电泳仪（美国Beckman公司P/ACE 5500），双光束紫外可见分光光度计（美国热电HEIOS a），傅立叶红外光谱仪（美国NICOLET公司TMPACT-400），500兆高分辨超导核磁共振仪（美国VARIAN公司，INOVA-500），300兆高分辨超导核磁共振仪（美国VARIAN 公司Mercury-300型），高分辨串联质谱仪（英国Micromass公司，AutoSpec Ultima-Tof型），LC-MS/MS仪（美国Applied Biosystems公司，QTRAP型），X-射线四园衍射仪（德国Bruker公司，P4型），X射线面探测仪（日本MAC公司，DIP 2030K型），氨基酸分析仪（日本日立公司L-8500），SGT图形工作站（美国SGI公司，Fuel型），旋光仪（美国Perkin Elmer公司，PL343型）等。

中心于2002年通过了计量认证复评审，获得了中国国家认证认可监督管理委员会颁发的“中华人民共和国计量认证合格证书”[(2003）量认（国）字（Z1667）号]及印章。通过计量认证的项目有：

1.中草药及中成药成分分析：

中草药中的生物碱、苷类、黄酮、挥发油等成分的分离、结构鉴定及分析测定。

2.药品质量检测、质量标准复检和制定：

临床应用和正在研制的化学合成药及其制剂，中药及其制剂的质量标准复检和制定。

3. 药物代谢转化及代谢产物分析：

正在研制的新药（化学合成药和天然产物中提取的单体）代谢转化及代谢产物分析。

4.药物代谢动力学测试：

正在研制的化学合成药和天然产物中提取的单体代谢动力学测试（暂不包括放射性核素示踪法）。

5.有机化合物元素分析：

药物及有机化合物中碳、氢、氮、硫、氟、氯、溴、碘、金属等的百分含量测定。

6.药物及天然产物中提取的单体结构分析：

(1)红外光谱（IR）：测试方法有KBr压片、石蜡糊、液膜。

(2)紫外光谱（UV）：新药及天然产物中提取的单体定性、定量测定。

(3)质谱（MS）：E1-MS、FAB-MS、ESI-MS及其高分辨质谱测定；MS/MS、LC MS/MS、GC-MS分析，常量和微量成分的质谱分析方法研究；另外，对于EI-MS测试结果进行数据检索。

(4)核磁共振谱（NMR）：一维氢谱、碳谱、磷谱、氧谱及有关二维谱的测试。

(5)X射线衍射（XRD）

①单晶X射线衍射分析（SXRD）

药物及天然产物、合成化合物的三维结构测定（包括：分子结构、构象及分子相对和绝对构型测定等）；药物结晶水、结晶溶剂的含量测定，多晶型药物结构与分子排列规律测定。

②粉末X射线衍射分析（PXRD）

成分鉴定、晶型鉴定、纯度分析、混晶样品含量测定。

7.药物及天然产物中氨基酸成分分析。

北京彩陆科学仪器公司

北京彩陆科学仪器有限公司是由北京国际技术合作中心、北京彩陆精细化学品有限责任公司和中国科学院研究生院应用化学研究所等单位共同组建的有限责任公司。公司是在中关村高科技园区注册的高新技术企业，是中国分析测试协会会员单位。

公司主要从事于分析仪器的研究、生产和销售。公司的主要产品有高效毛细管电泳仪、高效液相色谱仪、高效毛细管电泳液相色谱一体机。产品广泛应用于生物学、医学、药学、材料学以及与化工有关的化工、环保、食品饮料等各个领域。产品已纳入北京市火炬计划和北京市重大科技成果推广计划。

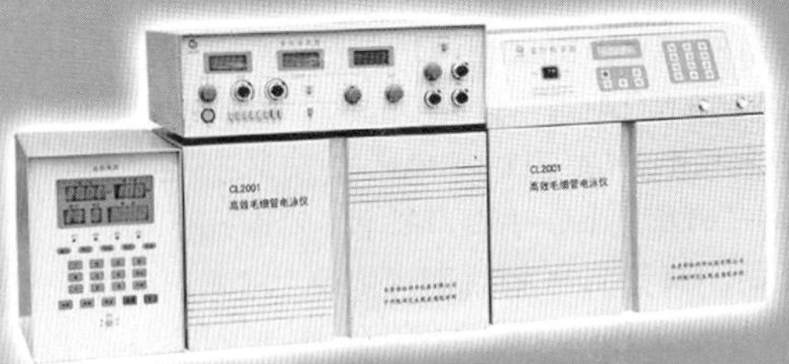

CL2001 高效毛细管电泳仪

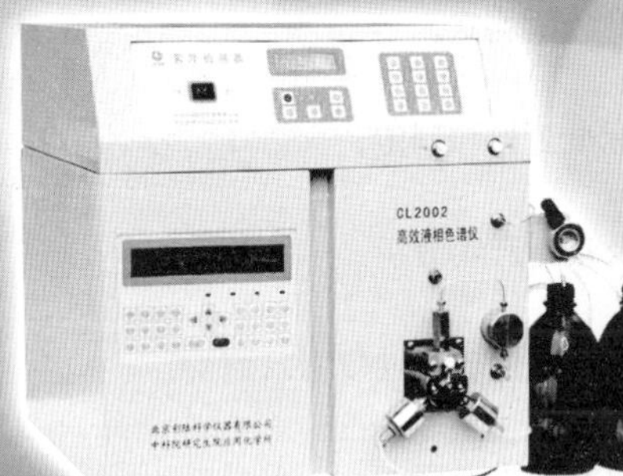

CL2002 高效液相色谱仪

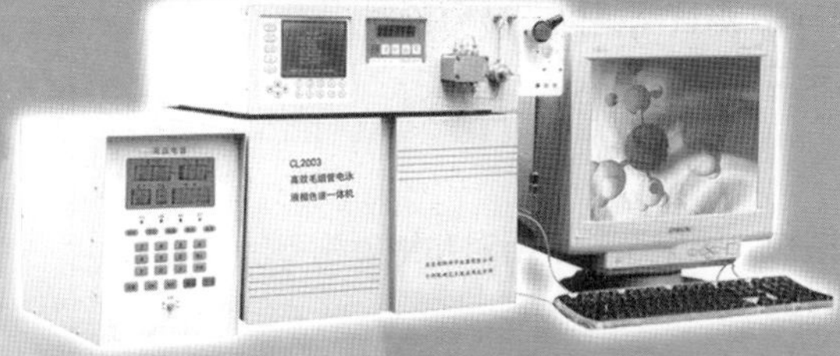

CL2003 高效毛细管电泳液相色谱一体机

CL2001 高效毛细管电泳仪

带电粒子在直流电场作用下于一定介质中所发生的定向运动，利用这一现象对化学组分进行分离分析的技术称之为电泳。公司根据这一原理生产的高效毛细管电泳仪，可用于对有机化合物、无机离子、中性分子、手性化合物、蛋白质和多肽、DNA 和核酸片段的分析。

1. 仪器特点

- 分离效率高
- 分析速度快
- 试剂用量少
- 样品预处理简单
- 可同多种检测器相连
- 检测范围宽
- 检测灵敏度高

2. 仪器应用

- 农业化学——农产品药残检测；畜禽疾病的诊断防治；植物遗传变异研究
- 司　法——毒品检测；兴奋剂检测
- 医学临床——抗原、酶、对抗体、蛋白质、DNA；大分子生物物质和单细胞的分析
- 药品检测——药物质量检验；药物中的维生素、肽素及中间体的检测；氨基酸的分离分析
- 食品卫生——食品中各种添加剂、防腐剂及有毒物质的检测
- 环境监测——土壤离子及金属污染物的研究污染源的监测；水中阴离子、阳离子的测定

CL2002 高效液相色谱仪

CL2002 高效液相色谱仪系列产品，包括 CL201A、CL201B、CL201C 高压输液泵，CL201D、CL201E 梯度泵，CL202 紫外检测器和进样阀 、柱温箱及工作站等。可以构成多元低压梯度系统和多元高压梯度系统。

该仪器性能稳定，检测灵敏度高，适用于分析高沸点不易挥发、受热不稳定易分解、分子量大、不同极性的有机化合物。适于分析合成的和天然的高分子化合物等。涉及的领域有石化、食品、合成药物、生化产品及环境污染物等。主要应用于药物检验、化工、环保、卫生等部门，以及从事分析化学、生物化学、环境工程等科研活动的高等院校和研究机构。

CL2003 高效毛细管电泳液相色谱一体机

CL2003高效毛细管电泳液相色谱一体机既具有高效液相色谱的功能，也具有高效毛细管电泳仪的功能。您只需在紫外检测器上装上液相的分析池就可以做液相色谱分析，更换上毛细管池就可以进行毛细管电泳实验。紫外检测器部分是采用德国进口检测器，高压电源和泵采用进口组装，此款仪器为广大用户提供最优性价比的分析仪器。一体机的设计不但可以节省经费，还节省了实验室的空间，更可以提高仪器的使用率。

地址：北京市海淀区翠微中里 15 楼 343 室　　邮编：100036

电话：010—68131826　　传真：010—68253890

http://www.cailu.com　　E—mail:cailu999@sohu.com

北京科普生分析科技有限公司

美国派克汉尼汾公司

Parker Filtration

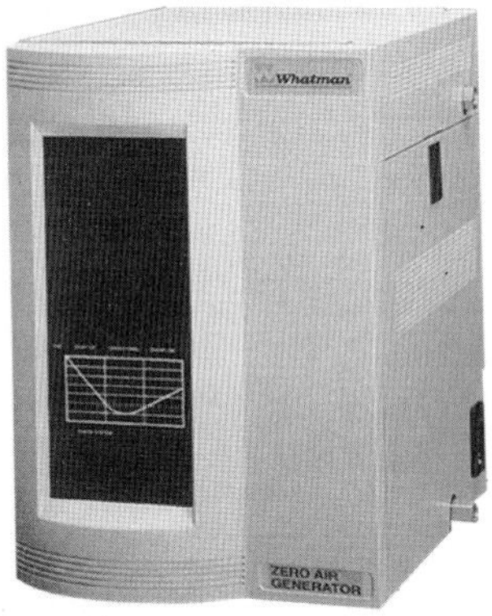

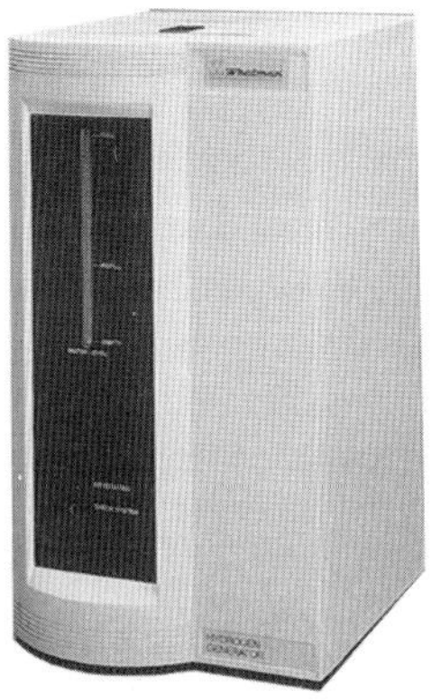

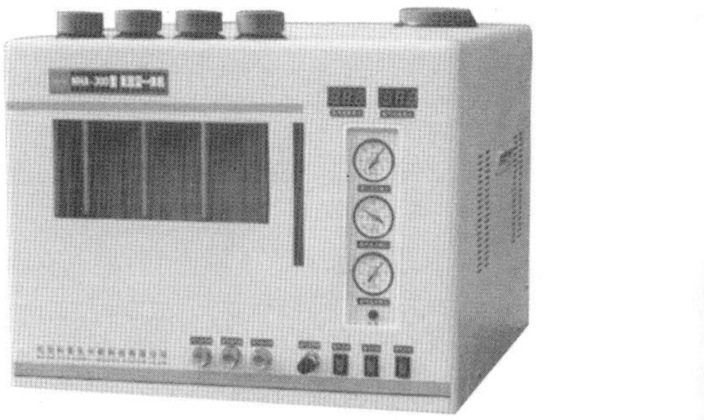

当您拥有了科普生气体发生器

即可实现和掌握气体之供应源

(2000)量认(国) 字(A0261)号

国质监认字174号

- 通过国家分析仪器质量监督检验中心检测

北京科普生分析科技有限公司产品

仪器名称	型号	气体纯度(%)	流量(mL/min)
氢气发生器	HG-1802	99.999	0～200
氢气发生器	HG-1803A	99.999	0～300
氢气发生器	HG-1805	99.999	0～500
空气发生器	AG-1602	四级过滤	0～2000
空气发生器	AG-1605	四级过滤	0～5000
氮气发生器	NG-1903	99.999	0～300
氢空一体机	HA-300	99.999(氢)	0～300(氢气) 0～2000(空气)
氮空一体机	NA-300	99.999(氮)	0～300(氮气) 0～2000(空气)
氮氢空一体	NHA-300	99.999(氢，氮)	0～300(氮气、氢气) 0～2000(空气)

美国派克汉尼汾公司产品

仪器名称	型号	气体纯度(%)	流量(ml/min)
氢气发生器	H2-90UK	99.99995	0～90
氢气发生器	75-32UK	99.99999	0～150
氢气发生器	75-34UK	99.99999	0～300
氢气发生器	H2-500UK	99.99999	0～500
氢气发生器	H2-1200UK	99.99999	0～1200
氮气发生器	76-94UK	99.9999	0～1100
氮气发生器	N2-15UK	99	1/ms
零级空气发生器	75-83UK		0～1000
零级空气发生器	76-803UK		0～3500

- 工程部承接实验室各种气路工程
- 分析仪器部：经营分析仪器及实验室仪器

地址：北京海淀区温泉95-008信箱　　邮编：100095

电话：010-62467188　62488788　　http://www.kpson.com

传真：010-62485019　　E-mail:kpson@kpson.com

奋进中的 贵州省理化测试分析研究中心

贵州省理化测试分析研究中心是社会公益型科研机构，隶属贵州科学院。位于贵阳市宝山南路。1936 年建立，1958 年改为中国科学院贵州分院化验室，分院撤消后改为贵州省科委中心化验室，1973 年改为贵州省综合科学技术研究所，1981 年更名为“贵州小理化测试分析研究中心”。2001 年参加科技体制改革，定位为公益型科研机构，是计量认证合格单位，属公正独立的第三方检测机构。现有职工 39 人，其中科技人员 29 人。下设贵州省冶金有色金属产品质量监督检验站、应用基础研究室、分析测试部和工程材料实验室。2001 年成立的“贵州科学院气溶污染治理研究开发中心”挂靠在该所。主要任务是：为工农业生产、科研、教学、产品质量监督、公检法等部门提供具有法律效力的检测数据；承担金属材料、食品、饮料、饲料、植物资源及制品、矿物岩石、化肥、土壤以及化工产品等 13 大类、80 多项检测项目的理化测试；开展理化测试技术方法研究；参与企业产品标准制定；培训理化分析测试人员；承接技术咨询、仲裁等中介技术服务。中心拥有透射电镜、原子吸收分光光度计、高效液相色谱仪、气相色谱仪、大型金相显微镜等一批大型精密科学仪器。是政府监管职能重要的技术支撑系统之一，已授权执法和委托鉴定部门有“贵州省冶金有色金属产品质量监督检验站”、“贵州省铁路运输危险品检测鉴定单位”、“贵州省科技成果检测鉴定单位”以及“贵州省食品卫生检验单位”。承担研究课题 71 项，在国内外专业刊物和学术会议上发表论文 150 余篇。还先后与瑞典、美国、日本、法国、斯洛文尼亚等国建立了学术交流和合作研究关系。

经贵州省相关部门资质审查，拟批准“中心”为“危险化学品专项安全评价”合格单位。将承担贵州省危险化学品的生产、储运、经营、使用和拟建项目的安全评价。

2002 年“中心”在贵州海尔电器有限公司内建立了“贵州省理化测试分析研究中心工程材料实验室”，为该企业生产冰箱的零部件和部分原材料做入厂和在线检测试验。

2003 年成为贵州省农产品质量安全委托检测单位。

质检站自 1986 年建站以来为贵州省金属产品质量监督做了大量工作并取得了一些成绩，多次被国家、省质量管理部门表彰。

贵州省理化测试分析研究中心在改革创新道路上迈出的第一步，与改革之前相比形成相当大的差距。1999 年检测创收仅有 5 万元，经改革后，2000 年当年创收 30 余万元；2002 年 80 万元；2002 年则迅速上升到 110 万元。虽然“中心”在改革后取得了一些成绩，但与同行业和本省改革发展较好的科研单位相比还存在差距，还须努力，在今后发展道路上我们必须找准市场、瞄准方向，为贵州省的经济发展做出更大贡献。

中国科学院生态环境研究中心

中国科学院生态环境研究中心，始建于1975年，前身为中国科学院环境化学研究所，1986年与中国科学院生态学研究中心(筹)合并，改为现名。中心的主要研究领域包括环境化学、环境工程学和系统生态学。主要发展领域包括有毒污染物的环境微界面过程、安全饮用水保障技术、持久性有毒污染物的环境行为及生态效应、环境污染治理高新技术研究与开发、复合生态系统的结构与过程、区域生态环境评价与规划、生态工程技术研究与开发等。

中心现有员工258人，其中科技人员219人，包括中国科学院院士1人，中国工程院院士2人，博士生导师32人，研究员39人，副研究员和高级工程师39人，中级研究人员77人，在读博士生217人，硕士生76人，博士后13人，客座人员18人。

中心拥有扫描探针显微镜、透射电子显微镜、扫描电子显微镜、等离子体－液相色谱质谱仪、等离子体发射光谱仪、液相色谱质谱联用仪等多种现代的、高精密的仪器设备、实验模拟装置和信息处理系统。生态环境研究中心和安捷伦科技有限公司合作共建的亚太地区北京环境分析实验室拥有安捷伦科技有限公司产最新型号的GC、LC、GC－MS、LC－MA、ICP－MS等分析仪器，美国戴安公司中国应用研究中心和技术服务中心设在该中心。

2003年新建的能用于分析二噁英等持久性有机污染物的实验室拥有千级净化间和高分辨气相色谱－高分辨质谱仪等先进的样品处理与分析仪器。2001年中心组建了“室内环境质量检测评价中心”，该中心是开展城市生态环境研究和咨询服务的一个重要部门，以室内环境空气质量的检测调查、风险评价和防治对策研究为主要任务，同时开展相关的技术服务和咨询，包括常规室内空气污染物的检测、评价及治理等方面的咨询和工程服务。

中心在重金属形态分析、多环芳烃、多氯联苯、有机农药、地表水和地下水中复杂有机的系统分析及大气颗粒物的无机、有机组分分析等方面，已取得显著的成绩。由中心前身环境化学研究所组织和参加完成的《环境污染物分析方法》对普及和提高我国环境污染物分析技术起到了重要的推动作用。

在形态分析研究方面，证明了分级萃取过程中存在的萃取剂的非选择性，痕量金属元素在地球化学相间的再吸附与再分配的问题，并阐明了土壤与金属性质及相互反应决定再吸收与再分配问题，解决了国际学术界在该问题的长期争论；解释了为什么过去20多年以来建立的方法学不能预测土壤中金属形态与生物有效性普遍关系的原因。并在形态分析的层次上解释了中国低硒与高硒带硒的生态与健康效应。

中心完成了“有毒化学污染物形态研究中的联用技术、方法学及相关机理”该成果提出的测定等温原子化过程的动力学级数、活化能和频率因子的新方法和获取升温原子形成过程的反应级数和活化能的新方法，受到国际同行专家的好评；提出了原位富集氢化物发生－电热原子吸收光谱法，此法是现有氢化物生成元素最灵敏的方法之一；研究发明了表面发射火焰光度检测方法，被国际同行评价为有机锡等最灵敏的测定方法之一；研制的电热石英原子化器和建立的流动注射预富集与原子光／质谱联用技术在内的一系列新的形态测定方法，在国际上产生了较大影响；发明了新的连续流动液膜萃取技术和低温色谱技术；出版了离子色谱专著，在离子色谱方法的研究与应用方面做出了贡献；完成了7种环境标准物质的研制，均被定为一级标准物质，在国内外得到推广使用。

中心现有一级标准物质“西藏土壤成分分析标准物质（GBW08302）”、“煤飞灰成分分析标准物质(GBW08401)”、“茶树叶成分分析标准物质（GBW08513）”等可供科研和检验等工作使用。